太原年鉴

TAIYUAN YEARBOOK

2017

太原市地方志办公室 编

山西出版传媒集团

三晋出版社

图书在版编目（C I P）数据

太原年鉴. 2017 / 太原市地方志办公室编；安捷主编. — 太原：三晋出版社，2017.11
ISBN 978-7-5457-1637-5

Ⅰ. ①太… Ⅱ. ①太… ②安… Ⅲ. ①太原—2017—年鉴 Ⅳ. ①Z522.51

中国版本图书馆CIP数据核字(2017)第301035号

太原年鉴（2017）

编　　者：太原市地方志办公室
主　　编：安　捷
责任编辑：张仲伟

出 版 者：山西出版传媒集团·三晋出版社（原山西古籍出版社）
地　　址：太原市建设南路 21 号
邮　　编：030012
电　　话：0351-4922268（发行中心）
0351-4956036（总编室）
0351-4922203（印制部）
网　　址：http://www.sjcbs.cn

经 销 者：新华书店
承 印 者：山西嘉祥印刷包装有限公司

开　　本：889mm × 1194mm　1/16
印　　张：32.5　彩页 28
字　　数：1300 千字
印　　数：1—1500 册
版　　次：2017 年 12 月　第 1 版
印　　次：2017 年 12 月　第 1 次印刷
书　　号：ISBN　978-7-5457-1637-5
定　　价：380.00 元

ISBN 978-7-5457-1637-5

太原市地方志编纂委员会

李发平　市委组织部常务副部长
李亚江　市民政局局长
李树忠　娄烦县委副书记、县长
杨天玉　市纪委副书记、市监委副主任
连金会　市审计局局长
庞　虹　市科技局局长
郑旭东　市机构编制委员会主任
姚晓蓉　市文化局局长
宫殿元　市卫生和计划生育委员会主任
赵学军　市园林局局长
郭铭群　国网太原供电公司总经理
顾晓亮　太原警备区政治工作处主任
高二虎　市防震减灾局局长
尉子旺　市地方税务局局长
常跃平　市政府副秘书长、市政府法制办主任
梁宏宇　市教育局局长
韩少峰　市人民检察院检委会专委
詹玉梅　市委宣传部副部长、市文明办主任
裴耀军　阳曲县委副书记、县长
潘保欢　市政府外事侨务办公室主任
薛建明　市商务局局长
魏元平　市食品药品监督管理局局长
李永强　晋源区委副书记、区长
李京京　市委常务副秘书长
杜志强　共青团太原市委书记
杨云龙　市委党史研究室主任
邵社教　市城乡规划局局长
郑文明　市粮食局局长
侯　森　市市容环境卫生管理局局长
姜　波　市住房和城乡建设委员会主任
胡建军　市气象局局长
袁尔铭　万柏林区委副书记、区长
郭德魁　市质量技术监督局局长
高　波　市体育局局长
高屹城　市中小企业局局长
崔　燕　市工商行政管理局局长
康宝林　市农业委员会主任
萧芬芬　市妇女联合会主席
窦力奋　市环境保护局局长
翟永清　古交市委副书记、市长
樊小高　市总工会副主席
冀克平　市人民防空办公室主任
薛新福　市经济和信息化委员会主任

《太原年鉴》编审人员

主　　编： 安　捷
副 主 编： 陈向荣　张彩丽
执行副主编： 张艳民
编　　辑： 赵志英　刘雁珍　王玉明
编　　务： 韩　莉　单　伟　马卓尔　张裕晋
刘　敏　张宝燕　赵计生　王林娟
印刷监制： 何志涛
电子版制作： 武　刚
设　　计： 张世伟　姚善善　张晓东
摄　　影： 张晓东　张世伟　米国伟
审　　稿： 山西省地方志办公室年鉴期刊处

太原市行政区划图

娄烦县
娄烦镇
静乐县
鹅城镇
岚县
东村镇
古交市
交城县
天宁镇
文水县
凤城镇
吕梁市
忻
静游镇
庙湾乡
杜交曲镇
盖家庄乡
马家庄乡
米峪镇乡
天池店乡
嘉乐泉乡
镇城底镇
梭峪乡
阁上乡
西曲街办
河口镇
东曲街办
桃园街办
屯兰街办
岔口乡
马兰镇
常安乡
邢家社乡
原相乡
东坡底乡
水峪贯镇
会立乡
西社镇
开栅镇
洪相镇
岭底乡
夏家营镇
西营镇
西城乡
南安镇
南庄镇
庞泉沟镇
王狮乡
普明镇
社科乡
丰润镇
神峪沟乡
娘子神乡
康家会镇
赤泥洼乡
梁家庄乡
汾河水库
文峪河水库

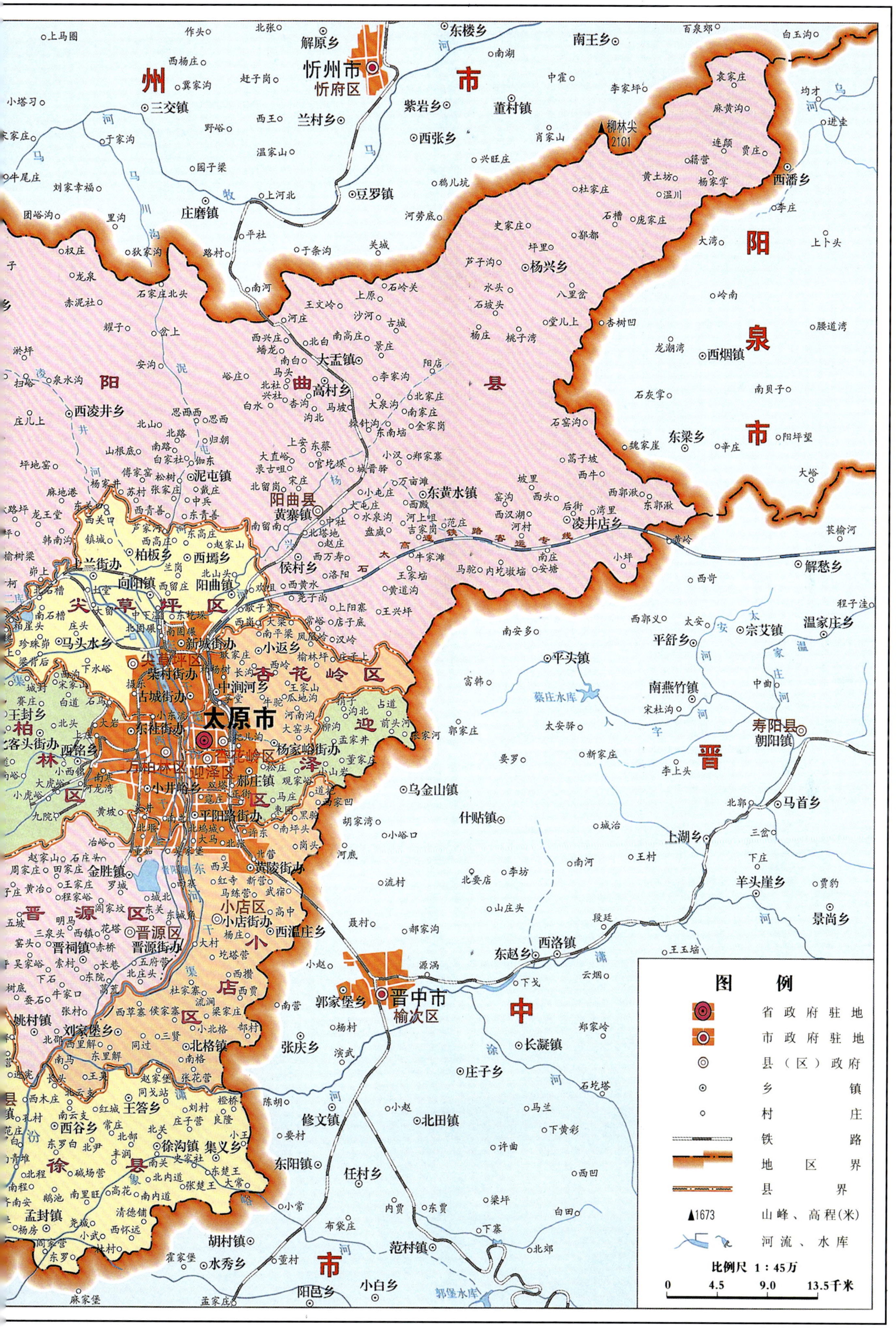

忻州市
忻府区
州
市
阳
泉
市
阳曲县
黄寨镇
阳
曲
县
尖草坪区
杏花岭区
太原市
迎泽区
万柏林区
柏林区
晋源区
小店区
晋源街办
小店街办
寿阳县
朝阳镇
晋
中
市
晋中市
榆次区
清徐县
徐
县
解原乡
东楼乡
南王乡
三交镇
兰村乡
紫岩乡
董村镇
西张乡
庄磨镇
豆罗镇
杨兴乡
大盂镇
高村乡
西烟镇
东梁乡
西潘乡
西凌井乡
泥屯镇
东黄水镇
凌井店乡
侯村乡
柏板乡
西焉乡
向阳镇
阳曲镇
上兰街办
新城街办
小返乡
马头水乡
柴村街办
中涧河乡
古城街办
王封乡
东社街办
杨家峪街办
郝庄镇
小井峪乡
平阳路街办
黄陵街办
金胜镇
晋祠镇
西温庄乡
姚村镇
刘家堡乡
北格镇
西谷乡
王答乡
徐沟镇
集义乡
孟封镇
胡村镇
水秀乡
范村镇
小白乡
阳邑乡
任村乡
东阳镇
修文镇
北田镇
庄子乡
长凝镇
张庆乡
郭家堡乡
东赵乡
西洛镇
乌金山镇
什贴镇
平头镇
平舒乡
宗艾镇
温家庄乡
南燕竹镇
解愁乡
马首乡
上湖乡
羊头崖乡
景尚乡
柳林尖
2101
蔡庄水库
郭堡水库
太
高
速
铁
路
客
运
专
线
图　　例
省政府驻地
市政府驻地
县（区）政府
乡　　镇
村　　庄
铁　　路
地　区　界
县　　界
1673
山峰、高程(米)
河流、水库
比例尺　1：45万
0　4.5　9.0　13.5千米

2016 年 7 月 31 日，山西省委书记骆惠宁莅临武警山西省总队视察指导工作

2016 年 11 月 21 日，省委副书记、省长楼阳生深入晋商银行调研指导工作

2017 年 10 月 12 日，省委常委、市委书记罗清宇在迎泽区起凤街社区调研“三基”建设和社区养老服务工作

2017 年 11 月 10 日，市委副书记、市长耿彦波带领市相关部门负责人前往太原钢铁集团公司，就环保工程建设事宜现场办公

长风商务区

迎泽公园

城市新貌

CHENGSHIXINMAO

督军府旧址（原省人民政府）

山西省人民政府新址

第二十七届菊花展

汾河湿地

山西地质博物馆

太原图书馆

森林公园

和平公园

龙潭公园

火车南站

太原动车检修所

南沙河改造

明太原古城墙

城市生活污水处理中心

青龙古镇

城市建设 CHENGSHIJIANSHE

城市绿化

清华科技园太原分园

太原高新区电子数码港

古交矿区夜景

太原武宿综合保税区

山西煤机转备有限公司生产的掘进机

太钢不锈钢车间

太钢全景

中正天街商业区

六味斋

鼓楼商业步行街

大和农业

经济建设
JINGJIJIANSHE

太重生产的高铁轮对

元宵节猜灯谜

公园票友演唱

“首届山西艺术节”表演

太极健身活动

第三届山西文化产业博览交易会

舞剧《雁丘词》

社区文化活动

晋剧《范进中举》

清徐背棍

2017 太原国际马拉松赛

汾河体育健身长廊

校园运动会

足球进校园

太原理工大学

汾河岸边荷花池

精准扶贫到户

七色童年

市民观赏玉泉山樱花

第五届中国（山西）特色农产品交易博览会

太原晋商博物馆

龙山石窟

山西博物院

天龙山石窟

窦大夫祠

永祚寺双塔

蒙山大佛

晋祠

崛㠣山

中共太原支部旧址纪念馆

数字太原

综　合

地区生产总值	2955.60 亿元
第一产业	38.22 亿元
第二产业	1068.04 亿元
第三产业	1849.34 亿元
人均地区生产总值	68234 元

人　口

常住人口	434.44 万人
男性	221.59 万人
女性	212.85 万人
出生人口	43642 人
死亡人口	17888 人
自然增长率	5.95‰

对外经济贸易

海关进出口总额	133.14 亿美元
出口总额	83.29 亿美元
进口总额	49.85 亿美元

能　源

一次能源产量	2041.59 万吨标准煤
二次能源产量	3823.49 万吨标准煤
煤炭消费量	5702.38 万吨
全社会用电量	250.70 亿千瓦时
焦炭消费量	359.72 万吨

物　价

城镇居民消费价格总指数	101.2
食品	103.3
衣着	101.4
居住类	99.4
城镇商品零售价格总指数	100.8
工业生产者购进价格指数	98.0
工业生产者出厂价格指数	96.1

社会从业人员和劳动报酬

社会从业人员	232.22 万人
第一产业	25.04 万人
第二产业	65.42 万人
第三产业	141.76 万人
城镇非私营单位在岗职工年平均工资	64820 元

固定资产投资

固定资产投资额	2027.71 亿元
第一产业	48.98 万元
第二产业	T377.45 万元
第三产业	1601.28 万元
全社会房屋竣工面积	638.01 万平方米
住宅	491.69 万平方米

人民生活

城镇居民家庭人均可支配收入	29632 元
城镇居民家庭人均消费性支出	16775 元
农村常住居民人均可支配收入	14591 元
农村住户人均生活消费支出	10929 元

农村经济

农作物播种面积	98.18 千公顷
粮食面积	73.44 千公顷
粮食产量	31.29 万吨
油料产量	0.24 万吨
肉类产量	5.64 万吨

数字太原

工 业

规模以上工业企业单位	355 个
规模以上工业总产值	2207.45 亿元
原煤产量	2858.17 万吨
发电量	279.20 亿千瓦时
生铁产量	771.68 万吨
粗钢产量	1106.17 万吨
不锈钢产量	412.21 万吨
水泥产量	492,72 万吨

建筑业

建筑企业单位	1270 个
建筑企业竣工产值	738.71 亿元
建筑企业总产值	2335.12 亿元
建筑企业房屋建筑竣工面积	1661 万平方米

住宿、餐饮业和旅游

住宿、餐饮业营业额	350065.1 万元
国内旅游人数	5688.12 万人次
国际旅游人数	21.95 万人次
旅游总收入	683.98 亿元
旅游外汇收入	8445.85 万美元

财政、金融和保险

公共财政预算收入	282.69 亿元
公共财政预算支出	424.07 亿元
城乡居民人民币储蓄存款余额	3661.76 亿元
原保险保费收入	220.17 亿元

交通运输邮电通信业

铁路营业里程	2623.76 公里
公路营业里程	7400.98 公里
铁路货物周转量	46949.79 百万吨公里
公路货物周转量	14363.31 百万吨公里
铁路旅客周转量	5851.79 百万人公里
公旅客周转量	2253.80 百万人公里
市话年末数	80.43 万户
农话年末数	3.30 万户
移动电话户数	691.22 万户

批发和零售业

社会消费品零售总额	1666.23 亿元
城镇消费品零售额	1530.62 亿元
乡村消费品零售额	135.61 亿元

教育 科技

高等学校	44 所
高等学校在校学生数	53.60 万人
高等学校专任教师数	24072 人
中等职业学校	58 所
中等职业学校在校学生数	7.58 万人
中等职业学校专任教师数	4650 人
独立科学研究机构	107 个

文化 体育 卫生 环保

群艺文化馆数	12 个
公共图书馆数	12 个
一级以上裁判员	1256 人
等级运动员	1692 人
广播电视台数	6 个
医院数	185 个
医疗床位	37897 张
市区二级以上空气质量天数	232 天

编纂说明

一、《太原年鉴》是由太原市人民政府主管、太原市地方志编纂委员会主办、太原市地方志办公室组织编纂的市级综合年鉴。

二、《太原年鉴》是一部系统记述太原境域内自然、政治、经济、文化、社会等各方面情况的年度资料性文献。为读者了解太原、认识太原、热爱太原、研究太原、建设太原提供帮助。

三、《太原年鉴(2017)》是依照国务院《地方志工作条例》和《山西省地方志工作条例》,根据中指组《地方综合年鉴编纂出版规定》和省志办《山西省综合年鉴编纂规范》,规范后依法编纂印制、公开出版发行的地方综合年鉴。记述时限为2016年1月1日至12月31日,特载、彩版记述至2017年,首次采用全彩印刷。

四、《太原年鉴(2017)》采用分类编排法,以类目、分目、条目组成主体部分,有些分目增加了次分目。全书共34个类目、132个分目、38个次分目和1500个条目,随文插图225幅,统计报表41页,总字数119万字。限于框架结构与年度实际略有差异,个别条目略有交叉,对同一事物出现不同角度的表述,可互为参见。

五、《太原年鉴(2017)》有较为完备的检索系统。书前有总目和详细目录,书后有主题词索引,主题词按首字的汉语拼音音序排列。

六、《太原年鉴(2017)》涉及的数据由各行业、各部门提供,由于统计口径不同,如有数据不一致,当以太原市统计局公开发布的统计数据为准。统计数据除农业经济、县区概览类目外,均使用法定计量单位。

七、《太原年鉴(2017)》稿件由太原市各党、政、军机关和企事业单位撰写,并经撰稿单位领导审核。统计资料由太原市统计局提供。

八、《太原年鉴》自1989年创刊、2012年规范以来,得到各级有关部门、单位的大力支持和社会各界的广泛关注,在此对支持、关注太原年鉴和太原地方志事业的部门、单位和社会各界表示衷心的感谢！由于编纂能力所限,难免有遗憾之处,敬请读者批评指正。

总目

ZONG MU

comprehensive table of contents

目 录 CONTENTS

特 载

市情概览

大事记

中国共产党太原市委员会

中国人民政治协商会议太原市委员会

中国共产党太原市纪律检查委员会

民主党派和工商联

群众团体

开发园区

工业经济

农林　水利

文化 新闻 出版

文 化

新闻出版

·太原日报报业集团·

·太原广播电视台·

档 案

图 书

太原美术馆

卫生 体育

卫 生

文物 旅游

文 物

旅 游

社会生活

民族宗教

老龄工作

人 物

·第六届山西道德模范·

区县概况

小店区

迎泽区

杏花岭区

尖草坪区

万柏林区

晋源区

附　录

CONTENTS

高举习近平新时代中国特色社会主义思想伟大旗帜
奋力谱写文明开放富裕美丽太原新篇章

——2017年11月20日在市委十一届三次全会上的讲话

山西省委常委、太原市委书记　罗清宇

同志们：

党的十九大是全党全国各族人民政治生活中的一件大事、盛事。今年以来，市委坚持把迎接十九大、保障十九大作为主线，全力抓好各项工作，努力为十九大营造良好环境。大会胜利召开第二天，市委常委会及时进行集体学习，大会圆满闭幕后市委先后召开中心组学习会、常委会（扩大）会议，并印发《中共太原市委关于深入学习宣传贯彻党的十九大精神的通知》，统筹安排，及时部署，在全市上下迅速掀起学习宣传贯彻热潮。省委召开十一届五次全会后，市委又召开全市干部大会，按照骆惠宁书记"九个深刻把握"的要求，找准学习领会的聚焦点、贯彻落实的着力点和全市工作的切入点。近期，中央宣讲团、省委宣讲团分别深入我省、我市开展集中宣讲，帮助我们进一步深化了对党的十九大精神的学习领会、理解把握。目前，全市上下学习宣传贯彻党的十九大精神的浓厚氛围已经形成，正在不断地扩展和深化。

经市委常委会研究决定，今天召开市委十一届三次全会，就是要落实习近平总书记学懂弄通做实的重大要求，坚决贯彻党中央部署，按照省委安排，巩固拓展引深前一阶段成果，进一步对全市学习宣传贯彻工作全面安排部署，动员全市上下高举习近平新时代中国特色社会主义思想伟大旗帜，不忘初心、牢记使命、永远奋斗，在新时代的新征程中不断谱写文明开放富裕美丽太原新篇章。

一、深入学习贯彻党的十九大精神，坚持用习近平新时代中国特色社会主义思想武装头脑

党的十九大是在全面建成小康社会决胜阶段、中国特色社会主义进入新时代的关键时期召开的一次十分重要的大会，在我们党和国家发展进程中具有重大的里程碑意义。大会举世瞩目，全党8900多万党员、全国13亿多人民、海内外华人无比自豪，满怀期待，充满信心；世界各国都广泛关注。特别是大会在政治上、理论上、实践上取得了一系列重大成果，主要体现在三个方面：最重要的政治成果是选举产生了以习近平同志为核心的新一届中央领导集体，更加确立了习近平总书记在党中央、在全党的核心地位；最重要的理论成果是确立了习近平新时代中国特色社会主义思想作为我们党必须长期坚持的指导思想，并写入党章，实现了马克思主义中国化的最新飞跃；最重要的实践成果是全面规划部署了到本世纪中叶建设富强民主文明和谐美丽的社会主义现代化强国的路线图和时间表，为实现中华民族伟大复兴提供了行动指南。习近平总书记对十九大进行了高度概括，评价这次大会是一次不忘初心、牢记使命、高举旗帜、团结奋进的大会。

十九大的意义极其重大深远，十九大的精神极其博大精深，需要我们不断地学习，不断地领悟，不断地在实践中贯彻运用。

一要深入学习领会党的十九大的主题。主题是大会的方向、报告的灵魂。党的十九大的主题是：不忘初心，牢记使命，

高举中国特色社会主义伟大旗帜，决胜全面建成小康社会，夺取新时代中国特色社会主义伟大胜利，为实现中华民族伟大复兴的中国梦不懈奋斗。这68个字的主题，明确回答了我们党在新时代举什么旗、走什么路、以什么样的精神状态、担负什么样的历史使命、实现什么样的奋斗目标的重大问题。我们中国共产党人的初心和使命，就是为中国人民谋幸福，为中华民族谋复兴，这是激励我们不断前进的根本动力，它也在时刻警示着我们走得再远、走到再光辉的未来，也不能忘记走过的过去，不能忘记为什么出发。习近平总书记对"红船精神"作了精辟概述，就是开天辟地、敢为人先的首创精神，坚定理想、百折不挠的奋斗精神，立党为公、忠诚为民的奉献精神，这是对不忘初心、牢记使命的生动诠释。我们党从弱小到强大，从九死一生到蓬勃兴旺，从只有50多位党员到拥有8900多万党员、450多万个基层组织，成为世界最大执政党，根本在于我们党能始终同人民想在一起、干在一起，保持初心不改、使命不忘，既不走封闭僵化的老路，也不走改旗易帜的邪路，而是坚定不移走中国特色社会主义道路，以永不懈怠的精神状态和一往无前的奋斗姿态，决胜全面建成小康社会，朝着实现中华民族伟大复兴的中国梦的宏伟目标奋勇前进。

*二要深入学习领会习近平总书记成为党中央的核心、全党的核心，是历史的选择、实践的选择、人民的选择。*党的十八大以来，以习近平同志为核心的党中央，团结带领全党全国各族人民进行具有许多新的历史特点的伟大斗争，推动党和国家事业全面开创新局面，取得全方位、开创性成就，实现深层次、根本性变革。这些巨大成就就在老百姓的美好生活中，大家都能感受到；就在党和国家的发展变化中，全世界都能看得到。五年的砥砺前行，习近平总书记以非凡的政治智慧、顽强的意志品质、强烈的历史担当，举旗定向，力挽狂澜，使我们党和国家战胜重大风险、经受严峻考验、转危为安，使中国人民、中华民族根本利益得到维护和保障、免遭倾覆。习近平总书记在山西视察期间，每到一处，人民群众都自发地围拢过来，喊出"习总书记好，共产党好"；老乡刘福有说，"习总书记就像当年的毛主席一样"，朴实的话语、真挚的感情，充分体现了人民群众对领袖的无限崇敬、无限爱戴。回顾奋斗历程，我们更加深刻地认识到，有习近平总书记这样雄才大略的领袖作为党中央的核心、全党的核心，是党、国家、民族和军队之大幸。把新时代中国特色社会主义推向前进，需要有坚强的核心，需要有习近平总书记这个领袖，有了这个核心，有了这个主心骨，有了这个中流砥柱，我们党才能前所未有的团结，我们的思想才能前所未有的清晰，我们的道路才能前所未有的正确，我们的奋斗才能前所未有的成功。

*三要深入学习领会习近平新时代中国特色社会主义思想的历史地位和丰富内涵。*党的十八大以来国内外形势深刻变化和我国各项事业快速发展催生了习近平新时代中国特色社会主义思想。这一重要思想系统回答了新时代坚持和发展什么样的中国特色社会主义，怎样坚持和发展中国特色社会主义这个重大时代课题，深刻揭示了新时代中国特色社会主义的本质特征、发展规律和建设路径，实现了马克思主义基本原理同中国具体实际相结合的又一次历史性飞跃。学习领会这一重大思想，要把握四个方面：一是重大意义，即把习近平新时代中国特色社会主义思想确立为党的指导思想的重大意义。这一重要思想是十九大报告的灵魂，贯穿报告始终；是体系，撑起了报告的框架；是指南，引领着十九大精神的走向；是信念，凝聚了全党全国人民的人心；是真理，体现了我们党对"三大规律"的认识新高度；是利器，指引我们破解各种复杂矛盾；是战鼓，激励我们拼搏奋斗，创造美好未来。习近平总书记以马克思主义政治家、理论家的深刻洞察力、敏锐判断力和战略定力，为习近平新时代中国特色社会主义思想的创立发挥了决定性作用、作出了决定性贡献。二是重大贡献。主要体现在四句话，即开辟了马克思主义新境界，开辟了中国特色社会主义新境界，开辟了党治国理政新境界，开辟了管党治党新境界。三是丰富内涵。十九大用"八个明确"点明了这一重要思想的主要内容，构成了系统完备、逻辑严密、内在统一的科学体系，每一个明确都非常重要，都具有非常丰富的含义和内涵。四是基本方略。十九大提出的"十四个坚持"的基本方略，是对党的治国理政重大方针、原则的最新概括，是实现"两个一百年"奋斗目标、实现中华民族伟大复兴中国梦的"路线图"和"方法论"。

*四要深入学习领会中国特色社会主义进入新时代的重大政治论断。*从党的十八大开始，从习近平同志担任党的总书记，全面主持中央工作，成为党事实上的核心，我们这个新时代就开始了。十九大报告用"三个意味着""五个时代"，分别从中华民族、科学社会主义、人类社会三个维度，从伟大事业、发展目标、人民幸福、民族复兴、人类贡献五个方面，深刻揭示了新时代的深刻内涵和重大标志性意义，集中起来就是中国人民在历经站起来、富起来的历史进步后，将迈入建设中国特色社会主义现代化强国"强起来"的新时代。这是以习近平同志为核心的党中央作出的重大政治论断，是科学把握世界发展大趋势、时代发展大潮流、中国发展大格局、人民群众大期待的战略考量，标定了党和国家发展的历史方位。通过十九大，这个新时代进一步走向更高水平的辉煌，这个辉煌将对夺取新时代中国特色社会主义伟大胜利、实现中华民族伟大复兴的中国梦，发挥非常重要的指导作用和保证作用，产生非常长远的、重大的、深刻的历史性影响。

*五要深入学习领会我国社会主要矛盾的变化。*习近平总书记准确把握我国发展的阶段性特征，立足社会主义初级阶段这个最大实际，运用辩证唯物主义和历史唯物主义分析社会矛盾，深入解读了社会主义初级阶段和社会主义主要矛盾的关系，提出了我国社会主要矛盾已经转化为人民日益增长的美好生活需要和不平衡不充分的发展之间矛盾的重大政治论断。我们要清醒认识到，我国将长期处于社会主义初级阶段，但初级阶段不

是一成不变的，是不断由低到高、不断发展进步的过程。相较于起步阶段，已经不是过去短缺经济时代了，人民美好生活需要日益广泛，发展不平衡不充分已经成为影响满足人民美好生活需要的主要制约因素。这一关系全局的历史性判断，关注的光圈变大了，问题的对焦却更精准了，对于我们党和全国各族人民，对于整个社会的发展前景，对于未来梦想的实现，都带来了全新的认识，给我们以极大的信心，让我们对未来充满希望，进一步激发了为之奋斗的坚定决心，形成了拼搏向前的强大力量。

六要深入学习领会我们党在新时代的历史使命。实现中华民族伟大复兴是近代以来中华民族最伟大的梦想。中国共产党一经成立，就把实现共产主义作为党的最高理想和最终目标，义无反顾肩负起实现中华民族伟大复兴的历史使命。今天，我们比历史上任何时期都更接近、更有信心和能力实现中华民族伟大复兴的目标。中华民族伟大复兴，绝不是轻轻松松、敲锣打鼓就能实现的，必须准备付出更为艰巨、更为艰苦的努力。实现伟大梦想，必须进行伟大斗争。这个伟大斗争就是具有许多新的历史特点的伟大斗争。实现伟大梦想，必须建设伟大工程。这个伟大工程就是我们党正在深入推进的党的建设新的伟大工程。实现伟大梦想，必须推进伟大事业。这个伟大事业就是中国特色社会主义伟大事业。这“四个伟大”，体现了从第一个百年奋斗目标向第二个百年奋斗目标迈进的战略谋划，集中揭示了我们党正在做的事和将要做的事，揭示了新时代我们党的政治理想和政治目标，凸显了当代中国共产党人为中国人民谋幸福、为中华民族谋复兴的使命担当。

七要深入学习领会分两步走建成社会主义现代化强国的新目标。从十九大到二十大，是“两个一百年”奋斗目标的历史交汇期，既要全面建成小康社会、实现第一个百年奋斗目标，又要乘势而上开启全面建设社会主义现代化国家新征程，向第二个百年奋斗目标迈进。在这关键时刻，党的十九大立足新时代，提出“两个阶段安排”，这是我们党确定“三步走”战略后又一次具有重大意义的战略安排。对于这个战略安排，习近平总书记是胸有成竹、深思熟虑的，前十五年，我们要走富强之路，但没有提强国，主要是提质量、上水平，既是进取含蓄的，也是积极稳妥的，在这个过程中，我们需要卧薪尝胆，在国际关系中需要有一定的忍让精神；后十五年，我们的目标非常明确，就是建成富强民主文明和谐美丽的社会主义现代化强国。围绕这个新目标，深入把握中央部署，既要防止无所作为，不敢想、不敢干、不敢改革、不敢承担，又要防止超越能力、超越现状，过于理想化。

八要深入学习领会社会主义经济建设、政治建设、文化建设、社会建设、生态文明建设等方面的重大部署。十九大对新时代推进中国特色社会主义伟大事业作出了全面部署，提出了许多重大战略部署和重大创新举措，具有很强的战略性、针对性、指导性。在经济建设上，强调贯彻新发展理念，建设现代化经济体系，以供给侧结构性改革为主线，推动经济发展质量变革、效率变革、动力变革，不断增强我国经济创新力和竞争力；在政治建设上，强调坚持党的领导、人民当家作主、依法治国有机统一，健全人民当家作主制度体系，发展社会主义民主政治，推进社会主义民主政治制度化、规范化、程序化；在文化建设上，强调坚定文化自信，推动社会主义文化繁荣兴盛，牢牢掌握意识形态工作领导权，培育和践行社会主义核心价值观，加强思想道德建设，繁荣发展社会主义文艺，推动文化事业和文化产业发展；在社会建设上，强调提高保障和改善民生水平，加强和创新社会治理，不断满足人民日益增长的美好生活需要，让改革发展成果更多更公平惠及全体人民；在生态文明建设上，强调践行绿水青山就是金山银山的理念，加快生态文明体制改革，形成节约资源和保护环境的空间格局、产业结构、生产方式、生活方式，建设美丽中国。这些方面的部署相互支撑、融为一体，共同构成“五位一体”总体布局和“四个全面”战略布局。习近平总书记坚持和运用马克思主义立场观点方法，既部署“过河”的任务，又指导解决“桥或船”的问题，在每个部分，既有战略布局，又有战术安排；既明确奋斗目标，又指出工作路径，对于我们太原对标十九大的重大部署，立足实际找准自身定位，抓重点、补短板、强弱项，具有极其重大的指导意义。

九要深入学习领会坚定不移全面从严治党的重大部署。党的领导是中国特色社会主义最根本、最本质的特征，在中国，党政军民学，东西南北中，党是领导一切的，党兴则国兴，党强则国强。习近平总书记作为党中央的核心、全党的核心，核心作用的发挥需要依托党的各级组织和广大党员干部。党的十八大以来，全面从严治党取得了显著成绩，但我们党面临的执政环境是复杂的，影响党的先进性、弱化党的纯洁性的因素也是复杂的，一些新情况新问题还在不断出现。习近平总书记强调，全面从严治党永远在路上。在全面从严治党这个问题上，我们不能有差不多、松口气、歇歇脚的想法，更不能有打好一仗就一劳永逸的想法。要按照新时代党的建设总要求，把牢坚持和加强党的全面领导这个根本原则，坚持党要管党、全面从严治党这条指导方针，突出加强党的长期执政能力建设、先进性和纯洁性建设这条工作主线，围绕以党的政治建设为统领，全面推进党的政治建设、思想建设、组织建设、作风建设、纪律建设，把制度建设贯穿其中的总体布局，努力把党建设成为始终走在时代前列、人民衷心拥护、勇于自我革命、经得起各种风浪考验、朝气蓬勃的马克思主义执政党。

二、沿着党的十九大精神指引的方向，开启建设文明开放富裕美丽太原新征程

党的十九大标定了中国特色社会主义进入新时代的历史方位，对决胜全面建成小康社会作出具体部署，对开启全面建设社会主义现代化国家新征程作出战略安排。我们的各项工作都要对标这一战略部署来深入思考和认识，进一步提高政

治站位，树牢“四个意识”，以全球全国视野和战略眼光来审视谋划太原的发展方向和定位，明确具体步骤，把发展的每一个鼓点敲准确，每一个脚步踏精准，蹄疾步稳地向前迈进。

历史上太原曾创造了文明和辉煌。新中国成立后，国家重点建设的11项重大项目落户太原，成为国家重要的工业基地，各项事业走在了全国前列。改革开放后，太原作为国家重点建设的能源重化工基地，掀起了又一轮建设发展高潮，为全国的发展作出了巨大贡献，全国十大城市太原曾榜上有名。进入新世纪以来，太原与其他省会城市的差距不断拉大、排名逐步后移，主要表现在：经济总量不大、产业素质不强、居民收入水平不高等。总体上说，这些都是发展不充分不平衡的问题，主要是不充分的问题，没有充分，也就谈不上平衡。内因是变化的依据，外因是变化的条件。太原在发展中落伍了，更应从主观上进行深刻反思，主要是我们的观念陈旧、创新不足、改革滞后，一些重大体制机制障碍没有及时破题，一些生产要素和资源没有及时、有效、科学地给予配置。所以，不是太原发展条件和基础不好，而是我们等待观望、思想保守、坐吃山空，动作慢了。

作为省会，太原的发展事关全省大局，关乎市民福祉。新时代新使命要求我们必须开启新征程、展示新作为。贯彻落实党的十九大精神，必须保持闯的勇气和干的定力，想大事、干大事，大胆想、大胆干，既不急功近利，又要增强紧迫感，适度超前发展，把建设文明开放富裕美丽太原作为奋斗目标，做大总量、做强素质，缩小差距、重振雄风，不断提升太原在全省的首位度、在全国的知名度。

一要建设文明太原。文明，是太原这个有着2500多年悠久历史古城的深厚底蕴，更是阔步迈向现代化应有的时代风采。党的十九大要求我们彰显中华文明、增强文化自信。太原历史文化灿烂，红色文化资源十分丰富，是博大精深的中华文明的重要组成部分。大力弘扬优秀传统文化，继承革命文化，发展先进文化，既是凝心聚力的铸魂工程，也是展示城市魅力的有效途径。我们要通过建设文明太原，推动习近平新时代中国特色社会主义思想深入人心，牢牢掌握意识形态工作领导权，增强“四个自信”，抵制崇洋媚外、奇谈怪论，使全体人民在理想信念、价值理念、道德观念上紧紧团结在一起；推动社会主义核心价值观融入社会发展各方面，成为人们情感认同和行为习惯，培养担当民族复兴大任，爱我省会、建我太原、树我形象的时代新人；推动建设文化强市，深度开发利用好我市丰厚的历史文化资源，建设西山文化旅游带，把晋祠片区做大做响，把历史文物保护好，把历史街区、古镇古村保护建设好，把非物质文化遗产和传统工艺传承好，保护革命遗存，传承红色基因，讲好太原故事，延续历史文脉，留住城市记忆；推动全国文明城市创建，打造靓丽的市容市貌、整洁的卫生环境、顺畅的交通秩序、良好的市民素质、稳定的社会环境，使城市文明程度有一个大的跃升，让太原在坚定文化自信、增强文化自觉上成为有影响力的城市，成为彰显中华文化魅力的城市，为发展中国特色社会主义文化作出太原贡献。

二要建设开放太原。开放，是太原这个内陆城市实现振兴崛起的必由之路。开放带来进步，封闭必然落后。太原发展不足，很大程度上是因为开放不足，思想不解放，经济外向度不够。在新的历史起点上，在更高层次上提升对外开放水平，以开放促改革、促发展，用好用活“两个市场、两个资源”，是太原转型发展、创新发展的迫切需要和重要法宝。我们要通过建设开放太原，进一步提升开放的理念、胸怀和能力，拓展对外交往的力度、深度和广度，敢于与国际对接，愿意同世界交往，在眼界上、思想上、知识上、技术上走向开放，更好地学习借鉴国内外先进理念、知识和技术，形成开放型经济新体制新格局；进一步增强改革的自觉与担当，树立改革思维，落实改革责任，充满激情地推进改革，坚决破除一切不合时宜的思想观念和体制机制弊端，向改革要动力要活力要效益，以改革破解发展难题，以改革带动整体工作；进一步激发创新创造活力，把创新作为引领发展的第一动力，倡导创新文化，尊重知识、尊重人才、尊重创造，形成人才洼地、创新高地，打造人才荟萃、精英太原；进一步做优营商环境，强化营商环境就是生产力的理念，推动事权下放、关系理顺、环节打通、效率提高，建设“信用太原”，使市场发挥决定性作用，生产要素充分流动、高效配置，让太原成为一个学习型城市、包容型城市、创新型城市。

三要建设富裕太原。富裕，是太原人民的根本利益和共同期盼。中国共产党人的初心和使命，就是为中国人民谋幸福，为中华民族谋复兴。一代人有一代人的使命，一代人有一代人的担当，解决好太原发展不充分不平衡的问题，做大做强经济实力，提高城乡居民收入，满足人民日益增长的美好生活需要，是我们义不容辞的责任。我们要通过建设富裕太原，坚定不移贯彻新发展理念，落实国家资源型经济转型综合配套改革试验区各项政策，正确处理好“老饭碗”和“新饭碗”的关系，调整重大生产力布局，擦亮转型综改这一“金字招牌”，重塑太原发展新优势。推动南部创新发展，谋新篇、开新局，使其成为体制新、素质高、可持续的重要增长极；推动北部转型升级，优化发展空间，释放发展潜力，建设军民融合创新基地。总的讲，就是要在南部支起新锅灶，做出新饭来，在北部改造老锅灶，也要做出新饭来，形成发展的新动力，让太原成为在全国有地位、有影响力、举足轻重的先进制造业基地和新材料合成加工基地。此外，还要瞄准本土消费市场和潜力，培育主体，增加供给，占领市场。坚定不移落实以人民为中心的发展思想，高标准、高质量实现脱贫目标，办好教育、就业、医疗、社保等基本民生，让发展成果更多更公平惠及全市人民，实现共同富裕。总的考虑是，到2020年全市经济总量突破5000亿元，人均地区生产总值、城乡居民收入基本接近中部省会城市水平；2025年人均地区生产总值、城乡居民收入达到中部省会城市中游水平；2035年人均地区生产总值、城乡居民收入走在全国省会城市前列，基本实现现代化；2050年建成文明开放富裕美丽的社会主义现代化城市。

*四要建设美丽太原。*美丽，是人民群众对美好生活向往的不懈追求，是太原实现现代化的应有之义。党的十九大要求我们牢固树立社会主义生态文明观，推动形成人与自然和谐发展的现代化新格局。太原四季分明、气候宜人，三山环抱、一水中分，这是大自然赋予这座城市最为宝贵的资源。历史上的太原山光凝翠，川容如画，自古就有“锦绣太原”之美誉。由于长期高强度的开发建设，使生态环境成为我市可持续发展的突出短板。我们要通过建设美丽太原，展现文明和谐的自然之美，牢固树立绿水青山就是金山银山的理念，全方位、全地域、全过程开展生态环境保护，坚决打好“蓝天保卫战”，推动河湖水系互联互通、清水复流，实现东西北山造林绿化提档升级，让蓝天白云、繁星闪烁的宜人景象常驻，再现山如黛染、水似碧玉的旖旎风光。通过建设美丽太原，展现大气灵动的现代之美，全面提升城市规划建设管理水平，降低中心城区开发强度和密度，推动城市空间向南北延伸、东西拓展；贯彻落实习近平总书记关于“让汾河水量丰起来，水质好起来，风光美起来”的重要指示，把汾河打造成岸绿水美、点线辉映、人水相亲的城市生态带、品质带、形象带，勾勒出城市层次分明的天际线、山际线、水际线。通过建设美丽太原，展现古今交融的人文之美，塑造历史地段传统风貌，注重建筑物、街道立面、色彩协调优美，在城市不同方向形成一批具有自然禀赋、民俗风情的特色小城镇和美丽乡村，彰显城市品质、发展潜质、文化特质，让山美水美城美人美成为锦绣太原的新名片。

文明、开放、富裕、美丽是太原开启新征程、谱写新篇章的光明愿景，是贯彻落实党的十九大精神的具体实践。文明是内在素质，开放是动力活力、富裕是根本目的、美丽是良好形象，四者相互贯通、相互促进，统一于新时代太原现代化建设的全过程，要一体贯彻，整体推进。

三、坚定不移全面从严治党，为谱写文明开放富裕美丽太原新篇章提供根本保证

党政军民学、东西南北中，党是领导一切的。当前，我们已站上一个新的历史起点，开启了建设文明开放富裕美丽太原的新征程。完成光荣艰巨的历史使命，战胜前进道路上的风险挑战，必须毫不动摇坚持和完善党的领导，毫不动摇把党建设得更加坚强有力。

*一要把政治建设摆在首位。*旗帜鲜明讲政治是我们党作为马克思主义政党的根本要求，是党的十八大以来全面从严治党的成功经验，决定党的建设的方向和效果。十九大重新确立了党的建设总要求，其中，党的政治建设是最重要的，是统领、是核心；党的其他建设最终的着眼点和落脚点必须在政治建设上。没有政治建设这个“灵魂”和“根基”，其他建设都成了无用功。政治建设抓好了，政治方向、政治立场、政治大局把握住了，党的政治能力提高了，党的建设就铸了魂、扎了根，政治建设搞好了，才能做到方向不偏、步子不乱。十九届中央政治局第一次会议，研究审议了《中共中央政治局关于加强和维护党中央集中统一领导的若干规定》，省委及时制定出台了《中共山西省委关于坚决维护党中央集中统一领导的规定》，我们要以实际行动认真贯彻落实。保证全党服从中央，维护党中央权威和集中统一领导，是党的政治建设的首要任务。我们要牢固树立政治意识、大局意识、核心意识、看齐意识，切实把维护习近平总书记的核心地位作为第一位的政治要求，在政治立场、政治方向、政治原则、政治道路上同以习近平同志为核心的党中央保持高度一致，自觉维护以习近平同志为核心的党中央权威和集中统一领导。

*二要加强干部队伍建设。*实现文明开放富裕美丽太原的奋斗目标，关键在于落实，干部是决定因素。党的干部是党和国家事业的中坚力量。没有广大干部的积极性和执行力，再美好的蓝图也变不成美好的现实。当前，我市干部队伍的精神状态总体是好的，呈现出凝心聚力、真抓实干、昂扬向上、奋发进取的干事创业热情，想发展、谋发展、干发展的氛围日益浓厚。面对新形势新要求，面对肩负的新使命，广大干部要进一步提振士气，按照习近平总书记“信念坚定、为民服务、勤政务实、敢于担当、清正廉洁”20字好干部标准严格要求自己，不断提高素质和能力，特别是要有本领不够的危机感，以时不我待的精神，一刻不停地全面增强学习本领、政治领导本领、改革创新本领、科学发展本领、依法执政本领，群众工作本领、狠抓落实本领、驾驭风险本领，牢牢把握工作主动权，切实使自身的知识结构、能力素养更好适应时代的要求和工作的需要。

*三要持续推进正风反腐。*党的作风是党的形象，关系人心向背，关系党的生死存亡。党的十八大以来，以习近平同志为核心的党中央以强烈的历史担当和顽强的意志品质，从制定和执行中央八项规定破题，雷厉风行抓作风，锲而不舍纠“四风”，党内正气上升，社会风气上扬，作风建设试出了人心向背。十九大召开后，中央政治局及时研究审议《贯彻落实中央八项规定的实施细则》，体现了我们党从严管党治党、狠抓作风建设的鲜明态度和坚定决心。我们要以踏石留印、抓铁有痕的劲头，一个节点一个节点抓，保持力度、保持韧劲，通过抓党风政风、带社风民风，营造风清气正的社会环境。要清醒认识到腐败始终是我们党面临的最大威胁，坚持态度明确，无禁区、全覆盖、零容忍，坚持纪律带电，重遏制、强高压、长震慑，后墙不松、底线不移，保持好反腐败的高压态势，全面夺取反腐败斗争压倒性胜利。

同志们，时代催人奋进，使命无限光荣。我们要更加紧密地团结在以习近平同志为核心的党中央周围，高举习近平新时代中国特色社会主义思想伟大旗帜，在省委的坚强领导下，不忘初心、牢记使命，敢于担当、攻坚克难，把十九大确定的大政方针、发展战略、政策措施全面正确有效地贯彻好落实好，奋力谱写文明开放富裕美丽太原新篇章！

太原市人民代表大会常务委员会工作报告

——2017年3月28日在太原市第十四届人民代表大会第一次会议上

太原市人大常委会主任　弓　跃

各位代表:

我受市十三届人大常委会委托,向大会报告工作,请予审议。

五年主要工作回顾

五年来,市十三届人大常委会始终坚持以习近平总书记系列重要讲话精神为指引,不断增强政治意识、大局意识、核心意识、看齐意识,坚定不移地与以习近平同志为核心的党中央保持高度一致。2014年9月以来,面对政治、经济等多方面的困难和挑战,在市委的坚强领导下,市人大常委会坚决贯彻落实党中央对山西工作的指示要求,坚持党的领导、人民当家作主、依法治国有机统一,紧紧围绕"五位一体"总体布局、"四个全面"战略布局和省委"一个指引、两手硬"的重大思路和要求,紧紧围绕努力实现"两个走在前列",认真履行宪法和法律赋予的职责,为促进我市各项事业全面发展作出了贡献。

五年来,共召开常委会会议47次,主任会议103次,制定修改地方性法规20件、集中打包修改20件、废止12件,听取"一府两院"专项工作报告157项,作出决议决定35项,任免国家机关工作人员317人次,圆满完成了历次人代会批准的各项任务。

一、坚持科学立法、民主立法,为太原发展提供法制保障

良法是善治之前提。五年来,常委会围绕强化法治对改革发展和社会治理保障作用,完善科学民主立法机制,注重开门立法导向,增强立法解决问题意识,不断提高立法质量,着力为法治太原建设打牢基础。

加强社会事业立法,着力推进省城社会治理法治化。着眼促进社会事业健康发展的实际需要,制定了终身教育、养老机构、客运出租汽车服务管理和献血等条例,妥善解决社会各方利益矛盾。其中,终身教育促进条例的出台被列为当年"中国成人教育十件大事"之一。去年制定的中小学校幼儿园规划建设条例,规范相关规划、建设和管理,促进中小学校幼儿园建设滞后、生均用地面积不足等问题有效解决,对我市基础教育和学前教育的发展起到支撑作用。

突出民生领域立法,着力解决事关民生的现实问题。坚持以人为本的立法理念,抓住民生领域的突出问题和矛盾强化立法。针对特定人群,出台了残疾人保障、法律援助、流动人口服务管理等条例。依法保护人民群众生命财产安全,制定和修改了动物和动物产品检疫、雷电灾害防御等条例。去年,积极回应全市人民群众关切,制定餐厨废弃物管理条例,规范餐厨废弃物无害化处理和资源化利用,依法推动"地沟油"回流餐桌等问题的解决。

注重城市建设立法,着力破解城市现代化发展难题。坚持重点突破,抓住城市建设和管理的短板,制定了城市地下管网、桥梁管理、物业管理、古树名木保护等条例,对城市未来发展具有重大现实意义和深远影响。去年制定的物业管理条例全面规范了住宅物业服务活动,备受社会关注,将有效解决我市在物业管理方面困扰多年的突出问题。

强化生态环境立法,着力助推生态宜居城市新发展。牢固树立绿色发展新理念,制定和修改了发展新型墙体材料、森林防火、晋祠和兰村泉域水资源保护等条例,较好地解决了经济发展和生态保护的矛盾,为太原天更蓝、水更清、山更绿、空气更清新构筑了法制"保护屏障"。

二、坚持目标导向、问题导向,着力增强监督实效

五年来,常委会紧紧围绕市委重大决策部署、全市经济发展大局和社会民生热点问题,依法实施监督,注重跟踪问效,为促进我市经济社会全面发展发挥了重要作用。

围绕经济发展和财政运行强化监督。高度重视推动经济稳步增长,坚持把推进经济建设作为监督重任。对每年的计划草案和计划执行情况进行全面监督,对"十二五"规划纲要实施情况中期评估和"十三五"规划编制进行了监督,要求政府积极应对经济发展新常态带来的挑战,以科技创新为驱动,以深化改革扩大开放为根本,推动产业转型升级,不断增强经济发展的活力和动力。围绕推动"创新驱动、转型升级",对供给侧结构性改革、综改试验区建设、开发区拓展、科技创新、金融

振兴、商事制度改革、旅游业发展、民营经济和小微企业创业创新实施重点监督，对晋西车轴、百院兴医、轨道交通等100多个产业、民生、基础设施项目进行实地视察，为推动我市经济结构调整和质量效益提升发挥了积极作用。着眼“三农”问题，对都市现代农业、设施蔬菜生产、农业资金使用和农村土地承包经营权确权登记颁证试点等工作进行了监督，促进了我市农业增效、农民增收。认真贯彻执行新预算法，及时对计划及预算决算审查批准监督规定进行了修改，实现了对政府全口径预算编制的审查，将1000万元以上的市本级预算安排纳入重点审查范围，要求审计监督贯穿于预算编制、调整、执行到决算审查的全过程，并对审计整改报告进行了满意度测评。

围绕社会事业和民生改善强化监督。始终关注民生福祉，努力把监督的触角延伸到人民群众最关心的地方，推动发展成果更多、更公平地惠及全市人民。着眼于持续推进精准脱贫工作，开展了专项视察调研和跟踪监督。落实健康中国建设要求，组织城乡居民医保体系建设专题询问，听取医疗卫生工作情况的汇报，对深入推进基层卫生事业和医药卫生体制改革情况进行了专题调研。顺应人民群众对食品药品安全的强烈要求，分别对市政府食品药品监督管理和农产品质量安全工作情况的报告进行满意度测评，促进了相关工作深入开展。关注低收入家庭“住有所居”，持续加大保障性住房建设监督力度；重视老年人“老有所养”，跟踪检查养老事业发展情况；为确保百姓温暖过冬，每年供暖期之前，都要对供热工作进行监督；注重解决群众“出行难”问题，每年都对当年城市道路重点工程组织集体视察，并就城市交通建设管理开展专题询问。去年，还就加快停车场建设、改善停车难停车乱问题进行专题询问，推动市政府开展了整治交通秩序的专项行动。

围绕文化繁荣和教育事业强化监督。文化是城市的血脉和灵魂，是全体公民的精神家园。常委会组织代表深入重点文化体育场馆、文化产业园区和文化创意企业进行视察调研，听取深化文化体制改革、推动文化事业发展情况的报告，促进文化领域多出产品、力推精品，不断丰富人民群众精神文化生活。对青运会筹备情况进行监督检查，强调要以筹备青运会为契机，不断提升城市知名度和影响力。加强对文物保护和非物质文化遗产保护工作的监督，建议政府加大重点文物修缮保护力度，合理利用，实现保护和经济发展的和谐统一。深刻认知教育承载着国家的未来、人民的期盼，先后听取和审议了基础教育、职业教育、民办教育、学前教育等情况的报告，针对“择校热”“入园难”、民办学校办学不规范等突出问题，提出切实可行的意见建议，推动教育事业向更高质量更加公平全面发展。

围绕生态环境和城市建设强化监督。常委会紧紧抓住美丽宜居太原建设关键问题强化监督，为我市生态环境持续改善、实现人与自然和谐相处不懈努力。坚持每年第一次常委会听取和审议环境保护工作情况的报告；坚持每年一个专题开展“环境文明在太原”和“并州环保行”活动；连续三年组织五级千名人大代表，对我市环境污染综合治理“五大工程”和“五项整治”、冬季采暖期大气污染治理等进行持证专项视察，推动一批影响环境质量的突出问题得到解决。针对雾霾天气频发、群众关注的空气质量问题开展视察调研，并对贯彻落实大气污染防治法情况报告进行了满意度测评。经过五年的努力，我市空气质量得到进一步改善，二级以上优良天数增加了70天。围绕扎实推进“五城联创”，听取了城市近期建设规划、绿地系统规划、轨道交通建设和百万亩森林围城工程情况的报告，先后4次听取审议城中村整治、改造专项工作报告，并开展了专题询问。为促进我市城市管理水平全面提升，针对城市规划、交通管理、环境卫生整治以及城管行政执法等方面的问题，组织了专题询问，督促市政府开展专项整治，回应群众呼声。

围绕依法行政和公正司法强化监督。依法行政、公正司法是维护社会公平正义、让人民群众有更多获得感的重要保证。常委会严格初审制度和纠正程序，对150件政府规章和规范性文件进行了备案审查，从去年开始将法治政府建设情况列为每年第一次会议“必审”议题。为确保法律法规的正确实施和有效执行，组织义务教育法、旅游法、法律援助条例、消防条例执法检查，对40多件法规进行执法调研和评估。不断强化司法监督，先后听取和审议了减刑假释案件审理、人民陪审员工作、反贪污贿赂、预防职务犯罪、“打黑除恶”专项斗争等工作报告，有效促进了司法机关依法公正行使权力。畅通信访渠道，推进信访改革，及时化解矛盾纠纷，五年共受理督办各类信访案件2759件，为维护人民群众合法权益发挥了积极作用。

三、坚持依法决定、依法任免，切实履行法定职能

五年来，常委会紧紧围绕全市改革发展稳定大局，严格落实新修订的组织法、代表法、选举法等要求，充分履行重大事项决定和人事任免职能，努力把党的主张转化为人民意志。

认真讨论决定重大事项。注重将贯彻市委重大决策与体现市情民意相统一，按照市委深化法治太原建设的意见，先后3次作出集中修改20件地方性法规的决定。每年都要作出批准财政决算的决议，及时批准预算调整方案，特别是对政府债务限额分配方案专门作出了决议。为支持、规范和保障开发区建设，就开发区行政管理事项作出相关决定，进一步理顺了行政执法体制，使开发区管委会的运行走上法治化轨道。

依法搞好人事任免选举。坚持党管干部与人大依法任免干部有机统一，坚持对拟任命人员进行法律知识考试、任命后提出履职要求、颁发任命书等做法，实施向宪法宣誓办法，增强被任命人员的宪法意识、法律意识、公仆意识，确保了省委、市委人事安排意图的顺利实现。认真做好代表补选和资格审

查工作，依法罢免省人大代表4名、补选5名，对各县市区补选的28名市人大代表和本次换届当选的355名市人大代表的代表资格进行了审查确认。

有效指导县乡人大换届。县乡两级人大换届选举是全市人民政治生活中的一件大事，对巩固党的执政基础，加强基层国家政权建设，坚持和完善人民代表大会制度，具有重要意义。常委会坚持党的领导、充分发扬民主和严格依法办事，认真贯彻中央和省、市委要求，牢牢把握换届选举工作的正确方向。深入县市区开展调研，及时做出关于做好全市县乡两级人大换届选举工作的意见。建立联席会议制度，强化工作指导，加强对选民登记、流动人口参选、候选人考察审查、代表结构等有关问题的监督，坚决杜绝挤占一线工人、农民代表名额，把好代表入口关。严肃换届纪律，防止违法违纪行为，确保选举风清气正。在市委领导下，各县市区精心组织，各方紧密配合，共选举产生县、乡两级人大代表4359名，代表结构更加优化，能力素质明显提升。

四、坚持依靠代表、服务代表，充分发挥代表作用

五年来，常委会牢牢把握人大代表来自人民、代表人民、植根人民的特点和优势，不断完善工作机制，创新活动方式，使代表主体作用得到更好发挥。

加强组织领导，保障闭会期间活动。邀请市人大代表列席人大常委会会议、旁听重大案件庭审、督查文明城市创建、检查城乡清洁工程、参与行风政风评议等各类活动，代表发挥作用的渠道更加广泛。每年人代会前组织代表走进新闻媒体与百姓热线交流，人代会期间约见政府部门负责人，将群众反映的意见建议交给政府部门办理，教育、住房、交通和社会保障等方面的一些具体问题得到解决。组织市县乡三级代表“助力精准扶贫”，开展送医下乡、科技扶贫、结对帮扶、助推农产品销售等活动，在打赢脱贫攻坚战中展示了人大代表积极作为。

加强教育引导，积极促进代表履职。紧密结合形势和履职需求，每年组织大规模的代表履职学习班，常委会领导亲自授课，专家学者专题辅导，优秀代表履职交流，不断提高代表的政治意识和履职能力。对人大代表严格履职、正确行使权力强化约束，采取多渠道、多方位、多形式为代表履职创造良好条件。组织市县乡三级4681名人大代表参加了法律知识竞赛答题活动，通过《太原人大》“代表风采”、广播电台“人大之声”积极宣传代表履职情况，为代表执行职务营造了良好的社会舆论氛围。

加强制度建设，健全代表激励机制。坚持和落实“两联系”制度，进一步密切人大常委会与代表、代表与人民群众的联系，使人大履行职能、行使职权的民主基础更加广泛厚实。健全代表履职登记制度，坚持代表进选区向选民和到选举单位述职制度。完善代表建议督办机制，研究确定督办重点，建立联动办理机制，组织建议办理“回头看”和代表测评考核，推进了办理质量有效提升。去年收到的189件建议已经全部办理完毕，建议落实和正在落实的达到97%，18个方面24件重点督办建议全部得到较好落实。

五、坚持立足于学、立足于做，全面加强自身建设

五年来，常委会把深入开展“两学一做”等党内集中教育活动作为加强自身建设的重要抓手，深学笃行，努力提高履职水平，不断推进各项工作深入开展。

扎实开展教育活动，不断增强“四个意识”。认真学习习近平总书记系列重要讲话精神和中央、省市委重要会议精神，积极开展党的群众路线教育实践活动、“三严三实”专题教育、“两学一做”学习教育和学习讨论落实活动，树立了坚持党的领导不动摇、坚持人民立场不动摇、坚持与党委中心工作同频共振不动摇的坚定信念和政治品质。

贯彻从严治党要求，切实加强党的建设。注重发挥常委会党组领导核心作用，及时决定党的建设、党风廉政建设、干部队伍建设等重大事项。切实履行常委会党组、机关党委、各支部全面从严治党主体责任和领导干部“一岗双责”，形成一级抓一级、层层抓落实的党建工作新格局。贯彻执行党内政治生活《准则》和党内监督《条例》，强化“三基”建设，落实“三会一课”制度，带头严守纪律规矩，以党的建设带动推进人大工作，以全面从严治党带动推进党的各项事业，以政治纪律和政治规矩保证始终正确的政治方向。

着眼提高履职水平，努力加强能力建设。注重常委会组成人员政治理论、人大制度和宪法法律的学习，坚持常委会组成人员参加视察调研活动，提高审议质量；重视和支持专门委员会依法行使职权，充分发挥常委会工作机构、办事机构的履职服务作用，常委会履职能力和机关服务水平进一步提升。深入宣传人大制度和人大工作，不断加强理论研究和工作研究，推动人大工作与时俱进、创新发展。

积极开展创建活动，持续强化作风建设。制定加强机关作风建设的意见，进一步规范了机关的办公、办文、办会等工作程序，完善了机关各项规章制度，严格执行中央八项规定精神、坚决反对“四风”成为机关干部的自觉行动。深化精神文明创建，广泛开展社区志愿、慈善救助、包村扶贫、联系企业活动，人大机关连续18年被评为市级文明单位标兵、连续8年被评为省级文明单位。

五年来，全国人大、省人大重视支持太原的改革发展，先后组织人大代表来我市视察调研、执法检查72次，带动和促进了我市的全面建设和人大工作的进一步提升。常委会注重加强对基层人大的工作指导，制定了加强全市县乡人大工作和建设的实施意见，通过列席会议、座谈交流、考察调研等多种形式密切与基层人大的联系，在执法检查、工作监督、建议督办、代表活动等方面与基层人大上下联动、紧密配合。在这里,特别感谢十个县市区委高度重视、大力支持人大工作。各县市区人大常委会强化责任、敢于担当,夯实基础、积极履职,大力创新、奋力拼搏,在许多方面呈现出一系列亮点和富有成效的经验做法,为全市人大工作开创新局面做出了应有贡献。

各位代表,市十三届人大常委会五年来所取得的这些成绩,是市委正确领导、省人大有力指导的结果,是组成人员和全体人大代表共同努力的结果,是全市人民积极支持和参与的结果,也是市政府、市政协、市中级人民法院、市人民检察院及县市区人大常委会密切配合的结果。在此,我谨代表市十三届人大常委会,向全市人民,向全体人大代表,向社会各界表示衷心的感谢!

五年工作的主要经验和体会

回顾五年来的工作,我们深切地感受到,坚持和完善人民代表大会制度,做好人大工作,必须坚持党的领导、人民当家作主、依法治国有机统一,并把这一根本原则切实贯彻到依法履职的各项工作中去。总结五年来的工作实践,主要有以下经验和体会:

一、必须牢固树立"四个意识",把坚决贯彻执行党的决策部署作为首要的政治任务。人大工作是党和国家工作的重要组成部分,坚持党的领导是做好人大工作的根本保证。五年来,我们始终坚持把深入学习习近平总书记系列重要讲话精神摆在首位,深刻领会系列重要讲话蕴含的新理念新思想新战略,使系列重要讲话确实成为做好人大各项工作的根本遵循。始终坚决贯彻落实党中央对山西工作的指示要求,在重大原则问题和大是大非面前头脑清醒、立场坚定、旗帜鲜明、行动坚决。始终坚持和依靠市委的坚强领导,建立完善了重大问题、重要事项向市委请示报告制度,保证了市委的决策部署在人大得到全面贯彻和有效执行。始终坚持把围绕中心、服务大局作为人大工作的主题,自觉将工作置于全市大局中谋划安排、统筹推进。实践证明,做好人大工作,最根本的是要坚持党的领导,牢固树立政治意识、大局意识、核心意识、看齐意识,确保人大工作正确的政治方向,只有这样,我们的工作才能不断前行,才能在全市工作大局中发挥重要作用,人民代表大会制度才能更好地坚持和完善。

二、必须坚持以人民为中心,把保障人民当家作主作为人大工作的根本宗旨。代表和维护人民利益,保证和实现人民当家作主,是人大工作的根本宗旨和行动准则。五年来,我们坚持把群众的呼声和意愿作为指导工作的第一信号,把关心和服务群众作为第一追求,把群众的监督和评价作为衡量履职成效的第一尺度,不断拓宽民主渠道,扩大公民有序政治参与,切实增强人大工作的民意基础。向社会公开征集立法、监督议题,注重从代表建议和群众来信来访中确定监督重点;围绕议题深入实际、深入基层、深入群众,开展调查研究,广泛听取代表和群众的意见建议;抓住涉及群众切身利益的民生问题,持续不断跟踪问效;邀请代表和公民旁听常委会会议,及时将常委会工作中重大事项向社会公布,接受人民群众的监督,使人大工作始终与群众的呼声息息相应,与群众的意愿紧密相连。实践证明,只要我们紧紧依靠全体人大代表,保持同人民群众的血肉联系,顺应民心,反映民意,贴近民生,我们的工作就会受到人民群众的拥护,得到人民群众的认可,拥有强大而旺盛的生命力。

三、必须大力弘扬法治精神,把推进法治太原建设作为坚定的工作目标。人大处在社会主义民主法治建设的第一线,在全面依法治国中担负着重要职责。五年来,我们坚决维护宪法权威,在国家宪法日组织市、县、乡三级人大代表走进选区、联系选民、宣传宪法,在人大网站、杂志和省城各大媒体开辟宪法宣传专栏,弘扬宪法精神,增强全民宪法意识。我们自觉将立法工作置于经济社会发展全局和维护人民利益、促进社会和谐大局中权衡,敢于触碰立法中遇到的难题,坚持立改废释并举,充分发挥了立法的引领和推动作用。我们强调法律法规的贯彻实施,每年选择事关我市经济社会发展的重要法律法规,采取上下联动、边查边改、点面结合、全面覆盖的方式,开展大规模的执法检查,有效维护了法律法规的严肃性。实践证明,人大权力受之于宪法和法律,只有自觉维护宪法和法律尊严,才能更好地为全市改革、发展、稳定提供法制保障,人大工作才能在推进法治太原建设的道路上不断取得新成绩,迈上新台阶。

四、必须强化责任担当意识,把推动人大工作改革发展与时俱进作为核心理念。创新是人大工作永葆生机与活力的源泉。五年来,我们按照"总结、继承、完善、提高"的要求,以新定位新思路新举措谋划和推进人大工作。我们深入贯彻民主法制领域改革要求,积极推进立法机制改革,修改了立法条例,建立了立法咨询专家库、立法研究咨询基地和基层立法联系点,通过开展立法协商、公民旁听审议、法规草案委托第三方起草、重要法规三审通过等一系列改革和创新方式,充分发扬民主,吸收各方意见,立法质量明显提高。我们注重监督方式的创新,进行了城市管理、环境保护、城中村改造、医保体系建设等7场专题询问,先后提出了取缔重要路段占道经营、完善分级诊疗体系、重点解决停车位分布不均等要求,在社会引起强烈反响。我们对城乡清洁工程、食品药品安全、大气污染防治等5个报告进行了满意度测评,有力地推动了相关工作的开展。实践证明,只有坚持解放思想、实事求是、与时俱进,始终保持奋发有为的精神状态,人大工作才能在探索中前进,在开拓中发展,在创新中提高,不断开创新局面。

在总结经验和成绩的同时,我们也清醒地看到工作中存在的不足和差距,主要有:立法步伐还需要进一步加快,立法力量还需要进一步充实,监督实效还需要进一步增强,为代表发挥作用搭建平台的途径和方式还需要进一步探索实践;自身建设还需要进一步强化。这些问题,都需要在以后工作中采取切实措施加以解决。

对今后工作的建议

今后五年是全面建成小康社会的决胜阶段,建议新一届人大常委会在市委的坚强领导下,深入贯彻习近平总书记系列重要讲话精神和治国理政新理念新思想新战略,统筹推进"五位一体"总体布局、协调推进"四个全面"战略布局,认真落实省、市第十一次党代会精神,按照"一个指引、两手硬"的重大思路和要求,围绕努力实现"两个走在前列",坚持党的领导、人民当家作主、依法治国有机统一,依法行使各项职权,动员和团结全市人民,为全面建成小康社会、加快实现振兴崛起,开创我市各项事业发展新局面作出更大贡献。

一、坚持科学民主立法,不断提高法规质量。继续坚持党对立法工作的领导,提升人大常委会和专门委员会立法专业化水平,充分发挥立法咨询专家库、立法研究咨询基地和基层立法联系点作用,形成党委领导、人大主导、各方参与的立法工作新格局。紧紧抓住提高立法质量这个关键不放松,坚持问题导向,坚持立改废释并举,创新立法形式,采取建立听证制度、扩大立法联系点、增加法规草案解读环节等新机制,增强立法的针对性和实效性。突出太原特色,围绕"十三五"规划实施,加快重点领域立法,科学制定五年立法规划和年度立法计划,做到在法治下推进改革、在改革中完善法治。今年制定大气污染防治、电动自行车管理、文明行为促进、建筑废弃物管理等4个地方性法规。加强对法规执行情况的评估,每件法规实施后的第二年听取实施情况汇报,检验执行效果。

二、强化定力找准站位,切实增强监督实效。紧紧围绕市委重大决策部署、全市重点工作和社会普遍关心的民生问题,不断改进监督方式,拓展监督深度和广度,提高监督质量和水平。对于全局性、长远性、根本性的重大问题,涉及群众切身利益、社会普遍关注的热点难点问题,连续跟踪监督,直至问题解决、取得实效。今年围绕以下几个方面开展监督:以服务创新驱动、转型升级为主线,全力推动改革发展。强化对计划、预算执行情况的监督,继续加强对政府全口径预算决算的审查,特别是加强预算绩效和政府债务监督。不断推进审计全覆盖。对综改示范区建设相关问题进行视察调研,对供给侧结构性改革、"双创"和小微企业创业创新等重点任务实施跟踪监督。关注"三农"发展,强化对财政支农资金使用的监督。以维护群众根本利益为出发点,大力推动民生改善。采取切实有效措施,扎实推进对精准脱贫的监督。加强公共文化服务、教师队伍建设、旅游景区体制改革等各项社会事业监督。以提升城市功能品质为目标,积极推进城市管理提档升级和生态环境持续改善。继续听取环境保护工作报告和开展"并州环保行"活动,监督"控煤、治污、管车、降尘"等重大举措的落实,重点监督水环境治理。助推"五城联创"迎青运活动,听取城建重点工程、轨道交通、公园建设和清洁供热全覆盖工作情况的报告。围绕城市管理全面提升行动进行专题询问。以推进法治太原建设为重点,有效促进依法行政和公正司法。

三、依法决定重大事项,认真搞好任免选举。坚持党的领导和人大依法行使重大事项决定权相统一,围绕规划计划、预算调整和本级决算、城镇建设、重大改革举措、重大民生工程、重大建设项目,及时作出决议决定。完善工作机制和程序,扩大民主决策渠道,加强合法性审查,跟踪监督决议决定落实情况,保证市委的重大决策经过法定程序成为国家意志。认真做好人事任免工作,坚持党管干部与依法任免有机统一,严格选举任免程序,继续实行宪法宣誓制度,坚决同省委、市委保持高度一致,确保省委、市委意图的顺利实现。

四、扎实开展代表工作,促进代表全面履职。以保障代表作用的充分发挥为根本目的,不断创新代表工作的内容、方法和载体,活跃闭会期间代表活动,为代表更好履职创造条件。组织代表开展专题调研和集中视察,努力增强活动实效,促使代表更好地参与地方国家事务管理。进一步增进代表与人民群众的密切联系,健全联系网络和履职平台,强化代表小组活动,落实代表活动日制度。完善代表履职监督机制,建立代表履职档案、通报代表履职情况,探索建立代表履职激励、考核和退出机制,促进人大代表更好地接受人民群众监督。加强代表意见建议督办,修改代表建议督办办法,拓展重点督办范围,加强跟踪督办,探索制定更为科学的评价体系,提高意见建议的办成率和代表的满意率,促使办理质量进一步提高。

五、着力加强自身建设,夯实依法履职基础。深入学习习近平总书记系列重要讲话精神,切实提高政治自觉和政治站位,不断增强"四个意识",坚决维护以习近平同志为核心的党中央的权威。充分发挥党组的领导核心作用,认真落实从严治党各项要求,严守政治纪律和政治规矩,严格执行中央八项规定精神,持之以恒反对"四风",巩固风清气正氛围。推动"两学一做"学习教育常态化制度化,教育引导广大党员做到"四个合格"。加强对县乡人大工作和建设实施意见的督促落实,积极帮助基层人大协调解决工作中的困难和问题,进一步提高基层人大工作水平。

各位代表,新的征程已经开启,我们要牢记责任、不辱使命,振奋精神、积极作为,努力成为太原各项事业的领头羊和开路先锋。让我们更加紧密地团结在以习近平同志为核心的党中央周围,在市委的坚强领导下,为全面建成小康社会、加快实现振兴崛起而努力奋斗,以优异成绩迎接党的十九大胜利召开!

政府工作报告

——2017年3月26日在太原市第十四届人民代表大会第一次会议上

太原市市长 耿彦波

各位代表：

现在，我代表市人民政府，向大会报告工作，请予审议，并请政协委员和列席人员提出意见。

一、过去五年工作回顾

全市上下在省委、省政府和市委的正确领导下，认真贯彻落实习近平总书记系列重要讲话精神和治国理政新理念新思想新战略，按照省委"一个指引、两手硬"重大思路和要求，迎难而上，砥砺前行，积极适应经济发展新常态，坚持稳中求进总基调，统筹做好稳增长、促改革、调结构、惠民生、防风险各项工作，努力实现"两个走在前列"，较好完成市十三届人大一次会议确定的经济社会发展主要目标任务。

——*经济运行持续稳定增长*。经济发展首位度有所提升，占全省的22.9%。2016年实现地区生产总值2955.60亿元，年均增长7.8%；规模以上工业增加值571.81亿元，年均增长7.2%；固定资产投资2027.71亿元，年均增长14.6%；一般公共预算收入282.69亿元，年均增长10.1%；社会消费品零售总额1666.24亿元，年均增长11.4%；外贸进出口总额133.14亿美元，年均增长9.4%；城镇居民人均可支配收入29632元，年均增长9.1%；农村居民人均可支配收入14591元，年均增长10.2%。

——*产业结构优化升级初见成效*。特色农业稳步发展，亿元以上农业龙头企业17家。非煤产业占规模以上工业增加值的90.2%，富士康手机制造、太重高铁轮对、阳煤化机制造等一批项目建成投产，新能源、新材料、节能环保、电子信息、食品药品等新兴接替产业占比由34.2%提高到70.9%。万达综合体、绿地中央广场、茂业天地等一批服务业项目加快推进，服务业增加值占地区生产总值的62.6%。

——*发展新动能逐步积累*。推进科技创新，全社会研究与试验发展经费年均增长6.3%。新增5个国家级科技企业孵化器和7个国家级重点实验室、工程技术中心；国家级高新技术企业533家，高新技术产业增加值占地区生产总值的8.4%。创建国家小微企业创业创新基地城市示范，推进大众创业、万众创新，各类市场主体35.3万户，建成清控等8个国家级众创空间，2016年实现民营经济增加值1701.22亿元，年均增长9.8%。鼓励发展多层次资本市场，新三板挂牌企业37家，占全省三分之二，金融业增加值占地区生产总值的14.8%。

——*城市基础设施建设成效明显*。新建改建府东府西街、五一路、并州路、南内环街、长风街、学府街、东峰路等城市主次干道160余条，改造支路近400条，建设总里程750余千米；建成中环路、卧虎山路、建设路、阳兴大道、滨河西路、南沙河路、马练营路等快速路213千米，快速交通体系初步形成。新建北中环桥、摄乐桥两座汾河大桥，完善提升柴村桥、双塔街、学府街与滨河东路立体互通体系。太原高铁南站建成投入使用，地铁2号线全面开工建设。敷设供水、供热、燃气、电力、通讯等各类地下管线8453千米，公共供水普及率达到85.15%，燃气普及率达到98.65%。推进80多个城中村和108片棚户区总计10万余户改造，人民群众居住条件进一步改善。

——*省城环境质量继续改善*。集中供热扩网1.3亿平方米，覆盖率达到90%，替代分散燃煤采暖锅炉3198台，拆除城中村烟囱43700余个，关停搬迁太化、煤气化、狮头水泥等污染企业301家，年减少燃煤近千万吨。古交兴能、太二、太钢等电厂366万千瓦热电燃煤机组完成超低排放改造。老旧建筑节能改造近千万平方米。淘汰老旧机动车和黄标车27.3万辆，2500辆公交车全部使用天然气，8292辆出租车整体更新为纯电动汽车；投放公共自行车4.1万辆，日租车人数超过50万人次。新建城南污水处理厂和晋阳污水处理厂。饮用水源地水质达标率保持100%。二级以上天数由162天增加到232天。加强东西北山生态建设，完成营造林168万亩，森林覆盖率达23%；新建晋阳公园、和平公园等13个公园和46个小游园，道路绿化375万平方米，建成区绿化覆盖率、绿地率、人均公园绿地面积分别达到41.7%、36.7%、11.9平方米。

——*民生保障能力不断提高*。累计民生支出1467亿元，占一般公共预算支出的82.7%。每年城镇新增就业保持在10

万人左右,城镇登记失业率控制在4%以内。城乡居民养老、医疗保险和低收入群体基本生活保障实现制度全覆盖,城乡低保5年7次提标,分别提高49%和84%,"新农合"实现应保尽保。扶贫攻坚首战首胜,7万农村贫困人口实现脱贫。推进教育医疗资源标准化、均衡化、优质化发展,新建改扩建五中、成成、一外、二外等学校606所,小学、初中90%以上学区实现就近入学,普通高中实现网上录取;新建改扩建市中心医院、妇幼医院、人民医院等医疗机构47所,可新增床位5000余张。建成城乡老年日间照料中心448个,开工建设儿童福利院。持续举办太原国际马拉松赛,积极承办全国第二届青运会。全国双拥模范城创建实现"八连冠"。人防工作获得全国先进城市称号。推进"平安省城"建设,安全生产和社会稳定形势总体平稳向好。

——*文化事业文化产业加快发展。*推进晋祠景区完善提升,太山龙泉寺、明太原县城、青龙古镇保护性开发取得阶段性成果,文殊寺、普光寺、圆通寺、关帝庙等府城历史文化遗存保护加快实施。改扩建太原图书馆,建成开放太原美术馆、赵梅生美术馆,成功举办第十二届全国美术作品展览雕塑作品展、2015太原国际雕塑双年展,连续四年在太化工业遗址举办国际青年金属雕塑创作营活动。晋剧《傅山进京》《于成龙》和舞剧《千手观音》等作品入选国家艺术基金项目。建成西山文化创意、清徐陈醋等特色文化产业园。

——*政府自身建设不断加强。*严格执行政府决策议事规则和工作程序,自觉接受人大依法监督、政协民主监督,认真听取各民主党派、工商联、无党派人士建言献策,累计办理人大代表建议1341件、政协提案2800件,办复率100%。积极推行权力清单和责任清单制度,推进"放管服"改革,市级行政权力事项精简54%。认真落实政府党组全面从严治党主体责任,严格执行八项规定,坚决反对"四风",加大监察审计力度,加强党风廉政建设。扎实开展党的群众路线教育实践活动、"三严三实"专题教育和"两学一做"学习教育,干部队伍作风进一步转变,干事创业氛围更加浓厚。

过去五年,全市经济社会发展取得的成绩,是在省委、省政府和市委坚强领导下,市人大、市政协监督支持下,全市广大干部群众攻坚克难、团结奋斗的结果。在此,我代表市人民政府,向全市人民、驻并部队、武警官兵和公安干警,向各位代表、各位委员和社会各界人士,表示崇高的敬意和衷心的感谢!

我们也清醒认识到,当前太原正处在滚石上山、爬坡过坎的关键时期,还存在不少困难和问题。主要表现在:发展水平不高,发展速度不快,首位度不够,特别是工业不大不强,经济下行压力仍然较大;创新驱动、转型升级任务艰巨,传统产业改造提升不快,引领发展的战略性新兴产业发展不足;城市基础设施欠账较多,城市管理水平不高,影响人民群众的幸福感;省城环境质量改善形势严峻,燃煤污染依然突出,全面治理亟需加强;发展环境不优、服务意识不强、行政效能不高,少数干部不作为、慢作为、庸懒怠和腐败现象依然存在。我们要直面问题,担当负责,努力以改革发展的新举措认真解决。

二、今后五年工作目标任务

今后五年,是全面深化改革、全面实现小康社会目标的决胜期,是实施创新驱动、推动转型升级的攻坚期,也是实施"十三五"规划、实现太原振兴崛起的重要战略机遇期。我国经济发展进入新常态,供给侧结构性改革深入推进,"一带一路""京津冀协同发展"等重大战略深入实施,省委、省政府建设山西转型综改示范区重大战略加快落实。我市正站在振兴崛起的历史关头,处于转型升级的历史拐点,面临干事创业的历史机遇,我们要坚定信心、攻坚克难、开拓进取,努力实现省、市第十一次党代会提出的目标任务。

未来五年经济社会发展的主要目标是:经济结构达到新优化。创新驱动、转型升级成效显著,战略性新兴产业加快发展,先进制造业、信息产业、新能源、新材料、现代服务业成为主引擎。地区生产总值年均增长7.5%以上,第一产业增加值年均增长3%以上,规模以上工业增加值年均增长7.5%以上,服务业增加值年均增长8%以上、占地区生产总值60%以上。省会城市的首位度进一步提升,地区生产总值占全省的30%左右。民生改善体现新水平。城乡居民人均收入与经济增长同步,城乡收入差距进一步缩小。城镇登记失业率控制在4%以内,力争2018年实现贫困人口脱贫、贫困县摘帽。2020年全面完成170个城中村拆迁改造任务。教育、文化、社保、医疗、住房等公共服务体系更加健全,基本公共服务均等化水平得到提高。安全生产形势持续稳定好转,人民群众的幸福指数明显提升。

城市功能完成新提升。城市空间布局更加优化,基础设施不断完善,主次干道、支路级次配比科学合理,立体化综合交通体系基本形成。地铁1、2、3号线基本建成,初步形成地铁网络体系。城市综合管廊和海绵城市建设成效明显,城市防洪排涝体系强大健全,雨污分流体系完整,城市综合承载能力和城市管理水平全面提高。道路更加通畅,环境更加优美,城市更加宜居,在全国省会城市中位次前移,凝聚力、竞争力和影响力进一步增强。

文化建设出现新进步。社会主义核心价值观更加深入人心,人民群众思想道德素养、科学文化素质、健康生活水平明显提高,进入全国文明城市行列。公共文化基础设施更加健全,现代公共文化服务体系逐步建立。文化软实力明显提升,文化旅游产业发展壮大,战略性支柱产业的框架形成,旅游目的地的目标基本实现,国家历史文化名城影响力进一步扩大。

文化产业增加值年均增长 20%，占地区生产总值的 7%左右。

生态环境得到新改善。生态绿色屏障基本形成，生产方式、生活方式绿色低碳水平显著提高。市区污水处理、集中供热、垃圾无害化处理实现 100%全覆盖。PM2.5 浓度逐年下降，市区优良天气率达到 80%左右。森林覆盖率达到 30%以上，建成区绿化覆盖率达到 42%左右，天蓝、山绿、水清的目标基本实现，城乡人居环境全面改善。

改革开放实现新突破。转型综改示范区建设取得重大成果，重点领域和关键环节改革取得突破性进展，发展动力和活力显著增强，要素集聚、体制改革、创新活跃、生产力解放，对外开放的深度广度进一步拓展。太原成为开放高地、投资热土、增长引擎，在全省对外开放格局中的带动作用进一步增强。

法治政府建设取得新进展。人民民主不断扩大，法治建设更加完善，合法权益得到切实保障，司法公平正义进一步彰显，法治政府、法治社会一体化推进。办事依法、遇事找法、解决问题用法、化解矛盾靠法的法治意识提升到一个新高度。政府治理体系和治理能力不断提高，社会各项事务治理更加规范化、程序化、制度化。

三、2017 年工作安排

今年政府工作的总体要求是：深入贯彻习近平总书记系列重要讲话精神和治国理政新理念新思想新战略，统筹推进“五位一体”总体布局，协调推进“四个全面”战略布局，认真落实省、市第十一次党代会总体部署和省委、市委十一届二次全会暨经济工作会议精神，按照省委“一个指引、两手硬”重大思路和要求，坚持新发展理念，坚持稳中求进工作总基调，坚持深化供给侧结构性改革与深化转型综改试验区建设有机结合，坚持以提高发展质量和效益为中心，以转型综改示范区为引擎，全面实施创新驱动、转型升级战略，全力做好稳增长、促改革、调结构、惠民生、防风险各项工作，努力实现“两个走在前列”，以优异成绩迎接党的十九大胜利召开。

主要预期指标是：地区生产总值增长 8%左右，规模以上工业增加值增长 7.5%左右，固定资产投资增长 7%左右，社会消费品零售总额增长 7.5%左右，一般公共预算收入增长 3.5%左右，城乡居民人均可支配收入分别增长 7.5%和 8%左右，居民消费价格涨幅控制在 3%左右，城镇登记失业率控制在 4%以内，圆满完成省下达的约束性指标任务。

（一）以供给侧结构性改革为主线，推进创新驱动、转型升级

用改革的办法深入推进“三去一降一补”。扎实有效淘汰落后产能，严格执行环保、能耗、质量、安全等相关法律法规和标准，坚决淘汰技术落后、污染严重、安全隐患较大的煤焦冶电企业。有效处置“僵尸企业”，落实职工安置政策。分类施策去库存，通过改变商业模式、降低运营成本等多元化途径消化商业写字楼库存。进一步采取减税降费、降低“五险一金”缴费比例、全面清理规范政府性基金、推进大用户直供电等举措，促进企业降成本。

用供给侧结构性改革的力量振兴实体经济。实体经济是发展的根基。要以创新驱动为主动力、转型升级为主引擎、实体经济为主战场，大力发展电子信息、先进装备制造、新材料、新能源、节能环保等战略性新兴产业，努力形成若干千亿、百亿级产业集群，构建供给侧结构性产业新优势。着力抓好富士康手机智能化制造和维保、江铃重汽整车及发动机、比亚迪新能源汽车、太重地铁盾构和风电装备、中车地铁装备、太钢 T800 碳纤维和轮轴钢、大明不锈钢深加工、晋西春雷高精度铜合金、中电科二所碳化硅半导体等重点项目，以项目促转型，以创新添活力，建立高质量、多层次、宽领域的有效供给体系。弘扬工匠精神，厚植工匠文化，创建质量强市，推动经济发展进入质量时代。深入实施《中国制造 2025》，推进大数据、云计算、物联网运用，推动传统产业生产、管理和营销模式变革。实施煤焦冶电等传统产业技术改造、智能改造、绿色改造。发挥军工基地产业优势，创新军民产业融合机制，开展军民协同创新，推动军民融合深度发展。

创新是第一动力，人才是第一资源。功以才成，业由才广。认真落实省委《关于深化人才发展体制机制改革的实施意见》，推进人才强市战略，构建科学、开放、高效的人才管理体制。以识才的慧眼、爱才的诚意、容才的雅量、用才的胆识，创新以增加知识价值分配为导向的人才政策，促进创新要素向高端人才流动、高端人才向转型综改集聚。加强与科研机构、高等院校产学研用深度结合，引进站在行业科技前沿、具有国际视野和能力的领军人才，加快新材料、人工智能、集成电路、生物制药、第五代移动通信等技术研发成果转化，培育高科技引领的产业集群。

着力提升服务业发展水平。开展“互联网 +”产业集群行动，加快建设国家小微企业创业创新基地城市示范，打造面向大众的“双创”全程服务体系，推进大众创业、万众创新，发展新制造、新技术、新业态。大力发展现代服务业，推动生产性服务业向价值链高端延伸、生活性服务业向精细化高品质延伸。积极发展总部经济、数字经济、互联网服务等新兴产业，培育壮大金融、科技服务等重点产业，推进电子商务示范工程，发展跨境电子商务。着力抓好华润万象城、苏宁广场、润恒农产品冷链物流、万科现代仓储、传化公路港等重大服务业项目建设。完成农村信用社体制改革，设立支撑创新驱动、转型升级两个百亿元产业基金。开工建设 12 万平方米大型会展中心，创新太原低碳发展论坛等重点会展办会机制，培育会展品牌，打造全省会展核心区。推进农业供给侧结构性改革。发展具有

省城特色的城郊型农业，重点抓好设施农业、观光农业、休闲农业、龙头企业、中药材基地、农产品加工销售产业链，开发和发展功能食品，打造农村一二三产业融合发展新格局，加快培育农业农村发展新动能。

（二）以关键环节和重点领域改革为突破口，增强内生发展动力和优势

把改革放在更加突出的重要位置，勇挑最重的担子，啃最硬的骨头，扑下身子，狠抓落实。加快推进基础性、关键性改革，以改革先人一招实现发展快人一步。

持续推进政府职能转变。深化简政放权、放管结合、优化服务改革。全面实行清单管理制度，以清单管理推动简政放权。实施政府部门权力和责任清单，清单之内依法规范履职，清单之外市场主体选择。对政府自身进行“正面清单约束”，对市场进行“负面清单管理”，减少政府的自由裁量权，增加市场的自主选择权。深化商事制度改革，实行多证合一、证照分离。完善事中事后监管制度，实现“双随机、一公开”监管全覆盖，推进综合行政执法。发展“互联网＋政务服务”，实现政府信息系统互联互通，公共资源交易、土地招拍挂网上办理。创造公平竞争、开放创新的制度环境，实现审批最少、流程最优、体制最顺、机制最活、效率最高、服务最好，让企业和群众实实在在感受到“放管服”改革成效，增强人民群众改革获得感。

深化投融资体制改革。坚持问题导向，与中央要求“对表”、与发达地区对标、与国际惯例对接，大幅减少投资项目前置审批，大幅缩减政府核准投资项目范围。对核准类项目，只保留选址意见、土地征用以及重特大项目环评审批；对备案类项目，不得设置任何前置条件，实行属地办理。创新企业投资管理，探索建立多评合一、多审合一、多图联审、联合验收等新模式，除烦苛之弊、施高效之策、开便利之门。创新拓宽投融资渠道和方式，大力推广利用 PPP、债券、基金等市场化融资模式，降低政府负债风险。推进多层次资本市场发展，培育上市企业，积极发展主板、创业板、新三板、区域性股权交易市场。

继续推进财税体制改革。落实和完善营改增政策，进一步减轻企业税费负担。深化财政预算改革，推进政府预决算公开，超前谋划和科学编制预算，合理安排财力，及时拨付到位，盘活沉淀资金，提高资金使用效率。公款姓公，每一笔钱都要花在明处、用出实效。

深化国企国资改革。以提高核心竞争力和资源配置效率为目标，形成有效制衡的公司法人治理结构、灵活高效的市场化经营机制。推动国资监管体制向管资本为主转变，确保资产保值增值、法人主体放开经营。彻底剥离企业办社会职能，解决历史遗留问题，瘦身健体、提质增效、健康发展。

积极争取创建国家可持续发展议程创新示范区。对标世界先进水平，加强国际交流合作，以可持续发展理念为引领，发挥科技创新的核心作用，破解资源型城市路径依赖的难题，打造可复制、可推广、可持续发展的现实样板。

更好激发非公有制经济活力。鼓励企业家创新创业，保护企业家合法权益，尊重企业家社会地位，按“亲”“清”二字处理好政商关系，努力形成亲商、安商、容商、富商的良好氛围。进一步优化政务服务环境，公正公平对非公有制人士综合评价，宽容失败，激励创新，促进发展。持续深化“万名干部入企服务”活动，真心帮助，真情服务，真正解决企业发展的瓶颈障碍，做大做强民营经济支撑的半壁江山。

（三）以转型综改示范区建设为载体，打造转型升级新引擎转型综改是习近平总书记为山西发展指明的金光大道

省委、省政府建设转型综改示范区的重大决策部署，为我市转型综改、创新驱动创造了历史性的重大机遇，我们要解放思想，抢抓机遇，举全市之力管理好、支持好、服务好示范区建设。

加快启动起步区建设。按照“整合改制扩区调规”要求，用好用足国家调整土地利用规划、核减基本农田的政策，加快小店、清徐、阳曲土地利用总体规划调整和永久基本农田划定，落实起步区土地规划指标，尽快完成 3.5 万亩土地征收任务，确保 4 月份启动起步区建设。

优化产业布局。高点起步、高端发展、高标准规划建设管理，打造聚集先进生产要素的政策洼地和发展高地。加大招商引资引智引技力度，力争在智能制造、电子信息、新能源、新材料、节能环保、生物医药等领域，引进一批高质量的大项目、好项目，推进高端化、智能化、绿色化、品牌化战略性新兴产业发展。巩固、提升、拓展示范区已经形成的产业基础，实现存量扩能提质、增量倍增发展，持续发力保增长。推动区区融合，深化不锈钢园区产业规划，优化空间布局，围绕不锈钢深加工形成产业集群，做大做强产业链。

创新体制机制。借鉴国家自贸区可复制、可推广的改革试点经验，营造法治化、国际化、便利化营商环境，创造改革创新发展新优势。建立专业化、市场化、国际化管理运行机制，实行领导班子任期制、全员岗位聘任制和绩效工资制。加强全面深化改革开放各项措施系统集成，加快具有较大影响力的科技创新步伐，大胆试、大胆闯、自主改，当好改革开放排头兵、创新驱动先行者、率先发展领头雁。

（四）以建设宜居宜业幸福城市为目标，推进城市基础设施建设和城市管理水平提升

统筹推进太原都市区现代化建设，坚持建管并重，注重增强城市功能，彰显城市特色，着力打造创新、开放、品质、智慧、绿色、低碳、平安、幸福城市，提升省会城市核心竞争力和知名度、美誉度。

发挥规划先行引领作用。规划是百年尺度，城市以规划论

输赢。要有全球化视野、特色化定位、现代化品质，彰显太原显山露水、绿色宜居的自然格局，文化厚重、人文荟萃的历史底蕴，功能完备、活力迸发的都市风范。顺应城市发展规律，以新的城市文化发展理念，提升规划的前瞻性、科学性和综合性，年内完成“五规合一”试点工作。高起点规划晋阳湖片区，加强汾河两岸及主要干道的规划控制和城市设计，点线面结合、山水城一体，打造太原历史文化底蕴和现代都市风貌的靓丽名片。

继续加大城市基础设施建设力度。树立大交通、大格局意识，优化提升市域道路综合体系。开工建设太原西北二环高速，拉大城市框架。完成环城高速与北中环东延、南中环西延等互通工程，推进太长高速太原段改线，实现滨河东路南延发展。发展轨道交通，加快地铁2号线建设，启动3号线、1号线建设。新建改造东中环北延、西中环南路、学府街东延等50条300千米城市快速路和主次干道，45条60千米支路。继续推进公交都市建设。加大城市综合管廊、海绵城市建设力度。推进220千伏汾东等24项供电工程，提升完善电力输配网络体系。加快太原南站东广场、汽车客运东南站建设及功能配套。高标准完成高铁沿线环境综合整治。继续优化提升“铁、公、机”，更加重视“岸、港、网”建设。改造提升南坪头、马庄、七府坟等水库、缓洪池以及太榆退水渠防洪设施，以百年一遇标准夯实防洪排涝体系。

大力推进城中村和棚户区改造。新启动30个城中村和25个集中连片棚户区改造，新建开工棚户区保障房2.96万套，基本建成2.2万套。推进县城、集镇和城边村改造提升，建设特色小镇和美丽乡村。加快城中村、棚户区改造拆迁清零，尽快完成安置回迁，切实兑现承诺，提高政府的公信力。安置回迁是良心工程，各级政府都不能透支人民群众的信任，要让被安置群众尽快告别租住日子，在住有所居中创造新生活。

深入开展城市管理全面提升行动。推进交通秩序、环境卫生、户外广告、打违拆违等十项综合整治，全面改善市容市貌。2017年全面攻坚，2018年巩固提升，形成常态化管理和长效工作机制。推进智慧城市建设，运用大数据、互联网等科技手段，提升城市现代化、精细化、智能化管理水平。

扎实做好全国第二届青运会筹办工作。这是我市历史上第一次承办全国性综合体育盛会，是提升我市城市基础设施建设和管理水平、塑造城市文明形象的重大契机。全市上下要树立主人翁精神，精心做好二青会比赛场馆和青运村建设，积极开展全民体育健身运动，大力加强宣传教育，携手提升文明素养，全面推进“五城联创”，以文明、开放、热忱、美丽的城市形象，迎接二青会胜利召开。

（五）以生态文明发展理念为引领，持续加大环境污染治理力度

实行最严格的生态环境保护制度，坚守生态保护红线，开展铁腕治污行动，压实各级党政环保责任，强化环保问责和执法，坚决打好蓝天保卫战，确保省城环境质量持续改善。

全面改善空气质量。以“控煤、治污、管车、降尘”为重点，坚持问题导向，采取坚决措施，确保PM2.5浓度均值下降9.09%，SO_2指标下降10%，力争在全国74个重点监控城市排位稳定向好。全力解决燃煤污染，加快实施集中供热全覆盖，新增供热能力3500万平方米，实现市区151个35吨以下分散采暖燃煤锅炉全部替代。按照企业为主、政府推动、居民可承受的方针，全力推进86个城中村、188个城边村、37个集中连片棚户区分散燃煤整治，通过采取整村整片拆除改造一批、集中供热一批、电化一批、气化一批、新农村建设改造一批等措施，完成10万户清洁供暖，全年减少燃煤100万吨。继续推进既有建筑节能改造。严控工业污染排放，提升绿色企业标准，对达不到排放标准的，停产限期达标改造；太原一电厂和清徐、阳曲等不达标焦化厂停产，太钢原料场和渣场全封闭改造；加强太钢和二电厂周边综合整治，实现原煤、原材料铁路运输。涉煤企业要逐步退出建成区，夯实绿水青山的基础。全面控制扬尘污染，严格落实绿色施工标准，实施在线全程实时监控管理，对不达标工地重处重罚，停工整治；渣土清运全程清洁化，湿法拆迁、密闭运输、车辆清洗、达标运营。彻底淘汰黄标车，取缔非法经营黑车，施工车辆全面达标准入，提高燃油品质，严控机动车尾气排放。加强露天烧烤、秸秆焚烧等面源污染整治，建成区餐饮业全部加装高效油烟净化装置。推进畜禽粪便治理。加强对大气污染源解析和雾霾形成机理研究，提高治理的科学性和精准性，积极应对气候变化，强化预警和应急措施。

加强水生态建设。综合整治北涧河、北沙河、北排洪渠、玉门河、虎峪河、九院沙河、冶峪河、风峪河8条河流，源头治理、蓄水调洪，雨污分流、河水复清，快速交通、绿色长廊，连片改造、全面提升。推进晋阳湖和晋阳湖湿地为中心的大生态建设，打造山水一体、河湖连通、古今交融、人文自然辉映的一流生态功能区，彰显“三面环山、一水中分、一湖点睛、九河环绕”的水韵龙城格局。全面推行河长制，健全生态保护补偿机制。实行最严格水资源管理制度，强化饮用水源地环境治理与保护，确保汾河水库水质稳定达标。加快汾东污水处理厂、垃圾焚烧电厂、餐厨污泥处理等重点工程建设，加强中水回用。积极推进建筑垃圾资源化利用，加强土壤污染防治与修复。

加强绿化造林和生态建设。继续加大东西北山绿化力度，推进荒山绿化，完成营造林43万亩。加快迎泽公园、动物园、植物园、摄乐公园等公园新建改造，启动西山国家矿山公园、北部国家农业公园建设，新建30个街头小游园，建成区绿化覆盖率、绿地率、人均公园绿地面积新增0.5%、0.5%和0.3平方米。

(六)以提升城市文化软实力为核心,大力发展文化事业文化产业

文化是城市的灵魂,是一个城市凝聚力、创造力、影响力的重要源泉。要坚持社会主义先进文化前进方向,树立高度的文化自觉和文化自信,为全市经济社会发展凝聚强大的精神文化力量。

大力发展文化旅游产业。完善提升晋祠景区环境综合整治,加快晋阳古城大遗址保护和明太原县城保护性开发,力争青龙古镇和太山龙泉寺景区10月1日全面开放。启动双塔历史文化大景区建设、狄仁杰文化主题公园、太化工业文明遗存展示、钟楼街和东三道巷历史街区保护开发,打造城市文化名片和文化客厅。继续推进府城历史文化片区保护,重点保护好文庙和崇善寺、天主教堂和拱极门、文瀛湖和五一路、南华门和教场巷等四大历史文化片区,留住城市记忆,强化实物例证支撑。大力完善旅游设施和服务,发展乡村、休闲、全域旅游。

积极发展文化事业。坚持用中国梦和社会主义核心价值观凝聚共识、汇聚力量,推动文艺繁荣发展,努力创作集思想性、艺术性、观赏性于一体的精品佳作。弘扬社会主义时代精神,建设诚信社会,尊崇诚实守信。推动基本公共文化服务标准化、均等化发展。加快推进太原博物馆陈列布展,市图书新馆5月1日对外开放。积极开展"书香太原"全民阅读系列活动,不断满足人民群众精神文化需求。

着力培育文化市场主体。积极引进文化旅游龙头企业,打造精品景区和旅游路线。促进文化产业与互联网融合发展,发展创意设计、数字传媒、动漫游戏等文化创意产业,创新体制机制,培育发展新兴文化业态。建设华夏历史文明主题公园,打造文化领军企业和知名文化品牌,提升文化旅游业整体发展水平。

(七)以保障和改善民生为重点,统筹推进各项社会事业

坚持以人民为中心的发展思想,顺应人民群众对美好生活的向往,把保障和改善民生作为一切工作的根本出发点和落脚点,夯实基础,兜牢底线,切实解决人民群众普遍关心的突出问题,把发展硬道理更多体现在增进人民福祉上。

坚决打好脱贫攻坚战。推动特色产业发展、易地移民搬迁、劳务输出、金融、教育和健康扶贫,动员社会力量参与扶贫,强化龙头企业引领,实施贫困村整体提升工程,建立健全稳定脱贫长效机制,落实脱贫攻坚责任制,增强脱贫群众内生动力。严格贫困退出机制和评估考核机制,确保脱贫得到群众认可,经得起历史检验。再战再胜,今年完成2万人脱贫任务。

继续推进教育医疗资源标准化、均衡化、优质化发展。建设公办幼儿园20所,完成五中、成成、育英等6所中学新校和实践基地建设,加快推进职教园区建设。全面推行公立医院改革,基本完成市中心医院、市人民医院、市妇幼医院和省妇幼医院等6所新院建设。加强基层医疗服务保障能力建设,统筹三医联动,推进县乡医院一体化管理,逐步建立分级诊疗制度,提升人民群众健康水平。全面推进养老服务业发展,建设高标准示范性老年福利院,逐步建立以居家养老为主体、以社区养老为依托、以机构养老为补充的社会养老服务创新体系。加快推进康宁医院、救助站和儿童福利院建设,完善社会救助服务体系。鼓励创业带动就业,促进城乡居民收入增长。实施全民参保登记计划。加快采煤沉陷区搬迁建设和治理修复等民生工程。加强国防和后备力量建设,提高新形势下双拥工作水平。

全力维护社会安全稳定。严格落实党政同责、部门监管、企业主体安全生产责任,加强重点行业领域安全监管,坚决杜绝重特大安全生产事故发生。积极创建国家食品安全城市,切实加强对食品药品的监督管理。推进平安省城建设,加强和创新社会治安综合治理,依法打击违法犯罪行为,营造平安和谐的社会环境。

(八)以为人民服务为宗旨,全面加强政府自身建设牢固树立"四个意识",坚决维护以习近平同志为核心的党中央权威,自觉在思想上政治上行动上同党中央保持高度一致,旗帜鲜明讲政治、脚踏实地干实事、全心全意为人民。

深入贯彻全面依法治国要求,严格遵守宪法,尊崇法治、敬畏法律、依法行政,坚持科学、民主、依法决策。自觉接受人大及其常委会依法监督和人民政协民主监督,主动接受社会和舆论监督,认真听取人大代表、政协委员、民主党派、工商联、无党派人士和各人民团体的意见,政府所有工作都要充分体现人民意愿、维护人民利益、接受人民监督。依法管理宗教事务,提高宗教工作水平,更好组织和凝聚宗教界人士、信教群众,形成太原振兴崛起的合力。

深入推进党风廉政建设和反腐败工作,落实"一岗双责",担负起政府党组管党治党主体责任。带头执行《准则》《条例》,把好用权"方向盘",系好廉洁"安全带",激浊扬清,扶正祛邪,忠诚、干净、担当,自觉为营造良好政治生态履职尽责,推动全面从严治党向纵深发展。

推进"两学一做"学习教育常态化制度化,加强政治文化建设,坚定共产主义理想信念。严格落实"13710"工作制度,以上率下、马上就办,提高工作效率和服务质量。重大问题和事项盯住不放,一抓到底,限时办理。落实市委激励担当和合理容错两个《办法》,为担当的干部担当,对负责的干部负责,给干事者鼓劲、创业者撑腰,弘扬真抓实干、埋头苦干、以实绩论英雄的时代精神,以实干推动发展,以实干赢得未来。

各位代表,新征程催人奋进,新使命艰巨光荣。让我们更加紧密地团结在以习近平同志为核心的党中央周围,在省委、省政府和市委的坚强领导下,撸起袖子加油干,扑下身子抓落实,扬鞭奋起创新业,以优异成绩迎接党的十九大胜利召开!

中国人民政治协商会议第十二届太原市委员会常务委员会工作报告

——2016 年 3 月 25 日在市政协十三届一次会议上

太原市政协主席 张贵元

各位委员：

我代表政协第十二届太原市委员会常务委员会，向大会报告过去五年的工作，对十三届市政协的工作提出建议，请予审议。

一、过去五年工作的回顾

政协第十二届太原市委员会任期的五年，是我市政协事业在继承中创新、巩固中发展的五年。五年来，在中共太原市委的正确领导下，市政协及其常委会高举爱国主义和社会主义伟大旗帜，坚持团结和民主两大主题，紧紧围绕全市中心工作，认真履行政治协商、民主监督、参政议政职能，充分发挥协调关系、汇聚力量、建言献策、服务大局作用，政协工作呈现出团结奋进、民主和谐、务实创新、蓬勃向上的生动局面，为推进我市经济、政治、文化、社会、生态文明建设作出重要贡献，续写了我市人民政协事业发展新的篇章。

（一）坚持学习引领，在巩固共同思想政治基础上取得新成效

坚持把加强思想政治建设，筑牢思想根基摆在首要位置，切实增强学习对履行职能的引领作用，不断夯实团结奋斗的共同思想政治基础。

强化思想政治建设。认真学习贯彻中共十八大及十八届三中、四中、五中、六中全会精神，认真学习贯彻习近平总书记系列重要讲话精神和治国理政新理念新思想新战略，认真学习贯彻中共中央关于加强社会主义协商民主建设的决策部署和习近平总书记在庆祝人民政协成立 65 周年大会上的重要讲话精神，切实增强政治意识、大局意识、核心意识、看齐意识，增强同以习近平同志为核心的中共中央保持高度一致的政治自觉。切实把中央和省、市委重大决策部署转化为政协委员的自觉行动，广泛汇聚开创我市改革发展和各项事业新境界的强大正能量。五年来，共举办委员培训班 7 期，常委会专题学习讲座 14 次，组织中心组、党组（扩大）学习会 42 次，参加各类学习培训的委员达 8750 余人次，团结引导各党派团体和各族各界人士，坚定“四个自信”，不忘合作初心，继续携手前进。

深入开展理论研究。举办用中共十八大精神指导政协工作研讨会、党中央治国理政方略中的人民政协专题报告会，召开纪念人民政协成立 65 周年座谈会，深刻理解把握人民政协的性质、定位、作用、工作原则等重大理论问题，坚定同心同向同行和团结奋斗的政治信念。召开“加强人民政协协商民主制度化建设”协商座谈会，深化对协商民主规律性和独特优势的认识，研讨总结提高政协协商民主的实效性。保持理论上的清醒，有力地保证了政协工作的方向和科学性，有效地推动了履职实践创新发展。

拓宽知情明政渠道。从 2014 年首次创办政协“行政超市”以来，组织教育、卫生、人社、住建、公安等 43 个（次）部门，就城市建设管理、社会事业发展、民生保障等人民群众关注的热点难点问题为委员提供协商咨询服务。完善情况通报工作机制，邀请市委、市政府领导及相关部门负责人，围绕我市党风廉政建设及反腐败工作、经济社会发展形势及重点工程推进、法治太原建设、金融体制机制创新等重要工作情况，召开各类情况通报会 292 次。为加深委员时势政情了解，凝聚思想共识，聚焦工作重点，开展富有成效的议政建言奠定了基础。五年来，开展各类协商活动 229（场）次，各民主党派市委、市工商联及广大政协委员共提出提案 3192 件，反映社情民意信息 6392 篇，提交大会发言 166 篇，人民政协协商民主重要渠道和专门协商机构作用进一步发挥。

（二）坚持服务大局，在围绕中心工作建言献策上作出新贡献

坚持贯彻落实新发展理念，紧紧围绕经济社会发展中的综合性、战略性、前瞻性课题，召开协商会议 56 次，开展调研视察活动 203 次，参加委员 3100 多人次，提出了一大批高质量的意见和建议，对全市深化改革、科学发展起到了积极的推动作用。

紧扣经济社会发展大局议政建言。围绕市“十三五”规划的编制和实施，深入调查研究，召开议政性常委会，提出加快转变经济发展方式、做大做强实体经济、培育千亿产业集团、

提升城市建设管理水平、着力保障改善民生、努力建设文化强市、进一步释放发展活力等建议,市委、市政府高度重视,全部予以吸收采纳。围绕太原都市区建设,与晋中市政协举办联合议政会,向省、市党委政府提出联合建议。围绕推进创新驱动转型升级,召开"推动文化旅游大发展"议政性常委会议,"大力发展园区经济、提升产业集聚竞争力""做大做强县域经济"专题议政会,提出拓展开发区发展空间、整合建设南部新区、统筹协调全市县域经济规划布局、打造特色文化旅游品牌、促进经济发展方式转变等建议。召开"推动铁路装备制造业集群发展""大力发展都市现代农业"等协商座谈会,为促进全市经济社会健康发展持续添助力、增合力。

聚焦全面深化改革献计献策。围绕"加快效能政府建设""职业教育改革发展""加强信用体系建设、优化金融生态环境""推进城市公用事业项目引入民营资本""促进我市农村土地流转工作健康有序开展"等,召开议政性常委会议、协商座谈会,就创新和深化审批制度改革、建立创业创新投融资机制、加快培育"双创"主体、职业教育应坚持以产业与社会需求为导向、推进社会治理体制机制创新、探索建设用地集约化使用途径等提出重要建议。围绕城市建设管理体制改革等重要事项,召开"提升城市精细化管理水平,促进'五城联创'"专题议政性常委会,开展"创新社区服务管理、打牢社会和谐稳定基础""加强信访工作、有效化解社会矛盾"等调研议政活动。围绕深化国有企业改革、推进智慧旅游城市建设、城市居家养老等开展专题性视察调研,提出意见和建议。积极开展立法协商,围绕《太原市养老机构条例(草案)》《太原市物业管理条例(草案)》等召开协商座谈。就《太原市中小学校规划建设条例》《太原市餐厨废弃物管理条例(草案)》等11项地方法规条例和19项规章制度提出意见建议,为推进法治太原建设贡献了智慧和力量。

围绕推进党政重点工作倾心出力。加快推进城中村改造,是市委、市政府作出的重大决策。我们及时多次组织市、区两级政协委员对城中村拆迁改造及文物保护工作等进行视察调研,提出加强宏观规划引导、构建良好筹融资环境、做好回迁居民的后续服务工作、处理好城中村整村拆迁与文化记忆留存的关系等建议。紧紧围绕打赢脱贫攻坚战,动员政协组织和广大政协委员积极担当作为,广泛凝聚智慧和力量。鼓励和支持非公有制企业参与"百企帮百村"行动。召开主席会议专题协商,提出"坚持以城带乡、着力增强贫困地区造血功能""支持产业脱贫、推进项目落地督办与资金监管"等建议。围绕生态文明建设,召开"加快推进百万亩森林围城工程、打造绿水青山美丽太原""重视污水处理及再生水利用"等协商座谈会,组织对创建国家生态园林城市、环境质量改善十项重点工作、推进水资源管理长效机制建设、治理城中村冬季燃煤污染、城乡清洁工程、背街小巷整治等开展监督性视察调研,为推进市委、市政府重点工作的落实建净言、谋良策、出实招。

(三)坚持协商民主,在汇聚改革发展正能量上展现新作为

认真贯彻落实中共中央关于发展社会主义协商民主重大战略部署和制度安排,扎实推进协商民主广泛多层制度化发展。

完善协商机制。根据全市经济社会发展重大问题和重要民生关切,每年初,在充分征求各党派、团体和市委、市政府及有关部门意见的基础上,反复甄选提出年度协商内容。从2014年初首次制定年度协商计划,2015年,政协协商计划以市委、市政府、市政协办公厅联合下发,政协协商民主真正纳入全市党政工作的总体部署。重要议题列入年初协商计划成为常态,协商的内容更加围绕中心,与党政合拍,更加科学精准,有的放矢,政协协商议政的平台更加广阔而坚实。

创新协商形式。瞄准性质定位,着眼改革创新,进一步完善了以全体会议为龙头,以议政性常委会议和专题议政会为重点,以协商座谈会和提案办理协商为常态的协商议政新格局。首次以市委、市人大、市政府、市政协四个办公厅联合下发《太原市办理政协提案的规定》,强化了提案办前、办中、办后协商机制,创新1号提案办理形式。围绕"加强环境治理驱逐雾霾的建议""加强食品药品安全监管""全面落实'六个精准'要求,合力打赢脱贫攻坚战"等重点提案,采取面上推进、务实调研、紧扣问题、反馈协商、媒体联动和专题督办等形式,提出数百条建设性意见建议,被相关部门积极采纳落实。创建协商座谈会形式,形成具有规格高、议题精、参与广、互动多、建议实等特点优势,三年来有政协委员560人次和100余名专家学者、有关方面人士参加,邀请市委、市政府领导23人次出席,市直相关部门128个(次)参加,形成23件专题建议报告。协商座谈会已成为社会了解政协工作的重要窗口,是政协协商议政的亮点和品牌,引起中央、省、市级媒体的高度关注和支持。《人民政协报》以《太原市政协协商议政会建言整合提升旅游文化资源,打造经济稳增长的新引擎》《智慧城市建设和管理离不开大数据》《太原市政协专题协商,帮市民寻找"美丽和幸福"》等为题,在显著位置连续对市政协协商座谈会情况进行了大篇幅报道,产生了广泛深刻的社会影响。

深化协商实效。围绕政府工作报告等事关全局的重大事项,涉及经济社会发展的突出问题,以及人民群众关心的热点难点问题,精心组织5次大会发言,8场(次)联组会议,邀请市委、市政府主要领导与委员面对面协商交流,使委员的意见建议直接进入决策层面。突出政协协商平台作用,坚持每次会议聚焦一个重点议题进行充分议政,邀请市委、市政府领导参加,听取委员意见,加强互动交流。围绕"大力发展总部经济、

打造现代服务业高端载体”“建立和完善便民利民的健康服务体系”等49项事关改革发展和民生社会事业的重要议题，提出大量富有宏观性、前瞻性、可操作性的意见和建议。加强协商成果的视察督办、跟踪问效，取得积极成效。五年来，共报送市委市政府政协建议案及重要履职成果92件，受到市委市政府高度重视，并予以及时批办。市直有关部门积极采纳落实，并将落实情况及时反馈，有效推进了协商成果转化落实。

（四）坚持问题导向，在发挥政协民主监督职能作用上实现新突破

坚持民主监督与政治协商、参政议政相统筹，把民主监督融入政协各项经常性工作中，积极探索彰显民主监督特色的工作形式，努力提高民主监督工作实效。

强化民主监督实效。积极协助市委拟定出台并认真落实《中共太原市委关于加强人民政协民主监督的实施意见》，牢牢把握民主监督的正向性、助力性。综合运用政协各种履职形式开展监督工作。召开推动三医联动、助力医卫惠民政策落到实处议政性常委会，全力改善省城生态环境专题议政会，促进义务教育协商座谈会等进行协商监督。开展城乡清洁工程建设、饮用水源地水质达标、公安系统执法规范化建设等监督性视察。坚持市委的工作中心是什么，民主监督就关注什么，政府工作重点在哪里，民主监督就聚焦在哪里，人民群众关注哪些问题，民主监督就跟进哪些问题。形成政府支持、政协主动、部门配合的良好格局，民主监督的力度和实效不断增强。

推动重大部署落实。围绕省市关于加快民营经济发展重大部署落实情况开展视察监督调研，先后深入40多家企业召开调研座谈会，听意见、摸实情，共同商讨破解难题、促进民营经济发展的良策，经主席会议协商，形成专题报告，列出突出问题清单，王伟中书记、耿彦波市长分别作出重要批示，为推动我市民营经济发展发挥了积极作用。围绕落实中央八项规定精神、打击违法用地违法建设等进行督查性视察调研64次，坦诚提出批评和建设性意见，有力推动了全市重大部署的落实和开展。

助力改进工作作风。组织市政协常委和部分委员对市发改委、住建委、国土局、安监局等8个单位开展集中评议，促进了部门的作风改进和效能提高。开展对司法公正情况进行民主监督。组织5000余人次委员参加全市年度目标责任考核评议、党风廉政建设评议、全市窗口单位行业作风调研和有关督导活动。做好特约监督工作，制定出台了《关于选派民主监督员工作规定》，向市中院、市检察院、市公安局、市住建委等17个部门选派96名民主监督员，助推相关部门更好地改进作风、提高效能服务水平和群众满意度。

（五）坚持履职为民，在助推社会民生事业发展上实现新进展

坚持聚焦民生热点，回应百姓呼声，谋利民之策、献安民之计、促惠民之举，把保障和改善民生放在突出位置，着力助推社会民生事业发展。

在服务民生中彰显政协担当。召开“美丽太原、幸福家园”专题议政会，就群众关注的教育医卫、住房保障、道路交通、食品安全等13个方面提出意见和建议。召开“发挥好社会组织在社会治理中的作用”“加强基层公共文化服务体系建设”“完善我市院前医疗急救体系建设”“义务教育阶段实施均衡发展”等议政性常委会和协商座谈会，提出许多重要建议，积极推动解决服务群众“最后一千米”问题。围绕“百院兴医”工程实施情况、体育惠民工程建设、道路交通管理提升行动、妇女儿童发展“两纲两规”实施等，组织委员视察调研，献智出力。坚持组织委员深入县（市、区）开展送科技、送医卫、送教育、送技能培训等“十下乡”活动，恪守为民之责，办好利民之事。

在回应关切中体现为民情怀。积极反映社情，传递民声，坚持做好社情民意月度分析报告，为市委、市政府全面掌握决策信息和科学分析舆情提供重要参考。围绕行政机构改革、供给侧结构性改革、扶贫攻坚等有关党政中心工作和民生热点难点选题，筛选编报社情民意信息1877期，其中《关于制定国家“十三五”规划的建议——农业专题》等228期被全国政协、省政协采用。124期（篇）得到省、市领导重视批办，发挥了政协社情民意信息服务决策的积极作用。持续组织开展民生问题大调研并进行统计分析，全面反映民思民忧民盼，为政协关注民生精准发力提供参考，为市委市政府确定工作重点提供决策服务。

在团结合作中凝聚发展力量。积极支持各民主党派、无党派人士、人民团体参与全市重大决策协商及各项履职活动。认真贯彻落实党的民族政策和宗教政策，开展“加强农村宗教事务管理”“和谐寺观教堂建设”“少数民族流动人口服务与管理”等视察调研，充分发挥少数民族、宗教界别委员的作用，促进民族团结、宗教和谐。通过世界晋商大会等平台加强与港澳台同胞、海外侨胞和海内外华商的交流洽谈，积极为我市引进高层次人才和高技术项目牵线搭桥。加强与新经济组织、新社会组织和新社会阶层代表人士的联系，做好团结和引导工作，进一步扩大社会各界有序的政治参与。充分发挥文史资料“存史、资政、团结、育人”作用，召开政协文史工作座谈会，征集整理研究、编辑出版了《太原文化发展》丛书，为推动我市文化事业发展作出积极贡献。

五年来，全国政协、省政协领导对太原的改革发展给予重视和关注，先后组织部分政协委员围绕推进供给侧改革、加快

经济转型、应对气候变化与大气污染防治、推动建立国家层面生态补偿机制等33个课题，来我市深入调研。特别是省政协主席薛延忠，去年亲自带领专项视察监督组，就加快我省民营经济发展重大部署政策措施的落实，深入到我市18个民营企业进行调研，提出了重要的指导性意见，有力地推动了我市民营经济发展和政协履职工作创新。

（六）坚持固本强基，在加强政协自身建设上迈出新步伐

政协自身建设的水平，关系到履行职能的成效。我们坚持以改革创新的精神加强自身建设和推进经常性工作，取得了积极成效。

强化队伍建设。加强委员队伍建设，建立健全界别小组召集人、专委会联系界别机制，界别优势和作用进一步发挥。出台并实施《市政协领导走访和约谈委员制度》，主席班子成员深入到360多名委员所在单位了解情况、征询意见，帮助解决具体困难和问题。加强和改进委员履职的服务管理，完善委员履职考核机制，及时依规处理违纪违法委员，引导委员自觉按规矩和程序办事，委员主体作用不断增强。加强机关干部队伍建设，扎实开展党的群众路线教育实践活动、"三严三实"专题教育和"两学一做"学习教育，全面落实从严管理党员干部的各项制度规定，深入开展践行社会主义核心价值观学习实践活动，"树立公仆意识、强化从政道德"警示教育和具有政协特色的"六讲"活动。机关党员干部的理想信念更加坚定，工作作风明显转变，服务意识进一步增强，政协工作的科学化水平显著提升。

强化能力建设。采取专题讲座、培训、交流、实践等多种形式的学习教育，使委员的政治把握能力、调查研究能力、联系群众能力、合作共事能力进一步提高。建立秘书长联席会议制度，组织各民主党派、工商联、各县（市、区）政协积极参加人民政协工作共同性事务和政协内部的重要事务，联合开展相关课题的履职活动。推进专委会工作制度建设，发挥专委会基础性作用。支持各界别开展富有特色的调研视察和学习联谊活动。努力在尊重多样性中增进共识，在寻求一致性中形成合力。

强化制度建设。修改完善了主席会议、常委会议《工作规则》。建立实施了《政协委员联系群众制度》《公民旁听政协会议制度》《大会发言工作规则》等，全面修订《太原市政协提案工作条例》，制定出台了《关于加强理论学习的实施意见》《关于选派民主监督员工作规定》《关于加强和改进反映社情民意工作的意见》等19项规则制度，大大推进了政协工作的制度化、规范化、程序化建设，有效地保证和提升了政协履职的效率和水平。重视政协新闻宣传工作，加强政协网络信息化建设，开通政协快讯平台，改进《太原政协》办刊工作。五年来，《人民政协报》等国家、省、市级媒体报道我市政协工作及重大履职活动1300多条（篇）。市政协机关连续多年被授予省级文明和谐单位、市级文明和谐单位标兵、市双拥先进单位等荣誉称号。

各位委员，十二届市政协所取得的成绩，是中共太原市委坚强领导、省政协有力指导的结果，是市人大、市政府大力支持的结果，是市政协各参加单位、广大委员和政协机关团结奋进、扎实工作的结果，也是社会各界和有关方面热忱关心的结果。在此，我代表市政协十二届常委会，向广大政协委员，向各民主党派、各人民团体和各族各界人士，向所有关心、支持政协事业发展的各位领导和朋友们，致以崇高的敬意和衷心的感谢！

我们也要清醒地看到，与新形势新任务的要求及人民政协肩负的使命相比，市政协工作还有许多不足和差距，主要是：协商民主制度化建设还需大力推进；调研视察还需更加深入；界别优势和作用发挥不够充分；参政议政实效还需进一步提高，等等。这些都需要我们认真加以改进。

二、五年工作的主要体会

五年来，十二届市政协在继承优良传统，不断深化对人民政协性质、定位、特点和规律的认识，积极履行职能发挥作用的探索实践中，积累了一些新的经验，主要有：

必须坚持中国共产党的领导，这是人民政协履行职能发挥作用的根本保证。中国共产党的领导是中国特色社会主义最本质的特征，也是人民政协事业发展进步的根本保证。坚持中国共产党的领导，就是要坚定不移地贯彻党的理论、路线和方针政策，坚定不移地围绕中央和省、市委重大决策部署开展工作，就是要充分发挥政协党组在政协工作中的领导核心作用，发挥政协委员和政协机关中共产党员的先锋模范作用。五年来，中共太原市委始终高度重视政协工作，市委常委会议专门研究政协年度协商工作计划等。市委、市政府大力支持政协依照宪法和章程履行职能，批示政协报告建议605件次，其中书记、市长批示121件次。市委常委、副市长应邀参加政协各类会议和履职活动258人次。政协党组充分发挥政治核心作用，及时传达学习贯彻中央和省、市委有关精神，研究政协工作中的重大问题；坚持主动向市委请示报告工作和重要事项制度，不断完善政协工作的对接机制，共向市委、市政府呈送各类请示、报告、建议372件，这样有力地保证政协工作与党政工作同心、同向、同步，始终沿着正确的政治方向前进。

必须把握人民政协的性质定位，这是人民政协履行职能发挥作用的关键所在。人民政协是统一战线的组织，是多党合作和政治协商机构，是人民民主的重要实现形式，体现了中国特色社会主义民主的鲜明特点。坚持人民政协的性质定位，就是要充分发挥好政协作为各党派团体和各族各界人士发扬民

主、参与国是、团结合作的重要平台作用。五年来，我们致力于协商平台建设，切实将协商理念寓于履行职能全过程、贯穿开展工作各方面，积极营造平等协商、真诚坦率氛围，坚持广开言路，博采众谋，在“商”中求同，在“协”中成事，在充分沟通交流中凝聚共识，增进团结，这样进一步形成宽领域、多层次、常态化的协商格局，在把握大势、服务大局中用好政协话语权。

必须坚持改革创新精神，这是人民政协履行职能发挥作用的必然要求。改革创新是人民政协事业发展的不竭动力。五年来，我们紧扣时代脉搏，着力把改革创新精神贯穿到政协履行职能的各方面和全过程。推动机制创新，完善议政性常委会议、主席会议和专题议政会协商制度，创立协商座谈会制度，建立“1号提案”的提出办理新机制。加强和改进民主监督的方式方法等。推动工作创新，拓展委员知情明政的途径和渠道，建立常委会专题学习讲座制度，政协领导走访约谈和联系委员工作制度，加强对委员履职的服务管理，探索与媒体共同监督的路子等。加强政协专委会与各民主党派、工商联以及市县两级的联合履职，扩大和增强政协作用的影响力。这样，人民政协工作不断焕发新的生机，政协事业发展保持了蓬勃活力。

必须突出团结和民主两大主题，这是人民政协履行职能发挥作用的独特优势。团结和民主是人民政协的标志性特征。人民政协具有广泛的代表性和巨大的包容性，能够最大限度地团结一切可以团结的力量，为实现党和政府的目标任务减少阻力，增加助力，形成合力。人民政协融协商、监督、合作、参与于一体，能够充分地反映各方面的意见建议，有效满足各族各界群众有序政治参与的愿望。团结才有力量，民主才有活力。五年来，我们在履职活动中努力营造各抒己见、畅所欲言，活跃、求实、宽松的民主协商氛围，做到在交流碰撞中增进共识，在同频共振中凝聚力量，在充分发扬民主中不断夯实团结奋斗的共同思想政治基础。这样，最大限度调动一切积极因素，团结一切可以团结的人，寻求社会意愿和要求的最大公约数，画出民心民愿的最大同心圆，广泛凝聚太原发展正能量。

必须深入开展调查研究，这是人民政协履行职能发挥作用的重要方式。调查研究是人民政协履行职能的基础环节，是政协一项经常性、基础性工作。人民政协履行职能集中体现为建言献策，要使政协履职说话有“根”，发言有“据”，建议有“策”，就必须深入调查研究。五年来，我们坚持把改进调查研究作为提升整体履职水平的切入点。在选好调研课题上下功夫，选择党政所需、群众所盼、政协所能，具有战略性、全局性、前瞻性的课题。在调查上下功夫，“解剖麻雀”，吃透上情、把握内情、借鉴外情，深入调查。在研究上下功夫，去粗取精、去伪存真，把握规律性、体现方向性。重视发挥委员在政协调研工作中的主体作用，把握履职为民、求真、务实原则，整合资源，注重借势、借力、借智，形成专业结构优化、研究能力互补的调研队伍，提出有价值的意见建议。这样，确保参政参到点子上，议政议到关键处，为党委政府科学决策提供有价值的参考。

必须充分发挥委员主体作用，这是人民政协履行职能发挥作用的重要基础。政协委员是政协工作的主体，委员强则政协强。坚持尊重和保障委员的各项民主权利，努力为委员履职尽责创造条件。五年来，市政协领导坚持联系走访委员制度，充分发挥政协参加单位、专委会、界别、机关等联络服务委员的作用，最大限度地调动委员履职积极性。广大委员珍惜荣誉、维护形象，恪尽职守、勤奋努力，展现了心系大局、情牵民生、致力改革发展的时代风采。可以说，市政协取得的每一项成果、获得的每一个进步，都离不开委员的积极参与，离不开委员的智慧投入，离不开委员的无私奉献！实践证明，把委员的积极性充分调动起来，就能使政协委员真正做到“聚是一团火、散是满天星”，就能够聚集满满的正能量，发出宏亮的好声音。

三、今后五年工作的建议

今后五年，是全面建成小康社会的决胜阶段，是全面实施“十三五”规划、逐步实现太原振兴崛起的关键时期，新形势新任务对政协工作提出新的更高的要求。市政协要高举中国特色社会主义伟大旗帜，坚持以邓小平理论、“三个代表”重要思想、科学发展观为指导，深入学习贯彻习近平总书记系列重要讲话精神和治国理政新理念新思想新战略，统筹推进“五位一体”总体布局，协调推进“四个全面”战略布局，认真落实省、市第十一次党代会重大决策部署，牢牢把握团结和民主两大主题，围绕中心、服务大局，认真履行政治协商、民主监督、参政议政职能，充分发挥人民政协作为协商民主重要渠道和专门协商机构的作用，为促进全市经济平稳健康发展和社会和谐稳定贡献智慧和力量。

（一）以习近平总书记系列重要讲话精神为指引，始终保持政协事业正确的前进方向。认真学习贯彻习近平总书记系列重要讲话精神，努力在深入持久、落实见效上下功夫。牢固树立政治意识、大局意识、核心意识、看齐意识，自觉在思想上政治上行动上同以习近平同志为核心的党中央保持高度一致。始终坚持中国特色社会主义道路自信、理论自信、制度自信、文化自信，不断夯实团结奋斗的共同思想政治基础。今年是中共十九大召开之年，要把迎接十九大、学习宣传贯彻十九大精神，作为贯穿全年的重大政治任务，切实抓紧抓好。积极引导各党派团体和各族各界人士紧紧围绕推进中国特色社会主义在太原的生动实践凝心聚力。

（二）紧扣党政中心工作议政建言，积极助力全市改革发展取得新成效。要坚持新的发展理念，主动适应发展新常态，综合运用政协协商议政形式，积极为全市经济社会发展提出有价值的意见建议。今年要紧扣深化供给侧结构性改革、推进“三去一降一补”、加快转型综改示范区建设、振兴实体经济、发展新兴产业、打赢脱贫攻坚战等重点部署,组织委员深入调研视察。要坚持问题导向,强化分析论证,努力为我市破解改革发展难题建言献策。

(三)强化政协民主监督工作,切实提高民主监督的水平和实效。认真贯彻落实中办《关于加强和改进人民政协民主监督工作的意见》和省、市委关于加强政协民主监督的文件精神,紧紧围绕市委市政府重要决策部署的贯彻落实、经济社会发展重大改革举措和重要政策的推进落实、人民群众和社会普遍关注的重要工作推进情况等开展民主监督。今年要聚焦推进我市基础设施建设重点工程、城中村和棚户区改造、城市管理全面提升行动、深化国企国资改革、全面改善空气质量、加强水生态建设等,组织委员开展监督性视察,实事求是反映问题、认真负责开展批评、务实提出对策建议。要与县(市、区)政协组织开展联动监督,与党政相关监督机构以及新闻媒体开展联合监督,着力提升人民政协民主监督的质量和成效。

(四)建立和完善政协协商民主工作机制,充分发挥协商民主重要渠道作用。认真贯彻落实中办《关于加强人民政协协商民主建设的实施意见》,积极协助市委尽快出台实施办法,进一步建立健全协商民主制度和工作机制,拓宽社会各界有序政治参与渠道。坚持和完善由党委会同政府、政协制定年度协商计划的工作机制,更加活跃有序地开展专题协商、对口协商、界别协商、提案办理协商,推进协商民主广泛、多层、制度化发展。今年要重点围绕推进创新驱动、转型升级、深化投融资体制改革、大力发展文化旅游产业、提升服务业发展水平、推进教育医疗资源标准化均衡化优质化发展等开展专题协商和对口协商。进一步探索和完善协商成果的采纳、落实和反馈机制,在提高协商实效上取得新进展。

(五)突出团结和民主两大主题,广泛汇聚推动改革发展的正能量。加强同市级各民主党派、工商联、人民团体、无党派人士和社会各界人士的团结与联合,不断巩固和发展最广泛的爱国统一战线。要建立健全具有政协特点的联合调研、视察、监督及联谊联络工作机制,注重体现界别特色,努力促进民族团结、宗教和睦。充分发挥委员联系广泛和人才优势,讲好太原故事,为我市招商引资引智牵线搭桥。坚持以人民为中心的发展思想,多谋民生之利,多解民生之忧,做好协调关系、理顺情绪、化解矛盾的工作,寻求最大公约数,增进最大共识度,形成最大凝聚力。

(六)加强履职能力建设,不断提升政协工作科学化水平。按照习近平总书记提出的“懂政协、会协商、善议政”新要求,加强委员的学习培训,提高委员履职能力和水平。加强委员的服务管理,充分发挥委员主体作用。加强专委会基础作用建设,推动专委会工作更加活跃、有序、深入地开展。进一步加强提案办理协商、大会发言、社情民意信息、文史资料、新闻宣传等工作。全面落实中央精神和省、市委的部署,坚持全面从严治党,推进政协机关思想、组织、作风、反腐倡廉和制度建设,努力打造一支信念坚定、为民服务、勤政务实、敢于担当、清正廉洁的高素质政协干部队伍,为政协履行职能提供强有力保障。

各位委员,同舟共济创伟业,薪火相传向未来。太原的发展已站在新的历史起点上,十三届市政协责任重大、使命光荣。让我们更加紧密地团结在以习近平同志为核心的中共中央周围,在中共太原市委的领导下,坚持“一个指引、两手硬”的重大思路和要求,不忘合作初心、继续携手前进,锐意进取、积极作为,以优异成绩迎接中国共产党第十九次全国代表大会的胜利召开,为太原实现“两个走在前列”,全面建成小康社会、逐步实现振兴崛起作出新的更大的贡献。

关于太原市2016年国民经济和社会发展计划执行情况与2017年国民经济和社会发展计划的报告

——2017年3月26日在太原市第十四届人民代表大会第一次会议上

太原市发展和改革委员会副主任　王世瑛

各位代表：

受市人民政府委托，我向大会报告太原市2016年国民经济和社会发展计划执行情况与2017年国民经济和社会发展计划草案，请予审议。并请市政协委员和其他列席人员提出意见。

一、2016年国民经济和社会发展计划执行情况

过去的一年，面对复杂严峻的宏观经济形势，全市上下在市委的坚强领导下，认真贯彻党的十八大和十八届三中、四中、五中、六中全会精神和习近平总书记系列重要讲话精神，坚决落实省委“一个指引、两手硬”重大思路和要求，坚持稳中求进工作总基调，主动适应经济发展新常态，以“两个走在前列”为目标，全面实施创新驱动、转型升级战略，经济运行稳中有进、稳中向好，民生保障和社会事业发展取得新成绩，实现了“十三五”良好开局。

2016年，地区生产总值（GDP）完成2955.60亿元，比上年增长7.5%；规模以上工业增加值完成571.81亿元，增长7.0%；固定资产投资完成2027.71亿元，增长0.1%；社会消费品零售总额完成1666.24亿元，增长8.1%；进出口总额完成133.14亿美元，增长24.8%；出口总额完成83.29亿美元，增长26.4%；一般公共预算收入完成282.69亿元，增长3.1%；城镇常住居民人均可支配收入29632元，增长6.9%；农村常住居民人均可支配收入14591元，增长7.1%。除市区空气质量优良天数比例外，万元地区生产总值能耗、用水量降幅，劣V类水体比例、农村贫困人口脱贫人数、城镇棚户区住房改造数量，二氧化硫、化学需氧量、氨氮、氮氧化物排放量降幅均可完成年度任务。

（一）坚定不移推进供给侧结构性改革，“三去一降一补”成效显现

按照国家、省的部署，关闭退出矿井2座，退出产能195万吨；原煤产量下降28.3%。城区商品住房库存消化周期11.3个月，保持在合理区间；全市规模以上工业产成品存货比上年末下降28.1%。新增“新三板”挂牌企业17家，全市股票市场融资92.22亿元，债券市场融资594亿元。全年减轻企业负担42亿元，规模以上工业企业主营业务成本比上年下降14.9%。培育发展省级众创空间31家，清控众创等8家升级为国家级众创空间，新增小微企业增长55.2%。

（二）积极推动转型综改试验和示范区建设，重点领域改革取得新进展

出台实施转型综改实施方案（2016—2020年）、2016年转型综改行动计划，启动了开发区整合、改制、扩区、调规等工作。重点领域改革步伐加快，启动厂办大集体改革和国有企业“三供一业”分离移交工作；商事制度改革成果巩固扩大，全市各类市场主体增长27.2%；城市公立医院综合改革有序推进，农信社改制工作正式启动。

（三）努力扩大有效需求，经济保持稳定向好态势

投融资工作扎实推进，在产业、民生、基础设施等领域组织实施了一批重大项目，投资10亿元以上在建项目110个，完成投资705.53亿元。消费稳步提速，限额以上批发零售企业通过互联网实现商品零售额增长56.3%，旅游总收入增长16.3%，居民消费价格总指数平均上涨1.2%。对外开放和招商引资取得新成效，跨境电子商务试点成功获批，武宿综保区进口商品展示体验中心建成开放，实际引进外来资金917.22亿元。

（四）大力推进产业结构调整，转型升级步伐进一步加快

新兴产业快速发展，新兴接替产业增加值增长13.2%，占全市规模以上工业增加值的比重达到70.9%；非煤产业增加值增长11.3%，所占比重达到90.2%。服务业拉动作用显著，增加值增长7.7%，占全市经济的比重提高到62.6%，对全市经济增长的贡献率为63.1%。农业生产态势良好，农业产业化提档升级步伐加快。

（五）加大城市建设力度，城市承载力不断提升

全年共安排重大基础设施项目136项，轨道交通2号线

一期工程全面开工，五一路等工程竣工通车，改造背街小巷45条。新建改造供热管网277.5千米、供水管网156.99千米、供气管网236.98千米、雨水管网162千米、污水管网88.07千米。2016年启动改造的26个城中村22个基本完成整村拆除，启动建设回迁安置房3.9万套；新建开工各类保障性住房46046套，基本建成41316套，货币化安置比例为50.3%。

（六）持续改善环境质量，生态文明建设取得新进展

全年市区空气质量优良天数232天，PM10平均浓度比2013年下降20.4%，PM2.5平均浓度下降18.5%。启动实施汾河治理美化三期等工程建设，晋阳污水处理厂投入运行，城南污水处理厂达产达效，黑臭水体治理率达到41%。和平公园、晋阳街公园建成对外开放，建成区公园500米半径覆盖率70%，建成区绿化覆盖率41.7%，人均公园绿地面积11.9平方米。继续实施百万亩森林围城工程，完成营造林面积32.47万亩。

（七）着力保障和改善民生，各项社会事业全面进步

强化民生保障，教育、文化、医疗、社会保障等民生支出占全市财政支出的比重达到81.9%。投入和落实各类脱贫帮扶资金6.35亿元，实现脱贫20574人。城镇新增就业9.89万人，农村劳动力转移就业1.17万人，创业带动就业2.51万人，城镇登记失业率3.46%。城乡居民基本医保制度实现整合，五大保险参保人数均超额完成年度目标任务。新建成社区养老服务中心60个、城乡老年日间照料中心98个、公办老年福利院11所、民办养老机构6个。11中、27中等新校建设和市第二人民医院老年病综合楼等“百院兴医”工程完工投用。3660户农村危房改造全部完工，采煤沉陷区综合治理搬迁安置项目全部开工建设。安全生产形势基本稳定，未发生重大及以上生产安全事故。

二、2017年经济社会发展的总体安排和主要任务

根据市委十一届二次全会暨经济工作会议精神，2017年经济社会发展的主要目标是：地区生产总值增长8%左右，规模以上工业增加值增长7.5%左右，固定资产投资增长7%左右，社会消费品零售总额增长7.5%左右，一般公共预算收入增长3.5%左右，城乡居民人均可支配收入分别增长7.5%和8%左右，居民消费价格涨幅控制在3%左右，城镇登记失业率控制在4%以内。万元地区生产总值能耗等约束性指标完成省下达任务。

实现全年目标，全市上下必须按照市委的统一部署，坚定信心、攻坚克难，敢于担当、主动作为，全力以赴做好以下重点工作：

（一）全面深化供给侧结构性改革，确保“三去一降一补”取得实质性进展

坚定不移去产能，有效处置“僵尸企业”，不折不扣完成省下达的去产能任务。多措并举去库存，扩大住房和商业用房消费，努力使商业用房库存进入合理区间；支持企业搞好产销衔接，降低工业产成品库存。积极稳妥去杠杆，力争新增“新三板”挂牌企业数占全省一半以上，鼓励支持企业扩大债券融资，稳步开展“债转股”试点。千方百计降成本，抓好大用户直供电试点，进一步简政放权、减税清费，大力发展多式联运，降低企业用电、物流等成本和税费负担。精准有效补短板，重点加大脱贫攻坚、新兴产业、生态环保、民生事业等薄弱环节投资力度。

（二）充分释放需求潜力，促进经济稳步向好

积极扩大有效投资，在产业转型、重大基础设施、城乡一体化、民生社会事业等领域实施一批重大项目，谋划设立新兴产业发展投资基金，激发民间投资活力，大力推广政府和社会资本合作（PPP）模式。发挥消费拉动作用，整合提升、规划建设一批智慧商圈、特色商业街和夜市街区，引进消费企业巨头，培育壮大本土老字号产品，打造太原特色消费品牌。积极促进外贸稳定发展，培育扶持一批外贸骨干龙头企业，稳定传统优势产品出口，扩大机械装备、电子信息产品和特色农产品出口，支持企业利用跨境贸易电子商务等新型贸易方式扩大出口。

（三）构建现代产业体系，推动实体经济全面振兴

大力发展先进装备制造、信息、新材料、新能源等战略性新兴产业，着力抓好太重地铁盾构和风电装备、比亚迪新能源汽车、富士康手机制造及维保、阳煤清徐化工新材料园、汉能移动能源产业园等项目建设。加大煤焦冶电等传统产业技术改造力度，做大做强传统优势产业。建设军民融合产业基地，加快形成军民融合深度发展格局。加快发展现代服务业，积极发展总部经济和楼宇经济，着力抓好万达广场、华润万象城、苏宁广场等项目建设；做大做强文化旅游产业，推动旅游管理体制机制改革，高起点规划建设以晋阳湖、晋祠、明太原县城为重点的西山景区；加快发展金融业，完成农村信用社体制改革；加快智慧物流配送示范城市建设，抓好传化公路港、万科现代仓储等项目建设；培育壮大会展经济，打造全省会展经济核心区；积极发展康养产业，建立健全健康养老服务体系和供给机制。做精做优都市现代农业，加快发展功能农业、特色农业和农村电商、乡村旅游等新业态。

（四）全面提升城乡建设管理水平，统筹推进城乡一体化

加大城市基础设施建设力度，加快推进地铁2号线，启动3号线、1号线建设；开工建设西北二环高速，推进太长高速太原段改线；抓好东中环北延、西中环南路等50条主次干道和45条支路建设；加强水电气暖、防洪防涝、排水设施及各类地下管网、综合管廊建设，推进海绵城市建设。新启动30个城中村和25个集中连片棚户区改造，新建开工棚户区保障房2.96

万套，基本建成2.2万套。开展城市管理全面提升行动，抓好道路交通秩序等10项综合整治，全面改善市容市貌，整体提高城市管理水平。推进城乡一体化发展，规划建设一批特色小城镇，集中打造一批特色美丽乡村。

（五）加快转型综改示范区建设，推动重点领域改革和对外开放取得新突破

加快开发区改革创新发展步伐，提升存量，扩能提质，优化增量，倍增发展；做好城市和土地利用规划调整、征地拆迁等工作，确保转型综改示范区4月份启动起步区建设；精心谋划产业布局，真正把转型综改示范区打造成为全市创新转型的主战场和经济发展的强大支撑。深化国资国企改革，推进党政机关与所属企业脱钩，助力企业聚焦发展经济主业。深化财政预算改革，从今年开始，至少提前半年谋划编制下一年度预算，建立财政预算项目库和项目资金跨年度平衡机制。深化“放管服效优”改革，开展“优化投资营商环境专项行动年”活动。完成“五规合一”试点工作。进一步扩大对外开放，加大招商引资力度，建立完善科学决策、高层推动、快速审批、协调服务等招商引资工作机制，提高招商引资的实效性。

（六）大力实施创新驱动战略，培育新的动力源泉

扎实推进科技创新和人才强市，建设10个高新技术产品研发平台，打造10个高新技术成果产业化中试基地，建设10个专业化公共服务平台，高新技术企业数量增长10%；抓紧制定一流的人才引进和激励政策，实施高端创新型人才培养引进工程，依法实施严格的知识产权保护和维权行动，实行以增加知识价值为导向的分配政策。实施创新创业孵化工程，建设一批专业化众创空间和科技企业孵化器，打造普惠高效的公共服务平台，引进和培育天使、创业等投资基金，大力扶持创新型、成长型小微企业发展，着力打造全省创新创业高地。

（七）加强生态文明建设，着力改善环境质量

强力落实“控煤、治污、管车、降尘”等举措，加快推进集中供热全覆盖，年内新增供热能力3500万平方米；全面实施市区原煤禁烧，着力抓好城中村、城边村、棚户区清洁供暖改造；调整市区工业布局，强化工业污染源控制；全力淘汰老旧机动车和黄标车，大力推广新能源车；严格控制扬尘噪声污染，全面开展面源污染控制，推动秸秆综合利用全覆盖。加强水、土壤污染防治和生态建设，完成汾河治理美化三期工程建设，对北涧河等8条河流进行综合整治，继续推进土壤污染治理与修复；抓好晋阳湖周边环境综合治理、太原植物园等项目建设，新建30个街头小游园，建成区绿化覆盖率提高0.5个百分点，人均公园绿地面积增加0.3平方米，完成营造林面积43万亩。

（八）不断增进民生福祉，保障人民安居乐业

全力推进脱贫攻坚，今年再脱贫2万人。做好高校毕业生等重点群体就业工作，城镇新增就业9万人。落实好各项增资政策，挖掘农业内部增收潜力，多措并举提高城乡居民收入。完善社会保障体系，整合城乡居民基本医疗保险，提高退休人员和城乡居民基本养老金水平；建设高标准示范性老年福利院，加快康宁医院、救助站和儿童福利院建设。建设20所公办幼儿园，完成五中、成成、育英等新校建设，加快职教园区建设。深化公立医院改革，加快推进市中心医院、市人民医院、市妇幼医院等医院新院建设。加快市图书馆新馆改扩建，推进比赛场馆和青运村建设。继续推进既有建筑节能改造、停车场、公厕等公共设施建设，全面完成采煤沉陷区综合治理搬迁安置任务。突出抓好安全生产，坚决杜绝重大及以上生产安全事故发生，推动安全生产形势持续稳定向好。

各位代表，做好2017年经济社会发展各项工作，任务艰巨，责任重大。让我们在市委的坚强领导下，自觉接受市人大的监督，虚心听取市政协的意见和建议，认真贯彻落实市委十一届二次全会暨经济工作会议精神，开拓创新，迎难而上，奋力前行，努力实现“两个走在前列”，以优异成绩迎接党的十九大胜利召开！

关于太原市2016年全市和市本级预算执行情况及2017年全市和市本级预算（草案）的报告

——2017年3月26日在太原市第十四届人民代表大会第一次会议上

太原市财政局局长　陈向阳

各位代表：

受市人民政府委托，现将太原市2016年全市和市本级预算执行情况及2017年全市和市本级预算（草案）提请市十四届人大一次会议审议，并请政协委员和其他列席人员提出意见。

一、2016年全市和市本级预算执行情况

2016年，面对经济下行压力和结构性减税政策的影响，在市委的坚强领导下，在市人大、市政协的监督指导下，全市各级财税部门积极作为，全力以赴组织财政收入，想方设法优化支出结构，深入推进财税体制改革，不断完善预算管理机制，有力保障了全市经济社会平稳健康发展。

（一）2016年全市预算执行情况

1.一般公共预算执行情况

2016年7月，市政府汇总各县（市、区）经同级人代会批准的本级预算报送市人大常委会备案。2016年全市一般公共预算收入预算281.5亿元，与备案预算一致；支出预算由427.3亿元变动为476.0亿元，主要是上级补助收入、新增省转贷地方政府债券（2016年已按要求报送市人大常委会调整预算）、调入资金等增加支出78.3亿元，建立预算稳定调节基金等净减少支出29.6亿元。实际执行结果，全市一般公共预算收入282.69亿元，为备案预算的100.4%，增长3.1%；一般公共预算支出424.07亿元，为变动预算的89.1%，增长0.9%。

2016年，市级和各县（市、区）均实现当年收支平衡，略有结余。除按规定结转下年专款51.93亿元外，净结余和超收30.72亿元全部建立预算稳定调节基金。年末全市预算稳定调节基金余额43.84亿元（其中，市级16.95亿元，县区26.89亿元）。

主要收入项目执行情况：税收收入220.38亿元，下降0.4%。其中，增值税59.34亿元，增长103.4%（增幅较高主要是从2016年5月起"营改增"试点全面实施）；营业税32.66亿元，下降51.7%；企业所得税28.22亿元，下降4.2%；土地增值税21.65亿元，增长10.6%；城市维护建设税18.06亿元，增长1.2%；契税15.95亿元，增长10.7%；房产税11.73亿元，下降12.9%；个人所得税9.42亿元，增长11%。非税收入62.31亿元，增长17.8%。

主要支出项目执行情况：教育支出70.34亿元，为预算（即变动预算，下同）的92.5%，增长13.3%；科学技术支出8.32亿元，为预算的94.5%，下降35%；文化体育与传媒支出7.21亿元，为预算的81.4%，增长7.6%；社会保障和就业支出53.30亿元，为预算的92.9%，增长4.6%；医疗卫生和计划生育支出32.83亿元，为预算的89.3%，增长21.4%；节能环保支出20.58亿元，为预算的86.7%，增长46.9%；城乡社区支出91.19亿元，为预算的90.6%，下降13.6%；农林水支出21.04亿元，为预算的76.9%，增长35.6%；交通运输支出10.86亿元，为预算的94.9%，下降0.4%；住房保障支出24.83亿元，为预算的96.5%，增长45.5%。其中，教育、医疗卫生、社会保障和就业等民生支出347.5亿元，比上年增长0.2%，民生支出占一般公共预算支出的比重为82%，继续稳定在较高水平。

省对市、市对县（市、区）转移支付执行情况：2016年，省对我市转移支付101.13亿元，下降15.9%。其中，一般性转移支付45.50亿元，增长10.5%；专项转移支付55.63亿元，下降29.7%。市对县（市、区）转移支付76.74亿元，增长2.3%。其中，一般性转移支付33.60亿元，增长13.6%；专项转移支付43.14亿元，下降5.1%。

2.政府性基金预算执行情况

2016年，全市政府性基金收入190.04亿元，为预算的131.2%，增长4.6%。其中，国土收入176.90亿元，城市基础设施配套费收入10.27亿元，污水处理费收入1.45亿元。政府性基金支出185.31亿元，为预算的80.6%，增长5.3%。

3.国有资本经营预算执行情况

2016年，全市国有资本经营收入0.24亿元，国有资本经营支出0.16亿元。

4.社会保险基金预算执行情况

2016年，全市社会保险基金收入212.94亿元，社会保险基金支出205.22亿元，当年收支结余7.72亿元。

5.政府债务情况

2016年，省转贷我市政府债券92亿元，其中：新增债券35亿元，主要用于城市道桥建设项目、迎泽公园改造、小游园建设等城市基础设施建设方面以及明太原县城建设及保护工程、公共安全视频图像信息系统、图书馆建设、百院兴医建设等社会事业类基本建设方面；置换债券57亿元按规定用于置换非政府债券形式的存量政府债务和部分到期政府债务。省转贷政府债券对我市落实积极财政政策、应对经济下行压力、加快基础设施和民生项目建设、优化债务结构、防范财政金融风险发挥了积极作用。

经省政府同意，省财政厅核定我市2016年度政府债务限额为334.9亿元。初步统计，截至2016年底，全市政府债务余额315.7亿元，低于省核定的政府债务限额。其中：市本级债务余额295.8亿元(含开发区)，县(市、区)债务余额19.9亿元。债务风险总体可控。

(二)2016年市本级预算执行情况

1.一般公共预算执行情况

2016年，市本级预算经市十三届人大六次会议审查批准后，市政府于2016年7月将市本级预算报送市人大常委会备案。2016年，市本级一般公共预算收入预算142.7亿元，与备案预算一致；支出预算由208.4亿元变动为221.9亿元，主要是上级补助收入、新增省转贷地方政府债券(2016年已按要求报送市人大常委会调整预算)、调入资金等增加支出23.1亿元，建立预算稳定调节基金等净减少支出9.6亿元。实际执行结果，市本级一般公共预算收入146.75亿元，为预算的102.8%，增长5.9%；一般公共预算支出201.32亿元，为变动预算的90.7%，下降3.2%。收支相抵，除按规定结转下年专款20.61亿元外，净结余和超收13.65亿元全部建立预算稳定调节基金，年末市级预算稳定调节基金余额16.95亿元。

主要收入项目执行情况：税收收入103.79亿元，下降3.2%。其中，增值税24.62亿元，增长113.4%；营业税11.91亿元，下降55.1%；企业所得税21.70亿元，下降9.8%；契税14.29亿元，增长15.2%；城市维护建设税9.91亿元，下降1.5%；个人所得税5.97亿元，增长7.7%；房产税4.88亿元，下降22.6%。非税收入42.96亿元，增长37.1%。

主要支出项目执行情况：教育支出28.09亿元，为变动预算(下同)的90.6%，增长21.6%。其中，安排2.77亿元用于保障义务教育、职业教育和学前教育的经费需求，安排1.49亿元用于支持校舍维修和教学设施设备的信息化建设，安排6.19亿元用于支持新校建设，大力推进了教育事业均衡发展。

科学技术支出1.23亿元，为预算的95.1%，下降10.3%。其中，安排7320万元扶持重大新产品研发项目，安排630万元补助院士工作站建设，切实提高我市科技创新能力。

文化体育与传媒支出5.75亿元，为预算的81.8%，增长7.7%。其中，安排1.83亿元支持市图书馆改扩建和太原日报社改革发展，安排1.17亿元保障市级文物景区的正常运转，并重点支持了太山龙泉寺复建、皇庙修缮等文物工程项目建设，安排600万元资金用于我市文化消费卡的设立和惠民演出。

社会保障和就业支出22.31亿元，为预算的97.9%，增长10.3%。其中，下达养老保险补助资金1.19亿元，保障企业退休人员养老金实现“十二”连增和事业单位退休人员各项待遇的落实；下达就业补助资金4.33亿元，推进全市就业创业工作的开展；下达退役安置资金0.75亿元，保障军队移交地方人员的各项经费需求。

医疗卫生和计划生育支出15.05亿元，为预算的87.1%，增长38.7%。其中，下达4.28亿元支持百院兴医工程推进，下达4.33亿元支持各类人员参加医疗保障体系，下达1891万元推进基本公共卫生服务专项体系建设，下达3017万元支持食品药品的监督管理。

节能环保支出13.78亿元，为预算的97.0%，增长46.2%。其中，拨付6.1亿元补贴资金用于我市更换纯电动出租车，拨付6000万元保障强制报废黄标车和老旧汽车补贴，同时积极支持省城环境综合治理各项资金需求。

城乡社区支出42.50亿元，为预算的87.9%，下降30.4%。主要用于确保市委市政府确定的五一路、摄乐桥、滨河西路南延、卧虎山公路等干道和50条小街小巷的新建改建，以及迎泽公园、晋阳街公园、地铁2号线等“五个一批”重点城建项目的资金需求。

农林水支出3.15亿元，为预算的92.6%，增长104.5%。主要用于精准扶贫、农林水基础设施建设和林业生态建设的资金需求，其中，拨付汾河太原段综合治理三期工程资金1亿元，注资4464万元成立全市扶贫开发投融资平台，积极撬动金融资本和社会资本投入扶贫开发。

交通运输支出7.09亿元，为预算的99.1%，下降15.6%。其中，城市公交运营补贴4.5亿元，有力推进了全市“公交都市”建设。

住房保障支出21.43亿元，为预算的99.7%，增长33.8%。主要用于推进保障性住房建设和棚户区改造，有效改善住房困难群众的居住条件。

2.政府性基金预算执行情况

2016年，市本级政府性基金收入171.58亿元，为预算的142.8%，增长11.0%。其中，国土收入160.22亿元，城市基础设施配套费收入8.85亿元，污水处理费收入1.36亿元。政府性基金支出96.11亿元,为变动预算的82.1%,增长0.7%。其中,国土收入安排的支出67.45亿元,城市基础设施配套费安排的支出3.76亿元,主要用于城中村改造成本性支出及城市基础设施建设。

3.国有资本经营预算执行情况

2016年,市本级国有资本经营收入0.24亿元,其中,股利、股息收入0.12亿元,清算收入0.02亿元,其他国有资本经营预算收入0.1亿元。国有资本经营支出0.16亿元,其中,国有企业资本金注入0.13亿元,国有企业政策性补贴0.03亿元。

4.社会保险基金预算执行情况

2016年,市本级社会保险基金收入174.88亿元,其中,企业职工基本养老保险金收入109.46亿元,城镇职工基本医疗保险基金收入44.69亿元,居民基本医疗保险基金收入5.91亿元,工伤保险基金收入4.45亿元,失业保险基金收入8.58亿元,生育保险基金收入1.78亿元。社会保险基金支出171.27亿元,其中,企业职工基本养老保险金支出119.44亿元,城镇职工基本医疗保险基金支出40.78亿元,居民基本医疗保险基金支出3.53亿元,工伤保险基金支出1.90亿元,失业保险基金支出3.78亿元,生育保险基金支出1.84亿元。社会保险基金预算当年收支结余3.61亿元。

(三)2016年开发区预算执行情况

2016年,开发区预算执行总体平稳,具体执行情况如下:

2016年开发区一般公共预算执行情况

单位:亿元

开发区	一般公共预算收入			一般公共预算支出		
	执行数	为预算%	增长%	执行数	为变动预算%	增长%
高新区	11.94	99.2	4.2	7.58	95.0	-37.4
经济区	16.83	107.1	17.81	8.55	98.8	13.6
民营区	3.21	118.9	-14.9	3.38	89.9	-17.0
不锈钢园区	1.98	90.8	1.5	1.72	91.1	2.7

以上有关预算执行的具体情况详见《太原市2016年预算执行情况及2017年预算表(草案)》表一至表十。

(四)落实市十三届人大六次会议预算决议情况及预算执行效果

2016年,全市经济形势严峻复杂,财政部门迎难而上、砥砺前行。按照市十三届人大六次会议有关决议及市人大财政经济委员会的审查意见,着力发挥在全市经济社会发展中的保障作用。主要做了以下六方面的工作。

(一)围绕预算平稳运行,保障能力进一步提升

一年来,在经济下行压力和"营改增"试点全面实施等降税减费政策的影响下,全市各级财税部门紧紧围绕目标任务,始终坚持依法征收,采取加强督导下级财政、密切财税会商机制、强化非税收入征缴等多种举措,确保了财政收入任务的完成。紧紧围绕做大财政"盘子"的目标,采用积极盘活存量资金,想方设法争取省转贷政府债券,深化政银合作争取中长期贷款等有力的措施,极大地扩大了财政支出规模。为保障财政资金及时发挥有效作用,我们提升服务理念,建立重大项目责任制,采取请进门来、登门督办等多种方式,督促加快支出进度。全年财政预算收支平稳运行,财政管理服务能力进一步提升,有力地支持和推进了全市经济社会的发展。

(二)围绕供给侧结构性改革,着力推进"三去一降一补"

以促进供给侧结构性改革为契机,扎实推进去产能,积极助力东山煤矿列入我省2016年市级唯一的企业关闭退出矿井,争取到中央专项奖补资金11076万元,市级配套4615万元,支持了煤矿企业加速去产能。多策推进降成本,认真落实"营改增"减税政策,进一步清理取消、整合规范行政事业性收费和政府性基金,阶段性降低企业养老保险和失业保险费率,对困难企业实行"五缓三补"帮扶政策,积极支持企业上市或进入"新三板"融资。切实推进去杠杆,大力推广PPP模式,有效解决政府资金不足前提下项目的实施与运行,其中太原植物园一期工程项目已经签约落地,标志着PPP合作模式在我市得到了良好开局。积极推进补短板,大力推进"双创"发力,积极支持引入全球蛙、阿里巴巴等国内外知名创业孵化器,支持建设哈工大产权交易中心等好项目,不断发挥"双创"引领作用,在全市打造出大众创业、万众创新的良好态势。同时狠抓打基础利长远的工作,历时5个月开展全市行政事业单位国有资产清查核实工作,全市清查国有资产总额537.38亿元,摸清了资产家底、夯实了管理基础。

(三)围绕以人为本,着力保障和改善民生

坚持以人为本,牢固树立为民服务的理财思路。坚持厉行节约,严格执行中央八项规定,努力降低行政运行成本,"三公"经费继续做到只减不增。坚持有压有保,涉及人员待遇的精神文明奖、机关人员公务交通补贴等政策性资金足额安排,切实实现"保工资、保运转"的基本目标。切实保障和改善基本民生,企业退休人员养老金标准月人均增加190元,城乡居民医保财政补助标准由每人每年380元提高至420元,城市低保补助标准由每人每月505元提高到530元,农村低保补助标准由每人每月411元提高到462元,各类社会保障标准普遍提高。大力支持学有所教,投入8.43亿元,推进各类学校建设,进一步引深我市教育资源的标准化、均衡化和优质化。大力支持病有所医,投入4.28亿元推进百院兴医工程的建设,进一步缓解群众"看病难、看病贵"的难题。财政集中财力聚焦民生、服务民生,进一步增强全市人民的获得感和幸福感。

（四）围绕精准脱贫，着力推进全市打赢脱贫攻坚战

全面落实各项强农惠农富农政策，全年拨付各项惠农补贴资金1.14亿元，确保了农业支持保护补贴、农机具购置补贴、退耕还林政策性补助等各项惠农补贴资金落实到位，有效增加了农民收入；及时下达冬煤补贴8523万元，确保全市低收入农户温暖过冬；积极争取上级补助1.4亿元，有力支持全市现代农业快速发展。全力保障脱贫攻坚，积极发挥政府投入在脱贫攻坚中的主体和主导作用，筹集安排财政扶贫资金3.29亿元，积极撬动金融资本和社会资本投入扶贫开发，重点支持产业扶贫、易地搬迁扶贫等脱贫攻坚任务的资金需求。成立全市扶贫开发投融资平台，统筹整合财政资金，对纳入整合范围内的资金项目审批权限下放贫困县，赋予贫困县充分的资金使用自主权，保障贫困县集中资源打赢脱贫攻坚战，全力推进"三个确保"脱贫攻坚任务扎实完成。

（五）围绕宜居城市建设，持续改善省城环境质量

按照统筹财力办大事的原则，通过预算安排、政府性债券投入、PPP合作、金融机构融资等多种举措，切实保证城市建设管理的资金需求。全年安排城中村改造和保障性住房资金82.74亿元，有效地改善了城乡居民居住条件。安排29.5亿元，并采取政府购买服务的方式争取期限长、利率低、金额大的银行贷款187亿元，全面保障了我市城市基础设施和园林绿化的建设。坚持绿色发展，下达环境综合整治项目资金18.37亿元和新能源出租车更换补贴资金13.23亿元，有力地保障了既有建筑节能改造、城乡清洁提档升级、汾河流域生态修复治理、林业生态建设、出租车有序更换等省城环境质量改善的资金需求，我市城市环境质量得到了有效改善。

（六）围绕现代财政制度建设，着力推进预算管理改革

推进预算管理制度改革是建立现代财政制度的内在要求。2016年，按照要求加大预算统筹力度，将水土保持补偿费、政府住房基金、无线电频率占用费等政府性基金转列一般公共预算，进一步打通"四本预算"。加强政府债务管理，初步建立了债务限额管理机制、风险预警机制和存量债务化解机制。强化预算执行，逐月对序时进度不达的预算项目和县（市、区）财政进行督促督导，强化部门预算执行的主体意识，特别是对于中央、省转移支付资金的支出情况进行全方位的督导，确保预算资金落到实处。推进预算绩效管理，选取社区惠民项目、太原国际马拉松等10个民生社会项目实施绩效评价，并将评价结果运用到预算安排中。围绕重大财税政策贯彻落实，重点开展了涉企行政事业性收费项目执行情况、会计管理监督检查、平台公司资金使用等情况进行专项监督检查。坚持依法行政，全面推行"两随机一公开"工作，切实加强行政许可事项事中事后监管工作，确保"放管服效优"要求得到真正落实执行。制定出台市财政局内部控制基本制度和管理办法，加快推进内控体系建设，不断夯实和提升内部管理水平。

2016年，在市委的坚强领导下，在市人大的依法监督和市政协的民主监督下，在各部门的协助配合下，财政工作取得了一些成绩。在看到成绩的同时，我们也清醒地认识到存在的问题和不足。一是受经济下行压力和"营改增"政策性减税等因素的影响，短期内财政增收难度较大；二是要发挥积极财政政策的有效作用，财政刚性支出不断增大，加之政府债务纳入预算管理，财政平衡压力不断加大；三是预算管理的规范性、科学性和预算执行的有效性有待进一步提高等等。我们将高度重视这些问题，采取有力措施切实解决。

二、2017年全市和市本级预算（草案）

（一）编制2017年预算（草案）的指导思想和原则

2017年全市财政预算编制的指导思想是：全面贯彻中央、省、市经济工作会议精神，紧紧围绕市委、市政府决策部署，坚持新发展理念，坚持稳中求进工作总基调，坚持以提高发展质量和效益为中心，落实更加积极有效的财政政策，减税降费，精准调控，更好发挥财政政策在稳增长和调结构中的作用；加大财政支出的优化整合与执行力度，保障基本公共服务和基本民生，服务全市重大发展战略；深入推进财税体制改革，完善预算管理制度，推进财政资金统筹使用，提高财政支出精准度和有效性；加强地方政府债务管理，积极防范化解财政风险。

落实上述指导思想，贯彻《预算法》，2017年全市财政预算编制遵循以下原则：一是收入预算编制要实事求是、积极稳妥、做实打足。既要考虑我市经济形势稳中向好的积极因素，也要充分考虑"营改增"后收入划分调整、落实减税降费等政策的减收影响。二是支出预算编制要统筹兼顾、突出重点。优化财政支出结构，改变支出项目只增不减的固化格局，将有限的资金用于重点领域和关键环节，集中财力保障全市重点工程。三是加大财政资金统筹力度。加强政府性基金预算、国有资本经营预算与一般公共预算统筹衔接，全面清理盘活存量资金。四是强化预算绩效管理。逐步将绩效管理范围覆盖到所有预算资金，加大绩效评价结果的应用力度，提高财政支出的有效性。五是加强政府债务限额管理和预算管理。完善政府举债融资和应急处置机制，防范和化解债务风险。六是推进预算公开。扩大公开范围，细化公开内容，规范公开方式，强化社会监督，促进依法理财。

（二）2017年全市财政收支计划安排的宏观指标依据和相关财政收支政策

1.经济社会发展主要预期指标

2017年全市地区生产总值预期安排增长8%左右，规模工业增加值增长7.5%左右，社会消费品零售总额增长7.5%左右，城乡居民人均可支配收入分别增长7.5%左右和8%左右，

居民消费价格涨幅控制在3%左右。

2.财政收支政策

2017年财政政策更加积极有效,加大减税降费力度。今年国家继续落实和完善营改增试点政策,扩大减税效应。研究实施支持中小企业发展、促进科技创新和扩大消费的新减税措施。进一步清理规范基金和收费,再取消、调整和规范一批行政事业性收费项目。

继续提高部分民生政策标准。2017年退休人员养老金按照平均5.5%的幅度提高标准;城乡居民医疗保险人均财政补助标准提高40元/年,达到460元/年;基本公共卫生服务经费财政补助标准提高5元/年,达到50元/年;从2017年起,对城市寄宿生家庭经济困难学生给予生活补助等。

(三)2017年全市预算(草案)

1.一般公共预算

根据上述基本原则和相关政策,综合分析今年财政收支形势以及全市经济社会发展对财政的需求,尤其是考虑深化转型综改示范区建设、推动开发区二次创业创新、加快国企国资改革等重大改革举措的政策效应将陆续释放,发展的新动能、新增长点将会加速形成,为财政收入好转提供了一定支撑,所以2017年全市一般公共预算收入计划安排292.6亿元,增长3.5%,略高于上年。在宏观经济进入中低速增长的新常态下,3.5%的收入增速是一个较为积极的指标。各级财税部门将积极有为、迎难而上,全力以赴做好收入组织工作。按现行财政体制匡算,2017年全市当年可用财力约为352亿元(不含省提前安排的专项转移支付)。按照收支平衡的原则,财政支出相应安排352亿元,由市、县两级财政分别安排。

省提前安排我市2017年转移支付66.67亿元,其中,一般性转移支付39.15亿元,专项转移支付27.52亿元。市本级提前下达县(市、区)2017年转移支付36.89亿元,其中,一般性转移支付26.73亿元,专项转移支付10.16亿元。市县两级财政已按预算法要求将提前安排的转移支付编入本级预算。

2.政府性基金预算

2017年,全市政府性基金收入预算安排149.9亿元,下降21.1%。按照收支平衡原则,政府性基金支出预算相应安排149.9亿元,由市县两级财政分别安排,按规定用途使用。

省提前安排我市2017年专项转移支付1.69亿元,市本级提前下达县(市、区)2017年专项转移支付0.25亿元,市县两级财政已按预算法要求将提前安排的转移支付编入本级预算。

3.国有资本经营预算

2017年,全市国有资本经营收入预算安排214万元,支出预算相应安排214万元。

4.社会保险基金预算

2017年,全市社会保险基金收入预算安排308.5亿元,支出预算安排311.7亿元,当年收支结余-3.2亿元(主要是由于企业退休养老金继续上涨,而养老保险单位缴费比例下调,从而造成企业职工基本养老保险基金当年收支存在缺口,资金缺口由历年滚存结余弥补),年末滚存结余185.5亿元。

(四)2017年市本级预算(草案)

1.一般公共预算

2017年,市本级一般公共预算收入安排151.9亿元,增长3.5%。按现行财政体制匡算,市级预算财力为158.6亿元。为落实积极财政政策,保障全市重点工作,保证今年财政收支运行平稳,拟调入预算稳定调节基金10亿元纳入年初预算统筹安排。因此,2017年市本级当年可用财力为168.6亿元。按照收支平衡原则,市级一般公共预算支出相应安排168.6亿元。

按照政府收支分类科目,一般公共预算支出预算安排情况为:

——一般公共服务支出安排9.21亿元,比上年增加0.71亿元,增长8.3%。主要包括市委、人大、政府、政协等基本公共服务与管理部门的支出。

——国防支出安排1909万元,与上年基本持平。主要包括太原警备区、武警太原支队、预备役部队等用于民兵建设、国防教育等方面的补助支出。

——公共安全支出安排13.95亿元,比上年增加0.7亿元,增长5.3%。主要包括公、检、法、司等部门维护社会公共安全方面的支出。

——教支出安排28.71亿元,比上年增加1.38亿元,增长5.1%。主要包括教育部门及所属各类学校普通教育、职业教育、特殊教育等方面的支出。重点安排9.3亿元用于新校建设和设备购置(连同上年结转共计11.1亿元),义务教育、中职教育免学费补助等配套资金1.51亿元,师资培训、职教专款等安排0.56亿元,小学生放学后免费托管服务、义务教育学生体检、中小学校方责任保险等安排0.4亿元。

——科学技术支出安排1.65亿元,比上年增加0.07亿元,增长4.5%。主要包括科技、科协等部门科学技术管理、基础研究、应用研究、社会科学、科学技术普及等方面的支出。重点安排了科技专项经费8280万元,院士工作站建设经费900万元等。

——文化体育与传媒支出安排3.42亿元,比上年增加0.17亿元,增长5.3%。主要包括文化、文物、体育、广播电视等方面的支出。重点安排了农村文化体育设施配套经费、市级文化产业资金、文物维护保护费等专项经费。

——社会保障和就业支出安排19.83亿元,比上年增加6.01亿元,增长44.6%(增幅较高主要是财政部针对机关事业单位养老保险改革政策,调整了预算科目,将原来在各科目下执行的养老保险缴费,统一到社会保障和就业支出科目中执行)。主要包括人力资源和社会保障管理事务、民政管理事务、企业改革补助、就业补助、残疾人事业、城乡低保、机关事业单位养老保险缴费等方面的支出。重点安排了机关事业单位养老保险缴费资金5.58亿元,破产企业改制及遗留问题处理2亿元,机关事业单位职业年金缴费资金1.89亿元,就业补助配套资金1.15亿元,社区办公经费及社区干部补助7315万元,社区惠民5500万元,义务兵优待金5000万元,特困企业离休干部老工人生活补贴4100万元,城乡养老3228万元,企业养老金做实个人账户2311万元,困难群众救助2150万元,农村五保户供养补助1850万元,城乡低保供暖补助等2000万元。

——医疗卫生与计划生育支出安排10.03亿元,比上年增加3.02亿元,增长43.1%。主要包括卫生部门所属医疗卫生管理、公立医院、基层医疗卫生机构、公共卫生和行政事业单位医疗保障等方面的支出。重点安排了百院兴医2亿元,行政事业单位职工医疗保险3.2亿元,特困企业离休干部、老工人医疗费补助9600万元,城乡居民医保8625万元,计划生育补助2175万元,基本公共卫生服务项目补助1892万元,医疗救助1650万元,公立医院改革1500万元,乡村医生补助1005万元等。

——节能环保支出安排3.52亿元,同口径比上年增加0.94亿元,增长36.4%。主要包括环保部门的运行支出以及天然林保护、能源节约利用、污染减排等方面的支出。重点安排了省城环境综合整治2.66亿元(连同政府性基金、省补助专款、上年结转和盘活县区存量资金,共计落实10亿元资金重点用于煤改电洁净取暖、土壤污染防治、大气污染防治等省城环境综合整治)等。

——城乡社区支出安排22.74亿元,比上年减少3.05亿元,下降11.8%。主要包括城建系统各部门运行支出及城市维护方面的支出。重点安排了城乡清洁工程1.2亿元,市政设施养管经费5.82亿元,园林绿化养管经费2.3亿元,环卫运行经费2.4亿元,既有建筑节能改造1亿元,指令性规划任务1亿元等。

——农林水支出安排4.48亿元,同口径比上年增加0.22亿元,增长5.2%。主要包括农业、林业、水利、扶贫等方面的支出。重点安排了造林资金1亿元,精准扶贫1.13亿元、设施蔬菜及都市现代农业5200万元等。

——交通运输支出安排5.52亿元,比上年增加0.49亿元,增长9.8%。主要包括交通运输管理和公共交通运营补贴等方面的支出。重点安排了公交公司公交车及公共自行车运行补贴及贷款还息4.5亿元等。

——资源勘探信息等支出安排2.60亿元,比上年增加0.07亿元,增长2.8%。主要包括安全生产监管、国有资产监管等方面的支出。重点安排了“双创”示范城市配套资金1亿元等。

——商业服务业等支出安排2603万元,比上年减少116万元,下降4.3%。主要包括商业、旅游业管理等方面的支出。重点安排了旅游宣传促销经费870万元等。

——国土海洋气象等支出安排1.32亿元,比上年减少0.63亿元,下降32.2%(降幅较大主要是两权收入减少)。主要包括国土资源管理、地震、气象等方面的支出。

——住房保障支出安排2.92亿元,同口径与上年持平。主要是房产管理等方面的运行支出。重点安排了公积金增值收益用于廉租住房8500万元、采煤沉陷区治理6000万元等。

——粮油物资储备支出安排3852万元,比上年减少807万元,下降17.3%。主要包括粮油事务方面的支出。重点安排了粮食风险基金2900万元等。

——预备费安排1.7亿元,比上年增加0.4亿元,按照《预算法》的要求,按本级一般公共预算财力的1%计提预备费。

——债务付息支出安排2.3亿元,比上年增加0.29亿元,增长14.4%。主要安排了省转贷一般地方政府债券付息资金。

——其他支出安排33.84亿元,比上年增加8.48亿元,增长33.4%。重点安排了社会事业类建设项目(公检法业务用房建设、文物系统基本建设、民政系统基本建设等)9.46亿元,养老保险改革等8.5亿元,工业转型升级资金1亿元,技改资金2亿元,信息化建设3000万元,综改示范区补助资金2000万元,应对公共危机公共突发事件及维稳资金2000万元,困难县区补助2000万元,偿债准备金2000万元等。

省提前安排市本级的2017年转移支付共计29.78亿元。其中,一般性转移支付12.42亿元,专项转移支付17.36亿元。主要包括公共安全1.18亿元,教育0.71亿元,社会保障5.49亿元,节能环保4.18亿元,资源勘探电力信息1.15亿元,住房保障2.48亿元。

经初步汇总,2017年市本级行政事业单位使用一般公共预算资金安排的“三公”经费预算为12927万元,较上年减少4014万元,下降23.7%。其中,因公出国(境)费215万元,下降3.6%;公务接待费1774万元,下降6.0%;公务用车购置及运行维护费10938万元,下降26.2%(降幅较大主要是行政单位实施了公车改革)。

2.政府性基金预算

2017年,市本级政府性基金收入预算安排123.1亿元,较上年减少48.5亿元,下降28.3%(降幅较大主要是2016年国土收入中有出让省属高校地块的一次性收入)。其中,国土收入116.6亿元,城市基础设施配套费收入5亿元,污水处理费收入1亿元,城市公用事业附加收入0.4亿元,新型墙体材料专项基金收入0.1亿元。

按照收支平衡原则,市本级政府性基金支出预算安排

123.1亿元，主要内容如下：

——国土收入安排支出116.6亿元。征地拆迁等成本返还72亿元、城市建设及其他城建到期债务还本付息34.24亿元、保障房建设5亿元、破产改制企业职工安置1.5亿元、省转贷专项政府债券还息3.26亿元、农业土地开发0.6亿元。

——城市基础设施配套费5亿元、城市公用事业附加0.4亿元用于城市基础设施建设。

——污水处理费安排支出1亿元用于省城环境综合整治。

——墙改基金0.1亿元按规定用途安排使用。

省提前安排市本级2017年专项转移支付1.44亿元。

3.国有资本经营预算

2017年，市本级国有资本经营收入预算安排200万元，全部为股利、股息收入。支出预算安排200万元，全部用于国有企业资本金注入。

4.社会保险基金预算

2017年，市本级社会保险基金收入预算安排235.2亿元，其中，企业职工基本养老保险金收入131.0亿元，机关事业单位基本养老保险基金收入38.9亿元，职工基本医疗保险基金收入45.5亿元，居民基本医疗保险基金收入6.2亿元，工伤保险基金收入4.4亿元，失业保险基金收入7.2亿元，生育保险基金收入2.0亿元。社会保险基金支出预算安排231.1亿元，其中，企业职工基本养老保险金支出138.1亿元，机关事业单位基本养老保险基金支出37.0亿元，职工基本医疗保险基金支出43.1亿元，居民基本医疗保险基金支出4.0亿元，工伤保险基金支出2.0亿元，失业保险基金支出5.0亿元，生育保险基金支出1.9亿元。本年收支结余4亿元，年末滚存结余163.5亿元。

2017年2月25日我市转型综改示范区已正式挂牌，但示范区财政管理体制还在确立中，待示范区财政管理体制正式确定后，再按规定程序将示范区预算向市人大常委会报送备案。

2017年，我市经济社会发展任务重，为支持全市经济社会发展，将继续积极争取省转贷政府债券支持。全国人代会后，政府债券规模从上至下层层下达，我市力争在省核定的政府债务限额内，争取与上年规模相当的新增债券和置换债券，用于补充城市基础设施建设和社会事业类基本建设资金缺口，优化政府债务结构，降低偿债利息成本。

以上有关预算（草案）安排的具体情况详见《太原市2016年预算执行情况及2017年预算表(草案)》表十一至表二十三。

根据预算法规定，预算年度开始后，在本级人民代表大会批准前，可安排下列支出：上年度结转支出；参照上年同期的预算支出数额安排必须支出的本年度部门基本支出、项目支出，以及对下级政府的转移性支出；法律规定必须履行支付义务的支出，以及用于自然灾害等突发事件处理的支出。根据上述规定，截至2017年2月，市本级一般公共预算支出累计执行24.16亿元。

三、2017年财政工作的主要任务和措施

2017年，我市财政收支矛盾仍然突出，预算平衡压力很大，我们将坚持稳中求进总基调，主动适应经济发展新常态，有效发挥财政支出的积极作用，切实为全市经济社会发展提供有力支撑。着重要做好以下五方面的工作。

（一）着力推进积极有效财政政策，确保财政运行质量提升

全年要围绕实现财政收支平衡，狠抓收入组织和支出序时进度。一是着力完善依法征收工作机制，提升税收收入研判水平，强化分析监控，实现应收尽收；特别是加大对重点行业、企业的跟踪服务，重视涵养既有税源和注重培育新型税源相结合，不断形成经济财税同向增长的良性局面。同时要切实发挥财政逆周期的调节作用，严格落实国家、省有关减税降费政策，帮助企业降低成本，增强生产经营活力。二是要强化预算执行管理，大力压缩一般性支出，将财政资金调整用在重点领域重点项目上，着力在加快财政支出执行进度、提高财政资金使用效益上下功夫，不断加强与部门预算单位沟通联系，督促预算单位做好预算执行的前期准备工作，确保提高支出的执行到位率。三是要积极向中央、省争取政策、资金支持，特别是在转移支付、新增债券、“去产能”奖补、产业扶持和就业资金等方面争取更大更多的政策和资金支持。

（二）大力实施创新驱动战略，推动经济发展提质增效

整合财政资源，重点投向有利于转型升级、创新驱动的关键领域。一是充分运用财政政策杠杆，加快推进去产能和促进供给侧结构性改革。统筹使用好中央、省奖补去产能资金、就业专项资金和失业保险基金，做好相关过剩产能的职工安置工作。二是大力推进创新驱动战略，积极支持创建国家可持续发展议程创新示范区，安排8280万元科技专项经费，不断引深科技进步和自主创新；聚焦我市重大战略任务和重点产业，分别设立2亿元企业技术改造资金和2亿元工业转型升级资金，深入实施工业强市战略，支持实施重大技改项目，切实助力实体经济发展。三是打好“双创”牌，用好用足中央、省的政策和资金支持，配套落实好市、县资金，健全和完善国家小微企业创业创新基地示范城市政策支持体系，着力打造金融、法律、信息、科技等一批普惠高效的公共服务平台，为小微企业提供一站式、保姆式服务，努力形成“大企业顶天立地，小企业铺天盖地”的发展格局。

（三）统筹整合筹集资金，积极推进宜居城市建设

一是大力支持高起点规划、高标准建设、高水平管理的城市建管能力的提升。在加大预算投入的同时，继续通过全面盘活存量资金、争取省转贷政府债券、PPP、深化政银合作等多种方式筹措资金，大力支持“五规合一”试点工作，全面保障西北二环、地铁2号线、滨河东路南延等城市基础设施建设，积极安排城中村和棚户区改造资金，积极推进燃煤整治并着力实现电化、气化等清洁能源覆盖，持续加大对大气、水、土壤污染防治的支持，切实保障北涧河、北沙河等八条河流和晋阳湖周边治理等环境综合整治项目的资金需求，全面提升省城整体面貌和环境品质。二是坚决打赢脱贫攻坚战，支持推进农业供给侧结构性改革，严格执行精准扶贫政策，不断创新财政支农管理机制，加大统筹整合使用财政资金支持精准扶贫的力度，积极推动贫困县开展财政涉农资金资产收益扶贫制度试点工作，在加大投入的同时，鼓励社会力量参与扶贫开发，扎实完成全市脱贫目标。

（四）始终坚持为民理财，切实提升民生福祉

按照“以人为本、民生优先”的原则，积极调整支出结构，优先补齐民生短板，使民生保障水平与财力增长水平相适应。一是按照国家、省的要求提高退休人员基本养老金水平，提高城乡居民医保财政补助标准，规范完善居民大病保险制度，提高大病医疗保险待遇。二是完善义务教育经费保障机制，统一城乡义务教育学生“两免一补”政策，实现教育经费随学生流动可携带。三是以百院兴医工程为抓手，坚持疾病预防控制与医疗救治并举并重，提高基本公共卫生服务项目财政补助标准，确保公共卫生体系建设配套经费落实。四是加强“双创”政策与就业创业政策合理衔接，实现就业创业与“双创”资金的统筹使用。五是加大公共文化服务扶持力度，建立和完善公共文化服务财政保障机制，推动基本公共文化服务标准化、均等化发展，并以二青会为契机，大力支持全市体育事业快速发展，着力提升国家历史文化名城的影响力。

（五）持续深化预算改革，依法理财水平不断提高

要以规范预算管理、严格预算编制、增强预算约束力为重点，切实抓好财税体制改革，提升依法理财水平。一是要不断完善预算编制体系，超前谋划、提前启动2018年预算编制，将部门预算编制时间由9月份提前到6月份；积极推进全口径预算管理，建立健全预算编制与预算执行进度、结余结转资金规模挂钩的机制；进一步做实部门预算，提高年初预算到位率和批复率，不断提高预算编制的科学性、精细化、项目化程度。二是要加大预算执行力度，经市人大批准的预算，非经法定程序，不得调整；抓住及时下达预算、加强项目支出管理、提高政府采购效率等关键环节，切实强化支出进度考核；着力提高财政支出绩效，扎实推进全过程的预算绩效管理，将绩效目标作为财政资金分配和项目遴选的重要评判因素，提高财政支出效益水平。三是要不断改进预算控制方式，研究实行中期财政规划管理，编制三年滚动部门规划与财政规划，强化部门中期财政规划对年度部门预算的约束和指引作用，建立跨年度平衡机制，增强财政政策的前瞻性和可持续性。四是要严格政府债务限额和预算管理，政府债务收支全部纳入政府预算管理并实行规模控制，结合实际建立健全债务风险应急处置预案；继续积极争取置换债券和新增债券，加大存量债务置换力度，2017年只能通过省转贷政府债券增加债务，不得通过其他渠道增加政府债务，切实做到降低利息负担，优化债务结构；同时要大力拓宽投融资渠道和方式，发挥财政资金撬动社会资本的作用，更多地运用PPP、BOT、基金等市场化融资模式筹措资金，切实降低政府债务风险。五是要推进项目库建设，提升项目预算的执行性和合理性，按照“理顺关系、政策导向、财力约束、突出重点、讲求绩效”的基本原则进行项目库建设，逐步实现财政部门、预算编制部门、项目审核部门之间便捷、高效的信息系统，推动部门预算项目预算编制更详实、细化，并在预算执行中更具执行性。六是深刻领会全省全市推进转型综改示范区的重大战略意图，千方百计确保启动起步区建设资金、开办和运行费用的需求，积极调整理顺示范区收入范围、预算级次、事权责任和支出基数等财税事项，进一步规范示范区财税体制，支持好、服务好全省转型升级的新引擎。七是要加强财政监督检查力度，切实推进依法理财，建立健全财政内控管理制度，紧抓财政核心业务，加强对重大财税政策实施情况和专项资金使用监督检查；巩固全市行政事业单位国有资产清查成果，推进全市行政事业单位内部控制建设；加快“法治财政”建设步伐，创新财政普法执法方式，进一步提高财政干部法治意识和依法履行职权、服务发展的能力和水平。

各位代表，2017年的财政工作形势严峻、繁重复杂，我们将在市委的坚强领导下，在市人大和市政协的监督指导下，坚决贯彻执行中央和省、市决策部署，大力弘扬夙夜在公、只争朝夕，马上就办、真抓实干的优良作风，以苦干创造实绩，以实干造福人民，切实担当省会城市使命，以更优异的成绩喜迎党的十九大胜利召开。

太原市中级人民法院工作报告

——2017年3月28日在太原市第十四届人民代表大会第一次会议上

太原市中级人民法院院长　侯晓东

各位代表：

现在，我代表太原市中级人民法院向大会报告工作，请予审议，并请市政协委员和列席会议的同志提出意见。

过去五年的主要工作

五年来，全市法院在市委、人大、上级法院的领导、监督、指导和政府、政协及社会各界的关心支持下，全面贯彻党的十八大和十八届三中、四中、五中、六中全会精神，深入学习贯彻习近平总书记系列重要讲话精神，忠实履行宪法法律赋予的职责，以努力让人民群众在每一个司法案件中感受到公平正义为目标，服务全市发展，破解改革难题，补齐审判短板，各项工作取得新进展。全市法院受理案件223353件，占全省法院同期受理案件总数的15.42%，审执结184497件，同比分别上升58.85%和34.81%，结案率为82.60%；市中院受理案件48854件，审结42198件，分别比前五年上升51.64%和37.98%，为我市的改革、发展、稳定做出了积极努力。

依法公正审理各类案件，维护社会公平正义。一是积极开展刑事审判工作，深入贯彻宽严相济刑事政策，坚持严打方针不动摇，持续集中开展专项打击活动。受理刑事一审案件23466件，审结22716件，判处犯罪分子23791人，受理和审结的案件数同比分别上升22.44%和12.16%，判处刑罚的人数同比下降13.10%。有效地维护了社会稳定，促进了反腐败斗争的深入开展和市场经济秩序的规范。二是积极开展民商事审判工作，依法保护公民人身权和财产权，规范市场经济秩序。受理民商事一审案件117812件，审结96169件，同比分别上升29.53%和7.51%，着力化解社会矛盾、弘扬公序良俗、构建和谐社会、服务社会经济发展。三是加强行政审判工作，依法保护公民、法人的合法权益，支持行政机关依法行政，促进法治政府建设。受理行政一审案件2253件，审结1616件，同比分别上升189.96%和110.69%，审查行政非诉案件1902件。四是加大执行工作力度，强化执行攻坚，执结了一批“钉子案”“骨头案”。受理各类申请执行案件44115件，执结32785件，执结标的总额达328亿余元，同比分别上升74.23%、36.22%和60.78%。其中，市中院受理4229件，执结244亿余元。加大对拒不履行执行义务人的信用惩戒力度，列入失信被执行人名单5859人，司法拘留374人，依法追究刑事责任23人，“执行难”状况逐步改善。

深化司法公开，推进阳光司法。不断强化审判执行方式改革，引深司法公开。运用门户网站、庭审直播、微信微博、远程视频审判、执行案件信息四级联网等信息化手段，全面推动审判流程公开、裁判文书公开、执行信息公开三大平台建设。积极推进“数字化法庭”全覆盖，全市法院上网公布裁判文书30409份，“数字化法庭”开庭7921次，远程视频开庭900余次。高度重视发挥人民陪审员参与监督作用，1929名人民陪审员参审各类案件69370件次。

加强队伍建设，全面提高干警素质。一是加强思想作风建设。坚持不懈狠抓法官队伍的思想道德教育、职业道德教育和党风廉政教育，认真开展了保持党的纯洁性教育、政法干警核心价值观教育、党的群众路线教育实践活动、“三严三实”专题教育和“两学一做”学习教育，坚定了全市法院广大干警的政治理想信念，增强了为大局服务、为人民司法的宗旨意识。二是加强司法能力建设。大力开展形式多样的职业培训、岗位练兵、庭审观摩、审判研讨、经验交流、裁判文书评比等活动，使队伍的专业化水平和能力不断增强。五年共举办和参加各类培训36期，培训人员3108人次，观摩庭审23次，评查裁判文书1753份。三是加强司法廉洁建设。坚持以“利剑工程”为载体，构建秉公执法、廉洁司法、预防惩治防控体系，共查处违纪干警13人。五年来，全市法院共有69个集体和161名干警先后受到最高人民法院及省、市的表彰奖励。其中，市中院连续被人民法院报社、中国法院网评为“全国法院网络宣传先进单位”；迎泽区法院先后被最高人民法院授予“全国优秀法院”和“全国模范法院”；万柏林区法院被最高人民法院评为“全国保险纠纷诉讼与调解对接机制建设示范法院”；市中院法官杨小民、迎泽区法院王亚琴、小店区法院刘燕玲等13人分别被中共中央、国务院和最高人民法院授予“全国先进工作者”“全国法院先进工作者”和“全国法院先进个人”等称号。

二○一六年工作情况

2016年，全市法院继续将改革创新、开拓进取，秉公执法、司法清明，防控风险、服务发展作为奋斗目标，积极开展各项审判工作。全年共受理各类案件65330件，占全省法院受案总数的14.84%，审执结51888件，同比分别上升22.42%、27.01%。市中院受理各类案件12507件，审执结10948件，比2015年分别上升15.22%和19.64%。基层法院一线法官审结案件数最多达到344件，市中院一线法官年均受案100余件，最多达230件。

一、依法履行审判职能，服务保障社会经济健康发展

认真审理刑事案件，推进平安太原建设。坚持宽严相济刑事政策，加强社会治安综合治理，维护社会长治久安。共受理刑事一审案件4732件，审结4045件，同比分别上升9.81%和10.31%。判处罪犯3748人，其中，判处有期徒刑刑罚的3543人，无期徒刑以上刑罚的48人。依法严惩严重刑事犯罪，审理严重危害人民群众生命财产安全的故意杀人、故意伤害、抢劫、绑架、强奸等严重暴力犯罪案件726件，判处920人。深入开展打黑除恶、治爆缉枪、铲除黄赌毒“三大战役”专项工作，依法审理扰乱社会秩序、聚众斗殴、寻衅滋事、组织领导参加黑社会性质组织等涉黑涉恶犯罪案件468件，判处886人。继续保持反腐败斗争的高压态势，净化政治生态，依法审理贪污贿赂、渎职犯罪案件237件，判处323人。防范金融风险，维护金融秩序，依法审理集资诈骗、非法吸收公众存款等涉众型经济犯罪案件166件，判处592人。圆满完成大要案件的审判任务，依法平稳审判了社会高度关注的龙城派出所民警王文军过失致人死亡、滥用职权案，内蒙古自治区政协原副主席赵黎平故意杀人、受贿、非法持有枪支弹药、非法储存爆炸物案。依法严格规范减刑、假释案件的审理，坚持与检察机关、监狱管理部门的减刑假释案件联席会议制度，公开上“五个百分之百”、程序上“六个规范”、人民陪审员全程参与“三个全覆盖”的做法，受到了最高人民法院的肯定。审结减刑、假释案件1702件。将司法审判与未成年人社会保护制度深度融合，审结未成年人案件50件。积极参与平安校园建设，坚持送法进校园活动。在最高人民法院组织的《法治天下》开播一周年座谈会上，市中院对未成年审判工作做了主题发言，受到最高人民法院的充分肯定。

认真审理民事案件，切实保障民生权益。秉持维护社会公平正义，妥善审理涉及人民群众切身利益和涉民生案件。受理民事一审案件19555件，审结15948件，同比分别上升1.21%和0.79%，其中婚姻家庭、教育、医疗、宅基地、就业、相邻权等涉民生案件8720件。依法规范和保护合法的民间借贷和企业融资行为，审理民间借贷案件8140件，标的额44亿余元。依法妥善审理涉众型房地产纠纷案件824件，促进房地产市场健康发展。注重保护妇女、儿童、老年人、残疾人、军人军属的合法权益。迎泽区法院颁发了我省首份反家暴人身安全保护令，切实依法保护妇女儿童的人身健康权；杏花岭区法院被原北京军区政法委和华北五省（区）政法委联合评为“华北五省涉军维权工作先进单位”；小店区法院积极开展家事审判方式试点改革，推进和谐健康诚信经济社会建设。坚持依法保障劳动者合法权益与企业生存发展并重的理念，审理劳动争议案件1298件。强化涉农案件的审理，审理农资及农产品买卖、农村土地承包、农民工追索劳动报酬等涉“三农”案件76件。

认真审理商事案件，促进保障经济发展。面对经济下行，各类商事案件大量增加，全市法院充分发挥民商事审判职能，切实把“创新、协调、绿色、开放、共享”五大发展理念贯穿于司法审判实践中，受理商事一审案件15389件，审结11055件，同比分别上升39.37%和43.27%，诉讼标的额达56.23亿元。依法保护非公有制经济主体的合法权益，着力维护良好市场秩序，促进经济持续健康发展。审理金融机构拆借、企业借款纠纷案件655件，维护正常金融秩序，缓解企业资金压力。审理股票投资、股东资格、证券权利等权益纠纷案件8449件，依法保护各类市场投资主体的合法权益。强化资源重整、生产要素再生利用和优化融合的司法理念，审理企业破产案件61件。依法慎用强制措施，力求经济主体生产经营稳定，审慎变更强制措施393起，成效积极。

认真审理知识产权案件，鼓励创新发展。妥善审理创新发展过程中引发的技术开发、技术转让、技术咨询和技术服务等纠纷案件，促进经济主体在技术进步和科技创新中实现产业升级。市中院承担了全省50%知识产权案件的审判任务，审理知识产权一审案件336件，同比上升67.16%。审理了涉及全省的专利侵权、专利转让、专利许可使用等纠纷案件20件，涉及太原市的知识产权纠纷案件59件。集中审理了假冒著名商标“宁化府”食用醋侵权纠纷案件90余件，及时向行政监管部门发出司法建议，保护了传统品牌产权，确保了人民群众“舌尖上的安全”。

认真审理行政案件，助推法治政府建设。坚持立案登记制和行政案件管辖改革不动摇，促进法治太原建设。受理行政诉讼一审案件866件，审结753件，同比分别上升59.78%和107.44%。积极支持行政机关依法履职，审查行政非诉案件268件。加大对城中村、棚户区、城建改造等重大工程项目中的司法保障力度，将法律宣传、法律服务前移，化解各类矛盾纠纷

106件。努力推进行政机关负责人出庭应诉制度,全年共有53名行政机关负责人出庭应诉。加强司法与行政良性互动,坚持发布行政审判白皮书,助推依法行政成效。全面推进行政诉讼案件集中交叉管辖改革,有力推进法治政府建设。

认真办理执行案件,努力破解执行难题。积极主动采取有效措施,依法制裁规避执行行为。受理执行案件16589件,执结12580件110.07亿元,同比分别上升65.08%、106.87%和18.30%。深入开展执行大会战和清理执行案款专项活动,执结涉民生案件256件3311万余元,将所有执行案款在最高人民法院执行案款管理系统全部公开。加大对抗拒、规避执行行为的信用惩治力度,曝光"老赖"513人,限制高消费和出境1264人,司法拘留88人,以拒执罪追究刑事责任12人。加强执行信息化建设,全市法院远程指挥、网络查控、信息公开、信用惩戒等执行联网功能基本实现全覆盖,通过网络查控执结8131案7403万余元,498名失信被执行人慑于信用惩戒主动履行了法律义务。

二、强化民生司法保障,拓展司法公开范围

让司法更加贴近人民群众。深化诉讼服务中心建设,构建完善了面向社会的多渠道、一站式、综合性诉讼服务平台。拓展服务覆盖范围,集中对外服务窗口,为当事人提供立案、诉前调解、案件查询、司法救助以及判后答疑、信访接待等全方位、多层次服务。诉讼引导、接待群众10775人次,转接材料6500份,约见法官、咨询及判后答疑1796人次,律师免费提供法律服务764人次,化解各种信访积案80件。坚持引深巡回审判、法官工作室、矛盾联调服务点和诉调对接站等为民服务方式,创新诉讼服务保障新举措。完善诉调对接、多元化纠纷解决机制,调撤民商事一审案件10600件。积极为困难群众提供诉讼便利,司法救助23万余元,缓减免诉讼费1086万余元。

坚持以信息化助推司法公开。深化四大公开平台建设,让人民群众走进审判,贴近司法。加强审判流程信息公开,进一步增强人民群众的知情权、监督权、参与权,公布案件节点信息21078次,审判流程公开率达到100%。加强裁判文书公开,依法公开应上网裁判文书18030份。加强执行信息公开,立案、异议审查、执行过程等信息在网上诉讼服务中心全面公开。推进庭审网上直播,"法院庭审公开网"基本实现全覆盖。主动适应"互联网+"时代的新形势,促进信息化与审判工作有机融合。加强审判数据资源整合共享,司法统计系统与数字法院实现并轨,案件数据自动生成、自动提取,实现了运用大数据对审判管理的综合分析、研判。坚持庭审同步录音录像、远程视频审判,全方位运用信息技术提升审判质效。充分发挥官方网站、微博、微信、短信等信息化平台的作用,传播司法好声音,市中院官方微博粉丝达51万余人,网站点击量300万余次。

三、大力加强自身建设,全面夯实法院工作基础

狠抓队伍政治业务建设。坚持从严治院,从严管理,不断提高队伍的政治业务素质。扎实开展"两学一做",增强"四个意识",坚定政治理想信念。加强能力提升,坚持学习教育全覆盖,组织审判业务、综合素质等各类专题培训9期600余人。一年来,全市法院有5个集体和5名个人获得省部级以上荣誉,市中院少年法庭被团中央和最高人民法院授予"青少年维权岗",晋源区法院被最高人民法院授予"全国优秀法院"。

稳步推进司法体制改革。加强对省司法体制改革试点尖草坪区法院的研究指导,改革成效显著。审判责任制运行良好,审限内结案率、服判息诉率同比分别上升10.9%和4%,涉诉信访案件下降100%。市中院借鉴试点经验,着眼改革导向,主动先行先试,6月1日在民事审判第三庭试行审判责任制,突出承办法官的主体地位,积极探索落实审判责任、解决审判分离、弱化行政倾向、提升审判质效的改革途径。同时,配套试行审中监督、纪检监督、责任追究和预防干预等司法监督机制,确保放权与监督并重。择优转任,将148名临时聘用制书记员和司法协警,纳入政府购买服务劳务派遣规范化用工方式,为审判责任制的运行提供必要的辅助保障。积极总结试行改革经验,2017年1月1日,市中院所有民商事审判庭全面试行审判责任制,为以司法责任制为核心的司法体制改革先行积累经验、奠定基础。严格按照全省司改工作的部署要求,加强研究、强化指导、严密工作、扎实落实,圆满完成了全市法院362名员额制法官的选任工作。

狠抓党风廉政建设。两级法院党组不断强化主体责任和监督责任的落实,把讲政治、守纪律、重规矩摆在突出位置,做到履职严格、监督到位,对基层法院两名领导干部落实"两个责任"不力进行了问责追究。进一步规范司法人员与当事人、律师、特殊关系人接触交往行为。狠抓窗口形象、庭审秩序,强化立案、审判、执行、拍卖评估等环节监管,引导干警恪守职业良知、依法审慎用权。进一步引深"利剑工程",完善审判工作网络监督全覆盖。持之以恒落实"八项规定",以"零容忍"态度查处违纪违法案件,全市法院全年办理和接待举报案件、群众来信来访830件次,警示教育26人,诫勉谈话1人,党纪政纪处分4人。

四、注重接受监督,不断加强和改进法院工作

全市法院始终把自觉接受党委领导,人大、政协和社会各界监督,作为公正司法的重要保障。不折不扣落实党委的决策部署,确保法院工作的正确政治方向。加大案件督办力度,办

理回复建议、提案3件,督办各类案件54件。高度重视与人大代表、政协委员的联络沟通,及时报送人大、政协监督意见的办理情况。积极向省、市人大常委会专题报告全市法院量刑规范化、行政审判、集资诈骗与非法吸收公众存款、错案防控与纠错机制建设等工作情况,认真落实审议意见。依法接受检察机关的诉讼监督，审理抗诉案件88件，审结49件，改判12件,发回重审5件。进一步畅通司法与社会良性互动的渠道,广泛接受社会监督和舆论监督，人民陪审员参审案件13162件,陪审率达41.39%。邀请人大代表、律师、学者评查案件和上网裁判文书861件次。市中院完善律师执业权利保障机制,牵头与市司法局、市律师协会联合制定了全市法院依法保障律师诉讼执业权利的意见,充分尊重保障律师权益。依法发挥审级监督职能,审理各类二审、再审案件6490件,改判、发回重审1722件。

各位代表,过去五年,全市法院以审判为中心各项工作取得的成绩,离不开市委的坚强领导、人大的有力监督和政府、政协及社会各界的大力支持！在此,我代表全市法院,表示衷心的感谢和崇高的敬意!

我们清醒认识到，人民法院的工作与人民群众的期待仍有差距,一些问题和现象还不同程度存在。一是队伍建设、公正高效、廉洁司法仍需不断加强；二是案件受理数量持续增长,办案压力和难度持续增大,审判执行率相对偏低;三是“执行难”状况仍然是人民群众关注的焦点;四是信息化建设尚不均衡,对标全国智慧法院、信息化法院的建设目标差距较大;五是司法体制改革任务艰巨。对此,我们将坚持问题导向,紧紧依靠党的领导,积极采取有效措施,以只争朝夕的精神状态切实加以缓解解决。

二〇一七年工作安排

2017年,是全面贯彻市第十一次党代会精神的起步之年,也是全面深化司法体制改革的决胜之年。全市法院将深入学习贯彻党的十八大和十八届三中、四中、五中、六中全会精神、习近平总书记系列重要讲话精神和治国理政的新理念新思想新战略、省市第十一次党代会和十一届二次全会精神,以“两个走在前列”为目标,更新司法理念,深化司法体制改革,全力服务保障稳增长、促改革、调结构、惠民生、防风险大局,为平安太原、法治太原、和谐太原建设营造良好的法治环境。

一是服务大局要有新成效。牢牢把握新发展理念对法院工作的新要求,按照市委“一个建成、六个更加”目标,研究、谋划和部署法院工作。充分发挥审判职能作用,维护社会安全稳定,保障人民安居乐业。树立谦抑、审慎、善意“三大理念”,激发社会创造活力,助推经济转型升级。依法保护知识产权,创优投资环境,服务招商引资。

二是信息化建设要有新突破。坚持科技引领、信息支撑,以信息化服务人民群众、服务审判执行、服务司法管理,提高审判质效、促进司法公开、增强阳光司法。将“互联网+诉讼服务”“云计算”“大数据”与审判执行工作全面融合,提升审判体系和审判能力现代化。积极拓展四大公开平台应用,实现全流程无纸化网上办案，完善审判信息资源库和数据集中管理平台建设,努力建设全省一流的“网络法院”“智慧法院”。

三是司法改革要有新进展。紧紧依靠党的领导,充分发挥党组织的凝聚力、战斗力,发扬坚韧不拔、攻坚克难的精神,坚定不移推进司法体制改革。完善细化配套措施,构建符合司法规律的审判权运行机制,全面落实司法责任制改革。着力推进以审判为中心的刑事诉讼制度改革,防范冤假错案。积极探索执行裁决权和实施权相分离的体制机制改革，寻求解决执行难的根本途径。

四是队伍建设要有新作为。坚决维护以习近平同志为核心的党中央权威,始终在思想上、政治上、行动上同党中央保持高度一致。牢固树立“四个意识”“五个过硬”抓班子带队伍,以正规化、专业化、职业化为目标,努力造就一支信念坚定、司法为民、敢于担当、清正廉洁的法院队伍。全面加强党的建设,坚持以身作则、率先垂范,狠抓“两个责任”落实,着力提升班子凝聚力、战斗力、创造力。加强思想政治建设、职业道德建设和司法能力建设,进一步提高整体履职能力。始终把纪律挺在前面,落实全面从严治党严紧硬,自觉接受社会各界和人民群众监督,促进干警清正、队伍清廉、司法清明。

各位代表,新形势下的人民法院任务艰巨、使命光荣。我们将在市委的坚强领导下,认真落实本次大会决议,牢牢坚持为大局服务,为人民司法,为促进全市经济社会全面健康发展提供优质的司法保障,以优异成绩迎接党的十九大胜利召开!

附件

报告中有关用语说明

1.受理、审结执结案件65330件:指全市两级法院2016年受理、审结执结的各类案件总数(包括一审、二审、再审、程序性审查、执行等案件)。报告中采用的案件数据,未经特别说明的,均为一审受理、审结案件数据。报告中反映的各项工作,包括市中院和全市10个基层法院的工作，未经特别说明的,均为市中院或包括市中院在内所做的工作。

2.诉调对接:是一种以法院为主导,多元主体参加的人民调解与诉讼调解有机衔接的解决矛盾纠纷机制，利用社会资源辅助法院解决纠纷，使更多的社会矛盾纠纷在立案前得到化解。

3.“利剑工程”:是指以廉政教育预防机制、廉政制度规范机制、岗位权力监督管控机制、廉政引导保障机制和风险预警处置机制为内容的人民法院岗位权力风险防控体系。

4.家事审判方式试点改革:2016年6月1日起,最高人民法院在全国选择100个左右基层人民法院和中级人民法院开展为期两年的家事审判方式和工作机制改革试点工作。改革试点涉及的“家事案件”,是指确定身份关系的案件及基于身份关系而产生的家庭纠纷,包括婚姻案件及其附带案件,抚养、扶养及赡养纠纷案件,亲子关系案件,收养关系纠纷案件,同居关系纠纷案件,继承和分家析产纠纷案件等。

5.远程视频审判:人民法院与看守所建立视频系统,通过视频审理刑事简易程序案件中的被告人,检察院通过视频出庭公诉的一种审判模式,从而提高审判质效、缓解用警压力、节约司法资源、减少提押风险。

6.“老赖”:法院判决承担债务的当事人,拥有偿还到期债务的能力,故意拖延履行判决,拒不履行到期债务。

7.“行政案件相对集中管辖”:根据中央十八届四中全会“关于完善行政诉讼体制机制,合理调整行政诉讼案件管辖”的精神和最高法院、省委深化社会体制机制改革领导组的意见,将全市10个基层法院管辖的行政诉讼案件集中到3个基层法院审理。

8.“五个百分百”“六个规范”“三个全覆盖”:市中院在办理减刑、假释案件中遵循的工作原则。“五个百分百”,即立案公示率、职务犯罪金融诈骗和涉黑犯罪三类犯罪案件公开开庭审理率、邀请人大代表政协委员旁听率、裁判文书上网率、责任追究制度执行率达到百分之百;“六个规范”,即规范立案前审查、案件合议、裁前公示、开庭审理、文书制作、文书上网六个程序;“三个全覆盖”,即审理的全部减刑案件全部有人民陪审员参加,全市人民陪审员都有机会参加,人民陪审员参与阅卷、考察、开庭、评议全过程。

9.四大公开平台:2013年11月最高人民法院出台《关于推进司法公开三大平台建设的若干意见》,深入贯彻党的十八届三中全会精神,全面推进审判流程公开、裁判文书公开、执行信息公开三大平台建设。2016年9月27日,最高人民法院召开庭审公开工作视频会议,全面开通“中国庭审公开网”,大力推进庭审直播,全面深化司法公开,加快构建开放、动态、透明、便民的阳光司法机制,规范司法行为,提升审判质效。

10.谦抑、审慎、善意“三大理念”:2017年1月12日中共中央政治局委员、中央政法委书记孟建柱在中央政法工作会议上,对依法保护产权时提出的三个新理念。树立谦抑理念,对通过民事、行政法律手段就能妥善处理的经济案件,不使用强制手段,努力以较小成本取得较好效果。树立审慎理念,严格区分经济纠纷与经济犯罪、企业正当融资与非法集资等界限,准确把握经济违法行为入刑标准,严防刑事执法介入经济纠纷;对涉嫌违法的企业和人员,依法慎重决定是否采取拘留、逮捕和查封、扣押、冻结等强制措施。树立善意理念,确实需要查封、扣押、冻结财产的,要严格依法进行,防止超标的、超范围的,最大限度减少对企业正常生产经营的不利影响;对已经查封、扣押、冻结的涉案财产,要严格区分违法所得与合法财产,对违法所得依法予以追缴、上交国库,对合法财产依法尽快返还。

11.“智慧法院”:是在遵循司法规律的前提下,将“互联网+”等先进理念和人工智能技术综合运用于法院工作,促进和实现审判体系和审判能力现代化,借助技术力量减轻法官工作负担,缓解“案多人少”矛盾,实现审判信息资源库案件数据、电子档案全覆盖,达到信息共享、业务协同和按需服务的目标。

12.推进以审判为中心的刑事诉讼制度改革:是党的十八届四中全会提出的,是司法改革的一项重大任务,确保侦查、审查起诉的案件事实证据经得起法律的检验。在坚持司法机关分工负责、互相配合、互相制约原则的前提下,在刑事诉讼活动中以法院审判为中心,对于关涉被告人刑事责任的事实认定与法律适用,必须严格遵循法定程序,通过法庭审判进行裁决。

太原市人民检察院工作报告

——2017 年 3 月 28 日在太原市第十四届人民代表大会第一次会议上

太原市人民检察院代检察长　宁建新

各位代表：

现在，我代表太原市人民检察院，向大会报告工作，请予审议，并请市政协各位委员和其他列席人员提出意见。

过去五年工作回顾

五年来，全市检察机关在市委和上级检察机关正确领导下，在市人大及其常委会有力监督下，全面贯彻党的十八大和十八届三中、四中、五中、六中全会精神，深入学习贯彻习近平总书记系列重要讲话精神和治国理政新理念新思想新战略，紧紧围绕全市工作大局，以"三比一创"活动为总抓手，全面履行法律监督职责，各项检察工作取得了新进展。

一、全面履行法定职责，努力维护社会公平正义

严厉打击刑事犯罪。依法打击各类刑事犯罪，着力提升人民群众安全感。批准逮捕各类刑事犯罪嫌疑人 19326 人，提起公诉 27673 人。深入开展"打黑除恶"专项行动，批准逮捕涉黑涉恶犯罪嫌疑人 224 人，提起公诉 209 人。批准逮捕故意杀人、绑架等严重暴力犯罪嫌疑人 4297 人，提起公诉 5598 人。批准逮捕"两抢一盗"等多发性侵财犯罪嫌疑人 7665 人，提起公诉 8712 人。

深入查办和预防职务犯罪。坚决贯彻中央和省、市委反腐倡廉总体部署，坚持惩防并举，努力促进形成不敢腐、不能腐、不想腐的良好政治生态。立查职务犯罪 885 件 1138 人，提起公诉 801 件 1005 人，其中大案 684 件，处级以上要案 169 人（含厅级 18 人）。针对办案中发现的管理漏洞或重大隐患，及时提出检察建议并总结上报。其中，检察信息"储备粮库空库及陈化粮问题突出"被中办采用，中央政治局常委作出重要批示，有力促进了国家储备粮管理制度的进一步完善。根据市委目标责任制考核要求，对 100 多个单位职务犯罪预防工作进行年度考核，预防工作社会化水平明显提高。立足于"让数据多跑路、让群众少跑腿"，积极探索"互联网 + 检察工作"，在全省率先开通行贿犯罪档案互联网查询平台，受理行贿档案查询 166725 次。举办预防专题讲座、警示教育 1000 余场，直接受众 15 万余人。

着力加强诉讼监督。坚持以权力监督和权利保障理念为引领，全面履行诉讼监督职责。刑事诉讼监督方面，监督公安机关立案 539 件、撤案 418 件，依法追捕 984 人、追诉 813 人；对 335 件刑事判决、裁定提出抗诉，法院已改判 131 件，发回重审 66 件，其中高宣英强奸抗诉案被评为全国检察机关"精品刑事抗诉案件"。刑事执行监督方面，对不当监管活动情形提出书面纠正意见 2156 次；对财产刑执行不当提出纠正意见 665 件；对 662 名犯罪嫌疑人进行了羁押必要性审查。民事行政诉讼监督方面，审查民事行政监督案件 3957 件，对认为确有错误的民事行政生效裁判、调解书提出抗诉、再审检察建议 143 件，提请上级抗诉 118 件；对民事行政审判程序中的违法情形提出检察建议 271 件，对民事行政执行活动提出检察建议 611 件。

妥善办理重大敏感案件。在省、市委和上级检察机关的坚强领导下，坚守法律底线，保持法治定力，圆满完成了一系列重大敏感复杂案件的侦查、公诉等工作，并积极协助相关单位做好社会稳控及舆情应对，取得了较好的法律效果、政治效果和社会效果。成功公诉了内蒙古自治区原政协副主席、公安厅厅长赵黎平故意杀人、受贿案，被告人一、二审均被判处死刑。该案为最高人民检察院交办我省的首起省部级领导干部犯罪案件，案件办理情况受到上级机关高度评价。

二、主动服务全市发展大局，促进经济稳步向好发展

努力创优发展环境。紧紧围绕市委重大决策部署，及时出台服务和保障城中村改造、服务民营经济发展等意见；编印并赠送《发挥检察职能、服务非公经济》等法律手册 2 万余册。查办城中村改造领域职务犯罪 57 件 123 人；批准逮捕破坏市场经济秩序犯罪 1261 件 1718 人，提起公诉 1539 件 2457 人。依法妥善处理百余起民营企业涉嫌行贿案件及线索，促使市场主体增强法治意识、放下思想包袱、投身经济发展。经市委批

准,召开全市行政、检察联席会议,就如何发挥创优发展环境合力,共同推进依法行政进行研究部署。注重改进办案方式,严格区分法律政策界限,努力实现既打击犯罪,又保护干事创业热情。

突出保障民生民利。积极回应民生重大关切,深入推进破坏环境资源和危害食品药品安全犯罪专项监督活动,监督立案26人,查办相关渎职犯罪22件23人;批准逮捕集资诈骗、非法吸收公众存款等人民群众高度关注的涉众型犯罪710件987人,提起公诉836件1422人,编印并发放《拒绝高利诱惑、远离非法集资》宣传册,教育引导群众提高辨别能力和防范意识;查办涉农、扶贫领域职务犯罪193人;查办教育、医疗、社保等民生领域职务犯罪81人。办理支持起诉案件1295件,帮助农民工追回劳动报酬1100余万元。

坚持把化解矛盾贯穿办案始终。依法化解社会矛盾,回应群众涉法诉求,健全检察环节依法维权和化解纠纷机制,推行疑难复杂案件联合接访、听证制度,邀请律师等第三方参与息诉工作。依法救助刑事被害人373人,发放救助金369万余元。市检察院办理的我省首例精神损害赔偿案——冉从明申请国家赔偿案,被最高人民检察院评为"全国刑事申诉检察优秀案件"。

主动参与社会治理创新。配合有关部门加强对社会治安重点地区的专项整治,推动完善社会治安防控体系。依法严厉打击利用互联网诈骗等犯罪,促进网络虚拟社会管理,成功办理全省首例利用网络走私象牙案。与团省委、社工服务中心签署"倾注爱心、重拾未来"未成年人司法社会工作服务项目,在全省首次探索政府购买社工服务未成年人检察工作模式,市检察院未成年人刑事检察处被命名为"全国青少年维权岗"。注重青少年犯罪预防,开展"预防校园暴力专项活动",万柏林区检察院建成全省首个青少年法治教育基地。

三、积极推进检察改革创新,着力提升法律监督质效

统筹推进各项改革任务。在市委和省检察院领导下,稳妥推进司法体制改革工作,顺利完成了319名员额检察官遴选等工作。积极配合国家监察体制改革试点,切实做好职务犯罪侦查等机构人员整体转隶工作,有序推进工作交接过渡,完善衔接机制,努力发挥两大改革的叠加效应。认真做好思想工作,凝聚改革正能量,切实做到思想不乱、队伍不散、工作不断。

首创专项法律监督报告制度。收集翔实案例,深入分析刑事侦查、刑事审判、刑事执行、未成年人犯罪侦查、民事行政诉讼等活动中存在的影响执法、司法公正的普遍性、苗头性、倾向性问题及原因,连续三年向有关执法、司法机关发出专项监督报告,同时抄报党委、人大、政协和上级检察机关,有效提升了诉讼监督的权威和实效。

探索同步动态监督机制。出台《太原市人民检察院命案办理工作规定》,探索参与命案现场勘验工作机制,从源头上防止刑讯逼供和冤错案。推行命案主办检察官负责制,介入命案引导侦查159件,提出建议196条,批准逮捕期限平均缩短2天,审查起诉退补率下降40%。积极适应以审判为中心的刑事诉讼制度改革,在公安机关探索设立侦查监督检察室,对侦查活动进行同步动态监督。

严防冤假错案。坚持罪刑法定、疑罪从无,严把事实关、证据关、程序关和法律适用关,依法保障诉讼参与人合法权益,努力确保无罪的人不受刑事追究、有罪的人受到公正惩罚。高度重视证据审查,对非法证据主动排除并同步发出纠正违法通知书,对瑕疵证据要求补正或作出合理解释,因证据不足不批准逮捕1196人、不起诉951人。

努力提升司法文明水平。积极适应修改后刑事诉讼法,发挥市检察院"国家司法文明协同创新中心实验基地"优势,充分吸收司法文明研究成果,探索出以有效保障人权、提高司法效率、提升司法文明为重点的18项综合工作机制。省检察院组织全省各级检察院检察长进行现场观摩,最高人民检察院领导给予充分肯定。创新律师接待"一站式"服务,《法制日报》以"喝茶工夫就能拿到所需案卷"为题,在头版头条予以报道。

四、全面加强自身建设,不断提高依法履职能力

持续加强思想政治和素质能力建设。扎实开展党的群众路线、"三严三实""两学一做"等主题教育,筑牢思想基础。举办道德讲堂24期,在系统内宣讲的同时,应邀外出巡讲50余次,《新华社内参》《党建内参》等10余家国家级媒体进行了报道。注重先进榜样引领,清徐县检察院反贪局原副局长李洪达获"第五届全国道德模范"提名奖,迎泽区检察院冯磊入选"中国好人榜"。市检察院被评为全市首个职业道德建设标兵单位,全国人大常委会副委员长、全国妇联主席沈跃跃到市检察院视察时,对检察职业道德建设和清廉家风建设经验做法给予充分肯定。以提升履职能力为目标,开展业务技能比武及精品案件评选21次。推行人才培养双岗机制,7名检察官被评为全国、全省检察业务专家,8名检察官被评为全国检察业务能手。注重法学理论与司法实践的良性互动,"指定居所监视居住"研究课题获全国检察机关检察应用理论研究一等奖。

持续加强党风廉政建设。强化检务督察和基层巡视,认真履行全面从严治党主体责任和监督责任。注重抓早、抓小、抓苗头,扎实开展"规范司法行为"等专项整治活动。完善基层检察院检察长和内设机构负责人述职述廉制度、任前谈话制度、警示谈话制度,逐级开展廉政教育谈话。通过明察暗访、严格执纪,不断深化和巩固纪律作风建设成果。坚持把纪律和规矩

挺在前面，严肃查处违纪违法检察人员3人。

持续加强基层基础建设。不断深化基层检察院建设，市检察院荣获“全国检察机关基层检察院建设组织奖”，迎泽区检察院、尖草坪区检察院被评为“全国先进基层检察院”。大力推进信息化与检察工作深度融合，高度重视大数据等现代信息技术在司法办案中的应用，建成驻所监控对接系统、远程视频接访室等，市检察院被评为首批“全国检察机关科技强检示范院”。

五、强化内外监督制约，保障严格公正司法

切实加强内部监督制约。建立案件质量评查常态化工作机制，评查职务犯罪、不捕不诉、涉法涉诉信访等各类案件2545件。出台领导干部、司法机关工作人员过问案件记录制度，对干预司法的行为形成有效制约。在全省率先出台检察业务专家列席检委会制度、检委会委员审查案件制度，有效提高了办案质量和效率。

自觉接受人大监督和政协民主监督。坚持重大工作部署、重要工作情况及时向人大及其常委会报告，认真落实人大及其常委会各项决议决定。加强与人大代表、政协委员的沟通联络，编发“检察专报”信息480余条。对人大代表提出的167条意见和建议逐一研究、认真办理并书面答复。向市人大常委会及主任会议专题报告侦查监督、预防职务犯罪等工作，积极配合开展专题调研和执法检查。在市政协的支持下，聘任20名政协委员担任特约民主监督员，加强对检察工作的民主监督。

广泛接受社会监督。严格落实人民监督员制度，人民监督员监督职务犯罪案件115件，参与公开听证会、答复会160人次。拓展检务公开深度和广度，发布重要案件信息523条，公开法律文书5324件，举办“检察开放日”30余次，制作播出“龙城检察”电视节目44期，通过互联网、微信公众号发布信息2560条，及时传播法治建设“正能量”和太原检察“好声音”。

五年来，全市检察机关攻坚克难、锐意进取，较好地完成了各项检察工作任务，“三比一创”目标基本实现，共有85个集体、189名个人荣获省级以上表彰奖励，市检察院连续三年在全市年度综合考核中被评为“优秀”等次，连续四年被评为省级文明单位，2016年被评为全省检察工作示范院。这些成绩的取得，是党委正确领导、人大有力监督、政府大力支持、政协和社会各界及广大人民群众关心帮助的结果。在此，我代表全市检察人员，向所有关心支持检察工作的领导和同志们表示崇高的敬意和真诚的感谢！

回顾过去五年的工作，我们深深体会到，要做好新时期的检察工作：必须把好方向。始终坚持党的领导、人大监督，确保检察权牢牢掌握在党和人民手中；始终坚持服务大局、司法为民，在满足人民群众新期待中赢得公信。必须抓好主业。始终坚持立足检察机关的宪法定位，以司法办案为中心，扎实做好检察监督主业，切实维护社会公平正义。必须夯实根基。牢固树立“功成不必在我”的信念，扎实做好队伍建设等基础性工作，打牢检察事业长远发展的根基。必须勇于创新。深化司法改革，创新工作机制，破解工作难题，为推动检察工作持续发展提供不竭动力。必须强化约束。持续强化纪律作风建设，始终心存敬畏、手握戒尺，切实做到公正用权、谨慎用权、依法用权。必须狠抓落实。坚持“一分部署、九分落实”，以抓铁有痕、踏石留印的精神强力推进，确保各项工作取得实实在在的效果。所有这些，是我们通过艰辛探索取得的宝贵财富，需要在新的实践中继续坚持、不断完善。

同时，我们也清醒地认识到，全市检察工作虽然取得了一定成绩，但与党的要求、人民群众的期待、法治建设的愿景相比还有不小差距，工作中仍然存在一些亟待解决的问题和困难：一是服务大局的力度和效果还有待提升。检察机关服务经济社会发展的视野还不够开阔，工作实效和影响力还不够明显。二是检察职能作用发挥得还不够充分。法律监督工作的力度、成效与维护公平正义的目标还有一定差距。三是司法体制改革的各项配套措施还不健全。新旧办案机制、检察权运行机制调适得还不到位，部分检察人员的思想观念和工作方式还没有跟上改革的节奏。四是队伍建设还需持续强化。队伍专业化程度还不够高，领军型人才仍然缺乏。纪律作风建设还有薄弱环节，队伍的监督管理还有待进一步加强。对此，我们将紧盯不放，在今后工作中切实加以解决。

2017年工作安排

2017年是全面贯彻省、市第十一次党代会精神的起步之年，也是全面深化司法体制改革的决战之年。全市检察机关将全面贯彻党的十八大和十八届三中、四中、五中、六中全会精神，深入学习贯彻习近平总书记系列重要讲话精神和治国理政新理念新思想新战略，认真贯彻省、市第十一次党代会精神，按照省委“一个指引、两手硬”重大思路和要求，紧紧围绕市委工作部署，遵循“服务、监督、改革”三条工作主线，以加强检察监督为根本，以深化改革创新为动力，以强化队伍建设为保障，全面争创一流检察业绩，努力为“两个走在前列”提供坚强有力的司法保障。

一、服务保障全市工作大局，树立太原检察新形象。紧紧围绕全市中心工作，强化检察作为，积极服务保障“两个走在前列”和创新驱动、转型升级战略。找准服务大局的切入点、结合点，完善工作机制，细化工作措施，着力建设法治化营商环境。围绕推进供给侧结构性改革，把保障和促进经济发展放在更加突出的位置，努力推动经济稳步向好发展。坚持依法平等保护，稳妥处理涉及民营企业的犯罪案件。加强产权司法保护，更加注重保护创新成果、优化创新生态。强化精准监督，积极服务脱贫攻坚，配合相关部门加强对扶贫资金、项目的动态化监督。严惩暴力恐怖、黑恶势力、涉枪涉爆、制贩毒品、拐卖妇女儿童、制假售假、校园暴力、暴力伤医等犯罪，突出惩治欺压百姓、胡作非为的“村霸”和宗族恶势力犯罪，全力维护社会稳定。严厉打击非法集资等涉众型经济犯罪、网络电信诈骗犯罪、危害食品药品安全犯罪和破坏环境资源犯罪，提高打击新型犯罪能力，切实维护良好社会秩序。

二、做强做实监督主业，构建法律监督新格局。把握法律监督宪法定位，聚焦检察监督主责主业，强化监督刚性和担当。坚守约束权力、保障权利的法治要旨，全面加强和改进诉讼监督工作，切实加强对刑事诉讼、民事诉讼、行政诉讼的监督。开展专项监督活动，健全常态化监督机制，推进法治太原建设。坚决纠正司法不作为、乱作为问题，重点监督纠正有案不立、违法插手经济纠纷、违法查封扣押冻结涉案财物和虚假诉讼、违法调解等问题，更好地维护司法公正。积极探索公益诉讼，与环保、国土、食品药品监管等部门建立联系机制，强化督促履行职责，加强对行政机关不移送刑事案件的监督，加强对行政机关违法行使职权或不行使职权的监督，促进依法行政。强化未成年人检察监督，严格落实未成年人刑事诉讼特别程序，加强未成年人司法保护。统筹推进刑事执行检察、控告申诉检察等工作。

三、扎实推进改革创新，开创检察工作新局面。切实提高政治站位，强化政治担当，积极配合国家监察体制改革试点，全面完成转隶工作，探索建立检察机关与监察委员会的协调衔接机制。全面完成司法体制改革任务，实施检察人员分类管理，落实司法责任制改革，严格执行检察官权力清单，探索员额制检察官动态调整机制。加强司法改革配套机制建设，推进内设机构整合改革，进一步优化检察监督资源配置，不断提高办案质量和效率，努力提升检察机关司法公信力。主动适应以审判为中心的刑事诉讼制度改革，根据案件难易、刑罚轻重、认罪与否等情况，推进繁简分流，完善多层次诉讼制度体系，努力在更高层次上实现公正与效率相统一。

四、坚持全面从严治检，打造检察队伍新面貌。牢固树立“四个意识”，确保忠诚、干净、担当。全面加强党的建设，从严落实“两个责任”，着力提升班子凝聚力、战斗力和创造力。深化检察职业道德建设，培育检察职业精神。坚持把纪律挺在前面，强化常态化检务督察，开展谈心提醒和关爱教育。针对司法改革后检察权运行可能发生的廉洁风险，加强全员、全过程监管、指导，促进公正廉洁司法。积极适应司法改革新要求，坚持扁平化管理和专业化建设相结合，建立专业化办案团队。以素能提升为核心，健全符合检察职业特点的素能培训体系，加强分层分类分岗培训，不断提高队伍的正规化、专业化、职业化水平。

各位代表，在新的一年里，我们将更加紧密团结在以习近平同志为核心的党中央周围，在市委和上级检察机关的正确领导下，在市人大及其常委会的有力监督下，认真落实本次大会决议，忠诚履职，奋发作为，不断开创全市检察工作新局面，为实现“两个走在前列”作出新的更大贡献，以优异成绩迎接党的十九大胜利召开！

市情概览

A General Introduction of Taiyuan

人口状况

【人口总量】 据2016年人口抽样调查，太原市年末常住人口434.44万人，比上年末增加2.57万人。其中：城镇人口367.32万人，增加2.81万人；乡村人口67.12万人，减少0.24万人。城镇化率84.55%，比上年提高0.15个百分点。男性人口221.59万人，女性人口212.85万人，性别比为104.11∶100。

全年出生人口4.36万人，人口出生率10.08‰；死亡人口1.79万人，死亡率4.13‰；自然增长率5.95‰。（崔　晰）

发展综述

【经济总量及结构】 2016年，太原市实现地区生产总值(GDP)2955.60亿元，比上年增长7.5%。其中：第一产业增加值38.22亿元，增长2.6%；第二产业增加值1068.04亿元，增长7.3%；第三产业增加值1849.34亿元，增长7.7%。第三产业中，交通运输、仓储和邮政业增加值152.57亿元，增长10.0%；批发零售和住宿餐饮业增加值455.80亿元，增长1.1%；金融业增加值437.73亿元，增长12.8%；房地产业增加值159.99亿元，增长10.1%；营利性服务业增加值353.02亿元，增长15.0%；非营利性服务业增加值288.38亿元，增长1.5%。

人均地区生产总值68234元，比上年增长6.9%，按2016年平均汇率计算达到10273美元。（崔　晰）

【劳动就业状况】 2016年，太原市全社会从业人员232.22万人。分城乡看，城镇从业人员183.48万人，乡村从业人员48.74万人。分三次产业看，第一产业从业人员25.04万人，第二产业从业人员65.42万人，第三产业从业人员141.76万人。三次产业从业人员结构比为10.8∶28.2∶61.0。城镇新增就业9.89万人，其中创业带动就业2.51万人。4.60万名下岗失业人员实现再就业，其中就业困难人员再就业1.16万人。年末城镇登记失业率3.46%。（崔　晰）

【农业与农村经济】 2016年，太原市农林牧渔业总产值76.79亿元，比上年增长2.9%。粮食总产量31.29万吨，增长4.5%。其中：夏粮产量0.05万吨，下降28.9%；秋粮产量31.24万吨，增长4.6%。全年油料产量0.24万吨，下降20.7%；蔬菜及食用菌产量130.78万吨，增长1.5%；水果产量9.08万吨，增长2.5%。肉、蛋、奶产量分别为5.63万吨、3.09万吨、11.16万吨。

全年农作物种植面积98.12千公顷，比上年减少2.20千公顷。粮食种植面积73.44千公顷，比上年减少2.13千公顷。其中：夏粮种植面积0.08千公顷，秋粮种植面积73.36千公顷。蔬菜种植面积21.18千公顷，药材种植面积1.20千公顷。年末农业机械总动力55.73万千瓦。农用化肥施用量(折纯)28719吨。造林面积10.3千公顷。零星植树1222

万株。新增育苗面积0.8千公顷。

（崔　晰）

【工业和建筑业】 2016年，太原市规模以上工业增加值571.81亿元，比上年增长7.0%。其中：中央企业增加值90.90亿元，增长2.7%；省属企业增加值182.50亿元，下降8.3%；市属及以下企业增加值298.41亿元，增长19.2%。

分经济类型看，国有企业增加值35.04亿元，比上年增长15.8%；集体企业增加值1.5亿元，下降1.0%；股份制企业增加值315.29亿元，下降2.4%；股份合作企业增加值0.09亿元，下降14.8%；外商及港澳台商投资企业增加值217.51亿元，增长30.2%；其他经济类型企业增加值2.38亿元，下降37.0%。分轻重工业看，轻工业增加值69.92亿元，1.2%；重工业增加值501.89亿元，增长7.0%。

主要行业完成情况：计算机、通信和其他电子设备制造业增加值206.86亿元，增长32.5%；黑色金属冶炼和压延加工业增加值74.22亿元，下降5.0%；煤炭开采和洗选业增加值56.17亿元，下降6.7%；烟草制品业增加值34.62亿元，增长5.3%；燃气生产和供应业增加值25.87亿元，增长4.9%；电力、热力生产和供应业增加值30.33亿元，增长27.1%；交通运输设备制造业增加值16.35亿元，增长下降17.9%；通用设备制造业增加值16.41亿元，下降15.5%；金属制品业业增加值14.25亿元，增长25.7%；仪器仪表制造业增加值13.70亿元，下降1.2%。

主要工业产品产量：原煤产量2858.17万吨，下降28.3%；洗煤产量2426.95万吨，下降14.0%；焦炭产量1069.21万吨，增长3.9%；钢材产量1048.79万吨，增长3.0%；移动通信手持机2693.44万台，增长32.1%；交流电动机142.68万千瓦，增长45.2%；发电量279.20亿千瓦时，增长8.4%；食醋产量46.39万吨，下降1.3%；卷烟产量155.5亿支，下降4.9%。

规模以上工业主营业务收入2308.63亿元，下降12.1%。利税总额96.24亿元，增长94.4%。利润总额3.34亿元。规模以上工业企业每百元主营业务收入中的成本87.24元，下降2.80元。

建筑业：具有建筑业资质等级的总承包和专业承包建筑业企业总产值2335.12亿元，增长17.6%。建筑业企业房屋建筑施工面积9936.98万平方米，竣工面积1661.43万平方米。

（崔　晰）

【固定资产投资】 2016年，太原市固定资产投资2027.71亿元，比上年增长0.1%。其中：中央项目投资94.33亿元，下降38.8%；省属项目投资233.12亿元，下降3.0%；市属及以下项目投资1700.26亿元，增长4.2%。

分产业看，第一产业投资48.98亿元，增长37.8%；第二产业投资377.45亿元，下降17.1%。其中工业投资375.36亿元，下降16.7%；第三产业投资1601.28亿元，增长4.3%。城市基础设施建设投资462.50亿元。三次产业投资比重为2.4%、18.6%和79.0%。

工业投资中，非煤产业投资318.45亿元，占工业投资的比重达到84.8%。非传统产业投资258.13亿元，占工业投资的比重达到68.8%。

分经济类型看，国有投资1028.77亿元，增长2.3%；非国有投资998.94亿元，下降2.0%，其中民间投资964.92亿元，下降4.0%。

全年在建固定资产投资项目1327个。其中：5亿元以上项目194个，计划总投资3779.26亿元，完成投资870.16亿元，占全市固定资产投资的比重为42.9%；10亿元以上项目110个，计划总投资3203.12亿元，完成投资705.53亿元，占全市固定资产投资的比重为34.8%。

房地产开发：全年房地产开发投资681.90亿元，比上年增长12.9%。住宅投资495.54亿元，增长11.9%，其中：90平

2016年分行业固定资产投资额

指　标	投资额(万元)	比2015年增长(%)
总　计	20277123	0.1
农、林、牧、渔业	510184	40.9
采矿业	678120	7.7
制造业	1888573	-7.1
电力、热力、燃气及水的生产和供应业	1186872	-35.5
建筑业	29021	-48.6
批发和零售业	264936	-21.6
交通运输、仓储和邮政业	711517	36.9
住宿和餐饮业	78413	37.6
信息传输、软件和信息技术服务业	276721	60
金融业	4547	20.6
房地产业	9554367	-4.6
房地产开发	6819017	12.9
租赁和商务服务业	92516	6.2
科学研究和技术服务业	300774	10.9
水利、环境和公共设施管理业	3900714	25.9
居民服务和其他服务业	14322	12.4
教育	262516	-12.5
卫生和社会工作	279297	5.1
文化、体育和娱乐业	105421	-4.6
公共管理和社会组织	138292	64.1

吨,增长5.3%。航空客运量984.78万人次,增长11.4%;航空货运量4.91万吨,增长7.9%。（崔　晰）

2016年社会消费品零售总额

指　标	零售额(亿元)	比2015年增长(%)
社会消费品零售总额	1666.24	8.1
分地域:城　镇	1530.62	6.8
其中:城　区	1310.24	4.3
乡　村	135.62	26.5
分行业:批发业	219.29	30.6
零售业	1368.10	5.6
住宿业	9.44	5.0
餐饮业	69.41	2.4

方米以下住房投资158.15亿元,占住宅投资的比重为31.9%;商业营业用房投资52.05亿元,增长17.2%。全年商品房竣工面积572.20万平方米,商品房销售额468.41亿元。（崔　晰）

【能源】2016年,太原市一次能源生产折标准煤2041.59万吨,比上年下降28.4%;二次能源生产折标准煤3823.49万吨,比上年下降7.7%。

全年全社会用电量250.70亿千瓦时,增长4.3%。其中:农业用电1.94亿千瓦时,增长0.2%;工业用电(含电厂自用电)161.46亿千瓦时,增长1.6%,其中:占工业用电量68.8%的煤炭、炼焦、化工、建材、冶金、电力等高耗能行业用电量111.04亿千瓦时,增长2.7%;建筑业用电3.91亿千瓦时,增长7.6%;第三产业用电42.64亿千瓦时,增长7.9%;城乡居民生活用电34.15亿千瓦时,增长6.4%。（崔　晰）

【国内贸易】2016年,太原市实现社会消费品零售总额1666.24亿元,比上年增长8.1%。其中:城镇消费品零售额1530.62亿元,增长6.8%;乡村消费品零售额135.62亿元,增长26.5%。

限额以上贸易企业零售额916.11亿元,比上年增长6.4%,占社会消费品零售总额的55.0%。限额以上批发零售业企业通过互联网实现商品零售额16.45亿元,增长56.3%。（崔　晰）

【对外经济】2016年,太原市外贸进出口总额133.14亿美元,比上年增长24.8%。其中:出口额83.29亿美元,增长26.4%;进口额49.85亿美元,增长22.2%。

全年新设立外商投资企业12家。实际利用外商直接投资额4.62亿美元,下降45.7%。

全年有贸易往来的国家和地区166个。年进出口额在千万美元以上的国家和地区52个,比上年减少4个。

交通运输:年末全市公路线路里程累计达到7401千米,其中高速公路287千米。公路密度105.9千米/百平方千米。太原地区铁路客运量2641.40万人次,增长1.7%;铁路货运量3403.64万吨,下降22.9%。公路客运量876.00万人,下降19.3%;公路货运量15043.00万吨,增长5.3%。航空客运量984.78万人次,增长11.4%;航空货运量4.91万吨,增长7.9%。（崔　晰）

【交通、邮电和旅游】2016年,太原市公路线路里程累计达到7401千米,其中高速公路287千米。公路密度105.9千米/百平方千米。太原地区铁路客运量2641.40万人次,增长1.7%;铁路货运量3403.64万吨,下降22.9%。公路客运量876.00万人,下降19.3%;公路货运量15043.00万吨,增长5.3%。航空客运量984.78万人次,增长11.4%;航空货运量4.91万吨,增长7.9%。

全年邮电业务总量154.60亿元,比上年增长44.2%,其中:邮政业务总量6.70亿元,增长14.4%;电信业务总量147.90亿元,增长45.9%。年末市话到达80.43万户。农话到达3.30万户。移动电话用户691.22万户,其中3G、4G移动电话用户分别为58.55万户和447.28万户。全市固定及移动电话用户总数达到774.95万户。每百人拥有电话178部,其中固定电话和移动电话普及率分别达到24部/百人和159部/百人。计算机互联网用户135.12万户,其中宽带网用户132.27万户。

2016年外贸进出口总额

指　标	绝对数(亿美元)	比2015年增长(%)
进出口总额	133.14	24.8
出口额	83.29	26.4
其中:一般贸易	11.60	-16.6
加工贸易	71.20	38.7
其中:机电产品	66.31	46.6
高新技术产品	61.78	63.6
其中:国有企业	15.55	-27.8
外商投资企业	61.94	62.8
进口额	49.85	22.2
其中:一般贸易	8.51	1.0
加工贸易	40.76	26.4
其中:机电产品	35.88	37.6
高新技术产品	31.15	50.8
其中:国有企业	13.75	-6.1
外商投资企业	34.82	47.0

年末全市民用汽车保有量127.23万辆，比上年末增长13.3%，其中私人汽车114.34万辆，增长15.2%。本年新注册汽车18.50万辆，增长21.6%。年末轿车保有量80.35万辆，增长14.3%，其中私人轿车75.20万辆，增长15.4%；本年新注册轿车11.67万辆，增长22.9%。

全市接待海内外游客5688.12万人次，比上年增长15.8%。其中：国内游客5666.17万人次，增长15.8%；海外游客21.95万人次，增长4.5%。海外游客中：外国人15.46万人次，香港同胞3.63万人次，澳门同胞0.43万人次，台湾同胞2.43万人次。全年旅游总收入683.98亿元，增长16.3%。其中：国内旅游收入678.66亿元，增长16.3%；旅游外汇收入0.84亿美元，增长4.8%。（崔　晰）

【财政、金融和保险】 2016年，太原市一般公共预算收入282.69亿元，增长3.1%。其中：税收收入220.38亿元，下降0.4%，国内增值税、营业税、企业所得税、个人所得税、资源税和城建税共计完成税收128.05亿元，下降12.2%。全年一般公共预算支出424.07亿元，比上年增长0.9%。其中教育、医疗卫生、社会保障和就业、住房保障、交通运输、节能环保、城乡社区事务等民生支出347.49亿元，占全市一般公共预算支出的81.9%。

年末全市金融机构本外币各项存款余额11497.49亿元，增长6.2%；本外币各项贷款余额12016.78亿元，增长12.0%。人民币各项存款余额11070.04亿元，增长4.5%，其中：个人储蓄存款余额3661.76亿元，增长6.7%；人民币各项贷款余额10103.36亿元，增长11.9%。人民币贷款中，中长期贷款余额6707.47亿元，增长21.5%；短期贷款余额2820.85亿元，下降0.8%。

年末上市公司达到19家，其中：主板16家，中小板2家，创业板1家。“新三板”挂牌企业达到37家。

全年原保险保费收入220.17亿元，增长37.0%。其中：寿险业务保费收入150.85亿元，增长45.6%；健康险业务保费收入15.68亿元，增长43.1%；意外伤害险业务保费收入4.36亿元，增长30.4%；财产险业务保费收入49.28亿元，增长15.2%。

支付各类赔款及给付54.38亿元，增长26.3%。其中：寿险业务给付27.00亿元，增长51.2%；健康险业务赔款及给付3.79亿元，增长49.5%；意外伤害险业务赔款1.19亿元，增长29.0%；财产险业务赔款22.40亿元，增长3.0%。

（崔　晰）

【城市建设和绿化】 2016年，太原市实施城市主次干道、桥梁、支路网建设64项，总计建设里程116千米，五一路、滨河西路南延、卧虎山路、新晋祠路、摄乐桥等43个新建和改建项目相继完工。轨道交通2号线一期开工，汾河美化治理三期工程快速推进，海绵城市启动试点建设。2016年启动城中村改造26个，22个村基本完成整村拆除。既有居住建筑节能改造643万平米，完工518万平米。

年末全市天然气供气总量9.31亿立方米，供气能力58亿立方米，新增供气能力18亿立方米。集中供热扩网2546万平方米。年末城市公交运营车辆2253辆，其中：公共汽车2147辆，电车106辆。公交运营线路网长度3250千米，年客运量4.35亿人次。更换纯电动出租车8292辆，安装充电桩2451个。公共自行车服务点保持1285个，累计投放自行车4.1万辆。

和平公园、晋阳街公园建成对市民开放。实施太山龙泉寺景区综合整治、青龙古镇景观绿化和明太原县城景观等工程。太原植物园、动物园、迎泽公园等11个公园建设改造相继开工。创建省级园林单位4个，省级园林道路1条。全市共有综合性公园38个，专类公园11个，带状公园5个，街头游园243个，社区游园43个，街旁绿地181块。建成区绿化覆盖面积达到14369公顷，园林绿地面积12655公顷，公园绿地面积4099公顷。建成区绿化覆盖率41.65%，绿地率36.68%，人均公园绿地面积11.88平方米。（崔　晰）

【科学技术和教育】 2016年，太原市技术市场共登记技术合同1483项，成交金额119.50亿元。国家认定的企业技术中心11家，省级企业技术中心90家。年末累计建成13个国家级重点实验室（国家级工程实验室、国家级工程研究中心），拥有8个国家级科技企业孵化器和35个“院士工作站”。年末累计认定高新技术企业533家。全年获得国家科技奖励4项。全市发明专利申请量3511件、授权量1538件，有效发明专利拥有量6252件。规模以上工业高新技术产业增加值247.14亿元，占地区生产总值的比重为8.4%。

年末高新区、经济区、民营区共有入区企业8153家。全年实现科工贸总收入

2016年各类教育学生数

指　标	招生（人）	在校生（人）	毕业生（人）
研究生	8298	24354	7429
普通高等教育	122329	432234	108299
成人高等教育	21369	79440	41188
中等职业教育	21836	75753	29252
普通高中	27312	82222	29428
普通初中	40105	117861	44039
普通小学	52229	286678	42072
特殊教育	269	1260	260
学前教育	40740	113894	38301

2880亿元，增长0.5%。

年末共有普通高等院校44所（其中高职院校23所），成人高等院校8所，中等职业教育学校58所，普通高中88所，普通初中130所，小学433所，幼儿园709所。

全市学前三年毛入园率95.6%。小学学龄儿童入学率、初中生入学率、巩固率均达到国家标准。2016年，太原市高考一本、二本达线率和录取率在全省继续名列前茅。（崔　晰）

【文化、卫生和体育】 2016年，太原市共有专业、具备规模的民营艺术表演团体18个。群艺文化馆12个，博物馆11个。公共图书馆馆藏图书670.52万册。国家综合档案馆12个，馆藏档案资料147.64万卷（件、册）。广播节目11套，电视节目16套。有线广播电视用户107.08万户（其中数字电视用户103.29万户），有线电视入户率94.0%。广播人口覆盖率99.9%，电视人口覆盖率100%。开展以“中国梦”为主题的艺术创作，推出晋剧《于成龙》《续范亭》《紫穗槐》，话剧《谍杀》，承办纪念抗战胜利70周年“烽火战歌”专场音乐朗诵。全年获国际奖3项、国家奖4项、省级奖2项。其中，戏曲电影《傅山进京》获中美国际电影节“最佳戏曲片”奖，晋剧《上马街》获第十六届上海白玉兰戏剧表演“主角奖”“配角奖”。年末共列入国家级非物质文化遗产保护项目17项、省级保护项目67项、市级保护项目115项。

年末共有卫生机构2791个（不含村卫生室），医疗床位36760张。每千人拥有医疗床位8.5张。各类卫生技术人员52952人，其中：执业（助理）医师20045人，注册护士24245人。每千人拥有医生4.6人。实际参加新型农村合作医疗保险的农民105.82万人，参合率99.7%。“先住院、后付费”服务模式惠及农民16.2万人次。在全国首创“千医千村牵手”帮扶模式。创建2个国家级、163个省级群众满意的基层医疗卫生机构，2个慢性病综合防控示范区。

全年太原运动员在国内外大赛中，获得12枚金牌、11枚银牌、3枚铜牌，24个第四至第八名。在第一届全国青运会中，获得11枚金牌、9枚银牌、7枚铜牌的好成绩。太原国际马拉松赛蝉联“金牌赛事”，打造“龙城赛龙舟”“全国篮球城市”“汾河体育健身长廊”等体育名片，获得2015中国体育文化·体育旅游博览会“最佳组织奖”。（崔　晰）

【人民生活和社会保障】 2016年，太原市居民人均可支配收入27169元，比上年增长6.9%。按常住地分，城镇居民人均可支配收入29632元，增长6.9%，城镇居民人均消费支出16775元，增长8.5%；农村居民人均可支配收入14591元，增长7.1%，农村居民人均消费支出10929元，增长8.0%。城乡居民收入比为2.03：1，与上年持平。

全年居民消费价格比上年上涨1.2%。其中：食品价格上涨3.7%，非食品价格上涨0.6%；消费品价格上涨1.5%，服务价格上涨0.8%。商品零售价格总水平上涨0.8%。工业生产者出厂价格下降3.9%。工业生产者购进价格下降2.0%。

全市企业职工参加养老保险85.36万人，参加城镇基本医疗保险244.63万人，参加失业保险89.86万人，参加工伤保险96.36万人，参加生育保险97.12万人。年末城市低保覆盖人口2.96万人，农村低保覆盖人口2.54万人，4057人纳入农村五保供养，全年发放最低保障资金3.41亿元。

全市各类收养类单位40个，床位6623张，收养5075人。救济农村五保户4042户，城市临时救助12281户次，农村临时救助6133户次。年内新建城乡日间照料中心130个。（崔　晰）

【环境保护和安全生产】 2016年，太原市市区空气质量二级以上天数232天，达标比率为63.4%。空气污染综合指数7.68%。集中式饮用水源地水质达标率保持100%，地表水环境功能区水质达标率75%，市区区域环境噪声年均值52.9分贝、交通噪声年均值68.1分贝。全年PM2.5达标265天，达标比率为72.4%。

全年平均气温8.8℃～11.5℃，降水量489.4毫米～665.7毫米。地下水水位平均上升1.1米。全社会用水量7.76亿立方米，其中：生活用水2.82亿立方米，农业灌溉用水2.00亿立方米，工业生产用水2.64亿立方米，生态用水0.30亿立方米。

全年各类安全生产事故发生数比上年下降1.8%。其中商贸制造业、交通运输和仓储业事故起数分别下降57.1%、6.1%。未发生重特大生产安全事故。煤炭百万吨死亡率为0。（崔　晰）

机构设置和领导班子名单

中共太原市委

书　　记　吴政隆＊
书　　记　王伟中
副书记、市长　耿彦波
副 书 记　王　成＊
副 书 记　任在刚
常　　委　任在刚＊
常委、政法委书记　汪　凡＊
常委、副市长　王建生＊
常委、纪委书记　李吉山
常委、组织部长　张明星
常委、秘书长　陈河才＊
常委、警备区司令员　任玉和＊
常委、警备区政委　张文广
常委、娄烦县委书记　薛东晓
常委、副市长　王立刚
常委、统战部长　刘文华
常委、宣传部长　李　浓（女）

太原市人大常委会

主　任、党组书记　弓　跃
副 主 任　傅建荣
党组成员　刘　斌
副主任、党组成员　刘　剑（女）
副主任、党组成员　王建勋
副主任、党组成员　冯晋生
副主任、党组成员　梁争平
副主任、党组成员　李文清
党组成员　冯润春

太原市人民政府

市　长、党组书记　耿彦波
副市长、党组副书记　任在刚＊
副市长、党组副书记　王立刚
副市长、党组成员　王建生＊
副市长　王爱琴（女）
副市长、党组成员　魏　民
副市长、党组成员　张齐山
副市长、党组成员　马润生
副市长、党组成员　刘　鹓
党组成员　邓维元＊

政协太原市委员会

主　席、党组书记　张贵元
副主席、党组副书记　任书文
副主席　张　政
副主席　王爱萍（女）
副主席　陈远新
副主席　张文旺
副主席　薛维梁
副主席、党组成员　毛志鸣
副主席、党组成员　冯　霞（女）
副主席、党组成员　任晓峰
党组成员　刘建中

太原市纪律检查委员会、监察局

书　　记　李吉山
常务副书记　刘　伟
副 书 记　李国敏＊
副 书 记　梁永明＊
副 书 记　孙建宏＊
副 书 记　刘振华
副 书 记　杨天玉
常　　委　高晋晖＊
常　　委　李丽芳（女）
常　　委　王振军
常　　委　秦　琦
常　　委　常继德
常　　委　杜雁军
秘 书 长　李丽芳（女）
监察局局长　李国敏＊
监察局副局长　高晋晖＊
监察局副局长　常继德

中共太原市委办公厅

秘 书 长　陈河才＊
秘 书 长　李增锁
常务副秘书长　白玉明＊
常务副秘书长　李亚江
副秘书长　王栋梁
副秘书长　张树明
副秘书长　雷世昌
调研员　王瑞文
副调研员　孙玉文
副调研员　谭国栋＊

中共太原市委组织部

部　　长　张明星
常务副部长　李增锁＊
副 部 长　王富旺
副 部 长　李发平
副 部 长　陈晓红(女)
副部长、考核办主任　梁宏宇＊
副调研员、部务委员　雷学义

中共太原市委宣传部

部　　长　李　浓(女)
常务副部长　孟德东
副 部 长　詹玉梅(女)
副 部 长　王耀武
副 部 长　曹俊清
副 部 长　贾可春
副调研员　刘建光
副调研员　马竣敏

中共太原市委统战部

部　　长　刘文华
副 部 长　王贵云
副 部 长　王莎莎(女)
副 部 长　李　波
副调研员　张志宏

中共太原市委政法委员会

书　　记　汪　凡＊
书　　记　任在刚
常务副书记　张守斌
副书记、综治办主任　宫殿元(兼)
副 书 记　相　辉＊
副 书 记　白晋虎
副 书 记　吕静英(女)
政治部主任　赵　彬＊
调 研 员　韩　玲(女)
副调研员　王长征
综治办副主任　杨　静

中共太原市委政策研究室

主　　任　杨向东
副 主 任　赵德学
副 主 任　栗继东

太原市委机构编制委员会办公室

主　　任　郑旭东
副 主 任　李　宁＊
副 主 任　范振会
副调研员　冯寅卯
副调研员　吴春福
副调研员　王建功

太原市委直属机关工委

书　　记　孙锁刚
副 书 记　张俊杰
副 书 记　崔雪岭
副 书 记　郭　炳
纪工委书记　傅　立
副调研员　王世斌

太原市委市政府接待办公室

主　　任　李亚江
副 主 任　澹台应兵
副 主 任　焦　岗
副 主 任　李高儒

太原市委市政府信访局

局长、党组书记　张树明
副局长、党组成员　于学刚
副局长、党组成员　要福鱼＊
副局长、党组成员　雷治平
调研员、党组成员　杨保根＊
副调研员、党组成员　李智富＊
副调研员、党组成员　曹昶民
副调研员、党组成员　陈爱军
副调研员　董建平

太原市委老干部局

局　　长　李发平
副 局 长　解建国
副 局 长　安建斌
副 局 长　侯丽芬(女)
副调研员　陈　兵(女)

太原市委台湾工作办公室

主　　任　张炎魁
副 主 任　贾时钟
副 主 任　黄定发

调 研 员 郭芳民*
副调研员 刘 凯

太原市委防范办

主 任 王学明
副 主 任 汪志宏
副 主 任 陈增云

太原市委机要局

局 长 戴耀生

太原市委保密局

局 长 赵 静(女)

太原市精神文明办

主 任 詹玉梅(女)
副 主 任 肖善才
副 主 任 谷兰杰
调 研 员 刘沛洪*
调 研 员 王晓峰*

太原市政府办公厅

秘书长、厅党组书记 刘 鹓
副秘书长、党组成员 薛维柱*
副秘书长、党组成员 郭德魁*
副秘书长、党组成员 窦力奋
副秘书长、党组成员 常跃平
副秘书长、党组成员 庞 虹(女)
纪检组长、党组成员 武晓英(女)
调研员、党组成员 田维春*
调研员、党组成员 安龙柱
调研员、党组成员 闫丽娜(女)
调 研 员 毋青松
调 研 员 孟小军*
副调研员、党组成员 牛 亮
副调研员、党组成员 潘 侠*
应急办副主任、党组成员 师旭东

太原市发展和改革委员会

主任、党组书记 张 勇*
副主任、党组成员 王世瑛 史铁成 卫建业 崔效荣 王振宇
纪检组长、党组成员 王益民
总经济师、党组成员 王世忠
总工程师、党组成员 赵爱忠
转型综改办副主任、党组成员 王晓东
调研员、党组成员 王喜彬* 张耀民
副调研员、党组成员 张权斌 李申华 侯维国 倪福田

太原市科学技术局

局长、党组书记 谢承泮
副局长、党组成员 樊怀林
副局长、党组成员 郑文明
副局长、党组成员 张兴民
纪检组长、党组成员 程 莉(女)
总工程师、党组成员 徐 华(女)
副调研员、党组成员 刘文昌
副调研员、党组成员 李保现
副调研员、党组成员 张浩明

太原市公安局

局长、党委书记 汪 凡*
局长、党委书记 马润生
党委副书记、纪委书记 孟庆祥*
副局长、党委委员 雷毓智
副局长、党委委员 赵山成*
副局长、党委委员 白国宝
副局长、党委委员 武 润
副局长、党委委员,交警支队支队长、党委书记 仇跃勇
副局长、党委委员,巡警支队支队长(兼) 韩迷中
副局长、党委委员,反恐应急处置支队支队长 刘贵虎
副局长、党委委员 白安平
政治部主任、党委委员 米炳生
党委委员 常丹飞
警卫处处长、党委委员 郭建文
消防支队支队长、党委委员 王 政
武警支队政委、党委委员 马金标
交警支队副支队长、党委委员 刘建国
交警支队副支队长、党委委员 刘茂林

太原市民政局

局 长、党组书记 任建忠
副局长、党组副书记、市双拥办主任 杜效敏*
副局长、调研员、市慈善总会常务副会长 宋建平
副局长、党组成员 张世明
副局长、党组成员 程顺安
纪检组长、党组成员 段建生
调研员、党组成员 韩建平

调研员、党组成员　周　强
副调研员、党组成员　王　龙
副调研员、党组成员　张　仪
党组成员，市双拥办副主任　续鲜珍(女)

太原市司法局

局长、党组书记　杨万生
副局长、党组成员　刘自国
副局长、党组成员　褚晓峰*
副局长、党组成员　韩　飞
纪检组长、党组成员　鹿建平
副局长兼政治部主任、党组成员　张四民
助理调研员、党组成员　丁忠泽

太原市财政局

局　长、党组书记　陈向阳
党组副书记、调研员　崔崇恩
副局长、党组成员　邢建成*
副局长、党组成员　强培东
副局长、党组成员　王国柱
副局长、党组成员　杨桂梅(女)
副局长、党组成员　刘军华
纪检组长、党组成员　闫保丰
总会计师、党组成员　张艳红(女)
副调研员、党组成员　唐春玉
副调研员、党组成员　胡　毅

太原市人力资源和社会保障局

局　长、党组书记　王富旺
副局长、党组成员　张晓林
副局长、党组成员　赵　军
副局长、党组成员　韩武雁
副局长、党组成员　赵　俭
纪检组长、党组成员　张国栋
调研员、党组成员　贾宏鸣
副调研员、党组成员　欧阳湘晋
副调研员、党组成员　李保亮
副调研员、党组成员　秦崇年
副调研员、党组成员　陈胜军

太原市环境保护局

局　　长　陈继光
党组书记、副局长　朱天晓
副局长、党组成员　许德茂
副局长、党组成员　孔向明
副局长、党组成员　郭　玺
副局长、党组成员　刘永慧
总工程师、党组成员　夏玉林

太原市住房和城乡建设委员会

主任、党委书记　姜　波
党委副书记、调研员　郝明俐(女)
纪委书记、党委委员　胡丽丽(女)
副主任、党委委员　王清河
副主任、调研员、党委委员　张晓军
副主任、党委委员　崔学锋
副主任、党委委员　梁晓岗
副主任、党委委员　石永明
总经济师、党委委员　陈志强
总工程师、党委委员　王清雨
调研员、党委委员　董克平
副调研员、党委委员　张晋生
副调研员、党委委员　强力军

太原市城乡管理委员会

主　任、党委书记　王建堂
第一副主任、党委委员　张　利
副主任、调研员、党委委员　段　洪
副主任、党委委员　刘作铭
副主任、党委委员　张志杰
副主任、党委委员　孙玉锋
副主任、党委委员　耿炤宇
副主任、党委委员　张　红(女)
党委副书记　高喜跃
纪委书记、党委委员　任晓艳
总工程师、党委委员　武卫华
副调研员、党委委员　蒙晓禄
副调研员、党委委员　赵有仁

太原市交通运输局

局长、党组书记　郭治明
副局长、党组成员　阎明生
副局长、党组成员　贾秀荣(女)*
副局长、党组成员　张则福
副局长、党组成员　高海林
副局长、党组成员　马剑峰
纪检组长、党组成员　郭雪梅(女)
总工程师、党组成员　贾全福*

总会计师、党组成员　姜原祯
副调研员、党组成员　梅玉光
副调研员、党组成员　张海萍(女)

太原市水务局

局　长、党组书记　贾立进
副局长、党组成员　董国芬(女)
副局长　郭太林
副局长、党组成员　张怀玉
纪检组长、党组成员　周永乐
总工程师、党组成员　赵树林
副调研员、党组成员　刘新平
副调研员、党组成员　侯俊林

太原市农业委员会

主　任、党委书记　康宝林
党委副书记　郭树生*
纪委书记、党委委员　郭润喜
副主任、党组成员　郭树生
副主任、党委委员　郝锁业
副主任、党委委员　南红卫(女)
副主任、党委委员　王青书
副主任、党委委员　郭志鸿(女)
副主任、党组成员　陈晋忠
总农艺师、党委委员　巩天奎
总畜牧师、党委委员　武济顺
副调研员、党委委员　孙德武
副调研员、党委委员　王　峰

太原市林业局

局长、党组书记　薛新福
副局长、党组成员　张爱文
副局长、党组成员　蒋光中
副局长　任金旺
纪检组长、党组成员　曹宏伟
总工程师、党组成员　田双保

太原市商务局

局　长、党委书记　高屹城*
局　长、党组书记　薛建明
党委副书记　李建民
副局长、党委委员　杜淑婵(女)
副局长、党委委员　陈西林
副局长、党委委员　杨金陵
纪委书记、党委委员　成晓平(女)
总经济师、党委委员　王之峰
调研员、党委委员　梁世斌
副调研员、党委委员　赵伟民
副调研员、党委委员　张宏玉

太原市文化局(版权局)

局长、党组书记　李　钢*
副局长、党组成员　曹永明
副局长、党组成员　张广亮
副局长、党组成员　安俊跃
副局长、党组成员　张志年
副局长、党组成员　李红星
调研员　李元红
调研员　孟恭才
副调研员　安仰谊
副调研员　董晓英(女)
副调研员　郭桂红(女)
党组成员　夏宝刚

太原市卫计委

主任、党委书记　郝宝清
党委副书记、爱卫办主任　安鲜萍(女)
副主任、党委委员　刘振保
副主任、党委委员　滕　军*
副主任、党委委员　郝淑贞(女)
副主任、党委委员　张　泽
副 主 任　黄建宏
纪委书记、党委委员　侯士君
调 研 员　温耀春
调 研 员　马秉权
调 研 员　李向斌
副调研员　袁　琳
副调研员　胡亚书
副调研员　张永杰
副调研员　赵永生

太原市审计局

局长、党组书记　连金会
副局长、党组成员　苗五保
副局长、党组成员　李德明
副局长、党组成员　杨　玲(女)
纪检组长、党组成员　马晋达
总审计师、党组成员　何　茜(女)

调研员、党组成员　李贵生
副调研员、党组成员　徐国强

太原市外事侨务办公室

主任、党组书记　潘保欢
副主任、党组成员　畅绍德
副主任、党组成员　李　岩
副主任、党组成员　尉　韬(女)
纪检组长、党组成员　赵晓平
副调研员、党组成员　王　磊(女)
副调研员、党组成员　刘勤儿

太原市煤炭工业局

局长、党组书记　邓维元*
副局长、党组成员　张晓峰
副局长、党组成员　李春生
副局长、党组成员　王双斗
总工程师、党组成员　王双斗*
总工程师、党组成员　吴国岗
纪检组长、党组成员　尹达恒*
副调研员、党组成员　郭树林

太原市国有资产监督管理委员会

主任、党委书记　茹述创
党委副书记　黄建民*
副主任、党委委员　李振忠
副主任、党委委员　张宝军
副主任、党委委员　韩东来
副主任、党委委员　阎树亮
副主任、党委委员　刘军华*
纪委书记、党委委员　孙建祁
副调研员、党委委员　孟永宁

太原市工商行政管理局

局　　长　王拴成*
党组书记　李国祥
常务副局长、党组成员　陈广龙
副局长、党组成员　赵　勇
副局长、党组成员　任建国
副局长、党组成员　郭建新
纪检组长、党组成员　赵丽萍(女)
党组成员、非公工委专职副书记　耿　威
调研员、党组成员　贺福锁
党组成员、民营分局局长　侯国防

调 研 员　郝振宇
副调研员　黄　澄
副调研员　屈　战*
副调研员　孔韦宝

太原市质量技术监督局

局长、党组书记　赵　敏(女)*
局长、党组书记　郭德魁
副局长、党组成员　孙乃俊
副局长、党组成员　张效良
副局长、党组成员　商卫兵*
纪检组长、党组成员　赵文江
总工程师、党组成员　李友芬(女)
党组成员、稽查分局局长　王晋生
副调研员　李红旺
副调研员　武旭龙

太原市食品药品监督管理局

局长、党组成员　魏元平
党组书记、副局长　高金虎*
党组书记、副局长　李　颖(女)
副局长、党组成员　连　波
副局长、党组成员　李文军
纪检组长、党组成员　王临庆(女)
食品总检验师、党组成员　刘慧君
药品总检验师、党组成员　段新民
调研员、党组成员　马尧英
副调研员、党组成员　高俊常
副调研员、党组成员　赵　伟

太原市体育局

局长、党组书记　高　波
党组副书记、调研员　孟广昭
副局长、党组成员　李永昌
副局长、党组成员　何文平
副局长、党组成员　裴红霞(女)
纪检组长、党组成员　张吉祥*
副调研员、党组成员　毕宗敏

太原市统计局

局　长、党组书记　薛建明*
局　长、党组书记　何爱萍(女)
副局长、党组成员　岳国平
副局长、党组成员　戴陆寿

副局长、党组成员　梁永昭
纪检组长、党组成员　李栓英(女)
总统计师、党组成员　马亚晓
调研员、党组成员　乔　木
副调研员、党组成员　王振军
副调研员、党组成员　张太生
副调研员、党组成员　陈亚萍(女)

太原市安全生产监督管理局

局长、党组书记　王守清
副局长、党组成员　李亚瑾
副局长、党组成员　张永宽
副局长、党组成员　曹玉田
纪检组长、党组成员　梁福云
总工程师、党组成员　曹玉田 *
总工程师、党组成员　赵永强
调研员、党组成员　席建业
调研员、党组成员　刘春友 *
调研员、党组成员　刘　豹

太原市旅游局

局长、党组书记　齐宏明
副 局 长　杨永生 *
副 局 长　芦国庆(女)
副局长、党组成员　刘德清(女)
调研员、党组成员　宁克强
调研员、党组成员　赵金英(女)

太原市民族宗教事务局

局长、党组书记　王素红(女)
副局长、党组成员　张升万
副局长、党组成员　边军红
调研员、党组成员　孙世文

太原市文物局

局长、党组书记　杨支军
副局长、党组成员　刘　军
副 局 长　于振龙
纪检组长、党组成员　曹维明
总工程师、党组成员　薛建文
副调研员、党组成员　谷立新
副调研员、党组成员　秦建军
副调研员、党组成员　吴春明

太原市粮食局

局长、党组书记　刘照升
副局长、党组成员　凌长明
副局长、党组成员　岑　杰
副局长、党组成员　李殿彪
总经济师、党组成员　李春瑞
调研员、党组成员　洛正明
副调研员、党组成员　董韵雷

太原市人民防空办公室

主任、党组书记　冀克平
副主任、党组成员　崔　嵬
副主任、党组成员　张志强
副主任　令狐小静(女)
调研员、党组成员　马立骏
副调研员、党组成员　陈　海
副调研员、党组成员　聂守跃

太原市人民政府法制办公室

主任、党组书记　阴海锁
副主任、党组成员　杨位保
副主任、党组成员　温建国
副主任、党组成员　张志强
副调研员、党组成员　陈江峰

太原市城乡规划局

局长、党组书记　邵社教
副局长、党组成员　白树栋
副局长、党组成员　白晓平
副局长、党组成员　王建廷
副局长、党组成员　赵宏亮
纪检组长、党组成员　闫继华(女)
总规划师、党组成员　杨迎旭
副调研员、党组成员　李学昌
副调研员、党组成员　梁云龙

太原市房产管理局

局长、党组书记　刘振华 *
副局长、党组成员　王东立
副局长、党组成员　康建斌 *
副局长、党组成员　耿国胜
总经济师、党组成员　张屹东
调研员、党组成员　程银喜
调研员、党组成员　郑建文 *

副调研员、党组成员　赵　义
副调研员、党组成员　钱国栋
副调研员、党组成员　李玉东

太原市园林局

局长、党组书记　张建刚
副局长、党组成员　吕从标
副局长、党组成员　荣锁平
副局长、党组成员　赵学军
纪检组长、党组成员　杨琳岚(女)
总园艺师、党组成员　王书宏
调研员、党组成员　张世隆
副调研员、党组成员　许济民
副调研员、党组成员　程清太

太原市人大常委会办公厅

秘书长　冯润春
副秘书长　李恩庆
副秘书长　王小明
副秘书长　马彦明*
副秘书长　段建忠
调研员　张　升*
调研员　刘　跃
调研员　裴丽娜(女)

太原市人大法制委

主任委员　孟小勇
副主任委员　孟凡政
副主任委员　车晓蓓(女)

太原市人大内务司法委

副主任委员　邢德谦
副主任委员　李　平(女)

太原市人大财政经济委

副主任委员　冯　健

太原市人大教育科学文化卫生委

主任委员　赵雁萍(女)
副主任委员　乔情义
副主任委员　王培仁

太原市人大城市建设委

副主任委员　王春生
副主任委员　冯利峰

太原市人大农业与农村委

主任委员　王　瑾
副主任委员　彭生全
副主任委员　张一平

太原市人大人事代表委

主任委员　左　伟
副主任委员　李增锁(兼)
副主任委员　张志佩

太原市人大常委会民宗侨务外事工委

主任委员　李晓伟
副主任委员　李冠萍(女)

太原市人大常委会研究室

主　任　张　刚
副主任　孙　安
副主任　秦原平(女)*
副主任　袁洪建

太原市人大常委会信访局

局　长　朱永平
副局长　刘　婧(女)

太原市政协办公厅

秘书长　刘建中
副秘书长　吴玲玲(女)
副秘书长　祁向东*
调研员　金　钢(满)
调研员　崔守成
调研员　王建平
调研员　严卫星
调研员　何宏伟

太原市政协经济科技委

主　任　高慧卿*
副主任　霍凤鸣
副主任　王永红(女)

太原市政协人口资源环境和城乡建设委

主　任　张振国
副主任　王秀丽(女)

太原市政协学习文史委

副 主 任　岳骁骏(女)
副 主 任　杜海柱

太原市政协提案委

主　　任　姚原梅(女)*
副 主 任　田　瑞
副 主 任　王静芸(女)

太原市政协教文卫体委

主　　任　畅志刚
副 主 任　曹亮亮(女)
副 主 任　王贵斌

太原市政协台港澳联络委

主　　任　武映文

太原市政协社会和法制委

副 主 任　齐春林

太原市政协民族宗教委

主　　任　吕大成

太原市政协农村工作委

主　　任　徐　洋
副 主 任　安红金

太原市政协研究室

主　　任　胡祖泉

太原市政协社情民意研究室

主　　任　王晓光*

太原市中级人民法院

院长、党组书记　冯少勇*
院长、党组书记　侯晓东
副院长、党组副书记　路德坤*
副院长、党组副书记　韩育兵
副院长、党组成员　张庭保
副院长、党组成员　郭　旗
副院长、党组成员　任有会
党组成员、纪检组长　刘欣旺*
副院长、党组成员　段培林
执行局局长、党组成员　李晓涛
政治部主任、党组成员　张文华(女)
副调研员、党组成员　王效林
党组成员　王利生

太原市人民检察院

检察长、党组书记　周茂玉
副检察长、党组副书记　谢宏江
常务副检察长、党组成员　郭　鸿
副检察长、党组成员　张克军*
副检察长、党组成员　江　晨
党组成员、纪检组长　尚阿涛
政治部主任、党组成员　蔡治安
副检察长、党组成员　李南明
反渎职侵权局局长、党组成员　张巨保
检察委员会专职委员、党组成员　任　萍(女)
副调研员、党组成员　祝积岐
检察委员会专职委员、党组成员　韩少峰
反贪局局长、党组成员　刘忠勇

太原市总工会

主席、党组书记　冯晋生
党组副书记、常务副主席　张　霞(女)
副主席、党组成员　薛　跃
副主席、党组成员　郎学军(女)
副主席、党组成员　樊小高
副主席、党组成员　韩铁柱
调研员、党组成员　鲁欢晓
副调研员、党组成员　黄小飞

共青团太原市委员会

书记、党组书记　李京京*
副书记、党组成员　刘　冰
副书记、党组成员　杜志强
副书记、党组成员　章晓煜(女)
副书记、党组成员　李　琦(女)
少工委主任、党组成员　马　斌

太原市妇女联合会

主席、党组书记　萧芬芬(女)
副主席、党组成员　柴　洁(女)
副主席、党组成员　康一萍(女)
副主席、党组成员　米丽萍(女)
副主席、党组成员　王国华(女)

太原市科学技术协会

主席、党组书记　武忠民
副主席、党组成员　李　相
副主席　曹慧彬(女)
副主席、党组成员　尹效军
副调研员　王　星(女)

太原市文学艺术界联合会

主　席　王爱琴(女)*
党组书记、提名主席　张体仁
调研员、党组成员　张运刚
副主席(提名)、党组成员　王宏伟
副主席(提名)、党组成员　韩　莹(女)
副主席(提名)、党组成员　韩喜登

太原市归国华侨联合会

主席、党组副书记　李　慧(女)*
党组书记　王莎莎(女)(兼)
副主席、党组成员　郑　勇
副调研员、党组成员　白劲松

太原市工商联合会

主　　席　陈远新
党组书记　王贵云
副主席、党组成员　乔瑞生
副主席、党组成员　白建红(女)
调研员、党组成员　郝乃全
副调研员、党组成员　张增辉

太原市残疾人联合会

理事长、党组书记　杨　健*
副理事长、党组成员　薛晓峰
副理事长、党组成员　黄淑芝(女)
副理事长、党组成员　云志威(蒙古)
调研员、党组成员　王成庆*

太原市贸促会

会长、党组书记　马华民
副会长、党组成员　温　辉*
副会长、党组成员　王英旺*
副会长、党组成员　刘勇刚
副调研员　王军威

太原市红十字会

专职副会长　李东山

太原市委党校(行政学院)

校　　长　王　成*
校　　长　任在刚
常务副校长　雷学东
副校(院)长　王晓东
副校(院)长　王宝进
副校(院)长　张　忠
副校(院)长　张峰杰*
教 育 长　邓翠香(女)

太原日报社(太原日报报业集团)

党委书记、董事长,太报传媒公司董事长、总经理(兼)　李树人
党委副书记、董事、总编辑,太原日报总编辑(兼)　王丽萍(女)
党委副书记、纪委书记　刘越凤(女)
党委委员、董事,副总编兼晚报总编辑　王福庆
副社长,党委委员、董事　张向明
副 总 编　王艾萍(女)
副 总 编　杨　松
副社长、党委委员　赵安林
副社长、党委委员　王　剑
副总编辑　董　豪
副总编辑　徐大为
副社级调研员　詹朝亮

太原市企业上市办(金融工作办公室)

主任、党组书记　许　强
副主任、党组成员　孙　炜

太原市档案局

局长、党组书记　姚晓蓉(女)
副局长、党组成员　崔国铭
纪检组长、党组成员　武变仙(女)
副局长、党组成员　冯　刚
副局长、党组成员　赵国清

太原市防震减灾局

局长、党组书记　吕大成*
局长、党组书记　高二虎
副局长兼总工程师　张晓峰
副局长、党组成员　邓子平

副局长、党组成员　续　渊(女)
纪检组长、党组成员　尹浩瑞
副调研员、党组成员　师　菁(女)

太原市政府发展研究中心

主任、党组书记　魏建庭
副主任、党组成员　王志仙(女)
副主任、党组成员　张五堂

太原市农业机械发展中心(市农机局)

主任、党组书记　马雪峰
副主任、党组成员　李瑞春
副主任、党组成员　李恩科
副主任、党组成员　卫　华
副调研员、党组成员　王三保

太原市城镇集体联合工业社

主任、党组书记　郭晋龙
副主任、党组成员　吴同义
副 主 任　张国宏
副主任、党组成员　裴志红
副主任、党组成员　涂　超
调研员、党组成员　马兴荣*

太原市中小企业局

局长、党组书记　葛文军*
局　长、党组书记　高屹成
副局长、党组成员　郭文斌
副局长、党组成员　房保富
副局长、党组成员　王晋昌
纪检组长、党组成员　滕悦茹(女)
调研员、党组成员　石　勇*
调研员、党组成员　刘志勇

太原市国有资产经营公司

党委书记、董事长　成恒太*
党委副书记、副董事长、总经理　吕德岗
党委副书记、副董事长　崔俊林
党委副书记　张润玲(女)
董事、党委委员　冯信信
董事、党委委员　任启海*
总会计师　张　援

太原市住房公积金管理中心

主任、党组书记　韦和平*
副主任、党组成员　王晋章
副主任、党组成员　黄火平
副主任、党组成员　刘建红
副主任、党组成员　相似锦
副主任、党组成员　张　麒*
副主任、党组成员　武卫东
副主任、党组成员兼铁路中心主任　张小平*

太原市城市建设国有资产经营公司

董事长、党委书记　澹台宏亚
董　事、工会主席、党委副书记、纪委书记　刘玉刚
副总经理、党委委员　张春贵
副总经理、党委委员　李　宏
财务总监、董事　李　博(女)
总工程师、董事　韩　柏

太原市经济建设投资公司(高铁公司)

总经理、党组书记　李同立
副总经理、党组成员　王晓东
副总经理、党组成员　刘元林
副总经理、党组成员　高志敏
副总经理、党组成员　陈迎光
副总经理、党组成员　张　丽(女)
财务总监、党组成员　宁振华

太原市政府驻外办事处

北京联络处主任　胡琦伟
上海联络处主任　李　忠
上海联络处副调研员　郭晋强
广州办事处主任　李　刚
海口办事处主任　杨俊贤
厦门办事处副主任　朱　华
青岛办事处副主任　周　雷

太原广播电视台(市文广集团)

党委书记、副台长(总裁)　崔　燕(女)
党委委员、副台长(副总裁)　王俊伟
党委委员、副台长(副总裁)　申根成
纪委书记、党委委员　程晋生
党委委员、副台长(副总裁)　赵　欣(女)

太原市市容环境卫生管理局

局长、党组书记,城乡管委会第一副主任、党委副书记　张　利
副局长、党组成员　郭惠田*
副局长、党组成员　段耀辉
副局长、党组成员　时中瑛
总工程师、党组成员　雷生贤
调研员、党组成员　陈立盛

太原市供销合作社联合社

主任、党委书记　高庆霞*(女)
主任、党组书记　高金虎
副主任、党委委员　武怀诚
副主任、党委委员　白　威
调研员、党委委员　关增盛
副 主 任　高　伟

太原市慈善职业技术培训中心

主　　任　李　越

太原市老龄办

主　　任　李并敏
副 主 任　于　兰(女)

太原市政务服务管理中心

调研员、党组成员　郭跃平
副主任、党组成员　王锁柱
副主任、党组成员　郑润林

太原市纪检监察审计中心

主　　任　郑丽芳
副 主 任　董维玲

太原市委党史研究室

主　　任　杨云龙
副 主 任　吴伟光
副 主 任　宋忠庆

太原市委信息化中心

主　　任　杨志忠

太原市委组织部党员电化教育中心

主　　任　韩涛峰
副 主 任　孟春雷

太原市委组织部信息中心

主　　任　赵建春

太原画院

院　　长　董智敏
副 院 长　侯　琪*

太原市互联网信息办

主　　任　刘晓斌

太原市委讲师团

团　　长　张敦义
副 团 长　张云雁(女)
副 团 长　郭丽媛(女)

太原市新闻中心

主　　任　宋立纲
副 主 任　侯晋娟(女)

太原市社会科学院

院　　长　胡建林
副 院 长　张　明
副 院 长　张晨强
副 院 长　赵晋君
调 研 员　任德胜

太原市事业单位登记管理局

局　　长　郭海燕(女)
副 局 长　贾瑞琦(女)
副 局 长　冀晓军

太原市老干部活动中心

主　　任　王瑞珍(女)

太原市老年大学

副 校 长　张晋英(女)

太原市人大常委会机关服务中心

主　　任　张靖武

太原市地方志办公室

主　　任　安　捷

太原市政府采购中心

主　　任　李宏毅
副 主 任　范文广*

太原市机关服务中心

主　　任　张韶文
副 主 任　高玉明

太原市机关事务管理中心

主　　任　张旺喜
副 主 任　赵文强
副 主 任　刘颖达

并州饭店

总经理、党总支书记　王中华
副总经理　王新民
副总经理　杜　坚
副总经理　郭瑞萍(女)

太原市建设项目招标服务中心

主　　任　任志地

太原市经济信息中心

副 主 任　魏景芬(女)
副 主 任　薛虎林
副 主 任　董爱荣(女)
总经济师　王雪梅(女)
工会主席　刘定荣

太原市节能监察支队

副支队长　兰瑞明
总工程师　杨　青(女)

太原市清洁生产指导中心

主　　任　郭　跃

太原技术转移促进中心

主　　任　李国忠
副 主 任　梁　飞

太原市电子研究设计院

院　　长　韩红远

太原市塑料研究所

所　　长　武六旺

太原市高新技术创业服务中心

院　　长　宁慧青(女)

太原双塔革命烈士陵园

主　　任　唐文波

太原市军用饮食供应站

站　　长　焦建平
党支部书记　孟庆武

太原市军队离退休干部第一休养所

所　　长　韩秀清
党委书记　刘树茂

太原市军队离退休干部第二休养所

党委书记　赵正平
所　　长　杨荣清

太原市军队离退休干部第三休养所

所　　长　王书智
党委书记　张国生

太原市军队离退休干部第四休养所

党委书记　贾静艳(女)

太原市军队离退休干部第五休养所

所　　长　班　东
党委书记　张广远

太原市军队离退休干部第六休养所

所　　长　张德勇
党委书记　李嘉瑞(女)

太原市军队离退休干部第七休养所

所　　长　刘海霞
党委书记　程跃进

太原市救助管理站

站　　长　郭宏伟

太原市社会福利院

院　　长　张毅敏
党支部书记　王玉珉

太原市社会福利精神康宁医院

院　　长　王　玲(女)
党总支书记　邓　彪

太原市殡葬管理中心

主　　任　郭永红

太原市龙山殡仪馆

主　　任　班　兵

太原市永安殡仪馆

主　　任　刘小平

太原市永安园

主　　任　张红飞

太原市福利彩票发行中心

主　　任　刘进武

太原市社区服务中心

主　　任　夏同杰

太原市最低生活保障管理中心

主　　任　张宏伟

太原市福利生产管理中心

主　　任　董建生

太原市慈善职业技术学校

校　　长　林建华
副 校 长　刘　杰
副 校 长　赵　清(女)
副 校 长　任原生

山西省太原市城北公证处

主　　任　张丽宏
党支部书记　武　锐
副 主 任　石子龙

山西省太原市城南公证处

主　　任　陈秀峰
党支部书记兼副主任　燕翠萍(女)

山西省太原市城西公证处

主　　任　张立刚
副 主 任　阎晓梅(女)
副 主 任　张晋德

太原市非税收入稽查中心

主　　任　宁　捷

太原市财政科学研究所

所　　长　李　敏(女)

太原市财政国库支付中心

主　　任　郭晓英(女)
副 主 任　郝俊秋
副 主 任　王晋安

太原市财政投资评审中心

主　　任　吕红梅(女)

山西中财投资评审中心

副 主 任　刘抱为
副 主 任　史雁萍(女)

太原市人才交流服务中心

主　　任　葛世杰
副 主 任　李荣爱(女)
副 主 任　苗　丁
副 主 任　刘　坚

太原市人事考试中心

主　　任　张国华

太原市职业培训技术指导中心

主　　任　雷学文
党支部书记　张　奇

太原市就业指导中心

主　　任　张子儒
副 主 任　李建平

太原市医疗保险管理服务中心

主　　任　范　利
副 主 任　高瑞敏
副 主 任　陆　涛(女)
副 主 任　王新明

太原市企业养老保险管理服务中心

副 主 任　刘耀轩
副 主 任　汤奇伟
副 主 任　刘全合

太原市机关事业单位社会保险管理服务中心

主　　任　程生锋
副 主 任　葛兆聪
副 主 任　杨君萍(女)

太原市失业保险管理服务中心

主　　任　宁迫青
副 主 任　田　青*

太原市劳动保障监察执法队

队　　长　刘建军
党支部书记　甄瑞生

太原市城乡养老保险管理服务中心

主　　任　李永贵

太原市高级技工学校

校长、党总支副书记　李德彪
党总支书记兼副校长　徐雪梅(女)
工会主席、党总支副书记　马继斌
副校长、党总支委员　张　宏
副校长、党总支委员　张建农

太原市环境监测中心站

站　　长　温彦平
党支部书记　刘先智

太原市环境科学研究院

院　　长　李跃宇
党支部书记　张三龙

太原市环境监察支队

支 队 长　李吉生
党支部书记　武元原

太原市汾河公园管理处

主　　任　张建民
党支部书记　蔡小林
副 主 任　苏广同
副 主 任　张　东
副 主 任　王海霞(女)
副 主 任　张　立

太原市建筑工程招标投标管理办公室

主　　任　叶　奋

太原市轨道交通建设管理办公室

主　　任　梁月花(女)

太原市城市给水工程建设处

处　　长　张智弘
党支部书记　高云龙
副 主 任　郝俊芳(女)
副 主 任　王旭波

太原市城中村改造建设管理中心

主　　任　夏宝良
副 主 任　秦李林
副 主 任　冀丽君(女)
总工程师　申怒涛

太原市市政公用工程质量监督站

站　　长　谢耀岗
党支部书记　柴增定
副 站 长　辛俊红
副 站 长　杜红燕(女)

太原市市政建设开发中心

主　　任　张耀东
副 主 任　张秀生*
党总支书记　桑树根

太原市建设工程质量监督站

站　　长　郭　轶

太原市建筑企业劳动保险费用统筹管理中心

主　　任　杨瑞锋

太原市建设工程预结算审核中心

主　　任　郭永东

太原市经济适用房发展中心

主　　任　郭秉刚

太原市城市建设管理中心

主　　任　杨迎春

太原市长风(中心)商务区管理中心

主　　任　孙玉泉*
主　　任　张秀生

太原市市政公共设施管理处

处　　长　刘志猛
党委书记　郝晓华(女)
党委副书记兼纪委书记　穆　毅
副处长兼工会主席　段俊玉
副 处 长　邢晚祥
副 处 长　李世军
副 处 长　王晓毅
副 处 长　郝旭青
副 处 长　王小平(女)
副 处 长　于文哲
副 处 长　武志高

太原市城市照明管理中心

处　　长　张冠华
副 处 长　李新茂
副 处 长　张俊虎
副 处 长　李胜奎
副 处 长　屈　健
党总支书记　陈明璧

太原市排水管理中心

处　　长　杨晓峰
副 处 长　潘会友
副 处 长　任秀林
副 处 长　王小如(女)
副 处 长　张建臣
副 处 长　宋正光

太原市市政公用设施建设中心

主　　任　朱建军

太原市政池渠设施管理中心

处　　长　刘建文
党总支书记　赵宇光

太原市数字化城乡管理指挥中心

主　　任　王海滨

太原市节约用水管理中心

主　　任　孔繁荣*
副 主 任　谷太华
副 主 任　张　敏

太原市供热管理中心

主　　任　葛跃强

太原市城市排水检测站

站　　长　赵平法
党支部书记　宋　威

太原市城市燃气管理办公室

主　　任　尹爱军

太原市热力公司

经　　理　张明智*
经理、党委副书记　张建伟
党委书记　王建宏
副 经 理　郭清亮
副 经 理　王又星
党委副书记兼纪检书记　王春夯
副 经 理　李建刚
副经理兼总会计师　李小忠
副 经 理　吴建琪
副 经 理　李双奎
工会主席　贾桂芬(女)
总工程师兼城南分公司经理　樊　敏
总经济师　马琦云
经理助理兼第二供暖分公司经理　王林文

太原市汽车客运管理办公室

主　任、党委副书记　任选平
党委书记　侯利俊
党委副书记　马少峰
副 主 任　刘春生
副 主 任　贺雪梅(女)

副主任、党委委员　王晓光
纪委书记、党委委员　牛宏伟
副主任、党委委员　冯志林

太原市道路运输管理局

局　　长　宋连斌*
党总支书记　武　方*

太原市公路管理处

党总支书记　马锦瑞*

太原市水资源管理委员会办公室

主　　任　陈　杰

太原市水利勘测设计院

院　　长　韩建忠

太原市晋祠泉域水资管理处

处　　长　赵惠滨

太原市兰村泉域水资管理处

处　　长　陈拉才

太原市水工程移民工作办公室

主　　任　周新春

太原市防汛抗旱指挥部办公室

主　　任　张秀生

太原市水土保持监督检测站

站　　长　梁计萍(女)

太原市农业科学研究院

院　　长　程　升

太原市农产品质量安全检测中心

主　　任　冯桂平(女)

太原生态工程学校

校长、党委副书记　张　明
党委书记　夏双秀
副校长、党委委员　马根全
副校长、党委委员　吴　洪(女)
副校长、党委委员　李晋萍(女)

太原市农业广播电视学校

校　长、党支部书记　王与蜀

太原市人民政府绿化东西山办公室

主　　任　田　勇
副 主 任　高建华(女)
副 主 任　李　坚
副 主 任　张春波(女)

太原市国有林场

场　　长　张保国*

太原市林业科学研究所

所　　长　樊明瑞

太原市森林资源监测中心

主　　任　王金潮

太原市林木种子站

站　　长　郎东升

太原市林木工作站

站　　长　武慧安

太原市商务局综合服务中心

主　　任　李吉海

太原市晋剧艺术研究院

院长、党总支书记　宋建国
副院长、党总支副书记　陶　臣
副 院 长　武凌云
副 院 长　冯素荣
副 院 长　张艳春(女)
专职副书记　贺海鹰

太原市艺术研究院

院　　长　宋　萍(女)

太原市群众艺术馆

馆　　长　常　峰

太原市图书馆

馆　　长　郭欣萍(女)
党支部书记　赵晋明

太原市文化市场综合执法大队

大 队 长　王金城
党支部书记　董贵江
常务副大队长　王　涛

太原市文化艺术学校

校长、党支部副书记　张朝阳
党支部书记　王小东
副校长、党支部委员　赵尚明
副校长、党支部委员　牛丽娟(女)
副校长　杨永兰(女)

太原市矿山救护大队

队　　长　张志良

太原市煤炭安全纠察支队

支 队 长　黄　强

太原市产权交易市场

主　　任　李永杰

太原市消费者协会

秘 书 长　卞传志

太原市个体劳动者协会

秘 书 长　薛风香(女)

太原市民(私)营企业协会

秘 书 长　郭志强

太原市质检局稽查分局

局　长　王晋生

太原市标准计量质检院

院　长　侯鹏翔

太原市食品药品稽查队

队　长　王军生
政　委　郭晓敏(女)

太原市食品药品检验所

党总支书记　闫安明

太原市体育工作队

队　长　朱　渊

太原市体育科学研究所

所　长　李殿林

太原市农村社会经济调查队

副调研员、党组成员,队长(兼)　张太生

太原市安全生产监察支队

支队长(主任)　许小刚

太原市晋祠博物馆

馆　长　王新生
党支部书记　郝教信

太原市晋祠公园

主　任　李继东
党支部书记　郝效东

太原市文物考古研究所

所　长　周富年

太原市天龙山文物保管所

所　长　于　灏

太原市双塔寺文物保管所

所　长　冀美俊(女)

太原市博物馆

文物局副调研员、党组成员兼博物馆馆长　秦建军

太原市粮油交易管理中心

经　理　尹继虎

太原市粮食技工学校

校　长、党支部书记　冯学亮

太原市人防工程管理中心

主　任　张晋萍(女)

太原市人防平战结合管理中心

主　任　王　军

太原市城市规划设计研究院

副院长　胡纯杰
副院长　武　辉
总工程师　卫长乐

太原市建筑设计研究院

院　长　蒲　净
副院长　赵清晨
副院长　上官安星
总建筑师　严　平
总工程师　张　晨

太原市政工程设计研究院

院　长　毕晓东
党总支书记　曹京哲
副院长　梁俊峰
副院长　宋殿科
副院长　栗江鹏
总工程师　刘丽娟(女)

太原市城乡建设档案馆

副馆长　侯晋忠
副馆长　刘仲颖

太原市勘察测绘研究院

院　长　畅开狮
总工程师　高锁义
副院长　茹朝阳

太原市公共租赁住房保障中心

主　任　刘　朋
副主任　孔利民
副主任　朱　洁(女)
副主任　郭天顺
副主任　罗荣取

太原市公房租赁管理中心

主　任　郄新明
副主任　李朝平
副主任　张松华
副主任　郝丽华(女)
副主任　闫继萍(女)

太原市房产交易服务中心

主　任　牛焕德

太原市非住宅房产管理中心

主　任　王更生

太原市迎泽公园管理处

主　任　王　洪

太原市龙潭公园

主　任　张保平

太原市文瀛公园

主　任　郭润明

太原动物园

主　任　杨引亮

太原市晋阳湖管理处

主　任　孟晋平

太原市园林植物研究中心

主　任　石红旗

太原舞蹈团

团　长　韩　林(女)

太原市社情民意研究中心

主　任　王晓光*
副主任　张瑞峰

太原市法官培训中心

主　任　张　康*

太原市中级人民法院机关服务中心

主　任　郭志文*

太原市中级人民法院法庭科学研究中心

主　任　田　宇

太原工人文化宫

主　　任　李　雅
党总支书记　王云鸿

太原工人北文化宫

主　　任　郭　明

太原工人俱乐部

党支部书记　李润果(女)

太原职工技术交流站

站　　长　张树新
党支部书记　王克俭

太原工会困难职工帮扶中心

主　　任　常彦忠

太原市总工会资产监督管理部

部　　长　梁　巍(女)

太原工会机关服务中心

主　　任　黄小飞 *
主　　任　张树新 *

太原职工大学

党支部书记　田培珉 *
副校长、党支部委员　王全福

太原市青年宫

主　　任　刘银河

太原市少年宫

副 主 任　姚为民
副 主 任　程俊生

太原市文学院

副 主 席　王宏伟
副 院 长　畅建康
副 院 长　赵少琳

太原市广播电视传输网络管理中心

主　　任　王　宁
副 主 任　牛彦英
副 主 任　王根林
副 主 任　陈　强
副 主 任　汤永商

太原市广播电视艺术中心

主　　任　刘晓燕(女)

太原学院

党委书记　任玉平(女)
院长、党委副书记　张瑞君
党委副书记　吴建设 *
党委副书记　张子荣
党委副书记　蔡耀群
纪委书记　张正书
副院长、党委委员　邢金龙
副 院 长　徐秋琴(女)
副 院 长　曹艺鸣
副 院 长　荆在京
副院长、党委委员　郑其芳

太原市城市职业技术学院

党委书记　张　勇
院长、党委副书记　杨志家
党委副书记　刘洪海
副院长、党委委员　杨春旺 *
副院长、党委委员　谢振芳
副院长、党委委员　王蒙田
工会主席、党委委员　刘志强

太原旅游职业学院

党委书记　王全拴 *
党委书记　白玉明
院　　长　王春玲(女)*
院长、党委副书记　马兆兴
党委副书记　王　蓉(女)
副院长、党委委员　耿寅杰
副院长、党委委员　张立芳
副院长、党委委员　韩一武

太原广播电视大学

党总支书记　白宏武
校长、总支副书记　时耐敏
副校长、总支委员　徐松山

太原市财贸学校

校长、党总支副书记　王雅琴（女）
党总支副书记　祁天玉
副校长、党总支委员　李保林
副校长、党总支委员　郭改莲（女）

太原市卫生学校

校长、党委副书记　范永丽（女）
副校长、党委委员　韩根浒
副校长、党委委员　郝文斌
副校长、党委委员　王　宇（女）

太原幼儿师范学校

校长、党委副书记　任志勇*
副校长　贾志宏
副校长　杨建福

太原广播电视中等专科学校

校长、党总支副书记　张学锋
党总支书记　翟海录
副校长、党总支委员　韩红兰（女）

太原市财政金融学校

党委书记　栾桂秋（女）
校长、党委副书记　王永伦*
副校长、党委委员　张海娃
副校长、党委委员　张建明
工会主席、党委委员　张　健
纪检书记、党委委员　薛存喜

太原市交通学校

校长、党总支副书记　王晋文
党总支书记　张晋林
副 校 长　王淑梅（女）

太原市第二中学校

校长、党总支副书记　韩书林*
党总支书记　赵恒龙*
副校长、党总支委员　王　军
副校长、党总支委员　张　良

太原市成成中学

校长、党委副书记　聂慧娟（女）
党委书记　武春福
副校长、党委委员　张慧丰
副校长、党委委员　季　禾
纪检书记、党委委员　米建华（女）

太原市第四中学校

校　长、党总支副书记　杨翠云（女）
副校长、党总支委员　赵忠牛
副校长、党总支委员　韩树威

太原市第五中学校

校长、党委副书记　王一瑛（女）
党委副书记　许继生
副校长、党委委员　王　娟（女）

太原市进山中学

校长、党委副书记　吴裕民
党委书记　苏建民
副校长、党委委员　张　毅
副校长、党委委员　张寅生
纪检书记、党委委员　刘琮丽（女）
副校长、党委委员　毕俊卿
工会主席、党委委员　赵维尚
党委副书记　郎雁荣（女）

太原市第十一中学校

校长、党总支副书记　熊成宽*
党总支书记　马新生
副校长、党总支委员　张海滨

太原市第十二中学校

校长、党委副书记　冯国雷
党委书记　陈卫华
副 校 长　潘宝玉*
副 校 长　闫禾军（女）
纪检书记、党委委员　陈友业
副校长、党委委员　程全顺
副校长、党委委员　李　明
党委副书记　马宝峰

太原市第十三中学校

校长、党总支书记　车毅刚*

副校长、党总支委员　高连昇
副校长、党总支委员　张建军

太原市第十五中学校

校长、党委副书记　林　玮(女)
党委书记　银　军
纪检书记、党委委员　孙琪华
副校长、党委委员　樊晓东
党委副书记　陈东胜
副校长　程大敏＊

太原市第十六中学校

校长、党总支副书记　吕向群(女)
副校长、党总支委员　王宝林
副校长、党总支委员　文　凯
工会主席、党总支委员　陈　平

太原市第十八中学校

校长、党委副书记　张　玲(女)
党委书记　刘小静(女)
副校长、党委委员　闫文龙
副 校 长　李　槟(女)*
副 校 长　兀文彦＊
工会主席、党委委员　郭玉萍(女)

太原市第十九中学校

校长、党总支副书记　张代军
党总支书记　温贵宝
副校长、党总支委员　蔡世臣
党总支副书记　张俊民

太原市第二十中学校

校长、党总支副书记　弓建茂
副校长、党总支委员　刘光巨
副校长、党总支委员　刘乐义

太原市第二十一中学校

校长、党总支副书记　孟引变(女)
党总支书记　李　琛＊
副校长、党总支委员　马燕芹(女)
副校长、党总支委员　张爱忠

太原市第二十二中学校

副校长、党总支委员　周明亮＊
副校长、太原市十八中党委委员　田玉金
副校长、太原市十八中党委委员　陈育红

太原市第二十四中学校

校长、党总支副书记　许　丽(女)
党总支书记　田志伟
副校长、党总支委员　白玉宝

太原市育英中学

校　　长　侯荣臻＊
党总支书记　付红燕(女)
副校长、党总支委员　李素华(女)

太原市第二十七中学校

校长、党总支副书记　贾翠兰(女)*
党总支书记　张兴宏
副校长、党总支委员　阎卫东

太原市第二十九中学校

校长、党总支副书记　李　明(女)
党总支书记　吴长绪
副校长、党总支委员　沈庆东

太原市第三十中学校

校长、党总支副书记　刘志荣(女)
党总支书记　曹吉明
副校长、党总支委员　畅建保
副校长、党总支委员　姚澍民

太原市综合高级中学

校长、党总支副书记　杜利平
党总支书记　孟金陵(女)
副校长、党总支委员　翟福平
副校长、党总支委员　褚永生

太原外语科技实验中学

党总支书记　郭　涛
副校长、党总支委员　梁变然(女)
副校长、党总支委员　王卫东

太原市第四十八中学校

校长、党委副书记　王更生
党委书记　郭明思(女)

党委副书记　姚　昕
副校长、党委委员　李春青(女)
副校长、党委委员　田巧丽(女)
工会主席、党委委员　张喜新

太原市第四十九中学校

校长、党总支委员　尚福洋*
党总支书记　周延青
副校长、党总支委员　张银龙
副校长、党总支委员　温国荣

太原市第五十二中学校

校长、党总支副书记　阎茂珍
党总支书记　杜建彬*
副校长、党总支委员　杨俊杰*
副校长、党总支委员　张兴凤(女)

太原市第五十三中学校

校长、党支部副书记　张卫民
党支部书记　黄继忠*
副校长、党支部委员　王本进
副校长、党支部委员　郭玉玲(女)

太原市第五十四中学校

校长、党总支副书记　崔同喜
党总支书记　吴兴佐*
副校长、党总支委员　张万平

太原市第五十五中学校

校长、党委副书记　唐丽达(女)
党委书记　张　枢
副校长、党委委员　程国英
副校长、党委委员　牛拖怀

太原市第五十六中学校

校长、党支部副书记　杨向东
副校长、党支部委员　杨旭宏
副校长、党支部委员　张万才

太原市第五十八中学校

校长、党总支书记　王怀敬
党总支副书记　戴震宇(女)
副校长、党总支委员　王兴文*
副校长、党总支委员　张云峰

太原市第五十九中学校

校长、党总支副书记　陈文斌
党总支书记　韩锁柱*
副校长、党总支委员　李延茂
副校长、党总支委员　史瑞霞(女)

太原市第六十中学校

校长、党支部副书记　雷　晟
党支部书记　陆克祥
副校长、党支部委员　舒增满

太原市第六十一中学校

校长、党总支副书记　黄步选
党总支书记　李大军
副校长、党总支委员　宋鸿明
副校长、党总支委员　席华君

太原市第六十二中学校

校长、党支部副书记　李军生
党支部书记、副校长　李丽珍(女)
副校长、党支部委员　尚燕平
副校长、党支部委员　何振庆

太原市第六十三中学校

校长、党支部副书记　史建如
副校长、党支部委员　王旺民
副校长、党支部委员　刘会强

太原市第六十四中学校

校长、党支部副书记　王秀中
副校长、党支部委员　任新明
副校长、党支部委员　王惠山

太原市第六十五中学校

校长、党总支副书记　景　涛
党总支书记　郭力山
副校长、党总支委员　李志德
副校长、党总支委员　武宏平

太原市第六十六中学校

校长、党支部副书记　刘　薇(女)
副校长、党支部委员　李朝晖
副校长、党支部委员　王志隆

太原市第六十七中学校

校长、党支部副书记　黄胜勇
副校长、党支部委员　马保全
副校长、党支部委员　孟文军

太原市外国语学校

校长、党委副书记　胡　进
党委书记　武翻旺
党委副书记　李巧瑞(女)
副校长、党委委员　姚培吉
副校长、党委委员　冯　娟(女)

太原市实验中学校

校长、党委副书记　孔韦忠
党委书记　张立平(女)
副校长、党委委员　刘风兰(女)
党委副书记　郭振江
副校长、党委委员　麻耀东
工会主席、党委委员　董贵成

太原市第二实验中学校

校长、党委副书记　苏建伟
党委书记　王金玲(女)
副校长、党委委员　齐越峰
工会主席、党委委员　赵春香(女)*
副校长、党委委员　田文华(女)

太原市第三实验中学校

校长、党总支副书记　常宝成
副校长、党总支委员　王爱武(女)
副校长、党总支委员　田瑞民

太原市第四实验中学校

校长、党委副书记　杜效林
党委书记　安彩虹(女)
副校长、党委委员　侯少龙
副校长、党委委员　王　刚

太原市第五实验中学校

校长、党支部副书记　姚世敏
副校长、党支部委员　郝永胜

太原市教育园区学校

校长、党支部副书记　袁万银
党支部书记　王　莉(女)

太原市盲童学校

校长、党支部副书记　王保成*
党支部书记　张　媛(女)

太原市聋人学校

校长、党支部副书记　付晋蔚
党支部书记　李冬梅(女)

太原市明德学校

校长、党支部副书记　王春生
党支部书记　白　强
副校长、党支部委员　赵陆生

太原市第二实验小学

校长、党支部副书记　徐艳红(女)

太原市第三实验小学

校长、党支部书记　史春元

太原市第四实验小学

校长、党支部副书记　聂三敏(女)
党支部书记　武宇红(女)

太原市第五实验小学

校长、党支部副书记　李国强
党支部书记　王萍萍(女)

太原市育红幼儿园

园长、党支部书记　陈美玲(女)*

太原市育英幼儿园

园长、党支部书记　张晓红(女)*

太原市育杰幼儿园

园长、党支部书记　徐晓梅(女)

太原市育蕾幼儿园

园长、党支部书记　宋　芳(女)

太原市招生考试管理中心

主任、党支部书记　张秋柱

副主任、党支部委员　王自进
副主任、党支部委员　张青林

太原市教研科研中心

主任、党总支副书记　赵学昌
党总支书记　陈耀文
副主任、党总支委员　钱学锋（女）　解腊梅（女）

太原教育电视台

台长、党支部副书记　贾天理
党支部书记、副台长　牛　锋
副台长兼总编辑、党支部委员　常军杰
副台长兼总工程师、党支部委员　赵　原

太原市中小学学生卫生保健所

所长、党支部书记　窦路明

太原市大中专毕业生就业指导中心

主任、党支部书记　周玉强

太原市教育装备中心

主任、党支部书记　许原芝（女）

太原市劳动技术教育中心

主任、党支部书记　王玉贵*

太原市职业教育培训中心

主　　任　康建清（女）

太原市中心医院

副 院 长　李新华
党委副书记　李　莉（女）*
副院长、党委委员　张　静（女）*
党委委员（副院长级）　薛伟珍（女）
副 院 长　王　水　王计良
总会计师　韩　宏（女）

太原市人民医院

院　　长　魏正琍（女）
党委书记　郭江泽
副院长、党委委员　许　彬（女）　马玉林　赵鸿凌（女）
纪检书记、党委委员　赵　敏（女）

太原市第二人民医院

院长、党委副书记　李玉杰
党委书记　陈援农
副 院 长　李羚萍（女）
副院长、党委委员　杨玲萍（女）
副 院 长　赵丽芹（女）
纪检书记、党委委员　岳瑞芝（女）

太原市第三人民医院（市传染病医院）

院长、党委副书记　陈　刚
党委副书记　刘　刚
纪检书记、党委委员　张　虹（女）
副院长、党委委员　张青平　周　宏

太原市第四人民医院（市结核病医院）

院长、党委副书记　郭永芳（女）
党委书记　李晋保
工会主席、党委委员　吴　丰
副院长、党委委员　董永康
纪检书记、党委委员　张　燕（女）

太原市精神病医院（太原市第五人民医院）

院长、党委副书记　任笑异
党委书记　郝俊彪
副 院 长　叶锋华（女）
副院长、党委委员　路　兵　王斌红
纪检书记、党委委员　贾艳焕（女）
工会主席、党委委员　张生才

太原市妇幼保健院（太原市第六人民医院）

院长、党委副书记　郭进升
党委书记　刘秀萍（女）
副院长、党委委员　张国强　邓　洋　郑艳梅（女）
纪检书记、党委委员　杨胜辉
工会主席、党委委员　张　燕（女）

太原市第八人民医院（太原市老年病医院）

院长、党委副书记　米跃亮
党委书记　孟庆禾

太原市中医医院（太原市中医研究所）

院长、党委委员　裴伟俭
党委书记　贾金霞（女）

副院长、党委委员　要王义
副院长、党委委员　刘克勤
党委副书记、纪检书记　李尉红(女)
副院长、党委委员　赵　伟
工会主席、党委委员　王　岚(女)

太原市疾病预防控制中心

主任、党委副书记　孟德权
党委书记　杨丛明
工会主席、党委委员　李茂栋
副主任、党委委员　李　宏
副主任、党委委员　郭建娥(女)
纪检书记、党委委员　钱月红(女)

太原市卫生局卫生监督所

所长、党委副书记　李跃光
党委书记兼副所长　段朝军
副所长、党委委员　金雪龙
副所长、党委委员　刘世保
副所长、党委委员　董钰柱

太原市红十字血液中心

主任、党委副书记　白　林
党委书记　许　虹(女)

太原市急救中心

主任、党总支委员　唐新宇
党总支书记　程要红(女)
副主任、党总支委员　张吉平

太原市体育运动学校

校长、党总支副书记　鹿　宁
党支部书记　韩　平
副校长、党总支委员　刘贵福
副校长、党总支委员　王　勇

太原市重点业余少体校

副校长、党支部委员　郭银香(女)
副校长、党支部委员　任宝民

太原市第二少年业余体育学校

校长、党支部委员　杨建军
党支部书记　史秋生

太原市第三少年业余体育学校

校长、党支部委员　冯瑞卿
党支部书记　田晋营

太原市业余游泳运动学校

校长、总支部书记　高建生

太原市龙城新区开发建设投资中心

主　　任　薛维柱*

太原市龙城发展投资中心(有限公司)

总 经 理　薛江炤
副总经理　郭志强
副总经理　谭晋生

太原市公共交通控股(集团)有限公司

董事长、党委书记　周　齐
董　事、总经理、党委委员　杨大康
党委副书记　翟奇伟(女)
董事、工会主席、党委委员　贾　珊(女)
监事会主席、党委委员　孙年生
总经理、党委委员　于　军
董　事　李　博(女)
董事、副总经理　李文胜
副总经理　孟建华
副总经理　郝铭生
副总经理　霍雁朝

太原物产集团有限公司

党委副书记,董事长、总经理　贾学敏
党委书记、副董事长　宋雪峰
副总经理　赵瑞平
副总经理、董　事　武建平
副总经理　杨静德*
党委委员、工会主席　王东明
党委委员　程亚青(女)
董　　事　王文庆
副总经理　鲁占中*
总会计师　周鲁静(女)

太原市饮食服务集团有限公司

党委书记、董事长　王中华
党委副书记　白效红*

常务副总经理、党委委员　原满红
副总经理、党委委员　袁晋江

太原市龙城电影发展(集团)公司

总经理、党委书记　夏宝刚
党委副书记　刘光亮
纪委书记、党委委员　乔晓梅(女)
财务总监、党委委员　刘培宏

太原市供水集团有限公司

董事长、党委书记　阎继忠
总经理、党委副书记　王健雄＊
总经理、党委副书记　宋尚孝
副书记、党委委员　付华伟
副总经理、党委委员　宋尚孝＊
副总经理、党委委员　武建刚
副总经理、党委委员　杨怀军
副总经理、党委委员　商　杰
副总经理、党委委员　李　杰＊
副总经理、党委委员　贾洪钢
纪委书记、党委委员　王仲强
总经济师、党委委员　陈　莘
总工程师、党委委员　周　茜(女)
工会主席、党委委员　武　洁(女)
总会计师、党委委员　邓　军(女)
公司副职、党委委员　霍长平

小店区

中共小店区委
书　　记　车建华
副书记、区长　杨继承＊　李卫平
副 书 记　宋晓丽(女)
常委、组织部长　李恩星＊　李卫平＊　丁晓旭
常委、宣传部长　宋晓丽(女)＊　张　耀
常委、纪委书记　武润生＊
常委、政法委书记　张建平＊
常委、副区长　张振鹏
常委、纪委书记　霍存柱
常委、统战部长　任效杰
常委、政法委书记　王建文
常委、人武部政委　张建春
常委、区委办主任　张志中
小店区人大常委会
主　　任　陈其武
副 主 任　李长锁＊　李林福　潘富娃
　　　　宋毅方　王成周＊　侯继保
小店区政府
区长、区委副书记　杨继承＊　李卫平
副区长、区委常委　张振鹏
副 区 长　闫美蓉(女)　张　耀＊　王建文＊
副区长、公安小店分局局长　秦书伟
副 区 长　王成周　梁根会　荣杰峰
政协小店区常委会
主　　席　王　健＊
主　　席　李恩星
副 主 席　吴和生＊　梁爱华(女)＊　胡二生＊　弓连中
　　　　李跃文　李伟仙(女)　郭丽霞(女)

迎泽区

中共迎泽区委
书　　记　刘文华＊　冯原平
副书记、区长　李　慧(女)
副书记、政法委书记　阎生华＊
副 书 记　杨敦勤
常委、副区长　侯富田＊　侯　森
常委、统战部长　张志勤＊　王国栋
常委、组织部长　裴耀军＊　赵树文
常委、政法委书记　贾津生
常委、宣传部长　孙劲松
常委、区委办主任　秦　琦＊
常委、柳巷街道党工委书记　刘锦春(女)＊
常委、区委办主任　曹　炬
常　委、纪委书记　李　锦(女)
常　委、人武部政委　尹亮君
迎泽区人大常委会
主　　任　阴国平＊　侯富田
副 主 任　雒　继＊　王素钧(女)＊　李社庆＊
副 主 任　韩石俊(女)　尹晓平　秦宇星
　　　　孟晋忠
迎泽区政府
区长、区委副书记　冯原平＊　李　慧(女)
副区长、区委常委　侯富田＊　侯　森
副 区 长　贾津生＊　高　伟＊　王国栋＊
副 区 长　杨永生　薛　凯
副区长、公安迎泽分局局长　魏　毅
副 区 长　闫晓琴(女)　岳旭强
政协迎泽区常委会
主　　席　宋国庆＊　张志勤

副 主 席　王　晋*　秦喜顺*　韩石俊(女)*
　　　　　薛　凯*　赵利军　王晓燕(女)
　　　　　裴存锁　王素云(女)

杏花岭区

中共杏花岭区委

书　　记　李　浓(女)*　张　磊

副书记、区长　李文权

副 书 记　李京京

常委、统战部长　刘晓黎(女)

常委、政法委书记　程有录*

常委、副区长　王晋章*

常委、区委办主任　张振国*

常委、副区长　梁　勇

常委、纪委书记　杨天玉*　王富强

常委、组织部长　张农寿

常委、宣传部长　翟永清*　马彦明

常委、政法委书记　潘　侠

常委、人武部长　杜　燕

常委、区委办主任　岳志强

杏花岭区人大常委会

主　　任　程有录

副 主 任　高义胜　白　亮　连会银　张荣义(女)

杏花岭区政府

副区长、代区长,副书记　张　磊*

区　长、区委副书记　李文权

副区长、区委常委　王晋章*　梁　勇

副 区 长　刘晓黎(女)*　郭太林*　梁　勇*
　　　　　郝虎生　王同化

副区长、公安杏花岭分局局长　宋文广

副 区 长　赵联庆　陈向琰(女)

政协杏花岭区常委会

主　　席　施国立

副 主 席　马绍民*　张立亚　韩富存
　　　　　李晔军　薛萍萍(女)

尖草坪区

中共尖草坪区委

书　　记　郭建发*　李贵增

副书记、区长　卢俊峰

副 书 记　李　颖(女)*　金林平

常委、纪委书记　王春龙*

常委、政法委书记　景德奎*

常委、宣传部长　李崇斗*

常委、政法委书记　李崇斗

常委、副区长　孙　泉

常委、统战部长　朱　蓉(女)

常委、纪委书记　张桂芝(女)

常委、宣传部长　祁向东　荆　峰

常委、人武部政委　王国权

尖草坪区人大常委会

主　　任　王国卿

副 主 任　班玉翠(女)*　牛东全　马高明
　　　　　史金俏(女)　李　刚

尖草坪区政府

区　长、区委副书记　李贵增*　卢俊峰

副区长、区委常委(副书记)　金林平*　卢俊峰

副 区 长　朱　蓉(女)*　康国奇　高三生　李　蓉(女)*

副区长、公安尖草坪分局局长　续卫东

副 区 长　侯　岳　赵晓红(女)

政协尖草坪区常委会

主　　席　张银喜*　王春龙

副 主 席　胡福明　王毅仁　殷守逵　郑庆华

万柏林区

中共万柏林区委

书　　记　王静恩*　常　青

副书记、区长　杨俊民

副 书 记　马金安*　袁尔铭

副 书 记　袁尔铭

常委、纪委书记　张　彤

常委、副区长　常福元

常委、政法委书记　张宝军*

常委、宣传部长　袁尔铭*

常委、统战部长　岳元春

常委、纪委书记　杨宏林*

常委、政法委书记　杨宏林

常委、组织部长　郭海燕(女)*

常委、宣传部长　姚丽蓉(女)

常委、人武部部长　戴　刚

常委、统战部长　陈永哲*

常委、区委办主任　刘爱国

常委、组织部长　常　青

万柏林区人大常委会

主　　任　侯　安
副 主 任　刘团园　孔一龙　李石宏　王立学
万柏林区政府
区长、区委副书记　杨俊民
副区长、区委常委　常福元
副 区 长　安新萍(女)*　孙　泉*　岳元春*
李福贵*　李　蓉(女)
副区长、尖草坪分局局长　高乃勇
副 区 长　高建军　梁红根　陈俊峰
政协万柏林区常委会
主　　席　马金安
副 主 席　阎全鲁　王跃礼　王宝同　阴　燚

晋源区

中共晋源区委
书　　记　王立刚*　杨继承
副书记、区长　李永强
副书记、政法委书记　张奇峰*　卢俊峰*　刘锦春(女)
常委、纪委书记　张　彤*
常委、政法委书记　相　辉
常委、宣传部长　高二虎*
常委、区委办主任、统战部长　李志民*
常委、宣传部长、统战部长　李志民
常委、组织部长　李卫平*
常委、副区长　纪　元*
常委、组织部长　康建斌
常委、副区长　李福贵
常委、纪委书记　陈　晋
常委、人武部部长　梁晓明
常委、区委办主任　李茂生
晋源区人大常委会
主　　任　张奇峰
副 主 任　张守耀(女)　郑卫民*　荣春贵
江金魁　张　仕
晋源区政府
区长、区委副书记　李永强
副区长、区委常委　纪　元*　李福贵
副 区 长　牛东全*　姜保牛　卢俊峰*
郜宏漪(女)　钮宝林　温志勇
政协晋源区常委会
主　　席　董云飞
副 主 席　高志文(女)*　张青贵　靳玉琴(女)
黄　巨　朱永军

古交市

中共古交市委
书　　记　常　青*　贾慕权
副书记、市长　翟永清
副 书 记　程顺旺*　乔建伟
常委、宣传部长　孙劲松*
常委、纪委书记　王富强*
常委、副市长　郝淑珍(女)*
常委、纪委书记　李秀斌
常委、统战部长　王　镭*
常委、副市长　王　镭
常委、政法委书记　陈晋忠*　张　军(女)
常委、宣传部长　卫向东
常委、统战部长　张　麒
常委、组织部长　张吉祥　丁晓旭*
常委、人武部政委　王志刚*
常委、人武部部长　许　军
古交市人大常委会
主　　任　阎亮娥(女)
副 主 任　班春芳(女)　冯海龙　张亮通*
康香香(女)　李广银
古交市政府
市　长、市委副书记　贾慕权*　翟永清
副市长、市委常委　郝淑珍(女)*　王　镭
副 市 长　强建林*　张　军(女)*　刘勇刚*
卫向东*　李宏刚　弓梅梅(女)
闫　伟　邢武晓
政协古交市常委会
主　　席　褚宇平*
副 主 席　赵乐中(女)　马锁宝
副 主 席　马锁宝　冀所平　李秀峰(女)

清徐县

中共清徐县委
书　　记　韩良会
副书记、县长　王琳玉
副书记、统战部长　白晋虎*
副 书 记　田文浩
常委、政法委书记　杨保恒*
常委、宣传部长　王耀武*
常委、副县长　郭云贞*
常委、纪委书记　张桂芝(女)*　刘贵江
常委、组织部长　田文浩*
常委、县委办主任　邢蕴武*

常委、宣传部长　邢蕴武
常委、统战部长　吴英志
常委、副县长　陈永哲
常委、人武部长　王京明
常委、政法委书记　陈晓勇
常委、组织部长　白进联(女)

清徐县人大常委会

主　　任　张启亮*　张晋涛
副 主 任　梁宝贵　李树明　李年贵　武威飚

清徐县政府

县长、县委副书记　王琳玉
副县长、县委常委　郭云贞*　陈永哲
副 县 长　芦国庆(女)*　李凤梅(女)　郝虎生*
副县长、县公安局局长　郝大伟
副 县 长　杨兴海　岳兔立　武晓俊

政协清徐县常委会

主　　席　张晋涛*　杨保恒
副 主 席　龙万青　赵宗虎　王献国　王小鹏

阳曲县

中共阳曲县委

书　　记　刘晋萍
副书记、县长　裴耀军
副 书 记　王剑峰
常委、宣传部长　韩　勇*
常委、政法委书记　刘国伟*
常委、副县长　何爱萍(女)*
常委、组织部长　高保民*
常委、纪委书记　李云竹*
常委、统战部长　姚丽蓉(女)*
常委、政法委书记　白　洪
常委、副县长　杜小灵
常委、纪委书记　刘玉伟
常委、组织部长　谭国栋
常委、人武部长　杨　波
常委、宣传部长、统战部长　王志勇

阳曲县人大常委会

主　　任　韩　勇
副 主 任　张性德*　智民保*　周建明*　赵袁华(女)
　　　　　何五货*　赵虎牛　裴云峰　张　峥(女)

阳曲县政府

县　　长　刘晋萍(女)*
县长、县委副书记　裴耀军
副县长、县委常委　何爱萍(女)*　杜小灵
副 县 长　畅志刚*　李建国　白　洪*　王黄林(女)
　　　　　于文成　姬发军　武晓俊

政协阳曲县常委会

主　　席　高保民
副 主 席　裴润兰(女)　闫步俊*　赵万寿*
　　　　　马润明　王秀生　刘　冬(女)

娄烦县

中共娄烦县委

市委常委、县委书记　薛东晓
副书记、县长　李树忠
副 书 记　程顺安*　李贵军
常　　委　王剑峰*
常委、组织部长　赵树文*
常委、副县长　李贵军*
常委、纪委书记　尹达恒
常委、宣传部长、统战部长　任同珍(女)
常委、副县长　赵生魁
常委、人武部部长　纪根有*
常委、纪委书记　刘贵江*
常委、政法委书记　冯永魁*
常委、人武部部长　刘仍雁
常委、组织部长　王文生
常委、政法委书记　郭建生

娄烦县人大常委会

主　　任　冯永魁
副 主 任　韩富存*　白巨明　刘忠志*
　　　　　梁俊杰　段润义　李贵书

娄烦县政府

县长、县委副书记　李树忠
副县长、县委常委　李贵军*　赵生魁
副 县 长　武卫东*
副县长、县公安局局长　姜占锁
副 县 长　王秀峰(女)　孙晋生　李永强　席艳强

政协娄烦县常委会

主　　席　康变兰(女)*　武润生
副 主 席　马存海　段存变(女)*　梁俊杰*
　　　　　侯尚德　雷爱婵(女)　武玉琴(女)

县(市、区)法院

小店区法院院长　陈荣克
迎泽区法院院长　赵晋虎
杏花岭区法院院长　张建农
尖草坪区法院院长　张　嵩

万柏林区法院院长　王成万
晋源区法院院长　周雪松
古交市法院院长　刘三娃
清徐县法院院长　张福平
阳曲县法院院长　田志勇
娄烦县法院院长　王　晋

县(市、区)检察院
小店区检察院检察长　王宏亮
迎泽区检察院检察长　陈加林
杏花岭区检察院检察长　路效国
尖草坪区检察院检察长　孙向荣
万柏林区检察院检察长　田树平
晋源区检察院检察长　孙中杰
古交市检察院检察长　孙中杰*
古交市检察院检察长　郭　刚
清徐县检察院检察长　马　江
阳曲县检察院检察长　王金华
娄烦县检察院检察长　郭　刚*
娄烦县检察院检察长　马　强

县市公安局
古交市公安局局长　梁华峰
清徐县公安局局长　郝大伟
阳曲县公安局局长　王向东
娄烦县公安局局长　姜占锁

县(市、区)委党校
小店区委党校常务副校长　张　汶(女)
迎泽区委党校常务副校长　王占平
杏花岭区委党校常务副校长　李景旺
尖草坪区委党校常务副校长　杨志梅(女)
万柏林区委党校常务副校长　张国平
古交市委党校常务副校长　赵晓霞(女)
清徐县委党校常务副校长　贾汉铭*
阳曲县委党校常务副校长　郭红拴

太原高新区

管委会主任　赵伟东*　赵瑞雪
党工委书记　胡志峰
党工委副书记　赵伟东　郭　力*
管委会副主任、党工委委员　刘增钢　白建生
管委会工会主席、党工委委员　刘建刚
党工委委员、纪工委书记　高晋晖
党工委委员　纪　元
管委会副调研员、党工委委员　蔺徐平　刘　军

太原经济区(武宿综合保税区)

管委会主任、党工委副书记　刘　斌*
党工委书记　尤天拴
党工委副书记　邢珺淼*
管委会副主任、党工委委员　董　良　陈　曦
乔建伟*　王建民
管委会工会主席、党工委委员　满长海
党工委委员、纪工委书记　刘永华
管委会副主任、党工委委员　郭云贞
管委会总工程师、党工委委员　杨敦勤*
管委会调研员、党工委委员　李春友　屈立军
管委会副调研员、党工委委员　高润林　吴英志*

太原市民营区

管委会主任　陈耳东*
管委会主任、党工委书记　薛江炤
党工委副书记　李彦炜
管委会副主任　徐美玲(女)
管委会副主任、党工委委员　张荣跃
管委会副主任　赵利军
管委会副主任、党工委委员　赵秀萍(女)
管委会工会主席、党工委委员　李晓玉(女)
党工委委员、纪工委书记　薛运中
管委会总工程师　熊　斌
管委会副调研员、党工委委员　康小平　张文龙

太原不锈钢园区

管委会主任、党工委副书记　郭建发
党工委书记　徐宝明*
管委会第一副主任　李贵增(兼)
管委会副主任、党工委委员　张俊一
管委会副主任、党工委委员　王承江
管委会副调研员、党工委委员　张　健

备注:姓名后出现*表示年内退休或者调离岗位。

2016 年太原市大事记

1 月

1 日

山西省副省长刘杰一行先后到交警五一广场东岗、公安迎泽分局文庙派出所和消防支队广场中队检查太原市安保工作并慰问基层民警。市委常委、政法委书记、市公安局局长汪凡参加。

2016 年山西省“强健体魄·阳光生活”全民健身系列活动启动仪式暨省城群众迎新年健步行活动在长风商务区举行。省、市领导周然、张复明,傅建荣、王爱琴、王爱萍出席启动仪式并与来自社会各界 6000 多名群众一道,以健步走的方式迎接新年。

3 日

山西省小额再贷款股份有限公司在并挂牌成立,该公司是由省投资集团、太原经开区和多家小额贷款公司作为主发起人注册成立的混合所有制企业,是山西省设立的首家再贷款企业。

4 日至 5 日

中共中央政治局常委、国务院总理李克强先后在太原钢铁集团、山西焦煤西山煤电集团官地矿、清华科技园太原分园、杏花岭区小北关棚户区、晋商博物馆视察。

5 日

太原市自 2016 年 1 月底抄见表量起,实施居民用气阶梯价格,实施范围为本市城区管道天然气居民用户。

6 日

市委常委(扩大)会议召开,传达贯彻中央纪委副书记刘金国在党规党纪专题辅导报告会上的讲话精神;传达贯彻全省经济工作会议、全省脱贫攻坚大会精神。省委常委、市委书记吴政隆主持会议并讲话。

《太原日报》报道,太重煤机与山西潞安环保能源开发股份有限公司已合作研制出国内首台大功率大采高电牵引采煤机,该项目通过中国煤炭工业协会组织的专家组鉴定。

7 日

《太原日报》报道,太原市对“一户一表”居民户严格执行阶梯水价,阶梯水价征收范围为已完成“一户一表”改造的居民家庭。

8 日

市委印发中共太原市委常委班子“三严三实”专题民主生活会查摆问题整改方案。

新编历史晋剧《于成龙》在尖草坪区文化中心上演。

9 日

市委常委(扩大)会议召开,传达贯彻中共中央政治局常委、国务院总理李克强考察山西重要讲话精神。省委常委、市委书记吴政隆主持会议并讲话。会议要求,要以实际行动把李克强总理重要讲话精神和王儒林书记讲话精神贯彻落实到位,推动全市各项工作不断取得新成绩。

市政府办公厅出台关于加大传统文化非物质文化遗产保护传承改革的指导意见。

10 日

2015 中国马拉松年会在广州闭幕,太原国际马拉松赛等 15 个赛事荣膺“金牌赛事”称号。这也是太原马拉松赛连续 3 年获得这一中国马拉松的最高等级荣誉称号。太原国际马拉松赛自 2010 年开始,每年 9 月举办,已成为太原市一项品牌体育赛事。

11 日

“科创联盟”众创空间挂牌成立,该空间是晋源区首家创业孵化培育平台。

12 日

中共太原市委副书记、市长耿彦波参加迎泽区委常委班子“三严三实”专题民主生活会并讲话。

13 日

新编革命历史晋剧《续范亭》在并演出,该剧由市晋剧艺术研究院实验二团创作演出,是国家艺术基金 2015 年度舞台艺术创作资助项目。

2016 全国年货精品(太原)展销会在煤博馆举行,展销会到 2 月 1 日(腊月二十四)结束,共计 21 天。主办方通过“文化墙”的形式集中展示山西非物质文化遗产,为年货精品展销会注入浓厚的文化气息。

14日

市委全面深化改革领导小组会议召开，学习贯彻习近平总书记在中央全面深化改革领导小组第十九、二十次会议上的重要讲话精神和省委全面深化改革领导小组会议精神，听取2015年改革情况汇报，研究2016年重大改革事项。省委常委、市委书记、市委全面深化改革领导小组组长吴政隆主持会议。

吴政隆会见北京碧水源科技股份有限公司董事长文剑平一行。市领导陈河才、张齐山参加会见。

海口—太原—乌海航线首次开通。

16日

吴政隆主持召开民生项目、城建重点工作专题会，市委副书记、市长耿彦波，市委副书记王成，副市长任在刚、王建生、陈河才、魏民、张齐山参加。

《太原日报》报道，截至目前，由市人社、公安、住建、交通运输、水务、煤炭、工商、国资八部门联合开展的保障农民工工资支付大检查工作取得显著效果，共检查用人单位及建筑施工项目7002户，涉及农民工18.0422万人，为3911名农民工追讨工资及赔偿金5947.3万元。

国家级非物质文化遗产项目代表性传承人张同禄大师作品巡展在并启幕，共有50余件景泰蓝作品在天美新天地共享空间展出。

17日

《太原日报》报道，由国家发改委组织、两年一次的国家级企业技术中心2015年度评价结果日前出炉，太重、太钢两户企业技术中心进入全国50强。

18日

市委常委(扩大)会议召开，传达学习习近平总书记在中央政治局“三严三实”专题民主生活会上的重要讲话精神，研究太原市贯彻落实意见。

市委常委会议召开，传达学习习近平总书记在十八届中央纪委六次全会上的重要讲话精神及十八届中央纪委六次全会精神。传达学习王儒林书记在主持召开市委书记、工(党)委书记抓基层党建工作专项述职会议时的讲话精神。传达了全省通过法定途径分类处理信访投诉请求工作电视电话会议精神，研究太原市贯彻落实意见。

市政府公布第五批市级非物质文化遗产代表性项目名录，“九宫腹部推拿疗法”等5个类别的20项非物质文化遗产代表性项目名录列入太原市第五批非物质文化遗产名录。

山西射击射箭训练基地项目在太原红灯笼体育场奠基。

19日

山西省第一考核组副组长、省委法制办专职副主任周涛带领考核组成员，就太原市2015年度目标责任完成情况进行实地查访考核。

市政府出台关于进一步支持农村信用社改革发展的意见。

市人大常委会主任会议举行，会议研究确定市十三届人大常委会第三十七次会议对市政府关于《“五个一批”重点工作进展情况的报告》《我市2014年度市本级预算执行情况和其他财政收支的审计结果整改情况的报告》《我市开发区拓展工作情况的报告》《2015年市本级预算调整方案(草案)及政府债务限额分配方案的报告》的审议意见，研究市人大常委会2016年工作计划安排建议，听取关于2016年市人大及其常委会全年主要会议安排的汇报，关于人事任免事项的汇报，确定市十三届人大常委会第三十八次会议建议议程及日程。市人大常委会主任弓跃主持。

市政协主席张贵元带队赴娄烦县米峪镇乡郭家庄村走访慰问，与该村“两委”班子座谈发展之策，并慰问了老党员、特困户。市政协副主席毛志鸣、冯霞、任晓峰参加。

20日

全市经济工作会议暨脱贫攻坚大会举行，会议深入贯彻中央和全省经济工作会议、扶贫工作会议精神，认真落实市委十届七次全会部署，总结2015年的工作，对2016年全市经济工作和打赢脱贫攻坚战作出全面部署。娄烦县、阳曲县、民营区以及其他县(市、区)签订了《脱贫攻坚责任书》；城六区、开发区签订了《对口帮扶责任书》。

市文明办、市交警支队、市急救中心联合举办“创全国文明城市——感谢您为生命让路”大型公益活动。该公益活动分为四季推出，第一季为“感谢您为生命让路”，第二季为“和父母一起做公益，为生命点亮一盏灯”，第三季为“急救大篷车进万家，提升市民生命质量”，第四季为“善行天下，为生命使者点赞”。

21日

吴政隆在阳曲县黄寨镇上安村、七峰山种养殖有限公司、坪里村调研脱贫攻坚工作。

北晨集团向太原盲童学校、太原聋人学校、迎泽区特殊教育中心学校、杏花岭区特殊教育中心学校、尖草坪区培智学校、清徐县特教学校6所特教机构捐助200万元，用于支持太原市特殊教育事业发展。市委常委、组织部长张明星参加并讲话。

《太原日报》报道，中共太原市委党史研究室编著的《中国共产党太原历史大事记(1919—2014)》，近日由中共党史出版社出版。

《太原日报》报道，太原市调整新农合补偿方案，调整内容包括，36种大额门诊慢性病病种，报销比例提高到不低于60%，封顶线不高于1万元；提高部分诊疗项目补偿限额，大型设备检查、治疗费用累计最高补偿限额提高到3000元，用于疾病治疗的体内植入材料费用累计最高补偿限额提高到3万元，住院正常分娩定额补偿标准由500元提高到不低于600元；全面实施新农合大病保险，2016年大病保险基金按基本医保筹资标准的5%至6%筹集，年度内累计发生的医疗费用最高支付限额为40万元；住院补偿最高支付限额由15万元提高到18万元，通过新农合住院补偿与大病保险的有效衔接，参合农民当年住院补偿最高支付限额由55万元提高到58万元。

22日

山西省副省长张建欣带领省食药监、农业、质监、工商等相关部门负责人，在太原市检查节日食品市场。副市长王爱琴陪同。

23日

吴政隆会见由哈尔滨工业大学副校长郭斌带队的考察团一行，出席太原市人民政府与哈尔滨工业大学战略合作框架协议签约仪式。市领导耿彦波、王建生、陈河才参加。

市发改委召开稳定春节市场价格工作会议出台六项稳价措施：一是加强价格监测工作，二是加大宣传力度，三是加大稳价惠民力度，四是加大市场价格监管力度，五是加大价格执法力度，六是强化价格举报值班制度。

迎泽区人民法院获“全国模范法院”称号，这是全国基层法院先进集体的最高荣誉。

25日

市委召开常委班子“三严三实”专题民主生活会情况通报会，吴政隆主持并通报情况，市领导耿彦波、王成、张贵元出席会议。

在北京召开的首届中国众创大会推出“中国创新创业100强”，太原波创伟业被授予“中国创新创业100强”荣誉称号。

26日

吴政隆会见浪潮集团董事长孙丕恕一行，出席太原市人民政府与浪潮集团战略合作框架协议签约仪式。市领导耿彦波、王建生、陈河才参加。

26日至27日

文化部党组成员、中纪委驻文化部纪检组长王铁带领文化部定点扶贫工作组到娄烦县，调研文化部定点扶贫工作，就《文化部定点扶贫工作实施意见》征求娄烦县基层群众意见。市领导王成一同调研。

市政府发布五一路道路改造工程拆迁通告。

市人民检察院召开新闻发布会，对2016年深入开展“环境保护和食品药品安全”专项法律监督工作方案等情况作介绍。

27日

《太原日报》报道，太原市出台关于加快发展体育产业促进体育消费的实施意见。

29日

市委、市政府办公厅出台太原市公务用车制度改革实施方案。

2月

1日

市政府发布春节元宵节期间禁止燃烧旺火的通告。

2日

吴政隆分别会见晋煤集团董事长贺天才、国家电网山西省电力公司总经理刘宏新、省农村信用社联合社理事长崔联会。市领导耿彦波、任在刚、王建生、陈河才、张齐山参加。

市委、市政府办公厅出台关于开展“城区包乡、单位包村”对口精准帮扶实施方案。

3日

山西省委常委、常务副省长、省食品安全委员会主任高建民在省食品药品检验所、五龙口海鲜批发市场、美特好滨河购物广场，检查节日期间食品安全、市场秩序及特种设备安全等工作。市领导王爱琴陪同。

市纪委十届六次全会召开，吴政隆出席并讲话。

4日

市委常委(扩大)会议召开。会议传达学习省十二届人大五次会议、省政协十一届四次会议精神和王儒林书记参加太原代表团审议时的重要讲话；传达贯彻中央、省委政法工作会议精神；传达贯彻全国、全省组织部长会议精神；研究讨论《中共太原市委常委会2016年工作要点》。

山西省副省长张复明带领省公安、消防、文化等部门负责人在省图书馆、省科技馆、山西瀚雅国际艺术中心、北美新天地金逸电影院等地检查节日消防安全。

5日

省委副书记楼阳生到太原火车站和太原汽车客运西站、太原市果品北部菜市场，太钢集团4350高炉主控室和太钢不锈冷轧厂，看望慰问坚守工作岗位的一线干部职工。

省委常委、副省长付建华到太原火车站和太原汽车客运东站，现场检查车站生产运行、安全管理、人员疏导、服务保障等情况。

7日

省委书记王儒林在滨河东路高速入口、丈子头农产品物流园、太原市公安消防支队广场中队、太原市公安局指挥中心、太原再生能源供热公司，看望慰问节日期间工作在一线的职工。省委常委、太原市委书记吴政隆，省委常委、秘书长王伟中，副省长、省公安厅厅长刘杰一同慰问。

13日

《太原日报》报道，春节黄金周期间，太原市共接待游客149.28万人次，同比增长18%。其中，接待过夜游客58.5万人次，同比增长15.75%；接待一日游游客90.78万人次，同比增长19.49%。旅游总收入达131795万元，同比增长23.45%。

14日

市委常委会议召开，学习《中国共产党地方委员会工作条例》，研究太原市贯彻落实意见。听取市政协党组关于政协太原市委员会2016年协商工作计划的汇报，听取市十三届人大六次会议和市政协十二届五次会议的筹备情况汇报，听取市人大常委会党组关于市人大常委会2016年立法计划编制情况的汇报。

15日

全市推动“六权治本”工作电视电话会议召开，传达学习市委书记吴政隆关于推进“六权治本”工作的批示精神。市委副书记王成出席并讲话，市委常委、常务副市长任在刚主持会议并通报全市

"六权治本"工作进展情况。

《太原日报》报道，市关工委委员、太原市失足青少年帮教基地创办人，原两届全国人大代表韩雅琴，2016年1月在香港获世界华人协会颁发的"世界华人公益十大人物"称号。

16日

市政协十二届二十一次常委会议召开，审议通过关于召开政协第十二届太原市委员会第五次会议的决定；审议通过政协第十二届太原市委员会第五次会议议程(草案)和日程；审议通过政协第十二届太原市委员会第五次会议邀请人员、列席人员名单；审议通过政协第十二届太原市委员会第五次会议全体会议执行主席及主持人名单；审议通过政协第十二届太原市委员会第五次会议大会秘书长、副秘书长和工作机构负责人名单；审议通过提交政协第十二届太原市委员会第五次会议审议的政协太原市委员会常务委员会工作报告及报告人名单；审议通过提交政协第十二届太原市委员会第五次会议审议的政协太原市委员会常务委员会关于市政协十二届四次会议以来提案工作报告及报告人名单。市政协主席张贵元出席。

市政协常委实地察看南沙河快速路项目、清华科技园双创基地项目、晋源区北堰村城改项目、太古长输管线项目及兴华西街道路项目的建设情况。

18日

市十三届人大常委会第三十九次会议召开，会议通过《太原市第十三届人民代表大会第六次会议议程(草案)》《太原市第十三届人民代表大会第六次会议主席团和秘书长名单(草案)》《太原市第十三届人民代表大会第六次会议议案审查委员会组成人员名单(草案)》《太原市第十三届人民代表大会第六次会议列席人员名单(草案)》等。

19日

吴政隆会见晋商银行董事长阎俊生，市领导任在刚参加；会见上海纳克润滑技术有限公司董事长陈海昌，潞安集团董事长李晋平，市领导耿彦波、陈河才参加；会见首创集团总经理李松平，市领导陈河才、张齐山参加。

20日

太原植物园一期工程启动勘察及建筑设计招标工作。

21日至23日

太原市分别在太原美术馆和中华傅山园举办大型非物质文化遗产展示展演活动。

22日

市委常委会议召开。会议传达学习王儒林书记在省管主要领导干部专题研讨班上的重要讲话精神，研究太原市贯彻落实意见；传达学习王儒林书记在全省市县乡领导班子换届工作会议上的讲话精神。

市政协举行委员专题学习讲座，邀请市委党校文史教研室主任王小佳以"经济新常态背景下的供给侧结构性改革"为题作讲座。市政协主席张贵元主持。

小店区范家堡村整村拆除，拆除宅基地5处、1300平方米，拉开太原市2016年城中村改造整村拆除工作大幕。

23日至26日

市政协十二届五次会议召开，审议通过政协第十二届太原市委员会第五次会议关于政协太原市委员会常务委员会工作报告的决议、政协第十二届太原市委员会第五次会议关于市政协十二届四次会议以来提案工作报告的决议、政协第十二届太原市委员会提案委员会关于市政协十二届五次会议提案审查情况的报告、政协第十二届太原市委员会第五次会议政治决议。经市政协十二届二十次常委会讨论研究，确定民革太原市委会集体提案《关于全面落实"六个精准"要求，合力打赢三年脱贫攻坚战的建议》等提案为市政协十二届五次会议重点提案。审议通过政协第十二届太原市委员会第五次会议议程。

24日至27日

市十三届人大六次会议召开，市长耿彦波代表市人民政府向大会作工作报告。回顾总结"十二五"时期及2015年经济社会发展情况，提出"十三五"时期经济社会发展的指导思想和目标任务，安排部署2016年工作，审查太原市"十三五"规划纲要草案、计划报告和预算报告。表决通过关于市人民政府工作报告的决议、关于太原市国民经济和社会发展第十三个五年规划纲要的决议、关于太原市2015年国民经济和社会发展计划执行情况与2016年国民经济和社会发展计划的决议、关于太原市2015年全市和市本级预算执行情况与2016年全市和市本级预算的决议、关于市人大常委会工作报告的决议、关于市中级人民法院工作报告的决议、关于市人民检察院工作报告的决议。

市委办公厅印发关于进一步强化基层党建工作的措施意见。

27日

全市县乡领导班子换届工作会议召开，学习贯彻习近平总书记重要讲话精神，贯彻落实中央和省委有关精神和要求，研究部署太原市换届工作。

吴政隆会见苏宁控股集团董事长张近东一行。

29日

太原市2016年科技工作会议召开，"十二五"时期，太原市授权专利16904件，比"十一五"增长130.4%；技术合同成交额324.8亿元，比"十一五"增长222%；全市高新技术企业达到376家，高新技术产业增加值达到252亿元，比"十一五"末增长65.6%。

市教育局试点向部分民办学校派驻党组织书记。

3月

1日

市委常委会议召开，传达学习习近平总书记等中央领导同志关于信访工作和处理信访突出问题重要批示精神，研究太原市贯彻落实意见。传达学习中央、全省农村工作会议精神，研究太原市贯彻落实意见。

太原铁路局开通"晋南货物快线"。

4日

国家北斗导航位置服务数据中心(山西)分中心落户太原，整个项目总投资约21亿元，分三期建设，2016年年底完成一期工程，2017年年底完成二期工程，2018年年底完成三期工程。

6日至7日

国家艺术基金资助项目新编革命历史晋剧《续范亭》在京举行汇报演出，纪念辛亥革命胜利105周年和孙中山先生诞辰150周年。省政协主席薛延忠，民革中央副主席何丕洁，文化部副部长董伟，省、市领导张友君、傅建荣、王爱琴与首都群众以及专家学者近1500人观看演出。

7日

220千伏晋阳变电站增容改造工程启动，该项工程是2016年太原电网重点增容改造工程之一，将有效提高晋源区、清徐县供电可靠性。

10日

地铁2号线一期工程建设展开。太原市地铁设计时速80千米，2号线一期工程全长23.38千米，全线设站23座，加入地铁列车进站上下客时间，实际运行时速约在35千米左右。

11日

省委常委、组织部长盛茂林在太原调研，与太原市相关部门负责人及企业家、人才代表座谈。市委副书记王成，市委常委、组织部长张明星陪同。

市政协副主席张政、王爱萍带队的视察组一行先后到九一小学恒大华府校区、八一小学和太原市第四十七中学进行实地察看，调研近年来太原市义务教育健康发展的情况。

14日

五一路改造工程正式开工，南起五一广场北端，北至涧河路，全长4.8千米，其中胜利街以北为新建道路。

15日

《太原日报》报道，新编晋剧《傅山进京》全国巡演开启，巡演时间由3月中旬持续至5月中旬。在全国9个省和直辖市的19个城市演出20场。

万柏林区神堂沟街道寨沟村启动整村拆除，拉开该区2016年城中村改造的序幕，寨沟村东临西中环路，南接神堂沟度假村，西临西北环高速公路，北接西峪煤矿和黄陂村，全村有750余人、117个院落。

卧虎山路快速化改造工程全线开工，此次改造南起涧河路，北至阳兴大道，全长11.9千米，同步建设的包括108国道晋庄村至阳曲高速收费口段改造工程3.4千米。

16日

全市民办教育工作会议召开，太原市共有民办中小学校50所，在校学生8万多人，民办幼儿园214所，在园儿童3.8万人，民办培训学校467所，在校学生23万多人。

17日

《城市轨道建设规划调整(2015—2023)》环境影响评价公示，根据规划，除开工的地铁2号线一期工程外，太原市近期规划中还将先后建设2号线二期工程、3号线工程、1号线一期工程。规划调整后，太原市近期共建设城市轨道交通3条线路，规模由原来的49.2千米调整为93.35千米。

18日

市委常委(扩大)会议召开。传达学习全国“两会”精神和习近平总书记在全国“两会”期间的重要讲话精神，传达学习王儒林书记在全省传达贯彻全国“两会”精神会议上的讲话精神，研究部署太原市贯彻落实意见。

市政府办公厅出台关于促进醋产业发展的意见，“十三五”时期，生产规模由67万吨增加到150万吨；产值由30亿元突破100亿元。推动四大骨干企业水塔、紫林、东湖、宁化府上市，融资规模达到30亿元。建成老陈醋产业园区，全市食醋企业入园生产，集中度达到60%。

市科技局相关负责人与晋商、浦发、华夏3家合作银行和市中小担保、市高新担保、中晋担保、省国信再担保、省投融资担保5家合作担保公司负责人签署太原市科技金融战略合作框架协议。

21日

吴政隆与各县(市、区)委书记进行严肃换届纪律专题谈话，市领导李吉山、张明星、陈河才出席。

22日

吴政隆到东峰路北沙河桥工地，滨河西路南延下穿小牛线建设工地、滨河西路与清东路交叉口工程工地，五一路改造工程现场，卧虎山路改造现场和地铁西涧河站、大南门站、晋阳街站、嘉节站、中心街西站等实地察看工程情况。

23日

吴政隆到小北关棚户区，太化集团晋阳湖B区棚改项目现场，狄村的城中村改造现场，亲贤社区，后北屯社区回迁房建设现场和城北社区、赵庄兴龙社区两个新启动的城中村进行调研。太古集中供热项目3号隧道打通，标志着该项目所有隧道全部贯通。太古集中供热项目供热管线全长37.8千米，是目前世界上最长供热管线。

25日

太原比亚迪公司新能源汽车生产基地在太原经济技术开发区开工建设，省长李小鹏，省委常委、市委书记吴政隆，与比亚迪股份有限公司董事长、总裁王传福一起见证项目开工。该项目计划总投资40亿元，一期投资20亿元，到2016年底将形成年产2000辆纯电动客车、2000辆纯电动专用车的生产能力。二期投资20亿元，增加工矿作业车生产线，扩大客车和专用车产能，形成年产5000辆纯电动客车、5000辆纯电动专用车和2000辆工矿作业车的生产能力，预计全部建成投产后年产值超过150亿元。

27日

阳曲县举行脱贫项目招商（推介）会，签约31个脱贫项目，签约金额达118.31亿元。

29日

市委召开常委会议,审议《太原市推进领导干部能上能下实施办法(试行)》,听取市城市轨道交通建设总体规划及近期建设情况汇报。

市委全面深化改革领导小组召开会议,审议讨论《太原市中级人民法院关于跨行政区域集中管辖行政诉讼案件的决定(送审稿)》,研究部署下一阶段全市改革工作。

在北京人民大会堂举行的第二届中国质量奖颁奖仪式上,太原重工股份有限公司凭借“以市场为核心的管理模式”获得第二届中国质量奖提名奖,是本届中国质量奖山西省唯一获奖的企业。

太原广播电视台移动新媒体太原手机台正式上线运行,太原市民可在任何时间、地点打开手机同步收看、收听太原广播电视台的各类节目。

太原—桂林—三亚航线开通。

30日

省十二届人大常委会第二十五次会议批准《太原市老年人权益保障办法》《太原市养老机构条例》《太原市城市地下管网条例》等七部地方性法规。

31日

吴政隆会见国家开发银行山西省分行行长周炼一行,就加强合作深入交流。市领导任在刚、张齐山参加。

本月

小店区被教育部确定为全国首批“国家学前教育改革发展实验区”。

4月

1日

市委常委会议召开。会议学习习近平总书记重要批示精神,重温毛泽东同志《党委会的工作方法》;学习省委《关于深化政治巡视25条》;传达全省城市工作会议精神,研究太原市贯彻落实意见。

市政府办公厅印发2016年太原市杨柳飞絮治理工作方案,治理时间为2016年4月10日至5月20日,重点为4月20日至5月10日。

太原市驾照考试全部实现自主预约。

3日

《山西日报》报道,2016年全国皮划艇(静水)冠军赛在上海市水上运动中心举行,代表山西省参赛的太原市运动员马亚男以2分20秒的成绩夺得女子500米单人划艇冠军,以58.3秒的成绩取得女子200米单人划艇亚军;张雅珏以59.2秒的成绩取得女子200米单人划艇第三名,以2分26秒的成绩取得女子500米单人划艇第四名。

4日

2016全国游泳冠军赛暨里约奥运会选拔赛在广东佛山开赛。在4月4日晚上结束的女子400米自由泳决赛中,太原市游泳运动员曹玥以4分07秒12的成绩勇夺亚军,取得代表中国参加2016年里约奥运会的资格,打破太原市运动员沉寂16年无缘参加奥运会比赛的局面。

5日

市旅游发展信息中心统计数据显示,清明假期,太原市共接待游客86.69万人次,同比增长18.5%。其中,过夜游客31.07万人次,同比增长18.1%;一日游游客55.62万人次,同比增长18.72%。旅游总收入68508.78万元,同比增长18.8%。

6日至7日

李小鹏到杏花岭区小北关棚户区、迎泽区五一路皇庙及周边街区、润恒现代农副产品(冷链)物流园、阳煤集团清徐化工新材料园区、太原东杰装备公司、晋煤激光科技股份公司、轨道交通中心街西站、长风商务区电动汽车充电桩建设现场调研。吴政隆参加调研。

7日

市政协副主席陈远新、毛志鸣带领部分市政协委员,到小店区并南西一社区、八一社区,山大附中等地就太原市贯彻落实中共中央、国务院《关于加强和改进新形势下民族工作的意见》情况展开调研视察。

8日

省委书记王儒林,省长李小鹏等省党政军领导和太原市干部群众、青年志愿者、少先队员,在太原市晋源区金胜镇北阜村城中村改造绿化带参加义务植树活动。

省体育局在太原市召开新闻发布会,公布《2014年山西省国民体质监测公报》和《2014年山西省全民健身活动状况调查公报》。太原市国民体质达标率高达94.4%,位居全省第一。

9日

中国(山西)国际房车露营博览会在中国(太原)煤炭交易中心举办。

12日

市委常委会议召开,审议《关于加快推进生态文明建设的实施意见》,审议《太原市关于加强政党协商的实施意见》,审议《中共太原市人大常委会党组关于加强全市县乡人大工作和建设的实施意见》。

吴政隆会见中国铝业公司董事长葛红林一行。市领导陈河才、张齐山参加。

2016年全国古典式摔跤锦标赛在山西体育中心拉开帷幕,太原市运动员钱海涛凭借优秀的技战术和出色的发挥,技压全场,夺得80公斤级冠军。

14日

渤海银行太原分行与中国进出口银行北京分行签署战略合作协议。

16日

四川航空公司开通海口至太原航线。

20日

太原市“两学一做”学习教育工作会召开,对开展“两学一做”学习教育作出安排部署。吴政隆出席并讲话。

21日

吴政隆会见传化集团有限公司董事长徐冠巨一行。市领导耿彦波、任在刚、陈河才参加会见。

太原南站地铁车站顺利通过竣工验收。太原南站地铁车站位于新建太原南站西广场下方,正对太原南站出站口位置，线位平行于太原南站站房。该工程为1站两区间，分别是太原南站站以及向南北两个方向延伸的地铁线路。

《山西日报》报道，国内知名图书电商发布的“书香十年·国民图书消费报告”显示，从2006年到2015年这10年产生的“书香50城”中，太原市榜上有名，作为山西省唯一城市进入榜单，排在第22名。

22日

吴政隆会见江铃汽车集团公司董事长、总经理邱天高，江铃汽车股份有限公司总裁范炘一行。市领导耿彦波、王建生、陈河才参加会见。

24日

太原市52个乡镇实现快递全覆盖，农村居民可以像城里人一样，享受到网上购物的便捷，农产品进城也更加方便。

25日

市委常委会议召开，传达全国和全省党校工作会议精神，研究太原市贯彻落实意见，审议《中共太原市委关于加强和改进新形势下党校工作的实施意见》，传达贯彻全省2016年度目标责任考核工作会议精神。

26日

王儒林到水塔醋业调研，考察现代陈酿车间、高速灌装流水线、传统醋酸发酵车间。省委常委、太原市委书记吴政隆，省委常委、秘书长王伟中一同调研。

山西科腾环保科技股份有限公司（简称科腾环保），在全国中小企业股份转让系统（“新三板”）正式挂牌。科腾环保是一家专门从事混凝土外加剂研发、生产和销售的高新技术企业，2009年成立，位于太原市小店区。

27日

李小鹏在太原、晋中调研山西科技创新城项目建设情况。副省长张复明等参加调研。

28日

省城启动露天烧烤综合整治行动，时间为4月28日至10月底。5月16日，依照市城乡管委统计的数据，太原市共取缔露天烧烤摊点1229处，规范入店烧烤325处，处置率为68.12%。

29日

市委中心组举行“讲政治、有信念”专题学习讨论，围绕学习“讲政治、有信念”的心得体会，吴政隆、汪凡、陈河才作主题发言，耿彦波、王成、任在刚、李吉山、张明星作交流发言。

5月

1日

太原市全面推开“营改增”试点工作，5.1万户企业开具增值税发票。包括建筑业1.02万户，房地产业0.19万户，金融业0.09万户，生活服务业2.02万户，其他行业1.78万户。

3日

市政府召开廉政工作会议，对太原市政府系统党风廉政建设和反腐败工作作出安排部署。耿彦波出席并讲话，市委常委、常务副市长任在刚主持会议。

4日

副省长张复明一行实地参观了太原市全国重点文物保护单位太山龙泉寺、中国历史文化名村店头村、省级重点文物保护单位高君宇故居及纪念馆和晋祠镇东庄中心小学、娄烦县米峪镇联校、娄烦县尖山学校、娄烦县静游镇下静游小学4所学校。副市长王爱琴、魏民陪同调研。

市委常委、副市长王建生在科技大市场一期建设项目、城乡共同配送公共服务平台项目、T20跨屏融合及品牌聚集创新项目、3D打印公共服务平台建设项目等展开调研。

5日至6日

省委副书记楼阳生带领省直相关部门负责人在太原市城乡规划局、房产管理局和中国民生银行太原分行，万柏林区信访服务中心、南寒街道西矿北社区、小井峪街办信访服务中心，就推进信访“一交办三治理”和社会治安风险隐患大排查大整治工作进行调研。

6日

太原市统一选举县乡两级人大代表，太原市所辖10个县（市、区）总人口数为4117703人，其中，18周岁以上人口数为3023835人，选民登记2466258人。按照法律规定，应选县级人大代表1773人，乡级人大代表2668人。10个县（市、区）共划分县级代表选区894个，乡级代表选区1215个。

太原中创鸿升、美国硅谷创客科技、以色列特拉维夫洼地科技创新创业战略合作仪式暨首批全国知名创新创业服务机构入驻太原授牌仪式举行。中创鸿升科技公司与美国硅谷创客科技、以色列洼地科技项目合作成功签约。市委副书记王成出席。

10日

楼阳生带领省直相关部门负责人在太原市晋源区风峪沙河口，清徐县清源镇平泉村，汾河二坝和汾河中游段核心区干流蓄水工程4号坝工程工地，就汾河流域生态治理工作进行调研。太原市长耿彦波陪同调研。

市政协副主席张文旺、任晓峰带领的视察组一行，到建设中的和平公园、晋阳湖公园、长风商务区华润项目工地、新兰路裸露地面整治及公厕建设工地等视察太原市“五城联创”开展情况。

太化工业文化园建设启幕，太化集团山西华旭化工有限公司与太原市建筑设计研究院签订战略合作协议，太化工业文化园建设迈出关键一步。这是太原市首个大型化工转型发展项目。

11日

市委常委会议召开，传达贯彻楼阳生副书记在太原市调研信访“一交办三治理”和社会治安风险隐患大排查大整治工作时的讲话精神，研究太原市贯彻落实意见。

省委常委、常务副省长高建民带领省直部门和各地市负责人在太原市现场调研大气污染防治工作，对全省大气污染防治工作提出要求。市领导耿彦波、王建生参加。

12日

吴政隆会见由阳泉市委书记陈永奇率领的阳泉市党政代表团一行。

阳泉市委书记陈永奇,市委副书记、市长董一兵带领阳泉市党政代表团到太原市考察。耿彦波出席座谈会,王成陪同考察,王建生参加。

市人大常委会主任弓跃带领的执法检查组一行听取太原市贯彻落实《食品安全法》的情况汇报,与市食药监局、市农委、市公安局、市卫计委、市工商局相关部门负责人座谈,了解贯彻落实的主要做法、目前存在的主要问题以及意见建议。

13日

太原市党校工作会议召开,深入学习贯彻习近平总书记在全国党校工作会议上的重要讲话精神和全省党校工作会议精神,落实中央和省委关于加强和改进新形势下党校工作的意见,研究部署全市党校工作。吴政隆出席会议并讲话。

太原市农机购置补贴工作启动,2016年中央财政下达太原市的农机购置补贴资金1000万元分配到10个县(市、区),标志着全市农机购置补贴工作启动。

15日

由中央美术学院、中国书法家协会等主办的"艺圃寸耕——王镛书画印近作展"在太原美术馆开展。省委常委、市委书记吴政隆,省政协副主席卫小春,市领导王成、陈河才、王爱琴、张政参观展览。

16日

山西省"大众创业、万众创新"科技成果展启动仪式在太原高新技术开发区举行。

17日

恒大地产集团山西公司与小店区平阳路街办、山西经贸集团鼎轩地产、杨家堡社区四方共同签订杨家堡城中村改造项目合作协议。

17日至18日

省人大常委会副主任张茂才带领执法检查组就太原市贯彻落实《中华人民共和国旅游法》《山西省旅游条例》《山西省促进旅游产业发展条例》情况展开执法检查,在山西省旅游集散中心、青龙古镇、台骀山滑世界、四季风旅游公司实地察看。

18日

省委常委、统战部长孙绍骋带队在阳曲县板寺山天主堂、吉家岗天主堂及市民营经济区晋德邦医药物流项目、沃特海默公司等地调研。市领导王成、张明星一同调研。

18日至19日

吴政隆在娄烦县下静游村枸杞种植田间、任家沟村双孢菇种植基地、兴旺庄村、云顶山等地调研。市领导陈河才、魏民参加调研。

19日

万柏林区大王社区启动旧村拆除,大王社区位于晋祠路以西,南内环西街以北,千峰南路以东,后王南街以南。旧村建筑面积约50万平方米,有居民757户、3018人。万柏林区2016年计划拆除的7个城中村,有3个进入实施阶段。

20日

王建生带领市经信、财政、工商等有关部门负责人对位于太原市西华苑的"双创"示范项目——幸福汇商圈进行调研。

太原—张家界航班开通。

22日

太原市公务用车制度改革取消车辆(首场)拍卖会开拍,太原市参与公务用车制度改革单位封存的公车约830余辆,经车管部门及第三方鉴定评估后将陆续通过拍卖等方式处置,计划通过8至10场拍卖会在年内全部处置完毕。

2016年全国田径大奖赛(太原站)在山西体育中心"红灯笼"体育场结束,来自全国36支代表队的近1200名运动员在43个项目中竞逐。

24日至25日

王儒林在太原经济区、高新区、交通科学研究院、省科技厅,就科技创新进行专题调研。省领导吴政隆、王伟中参加调研。

25日

市政府出台关于深化国有企业改革的实施意见。

住房城乡建设部等部门公布2016年列入中央财政支持范围的中国传统村落名单,阳曲县侯村乡青龙镇村入选。

5月25日至9月30日,全市旅游行业开展安全生产大检查,排查安全隐患,完善安全生产制度,强化防范措施。

26日

《太原日报》报道,在第七次全国人民防空会议上,太原市被评为"全国人民防空先进城市"。

27日

市委常委会议召开,传达学习习近平总书记在农村改革座谈会上的重要讲话精神,传达学习全省脱贫攻坚推进大会精神,研究太原市贯彻落实意见。

省政府督查组督查太原市档案工作,到市档案新馆、清徐县档案馆、阳曲县档案馆督导检查。市领导陈河才、王爱琴参加。全市现有11个综合档案馆馆藏达104万卷(件),馆藏档案文献年代从1630年提前到1580年,建成全国最齐全的晋商档案数据库及全省门类最完善的抗战档案数据库,形成具有太原地方特色的档案资源体系。

太原至大同城际旅游列车首开,冠名"云冈号",是山西铁路史上首趟'Y'字头城际旅游列车,运行时间为2小时58分。

29日

《城市1对1》太原专辑在中央电视台播出,《城市1对1》是全球唯一一档固定的城市交流访谈节目,通过中央电视台中文国际频道面向全球播出。

三力士股份有限公司山西省量子保密通信网络项目落户太原民营经济开发区,总投资额30亿元。

30 日

市委中心组(扩大)学习会举行,邀请中央党校中共党史教研部张太原教授就《党委会的工作方法》作专题辅导报告。观看警示教育片《镜鉴——衡阳、南充违反换届纪律案件警示录》,学习中央关于湖南衡阳破坏选举案和四川南充拉票贿选案的通报精神,严明换届纪律。

吴政隆会见由晋城市委书记张九萍率领的考察团一行。

国务院安委会第二巡查组在皇后园油库、北方机械制造公司、太重煤机、智奇铁路装备公司、城中村改造项目和建筑工地巡查安全生产工作。市领导耿彦波、张齐山陪同巡查。

市政府出台关于深化户籍制度改革的实施意见,放开户口迁移政策、建立城乡统一的户口登记制度、建立社区集体户口、健全完善居住证制度。

31 日至 6 月 3 日

在上海水上运动中心举行的全国皮划艇青年锦标赛暨全国皮划艇 U23 锦标赛上,太原市女子划艇运动员马亚男、张雅珏分别获得 500 米女子单人划艇、200 米单人划艇的冠军,并双双获得在白俄罗斯举行的世界青年皮划艇锦标赛的入场资格。

6 月

1 日至 4 日

中共中央政治局原常委、国务院原副总理李岚清到山西考察调研,在太原理工大学作题为"文化艺术与素质教育"的讲座。

2 日

娄烦县被全国绿化委员会授予"全国绿化模范县"称号,"全国绿化模范县(市)"是国家对造林绿化工作授予的最高荣誉,成为一个区域生态环境优良的重要标志。

3 日

王一新带领省证监局、金融办等部门负责人在清徐县,就山西紫林醋业股份有限公司筹备上市等工作进行调研。副市长王建生陪同。

《太原日报》报道,由中车集团太原公司研发生产的山西省首批 N76 型轨道平车项目通过相关部门的技术鉴定,并整备完毕。

5 日至 7 日

中共中央政治局委员、中央统战部部长孙春兰在山西调研。在太原期间,孙春兰考察太原东杰装备有限公司、亚宝药业太原制药有限公司,深入太原清真古寺、桥头街基督教堂、五台山佛教寺庙等宗教活动场所看望宗教界人士。

6 日

省人大常委会副主任周然带领巡视检查组一行,听取太原市高考准备工作情况汇报,在市招生考试管理中心、娄烦县部分高考考点巡视检查。

7 日

太原市城乡低保标准再次提高,太原市城市、农村居民最低生活保障标准从 2016 年 1 月 1 日起,每人每月至少提高 24 元,其中,六城区城乡低保标准实现一体化,统一调整为每人每月 530 元。此次调标将惠及全市低保对象 7.3 万余人。

8 日

市委常委会议召开,传达贯彻第七次全国人民防空会议精神,研究落实党委(党组)意识形态工作责任制、进一步加强意识形态工作,听取集中开展打黑除恶、治爆缉枪、铲除黄赌毒"三大战役"情况汇报,部署开展市县党委巡察工作。市委全面深化改革领导小组会议召开,审议通过《太原市国有林场改革实施方案》《关于进一步完善医疗救助制度全面开展重特大疾病医疗救助工作的实施意见》《关于全面深化公安改革的实施意见》,研究部署下一阶段全市改革工作。

昆明—太原—长春航线正式开通。

9 日

《太原日报》报道,由太钢自主研发生产的不锈钢挤压件各项指标满足 ITER 计划合同要求,通过专家组验收。这是继核聚变铜 + 不锈钢复合板产品之后,太钢自主研发生产的又一系列产品应用于 ITER 计划。

12 日

2016 年亚洲 BMX(小轮车)锦标赛在并开赛,此次赛事由国家体育总局自行车击剑运动管理中心、省体育局、市政府主办,市体育局承办。来自中国、韩国、日本、马来西亚、泰国、印度尼西亚 6 个国家的 60 余名运动员参赛。

13 日

《太原日报》报道,国家旅游局发布"关于印发 2016 全国优选旅游项目名录的通知",阳曲县青龙古镇旅游开发项目入选。

14 日

吴政隆一行在山西国冀电子工程股份有限公司、东黄水镇吉家岗村详细了解相关情况,主持召开会议听取阳曲县工作情况汇报。

15 日

吴政隆会见广发银行行长利明献。市领导耿彦波、任在刚、陈河才参加会见。

16 日至 18 日

中共中央政治局委员、中央书记处书记、中宣部部长刘奇葆在山西调研。在太原期间,刘奇葆走访清华控股(太原)创新基地、山西广电传媒集团、山西日报报业集团,就哲学社会科学发展、新闻宣传、基层文化建设、精神文明建设等工作调研。

楼阳生带领省直有关部门负责人深入帮扶联系国有企业太原钢铁集团有限公司进行调研。

市政府印发太原市资源型经济转型综合配套改革试验实施方案(2016—2020 年)。

18 日

《人民日报》刊发《太原公共自行车为啥跑得欢》的报道,太原公共自行车自 2012 年 9 月投入运营,截至 2016 年 6 月 12 日,单日最高骑行量达 56.85 万人次,累计骑行量达 4.45 亿人次,在全国"骑"出免费率、周转率、租用率、建设速度四个第一。

20 日

市住房公积金管理中心发布通知，对 2016 年度（即 2016 年 7 月 1 日至 2017 年 6 月 30 日）住房公积金缴存基数和缴存比例进行调整。基数调整为 2015 年 1 月至 12 月职工本人月平均工资;比例不得低于单位 10%、个人 6%,不得高于单位 12%、个人 12%。

太原市首批不动产权证书正式发放。

21 日

太原到俄罗斯莫斯科定期直飞航班开通。

23 日

由国家工商总局党组副书记、副局长刘玉亭任组长的国务院商事制度改革专题督查组莅并督查，并与市政府相关部门和部分企业的负责人座谈。副省长罗清宇、副市长王爱琴参加。

副省长、省禁毒委主任、省公安厅厅长刘杰先在太原市迎泽区朝阳一社区和郝庄初级中学,观摩了解"国际禁毒日"宣传活动进社区、进学校情况,调研指导太原市青少年毒品预防教育和社区戒毒、社区康复工作。市委常委、政法委书记、市禁毒委主任、市公安局局长汪凡参加。

23 日至 24 日，省委书记王儒林深入朔州、忻州、太原市,就深化煤炭供给侧结构性改革进行调研。王儒林在太原经济技术开发区、太原理工大学双气头多联产中试基地等了解相关情况。省领导吴政隆、王伟中、付建华、张复明,中国工程院院士谢克昌、岳光溪一同调研或参加座谈会。

24 日

中共太原市委关于建立市县巡察制度的实施办法(试行)出台,共 7 章 53 条，明确制定实施办法的目的意义和依据,开展巡察工作的原则,对巡察工作的机构和人员、巡察范围和内容、工作权限和方式、巡察整改、责任与纪律等方面进行规范。

太原市获得“2016 避暑旅游城市”称号。

27 日

市委十届八次全会召开，讨论表决通过《中共太原市委十届八次全会关于召开中国共产党太原市第十一次代表大会的决议》。会议决定,2016 年 8 月召开中国共产党太原市第十一次代表大会。

28 日

省城环境质量改善指导协调会举行,1 月至 5 月,太原市区空气质量优良天数 101 天,优良率 66.9%,与上年同期相比,二级以上天数增加 21 天,环境空气质量综合指数 6.77，较上年同期下降 12.42%。

29 日

省委常委、统战部长孙绍骋在清徐县走访慰问新中国成立前老党员和生活困难党员。市委常委、组织部长张明星一同慰问。

30 日

国际醋养生工程启动仪式暨“全球首例老陈醋指纹图谱数据库构建”成果发布会在太原举行。

本月

2016 年上半年,太原市招商引资签约项目总投资 1867.14 亿元，同比增长 106.9%,实际引进外来资金 366.8 亿元。

7 月

1 日

市政府印发《太原市国民经济和社会发展第十三个五年规划纲要》。

太原武宿国际机场正式开通口岸签证业务,外国人来山西、太原旅游、投资、洽谈贸易等,都可享受“落地签”。

无锡—太原航线开通。

3 日

昆明—合肥—太原航线开通。

4 日

吴政隆在五一路，南内环西街快速化改造、滨河西路南延、太行路南延建设工地,卧虎山路改造现场,铜锣湾以及龙潭公园停车场工地,摄乐桥工地,化工排洪渠整治工程现场,和平公园调研。

《太原日报》报道,由市委党史研究室、市文化局、中数传媒山西中心书画频道联合出品的专题片《高君宇》在人民网山西频道上线。该片以高君宇、石评梅书信对话为主线,再现中共早期领导人、山西党团创始人高君宇追求理想、献身革命的一生。

5 日

《太原日报》报道,太原市阳曲县思西盛发养种植专业合作社设施蔬菜种植标准化示范区、古交市兴旺富和种植养殖专业合作社脱毒马铃薯种植标准化示范区、太原瑞康盛种植养殖技术有限公司种养殖标准化示范区 3 个省级农业标准化示范区通过省质监局考核组的考核验收。

7 日

由全国人大环资委副主任委员王云

龙任组长的常委会环境保护法执法检查组莅并，就太原市贯彻实施《中华人民共和国环境保护法》工作情况进行检查。省人大常委会副主任、省总工会主席田喜荣陪同。

7日至9日，省委书记骆惠宁在江铃重型汽车公司、富士康(太原)工业园、太原锅炉集团、太钢集团、太重集团等企业，了解科技创新、企业经营、职工收入情况，考察中国电子科技集团第33所、中科院山西煤化所科技成果转化应用，到清控创新基地就大众创业创新进行调研。省领导高建民、吴政隆、王伟中参加调研。

9日

五一路全线通车，改造后的五一路南起五一广场，北至涧河路，全长4.8千米。

太原市中心医院心内科院士工作站成立，该院士工作站由中国科学院院士葛均波团队协办，是山西省首个心血管专业的院士工作站。

大型历史文化丛书《三晋史话》出版研讨暨赠书仪式在并举行。

12日

太原市首批建立11个党员教育基地，分别为：山西国民师范旧址革命活动纪念馆、太原市解放纪念馆、高君宇故居纪念馆、双塔烈士陵园、黄坡烈士陵园、清徐革命烈士陵园、娄烦县米峪镇战斗纪念地、郑村革命烈士陵园、小店区革命烈士纪念馆、晋绥八分区旧址革命活动纪念馆、阳曲县店子底弘扬支前精神红色教育基地。

13日

市委中心组专题学习会举行，学习贯彻习近平总书记在庆祝中国共产党成立95周年大会上的重要讲话精神，讨论《中共太原市委关于深入学习贯彻〈习近平总书记在庆祝中国共产党成立95周年大会上的讲话〉的实施方案》。

14日

太钢300千瓦发电机组1号机组烟气余热深度回收投产。

15日

罗清宇在山西省老年公寓、太航馨悦老年养护院、漪汾苑社区日间照料中心调研养老服务业发展工作。

全国第一次年鉴工作会议在太原召开。

18日

由太原市文化局出品的太原历史文化系列动画片《名城太原》在太原教育电视台开播。

迎泽公园实施封园改造。

19日

吴政隆在新建路、府西街、桃园路察看城市内涝、交通等情况，在市防汛指挥部检查全市防汛救灾工作开展情况，到积水严重的太铁五龙口宿舍、大吴村、永乐南街等对受灾群众以及参加救援的干部、官兵表示慰问。

市人大常委会副主任、市总工会主席冯晋生一行到太重锻造分公司，慰问生产一线的职工。此举标志着市总工会2016年“走基层、送清凉”活动启动。

清徐县政府与煤矿瓦斯治理国家工程研究中心合作签约暨煤矿瓦斯治理国家工程研究中心山西分中心落户清徐揭牌仪式举行，此为清徐县实施瓦斯管理全覆盖工程的重大举措之一。

23日

由省委宣传部、省文化厅和山西演艺集团主办，省歌舞剧院民族乐团创作的民族管弦乐《山西印象》在并首演。

24日

山西伟业旭兴旧货交易市场建成并投入使用，为山西省最大旧货交易市场。

27日

市政府出台关于进一步完善城乡义务教育经费保障机制的实施意见。

28日

由市科技局、高新区共建的科技创新公共服务平台太原科技大市场启动运营。

太原重工轨道交通设备有限公司实验中心落成，该中心的落成与太重精密锻造车轴生产线的搬迁，标志着太重铁路园区建成。

太原首个文化艺术产业众创空间——心相静艺术空间在万柏林区迎泽西大街正式开业。

29日

市委常委会议召开，传达贯彻习近平总书记关于做好当前防汛抗洪抢险救灾工作重要讲话精神以及省委常委会议精神；听取贯彻落实全省安全稳定风险隐患大排查大整治工作推进会的情况汇报；传达贯彻全省组织部门半年工作分析会及“两学一做”协调小组会会议精神。

太原市获全国双拥模范城“八连冠”。

太原市快递员刘文玉和医生傅小苏入选“中国好人榜”。

31日

和平公园正式对外开放。和平公园是太原市绿地系统规划的大型综合性公园，位于太原市万柏林区，东至千峰南路，西至和平南路，北至南内环西街，南至九院沙河。占地面积30.81公顷。其中，绿化面积约21.12公顷；水系面积2.62公顷；园路、铺装及其他硬化场地6.72公顷；建筑占地面积0.35公顷。

1月至7月

全市公安交通管理部门共接报各类道路交通事故2.7065万起，同比增加4767起，上升21.38%。其中，涉及人员伤亡的道路交通事故452起，同比减少90起，下降16.61%；死亡110人，同比减少10人，下降8.33%；受伤511人，同比减少131人，下降20.4%；直接财产损失122.95万元，同比增加2.19万元，上升1.82%。

1月至7月

太原市实现外贸进出口457.5亿元，增长22%。其中，出口294亿元，增长30.6%；进口163.5亿元，增长9%。

8月

2日

耿彦波会见美国加利福尼亚州圣伯纳迪诺郡郡长库特·海格曼带队的代表

团一行。副市长魏民参加。

市人大常委会主任会议举行听取市人民政府关于太原市非物质文化遗产保护工作情况的汇报。听取市人民检察院关于侦查监督工作情况的汇报。听取市人大养老服务考察组关于赴长春等地学习考察养老服务工作的情况汇报，研究确定市十三届人大常委会第四十二次会议建议议程。

太原市发布推进"互联网+"行动实施方案。

3日

省人大常委会组织五级人大代表莅并，对太原市贯彻落实2016省"一府两院"工作报告情况以及县乡人大换届选举情况展开专题调研，与相关方面负责人座谈。省人大常委会副主任牛仁亮带队，市委副书记、市长耿彦波出席座谈会。市人大常委会主任弓跃主持。

4日

吴政隆会见中国进出口银行山西省分行筹备组组长吴皖中一行。市领导陈河才，市政府党组成员王立刚参加。

5日

市委第一、第二巡察组于2016年8月5日至2016年8月30日对市园林局和房管局进行巡察。

7日

2016太原汾河龙舟公开赛落幕，三明市三元区桂龙舟协会、南开大学TBT龙舟队、山西千泉湖国家湿地公园龙舟代表队分别获得公开组200米、公开组500米直道比赛和总成绩前三名。

8日

市委常委会议召开，传达学习7月30日省委常委会议精神，研究太原市贯彻落实意见。听取上半年太原市贯彻落实中央八项规定精神、党风廉政建设"两个责任"落实情况以及省委督查组反馈情况汇报。

9日

市委常委、常务副市长任在刚带领市编办、法制办、商务局相关负责人赴经开区政务服务中心，调研相对集中行政许可权改革试点工作进展情况。

《太原日报》报道，随着太原市推进"气化太原"建设，8月，太原市城区燃气居民用户突破百万大关，位居全国同等规模城市前列。

山西投贷联盟成立暨科创项目对接会议在并举行。

10日

《太原日报》报道，商务部办公厅发布《关于确定智慧物流配送示范单位的通知》，确定85家智慧物流配送示范单位，重庆、太原、南昌、无锡、临沂被确定为第一批全国智慧物流配送示范城市。

11日

吴政隆到山西中电科新能源技术有限公司、科技创新孵化基地、太原罗克佳华工业有限公司、中绿环保科技股份有限公司调研，听取经开区、高新区贯彻落实省委常委会议精神和市委工作部署的情况汇报。

市住房公积金管理中心发布太原市灵活就业人员住房公积金缴存和使用规定(试行)，自8月15日起实施，畅通灵活就业人员住房公积金的缴存和使用渠道，扩大住房公积金制度覆盖面。

12日

吴政隆会见红星美凯龙集团董事长车建新一行。市领导任在刚、张齐山参加。

市政府印发太原市实施全面两孩政策实施方案。

2016年里约奥运会女子重剑团体比赛结束，太原姑娘郝佳露与队友许安琪、孙玉洁、孙一文携手夺得银牌。这是太原乃至山西运动员在本届奥运会上的第一枚奖牌，不仅打破太原12年无缘奥运的沉寂，更是时隔32年后太原体育健儿再次登上奥运领奖台。

16日

吴政隆到山西原野汽车制造有限公司、威迩思科技有限公司、太钢哈斯科公司、山西沃特海默新材料科技股份有限公司调研。

18日

省人大常委会副主任周然带领20余名全国、省、市、县、乡人大代表，在山西汾西电子科技股份有限公司、山西钢科碳材料有限公司、太原锅炉集团有限公司，对太原市科技创新工作和推进山西科技创新城建设情况展开专题调研。市领导弓跃、王建生、傅建荣一同调研。

太原武宿综合保税区跨境贸易电子商务平台运行启动仪式举行，这是山西省首个跨境贸易电子商务平台，标志着跨境贸易电子商务这一新生外贸模式在山西省落地开花。

22日

牛仁亮带领全国、省、市、县、乡五级人大代表专题调研组莅并，在古交市、高新区、民营区就国家资源型经济转型综合配套改革试验区建设情况展开调研。市领导弓跃、任在刚一同调研。

山西正坤机动车检测线投入使用，该机动车检测线占地面积7.3万平方米，是太原市目前规模最大的机动车检测线。

太原机场首条赴朝航线开通。

24日至25日

市十三届人大常委会第四十二次会议举行。听取市政府关于《太原市物业管理条例(草案)》的起草说明、关于太原市2016年国民经济和社会发展计划上半年执行情况的报告、关于太原市2015年市本级财政决算(草案)及2016年上半年全市和市本级预算执行情况的报告、关于2016年市本级预算调整方案（草案)的报告、关于太原市2015年度市本级预算执行情况和其他财政收支的审计工作报告、关于太原市实施科技创新工作情况的报告、关于太原市贯彻落实《大气污染防治法》情况的报告。听取市委常委、常务副市长任在刚受市长委托作的关于人事任免事项的提请报告；听取市中级人民法院院长侯晓东作的关于人事任免事项的提请报告；听取市人大人事代表委员会负责人作的关于人事任免事项提请报告的审议报告。

26日

2016中国(山西)食品餐饮旅游博

览会暨首届中国山西面食文化节在中国(太原)煤炭交易中心启动。

29日

南内环西街全线通车。

山西股权交易中心晋兴板首家企业在并挂牌。

全国肝胆病防治技术示范基地在市第三人民医院挂牌，标志着该医院肝胆疾病诊疗水平已达国家级水平。

30日

太原市危重孕产妇、危重新生儿救治中心建立。

9月

1日

市国税局、市地税局联合开展国、地税驻点征收地方税费工作。

太原—西宁正班航线开通。

3日

由太原市民营区与太原新和科技众创空间有限公司共建的五星级众创空间——新和科技园举行揭牌仪式，正式向企业开放。当日，智慧哑铃、智诚万家、无人机3个重点项目现场签约，正式入驻新和科技园。

4日

太原市超声医学工程学会成立。

7日

2016太原能源低碳发展论坛暨中国（太原）国际能源产业博览会在中国(太原)煤炭交易中心举办。

吴政隆就贯彻落实省委重大决策部署和骆惠宁书记在太原地区调研时的重要讲话精神，到小店区范家堡村、太原五中新校区、山西邮政速递物流公司、太原药业有限公司和山西国新晋药有限公司中药材综合开发项目建设工地进行专题调研，听取小店区、晋源区贯彻落实省委重大决策部署和落实“两个走在前列”的情况汇报。

8日

吴政隆在中车太原机车车辆有限公司、彭村社区、五一路、迎泽区政务服务中心和便民服务中心调研，听取万柏林区、迎泽区贯彻落实省委重大决策部署和落实“两个走在前列”的情况汇报。市领导张齐山参加调研。

9日

吴政隆到凯旋街棚户区改造现场、敦化坊小区实地查看相关情况，听取杏花岭区贯彻落实省委重大决策部署和落实“两个走在前列”的情况汇报。

张复明一行到尖草坪区双语实验小学、太原十二中参观、了解情况。副市长王爱琴陪同慰问。

市纪委通报5起违反中央八项规定精神典型问题。太原市体育工作队党支部书记、队长朱渊违规使用公车等问题；太原市第三十七中学校党总支书记兼校长李文等人公款国内旅游问题；尖草坪区汇丰街道党工委委员、人武部部长来永革公款国内旅游等问题；小店区北营街道农科社区党支部书记兼社区主任连菊芬大操大办婚庆问题；太原市民营经济开发区公用事业服务中心主任赵尚智违规发放补助问题。

市政府办公厅印发太原市政府购买棚户区改造服务管理暂行办法。

10日

省城军民欢送新兵入伍大会在湖滨广场举行，省军区政委郭志刚，省军区领导喻军、吴国志、傅永国、巩保成，市委常委、常务副市长任在刚，市委常委、太原警备区政委张文广出席欢送大会。

13日

江苏三胞集团有限公司高级副总裁刘振华一行莅并，洽谈推进与太原市的系列合作项目。任在刚出席洽谈会。

14日

市人大常委会主任会议举行，听取关于市十三届人大常委会第四十二次会议对市人民政府《关于太原市2016年国民经济和社会发展计划上半年执行情况的报告》《关于太原市2015年市级财政决算(草案)及2016年上半年全市和市本级预算执行情况的报告》《关于2016年市本级预算调整方案(草案)的报告》《关于太原市2015年度市本级预算执行和其他财政收支的审计工作报告》《关于太原市实施科技创新工作情况的报告》《关于贯彻落实〈中华人民共和国大气污染防治法〉工作情况的报告》审议意见的汇报。

15日

太原卫星发射中心参战“天宫二号”。

16日

2016太原国际马拉松赛在中国(太原)煤炭交易中心鸣枪开赛，此次大赛共设置男女全程马拉松、男女半程马拉松、迷你马拉松和亲子健身跑6个项目。

19日

省信息化和信息安全评测中心太原

工作站在市工业经济服务中心正式挂牌。

20日

汾河太原城区段治理美化三期工程正式实施，工程北起汾河二期南延工程末端(祥云桥南500米)，南至晋祠迎宾路南2000米，全长约12千米。分为水利工程和景观工程两部分，主要任务是防洪、蓄水、游船通行，为两岸景观建设搭建平台，建设2019年第二届全国青运会水上运动比赛场地。

21日

市纪委十届七次全会召开，审议通过《中共太原市第十届纪律检查委员会向中共太原市第十一次代表大会所作的工作报告(草案)》。

全省首个地下综合管廊PPP项目在太原市开工建设。

23日

由全国政协常委、经济委员会委员，北京大学社会科学学部主任、光华管理学院名誉院长厉以宁带队的全国政协调研组视察山西三和盛节能环保公司、四季风旅游、金卡易联集团、山西天地科技公司和清控众创空间，调研太原市经济运行和供给侧改革情况。省政协副主席张璞，市领导张贵元、任在刚、毛志鸣陪同。

24日

《太原日报》报道，市环保、经信、财政等部门联合发布《关于减少燃煤总量推进大气环境改善的若干政策意见》，鼓励市区分散燃煤采暖锅炉，实施清洁环保改造，以减少燃煤总量，加速改善大气环境。

26日

中国共产党太原市第十一次代表大会开幕，大会应到代表480人，实到代表462人，符合规定人数。省委换届风气监督第一督导组到会指导。耿彦波主持。吴政隆代表中共太原市第十届委员会向大会作题为《贯彻落实五大理念协调推进“四个全面”为全面建成小康社会加快实现振兴崛起而努力奋斗》的报告。

吴政隆会见福特汽车集团副总裁、福特汽车亚太区总裁、福特汽车中国公司董事长萧达伟，江铃汽车集团公司董事长邱天高一行。市领导耿彦波、王建生，市政府党组成员王立刚参加会见。

国家民委副主任江家福和中国华夏文化遗产基金会负责人莅临太原市考察晋文化专项基金等项工作，同市文联、省民间文艺家协会、华夏传承文创专项基金会等部门负责人和专家进行座谈。

赵梅生美术馆落成仪式暨“雪海流香”——赵梅生美术作品展在晋祠公园举行，赵梅生美术馆占地面积1.0328万平方米，建筑面积5863平方米。

28日

山西省首个创客社区在并建成。

29日

中国共产党太原市第十一次代表大会闭幕。选举产生中国共产党太原市第十一届委员会委员47名、候补委员9名，中国共产党太原市第十一届纪律检查委员会委员31名和太原市出席省第十一次党代会的55名代表。大会通过《关于中国共产党太原市第十届委员会工作报告的决议》《关于中国共产党太原市纪律检查委员会工作报告的决议》。

中共太原市委十一届一次全会举行，选举产生中国共产党太原市第十一届委员会常务委员会委员和书记、副书记。吴政隆当选为市委书记，耿彦波、任在刚当选为市委副书记，其他市委常委是：汪凡、李吉山、张明星、张文广、薛东晓、王立刚、刘文华、李浓。会议通过中国共产党太原市第十一届纪律检查委员会第一次全体会议选举结果的报告。

中共太原市十一届纪委一次全会举行，选举产生中国共产党太原市第十一届纪律检查委员会书记、副书记和常务委员会委员。经中国共产党太原市第十一届委员会第一次全体会议批准，中国共产党太原市第十一届纪律检查委员会常务委员会委员为李吉山、刘伟、刘振华、杨天玉、李丽芳(女)、王振军、秦琦、常继德、杜雁军。李吉山当选为市纪委书记，刘伟、刘振华、杨天玉当选为市纪委副书记。

30日

省委书记骆惠宁，省委副书记、代省长楼阳生，省政协主席薛延忠等省党政军领导到太原市牛驼寨烈士陵园，与省城社会各界代表一起，向烈士纪念碑敬献花篮。

市政府办公厅印发《太原市地方志事业发展规划(2016—2020年)》。

太原市启动不动产统一登记。

清控创新基地(太原)入选第二批国家小微企业双创示范基地。

晋阳街公园建成开园。

太原龙山石窟抢险保护工程完工。

10月

5日

由山西晚报社、太原市侨联、中日新文人书画研究会联合主办的中日八城八人书画篆刻作品在太原展出。

7日

太原旅游信息中心发布的“十一”黄金周旅游统计分析报告显示，黄金周期间，太原市共接待游客606.47万人次，同比增长17.59%。其中，接待过夜游客325.75万人次，同比增长17.38%；接待“一日游”游客280.72万人次，同比增长17.84%。旅游总收入47.25亿元，同比增长18.04%。双双再创新高。

10日

太原植物园PPP合同签约仪式举行，标志着太原植物园项目建设正式启动。

11日

全市领导干部会议召开，省委副书记黄晓薇出席会议，宣布中央和省委决定。中央决定，吴政隆同志不再担任山西省委常委、委员职务，另有任用。省委研究决定，吴政隆同志不再担任太原市委书记、常委、委员职务，工伟中同志任太原市委委员、常委、书记。

市十三届人大常委会第四十三次会议举行，为期2天。会议通过《太原市人民代表大会常务委员会关于修改〈太原市立法条例〉的决定》，通过《太原市中小学校幼儿园规划建设条例》。会议决定任命王立刚、刘鹓为太原市副市长，决定免去任在刚、王建生的太原市副市长职务。

12日

市政府出台关于加强农村留守儿童关爱保护的实施意见。

13日

住房公积金异地个人住房贷款细则公布，即日起，在省外其他城市缴存公积金的缴存人也可在太原市申请住房公积金个人贷款。

14日

市政府出台关于发挥新消费引领作用加快培育形成新供给新动力的实施意见。

15日

太原市城市社区养老服务中心建设运营管理试行办法出台，到"十三五"期末，全市所有城市社区养老服务中心要实现三大服务内容，即24小时全托服务，日间托老服务，居家上门服务。

19日

省委常委、秘书长、太原市委书记王伟中会见中国计算机学会理事长高文、2016中国计算机大会主席郑纬民、中国计算机学会监事长杨士强、美国计算机学会主席 Vicki Hanson 等到并出席2016中国计算机大会的中外嘉宾。市领导耿彦波、王立刚、刘鹓参加。

20日

省政协主席薛延忠率省政协专项视察监督组，对太原市落实省委、省政府推进民营经济发展重大部署情况进行视察调研。省市领导、王伟中出席汇报会，市领导耿彦波、张贵元、王立刚、陈远新、毛志鸣参加。

2016中国计算机大会在太原举行，代省长楼阳生宣布大会开幕，王伟中致辞。市领导耿彦波、王立刚、刘鹓出席。

23日

市委常委、副市长王立刚带领市经信委、市供电公司负责人前往民营区和经济区，就部分重点企业供电工程建设进行调研。

24日

市委中心组学习会召开，学习骆惠宁书记在省委"'学以致用，以用促学，把学习贯彻习近平总书记系列重要讲话精神引向深入'学习交流会"上的重要讲话精神，研究太原市贯彻落实意见，结合"讲道德、有品行""讲奉献、有作为"主题学习讨论。省委常委、秘书长、市委书记王伟中主持并讲话。

26日

市委、市政府办公厅出台太原市农村社区建设试点工作方案。

27日

王伟中在扶贫联系点娄烦县米峪镇乡兴旺庄村的万民食用菌基地建设现场、云昇昌农家乐基地建设工地、蔬菜温室大棚基地、米峪镇乡政府精准脱贫办详细了解相关情况，并与县乡村三级书记和驻村干部、基层干部、村民代表进行座谈。

太原市完成2016年企业退休人员养老金待遇调整工作。此次调整范围为2015年12月31日前按规定办理退休（职）手续并按月领取基本养老金的企业退休人员。调整标准为定额调整每人每月增加70元，挂钩调整为按本人缴费年限每满1年每月增加3.5元，缴费年限不满10年的按10年计算，2015年12月31日前年满70周岁的退休人员，在上述两项调整的基础上每人每月再增加50元。

28日

由机械科学研究总院、中国机械通用零部件工业协会等部门主办，太原高新区管委会、中国奥盟网等部门承办的2016中国（太原）工业互联网国际高峰论坛在并举行。

31日

中国共产党山西省第十一次代表大会在太原召开，骆惠宁代表十届省委作题为《以习近平总书记系列重要讲话精神为指引，忠诚担当，攻坚克难，为全面建成小康社会而奋斗》的报告。

11月

1日

《太原日报》报道，在2016年中国钢铁工业协会、中国金属学会冶金科学技术奖评审结果中，太钢8项成果获奖。其中《黑色冶金过程废水资源化循环利用技术及应用》获一等奖。

4日

山西转型综改示范区管委会筹委会成立大会在太原举行，省委、省政府决定整合太原高新技术开发区、太原经济技术开发区、太原武宿综合保税区、太原工业园区、晋中经济开发区、山西榆次工业园以及山西科技创新城、山西大学城等园区，建立山西转型综改示范区。代省长、山西转型综改示范区建设领导小组组长楼阳生出席并讲话。省委常委、秘书长、市委书记、山西转型综改示范区建设领导小组第一副组长王伟中讲话，副省长、山西转型综改示范区建设领导小组常务副组长王一新主持。市长耿彦波参加。

《太原日报》报道，中国机械工业联合会日前下发《关于表彰“十二五”机械工业先进科技工作者、优秀创新团队和优秀科技成果的决定》。太重获“中国机械工业重大科技成果奖”。

6日

太古集中供热项目负责的范围内实现正常供热。

7日

张复明在晋祠博物馆、山西省图书馆就山西省文化创意产业发展情况展开专题调研。

省级老领导、省关工委主任武正国和市级老领导、市关工委主任杨瑞武一行在阳曲县侯村乡大碾沟村的太原英辉安置帮教基地调研考察。

中鼎物流园正式开园，该物流园位于太原、晋中交界处，是全国首家以铁路为主导的多式联运物流园，由太原铁路局联手省内外企业共同打造。

8日

省卫生计生委发布消息，省城15所公立医院自11月起，取消药品一半加成，即按照实际采购价格加成7.5%的价格销售药品。

8日至9日，代省长楼阳生在科达自控公司、中绿环保公司、山西长娥北斗公司调研，听取太原市和省直相关部门的工作汇报，征求数字经济领域专家学者和知名企业的意见建议。

10日

王伟中会见三胞集团董事长袁亚非一行。市领导耿彦波、任在刚、刘鹓参加会见。

市政府办公厅印发《太原市公立医院药品耗材带量集中采购配送改革实施方案》。

11日

市委常委会议召开，研究制定《十一届市委常委会工作规则》《十一届市委书记专题会议工作规则》《十一届市委全会工作规则》，研究《中共太原市委办公厅关于认真组织开展学习宣传贯彻党的十八届六中全会精神的实施意见》和《中共太原市委关于贯彻落实〈中共山西省委关于认真学习宣传贯彻中国共产党山西省第十一次代表大会精神的通知〉的意见》。审议通过《全市学习贯彻党的十八届六中全会精神和省第十一次党代会精神宣讲工作方案》。

省政府办公厅印发第二届全国青年运动会筹备工作方案，太原市作为主赛区将承担60%以上的比赛任务，其他10个市承办相应比赛。太原市承办田径、游泳、体操、自行车、射击、乒乓球、摔跤、柔道、网球、武术套路(散打)、排球、足球、篮球、赛艇、皮划艇、举重16个大项的比赛项目。

14日至16日

省委常委、市委书记王伟中到富士康(太原)科技工业园、太重风电机及关键零部件智能化项目基地、太原罗克佳华工业有限公司、山西沃特海默新材料科技股份有限公司、太钢大明金属制品有限公司13家企业和园区调研。

15日

市委副书记任在刚一行到娄烦县天池店乡陈家庄村了解精准扶贫对策、移民搬迁举措及退耕还林情况。

市政府办公厅出台《关于加快推进停车设施规划建设管理的实施意见》，从2016年起至“十三五”期末，在新建、改造项目按标准足额配建的基础上，通过选址或利用既有用地新建、对既有停车设施改造、划定路内停车泊位等措施，每年新增停车位20000泊。

17日

市委常委会议召开，传达贯彻骆惠宁书记重要批示精神和全省脱贫攻坚干部帮扶工作视频会精神。会议决定成立太原市深化国家监察体制改革试点工作领导小组，由王伟中担任组长。

18日

省委常委、统战部长廉毅敏一行实地走访太原市清真寺、天主教太原教区总堂等宗教活动场所，在山西科达自控股份有限公司、山西天地科技有限公司、太原通泽重工有限公司进行调研。市委常委、统战部长刘文华，市政协副主席陈远新一同调研。

20日

太原公共自行车累计骑行量达5.13亿人次，自2012年9月投入运营，截至2016年11月20日24时，单日最高骑行量达56.85万人次。

21日、22日、24日

王伟中到娄烦县娄烦镇、马家庄乡、天池店乡、庙湾乡、杜交曲镇和阳曲县黄寨镇，实地考察双孢菇、金丝皇菊、核桃种植，特禽、肉驴养殖，油松育苗等脱贫项目情况和阳兴新苑小区建设情况，了解造林专业合作社运行机制、带动贫困农民增收和易地扶贫搬迁等情况以及存在的困难问题。市领导任在刚、薛东晓、魏民参加。

23日

省委宣讲团在并宣讲党的十八届六中全会精神，省委宣讲团成员、省委副秘书长宋伟作宣讲报告。省委常委、市委书记王伟中主持报告会并讲话。

市政府印发太原市全民健身实施计划(2016—2020年)，到2020年全市每周参加1次及以上体育锻炼人数达230万，经常参加体育锻炼人数达到142万。

24日

太原市道教协会成立。

25日

太原供电公司消息，该公司受理光伏分布式并网项目241户、容量10710.45千瓦；送电214户、容量10277.69千瓦。分布式光伏发电并网以来，累计受理288户、容量2.3万千瓦；并网251户、容量1.6369万千瓦。

29日

第二届全国青年运动会筹备委员会第一次会议召开，省长、二青会筹委会主任楼阳生出席并讲话，省委常委、太原市委书记王伟中，武警山西总队司令员曾友成出席，副省长张复明主持。

省委宣讲团在并宣讲省第十一次党代会精神，省委宣讲团成员、省委常务副秘书长、办公厅主任张瑞鹏作宣讲报告。省委常委、市委书记王伟中主持报告会并讲话。

30日

市委常委会会议召开，研究太原市贯彻落实全国国有企业党的建设工作会议和全国社会治安综合治理创新工作会议精神的意见。

古交市住房和城乡建设管理局代表古交市政府与山西太钢碧水源公司签署协议，共同出资组建古交钢源水务公司，古交市第二污水处理厂项目成为太钢碧水源公司的首个PPP项目。

本月

截至2016年11月底，太原市城镇新增就业9.28万人，完成目标任务8.3万人的111.8%，城镇登记失业率3.47%。

12月

1日

市政府办公厅印发《太原市戏曲传承发展振兴工程实施方案》。

晋源区棘针社区462户居民全部搬迁。

1日至3日，国务委员、公安部部长郭声琨到省公安厅警务云平台、便民服务在线平台、反恐合成作战平台，以及太原市公安局杏花岭分局杨蓉警务室、市公安局尖草坪分局汇丰派出所调研。

2日

《太原日报》报道，民政部、财政部近日联合下发《关于确定2016年中央财政支持开展居家和社区养老服务改革试点地区的通知》，全国26个市（区）入选。太原市是山西省唯一获批城市。

4日

“之间创客空间”启幕，该众创空间坐落于北美N1文创区，是一个集电商、文化、原创、设计、手作、匠人、社交于一体的新型化平台。

5日

市人大常委会主任弓跃同部分市人大代表到娄烦县调研脱贫攻坚工作，推进“人大代表助力精准扶贫”活动。市委常委、娄烦县委书记薛东晓参加。

在北京召开的全国先进个体工商户表彰大会上，太原市万柏林区西宫芳芳修表店店长李鲜芳，获“全国先进个体工商户”称号。

6日

市委常委会会议召开，学习贯彻全省深化监察体制改革试点工作培训会精神，研究太原市落实意见。

市政府办公厅公布太原市市级行政审批中介服务事项清单，涉及市直部门18个，中介服务事项53项。

太原市“彩虹圆梦坊·光社站点”在易源公益组织发展服务中心启动，“彩虹圆梦行动——手拉手帮助困境儿童成长圆梦计划”主要面向全市家庭生活困难、亲情关心缺失、文化教育缺失的6至12周岁困境儿童开展结对帮扶活动，重点帮扶对象是低保边缘家庭、单亲家庭、留守家庭的孩子。

6日至7日

省委书记骆惠宁到山西焦煤集团、太重集团就深入贯彻省第十一次党代会精神、推动供给侧结构性改革进行调研。

6日至16日

市委宣讲团分别在晋源区、清徐县、迎泽区、万柏林区、娄烦县等举行十八届六中全会精神和省党代会精神报告会。

7日

全市非公有制企业“百企帮百村”精准帮扶行动推进大会召开，市委常委、统战部长刘文华参加会议。

市公安局交警支队万柏林一大队协警高文彬在第十三届全国见义勇为英雄模范评选表彰活动中，获得“全国见义勇为英雄”称号。

太原市更新纯电动出租汽车8155台，出租车更新工作自2016年2月6日启动，至12月7日，共更新纯电动出租汽车8155台，占出租汽车总数的98%。

8日

太原市不动产统一登记收费暂行办法发布。

9日

市委常委会会议召开，学习贯彻全省开发区改革创新发展会议精神，研究太原市落实意见。

住房城乡建设部等部门公布第四批列入中国传统村落名录的村落名单，晋源区晋源街道程家峪村列入名录。

太原市民营医疗机构实现工资集体协商，太原市25家民营医疗机构的职工和资方代表，在“太原市民营医疗机构行业工资专项集体合同”上签字。此次合同签订，覆盖全市民营医院近两万名职工。截至2016年底，太原市开展工资集体协商的企业有18692家，合同覆盖率达93%，覆盖职工70多万人。

10日

纪念祁寯藻逝世150周年“百首绝句颂相国”展太原站开展。

11日

截至11月底，太原市城镇新增就业9.28万人，下岗失业人员再就业4.42万人，就业困难人员再就业1.11万人，创业带动就业2.41万人，转移农村劳动力1.13万人，均提前超额完成全年目标任务。

13日

全市百万亩森林围城工程建设任务完成。其中，城六区实施以增色、增景为主要内容的提档升级造林工程，阳曲县、清徐县以交通干道及河流沿岸的荒山为重点实施集中连片规模化造林。

《太原日报》报道，近日，民政部、财政部联合下发《关于确定2016年中央财政支持开展居家和社区养老服务改革试点地区的通知》，全国26个市（区）入选，太原是山西省唯一获批城市。

13日至14日

市十三届人大常委会第四十五次会

议举行。通过《太原市物业管理条例》《太原市餐厨废弃物管理条例》。通过市人民政府办公厅关于市十三届人大六次会议期间代表所提建议、批评和意见办理情况的报告,《太原市人大2017年换届选举工作方案》,关于市十三届人大六次会议主席团交付的"制定《太原市大气污染防治条例》"等四个议案审议结果的报告。决定任命马润生为副市长、市公安局局长等。

14日

市委巡察组反馈娄烦县、阳曲县巡察情况,被巡察县的县委书记作表态发言。

杏花岭区为147个村(社区)配备法律顾问,实现全区村(社区)法律顾问全覆盖。

15日

太原市启动重污染天气红色预警,并于12月16日0时启动重污染天气应急预案红色(Ⅰ级)响应,这是太原市首次启动重污染天气红色预警。

16日

山西省首次出动无人机,对包括太原市在内的大气污染重点区域、重点地区进行飞行监测。

晋中银行太原分行在迎泽宾馆东楼开业,成为晋中银行首家异地分行。

省城首家农产品电子商务产业园在小店区揭牌,维客家族电商产业园占地面积3.3万平方米,采用线上下单、线下配送,并通过数据汇总客户需求,为市民精准提供蔬菜、水果、肉蛋奶、米面粮油等农产品服务,实现生产基地直达"餐桌"。

17日

市委、市政府出台《第二届全国青年运动会太原市筹备工作总体方案》。

太原市实施机动车单双号限行时间为2月17日(星期六)0时至21日(星期三)24时。

18日

市政府办公厅印发太原市"铁腕治污行动"工作方案,"铁腕治污行动"从2016年12月中旬开始,到2017年3月中旬结束。

2016年12月18日11时08分,太原市清徐县发生4.3级地震,震源深度5千米。经勘查,全市10县(市、区)普遍有感,清徐县震感强,截至18日23时,没有人员伤亡和财产损失。

19日

山西国民师范旧址革命活动纪念馆、太原解放纪念馆、高君宇故居、彭真生平暨中共太原支部旧址纪念馆、双塔陵园构成的太原市红色旅游系列景区入选全国红色旅游经典景区名录。

太钢在国内率先研发成功热交换器用新型不锈钢材料。

20日

国家发展改革委印发促进中部地区崛起"十三五"规划。规划中明确指出,强化太原等省会城市地位,强化太原城市功能,推进太原—晋中同城化发展,加快传统产业转型升级,建设全国资源型经济转型示范区和重要的制造业、文化旅游业基地。规划提出,培育沿石太—太中银等新兴经济轴带,引导人口经济要素向轴带地区集聚,打造支撑中部地区全面崛起的主骨架。

王伟中到亲贤社区综合服务中心,坞东社区调研。

市政府印发《太原市"五规合一"试点工作方案》。适用范围:太原市全域。规划期限:近期到2020年,远期到2030年。统筹协调各规划的主要内容,划定"五规合一"控制线,建设"五规合一"信息平台,达到"一套目标体系、一张规划蓝图、一个信息平台、一套协调机制、一套审批流程"目标。

市政府办公厅印发《太原市服务业发展"十三五"(2016—2020年)规划》。

太原市降低企业养老保险缴费比例,从2016年5月到2018年4月,阶段性降低企业职工基本养老保险缴费比例,由现行的20%降低至19%。失业保险单位缴费比例由1.5个百分点再降低0.5个百分点。

《太原日报》报道,太原市人均公园绿地面积达11.8平方米,提前实现2020年的目标。

江苏省徐州市中级人民法院公开宣判山西省委原常委、太原市委原书记陈川平受贿、国有公司人员滥用职权案,对被告人陈川平以受贿罪判处有期徒刑三年,并处罚金人民币三十万元;以国有公司人员滥用职权罪判处有期徒刑五年六个月,决定执行有期徒刑六年六个月,并处罚金人民币三十万元。

21日

万柏林区的南寨公园、北寨公园建成,预计2017年开放。

22 日

副省长、省"二青会"筹委会副主任张复明在并调研"二青会"(第二届全国青年运动会)场馆建设及筹备工作情况，并到滨河体育中心、省体育中心实地考察。市领导耿彦波、王爱琴参加调研。

《太原日报》报道，在北京召开的"2016 创新社会治理优秀城市(县、区)发布仪式暨第二届全国创新社会治理经验交流会"上，阳曲县获"2016 年全国创新社会治理优秀城市(县、区)"称号。

23 日

市委常委会会议召开，研究讨论激励干部担当作为干事创业实施办法（试行)、支持干部改革创新合理容错实施办法(试行)。

24 日

《太原日报》报道，由市地方志办编纂的《太原年鉴》(2016)近日面世，新增随书电子版和单行电子版。

25 日

全市首家示范性综合实践基地主体结构宣告完工，该实践基地位于清徐县徐沟镇西楚王村，总用地面积 76899 平方米，是太原市教育民生工程、重点工程项目。项目内容包括生存体验、素质拓展、科学实践、专题教育等。

26 日

省委常委、组织部长盛茂林一行到迎泽区海边街社区和杏花岭区金刚里小区杨蓉警务室调研。市领导弓跃、张明星陪同。

市政府发出《关于落实晋政发〔2016〕55 号文件取消和下放一批行政职权事项的通知》，涉及市县两级需承接的行政职权事项共计 21 项。其中，取消 5 项，下放到市级 10 项，直接下放到县级 5 项，直接下放到乡镇(街道)1 项。

市委老干部局获"全国老干部工作先进集体"荣誉称号。

由省内 15 家农民专业合作社共同发起的山西晋强农业专业合作社联合社在清徐县注册成立，是全省首家跨地区农业专业合作社。

27 日

首个中国航天青少年科普教育基地落户太原卫星发射中心。

29 日

市政府发布关于太原市出租汽车行业深化改革有关政策文件公开征求意见的通告，就《太原市深化改革推进出租汽车行业健康发展的实施意见(公开征求意见稿)》和《太原市实施网络预约出租汽车经营服务管理暂行办法细则(公开征求意见稿)》，向社会公开征求意见。

31 日

市政府印发《太原市机关事业单位工作人员养老保险制度改革实施办法》，基本养老保险费由单位和个人共同负担。单位缴纳基本养老保险费(以下简称单位缴费）的比例为本单位工资总额的 20%，本单位工资总额为参加机关事业单位养老保险工作人员的个人缴费工资基数之和。个人缴纳基本养老保险费(以下简称个人缴费）比例为本人缴费工资的 8%，个人缴费由单位代扣代缴。

中国共产党太原市委员会

Taiyuan Municipal Committee of the Communist Party of China

综　述

【概述】 2016年，面对经济下行压力，在中共山西省委的坚强领导下，太原市学习习近平总书记系列重要讲话精神和治国理政新理念新思想新战略，贯彻党的十八大和十八届三中、四中、五中、六中全会精神和省、市第十一次党代会精神，落实省委“一个指引、两手硬”的重大思路和要求，按照骆惠宁书记对太原提出的“两个走在前列”的要求，加强和改善党对经济工作的领导，坚持以经济建设为中心，把发展的主攻方向放在创新驱动、转型升级上，全市经济稳中有进、稳中向好，实现“十三五”良好开局。

2016年，太原市认清形势，明确目标，增强加快发展的信心和决心。贯彻省市第十一次党代会精神，建设转型综改示范区。贯彻习近平总书记系列重要讲话精神和治国理政新理念新思想新战略，统筹推进“五位一体”总体布局，协调推进“四个全面”战略布局，落实中央经济工作会议、省委十一届二次全会暨经济工作会议精神和省、市第十一次党代会总体部署，按照省委“一个指引、两手硬”重大思路和要求，坚持新发展理念，坚持稳中求进工作总基调，坚持深化供给侧结构性改革与深化转型综改试验区建设有机结合，坚持以提高发展质量和效益为中心，以转型综改示范区为引擎，实施创新驱动、转型升级战略，做好稳增长、促改革、调结构、惠民生、防风险各项工作，实现“两个走在前列”，以优异成绩迎接党的十九大胜利召开。

一是全面深化供给侧结构性改革，推进“三去一降一补”，扩大有效投资，发挥消费拉动作用，提高供给质量和效益。二是加快转型综改示范区建设，以制度创新、政策创新为重点，在空间布局、营商环境、体制机制等方面取得重大突破，一手抓存量，一手抓增量，打造创新转型新引擎。三是振兴实体经济，着力发展新兴产业，实施新兴产业培育工程，培育壮大市场主体，建立服务企业常态化工作机制，加快新旧动能转换。四是统筹推进城乡一体化发展，提高城市规划设计水平，推进城中村和棚户区改造，加大城市基础设施建设力度，开展城市管理全面提升行动，深化城市管理体制改革，加强城市精细化管理，加大综合整治力度，着力提升城乡建设管理水平。五是树立“绿水青山就是金山银山”的理念，加强生态文明建设，持续改善空气质量，建设青山绿水之城。六是深化改革，大胆探索、先行先试，国资国企、财政预算等事关发展全局的一些关键性改革上取得突破。扩大对外开放，以转型综改示范区为主战场，加大招商引资力度。在“放管服效优”上下真功夫，着力优化发展环境。七是增进民生福祉，推进脱贫攻坚，抓好重大民生工作，维护社会和谐稳定，着力保障人民安居乐业。

把握提升太原在全省经济发展中的首位度这个大目标，确保全市经济持续稳定增长。抓住深化供给侧结构性改革与深化转型综改示范区建设这条主线，处理好供给与需求、生产与成本、政府与市场的关系，推进创新驱动、转型升级。围绕太原都市区建设这个大战略，推进规划建设管理提档升级。坚持以人民为中心的发展思想，推进各项社会事业发展，增强人民群众的幸福感和获得感。推进文化产业文化事业发展，提升国家历史文化名城的影响力。夯实“三农”基础，切实抓好脱贫攻坚。发扬抓铁有痕、踏石留印的务实作风，落实好全市经济社会发展的目标任务。

加强和改善党对经济工作的领导。各级党委履行好领导经济工作的职责，加强学习，提高领导经济工作的能力和水平，切实转变作风，抓好工作落实。坚持全面从严治党，坚决落实主体责任，把纪律和规矩挺在前面，推进“三基”建设，持续推进正风反腐，为经济社会发展提供坚强保障。

稳中求进工作总基调是我们治国理政的重要原则，是做好经济工作的方法论，也是做好经济工作的根本遵循。稳中求进的根本点在于稳定大局、不断进取。稳是大局，在稳的前提下要在关键领域有所进取；稳不是无所作为，不是不敢作为，而是要在把握好度的前提下奋发有为、以进促稳。骆惠宁书记在省委十一届二次全会暨经济工作会议上强调的要着眼于稳，确保经济基本面稳定、社会大局稳定、安全生产形势总体稳定、社会舆情稳定；要着眼于进，在提高质量和效益前提下实现经济增长，推进转型发展，加快推进改革创新，促进干部队伍能力提升，为开展工作提供了正确思路和有效途径。

做好经济工作，必须突出主线，抓住关键，坚持目标导向和问题导向，抓好抓实重点任务和重点工作，推动经济社会发展取得新成效。各级各部门自觉把思想、行动和工作重点统一到中央和省、市委部署要求上来，把深化供给侧结构性改革与深化转型综改试验区建设作为全市经济工作的主线，多策并举抓好落实，促进新发展理念在太原落地生根。全面深化供给侧结构性改革，着力提高供给质量和效益；加快转型综改示范区建设，着力打造创新转型新引擎；全力振兴实体经济，着力发展新兴产业；统筹推进城乡一体化发展，着力提升城乡建设管理水平；加强生态文明建设，着力改善环境质量；全面深化改革，着力扩大开放；不断增进民生福祉，着力保障人民安居乐业。

提升能力，转变作风，加强和改善党对经济工作的领导。各级党委深刻领会以习近平同志为核心的党中央对经济形势作出的重大判断、对经济工作作出的重大决策、对经济工作思想方法作出的重大调整，通过加强学习，提高领导经济工作的能力和水平；各级领导干部坚持率先垂范、以上率下，以“踏石留印、抓铁有痕”的劲头和“钉钉子”的精神抓好各项工作的落实。各级各部门和广大干部真抓实干、马上就办，强化服务意识，提高办事效率。落实和完善干部激励引导和合理容错机制，鼓励干部担当作为、干事创业，支持干部改革创新，为担当的干部担当，为负责的干部负责，对不担当、不作为、敷衍塞责的追责问责，对失职渎职的依纪依法处理，让真抓实干、干事创业在全市蔚然成风；牢固树立“四个意识”特别是核心意识和看齐意识，自觉在思想上政治上行动上与以习近平同志为核心的党中央保持高度一致，坚决维护党中央权威，确保中央和省委政令畅通，坚持全面从严治党，为经济社会发展提供坚强保障。为全面建成小康社会、加快实现振兴崛起作出更大贡献，以优异成绩迎接党的十九大胜利召开。（办公室）

市委办公厅

【概述】 2016年，在市委的正确领导下，太原市市委办公厅广大干部职工围绕市委中心工作，坚持问题导向，切实改进作风，狠抓工作落实，提升服务水平和运转效率，当好“坚强前哨”和“巩固后院”，完成各项工作任务。（办公室）

【强化学习教育，坚定理想信念】 2016年，太原市市委办公厅始终与以习近平同志为核心的党中央保持高度一致，坚持理论学习，坚定理想信念。市委秘书长班子带头坚持理论学习不松懈，落实中心组学习、党支部集中学习制度，全年组织中心组学习16次、党支部学习110余次，学习落实党的十八大和十八届三中、四中、五中、六中全会精神，学习贯彻习近平总书记系列重要讲话精神和治国理政新理念新思想新战略，学习贯彻省、市十一次党代会精神和全国、全省党委秘书长会议精神，带领全厅干部职工牢固树立“四个意识”，认真践行“五个坚持”，切实在政治上思想上行动上与以习近平同志为核心的党中央保持高度一致，确保中央和省委、市委政令畅通，决策部署落地生根。开展“两学一做”学习教育。对照学习教育各项要求，加强组织领导，搞好学用结合。全年组织中心组“两学一做”专题学习4次，市委秘书长班子成员撰写“四讲四有”发言材料28篇、开展专题讨论4次。结合工作实际，通过组织全厅干部职工积极开展“佩戴党徽、亮出身份”活动；七一前后组织部分党员干部重温入党誓词、走访慰问党员干部；观看警示教育片、参加先进事迹报告会等系列活动，把“两学一做”学习教育引向深入。

狠抓工作落实，为市委决策落实和高效运转提供有力保障。发挥督促检查作用。重点围绕“冬季行动”、信访稳定、贯彻落实“八项规定”、中央和省、市委重大会议精神等开展督查。全年完成决策督查20余次。督促落实市委常委会明确事项97项，督促督办市委主要领导批办、交办事项1227件，报告《市委书记批

“两学一做”动员会召开

办件办理情况汇总》19 期 485 件，对开发区调研有关事项的督查落实工作受到市委主要领导肯定和表扬。完成省委领导批示事项 3 件，向省委报送督查专报 3 期。承办政协建议案、提案 14 件，办理回复率 100%。通过督查，推动市委重大决策部署的贯彻落实。（办公室）

【认真搞好协调服务】 2016 年，太原市市委办公厅推进协调服务工作。一是搞好会务活动服务。承办市委常委会会议、市委专题会议 120 次，完成市十一次党代会会务工作，服务市委主要领导开展调研、会见及接待各级视察活动 140 余次，承办各类报市委的请示报告 923 件，转办市委主要领导批示件 5823 件。二是强化党委值班工作。改进和完善值班信息报送制度和领导批示办理制度，制定实施《突发事件分级处置工作流程》，坚决杜绝重大信息迟报、漏报、瞒报；全年办理值班快报 812 期，编发《今日要情》278 期。落实领导干部外出请销假制度，全年受理市管领导干部外出请销假 369 人次。协调处置群众上访来访问题，全年处置上访 500 余起。三是做好社情民意工作。发挥社情民意通道桥梁纽带作用，办理网民留言和省委社情民意办公室转办件，开展网络留言正向引导，网民非问题留言的占比大幅增加，全年审核、办理和回复网民留言 2300 余条，撰写网络答复 120 余万字。获人民日报社“全国网民留言办理工作先进单位”。

服务市委科学决策。一是悉心做好以文辅政。围绕市委中心工作，精心组织起草了市十一次党代会相关文稿、市委常委会工作要点和市委领导讲话稿、会见谈话参考等各类文稿 300 余篇 120 余万字，发挥以文辅政作用。二是提供优质信息服务。全年编发《太原信息》270 余期，上报中办信息 125 篇，上报省委办公厅信息 908 篇，完成中办约稿信息 25 篇、省委办公厅约稿信息 87 篇，在全省中办信息直报点年度考评和全省党委信息工作年度考评中名列第一。市县两级电子政务内网升级改造工作完成，配合做好太原市大组工网、纪检专网等网络的迁网改造工作。三是规范文件制发和档案管理。完善公文办理制度，加强党内法规制度建设，全年制发市委文件 206 件，完成中央和省委、市委文件发文立户调整规范工作，提前 3 个月完成市委党内规范性文件清理任务，《中办通讯》《秘书工作》学用征订任务完成情况排名全省第一。全年累计传阅文件 780 余件，收发文件 1088 件 5 万余份，交换文件 6 万余份，清退、销毁涉密文件 3 万余份。推进档案管理数字化、电子化，接收档案 200 余卷。四是改进接待工作。控制接待规格和标准，推动公务接待制度化、规范化、科学化，全年接待各级各类团组 230 批 5829 人次。做好服务保障。一是加强后勤保障服务。完善群防群治体系，做好市委机关信访接待和疏导，组织开展消防安全检查和反恐演练。执行财务管理制度，加强固定资产和临时用工管理，按期完成财务公开、合同公开和国有资产清查任务。做好机关大院基础设施维护维修，完成供水供热管网全面改造；实行公务用车制度改革，出台《市委机关车改过渡期车辆保障暂行方案》。二是做好机要保密工作。密码通信主渠道升级改造和装备更新工作顺利推进，新规划密码通信主渠道实现省市县三级明通，密码通信保障和电报译传办理全年零差错。全市涉密岗位和涉密人员分类确定报备工作初步完成，涉密人员保密教育培训不断加强，开展保密督促检查，涉密载体销毁管理工作逐步规范。三是做好定点扶贫工作。开展精准扶贫进村入户，6 次组织 100 余名党员与帮扶点村民结对子，筹资 75 余万元为帮扶点安装光伏发电设施，全年完成 9 户 26 人的脱贫任务。四是做好离退休干部工作。离退休干部党建加强，全年组织参观学习活动 41 次 680 余人次；离退休干部帮困难解难机制完善，为 120 余人次申请发放各类费用 84 万余元；老干部文化养老机制持续推进。做好干部培训调配、《太原工作》编辑出刊、关心下一代等工作。

（办公室）

【加强党的建设，推动全面从严治党】 2016 年，太原市市委办公厅全面落实从严治党政治责任。市委秘书长班子坚持把抓好党建作为最大的政绩，带头落实“两个责任”，自觉履行“一岗双责”，狠抓党风廉政建设和反腐败工作，坚决落实《中国共产党党内监督条例》，强化对权力运行的制约和监督。全厅没有发生违法违纪案件，营造了风清气正的良好氛围。

坚决把纪律和规矩挺在前面。市委

市委办公厅组织“两学一做”中心组学习

秘书长班子带头自觉遵守党的纪律和规矩,坚持做到"五个必须",坚决反对"七个有之",认真落实中央"八项规定",持之以恒纠正"四风",不断完善权力清单,实行权责对应,严格执行干部管理相关规定,切实做到把权力关到制度的笼子里。

严肃党内政治生活。市委秘书长班子严格执行民主集中制,积极开展批评和自我批评,认真落实"三会一课"、组织生活会、民主生活会等党内政治生活制度,充分发挥党支部凝聚党员力量、推动工作落实的战斗堡垒作用,不断增强党员干部队伍的向心力、战斗力。

扎实推进法治建设。市委秘书长班子带头尊法学法守法用法,带头依法办事,坚决杜绝违法行使权力、以言代法、以权压法等现象,不断提高运用法治思维和法治方式解决问题的能力,积极完成法治建设考核指标任务,深入开展法治宣传教育,切实加强党内法规建设,不断推进制度治党、依规治党。

切实加强自身建设。坚持每周一市委秘书长班子例会制度,完善重要事项决策机制,形成既分工负责、又协调配合的工作合力。认真贯彻落实全省党委秘书长会议精神,组织召开全市党委办公厅(室)主任会议,出台《中共太原市委办公厅关于进一步加强和改进党委办公厅(室)工作的通知》,推动全市党委办公厅(室)"三服务"水平不断提高。

(办公室)

组织工作

【概述】 2016年,在中共太原市委的正确领导和山西省委组织部的有力指导下,市委组织部认真贯彻党的十八大和十八届五中、六中全会精神,深入学习贯彻习近平总书记系列重要讲话精神,围绕落实省市第十一次党代会精神,立足全局、服务中心,着力抓好"两学一做"学习教育,圆满完成领导班子换届任务,不断加强干部队伍建设、基层组织建设、人才队伍建设和自身建设,推动全市组织工作取得全面进步。 (办公室)

【开展"两学一做"学习教育】 2016年,太原市"两学一做"学习教育启动以来,市委组织部一方面发挥带头作用,以高标准严要求在部机关开展学习教育。全年组织中心组学习13次,重点学习了习近平总书记系列重要讲话精神、十八大和十八届五中、六中全会精神、省市党代会精神等,认真组织"四讲四有"专题讨论,开展主题党日活动,引导全体党员干部不断提升政治素养,争做合格共产党员。特别是部领导班子学在前、做在前,带头学习讨论,带头讲党课、谈体会,坚持以普通党员身份参加所在支部学习研讨,较好发挥了示范表率作用。另一方面发挥牵头作用,按照"全覆盖、常态化、重创新、求实效"的要求,在全市218055名党员、10942个基层党组织中推进学习教育健康有序开展。一是认真谋划、精心组织。研究制定了全市学习教育工作方案、市委常委班子和市委常委同志学习教育工作安排等;组织成立了学习教育协调小组和工作机构,建立完善联络员制度、半月报制度、信息报送制度和联系机制等;组织召开3次协调小组推进会,制定了督导任务清单,深入基层一线开展了督查调研。二是加强指导、持续推进。举办全市基层党务骨干学习教育培训示范班,组织全市县处级以上党员干部集中观看《贪与悔》警示教育片,举办市、县两级"李培斌"先进事迹报告会;指导各级党组织开展"四讲四有"专题学习讨论和"学习贯彻系列讲话,解决若干突出问题"主题学习交流会等,将学习教育不断引向深入。三是大力宣传、营造氛围。为全市党员领导干部配发习近平总书记系列重要讲话有关书籍22万余册,编印"两学一做"口袋书21万余册,命名了11个党员教育基地;开通了"两学一做"微信专栏;组织市属新闻媒体开展"两个走在前列、太原在行动"主题宣传报道,营造了浓厚的舆论氛围。通过开展学习教育,全市党员干部进一步增强了党性观念,各级党组织解决实际问题近25000个,有力推动各项事业健康发展。

(办公室)

【聚焦换届,树正导向】 换届工作是2016年全市工作的重中之重。市委组织部严格按照省市委要求,认真组织、有序推进,圆满完成市级党委和县乡领导班子换届工作。

在市级党委换届中,市委组织部高度重视,部长张明星亲自指挥,班子成员各领任务,抽调30多名骨干专门开展工作,党代会召开期间部机关干部全员参与。坚持把握主要环节、严格标准程序,大力发扬组工干部精益求精、力求极致的工作作风和团结协作、相互补台的团队精神,高质量地完成了党代会有关人事、组织等各项工作任务,为市第十一次党代会圆满召开提供了坚强组织保证。

在县乡领导班子换届中,市委组织部一是严密组织。坚持早谋划、早部署,成立换届工作领导小组,召开会议安排部署,制定换届工作方案、工作流程等;指导县级党委强化领导、细化责任,统筹协调、整体推进。在换届初期,部长带队深入10个县(市、区)与157名党政领导班子成员和人大、政协主要领导进行谈话,全面掌握干部思想动态和真实情况,为换届人事安排打下坚实基础。二是严格选配。严格执行换届程序和政策规定,充分发挥党组织把关作用,集体讨论、集体研判。特别是在确定提名人选前,先后4次与县(市、区)委沟通,广泛征求意见,集体研究决策。坚持正确用人导向,突出四个注重:注重基层、注重业绩、注重选好党政正职和注重优化结构,选优配强班子和干部。三是严肃纪律。坚持教育在先、警示在先、预防在先,制定下发了《关于严肃换届纪律加强换届监督的通知》,集中组织观看警示教育片《镜鉴》1.35万人次,印制《换届学习资料汇编》11267册,举办换届风气监督专题培训48次,开展巡回督查290次,确保整个换届风清气正,良好政

治生态逐渐形成。（办公室）

【强化监督，激发干部作为新动力】 2016年,市委组织部全面落实省委做好干部工作的有关精神和部署要求，管好用好干部，努力打造忠诚干净担当的干部队伍。

加强领导班子思想政治建设。一是强化思想理论建设。坚持把习近平总书记系列重要讲话精神列为全年各级中心组学习、干部教育培训的必学内容。充分发挥党校和行政学院主阵地作用，组织举办县处级领导干部研修班4期、中青年干部培训班2期，共培训200名市管副县级领导干部和100名优秀中青年干部；选调210名省管、市管干部参加中央、省直单位的各类专题培训30余批次。二是提升履职能力水平。举办“两学一做”学习教育、换届风气监督和安全生产等3期专题培训班，举办促进经济结构调整、科技创新等4期专题网络培训班，快速提升全市领导干部做好新形势下工作的能力水平。三是严肃党内政治生活。以“两学一做”学习教育为契机,重点指导各县(市、区)委、市直党(工)委领导班子开展民主评议党员和专题民主生活会,不断增强党内生活的思想性、政治性和原则性。研究起草《太原市关于围绕“两个走在前列”加强县(市、区)领导班子思想政治建设的实施意见》,为加强换届后县(市、区)党政领导班子思想政治建设提供了遵循。

从严干部选拔任用管理。一是从严选拔任用。严格按照习近平总书记提出的“好干部”标准和省委“德才兼备、以德为先、以廉为基”的要求,认真贯彻落实《干部任用条例》,坚持“四凡四必”要求选用干部,有效防止用人失察、“带病”提拔,全年共选拔任用市管干部252名。二是从严管理监督。认真做好全市规范管理干部的后续工作。消化超职数配备干部490名,完成总数的98%。印发《太原市干部学历学位管理办法(试行)》。选派10名中青年干部赴信访部门实践锻炼。为全市党群系统招录公务员290名、选调生22名;对921名市管干部的个人有关事项进行了重点核查和随机抽查,根据核查结果,函询145人、诫勉54人、批评教育76人。在104个单位组织开展了干部选拔任用“一报告两评议”工作,评议新选拔任用干部279人。审批办理因公因私出国(境)56人次。受理核查举报件152件。三是从严目标考核。圆满完成省考中期督导调研和省对市年度目标责任考核工作;围绕转型综改、脱贫攻坚等重点任务,科学设置考核指标,加大党建考核力度,提高民主评议比重,将满意度评价权重从20%提高到30%;大力推进考核信息系统建设,采取闭环式目标管理模式加强省考指标过程管理,充分发挥了考核“风向标”“指挥棒”“助力器”作用。

激励引导干部担当作为。坚持两手压责任、双向促担当。“两手”就是,一手抓全面从严治党不放松,压实主体责任;一手抓发展第一要务不动摇，压实发展责任。“双向”就是,一方面制定出台了《太原市激励干部担当作为干事创业实施办法(试行)》和《太原市支持干部改革创新合理容错实施办法(试行)》,通过正向激励、宽容失误、支持干部担当作为;另一方面制定出台《太原市推进领导干部能上能下实施办法(试行)》,加大干部能上能下工作力度,全年全市“下”的干部共247人,反向激励干部担当作为。

（办公室）

【从严治党,提升党建工作水平】 2016年，市委组织部牵住党建责任这个牛鼻子,围绕“三基”建设总要求,突出工作重点,狠抓推进落实,有力推动全市党建工作全面进步。

落实党建责任。认真落实《关于加强基层服务型党组织建设的实施意见》,制定出台《关于进一步强化基层党建工作的措施意见》，进一步细化党建工作内容,强化落实主体;深入开展“县(市、区)委、市直党(工)委书记抓基层党建述职评议考核”工作,全市10000多个基层党组织书记进行了会议述职；持续开展督导,派出5个督查组深入基层开展督查,有力推动各项任务落地见效。

抓实重点任务。认真落实中组部和省委组织部要求，全力推进基层党建7项重点任务落地见效。工作开展以来,全市共排查出失联党员6954名,经查找取得联系的党员5636名；经对全市8627名各级党代表排查，终止代表资格169名，停止执行代表职务564名；全市1126个基层党组织按期完成换届,完成率达95%;开展党费收缴工作专项检查,全市基层党组织党员共补交党费1983万元;认真抓好机关党员干部学习教育,组织召开市直机关党务骨干培训示范班,累计发放学习资料7300余本。

立项解决问题。采取项目化管理方法,立项解决基层党建12个方面存在问题,基层党建水平全面提升。促脱贫强党建,结合本市实际,提出干部帮扶“八个一”思路,组织起草了《太原市关于进一步加强驻村帮扶干部管理的办法》等多项工作制度，为脱贫攻坚提供了制度保障;229个“软弱涣散”基层党组织全部完成整顿,党员在100名以上的34个村全部建立了党委,287个农村集体经济“空壳村”实现“破零”、完成率为51%;市委组织部组织举办的“全市农村基层干部推进小康建设与脱贫攻坚专题培训班”受到了省委组织部领导的高度肯定。提服务强党建,代市委起草《关于加强山西转型综改示范区党工委工作的规定》(讨论稿)，推动开发区体制机制二次创新；全市新建或租赁村级组织活动场所48个、社区活动场所28个,80个危旧狭小村级组织活动场所和212个面积不达标社区活动场所通过改(扩)建已全部达标使用。全覆盖强党建,全市1237个远程教育终端站点全部完成改版升级;成立了市县两级非公经济和社会组织工作机构;集中推进“两个覆盖”,全市非公经济和社会组织分别建立党组织2067个、693个,位于全省前列。严管理强党建,制定了《太原市“十三五”期间发展党员工作规划》，指导全市发展党员工作；积极做好全国、全省“两优一先”推荐工作，充分发挥先进典型示范引领作用；认真做好生活困难党员、老党员慰问工作。（办公室）

【健全机制，激发优秀人才活力】 2016年，市委组织部坚持党管人才原则，进一步创新工作机制，强化服务体系，优化发展环境，营造良好氛围。

加强领导。紧扣人才服务经济发展任务，研究起草《关于深化人才发展体制机制改革推进人才工作服务创新发展的意见（征求意见稿）》；做好第五批市级优秀人才考核工作；组织170名市级优秀人才参加政治理论培训，赴阳曲县店子底村开展红色教育，提升优秀人才政治素质。

创新机制。大力改进职称评审要求，不断完善非公有制职称评审体系，人才评价机制更加科学；创新引才机制，以服务转型综改试验区建设为重点，不断吸引高层次人才来并创业就业。新建10个院士工作站，完成全市10名省“百人计划”和3名省“青年拔尖人才支持计划”初步人选的推荐申报工作，定向选调4名名校应届毕业生，充实人才队伍。

优化环境。为各类高层次人才发放津贴125万元，为230名市级优秀人才进行体检，组织40余人赴忻州奇村进行休假疗养；高新区投资7100万元建立人才公寓，已有56名高层次人才办理入住手续，营造尊重人才良好环境。

（办公室）

【增强素质，树立组工干部新形象】 2016年，市委组织部坚持“从严治部”，多措并举提升组工干部整体素质，树立良好形象。

坚持从严从实，认真开展“学精神、促落实、做模范”专题讨论和“两学一做”学习教育，通过专家辅导、交流研讨、集中自学等多种形式，深入学习习近平总书记系列重要讲话精神，部机关全体组工干部的政治意识、大局意识、核心意识、看齐意识明显增强，有效推动了各项工作。

合理调整部机关内设机构并系统理顺工作职责，坚持日报告、周例会、月督办、半年推进、全年评比“链条式”管理，升级改造了大组工网建设，高效工作体系逐步形成；选举产生新一届机关党委和机关纪委，圆满完成部机关党委换届工作；调整交流25名部机关干部，公开选调20名优秀年轻干部，优化了队伍结构；组织开展部风部史、业务知识、公文写作等能力培训，提升了组工干部业务水平。

大力弘扬“安专迷”精神，努力打造具有职业型、专家型组工队伍；大力推进扶贫帮困，组织部机关职工深入娄烦县潘家庄村开展结对帮扶，完成170户自来水入户工程，购置3台拖拉机及配套农机设备，建成100千瓦光伏发电等，受到村民一致好评；开展精神文明创建活动，组织“博爱一日捐”等捐款活动，有力提升了队伍凝聚力和战斗力。

认真落实党风廉政责任制，部领导班子严格按照“一岗双责”要求，全力抓好部机关党风廉政建设工作。认真组织学习《中国共产党问责条例》《中国共产党党内监督条例》等，集中观看《镜鉴》等警示教育片，不断筑牢思想防线；严格执行干部婚丧嫁娶申报制度、请销假制度、因私出国（境）证件管理制度等，不断加强日常监督管理；对照组工干部“十严禁”纪律要求和组织纪律、人事纪律、保密规定等开展自查，不断增强拒腐防变意识，树立组工干部良好形象。各项工作都取得了较大进步，其中多项工作受到中组部、省委组织部及市委的表彰。干部入企服务工作被评为全省先进市，2名同志获省级先进个人称号；农村集体经济“破零”工作名列全省前茅；《社区主任辛变兰》等6部电教片全部获奖，名列全省第一；在岗大学生村官分流率100%，名列全省第一；太原市激励干部担当作为推动各项事业发展的一系列好的做法被中组部《组工信息》刊发，供各地交流学习；《预防治理换届后县乡领导班子“微腐败”问题研究》获省党建研究会自选课题一等奖；部机关被评为市级文明单位标兵和双拥模范单位；太原市老干部工作被中组部表彰，市委老干部局被评为全国先进集体。（办公室）

宣传工作

【概述】 2016年，在市委的正确领导下，太原市宣传思想文化战线深入贯彻党的十八大和十八届三中、四中、五中、六中全会精神及省、市第十一次党代会精神，全面落实省委“一个指引、两手硬”重大思路和要求，紧扣“两个走在前列”的重要指示精神，以贯彻落实全市宣传工作会议精神为主线，坚持围绕中心、服务大局，改革创新、奋发有为，全力做好宣传思想文化各项工作，圆满完成各项考核指标，为全市经济社会发展提供有力的思想舆论保证。市委宣传部获得全国“七五”法治宣传教育先进单位、全国舆情信息工作先进单位、山西省“五个一工程”优秀作品奖和组织工作奖、“省级文明单位”等荣誉称号。（办公室）

【扎实推进意识形态工作】 2016年，市委宣传部落实党委意识形态工作责任制。认真贯彻中央和省委落实意识形态领域工作责任制的精神，下发并落实《关于进一步加强意识形态工作的意见》和《关于建立意识形态领域形势分析研判机制的通知》。召开全市意识形态领域形势分析研判会，对全市意识形态领域工作责任制情况进行自查。

守好意识形态阵地。加强对新闻宣传、文艺活动、文化创作、讲坛讲堂、理论研究等各类市属意识形态阵地的管理。组织开展“清朗”“扫黄打非”、打击网上暴恐音视频等专项行动，市网信办约谈违规网站负责人30人次，处理网站安全漏洞22起。开展校园及周边文化市场专项整治行动和中小学教辅材料出版发行专项检查行动，切实净化全市文化市场。

监督检查文化经营单位790家次，收缴各类非法出版物10258件册。重视学校意识形态工作，组织全市2000余名师生参加“加入绿书签行动”签名活动。

（办公室）

【扎实推进理论武装工作】 2016年，市委宣传部加强党委中心组学习。将学习习近平总书记系列重要讲话精神当成首要政治任务，重点抓好党的十八大和十八届三中、四中、五中、六中全会精神，省第十一次党代会精神的学习，积极配合做好“两学一做”专题集中学习研讨。制定《太原市委中心组2016年学习计划》《关于2016年太原市党委（党组）中心组暨干部理论学习的安排意见》，全年共服务市委中心组集体学习12次。对全市党委(党组)中心组理论学习进行了通报。

规范和加强理论课题研究工作。制定下发《关于完善太原市哲学社会科学课题研究协调机制的实施意见》，引导全市哲学社会科学课题研究。太原市被确定为山西省中国特色社会主义理论研究中心的研究基地。

加强理论骨干培训。组织全市10县（市、区）及市直单位理论宣讲骨干70人赴武汉参加业务培训。组织200余名基层理论宣讲骨干参加“全市学习宣传党的十八届六中全会和省第十一次党代会精神理论骨干培训班”。

开展多渠道多形式的宣讲活动。组织省委宣讲团在太原市宣讲六中全会和省党代会精神的报告会。组建市委宣讲团，在全市各县（市、区）、市委各（工）党委开展集中宣讲46场次。组织以“走进十三五，太原舞起来”为主题的系列微宣讲活动。（办公室）

【扎实推进舆论引导工作】 2016年，市委宣传部加强新闻舆论工作。出台《关于贯彻落实习近平总书记在党的新闻舆论工作座谈会上重要讲话精神的若干意见》，深入贯彻落实习近平总书记2.19重要讲话精神。部机关组织召开专门的新闻通气会和专题宣传部署会议13次，安排开展中央和省、市重大决策部署的学习宣传和全市重要会议、重大活动、重点工作的集中宣传。突出开展太原市“两学一做”、城中村改造、纪念长征胜利八十周年、重点工程建设、省市县乡四级党委换届等新闻宣传。组织召开宣传贯彻十八届六中全会和省党代会精神新闻媒体座谈会，举办庆祝第十七届中国记者节座谈会。制定方案，召开专题会议，安排学习宣传贯彻省、市十一次党代会精神的宣传报道。

推进媒体融合工作。贯彻落实省委、省政府办公厅《关于推动传统媒体和新兴媒体融合发展的实施意见》，指导市属媒体发展新兴媒体。“太原手机台”客户端正式上线运行；太原广播电视台各频道频率均开设微信公众号；太原日报社改版升级“太原日报”手机客户端，太原晚报开设微信公众号。

开展对外宣传工作。制订《关于进一步加强全市信息发布和政策解读机制的实施意见》。围绕全市重大政策的出台及重要活动的举办，召开新闻发布会18次。策划组织城中村改造建设、城市交通建设、中国计算机大会等活动的新闻报道。协调20余家中央、省级新闻媒体30余次的采访调研工作，并在中央级新闻媒体刊播宣传太原稿件200余篇；利用腾讯“微太原”、新浪“太原发布”政务微博平台等新媒体发布关于微博信息两万余条。与央视中文国际频道合作在《城市一对一》品牌栏目中推出太原专题节目，传播“唐风晋韵、锦绣太原”的城市形象；与中国黄河电视台合作，打造“城市中国”太原海外宣传月。制作太原城市形象片《走进太原》《感知太原》。（办公室）

【加强管理，推进网络宣传与建设】 2016年，市委宣传部做好网络宣传和网上舆论引导工作。组织市属新闻网站做好习近平总书记4.19重要讲话精神、中国共产党建党95周年纪念活动、十八届六中全会精神和省市十一次党代会的宣传报道。组织开展“第十一届全国网络媒体山西行”太原采访活动。组织核心网络评论员开展“全国两会”“全国营改增”“重塑山西改革发展新形象”等共90个主题的网上评论引导工作，共在网上发贴和跟贴72000多篇（条），引导形成网上正面舆论。做好《太原宣传网》内容建设和维护，及时反映全市宣传思想文化工作动态和创新成果。

加强网络安全和网络监测管理工作。编辑报送《互联网信息快报》2140期、《互联网信息》4127期、《互联网信息参考》68期，及时向市委领导提供互联网信息服务。配合有关部门开展了党政机关、事业单位和国有企业互联网网站安全专项整治行动和打击治理电信网络新型违法犯罪行动，推动属地网络管理法治化。开展全市关键信息基础设施网络安全检查工作，保障网络运行安全。

做好舆情信息报送和研判工作。全年编写报送的舆情信息被中宣部采用649篇，被中央领导批示的52篇，被省委宣传部采用306篇，撰写上报中宣部的舆情约稿17篇、上报省委宣传部的舆情约稿5篇，《习近平主席出席气候变化巴黎大会的境内外舆论情况》等3篇舆情信息荣获中宣部2015年度“好信息奖”。（办公室）

【推进精神文明创建工作】 2016年，市委宣传部积极宣传社会主义核心价值观，将社会主义核心价值观融入《太原市“十三五”时期精神文明建设规划纲要》。在中小学生中开展“做一个有道德的人”为主题的教育实践活动。承办了全省未成年人心理健康教育和乡村学校少年宫骨干培训班，太原市经验在全省推广。开办“家事家风”互动访谈节目，传递廉洁正能量，中纪委网站专题进行报道。组织“讲文明树新风”公益宣传，管好用好公益广告阵地，规范社会主义核心价值观公益广告宣传。市文明办获得国家网信办主办的中国好网民公益广告设计活动优秀组织奖。文明网制作的微电影《天使在人间》,荣获中宣部三等奖。

推进文明创建活动。完成全国文明城市、全国未成年人思想道德建设工作先进城市资料的收集整理和网上报送工作。全市评出923个文明单位(标兵),完成国家测评组对太原市文明创建的测评。出台文明社区、村镇、校园、家庭测评细则,评出文明户、文明家庭500个。

推进志愿服务和诚信建设制度化。提高志愿者电子注册比率,全市网络注册的志愿服务组织已达1500余个,志愿者已达12万余名。在全市打造五一广场等7个公共服务示范站点。开展的“废旧衣服书本回收箱”项目,已在各社区投放了769个。“小桔灯爱心联盟”帮扶环卫工人近3万人,被授予“全国最佳志愿服务活动项目”。将开展诚信践诺活动列入文明单位测评细则并加大考核分值,推进诚信建设工作。 (办公室)

【推进文化改革发展工作】 2016年,市委宣传部加大公共文化和文物工作力度。编制文化发展“十三五”规划。建立全市公共文化服务体系建设协调机制。市群艺馆被评为国家地市一级群艺馆,市画院学术展厅列入国家馆藏名目。举办“第五届全国青年美术作品展”等38场展览活动,开展“印象老太原”太原非遗展示展演活动。推进太山龙泉寺复建工程和舍利塔建设工程,实施东山大墓发掘和保护工程;全面完成不可移动文物数据管理与信息平台建设。

促进文化产业发展。组织参加第十二届深圳文博会。重点扶持山西唐是文化创意公司、山西睿信智达传媒科技公司在“新三板”上市,实现了太原市乃至全省文化产业在资本市场零的突破。顺利完成2016年度太原市文化产业发展专项资金扶持工作,积极申报2017年度省级扶持项目以及省文化出口重点企业和重点项目,太原特玛茹电子科技有限公司和太原市歌舞杂技团被认定为2015-2016年度山西省文化出口重点企业。扎实开展文化产业发展调研工作,形成的创新经验材料受到省委宣传部的好评并上报中宣部。

推进文化体制改革。积极推进宣传文化领域重大改革事项,各项改革任务均取得阶段性成果,对市图书馆理事会试点改革情况进行规范管理,市实验晋剧院有限责任公司完成转制认定并享受相关优惠政策。积极做好“国家引导城乡居民扩大文化消费试点城市”相关工作,发行太原文化消费卡8300余张。

(办公室)

【打造文艺精品,推进文艺创作和展演工作】 2016年,市委宣传部紧扣“中国梦”主题,推进文艺创作展演。完成50集电视连续剧《钟楼街往事》的剧本创作,组织创排晋剧《唐宗归晋》并首演。积极有序推进城中村文艺创作工作。国家艺术基金对外交流项目舞剧《千手观音》完成东盟国家文化交流任务。晋剧《傅山进京》完成全国巡演。晋剧《于成龙》完成全省巡演40场次,并入选文化部国家舞台艺术精品创作工程“2016年度十大重点扶持剧目”。晋剧《续范亭》晋京演出、参加东盟演出周,完成全省巡演40场次。新编历史剧《甄洛女》获国家艺术基金资助项目。电影《侠义傅山》等7个项目获省委宣传部重点文艺创作项目扶持。

围绕重大时间节点,开展系列文艺活动。以纪念中国共产党成立95周年为契机,展演晋剧《上马街》等优秀剧目,创作历史文献片《先声》,举办“梦想照耀家园——太原市城中村改造书法美术摄影原创作品展”和“我是闪电、我是火花——纪念高君宇诞辰120周年诗联书画精品展览”。组织“太原激情广场”、“庆七一颂党恩”群众演唱活动。举办纪念红军长征胜利80周年“长征颂歌”专场音乐会。

着眼于满足人民群众文化需求,积极开展公益性文化活动。承办2016年春节团拜会文艺演出,举办“文化太原、幸福龙城——我们的节日”春节、元宵节系列群众文化活动。举办“中国·太原国际鼓王邀请赛”和太原市广场舞大赛;全年共举办惠民演出356场。 (办公室)

【开展“两学一做”,推进宣传系统建设】 2016年,市委宣传部认真开展“两学一做”学习教育,制定《工作方案》,以部中心组学习为龙头,组建市直宣传系统微信工作圈。牢固树立“四个意识”,在扎实“学”上下功夫,在认真“做”上见行动,以上率下、传导有力。编印学习资料《习近平总书记关于宣传思想工作的五篇重要讲话》口袋书,规范系统党组织“三会一课”制度,营造争做“四讲四有”合格党员的向上工作氛围。

(办公室)

统战工作

【概述】 2016年,在市委的坚强领导下,市委统战部领导班子一手抓自身建设,一手抓统一战线“五大关系”和谐,努力太原市实现“两个走在前列”发挥统一战线的优势作用。市委统战部荣获全国统战信息工作二等奖、全省统战宣传工作先进单位、全省统战调研工作先进单位、全省统战信息工作一等奖荣誉称号。

(办公室)

【巩固统一战线共同思想政治基础】 2016年,市委统战部在党外人士中开展了“双学一跟”活动,举办党外领导干部培训班、港澳台海外统战工作培训班、全市民族宗教代表人士培训班等统战各领域党外代表人士培训班,培训党外代表人士220余人次;开设4期“三晋高管论坛”,培训非公经济代表人士800余人次,进一步增进共识,凝聚力量。扎实做好民主党派工作。先后印发《太原市加强政党协商的实施意见》和《太原市2016年政党协商计划》;充分调动各民主党派、工商联、无党派代表人士参政议政的积极性、主动性,全年围绕精准扶贫、道路重点工程建设、城中村改造推进情况等内容共提出170条有价值、可操作性强的意见和建议。促进非公经济“两个健

全市统一战线传达贯彻孙春兰部长重要讲话精神暨工作安排部署会

康”发展。推进民营经济待批项目大起底，受理办结民营投资立项项目382件，总投资455.67亿元；开展了民营企业招聘周活动。237家用人单位提供就业岗位2404个，1183人与企业达成就业意向。制定了《全市领导干部联系民营企业的落实意见》，市委、市政府确定市四大班子领导、30个市直部门主要负责人联系155家民营企业；指导成立太原市新媒体行业商会，为新媒体企业的发展搭建交流平台。实施“百企帮百村”精准帮扶行动，制定了《实施方案》，召开“百企帮百村”精准帮扶活动推进会，开展了帮扶活动。

全面落实全国全省宗教工作会议精神。协助市委召开全市宗教工作会议，切实加强党对宗教工作的领导。搭建海外联谊平台。协助落实香港福建希望工程基金会在太原市捐资50万港币建设希望小学项目和中华海联会捐建海联新农村卫生室项目。积极做好党外知识分子统战工作。成立了太原欧美同学会·太原留学人员联谊会，为海外留学人员搭建起联络联谊、共创共赢平台。加强党外干部培养。组织召开了党外领导干部述职述廉交流大会，选派第五批优秀中青年党外干部挂职锻炼，促进党外人士积极作用的发挥。（办公室）

【召开统一战线工作领导小组会议】 2016年2月14日，市委召开统一战线工作领导小组会议，深入学习贯彻习近平总书记关于统一战线工作的重要讲话精神、全国统战部长会议精神、王儒林书记在省委统一战线工作领导小组第一次会议上的讲话精神和全省统战部长会议精神，研究部署太原市的工作。省委常委、市委书记、市委统一战线工作领导小组组长吴政隆主持会议并讲话，市委统一战线工作领导小组副组长张明星、陈河才、魏民参加会议。

太原市统一战线认真学习贯彻中央关于统战工作的各项决策部署，全面落实省委、市委统战工作会议精神，围绕中心、服务大局，在促进“五大关系”和谐、发挥统战优势作用等方面做出大量工作，统战工作领导体制进一步加强，多党合作机制进一步完善，民族宗教领域和谐稳定，非公经济领域统战工作得到提升，党外代表人士队伍建设进一步加强，各级统战部门和统战干部积极担当作为，统战工作取得了显著成绩，为全市经济社会发展作出了重要贡献。2016年，要全面落实中央和省委统战工作重大决策部署，深刻学习领会习近平总书记关于统一战线的重大部署、重要论述，把握核心要义，提高思想认识，真正把思想认识统一到习近平总书记重要讲话精神上来。要坚持问题导向，加强督促检查，全面落实好中央的决策部署和省委的工作要求。要发挥好统一战线人才荟萃、智力密集的优势，围绕中心、服务大局，在制定和实施“十三五”规划、服务民营经济发展、推动脱贫攻坚等重点工作中献良策作贡献，最大限度地凝聚共识、凝聚人心、凝聚智慧、凝聚力量。要扎实做好政党协商、民族宗教、港澳台海外统战、党外代表人士队伍建设、非公有制经济领域统战、党外知识分子工作以及协助各民主党派做好换届工作，通过耐心细致的工作找到最大公约数，不断壮大共同奋斗的力量。要加强组织领导，积极推进统战工作全覆盖，切实加强统战部门建设，加快形成党委领导下的大统战工作格局，不断开创全市统一战线事业新局面。（办公室）

【市委召开双月座谈会】 2016年2月15日，市委召开2016年第一次双月座谈会，就《政府工作报告》（征求意见稿）向市级各民主党派、工商联和无党派代表人士征求意见建议。市委副书记、市长耿彦波参加，市委常委、组织部长张明星主持。民革太原市委会主委陈继光、民盟太原市委会主委傅建荣、民建太原市委会主委薛维梁、民进太原市委会主委张政、农工民主党太原市委会主委王爱萍、九三学社太原市委会主委张文旺、市工商联主席陈远新及无党派代表人士魏正琍在听取《政府工作报告》（征求意见稿）起草情况的说明后发言。一致认为，《政府工作报告》（征求意见稿）总结成绩实事求是，分析形势准确到位，提出目标令人振奋，安排部署重点突出、措施有力，结构合理、内容详实，思路清晰、重点突出，符合中央和省委、省政府决策部署，符合市委工作要求，切合太原市发展实际。在脱贫攻坚、传统产业升级、城市基础设施建设、发展和改善民生等方面提出了意见建议。

耿彦波在认真听取发言后，对大家

一直以来对政府工作的支持表示衷心感谢，并表示大家提出的意见和建议坦诚中肯，有很强的针对性，对做好政府工作有很大的启发和帮助，市政府将认真梳理研究，充分吸纳到《政府工作报告》中，并落实到今后的政府工作中。希望大家一如既往地关心、支持和帮助政府工作，积极建言献策，加强对政府工作的监督，带领各自所联系成员，为太原市全力实施“五个一批”，推进“六大发展”，发挥“六个表率”，努力实现“十三五”良好开局作出新的更大的贡献。（办公室）

【全市统战工作会议召开】 2月17日，太原市召开全市统战工作会议。市委统战部班子成员，各县（市、区）委统战部长、有关分管领导，副部长，各开发区党（工）委统战工作负责同志，市民族宗教局、市工商联、市侨联有关领导，市直有关单位党（工）委分管领导，市属高校有关负责同志及市委统战部机关全体人员参加会议。市委常委、组织部长张明星出席并讲话，常务副部长李文权主持。

会议学习传达全国、全省统战部长会议精神和市委统战工作领导小组第一次会议上吴政隆书记的重要讲话精神，总结2015年全市统战工作，部署2016年重点任务，并对2015年全市统战调研宣传信息工作进行通报。

张明星指出，市委高度重视统战工作，召开了市委统战工作会议，成立了以吴政隆书记为组长的市委统一战线领导小组，制定下发太原市委关于贯彻《中国共产党统一战线工作条例（试行）》的实施意见，进一步加强对统一战线工作的领导。全市统一战线牢牢把握大团结、大联合主题，全面贯彻落实中央、省委、市委统战工作会议精神，在促进政党、民族、宗教、阶层和海内外同胞“五大关系”和谐、发挥党外代表人士履职作用方面积极作为，推动了统战工作创新发展，在全国、全省都获得了先进荣誉。要重点抓好“四项工作”，推进“五项活动”，切实发挥统一战线凝心聚力、促进发展的作用。要以习近平总书记系列重要讲话精神为引领，深入贯彻中央、省委、市委关于统战工作的重大决策部署；要按照中央、省、市有关换届文件精神，协助做好民主党派、工商联换届的相关工作；要健全完善工作机制，全力维护民族宗教领域和谐稳定；要拓展思路，积极创建“互联网+”平台创新统战工作；要扎实开展统一战线“凝心聚力‘十三五’行动”、深化非公有制经济人士理想信念教育活动、加强党外知识分子统战工作及“让服务对象感受到统战干部受教育成果”活动、以统战调研宣传信息“三项工作”为切入点的大调研活动等，凝智聚力，不断巩固和发展爱国统一战线，为全市发展提供最广泛的力量支持。（办公室）

【党外代表人士“双学一跟”活动动员部署会召开】 3月23日，太原市召开党外代表人士“学习讲话、学习作风、跟党奋进”活动动员部署大会。市委常委、组织部长张明星出席会议并作动员讲话。各县（市、区）委、各开发区、各党（工）委统战部长，各民主党派市委会、市工商联、市宗教局负责人及有关团体和无党派代表人士参加会议。

希望全市党外代表人士自觉把思想和行动统一到活动的要求和部署上来，突出重点，明确目标，把这项活动抓好抓实抓出成效。各民主党派、工商联、无党派人士要根据成员特点，采取便于参加、乐于参与的方式，开展富有特色的主题实践活动，努力提高活动的针对性和实效性。要加强领导，统筹安排，广泛宣传，营造氛围，将“双学一跟”活动与全市统战工作结合起来，与服务全市中心工作结合起来，与加强自身建设结合起来，以饱满的精神状态和优异的工作成绩，在太原市抓好“五个一批”、推动“六大发展”、开创“十三五”发展新局面进程中再创新业绩、再作新贡献。（办公室）

【“两学一做”学习教育工作会召开】 5月5日，市委统战部“两学一做”学习教育动员会召开，对“两学一做”学习教育进行动员和部署。常务副部长李文权作动员讲话，副部长、市工商联党组书记王贵云主持会议，副部长、市侨联党组书记王莎莎，副部长李波，副调研员张志宏，部机关、民主党派支部在职全体党员参加。

会议指出，在全党开展“学党章党规、学系列讲话，做合格党员”学习教育，是党中央面向全体党员深化党内教育的又一重大部署。一要统一思想，深刻领会学习教育重要意义。开展“两学一做”是加强统战部党建工作的客观要求，也是开展“两学一做”是彰显统战特色的良好

省委督查组督查调研统战工作

契机，更是开展“两学一做”打铁还需自身硬的现实需要。二要结合统战实际，推进“两学一做”学习教育扎实开展。坚持原原本本、专心致志，打好“学”的基础，坚持问题导向、知行合一，树立“做”的标尺，坚持思想建设与中心工作相结合，体现“学”和“做”的成效。三要强化领导，确保“两学一做”学习教育取得实效。

（办公室）

【省委常委、统战部部长孙绍骋莅临调研】 5月18日，省委常委、统战部长孙绍骋带队赴太原市调研宗教工作。市委副书记王成，市委常委、组织部长张明星一同调研。调研组一行先后前往阳曲县板寺山天主堂、吉家岗天主堂及市民营经济区晋德邦医药物流项目、沃特海默公司等地进行实地察看。（办公室）

【孙春兰在山西省调研】 6月5日至7日，中共中央政治局委员、中央统战部部长孙春兰在山西调研，强调要深入学习贯彻习近平总书记在全国两会政协联组会和全国宗教工作会议上的重要讲话，进一步加强非公有制经济领域统战工作，促进“两个健康”发展，做好新形势下宗教工作，为全面建成小康社会凝心聚力。省委书记王儒林、省长李小鹏陪同调研，中央统战部副部长斯塔，中央纪委驻中央统战部纪检组组长苏波，省委常委、市委书记吴政隆，省委常委、统战部长孙绍骋，省委常委、秘书长王伟中，省政协副主席、省委常务副秘书长、省委办公厅主任姜新文陪同调研。（办公室）

【传达贯彻重要讲话精神暨工作安排部署会召开】 7月6日，市委统战部召开全市统一战线传达贯彻孙春兰部长重要讲话精神暨工作安排部署会。会议传达了中央统战部部长孙春兰在晋视察调研时的重要讲话精神、全省统一战线学习贯彻孙春兰重要讲话精神座谈会和脱贫攻坚推进大会精神和市委常委会学习贯彻孙春兰重要讲话会议精神，就太原市统战系统相关单位贯彻落实以上会议精神、扎实做好下半年全市统一战线工作做了安排部署。市委常委、组织部长张明星主持并讲话。部班子成员，市宗教局、工商联、侨联负责人及各县（市）区委统战部长参加会议。

会议强调，要提高认识抓落实。服务发展作为统一战线的第一要务，必须将各项工作抓实、抓细、抓好，体现在全局中的法宝作用；统战部门作为党委的工作部门，必须在统战各领域工作中落实好党中央和省委、市委关于统一战线的新思想新任务新要求，抓住重要窗口期开创工作新局面；要通过抓落实来掌握党的统战方针政策、明确工作任务、把握工作规律方法、找准开展工作的着力点和切入点，扎实做好各方面的工作。要突出重点抓落实。突出抓好迎接中央、省委统一战线工作领导小组对太原市贯彻落实中央统战工作会议和《条例》精神情况的督查调研；突出抓好天主教领域重点难点问题的解决。突出抓好党外干部的安排使用；突出抓好市级民主党派和市、县两级工商联换届工作。突出抓好非公经济“百企帮百村”工作。要突出抓好太原市《对各县（市、区）、开发区统战工作量化办法》的落实，努力在全省统一战线发挥好省会城市的典型示范作用。要加强领导抓落实。推动本单位本部门党委领导班子成员将“三个带头”“四个纳入”落到实处，形成党委统一领导、统战部牵头协调、有关方面各负其责的大统战工作格局；要积极创新工作思路，建立健全工作机制，为工作开展提供有力的制度和组织保障；要积极争取党政主要领导支持，加强制度建设，建设一支“政治坚定、业务精通、作风过硬”的统战干部队伍。（办公室）

【市委统战部传达学习市第十一次党代会精神】 10月8日，市委统战部中心组（扩大）学习会议召开。会议传达学习了市第十一次党代会精神。市委常委、统战部长刘文华主持会议并讲话。

（办公室）

【省委督查组督查调研统战工作】 10月19日至20日，由省委统战部常务副部长郭海刚带队的省委督查组莅并，就太原市贯彻落实中央、省委统一战线系列重大决策部署情况进行督查。市委常委、统战部长刘文华参加。

督查组一行通过听取专题汇报、召开基层统战部长座谈会、查阅资料、召开党外代表人士座谈会、实地走访调研等方式，详细了解太原市贯彻落实中央、省委统一战线系列重大决策部署情况。专题汇报会上，督查组对太原市贯彻落实中央、省委统一战线系列重大决策部署工作给予充分肯定，认为太原市高度重

省委常委、统战部长廉毅敏调研民族宗教和民营经济工作，召开部分民营企业家座谈会

视统战工作，责任明确、措施得力、落实决策部署工作成效明显，扎实推进各领域统战工作、注重创新工作方法。督查组要求，要进一步提高对统一战线重要地位的认识，准确把握统一战线面临的新形势，坚持问题导向，进一步抓好统战政策的落实，不断创造出亮点和特色，推动统一战线事业不断向前发展。

在党外代表人士座谈会上，民革市委会主委陈继光、民盟市委会主委傅建荣、民建市委会主委薛维梁、民进市委会主委张政、农工党市委会主委王爱萍、九三学社市委会主委张文旺、市工商联主席陈远新参与交流。督查组还到晋源区实地走访民主党派基层组织，考察非公有制企业发展情况和宗教活动场所服务管理情况。（办公室）

【民革太原市委会成立60周年纪念大会召开】 10月29日，民革太原市委会成立60周年纪念大会举行。山西省政协副主席、民革山西省委会主委张友君代表民革山西省委会致辞，中共太原市委常委、副市长王立刚到会祝贺，中共太原市委常委、统战部长刘文华出席大会并讲话，太原市人大常委会副主任、民盟太原市委会主委傅建荣代表全市各民主党派和工商联致辞。太原市政协副主席、民进太原市委会主委张政，太原市政协副主席、农工党太原市委会主委王爱萍，太原市政协副主席、太原市工商联主席陈远新，太原市政协副主席、九三学社太原市委会主委张文旺，太原市政协副主席毛志鸣参加大会。会上，民革太原市委会主委陈继光回顾了市委会60年的光辉历程。

会议还组织参会人员观看纪录片《太原民革六十年》和电影《辛亥革命》。民革太原市委会举办了孙中山思想理论研讨会。（办公室）

【太原市宗教工作会议召开】 12月16日，全市宗教工作会议召开。会议深入学习贯彻全国、全省宗教工作会议精神，分析形势任务，安排部署工作。省委常委、市委书记王伟中出席会议并讲话。市委副书记、市长耿彦波主持会议。市领导任在刚、弓跃、张贵元、张明星、刘文华、刘鹓出席会议。

会议强调，要统一思想，坚持以习近平总书记系列重要讲话精神统揽宗教工作，按照骆惠宁书记在全省宗教工作会议上的部署，坚决贯彻党的宗教工作基本方针，切实把思想和行动统一到中央和省委对宗教问题的认识和判断上来，牢固树立政治意识、大局意识，进一步增强做好宗教工作的使命感和责任感，不断开创太原市宗教工作新局面。

要坚持宗教的中国化方向，加强宗教界思想建设，支持宗教界深入挖掘教义教规中有利于社会和谐、时代进步的内容，做好信教群众工作，尊重信教群众基本信仰，保障合法权益，构建积极健康的宗教关系，坚持独立自主自办，支持宗教界开展互相尊重、平等友好的对外交往，支持爱国宗教团体加强自身建设，要进一步明确宗教团体的职能定位，指导推动宗教界人才队伍建设，坚决抵御境外利用宗教进行渗透。

要牢固树立宗教工作法治思维，认真贯彻宗教政策法规，推进法治宣传教育，提高依法管理宗教事务的能力和水平，坚持问题导向，有重点做好各宗教工作。要加强和改进党对宗教工作的领导，落实领导责任，抓好教育管理，健全工作机制，夯实基层基础，加强宗教部门建设，不断提高新形势下宗教工作水平，为“两个走在前列”作出新的更大的贡献。

（办公室）

【省委常委、统战部长廉毅敏调研民族宗教和民营经济工作】 11月18日，省委常委、统战部长廉毅敏对太原市民族宗教工作、民营经济发展情况进行调研。市委常委、统战部长刘文华，市政协副主席陈远新一同调研。

调研组一行实地走访太原市清真寺、天主教太原教区总堂等宗教活动场所，先后前往山西科达自控股份有限公司、山西天地科技有限公司、太原通泽重工有限公司进行查看，与部分民营企业家进行座谈，了解企业发展状况，听取他们的意见建议。（办公室）

【市委统战部召开中心组（扩大）学习会】 11月7日，市委统战部召开中心组（扩大）学习会，传达贯彻党的十八届六中全会和省第十一次党代会精神。市委常委、统战部长刘文华主持会议并讲话。

会议指出，全市各级统战部门和统战干部要把学习贯彻党的十八届六中全会和省党代会精神作为当前和今后一个时期的重大政治任务，引导统一战线广大成员统一思想、凝聚共识，努力为太原市实现“两个走在前列”提供广泛的力量支持。会议强调，广大统战干部要准确把握党的十八届六中全会和省党代会精神实质，牢固树立“四个意识”特别是核心意识、看齐意识，更加坚决地同以习近平同志为核心的党中央保持高度一致，更加坚定地维护党中央的权威，更加自觉地把党中央和省委、市委的决策部署落到实处。

会议要求，统战部门要迅速行动起来，结合“两学一做”学习教育，掀起学习贯彻党的十八届六中全会和省党代会精神的热潮，切实把会议精神融入到统战工作中。要认真抓好机关干部的学习，把学习成效转化为做好统战工作的生动实践；要帮助各民主党派、工商联和无党派人士深入学习会议精神，进一步加强民主监督工作，全面彰显独特优势和作用。支持统一战线成员围绕全市中心工作、重点工作列出一批重点选题，推出一批有价值、有份量的调研成果；要把会议精神传达到基层、传达到所联系的党外人士；要结合会议精神的学习贯彻，扎实做好当前工作，进一步创新谋划工作，坚定不移地推进中央、省委、市委关于统一战线一系列重大决策部署的落实，努力开创太原市统一战线事业新局面。

（办公室）

【市委召开党外人士座谈会】 11月9日，市委召开党外人士学习贯彻中共十八届六中全会和省第十一次党代会精神座谈会。市委常委、统战部长刘文华出席会议并讲话。

会上，民革市委会主委陈继光、民盟市委会副主委武卫东、民建市委会主委薛维梁、民进市委会主委张政、农工党市委会主委王爱萍、九三学社市委会主委张文旺、市工商联主席陈远新及无党派代表人士魏正琍先后交流发言。刘文华强调，学习贯彻中共十八届六中全会精神和省党代会精神是统一战线重大政治任务。广大统战成员要牢固树立“四个意识”特别是核心意识、看齐意识，在思想上拥戴核心，在政治上维护核心，在行动上紧跟核心，坚决与以习近平同志为核心的党中央保持高度一致；要认真履行民主监督职能，对太原市党政机关和党员领导干部贯彻落实《关于新形势下党内政治生活的若干准则》和《中国共产党党内监督条例》情况开展民主监督，提出意见建议。要围绕加强民主监督，科学选题，形成一批有价值、有分量的调研成果，为太原市“两个走在前列”贡献智慧和力量；各民主党派要以组织换届为契机，全面加强思想、组织、制度和作风建设，将政治交接贯穿换届始终，不忘合作初心，确保多党合作事业薪火永续。 （办公室）

【非公企业“百企帮百村”精准帮扶行动推进大会召开】 12月7日，太原市非公有制企业“百企帮百村”精准帮扶行动推进大会召开。市委常委、统战部长刘文华参加会议并讲话，市政协副主席、市工商联主席陈远新参加会议。

刘文华指出，组织实施“百企帮百村”精准帮扶行动，是全市工商联当前最重要的政治任务，也是广大民营企业家的社会责任。他强调，要统一思想、提高认识，切实增强投身“百企帮百村”精准帮扶行动的责任感和使命感。全市广大民营企业家要致富思源、义利兼顾，为增进社会和谐、促进共同富裕作出应有贡献；要科学谋划、精准施策，确保“百企帮百村”精准帮扶行动落到实处。民营企业参与精准帮扶行动的方式方法要因企、因地制宜，要找准切入点，突出着力点，扩大闪亮点，提高精准帮扶效应；要加强领导、精心组织，务求“百企帮百村”精准帮扶行动取得实效。通过建立领导小组联席会议机制、考核机制、激励机制，提供周到细致服务，宣传报道典型企业、典型人物等，让更多的民营企业投身到“百企帮百村”精准帮扶行动中来，为太原市实现“两个走在前列”，全面建成小康社会贡献力量。 （办公室）

太原欧美同学会·太原留学人员联谊会成立大会

【市台胞台属联谊会第五次代表大会召开】 12月20日，市台胞台属联谊会第五次代表大会召开，选举产生了市台胞台属联谊会第五届理事会。市委常委、统战部长刘文华出席并讲话。

刘文华强调，过去的5年，市台胞台属联谊会认真贯彻执行党的对台方针政策，发挥自身优势，认真履行职责，在加强两岸经济、文化交流，为来并台湾同胞提供服务，组织动员台胞台属积极投身太原市经济社会建设等方面发挥了积极作用。希望新一届市台胞台属联谊会理事会认真学习、深刻领会党的对台方针政策，切实增强做好台联工作的责任感和使命感；要充分发挥自身优势，讲好太原故事，传播太原声音，展示太原形象，凝心聚力服务全市经济社会发展；要加强自身建设，不断提高服务台胞台属的能力和水平，不断开创工作新局面，为实现太原市“两个走在前列”、推进祖国和平统一大业作出新的更大贡献。

（办公室）

【太原欧美同学会·太原留学人员联谊会成立】 12月30日，太原欧美同学会·太原留学人员联谊会成立大会暨第一届理事会第一次会议举行。会议表决通过《太原欧美同学会·太原留学人员联谊会章程》及太原欧美同学会·太原留学人员联谊会第一届理事会常务理事、副会长、会长人选。省委统战部副部长王云龙，市委常委、统战部长刘文华出席会议并讲话。

刘文华向当选的第一届理事会理事表示热烈祝贺。太原欧美同学会·太原留学人员联谊会成立，是太原市统一战线的一件大事，也是全市留学人员的一件喜事，为留学人员搭建了联络联谊、共创共赢的全新平台。希望太原欧美同学会·太原留学人员联谊会统一思想，切实增强做好留学人员统战工作的责任感、使命感；发挥优势，团结引领留学人员为全市经济社会发展贡献智慧力量；加强自身建设，不断提升服务留学人员的能力和水平，充分发挥党和政府联系留学人员的桥梁纽带作用，把全市广大留学人员更加紧密地团结在党和政府周围，在围绕中心、服务大局上积极作为，不断开创工作新局面，为推进太原市“两个走在前列”作出贡献。（办公室）

政法综治

【概述】 2016年，在市委、市政府的坚强领导下和省委政法委的正确指导下，中共太原市委政法委按照中央和省委、市委关于政法综治工作一系列决策部署，围绕全市中心工作，深入学习贯彻落实习近平总书记系列重要讲话精神，积极开展“两学一做”学习教育，扎实推进平安太原、法治太原、过硬政法队伍建设，积极服务全市经济建设，各项工作取得明显成效，为全市社会大局稳定、促进社会公平正义、保障人民安居乐业做出了重要贡献。（王一飞）

【推进平安太原建设，维护社会和谐稳定】 2016年，市委政法委加快推进“六网覆盖”工程，不断完善社会治安治安防控体系。一是加强社会面治安防控网建设。围绕社会面巡控主线，推进“网格化布警、等级化勤务、快速反应和绩效考评”等立体化巡防建设。二是加强了村(社区)治安防控网建设。配齐、配强村(社区)专职民警，整合群防群治资源，确保了多发性侵财案件的稳步下降。三是加强了单位内部和重点行业治安防控网建设。加强重点要害部位人防、物防、技防；健全内部单位矛盾排查化解机制，建立完善进京非正常上访人员数据库等。四是加强公共安全视频监控网建设。按省市要求，一、二、三类视频监控建设任务超额完成，共建视频监控100225个。五是推进信息资源集成化。启动太原市“治安防控”“人口管理”实战应用系统，并逐步推广。六是加强移动互联网安全监管。全市已安装公共无线上网安全管控系统1941个场所，安装率为现有摸底数的78%，在线率为59%。以两办文件印发了《关于加强社会治安防控体系建设的实施方案》，市综治办将防控体系建设纳入全市综治平安建设重要内容，并列入年底重点考核，确保防控体系建设与其他重点工作协调推进。

加大对违法犯罪打击力度，有效整治突出治安问题。一是建立健全侦破命案工作机制，印发《关于做好我市命案分析研判及工作对策的通知》(并综治办〔2016〕4号)，不断整合资源，以命案侦破带动八类暴力案件侦破，遏制八类暴力案件高发态势。二是持续推进以城中村为重点的“六项整治”。共排查城乡结合部182处(次)、城中村304家(次)、工矿区149家(次)、出租屋65845家(次)、“九小场所”18090家(次)、校园及周边2284家(次)，发现治安重点地区数103个，已整治完成98个，破获查处各类刑事治安案件791起（其中：刑事案件数58起，治安案件数733起)。三是对全市公共复杂场所开展了集中清查，共检查酒店旅馆、足疗洗浴等场所2130家，整改治安隐患76处，限期整改29家，停业整顿47家，取缔54家；捣毁涉黄涉赌窝点8个，打掉团伙13个，抓违法犯罪嫌疑人员366人，有效净化了社会治安环境。全市共查处“黄赌毒”案件2227起，同比上升16.5%；查处违法人员61118人。

深入开展社会治安风险隐患大排查大整治活动。按照全省统一部署，从4月下旬开始，开展了社会治安风险隐患大排查大整治活动，在大排查大整治中，共排查社会治安风险隐患23904件（处)，其中：政治安全类163件(处)，矛盾纠纷类隐患件14666(件)，公共安全类6526件(处)，内部安全2549件(处)，已整治23691处(件)。在整治中突出重点，其中列入重点风险隐患495件(处)，已全部整治完毕，整治率为100%。对28个风险隐患明确市领导包点，明确责任积极整改，整治率为100%。

推进基层平安创建活动。一是起草制定《2016年平安太原建设行动计划》，明确全年工作目标和工作重点，分解细化各级各部门的职责任务，推动综治各项措施的落实。二是进一步开展“六安联创”活动，深入开展“平安校园”创建和校园周边治安环境专项整治。三是强化平安志愿服务，把内部单位平安志愿服务纳入“创建平安单位”考核，全市共有平安志愿者40680人。四是深入开展平安县区创建活动。在省级平安县(市、区)创建活动中太原市6个县(市、区)获省级平安县区称号。

深入推进群防群治工作。市综治办制定出台《社区警务群防群治“三支队伍”建设管理规范》，按照与社区实有户数不低于1:100、与农村实有户数不低于1:200的比例进行组建，通过内部挖潜和社会招聘，在全市成功组建群防群治“三支队伍”5279支37110人，初步形成了区域联防、户户邻防、无缝衔接的防范网络。

推进社会稳定风险评估机制。积极组织开展社会稳定风险评估培训，提高各级各部门开展稳评工作的意识和能力。全年对《太原市出租汽车经营许可方案》《出租汽车更新方案》、清徐县清源镇油房堡村及贾兆村整村搬迁项目、轨道交通规划调整项目、古交电厂三期500千V输变电项目等项目进行了评估。

健全和完善矛盾纠纷多元化化解工作机制。进一步完善“党委、政府统一领导，以县(市、区)、乡(街)、村(居)矛盾纠纷联调机构为依托，人民调解、行政调解、司法调解、仲裁调解、信访办理五种调处渠道既各自发挥作用，又相互衔接配合”的矛盾纠纷联调工作体系。在医疗纠纷、道路交通事故和劳资纠纷等矛盾纠纷高发、多发领域，建立健全调解组织。全市调解各类民间纠纷27655件，调解成功26746件，调解成功率96.7%，防止群体上访337件，防止群体性械斗6件。

推进解决进京非正常上访突出问题。全市进京非正常上访共发生135人次，较同期(520人次)减少385人次，同比下降74%。市进京非正常上访治理工作领导组办公室对进京非正常上访治理不利的两个县区进行了挂牌督办，由县区领导挂帅组成专班限期解决问题。加大依法治理力度，公安机关对上访期间违法行为人行政拘留87人次，行政警告56人次，教育训诫127人次。G20峰会期间，市委政法委获得全省信访工作先进集体标兵单位。

进一步强化综治领导责任制。全面推进综治领导责任制、部门责任制和目标管理责任制的落实。一是组织考核兑现奖励。市综治办继续组织对县市区综治工作进行考核，报经市综治委同意，对考核前三名的小店区、迎泽区、杏花岭区，授予2015年度全市综治（平安建设）工作先进县（区）称号，各奖励人民币贰拾万元整。二是重新签订责任书。市委、市政府主要领导与10县（市、区）委、政府主要领导签订了《太原市2016年度综治（平安建设）工作责任书》。县（市、区）与乡镇（街道）、乡镇（街道）与驻地单位、社区（村）层层签订责任书。三是组织责任查究，对发生28起重大可防性案件的单位进行了整改和查究，对4个单位进行了“一票否决”，对42个单位给予黄牌警告、通报批评和警示等。（王一飞）

【深化法治太原建设，推进司法体制改革】 2016年，市委政法委统筹部署、强化考核，确保工作各项工作落到实处。为进一步贯彻中共山西省委办公厅印发的《法治山西建设重要举措工作规划（2015—2020）》文件精神，起草并以市委办公厅名义印发了《法治太原建设五年（2016—2020年）规划》。结合太原市实际，起草并印发《法治太原建设2016年度工作要点》，明确责任，确保各项任务落到实处。为全面、客观、准确地评价10县（市、区）2016年法治建设工作，推动法治建设各项工作进一步落实，根据年度省市目标责任考核指标任务和《要点》，制定《太原市2016年度县（市、区）、市直单位法治建设目标责任考核实施办法》。由市委法治办牵头，统筹协调各专项小组成了4个法治建设督查考核组，对全市10县（市、区）、4个开发（园）区、94个市直单位进行法治建设目标责任考核。

积极推进司法体制改革。为确保司法体制改革的顺利进行，太原市成立太原市司法体制改革领导小组，领导小组办公室设在市委政法委。按照省委政法委的要求，司改办安排全市两级法院、检察院对本单位的人员编制、职数配备、办公设施等进行了调查摸底，按照全省的安排部署，制定了遴选工作方案、细化业绩考核实施细则，经过民主推荐、工作业绩评价、笔试等程序，圆满完成员额法官、检察官遴选工作。其中，全市拟入员额法官362名，拟入员额检察官294名。6月，市司法体制改革领导小组召开会议审议通过市公安局起草的《关于全面深化公安改革的意见》并上报市委全面深化体制改革领导小组，经市委全面深化体制改革领导小组会议审议通过，并以市委、市政府两办文件印发。

开展授权执法巡查工作。按照省委政法委《关于授权开展执法巡查工作的通知》要求，结合省纪委交办的涉法涉诉信访案件情况，市委政法委牵头组织在全市政法部门中开展授权执法巡查。成立太原市涉法涉诉信访案件执法巡查领导组；组建2个执法巡查组，分别对市司法局司法救助工作和尖草坪区检察院进行执法巡查；组织市直法、检、公三部门对甄别出的55个“维权”类案件和57个涉法涉诉信访案件进行评查。

开展积案清理和案件评查活动。市委政法委印发了《全市开展涉法涉诉进京非访集中清理专项活动工作方案》，经过甄别，省委政法委共交办太原市15件涉法涉诉进京非访案件分属法院系统11件，公安系统4件，已全部化解完毕。2016年，市委政法委印发《关于在全市开展案件评查专项活动的通知》，要求全市政法系统围绕人民群众反映强烈的信访问题和执法司法领域突出问题，通过案件评查工作，发现问题，分析根源，纠错补瑕，不断提升政法部门的办案质量和执法公信力。

探索律师参与化解和代理涉法涉诉信访案件试点工作。3月，市委政法委牵头成立调研组，赴山东学习律师参与化解和代理涉法涉诉信访案件相关情况。组织市财政局、市直法院、检察、公安、司法及市律师协会联合制定《太原市律师参与化解和代理涉法涉诉信访案件工作办法（征求意见稿）》，详细制定了工作原则、工作任务、工作方法等内容，起草《太原市律师参与化解和代理涉法涉诉信访案件专项活动工作方案》和《关于建立律师参与化解和代理涉法涉诉信访案件制度的意见（试行）》，通过开展律师参与化解和代理涉法涉诉信访案件工作，进一步维护人民群众的合法权益，

提高政法机关的司法公信力，引导涉法涉诉信访案件在法治轨道内依法解决，逐步在全社会形成崇尚法治、尊重法律的良好氛围。

做好重大敏感案件协调保障。“3·20”案件的审理工作和“12·13”案件的宣判是贯穿全年政法工作的一项重要内容，社会关注度高、影响面广、庭审难度大。市委政法委全力做好对上及时请示报告、对下积极协调指导的工作。11月10日、11日，太原市中级人民法院分别依法公开宣判“12·13”案件和“3·20”案件。期间，太原市社会大局平稳，圆满完成了上级交给的工作任务。

开展案件督办、转办和司法救助工作。2016年共审批市直政法部门申报救助4案88.45万元。对“12.13”案件及省委政法委和委领导批示的7件案件进行督办；对人民群众来信72件进行转办。对市直政法部门和各（县、市）政法委提请协调的案件召开协商会议2次，对请示的缓解小店区法院审判人员不足、杏花岭区政法委请示的马淑兰事宜予以协商解决。

积极开展普法宣传教育，深化法治社会建设。完善落实“谁执法谁普法”普法责任制。印发太原市《2016普法依法治理工作要点》，推动各相关行政执法部门将普法工作作为必须为的工作职责。市委政法委、市委法治办、市综治办增印了由太原市晋源区人大和太原市少年法庭编著的《法律与我同行—未成年人普法读本》45000册，赠送给全市适龄青少年，推动太原市普法教育深入开展。

完善舆情导控机制，提高社会沟通水平，精心做好重大敏感案件舆情引导。按照依法处理、舆情引导、社会面管控“三同步”的原则，在“12·13”和“3·20”案件捆绑宣判期间，市委政法委进一步完善舆情研判会商机制，充分发挥部门联动、情报互通、快速处置的优势，对每日舆情信息、各部门工作情况进行实时综合分析研判、及时预警、有效应对，坚持召开会议40余天，形成信息专报27份，避免了因“两案”同时宣判引发的负面舆情，有效应对舆情热点，得到了省委政法委的肯定。（王一飞）

【履行全面从严治党要求，加强队伍建设】 2016年，市委政法委以“两学一做”学习教育为抓手，认真履行全面从严治党的各项要求，贯彻落实“一岗双责”，不断推进党风廉政建设，全力打造一支过硬政法队伍。

严密组织，扎实开展“两学一做”学习教育。一是加强学习，创新载体，切实提高思想认识。坚持问题导向，挺纪在前，扎实推进“两学一做”学习教育的要求。召开了动员大会，制定工作方案和工作安排，明确学习讨论的重点、时间、方式和要求。二是围绕主题，联系实际，深入开展讨论。在“两学一做”学习教育中，围绕“四讲四有”，认真开展四个专题的研讨交流。委领导以“四讲四有”为主题，结合委机关工作实际，轮流为全体党员讲授党课。以普通党员的身份参加所在支部的学习讨论，与支部党员一起交流学习心得，谈体会、谈认识，带学帮学作用发挥明显。

开展“党员先锋行”主题实践活动。将“党员先锋行”活动与精准扶贫工作紧密结合，机关全体党员积极践行定点扶贫和结对帮扶、直接联系服务群众等制度，通过“包村包户精准扶贫”等多种形式，在为群众办实事做好事解难事上发挥先锋模范作用。对口扶贫村娄烦县西果园村被确定为整村脱贫后，分五批60余人次深入西果园村贫困户家中，采集完善信息资料，根据西果园村的实际情况，经与村两委班子共同研究，确定了“土鸡养殖”精准扶贫项目。通过协调市农委、扶贫办、市财政局为该村落实扶贫资金22万元，购买土鸡分配至60余名养殖户手中，有效帮助135名贫困户脱贫致富。宣讲脱贫政策，帮助解决实际困难，充分体现共产党员的为民情怀和先锋模范作用。

以“基层党建六项重点任务”为抓手，提升机关党建工作水平。召开了以“深入贯彻从严治党新要求，努力开创机关党建新局面”为主题的机关党建工作会议，提出了委机关全年党建工作的总体思路，明确了目标要求。严格党内政治生活和组织生活制度，在继续抓好“三会一课”、中心组学习、民主评议党员等制度的基础上，严格贯彻落实市直工委“关于在<两学一做>中进一步推进基层党建六项重点任务的通知”精神，对全体党员组织关系进行排查，查阅了全体党员的档案资料；对2名违纪违法受到处分的党员进行了排查清理；深入开展党费收缴工作专项检查，对机关全体党员包括离退党员的党费缴纳情况进行了梳理，共补缴党费4万余元；扎实推进抓党建促脱贫攻坚工作，进一步强化党员日常教育管理，加强机关党员干部党性锻炼和工作作风的转变。

全力提升委机关精神文明创建和双拥工作水平。持续推进机关文化建设，发挥文化引领作用，积极开展体现太原特色和机关实际的文化宣传教育活动。以“我们的节日”主题活动为契机，组织开展丰富多彩、喜闻乐见的文化活动，传承民族传统，弘扬传统文化，营造浓郁氛围。扎实开展精神文明创建工作，扎实开展学雷锋志愿服务和志愿者“三关爱”活动，积极参与敬老爱老、扶危济困、环境清洁等志愿活动。创建了微信群，积极利用新兴媒介拓宽学习渠道，弘扬主旋律，传播正能量。努力提升双拥工作水平。组织开展军事日活动，聆听了相关军事知识讲解，与部队官兵进行了座谈。通过活动，切实提升了国防意识，增强了纪律作风观念，激发了爱国爱军的政治热情。并撰写了《推进军民融合发展》《把创建工作贯穿于日常工作中》两篇论文，对如何提升机关双拥工作水平进行探索和思考。

认真贯彻落实党风廉政建设责任制，积极开展反腐倡廉工作和廉政文化建设。干部职工的宗旨意识、公仆意识和廉洁意识得到明显加强，全年没有发生违法违纪案件。结合“两学一做”学习教育中的“讲规矩有纪律”专题，对《中国共产党廉洁自律准则》《中国共产党纪律处分条例》《中国共产党党内监督条例》等一系列重要党规党纪，进行了认真学习和研讨交流。严格落实“两个责任”，持之以恒反对“四风”。层层签订了《2016年度党风廉政建设责任书》，对机关的廉政建设工作进行责任分解，明确了党风廉政建设第一责任人，委领导班子成员、各处室负责人的具体职责。组织开展“把纪律挺在前面”专项活动。按照省委政法委的统一安排部署，组织全市政法部门开展了“把纪律挺在前面”专项活动，要求全市政法部门层层落实责任，坚持以上率下，坚持做到两不误两促进。

（王一飞）

【贯彻落实全国、全省政法工作会议精神】 2016年4月和9月，中央政法委和省委政法委分别召开全国、全省政法队伍建设工作会议，对当前和今后一个时期的队伍建设工作进行安排部署。市委政法委分别以“全市政法系统领导干部配置情况”“全市政法委系统编制、人员情况”“全市两级政法委、法学会、护路办的发放警衔工资、岗位津贴情况”“全市政法队伍建设方面的从严治警、从优待警、优化执法环境、保护干警合法权益等情况”以及“全市政法队伍建设的10个调研题目”为专题，积极开展调查研究，分5次深入开展调研。在充分调研的基础上，起草印发了《关于贯彻落实全省政法队伍建设工作会议精神的意见》，从6个方面提出了太原市政法队伍建设的思路和打算，对指导政法机关队伍建设工作提供目标和参考。（王一飞）

【开展“三个一批”工作，强化委自身建设】 根据市委组织部的统一安排，从年初至3月底，在机关干部中开展了“三个一批”核查工作。对33名机关干部进行了“五查一填报”工作。经过核查组认真细致的工作，机关“三个一批”工作顺利完成，形成委机关“三个一批”工作情况报告。对委机关和内设机构工作职责进行了修订。为了理顺与上级党委政法委的工作衔接，明确职责任务，强化工作落实，经委领导同意，对机关综治各处室进行更名和增设。根据委机关和内设处室工作实际，对委机关和内设机构工作职责进行了修订。根据市委组织部、市编委《关于对全市机构编制工作进行调研的通知》《关于对被追究刑事责任的国家工作人员受处分情况排查清理的通知》等通知要求，对委机关和直属单位机构编制执行情况进行了自查，形成报告并报送。根据市纪委安排，建立委机关领导干部廉洁档案，并按时报送。

组织党员干部重温“入党誓词”

加强职业技能培训，努力提升队伍的整体素质。按照年初制定的干部教育培训计划，经市委组织部批准，认真开展培训工作。派员参加了两期省委政法委在延安举办的“理想信念暨党性教育专题培训”，组织举办“太原市政法系统干部理想信念暨党性教育专题培训班”。在中国政法大学(北京)组织举办“太原市法治建设领导干部培训班”。组织全市政法综治干部60余人赴浙江绍兴“枫桥经验研究所”进行培训，学习先进地区化解矛盾纠纷的工作理念和经验，努力提高太原市矛盾纠纷的化解能力。组织安排机关市管领导干部参加省市“党政领导干部岗位专业知识（司法行政制度及法律服务专题)网络培训”，于11月20日参加了全省统一考试。通过一系列教育培训，使各级领导干部和业务骨干增强了党性，坚定了理想信念，拓宽了视野，加深了专业知识的理解，提高了政治和业务的素质。（王一飞）

机构编制

【概述】 2016年，在市委市政府的正确领导下，市编办领导班子严格落实省市第十一次党代会精神和“一个指引，两手硬”总要求，围绕“两个走在前列”总目标，扎实开展“两学一做”学习教育，深化行政审批制度改革，鼎力完成全年控编减编任务，牵头开展综合执法体制改革，配合完成纪检监察体制改革，全力推进综改示范区建设，牵头完成其他各项改革，以转变作风为抓手，通过法制建设、机关党建、结对扶贫等工作，全面强化机构编制任务急难险重新形势下干部队伍自身建设。（王 琳）

【简政放权】 2016年，市县两级权责清单全部按规定时限公布运行。太原市市级权责清单于2016年1月15日在市政府网站正式公布。突出流程引导，强化技术指导，10县(市、区)和4个开发区(园区）县级政府部门权责清单及“一表两图”均按省规定时限在2016年4月底前公布运行。

权责清单动态管理落地见效。建立权力清单动态管理机制被确定为2016年全省转型综改重点改革试点任务和省考核指标。市编办提前部署、迅速落实，在全省率先出台《行政权力清单动态管理试行办法》，配套建立《太原市市级行政权责清单动态监管巡查制度》。通过“日浏览、周反馈、月小结”，清理汇总形成2016年市级行政权责清单动态调整事项128项，已于12月在市政府网站公布，标志着太原市已建立起了一套体系完整、规范有序的行政职权事项动态调整长效机制。

探索并建立行政审批事项事中事后监管机制。先后出台《关于深化行政审批制度改革加强事中事后监管的实施意见》和《太原市政府部门行政职权运行监督管理试行办法》，组织全市31个市直部门及单位制定了事中事后监管制度，40个相关部门及单位制定并公布随机抽查事项378项。实现了对全市行政职权事项全流程长效监管。（王　琳）

【优化政务服务环境】 2016年，公布《太原市市级行政审批中介服务事项清单》。通过摸底调查、梳理汇总、清理规范、反复沟通、面对面研究等多个环节，编制形成《太原市市级行政审批中介服务事项清单》，保留中介服务事项53项。于2016年12月1日在市政府门户网站面向社会公布。

加强对政府职能转变工作的统筹谋划。成立太原市人民政府推进职能转变协调小组，印发《太原市推进简政放权放管结合优化服务工作要点》，统筹指导和督促落实市县两级“放管服”改革任务，坚持民生为先、问题导向、协同推进，为各部门全面正确履行职能、建设服务型政府指明了方向。

进一步优化行政审批流程，提高政务服务效率。与市政务办协同配合，开展投资项目在线并联审批，完善重大投资项目审批“快速通道”。11个部门29个事项共压缩审批时限49个工作日；5个部门6个事项共减少申报材料13项，切实便捷了公民、法人的日常生产生活。

（王　琳）

【控编减编】 2016年，全力核减编制。为贯彻落实“两个只减不增”的总要求在坚守机构编制总量红线的前提下，市编办领导亲自带队，分6组赴全市101个单位部门先后开展了三轮减编控编调研督导，宣讲政策、争取支持。已核减事业编制4377名，超额完成省编办下达的“2015、2016两年核减事业编制4036名”的减编任务，为完成3年内核减5045名事业编制的硬性指标夯实了基础。根据省编委专项减编要求，及时安排部署，核销全市公安自定编制1102名，实现了中央、省制定的编制和财政供养人员双下降的总体目标。

严格规范使用。力扛多方压力，向“吃空饷”、议事协调机构和临时机构数量过多等问题开刀，通过全面督查、重点抽查，裁撤机构、削减职数、明确规格，有效规范了机构编制管理使用。

科学配置资源。对不动产登记、孤残儿童教育、儿童医疗卫生、公共就业服务和扶贫攻坚等关系民生领域的重大事项，市编办主动牵头，与相关单位反复沟通协商，通过组建成立、加挂牌子、调整职能等方式，落实政策、争取资金，使有限的编制资源得到合理利用，积极助力民生事业发展。（王　琳）

【体制机制改革】 2016年，市编办牵头综合行政执法体制改革。重点围绕晋发〔2016〕32号文件明确的10大领域对全市市县两级执法机构进行深入调研，坚持执法重心下移、合法合规、积极稳妥的基本原则，主动分领域召开各部门协调会，反复征求市直部门和县区意见，与省编办多次沟通协商，提出了《太原市深化综合行政执法体制改革的实施方案》（草案），为太原市全面推开综合行政执法体制改革夯实基础。

配合监察体制改革。面向全市按比例抽调编制组建党委巡查机构，实现纪检监察全覆盖。对全市反贪、渎职、预防职务犯罪及监察等部门的机构编制人员情况进行调研摸底，并汇总上报省编办，反馈市纪委，为太原市成立监察委员会提供了有力支撑。

创新事业单位登记管理。完成83家机关群团和728家事业单位的社会统一信用代码赋码工作，全市中文域名注册总量达到3679家。实现政务信息资源共享，推动社会信用评价体系建设，有效提升了全市行政管理和服务效能。

完成其他各项改革。严格落实国家、省、市文件精神，全力完成公立医院、国有林场、医药卫生体制和城乡居民疗保险等各项事关民生的重点改革任务，促进改革红利惠及广大人民。（王　琳）

【转型综改示范区建设】 2016年，市编办深刻领会省第十一次党代会和书记骆惠宁、省长楼阳生、书记王伟中关于转型综改示范区建设的讲话精神，统一思想，狠抓落实，对机构编制提前部署、及早调研，对山西转型综改示范区组建涉及的太原经济区、高新区、保税区、工业园区公安、环保、规划和审计等4部门的派驻机构开展机构编制底数清理，牵头落实授权、放权任务，配合开展社会事务移交工作，审核完成示范区管委会起草的“三定”方案，并提出具体修改意见，积极建议在示范区管委会内部增设行政审批局和综合执法局，力促开发区相对集中行政许可权试点改革和综合行政执法改革工作一步到位，为理顺开发区体制机制，深化转型综改，加快示范区建设奠定基础。（王　琳）

政策研究

【概述】 2016年，在市委的正确领导下和各级各部门的关心、支持下，市委政策研究室围绕市委中心工作，立足于建一流队伍、创一流业绩、提供一流服务，重点在重要文稿起草、重大决策服务、重大决策落实等方面狠下功夫，充分发挥服务市委、市政府决策的参谋助手作用，全面完成领导交办的各项工作任务，较好发挥领导的“智囊团”“参谋部”的作用。

（马 旭）

【加强学习，增强班子整体实力】 2016年，市委政策研究室围绕市委中心工作，认真学习贯彻党的十八大、十八届三中、四中、五中、六中全会精神和省、市第十一次党代会精神。特别是把认真学习领会、深入贯彻落实习近平总书记系列重要讲话精神作为重大政治任务，通过中心组学习、党小组学习等多种形式学深悟透、入脑入心。坚持结合实际，自觉遵守政治纪律和政治规矩，牢固树立“四个意识”，切实把思想、行动统一到中央和省、市委的要求上来，把学习贯彻成效转化为保持一致、维护权威的自觉行动，凝聚成推进改革发展稳定各项事业的正能量。

严格要求，扎实开展“两学一做”学习教育活动。根据市委的统一部署，结合本单位工作实际，认真贯彻中央和省、市委部署，按照严谨细致、切实可行、简单有效的原则，精心谋划、周密安排，研究制定了《市委政研室开展“两学一做”学习教育活动实施方案》，对学习研讨的内容、方式方法、时间安排、具体要求进行了细化，并召开党员干部大会对开展“两学一做”学习教育活动进行了动员部署。班子成员以身作则、率先垂范，学在前、做在前，当标杆、做示范，带头参加学习讨论，带头谈体会、讲党课、作报告，推动学习教育扎实有效开展。广大党员干部利用“三会一课”等党的组织生活和工作间隙等时机，逐字逐句的学习了党章党规和习近平总书记系列重要讲话，注重学习成果转化，坚持学以致用，以用促学，把学习的成效转化为推动实现“两个走在前列”的强大动力；坚持问题导向和目标导向，突出领导带头，强化和落实组织领导责任，分类分层梳理问题，查找剖析原因，持续抓好问题整改落实。通过活动的开展班子成员按照“四讲四有”标准规范言行的自觉性不断提高，理想信念更加坚定，有效提升综合素质和履职能力。

（马 旭）

【服务大局，精心组织和完成工作任务】 2016年，市委政策研究室按照“一个指引、两手硬”的总体思路，积极把握经济社会发展态势，谋新思路、提新建议，为市委和领导提供了优质高效的决策服务、文字服务和信息服务。

围绕保持加强思想作风，解决突出问题，精心撰写开展“两学一做”专题教育的有关文稿。起草了市领导在全市“两学一做”学习教育工作会上的讲话、市委主要领导在省委“讲政治、有信念”“讲规矩、有纪律”“讲道德、有品行”“讲奉献、有作为”专题学习讨论会上的发言，市委主要领导在市委中心组三次集中学习讨论会上的主持讲话等一系列重要文稿，为推动全市学习教育活动的开展发挥了重要指导作用。

围绕市委工作目标，完成一批重要文稿起草。主要是协同市委办公厅完成三个一批：完成一批重大文件的起草工作。共牵头市委、市政府起草了20多个重大文件；完成一批市委主要领导在全市重要会议上的文稿起草工作。全年共起草、把关全市重要会议市领导文稿80多篇；完成一批向省委情况汇报等市委其他文稿的起草工作。积极拾遗补缺，以较快速度、高质量完成100多个文稿。

围绕市委领导关注的重点、焦点问题和全市经济社会生活中的热点、难点问题，完成了一批调研成果。坚持深入基层、深入群众，高质量地完成《关于太原市推进林业扶贫攻坚的调研报告》《在深化改革扩大开放中为太原发展注入新动力增添新活力》等调研成果。这些调研报告情况准确、分析透彻、观点鲜明、对策可行，对推进太原市相关领域工作具有较大的参考借鉴价值和实际应用价值。

围绕政策参考，及时有效提供信息服务，悉心办好精品刊物。坚持把做好领导决策信息服务作为发挥参谋助手作用的重要抓手，着眼于提高《决策研究与信息》质量，紧扣中心工作和市委、市政府重大工作部署，突出刊物的政策导向性，及时收集国内外经济发展形势和政策走向信息，为领导定期提供准确、快捷的决策信息服务，全年共刊发12期。

积极推动全面深化改革。积极履行市委改革办职能，强化政策研究、统筹协调和督促落实，大力推动重点领域和关键环节的改革，组织召开全市深化改革领导小组会议，印发《关于做好太原市2016年重大改革事项的通知》，确定60项重大改革事项，统筹指导全市2016年改革工作，建立《2016年太原市重大改革项目及事项台账》，明确全年改革任务的成果形式、完成时限、责任人，形成了改革的“路线图”“时间表”，以项目化方式管理改革进度，并积极进行改革日常督察与季度、年中、年终集中督察，确保了各项改革任务有布置、有督察、有考核，保证各项改革任务落地生根。完成各类改革相关文稿40余篇，及时编发《太原改革信息》12期。全年明确的60项改革任务圆满完成，全面深化改革各项工作进展良好、效果初显。 （马 旭）

【固本强基，全面加强机关党组织建设】 2016年，市委政策研究室把基层党建时刻抓在手上，注重制度建设，着力提高党务工作水平，由班子成员和各处室负责人成立党建工作领导小组，明确责任分工，认真落实“一岗双责”。持续扎实开展“创先争优”“基层组织规范化建设年”等活动，有效提升党组织的凝聚力和战斗力。充分发扬民主，以落实民主集中制为重点，不断完善中心组学习、工作调研和决策等制度。加强领导班子建设，在班子内部形成了良好的工作氛围。把抓班子、强队伍、讲团结、重管理作为搞好工作的根本保证。按照从严治吏要求，加强干部队伍建设，为调动全室上下工作积极性、服务市委大局注入了新的活力，全力打造“学习型、服务型、创新型、廉洁型、和谐型”机关。把支部建设放在突出位置，按规定严格落实党组织生活制度，坚持定期组织“三会一课”，认真组织党员领导干部过好民主生活会，开展批评与自我批评，加强对全体党员的经常性教育工作，积极做好发展党员工作。认真组织开展党费专项清理工作，各项任务稳步推进。大力开展法治建设，提高规范领导干部法律知识水平和依法办事能力，中心组开展了4次集体学法活动，组织了全室干部专题学习了太原市“七五”普法知识。发挥好工会作用，从身边小事入手关心职工，积极开展好各类文体和联谊活动，进一步做好老干部工作，全力抓好安全保卫工作，对干部职工给予政治上关怀、工作上支持、生活上关照。按照机构健全、教育深入、制度落实、活动经常的原则，积极开展双拥先进单位和文明单位创建工作，取得良好成效。（马　旭）

【从严治党，切实加强党风廉政建设】 按照“党要管党、从严治党”的要求，以“两学一做”学习教育活动为牵引，以高度的政治责任感，全面推进从严治党主体责任落实。坚持和完善“支部统一领导、一把手负总责、分管领导分工负责、部门各负其责、干部职工积极参与”的党风廉政建设领导体制和工作机制，进一步强化责任意识，狠抓责任落实。班子成员充分发挥表率作用，带头严格遵守党的纪律、执行党的规定。坚持定期召开支部会议，认真落实上级的有关要求，对党风廉政建设工作进行安排部署研究，严格落实领导干部廉洁自律报告和党风廉政建设责任制报告，制定《市委政研室关于落实党风廉政建设党支部主体责任清单》和《市委政研室关于落实党风廉政建设纪检监督责任清单》，坚持以零容忍态度反腐正风的同时，主动接受、积极配合市纪委对政策研究室进行监督。将干部监督贯穿于干部培养教育、考察考核、选拔任用、日常管理的各个环节，努力形成全方位、全过程、宽领域、多形式的干部监督体系。大力开展廉政教育，通过中心组集中学习、组织全体干部职工集体学习等多种形式，及时传达学习中央和省、市委最新要求和文件精神，不断增强理想信念、宗旨意识和廉洁意识，切实增强拒腐防变能力。（马　旭）

老干部工作

【概况】 2016年，市委老干部局全面贯彻党的十八大和十八届三中、四中、五中、六中全会精神，深入学习习近平总书记系列重要讲话，按照全国老干部局长会议、全省老干部工作会议和市委有关要求，以学习贯彻《关于进一步加强和改进离退休干部工作的意见》（中办发〔2016〕3号）和全国老干部工作“双先”表彰大会精神为主线，把握为党和人民事业增添正能量的价值取向，坚持以人为本的理念抓好老干部“两个待遇”落实，统筹谋划，突出重点，强化举措，圆满完成全年各项工作任务，激励广大离退休干部为太原“十三五”规划开局起步贡献智慧和力量。12月23日，市委老干部局荣获中央组织部、人力资源和社会保障部联合授予的“全国老干部工作先进集体”荣誉称号。

截至2016年底，太原市有离退休干部56358人，其中离休干部3040人，退休干部53318人。离休干部中，行政机关1180人，事业单位721人，企业单位1389　人。离休干部平均年龄87岁。退休干部中，行政机关13673人，事业单位27870人，企业11775人。全市离退休干部党员28507人，占全市党员总数(21.5万）的13%，占离退休干部总数的50.6%。其中，离休干部党员2339人，退休干部党员26168人。全市设立离退休干部党委、党工委、党总支15个，单建离退休干部党支部408个。（李璐言）

【开展学习教育带工作】 一是加强学习培训工作。采取举办“全市离退休干部党支部书记（委员）培训班”、离退休支部和党小组集中学习、利用老干部党校培训平台组织交流等方式，保证离退休干部学习覆盖率达到90%以上。市县两级老干部工作部门通过督查调研、专题辅导、座谈讨论、培训学习等多种形式深入学习讨论，准确把握老干部工作的新任务、新要求。市委老干部局在县（市、区）和市直单位共召开离退休干部和老干部工作人员座谈会19次、听取意见建议52条、发放调查问卷900份，为太原市贯彻落实“中办发〔2016〕3号”文件制定具体措施提供依据。二是加强“两学一做”教育活动。先后组织王焕杰先进事迹

5月12日，市委老干部局召开“两学一做”学习教育会

报告会和“学习王焕杰，岗位做贡献”主题征文活动，“七一”前夕组织举办全市离退休干部党支部书记“两学一做”学习教育专题辅导讲座。古交市老干部利用微信、微博等阵地发表学习见解，阳曲县老干部局以讲带学、以学促干、深入学习党章党规及系列讲话，万柏林区委老干部局积极开展在职党员进社区报到服务活动。通过各种各样的学习形式，全市老干部系统老党员、老同志积极投入到学习活动中，进一步增强了“四个意识”。三是加强文艺创作活动。积极组织开展文艺比赛、文艺演出、文艺下乡活动，不断增强了老干部的创作热情，积极发挥老干部的工作余热。太原市老干部活动中心馥艺菲模特艺术团全团12名女团员赴山东威海参加2016年“乐退族”第三届全国中老年文化艺术节，荣获中老年组金奖，随后参加中央电视台举办的“全国中老年春晚”获最佳风采奖。太原市老干部活动中心汾河之声合唱团体夺得山西省第十一届“三晋之春”合唱比赛银奖。太原市老干部活动中心艺术团赴河北省石家庄市参加第八届华北五省市(区)舞蹈大赛，舞蹈《喜悦》《高粱熟了》荣获中老年组表演和创作二等奖，太原市老干部活动中心荣获组织奖。太原市老干部活动中心多次在山西广播电视台、太原电视台演出。太原市老年大学舞蹈一团专程赴吕梁市石楼老区革命根据地进行慰问，获得广大观众的一致好评。

(李璐言)

【贯彻重要文件促落实】 2016年，市委、市政府高度重视“中办发〔2016〕3号”文件贯彻落实情况，时任省委常委、市委书记吴政隆对落实工作专门作出重要批示，省委常委、市委书记王伟中刚到太原就深入老同志家中走访慰问，要求把学习贯彻“中办发〔2016〕3号”文件作为当前和今后一个时期老干部工作的重要任务来抓。一是解决一批实际问题。积极出台政策措施，有效解决存在问题和困难，不断提高老同志的生活保障水平。为183个行政事业单位离退休干部党总支、党支部和25个国有企业改制为非国有控股企业或破产企业的离休干部党支部，按时拨付工作经费104万元。在纪念长征胜利80周年之际，走访慰问土地革命战争时期及以前参加革命工作的离休干部。组织党内市级老同志参加市第十一次党代会、学习贯彻党的十八届六中全会精神和省第十一次党代会精神省委宣讲团报告会。尖草坪区、古交市作为试点区成立离退休干部党工委，加强了离退休干部党组织建设。二是加强基础设施建设。积极争取财政支持，为老同志提供了安全舒适的活动环境和舒心服务。市老年大学对消防设施进行了改造，市老干部活动中心在活动大厅铺装了运动塑胶地板。市老干部公寓管理所对2个老干部活动室进行修缮，对所辖4个老干部公寓的160个窨井盖进行更换和补缺，利用社区惠民资金对水西公寓的路面进行重新硬化。做到严格按照“全省老干部活动中心(室)达标创优”和“全省老年大学省级示范校”的要求，促进活动阵地建设软硬件的“双提档”。

(李璐言)

【创新三项机制】 一是构建离退休干部“文化养老”工作机制。与市委组织部、市文化局、市体育局、市民政局、市老龄办等部门共同举办了第四届全市离退休干部文体艺术节，举行了各类文体活动132场，为广大离退休干部提供舞台和平台，不断夯实文化养老机制的基础。二是构建离退休干部帮困解难机制。在全省率先建立离退休干部帮困解难机制，从最初的100万到现在的300万，让全市有特殊困难的离退休干部晚年生活更加幸福更有尊严。全年共救助困难离退休干部及无工作遗属446人次，发放救助资金136万元。10月20日，省人社厅、省委老干部局、市委组织部主要领导专程慰问抗日前期参加革命工作的离休干部杨月仙、杨焕炳、李水荣。三是构建利用社区资源服务离退休干部工作机制。与市委组织部、民政局、财政局等10部门共同建立“全市利用社区资源做好离退休干部服务工作”联席会议制度，共同出台《太原市关于利用社区资源做好离退休干部服务工作的实施意见》，统筹协调解决在推进该项工作中遇到的实际困难和问题，形成了齐抓共管的合力，增强了指导工作的合力。配备了44名社区助老员，打造20个为老服务社区示范点，建立起社区老年餐桌105个。

(李璐言)

【组织主题活动】 2016年，太原市成立“为党和人民事业增添正能量”活动领导小组，建立全市正能量活动月报告制度，确保正能量活动的有效推进和深入开展。与市委组织部共同研究，对正能量活

9月11日，太原市老干部活动中心馥艺菲模特艺术团参加2016年“乐退族”第三届全国中老年文化艺术节，荣获中老年组金奖

动作出了专项部署，紧扣"十三五"规划和全市工作大局，以"点赞龙城新变化 弘扬时代正能量"为活动主题，以"五城联创我参与""城中村改造我见证""扶贫攻坚我出力""传承好家风我添彩""文化养老我受益"为活动载体，全力助推太原发展。全市各级老干部工作部门积极行动，组织离退休干部在聚焦主题、服务大局上出实招、见实效。在太原美术馆举办了全市离退休干部书画摄影剪纸展，共展出作品364幅，吸引上万市民前来观展。与《老友导报》共同举办"点赞龙城新变化 弘扬时代正能量"征文活动，31名老同志积极参与，在报纸上刊登发表作品，其中小店区、杏花岭区、万柏林区、尖草坪区、古交市、市委办公厅获得优秀组织奖。在离退休干部中开展寻找"好家风家庭"活动，34户好家风家庭入围并在《老友导报》进行了专题报道。组织全市老年科技专家、老年农林技术专家、老年医学专家深入阳曲县、娄烦县的贫困农村提供技术指导和健康体检。小店区以"美丽小店"为载体，杏花岭区以"和谐杏岭"为载体，阳曲县以"美丽阳曲"论坛为载体等，开展了形式各样的正能量活动。全年市县两级开展各类正能量活动300多次，参与人数达2万余人。在全省正能量活动推进会上，太原市专门作了经验介绍。 （李璐言）

市直属机关工委

【概述】 中共太原市直属机关工作委员会（简称"市直工委"）是市委的派出机构，领导市直机关党的工作。2016年有在职人员编制33人，其中，行政干部编制27人，行政工勤编制4人，全额事业编制2人。内设党总支、办公室、调研室、组织部、宣传部、统战部、纪工委、机关工会、团工委、老干处和财务处等11个部门。下辖直属党组织86个，其中，机关党委55个，党总支12个，党支部19个。所属党组织1483个，其中，党委106个，党总支60个，党支部1317个。共有党员31088人，其中，在职党员21230人，离退休党员9858人。基层工会组织339个，会员25101人。基层团组织18个，共青团员2085。

2016年，市直机关工委在市委的正确领导下，认真贯彻落实党的十八大、十八届三中、四中、五中、六中全会精神和习近平总书记系列重要讲话精神，紧密结合市直机关党的工作实际，大力加强市直机关党的思想、组织、作风、反腐倡廉和制度建设，求真务实，积极创新，日常工作有序进行，重点工作整体推进，圆满完成各项工作任务。 （办公室）

【加强自身建设】 2016年，市直机关工委始终把自身建设抓在手上，落实在行动中，在党的建设上走在前，作表率。

抓学习，不断提高领导干部和机关党员干部职工的政治素质。一是以"两学一做"学习教育为主要内容，进一步强化了中心组学习，从内容到形式，做到有计划、有安排，边学边研讨，把"学"与"做"紧密结合起来，进一步加强了领导班子的思想政治建设，提高了凝聚力和向心力，提高了忠诚、干净、担当的自觉性和主动性。二是机关党员干部职工的理论学习做到了有计划，有安排，有重点，结合实际出台了《市直机关工委关于开展"两学一做"学习教育的实施方案》，班子成员以身作则，以上率下，机关党员干部职工在班子成员的带领下，坚持读原著、学原文、悟原理，坚持学以致用，学用结合，进一步筑牢了"四个自信"，进一步增强了"四个意识"，有力促进了工作。全年共组织集中学习24次，专题研讨5次。

夯基础，进一步加强机关党组织建设。一是机关总支和两个支部进行换届，充实班子，优化结构，进一步加强机关党组织的凝聚力、战斗力。二是严肃党内政治生活，认真开展"三会一课"、组织生活会、民主评议党员等活动，党组织的主体作用得到有效发挥。三是加大监督力度，21项制度都有明确的责任领导和责任人，有效保证制度的贯彻执行，全年无违纪的人和事。

转作风，切实提高机关党员干部的服务能力和水平。一是强化服务意识，提升服务效能。力戒繁文缛节，转会风、改文风，简化程序，提高效率。急基层所急，想基层所想，着力解决工作中的热点、难点问题，最大限度地为基层党组织提供方便、优化服务。二是走出去、沉下去，注重调研指导，工委领导分组带队深入所联系基层党组织对"两学一做"学习教育、各项党建工作开展情况进行定期不定期调研、指导、督查，推动基层党组织党建工作的顺利开展。在深入调研指导工作的基础上，注重形成调研成果，进行推广应用与交流，先后向《太原日报》、省直机关党建研究会投送优秀成果20余篇，采纳刊发交流6篇。三是认真开展精准扶贫工作，全员精准结对，签订了帮扶双向责任书，投入资金7万余元，争取项目一个50万元。包扶的57户贫困户已脱贫54户162人，占脱贫人数的96%，圆满完成了市县确定的目标任务。

加强法治建设，坚持依规依法办事。一是坚持用法治思维和法治方式依规依法谋划工作，落实工作。坚持民主集中制，凡重大问题和重大事项均能够做到集体研究，共同决策，全年共召开工委会44次。二是扎实推进"六权治本"，对21项工作制度进行了进一步健全完善，实现了机关党建工作的制度化、规范化和科学化。三是认真贯彻执行《中国共产党党和国家机关基层组织工作条例》，做到部署工作以《条例》为依据，检查指导工作以《条例》为准绳。 （办公室）

【认真履职尽责】 2016年，市直机关工委着力加强理论武装，机关党员干部思想政治素质明显提升。一是认真开展"两学一做"学习教育。制定下发了《关于开展"学党章党规、学系列讲话，做合格党员"学习教育的具体工作方案》和《关于2016年市直机关中心组理论学习暨干部理论学习的安排》，为中心组成员和党员干部发放《习近平总书记系列重要讲话读本（2016年版）》《关于新形势下党内政治生活的若干准则》《中国共产党党内监督条例》以及《辅导读本》等资料1万余册。二是建立了市直机关中心组理论学习电子档案制度。定期对市直各中心组的学习情况进行通报点评，有力地促进了各级中心组的学习。三是加大教育培训力度。举办市直机关“两学一做”学习教育基层党务骨干培训示范班和宣传理论骨干培训班，共培训基层党务骨干156人。四是组织开展理论考试。12月16日，组织市直机关党员干部进行了“两学一做”学习教育理论考试，以考验学，以考促学。五是组建市直机关宣讲团，举办了6场宣讲活动，有力地提升市直机关党员干部的政治理论素质。

认真落实基层党建7项重点任务和12个基层党建重点项目，党的基层组织建设得到进一步加强。一是狠抓基层党组织班子建设。出台《市直机关党的工作责任制的规定》，制定下发《关于认真做好在“两学一做”学习教育中对基层党组织按期换届情况进行专项检查的通知》。全年共指导50个直属党组织和113个所属党组织进行换届，调整机关党组织书记、副书记、委员12名。12月21日，召开了“市直机关党组织书记抓基层党建工作述职评议考核会议”。二是积极理顺党组织隶属关系。完成市农委、市商务局、市供销社、市粮食局4个单位党组织、党员的接转工作，共新接收党组织170个，党员3149名，新组建党委3个，合并、撤销、更名机关党组织5个。三是进一步加强党务干部队伍建设。组织市管县处级以上党员领导干部观看了警示教育片《贪与悔》，深入基层党组织开展《党章》《中国共产党党和国家机关基层组织工作条例》等内容的培训，狠抓了党务干部培训，全年共培训基层党务干部1162人次，有力地提升党务干部队伍的整体素质。四是严格党员日常教育管理。制定下发了《关于在市直机关开展党员组织关系集中排查的工作方案》，各基层党组织共排查失联党员1581名，经查找取得联系的党员933人。认真做好党费收缴、管理和使用工作，下发了《在“两学一做”学习教育中认真开展党费收缴工作专项检查的通知》，对2008年以来的党费收缴工作进行了专项检查，对党的十八大以来党费使用情况进行了认真全面的自查，市直机关共补交党费240余万元。认真做好党代会代表和党员违纪违法未给予相应处理排查清理工作，共终止党代会代表资格7人、停止执行党代表职务10人。五是抓好集中整顿软弱涣散基层党组织工作。制定下发《关于做好整顿软弱涣散基层党组织工作的通知》，在深入调查摸底的基础上，研究确定了6个整顿对象，现已全部完成整顿任务，实现转化升级。六是全力推进基层服务型党组织建设。认真落实《关于加强市直机关基层服务型党组织建设的若干意见》，广泛开展创建“党员示范岗”“党员一面旗”等主题实践活动。开展走访慰问生活困难党员、老党员和老干部活动，共慰问生活困难党员667人，发放慰问金40.02万元；“七一”期间开展慰问建国前老党员活动，共慰问老党员330人，发放慰问金16.5万元。七是认真做好发展党员工作。认真学习贯彻《中国共产党发展党员工作细则》，发放《发展党员工作资料汇编》1284本，全年共培训发展对象205名，发展新党员195名，转正215名。八是圆满完成省、市第十一次党代会代表的推荐和选举工作。精心组织，严格程序，召开了中国共产党太原市直属机关代表会议，选举产生了出席市第十一次党代会代表115名。经认真遴选，确定53名出席省第十一次党代会代表候选人推荐人选。

机关精神文明建设水平实现整体推进。一是扎实开展思想道德建设。持续推进社会主义核心价值观建设，开展了社会主义核心价值观融入精神文明五大创建活动，共有8个文明单位的做法作为典型上报市文明办。充实市直机关“道德模范人物库”，收录道德模范人物52人，编辑出版《太原市直机关先进典型事迹录》第五辑，市直机关各文明单位举办“道德讲堂”宣讲先进典型事迹36场次。积极开展志愿者服务和慈善公益活动，组织开展了“我推荐、我评议身边的好人”活动，推荐市直机关“我身边的好人”38人。二是大力加强机关文化建设。广泛开展庆祝建党95周年、纪念红军长征胜利80周年和“我们的节日”等主题系列活动，不断充实文明单位创建内涵，提高广大干部职工的文化素养和文明素质。三是有效推进文明单位创建工作。推

太原市直属机关2016年精神文明建设推进会召开

选了申报2014—2015年度市级文明单位标兵156个、文明单位84个。

统战和群团组织作用得到有效发挥。一是统战工作迈上新台阶。认真学习贯彻中央和省、市委统战工作会议精神，在86个直属党组织和908个所属党组织全部设置统战委员。积极推进市直各单位领导干部与民主党派、无党派人士结对交友工作，引导他们为全市的发展建言献策。二是机关工会工作实现新突破。制定下发《太原市直属机关工会贯彻落实党的群团工作有关精神的具体措施》，积极参加省总、市总组织的各类培训30人次，9月份举办市直机关党的群团干部培训班，对77名工会干部进行了业务培训。全年新组建所属工会组织16个，新增会员735人。组织市直机关84个单位5000余名干部职工开展一年一度的"8.8健步行"活动。评选推荐1人荣获"山西省五一劳动奖章"。积极履行帮扶救助职责，争取各类资金分6批救助市直机关困难职工696人次，共计61.2万元。三是机关团组织建设有了新气象。坚持党建带团建，坚持以社会主义核心价值观引领青年团员。以"4.23"世界读书日和"五四"青年节为契机，在市直机关开展了"品味书香、共享悦读"2016年世界读书日系列活动。强化选优配强市直机关团组织班子，共指导2个基层团组织进行按期换届，新成立机关团组织2家，新发展团员283名，进一步扩大团组织在市直机关的影响力。　　(办公室)

【从严管党治党，党风廉政建设取得成效】 2016年，市直机关工委全面落实"两个责任"。认真落实党要管党、从严治党要求，制定"两个责任"问题清单和整改清单。把党风廉政建设和反腐败工作有机融入机关党的工作全局，与党建工作同研究、同部署、同检查、同落实。班子成员认真履行"一岗双责"，敢于担当负责，从严管理队伍。工委会专题研究纪检监察工作12次。

加强纪检队伍建设。认真落实"打铁还需自身硬"的要求，强化机关纪检队伍建设，举办了市直机关纪检干部培训班，对市直机关基层党组织机关纪委书记、纪检委员共计70余人进行了业务培训。针对全市信访大起底工作中存在的问题，认真总结不足，建立工作报告、纪工委周例会、完善案件审理会议和严格办信办案四项工作制度，有效实现纪检工作的制度化、规范化。

充分运用好"四种形态"，努力实现机关作风建设常态化。认真落实中央八项规定精神，持续推动反"四风"向深度延伸、向广度拓展，全年共查处违反中央八项规定问题8件8人。充分运用好"四种形态"，着力在抓早抓小上下功夫，通过个别提醒谈话，及时进行教育警示，把问题解决在萌芽状态，全年共约谈24人。年底召开专题会议对直属基层党组织书记落实"两个责任"进行了集体谈话。严肃查处违纪违法案件。全年共受理问题线索8个，查处违纪违法案件21件21人，干部队伍的思想作风和能力水平进一步提高。　　(办公室)

市委党校

【概述】 2016年，中共太原市委党校(太原行政学院、太原国防教育学院、太原社会主义学院)在市委、市政府的坚强领导下，在省委党校、市委组织部的有力指导和支持下，认真贯彻落实全国和全省、全市党校工作会议精神，认真贯彻落实《中共中央关于加强和改进新形势下党校工作的意见》《党校工作条例》《行政学院工作条例》，深入开展"学党章党规、学系列讲话，做合格党员"的"两学一做"学习教育，围绕中心、服务大局，全力推进党校(院)事业发展，完成全年各项工作任务。

教学方面，坚持党校姓党，突出主业主课，创新教学方法，强化学员管理，提升教学质量。2016年，共完成主体班培训6期，共258人。分别是：2016年春季学期县处级领导干部进修一班43人，2016年春季学期县处级领导干部进修二班40人，第三十八期中青年干部培训班41人；2016年秋季学期县处级领导干部进修一班43人，2016年秋季学期县处级领导干部进修二班50人，第三十九期中青年干部培训班41人。举办了县处级领导干部"两学一做"专题研修班，28人。认真做好其他各类培训工作。认真落实全国党校工作会议精神和太原市干部培训计划，先后与市委组织部、统战部、市纪委、市人大、民政局、工商局、卫生局、质监局、公安局等单位联合，分别举办了太原市民政局基层党组织党务干部培训班，培训学员80人；迎泽区社区(村)"领头雁"培训班，培训学员160人;山西人保党建协调委员会2016年党员发展对象培训班,培训学员40人;全市"两学一做"学习教育基层党务骨干培训示范班,培训学员160人;太原市民革"双学一跟"理论培训班,培训学员160人;太原市卫生局"两学一做"学习教育基层党务干部专题培训班,培训学员150人;迎泽区"两学一做"学习教育基层党务骨干培训示范班,培训学员180人;太原市工商局非公党建"两学一做"学习教育基层党务骨干培训示范班,培训学员80人;太原市质监系统科技干部培训班,培训学员110人;太原市换届风气监督工作专题培训班,培训学员90人;太原市党政领导干部安全生产专题培训班,培训学员170人;太原市优秀人才政治理论培训班,培训学员230人;太原市市直机关群团干部培训班,培训学员90人;太原市转业士官培训班,培训学员100人;太原市人大代表履职培训班,培训学员200人;山西人保党建协调委员会2016年入党积极分子培训班,培训学员90人;太原市公安局入党积极分子培训班,培训学员120人;太原市纪检监察党风政风监督和信访举报业务培训班,培训学员112人;太原市纪检监察宣传信息业务培训班,培训学员100人;太原市农村基层干部推进小康建设与脱贫攻坚专题培训班,培训学员200人;太原市党外领导干部培训班,培训学员100人。全年累计举办了各类短期培训21个班次共22期,培训学员2722人。完成了2014级在职本科班的各科教学与管理工作。充分发挥了党校培训轮训各级各类干部的主阵地作用。

科研方面,按照"教学出题目、科研做文章、成果进课堂"的总体思路,突出科研的基础支撑作用,加强基础理论研究,加强现实问题研究,强化科研组织与服务,不断提升科研及咨询水平。2016年,全校教研人员共发表论文42篇,其中,国家级3篇,省级6篇,市级33篇;承担16项课题研究,其中,省级4项,市级12项。有《山西加快推进第三产业发展研究》《山西妇女参政的现状问题及对策研究》《发挥农村基层党组织在推动精准扶贫中的作用研究》《太原推进"五城"发展对策研究》等省市中心工作的理论和实践研究;共获得省级科研成果奖9项。《中共太原市委党校学报》突出党刊特色,坚守党刊的宣传高地,开辟了经典解读专栏,专设了习近平总书记系列讲话解读栏目,深化基本理论研究,宣传中央治国理政的大政方针。组稿以党的建设为重点、以"五位一体"为基本面、以党校教育为特点。90%外来用稿复制比控制在15%之内,达到学术期刊标准,全年出版6期,共计96万余字。学报与全市58家职能部门及全国240多家高校、党校建立了学术交流渠道,与人大书报资料中心开展了资料交流,被国家社会科学学术期刊数据库和超星期刊资源中心收录。 (霍永刚)

【围绕主业主课,提高办学质量】 全国党校工作会议和《中共中央关于加强和改进新形势下党校工作的意见》,不仅强调了党校姓党的原则,而且突出强调要把理论教育和党性教育真正作为主业主课、作为党校教学的首要任务。2016年,市委党校进一步落实这一战略部署,优化教学布局、课程设置和师资力量配备,在办好主业主课上下了功夫。

一是突出强化党的理论教育。开设了《马克思主义社会发展理论及当代价值》《〈共产党宣言〉解读》《〈费尔巴哈论〉与马克思主义哲学的基本观点》《科学对待马克思主义》、恩格斯《家庭、私有制和国家的起源》《世界社会主义五百年》等学习马克思主义经典著作的专题课,开设了《不忘初心继续前进》《学习习近平总书记系列重要讲话精神》《十八届六中全会精神解读》《学习党章党规》等关于习近平总书记系列重要讲话和党中央治国理政方针政策的辅导课程,帮助干部更好地读原著、学原文、悟原理,提高干部的理论素养与理论思维能力。

二是突出强化党性教育。坚持课堂教学与现场教学相结合,先进典型示范教育与反面典型警示教育相结合,在每个主体班设置《让理想信念引领人生》《增强党性修养践行"三严三实"》《永恒的敬仰》等课堂教学的基础上,安排了弘扬支前精神红色教育、党风廉政警示教育等现场教学;坚持把党风党纪教育贯穿主体班次培训的全过程,把《党章》学习解读作为各主体班的必修课,每期都邀请市纪委的负责同志进行党纪党风的专题讲课。开设了宪法学习辅导、法治建设、财务审计等课程,帮助干部增强规矩意识、深化对纪律规定的理解把握,实行学员党性锻炼百分考核,努力发挥"思想熔炉"作用。

三是加强革命传统教育和中央、省市委精神的解读。开设《延安整风与作风建设》《中国共产党山西历史》《中国共产党太原历史》《培育和践行社会主义核心价值观》等课程,帮助干部进一步了解党的光辉历程、优良传统和作风,增强改进作风的自觉性;为加强中央、省市委精神的解读,增设"经济转型升级""美丽太原建设"等社会热点问题和市委市政府中心工作解读的专题,对党的十八届五中、六中全会精神、"一带一路"建设、供给侧结构性改革等重大决策及省、市十一次党代会精神等,都组织教师研读原文、认真讨论、精心备课,让这些重要精神及时进入党校课堂。注重发挥党校优势,走出校门开展宣传解读,党校教师全年应邀在校外辅导讲座累计200余次。

四是加强教学方式方法的创新。在教学方式上,注重师生互动。增加研讨式、案例式、体验式、情景模拟式教学等专题课的比例,引导学员关注和思考"群体性事件的舆论引导"、在"为政访谈""新闻发布会"模拟教学上体验不同岗位所需要的素质与能力,在工作交流、小组讨论中发表自己的意见和建议,实现教学相长;在教学组织上,鼓励联合攻关,发挥集体力量。以教研部为单位选派骨干教师参与各主体班学习的全过程，从报到第一天按照课题划分学习小组开始，引导学员开展社会调研、学员论坛、完成“五个一”学习考核任务等。以学科互补为原则引导教师跨教研室、教研部合作，先后开发了玉泉山环保现场教学、牛驼寨党性现场教学、城中村问题结构化研讨等课程。不仅提高了教学针对性实效性，更重要的是改进了教师作风，锻炼了队伍能力。

五是注重教研人员的培训。严格政治要求，认真遵循“学术研究无禁区，讲坛论坛有纪律”的原则。注重学术氛围的营造，促进教师学习制度化，坚持周二继续教育，组织教师集中学习中央省市精神，研究讨论教学问题。加强集体备课，增加了教师间的讨论交流，强化了教师的责任感，促进了教学质量提高。先后选派30多名教师到中央党校、国家行政学院、省委党校和延安干部培训学院等院校参加培训学习。注重教学理论研究，在第五次全省党校系统优秀教学研究成果评选中，市委党校教师分别获得一、二、三等奖，在第四届全省党校行政学院系统教师赛讲中，党校教师获二等奖和三等奖。 （霍永刚）

【发挥科研支撑作用，提升科研水平】 2016年，市委党校围绕发挥科研支撑作用，努力提升科研及咨询水平。一是加强基础理论研究。强化党的理论教育，必须首先抓好党的理论的学习研究。市委党校坚持把马克思主义中国化最新成果作为理论学习研究的中心内容，把马克思主义经典著作作为重要内容，抓好马克思列宁主义、毛泽东思想的学习研究。通过学习研究努力系统掌握马克思主义基本原理和立场观点方法，提高分析和解决实际问题的能力。抓好中国特色社会主义理论体系的学习研究，把习近平总书记系列讲话作为重中之重，加强对习近平总书记系列重要讲话精神研究，加强对“四个全面”战略布局等内容的研究。进一步增强学术意识，具体围绕中国特色社会主义理论、党建理论、战略思维、哲学思维、公共管理、经济管理、社会管理、文化管理等内容进行研究探索。为推进党的理论进教材、进课堂、进学员头脑，为提高党校教学质量打下了较好基础。努力运用《中共太原市委党校学报》等阵地加强马列主义理论和中央省市重大决策的研究宣传。

二是加强重大现实问题研究。及时跟进中央、省委重大决策部署，聚焦市委、市政府的重大决策和社会热点难点问题，开展调查研究，积极建言献策，发挥党校智库作用。紧抓“点题”任务，完成了市委主要领导和其他领导交办的课题，先后围绕城中村改造、干部作风建设和基层党建工作等涉及太原改革发展的重大问题开展了研究，为领导决策提供参考。积极开展市情研究，围绕太原推动转型升级、创新发展的战略，结合贯彻省市十一次党代会精神，鼓励教研人员积极申报山西哲学社会科学规划课题、山西社科联课题、山西省软科学课题、山西省委党校行政学院课题、太原市社科联课题等，2016年市委党校承接了《山西加快推进第三产业发展研究》《太原推进“五城联创”发展对策研究》《加快供给侧结构性改革，推动太原市实施“五个一批”发展研究》等16项课题，为市委市政府提供了参考。党校教师积极参与太原市党建研究会、双拥理论研究会、法学会、发改委等部门的课题研究，在决策咨询方面发挥了作用。

三是推进全市科研统筹工作。加强对基层党校科研工作的指导，积极搭建平台，统筹科研力量。大规模组织县区（市）党校开展课题研究，其中，在申报全省党校行政学院系统课题中，县区（市）党校立项6项，在全省党校行政学院系统纪念建党95周年理论研讨会上县区（市）党校8篇论文获奖。组织召开全市党校系统科研工作推进会，为县区（市）党校党校科研骨干讲解科研工作的重点和科学的科研方法，对全市党校系统教研人员联合开展科研攻关进行研讨，为搭建党校系统科研工作的一体化平台进行了成功尝试。

为贯彻落实全国、省市党校工作会议精神，落实《中共太原市委关于加强和改进新形势下党校工作的实施意见》，7月中旬组织召开全市党校系统主管教学工作的副校长、教务部门负责人会议，对县级党校办学条件、师资队伍、教学培训、学校管理等方面进行全面调查摸底，对教学统筹问题，县级党校主体班次课程设置、教学形式、教学方法、教师配备等进行讨论研究，起草《太原市党校系统秋季学期举办主体班的指导方案》，对课程设置、教学形式、延伸培训等内容提出了明确指导意见。 （霍永刚）

【改善办学条件，加强管理和建设】 以党的建设为引领，加强各项管理，提高队伍素质。校委班子认真落实党建主体责任，以深入开展“两学一做”学习教育为契机，精心组织支部党员特别是中心组的集中学习、专题讨论，倡导边学边做、学用结合。努力增强党员的总体素质，发挥支部在实现全校中心工作中的战斗堡垒作用。坚持抓“三会一课”制度落实，深入开展“四讲四有”专题讨论，开展习近平总书记系列重要讲话学习，特别是反复学习研读习近平总书记在全国党校工作会议上的讲话，开展《党章》、理想信念和增强党性的学习教育，加强了教职工的思想作风建设，强化了党校姓党意识，增强了作为党校工作者的自豪感和责任感。

加强校委班子建设。认真执行民主集中制，坚持集体领导和个人分工负责有机结合，重要事项充分沟通，集体决策，日常事务分工管理，相互支持、配合、理解，形成工作合力。严格按照《党政领导干部选拔任用工作条例》，开展干部选任工作。严格党内民主生活，坚持双重组织生活，认真开展批评和自我批评，力求讲真话、交真心，加强团结。认真组织学习中央和省市委关于党风廉政建设的指示要求，完善相关的制度，促进廉政建设。加强法治教育，制定具体方案和措施，增强法治意识和依法办事的自觉性。认真履行“一岗双责”，保持廉洁自律。

加强日常管理和各项基础性工作。坚持开源节流并重，加强财务管理，厉行节约、勤俭办事，为工作的顺利运行和职工福利的改善提供了保障。认真开展固定资产清查，规范了资产管理。增加资金投入，加强组织动员，认真开展精准扶贫工作。加强教育，完善措施，落实责任，加强了校园安全工作。落实待遇、丰富活动、热情服务，加强了老干部工作。积极开展文明创建工作，发挥工会等群团组织的作用，组织了春季健步行、教师节篝火晚会、迎新年联欢会等活动，丰富职工文化生活，增强校园活力。加强环境整治，进一步美化、净化、绿化校园，保持“太原市园林标兵单位”荣誉。

加强后勤服务，努力改善办学环境。全面完成了综合教学楼改造，精心完善设计、精心组织监理、精心选定设备，以工匠精神对待改造建设、功能定位、设备选择等各个环节，顺利完成了3号楼报告厅、教室、讨论室、综合阅览室、会议室等改造工程，完善了教学设施，改善了办学条件和环境。全面开展了校园综合整治，全市党校工作会议后，市委明确要求清退出租房屋、清除临时建筑。党校以坚决的态度、有力的措施，推动此项工作。做了大量的协商沟通、说服教育工作，取得显著的成绩。到年底，60多家出租单位已清退95%，2000多平方米的临建已清除90%，净化了校内外环境。

（霍永刚）

信访工作

【概述】 2016年，在市委、市政府的坚强领导下，在“一个指引、两个走在前列”重大思路和要求的指引下，市信访局领导班子团结带领全局干部职工认真贯彻落实市委、市政府决策部署，迎难而上、主动作为，取得“四下降一好转”(信访总量、进京非访、赴省集体访、赴市集体访同比全面大幅下降，信访形势继续好转)的优异成绩，为维护省城社会稳定作出了突出贡献。G20峰会期间实现赴杭“零上访”，市信访局被国家信访局评为“二十国集团(G20)领导人杭州峰会信访工作先进集体”受到嘉奖，获此荣誉的全国仅有5个单位，这也是太原市信访工作有史以来获得的最高荣誉。 （李 佳）

【业务工作】 2016年，市信访局围绕年初制定的工作目标，进一步强化政治意识、大局意识，理清工作思路，制定切实可行工作措施，突出抓好重点难点，工作总体水平进一步提升，信访部门公信力进一步提高。

加大积案化解减存量。始终以“一交办三治理” 活动和重大不稳定因素化解工作为重点，起底超期未办结重复访疑难问题，通过组织召开协调会（210余次），向市政府专题请示(100余件次，提出可行性建议300余条)等形式，综合运用法律、行政、经济等办法推动化解。中央、省、市三级交办案件全部提交市委常委、副市长、法检两长包案化解，一案一组、一案一策，认真落实“三到位一处理”的要求，确保案结事了，人服气、不反弹。出租车车辆更换、民贤中学资金链断裂、4050公益性岗位安置等重大疑难信访问题得以妥善解决。省“一交办三治理”共交办太原市重点信访案件68件，化解67件，化解率99%；市本级全年累计排查交办重大不稳定因素577件，化解509件，化解率88%，涉及约7.5万人，金额约17.2亿元。

强化源头治理控增量。聚焦事关群众切身利益的突出矛盾纠纷，抓住经济下行压力下出现的新矛盾、新问题，进一步压实属地和首办责任，综合运用人民调解、司法调解、行政调解等手段，坚持“三位一体”，超前主动做好理顺情绪、化解矛盾的工作，及时就地化解了兴华街精品商城120名商铺业主租赁费纠纷、翡冷翠餐饮集团管理有限公司拖欠几百家供货商货款、杏花岭区马道坡街某小区要求接通集中供热等一大批矛盾纠纷。全年市本级共受理初信、初访、初次网上投诉1470件，到期办结1470件，办结率100%，信访部门群众满意率97.84%、责任单位群众满意率97.68%。市、县两级累计排查矛盾纠纷27655件，成功调解(化解)26746件，防止群体访337件。

继续抓好进京非访治理。将进京非访治理摆在全年工作重中之重的位置上，加强预警，强化稳控，从源头上切实减少进京非访；快速反应，及时劝返，坚决防止进京正常访转非访；抓住法制教育的有利契机，加大非访人员登记前劝出力度(全年共劝出197人次)，有效控制非访形成量；对已登记的进京非访，逐人逐案落实“四个责任”(化解、稳控、依法处置、责任追究)，严格杜绝重复进京非访。全年累计发生进京非访157人次，同比大幅下降70.2%，首次退出全省第二位，实现历史突破。

全力做好省市党政机关门前治理。继续选派精兵强将在省委、省政府，市委、市政府值守，第一时间掌握情况、控制事态。对每一起赴省、市上访，及时劝离，迅速交办责任单位化解，对组织者、挑头人逐一落实“五包一”稳控责任，有效遏制重复上访。发挥省会城市应有的作用，主动承担其他外地市赴省上访人员收置分流任务，切实保障省委、省政府党政机关正常办公秩序。全年共分流1670人次，其中，外地市792人次。

切实搞好信访保障。每逢重大活动、重要会议，精心组织、超前谋划，进一步明确各级各部门工作职责，落实重点群体和重点人稳控措施。全国“两会”、十八届六中全会期间，均由局主要领导带队在京指挥劝返处置工作，博鳌亚洲论坛、北戴河暑期和G20峰会期间组成专门的工作组赴海南省、北戴河、杭州市开展工作，圆满完成了京外重大活动信访保障任务，把住了最后

一道防线。 （李　佳）

【机制体制改革】 2016年，市信访局着力打造阳光信访。在2015年开通市县乡三级信访信息系统和市县两级网上信访投诉平台的基础上，又开通了市县两级微信和手机APP平台，群众网上信访渠道进一步畅通；规范信访信息系统深度应用，把受理、转送、交办、送达、录入、督办等关键环节全部纳入网上办理，并作为刚性要求和规定动作落实到位。

着力打造法治信访。按照十八届四中全会提出的“把信访纳入法治化的轨道”的要求，在市、县两级信访部门强力推行政府购买服务模式，聘请专业律师事务所作为法律顾问团队，积极参与到信访形势分析、法律咨询服务、信访接待、信访事项化解、制度建设等工作中来。大力推行通过法定途径分类处理信访诉求工作，督促市、县两级及时梳理公布法定途径，分类解决群众诉求清单，并将33个市直单位清单汇编成册。

着力打造责任信访。为彻底解决“出现信访问题可以不担责、办理信访问题可以不负责、造成严重后果可以不问责”的情况，大胆创新，提出了量化督查的新思路，并付诸实践。即通过数字化、定量化、定案化的督查，将各县(市、区)、市直各部门信访工作放在一个平台上，用一把尺子度量，实现了督查结果的可量化、可查证、可对比。通过对督查结果进行量化排序，彰先进、督后进，明差距、互借鉴，有力地促进了工作。这一做法得到了省联席办的高度评价，《人民信访》《山西信访》都刊发了太原市经验做法。

（李　佳）

【党建工作】 2016年机关支部在局党组的正确领导和支持下，围绕全局工作中心，谋划局机关支部的工作。坚持党要管党，主要领导亲自抓，分管领导具体抓，科学设定党建工作目标体系，及时完成机关支部换届；坚持用习近平总书记系列重要讲话和党的一系列重要会议精神武装全局干部职工，强力推动中央和省、市委对信访工作的决策部署落地生根；精心组织“两学一做”学习教育，坚持“学”为基础，“做”为关键，“问题”为导向，“经常性教育”为特点，深入开展作风建设专项行动，找问题、剖根源、抓整改；组织全体党员赴娄烦县静游镇井子村开展“一对一”结对扶贫，截至年底，59户(145人)已实现脱贫；选派2名党员干部入企服务。

认真学习贯彻党的十八大、十八届四中、五中、六中全会和省委十届七次、省市第十一次党代会会议精神，深入学习贯彻习近平总书记系列重要讲话精神，自觉学习党章党规，切实增强干部职工的政治意识、大局意识、核心意识、看齐意识。抓好中心组和党员干部的理论学习。2016年局党组中心组集中学习11次，党员干部学习10次，召开支委会11次，支部大会4次。为搞好学习，给每位党员干部职工购买《中国共产党廉洁自律准则》《中国共产党纪律处分条例》《党的十八届五中全会<建议>学习辅导百问》《全面小康热点面对面》等学习书籍。强化党组中心组在学习中的示范引领作用，领导干部带头作专题辅导、搞宣传。严格落实中心组集中学习有关规定。抓好党员干部教育培训，积极组织广大党员开展在线学习。

扎实开展“两学一做”学习教育。制定实施方案，按计划有序开展。及时召开动员会，组织开展了“四讲四有”四个专题讨论。采取自学、集中学习、领导讲课、专题研讨、现场教学等灵活多样的形式，7月份在全局开展“党员带头，进一步搞好化解一批重大不稳定因素和一交办、三治理工作”为主题的党员先锋行实践活动，要求全体党员干部职工要学用结合、知行合一，突出“学作风”特色，引导党员增强党的意识、党员意识、党章党规意识，引深学习教育成效。

机关党支部建设。加大《中国共产党和国家机关基层组织工作条例》的贯彻执行力度，重点抓好新一届支部学习贯彻《条例》的学习教育。认真开展贯彻落实《条例》自查整改。强化党建工作责任制。完善党组书记总负责、分管领导分工负责、机关党支部推进落实、处室(中心)负责人“一岗双责”的党建格局。开展党员组织关系集中排查工作。通过集中排查，进一步加强党员组织关系管理的薄弱环节，全面提升党员队伍思想政治素质，保持党员队伍的先进性和纯洁性，为深入开展“两学一做”学习教育做好组织准备，提供坚强的组织保证。

加强党费收缴、管理和使用工作。抓好《关于加强基层服务型党组织建设实

G20峰会期间，市信访局被国家信访局评为“二十国集团(G20)领导人杭州峰会信访工作先进集体”

施意见》和《关于加强市直机关服务型党组织建设的若干意见》的贯彻落实，抓好机关联系基层、干部联系群众的“双联系”工作和在职党员到社区服务群众工作，选派优秀同志担任娄烦县静游镇井子村第一书记，实行党员干部包户：领导干部包3户，中层干部包2户，普通干部包1户的精准扶贫工作，分三批次组织党员干部分别进村入户进行扶贫。

加强机关党支部规范化建设。根据处室调整按照方便工作的原则及时调整了了党小组成员。发挥党支部的战斗堡垒作用和广大党员的先锋模范作用，完善处长(主任)一岗双责机制，完善支部记录本登记制度，落实“三会一课”制度，不断提高党内政治生活的政治性、原则性、战斗性。

认真贯彻落实《关于加强市直机关基层服务型党组织建设的若干意见》，进一步加强和规范机关党支部建设。严格党内政治生活，推进“联述联评联考”工作，党支部活力得到进一步提升。协助党组认真落实《党委(组)意识形态工作责任制实施办法》，加强对意识形态的领导。持续推进社会主义核心价值观建设，抓好先进典型的挖掘、培养和上报工作，2016年推荐上报局机关支部为省表彰优秀基层党组织候选单位。推荐上报王连成为山西省第四届人民满意公务员和山西省优秀共产党员候选人，并制作王连成先进事迹专题片，推选杨同肖为山西省最美信访干部候选人。以建党95周年为节点，组织开展弘扬支前精神、践行“两学一做”的主题红色教育活动，机关文化建设成效明显。

局党组高度重视精神文明建设。分别成立局精神文明建设领导小组、文明单位创建领导小组、文明城市创建领导小组。制定精神文明建设工作方案。机关支部主动开展各项创建活动档案积累整理工作，取得明显成效。通过市文明办关于2014年-2015年文明单位的验收。结合实际开展以文明礼仪、文明接待为主要内容的文明处室竞赛活动。职工网上志愿者注册率达到90%以上。规范了志愿服务工作8项制度。重视和组织开展未成年人思想道德建设工作。向中小学生捐赠20套《青春防线》教育专题片。

组织全市116名信访干部到浙江大学培训学习，开阔视野，提高能力和水平。积极发挥青年干部锻炼基地作用，由市委组织部选派两批25名锻炼干部在信访接待一线经受磨炼，提升群众工作能力和水平。（李　佳）

【党风廉政建设】 2016年，市信访局党组坚持把党风廉政建设工作作为全年工作重中之重，与业务工作同安排、同部署，制度的笼子进一步扎紧，作风转变已由高压下的“不敢”内化为思想上的“不能”和信念支撑的“不想”。

以从严治局为重点，扎实抓好党风廉政建设和反腐败工作。制定《中共太原市委太原市人民政府信访局党组工作规则》，进一步明晰局党组的主体责任，局监察室的监督责任。认真履行“两个责任”，坚持把学习贯彻《中国共产党廉洁自律准则》《中国共产党纪律处分条例》融入信访业务工作的各个环节，及时开展警示教育、案例教育和提醒谈话，大力营造遵章守纪的良好政治生态。在点多面广、人员高度分散的情况下，全年未发生一起违反政治纪律、组织纪律、群众纪律现象。坚持“三重一大”集体决策制度，认真落实中央“八项规定”精神，厉行勤俭节约，“三公”经费继续下降。

认真落实党风廉政建设制。细化任务，研究制定配套措施，责任到人。主要领导切实担负主体责任，其他班子成员认真履行“一岗双责”。深入开展收受红包、购物卡和礼金专项整治，切实加大治庸问责力度，大力营造勤奋努力、崇尚实干、狠抓落实的良好氛围。严守政治纪律和政治规矩。局党组以上率下，严格遵守党的政治纪律和政治规矩。从严肃纪、从严执纪，全年无一人发生违法违纪行为。（李　佳）

精神文明建设

【概述】 2016年，市文明办在市委、市文明委的领导下，完成中央文明委、中央文明办、省文明办、市委、市文明委和市委宣传部交办的各项工作任务，完成全国文明城市迎测工作，完成年初制定工作任务。

始终坚持把思想政治建设放在首位，以“两学一做”学习教育为契机，认真学习了党的十八大和十八届三中、四中、五中、六中全会精神，习近平总书记系列重要讲话精神和治国理政新理念新思想新战略，坚持用讲话精神武装头脑、指导实践、推动工作；认真学习省委第十一次党代会精神和省委书记骆惠宁来太原调研时重要讲话精神等，深刻理解省委“一个指引，两手硬”的重大思路和对太原市提出“两个走在前列”的要求；认真学习市第十一次党代会精神和市委书记王伟中在市委常委会上重要讲话精神，深刻领会市委市政府工作思路，全面完成好市委市政府交办的各项工作任务。认真落实“三会一课”、中心组学习等制度，运用集中学习、交流研讨和网上在线自学等方式，将政治理论、法律法规和业务知识贯彻学习教育始终，全力打造学习型机关。全年中心组学习12次，专题研讨4次，班子成员的思想理论素质进一步提高。（办公室）

【实施道德文化建设工程，推进核心价值体系建设】 2016年，市文明办在社会主义核心价值观落细落小落实上持续发力。将社会主义核心价值观融入《太原市“十三五”时期精神文明建设规划纲要》。下发《太原市2016年精神文明建设重点工作安排》，对全市践行社会主义核心价值观进行了全面部署。扎实推进道德讲堂、善行义举榜工作，全市建有道德讲堂近千个，善行义举榜1058个，社会主义核心价值观宣传阵地不断扩大。拟定《太原市民文明公约》并在全市广泛发布5万余张，提升广大市民对市民文明公约的知晓率；选派选手参加山西省践行社会主义核心价值观演讲大赛并获三等奖；文明网制作的微电影核心价值观宣传片《天使在人间》，荣获中宣部三等奖，市文明办获优秀组织奖；在太原广播电视台新闻综合频道开办大型访谈节目《家事家风》，已播出26期，得到社会各界和人民群众的广泛好评和热烈反响，中纪委网站12月19日以《山西太原开播访谈节目<家事家风>传递廉洁正能量》为题进行了报道；组织开展“文明礼仪教育养成行动”，在全市招募文明礼仪讲师志愿者180名，通过专家培训、试讲，最终择优选用47名在全市机关、企(事)业单位、学校、社区等进行宣讲，共宣讲上千场。

坚持不懈抓好“讲文明树新风”公益宣传。制定下发了《2016年太原市创建全国文明城市工作宣传方案》和《关于深入开展“讲文明、树新风”公益广告社会宣传的实施方案》，在全市重点路段、重要场所利用道旗、LED电子显示屏及公交电视屏、宣传栏等社会媒体大张旗鼓地宣传社会主义核心价值观、“讲文明树新风”等内容。2016年，太原日报刊登公益广告105个整版，太原广播电视台共播发公益广告1338小时，200个建筑围档发布公益广告66886平米，道旗发布1500多组，在全市营造出了浓厚的社会宣传氛围。拓宽公益广告宣传的力度和领域，与太原广播电视台联合开展了“讲文明树新风”电视公益广告作品征集活动，征集作品16部，获奖8部；与市城镇联社联合开展了晋阳颂太原市优秀工艺美术作品评选活动，近万名省内外院校师生和30多万人次市民参与。市文明办获得了国家网信办主办的中国好网民公益广告设计活动优秀组织奖。

潜心培育抓道德模范建设。一是“树”模范。积极向省文明办推荐第六届山西道德模范候选人，其中，李鲜芳、张国全2位同志入选。二是“扶”模范。利用传统节日组织慰问道德模范；开展文明单位与生活困难道德模范结对帮扶活动；通过摸底排查，筛选出5位生活困难道德模范，拟在道德模范与身边好人现场交流活动中给予每人3万元帮扶资金。三是“学”模范。运用新闻媒体、文艺作品、电视等多种形式，大力宣传各级道德模范的先进事迹；组织道德模范进机关、进企业、进社区、进学校等，开展“道德模范基层巡讲”30余场，受教育人数近万人。

精心部署抓“我们的节日”主题活动。春节、元宵节组织开展迎新春灯展会等传统民俗文艺表演、晋剧惠民演出、送楹联等活动；清明节组织开展中华经典诵读大赛，30个单位参赛，12个单位获奖；开展鲜花祭奠、网络祭扫、家庭追思会等文明祭扫活动，参加人数达11.98万人；重阳节组织开展敬老爱老主题宣传活动、助老爱老为老志愿服务活动、慰问救助百岁老人活动、合唱戏曲文化展演活动等。真正把传统节日和重要纪念日办成爱国节、文化节、仁爱节、传承节。

增强文明旅游意识抓社会风尚培育。成立文明旅游行动小组，定期召开联席会议，研究部署各个节点的文明旅游工作；将文明景区创建和文明旅游结合起来，培育文明旅游观念；加强旅游行业自律，加大国内外旅游《公约》《指南》的宣传普及力度。

扎实抓好网上文明创建。全年收到各级文明单位报送网上信息4119篇，发布创建信息1200条。中国文明网联盟总站采用180条，信息报送工作继续保持全省第一，考核排名一直位居全国第一梯队。网上内容更加丰富。继续承建中国文明网“文明游戏厅”栏目，共设计制作27个网上文明游戏，作为“一站一品”特色栏目在中国文明网上进行重点宣传。开展了“家风故事”“妈妈厨房”等系列征文活动，近千人投稿，选取优秀征文在微信公众平台定期刊发。利用微信公众号，组织开展“身边好人”网上投票活动。网络文明传播志愿者队伍运用微博、博客和微刊，微活动、微话题和微点评等形式，撰写了大量的评论文章，被中国文明网采用45篇。开展了“感谢您为生命让路”活动等丰富多彩的网络文明传播志愿者活动10余次，开拓了新渠道，传播了正能量，引领了正风气。　（办公室）

【开展全国文明城市创建工作，完成创建年度测评】 2016年，市文明办全力以赴抓好创城“迎测”的各项工作。一是对《全国文明城市测评体系(2015版)》的3大版块、12个项目、90项内容、188条标准进行了任务分解，具体细化到92个责任部门。二是对全市各责任单位的分管领导和具体承办人就全国文明城市资料网上申报工作进行培训，明确标准和具体上传格式要求。三是完成全国文明城市、全国未成年人思想道德建设工作先进城市审核资料的收集、整理、归档和网上报送工作。2016年，共上传规范性文件104份(文明城市53份，未成年人思想道德建设先进城市51份)，说明报告222份(文明城市154份，未成年人思想道德建设先进城市68份)，实景图片521张(文明城市461张，未成年人思想道德建设先进城市60张)，统计表格24个(文明城市21个，未成年人思想道德建设先进城市3个)，征求省级主管部门意见26个。四是加大实地督导力度，从全市抽调28名政治素质高、业务能力强的工作人员组成实地督查督导组，对全市公共环境、公共秩序、公共文化、商场超市、窗口单位、街道社区进行督导，发现问题，现场下发《太原市创建全国文明城市“挂牌督办”通知书》，限时24小时整改到位。从12月2日到13日，共督查路段471处，单位141个，公交站点13个，街道社区45个。督查出环境卫生、宣传氛围等公共部分问题643个，个性问题265个，下发书面督办通知单115份，整改问题550个。五是通过第三方(城调队)对全市2万余名群众进行了问卷调查，提高了创城知晓率、支持率和参与率。

（办公室）

【实施文明创建提升工程】 2016年，

市文明办全面深化抓文明单位创建。制定下发《太原市2014—2015年度文明单位创建测评细则》,加大文明单位参与创城工作的分值;根据《关于对申报2014—2015年度群众性精神文明创建活动先进典型进行测评考核的通知》,按照“动态管理,量化考核,总量控制,保证质量”的原则,采取单位申报、择优推荐、逐级考核、征求意见、社会公示的办法,对全市2014—2015年度文明单位(标兵)进行考核,考核分为单位自查、集中考核两个阶段。单位自查阶段,各文明单位(标兵)对照《测评细则》,对一年来的创建工作进行总结,形成书面自查报告报市文明办。集中考核阶段,市文明办分10个小组对全市121个新申报文明单位(标兵)进行检查验收,并对已进入文明单位(标兵)的单位按照30%的比例进行了抽查,考核采取听汇报、查资料、看现场、与干部职工座谈、考核测评等方式进行。通过审查和征求相关部门意见,经市文明委审批,最终评定出522个文明单位标兵,401个文明单位,94个文明村(镇),150个文明社区。对创建工作不扎实、没进展,参与市里活动不积极、不能发挥示范带动作用和发生重大问题的单位,分别予以警告、降级、撤销荣誉称号的处理。

城乡共建、结对共建抓文明村镇、文明家庭创建。推进以美丽乡村建设为主题的农村精神文明建设,用新理念引领新发展。充分利用村院围栏、文化广场、公共宣传栏、善行义举榜等宣传阵地,大力宣传社会主义核心价值观、村规民约、道德模范先进事迹和农村移风易俗等新风尚;与市农委联合下发《关于进一步做好“星级文明户”创建评比活动的指导意见》,与市妇联联合下发《关于深化家庭文明建设的意见》,2016年共评选出各类文明户、文明家庭500户;组织开展文化科技卫生“三下乡”活动;充分发挥文明单位的优势,不断加强结对共建社会主义新农村工作,让广大农民群众共享创建成果,推动农村物质文明与精神文明协调发展,努力实现乡风民风美起来、人居环境美起来、文化生活美起来。

(办公室)

【推进志愿服务和诚信建设工作】 2016年,市文明办注重提升志愿者注册率。升级改版“太原市志愿者服务信息管理平台”,推出太原市志愿者网络系统、微信公众号系统和手机APP系统,并举办志愿服务信息网络系统培训班,已注册志愿者12万余人,志愿服务组织1500余个,推动全市志愿服务工作走上信息化管理轨道。

加大考核分值。将志愿服务工作内容纳入市直各部门、各县(市、区)年度目标责任制考核工作之中,纳入文明单位、文明村镇、文明社区、文明家庭、文明景区、文明校园测评细则中,加大志愿服务工作的考核分值。

规范志愿服务工作站建设。出台《太原市学雷锋志愿服务工作站建设标准(试行)》,以建设标准化的志愿服务工作为目标,在全市筛选了7个公共服务站点(五一广场、西客站、晋祠博物馆、高新区、武宿机场、太原火车站、太原南站)做为示范点进行打造,并在全市进行推广。

开展专业性志愿服务活动项目。与市民政局联合开展全市优秀社会志愿服务项目推介会,经过向社会征集、层层筛选、项目辅导、推介对接等环节,共推出7个全市优秀社会志愿服务项目,全部参与了社会企业认购活动;市社会志愿服务交流协会开展的“废旧衣服书本回收箱”项目,已在全市168个单位的521个小区投放了769个,整理捐赠新衣服718件,清洗消毒后可穿衣服1507件,可读书籍502册,已全部捐赠;由“小桔灯爱心联盟”志愿服务组织在全市发起的关爱环卫工人爱心项目,募集保温杯和保温饭盒行动,共募集款物达100多万元,帮扶环卫工人近3万人,爱心联盟单位及社会爱心团体已经超过80多家,上万人积极加入该公益活动,被授予“全国最佳志愿服务活动项目”。

开展星级评定。与市民政局联合下发《关于评定学习宣传星级学雷锋志愿服务组织和志愿者的通知》,通过推荐、审核、评委会评选、公示等环节,最终评定出五星级学雷锋志愿服务组织10个,四星级组织13个,五星级学雷锋志愿者20名,四星级志愿者12名,并举办了太原市志愿服务交流答谢会。

切实推进诚信建设工作。制定下发《太原市文明委关于推进诚信建设制度化的补充意见》,安排全市推进诚信建设制度化工作,将深入开展诚信践诺活动列入文明单位测评细则并加大考核分值,切实推进诚信建设工作。在主要交通干道、公交车媒体发布平台公布失信被

习近平总书记接见全国双拥模范城(县)命名暨双拥模范单位和个人代表

执行人的姓名、照片、身份证号、失信内容等信息，警示教育效果明显。

加强公民道德建设。为进一步加强公民思想道德建设，有效提升市民的文明素质，在做好宣传、教育、引领的同时，积极探索用法律约束行为的办法，向市委提交了拟制《太原市文明行为促进条例》的意见，已报市委批转市人大，有望出台文明立法条例，来规范市民的的文明行为。（办公室）

【实施未成年人成长关爱工程】 2016年，市文明办以“做一个有道德的人”为主题，在重要时间节点开展中国梦主题教育实践活动，清明节开展“网上祭英烈”活动，引导广大未成年人铭记革命先烈光荣事迹；以庆祝中国共产党成立95周年为契机，开展童心向党歌咏活动，传唱歌颂党、歌颂祖国、歌颂中国梦的优秀歌曲，并遴选出5组歌曲推荐到省文明办；以庆祝新中国成立67周年为契机，组织未成年人在网上向国旗敬礼并进行签名、寄语，共有60余万人次参与；组织优秀童谣征集活动，共收到近300首，经过专家评审，最终评出一等奖10首，二等奖20首，三等奖30首，优秀奖50首。

净化社会文化环境。联合文化、公安、工商等部门，加强对网吧、学校周边和游戏场所的督查力度，取缔无证经营书刊、音像制品店、游商、地摊等。结合“创城”工作，规范校园周边经营秩序，为未成年人健康成长创造良好社会环境。

做好青少年活动场所建设工作。积极争取中央彩票公益金支持乡村学校少年宫建设项目，建成市级乡村学校少年宫100所；挂牌成立太原市未成年人社会实践教育基地4所，各县（市、区）全部建立了太原市未成年人心理健康辅导县区分站，初步建成了市—县（市区）—学校（社区）—班主任四级未成年人心理健康教育网络，并组织全市各心理辅导站心理辅导教师开展心理辅导教育宣传活动，提高全市未成年人的心理保健意识。承办了山西省未成年人心理健康辅导骨干培训班现场会和山西省乡村学校少年宫建设项目骨干培训班现场会，太原市心理健康教育和乡村学校少年宫建设工作经验在全省推广。（办公室）

【领导班子和队伍建设情况】 2016年，市文明办结合“两学一做”学习教育，进一步强化干部队伍特别是党员队伍的思想作风和能力建设。建立完善了学习教育机制，把干部的思想政治教育和党风廉政建设纳入重要议事日程，做到了统一部署、统一检查、统一考核，有效地推进了党员教育工作的深入开展；严格落实“三会一课”、中心组学习制度和领导授课制度等，进一步强化党员的党性观念和宗旨意识；通过开展党员干部警示教育、党员组织关系集中排查工作、补交党费工作和亮明党员身份活动等，进一步提升党员的身份意识、责任意识和干事创业意识；组织全体干部参加了市直工委举办的“健步行”活动，进一步增强了党员的团结意识和凝聚力；组织党员参加“慈善一日捐”“博爱一日捐”等慈善活动，进一步激发党员向上向善的道德修养；继续做好双拥工作，进一步体现军民鱼水情。定点扶贫阳曲县扫峪村，选派年轻干部担任第一书记，结对共建，精准帮扶贫困户27户，75人。协调省市有关部门和单位，种植经济作物123亩，帮助贫困户销售豆角4000斤。投资21.96万元改造村里道路533.5米，安装太阳能路灯27盏。对村里文化设施进行了改造、修缮，受到村民的拥护和称赞。“七一”期间，组织全体党员参观了武乡八路军纪念馆，接受红色文化熏陶，开展“重温入党志愿，重温入党誓词”主题党日活动。全体党员积极践行“四讲四有”，争做合格党员，形成了领导班子团结有力、中层干部奋发争先、普通党员紧紧跟随的可喜局面，干部队伍的战斗力明显增强。

市文明办认真贯彻党风廉政建设责任制，着力落实“两个责任”，严格执行“八项规定”精神，坚决反对“四风”，持之以恒加强作风建设，落实好全面从严治党的各项要求。一是健全“一把手负总责，班子成员分工负责，一级抓一级、层层抓落实”的党风廉政建设工作机制，出台了《市文明办关于党风廉政建设的实施方案》《市文明办关于落实党风廉政建设“两个责任清单”》，并认真贯彻落实执行；二是坚持民主集中制，“三重一大”事项全部上主任办公会研究；三是将法治建设融入文明创建全过程，领导带头学法，尊法守法，认真用法，运用形式多样的创建活动推动法治建设；四是领导班子认真落实“一岗双责”、《廉洁自律准则》和中央“八项规定”，切实改进文风、会风，深入基层开展调研，公开“三公”经费支出情况；单位主要负责人和班子成员认真执行个人重大事项报告和婚丧嫁娶报告制度，自觉培养健康的生活情趣，抵制各种不正之风的侵蚀，全年全办没有违纪违法的行为发生。（办公室）

党史研究

【概述】 2016年，市委党史研究室深入学习习近平总书记系列重要讲话精神，特别是关于党的历史和党史工作的重要论述，认真学习贯彻党的十八届五中、六中全会及省、市第十一次党代会精神，认真贯彻全国全省党史研究室主任会议精神，坚持“一突出、两跟进”，围绕中心、服务大局，突出抓好党史研究，大力推进党史宣传教育，扎实开展“两学一做”学习教育，较好发挥党史工作以史鉴今、资政育人的作用，各项工作取得了新进展。

（孙生杰）

【党史研究】 2016年，市委党史研究室按照中央和省市委部署要求，突出社会主义时间段的太原地方党史研究，推进党史重大专题研究和执政实录编写工作。一是编撰出版《奠基太原工业——156项目在太原》。对“一五”计划时期苏联援建156项目的重大历史事件进行专题研究，系统整理落户太原11项重点工程选址、勘察、设计、施工、安装、投产各个阶段的情况。该书对于了解太原曾经的辉煌、增强城市历史自信、文化自信有积极的价值和意义。二是整理编辑《执政太原日记2015》，以日记体的形式记录中国特色社会主义在太原的生动实践。全书以编年体为主，适当结合纪事本末体，以时间先后为序，逐日排列史事，记述当天发生的大事。三是完成《抗日战争时期山西省人口伤亡和财产损失课题调研成果·太原卷》修定上报工作。组织人员对该书进行充实、修改和完善，并按要求上报省委党史研究室。该书作为抗日战争时期人口伤亡和财产损失调研丛书的B系列，将由中央党史研究室审核后统一出版。四是组织开展课题研究。室课题组在太原日报发表了《雄关漫道真如铁——中共太原历史述要》，系统梳理了中共太原90多年的光辉历史及形成的革命精神。（孙生杰）

【党史宣传教育和纪念活动】2016年，市委党史研究室围绕纪念中国共产党成立95周年和高君宇诞辰120周年两大主题，与报刊、电视、互联网等新闻媒体密切配合，组织开展多种形式的党史宣传和纪念活动。与太原日报合作，在《太原日报》连续刊登12期中共太原历史大事记；在龙潭公园、汾河公园等开办以“传承革命历史，弘扬红色文化”为主题的红色文化图片专栏；配合新华社记者完成建党95周年“光辉历程”栏目《在民族危亡关头凝心聚力》专题的采写；配合山西电视台、太原电视台完成《先声》《火种》等电视专题片的拍摄；与央视数字传媒书画频道联合拍摄了电视专题片《高君宇》，专题片在人民网上线，并先后在太原、临汾等电视台播出。为积极推动党史学习，与市委组织部等部门联合转发了省委组织部等部门发出的《关于认真组织学习宣传〈中国共产党九十年〉的通知》，组织县区党史部门学习《中国共产党的九十年》并积极在基层宣讲党的历史。（孙生杰）

【党史遗址保护】2016年，市委党史研究室积极开发利用党史资源，保护革命遗址。1至7月，完成了太原解放纪念馆纪念碑浮雕内容的设计方案，参与了彭真生平暨中共太原支部旧址纪念馆《中共太原历史》布展方案的起草及审核工作，与民政局及古交市委密切协作完成了谭公强烈士墓的迁葬工作。下半年，对全市部分党史遗址进行实地调研，对晋绥八分区旧址建设进行了现场指导，答复了临汾、忻州等地部门提出的相关党史咨询。（孙生杰）

【学习贯彻全国全省党史办主任会议精神】2016年2月和5月，全国、全省党史研究室主任会议先后召开。市委党史研究室及时向市委作出汇报，并提出贯彻落实意见。经市委同意，6月15日，全市党史研究室主任会议召开。会议深入学习习近平总书记系列重要讲话精神，特别是关于党的历史和党史工作的重要论述精神，传达学习全国全省党史研究室主任会议精神，传达学习市委关于党史工作意见的精神。会议强调，要牢固树立政治意识、大局意识、核心意识、看齐意识，坚持党史姓党，创造性地把五大发展理念贯彻落实到各项党史工作之中，始终站在党和人民的立场上，记史、留史、存史、写史，争做传播红色文化的排头兵，宣传好红色精神，传承好红色基因，切实为党守卫好红色家园，修好红色家谱。各县（市、区）党史部门根据会议安排以不同形式传达贯彻全国、全省党史研究室主任会议，推动了全市党史工作的健康开展。（孙生杰）

【开展“两学一做”学习教育】2016年，市委党史研究室按照市委的安排部署，在全体党员中开展“学党章党规、学系列讲话，做合格党员”学习教育。认真学习《中国共产党章程》《党委会的工作方法》和习近平总书记系列重要讲话精神等，围绕“讲政治、有信念”“讲规矩、有纪律”“讲道德、有品性”“讲奉献、有作为”进行专题辅导，召开专题民主生活会和专题组织生活会，对照检查存在的问题和不足，开展批评与自我批评，进一步增强了班子成员和全体党员的政治意识、核心意识、大局意识、看齐意识。在规定动作不走样的同时，结合党史工作实际，突出习近平总书记关于党的历史和党史工作重要论述的学习，学习习近平总书记在建党95周年纪念大会和孙中山、朱德、万里等纪念大会或座谈会上的讲话；组织全室党员到太行八路军纪念馆参观学习，开展主题党日活动，重温入党誓词，传承革命传统，感受太行精神。通过学习教育，进一步强化班子及全室党员干部“党史姓党”的意识，增强了做好党史工作的责任感和使命感。

2016年，市委党史研究室编写的《太原：1937》一书获全省党史系统科研成果二等奖，《团的一大档案对山西的史学价值》一文入选“中共创建史与存俄档案文献学术研讨会”。（孙生杰）

太原市人民代表大会常务委员会

Standing Committee of Taiyuan Municipal People's Congress

人民代表大会会议

【太原市十三届人大六次会议】 2月24日至27日召开，会期4天。大会主席团由50人组成。吴政隆、弓跃、傅建荣、刘剑（女）、王建勋、冯晋生、梁争平、李文清、冯润春为主席团常务主席，李文清为大会秘书长。太原市出席省十二届人大代表，市人大常委会有关部门负责人，市人民政府工作部门负责人，市委所属工作部门负责人，市人民政府有关直属事业单位负责人，市人民政府驻外办事处（联络处）负责人，县（区）政府主要负责人，县（区）人大常委会副主任，市人民团体负责人，金融系统驻并有关单位负责人，其他有关单位负责人，共计169人列席会议。市政协十二届五次会议全体委员列席市十三届人大六次会议第一、二次全体会议。会议安排八项议程：一是听取和审议《太原市人民政府工作报告》；二是审查和批准太原市国民经济和社会发展第十三个五年规划纲要；三是审查和批准太原市人民政府关于太原市2015年国民经济和社会发展计划执行情况与2016年国民经济和社会发展计划（草案）的报告，批准太原市2016年国民经济和社会发展计划；四是审查太原市人民政府关于太原市2015年全市和市本级预算执行情况及2016年全市和市本级预算（草案）的报告，批准太原市2015年市本级预算执行和2016年市本级预算的报告，批准太原市2016年市本级预算；五是听取和审议太原市人民代表大会常务委员会工作报告；六是听取和审议太原市中级人民法院工作报告；七是听取和审议太原市人民检察院工作报告；八是补选太原市中级人民法院院长。（崔　佳）

常务委员会会议

【市十三届人大常委会第三十八次会议】 1月21日召开，常委会组成人员26人出席，请假10人。市人民检察院检察长周茂玉，市中级人民法院副院长韩育兵，市人大常委会副秘书长，市人大各部门有关负责人列席了会议。会议审议并表决通过了《太原市人大常委会关于接受冯少勇辞职请求的决定（草案）》；听取和审议市人大常委会副主任刘剑所宣读的《太原市人民代表大会常务委员会主任会议关于侯晓东任职的议案》，听取侯晓东同志表态发言，表决通过任职的决定，颁发任命书并组织任命人员向宪法宣誓。（崔　佳）

【市十三届人大常委会第三十九次会议】 2月18日召开，常委会组成人员26人出席，请假10人。常务副市长任在刚，市中级人民法院代院长侯晓东、市人民检察院检察长周茂玉，与议题相关的市政府有关部门负责人，市人大常委会副秘书长，市人大各部门有关负责人，各县（市、区）人大常委会负责人，9名市人大代表列席了会议。会议听取和审议市环保局局长陈继光所作的关于环境保护工作情况的报告；听取和审议市政府法制办主任阴海锁所作的关于太原市法治政府建设情况的报告；听取和审议市发改委主任张勇所作的关于太原市国民经济和社会发展第十三个五年规划纲要的编制情况和太原市2015年国民经济和社会发展计划执行情况与2016年国民经济和社会发展计划（草案）编制情况的汇报、市财政局局长陈向阳所作的关于太原市2015年全市和市本级预算执行情况及2016年全市和市本级预算（草案）编制情况的汇报；听取市十三届人大常委会代表资格审查委员会副主任委员左伟所作的关于个别代表资格的审查报告，审议并表决通过了该报告；听取市人大常委会秘书长冯润春作关于市十三届人大六次会议筹备工作情况的报告；听取市人大人事代表委员会主任委员左伟作关于市十三届人大六次会议列席人员范围及人数的说明，审议并表决通过了《太原市第十三届人民代表大会第六次会议列席人员名单（草案）》；审议并表决通过了《太原市第十三届人民代表大会第六次会议议程（草案）》《太原市第十三届人民代表大会第六次会议主席团和秘书长名单（草案）》《太原市第十三届人民代表大会第六次会议议案审查委员会组成人员名单（草案）》《太原市人民代表大会常务委员会工作报告（稿）》《太原市人民代表大会常务委员会关于接受肖永房辞职请求的决定（草案）》。（崔　佳）

【市十三届人大常委会第四十次会议】 4月28日召开，常委会组成人员28人出席，请假7人。常务副市长任在刚，市政协副主席张文旺，市中级人民法院院长侯晓东，市人民检察院副检察长李南明，与议题相关的市政府有关部门负责人，市人大常委会副秘书长，市人大各部门有关负责人，各县（市、区）人大常委会负责人，9名市人大代表列席了会议。另有6名本市公民旁听会议。会议听取和审议了市金融办负责人许强所作的关于太原市金融振兴情况的报告。听取市检察院副检察长李南明所作的关于对市人大代表王晓津采取强制措施的情况说明，经联组会议审议许可对市十三届人大代表王晓津采取强制措施。听取市检察院副检察长李南明所作的关于人事免职事项的提请报告、市人大人事代表委员会主任委员左伟所作的关于人事免职事项提请报告的审议报告，审议并表决通过了免职名单。（崔　佳）

【市十三届人大常委会第四十一次会议】 6月28日召开。常委会组成人员29人出席，请假6人。副市长魏民，市政协副主席任晓峰，市中级人民法院副院长任有会，市人民检察院副检察长李南明，与议题相关的市政府有关部门负责人，市人大常委会副秘书长，市人大各部门有关负责人，各县（市、区）人大常委会负责人，9名市人大代表列席了会议。另有6名本市公民旁听会议。会议听取市教育局局长马兆兴所作的关于《太原市中小学校规划建设条例（草案）》起草情况的说明，审议市人民政府关于提请审议《太原市中小学校规划建设条例（草案）》的议案；听取市人大法制委副主任委员孟凡政所作的关于《太原市立法条例修正案（草案）》的说明，审议《太原市立法条例修正案（草案）》；听取市法制办主任阴海锁所作的关于起草《开发区行政管理事项的决定（草案）》的说明，审议市人民政府关于提请审议《关于开发区行政管理事项决定（草案）》的议案。听取和审议市教育局局长马兆兴所作的关于太原市推进学前教育情况的报告。听取和审议市国土局局长肖新卯所作的关于全市土地利用与管理工作情况的报告。听取和审议市工商局党组书记李国强所作的关于太原市推进工商事务制度改革情况的报告并进行满意度测评，经无记名投票，测评结果满意。会议还审议并表决通过了免职名单。（崔　佳）

【市十三届人大常委会第四十二次会议】 8月24日召开。常委会组成人员30人出席，请假5人。常务副市长任在刚，市政协副主席任书文，市中级人民法院院长侯晓东，市人民检察院检察长周茂玉，与议题相关的市政府有关部门负责人，市人大常委会副秘书长，市人大各部门有关负责人列席了会议。另有6名本市公民旁听会议。会议听取市房管局局长刘振华作的关于《太原市物业管理条例（草案）》的起草说明，审议市人民政府关于提请审议《太原市物业管理条例（草案）》的议案。听取和审议市发改委副主任王世瑛作的关于太原市2016年国民经济和社会发展计划上半年执行情况的报告。听取和审议市财政局局长陈向阳作的关于太原市2015年市本级财政决算（草案）及2016年上半年全市和市本级预算执行情况的报告，表决通过了《太原市人大常委会关于批准2015年市本级财政决算的决议》。听取和审议市财政局局长陈向阳作的关于2016年市本级预算调整方案（草案）的报告，表决通过了《太原市人大常委会关于批准2016年市本级预算调整方案的决议》。听取和审议市审计局局长连金会作的关于太原市2015年度市本级预算执行情况和其他财政收支的审计工作报告。听取和审议市科技局局长谢承泮作的关于太原市实施科技创新工作情况的报告。听取和审议市环保局局长陈继光作的关于贯彻落实《中华人民共和国大气污染防治法》情况的报告并进行满意度测评，测评结果为满意。听取常务副市长任在刚、市中院院长侯晓东作的关于人事任免事项的提请报告，市人大人事代表委员会副主任委员张志佩作的关于人事任免事项提请报告的审议报告，拟任命人员作的表态发言，审议并表决通过任免名单，颁发任命书，组织任命人员向宪法宣誓。

（崔　佳）

【市十三届人大常委会第四十三次会议】 10月11日召开。常委会组成人员33人出席，请假2人。市长耿彦波，副市长张齐山，市政协副主席张政，市中级人民法院副院长任有会，市人民检察院常务副检察长郭鸿，与议题相关的市政府有关部门负责人，市人大常委会副秘书长，市人大各部门有关负责人，各县（市、区）人大常委会负责人，9名市人大代表列席了会议。另有6名本市公民旁听会议。会议听取市人大法制委员会主任委员孟小勇作的关于《太原市立法条例修正案（草案）》审议结果的报告，审议《太原市人民代表大会常务委员会关于修改<太原市立法条例>的决定（草案）》并表决通过；听取市人大法制委员会副主任委员孟凡政作的关于《太原市中小学校规划建设条例（草案）》审议结果的报告，审议《太原市中小学校幼儿园规划建设条例（草案修改稿）》并表决通过。听取和审议市中级人民法院副院长任有会作的关于行政审判工作情况的报告。听取和审议市中小企业局副局长房保富作的关于太原市民营经济发展情况的报告。听取和审议市人大常委会民侨工委主任李晓伟作的关于检查《中华人民共和国旅游法》贯彻实施情况的报告。听取市长耿彦波、市检察院常务副检察长郭鸿分别作的关于人事任免事项的提请报告。市人大人事代表委员会主任委员左伟作的关于人事任免事项提请报告的审议报

告，拟任副市长人选作的表态发言，审议并表决通过任免名单，颁发任命书，组织任命人员向宪法宣誓。（崔　佳）

【市十三届人大常委会第四十四次会议】 11月23日召开。常委会组成人员31人出席，请假4人。副市长张齐山，市中级人民法院副院长任有会，市人民检察院常务副检察长郭鸿，与议题相关的市政府有关部门负责人，市人大常委会副秘书长，市人大各部门有关负责人，各县（市、区）人大常委会负责人，9名市人大代表列席了会议。另有6名本市公民旁听会议。会议听取市市容环卫局局长张利作的关于《太原市餐厨废弃物管理条例（草案）》的起草说明，审议市人民政府关于提请审议《太原市餐厨废弃物管理条例（草案）》的议案。听取和审议市城乡规划局局长邵社教作的关于城市近期建设规划情况的报告。听取和审议市城乡规划局局长邵社教作的关于加快停车场建设、改善停车难、停车乱问题工作情况的报告，市公安局副局长、市交警支队支队长仇跃勇作的关于改善停车难、停车乱问题工作情况的报告，并就加快停车场建设、改善停车难、停车乱问题进行了专题询问。听取市人大人事代表委员会主任委员左伟作的关于个别代表资格的审查报告，审议并表决通过了该报告。（崔　佳）

【市十三届人大常委会第四十五次会议】 12月13日召开，常委会组成人员31人出席，请假4人。常务副市长王立刚，副市长、市政府秘书长刘鹓，市政协副主席陈远新，市中级人民法院副院长张庭保，市人民检察院副检察长李南明，与议题相关的市政府有关部门负责人，市人大常委会副秘书长，市人大各部门有关负责人，各县（市、区）人大常委会负责人，12名市人大代表列席了会议。另有6名本市公民旁听会议。会议听取市人大法制委员会副主任委员车晓蓓作的关于《太原市物业管理条例（草案）》《太原市餐厨废弃物管理条例（草案）》审议结果的报告，审议《太原市物业管理条例（草案修改稿）》《太原市餐厨废弃物管理条例（草案修改稿）》并表决通过。听取和审议市审计局局长连金会作的关于太原市2015年度市本级预算执行情况和其他财政收支的审计结果整改情况的报告。听取和审议市林业局局长薛新福作的关于百万亩森林围城工程建设情况的报告。听取市人大人事代表委员会主任委员左伟作的关于《太原市人大2017年换届选举工作方案（草案）》的说明，审议《太原市人大2017年换届选举工作方案（草案）》并表决通过；副市长、市政府秘书长刘鹓作的关于市十三届人大六次会议期间代表所提建议、批评和意见办理情况的报告，审议并表决通过。审议市人大内务司法委员会关于市十三届人大六次会议主席团交付的第6001号议案审议结果的书面报告，并表决通过；审议市人大城建环保委员会关于市十三届人大六次会议主席团交付的第6005号、6006号、6007号议案审议结果的书面报告，并表决通过。听取常务副市长王立刚作的关于人事任免事项的提请报告，市人大人事代表委员会主任委员左伟作的关于人事任免事项提请报告的审议报告，拟任命人员作的表态发言，审议并表决通过任免名单，颁发任命书，组织任命人员向宪法宣誓。最后市人大常委会主任弓跃对常委会一年来的主要工作进行回顾和总结，并对下年的工作提出具体意见和建议。（崔　佳）

常委会主任会议

【第一次主任会议】 1月19日召开。（一）研究讨论了《太原市第十三届人民代表大会常务委员会第三十七次会议对市人民政府关于“五个一批”重点工作进展情况的报告》的审议意见；（二）研究讨论了《太原市第十三届人民代表大会常务委员会第三十七次会议对市人民政府关于太原市2014年度本级预算执行和其他财政收支审计结果整改情况的报告》的审议意见；（三）研究讨论了太原市第十三届人民代表大会常务委员会第三十七次会议对市人民政府《我市开发区拓展工作情况的报告》的审议意见；（四）研究讨论了太原市第十三届人民代表大会常务委员会第三十七次会议对市人民政府《2015年市本级预算调整方案（草案）及政府债务限额分配方案的报告》的审议意见；（五）研究了太原市人大常委会2016年工作计划安排建议；（六）听取了市人大常委会办公厅关于2016年市人大及其常委会全年“三会”会议安排的汇报；（七）听取了人事代表委员会关于人事任免事项的汇报；（八）研究确定了市第十三届人大常委会第三十八次会议建议议程及日程；（九）听取了市人大法制委员会关于《全省立法工作会议情况的汇报》（书面）；（十）听取了市人大教科文卫委员会关于对修订《太原市中小学校教学用地保护办法》的考察报告（书面）。（崔　佳）

【第二次主任会议】 2月2日召开。（一）研究太原市第十三届人民代表大会第六次会议大会临时党组成员建议名单、主席团和秘书长组成建议名单、主席团常务主席名单（草案）、大会副秘书长名单（草案）、列席人员名单（草案）、会议选举办法（草案）、议案审查委员会组成人员建议名单（草案）、会议综合日程、大会日程（草案）和主席团会议日程（草案）、大会执行主席分组名单（草案）、在主席台就座的其他有关人士名单（草案）；（二）研究讨论太原市人民代表大会常务委员会工作报告（讨论稿）；（三）听取关于市十三届人大六次会议选举事项的汇报；（四）听取关于市十三届人大六次会议有关总务事项安排情况报告；（五）听取人事代表委关于人事免职事项的汇报；（六）研究确定太原市第十三届人大常委会第三十九次会议建议议程及日程。（崔　佳）

【第三次主任会议】 3月1日召开。

(一)研究讨论了《太原市第十三届人民代表大会常务委员会第三十九次会议对市人民政府关于环境保护工作情况的报告》的审议意见;(二)研究讨论了《太原市第十三届人民代表大会常务委员会第三十九次会议对市人民政府关于法治政府建设情况的报告》的审议意见。

(崔 佳)

【第四次主任会议】 3月30日召开。(一)确定了市人大常委会重点督办的市十三届人大六次会议代表建议;(二)研究确定了市十三届人大常委会第四十次会议建议议程;(三)研究确定了2016年全市县乡人大换届选举统一选举日。

(崔 佳)

【第五次主任会议】 4月26日召开。(一)听取了市人大人事代表委员会关于人事免职事项的汇报;(二)听取了关于对市十三届人大代表王晓津采取强制性措施的情况说明;(三)确定了市十三届人大常委会第四十次会议日程。

(崔 佳)

【第六次主任会议】 5月10日召开。(一)研究讨论了《太原市第十三届人民代表大会常务委员会第四十次会议对市人民政府《关于我市金融振兴情况的报告》的审议意见;(二)研究了《太原市县乡人大换届选举工作联席会议建议名单》及《联席会议主要职责》。(崔 佳)

【第七次主任会议】 6月7日召开。(一)听取了高新区、经济区、民营区、不锈钢园区关于2015年本级预算执行情况和2016年本级预算安排的汇报;(二)研究了《太原市人大常委会关于开展中华人民共和国旅游法执法检查工作方案》;(三)听取了人事代表委关于人事免职事项的汇报;(四)研究确定了市十三届人大常委会第四十一次会议建议议程。

(崔 佳)

【第八次主任会议】 6月17日召开。(一)研究了《关于开发区行政管理事项的决定(草案)》;(二)研究了《太原市立法条例修正案(草案)》;(三)研究确定了市十三届人大常委会第四十一次会议日程;(四)研究了《太原市人大常委会关于我市推进工商事务制度改革情况的报告满意度测评的实施方案》;(五)听取了法制委员会关于参加全省立法和备案审查工作培训班的汇报。 (崔 佳)

【第九次主任会议】 7月14日召开。(一)研究讨论了《太原市第十三届人民代表大会常务委员会第四十一次会议对市人民政府关于我市推进工商事务制度改革情况的报告》的审议意见;(二)研究讨论了《太原市第十三届人民代表大会常务委员会第四十一次会议对市人民政府关于我市推进学前教育情况的报告》的审议意见;(三)研究讨论了《太原市第十三届人民代表大会常务委员会第四十一次会议对市人民政府关于全市土地利用与管理工作情况的报告》的审议意见。

(崔 佳)

【第十次主任会议】 8月2日召开。(一)听取了市人民政府关于太原市非物质文化遗产保护工作情况的汇报;(二)听取了市人民检察院关于侦查监督工作情况的汇报;(三)听取了关于赴长春等地学习考察养老服务工作的情况汇报;(四)研究确定了市十三届人大常委会第四十二次会议建议议程。 (崔 佳)

【第十一次主任会议】 8月10日召开。(一)研究了《太原市中小学校规划建设条例(草案修改稿)》;(二)研究了《太原市人大常委会关于我市贯彻落实<中华人民共和国大气污染防治法>情况满意度测评实施方案(讨论稿)》;(三)确定了市十三届人大常委会第四十二次会议日程。 (崔 佳)

【第十二次主任会议】 9月14日召开。(一)研究确定了太原市第十三届人大常委会第四十二次会议对市人民政府《关于太原市2016年国民经济和社会发展计划上半年执行情况报告》的审议意见;(二)研究确定了太原市第十三届人大常委会第四十二次会议对市人民政府《关于太原市2015年市本级财政决算(草案)及2016年上半年全市和市本级预算执行情况报告》的审议意见;(三)研究确定了太原市第十三届人大常委会第四十二次会议对市人民政府《关于2016年市本级预算调整方案(草案)报告》的审议意见;(四)研究确定了太原市第十三届人大常委会第四十二次会议对市人民政府《关于太原市2015年度市本级预算执行情况和其他财政收支审计工作报告》的审议意见;(五)研究确定了太原市第十三届人大常委会第四十二次会议对市人民政府《关于我市实施科技创新工作情况报告》的审议意见;(六)研究确定了太原市第十三届人大常委会第四十二次会议对市人民政府《关于贯彻落实<中华人民共和国大气污染防治法>情况报告》的审议意见;(七)听取了太原市人大法制委员会关于参加第二十二次全国地方立法研讨会的情况汇报;(八)听取了中小学规划建设及革命遗址保护立法考察组关于赴温州、贵阳、黔东南自治州三地考察情况的报告。 (崔 佳)

【第十三次主任会议】 9月23日召开。(一)听取了市人民政府关于绿地系统规划情况的汇报;(二)听取了市人大人事代表委关于人事任免情况的汇报;(三)研究确定了市十三届人大常委会第四十三次会议建议议程。 (崔 佳)

【第十四次主任会议】 10月9日召开。(一)听取了市人大人事代表委关于人事任免情况的汇报;(二)研究了《太原市人大常委会关于加快停车场建设、改善停车难、停车乱问题情况专题询问工作方案》;(三)研究了《市人大常委会执法检查组关于检查<中华人民共和国旅游法>贯彻实施情况的报告》;(四)确定市十三届人大常委会第四十三次会议日程。 (崔 佳)

【第十五次主任会议】 10月27日召开。(一)听取了市人民政府关于太原市"百院兴医"工程实施情况的汇报;(二)研究确定了太原市第十三届人大常委会第四十三次会议对市中级人民法院《关于行政审判工作情况的报告》的审议意见;(三)研究确定了太原市第十三届人大常委会第四十三次会议对市人民政府《关于我市民营经济发展情况的报告》的审议意见;(四)研究确定了太原市第十三届人大常委会第四十三次会议对市人大常委会执法检查组《关于检查<中华人民共和国旅游法>贯彻实施情况报告》的审议意见;(五)确定了市十三届人大常委会第四十四次会议建议议程。

(崔 佳)

【第十六次主任会议】 11月21日召开。(一)听取了市人民政府关于精准扶贫工作情况的汇报;(二)听取了市政府关于太原市第二届全国青年运动会筹备情况的汇报;(三)听取了市政府关于贯彻实施《中华人民共和国宗教事务条例》《山西省宗教事务条例》情况的汇报;(四)听取了市政府关于发展养老服务业情况的汇报;(五)听取了市人大人事代表委关于市十三届人大个别代表资格变动情况的汇报;(六)研究确定了市十三届人大常委会第四十四次会议日程。

(崔 佳)

【第十七次主任会议】 12月7日召开。(一)听取市人大各委员会关于市人大常委会重点督办的代表建议办理情况的汇报;(二)听取市人民政府办公厅关于市十三届人大六次会议代表提出的建议批评和意见办理情况的汇报;(三)研究确定太原市第十三届人大常委会第四十四次会议对市人民政府《关于城市近期建设规划情况的报告》的审议意见;(四)研究确定太原市第十三届人大常委会第四十四次会议对市人民政府《关于加快停车场建设、改善停车难、停车乱问题工作情况的报告》的审议意见;(五)研究《太原市物业管理条例(草案修改稿)》;(六)研究《太原市餐厨废弃物管理条例(草案修改稿)》;(七)研究确定市十三届人大常委会第四十五次会议建议议程;(八)听取市人大内务司法委员会关于市十三届人大六次会议主席团交付的第6001号议案审议结果的汇报;(九)听取市人大城建环保委员会关于市十三届人大六次会议主席团交付的第6005号、6006号、6007号议案审议结果的汇报。

(崔 佳)

【第十八次主任会议】 12月12日召开。(一)研究《太原市人大2017年换届选举工作方案》;(二)听取市人大人事代表委员会关于人事任免情况的汇报;(三)确定市十三届人大常委会第四十五次会议日程。 (崔 佳)

【第十九次主任会议】 12月27日召开。(一)听取了市人民政府关于供给侧结构性改革情况的汇报;(二)听取了市人民政府关于政府城中村改造和棚户区改造进展情况的报告;(三)听取了市人民政府关于轨道交通建设进展情况的汇报;(四)研究了《市人大常委会2017年工作计划建议》;(五)听取了关于太原市人大常委会基层立法联系点情况的汇报;(六)研究确定了太原市第十三届人大常委会第四十五次会议对市人民政府《关于太原市2015年度市本级预算执行情况和其他财政收支的审计结果整改情况的报告》的审议意见;(七)研究确定了太原市第十三届人大常委会第四十五次会议对市人民政府《关于百万亩森林围城工程建设情况的报告》的审议意见。 (崔 佳)

太原市人民政府
People's Government of Taiyuan Municipal

综　述

【概述】 2016年，太原市人民政府面对错综复杂的宏观经济环境和较大的下行压力，迎难而上，砥砺前行，积极适应经济发展新常态，坚持稳中求进总基调，统筹做好稳增长、促改革、调结构、惠民生、防风险各项工作，努力实现"两个走在前列"，经济运行稳中有进、稳中向好，实现了"十三五"良好开局。完成地区生产总值2955.60亿元，增长7.5%；规模以上工业增加值571.81亿元，增长7.0%；固定资产投资2027.71亿元，增长0.1%；一般公共预算收入282.69亿元，增长3.1%；社会消费品零售总额1666.24亿元，增长8.1%；外贸进出口总额133.14亿美元，增长24.8%，外贸出口总额83.29亿美元、增长26.4%，进口总额49.85亿美元、增长22.2%；城镇居民人均可支配收入29632元，增长6.9%；农村居民人均可支配收入14591元，增长7.1%。

（于黎明）

【产业转型升级】 2016年，太原市积极推进供给侧结构性改革。有力有度有效落实"三去一降一补"，坚决淘汰落后产能，关闭退出矿井2座，退出产能195万吨；将去库存与棚户区和城中村改造相结合，探索打通安置房与商品房之间通道，全市商品住房销售面积增长61.87%，商业用房销售面积增长3.34%，写字楼销售面积增长128.93%，全市城区商品住房消化周期保持在合理区间；发挥金融对实体经济的支撑作用，加强与国开行等战略合作，争取低息、中长期资金支持；利用多层次资本市场，推进企业改制、挂牌、上市，新增"新三板"挂牌企业24家；开展"降低实体经济企业成本行动"，累计为企业减负65亿元。构建多元化中高端现代产业体系，信息产业、高端装备制造业、新材料三大基地建设扎实推进，富士康手机制造及维保、太重风电等重大项目进展顺利，新兴接替产业增加值增长13.2%，占全市规模以上工业比重达到70.9%。现代服务业发展加快，华润万象城、华强华夏文明传承园等重点项目有序推进，服务业增加值占到GDP的63.1%。都市现代农业提质增效，宝迪、润恒等农业产业化项目进展加快。全力推进科技创新，新建国家地方联合工程实验室3个，新认定高新技术企业233家，高新技术产业增加值增长10.5%；全市有效发明专利拥有量增长21.2%；技术合同成交额增长126%；成功举办2016中国计算机大会。

（于黎明）

【城市建设管理】 2016年，太原市安排重大项目136项，完成投资462.5亿元，其中，道路桥梁建成215.86千米，完成投资220亿元。五一路、滨河西路南延、摄乐大桥等重点工程竣工通车，轨道交通2号线全面开工。新改建供水管网157千米、供热管网278.5千米，既有建筑节能改造工程完成518万平方米。公园绿地、人行天桥、地下通道、停车场、公厕建设等城市专项工作扎实推进，公共供水覆盖率达到84.3%，燃气普及率达到98.65%，污水处理率达到90.51%。以开展城市管理全面提升行动为抓手，加强智慧城市建设，提升城市精细化、信息化、智能化管理水平，强化城市管理综合执法，努力提升管理水平和城市品位。

（于黎明）

【城中村改造】 太原市加快城中村、棚户区改造，全年启动改造31个村，两年完成54个村整村拆除；开工保障性住房46046套，基本建成41316套，棚改货币化安置率50.3%，超额完成省定任务。

（于黎明）

【省城环境质量改善】 2016年，太原市继续抓好"五大工程""五项整治"，太古长输供热项目和南部热电联产清洁能源项目建成投用，新增供热能力5000万平方米；关停西山矸石电厂等污染企业，30万千瓦以上机组全部完成超低排放改造；淘汰老旧机动车和黄标车47193辆，8292辆出租车全部更换为纯电动车。出台《大气环境质量冬防严控十二条措施》，加强恶劣天气应急管理，全市二级以上天数232天。生态环境治理力度进一步加大，启动汾河南延三期工程建设，推进黑臭水体治理。新增造林32.48万亩，和平公园、晋阳街公园和一批小游

园建成开放，建成区绿化覆盖率、绿地率、人均公园绿地面积分别达到41.6%、36.6%和11.86平方米。（于黎明）

【脱贫攻坚】 2016年，太原市把脱贫攻坚作为“头号工程”，将精准要求落实到识贫、扶贫、脱贫各个环节，全力抓好责任制双签、四级书记联动、群众满意度测评、产业扶贫等重点工作，加大“城区包乡、单位包村”对口帮扶力度，龙头企业、专业合作社与贫困户利益联动机制作用进一步发挥，异地搬迁项目全部开工、完工率67%，实施产业扶贫项目89个、投资25.3亿元，全年脱贫2万余人。（于黎明）

【民生保障】 2016年，太原市坚持以人民为中心的发展思想，将发展和民生更加紧密结合，民生支出347.3亿元，占全市一般公共预算支出的81.9%。推动创业再就业，城镇新增就业9.89万人，城镇登记失业率3.46%。大力推进教育事业标准化、均衡化、优质化发展，新建续建幼师、27中、11中等市属学校23所，公办小学和初中实现90%以上学区就近入学，普通高中100%实现网上录取。扎实推进公立医院综合改革，市直医院全部实行药品零差率销售，继续推进“百院兴医”工程，市中心医院新建等项目加快推进。城镇职工基本养老、城镇基本医疗、失业、工伤、生育保险等基本全覆盖。新建74个社区养老服务中心和78个社区老人日间照料中心，城乡低保标准平均提高23元、51元，企业退休人员养老金月人均增加190元。加强城乡公共文化基础设施建设，举办惠民演出371场。二青会相关筹备工作正式启动，成功举办太原国际马拉松赛等赛事。（于黎明）

【安全稳定】 2016年，太原市牢固树立总体安全观，认真落实“党政同责、一岗双责、企业(单位)主责、失职追责”，按照管行业必须管安全、管业务必须管安全、管生产经营必须管安全和谁主管谁负责的要求，全面加强煤矿、非煤矿山、危化品、交通运输等重点领域的安全监管，坚决防止重特大安全生产事故发生。加大社会治安综合治理力度，创新立体化社会治安防控体系，组织开展各类整治专项行动，群众的安全感和满意度进一步提升。（于黎明）

【历史文化产业】 2016年，太原市大力发展文化产业，完善提升晋祠景区环境综合整治，太山龙泉寺、明太原县城、华夏文明传承园、青龙古镇保护性开发取得阶段性成果，文殊寺、普光寺、圆通寺、关帝庙等府城历史文化遗存保护加快实施。改扩建太原图书馆，连续4年在太化工业遗址举办国际青年金属雕塑创作营活动。积极开展“书香太原”全民阅读系列活动，不断满足人民群众精神文化需求。（于黎明）

【政府自身建设】 2016年，太原市严格执行政府决策议事规则和工作程序，自觉接受人大依法监督、政协民主监督，认真听取各民主党派、工商联、无党派人士建言献策。积极推行权力清单和责任清单制度，推进“放管服”改革，市级行政权力事项精简54%。认真落实政府党组全面从严治党主体责任，严格执行八项规定，坚决反对“四风”，加大监察审计力度，加强党风廉政建设。扎实开展“两学一做”学习教育，干部队伍作风进一步转变，干事创业氛围更加浓厚。（于黎明）

·重要政事·

【推动产业转型升级】 2016年，太原市把发展基点放在创新上，把改善供给结构作为主攻方向，以培育战略性新兴产业和现代服务业为抓手，提高供给结构对需求变化的适应性和灵活性，提高供给体系质量和效率，提高投资有效性，加快培育形成新的增长动力。瞄准世界产业技术发展前沿，招商引资、招才引智，加大对人力资本的可持续投入，倾力支持创新型企业发展。抓好富士康手机制造和维保、太重风电装备、江铃重汽、比亚迪新能源汽车、太钢碳纤维T800、纳克润滑油、阳煤化工等一批高端制造业项目；抓好华润万象城、欧亚锦绣、万达综合体、苏宁电器、远大购物广场、传化物流等一批现代服务业项目；围绕低碳发展为主题的太原论坛等，打造国际化会展平台，大力发展会展经济，在更高水平上实现可持续发展。开展“降低实体经济企业成本行动”，落实好中央和省出台的企业减负松绑政策措施，为企业降低税费、财务、物流、人工、制度性交易等成本，用新技术改造、提升、优化煤焦冶电等传统产业，促进经济持续增长。实施创新驱动战略，推动“双创”和“中国制造2025”“互联网+”行动计划，发挥企业在创新中的主体作用，以新供给创造新需求，以新技术带动新产业，以新空间发展新业态，培育经济增长的“乘数因子”，创造新产业“几何式增长”。有效化解过剩产能，化解房地产库存，清理“僵尸企业”，促进产业优化重组，提升要素投入的综合效率，清除经济发展路上的“拦路虎”。（于黎明）

【城市基础设施建设】 2016年，太原市不断提升城市品质和服务功能，围绕建设生态宜居城市的目标，更加注重城市基础设施功能完善，更加注重城市建设管理质量，更加注重地上地下统筹。

加快完善快速路、主次干路和支路级的路网体系，提高道路通达性和出行便利性。新建滨河西路南延、卧虎山路，续建太行路南延、龙城大街东延、南内环西街、南沙河路东段等城市快速路；新改续建五一路、太茅路、东峰路、新旧晋祠路、马练营路、迎泽大街东延、摄乐汾河大桥等道桥项目；改造提升50余条背街小巷。高标准推进地铁2号线建设，积极做好1号、3号线前期工作；坚持地上地下一体规划，同步完成解放路快速化改造。积极创建国家公交都市，优化公交线网布局，新建300个公共自行车站点，努力构建轨道交通、公交车、出租车、公共自行车高效对接的城市公共交通体系。进一步推进太原、晋中同城化,实现规划建设无缝对接。积极拓展地下空间,大力发展静态交通体系,规划建设地下综合管廊,加快建设海绵城市。完成既有建筑节能改造500万平方米。着力提升水、电、气、暖等公共配套设施保障水平,开工建设阳曲、清徐5000吨垃圾焚烧电厂,加快建设餐厨垃圾和污泥处理厂,实现垃圾无害化处理。推进220千伏等24项供电工程建设。继续以城郊森林公园建设为重点,推进东西北山生态绿色屏障建设,完成造林面积2万公顷以上。推进晋阳湖、植物园、汾河三期、迎泽公园等重大园林景观项目建设改造,建成区绿化覆盖率达到41.4%。 (于黎明)

【城中村改造】 2016年,太原市加快完成54个城中村拆迁建设安置任务,启动31个城中村拆迁。坚持规划引领,打破乡村界限,集中连片规划,高标准开发建设,做到拆迁与建设并举、安置与开发并重、政府主导与市场化运作有机结合。严控拆迁、成本、资金、市场风险,鼓励和吸引大集团、大企业参与城中村改造。加快推进棚户区改造,启动2万户改造任务,加快在建棚户区安置房建设,年内完成晋东、民政园、建材小区等在建工程,确保拆迁群众尽快回迁,加快推进小北关等棚户区改造工程。 (于黎明)

【加强城市管理】 2016年,太原市增强城市功能,改善人居环境,提升文明程度,为迎接青运会营造良好氛围。构建建管分开、重心下移、区街为主、职责明确、运转有序的城乡管理体制机制。推进智慧城市建设,完善城市公共信息平台,提升网格化、数字化、精细化管理水平。人是城市的主体,人的素质就是城市的素质。要弘扬正能量、培育新风尚,强化规范和文化教化,引导广大市民树立主人翁意识,践行社会主义核心价值观,不断提升文明素养,争当"五城联创"的参与者和推动者。 (于黎明)

【创新引领发展】 2016年,太原市把企业自主创新作为科技创新的基本抓手。坚持需求导向和产业化方向,以企业为主体,充分发挥省城科技资源优势,推进产学研用深度融合,增强科技进步对经济增长的贡献度。深化科技管理体制改革,全力支持山西科技创新城建设。充分发挥开发区和综合保税区的引擎作用,强化科技创新驱动,加快新兴产业发展。全市高新技术企业数量增长10%,高新技术企业销售额占规模以上工业企业的比重提高1个百分点,有效发明专利拥有量增长10%,建设1-3个国家技术创新中心,培育发展10个众创空间和科技企业孵化器,技术合同成交额增长13%。 (于黎明)

【发展民营经济】 2016年,太原市把国家小微企业创业创新基地城市示范作为民营经济发展的强大动力,推动"大众创业、万众创新",打造太原市"众创"发展的新形态,激发内生增长的新动力,形成内源发展的新方式。推广新型孵化模式,建设中小微企业创业基地,引导社会力量建设一批低成本、便利化、全要素、开放式创业社区和众创空间,优化创业创新生态,形成线上与线下协同创业创新格局。实行诚信激励政策,推进创业人员和小微企业社会信用体系建设,提高社会诚信度和行为规范性。大力弘扬晋商敢为人先、"无中生有"的创新精神,尊重企业家的社会地位和首创精神,厚植尊重创新、尊重人才的文化"土壤",激励创新、包容失败,不断释放创业创新的动力和活力。 (于黎明)

【振兴金融】 2016年,太原市把资本市场作为振兴金融的基本载体,加快金融改革创新,提升金融服务水平。大力发展多层次资本市场,力争"新三板"挂牌企业再突破20家,有效利用资本市场扩大直接融资规模。建立政府、银行和企业合作机制,广泛开展与工、农、中、建、交等商业银行的合作,提升金融支持地方经济发展的水平和能力。加强与国开行、农发行等政策性银行的合作,用好用足长周期、低利息的政策红利。完成农村信用社体制改革,增强地方金融发展实力。加快建设互联共享的公共信用信息系统,有效防范、依法处置各类金融风险,打击各类非法集资行为,营造良好金融生态环境。 (于黎明)

【改善省城环境质量】 2016年,太原市实行最严格的环境保护制度,全力实施控制燃煤、抑制扬尘、防治尾气、企业提标、整治面源、垃圾秸秆禁烧、治理污水、生态绿化、严格监管、改革创新十大举措,确保省城环境质量全面提升。完成太古长距离供热输送管网建设,新增供热能力5000万平方米。加快兴能2×66万千瓦、瑞光二期2×35万千瓦热电联供项目建设,为基本实现市区分散燃煤锅炉全替代创造热源条件。实施一电厂关停搬迁,大幅度削减燃煤总量。实施原煤禁烧,推广使用民用洁净焦炭。建立全方位扬尘控制管理系统,实施渣土密闭化清运,全面推行绿色工地标准化管理,重点整治城乡结合部扬尘污染,推进市区裸露地面绿化。淘汰老旧机动车和黄标车2万辆,全面供应国五标准车用汽、柴油,完成纯电动新能源出租车整体更新。调整物流布局,启动中心区各类市场和物流仓储搬迁。推进工业企业提标改造,实施太钢原料场全封闭工程、二电厂铁路运煤和周边环境综合整治工程,完成古交兴能电厂超低排放改造,对焦化等重点行业实施限期提标改造。取缔露天烧烤,中环以内餐饮摊点加装油烟净化装置,城六区内严禁销售燃放烟花爆竹和旺火;杜绝秸秆焚烧,实现全市农田秸秆综合利用全覆盖。全年PM2.5年均浓度值下降4%,二级以上优良天气力争增加20天以上,空气质量持续改善,在全国空气质量重点监控城市中排名稳定前移。 (于黎明)

【加强水环境治理】 2016年,太原市加强饮用水源地保护,建立水源地持续性生态补偿机制，开展汾河水库水源地生态环境治理，强化集中式饮用水源地环境监管，水质达标率稳定保持100%。完成32万吨晋阳污水处理厂一期工程，力争年底开工建设36万吨汾东污水处理厂一期工程，新增污水日处理能力10万吨以上。实施水环境综合整治，完成汾河小店桥上游河道截污等工程。加大黑臭水体整治力度，加快编制建成区17条黑臭水体整治方案，推进城区9条河流治理，建成区黑臭水体比例下降30%。实施再生水利用工程。（于黎明）

【建设历史文化名城】 2016年，太原市提高国家历史文化名城的影响力。文化是城市的灵魂，是城市竞争力的核心，是城市创新发展的强大动力，影响并决定着城市未来发展的前景和方向。要以历史文化名城丰富的历史遗存为基础，继续抓好晋祠景区完善提升、明太原县城保护性开发、晋阳古城大遗址保护、太山龙泉寺佛教文化园和青龙古镇保护修复、太化工业文明遗存展示，打造文化旅游大产业、大景区。推进府城文殊寺、普光寺、关帝庙等20余处历史文化遗存抢救保护工程。坚持点面结合，积少成多，久久为功，蔚成大观。以文化战略眼光，处理好历史与现代、继承与发展、保护与创新的关系，留住历史的记忆，彰显文化的神韵，标识名城的高度。（于黎明）

【发展文化产业】 2016年，太原市优化文化产业结构，着力培育新型文化业态和特色文化产业，建设华夏文明主题公园，扩大万达影城的影响力，打造文化领军企业和知名文化品牌。加快文化改革发展步伐，推动文化繁荣，搞好选题策划和资源统筹，聚焦现实题材和重大主题，弘扬和传承晋剧等优秀传统剧种，充分运用多种艺术表现形式，努力打造有历史厚重感和思想感染力的精品佳作。坚持政府主导、社会参与、重心下移、共建共享，推动基本公共文化服务标准化、均等化发展，提高服务效能和普惠水平。加快市图书馆改扩建工程、博物馆布展陈列工程，力争上半年具备对外开放条件。积极开展“文化精品惠民基层行”“书香太原”全民阅读系列活动，不断满足群众精神文化需求。（于黎明）

【推进民生项目建设】 2016年，太原市加快幼师、五中、成成中学、一外、二外等新校区建设，积极推进职教园区建设，完善太原学院办学条件，提升教育基础设施建设水平和教育质量。大力支持山西大学东山校区建设，提升省城高等教育的影响力。推进市中心医院、市人民医院、市妇幼医院和省人民医院、省妇幼医院等新院建设，放大优质医疗卫生资源服务效应。加快推进儿童福利院和老年福利院建设，完善社会救助服务政策和体系。大力发展机构养老、社区养老、日间照料中心等多层次养老服务业，落实各项优惠政策，在全社会形成发展养老服务业的强大合力。新建市体育训练中心等一批群众性文化体育活动场馆，加快推进青运会赛事及配套工程，提前做好各项准备工作。（于黎明）

【就业和社会保障】 2016年，太原市完善创业就业优惠政策，突出做好高校毕业生等重点群体的就业工作，多措并举对困难人员、市属国有破产改制拆迁企业人员实施就业援助。持续扩大社保覆盖面，推进城乡社会保险一体化。全面实施城乡居民大病保险制度，新农合人均筹资标准提高到500元，住院补偿最高支付限额提高到18万元，门诊慢性病补偿比例提高10个百分点。实施公办小学免费托管服务、为义务教育阶段学生办理综合保险等教育惠民事项。

（于黎明）

【树立安全发展理念】 2016年，太原市进一步增强红线意识、忧患意识、责任意识，切实落实企业主体责任、部门监管责任、党委和政府领导责任。加强安全预防和隐患排查，重点开展煤矿、非煤矿山、危险化学品、道路交通、公共场所等领域的安全监管和专项整治，有效防范、坚决遏制重特大事故。落实“四个最严”要求，严格食品药品安全监管，规范食品药品生产流通秩序。加强社会治安综合治理，推进社会治安防控体系建设，严厉打击各类违法犯罪，从严整治治安突出问题，维护社会公平正义，保障社会和谐稳定。（于黎明）

【脱贫攻坚】 2016年，太原市强力开展脱贫攻坚，协调推进小康社会目标实现。要树立科学治贫、精准扶贫、根本脱贫理念，坚决打赢三年脱贫攻坚战，2016年实现脱贫2万人。实施精准扶贫。大力发展农产品加工、物流配送、休闲观光农业、光伏产业、食醋产业等特色产业，强化宝迪、润恒、九牛牧业、太原老陈醋和百企千村等龙头企业的辐射带动功能，激发内生动力，走产业化、市场化扶贫的路子。按照搬得出、稳得住、能致富原则，落实易地搬迁政策，促进移民脱贫。倾斜支持贫困地区发展基础教育、特别是职业教育，让贫困家庭的孩子接受良好教育，掌握一技之长，阻断贫困代际传递。对完全或部分丧失劳动能力的贫困人口，实行社会保障兜底脱贫。探索生态脱贫新路子，通过生态建设与修复实现脱贫。开展对口帮扶。各城区、开发区及所属行政、企事业单位要对口精准帮扶娄烦、阳曲两县贫困村集中的15个贫困乡、157个贫困村。要立足当地资源优势，重点帮助发展管长远、有效益、能致富的产业，在改善交通、通讯、电力、农田水利等方面多下功夫。各部门要落实对口精准帮扶责任，制定有效推进措施。各行各业要肩负起行业帮扶责任，发挥行业优势，创新帮扶举措，提高扶贫实效。将脱贫攻坚列入年度目标责任考核体系，强化目标考核。强化主体责任。娄烦、阳曲两县要把脱贫攻坚作为重大机遇，用好用足国家、省、市有关政策，统筹规划，整体推进，树立脱贫致富信心，增强“造血”功能，大力发展县域经济，形成县有龙头企业、乡有特色产业、村有合作组织、户有增收项目的扶贫格局。

（于黎明）

【依法行政】 2016年，太原市深化“六权治本”，大力推进“两清单、两张图、两平台”建设，制度的“笼子”要扎得更密，执纪的“利剑”要始终高悬，守纪的“扣子”要扣得更紧，把政府各项工作纳入制度化轨道。自觉接受人大及其常委会的法律监督和工作监督，主动接受人民政协的民主监督，加强行政监察和审计监督，重视社会舆论和社会监督，全面接受人民监督。推进协商民主，加强与人大代表、政协委员以及各民主党派、工商联、无党派人士多渠道沟通协商，完善人大意见建议和政协提案的办理联系机制，提高办理质量和落实率，充分体现人民意愿。（于黎明）

【简政放权】 2016年，太原市持续推进简政放权、放管结合、优化服务，释放更多改革“红利”。不断深化行政审批制度改革，营造审批事项少、行政效率高、行政成本低、行政过程公开透明的政务环境。推行“多证合一”和“一证多用”，继续推进商事制度、城市管理体制、农村土地制度、国有企业、科技管理体制、金融服务创新等各类改革，以改革推动劳动力、土地和资本等要素资源优化配置，激发创造和发展活力。（于黎明）

【推进党风廉政建设】 2016年，太原市认真履行“一岗双责”，落实全面从严治党责任。坚持党风廉政建设和经济社会发展统一部署、同步落实，严格控制“三公”经费，严肃财经纪律，严格公共资金、公共资源、国有资产监管，严厉查处违纪违法案件，始终保持惩治腐败、狠刹四风、打黑除恶“三个高压态势”。自觉遵守廉洁自律准则，严把廉洁从政关口。

（于黎明）

【深入开展“两学一做”】 2016年，太原市深入开展“学党章党规、学系列讲话，做合格党员”学习教育，牢固树立政治意识、大局意识、核心意识、看齐意识。深入学习习近平总书记系列重要讲话精神，认真学习以习近平同志为总书记的党中央领导集体的优良作风，自觉、主动、经常向党中央和习近平总书记看齐。坚持把以上率下作为基本工作方法，以实际行动一级做给一级看，一级带动一级干，做到胸中有数、落实有策、行动有力，努力创造经得起实践、历史和群众检验的业绩。（于黎明）

·重大决策·

【加快发展现代职业教育】 2016年，太原市政府下发《关于加快发展现代职业教育的实施意见》。《意见》提出到2020年，太原市职业教育办学水平和服务转型发展能力得到明显提升，中等职业学校、高等职业院校全面达到国家规定的办学标准。中等职业学校和普通高中招生规模大体相当，高等职业教育规模满足社会需要，支持和鼓励面向社会的各类职业技术培训。总体教育结构更加合理，建成太原市职业教育园区。保障制度更加健全，人才观念显著改善，支持和参与职业教育的氛围更加浓厚。《意见》提出要大力推进现代职业教育体系建设。

积极发展中等职业教育，创新发展高等职业教育，完善职业教育人才多样化成长渠道，广泛开展多形式继续教育，促进民办职业教育发展。《意见》提出要大力推进职业教育制度创新。建立产教融合制度，强化企业参与制度，实施行业指导制度，推行集团化办学制度，建立现代职业学校制度。《意见》提出要大力实施职业教育水平提升工程。实施职业院校办学条件达标计划。实施县级职教中心建设计划。实施省级中等职业教育改革发展示范校创建计划。实施职业教育师资队伍提升计划。实施职业教育信息化建设计划。建设太原市职业教育园区。《意见》提出加快发展现代职教育要加强组织领导。市政府各有关部门、各县（市、区）政府、企事业单位，落实经费投入政策，完善就业和用人保障政策，健全社会力量资助兴办职业教育激励政策，营造发展职业教育良好环境。（于黎明）

【渣土管理综合整治】 2016年，太原市政府下发《关于实施渣土管理综合整治的通知》。《通知》要求渣土管理综合整治要从源头上梳理渣土管理流程，逐项落实监管责任，杜绝管理漏洞；市区联动，齐抓共管，严格执法，监督问责，确保见到实效。

《通知》提出渣土运输严格实行准入管理；渣土运输工程实行单项招投标管理；定期公布渣土运输与渣土场收费指导价；对渣土车与驾驶员实施“三统一”管理；渣土车辆实施卫星定位监控；按空气质量控制渣土限运监管；各类工地强化渣土外运、堆放监管，加强绿色文明工地管理；渣土场统一规划、合理布局；推行渣土运输“一方监管、两端控制、三方对接”模式；信息公开，资源共享，社会监督；所有工地强制推行扬尘污染控制措施；政府相关部门带头示范，大型企业厂区建设项目参照执行等措施。《通知》明确同时各级各部门任务分工，要求各部门及城六区政府、各开发区（园区）管委会须成立负责渣土运输处置专项管理工作机构，明确一名分管领导负责。各施工项目要明确具体负责人，并按照任务分工，制定方案，细化责任，督促落实，形成管理网络。（于黎明）

【支持农村信用社改革发展】 2016年，太原市政府下发《关于进一步支持农村信用社改革发展的意见》。《意见》提出要统一思想，充分认识支持农村信用社改革发展的重要意义。大力推进农村信用社改革发展，增强其金融支撑能力、优化金融生态环境、激发地方金融机构活力、更好的服务“三农”。各级各部门要从促进全市社会经济发展全局的高度，积极出台相关扶持政策，采取切实可行措施，进一步加大对农村信用社改革发展的支持力度。实现化解风险和达标升级目标，组建市农村商业银行，促进地方金融机构振兴和城乡经济协调发展。《意见》提出要落实支持政策,确保农村信用社改革顺利推进。积极引进战略投资,进一步优化股权结构;制定相关政策,加快土地、房屋确权工作;各部门联合行动,狠抓不良贷款清收处置工作;实行政策倾斜,大力支持改制工作;打击逃废债行为,加快信用体系建设;依法稳健经营,服务地方经济。《意见》指出要强化组织保障,确保改革工作成效。加强领导,落实工作任务。明确责任,加强考核督导。落实政策,加快改革进度。保持稳定,严防各类风险。抓住机遇,推动地方金融振兴。（于黎明）

【推进标准化工作改革发展】 2016年,太原市政府下发《关于进一步推进标准化工作改革发展的实施意见》。《意见》提出推进太原市标准化工作改革发展工作目标,到2020年,建立健全统一协调、运行高效的政府与市场共治的标准化管理体制,形成政府引导、市场驱动、社会参与、协同推进的标准化工作格局。逐步建立起政府主导制定的标准与市场自主制定的标准协同发展、协调配套的新型标准体系,经济建设、社会治理、生态文明、文化发展以及政府管理标准体系基本健全。促进团体标准和企业标准有序健康发展。逐步建立健全标准实施效果评价监督机制。逐步组建一支熟悉国际、国内标准制定规则,掌握行业发展最新动态的复合型标准化人才队伍。“太原标准”影响力和贡献力大幅提升,基本达到市场规范有标可循,公共利益有标可保,创新驱动有标引领,转型升级有标支撑。《意见》提出推进太原市标准化工作改革发展主要任务:创新标准化工作机制,形成标准化工作新格局;清理整合地方标准,优化完善地方标准体系;培育发展团体标准,增加标准的有效供给;放开搞活企业标准,强化企业主体责任;完善标准实施推进机制,强化标准多层次分类监督;建立长效人才培养机制,加强标准化人才队伍建设;提升标准信息化水平,促进标准化工作高效规范运行;加大标准“走出去”步伐,抢占标准话语权;强化农业标准化工作,实现农业产业全过程标准化管理;拓展服务业标准化领域,创优便民、利民、惠民服务环境;提升工业标准化水平,注重高新技术产业标准体系建设;探索城市建设管理标准化,促进新型城镇化建设。（于黎明）

【创建国家生态园林城市】 2016年,太原市政府下发《关于创建国家生态园林城市的实施意见》。《意见》提出太原市创建国家生态园林城市工作目标,力争用5年左右时间(分3个阶段),全面达到一星级生态园林城市标准,并申报评审。2016年—2019年,动员部署、全面实施,力争所有指标达标。2020年,继续开展创建工作,进一步完善各项指标体系,完成各项申报资料的汇编,向国家住建部提出申报申请。2021年,继续开展创建工作并做好迎接国家住建部评审各项工作。

《意见》提出创建国家生态园林城市工作主要任务:(一)加快城市园林绿化建设。优化城市绿地布局,按“300米见绿、500米见园”要求,合理规划建设一批公园绿地(包括雨水花园、湿地公园、下沉式绿地),每年各区新建5个游园、5个绿地,确保万人拥有综合公园指数≥0.07;城市各区人均公园绿地面积最低值≥5平方米/人;城市人均公园绿地面积达到13平方米/人;公园绿地服务半径覆盖率达到90%以上。进一步强化道路绿化建设,严格按照《城市道路绿化规划与设计规范》和“林荫路”设计要求进行道路规划、建设;结合拆迁、改造,见缝插绿建设街头绿地(游园),突出节点绿化,完善节点景观,增加道路绿化面积;尝试构建绿道系统,实现城市内外绿地连接贯通,将生态要素引入市区;确保道路绿化普及率达到100%,城市道路绿地达标率达到80%,林荫路推广率达到85%。推行生态绿化方式,保护古树名木资源。鼓励发展屋顶绿化、立体绿化,凡具备条件的坡面、墙体、桥梁全部垂直绿化;新型建筑露台、缺建绿地单位强制实施屋顶绿化弥补绿地面积。继续抓好环城绿化工作,大力推进东西山城郊森林公园建设,实施河渠景观治理、湿地和山体及景区保护,建设城市组团绿化隔离带和城市绿色长廊,构建城乡一体大环境绿地系统,彰显太原山水城市特色。大力推广渗水技术,园林道路、广场用地中透水面积比重达到40%以上。城市热岛效应达到3.5摄氏度以下。通过努力,使太原市综合物种指数达到0.5以上;建成区绿化覆盖率达到42%,建城区绿地率达到37%,城市各区绿地率最低值达到25%以上。坚持“以人为本、生态优先”理念,通过网格化管理办法使每个公园、每块绿地、每条街道养护责任到人。强化绿化养护考核制度,定期考核和日常考核相结合,实行数字化管理和精细化管理,不断提升园林绿地管理水平。(二)加大依法建绿、治绿力度。力争城市新建、改建居住区绿地达标率100%,城市公共设施绿地达标率达到95%。(三)提高城市生活环境水平。调整产业结构,坚决关停并转各类高能耗、高污染项目。继续开展城乡清洁工程,有效防治二次扬尘;下大力气关停城中村土小锅炉,扩大集中供热面积;大力推行住宅供热分户计量,新建住宅全部实现供热分户计量,既有住宅逐步实施供热分户计量改造,实现集中供热分户计量收费比例达到40%以上;空气污染指数小于等于100的天数保持在300天以上。建立城市大气中PM2.5平均浓度监测体系及管理机制,并及时向公众发布。加强市区汾河流域支系河渠污染源治理,整治城市黑臭水体,强化城中村、老旧城区和城乡结合部污水截流、收集,实现雨污分流分治分用,确保太原市功能区水环境质量达标率达到100%,地表水Ⅳ类及以上水体比率达到60%以上。加强城市管网维修、维护和监控,使城市管网水检验项目合格率达到100%。制定噪声污染监控措施,使区域环境噪声平均值≤54dB(A)。全面开展节能减排达标活动，狠抓重点领域、重点行业和重点企业节能工作，制定具体落实措施，使单位GDP工业固体废物排放量低于25千克/万元；城市工业废水排放达标率达到80%以上；城市再生水利用率达到30%以上；节能建筑比例达到45%以上；可再生能源应用比例达到10%以上；建筑垃圾回收利用率达到70%以上。（四）完善各项城市基础设施。强化城市基础设施建设力度，完善城市基础设施维护体制机制，确保城市道路完好率保持在98%以上。加快污水处理厂建设，提高城市污水收集处理能力，使城市污水处理率达到95%。逐步推开城市地下综合管廊建设，统筹各类管线敷设，综合利用地下空间资源，提高城市综合承载能力。建设具有国际水准的垃圾发电厂，加快餐厨垃圾、建筑垃圾处理和综合循环利用，通过分类投放收集、综合循环利用，促进垃圾减量化、资源化、无害化。加强城市公厕和垃圾中转站建设力度，生活垃圾无害化处理率达到100%。加快轨道交通建设，使城市主干道平峰车速达到40千米/小时以上。统筹公共汽车、轻轨、地铁多种类型公共交通协调发展，着力推进“公交都市”建设，公共交通覆盖率达到55%以上。加强自行车道和步行道系统建设，畅通自行车专用道路，倡导绿色出行，绿色出行分担率达到75%以上。（五）加强社会保障力度。大力推进城镇棚户区改造，建成区内基本消除棚户区，居民得到妥善安置；稳步实施城中村改造，有序推进老旧住宅小区综合整治、危房和非成套住房改造，改善市民居住条件，提高生活质量。合理确定公共服务设施建设标准，加强社区服务场所建设，形成以社区级设施为基础，市、区级设施衔接配套的公共服务设施网络体系。配套建设社区教育、医疗、体育、文化、便民服务、公厕、绿地等各类设施。大力推进无障碍设施建设，打造方便快捷生活圈。加大保障性住房建设力度，保障性住房建设计划完成率达到100%，住房保障率达到85%以上。加强社会保障力度，社会保险基金征缴率达到90%以上，城市最低生活保障线高于本省同类城市平均水平，实现应保尽保，正常发放，人民群众满意度高。

《意见》提出六个方面的措施以确保太原市创建国家生态园林城市有序开展：一是加强组织领导，明确目标任务。二是完善工作机制，加强考核督查。三是突出工作重点，确保指标达标。四是加大经费投入，扩大融资渠道。五是强化绿规执行，确保绿化用地。六是加大宣传力度，营造创建氛围。（于黎明）

【发展电子商务，培育经济新动力】 2016年，太原市政府下发《关于大力发展电子商务加快培育经济新动力的实施意见》。《意见》提出大力发展电子商务加快培育经济新动力工作的基本原则：因地制宜，突出特色；重点突破，以点带面；统筹资源，协同推进；鼓励创新，加强规范。总体目标：到2020年，全市电子商务促进体系基本健全，公共服务体系基本完备，信息基础设施显著改善，企业组织化程度明显提高，市场辐射力明显增强，电子商务发展水平得到显著提升，电子商务服务业成为重要的新兴产业。具体目标：建成4–6个特色鲜明、功能各异、相互衔接、互为补充的电子商务园区；重点培育、扶持100个独立的电子商务平台；培育壮大一批具有太原特色的电子商务服务企业、应用企业和网商；培训各类电子商务人才10万人次。300家限额以上商贸流通企业建立电子商务交易平台或依托第三方电子商务平台开展网上销售，200家进出口企业应用电子商务平台开拓国际市场，跨境电子商务交易额占地区进出口总额的比重显著提高。全市电子商务交易额达到616.4亿元，网络零售额131.5亿元，信息消费规模800亿元。《意见》提出大力发展电子商务加快培育经济新动力的主要任务是：加强电子商务发展环境建设，加快电子商务支撑体系建设，推动转型升级，推动电子商务示范体系建设，促进电子商务信用体系建设。《意见》提出大力发展电子商务加快培育经济新动力工作的保障措施：完善政府部门协调机制，加大支撑资金扶持力度，规范市场监督管理秩序。

（于黎明）

【加快推进残疾人小康进程】 2016年，太原市政府下发《关于加快推进残疾人小康进程的实施意见》。《意见》提出加快推进残疾人小康进程的总体要求是：坚持普惠与特惠相结合，兜底保障与就业增收相结合，保基本与政府扶贫相结合，全覆盖与社会帮扶相结合，补短板与制定优惠政策相结合，加快推进残疾人小康进程。到2020年，残疾人权益保障制度基本健全、基本公共服务体系更加完善，残疾人事业与经济社会协调发展；残疾人社会保障和基本公共服务水平明显提高，帮助残疾人共享经济社会发展成果。《意见》提出，要扎实做好残疾人基本民生保障工作。加大残疾人社会救助力度，建立完善残疾人福利补贴制度，帮助残疾人普遍参加基本养老保险和基本医疗保险，优先保障城乡残疾人基本住房。《意见》提出要千方百计促进残疾人及其家庭就业增收。依法推进按比例就业和稳定发展集中就业，大力支持残疾人多形式就业增收。加大农村残疾人扶贫开发力度，切实加强残疾人就业服务和劳动保障监察。《意见》提出要着力提升残疾人基本公共服务水平。强化残疾预防、康复等服务，提高残疾人受教育水平，强化残疾人服务设施建设，全面推进城乡无障碍环境建设。《意见》提出要充分发挥社会力量和市场机制作用。大力发展残疾人慈善事业，广泛开展志愿助残服务，加快发展残疾人服务产业，加大政府购买服务力度。《意见》提出要加强对推进残疾人小康进程的组织领导。健全组织领导机制，完善工作保障机制，切实保障残疾人合法权益，做好宣传动员工作。《意见》同时明确了加快推进残疾人小康进程重点任务分工及进度安排。

（于黎明）

【深化国有企业改革】 2016年，太原

市政府下发《关于深化国有企业改革的实施意见》。《意见》提出深化国有企业改革的基本原则:坚持基本经济制度,坚持市场经济改革方向,坚持增强活力和强化监管相结合,坚持党对国有企业的领导,坚持依法积极稳妥推进。主要目标:到2020年,在国有企业改革重点领域和关键环节取得突破,形成更加符合社会主义基本经济制度和市场经济发展要求的国有资产管理体制、现代企业制度、市场化经营机制,国有资本布局结构更趋合理,培育一批具有创新能力和市场竞争力的国有骨干企业,国有经济活力、控制力、影响力、抗风险能力明显增强。1.国有资产管理体制进一步完善。市属经营性国有资产实行集中统一监管,国有资产保值增值责任全面落实。国有资产监管制度更加健全,监管手段和方式不断优化,规则统一、权责明晰、统筹协调、分类监管、规范透明的国资监管体系更加完善。2.国有资本配置效率进一步提高。整合形成2至3个规模较大的国有资本投资、运营公司,建立有序进退、合理流动的国有资本配置机制。国有资本布局结构不断优化,国有资本存量得以盘活,增量资本更多投向公共服务、战略性新兴产业和功能要素领域,国有经济主导作用和国有企业的引领作用有效发挥。3.现代企业制度进一步健全。国有企业公司制股份制改革基本完成,发展混合所有制经济取得积极进展,公司法人治理结构更加完善,企业内部管理制度更加健全,市场化经营管理机制基本形成,国有企业的活力和竞争力明显提升。4.企业党的建设进一步加强。反腐倡廉制度和工作体系更加完善,国有企业党组织在公司治理中的法定地位更加巩固,政治核心作用充分发挥。

《意见》提出深化国有企业改革要完善国有资产管理体制。加快推进经营性国有资产集中统一监管,积极推进国有资产监管机构职能转变,改革国有资本授权经营体制,划分功能类别并实施分类监管,转变国有资产监管的方式方法,强化县(市、区)和开发区国资监管。《意见》提出深化国有企业改革要推动国有资本合理流动优化配置。建立国有资本布局结构调整机制,推动国有资本优化重组,设立政府投资引导基金。《意见》提出深化国有企业改革要有序发展混合所有制经济。稳步推进国有企业混合所有制改革,探索实行混合所有制企业员工持股。《意见》提出深化国有企业改革要加快完善现代企业制度。推进公司制股份制改革,健全公司法人治理结构,健全国有企业领导人员管理制度,深化国有企业内部制度改革。《意见》提出深化国有企业改革要强化监督防止国有资产流失。强化企业内部监督,健全外部监督机制,加强社会监督,严格责任追究。《意见》提出深化国有企业改革要加强和改进党对国有企业的领导。充分发挥国有企业党组织政治核心作用。加强国有企业领导班子和人才队伍建设,切实落实国有企业党风廉政建设"两个责任"。《意见》提出深化国有企业改革要深化国有企业改革的保障措施。切实加强组织领导,完善相关配套政策,营造改革创新良好氛围。（于黎明）

【推进"互联网+"行动】 2016年,太原市政府下发《关于印发太原市推进"互联网+"行动实施方案的通知》。《方案》提出太原市积极推进"互联网+"行动的发展目标:到2018年,"互联网+"行动和重点专项实施取得突破性进展,基于互联网的新业态成为新的经济增长动力,互联网对大众创业、万众创新和提供公共服务的支撑能力大幅提升,网络经济与实体经济协同互动的发展格局初步形成。基础支撑能力显著增强,固定宽带网络、新一代移动通信网和下一代互联网加快发展,网络访问速率和移动通信网络服务能力大幅提升,无线传感网、行业云应用和大数据平台等新型基础设施逐步完善,应用支撑和安全保障能力明显增强。产业转型升级成效明显,互联网在制造业、服务业、农业、能源等领域的应用不断拓展,建成一批智能制造试点、精准农业示范园区、智慧物流园,基于互联网的新业态成为重要的增长点,互联网对产业提质增效升级的促进作用日益凸显。社会服务更加便捷普惠,互联网在民生领域的应用更加广泛,建成一批智慧民生服务、政务服务和社会治理平台,打造一批健康医疗、养老、教育、旅游等线上线下结合的示范点,公众享受到更加优质、高效、便捷、普惠的服务。到2025年,全市网络化、智能化、协同化、服务化的"互联网+"产业生态体系基本完善,"互联网+"新经济形态初步形成。《方案》提出太原市推进"互联网+"行动的重点任务是:加快网络基础设施建设,重点提升互联网应用支撑能力,夯实"互联网+"发展基础。推动互联网创新成果与经济社会各领域的深度融合,培育经济社会发展新业态。完善"互联网+"融合发展体制机制,强化安全保障,营造良好发展环境。（于黎明）

【发放困难残疾人生活补贴和重度残疾人护理补贴】 2016年,太原市政府下发《关于发放困难残疾人生活补贴和重度残疾人护理补贴的实施意见》。《意见》明确了补贴范围、补贴标准、政策衔接、申领程序、资金筹集、发放、管理及保障措施。

补贴范围:困难残疾人生活补贴。主要补助残疾人因残疾产生的额外生活支出,补贴对象由原来城乡低保家庭中残疾等级为一级的贫困残疾人,扩大到城乡低保家庭中的所有持第二代《中华人民共和国残疾人证》的残疾人。重度残疾人护理补贴。主要补助残疾人因残疾产生的额外长期照护支出,补贴对象由原来城乡低保家庭外残疾等级为一级的残疾人,扩大到所有残疾等级为一级、二级且需要长期照护的持有第二代《中华人民共和国残疾人证》的重度残疾人。

补贴标准:困难残疾人生活补贴标准,由原来每人每月40元提高到每人每月50元;重度残疾人护理补贴标准,由原来每人每月40元提高到每人每月50元。有条件的可按照残疾人不同困难程度制定分档补贴标准。已实施困难残疾人生活补贴和重度残疾人护理补贴的县(市、区)、开发区(园区),超出补贴范围或高于此标准的,可按原规定执行。

《意见》提出困难残疾人生活补贴和重度残疾人护理补贴按照残疾人(监护人)申请、乡(镇)政府(街道办)初审,县(市、区)、开发区(园区)民政、残联审定程序申领。《意见》提出,残疾人两项补贴经费由省、市、县(市、区)、开发区(园区)财政按比例分担。其中省财政承担50%,市、县(市、区)、开发区(园区)财政承担50%。阳曲县、娄烦县按照市、县6∶4的比例承担,其余按照5∶5的比例承担。《意见》提出困难残疾人生活补贴资金管理发放工作由县(市、区)、开发区(园区)民政部门牵头;重度残疾人护理补贴资金管理发放工作由县(市、区)、开发区(园区)残联牵头。经审定符合领取残疾人两项补贴的,由民政部门、残联将审定合格材料(包括核定补贴人数和补贴标准)报同级财政部门申请拨付资金。残疾人两项补贴采取社会化形式发放,通过金融机构直接打入残疾人银行账户。特殊情况需直接发放现金的,应制定专门监管办法,防止和杜绝冒领、重复领取、克扣现象。《意见》提出困难残疾人生活补贴依照低保资格审核制度,每季度发放一次;重度残疾人护理补贴每年发放一次。对补贴资格审定合格的残疾人,应及时纳入发放补贴范围。2016年1月1日前符合条件的残疾人,残疾人两项补贴从2016年1月起计发;新增符合条件的残疾人,残疾人两项补贴自递交申请当月计发。其中,困难残疾人生活补贴从下季度补发,重度残疾人护理补贴从下一年度补发。 (于黎明)

【完善城乡义务教育经费保障机制】 2016年,太原市政府出台《关于进一步完善城乡义务教育经费保障机制的实施意见》。《意见》提出完善城乡义务教育经费保障机制保障措施:(一)从2016年春季学期起,统一城乡义务教育阶段学校生均公用经费。基准定额为:普通小学每生每年600元,普通初中每生每年800元。对城乡义务教育学校(含民办学校)按照不低于基准定额的标准补助公用经费。在此基础上,对寄宿制学校按照年生均200元标准补助公用经费,继续落实好农村地区不足100人的规模较小学校按100人核定公用经费和北方地区取暖费等政策;特殊教育学校和随班就读残疾学生按每生每年6000元标准补助公用经费。同时取消对城市义务教育免除学杂费奖补政策。落实生均公用经费基准定额所需资金由中央及地方按6:4比例分担(其中比照实施西部大开发相关政策的县为8:2),太原市承担部分由省市县按照5:2:3比例分担,其中市属学校由省市按照5:5比例分担。公办学校现有公用经费补助标准高于基本定额的,要确保水平不降低,经费不减少,并及时根据省厅要求对基准定额进行调整。(二)从2017年春季学期开始,城乡义务教育学校学生(含民办学校学生)全部享受由国家提供的免费教科书。各县(市、区)探索并逐步推行部分教科书循环使用制度。(三)从2017年春季学期开始,统一城乡补助义务教育阶段家庭经济困难寄宿生生活费政策。补助基本标准为:小学每生每天4元、初中每生每天5元,学生每年在校天数均按250天计算。所需资金由中央和地方按照5:5比例分担,太原市承担部分由省市县按照5:2:3比例分担。家庭经济困难寄宿生生活费补助政策覆盖面按照寄宿生的23%核定。各县(市、区)可根据实际扩大享受寄宿生生活费补助覆盖范围,提高资助标准。所需资金由县(市、区)财政解决。(四)民办学校在获取政府部门核拨的生均公用经费补助后,等额减收由学生负担的学费。2016年春季学期已经收取学杂费的学校,在收到公用经费补助资金一个月内,按相应标准足额退还给学生。从2016年秋季学期开始,民办学校(含公办学校参与举办的民办学校)在现收费标准基础上,按照公用经费补助标准等额减收学生学费。(五)巩固完善农村义务教育学校校舍安全保障长效机制。支持农村公办义务教育学校维修改造、抗震加固、改扩建校舍及其附属设施。农村公办义务教育学校校舍安全保障机制所需资金由中央和省按照5:5比例分担。城市公办义务教育学校由各县(市、区)建立学校校舍安全保障长效机制,所需资金由县(市、区)承担,市属学校校舍安全保障长效机制所需资金由市财政承担。(六)巩固落实城乡义务教育教师工资政策。市、县人民政府进一步加大义务教育教师工资经费支持。县级人民政府确保县域内义务教育教师工资按时足额发放,教育部门分配绩效工资时加大对艰苦边远贫困地区和薄弱学校的倾斜力度。(七)深化教育改革,优化教育布局。继续深化教师人事制度改革,健全城乡教师和校长交流机制,进一步解决进城务工农民子女和"留守儿童"教育问题。流出地政府和流入地政府互相配合,继续落实以"流入地为主、公办学校为主"政策,按学籍计算人数、资金,实现资金可携带。切实保障农民工子女接受义务教育的权利。进城务工人员随迁子女在输入地公办义务教育中小学就读,一律不得收取借读费、择校费,更不得要求捐资助学或摊派其他费用。(八)为推进精准扶贫政策落实,从2017年春季学期开始,市财政对全市"建档立卡"的义务教育阶段家庭经济困难学生提供每生每年100元的作业本费,并可以优先享受寄宿生生活补助等。(九)从2016年春季学期开始,对适龄重度残疾学生开展送教服务,并按每生每年6000元标准补助学校公用经费。(十)从2016年春季学期开始,推动义务教育小学阶段学生放学后免费托管服务。城六区所属小学及市直属小学本着服务学生、方便家长原则,在国家规定的小学生在校学习时间后延长一小时提供免费托管服务。所需经费由市、县财政共同负担,并纳入年度财政预算，足额予以安排。按照学校行政隶属关系，直属公办小学由市财政全额负担，县(市、区)属公办小学由市、县(市、区)财政各负担一半。

《意见》明确完善城乡义务教育经费保障机制工作要求：(一)各县(市、区)教育部门要重视和强化教育事业统计和学籍工作，对教育事业统计报表统计的义务教育阶段学生数的真实性和准确性负责。建立完善中小学生学籍管理系统，定期对学籍信息进行清理和更新，并与教育事业统计报表协同一致。严格把“具有学籍并在每学年初进行学籍注册的学生数”作为教育事业统计的对象，切实保障教育事业统计报表统计学生数与学籍数的统一性。(二)各县(市、区)要严格执行义务教育经费保障机制改革政策，按照义务教育“以县为主”管理体制要求，建立健全中小学校预算编制制度，编制县级教育部门预算，报同级财政部门审核汇编地方政府预算，并提交同级人民代表大会审议批准。(三)市、县级义务教育经费保障机制资金全部纳入财政特设专户管理。各县(市、区)要按照国库集中支付、收支两条线、政府采购等规定，办理公用经费、免费教科书、家庭经济困难寄宿生生活费、校舍维修改造等各项义务教育保障资金拨付业务，确保资金及时拨付到位，保障义务教育阶段学校正常运转。(四)切实改变“重投入、轻管理，重分配、轻监督”的错误观念，科学合理安排使用义务教育经费。市、县(市、区)教育、财政部门在安排中小学校预算时，要首先保证学校正常运转及教学活动和后勤服务等方面的必要开支。根据不同规模学校实际，科学合理分配中小学公用经费，适当向办学条件薄弱学校倾斜，保证较小规模村小学和教学点的基本需求。进一步改善办学条件，缩小区域内学校之间差距，促进教育均衡发展。中小学校要优先保证基本支出，分轻重缓急合理安排项目支出。(五)各学校严禁私设“小金库”、公款私存，严禁乱收费、乱摊派。加强学校固定资产管理，建立固定资产台账，做到账实、账账相符，推进财务公开，自觉接受群众监督。(六)市、县两级政府向同级人民代表大会报告义务教育经费投入情况，并按照《中华人民共和国政府信息公开条例》等相关规定，向社会公开，接受社会监督。市、县两级财政、教育、发展改革、审计、监察等部门要按照各自职责，加强对义务教育经费保障机制资金安排使用、贫困生评定、中小学收费、校舍维修改造等情况的监督检查。

(于黎明)

【太原市政府规章立法后评估办法】 为规范市政府规章立法后评估工作，建立规章立法后评估长效机制，不断提高政府立法质量，全面推进依法行政、建设法治政府，根据中共中央、国务院《法治政府建设实施纲要(2015–2020年)》等有关规定，市政府制定出台《太原市政府规章立法后评估办法》《办法》不分章节共十九条，主要规定了市政府规章立法后评估工作的组织实施主体、评估范围、评估标准、评估程序与方法、评估报告与运用等方面的内容。此外，《办法》还对市政府规章立法后评估概念的界定、市政府规章立法后评估应当遵循的原则、受委托开展市政府规章立法后评估的单位需要具备的条件、保障措施等方面，也作出了明确、具体的规定。制定《办法》，通过开展市政府规章立法后评估工作，对规章的实施效果作出客观、系统、全面、科学的评价，为修正完善相关规章内容提供重要依据，对于有效提升市政府立法质量，将发挥不可或缺的作用。制定《办法》，建立市政府规章立法后评估长效机制，将会促进市政府立法工作向更加科学化、民主化和规范化的轨道发展，也将对加快推进依法行政、建设法治政府具有十分重要的意义。(于黎明)

【实施全面两孩政策】 2016年，太原市政府印发《太原市实施全面两孩政策实施方案》。《方案》提出实施全面两孩政策的基本原则：(一)坚持总体稳定。按照中央决策部署和全省统一安排，科学制定实施方案，加强目标人群和出生人口变动预测，加强风险防控，加强各项配套政策衔接，在适当提高生育水平的同时，防止政策外多孩生育大幅增加，确保生育水平不出现大幅度波动。(二)坚持服务为本。尊重家庭在计划生育中的主体地位，寓管理于服务之中，维护群众正当生育权利和生殖健康权利。改进服务态度，提高工作效率，简化办事程序，方便群众办事，加强教育培训，提升群众依法生育、健康生育、负责任生育的自觉意识。(三)坚持法治保障。认真贯彻执行新修订的《人口计生法》《条例》和国家相关法律法规、政策，完善配套政策，扎实推进“六权治本”，建立健全有利于促进人口均衡发展的政策法规体系，引导群众负责任、有计划生育。(四)坚持统筹推进。加强配套政策的系统性、整体性、协同性，统筹推进生育政策、服务管理制度、家庭发展支持体系和治理机制综合改革，做到调整完善生育政策与服务管理改革同步推进、配套政策同步制定。

《方案》提出了实施全面两孩政策推进步骤及重点工作。(一)组织实施阶段。1.制定总体实施方案。根据《条例》《实施方案》的要求，由市卫生计生委牵头，市发改委等部门配合，运用前期摸底调查结果，精准测算生育意愿目标人群底数和实际生育可能情况，科学预测出生人口变动趋势，正确研判生育政策调整可能给公共服务等带来的影响。研究梳理配套政策，明确政策衔接口径，加强风险评估，全面梳理可能存在的风险点，做好部门协调，从妇幼卫生、学前和幼托教育、生育保险等方面采取针对性措施，制定风险防控预案。2.落实新旧政策衔接。根据《中华人民共和国立法法》和新修订的《人口计生法》《条例》的相关规定，按照“老人老办法、新人新办法”原则，做好政策调整前后计划生育奖励扶助政策和社会制约措施衔接，既维护政策的严肃性、公平性，又做好群众的思想工作，确保政策平稳过渡。(1)奖励扶助制度衔接。一是在国家提倡一对夫妻生育一个子女期间，自愿终身只生育或依法只收养一个子女的夫妻，并领取了《独生子女父母光荣证》的，继续按规定享受独生子女父母奖励扶助；按规定应当享受计划生育家庭老年人奖励扶助的，继续享受奖励扶助。二是对全面两孩政策实施后生育、且自愿终身只生育一个子女或依法只收养一个子女的夫妻，不再发给《独生子女父母光荣证》，不再享受各项奖励。三是自2016年1月1日起，已获得《独生子女父母光荣证》的夫妻再生育或依法收养子女的，收回《独生子女父母光荣证》，不再享受独生子女父母奖励优惠，此前已经享受的不再退还。(2)计划生育特殊家庭扶助衔接。对2016年1月1日前独生子女伤残、死亡家庭，以及2016年1月1日前生育或收养子女，2016年1月1日后独生子女死亡或伤残，且没有再生育或收养子女的，按规定给予扶助。2016年1月1日后生育第一个子女的夫妻，子女出现伤残、死亡的，不再进行扶助。(3)婚假、产假衔接。按照《条例》规定，依法办理结婚登记的夫妻可以享受婚假30日，符合条例规定生育子女的，女方在享受国家和本省规定的产假基础上，奖励延长产假60日，男方享受护理假15日，婚假、产假、护理假期间，享受与在岗人员同等待遇。2016年1月1日以后，晚婚晚育的，不再进行奖励。(4)社会抚养费征收衔接。全面两孩政策实施之前违法生育第二个及以上子女的，按照修改前《条例》的规定征收社会抚养费。在全面两孩政策实施之后违法生育的，按修改后的《条例》规定执行。对历史遗留的违法生育对象处理按照《山西省实施全面两孩政策实施细则》的有关规定执行。3.推进生育服务管理改革。按照《山西省全面两孩政策实施细则》和《山西省生育服务证管理办法》，全面推行生育登记服务制度，对生育两个以内(含两个)孩子的，不实行审批，由家庭自主安排生育。夫妻双方可以在子女出生前后持身份证、结婚证、户口本(或居住证）到一方户籍地或现居住地乡镇(街道)计划生育管理机构或乡镇(街道)医疗卫生机构、市县级妇幼保健计划生育技术服务机构主动办理生育登记。需要打印《生育服务证》的夫妻，可到一方户籍地或现居住地乡(镇、街道)办理。符合《条例》规定申请再生育子女的，由一方户籍所在地乡(镇)人民政府或街道办事处批准。党员干部申请再生育，需要填写党员干部备案表进行备案。在选拔任用干部，评先评模，文明单位评选，推选党代会代表、人大代表、政协委员候选人，录用公务员，干部职工晋升工资、晋升职务(含职称与技术等级)时，进行计划生育情况审核，违法生育的，实行“一票否决”。

(二)推进完善阶段。1.依法保障女性就业权益。严格落实《山西省女职工劳动保护条例》《山西省实施〈中华人民共和国妇女权益保障法〉办法》等法律法规，制定完善保障妇女合法权益配套措施，保障妇女就业、休假权利。特别是鼓励用人单位制定有利于女职工平衡职业和家庭关系的政策，帮助女职工做好职业规划，坚决反对在妇女就业问题上的歧视。2.增加相关基本公共服务。合理配置幼儿照料、学前教育和中小学教育等公共服务资源，满足新增加的公共服务需求。推进三岁以下婴幼儿托幼机构建设，鼓励以社区为依托兴办托儿所，鼓励女职工集中的单位恢复托儿所。重点完善家庭支持发展政策，研究完善生育保障、住房、税收等相关经济社会政策和家庭发展政策，为生育、幼儿养育、青少年发展提供支持。推进流动人口基本公共卫生计生服务均等化，按照常住人口配置服务资源，将流动人口纳入城镇基本公共卫生和计划生育服务范围。巩固完善流动人口“一盘棋”工作机制，推进网上信息核查共享，做好流动人口在居住地生育登记服务。大力开展卫生计生关怀关爱活动，向流动人口和留守人群特别是困难群众送去关怀和温暖。3.提升和加强妇幼保健计划生育服务能力。一是抓住卫生和计生资源整合的有利时机，针对太原市妇科、儿科医疗资源严重短缺的实际，以“百院兴医”工程为牵引，大力推进妇幼保健计划生育服务机构标准化、规范化建设和妇幼保健示范专科建设。在市妇女儿童医院扩建改造、投入使用后，加强市级综合性医院妇产科、儿科建设，增加医院妇产科和儿科床位，提高孕产妇与新生儿危急重症救治能力。督促、指导县、乡完成妇幼保健计划生育技术服务机构整合和工作衔接，加快形成资源共享、优势互补、运转高效、群众满意的市、县、乡三级妇幼保健计划生育服务网络。二是加大妇科、产科、儿科等急需紧缺人才培养力度。以“调整存量、做优增量、补齐短板、提升能力”为原则，通过全面落实省级“百千万卫生人才培养工程”和继续实施市级燎原培训计划，采取学校培养、外派深造、继续教育、岗位培训等方式加强妇幼保健计划生育服务技术力量，力争在“十三五”前期初步解决妇幼健康服务资源总体不足和结构性短缺的供需矛盾。三是保证基层妇幼保健计划生育技术服务队伍稳定。各县(市、区)在卫生计生资源整合中，把妇幼保健和计划生育技术服务机构、队伍整合作为工作重点，特别是保证乡级妇幼保健和计划生育技术服务队伍稳定，配齐配强妇幼保健计划生育技术服务人员，通过以服务需求为导向的继续医学教育和岗位培训，提高县、乡两级妇幼保健和计划生育服务能力。县、乡两级服务人员应改善服务模式，推广母子保健手册，在妇幼保健机构开展“一条龙”保健服务，鼓励开展预约式、跟踪式、关怀式、监测式等个性化妇幼保健服务；转变服务理念，改“坐堂行医”为“主动服务”，为孕产妇和婴幼儿提供便捷、连续、综合性的健康服务。4.做好全面两孩生育对象免费优生健康检查等相关制度衔接工作。开发建设规范的妇幼健康综合管理平台，对住院分娩机构分娩情况分类汇总和实时评价，保障全员系统与妇幼系统数据质量资源共享。

（于黎明）

【太原市政府部门行政职权运行监督管理试行办法】 为进一步规范行政行为，强化对市政府各部门行政职权运行的监督管理，保障行政权力依法正确行使，保护公民、法人和其他组织合法权益，依据《中华人民共和国行政监察法》《行政机关公务员处分条例》《山西省政府部门行政职权运行监督管理办法》和《太原市市级行政权力清单动态管理试行办法》等法律法规规定，市政府出台《太原市政府部门行政职权运行监督管理试行办法》。《办法》不分章共十八条。主要规定了行政职权运行监督管理工作的组织实施主体、范围、标准、程序与方法等方面的内容。《办法》还对市政府部门行政职权概念的界定、行政职权运行监督管理应当遵循的原则保障措施等方面，也作出了明确、具体的规定。《办法》规定，除涉密事项外，政府部门经审定后的权责清单及行政职权运行流程图、廉政风险防控图和办事指南表应在市政府门户网站统一发布，接受社会监督。其中，行政职权运行流程图应明确申请、受理、审核（审查）、决定、执行等环节，办理程序简明清晰规范。流程图按照法定程序编制，法律法规没有明确规定的，按照便民高效原则编制。同类行政职权运行流程基本相同的，可编制通用流程图。办事指南表应明确行政职权承办机构、办理地点、办理条件、申报材料、办理时限、投诉电话等要素，将行政相对人办事过程中需要了解的相关信息及需要配合的相关要求一次性告知。《办法》规定，政府部门行政职权运行有下列情形之一的，由任免机关或监察机关责令限期改正，对直接主管人员和其他直接责任人员依法给予警告或记过处分；情节较重的，依法给予记大过或降级处分；情节严重的，依法给予撤职处分：故意隐瞒或遗漏行政职权事项和责任事项的；行政职权及其责任事项设定依据已经发生变化，怠于申请调整，由公民、法人和其他组织提出或由市机构编制部门审查提出的；违反规定擅自行使清单以外行政职权事项，侵害公民、法人和其他组织合法权益的；违法设定、擅自增加行政职权事项前置条件的；无正当理由，未按法定或承诺期限受理、办理、办结行政职权事项的等。 （于黎明）

【加强农村留守儿童关爱保护】 2016年，太原市政府印发《关于加强农村留守儿童关爱保护的实施意见》。《意见》提出加强农村留守儿童关爱保护工作要坚持父母监护，家庭尽责；政府主导，部门共管；标本兼治，全民关爱的基本原则。《意见》提出加强农村留守儿童关爱保护总体目标为：到2020年，家庭、政府、学校尽职尽责，社会力量积极参与的农村留守儿童关爱保护工作体系全面建立，强制报告、应急处置、评估帮扶、监护干预等农村留守儿童救助保护机制有效运行，侵害农村留守儿童权益的事件得到有效遏制，未成年人保护法规政策体系更加完善，全社会关爱保护儿童的意识普遍增强，儿童成长环境更为改善、安全更有保障、留守现象明显减少。《意见》提出在完善关爱服务体系方面，要强化家庭监护主体责任，强化县（市、区）、乡镇（街道）和村（居）民委员会属地责任，强化教育部门和学校关爱保护责任，强化民政部门牵头协调和兜底救助责任，强化相关部门职能责任，强化群团、社会组织关爱服务责任。在健全救助保护机制方面，《意见》提出要建立强制报告机制，完善应急处置机制，健全评估帮扶机制，强化监护干预机制。在保障措施上，《意见》提出要加强组织领导，强化部门协作。坚持预防为主，强化源头治理。发挥阵地作用，强化能力建设。加强督促检查，强化激励问责。积极营造氛围，强化宣传引导。

（于黎明）

【发挥新消费引领作用，培育形成新动力】 2016年，太原市政府下发《关于积极发挥新消费引领作用加快培育形成新供给新动力的实施意见》。《意见》提出了发挥新消费引领作用加快培育形成新供给新动力的总体要求，基本原则，明确了消费升级重点领域和方向：拓展服务消费。鼓励信息消费。倡导绿色消费。引导时尚消费。丰富品质消费。强化农村消费。《意见》提出，要加快推进重点领域制度创新。加快建设统一大市场。加大服务业开放力度。强化助推新兴领域发展的制度保障。加快推进人口城镇化相关领域改革。《意见》提出要全面改善优化消费环境，全面提高标准化水平，完善质量监管体系，改善市场信用环境，健全消费者权益保护机制，强化基础设施网络支撑，大力推进“互联网+”行动，积极发展电子商务，拓展农村消费市场，积极培育国际消费市场。《意见》提出要创新并扩大有效供给。改造提升传统产业，培育壮大战略性新兴产业，大力发展现代服务业，推动区域消费中心升级发展，推动大众创业万众创新蓬勃发展，鼓励引导企业加快产品服务升级，开展品牌塑造工程。《意见》提出要优化政策支撑体系。强化财税支持政策，推动金融产品和服务创新，优化政府投资结构，用好土地政策，创新人才政策，健全环境政策体系。《意见》要求，各县（市、区）、各部门要高度重视并主动顺应消费升级大趋势，加强组织保障，强化统筹协调，狠抓工作落实，积极发挥新消费引领作用，加快培育形成新供给新动力，推动经济实现有质量、有效益、可持续发展。 （于黎明）

市政府办公厅

【概述】 2016年是“十三五”规划和全面建成小康社会的开局之年。在市委、市政府的坚强领导下，在市直各部门的大力支持下，市政府办公厅认真学习贯彻习近平总书记系列重要讲话精神，以开展“两学一做”学习教育为切入点，以实施“三基两高一提升”（完善基本制度、基础资料和基础设施，实现政务工作高质量和高效率，提升工作执行力）为着力点，加强理论学习，转变工作作风，提升服务水平，积极发挥参谋助手、统筹协调、督促检查和服务保障作用，圆满完成

了各项工作任务。（李　炜）

【政务服务质量和水平进一步提升】2016年，市政府办公厅围绕市委、市政府中心工作，以雷厉风行、紧抓快办的工作效率和严谨细致、精益求精的工作标准，坚持高标准办文、高质量办会、高水平办件、高效率督查，在服务全市政务工作中发挥了积极作用。

发挥参谋助手作用。科学安排会议活动，及时提出建议措施，为推进太原市经济社会各项事业发展和政府重点工作全面完成发挥了积极的促进作用。全年组织会议、调研、督查等各类政务活动870余次，起草审核各类文稿420余万字，制发各类会议纪要112期。积极参与“十三五”规划建议和纲要起草工作，为全市五年工作目标、主要任务和重大举措的确定发挥了重要作用。围绕全市中心工作深入调研，高标准完成加快推进脱贫攻坚、加强渣土车运营管理等15篇调研报告。全年编发《并政信息》144期，被国务院办公厅、省政府办公厅采用141条，采用量居全省第一；《太原市出租汽车行业改革发展的有关情况》等9条信息得到国务院领导批示，政务信息主渠道作用进一步发挥。

提升办文办会质量。全年共办理请示报告7756件、来文来电2052件，机要文件、明传电报1136件。进一步优化流程，精简程序，消除文山会海现象，全年制发市政府、市政府办公厅文件318件，同比减少2%；以市政府名义组织召开全市性会议10次，同比减少9%。落实保密责任，开展保密培训，完善保密制度，加强保密管理，全厅广大干部保密安全意识进一步增强。

提升督促检查实效。发扬“钉钉子”精神和“马上就办”作风，切实提升督查工作实效。全年接受国家、省督导检查28次，督办整改事项52项；细化分解省下达太原市的36项考核指标，全程跟踪督办24项“13710”工作任务；梳理分解、持续督办35项市委常委会议和市政府常务会议议定事项、1300余项市长办公会议议定事项；组织开展全市性督查和专项督查24次，形成督查报告28篇；对22634件市委、市政府领导批示件和109件市长来信落实情况开展督查，编发《市长来信情况》10期，确保市委、市政府政令畅通，有力推动了各项决策部署落地生根。

提升服务基层能力。便民服务热线全年受理市民来电33.2万件，转办48887件，办结46694件，办结率95.5%；办理人民网留言2558条、省长留言290条、市长信箱留言1886条，连续四年被评为全国网民留言办理工作先进单位，荣获人民网网民留言办理工作10周年贡献奖。完成12345热线平台整合的软件系统、设备采购、人员招聘培训和制度文化建设等工作，将12358等3条公共服务热线接入平台。全年办理人大代表建议213件、政协提案443件，市人大常委会审议意见21件，办结率100%。太原市被省人大常委会评为省十二届人大办理代表建议先进单位。积极推进政务公开，充分发挥政府网站信息公开第一平台作用，公开市级行政权力清单、行政审批中介服务事项清单和国有企业重大信息等事项，政府门户网站荣获“2016年度中国政务网站优秀奖”，政务公开栏目荣获全国“2016政府网站信息公开精品栏目奖”。全年收到依申请信息公开事项70件，全部按规定办结。（李　炜）

【服务保障能力进一步提高】2016年，市政府办公厅坚持科学化、精细化管理，夯实基础，强化保障，电子政务、基础设施和应急管理建设进一步加强，办公厅服务保障能力持续提升。

推进电子政务建设。积极推进政务信息化“五共享”（共享网络、机房、服务器、安全体系和数据），政务外网年内完成市县两级共26个节点的接入和迁移工作，已连接156个单位1.2万余台电脑。建成部门数据交换共享平台，实现市民政、公安、工商、国税、地税等10余个部门的数据安全共享。及时处理网络及服务器故障600余次。托管全市政府网站81家，应用系统76个，政府网站全年共发布各类政务信息8000余条。开发OA协同办公系统“13710电子台账”模块，实现“13710”电子台账任务建档立卡、动态跟踪、催办督查及落实上报的电子化管理。

完善基础设施保障。严格落实“八项规定”，全年“三公”经费同比下降74%。按照“一个机构、两个平台、统一管理、科学配置”的模式，统筹建立市级公务用车保障服务平台和综合执法用车管理平台，实现对全市一般公务用车及综合执法用车的定位监控、科学调度、精确指挥。完成全市党政机关闲置办公用房摸底工作，建立105个市级机关、774个二级单位和10县（市、区）共197.4万平方米的办公用房台账，统筹调剂4个单位办公用房面积744平方米。完成中央、省、市财政部门统一部署的国有固定资产清查工作。完成市政府大院篮球场、自来水管网改造，更换、大修电梯各2部，安装反恐阻车设施。将辖区内新泽公寓平阳路小区、师苑小区等7幢楼座纳入全市集中供热系统。完成10幢楼座3万余平方米的既有建筑节能保温改造，完成6500平方米宿舍区地下室和屋面防水工作及房屋公共设施日常管理维修工作。组织机关大院反恐防恐演练，逐一排查安全隐患，努力营造安全和谐的办公环境。

提升应急管理能力。完善全市应急预案体系建设，编制《太原市突发事件应急体系建设“十三五”规划》，制订和修订市级专项应急预案8部。全面部署应急演练工作，组织指导市级专项应急演练13次，进一步提升各级各行业演练标准和专业救援水平。举办全市应急管理干部培训班，有效提高应急管理干部业务素质。在市级媒体开展公众应急常识宣传活动，增强群众防灾避险意识。严格执行24小时带班值班制度，编报《值班信息》138期、《应急动态》14期、《值班要

情》197期。协助市领导协调处置各类突发事件144起。（李　炜）

【自身建设进一步加强】 2016年，市政府办公厅以扎实开展"两学一做"学习教育为契机，进一步加强党风廉政、机关党建、法治建设、干部队伍和厅下属（代管）单位建设，办公厅的凝聚力和战斗力不断提高。

扎实开展"两学一做"学习教育。坚持把学习贯彻习近平总书记系列重要讲话精神作为重大政治任务，全面学习贯彻落实党的十八大、十八届三中、四中、五中、六中全会和省、市第十一次党代会精神，厅党组先后集中学习9次，专题研讨4次。厅所属党组织通过采取个人自学、集体学习、讨论发言、警示教育、党日活动等多种方式，营造浓厚的学习氛围，全厅干部理论水平进一步提升。在全厅组织开展"两学一做"学习教育专题辅导、党组织书记培训、观看警示教育片、知识答题、讲党课等活动，有力推动党内教育从"关键少数"向广大党员拓展，"两学一做"学习教育取得良好效果。

加强党风廉政建设。坚持全面从严治党，认真落实"两个责任"，全面加强党风廉政建设和反腐败工作。厅党组严格落实主体责任，召开专题会议听取厅纪检组监督责任履行情况和下属单位党组织主体责任履行情况汇报。厅纪检组认真履行监督职能，加强全面监督，增强监督实效，加大风险防控排查。与厅属单位和驻外办事机构主要负责人进行6次廉政集体约谈，个别谈话7次，书面函询3人，提示性谈话2人。督促驻外办事机构对照审计报告要求整改7方面问题。建立33名市管干部廉洁档案。进一步加强机关制度建设，督促抓好制度的规范化管理、流程化控制，实现用制度管人、用制度办事、用制度带队伍。抓住年节等重要关键节点，持之以恒狠刹"四风"，全厅干部纪律作风进一步好转，干事创业氛围更加浓厚。

加强机关党建工作。严格党员教育监督和管理，深入开展党费收缴工作专项检查、党员组织关系集中排查、党代会代表和党员排查清理等工作。完成机关党委换届，开展基层党组织负责人专项述职评议活动。加强服务型党组织建设，健全完善党员联系服务群众制度，与娄烦县天池店乡东沟塔村精准对接，为全村34户贫困户安排帮扶责任人，精准识别贫困人口，精准研判致贫缘由，精准制定帮扶措施，组织开展进村入户送温暖活动，推销农产品3.95万斤。深入开展"道德讲堂"、扶困捐助、双拥和志愿者服务等文明创建活动，全厅精神文明建设水平进一步提升。

加强法治建设。严格落实厅党组中心组集体学法制度，认真制订并严格执行《党政领导干部选拔任用工作条例》实施办法和固定资产管理办法两项制度，完善党组会议、财务管理和门面房出租管理等3项制度，全厅制度体系进一步完善，法制建设进一步加强。

加强干部队伍建设。开展副科级以上干部"六查"工作，建立专项核查档案。安排全厅干部参加干部在线学习，选派20名干部参加依法行政、干部选学、应急管理、新闻发言人等培训。认真落实老干部"两个待遇"，丰富老干部文化生活。帮扶救助8名大病困难职工，组织全厅干部职工体检，完成大病互助金收缴工作。

加强下属（代管）单位各项建设。市地方志办完成第二轮《太原市志》统稿和"太原方志网"升级改版工作，编纂出版了《太原年鉴（2016）》，新增随书电子版和单行电子版。市政府采购中心完成采购招标627次，市本级采购、工程材料采购分别完成11亿元和21.83亿元，节约率分别达到13%和10%，连续3年荣获"全国十佳集采机构"荣誉称号。机关事务管理中心在完成市级公车改革和平台建设的同时，圆满完成"2016中国·太原国际青年金属雕塑创作营"活动任务。市级机关服务中心实现经济收入540万元，增长6%，连续9次荣获太原市"文明标兵"荣誉称号；机关印刷所积极更新设备，服务质量进一步提高。并州饭店实现营业收入8500万元，荣获"2016年度山西省服务业100强企业""2016年山西百姓放心酒店品牌""2016年企业'移动互联网+'优秀单位"等称号。公报编辑部编发《政府公报》24期，发行4.8万份。国防教育训练中心完成9600人次国防教育和军事训练保障任务。各驻外办事机构积极拓宽外联渠道，圆满完成信息传递、接待服务等任务。（李　炜）

人力资源和社会保障

【概述】 2016年，在市委、市政府的坚强领导和省人社厅的精心指导下，太原市人力资源社会保障系统的干部职工团结奋斗，主动作为，按照"一个指引、两手硬"的要求，贯彻五大发展新理念，适应经济发展新常态，落实全面从严治党新要求，着力推动就业创业、社会保障、人才队伍、人事改革、收入分配、劳动关系等"六大板块"工作全面突破升级，圆满完成年初制定的各项工作任务，太原市人力资源和社会保障局在全省人力资源和社会保障工作年度目标责任考核中名列第一，再次被评为"全省人力资源和社会保障目标责任考核工作优秀单位"。

2016年，市人社局围绕全局、服务大局，全面加强各项工作的宏观管理。切实抓好人力资源和社会保障目标责任制考核，对10县（市、区）任务进行了分解，并签订了目标责任书，编制了《太原市人力资源和社会保障"十三五"规划》，建立了人力资源社会保障工作督查制度，完成了局权力清单、责任清单、规范性文件审查工作，确保各项工作有效落实。大力加强人力资源社会保障宣传阵地建设，努力扩大宣传的覆盖面，山西日报、太原日报、山西电视台、太原电视台等多家新闻媒体单位对市人力资源社会保障专项工作进行跟踪宣传报道。按照全市打赢脱贫攻坚战的总体要求，深入娄烦县天池店村精准扶贫，开展脱贫攻坚专项就业服务活动，实施养羊扶贫项目助推村集体经济破零，年内如期实现了整村脱贫，太原电视台、太原日报进行了报道。严格财务收支管理，认真做好部门预决算工作，多方筹措资金，为各项重点工作和项目提供了有力的资金支持，严格财务支出审核手续，确保人员、公用和专项经费等各项财政资金的及时到位和合理支出。按照全省统一部署，重点开展了就业资金、社保基金管理和公共服务中突出问题专项整治工作，确保了基金安全。全市人力资源和社会保障系统坚持把抓好党建作为最大的政绩，全面贯彻党的十八届三中、四中、五中、六中全会和省、市第十一次党代会精神，把全面从严治党贯穿于思想政治建设、干部队伍建设、精神文明建设和党风廉政建设，认真开展了“两学一做”学习教育等活动，展现出“忠诚可靠、团结和谐、勤政为民、风清气正”的良好氛围，有力地促进了人力资源社会保障各项工作的健康发展，市人力资源和社会保障局被表彰为省级文明单位和市双拥标兵单位。（办公室）

【就业局势基本稳定】 2016年，市人社局面对日益严峻的就业形势，坚持把就业作为民生之本，进一步推动各项政策措施落地见效，扎实做好就业托底工作。完善落实创业就业政策，制定《落实新形势下就业创业工作和支持农民工等人员返乡创业有关问题的通知》等多个文件，扎实做好就业托底工作，全市共落实各项就业创业资金6.8亿元，惠及近5万人次。着力打造四级公共创业服务平台，共计105个街道(乡、镇)、535个社区建立创业服务机构和窗口，四级公共创业服务平台配备工作人员957人，对各类创业群体提供服务。加强高校毕业生就业工作，2016年，招募高校毕业生“三支一扶”计划181人，征集就业见习岗位500余个，政府购买基层公共服务岗位招录高校毕业生1295人全部上岗。加大就业困难群体援助力度，积极推进供给侧改革、破产拆迁和去产能企业职工安置工作，落实1.63万名公益性岗位的社保补贴和岗位补贴，有效保障了稳定就业。全年组织农民工职业技能提升培训2.44万人，完成目标任务的110.8%；城镇失业人员再就业培训2.46万人，完成目标任务的111.6%；创业培训3853人，完成目标任务的110.1%；新成长劳动力培训16628人，完成目标任务的110.9%。精心组织实施“春风行动”等专项招聘350余场，重点保障富士康等企业员工的招聘工作，为富士康输送员工4万余人。全市在经济下行压力大的形势下，城镇新增就业9.89万人，城镇登记失业率控制在3.46%，确保就业局势的稳定。（办公室）

【社保惠民水平逐步提升】 2016年，市人社局坚持把社会保障工作作为民生之基，集中精力抓好社保体系建设，使惠及百姓利益的社会保障水平再上新台阶。全民参保登记计划试点工作稳步推进，制定出台了《太原市全民参保登记工作实施方案》，召开动员会，开展信息数据比对等工作，全市城镇职工基本养老、城镇基本医疗、失业、工伤、生育保险参保分别达到140.22万人、244.63万人、89.86万人、96.36万人和97.12万人，城乡居民社会养老保险参保72.99万人，均提前一个月完成省目标任务。结合太原市改革试点的实际，出台了《太原市机关事业单位工作人员养老保险制度改革实施办法》，进一步完善机关事业单位养老保险制度。连续第12年提高企业养老保险待遇，月平均增加194元。有序开展被征地农民养老保险工作，先后对山西大学东山校区等75个被征地农民养老保险项目完成审核，用地单位缴纳被征地农民养老保险预存款资金2.24亿元。重点开展了整合城乡居民基本医疗保险制度相关工作，按照国务院整合城乡居民医保“六统一”要求，以市政府名义印发《太原市整合城乡居民基本医疗保险制度实施方案》，按要求完成新农合整体移交人社部门工作。积极推进养老机构医养结合服务发展，出台《关于太原市基本医疗保险支持养老服务业发展的实施意见》。提高城镇居民基本医疗保险财政补助标准，由每人每年380元提高到420元。推进总额控制付费方式改革，巩固总额控制成果，遏制医疗费用的过度增长。为更好保障失业人员基本生活，全市失业保险金标准统一调整为1130元。对符合条件的困难企业拨付社会保险补贴和岗位补贴，对符合条件的煤炭、钢铁企业实行使用失业保险基金支付稳岗补贴、一次性转岗安置补贴等政策，较好发挥援企稳岗作用。重点推进建筑施工企业按项目参加工伤保险，保证新建项目参保率100%。印发《关于太原市实施工伤保险费率浮动的通知》，提高全市工伤职工伤残津贴、生活护理费及因工死亡职工供养亲属抚恤金标准，全年共有5549名工伤(亡)职工及遗属享受工伤保险待遇。实施了一系列降费率、稳增长措施，降低企业保险缴费水平，为企业减轻负担约9亿元。提升人社系统网络信息化水平，加强信息安全建设，实现五项社保统一征缴、一站式办理，全市累计发放社会保障卡340.1万张。全市社会保障体系更加完善，待遇更加惠民，服务更加优质。（办公室）

【人才队伍建设步伐加快】 2016年，市人社局坚持抓住培养、吸引和使用三个环节，努力为太原市经济社会发展提供有力的人才智力支撑。加大专业技术人才建设力度，组织参加国务院特贴专家、省学术技术带头人和省新兴产业领军人才评选推荐。参加2016年山西·太原人才智力交流大会，精心组织了130个企事业单位2544个岗位参会，达成人才引进意向934人。拓展引进国外智力渠道，积极支持有关企事业单位引进外国专家，申报国家重点引进经济技术类项目3项，普通项目12项。创新服务管理模式，实现资源共享，与石家庄市签署了《太原市与石家庄市加强区域合作共享国外人才和智力资源合作协议》。全年共引进国外专家260人次。以提升职业素质和职业技能为核心，培养和造就了一批具有精湛技艺、高超技能和较强创新能力的高技能领军人才。截至年底，技能人才培养3.12万人，完成目标任务的167%，其中新增高技能人才1.1万人，完成目标任务的709.6%。组织参加了全省技工院校职业技能大赛，市高级技工学校夺得了3个第一名和高级工团体第一名。依法管理公务员队伍，完善公务员管理各项配套政策，全年共办理19家单位190余人的任职审核备案，为229人办理了公务员登记手续，为市政府采购中心公开选调参照公务员法管理工作人员10名。坚持公务员凡进必考，圆满完成2016年公务员录用工作，为市行政机关259人办理了公务员录用手续。举办两期公务员录用面试考官培训班，最终确定276人为面试考官。创新考核办法，将年度考核和平时考核相结合，发挥了考核的奖惩机制和激励导向作用。规范评比达标表彰工作，组织开展省第四届人民满意的公务员和人民满意的公务员集体评选表彰推荐工作。积极与市委组织部、市委党校、高校联系，扎实开展公务员初任培训、任职培训、过渡培训、在职培训、业务培训等工作，全市各级行政机关共培训5000余人次，取得良好成效，各类人才有力支撑太原发展的态势正在形成。（办公室）

【人事制度改革稳步推进】 2016年，市人社局始终把人事制度改革作为人社工作创新发展的突破口，不断引深各项改革，激发事业单位活力。以完善聘用制度、岗位管理制度为重点，加快推进事业单位人事制度改革。加大事业单位岗位设置管理工作力度，岗位设置完成率达98%。市直事业单位共聘任32798人，共为53家事业单位优化了岗位结构比例，累计为459家事业单位的3255名专业技术人员办理岗位晋升。坚持公开招聘制度，进一步规范事业单位工作人员招聘管理制度，在保证招聘工作公开、公平、公正的基础上，逐步打破地域和身份界限，探索符合不同行业、专业和岗位特点的招聘办法，全年招聘事业单位工作人员1349人。深化专业技术职称制度改革。采取综合考试、专业答辩、考评结合、考核认定等评价方式，规范2016年度专业技术人员职称评审工作，形成更加科学规范的评审组织工作制度。加强非公人才队伍的建设，加大非公领域内人员的职称评审力度，非公领域申报总数达6000人。做好军转干部工作，着眼国家军改和裁军期间全省军转安置工作的新要求，实行计划分配军转干部量化考核考试积分选岗的单向选择办法，积极协调市委组织部，高标准高质量完成市军转干部安置任务。做好随军家属就业安置工作，《中国双拥》杂志进行了专题报道。创新自主择业军转干部的管理服务工作，全力做好企业军转干部的解困稳定工作，全市企业军转干部保持稳定。（办公室）

【居民收入水平稳步提高】 2016年，太原市不断加大工资分配调控，确保居民收入增长和经济发展同步、劳动报酬增长和劳动生产率提高同步。加强企业工资宏观调控，认真落实最低工资标准，发布了2016年度劳动力市场工资指导价位和2016年企业工资指导线，全市企业工资增长基准线为7%。在全市建立工会的企业中全面开展企业工资集体协商，促进了职工工资的合理增长。稳步推进机关事业单位工资制度改革，完成机关事业单位调整基本工资标准工作，人均增加332元，县以下机关建立公务员职务与职级并行制度已落实到位，乡镇工作补贴有序推进，人民警察警衔津贴已兑现到位，落实了公车补贴，法官、检察官和司法辅助人员工资制度改革试点工作进展顺利。着力解决好农民工工资拖欠问题，建立应急周转金、工资保证金等保障制度，全市共预存农民工工资保证金1.74亿元，市、县（市、区）政府筹集应急周转金4700万元。2016年全市城镇居民人均可支配收入完成29632元，增长6.9%，总量和增幅均列全省第一。（办公室）

【劳动者合法权益保障】 2016年，市人社局紧贴劳动者需求，不断加大劳动关系调处和劳动保障监察工作力度，劳动者合法权益得以有效保障。依法规范劳动用工管理，强化劳动合同管理，健全劳动关系三方协调机制，促进企业加强人文关怀，改善劳动环境。太原市企业劳动合同签订率达到98%，集体合同签订率达到85%。做好劳务派遣工作的现场核查与监督，共批准成立10家劳务派遣公司。不断加大监察执法力度，健全劳动保障监察一站式投诉举报接待制度，加强劳动保障监察的日常巡查、书面审查、专项检查和举报专查，不断完善事前预防、事中监管、事后处置的长效工作机制。开展清理整顿人力资源市场秩序、用人单位遵守劳动保障法律法规情况、劳动用工和社会保险情况等专项检查，全市农民工欠薪案件同比下降12.1%，涉及人数同比下降44.5%，金额同比下降36.4%，市人社局被评为全国清理整顿人力资源市场秩序专项行动成绩突出单位。集中开展矛盾纠纷排查，抓好"一批重大不稳定因素"化解，坚持从源头上消除和预防信访问题，信访案件办结率达98%。推进仲裁机构实体化建设，提高劳动争议调处效能，全市劳动人事争议仲裁案件结案率达93%，切实维护劳动者和用人单位的合法权益，促进了社会稳定健康发展。（办公室）

民 政

【概述】 太原市民政局位于半坡西街26号，成立于1949年，是市政府主管有关社会行政事务的组成部门，共有31个直属事业单位和9个直属福利企业。局机关设置17个职能处室，分别是:办公室、人事教育处、规划财务处、民间组织管理处、优待抚恤处（含双拥办公室）、军队离退休干部管理处（市政府军队离退休干部安置办）、复员退伍军人安置办公室（市政府复退军人安置办）、社会救助和救灾处、基层政权和社区建设处、区划地名管理处、福利和慈善事业促进处、社会事务处、政策法规处、机关党委、机关纪委监察室、离退休人员管理处、工会。

现有直属事业单位31个，分别是：太原双塔革命烈士陵园、太原市军用饮食供应站、太原市光荣院、太原市军队离退休干部第一休养所、太原市军队离退休干部第二休养所、太原市军队离退休干部第三休养所、太原市军队离退休干部第四休养所、太原市军队离退休干部第五休养所、太原市军队离退休干部第六休养所、太原市军队离退休干部第七休养所、太原市救助管理站、太原市社会福利院（太原市儿童福利院）、太原市精神康宁医院、太原市盲人按摩医院（太原市康复医院）、太原市太原市殡葬管理中心、太原市龙山殡仪馆、太原市龙山墓园、太原市永安殡仪馆、太原市永安园、太原市福利彩票发行中心、太原市社区服务中心、太原市老年社会保障管理服务中心、太原市救灾捐赠中心、太原市城市居民最低生活保障管理中心、太原市民政信息中心、太原市社会工作服务中心、太原市老年公寓、太原解放纪念馆、太原市福利生产管理中心、太原市慈善总会、太原市慈善职业技术学校。现有9个直属福利企业，以集中安置残疾人就业为主，已基本丧失生产功能。

2016年，太原市民政系统围绕市委、市政府"两个走在前列"的目标要求，按照年初"创新发展年"的工作思路，改革创新、项目引领、攻坚克难、推动发展，民政基础设施条件持续改善，托底保障能力稳步提高，政策法规创制成效显著，呈现出蓬勃向上的发展态势。救灾救助、社区建设、养老服务、三社联动、双拥优抚、军供安置、社团管理、社会福利、殡葬改革、政策理论研究等十余项工作全省领先、全国知名，各项年度目标任务全面完成，取得实质性成果。

2016年，太原市获得全国双拥模范城"八连冠"、第一批国家级医养结合试点单位、中央财政支持开展居家养老和社区养老服务改革试点；太原市民政局获得全国殡葬工作先进集体、全国老年法律维权工作先进集体、山西省双拥模范单位、2016年全省民政政策理论研究工作组织奖。　（杨永亮）

【社会救助精准发力　政策措施深入人心】 2016年，太原市民政系统救助体系建设不断完善。医疗救助累计救助61064人次，范围扩大、病种扩展、额度提高、制度完善；完善救灾应急平台，创建综合减灾示范社区，66255名受灾群众基本生活得到有效保障。托底保障水平全面提升。城乡低保差距进一步缩小，标准全省领先；五保集中供养率75%，在全国处于先进行列；临时救助全年救助6890户，真正做到了雪中送炭。救助信息化建设提档升级。城乡低收入信息比对平台增点扩容，继续保持全国领先水平。13部门25项数据实现共享，为实施社会救助提供了强有力的技术支撑。兜底扶贫作用凸显。低保、医疗救助、临时救助等12项政策与扶贫工作精准对接，所有政策全部进村入户，有关做法与经验在全省推广。在定点包联扶贫工作中，发展蔬菜大棚，兴建榨油厂，建设老年中心，融洽干群关系，使关头村红色老区再展新姿。　（杨永亮）

【发展社会福利事业，提升服务保障能力】 2016年，太原市养老服务业发展成效显著。养老服务业10个扶持政策、配套文件陆续出台，养老服务评估体系初步建立，医养结合顺利实施，三胞集团成功引进，养老基础设施建设全面推进，投资建设力度前所未有，太原市成为全国社区居家养老试点城市。福利和慈善事业稳步推进。居家养育、特教中心的先后建成，儿童福利工作"五位一体"体系日趋完善；脑瘫儿童新建病区运行良好，医疗护理力量显著加强；发放两项补贴，残疾人保障有效加强；按摩医院成功申报全国盲人医疗按摩规范化实训基地；福彩销售突破12亿元，福彩公益金使用管理更加规范；募集款物2416.75万元，广泛开展慈善救助，受到社会普遍欢迎。　（杨永亮）

【基层组织建设依法推进】 2016年，太原市社区建设硕果累累。完成社区惠民项目1026个，极大地改善了社区面貌。全市300平方米以上的社区达到301个，其中1000平方米以上的达47个。社区各类服务活动凝聚民心，居民归属感和认同感进一步提升。基层民主建

耿彦波市长在太原解放纪念馆指导工作

设得到巩固。探索推进农村社区建设试点工作，确定 82 个试点村；以“3.15”“7.15”检查日为重点，农村党务、村务、财务公开工作全面实施量化考核；深入开展“六权治本”，基层政权建设更加规范。社会组织管理规范有序。清理规范社团 157 个，涉企社团收费清理规范工作成效明显；出台《太原市社会组织信用体系建设工作方案（2016—2020 年）》，被民政部确定为创新试点城市。社会工作人才队伍发展壮大。出台《太原市社会工作专业人才队伍建设规划》，建立社会专业人才培养、评价、使用、激励机制，创建全国示范单位，建立市级志愿者网络平台，多措并举，打造了社工发展高地。

（杨永亮）

【服务军队国防注重实效】 2016 年，太原市军民共建迈出新的步伐，双拥共建氛围浓厚。全国双拥模范城创建“八连冠”目标如期实现，随军家属工作安置、生活困难补助发放，军人子女入园入学均有新的推进，军政军民关系进一步融合发展。优抚对象生活保障有力。绿色提残通道实现全覆盖，日常优抚工作平稳有序，优质亲情服务得到优抚对象的普遍认可。退役士兵安置改革不断深化。全面推进安置对象、岗位、程序、结果“四公开”“阳光安置”政策获得一致好评；借助法律、行政、媒体力量，解决拒收问题取得一定成效。日常管理服务周到细致。军休服务管理社会化有了很大突破，军供硬件设施更新改造。牛驼寨纪念广场维修改造全面完成，承办了“省城各界向烈士纪念碑敬献花篮仪式”，获得省市领导充分肯定。

（杨永亮）

【社会事务管理有序推进】 2016 年，太原市区划地名管理扎实开展。第二次全国地名普查工作超额完成年度目标任务；完成道路命名（更名）61 条，门牌编码 153 件，维护街路牌 553 块，实施界线联检，创建平安边界，地名工作与百姓生活日益紧密。流浪人员救助应救尽救。发挥四级救助网络作用，主动开展“在站寻家、让爱回家”“夏送清凉、冬送温暖”等活动，全年救助 12508 人次，不断彰显人间大爱。留守儿童关爱服务机制初步建立。出台农村留守儿童关爱保护实施意见，建立农村留守儿童关爱保护联席会议制度，关怀帮助工作有序开展。殡葬管理改革稳步推进。规范收费、优化服务，落实 1350 惠民政策，绿色殡葬理念更加深入人心，三大祭扫节日实现祭扫工作安全、有序、零事故。婚姻登记科学规范。全员持证上岗，补录婚姻历史数据，婚姻登记规范化、科学化水平进一步提高。

（杨永亮）

【自身建设扎实有效，服务水平显著提高】 2016 年，太原市民政系统全面学习贯彻党的十八届六中全会精神，民政“四个意识”更加牢固自觉；“两学一做”活动扎实深入，党员干部的理想信念更加坚定，以民为本的服务意识更加牢固；文明单位实现了全覆盖，群团工作凝心聚力作用充分显现；落实“两个责任”、强化“三个推动”，从严治党全面推进；廉政教育和反腐倡廉制度建设不断强化，形成了反腐败的高压态势，营造了风清气正的发展环境。选贤任能、科学调配，干部队伍不断加强，干事创业的热情充分激发；法治建设取得实效，全系统依法行政的意识普遍增强。一批民政重点工程全面突破，社会（儿童）福利院继续主体建设，救助站、康宁医院迁建项目开工；殡仪综合楼、惠民墓园、解放纪念广场、福彩大厅等投入使用，所有项目固定资产投资总额在 14 亿元左右，民政系统条件简陋的状况得到改善，服务水平明显提升。

城乡低收入信息比对平台的建立完善，继续保持全国领先水平。13 部门 25 项数据实现共享，为实施社会救助提供了强有力的技术支撑，利用大数据、实现了信息化、精准化救助。社会救助与扶贫工作精准对接。低保、医疗救助、临时救助等 12 项政策与扶贫工作精准对接，全市低保标准全面超过贫困线，兜底线发挥更大作用。促进养老服务业发展。从顶层设计建章立制，到基础建设兴建养老院、养老中心、日间照料中心、养老住区，再到政策扶持政策陆续出台，全市养老服务业蓬勃发展，太原市养老服务业步入快车道。

引进绩效评估末位淘汰制度，大力拓展投注网点，购置 8 个中福大厅，与大型连锁店合作共赢，全年销售福利彩票 12.22 亿元，同比增长 6.8%，占全省总销量的 28%，彩票市场份额始终坚守在 60%以上，销售业绩再创历史新纪录。

编印《太原市民政政策理论研究论文集（2016）》，收录民政政策理论研究论文 75 篇，内容涵盖社会保障救助、民主

宫蒲光部长视察太原市民政工作

市民政局职工诵经典展风貌

政治建设、双拥创建、专项社会事务管理等多个民政领域。编印《太原市双拥模式研究》，在对太原市近年来的双拥创建工作进行深入调研的基础上，对太原市双拥模式进行了深入研究，是山西省的重点研究课题之一。（杨永亮）

外事侨务

【概述】 2016年，在市委、市政府的正确领导下，外事侨务工作认真贯彻落实中央外事工作会议、省委外事工作领导小组会议和市委外事工作领导小组会议精神，严格管理、扎实工作，国际交流成果丰硕，涉外领域平稳安全，受到国家和省有关部门的充分肯定。10月在成都举办的第五届中法地方政府合作高层论坛颁奖仪式上，太原市荣获“中法地方合作奖”；11月在重庆举办的国际友好城市大会上，中国人民对外友好协会、中国国际友好城市联合会授予太原市“国际友好城市交流合作奖”。（冯启仁）

【健全完善外事侨务体制机制】 2016年，根据外事侨务工作新形势新要求，市外侨办研究制定并经市委同意，以两办名义印发了《中共太原市委外事工作领导小组职责和工作规则》《关于新形势下进一步加强境外太原公民和机构安全保护工作的实施意见》以及《中共太原市委外事工作领导小组办公室工作细则》。为规范外事侨务管理、切实维护境外太原市公民及机构安全和利益提供了制度保障。（冯启仁）

【严把因公出国(境)审批关口】 2016年，市外侨办严格执行“八项规定”“约法三章”和中央、省、市关于因公出国(境)管理的有关规定，从严审核把关，坚持以事定人，杜绝无实质内容的考察性出访，杜绝照顾性出访和借出访之机公款旅游。年度拒批不符合规定的出访申请1人次，审核批准因公出国(境)团组24批69人次，其中经贸交流及招商引资5批18人次、文化教育8批35人次(包括太原歌舞团舞剧《千手观音》赴马来西亚巡演19人次)、医疗卫生交流2批3人次、外事环保等培训交流6批9人次、赴德参加世界妇女大会1批2人次、旅游推广1批1人次、动物保护引进1批1人次。在严格审批的基础上，进一步细化、优化办理流程，做到受理材料一次性告知、审核登记一站式服务，同时建立出访任务督办制度，进一步提升审核效率，增强出访的及时性和实效性，有效服务全市的对外开放战略。（冯启仁）

【切实加强涉外管理】 2016年，市外侨办注重发挥境外非政府组织活动管理协调机制的作用，加强与有关部门的联系，不定期对涉外单位走访调研和跟踪服务，及时掌握情况，防范渗透瓦解，促进正当交往。严格执行外交部、省外侨办关于邀请外国人来华的有关规定，全年邀请外国人来并3批4人次，比往年同期大幅下降。认真执行《关于新形势下进一步加强境外太原公民和机构安全保护工作的实施意见》，圆满处置6月24日万柏林公民李某自行前往韩国济州岛在机场举牌示威事件，与驻外领馆、省外侨办和属地政府共同努力，通过多渠道沟通，促成李某家人赴韩接其回国，为保障国家安全、境外公民及机构安全和利益做出了应有的贡献。（冯启仁）

【积极拓宽国际友城布局】 2016年，市外侨办从对接“一带一路”国家战略的高度，积极谋划布局发展友城。对“一带一路”沿线国家的政治、经济、社会、文化等进行认真分析，找出与太原市的契合点，有重点、有目的地进行接洽。塔吉克斯坦索格特州首府苦盏市是该国第二大城市、北塔吉克斯坦核心城市，具有丰厚的历史文化积淀，是丝绸之路重镇和著名的旅游城市。经过扎实工作，太原市与塔吉克斯坦苦盏市取得联系，通过邮件、民间渠道等方式进行沟通，表达了结好意愿。苦盏市对我国正在实施的“一带一路”战略高度赞赏，对太原市经济社会发展表现出强烈兴趣，该市市长表示将择机率团来访，进一步探讨双方缔结友城相关事宜，为太原市对接“一带一路”带来新的机遇。美国圣伯纳迪诺是加利福尼亚州最古老的社区城市之一，所设立的自贸区是美国西部最大的自贸区，拥有西部最大的钢铁厂。经太原市积极争取，促成美国圣伯纳迪诺郡郡长库特·海格曼一行于8月2日来并访问，耿彦波市长出面会见，两市签署了建立友城关系意向书，将在经济、教育、文化等领域开展多项合作。韩国大田广域市是韩国第5大城市，是韩国的科技中心，该市大德科技园有大约 70 家研究所和近 800 家高科技企业。通过民间友好人士推介，太原市与韩国大田广域市取得联系，9 月初，受韩国大田广域市市长委托，该国青少年体育联盟委员长林泰成一行来访，就大田广域与太原市建立友好城市合作关系、经贸合作以及青少年体育交流等进行座谈，有望与韩国发展一对新友城。（冯启仁）

【深化与法国圣但尼市多领域合作】 2016 年，太原市选派的乒乓球教练在圣但尼执教期间，帮助该市在印度洋岛国运动会上夺取乒乓球男单、男双、混双三个项目的金牌，实现历史性突破。根据两市交流协议，选派锣鼓教练赴圣但尼市开展培训，传播民间艺术。为深化双方合作，圣但尼市副市长玛丽·安尼克·安达玛依女士率代表团一行 5 人，于 9 月 18 日至 21 日来并进行友好访问，市政府领导会见并宴请代表团一行。代表团就太原老年人生活、中小学生假期生活安排等方面进行实地考察，并拜访太原市实验中学、太原市群艺馆、太原市关帝协会，就继续开展锣鼓教学合作及邀请太原派团参加 2017 年关帝节等事宜进行协商，促进两市交流提升到一个新的高度。（冯启仁）

【推动国际友城中学生住访交流活动】 2016 年，太原市延续与友城日本姬路市和美国纳什维尔市的友好交流惯例，继续互派中学生开展家庭住访。2 月 10 日，组派中学生代表团赴友城美国纳什维尔市进行访问。7 月 6 日至 12 日，组派中学生代表团赴日本姬路市访问，8 月 5 日至 11 日，日本姬路市中学生代表团来访。通过青少年互访，展现了太原市青少年良好的素质和形象，增进了与国际友城青少年之间的友谊。（冯启仁）

【积极参与国际会议】 3 月 7 日至 11 日，太原市组派妇女代表团，赴友城德国开姆尼茨市参加“三八国际妇女节”会议。会议期间，代表主动宣传我国维护妇女权益的优越制度和健全法律，积极推介妇女儿童保护工作的成功经验，全方位解说太原市人文历史、经济社会、招商引资等多方面的优势和亮点，有力地促进了国际社会对太原市的了解，树立良好的国际形象。（冯启仁）

【国际经贸商务交流取得新突破】 2016 年，配合“一带一路”战略和“山西品牌丝路行”活动，太原市先后组派 3 个经贸团组分赴印度、波兰和澳大利亚开展招商推介活动，收获颇丰。促成印度有关公司就购买成套设备与太原市罗得米尔贸易有限公司达成初步合作意向，意向金额 150 万美元，促成印度有关公司就采购 3 万辆（份）轮对及转向架与中车太原机车车辆有限公司达成合作意向，另有多家公司对我方产品兴趣深厚，并已建立密切联系，有望尽快达成合作意向。（冯启仁）

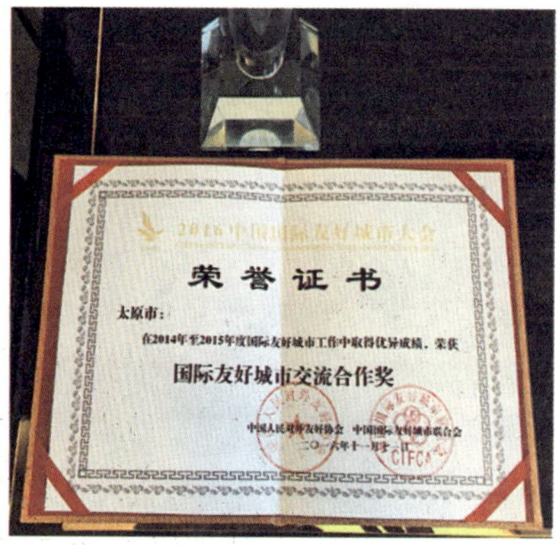

太原市获“国际友好城市交流合作奖”

【国际文化体育交流成果丰硕】 6 月 2 日至 17 日，应马来西亚佛光山的邀请，太原市派太原舞蹈团携舞剧《千手观音》赴马来西亚进行巡演。分别在怡保市、莎亚南市、新山市和马六甲市演出 4 场。演出足迹从北至南，覆盖马来西亚最主要的政治中心、经济中心与文化活动中心，直接观众达 5000 余人。演出吸引了马来西亚主流媒体的高度关注，国内多家媒体也轮番报道，中国新闻社以舞剧在马来西亚演出引起的热议为例，在 6 月 4 日至 16 日的 10 余天内，连续刊登 6 篇专题文章，《山西晚报》分别在 6 月 14 日和 18 日以整版的篇幅刊登两篇专题文章，中央电视台中文国际频道也进行专题报道。演出之余，舞蹈团还积极与当地青少年进行交流，与南非、新加坡和马来西亚青年共同举办一次别开生面的“四国青年营火会”，深入新山市国光二小、吉隆坡仁嘉隆华小与 4000 名师生进行交流，在马来西亚掀起“华流”热潮，有力提升了中华文化的影响力。7 月 5 日至 7 月 17 日，太原市第二外国语学校组派以初三学生为主力的女子排球队一行 13 人，赴俄罗斯萨哈共和国雅库茨克市区，参加第六届亚洲儿童运动会。太原市参赛队员虽然年龄小，境外参赛经验不足，但在带队教练和老师的积极动员下，克服身高与力量的劣势，打出了精气

太原市获“中法地方合作奖”

参加2016年中国国际友好城市大会

科技、文化和民间友好合作奠定了良好基础。（冯启仁）

神，取得了女子排球第三名的好成绩，为我国代表团增添了一枚宝贵的铜牌。（冯启仁）

【利用外事侨务平台树立良好形象】 2016年，太原市先后接待外交部外事管理司司长廖力强、边境与海洋事务司司长欧阳玉靖等带队的外交部调研组一行、国务院侨务办公室文化司汤翠英司长带队的“中华文化大乐园”调研组一行、韩国全罗南道友好工作组、澳门特区检察院访晋团、美国西弗吉尼亚州州务卿一行、美国美华友好协会秘书长一行、东北亚地区地方政府联合会秘书长一行、韩国全罗南道青少年代表团、美国西部市长代表团、澳门特区VIP代表团、意大利东电影节组委会一行、法国圣但尼市副市长一行、香港特区公务员代表团等内外宾团组15批290余人次，圆满完成了“2016太原国际马拉松”外国运动员邀请、海外华裔青少年“中国寻根之旅”太原营、“山西品牌丝路行”印度站、波兰站、澳大利亚站有关活动和“2016太原能源低碳发展论坛暨中国太原国际能源产业博览会”“中国计算机大会”外宾接待工作等外事任务，接待过程中，坚持“外事无小事”原则，主动对接，靠前服务，积极传播中国声音、山西印象、太原故事，树立起良好的外事形象。（冯启仁）

【积极引导媒体宣传】 通过有关部门联系中央电视台中文国际频道《城市1对1》栏目，来太原市拍摄节目，在中央电视台中文国际频道面对全球播出。9月4日至8日，意大利东电影节组委会艺术总监泽丽雅和编剧恩理克一行来晋参访，组织安排山西省出品的电影参选意大利东电影节活动。太原市安排太原龙城影业等公司组织参选影片的选送工作，为太原文化走出去做出了积极贡献。（冯启仁）

【成功举办涉侨涉外图片展】 2016年，市外侨办着眼“厚植开放，推进共享”，会同有关单位，联合邀请美国南加州华人新侨图片展，于4月29日至5月15日来太原展出，图片展多层次、多角度、多方位地反映了南加州华人新侨及山西华人华侨的面貌和风采。为进一步增进市民和企业对国际友城的了解，市外侨办对多年来的友城交往档案进行深入挖掘整理，积极与友城沟通联系，征集友城历史、文化、经济、社会各方面的素材，制作了翔实丰富的图片展版，于10月31日至11月7日举办“太原市与十对国际友城交流合作图片展”，广泛宣传介绍太原市与国际友城在经济、科技、文化、民风民俗等方面的交流与合作情况，为更好地促进与国际友城间开展经贸、

【加强涉外新闻管理】 2016年，市外侨办及时启动外国记者工作联席会议机制，扎实开展日本媒体采访应对工作，避免了不良影响。积极参与“12.13”案件舆情分析研判工作，按照要求安排相应语种翻译24小时值班，圆满处置日媒记者来访，杜绝了外媒记者不实报道。成功举办太原市外事干部暨新闻发言人培训，联合有关部门，邀请上海市委党校与中国传媒大学知名教授，于12月3日就习近平总书记关于加强对外宣传、讲好中国故事系列论述进行解读，并针对政府如何与媒体沟通等进行授课，切实提升了外事干部处置危机、应对媒体、引导舆论的能力和水平。（冯启仁）

【深入挖掘涵养外事侨务资源】 2016年，市外侨办联合有关单位举办“文化太原?侨连四海”省城侨界新春联谊会，定期举办“侨之家讲堂”。圆满完成国侨办部署的赴泰国、马来西亚、菲律宾等国的华文教师选派任务，选派优秀教师参加“2016年中华文化大乐园—柬埔寨金边营”夏令营活动，协助海外华侨开展华文教育及教学管理等工作，深受华裔青少年欢迎，进一步拓展中华文化的影响力，受到我驻任教国使馆的高度评价。8月2日至8月11日，成功承办海外华裔青少年“中国寻根之旅”太原营，来自西班牙华商中文学校、比利时旅比华人专业人士协会的62名青少年参加活动。活动紧扣“感知太原乡土人情、体现山西文化特色”主题，以“汉语·文化·寻根”为活动内容，坚持“游教结合、寓教于游、加强协调、热情服务”的办营方针，合理安排课堂学习、参观考察、访问交流等活动。切实提高海外华裔青少年学习中国语言文化的兴趣，增进其对祖籍国的了解，增强其民族自豪感和自信心，培养他们成为中华文化的践行者和传播者。2016年，市外侨办积极争取侨务帮扶资金，为45

名贫困归侨侨眷提供再就业岗位技能培训，为65名1989年12月31日前归国的60周岁以上归侨每人每月发放200元生活补贴，为45户生活困难、孤老病困的归侨侨眷发放慰问金5万余元，为贫困学生落实助学金30余万元，为75名65岁以上老归侨、81名归侨进行全面健康体检，圆满接待处理了32起涉侨信访案件，使侨界群众深切感受到党和政府的关爱，凝聚侨界力量继续发扬爱国爱家乡的优良传统，为建设新太原共同谱写新篇章。（冯启仁）

【社区侨务工作】 确定归侨侨眷集中、工作基础较好、工作成效显著的社区为全市侨务工作示范社区，给6个示范社区各拨付1万元社区侨务工作经费，积极指导开展全国社区侨务工作"明星社区""侨法宣传角"和"示范单位"创建活动。桃园路二社区、老军营劲松社区被确定为"山西省社区侨务工作示范单位"，金刚堰社区由"全国侨法宣传角"升级为"全国社区侨务工作示范单位"。

（冯启仁）

【利用侨务渠道开展招商引资】 通过国侨办、省外侨办，积极联系辽宁省侨办组织侨资企业家一行15人，于7月20日进行经贸投资考察，先后赴山西普国汽配城园区、民营区招商展示中心、东湖醋业集团等地考察对接，召开了投资推介座谈会，市商务局、高新区、经济区、民营区、不锈钢园区分别介绍招商项目及有关投资政策。考察团一行对来太原市投资表现出浓厚兴趣，与有关单位建立了密切联系，为进一步开展商务合作搭建平台。（冯启仁）

【侨界慈善机构为扶贫事业再做新贡献】 市外侨办主动与香港惩教社基金会、美国华侨欣欣慈善基金会联系，动员慈善机构来太原市考察扶贫项目。促成美国华侨欣欣慈善基金会向清徐县孟封镇捐资5万美元新建齐南安小学，香港惩教社基金会为迎泽区东岗小学捐资50万元，新建多媒体电教室、电脑训练室。（冯启仁）

政府采购

【概述】 2016年，在市委、市政府的坚强领导下，政府采购中心深入贯彻习近平总书记系列重要讲话精神和治国理政新理念新思想新战略，认真贯彻落实省、市第十一次党代会总体部署，统筹推进"五位一体"总体布局，协调推进"四个全面"战略布局，围绕全市中心工作，充分发挥各项供应保障职能。扎实开展"两学一做"学习教育，切实转变工作作风，提高采购效率，提升服务水平，为实现太原市"一个建成，六个更加"奋斗目标做出应有贡献。（办公室）

【科学谋划，务实高效工作】 采购规模进一步增长。中心以城市发展为契机采购规模得到快速增长。2016年，政府采购中心共接收市财政局下达的政府采购计划16个，执行政府集中采购预算11亿元，同比增长26%，签订合同金额9.55亿元，同比增长22%，节约资金1.45亿元，节约率为13%。全年共接收市住建委、市公交公司、市交警支队等部门委托的工程材料采购计划36个，中标供应商共计70余家，累计市场总价21.83亿元，同比增长9%，政府采购总价19.65亿元，同比增长9%，节约资金2.18亿元，节约率10%，财政资金的使用效益得到显著提高。全年共完成各类招标采购627次，同比增长6%。其中：公开招标采购278次、竞争性谈判采购100次、竞争性磋商采购135次、单一来源采购97次、协议采购3次、询价采购9次。组织现场勘查暨答疑会100余次，在中国政府采购网、山西省政府采购网和太原市政府采购网累计发布各类公告共计2224次。全年采购规模总体呈现稳中有增的良好发展态势。

采购范围进一步扩大。一是继续对全市道桥重点工程等项目所需材料实施集中采购，共实施钢材、沥青、洁净焦炭、检查井井具、钢筋混凝土排水管、路灯、雨水泵站设备、护栏、道路监控系统、标线、交通信号灯、诱导及信号配套设备、交通工程设计、交通工程监理、电梯、公交候车廊、球墨铸铁管、城墙砖、城墙条石等20多个货物品目采购工作，并首次对再生水管线建设工程所需球墨铸铁管进行采购，预算金额3442万元，合同金额2853万元，节约资金589万元，节约率达到17%；认真完成太原市"百院兴医"、牛驼寨烈士公墓等重点民生项目所需电梯、锅炉、冷水机组等设备的采购工作，累计预算金额达1.1亿元。二是服务类项目类型更加多样，服务品目更加健全，首次对市为民服务中心物业管理项目实施采购，预算金额1514.7万元，合同金额850万元，节约资金664.7万元，节约率43.88%。各项服务类采购项目首采节约率明显提升，财政资金使用效率进一步提高。三是装饰装修工程类项目采购实现零的突破，首次对太原市交警支队、市博物馆、数字化城管等3家单位施工类项目进行采购，累计预算金额576.8万元，合同金额511.6万元，节约资金65.17万元，节约率11.3%。经过一年的摸索、总结，装饰装修工程类项目采购工作不断规范、日益完善。

采购影响力进一步提升。从采购职能上看，2016年，政府采购中心的采购职能由保障市本级机关事业单位正常运转延伸至服务社会公共事业发展，如城市道路建设、"公交都市"建设、国家森林城市建设、"百院兴医""百校兴学"等各个方面。从采购单位上看，全年共有市公安局、市住建委、市中院、市教育局等18家单位委托中心实施采购，委托单位数量同比增长39%。采购成效已逐步从"物有所值"向"物超所值"迈进。中心通过调查问卷与回访，全年采购满意度达到100%，受到采购人单位一致好评。中心已连续3年获得"全国十佳集采机构"荣誉称号，在全社会和业界继续树立良好导向标杆和示范作用。（办公室）

【规范运作，优化内部结构】 2016年，政府采购中心进一步推进标准化程序化建设。通过工作实际不断总结经验，进一步规范采购文件，细化采购流程。全年共编制完成公开招标、竞争性谈判、竞争性磋商以及单一来源4种采购方式，共计9份招标（采购）标准文本，调整采购文件43处，调整公告内容5处，调整评审过程中表格文件30余处，调整采购程序18处，优化采购流程，推进采购工作程序化建设。

进一步提高采购效率。一是实行前置性采购，根据工作实际，创造性地实施前置性采购，如对为民服务中心各入驻单位所需办公家具进行前置性招标，提前确定办公家具的生产厂商和中标单价，待财政局采购计划下达后，各入驻单位直接与中标供应商签订政府采购合同，实现了"计划"与"采购"并轨同步，为各单位如期入驻为民服务中心赢得了时间。二是缩短项目流转时限，重点工程采购项目到达中心后，与采购人在3日内对接并确定采购需求，在3个工作日内完成招标文件制作并发布招标公告，大幅度压缩项目流转时限，极大满足工程建设需要。三是加大采购项目督查督办力度，以督查督办推动项目落实，对市政府办公会和中心例会安排事项进行周汇报、周落实、周督办，共督办市政府办公会安排事项11条，督办中心例会安排事项16条，有力推动重点项目的顺利完成。

进一步完善内部制度。继续梳理完善首问负责制、一次性告知制度、微笑服务制、限时办结制、政务公开等8项制度，并通过全市"六权治本"办公室全部向社会公布。认真修订"三重一大"决策制度、三公经费公开制度、党支部民主生活会制度、党员干部直接联系群众工作制度、创建学习型机关等12项制度，制定规范供应商参加政府采购活动现场管理办法、采购项目评审结果现场公布及专家答疑管理办法、政府采购供应商质疑处理管理办法、政府采购项目需求审核的内容及要点与评审专家抽取管理办法等5项业务制度。中心已基本形成"以工作完善制度，以制度规范工作"的良好局面，逐步促进各项工作合规、高效发展。

进一步优化内部结构。一是坚持民主集中制，推进党支部换届选举，新党支部成立以后立即投入工作，充分发挥战斗堡垒作用，促进中心科学发展、廉洁发展。二是坚持"分岗设权，分事行权、分级授权"原则，科学调整内部结构，对中心全体实行轮岗，并将原有科室调整为办公室、计划信息科、货物采购科、工程和服务采购科、招标科、合同科等6个科室，重新梳理采购业务流程，进一步明晰工作职能，提升工作效率。三是安排经验丰富、业务能力强的老同志对新招录10名工作人员进行教育培训，分批次组织业务骨干赴中央国家机关政府采购中心、广州市公共资源交易中心和上海复旦大学等地学习先进经验，研究交流改进薄弱环节，取长补短，打造高素质、高水平政采队伍。

进一步提升服务水平。一是开通绿色通道，科学安排紧急项目。面对太原市防汛应急设备严重短缺的情况，中心开启"绿色通道"，及时完成防汛应急设备的采购，防汛应急设备预算2450万元，合同金额2131万元，节约率13%。二是助力环保发展，改善环境质量。对于市环卫局新能源环卫车辆采购项目，第一时间通知提供采购人采购需求，加班加点核实需求，迅速开展项目采购，圆满完成环境卫生监测车、纯电动垃圾车等251辆新能源车辆采购，采购预算1.14亿元，合同金额0.96亿元，节约率15.79%。在民用洁净焦炭及实施服务采购项目中，中心工作人员克服重重困难，成功完成项目采购，采购预算共计4.8亿元，为太原市大气污染防治作出应有贡献。三是突出重点，全力服务民生项目。中心分4次完成市人民医院等7所医院采购配套的软、硬件设备，涉及预算623万元，中标金额552万元，节约率11.4%。对太原市图书馆相关项目采购，统筹安排11个项目，对6个同类项目进行合并开标，采购预算1244.8万元，中标金额1196万元，节约资金44万元。（办公室）

【"两学一做"学习教育】 2016年，政府采购中心深入开展"两学一做"学习教育。"两学一做"学习教育，基础在学，关键在做，中心严格按照要求，开展各类工作。一是强化集中学习。坚持每月组织全体职工进行集体学习，集中学习党章党纪党规、习总书记重要讲话精神，结合集中学习与自学，要求党员干部认真整理学习内容，组织知识测试，观看廉政警示教育片，着重强化党员干部思想建设，做合格党员。二是组织专题讨论。组织党员干部围绕“四讲四有”进行专题交流研讨,深刻剖析中心工作、党建等方面存在的问题,进一步提高党员干部的责任担当,激发党员干部干事创业的热情。三是召开民主生活会。针对专项审计指出的一些问题,中心在“两学一做”民主生活会上认真研究讨论,深刻剖析问题,制定整改措施7条,重点解决围标串标问题,避免政府采购流于形式,规范政府采购运行。

加强党风廉政建设。坚持廉洁自律,坚决将廉洁自律贯穿采购工作全过程,落实到工作的每个细节。认真落实“一岗双责”,坚持把党风廉政建设抓在手上,与业务工作同部署、同检查、同落实,强化目标责任考核,严格追究责任,整体推进中心党风廉政建设和反腐败工作。严格落实党风廉政建设责任制,建立以中心主任为组长的党风廉政建设领导组,通过召开党风廉政建设大会,将党风廉政目标任务分解落实,明确各科室负责人是本科室党风廉政建设第一责任人,形成层层抓落实的责任体系。按照省纪委和市纪委的安排部署,在特殊时间节点开展内部自律监督检查工作,着重强化党员干部“四个意识”特别是核心意识、看齐意识,增强组织观念,做合格党员。

积极参与创新创建活动。一是创新扶贫模式,推进鄯都村精准扶贫工作。通过科学制定扶贫方案,成立扶贫领导小组,派驻扶贫队员,定期与各帮扶单位、乡政府、村委会召开扶贫会议,制定具体帮扶措施,为太原市早日完成脱贫攻坚工作发挥应有作用。二是热心慈善事业,提升志愿服务。积极响应市文明办号召,组织全体人员加入太原志愿服务平台,登记率达100%。精心组织向贫困地区儿童“献爱心”“慈善一日捐”和“进社区助孤寡”等志愿者活动,帮助弱势群体,体现中心人文关怀。三是积极参加“地球日”“世界水日”“全国安全日”等活动,开展“太原市双拥先进单位”“太原市文明和谐标兵单位”“我们的节日”等文明创建活动,中心和谐文明建设水平进一步提高。 （办公室）

应急管理工作

【概述】 2016年,太原市围绕年初确定的《太原市应急管理工作要点》,围绕应急值守、预案管理、培训宣传、队伍演练、突发事件处置等基础工作,扎实稳步提升应急管理水平。 （肖 澎）

【加强应急值守,严格信息报送】 为适应新形势下的信息报送要求,太原市全面强化应急值班值守,严格履行24小时值班和领导带班制度,及时接报和协调处置突发事件,进一步完善工作制度和处置流程。细化信息接报流程,明确突发事件信息及领导批示指示件的处置流程等工作,确保与市委同步同口径。增强值守力量,周六日及节假日在全厅轮值的基础上,总值班室人员坚持排班值班,增强信息报告力量,完善法定假日应急联络值班制度。全年共上报省政府《值班信息》138期、《应急动态》14期,编报《值班要情》197期。为使全市政府系统值班工作协调联动、上下畅通,总值班室采取电话抽查的方式,不定期对各级、各部门以及重点单位和基层组织的值班情况进行抽查、检查。特别是重大活动和敏感时期及春节、“五一”“十一”期间,与市委总值班室全力配合,加大督促检查力度,及时通报检查结果,促进了值班工作的科学化、规范化,确保了值守工作的高效有序运转。 （肖 澎）

【规范预案管理,完善预案体系】 在全市范围内组织开展《山西省突发事件应急预案管理办法》实施情况专项检查,摸清了底数,掌握存在的问题,提出了整改的措施,规范了预案管理工作。严格预案审核,全年共审核市级各类预案13部,编制(修订)完成市级专项预案6部。为严格贯彻落实《管理办法》,使预案管理工作更加科学规范,太原市一是将预案制定流程、预案必备要素、预案备案项目等制作成图表,在指导各级预案制定和管理中向有关人员发放,使其一目了然并便于操作。二是在对2014年以后制定和修订的预案进行审核过程中,按照《管理办法》的要求严格各项程序,对过去没有严格要求的“风险评估报告”“编制说明”“意见采纳情况”等均作为预案评审过程中的必备附件,同预案文本一同报送审核,使每个预案更加科学严谨。三是对《管理办法》中要求的三年一修订及演练严格落实,每年年初制定预案制定(修订)任务,制定演练三年计划及年度计划,督促各单位加强落实。在预案的制定过程中,为保证每个市级预案的质量,采取初审和再审两道程序,严格把关,确保预案要素完备、依法有效。对下级单位的预案,从程序上规范、从内容上完善、从操作性上给予建议,全方位指导需要帮助的预案单位,对各县(市、区)政府和各部门的预案,也要求其规范预案管理,制定操作手册、实行“一案一档”等。 （肖 澎）

【开展应急宣传,注重演练成效】 太原市始终把培训作为提高应急管理工作人员水平的有效途径,持续不断加大工作力度,延伸培训领域。2016年组织全市10县(市、区)20名分管应急工作的乡镇长(街办主任)分两期参加了为期3天的全省应急管理专题培训班;11月组织全市10县(市、区)、各开发区分管应急工作的领导和应急办副主任,市直部门及有关单位分管应急工作的领导以及部分应急队伍负责人共62人,在复旦大学参加为期7天的全市应急管理干部素能提升培训班,依托复旦大学科技园进修学院,邀请复旦大学、上海浦东干部学院、上海政法学院等高等院校的教授,不仅在风险社会的治理、媒体应对、案例分析等理论方面给予系统前瞻的授课,还开展了模拟演练、模拟新闻发布等实战课程,取得预期效果。积极开展应急知识宣传普及。为了普及应急知识，提高群众应急避险能力，太原市充分利用网络、广播、电视、报刊等媒体，播映宣教片、电影、事故案例警示片等形式开展宣教，使应急知识进企业、进农村、进社区、进学校、进家庭。各级各部门结合各自职责，抓住"5·12"和"7·28"两个防震减灾宣传重要时段，注意将传统媒体与新媒体结合，采取专题讲座、报纸专栏及电台、电视台宣传、免费放映防震减灾科普电影等形式进行宣传。在"太原防震减灾信息网"设立"地震科普"专栏、通过全市2800多辆公交车移动电视平台每天不定时播放防震知识动漫片、通过全市所有公共场所大型LED屏以及商场、酒店等人员密集场所建筑的门头LED屏进行不定时、不间断宣传以及张挂条幅、展版展示、问卷调查、发放防震减灾宣传图（册）等手段进行宣传。活动期间，共发放防震知识宣传图书2万余册、宣传资料近20万份，展出版面、张挂条幅等共2200余块（条），发放并收回知识问卷2000余份，免费放映各种影视宣传片600余场。市民政局制作下发宣传挂图（A/B）各24000份、应急手册20000份、鼠标垫1000个，活动主题画400份。太原市气象局利用"3·23""5·12""6·17""12·4"等宣传日，开展气象灾害防御、应急知识宣传，发放各种宣传资料5万余份。5·12全国防灾减灾日当天，市政府应急办在《太原晚报》第八、九版刊登应急知识，将各类常见突发事件的应急处置要点总结归纳，图文并茂，采用群众喜闻乐见的形式，在群众中广泛宣传。

太原市本着未雨绸缪，平战结合的原则，根据应急管理工作年度目标考核计划安排，下发了《关于进一步做好防灾救灾安全生产应急管理工作的紧急通知》和《2016年全市应急管理工作要点的通知》，并根据行业季节突发事件发生的特点，督促各县（市、区）及城管（水、电、气、暖）、农业、公安、林业、卫生、安监、防震等部门不断加强应急队伍体系建设，按照应急专项预案内容，科学简化处置流程，指导协助开展经常性应急演练工作。全年重点指导参与完成了"市自然灾害突发事件应急演练""市山洪灾害防御应急演练""市应对自然灾害救助应急演练""'响应——2016'太原武宿国际机场航空器应急救援综合演练""市油库管输泄漏事故应急演练""太古高速公路西山特长隧道突发事件应急处置演练""市地震应急物资拉练联合演练""模拟煤矿井下冒顶事故应急演练""市供热应急抢险联动演练""市气象预报预警业务应急演练"等专项应急演练共13次，全面提升了各级、各行业的演练标准和专业水平。

指导督促各县（市、区）和市直有关部门加强应急队伍建设，开展经常性应急演练，不断提高应急处置能力。2016年6月27日，太原市国土资源局与晋源区政府联合举办了一次以"四化"（日常准备常态化、应急响应快速化、现场处置科学化、应急演练实战化）为要素的自然灾害突发事件综合救援应急演练。整个演练历时2小时，参演部门涉及10余职能部门共130余人。演练全程按照"双盲"方式进行，各参演单位在演练前均未预先告知时间和地点、未告知突发事件类型。演练中根据救援情况，即时调用挖掘机、装载机、清障车、无人机、崩塌检测仪和消防破拆设备等设施设备。演练具有较强的实战性和创新性，贯彻实施了统一指挥、综合协调、分级负责的应急处置原则，整个应急救援演练工作紧张有序、参演队伍齐全、内容丰富、效果逼真，达到了预期目的和效果。通过演练检验了《晋源区自然灾害救助应急预案》和《晋源区突发地质灾害应急预案》的可操作性；通过调动10余个单位的应急救援力量参与现场实战演习，巩固了演习组织单位、参与单位和人员对应急预案的熟悉程度，提高了各救援单位和应急队伍之间的协作配合、高效开展救援的能力；演练运用高科技手段对灾害及次生灾害进行更精准的监测，增强了救援工作的科技保障。通过演练的实施，实现了"四化"的目标：一是在信息报告、物资储备、社会动员等方面做到了常态化准备；二是在信息传递、第一时间组织人员赶赴现场等方面实现了快速响应；三是在科学、有序、快速开展救援、疏散等方面做到了科学处置；四是在各救援队伍投入救援过程中做到了实战化。（肖　澎）

【及时有效处置，维护社会稳定】 面对突发事件，太原市各级政府及主管部门及时响应，有关领导靠前指挥处置，周密安排调查和善后工作，按照"四不放过"和"依法依规、实事求是、注重实效"的原则，查明事故经过和原因、认定事故性质、分清事故责任，对相关责任单位和人员提出处理建议和整改措施建议。

2016全年共协助领导及时协调处置各类突发事件144起，小规模堵路和聚集事件77起，现场处置突发事件12起：小店区狄村南街茂盛装饰城发生火灾；解放南路文源巷口墙体倒塌事故；阳曲县太阳高速追尾天然气罐车交通事故；阳曲县凌井店乡东郭湫村辘辘掌山火；古交市邢家社乡北石沟森林火情；古交市石家河村附近平房爆炸事故；小店区南坪头村"5·7"路外交通事故；太原市"7·19"强降雨天气应对；清徐县阳煤集团太原化工新材料有限公司粗苯罐爆燃事故；小店区路段"8·31"较大交通事故；富士康（太原）科技工业园麻疹疫情；太古高速公路隧道"9·27"交通事故；尖草坪区东山铁路线28桥"10·11"坍塌事故等。

2016年7月18日晚太原市开始降雨，19日早降雨增大，短时突现暴雨，成为进入主汛期以来一场最强降雨，市防指启动了太原市防汛抗洪应急预案三级应急响应，要求各级各部门立即启动各自响应应急预案，抢险队伍、物资全部到位，做好受威胁区域群众转移准备，加强对易险区域的巡查力度，发现险情及时抢护，确保交通秩序畅通，保障市民出行安全，保障公共交通出行安全，确保人民群众生命财产安全。城管、住建、交通、国土、水务、安监等多个部门和各县(市、区)政府分别启动了各自的应急预案,全市所有防汛人员全部到岗严阵以待,抗洪抢险物资全部集结,人、财、物全部到岗到位。汛期各县(市、区)出动防汛抢险应急队伍共计人员16000余人次,车辆机械1400余台次,水泵600余台,冲锋舟20艘次,使用沙石5000余方,救生衣1500余件。主要领导靠前指挥,全力组织应对强降雨,及时组织转移受灾群众,确保了全市在强降雨过程中无人员伤亡和重大财产损失,全市城乡安全度汛。

(办公室)

地方志工作

【概述】 2016年是太原市地方志办公室成立35周年,也是实施"十三五"规划创新发展的开局之年。在市委、市政府和市政府办公厅的领导下,在中指组、省志办的指导下,市地方志办公室学习贯彻党的十八大、十八届三中、四中、五中、六中全会精神和习近平总书记系列重要讲话精神,学习贯彻省、市第十一次党代会精神,贯彻落实国务院和山西省两个地方志工作条例、两个地方志事业发展规划纲要,启动开展"两学一做"学习教育,以服务经济建设和社会发展为主题,以编修本级志鉴和方志丛书为主线,报请市政府印发《太原市地方志事业发展规划(2016—2020年)》,第二轮《太原市志》基本完成统稿工作,进入终审阶段,《太原年鉴》新增集成电子版,随书并专版发行,"太原方志网"站全面改版升级,新增13个栏目,统筹推进"志、鉴、网、库、馆、用、会、刊、研"等九位一体事业发展新格局,为地方志事业"十三五"规划如期实现奠定基础,为文化强市建设作出贡献。地方志工作首次写进市党代会工作报告,市地方志办公室获2016年全省地方志系统先进集体称号,连续14年获市级文明单位称号。

(刘雁珍　张裕晋)

【开展"两学一做",加强基层党建工作】 2016年,市地方志办公室根据市委要求和市政府办公厅安排,结合工作实际,制定《开展"两学一做"学习教育实施方案》,5月12日组织全体党员和干部职工召开"两学一做"学习教育启动会,党支部书记安捷作了题为"严格纪律强化作风,提振精神推进整改,为实现地方志事业创新发展的奋斗目标不懈努力"的动员讲话,根据工作实际和人员现状,创造性地安排支委、党员和干部职工主动联系、有效对接,做到全体党员干部职工全覆盖。党员干部当先锋做表率,学党章党规、学系列讲话,争做合格党员;全体职工积极跟进、主动学习,争做称职职工。全年召开专题支委会10次,集中学习8次,进行"四讲四有"专题讨论3次,安排学习内容40余篇,编发专题简讯8期15篇。积极参加办公厅组织的"两学一做"专题辅导、党支部书记培训、党建知识问答等活动。完成党员档案资料核实、党支部按时换届、首次成立党小组等工作,规范开展"三会一课"和民主生活会、组织生活会,11月发展韩莉为中国共产党预备党员。通过"两学一做"学习教育,全体党员进一步坚定理想信念,加强组织观念,增强纪律意识,明确规矩底线,强化全局意识和责任意识。

(刘雁珍　张裕晋)

【落实"六权治本",强化党风廉政建设】 2016年,市地方志办公室贯彻落实全市推进"六权治本"工作会议精神,根据市政府办公厅的要求,制定《"六权治本"工作方案》,成立"六权治本"工作小组,明确"六权治本"总体目标、工作任务和具体要求,主动与省地方志办、市编委办联系,梳理拟订权力清单,每月定期向市政府办公厅送报"六权治本"工作情况。

强化党风廉政建设和思想作风纪律建设,组织学习《中国共产党廉洁自律准则》《中国共产党纪律处分条例》《中国共产党问责条例》和支部书记阅批的《中国纪检监察报》有关文章等,进一步完善《党风廉政建设责任制》,落实"一岗双责"和主要领导"五不直接分管"的规定,明确一名支委负责纪检工作,落实党风廉政建设主体责任和监督责任。始终坚持集体领导、民主决策,"三重一大"等工作由支委会研究决定;坚持"以公开为常态、不公开为例外",实行党务公开、财务公开、编务公开;坚持问题导向,全面整改工作中存在的问题;用制度管权、管事、管人,进一步完善各项工作制度和全员岗位职责及工作要求,秉持"分级管理、全员负责"的理念,以思想、作风、纪律的改进推促各项工作的有效开展。

(刘雁珍　张裕晋)

【工作体制不断规范】 2016年,市委、市政府高度重视地方志工作,省委常委、市委书记吴政隆、王伟中,耿彦波市长、任在刚常务副市长、王爱琴分管副市长和刘鹓副市长(秘书长)、常跃平副秘书长,市政府办公厅武晓英纪检组长、潘侠副调研员等多次对地方志工作作出批示、指示。

3月,市委常委会研究决定成立太原市地方志办公室党组。6月至10月,市人社局首次为地方志办公室公开招聘录用3名工作人员,初步缓减人员严重不足的问题。11月,在市委组织部的重视下,领导班子健全问题得到进一步落实。此外,在市政府和办公厅领导的重视支持下,市地方志办公室长期没有固定办公用房和志书存放库房的问题,有待落实解决。(刘雁珍　张裕晋)

【市政府印发《太原市地方志事业发展规划(2016—2020年)》】 9月30日,太原市政府印发《太原市地方志事业发展规划(2016—2020年)》(并政办发〔2016〕62号),对未来五年太原市地方志工作作出全面部署。这是新世纪以来太原市连续印发全面发展、科学发展、转型发展三个五年规划之后,印发的第四个地方志事业发展五年规划。本《规划》定位为创新发展的规划,提出六项主要任务。一是全面完成第二轮修志,为启动

集体研究太原市地方志事业“十三五”规划

第三轮修志打好基础。二是加强各级各类年鉴规范指导，实现综合年鉴编纂出版全覆盖。三是加强资料搜集征集和志书收集收藏，加快信息化和方志馆建设。四是推动地方志资源开发利用，创新拓展“读市志、知市情、爱太原”主题系列活动。五是大力推进方志理论研究，鼓励支持社会各界参与地方志工作。六是全面推进法治化建设，依法保障地方志事业创新发展。（刘雁珍　张裕晋）

【志书编纂与出版】 第二轮《太原市志》进入终审验收阶段。年内，第二轮《太原市志》已完成550万字的深度编辑加工工作，顺利完成400万字的统稿工作和600多幅图片资料的收集工作及随书地图的制作工作。协调山西省地方志办公室和相关出版社、印刷厂，统筹推进第二轮《太原市志》的终审、出版、印制工作，将200多万字的终审稿送省地方志办终审验收。

太原县(市、区)二轮修志进展情况。太原市《小店区志》已完成出版，晋源区完成《太原市晋源区志》终审稿，通过了省地方志办终审验收，娄烦县基本完成《娄烦县志》评审后的修改加工工作，迎泽区再次召开第二轮修志培训会，杏花岭区完成《太原市杏花岭区志》大事记的编纂工作。

部门(行业、专题)志书出版。《太原市人口和计划生育志》出版发行。《太原市人口和计划生育志》由太原市人口和计划生育委员会组织编纂，由山西出版传媒集团三晋出版社出版发行。该志分为上下两卷，设置了概述、太原市计划生育工作领导机构、太原市人口和计划生育委员会、所属事业单位、群众团体和社会组织、县级机构及基层组织、工作纪略、人物、荣誉、附录共10部分，总字数72万字，彩页100页。该书上述20世纪50年代初共和国初创，下迄于党的十八届四中全会召开之前，全面反映了太原市人口和计划生育工作的全貌。

（刘雁珍　张裕晋）

【综合年鉴规范出版】 2016年，市地方志办公室积极探索创新年鉴工作，制定《太原年鉴》编纂出版工作流程，出版印制《太原年鉴(2016)》，总字数约120万字，增加公益彩页50%，基本实现“当年编纂、当年出版”的工作要求。《太原年鉴(2013)》继2015年获中国出版协会第五届年鉴编纂出版质量评比综合二等奖后，又获中指组首次通报表扬的三等奖。

审核《太原市迎泽区年鉴》《太原市小店区年鉴》《阳曲年鉴》《太原市尖草坪区年鉴》《太原公安年鉴》《太原供电分公司年鉴》等6部年鉴。继《太原市尖草坪区年鉴》《太原市杏花岭区年鉴》公开出版之后，《太原市小店区年鉴(2016年)》《太原市迎泽区年鉴(2015年)》《娄烦年鉴(2015年)》首次公开出版。万柏林区完成2015年综合年鉴的编纂工作，古交市、清徐县完成2016年综合年鉴的编纂工作。

《太原公安年鉴》(2016)出版发行，该年鉴采取分类并按单位序列编辑法，以栏目、分目和条目组成框架结构的主体部分，并在有些分目中增加了次分目。全书共设12个栏目、39个分目、1100余个条目，附彩页60页，随文插图82张，统计表7张，共计50余万字。反映了太原公安工作的新情况、新成就、新经验和遇到的新问题，重点突出具有时代性和创造性的太原公安工作的新举措，是全市公安工作的实用工具书，为领导决策提供参考，同时也为广大民警提升业务素质提供学习教材。

11月18日，《太原市军事年鉴》(2016)出版发行。《太原市军事年鉴》

规范出版综合年鉴

(2016）全面客观地记述了2015年在军队改革中，太原警备区、驻军单位认真学习习近平总书记系列重要讲话精神，在军事工作、政治工作、后装工作、离休干部管理等诸多方面稳定发展的“重、大、新、特”事件，具有一定的现实价值和历史价值。该年鉴是太原警备区军志办继2009年以来出版的第八部《太原市军事年鉴》。

《太原市迎泽区年鉴（2015)》于2016年6月正式公开出版发行，这是迎泽区史志办推进志鉴编纂出版工作的一次探索和尝试。《太原市迎泽区年鉴(2015)》是由迎泽区政府主办，迎泽区史志办组织编纂的第一部综合年鉴，全书按照分类编排法，设有19个类目，94个分目，880个条目，全书共57.6万字，系统记述了迎泽区各个方面的情况，具有一定的权威性、系统性，为各级领导决策，为社会各界了解迎泽区、研究迎泽区、建设迎泽区提供了及时的信息服务。

（刘雁珍　张裕晋）

【加强网站建设】 2016年，太原市地方志办公室不断推进地方志工作信息化建设，加强网站安全管理工作，落实网站报备案工作，完善中文域名和事业单位网站标识。“太原方志网”再次升级改版上线，网站栏目从35个增加到48个，这是继2009年首次开通，2011年纪念太原市地方志事业30周年全新改版后，太原市推进地方志信息化建设的又一重要成果。

升级改版后的“太原方志网”在功能提升和内容拓展等方面都有新的突破：紧跟时代、贴近现实，增加网站检索功能，增设“方志太原”微信公众号，开发利用地方志资源，更好地发挥方志文化服务功能；围绕中心、服务大局，增设“市情摘报”栏目，及时反映太原市的大事、要事、新事，更好地发挥为经济建设和社会发展服务的作用；承上启下、指导工作，设置“方志要闻”栏目，及时了解和把握全国、全省地方志工作动态，更好地发挥推进和指导全市地方志工作的作用。探索尝试增设在线投稿和在线编纂平台，积极践行“互联网＋地方志”的志鉴编纂工作，进一步加大太原地情和地域历史文化的宣传力度。（刘雁珍　张裕晋）

太原方志网全面改版升级

【提高期刊办刊水平】 2016年，《太原地方志》期刊编发4期，新增“市情摘报”栏目，宣传展示太原市的新事、大事、要事，进一步拓宽稿源，提升稿件质量，增强可读性，创新研讨方志理论，指导交流方志工作。

（刘雁珍　张裕晋）

【太原方志简讯】 2016年，编发《太原方志简讯》19期，简讯稿40余篇，及时有效地指导方志工作的开展，为广大方志工作者提供学习资料。

（刘雁珍　张裕晋）

【《太原年鉴》新增随书和单行电子版】 2016年12月，《太原年鉴》(2016）全新规范出版发行，此次公开出版新增随书电子版和单行电子版，采用仿真阅览的形式，将2012年至2016年五部年鉴集成电子版，随书并专版发行，免费提供给读者，更利于方志文化的传播弘扬，便于读者的查阅使用。

（刘雁珍　张裕晋）

【开发利用方志资源，完成上级交办的工作】 全年收集收藏各级各类地方志书600余部，与山西大学历史学院合作，编辑《太原地情简志》，完成80万字的编写工作。基本完成太原《方志文稿》编辑后的补充完善工作。2月，完成市委办公厅交办的“督军府历史沿革和明清时期历任山西巡抚”资料的整理报送工作。9月，完成省地方志办交办的《山西省地方志》资料补充工作和全国地方志系统统计资料报送工作。（刘雁珍　张裕晋）

【学会活动与理论研讨】 规范开展学会工作，加强对外学习交流。市地方志学会始终坚守规范运行，发挥人才优势，参与《太原市志》《太原年鉴》组稿、编辑、设计等工作，持续开展方志理论研究，得到省地方志办和市社科联领导的充分肯定。6月2日，太原市地方志学会应邀参加市社科院(联)举办的“打造太原新型智库”座谈会，学会会长安捷、理论科负责人刘雁珍分别在座谈会上发言。地方志是中华民族优秀传统文化的瑰宝，是意识形态领域的工作，也是哲学社会科学的范畴。市地方志学会要发挥新型智库作用，努力构建学习型、研究型、服务型、创新型方志机构，整合利用省城方志专家、学者资源和各级各类方志机构资源，建设方志专家库、方志成果库，要从丰富的历史资料中发掘历史智慧，编纂出版高质量的志鉴等方志文化原创文献，《太原地方志》期刊要以充分发挥新型特色智库的作用为办刊方向，围绕修志编鉴主责主业，加强方志理论研究，为方志学科体系建设贡献力量。太原市地方志学会成员积极开展方志理论研究，2016年，《太原地方志》期刊共刊登学会成员撰写方志理论文章20余篇。

9月，首次参加在吉林长春召开的全国地方史志期刊工作会议。福建南平地方志办、湖南长沙地方志办分别于9月、11月来太原市考察交流工作，就志鉴编纂、地方立法、方志馆建设等各方面工作进行交流互鉴。

（刘雁珍　张裕晋）

【抢抓机遇推促各项工作】 第一次全国年鉴工作会议7月15日在太原召开，中国地方志指导小组对山西地方志工作进行调研，市地方志办公室参加调研座谈会，安捷主任以"苦心孤诣著信史、缠绵悱恻谋发展"为题，向中指组领导汇报了太原市地方志工作取得的成绩、存在的困难和面临的问题以及对今后工作的意见和建议。

推进地方立法，协调落实方志馆建设。市人大法制委1月11日召开座谈会，专题研究地方志工作立法问题。10月，市地方志办公室向市政府呈报《关于将＜太原市地方志工作条例＞列入市人大常委会2017至2021年立法规划的报告》。12月，参加市人大教科文卫委对口单位联系会议，再次建议将《太原市地方志工作条例》列入太原市立法计划。多次与省地方志办领导协商沟通，积极推进省情方志馆和太原方志馆一并规划后的一体建设，为地方志事业可持续发展奠定基础。

清查核实国有资产，健全完善财务制度。按照市财政局《关于开展2016年全市行政事业单位国有资产清查核实工作的通知》，4月至7月，完成国有资产清查核实工作，并将清查结果统计汇总后上报财政部门。进一步规范财务管理工作，完善《财务管理制度》，制定《财务报销审批流程》。

创建文明单位，提升全员综合素养。2016年，党支部和工会积极组织全体职工规范开展文明单位创建活动，强化职工思想道德建设，培育践行社会主义核心价值观。3月31日，市地方志办党支部组织职工在西海子公园开展了学雷锋志愿服务活动，对公园公共设施、卫生死角等进行打扫与清洁，使得公园面貌焕然一新；7月通过市文明办和市直工委组织的检查验收；9月5日，全体干部职工积极参加"中华慈善日"捐款活动；12月，按照太原市民政局和太原市精神文明建设委员会办公室联合发布的《关于依托太原市志愿者网络系统开展活动、项目信息交流的通知》和市政府办公厅印发的《志愿者网络登记注册工作方案》，组织全体职工积极开展志愿者注册工作，截至年底全办职工全部成为"注册志愿者"，并成立太原市地方志办公室志愿服务组织，为发扬志愿服务精神，顺利开展志愿服务活动奠定良好的基础。太原市地方志办公室连续14年获市级文明单位称号。

积极指导乡镇村志编修，倡导城乡居民编修家谱、家训，收集整理乡规民约、民间书信等。2016年市地方志办公室报请市政府印发了《太原市地方志事业发展规划（2016—2020年）》，规划提出"积极倡导城乡居民编修家谱、家训，收集整理乡规民约、民间书信等，不忘传统，记住乡愁，传承弘扬优良家风"。结合太原市目前进行的"城中村"改造工程，指导《武家庄村志》《西张村志》编修工作，倡导城乡居民编修家谱、家训，收集整理乡规民约，传承优良家风，构建城乡居民精神家园，对太原市文明城市创建发挥积极作用。

（刘雁珍　张裕晋）

《太原地方志》期刊

中国人民政治协商会议太原市委员会

协商会议全体委员会议

【市政协十二届五次会议】 2016年2月23日至2月26日在太原市举行。会议通过政协第十二届太原市委员会第五次会议关于政协太原市委员会常务委员会工作报告的决议、政协第十二届太原市委员会第五次会议关于市政协十二届四次会议以来提案工作报告的决议、政协第十二届太原市委员会提案委员会关于市政协十二届五次会议提案审查情况的报告、政协第十二届太原市委员会第五次会议政治决议。受政协太原市第十二届委员会常务委员会委托，张贵元作市政协常委会工作报告；受政协太原市第十二届委员会常务委员会委托，张政作提案工作报告。

2015年，在中共太原市委的领导下，市政协常委会深入学习贯彻中共中央大政方针和习近平总书记系列重要讲话精神，团结带领市政协各参加单位和广大政协委员，高举爱国主义、社会主义旗帜，坚持团结和民主两大主题，围绕“四个全面”战略布局、省委“五句话”总体要求和全市中心工作，认真履行职能，努力发挥协商民主重要渠道和专门协商机构作用。政协工作呈现出更加活跃有序、扎实有效的良好局面，为开创太原市弊革风清、富民强市新局面作出了新的贡献。报告从五个方面回顾了市政协一年来的工作，分别是：坚持学习引领作用，团结奋斗的共同思想基础更加巩固；坚持服务工作大局，凝心聚力助推全市改革发展取得新成效；坚持强化监督职能，用协商理念推进民主监督迈出新步伐；坚持践行为民宗旨，发挥优势促进民生改善和社会和谐实现新进展；坚持抓好自身建设，实现政协工作科学化水平新提升。报告指出，2016年，是太原市实施“十三五”规划的开局之年，是推进结构性改革的攻坚之年。市政协将深入贯彻落实中共十八大和十八届三中、四中、五中全会精神，深入贯彻落实习近平总书记系列重要讲话精神，突出团结和民主两大主题，在中共太原市委领导下，按照“四个全面”战略布局和省委“五句话”总体要求，坚持创新、协调、绿色、开放、共享的发展理念，围绕太原市抓好“五个一批”、推进“六大发展”、发挥“六个表率”，认真履行各项职能，切实发挥协商民主重要渠道和专门协商机构作用，为实现“十三五”良好开局，夺取全面建成小康社会新胜利凝聚共识、汇聚力量。

（刘　蓉　赵晋胜）

常务委员会会议

【十二届二十一次常委会议】 2016年2月16日，市政协召开十二届二十一次常委会议。会议审议通过关于召开政协第十二届太原市委员会第五次会议的决定；审议通过政协第十二届太原市委员会第五次会议议程（草案）和日程；审议通过政协第十二届太原市委员会第五次

会议邀请人员、列席人员名单；审议通过政协第十二届太原市委员会第五次会议全体会议执行主席及主持人名单；审议通过政协第十二届太原市委员会第五次会议大会秘书长、副秘书长和工作机构负责人名单；审议通过提交政协第十二届太原市委员会第五次会议审议的政协太原市委员会常务委员会工作报告及报告人名单；审议通过提交政协第十二届太原市委员会第五次会议审议的政协太原市委员会常务委员会关于市政协十二届四次会议以来提案工作报告及报告人名单。 （刘　蓉　赵晋胜）

【十二届二十二次常委会议】 2月25日，市政协召开十二届二十二次常委会议。会议审议通过政协第十二届太原市委员会第五次会议关于政协太原市委员会常务委员会工作报告的决议（草案）、政协第十二届太原市委员会第五次会议关于市政协十二届四次会议以来提案工作报告的决议（草案）、政协第十二届太原市委员会提案委员会关于市政协十二届五次会议提案审查情况的报告（草案）、政协第十二届太原市委员会第五次会议政治决议（草案），决定提交市政协十二届五次会议全体会议审议通过。

（刘　蓉　赵晋胜）

【十二届二十三次常委会议】 6月16日，市政协召开十二届二十三次常委会议。会议审议通过市政协十二届二十三次常委会议议程，审议通过市政协《关于提升城市精细化管理水平，促进“五城联创”顺利实施的建议》；听取市政府关于太原市促进“五城联创”情况的通报，审议通过有关人事事项。

（刘　蓉　赵晋胜）

【十二届二十四次常委会议】 9月22日，市政协召开十二届二十四次常委会议。会议通过市政协十二届二十四次常委会议议程，传达学习了《中共太原市委关于加强人民政协民主监督的实施意见》，审议通过市政协关于推进太原市“大众创业、万众创新”工作的建议，审议通过有关人事任免决定。

（刘　蓉　赵晋胜）

【十二届二十五次常委会议】 12月14日，市政协召开十二届二十五次常委会议。会议审议通过市政协十二届二十五次常委会议议程，审议通过市政协《关于推动三医联动改革，有效解决人民群众看病难看病贵问题的建议》；听取市委办公厅、市政府办公厅关于市政协十二届五次会议以来提案办理情况的通报。

（刘　蓉　赵晋胜）

专门委员会工作

【提案委员会】 自市政协十二届四次会议以来，共收到提案641件。经提案委员会审查，立案575件，未立案转为来信处理66件，立案率为89.7%。在立案的提案中，经济建设方面178件，政治建设方面28件，文化建设方面41件，社会建设方面298件，生态建设方面30件。其中，提案建议得到采纳或基本采纳的496件，占已办总数的86.3%；所提建议已被吸纳、列入相关工作计划、需要逐步落实的54件，占已办总数的9.4%；因政策规定或客观条件所限目前未能采纳的25件，占已办总数的4.3%。

（刘　蓉　赵晋胜）

【学习文史委员会】 组织社科界、民进、无党派界别委员进行了2015年度委员述职考核工作，增强了委员的使命感和责任感。组织界别活动，开展民生问题大调研，组织委员就《太原市文明公约》（征求意见稿）进行座谈讨论，提出了5个方面的修改建议，反馈市委相关部门。在学习服务组织中，坚持为委员搭建学习平台，为委员发送有关学习资料，征订《人民政协报》《山西政协报》。制定出台了《关于加强理论学习的实施意见》，在市政协十二届五次全会期间，邀请市委党校韩艳萍教授作了“经济新常态背景下的供给侧结构性改革”专题学习报告。围绕“改革开放是圆中国梦的必由之路”“五城联创推进城市治理现代化”“‘一带一路’与山西太原的对外开放”等主题组织常委会讲座14次。

（刘　蓉　赵晋胜）

【港澳台侨和外事委员会】 紧密联系侨联、台胞台属、对外友好和妇联四个界别的40多位政协委员、充分发挥政协委员主体作用，积极主动履职，深入基层了解情况，访问民生、知民情，帮助群众解决困难。参加政协的各类会议，要求有准备，有建议和发言。在政协全会、常委会、协商座谈会、议政会等积极参加大会发言和小组会议讨论。为委员履职搭建好各类参政平台，发挥优势，不断提升参政议政能力和水平。组织政协委员开展社会实践活动，完成撰写政协提案和社情民意200多份。许多提案和建议得到有关部门重视和答复办理，受到社会关注。依靠界别优势，发挥委员作用，组织开展各项社会活动。侨联界别委员积极组织侨胞侨眷和侨界人士积极开展“双岗履职”，举办专题讲座，丰富海外文化历史知识和科技知识，组织侨界人士调研太原市侨益保护工作情况和政策落实情况，积极反映民意，主动联系世界各地海外亲人发挥作用，为经济发展做贡献。台胞台属界别团结广大台胞台属，为促进两岸和平统一献计出力，做好台湾亲人的工作，接待台胞来并参观访问，探亲访友，牵线搭桥，增进了解和共识，举办台海形势报告和联谊活动，热心参与太原市的公益事业，开展扶贫助困。妇联界别委员对太原市妇女儿童发展工作，多次组织视察调研，支持和关心妇女儿童保护工作，为推进“两规两法”目标任务的完成献计出力，提出意见和建议。

2016年，市政协常委会将加快推进太原市“大众创业、万众创新”工作作为全年的重点调研课题，对建设“大众创业、万众创新”双创示范基地，发展众创空间，培育发展新动能，从打造新型创业创新平台入手，释放创新活力，创造良好市场环境，发展实体经济，增加就业等问题展开视察调研，市政协港澳台侨和外事委组织委员和有关部门人员，先后深入部分“双创”示范基地、小店区和高新区的多个有特色的“双创”空间等进行了专题视察调研，委员同专家学者进行座谈讨论，针对“双创”工作中存在的发展不平衡，土地制约、场地制约、资金人才不足等方面问题提出改进意见和建议。一是发挥当地优势，建好双创资源平台，立足自身区域产业资源优势扬长避短。二是根据地方特点，提升众创空间建设水平，把握建设重要依托，针对性选择产业和领域。三是调动社会和企业力量，加快“双创”各产学研紧密结合发展。四是引进专业队伍，引才用才；强化管理服务队伍和团队建设。所提建议受到各方重视，组织召开了议政会。

（刘　蓉　赵晋胜）

【经济科技委员会】 十二届市政协以来经科委举行专题议政会一次。课题内容是“大力发展园区经济，提升产业集聚竞争力”。五年共完成协商座谈会课题六个：一是“加大科技金融服务科技型中小企业发展力度”；二是“大力发展总部经济，推动现代服务业发展”；三是“加强信用建设，优化金融发展环境”；四是“着力推动铁路装备制造业集中发展”；五是“市委、市政府《关于加快发展民营经济实施意见》的贯彻落实情况”；六是“大力发展生产型服务业，促进太原市产业结构调整”。（刘　蓉　赵晋胜）

【人口资源和环境委员会】 五年中，专委会与民革太原市委员会共同承办“全力改善省城生态环境”专题议政会，就着力推动产业转型、实行最严格的生态环境保护制度、推进建筑垃圾资源化利用、建立水源地生态补偿机制等方面积极建言，形成《关于提升我市精细化管理水平促进“五城联创”顺利实施的建议》。

专委会充分发挥职能作用，多次组织委员对太原市重点工作进展情况实施督查，及时总结经验、发现问题，向市委、市政府提出意见和建议，有效开展了对太原市重大发展项目的民主监督。一是为了推动太原市城乡清洁工程的深入开展，按照市委、市政府关于全市城乡清洁工程提档升级的要求，专委会建立市、县（市、区）政协委员督查人员数据库，组织督查人员连续四年对太原市城乡清洁工程开展了6次督查，发现问题，及时向城六区、三县一市通报，并督促整改；二是围绕太原市公交都市创建情况、“城中村”改造和安置房建设进展情况、全市重点工程建设进展情况、国家生态园林城市创建进展情况、“五城联动”进展情况、环境质量改善十项重点工作进展情况等开展11次监督性视察，如实反映情况，坦率提出建议意见共计60条，促进了重点工作的改进和落实；三是围绕加强作风建设，组织委员对市环保局、市国土局、市住建委、市城乡管委进行民主评议，坚持问题导向，有针对性地提出评议意见，促进政府职能部门作风的改进和工作效能的提高。

专委会坚持把维护最广大人民群众根本利益作为政协工作的出发点和落脚点，一是开展对太原市物业管理情况、老旧预制板房改造情况的视察活动；二是在任晓峰副主席的带领下，前往古交、清徐等地开展察情建言惠民“十下乡”活动，几年来，共为六个村的村民送去价值16万元的健身路径；三是在张贵元主席的带领下，专委会深入包点帮扶村和市政协机关扶贫点娄烦县米峪镇乡郭家庄村，对当地扶贫项目的落地情况展开调研，认领8户贫困家庭，为其建立档案，责任到人进行脱贫帮扶；四是按照市委、市政府的要求，组织委员召开座谈会，分别对《太原市公共租赁住房与廉租住房并轨运行实施细则（草案）》和《太原市城市轨道交通建设规划调整（2015—2023年）》进行讨论，提出修改意见，向政府有关部门反馈，为太原市民生发展建言献策。

2013年10月，专委会负责承办太原晋中两市政协“加快综改试验区建设，推进太原晋中同城化”联合议政会。期间，我们为会议的联络沟通、组稿、审稿、编辑汇编做了大量的工作，会议的圆满成功对加快推进太原晋中同城化产生了深远的影响。2013-2016年全会期间，专委会承担联组讨论第二组的组织协调工作，共组织52位委员，以讨论政府工作报告为主线，围绕全市工作大局及经济社会发展中的重要问题，与市政府主要领导面对面协商讨论，为太原市发展建真言，献良策。（刘　蓉　赵晋胜）

【教文卫体委员会】 1、联合民盟太原市委就太原市义务教育健康发展情况进行视察和座谈。3月11日，张政、王爱萍副主席带领部分市政协委员和市民盟盟员，对太原市义务教育健康发展情况进行视察。3月31日，市政协召开“关于促

进太原市义务教育健康发展”协商座谈会。2、组织政协委员就太原市加强基层公共文化服务体系建设的情况进行视察和座谈。4月12日,张政、王爱萍副主席带领部分市政协委员,就关于加强基层公共文化服务体系建设的情况进行视察。4月26日,市政协召开“加强我市基层公共文化服务体系建设”协商座谈会。3、6月29日,召开“整合提升旅游文化资源,打造太原市经济新引擎”协商座谈会。4、联合农工太原市委就太原市便民利民健康服务体系建设情况进行视察。5、组织政协委员就推动太原市“三医”联动,助力医卫惠民政策落到实处的情况进行视察。6、组织政协委员就太原市全面落实加快民营经济发展重大部署情况进行视察调研。(刘　蓉　赵晋胜)

【社会和法制委员会】 五年来主要完成以下课题。按照市委、市政府同意的年度《政协太原市委员会协商工作计划》和主席张贵元指示“重点课题要出精品”的具体要求,2012年组织开展“创新社区管理体系、打牢社会管理基础”研究性课题的视察调研;2014年就“创新社会治理体系,促进和谐太原建设”课题进行了视察调研;2015年配合各民主党派完成了《关于推进“六权治本” 加快法治太原建设》课题调研工作。形成的专题调研报告分别经市政协第十二届三次、十三次、十八次常委会审议通过,作为市政协建议案咨送市委、市政府决策参考。

社法委在2012年组织委员对“太原市应急队伍建设管理办法(试行)》实施情况”“加强信访工作稳定,有效化解社会矛盾情况”的视察调研;2013年完成了“关于太原市城市居家养老现状、问题及对策”“关于对太原市贯彻落实中央‘八项规定’改进作风情况”“关于对“法治太原平安建设”“关于对太原市严厉打击违法用地违法建设情况”“增强服务意识,创新管理模式,努力提高太原市流动人口服务管理水平”“关于对全市窗口单位行业作风建设情况”等7项视察调研工作;2015年与市民革共同完成了“发挥好社会组织在社会治理中的作用”课题和“十三五规划社会治理发展”视察调研;2016年对市公安局执法规范化建设情况进行了监督性视察。

与省政协开展联动调研,2013年组织完成了“对太原市科学流程再造,提高行政审批效率”的调研,任书文副主席代表市政协在省政协议政会上发言;2014年配合省政协完成了“对社区矫正工作落实情况”的调研;2015年完成了“人民陪审员制度执行情况”的联动调研工作;2016年完成了“深化行政审批制度改革,进一步抓好国家和山西省简政放权等决策部署的贯彻落实”的联动调研。上报调研报告6份。(刘　蓉　赵晋胜)

【民族宗教委员会】 五年来主要完成以下课题。1、就“整合旅游资源,把太原建成全国优秀旅游目的地城市”进行了调研,并认真听取了委员和专家的意见,形成了专题调研报告。2、围绕太原市清真食品的生产、经营和管理情况进行了视察,针对存在问题提出了相应的意见和建议。3、组织完成了“加强宗教团体建设、发挥宗教界代表人士作用”的情况调研。4、组织委员开展了城乡清洁工程星级单元创建工作视察,先后实地视察了古交、娄烦、阳曲、清徐、不锈钢园区、等地的17个点,针对存在问题,提出了整改意见。5、多次开展“访民生”调研。6、完成了“和谐寺观教堂建设”专题调研。针对创建工作发展不平衡、宗教团体管理力量薄弱、等问题,提出了“加大宣传力度、强化工作机制、坚决打击非法活动、因地制宜做好创建工作”等四条建议,形成了调研报告。7、完成了省政协安排的“加强农村宗教事务管理”课题的调研,就太原市农村宗教事务管理情况进行了汇报。8、围绕太原市“少数民族流动人口服务与管理”开展了专题调研。9、围绕太原市“十三五”交通运输发展规划的制定开展视察建言。10、就省政协安排的关于贯彻落实《国务院宗教事务条例》《山西省宗教事务条例》课题开展调研,就调研情况撰写了情况汇报。11、围绕太原市贯彻落实中共中央、国务院《关于加强和改进新形势下民族工作的意见》情况开展了视察。(刘　蓉　赵晋胜)

【农村工作委员会】 五年来,农村委员会共组织委员视察调研31次,参与举办专题议政会1次,常委会专题协商2次,组织协商座谈会2次,承担省政协专题调研5次,参加省、市各类协商座谈会19次,参加民主监督活动13次,开展农业科技服务活动5次,走访委员52人次,组织外出学习考察2次,参与接待全国政协和兄弟市政协考察团10余批,共组织委员参加活动达370余人次。向市委、市政府(省政协)及有关部门提交调研报告、建议等26份,提出建议183条。(刘　蓉　赵晋胜)

【社情民意研究室】 2016年,共征集社情民意信息852篇,经过筛选、编辑和综合,向省政协和市委、市政府编报274期。其中:编报省政协205期,编报市委、市政府69期;被全国政协采用5期,省政协采用48期;省领导批示3期,市领导批示21期,省级部门反馈1期,市级部门反馈13期。

在报送国家和省政协的信息中,“部分政协委员和民主党派人士建议行政审批制度改革措施应进一步落细落实、农村低保政策执行中存在的主要问题及建议、营业税改增值税试点工作中存在的主要问题及建议、加快农村一二三产业融合发展的建议、推进供给侧结构性改革中的一些具体情况及建议”等信息被全国政协综合采用;“关于提高山西省研发设计能力的建议、关于推动山西省文化旅游产业跨越发展的建议、关于推进山西省生产性服务业发展政策落地的建议、关于推进武宿综合保税区稳健发展的建议、关于加大对经济欠发达地区食品药品监管投入的建议、关于保护山西省工业遗产资源的建议、关于推动互联网约租车规范发展的建议、关于加强食盐监管力度的建议、建议将摄影与旅游深度融合创新山西省景区宣传、关于对《中国人民政治协商会议山西省委员会反映社情民意信息工作条例》(征求意见稿)的修改建议、关于整合山西省急救医疗资源的建议、在山西省"两会"报道中不该缺失"大会在雄壮的国歌声中闭幕"、关于山西省利用遗址转建为公园的建议、建议完善山西省基层医疗设备采购制度、关于加强山西省新兴产业新型业态统计工作的建议、关于完善山西省县级药品集中采购制度的建议、关于做好山西省乡村旅游发展规划的建议、建议山西省针对长期无人认领的骨灰制定相应处理办法、建议制定《山西省传统古村落保护条例》、关于推进山西省旅游业体制改革的建议、关于减轻中小微企业社保负担的建议、关于完善晋阳古城遗址规划的建议、关于扩大山西省新生儿遗传代谢病检测种类的建议、关于推进山西省城市管理综合执法体制改革的建议、建议山西省制定出台《村(社区)干部监督管理及责任追究办法》、关于恢复山区防雹高炮配置的建议、关于促进山西省大学生创业就业的建议、关于山西省统筹搞好美丽宜居示范村的建议、关于完善农村物流配送基础设施的建议、关于加大山西省农村电商人才培养力度的建议、关于加强柴油车尾气排放治理的建议、关于加快推进山西省草牧业发展的建议、关于加快晋阳古城遗址申报国家级考古遗址公园的建议、关于创建山西省教育产业孵化基地的建议、关于加快山西省西气东输临汾管线改造工程的建议、关于加强山西机床厂(247厂)近代工业遗址保护与开发利用的建议、关于宋辽金元古建筑优先"申遗"的建议、大型革命纪念馆风景名胜区售书应留有纪念书戳、关于进一步推动山西省大众创业万众创新工作的建议、关于事权下放与人员编制同步"向下走"的建议、关于促进山西省旅游产业发展的建议、关于加强无偿献血工作的建议、建议山西省"两保合一"先实现参保人员信息共享、关于山西省水库入库泥沙合理利用的建议、关于推动山西省文化旅游产业跨越发展的建议、关于民营经济发展存在的问题及建议、关于保障疫苗安全的建议"等信息被省政协以单篇或转送形式采用;其中"关于推动山西省文化旅游产业跨越发展的建议、关于提高山西省研发设计能力的建议、关于保护山西省工业遗产资源的建议"等信息得到了省领导的批示。 (刘　蓉　赵晋胜)

重要活动

【市政协召开"关于促进我市义务教育健康发展"协商座谈会】 3月31日,市政协召开"关于促进太原市义务教育健康发展"协商座谈会。市政协主席张贵元主持,市人大常委会副主任傅建荣、副市长魏民、市政协副主席张政参加会议并发言。市政协委员贾翠兰、刘文生、杨瑞国、张晋文,专家学者温庆武、孙辉、王丽英、郝延庆在座谈会上发言。市发改委、市住建委、市教育局、市财政局、市人社局、市国土局、市规划局、市房管局等相关部门负责同志参加会议并与委员互动交流。1986年《中华人民共和国义务教育法》颁布以来,太原市义务教育事业取得了长足的发展。教育投入不断加大,办学条件明显改善,均衡发展逐步推进,办学水平不断提高,全市九年义务教育巩固率达99.8%。太原市义务教育成效显著的同时,也存在学校布局盲区多、生均占地严重不足、义务教育阶段公办学校与民办学校在校生比例失调、城区义务教育初中学校管理体制不顺、中小学教师工资待遇偏低等问题。

(刘　蓉　赵晋胜)

【市政协召开"加强我市基层公共文化服务体系建设"协商座谈会】 4月26日,市政协召开"加强太原市基层公共文化服务体系建设"协商座谈会。市政协主席张贵元主持,副市长王爱琴,市政协副主席张政、王爱萍参加。

市政协常委及委员孟德东、孟恭才、陈驰、田海明、边建红、刘海红、贾虎子先后在座谈会上发言。市文化局、10县(市、区)文化局、开发区相关部门负责同志参加会议并与委员互动交流,就有关情况作出积极回应。

近年来,太原市把构建公共文化服务体系作为建设文明太原、健康太原、幸福太原的重要内容来抓,强化政府服务职能,围绕基层公共文化设施的建设与管理,创新思路,扎实工作,取得了可喜成果。但与经济社会发展和群众日益增长的文化需求相比,还存在一定差距:公共文化服务体系制度不够健全;基层公共文化资金相对不足,使用效率较低;公共文化人才队伍建设有待加强;公共文化服务产品供给不足;基层文化阵地作用尚未充分发挥等。委员们建议,要进一步完善公共文化服务体系运行机制,加大资金保障力度,加强基层文化队伍建设,不断提高文化服务水平,促进太原市基层公共文化服务标准化、均等化发展。王爱琴认真听取并充分肯定委员所提意见建议,表示将认真研究采纳。为开好这次协商座谈会,会前市政协组织中共、民进、文化艺术、教育、新闻、经济等界别委员进行了深入视察调研并形成专题调研报告。 (刘　蓉　赵晋胜)

【市政协交办2016年提案】 4月27日,市政协召开2016年提案交办会。市政协主席张贵元出席。副市长张齐山应邀出席。市政协副主席任书文、张政出席。市政协十二届五次会议以来,政协委员、政协各参加单位和专门委员会,围绕中心、服务大局,主动适应新常态,谋求新发展,紧紧围绕全市改革发展大局和社会普遍关注的热点难点问题,积极通过提案参政议政、建言献策。截至2016年4月22日共收到提案491件,其中立案440件,占提案总数的89.61%;作为来信处理和工作参考的51件,占提案总数的10.39%。这些提案内容丰富、情况清楚、分析透彻、建议具体,具有很强的针对性、前瞻性和可操作性。其中,《关于全面落实“六个精准”要求，合力打赢三年脱贫攻坚战的建议》《加快基础充电设施建设步伐，助力新能源汽车产业发展》《关于“十三五”期间加快我市养老服务体系建设的建议》等涉及改革发展、城市管理、交通出行、教育卫生、脱贫攻坚、养老服务、安全管理7个方面的12件提案被确定为2016年重点提案。

（刘　蓉　赵晋胜）

【市政协召开“两学一做”学习教育工作部署会议】 4月28日，市政协召开“两学一做”学习教育工作部署会议，传达学习习近平总书记对全党开展“两学一做”学习教育重要指示精神、省委“两学一做”学习教育视频会议精神、全市“两学一做”学习教育会议精神和吴政隆书记重要讲话精神，就市政协“两学一做”学习教育进行安排部署。

（刘　蓉　赵晋胜）

【市政协召开“整合提升旅游文化资源，打造我市经济新引擎”协商座谈会】 6月29日，市政协召开“整合提升旅游文化资源，打造太原市经济新引擎”协商座谈会。市政协主席张贵元主持，副市长魏民，市政协副主席张政、王爱萍参加。

市政协常委及委员张海俊、张本、张卫东、边建红、王勇、王珊、乔海燕、任飞先后在座谈会上发言。市财政局、市交通运输局、市文化局、市旅游局、市文物局、市发改委、市国土局、市水务局、市城乡规划局等部门负责人参加会议并与委员互动交流，就有关情况作出积极回应。

近年来，太原市坚持把发展文化旅游产业作为支柱性产业来培育，坚持旅游目的地与集散地建设并重，不断提升“唐风晋韵·锦绣太原”城市品牌形象，大力推进项目建设，努力规范市场秩序，旅游产业对经济社会发展的贡献率不断提高。同时，还应该看到，太原市旅游业发展与省会城市的地位作用及所拥有的旅游资源不相适应，与旅游业作为综合性产业拉动经济发展动能作用还有差距，旅游业发展仍面临一些亟待解决的问题。委员们建议，要加强太原市景区的联动合作，打造全市“大旅游”格局；要不断提升配套服务功能，打造能够吸引人、留住人的旅游服务平台；要鼓励和支持文化创意产业与旅游业的深度融合，将太原市深厚的文化底蕴产品化、有形化；要不断加大旅游宣传力度，实施旅游品牌战略。　　（刘　蓉　赵晋胜）

【市政协召开“大力发展生产性服务业，推进我市产业结构调整”协商座谈会】 7月27日，市政协召开“大力发展生产性服务业，推进太原市产业结构调整”协商座谈会。市政协主席张贵元主持，副市长王爱琴，市政协副主席陈远新、毛志鸣参加。市政协委员、专家学者陈培忠、杨勇波、孙雁卿、张本、刘碧涛、卫虎林、范富先后发言。市发改委、市经信委、市科技局、市商务局、市邮政局等部门负责人参加会议并介绍有关情况。

近年来太原市生产性服务业规模不断扩大，结构不断优化，在推进产业结构调整，促进经济持续健康发展方面发挥了重要作用。在发展的同时，还应该看到，作为省会城市，太原市生产性服务业的规模、水平、结构与其他先进省会城市相比还有不少差距，生产性服务业发展还有很大潜力和空间。委员们建议，应充分利用省会城市的区位、人才、技术和服务业基础较好的优势，把发展生产性服务业作为创新驱动力；要为生产性服务业发展制定发展规划、布局指南、人才引进方案等配套政策，切实营造适合生产性服务业发展的环境与氛围；要大力发展研发设计等科技服务业，启动企业研发机构法人化试点工作，鼓励设立新型研发机构；要制定具体政策和措施，支持商务咨询服务业发展；要不断加强大数据等信息服务业发展，推动服务业转型升级。

（刘　蓉　赵晋胜）

【市政协召开“加快推进百万亩森林围城工程，打造绿水青山美丽太原”协商座谈会】 8月10日，市政协召开“加快推进百万亩森林围城工程，打造绿水青山美丽太原”协商座谈会。市政协主席张贵元主持，副市长魏民，市政协副主席薛维梁、冯霞参加。市政协委员、专家学者张海俊、任金旺、田松良、张明、闫秀英、齐桂萍、赵世英先后在座谈会上发言。市发改委、市农委、市财政局、市国土局、市水务局、市林业局、市规划局、市环保局、市园林局等部门负责人参加会议，并介绍有关情况。

自太原市实施百万亩森林围城工程以来，相关部门在对现有未成林和疏林地规划实施提档升级的同时，以国道、省道、高速公路、铁路、旅游公路及河流两侧荒山为重点，集中连片规模化植绿造

林，大力提升了太原市周边的生态景观效果和宜居度。同时，还应该看到，太原市生态文明建设与经济社会发展和人民群众的期盼还有差距，绿化和生态建设的任务还很艰巨。委员们建议，要创新机制，激活更广泛的造林主体，引导民营企业、农民、农业合作社等主体广泛参与造林绿化，引导社会资本参与延伸；要将绿化作为综合性的生态体系进行建设，合理布局植物群落，注重病虫害防治，不断完善配套工程，做到绿化的景观性和功能性统一；要注重东山、西山的水土保持工作，搞好废弃的煤矿、采石场等治理开发；要通过开展形式多样的活动，提高全民知绿、爱绿、护绿的意识，扩大造林绿化的影响力。（刘　蓉　赵晋胜）

【市政协召开《太原市物业管理条例（草案）》立法协商座谈会】 10月18日，市政协召开立法协商座谈会，围绕《太原市物业管理条例（草案）》议政建言。市政协主席张贵元主持并讲话，市政协副主席任书文、王爱萍，秘书长刘建中参加。

会议听取市人大法制委、市政府法制办关于制定、起草、审议《太原市物业管理条例（草案）》的情况说明。参加会议的市政协委员，以及太原市物业管理协会负责人和物业公司代表，围绕《条例（草案）》的修改完善，进行了负责坦诚、务实热烈的讨论。大家对这部“条例”立法高度关注、热切期盼，提出很多有价值的意见建议。

立法协商是协商民主的重要内容，是协商民主创新发展的一种重要形式。开展立法协商是市政协履行职能、发挥协商民主重要渠道作用的一项重要工作。在市委、市政府的高度重视和市人大的热情支持下，市政协前两次立法协商《太原市献血条例（草案）》和《太原市养老机构条例（草案）》提出的意见建议，市人大二审采纳率很高，分别为55%和72%，取得了很好的社会效果。

（刘　蓉　赵晋胜）

【市政协召开全力改善省城生态环境专题议政会】 12月15日，市政协召开全力改善省城生态环境专题议政会。省委常委、市委书记王伟中，市委副书记、市长耿彦波出席并讲话，市政协主席张贵元主持，市政协副主席、秘书长参加。副市长刘鹓应邀参加。

会上，市政协专题调研组、民革太原市委员会和武卫东、段毅豪等政协委员分别就实施“生态兴市”战略、打造绿色宜居城市，推进太原市建筑垃圾资源化利用，建立水源地生态补偿机制，加强自然保护区建设、构建太原市生态屏障等内容建言献策。（刘　蓉　赵晋胜）

中国共产党太原市纪律检查委员会

Taiyuan Municipal Committee for Discipline Institution of Communist Party of China

【概述】 2016年,太原市坚决贯彻落实党的十八大和十八届三中、四中、五中、六中全会精神,按照省委"一个指引、两手硬"重大思路和要求,自觉向以习近平同志为核心的党中央看齐,团结带领全市广大党员干部和人民群众,协调推进"四个全面"战略布局,在全面构建良好政治生态和经济稳步向好上,迈出了坚实的步伐。全市各级纪检监察机关在省纪委和市委的坚强领导下,围绕党中央和省委、市委全面从严治党的各项决策部署,坚持挺纪在前,忠诚履行党章赋予的使命职责,持续保持了正风反腐的高压态势,推动全面从严治党向纵深发展的方向更加明确、思路更加清晰、措施更加有力、成效更加显著。(办公室)

【太原市第十届纪律检查委员会第六次全体会议】 2016年2月3日,中国共产党太原市第十届纪律检查委员会第六次全体会议召开,中共太原市纪委常委会主持会议。出席会议的市纪委委员30人,列席139人。省委常委、市委书记吴政隆出席全会并作重要讲话。市委常委,市人大、市政府、市政协领导,市法院院长,市检察院检察长出席会议。有关方面负责同志参加会议。

这次全会的主要任务是认真学习贯彻十八届中央纪委六次全会精神特别是习近平总书记重要讲话精神、省纪委十届六次全会精神和省委王儒林书记讲话精神,总结2015年纪律检查工作,部署2016年工作任务。全会审议通过了李吉山代表市纪委常委会所作的《忠诚履行职责,把纪律挺在前面,坚定不移推进党风廉政建设和反腐败斗争》工作报告。

全会认真学习领会吴政隆的讲话。一致认为,讲话充分肯定了太原市党风廉政建设和反腐败斗争取得的明显成效,深刻分析了党风廉政建设和反腐败斗争面临的形势,明确提出了当前和今后一个时期的工作要求和主要任务。讲话要求,要尊崇党章,抓好《准则》和《条例》的贯彻落实;要持续保持惩治腐败的高压态势;要持之以恒推进作风建设,坚决防止"四风"反弹回潮;要着力解决发生在群众身边的腐败问题,努力实现"郡县治、天下安""乡村治、百姓安";要积极探索和运用好"四种形态",把监督执纪问责做深做细做实;要坚持"一案双查",进一步加大问责追责力度;要坚持问题导向,深入推进"六权治本";要坚决执行好"九个严禁",确保换届风清气正;要坚持改革方向、问题导向,着力深化党的纪律检查体制改革。各级党组织要落实好全面从严治党主体责任,把纪律建设摆在更加突出的位置,严明政治纪律和政治规矩,坚持高标准与守底线相结合,推动全面从严治党向基层延伸,坚定不移地推进全面从严治党。要把坚持和完善民主集中制作为强化党内监督的核心,把做好监督体系顶层设计作为强化党内监督的关键,把用好批评与自我批评这个武器作为强化党内监督的重点,把破解一把手监督难题作为强化党内监督的

重中之重，积极探索强化党内监督的有效途径。全会认为，2015年，市委深入学习贯彻习近平总书记系列重要讲话精神，认真贯彻落实党的十八大和十八届三中、四中、五中全会精神，十八届中央纪委三次、四次、五次全会精神，以及省纪委十届五次全会精神，坚决落实省委对太原工作的指示要求，团结带领全市广大党员干部和人民群众，协调推进“四个全面”战略布局，坚决贯彻党中央对山西工作的重要指示精神，认真落实省委“五句话”和对太原“六个表率”的要求，一手抓经济社会发展，一手抓党风廉政建设和反腐败斗争，持续保持“三个高压态势”，全面从严治党、从严治吏，人民群众对党的信心和信任进一步增强，全市政治生态进一步净化，党风政风进一步向善向好，广大干部敢于担当、积极作为、干事创业的氛围正加快形成。全市各级纪检监察机关在省纪委和市委的坚强领导下，坚决贯彻落实党中央和省委决策部署，聚焦主业、挺纪在前，从严监督执纪问责，全市党风廉政建设和反腐败斗争不断深入，方向更加明确，思路更加清晰，措施更加有力，成效更加显著。坚持以上率下、层层加压，“两个责任”落实体系逐步形成完善。坚持减少存量、遏制增量，惩治腐败、狠刹“四风”高压态势持续保持。坚持围绕中心、服务大局，以高压正风反腐破解经济社会发展困局。坚持抓早抓小、挺纪在前，实践运用“四种形态”保护整片“森林”。坚持改革创新、深化“三转”，纪检监察机关工作活力充分迸发。坚持信任不能代替监督、正人先正己，用铁的纪律打造忠诚干净担当的纪检监察铁军。

全会提出，市委十届七次全会已经吹响全面建成小康社会的进军号，为实现“十三五”的宏伟目标，协调推进“四个全面”战略布局，全面从严治党是重要保障。做好2016年党风廉政建设和反腐败斗争工作至关重要，总体要求是：全面贯彻党的十八大和十八届三中、四中、五中全会精神，深入学习习近平总书记系列重要讲话精神，按照十八届中央纪委六次全会、省纪委十届六次全会和市委十届七次全会的部署要求，保持坚强政治定力，坚持全面从严治党、依规治党，坚持忠诚履职、挺纪在前，聚焦监督执纪问责，创新体制机制，持之以恒落实中央八项规定精神，着力解决发生在群众身边的不正之风和腐败问题，始终保持正风反腐高压态势，坚决遏制腐败蔓延势头，扎实推进“三转”，建设忠诚干净担当的纪检监察干部队伍，不断取得党风廉政建设和反腐败斗争新成效，为落实省委“五句话”总要求，加快“六大发展”，推进“六权治本”，实现“六个表率”，提供坚强纪律保证。

第一突出政治纪律和政治规矩，着力抓好纪律建设。围绕中央和省、市“十三五”规划等决策部署的贯彻执行，着力发现和纠正落实不力、阳奉阴违的问题，确保政令畅通。要严格执行《准则》和《条例》，以眼里不揉沙子的认真劲儿，把纪律严起来、执行到位。要严明换届纪律，落实好“九个严禁”，确保换届工作风清气正。第二突出责任传导，着力夯实管党治党责任。各级党组织特别是党政机关、国有企事业和基层单位，要紧紧牵住主体责任这个“牛鼻子”，进一步列出列清列细问题清单、责任清单、整改清单，把责任一级一级扛起来，把压力一级一级传下去。探索完善下级党组织和纪委主要负责人向上级纪委全会述“两个责任”及个人述职述廉工作制度。健全责任追究情况定期报告、典型问题公开通报制度，形成问责常态。第三突出挺纪在前，着力实践运用“四种形态”。要准确把握“四种形态”的标准和要求，让红脸出汗成为常态，党纪轻处分、组织处理要经常使用，坚决遏制增量。要把党的十八大后不收敛不收手，问题严重、群众反映强烈，现在重要岗位可能还要提拔使用的党员领导干部作为纪律审查重点，三类情况同时具备的要作为重中之重。特别要盯紧2014年9月以后仍然不收敛不收手的人和事，坚决予以严厉惩治。要以开展“重信重访化解年”为契机，进一步做好“案结事了”化解工作。要全面建立领导干部廉洁档案，加强对领导干部廉洁情况的动态监督管理。运用好党的政策，有效减少腐败存量。第四突出巩固深化，着力推进正风肃纪。要紧盯年节假期，看住领导干部这个“关键少数”，把作风建设抓到底。对不收手、不知止，规避组织监督，出入私人会所，组织隐秘聚会的一律从严查处。对参加聚会的要找本人谈话，责令其在民主生活会上作出深刻检查，对执纪审查中发现的“四风”问题线索，要深挖细查、绝不放过。要探索完善联动协作机制，提高查纠“四风”问题的针对性和实效性。第五突出延伸基层，着力解决群众身边的腐败问题。要把责任压到县乡基层，县乡党委要发挥关键作用，县乡纪委要把查处侵害群众利益的不正之风和腐败问题作为主要工作任务，努力实现“乡村治、百姓安”目标。纪检监察机关要继续坚持“五账工作法”，重点查处强占掠夺、吃拿卡要、贪污挪用等突出问题，严肃查处扶贫领域虚报冒领、截留私分、挥霍浪费问题。要加强机关正风反腐工作，切实解决“中间波澜不惊”问题。第六突出改革创新，着力深化监督机制。进一步完善细化市、县两级纪委内设机构调整的工作职责，研究制定县级纪委向市纪委报告线索处置和执纪审查情况的办法。严格执行“三个提名考察办法”，加快推进市纪委派驻机构全覆盖工作，力争2016年上半年基本完成全覆盖任务。认真学习借鉴中央和省委巡视工作的有效做法和成功经验，围绕加强党的领导这个根本，积极探索建立市、县党委巡察制度。针对重点人重点事重点单位，探索开展“点穴式”、交叉式专项巡察。第七突出严管厚爱，着力抓好自身建设。要加强纪委班子建设，切实抓好市纪委换届工作，加强对县乡纪委换届工作的领导和指导，重点督促县乡纪委真正把监督执纪问责的责任担起来。深化“三转”成果，进一步引深“学思践悟·岗位练兵”活动，加强日常管理监督，对碌碌无为、作风漂浮，不敢担当、不愿负责，执纪违纪、以案谋私的，要批评教育、组织调整，造成严重后果的要给予纪律处分，着力建设一支忠诚于党、让人民放心的纪检监察干部队伍。 （办公室）

2016年2月3日，市委常委、市纪委书记李吉山在中国共产党太原市第十届纪律检查委员会第六次全体会议上作工作报告

【太原市第十届纪律检查委员会第七次全体会议】 2016年9月21日，中国共产党太原市第十届纪律检查委员会第七次全体会议召开，中共太原市纪委常委会主持会议。会议审议通过了《中共太原市第十届纪律检查委员会向中共太原市十一次代表大会所作的工作报告（草案）》，报经中共太原市委十届九次全会审议同意，提请中共太原市第十一次代表大会审查。

市委常委、市纪委书记李吉山在全会上指出，过去5年，在省纪委和市委的坚强领导下，十届市纪委团结带领全市纪检监察机关和广大纪检监察干部，认真学习习近平总书记系列重要讲话精神，坚决落实中央和省委有关决策部署，持续深化“三转”，强化监督执纪问责，推动党风廉政建设和反腐败工作取得明显成效。

李吉山强调，中共太原市第十一次代表大会即将召开，大会将确定未来五年的奋斗目标，选举产生新一届市委和市纪委领导班子。全市各级纪检监察机关和干部要在新一届市委的坚强领导下，认真履职、积极作为，深入推进党风廉政建设和反腐败斗争，为圆满完成市第十一次党代会确定的各项目标任务而努力奋斗，为全面建成小康社会、加快实现太原市振兴崛起提供坚强的纪律保证。

（办公室）

【中国共产党太原市第十一次代表大会】 2016年9月26日，中国共产党太原市第十一次代表大会开幕。中国共产党太原市第十届纪律检查委员会提交大会审议了题为《尊崇党章挺纪在前为全面建成小康社会加快实现振兴崛起提供坚强纪律保障》的工作报告。《报告》从强化“两个责任”落实，逐步构建起管党治党新格局；用最坚决的态度减少腐败存量，用最果断的措施遏制腐败蔓延势头；持之以恒贯彻中央八项规定精神，以良好党风促政风带民风；加大基层反腐力度，让人民群众有更多“获得感”；运用监督执纪“四种形态”，保护好太原党员干部队伍这片“森林”；认真贯彻中央巡视工作方针，市县党委巡察“利剑”作用初显；深化改革创新，建设一支忠诚干净担当的纪检监察干部队伍等七个方面全面总结了近5年的工作。会议认为，从5年的党风廉政建设和反腐败斗争实践中得到“五个不能忘记”的启示。

一是不能忘记过去党不管党、治党不严的深刻教训，必须在强化责任落实、全面从严治党上继续前进。太原发生严重腐败问题，根本原因在于党不管党，治党不严、治吏不严，失之于宽、失之于软。2014年9月以来，如果不是市委坚持政治定力，坚决清理问题线索存量，踩着不变的步伐正风反腐；如果不是市委坚持以身作则，亲自谈话函询、强化问题约谈，层层传导压力；如果不是市委坚持实事求是，全面客观辩证地看待和处理干部，党风廉政建设和反腐败斗争不会取得这么大的成效。党要管党才能管好党，从严治党才能治好党。落实主体责任是对党章规定的重申，是各级党组织的基本职责。全市各级党组织和党员领导干部一定要强化政治意识、大局意识、核心意识、看齐意识，向党中央看齐，向省委、市委学习，把全面从严治党主体责任具体地而不是抽象地、认真地而不是敷衍地落实到位，推动管党治党从宽松软走向严紧硬。

二是不能忘记太原发生严重腐败问题的沉痛代价，必须在踩着不变的步伐、持续正风反腐上继续前进。发生在太原市的严重腐败问题，特别是最为典型的城中村腐败问题，一些不法分子花费巨资拉票贿选、非法卖地疯狂敛财、大肆贿赂国家干部，大搞权钱交易、权权交易，严重侵害了群众利益，腐蚀了干部队伍，动摇了党的基层政权，在政治生态上、经济发展上、社会进步上都付出了极大代价。查处城中村腐败案件，为城中村改造打开了切口，有力地促进了全市经济社会稳步向好，充分证明反腐败不仅不会影响经济发展，反而有利于经济社会持续健康。党中央对形势的判断没有变、旗帜立场不会变，我们的目标任务就不能变。必须对党中央反腐败斗争保持“四个足够自信”，坚决排除噪音杂音，始终坚持政治定力，有静气、不刮风、不搞运动，以顽强的毅力和不屈的韧劲正风反腐，坚决遏制一切滋生腐败的不正之风，一定要让胆敢搞腐败的人付出代价。

三是不能忘记人民群众对美好生活的殷切向往，必须在发挥正风反腐“正能量”、促进干部担当作为上继续前进。省委提出“一个指引、两手硬”的重大思路和要求，充分体现中央精神、紧密结合山西实际，是顺应三晋百姓兴晋强晋殷切期盼的重大战略举措。省委要求太原要在构建良好政治生态上走在全省前列，在推动经济稳步向好上走在全省前列，充分体现了对太原的肯定和信任。如果不沉下心来抓落实，再好的目标，再好的蓝图，也只是镜中花、水中月。身在岗位不作为、拿着俸禄不干事，也是一种“腐败”。对不作为、慢作为问题必须“零容忍”。一定要认真贯彻习近平总书记“三个区分”的要求，为担当的干部担当、对负责的干部负责，坚决保护那些作风正派、敢抓敢管、锐意进取、奋发有为的干部，坚决惩治那些慵懒怠政、不负责任、尸位素餐、为官不为的干部，让广大干部安心安身安业，心情舒畅、充满信心，积极作为、敢于担当。

四是不能忘记全面构建良好政治生态的艰巨任务，必须在挺纪在前、运用“四种形态”上继续前进。加强党的建设，做好各方面工作，必须有一个好的政治生态。两年来，市委坚决贯彻“惩前毖后、治病救人”的方针，坚持挺纪在前，运用“四种形态”，拔烂树、治病树、正歪树、护森林，最大限度体现组织的关怀，最大限度促进干部认识和改正错误，最大限度激发干部干事创业热情，修复政治生态取得初步成效。省委提出全面构建良好政治生态的重大部署，要求太原发挥率先引领作用。我们一定要坚决贯彻省委要求，真正把严格管理干部和热情关心干部结合起来，既要把纪律和规矩挺在前面，坚决防止“四风”和腐败问题反弹回潮，又要全面把握运用“四种形态”，特别是用好“第一种形态”，加强日常教育监督管理，让各级党组织和党员干部都自觉尊崇党章，自觉按照党内政治生活准则和党的各项规定办事。只要我们坚定信心、坚持不懈，太原的政治生态一定能够迎来山青水秀、海晏河清的那一天。

五是不能忘记党章赋予纪律检查机关的神圣职责，必须在深化“三转”、聚焦主责主业上继续前进。实践“四种形态”，纪委的责任不是轻了、而是更重了，执纪的力度不是小了、而是更大了，必须进一步转职能、转方式、转作风。转职能就要深化对党章赋予纪委职责的认识。“三大任务、五项经常性工作”不仅仅是查办违纪案件，维护党的章程和其他党内法规，经常对党员进行遵守纪律的教育，作出关于维护党纪的决定等等，都是党章的规定。转方式，就要真正领会从严治党、依规治党的内涵。我们党历史上管党治党的方式是多样化的，不是只有处分这一种。经常性的提醒、约谈乃至轻处分，应该是纪委工作的重头大头，而立案查处的重处分只能是多种处置方式中的极少数。转作风，考验的是纪检干部的政治水平、思想水准、把握政策的能力。纪律审查的过程首先是思想改造的过程，纪检干部只有对党的路线方针政策和党规党纪了然于胸，做思想工作才能够深入浅出，晓之以理、动之以情，才能真正体现出政策的感召力和思想的感染力，才能把“惩前毖后、治病救人”贯彻到位。各级纪律检查机关一定要主动适应监督执纪“四种形态”对纪检工作提出的新要求，全面履行好党章赋予党内执纪机关的各项职责。广大纪检干部一定要把中央对形势的判断和任务要求牢记于心，转变理念、克服惯性、提高能力，真正把监督执纪问责的职责担当起来。

会议选举李吉山、刘伟、刘振华、杨天玉、李丽芳（女）、王振军、秦琦、常继德、杜雁军、张树明、李发平、詹玉梅（女）、连金会、段培林、郭鸿、霍存柱、李锦（女）、王富强、张桂芝（女）、张彤、陈晋、李秀斌、刘贵江、刘玉伟、尹达恒、高晋晖、傅立、郭昕、孔崇明、马子龙、贾小录为中国共产党太原市第十一届纪律检查委员会委员。（办公室）

从左至右依次为：杜雁军、秦琦、李丽芳、刘振华、李吉山、刘伟、杨天玉、王振军、常继德

【太原市第十一届纪律检查委员会第一次全体会议】 2016年9月29日，中国共产党太原市第十一届纪律检查委员会第一次全体会议召开。受中国共产党太原市第十一次代表大会主席团委托，李吉山主持会议。全会选举产生了中国共产党太原市第十一届纪律检查委员会书记、副书记和常务委员会委员。

经中国共产党太原市第十一届委员会第一次全体会议批准，中国共产党太原市第十一届纪律检查委员会常务委员会委员为李吉山、刘伟、刘振华、杨天玉、李丽芳（女）、王振军、秦琦、常继德、杜雁军。李吉山当选为市纪委书记，刘伟、刘振华、杨天玉当选为市纪委副书记。

全会认为中国共产党太原市第十一次代表大会提出了全面建成小康社会、加快实现振兴崛起的宏伟目标，对未来五年全市改革发展民生和党的建设各项工作作了全面部署。新一届市纪委坚决拥护市第十一次党代会作出的各项决议。

全会要求，全市各级纪检监察机关要把深入学习市第十一次党代会精神作为当前的一项重要政治任务，迅速掀起学习宣传贯彻热潮，切实把思想行动统一到党代会的决策部署上来。重点要以习近平总书记系列重要讲话、省委骆惠宁书记在全省全面构建良好政治生态推进会上的讲话、市第十一次党代会和新一届市委的部署为指导，认真回顾总结梳理过去工作，“巩固、深化、提高”，积极谋划今后一段时期的工作，为未来五年全市党风廉政建设和反腐败斗争开好局、起好步，打好基础。

全会强调，新一届市纪委受命于全面建成小康社会的决胜阶段，肩负着为全面构建良好政治生态、加快实现太原振兴崛起提供坚强纪律保障的重大责任。新一届市纪委委员一定要高举旗帜、对党忠诚，建设政治坚定的领导集体；一定要敢于担当、积极作为，建设勤政务实的领导集体；一定要牢记宗旨、不负众望，建设为民服务的领导集体；一定要同心同德、戮力前行，建设团结有力的领导集体；一定要以身作则、严管厚爱，建设清正廉洁的领导集体，以实实在在的工作业绩向党和人民交上一份满意答卷。

全会号召，新一届市纪委要更加紧密地团结在以习近平同志为核心的党中央周围，在省纪委和新一届市委的坚强领导下，不忘初心、继续前进，不负重托、忠诚履职，坚定不移地推进党风廉政建设和反腐败斗争，为实现“两个走在前列”，全面建成小康社会、加快实现振兴崛起作出新的更大贡献。（办公室）

【坚持党的领导、增强“四个意识”】 2016年，市纪委在重大事项、重点工作、重要案件查办方面，坚决接受省纪委和市委的领导，坚决维护市委领导班子的团结。全年共向市委呈报有关工作的请示（报告）360余件，向市委常委会专题汇报有关工作44次。市委领导同志共对40名市管领导干部的涉纪信访问题线索进行了谈话，有34人（次）在分管部门干部接受谈话后作出的情况说明上审核把关、签字背书。

市纪委常委会自觉将习近平总书记系列重要讲话精神作为思想武器和行动指南，扎实开展“两学一做”学习教育，严肃党内政治生活，坚持和创新学习制度，委局班子中心组（扩大）集中学习25次，围绕“四讲四有”开展4次专题学习研讨，领导班子成员结合工作实际进行重点发言，进一步增强了“四个意识”，坚决同以习近平同志为核心的党中央保持高度一致。（办公室）

【坚持问题导向，夯实全面从严治党政治责任】 2016年，市纪委按照市委的要求，督促全市各级党组织对照党风廉政建设“两个责任”清单，认真查找本单位本部门在落实“两个责任”中存在的问题，逐条逐项研究制定整改措施，明确整改时限和责任人。10个县（市、区）、4个开发区和93个市直部门的党委（党组）及所属党组织全部制定了落实“两个责任”问题清单和整改清单，主要领导全部签字背书。

平时督责、问责。会同市委督查室对10个县（市、区）、4个开发区和40个市直单位党委（党组）、纪委（纪检组）落实“两个责任”的情况开展专项督导检查，发现了3个方面的10个问题，提出了4个方面的建议，市委常委会专题听取了市纪委《关于对全市落实“两个责任”督导情况的报告》，提出明确要求。严格落实《中国共产党问责条例》，全年共问责党组织2个，问责党员领导干部127人（党政纪处分38人、组织处理89人），较上年增加28.28%。

年底述责、评责。在市纪委十届六次全会上，选取6名党委书记、纪委书记开展落实“两个责任”述责和个人述职述廉，市委书记一一点评，与会人员现场测评。中央纪委《纪检监察信息工作交流·第42期》和内、外网站以《太原打造落实“两个责任”链条体系》为题专题刊发。（办公室）

【坚持关口前移、践行“四种形态”】 2016年，市纪委坚持纪在法前、纪严于法。严查查处了古交、晋源两地公安系统多名干警违反组织纪律，赴云南昆明看望参加培训领导的问题，问责处理32人（纪律处分29人，组织处理3人）。通过市委反腐败协调小组对司法机关通报移送的441件案件的涉案人员及时作出处理，决不允许党员上“审判台”，决不允许出现“狱中党员”。

坚持惩前毖后、治病救人。积极运用“谈话函询”处置问题线索。2016年，全市各级纪检监察机关共谈话函询703件，占处置问题线索的29.2%，同比增长123.9%，其中谈话函询市管干部144人（次）。对中央纪委和省纪委专案移交的116名涉案干部，最大限度体现组织的关怀，最大限度促进干部认识和改正错误，最大限度激发干部干事创业热情，充分发挥了政策效应。分28批次对1762名党员领导干部进行了廉政审查，有力地配合了市、县两级党委换届。

2016年，全市共有508名党员干部主动交代违纪违法问题，涉案总金额达652.86万元，累计上缴237.62万元；市、县两级“礼金红包专户”共收到286人（次）主动上交款1820.09万元。在中央纪委推动实践“四种形态”工作座谈会上，交流了太原市的经验做法，《中国纪检监察报》和中央纪委内网分别予以专题刊发。（办公室）

【持续保持正风反腐高压态势】 坚决减少存量、遏制增量。2016年，全市各级纪检监察机关共处置问题线索2410件、初核1410件、立案1004件，分别同比减少6.4%、22.7%、24.5%；给予党纪政纪处分977人，同比减少27.2%；重处分245人，同比减少25.3%；移送司法机关21人，同比减少71.6%。市纪委机关共处置问题线索281件、初核103件、立案65件，分别同比增长15.2%、13.2%、51.2%；处分市管干部52人，同比增长92.6%，其中，重处分11人。

驰而不息狠刹“四风”。研究制定《太原市“四风”随手拍信访举报处置流程》，健全完善了群众举报受理、查处、反馈等工作机制。研究制定《太原市全面监督“四风”问题联动协作机制》，明确了市委办公厅、公安、财政、审计、国税等14个部门合力围剿“四风”的职能作用。2016年，全市各级纪检监察机关紧盯年节假期，组织开展了3批集中监督检查，共查处违反中央八项规定精神问题134个，处理257人（党政纪处分154人，组织处理103人），分别较2015年增加11.67%和32.47%。分3批通报曝光典型案例15起，持续释放越往后执纪越严的强烈信号。

严肃问责不作为、慢作为。严肃问责了2016年11月城区部分区域未按时供热的问题，对市城乡管委和市热力公司6名领导和相关责任人员做出处理；严肃问责了阳曲县、娄烦县2014年度、2015年度、2016年1月至11月扶贫资金滞留的问题，纪律处分3人，组织处理15人。2016年，全市共问责不作为、慢作为问题153个，处理188人。（办公室）

【解决群众身边的不正之风和腐败问题】 2016年，市纪委加大跟踪督办力度。指导督促县乡两级纪委共查处288个群众身边的不正之风和腐败问题，纪律处分502人，司法处理40人。截至年底，省纪委交办太原市四批基层涉纪信访问题线索分别办结100%、99.27%、98.11%、93.03%。中央纪委《纪检监察信息工作交流·第38期》和内、外网站以《太原坚持“五账工作法”严查群众身边不正之风和腐败问题》为题专题刊发。

加大扶贫领域监督执纪问责。2016年，全市各级纪检监察机关共查处扶贫领域违纪案件49个，纪律处分67人、组织处理30人、移送司法5人。对阳曲县、娄烦县2个扶贫领域违纪问题的整改情况开展了“回头看”。市、县两级纪委先后9次通报曝光了30个扶贫领域典型违纪案例。

着力化解涉纪重复信访。市纪委把2016年确定为“涉纪重复信访化解年”，班子成员包案包点包化解，直接约见举报人，亲自协调核查化解，下大气力解决重复信访问题，有力地推动了全市涉纪信访持续下降。开展治理重复信访举报“冬季攻坚”行动，首批梳理出的175件重复信访事项全部办结，息诉罢访158件，息诉率为90.3%；第二批梳理出的83件重复信访事项办结77件，息诉罢访56件，息诉率为72.7%，人民群众的获得感明显增强。（办公室）

【深入开展市县巡察，发挥全面从严治党利剑作用】 2016年，市纪委坚决贯彻省委、市委部署，突出政治巡察定位，紧盯党的领导弱化、党的建设缺失、全面从严治党不力“三大问题”，紧扣“六项纪律”，紧盯重点人、重点事、重点问题“三个重点”；把扶贫攻坚重点县和与群众切身利益相关的部门作为首轮巡察对象。重点关注省委巡视反馈意见整改落实情况，实现巡视巡察无缝对接。完成了对阳曲县、娄烦县、市园林局和市房管局的首轮巡察，共组织谈话443人（次），接待来访1116人（次），受理信访举报856件（次），发现问题线索670个，巡察“剑指问题、形成震慑”的作用初步显现。市委第二轮巡察已在市城乡管委、市环保局启动。指导各县（市、区）委巡察工作扎实开展，完成对42个单位的首轮巡察，发现问题线索228个，立案66人，处分43人，移送司法9人。（办公室）

【坚决防止“灯下黑”，建设忠诚干净干部队伍】 2016年，市纪委不断加强自身建设。市纪委常委会研究制定《中共太原市纪委常委会工作规则》《中共太原市纪委书记专题会议制度》。健全规范党组织体系，完成委局机关5个党支部的换届选举，进一步增强了基层党组织的活力和战斗力。积极推进学习型组织建设，建立完善机关青年干部理论学习制度，集中组织培训4批540人，整体提升了干部的综合素质和工作能力。围绕脱贫攻坚目标，委局领导先后10余次赴扶贫点实地研究脱贫工作，精准帮扶，按期完成任务。

完善问题线索处置机制。逐步加快线索内部流转，市管干部问题线索，均由市纪委书记主持集中研判，2016年，先后5次集体研判市管干部问题线索，严格按照中央纪委五类标准和方式提出处置意见，做到了当月受理、当月研判、当月着手处置，坚决防止增量积压为存量。

深化纪检监察体制改革。按照中央和省委统一部署，确定了市、县两级监察体制改革试点工作“时间表”“施工图”，明确2月底前组建县级监察委员会，3月底前组建市监察委员会。深入推进纪律检查体制改革，“两个为主”落实机制在实践中不断完善，线索处置以上级纪委为主的机制逐步形成。认真执行3个《提名考察办法（试行）》，顺利完成了市县两级纪委的换届工作，领导班子成员经历、学历、年龄结构得到全面优化。

从严教育监督管理纪检监察干部。2016年，全市各级纪检监察机关共处置反映纪检监察干部问题线索64件，谈话函询38件、初核10件、立案9件，党政纪处分9人，组织处理31人，坚决防止“灯下黑”。积极开展精神文明创建和双拥创建工作，连续20年保持省级文明单位，连续22年保持市级文明单位标兵，连续8年保持市级双拥标兵单位等荣誉称号。（办公室）

民主党派和工商联
Democratic Parties and Association of Industry and Commerce

中国国民党革命委员会太原市委员会

【概述】 2016年,民革太原市委会团结带领全市民革党员认真贯彻中共十八大、十八届三中、四中、五中、六中全会精神和习近平总书记系列重要讲话精神,在民革山西省委会和中共太原市委的正确领导下,在中共太原市委统战部的大力支持下,以市委会成立60周年和纪念孙中山先生诞辰150周年为契机,认真开展"学习讲话、学习作风、跟党奋进"活动,围绕全市中心工作,发挥优势,凝智聚力,建言献策,各项工作取得了一定的成绩。

2016年,民革太原市委会机关内设办公室、组织处、宣传处、联络处4个职能处(室),行政编制为13名,工勤编制2名。民革太原市第十一届委员会主任委员陈继光,副主任委员杨继文、闫爱爱、南建民、刘建伟、吕薇。市委常委18名,委员44名。市委会现有9个专门工作委员会,分别为人口资源环境委员会、祖国和平统一促进委员会、教科文卫体委员会、社会和法制委员会、理论研究与学习委员会、三农委员会、经济委员会、老龄委员会、妇女和青年工作委员会。

(闫　锋)

【思想建设工作】 2016年,民革太原市委会开展学习讲话、学习作风、跟党奋进活动,着力加强自身建设,市委会领导班子高度重视,成立了由主委任组长、副主委任副组长的"双学一跟"活动领导组,召开了动员大会,下发了实施方案,将开展"双学一跟"活动的范围由代表人士扩大到全市民革党员中。按照主委、副主委、常委联系基层支部工作机制,市委会主委、副主委带队分赴各基层支部进行了督导、调研,邀请市、县两级统战部的负责人进行了活动指导。

为市委常委、支部主委、机关中层干部发放了全省党外代表人士"双学一跟"活动学习资料,全市民革党员动手抄写民革党章和学习资料,努力提高政治素质和理论素养。在认真落实"三交流一演讲一总结"全年计划的同时,每月向基层支部发放当月"双学一跟"学习要求。通过举办"三交流"即支部主委专题交流会、骨干党员思想交流会、新党员学习交流会,努力提升全市民革党员的政治敏锐性和政治鉴别力。在民革山西省委会举办的"双学一跟"主题演讲比赛活动中,市委会选送的3名党员荣获一等奖和二等奖。举办了市委会"双学一跟"主题演讲比赛活动。

开展孙中山思想理论专题研究,党员撰写的《孙中山民生思想对当前社会管理的启示》等25篇文章已编撰成《孙中山思想研究文集》。召开了纪念孙中山先生诞辰150周年孙中山民生思想研讨会。

举办山西科学讲坛走进民革太原市委会宣讲中共十八届六中全会精神专题讲座,邀请中共山西省直党校教授就全会精神进行了辅导。

(闫　锋)

【参政议政工作】 2016年,民革太原市委会认真贯彻习近平总书记关于精准扶贫、精准脱贫重要指示精神,由市委会领导班子成员带队,组织37个基层支部分别深入阳曲县、娄烦县的15个乡镇进行实地调研,形成了《关于全面落实"六个精准"要求,合力打赢三年脱贫攻坚战的建议》的专题调研报告,作为集体提案提交市政协十二届五次全会后被列为2016年1号提案,并进行了大会发言。市委会成立分管领导牵头的专题调研组,与市政协一起3次深入阳曲县、娄烦县对1号提案进行跟踪督办,成为太原市做好精准扶贫工作的重要参考依据。

组织部分省市人大代表、政协委员及民革骨干党员,赴市科技局、经济技术开发区就科技创新推动供给侧改革工作进行专题调研。

市委会领导班子成员认真参加党外人士座谈会、双月座谈会、高层议政会、情况通报会、经济分析会等专题性会议,就城中村改造、行政审批制度改革、党风廉政建设等工作进行协商建言,所提出的建设性建议得到了中共太原市委、市政府的高度重视并予以采纳。

社情民意信息和统战信息工作成绩显著。上报社情民意信息40余篇，其中省政协采用1篇。《建议全国120救护车高速通行免费》被中共中央统战部《零讯》专报采用，实现山西民革党员建议《零讯》采用零的突破。（闫　锋）

【组织建设工作】 2016年，在各县（市、区）换届工作中，取得了比较满意的成绩，民革党员中担任本届各县（市、区）人大代表16人，政协委员79人，总数比上届增加了7名。副县以上实职安排的党员增加了3人。截至2016年11月份，各级政府、政协、国有企事业单位副处级以上30人，其中实职安排11人。各级人大代表19人，政协委员111人，共130人，占12.6%。各级政府部门、司法机关特邀（特约）监督员约56人。

组织召开县市区人大代表、政协委员任前培训会，换届纪律学习会等会议。市委会领导班子在两会期间，深入县市区两会驻地与党员们进行交流，并就严守政治纪律和政治规矩进行再动员再部署。

做好组织发展工作，按照各民主党派组织发展工作会议纪要以及民革中央、山西省委有关组织发展的要求，坚持“三为主”的原则，在做好渊源关系特色发展的同时，严把党员发展入口关，严格执行联系人士登记制度、发展党员考察培养制度、新党员培训教育制度等，发展新党员综合素质有了很大提高。2016年共发展党员55人，其中男38人，女17人，平均年龄36岁。博士2人，研究生3人，大学50人，高级职称1人，中级职称11人，有民革特色22人，新社会阶层17人，县区政协委员3人。截至2016年11月底，市委会共有党员1033人，其中有民革特色的481人，占46.6%。平均年龄52.4岁。其中女党员420人，占40.6%。博士5人，研究生52人，本科493人，本科以上545人，占52.8%，大专以上867人，占83.9%，正高职称9人，副高职称74人，中级职称325人，中级以上职称共408人，占39%。

加强后备干部队伍建设工作。选派组织骨干党员、代表人士200余人次参加民革山西省委、中共太原市委统战部及其它相关部门举办的各类培训班、报告会、学习讲座。市委会副主委杨继文、南建民等7名党员赴上海复旦大学参加了《民革山西省第七期中青年代表人士培训班》。在中共太原市委党校举办了各基层支部骨干党员及市委会机关干部共150人参加的“双学一跟”活动理论培训班。向中共太原市委统战部推荐党员郭晓熹参加“第五批太原市党外民主人士实践锻炼基地挂职锻炼”。为30余名党员任实职安排进行组织推荐。周进、郜宏漪、王春梅、刘梅青、徐志英5名女党员获“民革山西省委优秀女党员”称号。

按照民革太原市委会“双学一跟”活动安排，依据《民革太原市委会定期联系基层支部会议制度》，全年共举办市委会联系基层支部会议5次，通过市委会与基层支部面对面的交流沟通，拓宽了上情下达渠道，及时了解、收集、分析新形势下基层组织建设工作现状及问题，协调帮助基层支部解决问题，化解矛盾，促进各基层支部交流、总结工作经验，共同推进基层组织建设。

完成杏花岭六支部、万柏林二支部、小店二支部补选支委工作。6月15日，尖草坪二支部和太钢支部联合组织开展“双学一跟”活动，太钢支部恢复组织生活。

走访党员所在单位中共党组织30余次。就新党员发展、支部委员补选等与中共党组织座谈交流，征求单位中共党组织对党员的政治思想、工作表现等情况的意见，向所在单位反映党员参加组织生活的情况、对组织所做的贡献和取得的荣誉，通过交流，取得支持，增进共识。

参加“民革山西省委会组织信息管理系统培训班”，做好党员档案信息动态管理工作。对党籍管理软件及时进行核对更新。4月7日，民革中央组织部党籍处副处长杨海燕对民革太原市委会党员信息动态管理，档案信息化建设给予了较高评价。

配合老龄委过好组织生活。参加老龄委举办的听力健康知识讲座。认真做好对老党员的祝寿、慰问等工作。为老党员祝寿，送上鲜花和生日蛋糕，并送上民革中央主席万鄂湘签名的祝寿贺卡。春节走访慰问老党员30余人。（闫　锋）

【机关建设工作】 2016年，民革太原市委会组织召开主委会15次、常委会7次、中心组学习会议6次，全委会1次，市委会班子成员谈心会1次。为庆祝民革太原市委会成立60周年，市委会举办了纪念大会，编撰了《太原民革60年》一书，编辑制作了《太原民革60年》专题片。完成了2015年度机关工作人员年度考核、汇总、上报、审批工作，选树出了机关优秀公务员1名、先进处室2个和先进工作者1名。

积极做好文明单位标兵创建工作，及时整理汇集和谐创建资料，积极落实网络文明传播志愿者的工作目标，组织号召机关全员参加志愿者队伍。继续组织开展“博爱一日捐”活动，机关捐款500元。全面完成了机关历史档案的整理工作，建成较为规范化的档案室。严格按照规范化整理的要求，及时做好本年度文件的收发、登记、整理、立卷、归档工作，方便查阅。机关被民革中央表彰为“民革全国机关工作先进集体”。

妇青委举办庆祝“三八“国际劳动妇女节”活动，举办了“关于风湿免疫的预防和早期治疗健康讲座”，就太山龙泉寺保护开展调研活动。加强市委会机关干部学习贯彻落实全国“两会”精神，中共十八届六中全会精神，中央、省、市统战工作会议精神，省、市党代会精神，以及习近平在庆祝中国共产党成立95周年大会和纪念孙中山诞辰150周年大会上的讲话等，提升机关整体素质。

（闫　锋）

【社会服务工作】 2016年，省市民革组织中山艺术院、书画院赴山西省未成年犯管教所开展主题帮教慰问演出活动，并捐赠有关生活用品和书画作品。深入阳曲县中心敬老院开展慰问活动，为老人送去文艺演出、书画作品，并进行义诊活动。

为使中山博爱精神得以传承和发扬，全面打造中山系列品牌工程，市委会正式成立了中山宣讲团、艺术院、书画院、法律援助中心、志愿者义诊服务队和企业家联谊会，进行了挂牌仪式。中山企业家联谊会召开了第一次会长会议，会议就组织民革党员企业家积极开展社会服务工作进行了专题讨论。

市委会与山西万民富集团赴太航幼教集团开展了“庆六一、送温暖”慰问活动，向太航幼儿园捐赠5万元爱心款及学习用品和玩具，树立民革组织的社会形象。深入娄烦县兴旺村开展精准扶贫调研和文艺扶贫慰问活动。为乡亲们送去文艺汇演，并参观万民富集团的菌菇培育基地。

开展娄烦县步斗村的精准扶贫工作，组织对该村的69户贫苦户开展一对一的送温暖帮扶活动，送去了价值一万元的面油等慰问品。深入调研制定扶贫规划，联系了山西万民富集团的食用菌扶贫项目。（闫　锋）

【祖国统一工作】 2016年，由市委会牵头，尖一支部主办，组织全市基层支部在上兰村举行了“缅怀辛亥革命先辈、弘扬爱国主义精神”活动，举办民革太原市委会爱国主义教育基地挂牌仪式，参观了中山大学兵器库。根据市台办的有关安排部署，推荐杨继文等10名民革党员为太原市第五届台胞台属联谊会理事，并组织5名党员参加市台办的学习参观活动。

市委会邀请山西大学政治与公共管理学院国际政治研究室副主任王毅副教授举办了台情报告会，来自基层支部的主委、祖统委员及部分党员参加台情报告会。市委会荣获民革全国祖统工作先进集体称号，闫锋荣获民革全国祖统工作先进个人。（闫　锋）

民盟太原市委员会

【概况】 中国民主同盟，简称“民盟”，是中国共产党领导的爱国统一战线的组成部分，是同中国共产党通力合作的参政党，是主要由从事文化教育以及科学技术工作的高、中级知识分子组成的，具有政治联盟特点的，致力于社会主义事业的政党。

中国民主同盟太原市委员会（简称盟市委）是民盟山西省委和中共太原市委领导和管理的地方组织。盟市委机关现有“一室四部”，分别为：办公室、组织部、宣传部、社会服务部、参政议政部。盟市委机关现有专职工作人员13人，13人全部为大专以上学历。

2016年，民盟太原市委在民盟山西省委和中共太原市委的正确领导下，认真学习中共十八届六中全会精神，学习贯彻中共山西省第十一次党代会精神和中共太原市第十一次党代会精神，全面落实科学发展观，坚持中国共产党领导的多党合作和政治协商制度，切实履行参政党职能，在全市盟员的努力下，自身建设、参政议政、社会服务等方面的工作都有了长足发展，为太原市改革发展稳定做出了积极贡献。（孟秀君）

【围绕中心，参政议政成效增强】 2016年，民盟太原市委积极参与重大问题协商。盟市委领导参加中共太原市委、市政府和有关部门举行的协商会、双月座谈会和情况通报会、专题议政会。就政府工作报告、制定和实施“十三五”规划、精准扶贫、党风廉政建设、城中村改造、建设宜居城市、创建文明城市等重大问题和人民群众关心的教育、医疗、就业、住房、空气质量等民生问题建言献策。受到市委、市政府的重视，不少意见和建议被采纳。各基层组织和担任各级人大代表、政协委员的盟员，也积极参政议政，献计出力。

在太原市政协第十二届五次会议上，民盟太原市委共提交团体提案16件，大会发言3篇。28名盟员中有19人提交个人提案54件。提案水平不断提高，内容涉及领域广泛，对推动太原市经济建设和社会发展发挥积极作用。

专题调研报告在高层决策中发挥了重要作用。《关于加快我市城区中小学校建设的建议》长篇调研报告，吴政隆书记、王成副书记、张明星部长、魏民副市长都作了重要批示，市教育局作了长达12页的答复；调研报告中提出的制定“太原市中小学规划建设条例”的建议，

民盟太原市委开展"双学一跟"活动动员大会召开

市人大常委会已经采纳并已正式通过。针对太原市大规模城中村改造产生的大量建筑垃圾，提交了《关于促进我市建筑垃圾资源化利用的建议》，吴政隆书记作了重要批示，亲自主持会议，召集分管副市长、城管委等部门领导当面安排，落实建议。该报告已作为民盟山西省委的建议信，提交中共山西省委和骆惠宁书记。

社情民意工作硕果累累。2016年共报送社情民意稿件270篇。其中，被民盟中央采用7篇，民盟省委采用138篇，省政协采用7篇，省委统战部采用8篇，市政协采用36篇，市领导批示4篇。

（孟秀君）

【开创新思维，社会服务不断深入】2016年，民盟太原市委发扬“做好事，做实事”的优良传统，秉承“尽力而为，量力而行，注重实效，持之以恒”的基本原则，创新工作，打造品牌，进一步提升社会服务工作质量。

坚持节假日进社区、进学校，开展募捐图书活动。已在太原市娄烦、阳曲、古交、小店、尖草坪建立“民盟同心图书室”51个。向宁武县沟南小学、原平市崞阳小学、右玉县威远东小学等地捐赠了图书、文具等学习用品。

成功举办第八届“风雨同舟心连心，城乡儿童手拉手”活动。5月24日，民盟太原市委在山西省实验小学开展第八届“风雨同舟心连心，城乡儿童手拉手”活动。民盟太原市委精心组织并专程把小店区西柳林小学的70余名孩子接到山西省实验小学，与省城学校的孩子们共同欢度自己的快乐节日。充分展现了两校开展素质教育的成果，让在不同的生活与学习环境下的孩子们更好地交流和沟通，开拓了孩子们的眼界。

继续开展未成年人犯罪的“黄丝带”行动。预防和减少未成年人犯罪是社会的共同责任，“黄丝带”帮教活动是由民盟中央和司法部共同组织的社会公益活动，旨在联合政府、社会、家庭三方力量，加强对特殊人群的关怀帮教和服务管理。1月22日，民盟山西省委、民盟太原市委“黄丝带”帮教文艺演出走进山西省未成年犯管教所，为省未管所干警和上千名学员带来一场迎春送福爱心帮教慰问演出。民盟领导与未管所领导进行了座谈，就如何发挥民盟在文艺、教育等方面的优势，多方位推进“黄丝带”帮教工作交换意见，活动受到未管所干警和服刑人员的好评和欢迎。

积极推进扶贫工作。按照全市扶贫工作安排，民盟太原市委定点帮扶阳曲县凌井店乡西郭湫村。为西郭湫村派驻了第一书记，进村入户，详细了解每户状况，慰问贫困群众，解决实际困难。7月，阳曲县西葫芦大丰收，导致滞销严重，盟市委得知这一情况后及时发布信息，并动员广大盟员同志出主意、想办法，积极行动，在短短的一周之内销售6万余斤西葫芦，为农村兄弟解了燃眉之急。

（孟秀君）

民盟太原市委举办2016年新盟员培训班

【夯实基础，自身建设不断加强】2016年，民盟太原市委根据部署安排，组织开展“双学一跟”活动。“双学一跟”是坚持和发展中国特色社会主义学习实践活动的深入和继续，是加强党外代表人士教育的一次重要实践，也是加强统一战线自身建设的核心内容，民盟市委根据中共太原市委统战部和民盟山西省委的部署安排，在全市盟的基层组织和广大盟员中迅速开展“双学一跟”活动。4月15日，民盟太原市委组织召开“双学一跟”活动动员大会。盟市委主委、市人大副主任傅建荣，中共太原市委统战部副部长李文权出席会议并做动员讲话。盟市委100余名盟员代表人士参加动员大会。会议学习传达了中共太原市统战部《关于在全市党外代表人士中开展“双学一跟”活动方案的通知》精神和市委统战部党外代表人士“双学一跟”活动动员大会精神，盟市委副主委阎美蓉宣读了《民盟太原市开展“双学一跟”活动实施方案》，并对活动开展进行了部署安排。

根据盟市委关于开展“双学一跟”活动安排，盟市委机关率先组织开展活动，从4月份以来，认真学习习近平总书记系列重要讲话和省市两会精神，山西省第十一次党代会和太原市第十一次党代会精神及山西省委书记骆惠宁等省市领导讲话精神。5月13日，省委统战部召开基层党外代表人士双学一跟活动座谈会，民盟太原晋源支部作为代表参加会议。

5月27日，民盟太原市委2016年新盟员培训班暨“双学一跟”活动理论培训班。全市新盟员和部分基层支部主委共100余人参加培训。全市盟的基层组织也积极投入到活动中来。民盟小店支部、民盟尖草坪区总支、民盟市直二支部、民盟阳曲县支部、民盟太原生态工程学校支部等基层组织开展动员会、报告会、座谈会，将活动引向深入。通过学习活动,不断提高认识水平,更加自觉地拥护中国共产党的领导,拥护党的路线、方针、政策,贯彻落实党的决策部署,增强了广大盟员的政治意识、大局意识、核心意识、看齐意识,与党同心。

体现民盟特色,改善人才结构,积极做好组织发展工作。2016年,民盟太原市委在民盟山西省委和中共太原市委统战部的领导和支持下,按照《中国民主同盟组织发展条例》,认真贯彻组织发展的基本方针和原则,在保持民盟特色的基础上,坚持高标准、严把关,以重点界别为主,适当拓宽发展领域,吸收了一批政治素质好、知识层次高的优秀分子入盟,为组织补充了新鲜血液,盟员结构进一步优化。共发展盟员118人(女58人),净增率为6.2%。新盟员中,大学及以上学历比例为98.3%,其中博士研究生1人,硕士24人,学士65人。中高级职称62人,中上层人士占71%。平均年龄38.6岁。界别分布情况为:高等教育6人,占5%;普通教育39人,占33%;科学技术14人,占12%;医药卫生8人,占7%;文化艺术6人,占5%;公有制经济17人,占14%;新的社会阶层16人,占13.4%;政府机关12人,占10%。截至年底,全市共有盟员1892人,总支4个,支部69个。大学以上学历比例76%,盟员平均年龄54岁,在职盟员占66%。盟员中同时是中共党员的117人。盟员界别分布:高等教育占6.8%,普通教育占47.1%,主体界别(文化教育科技)共占71.6%;公有制经济占12.6%,新的社会阶层占4.2%,司法、政府、党派、人大政协机关及社会团体占11.6%。全市盟员中担任各级人大代表、政协委员103人次。各级学校正副校长20人,高校院系正副主任15人。各级教育督导员、检察员、监察员等特约人员40人,保护消费者权益监督员23人。

宣传工作紧扣盟市委中心工作,更好地服务基层。2016年,坚持定期将《群言》《中央盟讯》《中央统战》《山西盟讯》等各种学习资料发放给每个基层支部和常委,供大家学习交流。《太原民盟》全面反映工作动态,突出民盟特色,深度报道盟务工作,发挥了沟通信息、指导工作的作用;成为联系基层组织和盟员的桥梁和纽带,把盟员作为报道主体、服务对象,深入基层,切实了解盟员鲜活的事迹。

长期不懈地开展"文明单位"创建活动。盟市委把创建工作与日常工作相结合,促进机关工作制度化、规范化、程序化建设,机关干部服务意识不断增强,工作效率、工作水平不断提高。连续11年保持山西省各民主党派中唯一的"省级文明和谐单位"荣誉称号。

基层组织活动有声有色,增强了盟的凝聚力。1月28日,民盟太原十五中支部牵头组织盟员健康养生知识讲座,邀请山西省中医研究院李建中主任对颈椎常见疾病的预防与治疗进行讲座,共有50余名盟员参加此次活动。3月9日,民盟太原市委召开座谈会,欢送盟员太原成成中学优秀教师白雪松老师援疆支教。盟市委机关干部和民盟太原成成中学二支部的盟员代表参加座谈。民盟太原市中心医院支部两次组织开展2016太原"黄手环帮走失老人回家"大型公益活动,为老年人免费发放黄手环,向社会呼吁关注"阿尔茨海默症(老年痴呆)"群体,让老年人享受健康快乐的晚年生活,共发放黄手环共计500多个。中心医院支部的医务专家还在现场进行基本救护知识、心肺复苏术、突发意外事件处理等专业知识传授。市直二支部、市交通学校支部等基层支部也纷纷参加此次活动。4月1日,民盟晋源支部联合太原市中心医院支部在新城社区开展义诊进社区活动。9位盟员参加义诊。随后两个支部盟员来到国家级历史文化名村店头村,参加民盟同心林植树活动。4月25日,民盟太原市尖草坪区一支部在森林公园开展"绿色健康行"活动,旨在充实与丰富盟员文化生活,大力宣传"快乐工作,健康生活,绿色出行"的理念。5月11日,民盟尖草坪一支部会同区教育局教研室在尖草坪第二中学开展主题为"尖草坪区初中语文中考复习研讨暨市一模质量分析"的教学研讨活动。

10月16日,成功举办太原民盟第八届运动会。这是连续在太原五中举办太原民盟运动会后第一次在省实验中学举办,得到了山西省实验中学领导的大力支持和帮助。近700名盟员参加运动会。太原民盟运动会已经成为民盟太原市委自身建设的一项重要活动。

(孟秀君)

中国民主建国会太原市委员会

【概述】 中国民主建国会太原市委员会(简称民建太原市委),是中国民主建国会的地方组织。中国民主建国会,主要由经济界人士以及有关专家学者组成,是具有政治联盟特点的、致力于建设中国特色社会主义事业的政党,是中国共产党领导的多党合作和政治协商制度中的参政党。民建太原市委机关现有"三处一室",分别为:调研咨询处、组织处、宣教处和办公室。

2016年,民建太原市委认真贯彻中国共产党的十八大和十八届三中、四中、五中、六中全会精神,在中共太原市委和民建山西省委的领导下,深入学习习近平总书记系列重要讲话精神,围绕市委市政府中心工作,以"双学一跟"主题活动为契机,继续深入推进坚持和发展中国特色社会主义学习实践活动,认真提升履职能力,不断创新工作形式,积极履行参政党各项职责。 (郝亚婷)

【加强政治理论学习,巩固履职思想基础】 2016年,民建太原市委把"双学一跟"主题教育活动作为"坚持和发展中国特色社会主义教育实践活动"的重要内容,坚持抓好政治理论学习,坚持以过硬的政治思想推动履职实践。多次在全委会和常委会上组织专题学习,举办了"双学一跟”专题报告会和3期会员培训班；组织会员参加各级各类学习培训，深入学习贯彻中共十八大、十八届历次全会和习近平总书记系列重要讲话精神，重点学习贯彻了习近平同志“七一”重要讲话和省、市第十一次党代会精神；学习了中共中央统战部《关于在民主党派、工商联各级组织换届中严肃换届纪律营造风清气正环境的意见》《中央纪委机关、中央组织部“九个严禁、九个一律”换届纪律要求》、省委书记骆惠宁在省委第219次常委会议上的重要讲话精神和市委统战部其他有关换届的文件精神，并对学习中国特色社会主义理论知识和民建会章会史常抓不懈；深刻领会省市两会、民建全会和其他各级各类会议精神。

坚持开展革命传统实地学习考察，坚持开展民建优良传统教育，结合纪念民建太原市委成立60周年、中国共产党建党95周年和中国工农红军长征胜利80周年等重大主题，组织开展了主题书画摄影展（共收到来自省民建画院、全市各支部会员选送的作品213幅）、主题登山活动、赴东山爱国主义教育基地——东山解放太原庙碉遗址和解放太原烈士纪念碑参观活动和重阳节慰问座谈等活动，形式灵活，主题鲜明，着力弘扬老一辈的优良传统，铭记历史，坚定信仰，进一步增强会员走中国特色社会主义道路的政治自信、道路自信、文化自信和制度自信，进一步凝聚广大会员的政治共识，履行好参政党职能。

注重宣传报道。不断提高《并州民建》的办刊质量，继续拓宽会内外宣传渠道，提高思想教育和宣传工作的整体水平。全年共编辑4期，印发2300多份。为加强宣传工作力度，进一步丰富宣传形式，创办《并州民建》季刊，发了一期特刊，编印800本。为庆祝民建太原市委成立60周年，特编印了资料汇编《太原民建六十年》。继续加强了与《民讯》、民建中央网、山西民建网、太原统战信息网、太原日报、太原电视台等媒体的联系，对外宣传报道百余篇次。（郝亚婷）

【提高履职能力，开展参政议政工作】2016年，民建太原市委注重科学选题，注重发挥会员的参政议政能力，不断提高科学履职水平，形成以点带面，自上而下的调研工作机制。年初，市委会组织召开了参政议政工作会，对2015年度调研工作进行总结，并安排部署了2016年的市政协大会发言和组织提案选题、调研、组稿、撰写等工作。主要围绕公用事业建设引入民营资本、促进太原市农产品电子商务平台发展、促进乡村医生队伍建设、推行基层协商民主促进社会文明进步、太原市在“十三五”期间尽快建立完善城市垃圾分类处理长效体系、市政规划及建设要有长期性延续性以减少重复施工和浪费等热点难点问题提出建议。重视组织提案的撰写，督促担任政协委员的会员撰写好个人提案。在市政协全会上共提交团体提案10件，大会发言1篇，报送社情民意信息80余条。其中《建议盐业体制改革后对碘缺乏区和高碘区实行食盐准入备案制　同时加大食盐涉假处罚力度》《关于减轻光伏企业税费负担的建议》《关于解决企业去产能人员安置问题的建议》的社情民意被民建中央采纳。

在调研工作中，坚持课题制度，深入一线调研。主要围绕太原市扶贫工作的开展情况、提升产品质量水平做强太原装备制造业企业等课题展开了调研。完成了《太原市扶贫工作的建议》和《提升产品质量水平做强太原装备制造业企业》的调研报告，完成了《浅析如何在新时期发挥民建在意识形态领域的积极作用》的理论调研报告。（郝亚婷）

民建太原市委举办“双学一跟”系列活动

【凝心聚力，夯实组织建设基础】2016年，民建太原市委贯彻《会内民主监督条例》，以开展坚持和发展中国特色社会主义学习实践活动和双学一跟活动为契机，依托会内监督的力量，不断夯实组织基础，全面加强自身建设。市委会领导班子成员坚持民主集中制，认真召开例会，推进民主决策，坚持“谈心会”制度，围绕“双学一跟”活动、换届工作等内容共召开谈心会4次。班子成员关系和谐，发表意见开诚布公，团结一致做好会务工作，努力做到整体提高“五种能力”。认真贯彻《民建中央关于进一步做好组织发展工作若干问题的意见》精神，继续加强骨干队伍、会务工作者和后备干部队伍建设，严格发展程序，重点做好具有代表性、高素质人才的入会发展工作，保持和发展了民建的组织特色和优势。对领导班子进行民主评议和考核，班子成员做到了廉洁自律，遵守中央的八项规定、六条禁令，以此带动会风建设，召开了第十届委员会委员述职大会。对机关建设也参照进行，加强对机关干部的考核，严格履行公务员管理的相关规定，要求改进作风，精进会务，并规范了机关的财务规章制度，形成文本条例，约束行为，使机关干部队伍团结、廉洁、高效。

全年发展新会员50名。截至2016年底，全市有民建总支、支部27个，会员1115名。其中，经济界会员占会员总数的86 %，中青年会员占55%，大专以上文化程度的会员占78.4%，中高级以上职称会员占37.3%，新的社会阶层人士占20%。会员知识结构、年龄结构进一步优化，整体素质进一步提高，组织活力进一步增强。市委会加强了对换届后的基层支部组织建设的指导，扎实落实主委副主委联系基层工作制度，并纳入班子成员的考核，作为每年述职考核中的一项重要内容。市委会组织召开支部主任工作例会，统一思想，理清思路，推进工作。从大力支持支部开展活动着手，从凝聚会员力量着眼，帮助支部开好支部例会，开展好组织活动，要求每个支部至少学习一条全国优秀支部的经验，切实提高支部活力。会机关主动为支部提供活动场所，千方百计为支部活动提供便利，利用好“及时语”信息平台，从细微处助推支部发展。市委会还调整了专委会工作，在调整、充实原有专委会组成人员的基础上，保留妇女委员会，企业家委员会更名为企业委员会，撤销参政议政委员会、经济法制委员会，增设理论研究委员会、经济委员会、法制委员会和人口资源环境委员会4个专委会。（郝亚婷）

【精准扶贫，拓展履职空间】 2016年，民建太原市委认真贯彻民建中央召开的民建全国社会服务工作会议精神和民建中央关于加强社会服务工作、扶贫工作等相关文件精神，坚持把社会服务工作作为彰显党派责任的重要载体。

以精准扶贫为导向，定点扶贫工作成绩显著。市委会坚持发挥民建联系经济界的特色，充分调动会员参加社会服务工作的积极性，发挥智力优势，继续推进在娄烦县庙湾乡水峪村的定点扶贫工作，按照市委、市政府对于精准扶贫、精准脱贫的有关要求，市委会坚持在精准扶贫上下功夫，多次带领班子成员、机关干部和部分企业家会员入村开展帮扶活动，指导春耕生产、组织开展调研、入户访贫问苦、检查建档立卡工作、进行扶贫政策宣传和村级“脱贫工作室”工作等，充分调动企业家会员扶贫的积极性，把企业的社会服务和扶贫工作结合起来，因地制宜开展工作，扎实为定点扶贫村做实事。制定了推进集中养殖肉羊育肥项目，推广散养土鸡，推动劳务培训和输出以及农副产品销售等四项帮扶工作，从以往“撒胡椒面”的方式到目前“项目扶贫”的这一方式的转变，迈出了“扶贫先扶志、致贫先治愚”的一步。在民建中央召开的民建全国社会服务工作会上，市委会副主委马有根和小店区二支部主委王茂新被授予民建全国社会服务先进个人。

各支部广泛开展社会服务工作，各有特色。积极响应市委会号召，各支部也积极开展各有特色的社会公益活动。其中，民建太原科技大学支部把太原市杏花岭特殊教育中心学校定为社会服务研究基地，通过开展“热爱公益，关注特殊教育，送温暖”主题活动，为特教学生捐资助学；古交总支班子成员对古交市邢家社乡中心学校的6名品学兼优的贫困学生进行捐助；民建太原市直三支部重视发挥支部小微企业家较集中的优势，精心设计社会服务项目，努力打造“幸福微梦想图书角”社会服务品牌，支部会员中的企业家集中力量每年持续投入资金在大型居民社区、贫困学校、公立图书馆、出租车充电服务中心等有需要的地方设立图书角。（郝亚婷）

中国民主促进会太原市委员会

【概述】 2016年，中国民主促进会太原市委员会（以下简称民进市委会）第八届委员会有委员51人，常委22人，主任委员1人，副主任委员6人。民进市委会机关内设办公室、组织部、宣传部、议政调研部、社会服务部5个职能处（室），行政编制为10名，工勤人员编制2名。第八届委员会设有学习宣传委员会、参政议

2016年9月4日，民进太原市委会医卫委员会在阳曲县泥屯镇付家窑村开展健康扶贫义诊活动

政委员会、文化教育委员会、经济工作委员会、妇女工作委员会、医疗卫生委员会、老龄工作委员会、科学技术环境资源委员会等8个专门委员会。截至2016年底，全会共有会员1363名，平均年龄52.8岁。其中:女会员824名,占61%,男会员539名,占39%,退休会员486名,占35%;博士生2名,占1%,硕士研究生21名,占2%,大学本科751名,55%,大学专科329名,占25%;博士学位1名,硕士学位21名,学士学位297名;中级职称583名,占43%,高级职称453名,占34%;高等教育92名,占7%,基础教育729名，占54%，科学技术21名,占2%,医疗卫生150名,占11%,文化艺术19名,公有制经济72名,占6%,新的社会阶层140名(私营企业主43名,民营企业管理人员和科技人员69名,中介组织从业人员17名,民办非企业单位从业人员6名，小微企业从业人员2名),占11%,人大政协机关8名,占1%,政府机关104名,占8%,司法机关8名,占1%,党派机关17名,占2%;特级教师5名,省、市管干部6名,县处级以上干部12名,占会员总数1%。担任科级以上领导职务53人,占会员总数4%。有省人大代表1名,省政协委员3名,市人大代表3名,市政协委员26名,县级人大代表和政协委员87名,中共党员72名。基层支部61个、1个总支。分布在太原市6个城区及清徐县、娄烦县。（郭　潮）

【自身建设】 2016年,民进太原市委会以“双学一跟”活动为年度工作主题,制定了《在全市民进代表人士中开展“双学一跟”活动的实施方案》,成立了活动领导组,召开了“双学一跟”活动动员会,在“太原民进”网站开辟“双学一跟”活动专栏。3月29日,组织会员参加民进山西省委举办的“双学一跟”活动专题报告会。4月21日,市委会举办了专题学习讲座，邀请山西大学商务学院张敏教授主讲《从“十大关系”到“四个全面”的继承和发展》。5月20日,民进太原市委举办“双学一跟”活动道德模范事迹报告会，聆听了第五届全国道德模范提名奖获得者李洪达,第五届山西省道德模范、太原市公交公司保卫科干事冯黎明，2013年“中国好人”、太原市精神病医院老年科主任、太原红十字托老中心主任李丽珠,全国师德标兵、民进全国先进个人、杏花岭区特殊教育中心学校教师周倩等4位模范人物的先进事迹。开展“双学一跟”活动问卷调查,广泛征求骨干会员对市委会工作和基层支部工作的意见建议。晋源总支、机关二支部、小店区一支部、万柏林区二支部等基层支部也先后召开学习座谈会，传达贯彻市委会和区委统战部的会议精神，结合支部工作实际，谋划开展扎实有效的主题活动，一些支部还围绕公共自行车服务、“营改增”等进行调研,提出高质量、有水平、针对性和操作性较强的具体措施,出实招、谋良策,为改革发展添助力、增合力。（郭　潮）

【理论学习】 2016年,民进太原市委会通过全委会、常委会、主委办公会议和机关工作例会，集中学习了中共十八届三中、四中、五中全会和中央、省委、市委统战工作会议精神和《中国共产党统一战线工作条例(试行)》,学习传达了民进中央十三届四中全会、民进山西省七届五次全会和太原市“两会”精神。晋源总支、徐沟中学等基层支部响应市委会的号召,组织开展了政治理论学习、会史会章讲座等活动。市委会领导班子参加了省委统战部在北京怀柔举办的全省党外干部培训班,11名后备干部参加了市委统战部举办的全市优秀党外代表人士培训班,市委会班子成员和基层支部主任参加了市委统战部举办的学习实践活动专题讲座,机关干部还参加了民进中央、省委统战部、民进山西省委、市委组织部、市委统战部举办的各类业务培训学习。（郭　潮）

【班子建设和参政议政】 2016年,民进太原市委会认真践行“立会为公,爱会如家”的理念,为推动太原民进各项建设发挥了积极的作用。坚持中心组学习制度、“谈心活动”制度、届中述职制度、民主评议考核制度，进一步增强了班子成员的政治把握能力、合作共事能力、参政议政能力和组织协调能力；完善集体领导和个人分工负责相结合的制度，有效发挥专兼职领导干部的作用，每位兼职副主委分管1—2个专委会工作;班子成员带头学习,积极参政议政,带领广大会员更好地履行参政党职能。

民进太原市委会主动融入全市经济社会发展中，聚焦改革发展稳定中的重大问题和群众最为关切的热点问题开展调查研究,调研涉及教育、文化、医卫、环保、扶贫等。《关于我市义务教育阶段实施均衡发展的建议》等12件调研报告作为集体提案提交市政协十二届五次会议,与市政协联合开展“推进太原市职业教育改革发展”“整合提升旅游文化资源，打造太原市经济新引擎”等专项调研,走访相关职能部门和部分职业院校、旅游企业,举行专题协商座谈会,市政协主席张贵元、市政府副市长魏民、市政协副主席张政和王爱萍以及教育、旅游、文物、文化等政府职能部门负责人听取了民进界别政协委员、部分会员以及有关专家的建言献策。为了提高广大会员的参政议政能力，市委会组织了多次骨干会员培训会,在小店一、二、三支部等基层支部展开培训。全年共上报信息110篇，其中，省领导批示社情民意稿件2篇;市政协单篇采用稿件3篇;省政协转送采用稿件3篇;市领导批示稿件1篇;市级部门反馈稿件1篇；市政协单篇采用稿件28篇。2016年,民进太原市委会获得民进中央参政议政地方先进组织、民进省委2016年度参政议政一等奖。（郭　潮）

【社会服务】 2016年，民进太原市委会充分发挥人才优势,巩固老阵地,拓展新领域,实现新作为,大力开展“微公益”活动,不断提高社会服务的质量和水平。太原民进名师讲学团继续开展帮扶支教活动，邀请省实验中学、山大附中、太原五中、进山中学、成成中学、市教科研中心的优秀教师会员在晋源区实验中学进行高考考前专题辅导；邀请青年路小学、五一路小学、市实验小学、沙河街小学的优秀教师会员定点帮扶晋源区金胜小学；赴阳泉市郊区杨家庄学校开展支教讲学活动，为初三学生进行了中考考前的英语、数学、物理、化学等学科辅导。1月30日，张政主委、杨利生副主委及办公室主任霍润农一行前往阳曲县凌井店乡安塘村慰问了20户困难家庭，带去米面油等春节慰问品，并与村支两委座谈。市第八人民医院支部在阳曲县凌井店乡安塘村开展了“送医送药”活动，并与泥屯中心卫生院结对帮扶，建立了“健康扶贫基地”。9月4日，民进太原市委医卫委员会组织市中心医院支部、市人民医院支部、市第八人民医院支部的医务人员前往阳曲县泥屯镇付家窑村开展健康扶贫义诊活动。太原生态工程学校支部在马恩正老师的带领下，以阳曲县中兵村和晋源区北河下村为科技支农服务点，开展农业技术培训，及时指导黄瓜、西红柿病虫害的早期识别和病情防治，确保广大菜农丰产增收。法律支部开展了8次“法律咨询进社区”公益活动，为社区居民免费发放宣传资料、普及法律常识、解答法律问题，深受人民群众欢迎。11月18日，太原民进八院支部在阳曲县安塘村举办了健康知识讲座。（郭　潮）

【主题活动】 4月9日，太原市政协副主席，民进太原市委主委张政、民进太原机关一支部会员来到滨河东路北延月亮湾小游园植树点，参加太原市“春季纪念林义务植树活动”，植下“同心林”，助力龙城生态建设。5月17日、19日，民进公益讲堂分别走进公园路小学和万柏林七中。5月22日，民进太原生态工程学校支部应邀到晋源区姚村镇枣园头村，就该村农户建造连栋温室进行考察指导。7月11日至15日，太原民进名师讲学团开展了为期一周的“暑期国学进社区”活动，选派青年路小学的王丽琴、闫洁、张晓鸣，市实验小学的栗亚婷和金胜小学的师艳兰赴晋源区义井街办华都社区为25名社区儿童主讲《弟子规》，《团结报》、民进中央网站和太原教育电视台进行了报道。（郭　潮）

【获得荣誉】 1月19日，机关人员张冰晶被民进中央宣传部、《民主》杂志社评为“民进全国新闻宣传优秀通讯员”，张冰晶已连续3年获此殊荣。1月22日，在山西省摄影家协会第七次会员代表大会上，会员张本当选为山西省摄影家协会副主席。1月23日，在山西省书法家协会第六次会员代表大会上，会员徐晓梅当选为山西省书法家协会副主席。9月，民进市委委员、法律支部主任赵匡中被国家司法部评为第五届全国法律援助工作先进个人。会员王滨被太原市文明办评为“太原好人”。12月18日，会员康建国、刘海红、陈瑞超当选山西省民办教育协会常务理事。12月29日，会员左键、任秀婵、李建伟、郭睿被太原市司法局任命为市级人民检察院人民监督员。12月底，会员翟旭琴家庭被山西省妇联评为“三晋最美家庭”。（郭　潮）

中国农工党太原市委

【概述】 2016年，在中共太原市委和农工党山西省委的正确领导下，在市委统战部的指导帮助下，农工党太原市委会深入贯彻落实中共十八大、十八届三中、四中、五中、六中全会精神，认真学习贯彻习近平总书记系列重要讲话及中央统战工作会议精神，认真学习山西省十一届党代会精神和太原市十一届党代会精神，以及省委骆惠宁书记和市委王伟中书记的讲话精神。围绕市委、市政府的决策部署，着力加强思想教育，推进组织建设，认真履行参政党基本职能，积极开展社会服务，各项工作取得了新成效，为太原市经济社会发展做出了积极贡献。（办公室）

【开展学习实践活动，提升思想政治定力】 2016年，农工党太原市委会加强领导班子建设，提高班子成员的思想水平和管理水平，积极组织领导班子成员参加农工党省委、市委统战部举办的各类学习活动：赴井冈山参加“重走长征路 共圆中国梦”培训班，全面学习中国共产党井冈山斗争的历史；参加全市统一战线暑期读书会并作交流发言；组织基层支部主委赴武汉大学参加骨干培训班，提升党员对参政党使命的认识，以及参政议政能力。常委学习主题化。每次常委会均有相关专题的学习，内容充实，效果明显。学习形式多样化。以各种形式组织广大党员深入学习中共十八大、十八届三中、四中、五中、六中全会精神和党史、党章及《中国共产党统一战线工作条例》。定向培训课堂化。全年共举办了6次专题培训学习和新党员培训，对新党员进行党史、党章、爱国主义和统战理论教育；基层组织负责人学习全国两会精神培训班；组织市委委员、支部主委赴武乡接受革命传统教育；组织市委委员、支部主委及县区政协委员进行警示教育片专题学习；组织市委委员、支部主委、骨干党员集中学习省、市十一届党代会精神，切实把思想和行动统一到大会精神上来；组织党员参加农工太原市委举办的农工党中央百场宣讲活动。（办公室）

【打造高素质，激发组织活力】 2016年，农工党太原市委会进一步完善领导班子议事规则，认真落实领导班子谈心会制度，每半年进行一次班子成员的谈心，组织班子成员认真学习习近平总书记系列讲话精神，严格遵守习近平总书记提出的“信念坚定、为民服务、勤政务实、敢于担当、清正廉洁”的二十字好干部标准和“三严三实”要求，努力建设工作高效、廉洁自律的领导班子，提升班子的履职能力。

加强了后备干部学习培训。结合农

工党党员的思想实际，特别是结合新入党党员以及年轻一代党员的成长经历和特点，有针对性的开展学习培训。一是举办了新党员《党章》、党史培训班，上半年30名新党员参加了农工党省委组织的培训；二是组织骨干党员认真学习省、市十一届党代会精神；三是开展支部联谊活动，西山支部、万柏林支部召开学习座谈；市直八支部举办社情民意信息培训；市直二支部、市直五支部开展助学助困活动；市委会机关和市直七支部党员联合慰问太原市社会（儿童）福利院。增强了各基层组织、基层领导班子，特别是党员的凝聚力、向心力。

调整基层组织架构，规范新成员发展。年初制定了组织发展工作规划，明确了组织发展的目标和要求，成立市直七、八、九支部委员会。试点开展联系对象座谈会制度，以增进相互了解，新党员综合素质有所提升，全年发展新党员50名。

（办公室）

【谋求履职实效，提高参政议政能力】 2016年，农工党太原市委会为提高参政议政水平，先后建立QQ群、参政议政微信群、党员联谊群，通过多种途径广泛吸收党员的意见建议，并充分发挥调研和信息两个参政议政小组的作用，务求建言专业化、协商水平化。

“两会”提案获重视。“两会”期间，提交大会发言1篇，集体提案11件，委员提案35件。其中《关于整合我市城乡居民医保的建议》的提案列为市政协重点提案，《以“医养结合”为重点，推进我市养老服务快速发展》的提案在市政协十二届五次会议上作了大会发言。

开展了专题调研。先后完成《关于加强乡镇卫生院人才队伍建设的建议》《加强我市急救体系建设的建议》《推动“三医联动”，助力我市医卫惠民政策落到实处》3篇调研报告，其中《推动“三医联动”，助力我市医卫惠民政策落到实处》作为市政协常委会的重点议政课题，并在农工党省委召开的调研成果评审中受到省评审专家的好评。

完成政府部门调研课题。按照“党委出题，党派调研，政府采纳，部门落实”的参政议政模式，围绕经济社会发展中的一些焦点、热点问题开展调查研究，针对太原市便民利民健康服务体系建设进行调研视察，组织党员先后调研视察市第二人民医院门诊方便药房、老年病综合楼，太原市源缘圆老年公寓，市人民医院迁建项目新址及市中医医院长风病区，了解基本医疗保障制度、基本药物制度建设情况和医疗卫生服务体系、区域信息化建设，以及基本公共卫生服务情况。先后就城乡居民医保、“医养结合”“三医联动”等民生问题与市卫计委、人社局、民政局召开了提案办理座谈会，推动相关议案的办理落实。（办公室）

【提升社会服务工作】 开展“中国环境与健康宣传周”活动。6月8日在尖草坪区马头水村开展第九届“中国环境与健康宣传周”环保知识宣传和医疗义诊活动。活动以“海洋环境与健康”为主题，通过现场为村民宣传环保知识，发放环境保护宣传资料和环保袋，倡导人们保护环境，促进绿色生态发展。由内科、外科、儿科、中医科、B超、心电图，以及血型检测等10名医疗专家组成的医疗队为村民现场诊治、讲解预防保健知识。义诊活动累计为100多名群众提供了医疗咨询和检查，发放生态环保与健康宣传资料200余份，为当地村民赠送了价值6000元的常用药品，受到群众们的广泛欢迎和参与。

开展“精准扶贫”工作。先后多次深入对口帮扶点娄烦县红崖头村开展调研，形成了养殖可行性报告和实施方案，先后投入40万元扶贫资金，帮助贫困户兴办养猪场，已进入建设阶段。

举办“国际科学与和平周”义诊咨询活动。为贯彻落实中共十八届六中全会和习近平总书记系列重要讲话精神，围绕创新、协调、绿色、开放、共享的发展理念，高举科学与和平的旗帜，农工党太原市委会以紧扣“宣传卫生知识，促进全民健康”的“国际科学与和平周”主题，于11月18日在太原市桃南二社区开展义诊咨询活动。来自市中医医院、市妇幼保健院、市第三人民医院及虎子支气管炎专科门诊部的10余位医疗专家为居民提供了内科、外科、妇科、儿科、康复科、消化科、内分泌科、中医科，测血糖、血压等义诊咨询服务，并为社区居民发放了卫生保健、安全用药、常见病护理等宣传资料200份和价值5000多元的常用药品。义诊活动累计为100余名居民提供了医疗咨询和检查，受到了居民和社区干部的热烈欢迎。（办公室）

【强化机关工作效能】 2016年，农工党太原市委会以推进市级文明标兵单位建设为载体，进一步加强机关各项制度建设和能力建设，努力营造风情气正的机关风气，努力做好老龄和妇女工作，关心慰问老领导、老党员，举办重阳节和三八妇女节活动。组织党员和机关干部参加爱国主义教育和登山活动。机关各项制度更加完善。连续3年保持了市直机关文明和谐标兵单位称号。（办公室）

九三学社太原市委员会

【概述】 2016年，九三学社太原市委员会以开展“双学一跟”活动为契机，深入学习贯彻中共十八届四中、五中、六中全会和习近平总书记系列重要讲话、中共山西省第十一次党代会和中共太原市第十一次党代会精神，围绕中共太原市委、市政府工作大局，开拓创新，认真履行参政议政和民主监督职能，努力推进社会服务，切实加强自身建设，各方面工作都取得了突出的成绩。（白　洋）

【认真开展“双学一跟”活动】 2016年，九三学社太原市委员会深入开展“双学一跟”活动，主要内容是深入学习习近平总书记系列重要讲话，学习以习近平同志为总书记的中央领导集体“崇尚实干、勇于担当、廉洁自律”的优良作风，引导广大社员增强“四个自信”,继承优良传统,与党同心、跟党奋进,为实现弊革风清、促进富民强市贡献力量。

在“双学一跟”活动中,社市委及时成立领导组,制定实施方案,召开动员会,对“双学一跟”活动进行动员和部署,开辟网站专栏,并将中共山西省委统战部《全省党外代表人士“双学一跟”活动学习资料》上的学习内容,以电子版形式全部收集归总起来,登载在社市委网站专栏,供社员们学习参考。5月份,社市委组织社员参加了市委统战部举办的“双学一跟”主题报告会,听取了省委党校专家对活动主题和重要意义的讲解。根据“双学一跟”实施方案,7月份社市委班子成员进行了认真的谈心活动。在谈心会前,社市委从四个方面认真征求了各基层组织和广大成员的建议和意见。谈心会上,班子成员间认真开展了批评与自我批评。通过谈心,班子成员交换了思想,提高了共识,谈心会取得了预期的效果。社市委领导还参加了市委统战部召开的“双学一跟”学习经验交流会,并在会上发言。各基层组织根据活动方案,积极开展形式多样学习活动,太重支社组织社员参加太重党委组织的“双学一跟”动员会,万柏林支社召开社员会议对“双学一跟”活动进行动员,尖草坪支社开展了“双学一跟”下基层活动,组织省城专家赴盂县为发展旅游经济建言献策,受到当地群众热烈欢迎,中心医院支社开展了“双学一跟”进社区义诊活动等,收到实际效果,获得了群众好评。

2016年社市委多次召开专题会议,学习了中共十八届五中、六中全会精神,省第十一次党代会和市第十一次党代会精神以及省委、市委主要领导讲话精神。通过学习,大家统一了思想,提高认识,要坚决拥护习近平同志为核心的党中央权威,不忘合作初心,继续携手前进,共同奋斗,积极发挥才智,为太原“两个走在前列”贡献力量。 (白　洋)

【积极开展参政议政】 2016年,在市政协十二届五次会议上,社市委提出了9篇高质量的团体提案,并全部立案,其中提案《加强我市电梯安全管理的建议》被确定为市领导重点督办提案,10月份市政协还召集有关单位、专家召开重点提案督办会,对提案办理情况进行督促落实。团体提案《创新驱动调结构,发展高端装备制造业的建议》在政协全会上进行了大会发言。

社市委根据太原市城市建设的实际情况,联合市政协城建委员会,组织专家组成调研组,认真调研考察,完成了《推进我市城市管理执法体制改革,助推“五城联创”的建议》的调研报告,并在市政协常委会上进行主题发言,调研报告作为市政协2016年三季度的建议案上报市政府后,市长耿彦波做出了重要批示。社市委还充分发挥民主党派人才汇集的优势,完成了《医患关系紧张的调研报告》《提升城市建设理念,统筹三大城市建设环节》《把太原打造成为具有国际竞争力的高端装备制造强市的调研报告》等3个调研报告,其中《提升城市建设理念,统筹三大城市建设环节》的报告作为重点调研课题,针对太原市城市建设中的难点、热点问题,提出切实可行的建议和意见。

在2016年的5次双月座谈会上,社市委会主要领导围绕政府工作报告、重点工程建设、城中村改造等重点、热点问题与市委、市政府领导进行了座谈协商,并提出了20余条有价值的建议。多数建议得到了市委、市政府的重视采纳并反馈。特别在第五次双月座谈会上,社市委领导所提城中村改造要注意统筹推进海绵城市建设、建设中水利用和污水处理设施、保留古老历史地名等三条建议,被市政府全部采纳。 (白　洋)

【社会服务工作】 2016年,社市委深入贯彻落实中央扶贫开发工作会议、全省脱贫攻坚大会及市委、市政府有关会议、文件精神,思想上高度重视、工作上积极作为、措施上力求实效,在社市委会机关人员少、任务重的情况下,克服一切困难,稳扎稳打搞好阳曲县北小店村的精准扶贫工作。

2016年5月,九三学社主委张文旺带领机关干部前往北小店村进行扶贫指导工作,与村干部一起研究北小店村扶贫的有关问题,并且深入到贫困户家里,慰问贫困户,鼓励大家振奋精神,积极打好扶贫攻坚战,争取早日脱贫。7月再次前往该村进行扶贫工作调研。社市委还多方联络,寻找适合北小店村脱贫的产业和项目。经过多次商谈,为村里引进肉牛养殖项目,总投资69万元,建设一个

高标准养牛场，县里已经立项，正在前期选址工作中。（白 洋）

【全力加强自身建设】 2016年，社市委努力加强自身的建设，积极地做好其它各项社务工作。在组织发展工作中，社市委坚持“三为主”方针，按照社省委下达的指标，坚持“三严”，即严格要求、严格标准、严格程序，坚持数量服从质量，宁缺毋滥的原则，新发展的社员，全部按要求完成“五个一”（即：学习一本《新社员学习手册》、认真递交一份入社申请书、填写一份《入社申请人调查问卷》、参加一次社会实践活动、撰写一篇社情民意信息），全年发展社员10人。社市委十分重视后备干部的培养，经过认真选拔，向社省委推荐了5名青工委委员，3名科技工作委员会委员。认真完成了新社员证的制作、发放工作，在电脑里及时更新了社员有关信息资料，保证了社员信息的准确无误，为社市委的换届做了大量、充分的准备工作。

为了促进工作、增进了解，社市委组宣部建立了“太原九三学社微信群”，将有关文件精神、社务活动信息、参政议政动态以及社情民意选题及时在群里发送，广大社员也在群里传播积极健康的信息，起到了很好的作用。在机关工作人员少、社务工作重的情况下，老同志认真“传、帮、带”，新同志努力接受，各部门都能各司其职、相互配合，圆满完成了各项工作任务。高质量组织了迎新春电影招待会、纪念九三成立71周年国学专题讲座等大型社务活动，其中国学专题讲座，邀请了山西大学博士生导师牛贵琥教授为广大社员作了“老子的智慧”精彩演讲，受到了社员们的广泛好评。为病重社员申请王选关怀基金，完成了九三学社太原市委员会社史（1985-2015）编写等工作。（白 洋）

市工商联

【概述】 2016年，太原市工商联贯彻落实中央、省、市委决策部署，围绕全市中心工作，把握“两个健康”工作主题，发挥桥梁纽带助手作用，服务改革发展稳定大局，助推经济社会持续健康发展，非公有制经济人士和非公有制企业在全市经济社会发展中的作用进一步凸显。

（办公室）

【思想引领】 把非公有制经济人士思想政治工作放在首位，通过深化“四信”教育、开展“双学一跟”活动、强化正面宣传，引导非公有制经济人士坚定理想信念，守法诚信经营，争做优秀中国特色社会主义事业建设者。通过召开会议、开展政策宣讲，举办交流学习，引导非公有制经济代表人士学习领会习近平系列重要讲话精神，特别是习近平总书记参加全国政协民建、工商联界联组会的重要讲话精神，贯彻落实各级党委、政府大力发展非公有制经济的政策，提高思想政治意识和政策理论水平，把握正确的政治方向，将个人发展、企业发展融入国家发展大局，在实现中华民族伟大复兴中抢抓机遇，建功立业。开展法律进民企活动，举办法律知识讲座，引导帮助非公有制企业转变观念、依法治企。开展“双学一跟”活动，召开动员会、发出“创业创新跟党奋进”倡议书，举办新一代非公有制经济人士专题培训，开展交流互访、观摩考察，引导非公有制经济人士学习习近平总书记系列重要讲话，学习以习近平同志为总书记的中央领导集体“崇尚实干、勇于担当、廉洁自律”的优良作风，继承优良传统，与党同心，跟党奋进。强化正面宣传，向市委市政府和省工商联报送工商联动态信息70余条，宣传工商联工作，展示非公有制经济人士和非公有制企业风采，提升非公有制经济人士在党委政府的正面形象；在《中华工商时报》《太原日报》等主流媒体宣传报道非公有制企业守法诚信、转型升级、创业创新、参政议政等相关报道40多篇，宣传非公有制经济人士和非公有制企业在发展经济、促进就业，关爱民生、建言献策等方面的积极作为，为全市非公有制经济发展营造良好的舆论氛围。（办公室）

【助力非公有制经济健康发展】 开展民营企业诚信认定工作，引导非公有制企业依法治企、诚信经营，以信誉换信用，以信用促发展。通过筛选推荐，39家会员企业参加诚信认定。加强银税企对接，与税务部门和金融机构共同举办“银税企”互动洽谈会，邀请100余家有融资需求的A、B级优质纳税小微企业体验“银税贷”新的融资方式，为优化企业纳税信用等级应用，盘活企业信用价值，破解小微企业融资难探索新路径。开展政策与管理培训，提升企业软实力。邀请国内著名专家学者开展供给侧结构性改革、全面营改增企业机遇与挑战、股权投资法律风险防范、阳明心学与领袖商道等为主题的专题培训，宣传党和国家的最新方针政策，提升企业家科学研判经

济发展大势的能力和企业经营管理水平，提振企业家转型创新发展的信心。全年开展各类培训十余期，培训非公有制经济人士1200余人（次）。引导非公有制企业积极参与“双创”工作，通过政策宣传、组织培训、观摩考察、座谈交流等方式，引导非公有制企业了解“双创”政策，学习先进模式，激发创业创新热情，主动转型升级，在发展好自身的同时，培育更多新兴企业，助力全市创新创业。由会员企业投资兴建的清创科技园、新和科技园、太原互联网＋智慧产业园等创客空间已成为全市“双创”基地建设的引擎。 （办公室）

【扶贫攻坚】 围绕市委、市政府经济社会发展战略，凝聚会员发展智慧和力量，引导非公有制企业在发展好自身的同时，践行“先富帮后富、共同奔小康”的责任担当，参与全市扶贫攻坚任务。在对会员企业和贫困村调研摸底的基础上，以项目帮扶为抓手，开展非公有制企业“百企帮百村”精准帮扶行动，探索出“（帮扶）企业＋（平台）企业＋贫困村＋农户（包括贫困户和养殖大户）”的运营模式，整合资金、项目、劳动力、资源、环境，在阳曲县开展散养蛋鸡养殖项目。帮扶企业出资金、平台企业出项目、贫困户出劳力，项目收益采取“养鸡还蛋”模式，有效整合三方资源，创新三方共赢合作模式，企业和贫困户积极参与。除项目帮扶外，鼓励非公有制企业参与教育扶贫、就业扶贫、生态扶贫等。太原阳光实业集团建立的山西葵花公益基金会，成立10年共资助近千万元，500余名大学生受益；太原市原平商会和山西晋世善水科技有限公司为娄烦县属77所中小学校捐赠价值15.13万元的净水设备，确保师生饮水安全；阳曲县永丰禽业有限公司通过招工直接吸收50名贫困人口就业，引导500余户贫困户参与到永丰禽业产业链；山西华宏农林业开发有限公司在阳曲县北小店乡开发生态产业，为周边地区贫困群众提供300余个就业岗位。非公有制经济人士以实际行动践行共享发展理念，体现责任和担当，重塑民营企业家的良好社会形象。 （办公室）

【参政议政】 组织工商联界别委员对事关全市发展战略的重大问题建言献策，对影响全市非公有制经济发展的重大问题提出决策参考意见，支持代表人士参与政协组织的视察、考察、督查活动，就产业发展、政策落地、政府服务、社会保障等经济发展和社会生活中的热点、难点问题，反映民意、表达诉求、建言献策、参与监督。委员的社会责任意识和使命感不断增强，视野不断开阔，参政议政积极性和能力水平不断提高。2016年，市工商联向市政协全委会提交大会发言1篇，团体提案5件，报送社情民意18件，其中《关于发挥研发设计社会服务功能的建议》受到省委主要领导的批示；《大力发展生产性服务业　推进我市产业转型升级》和《关于大力发展我市大数据产业的建议》受到市委主要领导的批示；《关于推进生产性服务业政策落地的建议》《关于加强新型产业、新兴业态统计的建议》等3件社情民意被省政协采用，普报省领导，转送省直相关部门；《关于加强民间资本投资新建社会化停车场的建议》《关于鼓励新型研发机构发展的建议》等8件社情民意被市政协采用，普报市领导，转送市直有关部门，许多意见建议得到党委政府的重视与采纳。 （办公室）

【组织建设】 以“五好”工商联建设和“两学一做”为抓手，加强基层组织建设和市工商联机关自身建设，扩大工商联组织的覆盖面，提升工商联的凝聚力、影响力。鼓励支持商会发展，协助指导新的商会成立，主动吸引商会以团体会员的身份加入工商联组织，加强商会联系指导工作，推进商会间开展合作交流，促进商会在承接政府职能中发挥更大作用。重视做好“五好”县级工商联建设工作，县区工商联实现乡镇街道商会全覆盖，迎泽区、尖草坪区、小店区三家工商联被授予全国“五好”县级工商联荣誉称号。开展“两学一做”学习教育，工商联党组履行“两个责任”主体，坚持以上率下，层层示范带动，突出问题导向，严格自查自纠，推动边学边改，推动机关党建和会务工作“两手抓、两不误、两促进”，为工商联工作奠定基础。 （办公室）

太原市总工会

【概述】 2016年，在市委和省总的正确领导下，太原市总工会以习近平总书记系列重要讲话精神为指引，全面贯彻党的十八届三中、四中、五中、六中全会精神，深入贯彻党的群团工作会议和省市第十一次党代会的重要部署，以抓重点、抓短板、抓基础、抓落实为工作基调，突出问题导向，增强“三性”、去除“四化”，从“七个坚持”着手，全面落实“素质提升年”活动的各项任务，在贯彻落实“一个指引，两手硬”要求和促进“两个走在前列”的进程中努力展现了工会组织的新作为。（办公室）

【开展“两学一做”学习教育，把握正确方向】 2016年，全市各级工会切实把学党章党规、学系列讲话作为重要政治任务，市总工会采取召开党组会、中心组学习会、干部职工大会、举办专题辅导和知识竞赛等多种方式，教育引导党员进一步坚定理想信念，提高党性觉悟，增强政治意识、大局意识、核心意识、看齐意识，始终保持干事创业、开拓进取的精气神。深入学习宣传《中共中央关于加强和改进党的群团工作的意见》，结合实际抓好省委和市委两个《实施方案》的贯彻，制定了《太原市总工会贯彻落实党的群团工作有关精神的具体举措和责任分工方案》，细化分解了48项工作任务，明确责任，狠抓落实。配合完成省委督查组来并督查指导的相关工作，就督查组提出的意见进行了专题研究并拿出具体举措全方位加以整改。着力加强作风建设，组织开展“走基层、转作风、促工作”大宣传大调研活动，建立健全了工会调查研究工作会议制度、基层联系点制度、工会调研成果转化和宣传普及制度等，在各类行业和不同所有制企业中设立12个调研工作基层联系点，扩大了调查研究工作网络。制定完善了《太原市总工会党组工作规则》《加强机关党员队伍管理办法》等一系列规章制度，在转作风、去四化等方面发挥了有效作用。（办公室）

【弘扬劳模精神、劳动精神、工匠精神】 2016年，全市各级工会围绕全市重点工程和重点项目，扎实开展“践行新理念，建功十三五”主题劳动竞赛活动，团结动员广大职工在助力经济稳步向好上发挥积极性和创造性。在全市挑选投资规模大、影响范围广的项目作为示范性竞赛，引导广大职工投身改革发展主战场。广泛开展“五小”竞赛活动，对“五小”竞赛活动进行了再部署、再发力、再推动，活动范围从工业企业拓展延伸到事业单位和服务类企业，全市建会的6000余家企事业单位的80余万名职工参加了活动，蕴藏在职工中的智慧和力量得到有效激发。全年共征集“五小”竞

开展“情系职工，清凉一夏”活动

赛成果2015项，创经济效益9.8亿元。着力加强职工创新工作室规范化建设，创建全国级工作室2个，省级工作室26个，市级工作室205个。市总工会与市人社局、科技局、经信委等部门联合举办的第五届全市职工技术创新成果评选活动的获奖项目向高精尖迈进，太原市职工创新能力得到有效提升。推荐优秀单位(集体)和先进个人参加了全国和全省的“五一”表彰评选，21个单位(集体)、33名个人受到表彰。广泛开展“劳模宣传月”活动，在全市掀起了学习劳模、崇尚劳模、争当劳模的热潮。开展寻访“大国工匠”“三晋工匠”活动，市总工会推荐的太重集团全国技能大师张东元和全国技术能手樊志勤的事迹在中央电视台的《新闻联播》和《焦点访谈》中播出，太重集团的职工创新工作在《工人日报》头版头条进行了报道。（办公室）

“职工创新工作室”成效斐然

【推进“素质提升年”活动，丰富职工群众精神文化】 2016年，太原市总工会出台《全市职工素质建设工程五年规划(2016—2020年)》，从思想道德、技术技能、民主法治、科学文化、安全健康等各个方面安排部署了七大实践活动，力求建立资源集成、形式多样、贴近职工、务实有效的职工素质建设工程新模式，培育形成一批相应的品牌项目，使职工队伍职业技能明显进步，文明素养显著提升。以“中国梦·劳动美”“凝心聚力跟党走、建功立业绘蓝图”为主题，开展了内容丰富的教育活动，职工队伍的社会主义核心价值观教育和“四德”教育得到切实加强。以丰富职工文化生活，打造职工精神文化家园为着力点，组织开展了庆“五一”文艺演出进车间、省城职工羽毛球大赛、全市职工健身文体活动月、“舞动龙城操舞类嘉年华”活动等示范性文体活动。市总工会获全省职工羽毛球大赛混合团体第一名。出台《关于加强全市职工文体活动义务辅导站的实施意见》，全面提升辅导站的服务品质，各级工会依托辅导站开展了慰问演出、全健排舞比赛、综合展演等一系列丰富多彩的文体活动，成为集宣传思想教育、文化知识传播、文体娱乐活动、民俗文化传承等功能于一体的综合服务平台。加强基层文体活动骨干队伍建设，全年培训基层文体骨干1300余名。开通“太原职工e家”微信公众号，在加强工会新媒体建设，提升网上群众工作能力方面迈出新的步伐。制作了《职工文化创新之路》宣传片和《太原市职工文体活动义务辅导站掠影》图册，生动反映了职工文体工作的创新成果。（办公室）

【突出工作重点，维护职工合法权益】 2016年，太原市总工会围绕供给侧结构性改革，深入太钢、西山煤电、煤气化等6个重点单位进行调研，详细了解企业现状、职工队伍稳定情况和主要利益诉求，形成调研报告后及时向上级进行了汇报。继续推进工资集体协商工作，召开了全市集体协商工作推进会，在巩固工资集体协商建制率的基础上，全面提升全市企业工资集体协商的质量。2016年，全市开展工资集体协商的企业18692家，覆盖率达到93%，覆盖职工70.04万人。对照《工资集体协商质量等级分类标准》，单独开展工资集体协商的建会企业达到合格以上标准的占到95%，其中，一类企业达到38%，二类企业达到了52%，全面完成了目标任务和考核指标。继续做好为农民工讨薪工作，市总工会共受理农民工讨薪案件24件，转交有关部门19件，涉及农民工27人，直接处理5件，为农民工讨薪85万元。积极参与社会矛盾纠纷“大调解”工作体系建设，加强与综治、人社、司法、信访、法院等部门的工作联系，全年共调处集体劳动争议案件15起，对23起案件提供了法律援助。认真贯彻落实《山西省企业职工代表大会工作规范》，以职代会报告制度为抓手，对直属38家企事业单位职代会的内容和程序进行督查，进一步提升规范化水平。深化“公开解难题、民主促发展”主题活动，命名表彰了83个市级优秀提案。指导各级工会建立职工代表培训制度，在全市征集职工代表培训经典课程，提升了职工代表的综合素质。开展民主管理“互观互鉴”活动，展示了民管工作的亮点特色，加强了企业之间的借鉴交流。以《山西省女职工劳动保护条例》的颁布实施为契机，开展全市“女职工维权行动月”活动，依法维护女职工的合法权益和特殊利益。以“安康杯”竞赛为载体，抓好职工职业安全健康知识普及教育、强化事故隐患和职业危害的排查治理，切实维护职工的生命健康权益。安康杯竞赛活动覆盖企业达到3800家,参赛职工达到94.5万人。加强煤矿企业井口群众安全工作站建设,全市生产煤矿全部建立并达到三星级以上标准。市总工会获全国和山西省“安康杯竞赛优秀组织单位”称号。（办公室）

【为职工提供综合服务】 2016年,太原市总工会出台《全市职工服务场所建设“十三五”规划及意见》,就改建新建一批职工文化活动场所、职工帮扶中心、职工教育培训场所和职工创新场所,着力构建和完善服务职工工作体系提出完整规划。扎实推进精准帮扶工作,为困难职工建档立卡,做到一户一档案,一户一计划,一户一措施。开展两节送温暖活动,元旦春节期间,共投入送温暖资金802万元,努力做到全覆盖、普遍访、重点帮。积极开展“春送岗位”专项行动,提供免费就业服务23816人,成功介绍就业4716人,组织职业技能培训1542人,家政服务培训503人,创业培训1319人,接待就业创业咨询2448人,推介创业项目10个,提供劳动维权服务和法律援助1763人。继续开展“走基层、送清凉”活动,市总工会出资160余万元,深入重点工程项目、供给侧改革企业等地开展慰问,确保职工平安度夏。加大“金秋助学”活动资助力度,市总工会直接出资250余万元,对420余名符合条件的困难职工家庭子女进行了救助。实施第十期职工医疗互助工程,发放互助金1366.62万元,惠及职工5559人次,有效缓解了职工因病致贫、因病返贫问题。为改善户外劳动者的工作生活条件,市总工会依托帮扶中心、乡镇街道工会帮扶站点和社会力量,建立了全市首批31家“爱心驿站”。（办公室）

【夯实基层组织基础,激发基层工会活力】 2016年,太原市各总会按照“稳中有进,重在提质”的工作思路,深入开展“工会组建月”和“农民工入会”集中行动。充分发挥入并建筑企业工会联合会的行业优势,积极组织外地入并建筑企业农民工集体加入工会。依托市家政服务协会和省机动车驾驶员培训协会,成立了覆盖全市的行业工会联合会,填补了两个行业空白。2016年,全市新建工会269家,覆盖法人单位723家,新发展会员68733人,其中农民工60540人,圆满完成了组建和发展会员目标任务。认真贯彻落实全总和省总工会关于新形势下加强基层工会建设的要求,以建设“六有”工会为目标,在小微企业和农民工、青年职工聚集的高新区清华科技园清创基地、市政工程总公司、市建一公司开展“会、站、家”一体化建设,努力让工会工作建起来、实起来、活起来。完善工会经费补助机制,加大工会经费使用向基层倾斜的力度,市总工会全年拨付各类资金共计1900余万元对县区和基层工会给予支持,工会经费在提升服务基层、服务职工效能方面取得明显成效。强化工会干部协管工作,抓住县乡地方领导班子换届契机,指导基层依法依程序进行换届选举,新换届的县区工会主席全部做到了按同级副职配备。加强工会干部培训,各级工会分层次、多形式培训工会干部7358人次。（办公室）

“中国梦·劳动美——太原市职工文体活动义务辅导站建设成果展演”活动

【工会自身建设得到加强】 2016年,太原市总工会着力加强党风廉政建设,坚持把纪律和规矩挺在前面,制定了《太原市总工会2016年党风廉政建设实施办法》,机关各部门、各直属事业单位均签订了《2016年党风廉政建设责任书》,层层传导压力、层层落实责任,为进一步提高党员领导干部的廉政责任意识,深入推进“两个责任”“一岗双责”的落实打下了良好基础。组织召开了市总工会机关第五次党员大会,选举产生了中共太原市总工会机关第五届委员会、第七届纪律检查委员会,明确了新形势下机关党建工作的主要任务。组织全体党员干部认真学习了《习近平关于严明党的纪律和规矩论述摘编》《中国共产党廉洁自律准则》《中国共产党纪律处分条例》《关于新形势下党内政治生活的若干准则》和《中国共产党党内监督条例》,中层以上干部以“学思践悟:领悟党的纪律和规矩”为主题撰写了心得体会,营造了内聚人心,外树形象,纯洁健康,充满活力的政治生态。

全面加强工会经费的预算管理和执行,加大对县(市、区)、开发区、直属基层工会以及市总工会所属事业单位财务收支情况的审查监督力度,保证了工会重点工作和其他各项工作健康有序进行。完善调研制度,完成了“职工文化创新探索”等3个专题调研,在服务科学决策方面发挥了积极作用。加强工会资产的监管，规范事业单位资产的运营行为，有效提高了工会资产监督工作科学化、规范化、制度化水平。各产业、系统工会围绕经济转型升级、产业政策调整以及企事业单位的改革改制，在推动本行业发展和维护职工权益中，彰显了自身特色和更大作为。市总工会和3个开发区圆满完成了对口援疆任务。（办公室）

共青团太原市委

【概述】 2016年，在中共太原市委的坚强领导下，团市委深入学习贯彻党的十八大、十八届三中、四中、五中、六中全会精神和习近平总书记系列重要讲话精神，围绕党政中心，真诚服务青年，强化基层基础，不断转变作风，稳步推动改革，团结带领全市广大团员青年为实现"两个走在前列"积极作为，各项工作取得明显成效。（办公室）

【青少年思想引领力进一步增强】 2016年，共青团太原市委坚持用科学理论武装青少年。以习近平总书记系列重要讲话精神为指引，以党的十八届六中全会和省、市第十一次党代会精神为重点，通过干部培训、基层宣讲、知识竞赛等方式，开展学习宣传贯彻活动200多场，覆盖青少年万余人。

坚持用共同理想感召青少年。深化中国梦学习宣传教育，以建党95周年、长征胜利80周年等重大节日为契机，开展"中国梦、太原梦、我的梦""与信仰对话""彩虹人生""十八岁成人仪式""红领巾心向党"等系列活动520余场，覆盖青少年80万人次。开展"绿色环保梦、蓝色科技梦、红色报国梦、金色童年梦"系列活动，覆盖少年儿童50余万人次。

坚持用社会主义核心价值观激励青少年。以弘扬社会公德、职业道德、家庭美德、个人品德为核心，开展"奋斗的青春最美丽"、中华传统文化教育等主题活动300多场，覆盖青少年20万人次。开展"践行核心价值观　争做向上向善好青年"主题活动，推选100名基层优秀青年开展分享活动76场，直接覆盖青少年4300余人。

坚持用新媒体影响青少年。构建"互联网＋共青团"工作模式，完善太原共青团新媒体中心建设，组建50人核心网评员队伍，20人青微骨干队伍，150人网宣员队伍，2400人网络文明志愿者队伍。"太原共青团"新浪官方微博吸引粉丝8517人，"青春太原" 微信公众平台吸引粉丝15709人，腾讯官方微博"太原青年"吸引粉丝1648人；发布微博、微信1000余条，阅读、转发量合计294万人次。（办公室）

【提升服务大局能力】 2016年，共青团太原市委助力脱贫攻坚，开展"青春助力脱贫攻坚"行动。助力生产扶贫，积极探索"创业扶贫 1+1"模式，重点发展农村青年电商，举办农村青年电子商务培训12场，培训农村青年1500人。助力教育扶贫，开展"圆梦龙城"爱心助学行动，筹集资金32.5万元，资助贫困大学新生65名。助力公益扶贫，开展"共青团暖冬行动"，累计为434名困难家庭青少年送去价值20余万元的慰问金和慰问品。加强对口帮扶，组织机关党员干部深入帮扶村开展入户走访，摸清贫困人口真实情况，起草《梁儿上村精准脱贫工作调研报告》。整合社会资源，在春节期间走访慰问贫困户，为帮扶村修建水井泵房，为患病儿童捐款2万元。

服务"五城联创迎青运"。号召青少年参与创建，开展"五城联创迎青运，激扬青春展风采""红领巾相约中国梦，争做五城联创小先锋"、《五城联创漂流册》签名系列活动，全市20余万青少年积极参与活动。动员青少年支持创建，举办"魅力龙城我来秀"网络摄影节，吸引青少年近6万人关注参与，征集500余件作品进行展示，大力激发广大青少年热爱家乡、建设家乡的朴素情感。组织青少年服务创建，开展保护母亲河行动，举办环保大讲堂100余场，参加人数4500余人；加强青年林建设，建成青年林6片，植树12000株。举办第二届中学生环保科技创新大赛，评选优秀作品85件，大赛被团中央授予2016年度"全国中学生科技创新示范竞赛"奖。

号召岗位建功。一是深化青年文明号活动，动员全市各级青年文明号集体开展"岗位学雷锋，行业树新风""青年文明号爱心助考服务"等活动。二是开展青年安全生产示范岗活动，全年创建市级青安岗集体106个，省级青安岗集体6个。三是开展技术创新小组建设，推动青工职业技能培养提升，通过结对子、组队伍等方式建设各类技术创新小组133个。（办公室）

【强化服务青少年举措】 2016年，共青团太原市委深化青年就业服务。举办

第四届“让梦想启航”大型广场招聘会，服务青年6000余人，现场达成就业意向3000余人。依托太原青创服务中心开展用工招聘会83场，组织3500家企业为青年提供就业岗位2.5万余个，达成就业意向1.1万余人。加强青年就业技能培训，通过订单培训、定向培训等方式，培训各类青年5700余人。

强化青年创业服务。举办第二届太原青年创业创新大赛，面向全市征集项目116个，评选出优秀项目45个，发放创业基金10万元，并对优秀项目给予持续帮扶。推送创业项目参加全国、全省大赛，获国家级铜奖4个，优秀奖3个；获省级一等奖2个，二等奖3个，三等奖6个。推荐74家企业在山西青创板实现挂牌，其中4家企业获得融资5100万。加大青年创业扶持力度，发放城市青年创业小额贷款200笔，发放农村青年创业小额贷款3.6亿元。

维护青少年合法权益。一是依托12355青少年综合服务平台，为青少年提供电话、网络咨询服务2000余人次；二是强化青少年事务社工队伍建设，成立228人青少年事务社会工作专业人才队伍；开展社工人才培训，培训各级各类青少年事务社会工作者300余人。三是强化青少年法制宣传教育，发放《未成年人自救自护手册》5000余册，发放法制宣传光碟1000余份，发放宣传页3000余份。

服务青年婚恋交友。坚持摒弃婚嫁陋习，倡导文明新风，弘扬优秀传统文化，举办第二届“缘定龙城”大型汉式集体婚礼，服务新婚青年22对。依托太原青年交友联谊服务中心，开展交友联谊公益活动45场，服务青年4000余人次。青年婚恋交友服务工作受到青年极大关注，取得良好社会反响。（办公室）

【共青团改革稳步推进】 2016年，共青团太原市委凝聚思想共识，围绕团中央改革精神，团市委班子深入10县（市、区）团组织，覆盖106名乡镇（街道）团组织负责人，宣讲团中央改革精神，切实增强基层团干部推进改革的自觉性和坚定性。

开展专题调研。结合“走进基层、转变作风、改进工作”大宣传大调研活动，深入基层开展共青团改革专题调研，召开市县乡三级团组织负责人座谈会10次，发放调查问卷100余份，广泛征求基层团组织意见建议，着手起草《共青团太原市委改革实施方案》。

密切联系青年。开通“青年之声·太原”互动社交平台，建立“1+100”直接联系青年机制，组织专职团干部和大中专学校团委书记经常性联系100名基层青年并开展线上线下互动。各级团干部共联系青年10000余人，开展活动200余场，团干部直接联系服务青年工作进一步强化。（办公室）

【基层组织基础建设】 2016年，共青团太原市委加强团市委系统党组织建设。召开共青团太原市委机关党员大会，总结过去五年团市委机关党建工作，谋划今后一个时期工作，选举产生新一届团市委机关党的委员会和纪律检查委员会。加强直属单位党组织建设，指导机关党支部、市青年宫、市少年宫党总支完成换届工作。

强化基层团组织建设。以县（市、区）团组织换届年为契机，推动县乡村三级团组织换届，与市委组织部联合成立换届工作领导组，强化基层换届工作指导；截至年底，全市乡、村两级团组织全部换届完成，杏花岭区、万柏林区、阳曲县召开了团代会。加强非公企业团建，全年建立非公经济团组织233家。推动青少年综合服务平台建设，建成平台33个，其中1个平台获得团中央经费支持。

强化团干部教育培训。一是举办基层团干部培训班，培训全市各级团干部及新疆生产建设兵团团干部代表300余人。举办团学干部培养营6场，培训团学干部近3000名。二是举办党的十八届六中全会和省、市第十一党代会精神专题培训班，培训基层团干部240余人。三是举办城中村改造专题培训，培训基层团干部200余名。（办公室）

【改进团干部作风】 2016年，共青团太原市委扎实开展“两学一做”学习教育。坚持领导干部带头，开展“两学一做”学习教育专题研讨4次；组织党员干部围绕《党章》和习近平总书记系列重要讲话开展集中学习8次。举办学习教育知识测试、党建知识竞赛等活动，强化党员干部理论学习。组织党员干部赴阳曲县支前纪念馆等地接受革命教育，引导党员干部坚定“四个自信”、增强“四个意识”。

全面落实“两个责任”。一是开展廉政教育，围绕《习近平关于党风廉政建设和反腐败斗争论述摘编》《廉洁自律准则》《纪律处分条例》等内容，组织党员干部开展集中学习6次。二是层层压实责任，团市委班子成员与所分管单位和机关部室负责人分别进行廉政谈话，党组与直属事业单位和机关各部室负责人分别签订党风廉政建设责任书。三是强化警示教育，组织党员干部观看警示教育案例，深入进行剖析，深刻汲取教训，做到引以为戒。重视法制建设，坚持把法律法规作为中心组学习的重要内容，每名班子成员学习各类法律法规4次以上，进一步增强尊法守法意识。坚持每周发送廉政短信，全年为系统党员干部发送廉政短信、廉政小故事50余条。

严格执行各项规章制度。坚决贯彻中央八项规定精神，规范机关公务行为，严格执行财务制度、接待制度、出差审批制度、公务用车管理制度，坚持抓小、抓早、抓细，确保机关各项工作运行有章可循、遵章而行。完善团市委中心组学习、领导干部述学、机关党员干部学习考核等学习制度，全年组织中心组学习16次，机关干部集中学习50余次，促进机关干部强化学习，不断提升综合能力素质。建立基层团组织量化考核体系，按照年初定目标、一周一推进、一事一总结、

半年一回顾、一年一考核，坚持事事落实到人，件件要有回应，形成了层层抓落实的良好氛围。（办公室）

【共青团太原市十七届六次全委（扩大）会暨2016年工作会议召开】 2016年3月24日，共青团太原市十七届六次全委（扩大）会暨2016年工作会议召开，市委副书记王成出席会议并讲话。团市委第十七届委员会委员、候补委员，全市各直属团委负责人共计230余人参加会议。

大会通过了《共青团太原市十七届六次全委会关于委员卸职递补确认案（草案）》，通报了2015年度全市共青团工作先进集体，深入学习贯彻了共青团十七届五中全会、团省委十四届六次全会、全市经济工作会议暨脱贫攻坚大会、市委十届七次全体会议和市纪委十届六次全会精神。

团市委书记李京京代表共青团太原市十七届委员会作了题为《推动改革发展服务引导青年 为太原市实现“十三五”良好开局积极贡献》的工作报告。报告指出，2016年，团市委将以增强“三性”、克服“四个化”为目标，积极稳妥推进共青团改革发展，坚持围绕中心、服务青年，坚持求真务实、改革创新，努力构建“凝聚青年、服务大局、当好桥梁、从严治团”四维格局，团结带领广大团员青年为落实“五个一批”、推动“六大发展”积极贡献。

市委副书记王成充分肯定了2015年太原共青团工作，希望在新的一年太原共青团要紧密结合市委“十三五”规划，积极围绕“净化政治生态、实现弊革风清、重塑三个形象、促进富民强市”的奋斗目标开展团的工作，并从当前共青团工作面临的新形势与新任务、提高共青团工作实效、不断加强和改进团的自身建设等三个方面提出了新的要求。

全体会议之后，团市委专门邀请太原市城改办副主任、太原市住建委总经济师陈志强为团员青年作了太原市城中村改造的专题讲座，为团员青年更好地投身城中村改造工作答疑解惑。

（办公室）

【太原青创晋祠路社区老年餐厅“定制式服务”】 2016年1月15日，太原青创晋祠路老年餐厅开业运营，太原市民政局副局长宋建平、共青团太原市委城青部长王树峰、太原市青创中心主任邵健等领导参加了开业仪式，这是晋祠路社区落实有关爱老敬老、惠民便民政策的又一有力举措。

为了把好事办好，把惠民工程的实施精神落到实处，该社区借鉴省内外较为成熟的老年餐厅经营和管理经验，大胆创新、主动吸纳社会力量参与建设，通过市场化运作，太原青创成功竞标晋祠路老年餐厅的建设和经营服务。在前期建设过程中，太原青创结合实际情况，统一制定了《老年餐厅卫生管理制度》《老年餐厅服务员岗位职责》等管理制度和办法，统一门头标识、统一员工服饰和统一餐厅用具，明确提出建成太原青创社区餐厅“一代店”标准模式。为了让广大老年人在老年餐厅能够充分体验到家的感觉，餐厅内部环境围绕“尊老、敬老、爱老”为主题的饮食文化内容，做了整体专业设计与包装。为了让老年人吃的放心、舒心，秉持“人性化服务”的理念，针对服务对象不同情况，逐步建立健全以健康为重点的个人档案，推出“定制”式的多样化服务，制定了营养均衡又价格实惠三餐食谱。通过刷卡服务人员就可了解服务对象的健康状况和饮食爱好等情况，并作出提醒服务。为了应对老年人常见病和一些突发病，该餐厅还配备了急救箱，内置简单急救工具和日常用的急救药，以保障老年人身体健康安全。针对行动不便、生活困难，儿女不在身边的空巢老人，晋祠路社区老年餐厅专门提供送餐上门贴心服务。按照重点保障高龄老人、空巢老人和特困老人，适度普惠其他老人的原则，结合不同年龄阶段，推出了不同价格的惠民套餐。（办公室）

【团市委班子成员开展春节慰问活动】 2016年1月21日，团市委副书记李琦及太原市农村科技致富带头人协会会员一行，走访慰问了王封街道及化客头街道的困难家庭及孤寡老人，并送上了节日的问候。

慰问组一行先后走访慰问了王卫国、刘宝宝、范宇杰、王剑年等4户家庭，慰问组都详细询问了解困难家庭的生活情况以及学习等情况，鼓励他们树立信心，积极面对当前困难，并送上慰问金。

2016年1月20日，团市委副书记李琦带领市农村青年科技致富带头人协会会员来到迎泽区郝庄镇捐子村进行节

前慰问活动。先后深入农村低保户、因病返贫户、残疾人家庭，详细了解家庭贫困原因，帮助困难群众想办法谋出路，并详细宣讲市农村青年科技致富带头人协会在帮扶三农方面的政策举措。受助群众对共青团组织带去的温暖与关怀表示衷心感谢。

团市委积极组织市农村青年科技致富带头人协会在全市开展走进特困青年群众的专项慰问活动。团市委和市农村青年科技带头人协会加大扶持帮困力度，在总结历年工作的基础上，围绕农村青年创业就业开展专项培训，以科技惠农，支持帮助农村增收致富，进一步凝聚农村青年，增强组织活力和影响带动力。（办公室）

【举办太原市农村青年电商培训】 2016年2月26日，团市委农村青年电商培训暨“奋斗的青春最美丽”青年创业分享会在小店区举办。此次活动首次采用了开通微信报名通道的方式，吸引了100余名青年报名参加。

培训中，品牌电商实战专家、莉莉露西化妆品天猫旗舰店店长、山西电商扶贫实战讲师、90后电商创业青年张锐帆分别从店铺整体运营规划、各类营销工具的运用、产品的推广、爆款的打造等几个方面向到场的青年朋友讲授了他多年来电子商务实操实战积累的经验。通过培训，青年开拓了眼界，全面系统地学习了电商知识，掌握了电商实操技术，提升了电子商务运用能力。在分享会上，山西百星奇科技有限公司总经理孙炜和太原龙诚创客空间的创业导师王亚运分别讲述了创业经历、分享了青春故事。

此次活动是团市委深入贯彻落实市委十届七次全会精神、全市经济工作暨扶贫攻坚会议精神和市“两会”精神、深入开展冬季行动、共青团助力扶贫攻坚的一项重要举措，通过电商培训和创业分享，帮助更多的农村青年创新创业，推动大众创业、万众创新，切实服务好“三农”工作。（办公室）

【太原市农村青年“三农”大讲堂】 2016年2月25日，由团市委主办、清徐团委承办的市农村青年“三农”大讲堂开讲，邀请市农委综合处处长张晨作题为《把握三农发展形势，探寻增收致富之路》的讲座。团市委负责人和清徐县相关单位负责人共同为美特好农产品配送物流有限公司团委揭牌。县，乡，村三级团干，农村青年致富带头人代表，美特好青年员工代表共计100余人参加。

（办公室）

【“贴心直通车”与青少年面对面活动】 2016年3月24日，共青团太原市委邀请部分团市委委员、基层代表召开以“强三性、去四化、深化共青团改革”为主题的“贴心直通车”与青少年第二次面对面”座谈会。

座谈会气氛热烈，与会代表畅所欲言，围绕着共青团改革、“城中村”大调研活动、增强团组织的政治性、先进性、群众性和克服工作中存在的“机关化、行政化、贵族化、娱乐化”提出了很好的意见和建议，同时就“准确把握做好新形势下共青团工作的根本要求”和“在自我革新中推进共青团事业，紧跟党走在时代前列”两方面结合自身工作情况畅谈对共青团改革的看法，对如何创新团组织工作方式、如何创新“面对面”方式、如何加强团干部自身建设、如何激发团干队伍做好群众工作活力，如何有效团结引导青年奋发向上、如何开展基层团建工作等话题进行了热烈的讨论。

团市委副书记章晓煜强调，改革就是创新，共青团组织要创新思维，顺应时代发展，打造稳妥有序的团组织。各级团组织要明晰制约太原市共青团发展最突出的问题，要着眼于解决共青团系统自身存在的“四化”突出问题，按照查找问题、研究问题、提出改革思路、完善制度建设程序，深入推进“六权治本”，科学有效开展工作。各级团组织要加强思想理论学习，在交流中提升政治素养，培养政治敏感度，为推进太原市“六大发展”，在全省发挥“六个表率”作用做出新的更大的贡献。（办公室）

【“保护母亲河”青少年保护环境生态宣教活动】 为深入贯彻市委、市政府“五城联创”工作，推进“保护母亲河”和省城汾河水源地保护活动，广泛动员全市青少年积极参与母亲河流域生态环境建设的监督与保护，使广大青少年和社会公众更清楚地了解母亲河和水源地的环境状况，增强保护母亲河和水源地生态环境的责任心和紧迫感，形成全社会共同保护母亲河、保护生态环境的良好氛围，教育引导青少年增强生态环保意识，实现国家森林城市建设目标。2016年3月29日太原团市委、市环保局、市林业局在娄烦县汾河水库上游岚河段共同开展太原市“保护母亲河、关注水源地”暨青少年生态环保宣传教育活动。参与活动有太原市煤气化龙泉能源发展有限公司、娄烦县市场和质量监督管理局、君宇中学志愿者、共计150人参加。在启动仪式上，团市委和市环保局的领导向青少年环保社团授旗，活动中团员青年发出倡议，号召广大团员青年要积极行积极宣传环保理念，倡导绿色文明。要做保护水资源的倡导者、实践者、和水源地生态文明的引领者。

此次“保护亲河行动”以青少年保护生态环境为主题，发动全社会力量，通过实地调查、宣传教育、环保实践等多种形式，在提高青少年对环保参与意识的同时，启蒙青少年对生态环境保护中公众参与重要性认识。（办公室）

【开展“五四”青年节主题团日活动】 2016年5月4日，团市委举行“五城联创迎青运，激扬青春展风采”主题团日活动。市委副书记王成出席并讲话。来自全市经济、文化、教育等各条战线的团员青年代表300余人参加活动。

活动号召全市共青团员、少先队员和各界青少年要充分发挥生力军和突击队作用，组织带领广大团员青年积极投身“五城联创”工作，把青春的智慧和力量凝聚到创建工作中。社区、城中村、机关、学生、企业等5名青年代表围绕“五城联创迎青运”进行了表态发言。“五四”青年月，团市委以“向上向善向美、创新创业创优”主题，围绕“有志青年、活力青年、奋斗青年”三个版块，举办“五城联创迎青运”主题团日、评选“向上向善好青年”“奋斗的青春最美丽”“感恩成长”十八岁成人仪式、“播种绿色”义务植树等主题活动；开展“与春相约·青年诗会”“魅力龙城我来秀”网络摄影节、组织青年观看音乐剧《火花》等青少年文化活动；开展“让梦想启航”青年就业服务月、第二届太原青年创新创业大赛、首届“寻找千里马”职场精英选拔、青年安全生产示范岗创建等服务青年活动。紧扣党政中心、强化思想引领、服务青年需求，吹响青春集结号，为太原市“十三五”开好局起好步激发青年活力、贡献青春力量。（办公室）

【开展与农村留守儿童面对面活动】 2016年6月1日，“2016年共青团太原市委与农村留守儿童面对面活动”活动在小店区举行。共青团太原市委副书记杜志强、团市委副书记章晓煜带领相关部室负责人同王吴小学24名留守儿童开展面对面活动。

活动中，留守儿童一一进行自我介绍，团市委领导就留守儿童生活、学习现状和面临的困难、问题进行了详细的询问、了解。团市委副书记杜志强和章晓煜代表共青团组织向留守儿童表示了节日的祝贺，并且深入留守儿童家庭进行走访慰问，送去慰问金。希望各级团组织广泛整合社会资源，集合社会爱心力量，助力精准扶贫，帮扶留守儿童及困难青少年群体。（办公室）

【举行“红领巾相约中国梦 争做五城联创小先锋”主题活动】 2016年5月31日，团市委、市少工委举行“红领巾相约中国梦 争做五城联创小先锋”太原市少年儿童庆六一主题活动。省委常委、市委书记吴政隆出席活动，向全市广大少年儿童和少儿工作者送去节日祝福与慰问。

活动中，少先队员围绕“五城联创”主题，表演了《论语》朗诵、小品《社区就是我的家》、京剧《生态城市大家建》等节目，展现了孩子们眼中的“五城联创”。在红领巾小社团活动现场，少先队员们展示了太阳能自行车、梦想号航母、会跳舞的机器人等科技活动。团市委下发《关于开展“红领巾相约中国梦—争做五城联创小先锋”活动的通知》号召全市广大少年儿童争当“五城联创”小先锋，传递社会正能量。团市委以五四青年节和六一儿童节为契机，组织全市广大青少年开展“五城联创迎青运”主题活动，积极营造五城联创浓厚氛围，吸引凝聚青少年广泛知晓、主动参与、积极奉献五城联创迎青运。围绕“五城联创迎青运”，以“五城联创迎青运 激扬青春展风采”漂流册漂流活动为载体，在全市农村、社区、企业、学校、机关范围内广泛漂流，让广大青年充分知晓五城联创迎青运对太原市增强城市功能、改善人居环境、提升文明程度、展示良好形象的重要意义。充分发挥共青团新媒体平台作用，动员引导全市广大青少年争做五城联创迎青运的宣传者、先行者、推动者。（办公室）

【举办禁毒知识展览活动】 2016年6月23日，在第29个国际禁毒日来临之际，为充分发挥禁毒宣传教育的作用，共青团太原市委在市青年宫举行“珍惜美好青春·远离合成毒品”为主题的禁毒知识展览活动，市青年宫作为太原市青少年禁毒教育基地，承担着太原市法制宣传和毒品预防教育的职责，同时还进行禁毒培训、学生同伴教育骨干培训等活动，对培养青少年禁毒宣传教育人才、建立学校禁毒教育长效机制起到重要的作用，充分发挥青年宫作为团属阵地服务广大青少年的功能。

开展此次活动，是针对当前合成毒品蔓延迅速，危害加剧，青少年涉毒问题和行为不断增多的严峻形势下，围绕“青少年与合成毒品”这一主题而开展的一次意义深远的禁毒宣传活动，开展“青少年远离毒品”和“禁毒知识进万家”等系列活动，是为了更好地贯彻落实党中央、国务院、省委、省政府、市委、市政府关于加强禁毒工作的一系列决策部署，进一步深入推进青少年禁毒教育工作，通过邀请省禁毒宣传形象大使范斌教授为青少年讲授毒品危害知识，不断推进禁毒宣传教育的制度化、常态化、社会化。对全面加强青少年禁毒宣传教育能力建设，传播和普及合成毒品知识，提高青年学生对毒品的认知能力，有效抵御毒品的侵袭起到积极的作用。（办公室）

【开展“青年文明号爱心助考服务”活动】 在2016年中高考来临之际，为服务广大考生，充分发挥青年文明号集体先锋模范作用，团市委组织青年文明号集体开展“青年文明号爱心助考服务”活动，为广大考生和家长送去一份温暖与关爱。

为了方便考生及家长，青年文明号集体设立爱心助考服务站，为考生及考生家长提供应急药品、文具、饮用水、遮阳棚等用品，为他们创造舒适的陪考环境，同时向考生和家长讲解高考的饮食注意事项和生活小知识。鼓励广大考生增强信心。在考点的主干道十字路口，志愿者们积极维持道路交通秩序，还有志愿者提供个人车辆为广大考生提供免费送考服务，为广大考生营造一个良好的出行环境。这次活动中，广大青年文明号集体成员通过各种方式把此次爱心助考活动做到了更加精细和完善，活动获得考生和家长的一致赞赏和大力支持，深受社会各界的好评，青年文明号集体发挥了先锋模范作用。（办公室）

【机关开放日暨与青少年第四次面对面活动】 为贯彻中央、省委、市委党的群团工作会议精神，推动团干部直接联系青年工作，按照团中央、团省委统一部署，2016年6月29日，团市委举办机关专题开放日暨与青少年第四次面对面活动，来自全市各行各业的近50名青年代表参加了活动。团市委副书记杜志强、各部室负责人与青年代表进行了交流座谈，对青年代表提出的问题和建议给予积极回应。以此次机关开放日活动为契机，进一步“请进来”“走出去”，更加直接地面对广大团员青年，建立与各领域青年代表的常态化联系，汲取意见建议，不断倾听青年呼声、凝聚青年力量，推动全市团的各项工作再上新台阶。

（办公室）

【举行第二届太原青年创业创新大赛决赛】 为积极助力太原市实现创新驱动、转型升级，引导广大青年投身国家小微企业创业创新基地示范市建设，全力营造大众创业、万众创新的生动局面，2016年7月21日，由团市委、太原日报、市经信委、市农委、市科技局、市人社局、市商务局、市广播电视台、市中小企业局等单位共同主办，太原市青少年事业发展中心、太原市青年创业促进会、太原市青年企业家协会、太原青年创业服务中心、太原新和科技众创空间有限公司、山西青年创业园·青创众帮、清控创新基地—启迪（太原）科技园投资发展有限公司、太原清青创企业孵化器服务有限公司等单位承办的第二届太原青年创业创新大赛决赛举行。本次大赛针对年龄为18–40岁的创业青年，设正式创业类项目和意向创业类项目两大类别。大赛以“辅导＋竞赛”的模式选拔优秀青年创业项目，通过举办创业训练营等方式强化对青年创业技能的交流和培训，并积极整合各方面资源对优秀创业项目予以持续帮扶。

大赛于4月份启动，到7月21日决赛圆满结束，历时近4个月。大赛共面向社会征集参赛项目213个，经资格审查、县区比赛选拔出116个项目进入市级大赛。经市级初赛、复赛等环节层层选拔，最终有15个优秀项目进入决赛，其中正式创业类项目9个，意向创业类项目6个。经过激烈角逐，正式创业类项目金奖由纳安生物项目摘得，银奖由新一代前列地尔脂质纳米微球制剂项目、嘉世达机器人项目、成哲翻译项目摘得，铜奖由装途网项目、育见未来项目、铁府项目、黑龙科技项目、二次元主题文化园项目摘得。意向创业类项目金奖由抗菌防霉功能材料项目摘得，银奖由基于大数据的智慧哑铃系统项目和TES英语沙龙项目摘得，铜奖由E鲜淘—果蔬生鲜整体供应链O2O平台项目、IDOR爱逗项目和向日葵篮球项目摘得。获得金奖的2个项目将分别得到5万元创业扶持基金。本次大赛选拔出的优秀项目，主办单位将在入驻创业孵化基地、创业辅导、风投融资等方面进行持续扶持。大赛主办单位还将组织本次大赛优秀项目赴北京中关村创业大街进行观摩学习、项目推介活动。

（办公室）

举办“缘定龙城　情定七夕”大型汉式集体婚礼

【举办“缘定龙城　情定七夕”大型汉式集体婚礼】 2016年8月9日，农历七夕，团市委在太原文庙举行“缘定龙城　情定七夕”大型汉式集体婚礼。22对新人着汉服，行汉礼，完成沃盥礼、对席礼、同牢礼、合卺礼、解缨礼等汉式婚礼仪式，重温中华传统婚嫁礼仪，表达了夫妻举案齐眉、百年好合的美好愿景。婚礼现场典雅、尊贵、庄敬的气韵，充分展示出中华民族文明礼仪之邦的风范。太原市政协副主席任晓峰出席活动并向新人送去美好祝福。“缘定龙城·情定七夕”大型汉式集体婚礼是团市委在全市广大青年中积极倡导移风易俗、革故鼎新，弘扬中华优秀传统文化，引领青年以实际行动践行社会主义核心价值观，树立健康文明、温馨祥和、庄重俭朴的婚嫁新风而开展的一项重要活动。活动从6月开始报名以来，引起各界青年的广泛关注，最终有22对新人参与到集体婚礼活动中，展现出新时期太原青年的精神风貌，在自己的幸福人生写下了难忘而精彩的一笔。

（办公室）

【开展“团员青年助力企业发展”系列活动】 2016年10月19日，由团市委主办的“团员青年助力企业发展”系列活动，首站在山西老陈醋集团有限公司拉开帷幕，此次活动有共建委员会成员单位的50余名青年参加。

第三人民医院委团委、市政工程管理处团委、市供销社团委组织广大青年干部深入山西老陈醋集团公司参观调研。企业负责人介绍了生产流程、企业文化，城青部部长王树峰与青年进行现场交流，通过本次活动不仅解决了企业作为4A旅游景区鲜为人知的实际困难，同时也宣传了企业的文化精髓。为在全市

城市街道区域化团建“团员青年助力企业发展”活动开好头。（办公室）

太原市妇女联合会

【概述】 2016年，在市委的坚强领导下，太原市各级妇联组织认真学习贯彻习近平总书记系列重要讲话精神，落实关于加强和改进党的群团工作的部署要求，坚持正确方向、把握时代主题，履行基本职能、推进改革创新，引领广大妇女为实现“两个走在前列”、全面建成小康社会、加快实现振兴崛起贡献巾帼力量。（曹素玲）

【扎实推进“巾帼脱贫行动”】 2016年，市妇联加大新型女农民培训力度，培训新型女农民3万余人，投入脱贫资金10万元扶持发展巾帼现代农业科技示范基地、“三八绿色工程”基地，带动妇女创业致富、就业增收。开展“春风行动—四季行”活动暨女性专场招聘会，共有100家企业提供3000多个用人岗位。开展“妇乐坊”(妇女手工作坊)—妇女手工艺培训进社区、进农村活动，举办74期培训，培训妇女8606名。发挥“巾帼家政”“巾帼手工艺”的品牌引领作用，培训32名妇女骨干，增强妇女群众创业就业的本领。女企业家协会搭建交流平台，举办“弘扬晋商精神、巾帼再建新功、助推太原发展”系列活动，鼓励女企业家积极投身经济新领域、新业态，为促进经济平稳健康发展和社会和谐稳定作出应有的贡献。（曹素玲）

【源头维权取得突破】 反家庭暴力法实施后，经市妇联多方协调，《太原市妇女权益保障条例》已纳入市人大常委会立法调研计划。发挥“太原市政策法规性别平等咨询评估委员会”的作用，参与地方性法规政策的制定、审查和评估，增强法规政策保障妇女权益的力度。认真做好妇联信访工作，规范受理办理程序，借助婚姻调解委员会以及各级妇女维权站、12338妇女维权热线阵地开展婚姻家庭矛盾纠纷大排查工作，共化解942起婚姻家庭矛盾纠纷，接待来信来访案件1869件，调处率达到99%。（曹素玲）

【开展“建设法治中国·巾帼在行动”活动】 2016年，市妇联抓住“3.8”“6.26”“11.25”“12.4”等节点，利用网络、媒体和现场咨询等各类平台，开展形式多样的妇女维权宣传活动32场，发放宣传资料30000份；举办各类法制讲座62场，受众达2万人次。全年开展心理健康培训47场，接受咨询386人，提升了妇女儿童心理健康水平。开展群众性“平安家庭”创建活动，命名市级“平安家庭”示范户130户，省级“平安家庭”示范户10户，开展社会治安风险家庭情感领域隐患大排查大整治活动，有效促进社会和谐稳定发展。（曹素玲）

【贯彻落实“三个注重”要求】 2016年，市妇联在全市广大妇女中深入开展学习宣传贯彻党的十八届六中全会和省、市第十一次党代会精神“十个一”活动，引领广大妇女把思想和行动统一到会议精神上来。开展寻找“最美家庭”活动，坚持集中联动寻找、抓住节点寻找、因地制宜寻找相结合，推进活动在城乡社区常态化开展，全市涌现出各级各类“最美家庭”2300户，11月15日召开“最美家庭”揭晓大会，为获奖家庭代表进行颁奖。贯彻习近平总书记对家风建设特别是领导干部家风建设重要指示精神，开展“树清廉家风?创最美家庭”活动，以好的家风助推党风政风建设。组织“最美家庭”成员组成志愿者宣讲团，全市各级妇联组织深入基层进行宣讲，开展最美家庭故事会、家风家训展示评议活动3000余次，受到基层群众的热烈欢迎。办好《太原妇女》，开展新媒体建设工作，强化对各类妇女先进典型、妇联各项重点工作的宣传，进一步提高妇联重点工作在主流媒体上的宣传效应。开展以“传承文明家风，争做文明家庭”为主题的“5.15”国际家庭日活动，制作《家事家风》节目，发放“好家风好家训”手册，推荐太原文明家庭标兵100户，以家庭文明助推社会文明建设。（曹素玲）

【开展巾帼志愿服务活动】 2016年，市妇联干部深入蹲点社区开展“邻里守望，姐妹互助”巾帼志愿服务活动，组织巾帼志愿者探望孤寡老人，配合做好全市征兵工作，春节期间慰问军烈属，成功举办第21届军地青年联谊会，对“最美军嫂”进行揭晓命名，以实际行动推动和谐社会建设。举办“女性文化学堂”讲座29场，受益妇女5000余人。举办“太原市家庭教育工作骨干能力提升培训班”，在全市农村、社区、学校举办家庭

教育、巡回宣讲、宣传咨询、亲子互动等活动200余场次，受益学生和家长达60多万人。（曹素玲）

【服务改善妇女儿童民生】 2016年，市妇联召开太原市妇女儿童两纲两规终期监测统计培训会议，起草编制《太原市妇女儿童发展"十三五"规划》，强力推动规划目标任务如期完成。深化"巾帼关爱行动"，持续推进落实农村妇女"两癌"免费检查、"儿童权利倡导和儿童保护""关爱母婴健康守护天使" 等惠及妇女儿童的实事项目。继续抓好社区"儿童之家"建设工作，开展"保护我们的孩子·绿丝带行动""女童青春期教育健康行" 活动和"六一"慰问活动。开展"关爱妇女生殖健康宫颈癌免费筛查"活动，为660名贫困妇女、流动妇女提供免费筛查，母亲节当天为50名贫困母亲进行免费体检。募集服务困难妇女儿童资金130余万元，开展2016"温情行动"，慰问贫困单亲母亲、贫困老龄妇女、贫困儿童、基层贫困妇联干部等困难群众700名。关爱农村留守儿童，在留守儿童集中的学校举办心理健康辅导、家庭教育公益讲座并为孩子们发放爱心书包。开展校外活动，举办电子琴、陶艺等少儿培训班，1000余人参加培训。积极开展以"书香飘万家"为主题的亲子阅读活动，向社区"儿童之家"赠送价值40万元的精美图书和文体用品，引领亲子阅读风尚，促进儿童健康成长。（曹素玲）

【加强妇联组织建设】 2016年，市妇联认真开展"四化"问题专项整治活动，持续开展妇联常委执委联系妇女群众活动、妇联干部到社区蹲点活动，完善联系服务群众的长效机制。创新基层组织建设，圆满完成县、乡、村三级妇联改建工作。全市县级兼职副主席由17名增加到49名，乡级兼职副主席由112名增加到490名，社区兼职副主席由105名增加到1424名，村兼职副主席达到1488名，妇联基层基础得到夯实。实施妇联上网工程，加强新媒体建设，创建妇联工作微信群、微信公众号，在乡镇初步建成"网上妇女之家"。继续开展市级"妇女之家"示范点评选活动，开展改革创新妇女工作观摩活动。召开市妇联十一届六次执委会，进一步贯彻落实党的群团工作会议精神。吸纳市女检察官协会等3个团体会员，进一步扩大组织覆盖。加强基层组织带头人队伍建设，举办基层妇联干部培训班55期，培训人数6540名。开设"常规课堂"和"高校课堂"，举办社区妇联主席岗位培训班、太原市第十三期女干部培训班，320余名女干部参加了学习培训。（曹素玲）

【举行专项救助金发放仪式】 2016年1月6日，市妇联举行全国"贫困母亲两癌救助"专项救助金发放仪式。根据省妇联《关于做好2015 年度全国贫困母亲两癌救助项目资金发放工作》的通知精神，经过认真审核筛选，太原市27名贫困"两癌"母亲符合救助条件，按照每人1万元标准救助。发放仪式上，市妇联主席萧芬芬、副主席柴洁亲自为患病妇女发放了救助金。受助母亲表示感谢妇联组织的关心和帮助，保持乐观心态，积极治疗，早日恢复健康。（曹素玲）

【开展2016"温情行动"】 2016年1月7日，市妇联启动了机关干部 "下基层、访妇情、办实事"暨2016巾帼关爱·温情行动，为全市10县(市、区)"两癌"患病贫困妇女、贫困单亲母亲、基层贫困妇联干部、贫困留守妇女、贫困家庭的儿童、定点扶贫村扶贫户、军烈属、残疾人、巾帼志愿者等共7类958户，发放慰问品和救助金累计30余万元，让广大妇女儿童在寒冷的冬季感受到党和政府及妇联组织对她们的关爱。2016"温情行动"为特困妇女送去每人3000元的救助金，为贫困"两癌"患病妇女送去每人1000元的慰问金，为贫困儿童送去了书包、学具，为贫困单亲母亲与贫困留守妇女送去了暖心被，为贫困基层妇女工作者送去了暖心毯，为残疾人、军烈属和贫困村民送去米、油等生活用品。（曹素玲）

【纪念"三八"国际妇女节活动】 2016年3月4日，省、市妇联联合在太原市迎泽区柳巷街道举办"建设法治山西·巾帼在行动—维权服务进社区、进家庭、到身边"纪念"三八"维权宣传活动。省妇联主席王维卿、副主席刘一平，市妇联主席萧芬芬、副主席康一萍等领导参加活动。活动以宣传《中华人民共和国反家庭暴力法》为重点，通过现场咨询、学法答题、问卷调查、专题讲座、维权服务等形式有效提升广大妇女和家庭的法律素养和依法维权能力。活动共发放《保障妇女儿童权益法律法规汇编》《婚姻家庭维权知识100问》《太原市妇联平安家庭手册》《山西省人口和计划生育条例》等相关法律法规1000多份，参加咨询群众近600人次。

节日期间，市妇联还举办丰富多彩

的纪念活动。一是召开太原市妇联十一届六次执委(扩大)会议暨纪念“三八”国际妇女节报告会，扎实开展“学系列讲话、学党章党规、做合格党员”学习教育；二是举办“春风行动”女性专场招聘会，积极为广大城乡妇女搭建就业平台；三是以“弘扬晋商精神、巾帼再立新功、助推太原发展”为主题召开各界妇女座谈会；四是开展关爱女性健康公益活动，举办女性宫颈癌公益筛查活动，为50名女企业家进行免费体检，引导她们关注健康，珍爱自己；五是开展巾帼法律志愿者宣讲团巡回讲座，组织巾帼法律志愿者深入乡镇、村(社区)，集中开展“邻里守望、姐妹互助”巾帼志愿服务活动；六是走访慰问长期坚守在岗位一线的先进妇女典型、优秀妇联干部；七是以三晋“巾帼脱贫行动”为指引，组织贫困妇女参与“妇乐坊”、种养加等各种实用技能培训，积极开展文化扶贫工作，引导贫困地区妇女争当学习型、创新型时代新女性。（曹素玲）

【省妇联王维卿主席进行妇女工作综合调研】 2016年3月28日，由省妇联主席王维卿带队的省妇女工作综合调研组，在太原市就扶贫攻坚、文明家庭创建工作及“十二五”妇女儿童发展规划执行情况开展调研。市委副书记王成出席座谈会并讲话。副市长、市妇儿工委主任王爱琴参加调研。调研组在三桥大厦召开座谈会。市委副书记王成出席会议并作重要讲话，市委组织部副部长李发平、市文明办主任詹玉梅、市扶贫办主任常红勤及市发改委的同志参加座谈会。市妇联主席萧芬芬主持会议。省妇联调研组在副市长王爱琴和市妇联主席萧芬芬等陪同下，分别深入到万柏林区丽华社区、小店区文体活动中心进行了实地调研考察。（曹素玲）

【全国妇联主席沈跃跃到并调研】 4月13日至14日，全国人大常委会副委员长、全国妇联主席沈跃跃就深入贯彻落实习近平总书记“注重家庭、注重家教、注重家风”重要指示精神，围绕家风建设，特别是党政机关干部清廉家风建设这个主题，如何在寻找“最美家庭”活动中把培树良好家风作为重中之重，推动以好的家风促进形成好的政风、社风进行调研，全国妇联副主席、书记处书记孟晓驷参加调研。省委副书记楼阳生，省委常委、省纪委书记黄晓薇，省委常委、太原市委书记吴政隆，省委常委、秘书长王伟中，省人大常委会副主任张建欣，省政协副主席、晋中市委书记张璞，太原市委常委、秘书长陈河才、市人大常委会主任弓跃分别陪同调研，省妇联主席王维卿全程陪同调研。太原市妇联主席萧芬芬参加调研活动。（曹素玲）

【启动“我爱我家·同悦书香”亲子阅读活动】 4月23日是世界读书日。由省妇联、省文化厅等主办，太原市妇联、省图书馆承办的“我爱我家·同悦书香”亲子阅读活动在山西省图书馆启动。省政协副主席朱先奇，省妇联主席王维卿，省出版传媒集团董事长梁宝印，省委宣传部副部长董晓林，省妇联副主席吴波，太原市妇儿工委主任、副市长王爱琴，太原市妇儿工委副主任、市妇联主席萧芬芬等省市领导出席了启动仪式，并共同按下了启动球，省妇联主席王维卿主持并讲话。太原市家庭代表、社区儿童之家代表、出版、阅读推广机构代表及各大媒体共计300余人参加了此次活动。（曹素玲）

【“儿童权利倡导和儿童保护”项目落户太原】 2016年6月27日，“儿童权利倡导和儿童保护”项目启动暨培训会在太原举行。国务院妇儿工委办副主任宋文珍出席会议并讲话。省政府妇儿工委办主任任晋阳作开班讲话。国际救助儿童会(英国)代表王乐女士致辞。太原市万柏林区南寒街道西矿街北社区和万柏林街道安广社区将作为试点落地实施。国务院妇儿工委办、国际救助儿童会北京代表处、省政府妇儿工委办相关工作人员以及项目市、县妇联分管妇儿工委办的副主席、妇儿工委办主任，项目所在乡镇、街道的负责人、妇联主席，项目点的负责人、专职管理人员等50余人参加了会议。（曹素玲）

【社区妇联主席岗位培训】 2016年6月15日—17日市妇联在杏花岭区委党校举办了太原市社区妇联主席岗位培训班，来自全市三批“妇女之家”示范点的150余名社区妇联主席参加了为期3天的学习培训。市妇联主席萧芬芬出席了开班仪式。此次培训在课程设置上针对社区妇联主席的需求，安排了涉及妇联基层组织建设、女性心理健康、礼仪讲座、如何做好社区妇女和“妇女之家”工作等方面的内容，受到基层妇联干部的好评。（曹素玲）

【省妇联主席张葆到市妇联调研指导】 2016年10月26日，省妇联主席张葆到市妇联调研指导妇女工作。到各部室看望了机关工作人员，仔细询问和了解大家的工作和生活情况，参观了机关的“妇女之家”、党员之家、道德讲堂、楼道文化墙等。省妇联调研室主任王云英陪同张主席调研。随后张主席与市妇联班子成员进行座谈，张主席就市妇联工作及存在的问题、意见和建议认真听取了汇报，提出一些有针对性问题，对太原市妇联的工作和取得的成绩给予肯定。

（曹素玲）

【全省乡镇（街道）妇联主席示范培训班学员观摩学习】 2016年11月30日，在省妇联主席张葆的带领下，参加山西省第二期乡镇（街道）妇联主席示范培训班的100余名学员，先后来到迎泽区迎泽街道妇联、小店区平阳路街道妇联、亲贤社区妇联进行观摩学习。市妇联主席萧芬芬陪同观摩。在迎泽街道妇联，学员们听取了街道妇联负责人关于2016年街道妇联亮点工作及推进乡镇妇联组织区域化建设改革创新工作的情况介绍，围绕构建网上妇联工作模式，学员们与街道妇联负责人进行了面对面交流。张葆充分肯定了迎泽街道妇联在积极管理创新，不断延伸工作手臂，真诚服务妇女工作中取得的成效和推进区域化建设所做的工作。在亲贤社区，学员们听取了平阳路街道妇联、亲贤社区妇联推进区域化建设的经验介绍。在社区工作人员的引导下，培训班的学员们还参观了社区大厅、放心吧、舞蹈室等，全面了解了该社区妇女工作开展的情况。

（曹素玲）

太原市归国华侨联合会

【概述】 2016年，在市委、市政府的正确领导下，在省侨联的指导下，市侨联围绕市委、市政府中心工作，扎实开展“两学一做”，深入推进党的建设，凝聚侨心、汇聚侨力，在服务经济、拓展新侨、拓展海外、维护侨益、扩大联谊、参与社会建设等方面发挥优势，主动作为，圆满完成目标任务，各项工作取得明显成效。

市侨联开展“两学一做”，深入推进党的建设

（于　丹）

【学习教育活动】 2016年，市侨联将“两学一做”学习教育与全面贯彻落实中央加强和改进群团工作意见精神相结合，按照市委部署制定学习方案和具体计划，认真组织学习贯彻党的十八大、十八届三中、四中、五中、六中全会精神，学习习近平总书记系列重要讲话精神和省、市第十一次党代会精神，学习党章党纪条例及相关法律法规，学习省市重要会议及领导讲话精神等。组织形式多样的学习、讨论、交流，中心组学习达12次，召开“四讲四有”专题讨论5次，观看警示教育片1次，举办“廉政建设”专题讲座1次，参观革命教育基地1次；干部在线学习参学率和完成率均达到100%；党员干部主动自学、抄写党章、撰写心得、积极实践，坚持学用结合，进一步强化了政治意识、大局意识、核心意识、看齐意识，侨联干部整体队伍的思想、作风和能力得到有效提高。（于　丹）

【党的建设】 2016年，市侨联按照市委《党建工作领导小组2016年工作要点》要求，认真开展党风廉政建设、基层组织建设、党员管理等各项规范化工作，落实全面从严治党责任。

制定印发《太原市侨联党组工作规则》，进一步规范侨联党组工作。健全完善了党风廉政建设工作组织机构和领导体系，制定了落实党风廉政建设主体责任和监督责任实施意见及两个责任清单，党组成员就落实“两个责任”清单签字背书，细化责任、明确分工。党组研究部署党风廉政建设和反腐败工作8次，专题研究剖析典型案例6次，组织党员干部学习《中国共产党巡视工作条例》《中国共产党廉洁自律准则》《中国共产党纪律处分条例》《关于新形势下党内政治生活的若干准则》《中国共产党党内监督条例》等党风廉政建设法规制度。

认真完成了党支部“六项工作”排查任务。针对机关党支部建设“六项工作”要求，坚持问题导向，立查立改，将原有13名非公企业党员组织关系成功转移至企业所在地街道党工委；机关党支部顺利完成换届；党员党费全部按季及时足额交纳，因工资变动延迟导致的部分党费缺漏也已计算补缴并将情况上报。

（于　丹）

【法治建设】 2016年，市侨联成立以党组书记为组长的法治建设领导小组，党组书记承担积极推进法治建设首要职

责，主动研究部署法治建设工作，带头推进落实各项任务。建立太原市侨联领导干部法治讲座制度、党组中心组学法制度，制定了《法治建设工作要点》《法治建设工作实施方案》《关于"三重一大"事项决策实施细则》，制定并下发《关于在全市归侨侨眷中开展法治宣传教育的第七个五年规划》，坚持把法治建设、普法宣传纳入年度工作目标，强化工作保障。

利用各种活动宣传和讲解《中华人民共和国归侨侨眷权益保护法》及其实施办法。结合干部在线学习，深入落实学法用法制度；领导干部积极参与相关法规培训、考试和干部自主选学，积极参加了山西省"六五"普法中期无纸化法律知识考试，成绩合格率100%；选派工作人员参加市司法局举办的"太原市2016年普法骨干培训班"；增强侨联干部的行政能力，确保在工作中运用法治思维、依法办事。 (于　丹)

【服务经济】 2016年，市侨联不断加强与海内外华人华侨、侨商组织和各地市侨联的联系，进一步服务全市经济发展。组织了黑龙江省汤原县太原招商说明会及商务洽谈会；组织辽宁侨资企业代表团太原经贸投资推介座谈会；参与组织"晋浙互联网+分享经济项目跨界合作对接会"，搭建太原与杭州两地电商项目洽谈的交流平台；继续拓展与海外侨团的联系，会见了到访的同乡会和华人协会代表，联络并新增友好侨团5个；邀请石家庄市侨联来并考察，组织侨资企业参加"2016年中国·石家庄国际投资合作洽谈会"；赴哈尔滨、牡丹江市开展了商务考察交流。 (于　丹)

【对外交流】 2016年，市侨联发挥联系海外的窗口作用，以"文化太原·侨联四海"为主题，不断拓展太原市文化交流渠道。组织参加中侨联主办的华侨华人美术书法展、世界华人学生作文大赛，组织了中日友好书画篆刻交流展、美国南加州华人新侨暨山西华人华侨图片展，增强中华文化的亲和力、影响力；协助举行2016年全球唐氏山西祭祖活动，进一步扩大三晋文化在海外的影响力，不断提升太原的海外知名度。 (于　丹)

【助推创业】 2016年，市侨联发挥侨联桥梁纽带作用帮助海归创业和引进人才。指导太原海归协会、太原海归俱乐部举办年会，组织"宏观经济金融形势与创新创业路径"主旨演讲会；带领海归赴多家"双创"基地、众创空间交流学习，为海归创业协调场地及加工基地选址，赴外地学习考察，为海归青年创新创业牵线搭桥，不断激发出海归及新侨群体的组织活力。 (于　丹)

【群众活动】 2016年，市侨联注重丰富侨界群众生活，继续开展"侨之家"品牌活动，主办《晋音笛韵·春之约》音乐会；组织《人说山西好风光》民歌解析会；组织《规则人生不规则的命—解读白鹿原》读书会；举办省城侨界新春联谊会，侨界群众及海外华人华侨150余人参加活动，向海外华人华侨邮寄新春贺卡、《致海外华人华侨的一封信》及手工剪纸《金猴送福》，为省城归侨侨眷赠送春联等。 (于　丹)

组织参加山西省侨联系统干部培训班

【维护侨益】 2016年，市侨联坚持开展"走基层访侨户"和"送温暖、献爱心"活动，多渠道、多领域、多层面深入开展对困难归侨侨眷的救济、帮扶等工作，走访慰问侨界老领导、海外侨领亲属、生活困难的归侨侨眷群众共计103户，发放慰问金5万余元。在对全市归侨进行了摸底核实的基础上，为60周岁以上困难归侨发放每人每月200元的生活补贴，对32位困难归侨侨眷进行了大病救助，为省城65岁以上老归侨开展免费体检，使侨界群众深切感受到侨联组织的真情关爱。 (于　丹)

【公益扶贫】 2016年，市侨联积极扶助对口扶贫古交市岔口乡周山庄村，为19户贫困户建档立卡，制定扶助计划。联系协调市水务局落实村民饮水和灌溉设施维修工程的立项；联系市人民医院深入农村开展扶贫义诊活动；自筹资金2万余元为村委会购置了办公设施设备；给全体村民按户购买了枣树苗，送去价值1.5万元面粉。第一书记李春丽还自费为患病村民补交养老保险金，为全村80岁以上老人赠送米、面、油等慰问品，为一户特困家庭送去慰问金1000元。立足"侨爱心"公益平台，积极协调落实了中国侨联公益基金会助残项目，对岔口乡贫困家庭儿童进行免费手术救治3例，费用超过10万元，并把"华侨小水滴困境儿童寄养中心"落地到古交市中医院。 (于　丹)

【基层建设】 2016年，市侨联进一步加强自身建设，提升基层工作水平。先后组织基层干部参加了中国侨联、国侨办、省侨联、市委统战部组织的业务培训，不断提高侨联干部的工作能力和水平。指导基层侨联创造性的开展工作，各县区侨联组织健全、活动丰富，把服务延伸至社区，为老归侨开通老年日间照料室、社区卫生医疗绿色通道，举办电影招待会、侨法宣传日、侨界群众科学日等形式多样的活动，不断增强与侨界群众的感情。

（于　丹）

太原市红十字会

【概述】 2016年，太原市红十字会以人道、博爱、奉献的红十字精神，提升市县两级红会依法建会水平。市财政局将市红十字会备灾仓库租赁经费常态纳入预算，每年预算18万元用于600平米备灾仓库租赁以及日常维护管理。继续完善依法建会、依法治会工作，县级红会体制理顺工作有较大进展。博爱一日捐募捐活动、博爱送万家、应急救护进学校工作做到县（市、区）全覆盖。2016年3月，市红十字会被省人社厅、省红十字会评为“先进集体”；2016年7月，市红十字会荣获中国红十字会总会“2016年度全国红十字防灾避险知识竞赛最佳组织三等奖”。（办公室）

【应急救护】 提高应急备灾能力，建立600平米市红十字会备灾救灾库，采购35万元应急储备物资。“应急救护进学校”拓展开展市直64所、县属51所学校心肺复苏专题培训活动，普及2.3万人次，现场心肺复苏技术培训纳入两所中学高一新生军训的内容；创新开展“一站（所）一员”应急救护培训进社区（农村）工作，培训村（社区）红十字救护员820名。（办公室）

【人道救助】 持续开展博爱募捐和人道救助工作，全市共接收捐款200.83万元，其中市本级接收70.3万元，继续“红十字博爱光明行”救助项目，救助困难家庭75位老人、25名儿童免费手术治疗；开展红会系统“博爱送万家”活动，对全市6000余户（市本级2000户）贫困家庭进行慰问救助活动。创新开展“红十字博爱助学”救助活动，助学大学生89名28万元，市本级救助大学生42名、救助金12.6万元。（办公室）

【无偿献血】 完成3例造血干细胞捐献工作，遗体捐献稳妥发展。组织开展4.1太原市遗体捐献纪念日、5.8世界红十字日、6.14无偿献血者日等宣传活动。（办公室）

【媒体宣传】 4月1日，由市红十字会、市民政局、山西晚报社、太原仙居园发展有限公司联合举办，山西省职工医学院承办的第五个“太原市遗体捐献纪念日活动”在天龙山仙居园遗体捐献纪念园举行。参加活动的有相关单位的领导、遗体捐献者亲属及志愿者代表、山西医科大学、山西职工医学院、山西省眼科医院、太原市卫生学校、太原爱尔眼科医院代表、仙居园部分工作人员、社会人士代表及省城新闻媒体的记者300余人。2016年，登记遗体（角膜）捐献志愿者67人，实现遗体（角膜）捐献16例，其中实现角膜捐献15人。（办公室）

2016年5月6日，第69个世界红十字日活动，在玉门河公园太原卫校的学生表演心肺复苏操

太原市残疾人联合会

【概述】 2016年，太原市残疾人联合会带领全系统干部职工以开展“两学一做”学习教育为契机，以加快推进残疾人小康进程为目标，构建残疾人社会保障和社会服务体系，突出抓好残疾人康复、就业、教育、扶贫等重点业务工作，取得明显成效。市残联被省政府残工委授予“全省残疾人工作先进单位”称号，连续第九年被市委、市政府评为“文明单位标兵”。

（办公室）

【康复服务】 推进残疾人社区康复工作，开展康复人才培养和残疾人辅助器具适配工作，组织实施各类康复救助项目，完成年度康复工作任务。国家彩票公益金为100名智障儿童提供康复训练，为31名贫困听力残疾人配发助听器。省彩票公益金为贫困残疾人免费发放辅助器具4700件，救助残疾儿童90名。省财政专项资金为256名贫困精神病患者提供医疗救助，其中，救助服药病人235名，住院病人21名。市本级自筹资金21万元为700名贫困肢体残疾人配发辅助器具。市残联全年共培训康复协调员350名，组织康复技术人员参加各类残疾儿童师资培训班20人次。残疾儿童随报及早期康复试点城市工作进展顺利，太原市中心医院等十家试点医院完成医院管理系统升级改造，对150名门诊及住院医生进行残疾鉴定业务培训。

（办公室）

【劳动就业】 注重加强残疾人劳动就业工作，做好残疾人职业技能培训、求职登记、就业咨询、专场招聘会等工作，帮助有劳动能力的残疾人实现自食其力。联合市财政局开展市本级"十三五"期间残疾人培训基地资格认定工作，并向认定合格的10家残疾人培训基地授匾。全市共培训残疾人1273人，完成省残联下达任务的102.66%；安置残疾人就业844人，完成新增就业任务的117%；征收残疾人就业保障金9295万元，位居全省前列；完成农村残疾人实用技术培训595人；申报创建18家省级盲人按摩示范店；"太原市残疾人就业创业网络服务平台"建设项目已经立项，并已落实20万元经费，与中残联进行技术对接。

（办公室）

【扶贫及社会保障】 以并政发〔2016〕29号文件正式出台《关于加快推进残疾人小康进程的实施意见》，从做好残疾人基本民生保障、促进残疾人及其家庭就业增收、提升残疾人基本公共服务水平、发挥社会力量和市场机制作用和加强对推进残疾人小康进程的组织领导等五个方面提出政策措施，对重点任务分工及进度安排提出明确要求。

落实市政府《关于发放困难残疾人生活补贴和重度残疾人护理补贴的实施意见》，全年共为33126名重度残疾人发放护理补贴，完成年度考核指标的166%，共发放补贴资金2001.7万元。阳曲县、娄烦县各申报2家省级农村残疾人扶贫基地，共安置40名有劳动能力的残疾人实现就业，辐射带动80户残疾人贫困户发展种养殖业。全市13099名城乡残疾人享受低保，有8868名残疾人由政府代缴城镇居民医疗保险；共慰问贫困残疾人2429人(次)，发放慰问金、慰问品价值合计100余万元；完成157户农村基层党组织助残扶贫任务。市残联累计为23486名残疾人办理"助残乘车卡"；为符合条件的927名拥有专用机动轮椅代步车的下肢残疾人申报发放燃油补贴，完成年度考核指标的100%；为140名残疾学生和残疾人子女申报相关助学项目；对231名考取驾照的残疾人发放补贴46万余元。在全市脱贫工作中，市残联包扶的阳曲县水头村采取"养殖＋劳务"多元化脱贫模式，办起肉牛养殖场。全村83户建档立卡贫困户已有49户脱贫。

（办公室）

【"全国助残日"活动】 市残联与"心未来"网络平台共同向30名贫困残疾人捐赠米、面、鸡蛋等生活必需品；组织部分盲人文艺骨干深入杏花岭区敦化坊社区进行文艺演出。杏花岭区残联对180名贫困残疾人发放救助金9.3万元；举办残疾人专场招聘会，有220余名残疾人与用工企业达成就业意向。晋源区残联为贫困残疾人发放120件辅助器具，为15户贫困残疾儿童家庭送去米、面、油等慰问品。尖草坪区残联为30名贫困家庭的残疾儿童发放慰问金共计6000元，向区培智学校发放慰问金3000元。清徐县残联为45名残疾学生发放校服和学习用品，为贫困残疾人发放113件辅助器具。

（办公室）

【信访维权】 市县两级残联全部建立健全残疾人维权工作机制，全市80%的社区(村)建立残疾人维权示范岗，共开通残疾人维权热线21部。市残联坚持落实理事长信访接待制度和律师周三法律咨询制度，正式开通12385残疾人信访专线，全年接待各类残疾人来信来访221人/次，处理中残联、省残联网上转交信访案件7件，"12345"热线转办的信访案件12件，实施彩票公益金残疾人法律救助案件24例，临时救助特困残疾人24人，残疾人上访率大幅下降，群体访和集体访零发生。同时，做好残疾人人大代表、政协委员参政议政工作，开展代表、委员和贫困残疾人挽手帮扶活动；做好残疾人申领驾照工作，全年共有84名残疾人考取机动车驾驶证。

开展残疾人法制宣传工作。全市残联系统组织法律法规培训31场(次)，宣传39场(次)，参加人数9345人次，发放相关资料980余册，增强残疾人和残疾人工作者的知法守法用法意识。

贯彻落实《无障碍环境建设条例》，在全市主要街道设置无障碍标识牌并做好日常维护工作，在机场、火车站等部分大型公共场所设立盲文地图，筹集55万余元对84户贫困残疾人家庭进行无障碍改造，安装低位灶台、坐便器扶手、升降凉衣架、紧急呼叫器等无障碍设施，方便残疾人的日常生活。

（办公室）

【文体宣传】 全年各级新闻媒体共编发宣传全市残疾人工作、自强典型、助残

太原市第二十八次残联工作会议

先进事迹的稿件176篇（条）；太原电台播出《我想听你说》残疾人专题栏目40期；太原电视台每周日播出一期残疾人手语专题节目；太原残联信息网全年共登载残疾人工作信息120余条，年度点击量突破10余万次。组织市残疾人文学创作组外出采风并编辑出版年刊《丑小鸭》；向基层残联配发价值5万元的残疾人康复体育器材；组织开展残疾人健身周、残疾人文化周、第十次“全国特奥日”等活动；配合省残联完成选拔残疾青少年运动员、“两微一端“建设推广等工作，活跃残疾人的文化体育生活。

（办公室）

【基层基础工作】 105个乡镇（街道）残联共配备87名残疾人专职委员，其中公益性岗位安置62名；924个行政村和562个社区成立村（社区）残疾人协会，配备1263名残疾人专职委员，其中公益性岗位安置83名。残疾人专门协会工作日益活跃，市聋协组织开展免费体检、健康养生保健讲座、“穗宝杯” 全国听障朗诵大赛太原选拔赛等活动；市精协组织“爱在蓝天下画展”慈善义卖活动；市肢协和太原铁路局共同邀请40余名残疾人体验太原站的无障碍设施。做好残疾人状况监测工作，及时更新信息库数据。全市累计核发第二代《残疾人证》90384本，办证率达到53.2%，位居全省前列。

（办公室）

【自身建设】 市残联领导班子以开展“两学一做”学习教育为契机，坚持党的建设与残疾人工作同研究、同部署、同落实，统筹抓好机关党的建设、党风廉政建设和文明单位创建工作。一是采取中心组学习、上党课和个人自学等形式，组织干部职工学习党章和党的十八大精神以及习近平总书记系列重要讲话精神。二是加强党风廉政建设，全面落实“两个责任”。制定下发《市残联2016年纪检工作要点》，对审计工作提出的问题进行整改。三是开展文明单位创建活动。组织“我们的节日”元宵文艺汇演活动、志愿者服务活动、关爱未成年残疾人活动、健步行活动、“博爱一日捐” 和 “中华慈善日” 捐助活动。并启动双拥单位创建工作，与驻并某预备役通信团签订双拥共建协议，“八一” 前夕开展慰问部队官兵活动。四是健全机关管理制度，完善财务、监督、安全工作流程，提高工作效率。

（办公室）

太原市慈善总会

【概述】 2016年，太原慈善工作按照“募集慈善资金，救助贫困人群，缓解社会矛盾，促进文明和谐”的工作思路，动员社会各界参与慈善、奉献爱心，推进慈善事业健康发展。举办《慈善法》培训，开展“中华慈善日”送温暖、献爱心活动。全市共募集慈善款物和项目费用2237.52万元。其中：市慈善总会接收捐款449.01万元，捐物399.2万元，项目费用802.42万元；十个县（市、区）慈善会接收款物586.89万元。 （办公室）

【慈善救助】 一是“技能扶贫”助学。太原慈善职业技术学校招收500名学生，全部来自低保、残疾和建档立卡等贫困家庭，学生在校期间免收学费、食宿、服装等一切费用，培养贫困学子掌握一技之长、顺利实现就业、摆脱家庭贫困。“圆梦校园”助学支出63万元，对173名考取大学和高中的特困学生予以救助。“爱心手拉手”助学支出32万元，定向救助69名贫困学子。二是慈善助困。元旦、春节之际，市民政局、市慈善总会开展“送温暖、献爱心”慈善救助。支出30万元对1000户低保困难家庭给予米面油救助；支出100万元对市直机关大病职工和捐款企事业单位困难职工给予救助；支出物资400万元，对环卫职工和低保贫困家庭给予百圆裤业的裤子等物资救助。10个县（市、区）慈善会支出款物430万元，对建档立卡户和低保、残疾等特困家庭予以救助。三是项目救助。“爱必妥”直肠癌项目救助支出452万元，对符合条件的直肠癌患者发放药品1200支。“拜科奇” 血友病项目支出善款63万元，救助血友病患者65人次。四是慈善关爱。“关护通” 智慧居家养老项目为1000名居家老人免费发放智能终端机。“邓太净水器”项目免费为敬老院、福利院等机构发放400台净水器。“孝行天下，关爱老人”活动，对新村敬老院的100多名老人给予物资救助。“情系孤儿”活动对残臂女孩高思恩等孤儿予以救助。五是联合太原音乐广播小桔灯爱心联盟开展 “帮扶曲沃果农，关爱环卫职工”活动，支出6.4万元购买临汾曲沃村民滞销的4万

市慈善总会召开第二届理事会第四次会议

袁高锁会长在慈善学校观看学生作品展示

斤苹果,定向救助环卫职工。六是“慈善关爱、送医下乡”。组织黄河医院、爱尔康明眼科医院、博大泌尿医院、现代妇产医院、太原同济医院等11家医院的80多名医护人员,携带医疗设备深入古交市、清徐县的6个乡镇和敬老院,为孤寡老人和贫困人群免费体检和送医送药。

(办公室)

【慈善宣传】 全年在主流媒体刊发稿件176篇,其中《太原新闻》头条播出“培养拔尖,搭建平台,学生就业有保障”和“精准扶贫,技能助学,家庭脱贫有指望”两集12分钟的专题片,对慈善学校技能扶贫、精准救助的助学模式予以重点报道;太原日报头版头条刊发“中华慈善日、邀您献爱心”和“我市两节送温暖、献爱心慈善救助活动展开”的新闻,营造人人参与慈善、人人奉献爱心的氛围。加强新媒体建设,慈善总会微信公众平台推送12期63条慈善工作动态。慈善总会网站按照相关规定进行管理和等级保护备案,维护更新和上传资料127条,网站浏览点击率78万人次,提升慈善组织的公信力和影响力。 (办公室)

【县区慈善救助】 各县区慈善会围绕《慈善法》的学习贯彻,开展慈善捐助活动。小店区慈善会募集善款125万元,支出114万元救助贫困人群2000余人次。迎泽区慈善项目多样化,开展“关爱困难空巢老人”“社区温暖公益行”等活动,支出款物52.4万元,救助贫困人群1494人次。杏花岭区慈善会募集善款60.52万元,开展“杏花春雷”“一帮一”助学等活动,支出51.16万元,救助贫困人群770人次。万柏林区慈善会开展“中华慈善日”活动,募集善款47.18万元,支出38.87万元救助贫困人群606人次。尖草坪区四大班子领导带头捐款,区慈善会募集款物80万元,支出56万元救助贫困人群1000人次。晋源区慈善会募集善款32万元,支出36.77万元,救助贫困学子和特困大病患者等647人次。古交市慈善会募集款物40.32万元,围绕“慈善促和谐,温暖送万家”等活动,支出53万元救助贫困人群700人次。清徐县慈善会募集善款61.09万元,设立“清徐农商银行慈善基金”“点亮爱的心灯慈善微基金”等,支出40余万元救助贫困人群2050人次。阳曲县慈善会围绕全县整体脱贫的实际,在精准扶贫上搞创新,全年募集善款26.2万元,支出善款28万元,救助建档立卡等贫困户676人次。娄烦县慈善会支出善款30万元,开展“送温暖、献爱心”慈善活动,让贫困人群过好新春佳节。 (办公室)

太原市关心下一代工作委员会

【概述】 2016年,太原市关心下一代工作委员会(市关工委)学习贯彻习总书记“8.25”重要指示,落实中央八项规定精神,开展“两学一做”学习教育,加强关工队伍建设,落实五大发展理念,搭建德育教育平台,培养先进典型;夯实基层工作基础,以青少年成长成才为核心,提升关心下一代工作水平。

各级党委、政府加强对关心下一代工作的指导,帮助解决实际困难和问题;重视发挥“五老”作用,组织动员更多“五老”参与到关心下一代事业中,引导青少年树立和践行社会主义核心价值观。

(办公室)

【核心价值体系教育】 开展“中华魂”主题读书活动,全市获2016年度全国“中华魂”主题教育活动先进集体荣誉。获奖的还有小店区关工委、尖草坪区坪西小学、万柏林区关工委。同时,太原市清徐县教育局高向东等6人获先进个人称号;晋源区教育局刘桂娥等23人获优秀辅导员称号;小店区加节小学郝瑞驰等7名小学生获一等奖;万柏林区实验小学侯景玥等11名小学生获二等奖;尖草坪区汇丰中学孙少聪等23名青少年获三等奖。

创新开展安全教育工作。在第21个全国中小学生安全教育日活动中,市关工委、市教育局联合主办“宝贝平安”太原市未成年人安全教育展开幕暨关心下一代安全法制教育光盘捐赠仪式。展出作品近百幅,内容遵循中小学生、幼儿的年龄特点和认知程度,包括校园安全、家庭安全、假期安全、交通安全、心理安全及自然灾害避险逃生六个单元,展出时间达一个月,参观人数达5万人次。此外,举办安全知识现场问答抽奖活动,普及安全常识,并免费发放“儿童安全身份识别卡”。

5月28日至7月8日，市关工委与市教育局、文化局联合在太原美术馆举办第五届中国·太原“关工杯”《中国故事》少儿美术作品大展赛。画展共向十县（市、区）教育系统和大型企业征集少儿美术书画作品和美术教师优秀美术作品1万余幅，经层层筛选，展出优秀书画、美术作品2400余幅。（办公室）

【基层建设】 民营企业家捐助500万元用于专门救助特困无助家庭初中毕业子女，10多年已使近1000名孩子走出困境，51%以上升学，其余参军、就业；由十三冶下岗职工、市关工委委员韩雅琴创办的太原市关心下一代“失足青少年教育基地”20多年已救助安置刑释人员691余名，一些经过培训创业的“子弟”，成为社会企业的明星。由高绍军创办的“山西会馆”连锁店，每年利税达800万元；由张国亮创办的爱心馒头企业，吸收就业人员400多人，其中刑释人员40多人，残疾人140多人，每天生产2万多斤面粉的馒头、包子，以低于市场20%的价格创下市内最便宜的熟食品牌。由民营企业家、喜宝妇儿商城董事长乔奋生创立的“太原市关心下一代志愿联合会”，经民政局正式批准，成立由100多家中小企业参加的关爱弱势青少年的民间组织。为农民工子女、打工族子女、城中村改造失地子女提供学习、生活资助，并创办科学育儿教育教学平台，请北京等地的爱心教育家长为学汇丰街办及流沙波学校举办义务讲座。

基层工作部开展调查研究，推动全面工作。迎泽区庙前街道关工委在工作实践中探索新途径，建立关心下一代工作委员会微信群网络工作平台；桥东街道党工委、办事处关工委坚持以党建带关工，在实际工作中做到三同，即同研究、同落实、同考核，全面提升街道关心下一代工作水平。杏花岭区程家村西社区关工委根据本社区内“候鸟”多的特点，整合辖区内关心下一代工作的资源，开展以“关爱之光，‘候鸟’飞翔”为主题的帮教活动。

尖草坪区关工委狠抓“五老”队伍建设；万柏林区关工委创建“五好”基层关工委常态化，推动创新发展；古交市关工委坚持调查研究，抓典型，促全面，工作上都取得新发展。（办公室）

法 治
Legal System

政府法制

【概述】 2016年，市政府法制办在市委、市政府的坚强领导下，认真贯彻落实党的十八大、十八届三中、四中、五中、六中全会精神和习近平总书记系列重要讲话精神以及省、市党代会精神，严格按照中共中央、国务院印发的《法治政府建设实施纲要（2015—2020年）》要求和省、市工作部署，不断强化"法律至上、服务为先"的工作理念，树立"马上就办、真抓实干"的工作作风，坚定"积极作为、认真履职"的工作态度，进一步提升政府立法质量，强化规范性文件管理，严格行政执法监督，创新行政复议工作，扎实开展"两学一做"学习教育，不断加强机关自身建设，努力推动政府法治建设工作不断取得新的成绩。（办公室）

【突出重点领域，提升政府立法质量】 起草修改关于开发区行政管理事项的决定。多年来，太原市各开发区作为全市经济发展的"试验田"和"排头兵"，为引领带动全市经济社会发展发挥了突出作用。为进一步理顺开发区行政执法体制，有效促进和规范开发区建设与发展，太原市将制定出台《关于开发区行政管理事项的决定》作为年度重要工作任务。年初，市政府法制办会同相关单位，经过考察调研、征求意见、专家论证、集体讨论等环节，并认真学习借鉴外地好的做法，特别是重庆、汕头等城市对开发区管理的立法经验，起草了《决定（草案）》，从适用范围、开发区管委会职责、职能机构职责、监督管理等方面对太原市开发区行政管理相关事项作了具体规定。《决定（草案）》经市政府研究通过后，提请市人大常委会进行审议，该《决定》已经市人大常委会审议通过并公布实施。

做好地方性法规草案的起草审核工作。一是为进一步规范太原市学校规划、建设和管理，解决当前教育与城市发展不同步、教育资源短缺和保护不力等问题，促进全市教育事业健康均衡发展，审核修改了《太原市中小学校幼儿园规划建设条例（草案）》。该《条例》已经市人大常委会审议通过并经省人大常委会批准，于2017年1月1日起施行。二是为进一步规范物业管理活动，维护物业服务各方的合法权益，促进和谐社区建设，改善人民群众的生活和工作环境，审核修改了《太原市物业管理条例（草案）》。三是为加强全市餐厨废弃物管理，维护城市市容环境整洁，保障食品安全，审核修改了《太原市餐厨废弃物管理条例（草案）》。以上两件法规草案已经市十三届人大常委会第四十五次会议审议通过，待省人大常委会批准后施行。四是参与审核修改《太原市立法条例修正案》。对市人大法制委修改的《太原市立法条例修正案（征求意见稿）》进行认真研究，提出修改意见和建议，该《条例修正案》已公布实施。

认真开展政府规章清理工作。根据省政府办公厅《关于开展政府规章清理工作的通知》（晋政办发电〔2016〕18号）要求，积极开展市政府规章清理工作，对涉及26个部门的49件现行有效的政府规章进行了认真研究讨论，并广泛征求各相关单位意见，最终保留42件、修改1件、废止6件。清理意见经12月8日市政府常务会议审议通过，并在太原日报予以公布，将于2017年3月1日起施行。

深入推进政府规章立法后评估工作。为规范政府规章立法后评估工作，提高立法质量，根据《法治政府建设实施纲要（2015-2020年）》等有关规定，在广泛调研论证的基础上，经过多次修改完善，于8月5日以市政府办公厅名义印发了《太原市政府规章立法后评估办法》。根据《办法》要求，积极开展对2009年12月起施行的市政府规章《太原历史文化名城保护办法》的立法后评估工作。市政府法制办会同市规划局，通过座谈讨论、征求意见、实地调研等方式，全面深入了解了该《办法》的贯彻实施情况，形成评估报告，报市政府同意转有关部门办理，对下一步完善相关规定、提升管理水平具有重要的借鉴意义。

按时完成有关部门征求意见的回复工作。全年完成对国家、省、市相关部门的征求意见项目共28件，包括：完成法律法规征求意见项目14件，其中法律1件，即国务院法制办发来的《水污染防治法(修订草案)》，国家行政法规1件，即国务院法制办发来的《住房公积金管理条例(修订草案)》，地方性法规12件，即《山西省安全生产条例(修订草案)》等；完成规章征求意见项目9件，即《山西省著名商标认定和保护办法(草案)》等；完成规范性文件征求意见项目5件，即《山西省环境保护工作职责规定(试行)》等。对每一件征求意见稿，高度重视，认真对待，有针对性地征求相关部门及各方面的意见，经汇总研究后提出具体修改意见，及时进行上报反馈。

继续充实完善法律专家库。进一步充实法律顾问人才队伍，充分发挥法律专家在推进法治建设中的积极作用。在前期工作成果的基础上，积极扩大专家库成员队伍，又吸纳了来自山西大学法学院及律师事务所等单位的6名专家。法律专家库成员已达72人，法律专家库日趋健全完善，有力地推进立法工作及法律服务工作水平的进一步提升。

(办公室)

【完善规范性文件管理】 2016年市政府法制办认真做好规范性文件的前置审查工作。深入贯彻《太原市行政规范性文件管理办法》，落实"三统一""两编号""双汇报"制度规定。进一步明确规范性文件制定和备案审查程序，理顺部门关系，提高规范性文件办理效率。市政府法制办参与各类文件的起草、协调、审查、咨询约700余件，其中市领导批示审查的244件，涉及规范性文件106件。

加大规范性文件的备案力度。按照规定，向国务院、省人大、省政府、市人大报备政府规章1件，向省政府、市人大报备规范性文件36件，确保备案率、合格率、及时率达到100%。认真督促、指导各县(市、区)及市直各部门，积极发挥各级政府法制机构在规范性文件备案工作中的作用。在此基础上，对报备的规范性文件进行严格审查，及时纠正规范性文件中违法或不适当的问题，增强其可操作性，确保审查率达到100%。全年共备案审查县(市、区)及市直各部门规范性文件36件。为提高规范性文件报备率，要求所有规范性文件制定主体报送2015年发文目录及规范性文件目录，并对各单位报送情况逐一进行比对分析，查找漏报文件，分析存在问题及原因，有针对性地制定了改进措施，并起草了《关于2015年度太原市行政规范性文件备案审查情况的报告》。

做好规范性文件清理工作。为切实维护法制统一，深入推进依法行政，对市政府和市政府办公厅2015年12月31日前发布的行政规范性文件进行了全面清理。12月2日，市政府印发了《太原市人民政府关于公布规范性文件清理结果目录的通知》(并政发〔2016〕75号)，并于12月10日在《太原日报》全文刊登向社会予以公布。此次清理工作在2014年清理工作的基础上展开，涉及规范性文件清理责任主体78家，纳入清理范围的规范性文件有1216件，其中市政府及市政府办公厅规范性文件291件。经过清理，保留880件，其中市政府及办公厅规范性文件189件，各县(市、区)人民政府、各开发区(园区)管委会和市直各委、局、办制定的规范性文件691件；废止336件，其中市政府及办公厅规范性文件102件，各县(市、区)人民政府，各开发区(园区)管委会和市直各委、局、办制定的规范性文件234件。按照国家和省的要求，完成了招投标、统计等相关规范性文件的专项清理工作。

加强规范性文件动态管理。为提升规范性文件的管理水平，确保太原市规范性文件能够根据国家法律法规和上级政策的变动而及时调整，着力加强了对规范性文件的动态管理工作。4月20日，制定出台了《太原市行政规范性文件管理实施细则》，实现了规范性文件从定期清理向动态管理的转变，有效提升了规范性文件的动态管理水平。加强规范性文件的网络动态管理，通过科学分类、规范细化检索信息、公布规范性文件效力状态等措施，促进规范性文件管理工作的信息化与科学化。 (办公室)

【严格监督管理，规范行政执法】 2016年市政府法制办严格行政执法证件审核注册工作。为严格行政执法人员资格管理，组织开展了行政执法证件审核注册工作。经全面审核，共对涉及10个县(市、区)，31个市直行政执法主体单位和2个法律、法规授权单位的8388个行政执法（监督）证件进行了审核注册，进一步强化行政执法人员日常监管。

落实执法人员资格管理制度。为加强太原市行政执法队伍建设，严格实行行政执法人员持证上岗和资格管理制度，强化落实申领行政执法证件单位的人员资格审查主体责任和法制机构的监管主体责任，结合印发的《关于进一步加强行政执法人员资格审查和资格认证考试工作的通知》(并政法发〔2015〕3号)，全年共组织2100余名行政执法人员进行人机对话培训考试。

开展法规规章贯彻实施情况专项检查。对全市各相关单位开展《山西省行政执法条例》《山西省行政执法证件管理办法》及《太原市行政执法基本规范》等法规规章贯彻落实情况进行专项检查，进一步加大行政执法监督力度。8月底，省政府法制办副主任李云涛带领检查组分别前往杏花岭区政府、经济区管委会、市食药监局等单位进行指导。通过检查，全面了解了太原市贯彻落实法规规章情况，总结各单位在规范行政执法行为和程序、严格行政执法主体和人员资格管理、加强行政执法监督等方面的好经验、好做法，查找存在的突出问题，促进了严格规范公正文明执法，确保各项规定全面贯彻实施。

开展行政许可案卷检查工作。为推进行政执法规范化建设，在全市开展了行政许可案卷检查工作，采取单位自查、重点抽查、检查验收等方式，全面梳理各单位行政许可案卷有关情况，进一步规范行政执法行为。市政府法制办详细评查了涉及27家行政执法单位的270余册行政许可案卷，对评查结果进行了认真总结，并将评查情况及时反馈。

积极探索建立行政执法全过程记录制度。为促进依法行政，提高执法能力和水平，按照全市依法行政工作会议精神，印发了《关于建立行政执法全过程记录制度的通知》（并政法发〔2016〕9号），积极探索在全市建立和推行行政执法全过程记录制度，并确定市公安局、市交通局、市城乡管委、市食药监局、杏花岭区、迎泽区作为市级重点联络单位。各单位积极行动，采取多种措施，有力推进了工作的深入开展。

严格规范行政执法裁量权。为深入贯彻《纲要》要求，在学习借鉴南京市等先进经验的基础上，市政府法制办紧密结合工作实际，起草制定并以市政府办公厅名义印发了《太原市规范行政执法裁量权规定》（并政办发〔2016〕91号），制定出台了《关于进一步搞好重大行政处罚决定备案工作的通知》（并政法发〔2016〕19号）。《规定》和《通知》的出台，有利于全市各级行政执法机关进一步规范行政执法裁量权，提高行政执法人员办案水平和效率，有效保障行政执法的公开与透明，从源头上防止权力滥用。

推进"双随机一公开"加强事中事后监管。为贯彻落实市政府办公厅《关于印发太原市全面推行"双随机一公开"工作加强事中事后监管实施方案的通知》（并政办发〔2016〕67号）文件精神，市政府法制办根据全市工作要求，制定印发《关于全面推行"双随机一公开"工作搞好建立行政执法检查人员名录库等有关工作的通知》（并政法发〔2016〕16号）。市直各部门积极行动，依据本部门随机抽查事项清单及市场主体名录库所确定的执法检查范围及对象，选取相关领域执法人员，建立了本部门行政执法检查人员名录库。经市政府法制办梳理汇总，初步形成了市级随机抽查行政执法人员名录库。市直各部门结合所辖区域地理环境、执法力量、业务专长、保障水平等因素，建立起随机抽取检查对象、随机选派执法检查人员的"双随机"抽查机制，并向市政府法制办报送了本部门随机抽查工作细则。

巩固示范单位创建成果。在几年来开展市级依法行政示范单位创建活动的基础上，进一步巩固活动成果，认真搞好创建活动"回头看"，同时强化对基层先进单位的培养力度，有效督促各单位严格按照要求，高标准、高质量做好依法行政各项工作，切实起到示范引领的表率作用。共选树省级依法行政示范单位5家，市级依法行政示范单位27家。8月19日，召开全市依法行政示范单位经验交流座谈会，推动交流学习，相互促进提高。通过深入开展依法行政示范单位创建活动，树立了典型，推广了经验，为营造良好法治环境发挥了积极作用。

（办公室）

【强化行政复议职能，矛盾纠纷依法化解】 2016年市政府法制办积极推动行政复议体制改革。不断加强改革创新力度，继续引深行政复议委员会试点工作。注重运用调解、和解方式化解行政纠纷，在办理过程中与有关当事人进行反复沟通、协调，及时化解行政争议。积极做好复议听证工作，严格执行《太原市行政复议听证规则》，坚持以听证审理为原则，书面审理为例外，经办案件中采取听证方式进行审理的比例达到90%以上，有效提高了案件办理质量，增强了行政复议公信力。全年接待行政复议申请200余件，1000余人次，办理案件88件，包括：依法受理案件51件，其中已办结47件（维持14件，撤销4件，驳回8件，责令限期履行1件，终止20件）；不予受理案件7件；转办案件30件；其余案件告知当事人通过其他途径解决。承办市政府行政应议案件3件。受理行政复议案件中，属于行政复议委员会试点范围的14件，占受理案件总数的27.5%，案件类型以行政处理、行政确认、行政处罚及行政不作为等为主，范围涉及税务、人社、水务、土地、城建、工商、公安、宗教等多个领域。

进一步拓宽行政复议受理渠道。建立网上案件受理平台，进一步拓宽行政复议申请渠道，实现了网上网下双向受理。落实了行政复议申请登记制度，凡申请行政复议一律予以登记，符合受理条件的，及时予以受理；不符合受理条件的，根据案件实际情况，予以一次性告知，畅通了行政复议受理渠道。

加大行政复议指导监督力度。坚持集中检查与运用行政复议意见书、建议书指导监督相结合，个案指导监督与宏观指导监督相结合，动态指导监督与定期指导监督相结合，进一步推动全市行政复议工作取得新发展。对晋源区、尖草坪区、古交市、阳曲县、清徐县、市人社局、市宗教局等县（市、区）及部门办理的50余件复议案件和应诉案件进行了个案指导。在办理案件的同时，通过监督指导，有效规范行政执法行为。

健全完善行政复议与行政应诉协调机制。着力做好行政应诉工作，全年市政府法制办共承办市政府行政应诉案件95件，主要涉及土地城建、工商管理、社会保障、社会治安等多个方面。省高院决定自2016年5月1日起在全省范围内实行行政案件跨行政区域集中管辖，由阳泉中院管辖市政府以及太原市各县（市、区）政府为被告的一审行政案件。为全面落实新的改革要求，市政府法制办和市中院多次与阳泉市政府法制办和阳泉中院座谈交流跨行政区域管辖行政应诉工作，重点围绕行政复议主体资格、行政机关负责人出庭应诉、行政复议与行政审判衔接机制、行政应诉相关文书材料送达等方面内容进行了深入探讨，积极协调建立行政复议与行政审判联席会议制度，加强行政执法与行政审判的良性互动，合力化解行政矛盾争议。

充分发挥法律顾问积极作用。注重法律顾问在市政府重大经济社会活动中的重要作用，积极组织相关专家就全市重大涉法事项进行论证审查。市政府法制办为市政府审核各类合同25件，为法律顾问单位审核各类合同10件。积极参与市政府涉及重大法律问题的决策讨论，认真代理行政诉讼案件，为政府提供了良好的法律支持和服务，较好地发挥了法律顾问参谋助手作用。为规范法律顾问工作程序，提升服务水平，通过广泛调研、专题论证等环节，起草了市政府法律顾问工作管理办法（草案），待省政府相关制度规定正式出台后，经进一步修改完善后即将制定出台。　（办公室）

【加强组织协调，依法行政工作保障有力】 2016年，市政府法制办加强对依法行政工作的领导。为贯彻落实党的十八届四中全会精神，市委成立了法治太原建设领导小组，设3个专项小组，其中成立了依法行政专项小组，其办公室设在市政府法制办，各县（市、区）政府及市直各部门也相应调整了组织机构。市政府法制办始终把全面推进依法行政工作作为年度重要工作来抓，严格落实一把手负责制。充分发挥依法行政专项小组的作用，认真研究解决依法行政工作中的重大事项及存在的困难和问题，为全市依法行政工作顺利开展提供了组织保障。

及时安排部署全市依法行政工作。制定了2016年《全市依法行政工作计划》和《政府法制工作要点》，并于3月24日召开了由各县（市、区）政府、各开发区（园区）管委会、市直各部门分管领导及法制机构负责人、法律法规授权和受委托执法单位主要负责人200余人参加的全市依法行政工作会议，对2015年全市依法行政工作进行了总结，并重点安排部署了2016年依法行政工作任务。

认真落实法治政府建设情况报告制度。按照《纲要》要求，政府要定期对法治政府建设情况进行报告，市政府法制办代市政府起草了报告草案。2月18日，市政府法制办受市政府委托，在市第十三届人大常委会第三十九次会议上，对2015年度法治政府建设情况作了报告，并对市人大常委会审查意见的办理情况及时进行了汇报。还分别以书面形式，向市委和省政府报告了全市法治政府建设情况。

加强对领导干部和业务骨干的法制培训。继续认真落实领导干部学法制度，多次组织县（市、区）、市直部门法制机构负责人进行法治理论培训，切实提高领导干部运用法治思维和法治方式解决突出矛盾和问题的能力。7月15日，邀请省委党校呼旭光教授就《宪法》进行专题培训。8月份，围绕“认真贯彻实施《纲要》，加快建设法治政府”主题，积极开展依法行政宣传月活动，组织开展知识竞赛、经验交流、专题讲座、集中培训等系列活动，进一步强化领导干部依法行政理念。8月26日，举办了《纲要》专题讲座，特邀国家行政学院胡建淼教授作了专题报告。在知识问答竞赛活动中，全市各单位行政执法人员和工作人员近2万人参加，市政府法制办对迎泽区等20家优秀单位和233名先进个人进行了通报表彰。9月18日至24日，市政府法制办与华东政法大学在上海联合举办了《法治政府建设实施纲要（2015—2020年）》专题培训班，收到了良好效果。

认真做好政府法制理论课题研究工作。根据年度依法行政工作计划，重点围绕政府法制机构建设情况进行了专题研究。向全国省会城市特别是中部省会城市和太原市县（市、区）政府以及市直各部门的法制机构发送《关于开展政府法制机构建设情况调查的函》和《法制机构基本情况调查问卷表》，就法制机构的性质、编制、职能、人员构成以及法制机构建设存在的问题进行了详细调查。通过调研，进一步了解掌握其它省会城市和全市政府法制机构建设的现状，广泛征询全市各相关单位的意见和建议，形成了课题调研报告，并上报市政府。经市领导批示后，将调研报告转市编办、市人社局、市财政局等相关部门加以借鉴，进一步推动法制机构建设，促进全市依法行政工作。　（办公室）

【推进自身建设】 2016年，市政府法制办扎实开展“两学一做”学习教育。按照中央和省委、市委的安排部署，结合工作实际，扎实开展“两学一做”学习教育。办党组高度重视，成立工作领导组，认真研究制定了工作实施方案，对学习教育进行精心安排，明确了时间、任务和要求，确保学习教育推进有序、成效显著。严格落实中心组和干部理论学习制度，坚持集中学习与个人自学相结合，采取重点发言、集中研讨、专题教育培训、座谈讨论、网上自学等多种形式开展学习教育工作。切实将《党章》和《中国共产党廉洁自律准则》《中国共产党纪律处分条例》等党内法规、习近平总书记系列重要讲话及《法治政府建设实施纲要（2015-2020年）》等重大决策作为党组中心组及干部理论学习的重要内容，真正做到突出重点、全面提升。全年组织中心组理论学习暨干部集中学习27次（其中，党风廉政建设学习16次），专题学习讨论9次，办主要领导讲党课4次，干部专题培训4次，选派外出培训8次，观看警示教育片2次，干部在线学习人均达105学时。通过学习教育，全体党员干部的党性得到了锻炼、思想得到了升华，切实增强了党员干部政治意识、大局意识、核心意识、看齐意识，争做“四讲四有”合格党员的思想自觉和行动自觉得到强化。

深入学习贯彻党的十八届六中全会精神和省、市党代会精神。办党组及时安排部署，将学习宣传贯彻党的十八届六中全会精神和省、市党代会精神作为重要政治任务。认真制定了学习方案，明确目标任务、基本原则、学习内容、方法步骤、工作要求等内容。多次组织全体党员干部集中学习，认真讨论，深刻领会。党员干部积极响应全会号召，紧密团结在以习近平同志为核心的党中央周围，从政治上、思想上、行动上与党中央保持高度一致，牢固树立政治意识、大局意识、核心意识、看齐意识，坚定不移维护党中央权威，全面从严治党，严肃党内政治生活，认真贯彻落实《关于新形势下党内政治生活的若干准则》和《中国共产党党内监督条例》。市政府法制办将学习贯彻全会精神，与学习省、市第十一次党代会精神相结合，与政府法制工作的实践相结合，将学习内容列入中心组和党员干部学习的重要内容，通过深入学习宣传，树立了新思想新理念，营造了风清气正的政治生态，为推动工作取得新进步提供了强大的精神动力。

严格落实全面从严治党主体责任。办党组按照全面从严治党工作要求，严格落实党组主体责任，切实增强担当意识，着力加强党建工作，坚持把党建工作与业务工作同谋划、同部署、同督促、同考核。年初制定《市政府法制办党组工作规则》，明确了原则、职责、议事决策、责任追究等内容，并上报市委组织部备案。坚持每月召开主任扩大会议，听取党建工作及业务工作情况汇报，及时研究解决存在的问题。办党组不断强化责任意识，认真履职，积极作为，有力地保障了各项重大决策贯彻执行，推动了党建工作各项任务顺利完成。

始终做到把纪律和规矩挺在前面。按照党风廉政建设要求，严明政治纪律和政治规矩，扎实做好党风廉政建设各项工作。一是强化学习教育，切实提高廉洁自律的思想觉悟。通过学习教育，党员干部切实改进了工作作风，强化了纪律约束，真正成为了一支忠诚、干净、担当的干部队伍。二是认真梳理党风廉政建设主体责任问题清单和整改清单，着力抓好整改落实。深刻剖析反思，深入查找存在的问题，认真研究制定了整改措施，列出了问题清单7项和整改清单7项。落实党风廉政建设党组主体责任四项落实到位；落实党风廉政建设监督责任三项基本到位。三是严格落实中央八项规定，严防“四风”问题反弹。党组成员以身作则，以上率下，带头严格遵守纪律规定，并强化管理，严格执行“一岗双责”，对分管处室及党员干部做到及时督促、严格要求，持续保持狠刹“四风”的高压态势。

持续创建服务型党组织。深入推进机关基层服务型党组织建设，聚焦问题、抓住关键、突出重点，不断强化服务意识，改进服务方式，完善服务功能，提高服务水平。一是强化理想信念教育。结合“两学一做”学习教育，进一步加强机关广大党员干部的理论学习，教育引导机关党员干部坚定理想信念，强化党性修养，切实做到在党言党、在党忧党、在党为党。二是严肃党内政治生活。坚持做好“三会一课”制度的落实，突出政治纪律和政治规矩，加强对党员的日常教育管理。强化党员队伍建设，积极开展党员活动日、警示教育等活动，特别是加强对市政府法制办入党积极分子和预备党员的教育培养，确保新入党同志的政治素养符合党员标准。三是认真开展党员组织关系集中排查工作。为深入开展“两学一做”学习教育做好组织准备，做到党员信息、人员精准。根据市直工委工作要求，市政府法制办认真组织实施，对党员身份信息进行了逐一核查，进一步健全完善党员档案，规范组织管理。四是开展“党员先锋行”主题实践活动。为纪念建党95周年，以创建“六型”机关党组织为载体，结合党员岗位实际，开展“党员先锋行”主题实践活动。组织广大党员干部开展了党日活动、红色教育、党课学习、专题讨论、知识测试等系列活动。

引深精神文明创建活动。以培育和践行社会主义核心价值观为主线，不断加大推动精神文明单位创建工作力度。强化机关文化建设，以道德讲堂为阵地，通过宣传先进事迹、学习法律知识、进行警示教育，引导大家更加爱党爱国、爱岗敬业、文明规范、崇尚法律。规范单位内部管理，积极倡导文明上网，坚持“正能量是总要求、管得住是硬道理”，始终把握思想舆论阵地的话语权，引导广大党员干部自觉做正能量的传播者。开展网络文明传播志愿者活动，在太原文明网腾讯微博、新浪微博转发信息、编写博文、发表评论300余条，上报文明信息100余条。组织开展“我们的节日”主题活动和志愿服务活动等文明创建活动，加强了对文明处室的日常管理，巩固文明标兵单位创建成果，提升文明创建水平。

继续做好“双拥”工作。始终将“双拥”工作纳入重要议事日程，认真谋划，统筹安排，扎实推进，确保“双拥”各项工作落实到位。积极组织干部职工参观教育基地，加强国防知识教育。充分结合法制工作实际，开展了警民共建“送温暖，学作风”“双拥在基层”和“送情送法进军营，爱党爱国做表率”等系列活动，做好“双拥”相关法律法规保障服务行动，切实解决涉及广大官兵和优抚安置对象切身利益的问题，不断提高“双拥”工作的质量和水平。

认真做好精准扶贫工作。市政府法制办充分发挥机关党组织和党员结对帮扶作用，深入推进精准扶贫工作。一是制定西凌井村精准扶贫总体规划，进一步明确工作目标，强化工作举措，加快推进脱贫致富步伐。二是落实扶贫项目，促进贫困户增收。鼓励发展家庭养殖，购买鸡苗450只。协调推进特色种植，投资10万元，种植经济作物“油用牡丹”20亩。三是多措并举，扎实开展党员干部精准扶贫“结对帮扶、入户对结”活动。全办19名党员干部对34户94名贫困户进行分包，因户施策，结对帮扶。多次组织爱心捐助活动，全办党员干部向贫困村民共捐款9200元。为改善村基层党组织和村委会办公和村小学教学条件，赠送了电视机、电脑、办公桌椅等物资。在“七一”前夕和春节期间进行走访慰问，向党员、老干部及贫困群众赠送了慰问品。

（办公室）

审　判

【概述】 2016年，全市法院服务和保障全市经济发展，推进司法体制改革，发挥审判职能作用，坚持维护社会公平正义，保民生促发展，各项工作取得新成绩，实现新突破。全市法院受理各类案件65330件，比上年增加11965件，同比上升22.42%；审执结51888件，比上年增加11036件，上升27.01%。市中院受理各类案件12507件，比上年增加1652件，同比上升15.22%；审执结10984件，比上年增加1797件，同比上升19.64%。 （办公室）

【刑事审判】 2016年，全市法院受理各类刑事案件5689件，审结4950件，审结率87.01%。市中院受理1127件，审结1007件，审结率89.35%。

依法审理一审杀人、故意伤害、绑架、抢劫等严重侵犯公民人身权利犯罪案件769件1152人，判处五年以上有期徒刑61人。开展深化打黑除恶、推进治爆缉枪、铲除黄赌毒“三大战役”专项活动。审理涉黑案件2件53人；审理非法制造、持有、私藏枪支、弹药、管制刀具案件12件25人；审理毒品类犯罪一审案件284件426人；审理组织、容留卖淫、赌博，制作、出版贩卖、传播淫秽物品等涉黄涉赌案件47件86人。审理一审侵财类犯罪案件1597件2158人。审理集资诈骗、非法吸收公众存款等涉众型经济犯罪案件166件594人。其中，市中院审理严重集资诈骗、非法吸收公众存款等涉众型经济犯罪案件14件125人。审结朱玉喜非法吸收公众存款案，涉案金额3.4亿余元，涉案群众1950余人。依法严惩职务犯罪，推动反腐败斗争深入开展，审理贪污、贿赂、渎职等国家工作人员利用职务犯罪案件309件400人。

依法审理宣判由市人民检察院诉龙城派出所警察王文军犯故意伤害罪、滥用职权罪，被告人郭铁伟犯滥用职权罪，被告人任海波犯故意伤害罪一案。依法审理内蒙古自治区政协原副主席赵黎平故意杀人、受贿、非法持有枪支、弹药、非法储存爆炸物一案。

坚持“教育、感化、挽救”的未成年人矫正式审判方式，审理的未成年刑事案件呈逐年下降趋势，全年受理一审未成年刑事案件71件，比2014年、2015年分别减少35件和23件。坚持未成年人犯罪前科封存制度，对未成年人罪犯被判处五年以下有期徒刑的相关犯罪记录予以封存，起到保护未成年人罪犯、减少歧视的作用。将人文关怀贯穿于整个未成年人审判流程，与团省委、市检察院共同对被家人抛弃、断绝关系的未成年被告人出狱后进行跟踪帮教，预防和减少未成年人犯罪。 （办公室）

【民商事审判】 2016年，全市法院受理民商事案件39752件，审结31206件，审结率78.50%。市中院受理民商事案件6456件，审结5455件，审结率84.50%。

依法保护民生权益，妥善审理涉农、婚姻家庭、食品药品等事关民生的各类案件。加强“三农”案件审判，审理一审农村承包合同纠纷97件，维护农民的合法权益；审理劳动争议案件1686件，维护正常的用工秩序，保护劳动者的合法权益。探索家事审判改革，审理婚姻家庭类案件5704件。小店法院被确定为开展家事审判和工作机制改革试点单位，制定《关于家事审判方式和工作机制改革实施方案（试行）》，推行家事案件繁简分流制度、建立统一的裁判标准，维护当事人的权益。反家暴法实施后，迎泽法院发出首份人身保护令，实保护妇女儿童的人身安全。保障食品、药品安全，妥善审理食品、药品买卖、餐饮服务等民事案件，保护消费者合法权益。

召开司法体制改革暨队伍建设推进会

平等保护各类市场主体的合法权益，促进经济可持续发展。规范民间借贷，审理民间借贷纠纷案件4456件，保护合法的民间借贷和企业融资行为，维护市场金融秩序。妥善审理房地产领域案件，审理涉及房地产开发经营中一房多卖、延迟交房退房、物业纠纷等合同类纠纷案件824件，诉讼标的额50395.59万元，维护购房户的合法权益和房地产市场的健康发展。阳曲法院发挥审判工作对经济结构调整的引领保障作用，推进金融生态环境建设，审理涉及信用联社金融贷款案件65件，清收不良贷款1100余万元。

开展“三审合一”的知识产权案件审判工作，加强知识产权和原创作品的司法保护，鼓励和支持大众创业。市中院审理知识产权案件396件，其中，著作权案件55件，商标权案件209件，专利权案件57件。审理假冒太原市知名醋品牌“宁化府”侵权案件90余件，挽回企业的经济损失，惩戒侵权行为人。

在审理破产案件过程中，注重在案件审查、资产清查、资产处置“三个阶段”抓好监督，延伸服务，实现破产资产处置价值最大化，平等保护债权人和企业职工的合法权益。受理企业破产案件71件，结案5件。审结的案件中，涉及破产资产总额6139万元，债务总额40600万元，涉及职工2663人。

建立诉调对接机制，维护社会稳定。迎泽法院形成“诉前调解＋司法确认＋庭前调解＋执行前调解”的民商事纠纷

聘用制书记员考试考核

"一站式"解决模式。邀请退休法官、律师、人民陪审员、人民调解员等有丰富法律工作经验的人作为特邀调解员，发挥社会力量化解矛盾纠纷的优势。阳曲法院在乡镇、村委会建立18个诉调对接工作站。万柏林法院加强与保险行业协会的诉调对接，与山西省保险纠纷人民调解委员会联合召开由全省23家财产险保险公司参加的诉调对接专职联系人工作会议，此项工作经验在全省范围得到推广。（办公室）

【行政审判】 全市法院受理行政诉讼案件1152件，比上年增加212件，同比上升22.55%；审结1029件，比上年增加336件，同比上升48.48%。市中院受理行政诉讼案件598件，比上年增加147件；审结530件，比上年增加235件。依法审理征地、拆迁案件，监督行政机关依法行政。加强行政协调和解工作，化解行政争议。延伸行政审判职能，发布行政审判"白皮书"，分析行政机关在行政执法中存在的问题及原因，促进依法行政。

（办公室）

【执行案件】 全市法院受理执行案件16589件，比上年增加6540件，同比上升65.08%；结案12580件，比上年增加6499件，同比上升106.87%；市中院受理2332件，比上年增加1196件，同比上升105.28%；结案1980件，比上年增加1112件，同比上升128.11%。

加大执行力度，开展执行大会战活动，专项整治清理2015年12月30日前立案的涉民生未结执行案件157件；清理最高人民法院交办、督办的执行信访案件35件。"点对点"查控被执行人银行财产信息，组织查找被执行人财产线索，以限制高消费、限制出境、罚款、拘留等措施加强执行力度。采取强制措施罚款12案17万元，司法拘留43案43人，涉嫌拒执犯罪移送公安机关27案27人，判决拒执罪12案12人。在最高人民法院执行信息公开平台上公布失信被执行人名单5859件。

落实执行信息化建设，全市法院建成执行指挥中心5个，网络查控平台全部投入使用，使用查控系统查控案件8131件，查询金额71405.38541万元，控制金额7403.254667万元。（办公室）

【审判监督】 按照"有错必究"的原则，对认定事实不清、证据不足、适用法律不当或程序违法的裁判，依法提起再审。全市法院受理各类申诉申请再审案件439件，驳回申诉申请147件，撤诉10件，决定再审14件。

落实"五个一律""六个规范"要求，审理减刑假释案件1702件。市中院在审理减刑假释案件中为确保审理公平公正，邀请人民陪审员参审，建立与检察院、监狱联席会议制度。（办公室）

【助力省市中心工作】 全市法院立足审判职能，更新理念，围绕重点工程项目开展"保驾护航"活动，为企业排忧解难。在全市城中村改造过程中，基层法院采取院领导带队包村、法官上门明理释法、真诚耐心沟通等方法，消除群众思想障碍，化解双方对立情绪，确保重点工程的顺利推进，对无正当理由拒不履行、态度强硬的"钉子户"依法裁定强制执行。晋源法院找准司法服务和促进区域经济发展的结合点，加强诉前调解，打造立案、审理和执行涉重点项目建设案件的"绿色通道"，依法从严惩处干扰甚至损害重点项目建设的刑事犯罪案件。

（办公室）

【精细审判管理，提高工作质效】 制定科学合理的审判管理制度，提高法院工作质效，真正做到公平、公正司法，牢固树立司法权威，化解社会矛盾。一是科学制定考核研判机制。完善"三位一体"考核研判机制，将每月的审判绩效考评通报与每季度的两级法院审判态势分析制度化，实现基层法院之间、基层法院与中院各部门之间互评、互议，及时发现问题、改进工作。二是统一裁判尺度，规范法官裁量权。通过制定量刑指导意见和量刑程序意见，增强了量刑的公开性和透明度，有效制约了"人情案、关系案、金钱案"的发生，达到统一量刑标准，规范量刑程序，保障量刑公正，实现公正廉洁司法的目的。三是创新管理程序，建立审限动态监控机制。进一步建立健全案件审理监督约束、延期审理逐级审批、超审限案件预警等制度，明确各类案件的审结时间与要求，每月对各业务庭超审限案件数进行通报。建立审限动态监控机制，对临近审限的案件，依托信息技术及时进行预警、催办、督办，取得从源头上减少了超审限案件的发生的效果。四是改错纠谬抓信访，努力化解社会矛盾。组织各界代表，对人民群众反映强烈、可能存在执法司法突出问题或常年反复进京非访的涉法涉诉信访案件进行了评查，发现确有问题的能补正的积极采取补正措施，并做好当事人的工作，取得当事人的谅解。通过评查，找准审判工作中存在的问题，实现司法公平公正，切实维护人民群众利益。（办公室）

【阳光司法】 完善司法便民、利民措施，构建开放、动态、透明、便民的阳光司法机制，主动接受社会监督，提升司法公信力。一是坚持立案公开，关注为民服务。成立“诉讼服务中心”，建立导诉制度，畅通诉讼服务渠道、公开诉讼收费标准。实行首问负责制、办案公开制和岗位责任制等规章制度，公布审判流程示意图和监督举报电话，做到导诉服务、立案审查、查询咨询和答疑、诉讼费收取、材料收转、接待接访等立案窗口一站式服务。二是坚持庭审公开，促进司法公正。凡是依法应公开审判的案件一律公开开庭，举证、质证、认证一律在庭审过程中公开进行，未经庭审质证的证据不予采信，要求法官注重庭前准备工作，对重大疑难复杂案件召开庭前会议，变单纯的阅卷为召集双方进行证据交换并辅之必要的诉讼指导。三是坚持裁判文书公开，落实文书上网制度。规范文书制作，突出“四公开一评查”特点。立案时间、开庭时间、程序变更、举证、质证、认证内容及裁判依据的法律、法规都要在裁判文书中体现。全市法院遵循依法、及时、规范、真实的原则，在互联网上公布刑事、民事、行政案件的生效裁判文书18030份，市中院评查裁判文书281篇。四是自觉接受人大监督，主动回应群众关切。建立“人大代表、政协委员的不定期旁听案件制度”，适时邀请人大代表、政协委员参加一些社会影响力大的热点、焦点案件的庭审旁听，拓宽人大对法院工作的监督渠道，消除相关部门对法院工作的知情障碍。邀请人大代表、政协委员旁听案件、参加新闻发布会20余次。五是突出人民陪审员参审作用，提升司法透明度。贯彻落实人民陪审员制度，改变陪审员陪而不审的局面，让每名陪审员都能参与到案件的庭审合议，确保每位陪审员手中有案，扩大陪审员对案件的接触面，增强陪审员参审的法律效果和社会效果。全市法院584名陪审员参与陪审案件13162件。小店法院62名陪审员共参与陪审案件3678件，在参与审判、监督审判上发挥作用，缓解一线法官审判压力。（办公室）

【司法改革】 取消庭务会制度，建立资深法官联席会议制度，发挥民事审判指导组作用，在研究讨论重大疑难、新类型案件中为合议庭提供参考意见。试行工作呈现出结案率提高，审结数量提高，审判长、主审法官责任心增强，审判程序简化，办案质量大幅提升的态势。

全省司法体制改革太原地区唯一的试点法院——尖草坪法院，已完成人财物上划核定、首批入额法官遴选、人员分类管理、审判权运行机制改革等4项内容，遴选产生的20名法官已宣誓就职。

案件审理现场

按照司法体制改革和审判责任制的相关要求，审判法官在严格办案程序，尊重客观事实上实现新突破。独任法官结案546件，同比增长16%。合议庭结案1609件，同比增长46%，结案数比上年同期增加845件，服判息诉率达84.5%。

推进行政诉讼案件集中管辖改革。5月1日起，全市法院行政案件全部实现相对集中交叉管辖。按照“先集中后交叉”的集中管理原则，确定基层法院“十归三”审判模式。确定晋源区、万柏林区、杏花岭区3个基层法院为集中管辖法院，集中管辖其他7个基层法院的行政诉讼案件，并分别交叉受理诉杏花岭、晋源以及万柏林区属行政机关单位为被告的一审行政诉讼案件。（办公室）

【自身建设】 开展“两学一做”专题学习教育，加强队伍建设、廉政建设和法院文化建设，提升干警司法能力和水平。开展“四讲四有”讨论交流，提升党员干部服务大局的意识，引导干警严守政治纪律和政治规矩。落实党风廉政建设责任制，坚持廉政一票否决权，层层签订责任书，形成党政齐抓共管的廉政防控责任体系。加大监督力度，采用暗访、观看监控录像、随机抽查相关视频资料、随机访问案件当事人及诉讼代理人等方式，开展对“十个不准”、任职回避、法院内部干扰等制度落实情况的检查，发现线索，一查到底，绝不姑息。出台《太原市中级人民法院关于干预审判活动或过问案件处理记录和责任追究的规定》《太原市中级人民法院关于对审判（执行）人员在办理案件过程中违反审判程序和审判纪律实行监督的若干规定》。（办公室）

检 察

【概述】 2016年，全市检察机关贯彻党的十八大和十八届三中、四中、五中、六中全会精神，学习习近平总书记系列重要讲话精神，落实省、市第十一次党代会精神，围绕省委“一个指引、两手硬”的重大思路和“两个走在前列”的要求，强化法律监督，强化自身监督，强化队伍建设，深化“三比一创”活动，各项检察工作取得新进步。共有21个集体、15名个人荣获省级以上表彰奖励，市院被省院评为全省检察工作示范院，迎泽区院被评为“全国先进基层检察院”，万柏林区院被评为“全省先进基层检察院”。

（办公室）

【思想建设】 增强“四个意识”，学习贯彻落实中央、省委、市委决策部署。市院党组坚持把党的领导作为检察工作的根本保证，学习贯彻党的十八大、十八届三中、四中、五中、六中全会精神和习近平总书记系列重要讲话精神，强化思想认同、理论认同和情感认同。十八届六中全会及省、市第十一次党代会召开以后，市院党组召开扩大会进行专题学习，要求全市检察机关将贯彻落实会议精神作为重要政治任务抓实抓好，并提出具体要求。开展“两学一做”学习教育，强化思想政治建设。全院干警集中上党课11次，院领导在支部讲党课12人次；利用“两微一端”平台，实现党员学习实时化、经常化、便捷化，全院干警完成学习笔记1万余字，干部在线学习110课时；结合“四讲四有”专题教育、司法体制改革等开展6次主题讨论；组织开展“党章党规知识”竞赛和“两学一做”学习教育问答考试。落实从严治党主体责任，持续抓好党风廉政建设。规范“三会一课”、民主评议党员等组织生活制度，班子成员参加双重民主生活会27次。召开研究党风廉政建设和反腐败工作专题会12次。层层签订党风廉政建设责任书，强化廉政自律意识和“一岗双责”意识。强化检务督查，落实领导干部个人事项报告、述职述廉、请销假等制度，明察暗访20余次，并制定《检察人员八小时外行为禁令》。助推实现“两个走在前列”，在服务大局中积极作为。主动服务保障非公有制经济健康发展，批捕利用职务便利侵占、挪用非公有制企业财产的犯罪17件18人，起诉32件39人；批捕侵犯知识产权等破坏市场经济秩序案件323件405人，起诉467件794人。编印并赠送《非公有制企业必备法律知识手册》1万余册，利用“两微一端”为民营企业提供法律咨询，开展走访活动32次。推进环境治理和食品药品安全专项法律监督行动，批捕两类犯罪案件10件10人，起诉37件46人；监督行政执法机关移送涉嫌犯罪案件4件4人，公安机关立案4件4人；查办渎职犯罪案件6件6人，查办非法经营疫苗案件背后玩忽职守案2件2人。

（办公室）

【队伍建设】 抓好领导班子建设。结合太原检察工作实际，制定《中共太原市人民检察院党组工作规则（试行）》，细化党组工作职责，明确组织原则，规范议事决策，严肃责任追究，有效提高党组工作制度化、规范化、科学化水平。向市委报告关于两个《条例》贯彻实施中存在问题的整改落实情况报告。参与选好配强基层检察院党组一把手，对晋源区院、古交市院、娄烦县院党组书记进行选配。推进司法体制改革和国家监察体制改革工作。按照步子稳、程序实、效果好的原则，完成首批员额检察官遴选工作，全市拟入员额检察官301人。贯彻中央、省、市委关于监察体制改革的部署要求，成立领导小组，配合市纪委做好职务犯罪侦查预防部门转隶、办公用房分配等各项前期准备工作，确保改革措施的落地。强化人才培养工作。3名检察人员被评为首批全国检察调研骨干人才，数量为全国地市级院之首。1名检察官荣获首届全国检察机关案件管理业务能手称号。加强干部选配工作，经过严格程序，调整交流干部19名。

（办公室）

【平安建设】 保持打击刑事犯罪的高压态势，批捕2978件3913人，起诉4013件5510人。成功公诉高检院指定办理的原内蒙古自治区政协副主席、公安厅厅长赵黎平（副省级）故意杀人、受贿、非法持有枪支弹药、非法储存爆炸物案（一审被判死刑）。该案为山西省办理的首起省部级领导干部案件。注重涉法涉诉矛盾化解，市院各部门联合接访32次，召开听证会8次，邀请律师参与听证5次。开展支持起诉维护劳动者合法权益专项活动，支持起诉293件，批捕拒不支付劳动报酬犯罪7件7人，起诉9件10人。创新涉罪未成年人帮扶机制，与共青团山西省委、山西铸仁社会工作服务中心签署“倾注爱心，重拾未来”未成年人司法社会工作服务项目，成为全省政府购买社工服务司法第一例。

（办公室）

【反腐倡廉】 立查职务犯罪案件143件196人，其中大案110件，要案24人（县处级23人、厅级1人）。开展家电下乡领域渎职犯罪案件专项工作，查办7件7人，其中特大案件4件。加强职务犯罪预防，开展警示教育217场，在全市范围内举办为期一个月的“权力不可任性”

2016年4月26日，市检察院召开“两学一做”学习教育动员电视电话会议

渎职犯罪警示教育活动。跟踪省、市重点项目21个，开展预防调查44次，发出检察建议90份；受理行贿犯罪档案查询98345次。（办公室）

【诉讼监督】 针对刑事侦查、刑事审判、未成年人犯罪侦查、财产刑执行、社区矫正及民事行政诉讼中存在的多发问题，收集翔实案例，形成6个专项监督报告，发送相关执法、司法机关，同时抄报党委、人大及上级检察机关，提升诉讼监督的权威和实效。同时，推进建立驻公安机关侦查监督检察室工作，全市两级检察机关在同级公安法制部门挂牌设立侦查监督检察室。开展为期两个月的专项检查活动，监督立案80件，监督撤案74件，口头或书面纠正违法449件，追捕228人，追诉219人。深化命案侦查介入监督工作。介入命案47起，提出监督和引导侦查意见200余条，公安机关全部予以采纳。（办公室）

公 安

【概述】 2016年，全市公安机关贯彻中共十八大和历次全会精神以及中央、省、市政法工作会议，省、市十一次党代会和全国、全省公安工作会议精神，围绕“五位一体”和“四个全面”战略布局，把握“防控风险、服务发展，破解难题、补齐短板”的总体要求，树立底线思维，坚持问题导向，突出改革引领，强化科技支撑，加强各项公安工作和队伍建设，完成各项工作任务，确保全市政治和社会治安大局稳定。（刘华政）

【反恐维稳】 2016年，全市公安机关牢固树立“太原稳、山西稳”“省城安、全省安”大局意识，把维护政治安全、政权安全作为第一责任，坚持情报先行，保持主动进攻，确保省城政治稳定、社会安定。年内，全市未发生影响政治安全的案(事)件、暴力恐怖事件和有影响的群体性事件及规模性上访事件。夯实省城反恐防恐工作基础。加强反恐怖工作；建立突发事件指挥体系；落实公安武警联勤巡控机制，82支巡逻分队全天候开展武装巡逻、动中备勤，同步组建集公安、武警、民航、卫生、通信及水、电、气、暖等部门共同参与的综合性应急处置力量18支，提升应对大规模恐怖袭击的能力水平。深化隐患排查，有效化解影响稳定的各类风险。开展“社会治安隐患大排查大整治”活动，围绕当前不稳定因素较为集中的重点群体和行业领域，排查各类风险隐患14类24700项、完成整改24596项，整改率99.78%。推进重大决策、重大工程社会稳定风险评估工作，聘请律师、规划、水电设计、环境保护等多个领域的专家70人，对全市重点项目实施“前置评估”，全部做到“应评尽评”，化解社会矛盾和风险隐患。安保措施，完成系列重大安全保卫任务。加强重大警卫、安保工作，严把活动审批环节，规范场馆场地使用，细化安保工作措施，完成中央领导视察、G20杭州峰会、省市“两会”、太原论坛、全省农村工作会议、全国工商联大会以及各类赛事、展览等272项930场次安保任务。（刘华政）

【打防结合】 以发案少、秩序好、群众满意为目标，结合省城治安实际和发案特点，主动出击，以打促防，统筹开展“冬季行动”“三大战役”“控警情压发案”、打击“盗抢骗”等专项行动，打击数量和打击质量均大幅提升。全年立刑事案件38802起，同比下降3.4%；破案14146起，同比上升17.3%；抓获刑事作案成员6160人，同比上升14.4%；提请逮捕5015人，同比上升19.3%。发现受理治安案件134534起，同比上升17.9%；查处122052起，同比上升19.6%；查处违法人员140559人，同比上升21.3%；治安拘留10587人，同比上升30.3%。“打黑除恶”斗争战果显著。推进“打黑除恶”专项斗争深化年活动，保持对黑恶势力犯罪的严打高压态势，打掉恶势力犯罪团伙45个，抓获犯罪嫌疑人261人，破获刑事案件183起。“八类案件”侦防卓有成效。贯彻落实全省公安机关打击犯罪新机制，强化警种协同，开展合成研判，遏制八类主要案件高发态势。全年立八类案件1070起，同比下降1.7%；破736起，同比上升10.3%。破获“7·6”持枪抢劫杀人案、“9·26”女童丢失案等一批大要案件，及时消除社会影响。“控警情、压发案”工作效果显著。从4月开始，在全市公安机关部署开展“控警情、压发案”工作，通过定点监测、综合排名、定期通报等措施，有效扭转警情高发势头。刑事

集计算机接处警、卫星定位等多种功能于一体的现代化110报警服务台

警情自5月起，连续8个月同比大幅下降。“黄赌毒”问题整治有力。以全省公安机关“三大战役”为契机，开展公共复杂场所集中清查，从严整治“黄赌毒”等社会丑恶现象。全年查处“黄赌毒”案件4776起，同比上升24.8%；其中，捣毁“黄赌”窝点30个，打掉团伙29个，抓获违法犯罪嫌疑人1864人；破获“人体藏毒目标案”等一批部督毒品大要案件，国家禁毒委、省公安厅对太原市局予以贺电表彰，全年收缴毒品119.76千克、抓获涉毒违法犯罪嫌疑人383人、强制隔离戒毒1252人、社区戒毒839人。“平安社区（村）”创建工作不断深入。紧盯严重影响群众安全感的入室、入户盗窃案件，在全市社区、学校和金融网点部署开展“深化防范社区行”专项行动，新增群防群治力量7072人，指导居民安装家庭防盗及视频监控设备31073套，社区“三防”力量明显增强。全市创建平安社区(村)1242个，其中“平安建设示范社区（村）”440个、“平安社区（村）”省级示范单位8个。涉众型经济犯罪高发态势得到有效遏制。按照“应立尽立、快侦快破、追赃挽损”的思路，建立分级侦办责任制和在侦案件线索风险跟踪管控机制，加大涉众型经济犯罪案件的侦办打击力度。全年破获非法集资案件60起，抓获犯罪嫌疑人279人，涉众型经济案件整体回落，年度立案数同比下降35%。9月20日，太原市反诈骗中心成功阻断电信诈骗案件1080起，依法冻结止付诈骗账户150余个，挽回群众经济损失1600余万元。

（刘华政）

【安全监管】 贯彻落实习近平总书记“发展决不能以牺牲人的生命为代价”的重要指示精神，树立安全生产红线意识，将安全监管作为平安建设的重要内容和保障人民安居乐业的民生工程，加强日常监管，压实主体责任，确保全市公共安全管理工作持续深入。以落实民爆物品实名制购买和危化品物品网上管理审批为保障，织密危化物品管控防线。开展“缉枪治爆”专项行动，推进“涉爆安全隐患大排查大整治”，依法收缴各类枪支520支、子弹6万余发、雷管3.9万余枚、索类爆炸品2.3万米。严格危爆物品审批管理，持续推进散装汽油实名制购买和烟花爆竹“禁放”工作，核实烟花爆竹有奖举报案件47起，发放举报奖金1.4万余元，依法处罚194人。加强物流寄递业治安管理，建立“企业主管”“网上严管”“技防监管”“落地侦控”四道防线，推进“100%开包验视”“100%实名制登记”“100%X光机检测”制度的落实，有效挤压违禁物品网上交易空间。以道路交通违法行为集中整治为抓手，全力优化省城道路交通出行环境。全年交通事故发生起数、死伤人数、直接经济损失数同比全部下降。12月，部署开展道路交通违法行为集中整治，各警种全警“整体作战”，综合施策，全市道路交通事故起数环比下降21.7%，道路交通通行能力明显提高，同时带动城市市容市貌的改观，阶段性成效初显。以深化清剿火患战役为依托，筑牢社会消防安全“防火墙”。落实防消结合以预防为主的方针，全年火灾形势平稳，没有发生群死群伤的重特大火灾事故。

（刘华政）

【制度创新】 坚持顶层设计与项目推进相结合、试点先行与基层创新相结合，强化资源整合，注重机制建设，立足试点创新，各项工作取得成效。推进行政审批制度改革，拓展网上预约服务功能，节约群众办事成本。以市政府名义印发《关于深化户籍制度改革的实施意见》《关于补充修订深化户籍制度改革实施意见相关条款的通知》，深化户籍制度改革工作稳步推进；《全面深化公安改革的实施意见》经市委全面深化改革领导小组审议讨论并原则通过；年内98项公安改革重点任务，基本完成57项，部分完成11项，局内完成9项，等待政策20项，加紧推进1项；出台简化优化公共服务流程方便群众办事创业措施30条，精简行政审批事项79项，治安、交警、出入境、消防等八大警种面向社会服务项目全部实现网上办理；身份证异地办理、驾考自主预约等便民措施全部落地，改革红利惠及更多群众。创新合成作战机制，加快“警务云”集群升级，提升公安警务效能。以项目促发展、以机制带全面，四项建设“13项重点项目”已初步完成7项。特别是龙头项目“警务云”二期工程建设有序推进，社会数据采集接入取得重大进展，初步形成具有太原公安特色的信息化应用格局。完善“天网”视频建设，加快“立体化视频监控系统”建设，提升社会治理可视化水平。以“城区全覆盖、农村基本覆盖”为目标，加大视频监控点位增补工作，新建视频监控摄像机100225部，超额完成“全省视频监控建设五年规划”和省公安厅年度建设任务。挖掘“天网”视频实战潜能，成功研发“立体化视频监控系统”，全面整合道路监控、治安卡口等视频资源，实现全市高高、高低、高卡、低低摄像机的智能化联动应用。该系统已申报16项国家发明专利。视频监控对侦查破案的贡献率90%以上，服务实战发挥着重大作用。健全执法规范化制度体系，强化执法监督管理，提高执法质量水平。完善《执法过错责任终身追究制度》《冤假错案责任终身追究办法》等制度规定，明确执法过程中应当终身追究责任的14种情形，严密执法制度，强化执法责任。推动受立案制度改革和刑事案件法制部门统一审核、统一出口工作，积极推行“警情管控、案件审核、财物监管、场所管理、卷宗评查”五位一体的监督管理模式，以及市、县和基层办案所队“三级案管机构”建设模式，市县两级公安机关和46个基层所队设立案管中心，优化“执法音视频数据管理系统”管理应用工作，对执法办案活动的音视频数据实行集中储存、统一管理，基本实现执法办案的全流程、信息化、可回溯管理；深化执法监督管理，市局和10个分、县（市）局全部设立侦查监督检察室，主动将执法办案活动置于检察机关监督之下，提升执法办案质量。加强以法制部门人员为主体、吸收法律专家和律师参加的法律顾问队伍建设，市县两级公安机关组建法律顾问队伍16支91人，实时开展疑难案件法律咨询和重大决策研究论证及法律风险评估，为全市公安机关依法行政提供支持。激发基层创造活力，注重典型示范引领，增强治安防控能力。以基层创新推动体制机制改革，在六城区分局确立9个试点派出所，初步建立集值班接警、指挥调度、信息研判、视频巡逻、勤务管理等职能于一体的派出所综合指挥室。以创新发展为主旋律，调动基层民警创造热情，智能警务安防系统等一批自主创新的实战系统先后投入使用；手机APP视频点位分布、微信“指尖警务”等基层单位和民警的“微创新”“微改革”不拘一格、多点开花，形成“基层推动机关、机关带动基层”的良性互动格局，基层公安工作的科技化、智能化水平显著提升。在全省公安机关改革创新大赛中，太原市公安局以1金、4银、4铜的优异成绩名列榜首，其中《液相色谱——质谱方法在‘地沟油’识别筛查中的应用》，在全国公安机关创新大赛中获得金奖。

（刘华政）

【队伍建设】 坚持“政治建警、素质强警、从严治警、从优待警”一体推进，推进各项工作顺利。党建引领，整体推进，开展“两学一做”学习教育活动。在全市公安队伍中深入开展“两学一做”学习教育、“秉公执法·人民公安为人民”教育实践活动、“把纪律规矩挺在前面”专项活动和“四亮四创”党员先锋行实践活动，全局近7000名党员参与学习教育活动。在市县两级公安机关党委班子中建立“党委中心组集体学习制度”，加强领导班子思想政治建设，推动形成以党建带队建、以党风树警风、以党务促业务的格局。年内，公安部政治部调研组深入市局，就加强基层公安机关领导班子思想政治建设进行专题调研，对太原公安工作和公安队伍建设给予高度评价。正风肃纪、从严治警，民警自律意识和执纪观念显著增强。建立队伍状况月分析研判制度和典型违法违纪案件公开通报制度，以“零容忍”态度严查民警违法违纪案件，在全警中形成“不敢违法违纪、不想违法违纪、不能违法违纪”的高压态势，全市公安机关纪检监察机关受理问题线索同比下降24.49%。落实中央八项规定和反“四风”纪律要求，“三公经费”支出同比减少73.8%；出台《太原市公安局机关公务用车管理办法》，规范公务车辆管理使用，全年未发生公车私用现象。

从优待警、以情暖警，民警职业归属感和荣誉感显著增强。建立战时表彰激励机制，坚持特事特办、一事一奖、一案一奖，767名个人、340个集体记功受奖；“杨蓉警务室”、汇丰派出所工作经验受到国务委员、公安部部长郭声琨肯定；和平南路派出所被授予“山西省先进基层党组织”“全省公安机关改革创新大赛铜奖”。树立“不让一个民警在正当执法过程中受到委屈”的理念，成立维护公安民警正当执法权益委员会，制定督察正名和恶意投诉追究、受侵害民警慰问救济抚恤、心理干预等10项制度，联合法、检机关出台《依法处理妨碍政法干警履行法定职责违法行为的指导意见》，维护民警正当执法权益。全年打击处理妨害公安民警依法执行公务案件87案122人，其中刑事拘留70人、行政处罚51人、其他1人。实施“政工暖警”工程，组织慰问活动，开展“送清凉关爱民警”“烈士纪念日走访慰问”等活动，发放价值350余万元的慰问品及慰问金。警衔津贴标准纳入工资足额保障，同时为在职和离退休人员足额发放双拥奖1351余万元。

（刘华政）

·交通警察·

【概述】 2016年，全市公安交管工作把握“防控风险、服务发展、破解难题、补齐短板”根本要求，以道路交通违法行为整治为主线，以公安交通集成指挥平台建设应用为引领，以建设过硬队伍为保障，提高保安全、保畅通能力；提高服务群众能力；提高人民群众对公安交管工作和交警队伍的满意度，为全市实现“两个走在前列”目标创造有序、安全、畅通的道路交通环境。

（冯 濛）

【队伍建设】 加强队伍思想政治教育。开展“两学一做”学习教育，抓好“四讲四有”专题讨论，在支队形成党员干部学在前、做在先，层层示范、层层带动的良好氛围。做好表彰奖励，共有34个集体、96名个人受到省、市表彰，52人荣立个人三等功，43人受到嘉奖，6个集体荣立集体三等功，28个集体受到嘉奖表彰。加强党团建设，组织党章、纪律处分条例等集中辅导、主题教育13场，实现党团员人人受教育。开展队伍问题专项整治。按照市局“四项整治”要求，制定支队《关于在窗口单位开展服务规范整治行动方案》《关于进一步引深重点警种和窗口单位突出问题专项整治活动的实施方案》，组织窗口单位民警签订《承诺书》。抓好“两随机一抽查”，制定法制、车管、秩序、事故、安全等部门随机抽查执法人员名录库、随机抽查对象名录库，规范行政权力运行。落实“两个主体责任”。制定党风廉政建设任务清单，层层签订《党风廉政建设责任书》。强化春节、中秋、国庆等重要节点的督导检查，加大违法违纪案件查处力度。全年共受理民警违法违纪信访举报和案件线索39件，受理局长热线转办案件13起，同比下降50%；给予党纪政纪处分13人。加强警务保障。完善警务保障机制，警用器材和设备满足一线执勤执法需要。对支队各级机构职能交叉、重叠等问题进行调研，提出优化调整建议。开展警力调研分析，做好支队人事信息维护、更新和管理工作。

（冯 濛）

【城市交通管理】 开展全市道路交通违法行为整治行动。按照市委、市政府指示精神和市局、省厅交管局要求，落实全国公安交管工作会议精神，在全省交警系统“先行先试”，于11月25日召开动员部署大会，以九纵九横加一环为重点区域，以8类交通违法为整治重点，集中解决“交通拥堵、出行难、停车难”等城市交通问题。12月1日,副市长魏民到交警支队调研指导整治工作。12月4日,时任市政府党组成员、市公安局党委书记马润生专程到路面调研交通堵点、看望整治一线交警,在支队听取汇报具体指导整治工作。12月9日,市局召开全市公安机关开展交通违法行为专项整治工作动员部署会议,并于12月15日、27日两次召开全市公安机关交通违法行为专项整治工作推进会,全市形成“交警为主力军,各警种全面参与,政府各部门密切配合”的整治格局。至年底,全市公安机关每天投入警力1653人(交警1180人,各公安分局投入警力473人),累计查处八类重点违法91707起,路口教育交通违法非机动车驾驶人、行人5.9万余人。全市道路交通事故起数环比下降了21.7%,道路交通通行能力得到提高。组织开展第二季度预防事故专项整治、集中整治酒驾醉驾违法行为统一行动等23项集中整治行动,全年查处各类交通违法309万起(非现场查处282万起),查处酒后驾驶3423起(饮酒3092起、醉酒331起)。加强机动车污染监督管理,共查处货运车闯禁行违法行为142876起,注销机动车34480台,其中黄标车7332台,老旧车27148台,完成比例107.48%。

保障道路施工期间畅通。2016年市区有56条道路拓宽改造,地铁2号线开始施工。支队对施工区域道路“诱堵”因素动态管控和施工监管,按需投放疏堵保畅警力,根据流量、流向变化做好区域交通分流管控,保障群众正常出行。细化特勤工作措施,执行《特勤工作规范》,完成中央领导同志视察、省市“两会”、太原论坛等536(起)次各级勤务安保任务。

推进交通组织优化。重点对信号灯控路口进行合理的交通渠化,共实施路口交通组织优化69项,增加车道29条,实施单行线优化8条;加强交通信号配时优化,共调整信号相位相序197次,调整信号配时1066次,实现绿波协调道路23条,方便市民出行,提高道路通行效率。挖掘道路空间资源,共设计停车泊位5352个。

实施交通设施优化。按照交通信号配时智能化和交通标志标线标准化的要求,在南内环街、阳兴大道、金桥北街等道路新增交通隔离护栏约12000米;在五一路、南内环西街、漪汾街、新晋祠路、滨河西路南延等新修路面施划标线面积15万平方米;新增各类交通标志1850面;新建交通监控、电子警察683台。

(冯　濛)

【执法管理体系建设】 完善执法制度。制定印发交警支队《办理重点交通违法行政处罚案件工作规范》和《办理吊销机动车驾驶证案件工作规范》,为执法工作的程序化、规范化提供制度保障。落实执法质量考评制度,考评各大队办结的交通肇事案件50起、危险驾驶罪案件300起、交通事故案件500起和车驾管档案90宗,实行办案质量终身负责制。开展“案管中心”建设工作。出台《太原市公安局交警支队受案立案工作规定》和《太原市公安局交警支队刑事案件统一审核统一出口工作规定》,并指定专人负责案管中心建设工作。严格法制审核把关,共审核刑事案件485起,行政拘留案件263起;审核内部施工、监理、订购等各类合同、协议共80件。

(冯　濛)

【信息化建设】 推进公安交通集成指挥平台建设应用。122接处警由“被动感知”变为主动发现,用时由20分钟缩短为3分钟。122接处警共接各类电话663741起,涉及交通事故类164172起,群众求助咨询类105817起。缉查布控系统,有效预警86580次,查获套牌、逾期未报废等违法车辆4434辆,其中部局督办危化品车2辆。运用平台开展数据研判,加强勤务监督考核,提高警务管理效能。7月19日,太原市突降暴雨。指挥平台通过道路巡检,调动警力2388人次,发布、推送积水等路况信息90条。当晚18时,市委副书记、市长耿彦波专程赶到交警支队指挥控制中心查看全市抗洪救险工作情况,对平台建设和应用给予肯定。推进公安交管工作信息化建设。完善太原市智能交通综合管理平台、智能交通系统运行监管平台系统功能。支队与高德地图、百度地图合作,在支队交通流量监控基础上融入两个地图公司的实时路况,通过市区内各诱导屏实时发布。完成智能交通系统运行监管平台建设,监控各类设备9063件。完成市局“警务云搜”授权,并对授权民警进行业务培训。

(冯　濛)

市长耿彦波到公安交警指挥中心检查指导工作

【宣传教育】 加强交通安全宣传教育。5月20日，支队按照市局部署要求，借鉴南宁的经验，尝试先教育说服、再依法处罚的渐进式工作方法，在全市范围内设置交通安全宣传教育点，对交通违法非机动车驾驶人、行人开展不少于90分钟的交通安全教育工作，共教育违法人员5.9万人，教育形式得到群众的认可。与省、市20家媒体建立协作关系，全年新闻发稿16997条，其中国家级4条、省级437条。拍摄的《不容等待》微电影荣获亚洲微电影艺术节金海棠2等奖。提高太原交警“双微”关注度，太原交警微博、微信通过新增路况实时发布、微直播，吸引粉丝量1015852人；2016年“太原市公安局交警支队官方微博”在山西十大系统微博排名第四，在山西十大政务机构微博排名第六。 （冯 濛）

【隐患排查】 在全市范围内开展道路交通领域安全生产专项行动、道路交通“安全生产月”活动等系列安全整治活动，排查重点道路运输企业53家，覆盖街办、乡镇55个，社区、村庄269个，排查“五类重点车辆”176台，加强对重点道路运输企业安全生产主体责任的督促落实和重点区域的管控力度。推进307国道晋源段、307国道清徐段、208国道清徐段等3处事故多发路段整改工作，交警支队负责的部分全部到位。加强公路客、货运车辆和中小学生交通事故的分析研判，提高道路交通事故预防的针对性。开展交通事故逃逸案件侦破和上网逃犯抓捕行动，全年发生致人死亡交通事故逃逸案件36起，侦破32起，侦破率为88.9%；抓获上网涉嫌危险驾驶罪在逃人员43人，涉嫌交通肇事罪在逃人员7人，实现网上交通肇事在逃人员全部抓获。全市发生涉及人员伤亡的道路交通事故802起，同比减少136起，下降14.5%；死亡218人，同比减少1人，下降0.46%；受伤888人，同比减少189人，下降17.55%；直接财产损失225.14万元，同比减少12.88万元，下降5.41%。

（冯 濛）

【“互联网+”技术运用】 推进公安改革重点任务落实。按照《2016年全市公安改革重点任务分工》，推进事故快处中心建设、扩大号牌发放资源、驾驶人考试业务下放等改革任务落实。制定《太原市道路交通事故快速处理理赔实施办法》等10项管理制度，在清徐县新建一处道路交通事故快速处理理赔服务中心，“荣达”“极限”“良友”、清徐4处快处中心共处理道路交通事故43829起，调解定责纠纷21992起，事故快处对减少因道路交通事故引起的拥堵发挥作用。出台《机动车驾驶人培训考试自主约考方案》，4月份全面实施后，自主约考人数突破65万人次，自主约考比例达到100%。运用新技术提升服务水平。2016年，全市车驾管完成业务总量2615992笔，全市驾驶人总量达1536804人，新增驾驶人192165人；机动车保有量达1282678辆，新增190502辆；注销机动车46576辆。互联网安全服务综合平台面签9.6万人，互联网机动车选号2640起，补换牌证66起，检验预约662起，驾驶证考试预约653339起，补换驾驶证112起。

（冯 濛）

全国交通安全日宣传活动

司法行政

【概述】 太原市司法局主管全市司法行政工作，主要承担法律服务、法律保障、法制宣传三大职能，具体涵盖普法和依法治理、律师、公证、司法鉴定、基层法律服务、法律援助、司法考试、人民调解、社区矫正、安置帮教、强制隔离戒毒等工作。局机关内设15个处室，包括办公室、政治部（警务部）、法制处、行政审批处、研究室、法制宣传处、律师管理处、公证管理处、司法鉴定仲裁管理处、基层工作处、社会工作处、计财装备处、强制隔离戒毒管理处、机关党委、监察室。直属单位有太原市强制隔离戒毒所、城区三家公证处（城北公证处、城南公证处、城西公证处）、太原市法律援助中心、司法干警培训中心（拟撤销，已停止一切日常工作和对外业务，正在办理核产清资及相关手续）。年末干部职工人数局机关76人，太原市强制隔离戒毒所329人、城北公证处33人、城南公证处32人、城西公证处27人、太原市法律援助中心16人。

2016年，太原市司法局、太原市强制隔离戒毒所被省司法厅评为“2016年度完成重点工作目标任务模范单位”；机关党支部被省司法厅党委授予“优秀党支部”称号；迎泽区、万柏林区被评为“2011-2015年全国法治宣传教育先进县区”；杏花岭区、娄烦县被评为“2011-2015年全省法治宣传教育先进县（市、区）”；刘桂花等人被评为“2011-2015年全国法治宣传教育先进个人”；城南公证处被中国公证协会授予“全国优秀公证处”荣誉称号，成为《公证法》实施后全省公证行业首个获此殊荣的公证处；市司法局被推荐为全国司法行政系统先进集体，受到人社部、司法部表彰。 （介晋芳）

【法治太原建设】 2016年，太原市司法局积极推动“七五”普法实施，与市委宣传部起草《关于在全市开展法治宣传教育的第七个五年规划（2016—2020年）》，经市委、市政府同意于11月11日转发，12月2日召开了太原市“七五”普法新闻发布会启动实施。深化“法律六进”，突出抓好重点对象，会同组织、宣传、人社部门印发《关于完善国家工作人员学法用法制度的实施意见》，推动落实国家机关“谁执法谁普法”普法责任制，加强考核。引导律师、公证员、人民调解员开展“以案释法”，对全市中小学法制副校长开展普法讲座，开展省城大学生普法志愿活动。创新新媒体普法，市司法局作为唯一基层代表参加了中央政法委组织的“新媒体座谈会”。“12·4”国家宪法日宣传活动期间，组织8所高校开展了第二届“法律进校园”法治辩论赛和法律知识竞赛，“太原普法”微信公众平台开展了法律知识有奖竞答活动，组织市直相关执法部门、法律服务机构集中现场宣传，编印了普法图书（挂图）发放全市农村社区，营造学法守法用法氛围。

（介晋芳）

【公共法律服务体系建设】 2016年，太原市司法局进一步推进律师、法律援助、基层法律服务、人民调解等向农村覆盖，乡镇（街道）法律服务站全部建成，促进城乡公共法律服务均等化。深化“一村（社区）一法律顾问”，全市1519个村（社区）普遍设立法律顾问，帮助群众调处征地拆迁、土地权属、婚姻家庭等方面的纠纷。着力服务保障“城中村”改造，山西隆诚、鼎信泽、源晋等律所从集体经济改制、整村拆迁、补偿安置等各个环节全程参与、跟踪服务，化解疑难纠纷。深化公证便民利民举措，继续开展小额继承简易程序、免费办证服务，惠及4000余人。进一步完善法律援助网络，市县都完善了临街一层的法律援助接待大厅，每个县区都打造了1个乡级示范站、2个村级示范点，37个司法所建设了法律援助远程视频平台，满足群众需求。

全力服务金融振兴、民营经济发展、科技创新等中心工作。联系高新区、市科技局、中小企业局、工商局，组织引导全市律师、公证、法律援助等与各类众创空间、孵化器及小微企业对接，分两批与35家众创空间对接服务2411家企业。积极推进小微企业法律服务线上信息平台建设，组织专项法律宣讲。城北公证处为邮储、光大、浦发等银行借款担保公证服务，涉及标的8.1亿元。城南公证处为200余家企业技术改造办理融资公证。城西公证处与金融机构开展信贷业务公证，涉及标的30亿元。全市208个律所1860名律师全年办理案件24634余件，担任法律顾问2682余家；公证机构全年办证11万余件；司法鉴定机构办理业务1600余件，努力为化解产能过剩、防范金融风险等提供法律服务。 （介晋芳）

【律师工作】 2016年，太原市全市律师积极围绕中心，服务保障各项中心工作。印发《太原市司法行政系统发挥法律服务作用，促进经济振兴崛起的实施方案》，积极担任党政机关、社会团体、事业单位，公司企业等法律顾问，组织引导全市律师积极服务金融振兴、民营经济、科技创新等领域，以专业的诉讼和非诉讼法律服务，促进和保障经济社会发展。印发《太原市小微企业创业创新基地城市示范工作法律维权方案》，向财政申报争取第一批167.94万元的法律维权项目经费，建立律师法律服务资源库，制定太原市小微企业创业创新基地城市示范工作法律维权经费使用申请计划，积极推进小微企业法律服务平台信息线上平台建设。继续深化推进服务保障城中村改造工作，制定下发了《全市司法行政系统深入服务保障城中村改造的意见》，组建专业法律服务团，深入基层一线，开展针对性深度服务，满足城中村改造法律服务多方面的需求，保障城中村改造的顺利推进。继续抓好全行业律师业务培训工作，在点睛网在线培训的基础上，与武汉大学联合举办“太原市律师服务小微企业能力提升研修班”，太原市46名律师参加此次培训。积极推荐律师担任各级人大代表、政协委员，担任各级党政机关的法律顾问，通过多种渠道参政议政、参与社会公益，切实发挥法律服务职

省司法厅厅长薛永辉等一行对太原市司法行政工作进行调研

能作用。（介晋芳）

【公证工作】 2016年是《公证法》实施十周年，3月，太原市司法局集中开展了纪念宣传活动。深化便民利民举措，继续开展小额继承简易程序、免费办证服务活动，即对5万元以下的小额继承实施简易程序（3月全部免费），对2000元以下的小额继承全年免费办理。10月，在全市开展为期一个月的“公证敬老公益服务月”活动，为70岁以上老年人免费办理遗嘱公证和遗嘱保管，共办理免费遗嘱百余件。城北公证处正式推出微信“无忧公证”服务，太原市民可以通过手机微信，随时随地办理公证业务。城南公证处推出的支付宝上办公证，太原市民只要下载支付宝APP，打开城市服务功能，在线填写相关信息并提供资料，支付完毕后就可完成申请。全力服务和支持小微企业发展，组织太原市公证业务骨干开展题为“如何为小微企业提供精细化的公证法律服务”的业务沙龙活动。太原市城北公证处努力拓宽小微企业融资渠道，先后与中国邮政储蓄银行、光大银行、浦发银行等办理了借款担保合同、流动资金借款合同公证，帮助企业融资8.1亿元。对全省首期特大型节目“2016山西省旅游发展大会主办城市评选活动”《人说山西好风光》的录制过程进行现场公证监督。太原市城南公证处为包括山西省焦炭企业“五十强”之一的太原市梗阳实业集团有限公司在内的200余家企业进行技术改造融资提供了公证服务。帮助山西省规模最大的煤矿运输机械制造企业——山西煤矿机械制造股份有限公司完成了新三板挂牌前的股份确权工作，为该公司成为山西省首家在四板市场托管的煤机企业发挥了积极作用。太原市城西公证处为山西省国土资源厅采矿权、探矿权签订协议办理现场监督公证共10余件。为辖区内的重点企业西山煤电集团办理采煤区塌陷补偿协议公证20余件；为万科、富力现代城、西岸、绿地、兰亭御湖城、原上园、优山美郡、澳林百和、晋阳湖壹号、幸福里等重点商品房项目的业主办理房产委托公证3000余件；为中铁十二局参与高速公路、高铁等项目招投标办理投标书、委托书等公证200余件；积极为金融机构信贷业务提供公证法律服务，涉及经济标的30亿元。

太原市市级3家公证机构都在原有业务用房的基础上扩大办公面积，城北公证处新增太原市府西街36号盛唐大厦11层，新增面积1116平方米，城南公证处新增太原市亲贤北街21号29幢宏安国际17层和18层部分，新增面积1793平方米，城西公证处新增太原市望景路8号浙江大厦16层和5层部分，新增面积1368平方米。（介晋芳）

市委宣传部、市委外宣办、市司法局召开新闻发布会，解读《关于在全市开展法治宣传教育的第七个五年规划（2016—2020年）》

【法律援助】 2016年，太原市司法局继续深入宣传省、市法律援助条例，提升社会知晓度和影响力。全年受理法律援助案件3878件，接待群众37825人次；“12348”法律服务热线升级改造，解答咨询20931人次。推出多项措施，提高法援服务质量，成立了由20余名省城知名律师组成的案件评查专家委员会，选聘了社会声誉好，律师素质较高的律师事务所和律师承担法律援助接待大厅值班和承办法律援助案件。（介晋芳）

【司法鉴定】 2016年，太原市司法局加强司法鉴定执业活动日常监督和动态监管，组织太原市5家司法鉴定机构参加了司法部的6项能力验证活动，组织12名司法鉴定人参加全省司法鉴定管理培训班，司法鉴定人全部取得合格证。组织2家司法鉴定机构参加了省司法厅2016年优秀司法鉴定文书评选活动，推荐参评文书2篇。全市13家司法鉴定机构，287名司法鉴定人全年办理司法鉴定案件1555起，为符合法律援助条件的困难群众办理援助司法鉴定案件4起。

（介晋芳）

【国家司法考试】 2016年，太原市司法局认真做好国家司法考试工作，推进司法考试工作标准化、规范化、信息化建设。按照要求，太原考区采取了全程网络化报名方式，并通过公众信息网以及报名管理平台及时向应试人员进行了考务、交通、气象信息等与考试相关的常规或紧急信息提示。2016年，太原考区应试人员共有5381人，占全省应试人数14128人的38.08%，创历史新高。

（介晋芳）

【人民调解工作】 2016年，太原市司法局深入开展“防风险、解纠纷、促发展矛盾纠纷排查化解”活动。聚焦劳资、医疗、交通、环保等民生领域和涉法涉诉类矛盾纠纷，充分发挥“品牌人民调解室”和行业性、专业性调委会的作用，与法律援助、“一村（社区）一法律顾问”形成工作合力，预防化解矛盾。1937个人民调解组织8450名人民调解员全年调解民间纠纷31064起，调解成功29931起；基层法律服务工作者代理法律事务1061余件。（介晋芳）

【强制隔离戒毒工作】 2016年，市强戒所全年接收强戒隔离戒毒人员600人，截至年底在册管理1059人。大力建设“德、孝、礼、法”场所戒治文化，打造省、市禁(戒)毒宣传教育基地，“6·26”国际禁毒日前向社会开放，累计受教育5000余人次。搞好SIYB培训，帮助戒毒人员自主创业。加强网络安全和安防设施建设，场所持续保持了安全稳定。（介晋芳）

【社区矫正工作】 2016年，太原市司法局完善社区矫正智能管理系统，县区司法局、司法所全部配备执法记录仪，对社区服刑人员实施人脸识别考勤。开展社区矫正“漏管脱管虚管”专项整治和“除隐患、强基础、保稳定”攻坚行动，对重点人员实施凡出必接。集中开展刑满释放和社区服刑人员“两类特殊人群”风险隐患大排查大整治活动，查出各类风险隐患54件，全部采取防控措施。对8名假释罪犯和33名暂予监外执行罪犯重点排查管控，对19名保外就医的社区服刑人员集中进行了体检复查。认真开展社区服刑人员捕前身份专项调查工作和集中清理判处实刑罪犯未执行刑罚专项活动。全市累计接收社区服刑人员10146人，在册管理1758人，重新犯罪率为0.13%，低于全国全省平均水平。6月28日，省司法厅督导检查组对太原市社区矫正“漏管脱管虚管”专项整治活动和安全隐患大排查大整治活动开展情况进行了督导检查，对开展社区矫正专项活动给予充分肯定。（介晋芳）

【安置帮教工作】 2016年，太原市衔接管理安置帮教对象6144人，其中刑满释放人员3423人，重新犯罪率控制在2%以内。加强对安置帮教基地规范管理，召开了规范安置帮教基地管理工作会议。市县两级司法行政机关根据排查结果，对照相关规定做出保留、整改、撤销决定，全市共取消安置帮教基地资格2家，保留13家。（介晋芳）

【行政审批工作】 2016年，太原市司法局严格落实《太原市行政审批管理办法》，把好法律服务机构及从业者准入初审关，做好权利清单事项的梳理和上级下放事项的承接工作，全年办理行政审批事项289件，办结率100%，无超时、无差错、无投诉。（介晋芳）

【基层法律服务】 2016年，太原市注册的基层法律服务所33个，基层法律服务工作者233人，其中持有基层法律服务工作者执业证在法律援助机构工作的人员有10名，4名基层法律服务工作者变更机构，9名基层法律服务工作者放弃职业。全年全市基层法律服务工作者担任法律顾问89家。（介晋芳）

【基层司法所建设】 2016年，太原市共有105个司法所，其中83个被省司法厅命名为规范化司法所。8月16日，在娄烦县召开了全市司法行政系统加强司法所建设现场观摩会，提出要重点打造省级示范。（介晋芳）

【司法体制改革】 2016年，太原市司法局与市信访局联合印发《关于律师参与化解赴省进京越级访和进京非正常访案件的意见》，为市县信访部门配备了法律顾问。配合市委政法委开展律师参与化解和代理涉法涉诉信访案件工作试点，起草了工作办法，已报市委政法委审定。联合市检察院、太原铁检分院改革人民监督员选任管理方式，选任市级人民监督员114名，12月29日进行了初任培训。（介晋芳）

·强制隔离戒毒·

【概述】 太原市强制隔离戒毒所承担着太原地区为强制隔离戒毒人员提供科学规范的生理脱毒和心理治疗；实施道德、法律教育；开展康复训练和职业技能培训，帮助戒毒人员戒除毒瘾、重返社会的职能。建所32年，累计成功教育矫治了2万余名劳教和5000余名强制隔离戒毒人员。2016年，太原市戒毒所被太原市人民政府评为双拥先进单位和文明单位标兵；被山西省司法厅评为“2016年度完成重点工作目标任务模范单位”；被山西省戒毒管理局评为“2016年度目标责任考核优秀单位”和“2016年度六无强制隔离戒毒所”；在“向李培斌学习

太原市司法局局长张彤到戒毒所调研

做新时期楷模”活动中被山西省戒毒管理局记集体嘉奖一次；被太原市司法局授予“向李培斌看齐”主题演讲比赛优秀组织奖。所党委被中共山西省司法厅委员会评为“全省司法行政系统先进基层党组织”。（办公室）

【安全管理】 2016年，市戒毒所坚持以规范化管理建设和严格公正文明执法为抓手，以“四位一体、两个延伸”为载体，实现了第十二个“六无”年，场所收治规模达2千人。安全检查严格细致，每月地毯式检查与节假日联合检查结合，严查隐患。开展了百日安全竞赛活动和针对八类突出问题的专项纪律作风整顿活动。制定了《戒毒人员离所就医管理办法》。各项活动有效提升了民警安全意识和安保能力，圆满完成了G20峰会、“六中全会”及“三节两会”等重要节点的安保工作。

对全部戒毒人员进行摸排，有效配合太原“打黑除恶”活动。11月25日，反映市戒毒所民警为戒毒人员患病家属捐款献爱心的新闻片，在太原电视台法制频道播出后好评不断，在中央电视台法治频道“法治中国60分”播出，取得良好社会效果。（办公室）

【禁毒宣传】 2016年，市戒毒所按照习近平总书记关于禁毒要从青少年教育抓起的指示精神，为深入推进“四位一体”戒毒工作格局，率先“向前延伸”，创新拓展工作。建成了一个集声光电为一体，处于全市先进水平的禁（戒）毒教育基地。省、市禁毒委，省戒毒局和市司法局分别为基地挂牌。与市教育局联合在全市教育系统开展了“百校千师万生”参观禁毒教育基地活动，在所内设立“太原市教育系统青少年毒品预防教育基地”，成立省城大学生禁毒志愿服务队，来自6所大学共150余人加入了禁毒志愿者队伍。到17所大、中、小学，如山西大学商务学院、中北大学、尖草坪一中、市财贸学校以及杏花岭、柴村社区中开展禁毒宣传教育，为市教育局培训专兼职教师300余名，不断扩大社会影响力，拓展社会帮教途径。请省文联艺术家、太原师范学院、太原科技大学、太原市幼儿师范、尖草坪一中师生等团体，通过观看禁毒展览馆和禁毒宣传片、聆听戒毒人员现身说法以及禁毒知识讲座等方式接受禁毒知识教育，累计受教育人数5000余人次，受到一致好评。积极指导社区戒毒康复工作，在杏花岭区和尖草坪区各建立了一个指导站，加大了参与社区戒毒康复的指导面。（办公室）

【教育戒治】 借鉴中华传统文化精髓，提炼了以“戒”文化为核心，“德、孝、礼、法”为重要内容的场所戒治文化。七个大队分别以“德”“孝”“礼”“法”“戒”“心理”“禁毒”为主题，进行了各具特色的大队环境建设。建造了思戒广场，修建了以“人说山西好风光”和“德孝礼法”为主题的文化长廊。组织专人编写了《戒文化宣传手册》和《德孝礼法传统文化教材》，成立了2个传统文化教育小组，更有针对性的对戒毒人员开展教育。引进了傅山太极拳和刻瓷两项非物质文化项目，认真开展周周法理艺活动，陶冶了戒毒人员情操，培养他们良好的兴趣爱好。承办了全省戒毒系统场所文化现场会。组织了母亲节帮教活动，开展了“珍爱生命、远离毒品”主题演讲、戒毒操、红歌赛等活动。邀请省文联艺术家团、太原市实验晋剧团来所帮教演出。与山西医科大学社会科学学院签订合作协议，正式成为该学院应用心理学专业研究生实践基地。先后接待该学院研究生3批9人。与中国军事医学科学院放射与辐射医学研究所合作，联合开展毒品心理成瘾性的相关研究。心理矫治中心购置了心理自助、心理教育信息化管理、危机干预、生物反馈治疗、音乐治疗等先进的心理矫治系统设备，技术水平达全省系统领先。（办公室）

【职业技能培训】 2016年，市戒毒所继续以SIYB创业培训为依托，拓展职业培训内容和成效。开展SIYB创业培训三期90人；开展中式烹调培训一期137人；开展中式面点培训一期128人，全部合格。承办了全省系统戒毒人员厨艺比武，获优秀组织奖，戒毒人员获特等奖“厨王”称号。优化了职业技能培训中心的厨师培训、计算机培训、SIYB创业培训、茶歇室等功能室的设施配置。建立了创业项目库和创业服务网站，现有评审合格创业项目158个，涵盖了服饰装饰、餐饮住宿、特色农产品、科技开发、电子信息等众多行业。通过项目展示会、场所巡展等活动，帮助学员选择项目并开展创业。2016年，回访参训后出所戒毒

太原市教育系统青少年毒品预防教育基地揭牌暨省城大学生禁（戒）毒志愿者队伍授旗仪式

人员 214 人次，帮助创业学员办理各项证件 15 件。（办公室）

【生活保障】生活卫生工作继续以部颁一级标准严格要求，不断提高保障水平。为每个大队配备一体机购物系统，实现戒毒人员自主购物刷卡。完成澡堂太阳能热水供应工程，保证戒毒人员洗浴需求。春节、中秋节等节日期间，照顾少数民族和糖尿病人的饮食习惯，制定节日菜谱，发放了应季食品及水果，体现了党和政府的关怀。投资 3 万余元为全体戒毒人员发放了橘子粉、白糖、茶叶等夏季福利。入冬后，民警职工为戒毒人员捐献衣物 181 件，捐款 370 元。万庄文体用品有限公司捐赠衣服 922 件。开展爱国卫生月活动，进行了新所绿化工程，新购置戒毒人员校服 1000 套，并为戒毒人员校服和日常用品印上“太原戒毒”标识，管理更加规范化，在全省系统爱国卫生月活动评比中获得第一名。（办公室）

【医疗戒治】2016 年，市戒毒所建成医疗戒治中心，增设了生理机能检测室，远程医疗、精神康复、中医戒治等诊室，购进 630 毫安的 DR-X 光机和 11 台生理机能测试仪，随时检测戒毒人员从入所到出所期间身体状况的变化。设置远程医疗系统，遇到疑难病戒毒人员，可在所内通过系统直接与医院对接，既提高了医疗效率，也减少戒毒人员外出诊疗的安全隐患。聘请省精神卫生中心的两位主任医师，每周来所就心理和精神康复进行诊疗。开发应用电子医疗病历。严格执行每月一次的“三基三严”考核，医务人员执行首问医师负责制、疑难危重病例讨论制和“三查七对”等制度，有力促进医疗质量的提高及医疗服务的改善。派医务人员到上级医院学习进修 4 人次，参加医疗学术研讨学习班 2 次，聘请专家授课 4 次，每月组织所内护理业务培训并考试，每季度一次护理质量分析讨论会，分析存在问题并提出改进措施，有效提升了医务人员专业技能。对全体管教民警及相关科室人员进行了 3 期急救知识和技能操作培训。采取多种形式开展传染病防治知识教育，有效提升了医务人员的诊疗水平。（办公室）

【安防建设】2016 年，市戒毒所建成一个集数字综合管理平台和视频监控系统、人员定位系统、IP 对讲系统、周界报警系统、门禁监控系统、紧急手钮报警系统、车底扫描系统为一体的信息化综合管理平台，提升了安防科技水平。会见过程全场监听自动录音，记录查询方便。周界报警系统，采用地埋式震动光纤技术，具有灵敏度高、误报低、隐蔽性好等特点。智能化门禁系统出入必须输入指纹，单人闸口，单道通行。利用金属探测器、地眼等设施对进出人员、车辆检查，做到了“凡进必查、不留死角”。邀请太原市消防安全培训中心教官进行消防知识培训，组织了一次消防应急疏散演练。组织“反恐事件”和“紧急疏散”“突发疾病”和“防逃”等应急演练，12 月 7 日，组织全所大规模的防逃布控演练，提高民警的快速反应和处置突发事件能力，检验了各部门协调配合能力。（办公室）

【抓好党建和队伍建设】2016 年，市戒毒所认真开展“两学一做”教育活动。召开了活动动员会，下发了学习教育方案，为每名党员发放了学习手册、习近平总书记系列重要讲话书籍以及专门的学习笔记本。制作了专门展板，进行了宣传教育。围绕“四讲四有”主题，所党委、各支部都进行了一次专题研讨。所党委中心组先后开展 3 次集中学习、10 个支部开展了 12 次专题辅导，系统进行“两学一做”学习。组织各支部书记就如何搞好“两学一做”进行了座谈讨论。组织全所民警职工戒毒人员参加纪念“七一”建党 95 周年升国旗仪式。全所近 200 名党员开展重温入党誓词活动。将 13 名优秀党员事迹制作成灯旗在所内宣传。

制定了《严格执行中央八项规定教育提醒册》，对中层以上领导干部进行提醒教育。3 月 24 日，邀请西裕地区检察院副检察长芦春贤进行预防职务犯罪法制专题讲座，并播放了《以案说法专题教育片》。在中层以上领导干部会议上，多次组织领导干部廉洁从政行为学习教育。利用所内网宣传平台，制作了图说廉政 14 期。以“两学一做”活动为契机，从“学纪、守纪、用纪”三个层面深入开展了“把纪律挺在前面”专项活动。对中层以上领导干部发放《提醒册》15 期。

严格公车管理。重新规范《公车使用规定》，严格使用审批程序，杜绝公车私用。取消了车队编制，将原有 16 名司机编制缩减为 8 名，其余分流到不同岗位

戒毒人员“迎七一　颂党恩”歌咏比赛

承担其他工作。公车使用费用在连续3年下降的基础上，同比又减少35.12万元，下降68.3%。

继续推进“三严三实”教育活动。领导班子专门召开了“三严三实”专题民主生活会，8名班子成员对照自身，在修身做人、干事创业、遵章守纪等方面进行了深查细找，认真梳理，进一步沟通了思想，提升了素养，增强了党性。

全面开展“向李培斌同志看齐”系列活动。开展了主题征文活动，参加了“向李培斌学习、做新时期楷模”先进事迹宣讲。2名选手获得了省司法厅“向李培斌同志看齐”演讲比赛优秀奖。通过活动，在所内营造“爱岗敬业、立足本职、勇于担当、无私奉献”的良好工作氛围。7月19日，所区抗洪抢险时，全所民警职工争先恐后，顶风冒雨，挥锹搬沙，充分诠释了爱所爱岗、勇于吃苦担当的奉献精神。

在全所民警职工中开展了以“七严七整”“七破七补”为内容的纪律作风整顿，综合督察队全年督察132次，通报18次，做到了有记录、有内容、有实效。每月召开一次全所纪律作风整顿大会。通过整顿，进一步严肃纪律，严明作风，场所队伍呈现出昂扬向上的局面。组织了欢庆元宵活动、三八妇女节采摘活动、团队拓展训练活动、五四青年节登山比赛活动、青年志愿禁毒宣传活动、普通话基础知识培训等，为活跃场所文化氛围作出了积极贡献。邀请山西省全民健康促进会的董毅老师开展了以“珍爱生命，关爱健康”为主题的健康教育知识讲座。（办公室）

【后勤保障】 2016年，市戒毒所聘用专业绿化公司铺设草坪10000余平方米，栽植银杏、山楂等树木，在大厅、会议室等处摆放金菊、红掌等各类观赏植物，在楼道内安装灯箱、挂画等装饰，场所绿化覆盖率达到38%，塑造温馨的工作环境。全年走访、慰问生病住院、家庭特困的民警职工55人次；为全所366名在职民警职工缴纳第十一期职工医疗互助工程互助金13176元（每人36元），为5人次生病住院职工向市职工困难帮扶中心领取5175.48元的医疗互助金。

2016年，争取新所后期工程财政建设资金11527.5万元，为扩建工作开展打下坚实基础。安装了功率500千瓦的柴油发电机，确保场所突然停电后在5分钟内及时送电。依照节能降耗的原则，对综合指挥中心楼楼道照明、大队车间及热水器等用电设施进行了改造，安装了定时开关、红外感应器、节能灯等设备。协助设计院修改优化了3号戒毒人员宿舍楼和戒毒康复医院设计方案，并完成了勘探工作。为保证管教区安全，修建了高度和材料都有特殊要求的临时围墙隔离施工区和戒治区。完成体训场、照壁喷泉等后续工程。协调修建所区对外通勤道路，硬化了路面，提高了抗洪能力，解决了民警职工通勤和戒毒人员家属探视的行路难问题。

建立了戒毒人员探访人身份识别系统。通过戒毒人员登记的社会主要关系和探访人员身份证信息进行对比，自动识别探访人是否符合条件。申请认证“太原戒毒”微信公众号，定期公布场所工作动态，探访时间等信息，提升戒毒所对外形象，建立与戒毒人员家属互动平台，增进戒毒人员家属对戒毒工作了解和认同。（办公室）

军 事
Military Affairs

太原警备区

【概述】 2016年，太原警备区各级以习近平总书记系列重要讲话精神为指导，围绕"当全省窗口、走全国前列"奋斗目标，以《警备区三年建设规划》为遵循，以"严格教育、严格管理、严格纪律，稳定思想、稳定队伍、稳定工作"为抓手，勇于攻坚克难，部队各项建设有新的进展。太原市荣获年度全国双拥模范城。

思想政治建设。强化政治意识、大局意识，全年落实党委中心组带机关学习12次，警备区常委、委员为部队讲党课均在2次以上；遴选4名理论骨干开展送教下基层巡回宣讲，集中开展改革强军主题教育。与纪念红军长征胜利80周年系列活动有机融合，开设国防教育微信公众号8个，指导尖草坪区人武部建成国防文化宣教中心，拓展晋源区"四纵四横"国防文化功能。关注意识形态领域斗争，围绕美韩部署"萨德"系统、南海仲裁案等事件，持续搞好思想教育和舆论引导，加大信息网络监管力度，妥善处置涉军敏感问题。

部队战斗力建设。围绕支援保障打仗、参加抢险救灾、参与反恐维稳三大职能任务，聚焦中心，主业主抓。警备区党委坚持每季度召开议训议教议管会议，研判形势，剖析问题，研究具体措施。突出战备值班规范，完善行动预案，加强岗前培训，随机拉动演练，依法依规处置突发情况。参加全省群众性岗位练兵比武竞赛，取得综合成绩第一名；参加省军区参谋骨干和专武部长集训比武取得"双第一"；选拔优秀干部骨干参加省军区"八一"军事日活动，万柏林区人武部和通信团获得优秀组织奖。参加省军区"太行-2016"战役集训，研究参加首都联合防空作战基本指导、力量编组、行动战法和协同保障，首长机关指挥能力得到提升。全年5个批次组织64名预备役人员赴火箭军、空军返岗训练，保证动员实效。狠抓遂行任务能力提升，全年出动民兵应急分队21800余人次，完成7起山火扑灭、"7.19"防汛救援、15次保障主力军团机动过境、8个批次保障日遗化武销毁运输作业等应急抢险、执勤维稳任务90余起，在防汛救援中转移被困群众1800余人。按照"五率"要求突出大学生征集主体，指导开展"省城大学生征兵宣传进高校活动"、优秀大学生士兵先进事迹报告会、征兵宣传微视频评比等活动，跟进加强廉洁征兵，大学生新兵占到59%，同比提高13%。

党委班子和干部队伍建设。师团两级党委履行主体责任和政治责任，加强"两学一做"学习教育，全面从严治党，提高党员素质。整治行业风气，全年清退10套不合理住房，停止15个可控有偿服务项目，制定《太原警备区经费管理整治纠改实施方案》，明确"依规依纪、实事求是"的整改原则，对照九大类整改内

党的十八届六中全会精神基层宣讲

容，逐个单位、逐笔账目、逐张凭证深挖细抠、查纠整治；军地合力整改收回柴村农场土地补偿款281.5万元、未入账租金330万元。查办上级批转和本级受理信访问题5件，党纪政纪处分3人，与1人诫勉谈话，对长达10余年的缠访户，综合施策、接招解困，化解矛盾，警示部队。坚持选人用人正确导向，调整的14名营职以下干部基层占比达到93%；举办转业干部公务员考前培训班，提升转业干部转岗择业能力；利用乡镇换届契机做好专武干部调整配备，提拔使用37人，推荐新任35人，平调重用6人，改善队伍结构。

基层建设。统调全区力量，在全省做出“确保每个人武部至少有5名干部”的安排；重点帮带指导晋源区人武部和第六干休所党委稳控思想；向阳曲县、娄烦县人武部各投入130万元，帮扶新办公楼信息化建设；组织部团主官和机关科室负责人两次到6个典型部团观摩学习，接受8个同行单位到太原市警备区观摩指导。协调市委、市政府出台《关于加强民兵应急力量常态化专业化规范化建设的意见》，形成建管训保用“五位一体”建设常态落实机制。指导万柏林区人武部完成省军区整组检查现地观摩培训活动，全区90%以上基层营连部达标；对14个民营企业民兵组织进行清理整顿，撤销6个，规范8个。严格组织部团考评，3个单位跨入全省先进行列。

军民融合发展和精准扶贫工作。推进军民融合8个体系建设，指导探索4类融合模式，拓编网络攻防、防化救援等新型力量，《中国国防报》头版头条给予报道。履行军民融合协调部职能，协调海军申请命名“太原舰”，举办两场随军家属就业招聘会，协调安排55名符合政策的随军家属随调工作，安排78名军人子女进入本辖区较好学校，全市70名转业干部全部安置到公务员和参公岗位。按照“小康路上不让一名军烈属、伤残军人掉队”的理念，全区投入近百万元，采取就业帮扶、教育帮扶、医疗帮扶、产业帮扶，民兵应急分队“一班帮一户”等形式，精准帮扶112户、314名困难军烈属、伤残军人，定点帮扶娄烦县康家沟村，太原市荣获全国双拥模范城。

部队安全管理。建立能级管理责任制，开展“学法规用法规守法规”“百日安全活动”和“清网”专项行动，以人车枪弹密网为重点，6个波次进行拉网式、兜底式安全隐患排查，纠治7类23项问题，促进末端落实。安全稳定工作在省军区量化排名第二。

后勤综合保障。充实物资器材，锻炼保障队伍，强化实战实保能力。自主研发的《军队车油信息化管理系统》荣获军队科技进步三等奖。开展不合理住房清理、全面停止有偿服务、财务自查自纠、“三超”工程项目清理整治，有效应对柴村农场、个别缠访户涉法诉讼问题，破解营建中有关遗留问题。加强后勤党组织建设和职工队伍教育管理，提高职工工资，发放取暖费补助和其他补贴，慰问救济困难官兵、老干部、职工和遗属，科学论证上报家属院地下车库建设规划。

（景春勇　黄承明）

【集训考核】 2016年1月，选派10名专武干部参加全省集训考核，获得单位总成绩第一名，单课目成绩两项第一，3名干部进入个人综合成绩前十名。2月28日至3月4日，组织专武预任干部149人进行集训考核，落实5个训练日、40个训练时，岗位任职能力有效提升。4月中下旬，组织小店区双25、迎泽区双37两支高炮分队14名干部民兵参加省军区专项集训考核，小店区双25高炮班取得班协同第一名和两个炮手单项第一的成绩。

（荀　伟）

【观摩培训】 5月，省军区在万柏林区人武部组织民兵整组检查现地观摩培训活动，警备区机关干部和11个部团军事主官、分管参谋，万柏林区15个乡（镇、街道）武装部长共110人参加培训。培训采取静态观摩、动态演示、伴随解说、现场实践相结合的方式进行，组织开展整组检查验收，规范基层营（连）部建设的标准，统一分队拉动点验的程序。

（荀　伟）

【后勤战备训练】 细化修订4大类48种后勤保障方案(计划)，补充和更换部分战备物资器材。根据原北京军区采购办通知，在石家庄参加物资采购招标会，经过五轮竞价谈判，以66.6万元购买一台自行式炊事车。12月，组织后勤干部参加省军区组织的“太行-2016”战役演习，结合方案计划，进行实兵实装演练，提高后勤干部的组织指挥能力。

（蔡鹏勇）

【精准扶贫】 对接太原市委三年脱贫

太原警备区组织民兵应急分队进行反恐作战训练

攻坚规划，以定村帮扶、教育帮扶、困难军烈属和伤残军人帮扶为重点，开展精准扶贫活动。警备区将娄烦县康家沟村定为重点帮扶单位，首长机关带领有关人武部6次到该村现场办公，投入经费35万元，扶持牛、羊、猪养殖和沙棘种植等产业项目。为104个贫困家庭发放救助金和慰问品共计16万余元。与山西晚报联合开展“圆百名贫困儿童心愿”活动，组织城六区人武部和预备役通信团对贫困儿童进行救助。与山西广播电视台、山西希望出版社等单位共同在阳曲县大盂镇大泉沟小学开展“冬季送温暖走进贫困学校”活动，为学生们表演文艺节目、讲述励志故事、赠送学习用品。对全市困难军烈属、伤残军人进行逐一摸排，最终确定112户、314人为重点帮扶对象，在量身定制“一卡一档、一户一策”帮扶方案的基础上，组织开展第一轮帮扶，平均为每户家庭捐助2000元现金，为6个特困家庭购买电视机、洗衣机、轮椅和造氧机等，为22户有子女就学的家庭捐助助学金。（曹伟伟）

【强军教育】 在全区部队组织开展“改革强军”主题教育。教育区分前期准备、集中教育、拓展深化三个阶段。前期准备阶段开展思想调查，收集整理相关资料，拟制教育方案计划；集中教育阶段组织官兵学习习近平总书记改革强军重要讲话和上级文件精神，组织小店区、杏花岭区、娄烦县人武部部长进行集中授课辅导，并开展“新体制、新职能、新使命”讨论；拓展深化阶段将驻并部队55名符合政策的随军家属全部安排到公务员、事业编岗位，稳定思想，服从大局，尽职尽责，为改革强军做贡献。6月至10月，根据军委国防动员部和山西省军区《现役部队预编预备役人员快速动员预先号令》部署，受领空军和火箭军2个军种现役部队预编预备役人员快速动员、返营训练任务。对无业或自主创业人员由各县(市、区)政府书面函告；对在太原辖区机关、团体、企事业单位工作的人员，以市政府名义出函，属地人武部负责对接联系。对不愿参加训练的逐人讲清法律责任，督促其接受训练。共组织5个批次64名预备役人员分赴火箭军22、52、53和54基地、空15师进行返营训练，确保动员实效。（曹伟伟　荀　伟）

【清理不合理住房】 定期召开清房工作推进会，研究清退不合理住房策略，逐个约谈清房对象，帮助其端正思想认识。对个别心存侥幸、拖延观望、提不合理要求的住户，向其单位纪委发函协助做好工作，并采取断水断电强制措施督促腾退。警备区10人11套不合理住房已清退9人10套。（蔡鹏勇）

【安全管理】 5月，组织完成全区旧杂式武器清理，统计上报旧杂式武器2支，旧杂式、待报废弹药766发(枚)。5月中旬，集中组织全区76名仓库保管员、警卫人员开展作风纪律整顿，提升看管人员能力素质。7月，师团两级汲取国防动员部通报的19起事故案件教训，自查自纠。全区共梳理7类23项问题，制定措施，明确责任，确保整改见底归零。9月，组织全区现役干部、战士、职工和应急分队召开安全工作部署会，集中观看军委国防动员部“省军区部队安全稳定工作电视电话会议”视频录像，开展“安全稳定集中学习教育整顿”活动。组织开展“百日安全活动”，促进全区安全形势持续向好。（荀　伟）

【清理整顿】 汲取安徽文一投资控股集团部分具有民兵身份员工参与聚众斗殴事件的教训，对全市非公有企业民兵组织清理整顿工作作出部署。通过师团两级对14个非公有企业民兵组织进行清理整顿，撤销6个，规范8个。经对民兵组织队员严格政审，共调整出队30名不符合编组条件人员；对666套民兵服装及标识、635套民兵装备（含警棍、盾牌、头盔)进行集中管理。（荀　伟）

【岗位练兵】 7月，在组织开展群众性岗位练兵活动的基础上，全区选拔6类人员共226名骨干，参加省军区群众性岗位练兵骨干集训成果展示和“八一”杯军事技能比武竞赛活动，在总计31个项目中取得9项名次(其中集体第二1项、个人第一3项)，万柏林区人武部、预备役通信团被表彰为优秀组织单位；组织民兵骨干161人进行警棍盾牌操现场展示，受到各级好评。11月30日至12月2日，参加全省群众性岗位练兵比武竞赛，取得军分区系统单位综合成绩第一名和7项个人综合名次的成绩。（荀　伟）

【兵员征集质量】 5月，协调市政府出台《太原市高校征兵实施办法》，对征集对象范围与条件、征集机构与职责、优待与奖惩和廉洁监督等方面进行规范。在中北大学组织开展省城大学生征兵宣传进高校活动，举行优秀大学生士兵先进事迹报告会，从近年入伍的大学生士兵

太原警备区举行省城军民欢送新兵入伍大会

万柏林区人武部整组观摩会

中遴选出某部特种作战旅战士刘振邦、晋城消防支队战士赵树龙等先进典型，讲述由大学生成长为合格军人的成长历程，诠释从军报国的人生。8月至9月初，各县（市、区）开通大学生征兵绿色通道，保障优先报名、优先体检、优先政审、优先审定，调动大学生应征入伍的积极性。在全市征集的1677名新兵中有大学生990名，占59%，同比提高13%，超出省军区规定9个百分点。（荀 伟）

【科研项目研发】 经过改进系统方案，优化系统功能，警备区向军委国防动员部推荐后勤部助理员蔡鹏勇研发的《军队车油信息化管理系统》，申报该项目参加军队科技进步奖评选，经军委科技委初评，审定为参评项目。9月，蔡鹏勇赴河南郑州参加军队科技进步奖评选和现场答辩，该系统获得军队科技进步三等奖。（蔡鹏勇）

【国防教育】 9月，警备区和迎泽区人武部在五一广场举行山西省第16个全民国防教育日省城广场宣传活动，制作宣传展板28块、空飘气球6个，发放宣传单3万余张。省市区军地领导和三级国防教育委员会成员单位的领导、社会各界群众2000余人参加宣传活动。宣传活动进一步强化群众的国防观念和国家安全意识。（曹伟伟）

【战役集训】 12月6日至8日，组织警备区机关带11个部团参加省军区“太行－2016”战役集训，重点围绕“参加首都联合防空作战辖区综合防卫”任务，进行探索研究，熟悉主要作战对手军事部署及对首都地区安全威胁，掌握辖区重要目标分布、民兵预备役和人防力量部署以及国防动员潜力数据，对参加首都联合防空作战基本指导、力量编组、行动战法、组织指挥和综合保障进行实案演练研究，形成符合辖区实际的作战理论成果，两级首长机关战役素养得到提高。（荀 伟）

人民防空

【概述】 2016年，太原市人防工作学习贯彻党的十八大和十八届三中、四中、五中、六中全会精神、习近平总书记系列重要讲话精神和省、市党代会精神，贯彻落实《中共山西省委山西省人民政府山西省军区〈关于深入推进人民防空改革发展的意见〉》和第七次全国人民防空工作会议精神，组织开展“两学一做”学习教育，提升全市人防建设发展水平。市人防办政务大厅窗口共审批结建工程112项，总面积62万平方米；验收防空地下室项目49项，总面积约23.9万平方米；收取易地建设费9884万元，超额39%完成年度任务。5月，在第七次全国人民防空工作会议上，太原市被评为“全国人民防空先进城市”。（许亚飞）

【重点工程建设】 3月至11月，太原人防指挥部三期工程已完成土地划拨、可研批复、工程规划许可等手续，战备物资库于开工建设；亲贤北街地下人防工程已完成土建主体施工，并通过规划验收；体育北街地下人防工程投入运营。东岗路地下人防工程完成土建主体，道路施工已完成，地面交通已恢复运行，工程建设稳步推进。

11月25日，太原人防指挥部地下

市人民防空办公室集体观看警示教育片

市人民防空办公室党组书记、主任、民防局局长冀克平查看工程现场

指挥所通过省人防办的验收，标志着太原市已拥有符合人防战术技术要求的现代化应战应急指挥平台。（许亚飞）

【安全生产监督】 6月8日，市人防办召开全市人防工程安全生产和防汛工作会，各城区、直属各单位及相关单位参加会议，会议对汛期安全生产工作进行部署，并对安全生产法进行宣讲。落实《太原市安全生产党政同责一岗双责失职追责暂行办法》，与各单位签订安全生产目标责任书。根据晋人防办函字〔2016〕16号要求，做好人防安全隐患排查，确保公共安全的冬季行动，共检查早期人防工程70家，发现隐患9处，已经完成整改2处，有2处在做安全处理后正在查找原因，有5处正在进行整改中。制定《2016年安全生产监督检查计划》《关于做好人防工程安全防汛工作的通知》，确保人防汛期的安全工作落实到位。（许亚飞）

【防空警报试鸣】 9月18日，组织防空警报统一试鸣活动，通过太原日报、太原晚报、山西晚报、太原电视台等媒体发布市政府公告，保障防空警报试鸣工作顺利进行。并对全市防空警报器进行测试检修，排除隐患问题，确保防空警报完好率。结合警报试鸣，组织进行"9.18"警报统一试鸣宣传日活动，市人防办组织机关和各直属企事业单位150余人，在市政府门口和新建路上开展大型宣传活动，发放宣传材料6000余份，现场解答群众咨询，提高全市人民群众人防观念和国防意识。（许亚飞）

【人防工程安全治理】 对全市存在人防工程的区域进行拉网式巡查，对公共早期人防工程实施网格化管理。根据工程检查结果，结合城市道路改造，对存在安全隐患的4项早期人防工程约4460平方米进行封填和维修处理。同时，对284项总建筑面积70万平方米的结建人防工程进行检查，安装人防标识牌。完成人防工程的防汛完全任务，及时处置险情20余起，确保人防工程未发生安全事故。（许亚飞）

【帮扶责任机制】 抓好扶贫工作，建立专人"一对一"帮扶责任机制，坚持走访慰问，制定帮扶措施，按照精准扶贫、精准脱贫的要求开展工作。对阳曲县阳寨村委会（辖上阳寨、下阳寨、王兴坪三个自然村），进行摸底调查，确定10户精准扶贫户，帮助贫困户销售农产品，解决实际困难，针对缺水干旱自然条件，联合对口帮扶单位逐级反映，争取扶贫资金、专项资金和技术支持，基本落实专项金120万元。（许亚飞）

公安消防

【概况】 2016年，太原消防部队坚持以习总书记重要讲话精神为引领，深入贯彻十八届系列全会精神及依法治国、从严治党的重大方针，牢牢把握政治工作的时代主题，以"两项重大教育"为主线，始终坚持问题导向，切实在抓警魂、抓干部、抓作风、抓精气神、抓创新上狠下功夫，为部队圆满完成中心任务、忠诚履行职责使命提供了坚强政治保证。

提升部队正规化、实战化能力。太原市公安消防支队按照习近平总书记建设"听党指挥、善谋打仗"的新型司令机关的要求，坚持依法从严治警，坚持战斗力标准，以实战化训练为导向，不断深化执勤训练改革，深入推进队伍正规化建设，以信息化建设为载体，全面提高了部队正规化管理水平和灭火救援实战能力，各项工作取得了新突破。始终把预防重特大火灾事故作为重中之重，紧密结合夏季消防检查、今冬明春火灾防控工作等重点内容，深入推进执法规范化建设，不断加强消防宣传教育培训，努力构建火灾防控体系，全力维护消防安全形势稳定。

2016年，太原市公安消防支队结合部队自身实际，以夯本强基为目标，以创新管理为抓手，以官兵满意度为出发点和落脚点，开拓进取，真抓实干，实现了经费保障持续增长，完成了消防装备的更新换代，加快了营房及基础设施建设，后勤保障能力显著提升，为各项工作的顺利开展奠定了坚实的基础。全年全市消防部队共接警出动5539起，出动车辆11138辆，出动警力59265人，抢救被困人员2069人，疏散被困人员1571人，抢救财产价值800余万元。其中发生火灾1776起，死亡6人，受伤0人，直接财产损失22506920元，过火面积29135.8平方米，受灾户数63户，受灾人数3人；抢险救援1692起；公务执勤142起；社会救助608起；

虚假警1323起。（孟名彦）

【正规化创建达标活动】 2016年，太原市公安消防支队根据省总队2016年度各大中队正规化达标率达到90%的目标任务，制定《太原市消防部队正规化创建达标活动实施方案》认真贯彻落实，层层推进。全市基层单位正规化标识全部统一，各类制度牌已全部上墙，支队于10月中旬对全市基层大中队正规化建设进行验收，并于10月28日向总队正规化达标验收办公室申报验收，2016年全市消防部队按编制数全市15个消防大队、22个中队正规化管理达标，正规化管理达标率已达90%。（赵 亮）

【强化落实条令规章制度】 2016年，太原市公安消防支队每周、每月按时开展条令条例、安全防事故学习，定期以专题授课、网络考试、笔试、问答、知识竞赛等形式开展条令条令法规学习。3月开展为期一个月"条令条例学习月"活动，活动期间举办条令、安全知识竞赛，11月中旬支队参加全省公安消防部队条令条例暨队列会操竞赛活动，太原支队通过团结协作、奋勇争先，勇夺条令条例暨队列会操竞赛活动双料冠军。（赵 亮）

【强化辖区熟悉演练】 2016年，太原市公安消防支队按照"仗怎么打、兵就怎么练"的原则，全面落实总队"四长"包保责任制度，加大对"一高、一低、一大、一化、一文物"5类场所熟悉演练程度，通过规范支队全勤指挥部应急响应和指挥作战程序，先后深入支队级重点单位开展熟悉响应训练12次、支队级演练11次、大中队级熟悉2736次、实战演练2618余次。通过分区域、分事故类型、分时段组织开展熟悉及实战拉动演练，不断提高部队临机反应、快速处置和协同配合作战能力。（赵 亮）

【增强灭火救援实力】 2016年8月、11月，经太原市公安消防支队党委会研究通过成立康宁、罗城中队，康宁中队隶属小店大队管理，罗城中队隶属晋源大队管理，8月22日，支队抽调2名干部、15名现役士兵、25名合同制队员组建康宁中队，11月，支队抽调2名干部、10名现役士兵、26名合同制队员组建罗城中队。（赵 亮）

【督导检查训练落实】 2016年3月21日，太原市公安消防支队制定出台《太原市公安消防支队执勤岗位练兵体能达标考核实施方案》，定期组织各级警官开展3000米考核，并将考核结果与个人晋升挂钩，在本年度营职领导干部双考中这项举措得到充分的体现。通过视频与实地相结合，全面检查、随机提问、拉动演练等多种方式，帮扶、指导、检查、提升基层部队训练工作20余次。成功举办了2015–2016年度冬春实战化练兵、2016年夏季实战化练兵2次支队级比武竞赛，全面检验了官兵实战练兵水平。在总队2015–2016年度冬春练兵考核中，支队被评为"冬春练兵先进支队"，参考的4个中队全部获评"冬春练兵先进中队"，8名官兵荣获"冬春练兵先进个人"；在总队2016年夏季训练比武竞赛中，太原市公安消防支队荣获总成绩第一、特勤中队总成绩第一、普通中队总成绩第一的好成绩，5名官兵个人综合成绩名列前茅。（王鹏飞）

【网络安全保障】 2016年2月至3月，太原市公安消防支队加强网络安全巡查力度，消除网络安全隐患，夯实基层应急通信保障能力，全面掌握各中队信息化设备的现状及维护保养情况，提高各中队电子阅览室的使用率，支队信息通信科用一个月时间对全市31个基层中队的网络运行情况、中队监控情况、电子阅览室、应急通信装备等进行了详细的摸底排查和维修工作。（吴 昊）

【创新训练模式】 2016年，太原市公安消防支队以总队训练基地为依托，组织开展基地化训练10余次，累计参训官兵1200余人次。依托全市7个车辆报废点建立交通事故抢险救援训练基地，组织进行实车破拆训练60余次，累计参训官兵360人次、破拆车辆60余辆。（武鹏飞）

【开展夏季消防大检查】 2016年5月10日至9月20日，支队在全市范围内开展了夏季消防检查工作。支队联合安监、文物、规划等相关部门对重点单位场所进行了系统全面的拉网式排查，摸清了全市包括大型城市综合体等在内的七大类重点场所的底数台账。会同国家电网技术人员就电气火灾预防措施、电气技术人员培训和电气产品质量检测等问题进行了深入研讨，为深入开展电气火灾防范专项整治奠定了基础。提请各级政府挂牌督办了7家重大火灾隐患单位，已整改完毕5家，掀起了重大火灾隐患集中督办、强力整治区域性火灾隐患的浩大声势。圆满完成了G20峰会等重大活动以及中秋、国庆等重要节日的消防安全保卫工作。（张玉琳）

【圆满完成各项保卫任务】 2016年，太原市公安消防支队在开展各项消防安全专项检查过程中，围绕节假日及重大活动，提前部署，全警动员，责任到人，圆满完成省、市党代会，省、市两会，太原论坛等各项活动的消防安保工作140项，制定保卫方案67份，累计执勤时间1017小时。（张子佳）

【装备配备实战化水平明显提升】 2016年，太原市公安消防支队共计投入6000余万元用于装备建设，新增各类消防车22辆（其中购置17台16吨水罐消防车、4台举高消防车、1台消防宣传车），各类特种防护及抢险灭火救援类器材13369件套（特种防护器材4816件套、抢险救援器材2335件套、灭火器材4503件套、其他器材1715件套），满足了基层实战化的需求；为提升太原市大型灾害事故现场处置能力，支队购置大

型挖掘机、装载机、推土机、25吨吊车各一台。 （高瑞涛）

【学习研讨，看齐追随】 2016年8月，太原市公安消防支队为官兵配发了《中国共产党九十年》和《长征记》读本，制作并下发了《“两项重大教育”活动及“长征精神”应知应会手册》，党委常委全部以普通党员身份参加了所在支部的学习讨论活动，组织召开了“以长征精神为镜，以党章党规为鉴，不忘初心，看起追随”主题民主生活会。 （常剑波）

【推进档案规范化管理】 2016年3月，填写新式干部履历书，部政治部下发新式干部履历书，政治处第一时间下发方案、组织学习填写注意事项，并指定专人翻阅干部档案，确保填写准确，现已完成支队干部履历书的填写工作。严格干部报告制度，太原支队组织支队副团及技术9级以上、拟调整副团或拟晋升技术9级干部填写领导干部个人有关事项报告表，共填写84份。完善干部信息系统，及时更新支队全部在职干部信息系统，干部信息系统录入率达100%。

（张牧原）

【抓好消防员职业健康标准落实工作】 太原市公安消防支队根据2010年4月15日实施的《消防员职业健康标准》要求，做好支队全体官兵、合同制消防员以及外聘人员、炊事员共1600人次体检工作，进一步完善消防员职业健康档案。协调相关科室做好职业健康防护、官兵体能测试、心理健康测评、休假制度等消防员职业健康标准的落实工作。加强与职业健康专业机构的联系，与山西省第二人民医院(山西省职业病医院)签订绿色通道医疗合作协议，极大提高部队官兵接触有毒有害物质后医疗救助速度，为官兵抢险救援免除了后顾之忧。

（范海东）

【定期开展心理测试工作】 2016年，太原市公安消防支队定期组织官兵开展心理健康测试，并与9月、11月联系心理专家对全市消防部队现役士兵、合同制队员进行心理测试，建立心理健康档案，充分发挥好心理咨询、心理诊疗等手段作用，引导官兵调适心理情绪，舒缓身心压力，防止安全事故发生问题。

（范海东）

【启动“119”消防宣传月暨消防嘉年华活动】 2016年11月8日，山西省暨太原市“2016年119消防宣传月暨消防嘉年华活动”在万柏林区丽华社区正式拉开帷幕。副省长、省公安厅厅长刘杰出席活动，省政府李秋柱副秘书长，省公安厅副厅长、太原市政法委书记、市公安局局长汪凡，省公安厅副厅长边智慧，省公安消防总队总队长王勇、政治委员孟应新，太原市有关领导以及太原市6城区社区居民代表、消防志愿者、119消防奖获得者、社区消防宣传大使代表和来自各媒体的记者参加了此次活动，启动仪式由省政府李秋柱副秘书长主持。（贺新新）

【“2.26”体育南路火锅店发生火灾】 2016年2月26日10时34分，高新区中队接到119指挥中心调度称：位于小店区体育南路坞城世纪花苑小区旁“川西坝子”火锅店发生火灾，火势蔓延迅速，情况十分紧急。接到报警后，中队立即出动一部美国大力霸王龙消防车、一部城市主战消防车、一部城乡主战消防车，一部16吨水罐车和一部五十铃抢险救援消防车及20名官兵火速赶赴现场施救。 （孟名彦）

【“8.18”清徐县粗苯储罐发生爆炸泄露】 2016年8月18日15时11分，太原市公安消防支队119指挥中心接到报警：位于清徐县阳煤化工新材料园区粗苯储罐发生爆炸泄露，急需救援。接到报警后，指挥中心先后调集了4个中队、10部消防车、52名指战员赶赴火场进行扑救。扑救过程中，省总队战训处处长吴明全、太原市公安消防支队支队长赵春阳、副支队长刘晋、副支队长张晓民、司令部副参谋长王强及县主要领导也先后赶到现场，组织灭火指挥。经过近2个小时的鏖战，大火成功扑灭，未造成人员伤亡，最大限度地降低了火灾损失及影响。

（孟名彦）

【“9.27”太古高速隧道发生车祸】 2016年9月27日16时54分，古交市消防中队接到太原消防支队指挥中心命令称：位于太古高速公路特长隧道太原往古交方向2号隧道内发生车祸，被困人员不明。首先调派一部抢险救援车、一部水罐车、一部A类泡沫车16名官兵赶赴现场。到达现场后警戒组立即协助高速交警进行警戒，严防无关人员进入施救现场。由于撞击猛烈导致面包车前排严重变形，且右侧车头全部扎入大货车尾部，救援空间非常狭小，无法使用牵引工具将两车分离，增加了救援难度。中队先后利用液压破拆工具组、无齿锯、撬棍等破拆工具均无法将被困人员救出。指挥员立即重新部署作战方案，随后利用牵引工具将面包车固定，两车成功分离，被困人员全部被救出。 （孟名彦）

【“12.2”杏花岭区厂房失火】 2016年12月02日03时25分，杏花岭中队接到119指挥中心的调度称：位于太原市杏花岭区享堂路8号厂房失火。首先调动杏花岭中队一部五十铃A类泡沫消防车、一部斯太尔王8吨水罐消防车、一部五十铃抢险救援消防车和一部豪沃16吨水罐消防车及20名指战员赶往现场。到达现场后，经过观察火势过大，中队通信员立刻联系指挥中心请求调派增援，指挥中心立刻调派大东关中队、庙前中队、特勤一中队、广场中队、大营盘中队、滨河西路中队、兴华中队、郝庄中队、战勤保障大队及28部消防车和110名官兵赶赴现场增援。 （孟名彦）

发展与改革

【概述】 2016年,太原市发改委党组以十八大和十八届三中、四中、五中、六中全会精神为指引,贯彻落实省、市第十一次党代会精神及省委“一个指引、两手硬”的重大思路和要求,开展“两学一做”学习教育。全市实现地区生产总值(GDP)2955.60亿元,比上年增长7.5%,增幅高于全国(6.7%)0.8个百分点,高于全省(4.5%)3.0个百分点,增速位居全省第一。其中:第一产业增加值38.22亿元,增长2.6%;第二产业增加值1068.04亿元,增长7.3%;第三产业增加值1849.34亿元,增长7.7%。第三产业中,交通运输、仓储和邮政业增加值152.57亿元,增长10.0%;批发零售和住宿餐饮业增加值455.80亿元,增长1.1%;金融业增加值437.73亿元,增长12.8%;房地产业增加值159.99亿元,增长10.1%;营利性服务业增加值353.02亿元,增长15.0%;非营利性服务业增加值288.38亿元,增长1.5%。固定资产投资完成2027.71亿元,增长0.1%。社会消费品零售总额完成1666.24亿元,增长8.1%;一般公共预算收入完成282.69亿元,增长3.1%;城镇常住居民人均可支配收入29632元,增长6.9%;农村常住居民人均可支配收入14591元,增长7.1%。居民消费价格涨幅1.2%;城镇新增就业人数9.89万人,城镇登记失业率3.46%。

(刘丽宏)

【转型综改】 制定《太原市资源型经济转型综合配套改革试验实施方案(2016—2020年)》和《太原市资源型经济转型综合配套改革2016年行动计划》。《实施方案》围绕产业转型、生态修复、城乡统筹和民生改四大领域提出50项重大改革,50项重大事项、分年度实施100个左右转型综改重大项目,“十三五”期间开展10项重大课题研究,为全市未来五年转型综改工作的做出全面规划。2016年《行动计划》推出13项重大改革,其中承接落实中央和省改革任务8项,探索、创新性改革任务5项。推出重大事项20项,重大项目30个,其中上年结转项目15个,列入省级转型综改重大项目4个,2016年新增项目11个。重大课题一个,即电力体制改革课题研究。

(刘丽宏)

【公务用车】 1月29日市委办公厅、市政府办公厅联合印发《太原市公务用车制度改革实施方案》及相关配套办法,即:《太原市公务用车制度改革司勤人员安置指导意见》《太原市执法执勤用车制度改革办法》和《太原市公务用车制度改革涉及的车辆处置办法》,并于2月6日,集中审核批复十县(市、区)公车改革实施方案。全市公车改革按照市县分级负责、协同推进原则全面展开,相关部门依照任务分工,强化职责,明确举措,积极推进。全市公务交通补贴发放基本到位,“公务服务平台”和“综合执法平台”建设初步建成运行,改革取消车辆处置按计划有序进行,司勤人员安置已全面展开,相关配套规章制度制定完善。

(刘丽宏)

【规划编制】 “十三五”规划编制情况:编制完成“十三五”规划纲要,经市人大审议通过以市政府文件发布。审核29个专项规划,服务业发展等18个公开发布。将23个课题研究成果汇编成册。按照国家、省要求组织开展全市“十三五”规划实施情况年度监测工作,确保规划落到实处,发挥引领作用。

组织编写《太原市“十三五”服务业发展规划》:结合国家和省对服务业发展的要求及全市服务业发展现状,突出服务业发展特点,将推动服务业大发展作为经济结构战略性调整突破口和产业结构优化升级的战略重点,加快发展生产性服务业,发展生活性服务业,营造有利于服务业发展的政策和体制环境。规划主要阐明太原市“十三五”期间服务业发展的总体思路、重点领域、主要任务和政策举措。

出台《太原市整合建立统一规范的公共资源交易平台实施方案》:起草制定并以市政府名义出台《太原市整合建立统一规范的公共资源交易平台实施方案》,全年重点开展组织实施太原公共资源交易综合服务平台系统建设,推进公共资源交易法制化、规范化、透明化,提高公共资源配置的质量和效益,约束和规范权力运行。9月,太原公共交易网正式上线。

编制信用信息共享平台建设方案:根据省发改委《关于加快推进市级信用信息共享平台建设的通知》文件对加快推进市级信用信息共享平台项目建设提出的具体要求和指导意见,对平台建设的前期工作进行摸底和调研,并经过多次与信用体系建设联席会议成员单位协商和沟通,研究编制太原市信用信息共享平台建设方案。

完成《太原市社会信用体系建设规划(2016—2020年)》初稿编制工作。出台太原市《关于加快推进生态文明建设的实施意见》《关于规范我市城市道路和开放式公路车辆救援服务收费标准及有关问题的通知》。(刘丽宏)

【气化工程】 2016年,太原市发改委完成8个村庄的燃气改造工程。了解和掌握全市天然气运行动态及用量,全市2016年天然气用量17.23亿立方米,其中,城六区16.8亿立方米,清徐县2940万立方米,阳曲县1400万立方米。

(刘丽宏)

【管线保护】 全年组织召开安全专项会议5次,安排落实长输油气管道保护各项工作;接受国家、省、市安委办督查检查5次;按照"党政同责、一岗双责、失职追责"要求,委领导带队到管道途径县(市、区)、企业管线、场站和隐患点巡查检查23次;组织开展油气管道安全生产宣传教育,组织县(市、区)发改局、管道企业开展长输油气管道保护大检查、大检查"回头看"、汛期管道保护、反三违、地质灾害隐患排查治理、隐患整治攻坚战等专项行动,全年消除挂牌督办的隐患7处,确保全市长输油气管道安全平稳运行。(刘丽宏)

【援疆工作】 组织开展卫生教育系统援疆结对活动。组织市卫计委、教育局继续贯彻落实与新疆团场医院学校签署的共建帮扶协议,组织开展卫生教育援疆工作。卫生系统派出医疗卫生专家29人赴疆开展长短期帮扶,接收受援单位医务人员64人到并进修学习;教育系统派出教育教学专家42人赴疆开展长短期帮扶,接收受援单位人员61人到并进修学习。市发改委召开教育援疆会议5次,卫生援疆会议1次,安排下达2016年改善卫生教育设施补助资金43万元,帮助改善基层团镇落后的卫生教育基础设施,提高医疗服务和教学能力水平。

组织开展产业援疆。太原市对口援助的新疆六师103团立足当地实情,提出以绿色无公害农业产业、现代畜牧业、农副产品深加工为主的产业发展项目,到并对接招商。3月22日,市发改委组织召开对口支援新疆第六师五家渠市招商引资会,安排布置援疆招商项目推介工作。5月17日,市发改委、商务局与新疆六师103团蔡家湖镇,在太原市共同召开对口援疆第六师五家渠市103团蔡家湖镇招商引资推介会。全市11个部门、各县(市、区)、开发(经济)区、17家企业,共100余人参加推介会,10个企业、12个项目与新疆103团签署合作意向书。11月8日,103团组织第一批5家企业赴新疆五家渠市及103团实地考察,确定荒漠化综合治理技术合作、甜瓜电商运营项目在新疆投资发展。

(刘丽宏)

【采煤沉陷区治理】 推进采煤沉陷区搬迁安置工作。落实月例会、月简报工作制度,及时通报治理进展情况,安排部署工作;深入县(市、区)实地调研,解读工作政策,帮助县(市、区)研究解决实际问题;针对许多涉及政策边缘、群众反映强烈的搬迁方式、户数认定、房屋回购和沉陷范围认定等问题,向省请示报告,并将上级精神及时传达到县(市、区)政府,确保工作顺利开展;协调落实资金,全市已到位配套资金13.107亿元,确保项目资金需求。截至2016年底,2014年集中安置房已全部竣工,正在组织分房。2015年集中安置房建设工程均已开工,多数县(区)新建项目楼盘已封顶。2016年主要采取回购市场存量房和货币补偿安置,项目已全部开工建设。其中:回购市场存量房安置的已经全部与房地产开发商签订购房协议;货币补偿安置的与搬迁户签订原址房屋拆除协议,相关搬迁安置资金陆续支付。全年项目已完成投资11.3亿元,超年初计划投资7.3亿元,占政策性总投资的94%。

规划筹建各县(市、区)安置小区配套建设幼儿园、中小学校、医疗卫生、道路、管网等基础设施;启动原址房屋拆除、矿山治理、土地复垦、生态修复、产业发展等综合治理工作规划编制工作。

(刘丽宏)

【重大项目】 2016年,共办结审批、核准、备案类项目512项,全市项目储备投资额24415亿元,为年度目标任务的130%。

重大产业项目共90项,分为第一产业、第二产业、第三产业三部分,总投资1587.4亿元,2016年计划投资325.5亿元。截至2016年底,已开工的项目共70项,开工率为76.7%,完成投资195.7亿元,为年计划的60.0%。重大民生项目及事项计划安排214项,分为农林水、教育、卫生、城市建设、城市环境综合整治、民政、文体、保障性住房等9个方面,总投资780.7亿元,2016年计划投资226.4亿元。截至2016年底,已开工或开始实施项目和事项共148项(其中:建设项目107项,事项41项),开工率为70.0%,完成投资138.3亿元,为年计划的61.1%。10月17日,国家能源局、国务院扶贫办以国能新能〔2016〕280号文下达太原市光伏扶贫项目建设规模5600千瓦,村级光伏电站56个,惠及村数56个,帮扶户数1120户。其中娄烦县村级光伏电站16个,建设规模1600千瓦,阳曲县村级光伏电站40个,建设规模4000千瓦。

华润电力(风能)开发有限公司阳曲杨兴50兆瓦风电项目:2016年12月30日,省发改委以晋发改新能源发〔2016〕

996号文对该项目予以核准批复，同意华润电力(风能)开发有限公司在太原市阳曲县杨兴乡东北部一带建设阳曲县杨兴50兆瓦风电工程，项目总投资41925万元。中电投山西新能源有限公司古交岔口二期48兆瓦风力发电项目：2016年12月30日，省发改委以晋发改新能源发〔2016〕979号文对该项目予以核准批复，同意中电投古交新能源有限公司在太原古交市岔口乡一带建设古交岔口二期(48兆瓦)风电场工程，项目总投资39697万元。山西龙永太物资有限公司阳曲大盂镇20兆瓦光伏发电项目：2016年9月13日，省发改委以晋发改备案〔2016〕217号文对该项目予以备案，项目建设地点为太原市阳曲县，建设规模为20兆瓦分布式光伏发电，总投资30025万元。太原西山生态产业区供水泵站新能源微电网(光伏、储能及配套)项目：2016年12月31日，省发改委以晋发改备案〔2016〕302号文对该项目予以备案，装机容量2兆瓦，项目总投资2546万元。阳煤集团太化(搬迁)清徐化工新材料园区项目：项目总投资1348587万元。建设地点：山西清徐经济开发区；占地200公顷，项目于2011年8月开工奠基，2016年3月竣工；建设规模：园区建设采用国内领先的煤化工和精细化工生产技术，规划设计20万吨/年己内酰胺、14万吨/年己二酸、12万吨/年聚甲醛(缓建)，配套40万吨/年合成氨、44万吨/年硝酸、45万吨/年硝铵、24万吨/年硫酸等产品，搬迁太化现有20万吨/年粗苯加氢精制生产装置。太原市万柏林和平老工业区山西国营金阳器材厂新建高性能烧结钕铁硼永磁材料一期工程项目：项目总投资19772万元，一期工程总投资12000万元，资金来源为企业自筹6000万元和银行贷款6000万元。2016年3月开工。建设地点：太原不锈钢产业园区；建设内容：新建前加工车间、后加工车间等，总建筑面积16044平方米以及公用辅助设施；新增生产设备149台(套)，搬迁改造现有设备42台(套)；建设规模：年产1000吨高性能烧结钕铁硼永磁材料。 (刘丽宏)

【价格工作】 加快推进公立医院价格改革：作为公立医院综合改革试点，开展12所公立医院价格改革工作，取消医院药品加成，破除以药养医机制，体现医务工作者的劳动价值。《太原市政府办公立医院医疗服务价格补偿方案》于2016年11月1日起执行。推进涉企收费改革：与市财政局共同制定“涉企行政事业性收费项目和标准目录清单”，并及时向社会公布；取消涉企行政事业性收费14项，免征、停征34项，降低12项，年减轻企业负担3.43亿元；开展政府有关部门指定机构垄断经营高额收费专项清理和涉企收费专项检查，对擅自设置行政审批服务条件、指定服务并收费、违规垄断经营等问题进行了规范整顿，已督促落实整改了17项收费问题，对其他8项涉企收)费问题，提出清理规范的意见。

(刘丽宏)

国有资产监督管理

【概述】 2016年，太原市国资委贯彻落实十八大、十八届三中、四中、五中、六中全会精神和省、市第十一次党代会精神，落实习近平总书记系列重要讲话精神，践行“五大发展”新理念，坚持“一个指引、两手硬”的思路和要求，加强谋划，落实举措，推进国企改革、招商引资、项目发展、转型升级，企业改革发展稳定等各项工作取得成效。 (赵国琦)

【党建工作】 学习贯彻习近平总书记系列重要讲话精神，树立“抓好党建是最大政绩”的理念，落实党要管党、从严治党要求，强化“第一责任人”职责，发挥企业党组织的领导核心和政治核心作用。

开展“两学一做”学习教育，取得实效。开展专题学习研讨，引导党员干部加强理论学习，把理论学习成果转化为指导实践、推动企业改革发展稳定的动力。在系统内采取集中培训的方式，培训党务骨干270人。企业各级党组织通过组建QQ、微信群，编辑学习资料、简报、墙报、黑板报等，将新媒体平台和传统的宣传平台相结合，搭建基层内部全覆盖的信息交流平台。

加强领导班子建设，落实从严治党主体责任。加强委党委班子自身建设，坚持中心组学习制度；执行《中国共产党廉洁自律准则》和《中国共产党纪律处分条例》，筑牢纪律底线；学习贯彻《中国共产党党组工作条例》和《中国共产党地方委员会工作条例》，制订《中共太原市国资委委员会工作规则（试行)》，规范国资委党委的职责任务、会议决策的原则、范围、程序、文件核签、作风纪律等相关制度，形成靠制度建党、按制度办事、用制度管人的党组织决策程序；完善党建工作责任制，强化党建工作考核，有效发挥企业党组织的领导核心和政治核心作用。

抓好队伍建设，创新干部选任机制。坚持党管干部原则，把习近平总书记提出的国有企业领导人员“20字”新要求，即“对党忠诚、勇于创新、治企有方、兴企有为、清正廉洁”细化为领导干部选拔任用的标准。调整太原东山煤电集团、太原物产集团、山西长城光电子工业公司、太原新森公司、太原保安服务总公司、太原锅炉集团、太原第一机床厂、太原晋东国有资产管理处等企业领导班子，调整干部18人，提拔使用17人。

抓好强基固本工程，加强基层党组织建设、思想政治建设。太原市国资委党委扎实抓好基层党委换届工作，明确换届要求和纪律，直管的29户企业，有25户按时完成换届工作。制定企业发展党员和党费收缴、使用、管理的实施办法，做到党的组织全覆盖；加强对软弱涣散党组织的整治，充实12个党支部班子，夯实基层党建工作；加大基层企业党务骨干培训力度，培养一批典型；加强正面宣传和舆论引导，通过开展“党员先锋行”主题实践活动、道德模范巡讲、全民

文明礼仪教育养成行动大讲堂等多项活动，引导干部职工践行社会主义核心价值观，培育优秀企业文化。（赵国琦）

【党风廉政建设】 履行党委的主体责任和纪委的监督责任，净化政治生态。落实党风廉政建设责任制。与各直接监管企业签订“党风廉政建设责任书”，按照“谁主管、谁负责”原则，实行“一岗双责”，明确分工，细化责任，对本年度的党风廉政建设和反腐败工作进行任务分解，把任务和责任落实到班子成员和相关处室；年中对落实“两个责任”情况组织开展重点抽查；年底进行全面考核。对委系统已结案的11起典型案例进行通报，以身边事教育身边人，对全系统党员干部起到警示震慑作用；实践监督执纪“四种形态”，开展三批共49名新任领导干部集体廉政谈话，提高国有企业领导干部的自我管理、约束、防范和接受监督的自觉性。

支持纪委聚焦主责主业、监督执纪问责，加大惩治腐败工作力度。全年党纪政纪处分15人，其中，开除党籍3人，党内严重警告3人，党内警告3人；行政记大过3人，行政记过2人，行政警告1人。全年诫勉谈话5人，谈话函询9人。

落实“八项规定”精神，防止“四风”反弹。重点防范大操大办、陈规陋俗、奢靡享乐、公车超标等违纪行为。开展重要节假期间贯彻落实八项规定精神专项督查，对国有及国有控股企业、直属事业单位进行重点抽查，对发现的问题提出整改要求，严格执行党员干部廉政自律的相关规定。（赵国琦）

【国企改革】 推进国资国企改革的顶层设计。出台《关于深化国有企业改革的实施意见》，明确深化国企改革、完善国资体制的指导思想、目标任务，提出改革的方向、重点和政策措施，为全市深化国资国企改革提供依据。同时，深入调研，完成《关于太原市国资国企改革有关情况的报告》和《关于太原市国资国企改革有关情况的调研报告》，为市委、市政府主要领导决策提供参考。

推进国企改革重点工作。推进信息公开平台建设，对不同监管部门所属企业进行平台使用培训，推动市属企业财务等重大信息的公开。促进企业公平竞争，创造良好投资环境，提升企业管理水平，遏制国有企业腐败发生。启动厂办大集体改革和国有企业“三供一业”分离移交工作。

推进混合所有制改革。太原东山煤电集团公司发挥国有资产规模和国有企业项目融资两个平台优势，投资重组太原市威迩思科技有限公司，共同开发生产高科技产品超低温空气热源泵，增加非煤产业比重，实现煤炭企业转型发展，推进煤炭去产能，分流安置富余职工。太原市迎春楼利用自身品牌与资金优势，结合民营企业山西合利永丰酒店管理有限公司人才优势，共同投资组建山西盛宴百年餐饮文化管理有限公司，太原铜锣湾店已开门营业。太原田和集团与远东食品、顶好集团合作投资建设的太原田和活鲜水产品市场已开业运营。改制企业太原燃料石化公司利用现有加油站点的优势，与中石油合作开展成品油业务。（赵国琦）

【提质增效】 调结构、稳增长，提高国有企业发展质量和效益。直接监管企业资产总额241.7亿元，同比增加3.4%；营业收入49.3亿元，同比增长42.3%。

做好增量升级，增加企业效益。加强项目管理，提高投资的精准性和有效性。采取“领导及时调度、处室及时督办、及时总结提高”的“三个及时”，狠抓项目建设各环节任务的落实。太原锅炉集团与清华大学、美国巴威公司联建锅炉运行实验室，加快超低排放的科学研究，以科技创新占领市场前沿，第三代超低排放循环流化床锅炉污染物一体化控制技术工程示范项目通过国际工程咨询公司评审认定。太原东山煤电集团整合煤矿技改矿井建设项目进展顺利，其中，李家楼煤矿已开工生产，东峰、王封煤矿已联合验收阶段，年底实现转产；太原东山煤电集团非煤项目建设取得进展，自主研发生产便携心电监测仪、个人健康辅助监控系统系列产品已完成产品样机；与清华大学合作研发“食品安全检测仪器”。太原晋东小商品市场22万平方米的主体市场升级改造项目已经竣工，招商工作全面展开。太原田和集团2万平方米冷库项目主体已竣工。山西锦地集团医用正电子发射型断层扫描仪PET—CT项目已完成检测进入临床实验阶段；太原同苑公司的消费养老合作项目开始运行；太原新森公司棚户区改造项目配套

清华大学院士岳光溪指导技术人员

建设全部完工；太原大族科技产业园项目、太原饮食集团老字号恢复和保护项目、太原康达商城改造项目等也都有新的进展。太原市国资委直接监管企业全年项目投资5.8亿元，为目标任务的117%，超额完成全年任务。

盘活存量资产，促进提质增效。加强企业内部资源整合，提高资源聚集、战略协同和优势叠加效应。太原狮头集团、太原东山煤电集团等企业加快技术改造的步伐，淘汰落后产能，抓好存量资产盘活工作，将优质资源集中到有效益、有前景的产业上。引进战略投资者，参与国企改革。太原狮头集团引进苏州海融天投资公司和潞安集团参与狮头股份公司重大资产重组，建设合成油及配套润滑油项目。

调整产业结构，化解过剩产能。实施矿井设施、设备回撤、井筒封闭等关闭工作。太原东山煤电集团安置职工重新分流上岗，2448人全部进行内部安置。完成东山、东昇两座煤矿矿井去产能关闭退出工作，东山煤矿7个井筒、东昇煤矿3个井筒全部移交结束，实现全年去煤炭产能195万吨的目标任务。

抓住重点环节，加强风险防控。加大对各种风险的管控，落实"三重一大"决策制度，将公众参与、专家论证、风险评估、合法性审查、集体讨论决定作为重大决策的必经程序，增强企业抵御风险能力。

加大帮扶力度，帮助企业渡过难关。采取领导分工包点，一企一策、一产一策、一事一策等措施，加大企业帮扶力度。成立太原东山煤电集团改革稳定协调指导组，帮助筹措资金1亿元，解决职工工资、养老金交纳以及恢复项目建设和生产等问题。对太原保安服务总公司实行公司化改制，实现收入突破5亿元，同比增加24%，实现利润1510万元，增幅达64%。指导山西联运集团开展网络约车、96568热线电召出租车、开展新能源汽车综合服务等业务，实现利润370万元。解决企业人员安置问题，为5650名符合享受社会保险补贴人员申请财政资金3404.9万元，向社保中心缴纳社保费5110.9万元。协调有关部门，落实军转干部补贴516.9万元、离休干部、建国前老工人、志愿军老战士生活补贴等统筹外经费2300余万元。对太原市国有企业职教幼教退休教师进行资格审核、待遇测算工作，为妥善解决国有企业职教幼教退休教师待遇问题提供依据。

加强企业管理，向管理要效益。强化精细管理和创新管理，降本增效。山西锦地集团实施ERP财务管理体系，推行精益财务管理；太原东山煤电集团出台制度，强化对财务、销售、融资、供应等监管和指导；太原同苑公司加强财务管理、强化财务监控的作用；太原晋东国有资产管理处加强制度建设，推进企业民主管理；太原锅炉集团、太原狮头集团、太原保安服务总公司、太原无线电一厂、太原解放百货大楼有限公司、太原新森公司、山西联运集团、太原物产集团、太原白鸽服装厂、太原唐久贸易公司等企业加强资金、成本、费用等管理，开源节流，精细核算争效益。（赵国琦）

【国资监管】 加强制度建设，增强依法监管国有资产的能力。

出台《太原市市属企业负责人履职待遇业务支出管理暂行办法》，实现对国企重点领域和关键环节的全面监管，对规范国有资本运行、防止国有资产流失、激发企业活力、推动企业改革发展稳定起到促进作用。

把握出资人职责定位和监管边界，转变监管机构工作职能。出台"权力清单""责任清单"，制定权力运行流程图、廉政风险防控图和办事指南。明确责任事项、履责依据、追责情形、问责方式、追责依据，确立权力运行条件、程序、办理期限及廉政风险防控措施，初步实现国资监管工作事前、事中、事后监管的有效结合。

依法履职，提高国资监管水平。强化业绩考核和薪酬管理。对直接监管企业上年度负责人和三年任期经营业绩进行全面考核；按照各企业分类指标完成情况，确定企业负责人的基本薪酬和绩效薪酬。加强国有产权管理。对7户企业进行产权变动登记，对4户企业进行产权占有登记，登记国家资本2039万元；加强评估监管，评估涉及金额合计5.07亿元；完成国有资本收入234万元。太原市产权交易中心共挂牌交易项目10宗，涉及资产总额2782万元。太原市股权托管交易中心托管股权16005万股（万元），完成股份公司协议转让6笔，转让股份7106万股(万元)。加强审计和监事会监督。对太原第一机床厂、太原东山煤电集团、太原市产权交易中心等七个单位的八位负责人进行离任经济责任审计。突出监督检查重点，组织国资委监事会重点对太原东山煤电集团、太原新森公司等企业进行专项检查。发挥法律顾问的作用，为企业在重大决策、股权转让、重大经济合作项目、规范性文件及涉法涉诉案件等方面提供法律服务，防范行权履责中的法律风险，防止盲目决策、违法决策，维护国有资产安全。开展企业内部劳动、人事、分配三项制度改革、经济运行分析、会计电算化应用等工作，强化国资监管，确保国有资产保值增值。

（赵国琦）

【安全生产】 加强领导，夯实责任。把信访工作列入重要议事日程，建立党委统一领导，信访部门督促落实，相关部门各尽其责，全系统齐抓共管的信访工作格局。强化督查，严格奖惩。制定《太原市国资委信访工作有关制度》，将矛盾纠纷排查化解率、初信初访办结率、重信重访率等作为信访工作目标管理及考核奖惩的主要内容，对因领导不重视，工作措施不力而造成到市、赴省、进京非正常访的单位进行责任追究和考核兑现。对原职工多次赴市重访的企业主要领导进行诫勉谈话。化解退役士兵安置、退休职工待遇、统筹外费用、拖欠职工工资等信访事项4起信访案件。全年信访总量为86件，1478人。赴省集体访15批人538

次，赴市集体访41批742人次；全国信访网转交案件72件，办结72件；主要领导大接访28次，受理案件7件人次，办结7件；委领导接访517批次，接访2185人次；市政府12345热线14件，办结14件；网上社情民意6件，办结6件。化解“一批重大不稳定因素”信访事项13件，化解案件数量提高，信访存量下降，实现全年无非访案件的目标。

齐抓共管，层层落实安全生产责任。强化红线意识和责任意识，健全党政同责、一岗双责、失职追责、齐抓共管的安全生产责任体系，强化安全生产责任制落实。深化安全生产大检查。开展治理“三违”专项行动。按照安全生产“四个不放过”原则，对排查出的隐患1013条全部责令整改，实现安全生产事故为零的目标。（赵国琦）

【作风建设】 加强机关党建工作。落实“三会一课”制度，采取集中学习、举办党务工作培训班、参加市直机关组织的各项活动等多种形式，提高机关党员干部的政治思想水平。完善规章制度，加强机关内部规范化建设，建立起适合新形势和新要求的工作长效机制。推进委机关文明单位创建工作。组织参加网络文明传播、开展志愿者服务、党员进社区报到服务等活动。实施精准扶贫，开展结对帮扶工作，将36户贫困户全部分解到机关所有领导和处室，投资15万元，建设包扶点娄烦县姚罗村临街两层门面房项目。做好计划生育、双拥、国防教育、机要保密、档案管理、干部培训、在线学习、老干部管理服务和城乡清洁工程等工作。（赵国琦）

国土资源

【概述】 2016年，太原市国土资源局以“五大发展理念”为引领，全面贯彻省委“一个指引、两手硬”重大思路和要求，落实市委、市政府与省国土资源厅的各项决策部署，为全市经济发展提供国土资源保障。（张迎春）

【规划管理】 对太原市十县（市、区）土地利用总体规划实施情况进行评估；初步编制完成《太原市土地利用总体规划（2006–2020年）调整完善方案》；开展县级土地利用总体规划调整完善工作，组织实施小店、迎泽、杏花岭、尖草坪、晋源土地利用总体规划调整完善招标工作；完成太原市中心城区规模边界调整报批及数据库备案；对小店区、杏花岭区、尖草坪区3个县级土地利用总体规划及晋源区晋祠镇、万柏林区神堂沟街办2个乡级土地利用总体规划进行修改备案；开展1个村级土地利用总体规划编制工作并已完成规划初稿；组织进行国电投古交风电、华电阳曲风电、华润阳曲风电3个项目的规划修改方案论证。

根据山西省国土资源厅安排，组织各县（市、区）编写太原市矿业权设置区划，完成《太原市矿产资源总体规划（2016—2020年）》初稿编制。编制清徐县北程村土地利用规划和古交市开展历史遗留工矿废弃地复垦利用规划编制初稿。（张迎春）

【土地利用】 结合太原市上年及2016年转征报批情况，编制《太原市2016年度国有建设用地供应计划》及《太原市2016年度住宅供地计划》，对全年用地的项目、时间、规模等内容进行科学统筹安排。2016年，共储备土地42宗，面积11794亩。完成储备地块出让39宗，其中：挂牌33宗，拍卖5宗，网挂1宗，出让面积143.8659公顷，合2158亩，收缴土地出让金214.66亿元，超额完成全年国土收益任务。

市本级土地供应总量为480.8495公顷（7212.74亩），超额完成全年供应计划。其中，住宅用地供应175.5654公顷（2633.48亩），商服用地39.606公顷（594.09亩），工业用地67.678公顷（1015.17亩），其他用地198.0001公顷（2970亩）。

通过挂牌、拍卖、网挂成交34宗用地，面积合计1321988.55平方米，成交额1298720万元。其中，挂牌成交22宗，面积502076.69平方米，成交额333600万元。拍卖11宗，面积798945.1平方米，成交额952190万元。网挂1宗，面积为20966.76平方米，成交额12930万元。城中村改造项目，国有划拨土地使用权公开转让25宗，面积为824191.41平方米，成交额639570万元。国有建设用地使用权转让3宗，面积14415.16平方米。共收缴土地出让价款1740000万元。

2016年，批准太原市转征建设用地共计550公顷，建设用地批后备案率达100%。指导做好批后建设用地的征收工作，其中：六城区完成征地面积500公顷，审查报批征地补偿安置方案60个；三县一市全年完成征地面积350公顷。（张迎春）

【耕地保护】 2016年省政府下达太原市年度目标任务为：耕地保有量不少于183.80万亩、基本农田保护面积不少于153万亩。2016年，全市耕地保有量196.6675万亩（含可调整地类22.3178万亩），基本农田实有保护面积154.4750万亩，均超额完成省政府下达的任务。全年开发新增耕地2042.868亩；累计为阳煤、水务局、高新区、经济区等单位协调交易取得高等别水浇地指标3200亩。

2016年省下达年度高标准农田建设任务7.12万亩，其中分解由国土部门承担的任务为2.3万亩。全年累计启动新开工建设项目3个，建设规模1.7561万亩（其中2个已完工报验，规模1.1014万亩）；历史遗留项目1个已完工待验收，建设规模1.3467万亩；完工验收历年在建项目4个，建设规模0.9680万亩。全年共完成建设任务3.4162万亩，为年度建设任务的148.53%。

太原市逾期未完工省级土地整治项目共12个，其中省级土地整理项目8个、省级耕地开发项目4个。省级整理项目清理整治完成5个（其中清退资金1个，竣工验收4个），清理整治完成率

62.5%；省级土地开发项目已完工3个，报验1个。全市已验收的省、市两级基本农田整理项目15个，除1个项目正抓紧完善备案资料外，其余14个已验收项目均全部完成报备，报备率93.3%，名列全省前茅。（张迎春）

【地籍管理】 共收到确权申请47个村庄480宗土地，全部办结完毕，涉及面积约1277.45公顷(19161.75亩)。共收到28个村庄95宗土地的用地申请，涉及面积297.39公顷(4460.85亩)。其中：71宗土地手续已经办理完毕，涉及面积231.75公顷（3476.25亩）；21宗正在办理中，3宗流拍。

全面查清2015年度内全区各类土地利用变化情况，完善部下发的2150个图斑共计27850亩土地数据库数据资料。已按程序逐级上报，成果质量符合要求，按时入库。太原市宅基地和集体建设用地使用权完成调查宗地数22.66万宗，完成比例为100%，数据入库工作已初步完成。完成国有土地使用权登记发证602件，其中初始登记141件、变更登记142件、总补登记164件、他项登记71 件、他项注销登记84件。按时办结率100%，提前办结率96%。（张迎春）

【矿产资源管理】 按时完成太原市矿山企业年检工作。组织各县(市、区)国土(分)局对辖区内应参加年检矿山130座矿山的《采矿许可证》进行年检，年检合格矿山75座，整改55座。完成太原市兼并重组煤矿的延续换证工作。全市兼并重组煤矿共有16座矿山企业《采矿许可证》到期，已全部延续换证资料上报工作，推进兼并重组换证工作。

根据国土部、财政部、国家发改委联合发文，明确2014年12月1日起将煤炭矿产资源补偿费费率降为零。太原市国土资源局负责征缴的西山大矿的矿产资源补偿费全部征收到位，共计6731.12万元。完成2015年度全市62座有资源储量动用矿山的季度测量、矿山储量年报编制、审查工作，年报编制率、审查通过率均达到了100%，并重点掌控省厅强调的煤、铁、铜、铝矿山储量年报编制及审查。完成《太原市矿业权设置方案》(2013-2015）核准的增扩界9座矿山的资源储量备案工作。对市级发证的15座矿山进行采矿权价款评估；完成市政建设项目和企事业单位保障用房等4项重点工程、民生建设项目的矿产资源压覆审核服务工作，按时办结率100%。

（张迎春）

【地质灾害防治】 对太原市654个地质灾害隐患点进行拉网式排查，全部设立安全避险路线警示牌，并对隐患点的责任人、监测人的联系方式进行公示。健全完善群测群防网络，全市10县（市、区)、79个乡(镇、部门)、430个村(矿)，建立了县级55人、乡级135人、村级607人，总人数797人的地质灾害隐患点群测群防队伍。全市共发放地质灾害防治工作明白卡448份，避险明白卡3782份。全市共发放地质灾害防治工作明白卡448份，避险明白卡3782份。

开展全方位立体化地质灾害气象预警预报，太原市国土资源局和市气象台联合发布《2016年夏季气候趋势及近期地质灾害风险影响预测专报》、发布每日《地质灾害气象风险预警防御知识》宣传影视片73期。发布地质灾害气象风险二级预警4次、三级预警15次，其中，在太原电视台发布13次；另外，向手机短信用户发送的地质灾害气象风险预警信息达10万余条。

建立专家库，全面提高应急处置地质灾害的能力，聘请10名太原理工大学教授、省地质环境监测院等省内顶级地质灾害防治专家，建立太原市地质灾害防治专家库。开展专业培训与应急演练。分别在万柏林区、尖草坪区、晋源区等8个县区开展地质灾害防治知识培训，培训人数1900多人。晋源区、杏花岭区、迎泽区、小店区、娄烦县、古交市、阳曲县及清徐县8个县区组织开展地质灾害应急演练，参演人数700多人。（张迎春）

【测绘信息管理】 开展“智慧太原”时空信息云平台(一期)项目建设，通过政府采购中心公开招标，完成“智慧太原”时空信息云平台建设项目的基础数据采集、数据整理入库工作，完成政务网、公众网平台建设及“智慧城市管理”“智慧公共交通”2个应用示范项目的开发建设，并组织阶段性验收。

建立太原市城区240平方千米倾斜摄影三维模型，开发三维国土管理辅助系统；完成个人土地分割发证制图5763户和定桩放线94件；制作土地利用现状标分图10件。

完善“数字太原”平台数据及功能，参与863计划，补充完善天地图·太原基础地理信息数据，对天地图·太原的医疗卫生、旅游、交通、教育等专题数据进行整理更新。制定《2016年太原市测绘地理信息质量监督检查计划》；组织对全市测绘成果质量进行抽查，抽查测绘单位30余家，规范质量管理体系及制度5项，更新测绘技术标准13项；开展地图市场大检查。县(市、区)对辖区内地图市场巡查检查29家。抽查中发现漏绘我国钓鱼岛的问题地球仪一件并对该款地球仪进行下架处理。对太原市4个卫星导航定位基准站进行安全风险点排查。

更新2015年土地利用现状数据、卫片执法影像数据、地籍区、地籍子区数据和基准地价等数据；编制完成《太原市国土资源信息化“十三五”规划》；同时将平台应用向基层延伸，先后组织国土所进行4次信息化培训。2016年，太原市国土资源局政务信息网网站群(含县区)共发布各类信息4560条，其中市局门户网站发布政务公开信息达2240条，在线咨询服务220件，公众参与68条。增设“两学一做”“不动产登记”专栏。发布遗失声明和公告类139条。（张迎春）

【法制建设】 制定出台《关于全面推进依法行政加快法治国土建设的实施意见》，印发《太原市国土资源系统法治国土建设五年规划》和《太原市国土资源局2016年度法治建设工作要点》。出台《关于贯彻落实"六权治本"用制度规范权力运行的实施方案》;编制太原市国土资源局《行政权责清单》,共梳理权责清单各类事项80项,包括行政许可4项,行政处罚54项,行政确认2项,行政裁决1项,行政征收征用5项,其他行政权力15项。废止涉及太原市国土资源局职责的规范性文件2件,保留13件。对2006年后以市局名义制定的规范性文件共72件进行清理,保留继续有效的41件,失效拟废止的31件;办理各类涉法类行政争议案件47件,其中行政复议案件16起,行政诉讼案件21起,仲裁案件6起、听证案件4起。（张迎春）

【执法监察】 2016年市本级直接立案查处4宗违法用地案件,全部完成审理,1宗已下达处罚决定。协助公安机关补充调查5宗违法用地案件。全市共立案135宗,结案12宗。督办各县(市、区)查处矿产案件6件,已全部结案,收缴罚款21余万元。2015年度土地卫片执法检查共涉及太原市2150个图斑,总面积27456亩。根据各县(市)区核查上报数据显示,合法图斑487个,违法图斑418个,其他图斑1135个,下达处罚决定202件,收缴罚没款610.69万元,没收建筑物11.41万平方米,拆除建筑物0.25万平方米,建议给予党政纪处分10人,移送公安机关追究当事人刑事责任1人,申请法院强制执行案件91件。太原市2015年度卫片执法工作已初步通过省级书面验收和北京局督察验收。

太原市国土资源管理系统共受理土地信访事项215件,重信重访占信访总量的30%,化解重大信访事项11件。制定了"通过法定途径分类处理信访投诉清单",将5批次重点信访事项有效导入司法程序,并得到妥善处理。化解重大不稳定因素交办案件3宗,化解国土资源部和省厅交办重信重访信访事项13宗。全年完成12319交办事项2起;社情民意通道交办事项3起,均在规定时限保质上报。全年共接访167批336人次,现场化解27件,包案解决140件。

（张迎春）

【窗口服务】 接受各类业务报件922件,办结871件,办结率达95%(全部按时办结),正在办理51件。其中:国有土地使用权登记受理603件,全部办结;建设用地供地受理221件,正在办理24件,办结197件,采矿权审批受理98件,正在办理27件,办结71件。共召开会审会36期,会审业务报件247件。

办理85个改造村庄的土地手续。共收到47个村庄480宗土地的确权申请,已经全部办结完毕,涉及面积约1277.45公顷(19161.75亩)。共收到28个村庄95宗土地的用地申请,涉及面积297.39公顷(4460.85亩)。其中:71宗土地手续已经办理完毕,涉及面积231.75公顷(3476.25亩);21宗正在办理中,3宗流拍。

根据市入企办转办函,全市干部入企共收集汇总12个企业需解决的土地问题21个,其中:不属于太原市国土资源局解决的问题6个;已办理完毕的5个;正在办理的5个;向市入企办答复,需企业配合解决的5个。（张迎春）

【信息公开】 建设用地批准文件及转发文件材料信息公开310条、征地听证材料信息公开880条、"一书四方案"材料信息公开262条、征地公告材料信息公开943条、征地补偿安置方案材料信息公开906条,共计约3300条。编发太原市国土资源局内部刊物《太原国土》6期,在主要媒体发布各类新闻稿件200余篇,按照市局要求完成太原日报"联合办报"工作。共接待档案查询人员543人次,提供利用档案1218卷(件)。

（张迎春）

【不动产管理】 启动全市不动产统一登记工作。6月份,城六区人员划转全部到位,窗口设置、流程再造工作已基本完成;6月底清徐县、阳曲县颁发全市首批不动产登记证书;9月底,全市十县区不动产登记工作按时启动。9月30日,在山西省太原市为民服务中心,山西省国土资源厅厅长许大纯、太原市副市长张齐山共同为太原市不动产登记局与不动产登记中心揭牌,并颁发太原市六城区的第一本不动产权证书。太原实现不动产统一登记全市域覆盖,正式进入不动产登记时代。不动产登记工作共受理各类登记8718件,已办结8419件;发放不动产权证8370本;受理查封登记900件;答复人民网留言、便民服务热线留言、社情民意通道、信访局转办函等各类信访咨询230余件;在"不动产登记"专

太原市本级不动产统一登记揭牌及颁证仪式在市为民服务中心举行

项工作中设置"政策解读、专题介绍、通知发布"等模块，向社会公众宣传不动产登记政策法规。

2016年9月30日，太原市本级不动产统一登记揭牌及颁证仪式在长风商务区为民服务中心举行。山西省国土资源厅厅长许大纯和副市长张齐山共同为太原市不动产登记局和太原市不动产中心揭牌。

完成2个城中村及11城中村补划的道路及绿化用地共95宗1515474.24平方米(合2273.2亩)土地的确权登记手续；在对太原市农信社214宗土地情况进行梳理的基础上，起草《太原市城区农村信用合作联社改制为太原农村商业银行前期相关土地手续办理的请示》，市政府已批准实施。完成"冬季行动"目录中涉及的23个单位的32宗地的登记发证工作。

保障民生工程和省市重点项目。为学校、医院等重大7个民生项目办理供地及发证手续，共涉及宗地12宗，面积135.79公顷(2306.86亩)；为程家村、杨家峪采煤沉陷区及矿机经济适用房等保障房项目办理供地及发证手续，涉及宗地3宗，面积7.21公顷(108.22亩)；为国网太原供电公司等单位的7宗土地办理用地手续，涉及面积175.66公顷(2634.96亩)；支持太原城区信用合作社联合社资产整改，共为其名下4宗地办理土地证变更手续；为太原市公安局尖草坪分局、中国人民解放军山西省太原市小店区人民武装部、中国人民武装警察部队山西省总队后勤部等军事用地和司法机关法庭项目办理土地手续，涉及宗地4宗，面积5.37公顷(80.52亩)。

按照国土部建库标准和技术规范，建成不动产登记数据库，其中土地登记及查封抵押数据1.6万条，分割土地登记及查封抵押数据10.5万条，房产登记及查封抵押数据90.6万条，自然幢数据3.7万条。完成市(区)一体化的不动产业务登记、权籍调查、档案管理、登记成果汇交等四个系统的部署和调试，不动产业务登记系统共设置涉及9大类型，136个不动产登记事项流程、配置150人审批权限、350人查询权限、发放业务审批人员数字证书150张。（张迎春）

【创新管理】 根据省厅文件要求，7个增减挂钩试点县组织开展拆旧复垦和安置建新工作。太原市2016年项目建新区已报批征收集体土地110.6932公顷，完成拆旧复垦面积156.09公顷。其中，阳曲县、万柏林区已完成复垦验收，古交市基本完成复垦工程。各试点县还按照国土部和省厅要求，按时完成在线备案实时更新。（张迎春）

检验检疫

【概述】 2016年，山西出入境检验检疫局共检验检疫出入境货物17951批、货值12.9亿美元，与上年同期相比，批次增长40.8%、货值下降20%；签发各类优惠原产地证书13045份，签证金额6.51亿美元，与上年同比份数增长0.9%、金额下降0.9%；检疫查验出入境人员38.4万人次，同比下降3.8%；健康检查6539人次，同比下降3.4%；从出入境货物中检验出不合格商品80批，不合格金额2215万美元，对外索赔242万美元；在出入境人员健康体检中，检出传染病51例；截获入境旅客携带的禁止进境物2764批、有害生物89种次。（郑　罡）

【质量管理】 2016年，山西出入境检验检疫局加强质量共治，对全省11个市实施进出口商品质量安全政府目标责任制专项考核，制定实施《贯彻质量发展纲要2016年行动计划》；与中国检科院、省质监局、省林业厅、山西农大等签署合作协议，优化内外执法环境和质量安全发展环境。开展"质量月"系列活动，加强12365平台建设和信息宣传工作，喊响质量强国战略，传递质量好声音。提升质量供给水平，贯彻落实提升质量供给水平行动计划和"优进优出"部署，与商务厅、农业厅及相关市县政府建立合作机制，开展出口产品质量安全示范区建设，2016年新增国家级出口食品农产品质量安全示范区3个，省级示范区5个，国家级示范区累计达16个，获批数量居全国第4，提交的示范区建设有关建议得到山西省政府采纳，并列入山西省政府2017年重点工作，16个国家级示范区每个获得政府奖励50万元。新增2家"中国出口质量安全示范企业"、1家省级出口法兰锻件产品质量安全示范区，稷山翟店纸包装文化产业园获批全国首家国家级出口纸包装产品质量安全示范区。加强质量管理，理顺内部质量管理职责，落实企业质量主体责任，开展"质量诚信企业"推荐，3家企业获得检验检疫信用管理AA级称号，在"信用山西"平台公布进出口企业"红黑名单"等诚信信息。（郑　罡）

【检验检疫】 2016年，山西出入境检验检疫局强化口岸卫生检疫，加强口岸核心能力建设，严防寨卡病毒病疫情传入；建立联防联控工作模式并在新建口岸复制，"国境口岸入境人员信息采集系统"上线运行。强化出入境动植物检疫。深化口岸动植检规范化建设，持续开展"绿蕾行动"；开展"国门生物安全进社区、进校园"等活动；完成2批462头澳大利亚入境种牛隔离检疫工作任务，检出二类传染病8头，按照相关规定做扑杀销毁处理；主持制定《国家级出口牛质量安全示范企业考核标准》。强化进出口食品农产品质量安全。开展"同线同标同质"帮扶行动计划，8家出口食品企业上线"三同"服务平台，30多家企业实现"三同"；落实"食品安全防护计划"，实施"进口食品安全放心工程"，开展"清源"行动；加强风险监测预警和供港澳台食品质量安全监管；对获证企业开展"双随机、一公开"专项检查。强化进出口消费品质量安全。开展"清风行动"维护进出口危化品质量安全，开展进口商品专项调查和起亚越野车等进口缺陷汽车后续监督检查；制定实施《跨境电子商务商品风险管理办法》,修订《入境维修企业管理与入境维修用途旧机电产品检验监管工作规范》,探索检验监管新模式;完成入境3C监督检查工作。2016年,在入境旅客携带物中截获禁止进境物3232批,共截获有害生物89种次,其中并蛎蚧和双锤盾蚧为全国首次截获;在出入境人员体检中检出传染病134例;检出不合格进口商品67批、不合格金额2188万美元,对外索赔215万美元;对2起进口旧机电产品未如实申报案件进行了行政处罚。

（郑　罡）

【精准服务】 2016年,山西出入境检验检疫局出台服务举措。围绕国务院“放管服”和总局改革任务,结合山西实际出台《促进山西外贸回稳向好工作措施》《支持山西承接加工贸易产业转移实施细则》《简化优化公共服务流程方便基层群众办事创业工作方案》等服务举措。精准服务贸易便利化。强化区域合作,组织召开晋陕豫黄河金三角检验检疫合作机制第二次协作会议,推进检测资源共享;持续推进互联互通,与山西质监局签署战略合作协议;部署完成e-CIQ主干系统上线运行,实现全国检验检疫一体化;有序推进“三通”“两直”“三个一”和无纸化签证、报检、通关工作;参与山西电子口岸及国际贸易“单一窗口”建设工作并提出建设需求;优化流程,简化审批环节,服务富士康等重点企业发展;建立基于产品质量合格假定监管工作机制和放行模式,提高查验效率。精准服务对外开放。推动大同、运城、五台山航空口岸和太原铁路口岸正式列入国家“十三五”口岸开放计划,推动大同航空口岸正式开放、运城航空口岸临时开放,支持武宿机场增开国际客货运航线,推进大同肉类指定口岸建设,太原武宿综保区跨境贸易电子商务平台正式上线运行,开展“冬季行动”,在“万名干部入企服务”中帮助企业解决问题26个,1人被评为“万名干部入企服务”先进个人。精准服务山西“走出去”战略。“沁州牌”沁州黄小米实现山西生态原产地产品保护工作“零的突破”;出口水果实现两个“代表中国首发”:山西运城苹果在中秘签署协定11年后首次代表中国出口秘鲁,山西运城油桃历经10年谈判代表中国首次出口澳大利亚,山西祁县酥梨首次出口加拿大;新增30家食品农产品出口企业,出口食品农产品批次、货值同比分别增长70.9%、21.1%;新增9家进口肉类收货人备案资格企业,黄粉虫饲料首次成功出口韩国,繁峙肉牛首次直供香港,长治兔肉恢复对美出口并首次出口捷克,时隔16年,山西省孝义鸡肉产品再次走进香港市场,昔阳县双孢菇首次出口泰国;服务山西高科技生物产业发展,创新出入境特殊物品监管模式,山西特殊物品进出口批次增长3倍;支持山西会展经济,服务“山西品牌丝路行”等国外展销活动,协助运城市举办首届山西国际水果博览会。（郑　罡）

【内部管理】 2016年,山西出入境检验检疫局强化法治建设。深化行政审批制度改革,再下放2项行政许可事项,实施权力清单及责任清单动态管理并发布分支机构“两个清单”;建立“行政审批备案网”,8项审批备案事项实现“一点接入,全程网上办理”。强化内部管理。制修订规章制度30余项,完成质检总局“一审双查”回头看整改任务;加强“双轮驱动”和督查督办,落实政务公开和政府网站普查任务,规范调研工作,加强政策理论研究,强化政务信息和宣传工作;严格预算管理,开展内部基础性控制评价、国有资产清查、公车改革相关工作;开展认证执法专项监督检查等8项专项督察,对4个分支局进行驻点督察。夯实工作基础。编制完成“十三五”总体规划和法治、科技、人事、财务、信息化、卫生检疫等6个专项规划,大同杂粮和运城温带果蔬两个国家级重点实验室获批筹建并纳入地方政府公共检测资源库,朔州、运城保健中心获准筹建,大同局联合大同市商务局率先获批筹建大同市食品农产品公共检测服务平台;完成3个总局类科研立项和7项标准立项;理顺信息化管理职能,提升保障能力;技术中心通过CNAS监督+扩项评审,获批成为国家食品复检机构;业务技术用房建设实现当年预期目标。狠抓“五项改革”和“十件大事”,“忠诚、崇法、为民、务实、和谐”的治局理念持续深入,加强“严格管理、敢于担当、马上就办、真抓实干”的作风,完善“学习—调研—决策、执行—监督—反思、总结—改进—提高”的工作机制。

（郑　罡）

【分支机构挂牌运行】 2016年3月18日,2016年,山西出入境检验检疫局长于洋、巡视员兼副局长任传永率办公室、人事处、通关处、财务处主要负责人出席山西出入境检验检疫局太原武宿综合保税区办事处正式挂牌仪式及全体干部职工大会。太原市经济技术开发区管委会、综保区管委会负责人参加挂牌仪式。3月31日,于洋、任传永率办公室、人事处、通关处、质管处、财务处、侯马局主要负责人出席运城检验检疫局正式挂牌仪式。运城市委书记王宇燕、市长王清宪等四大班子领导率开发区、商务局等主要负责人参加。10月9日,副局长郑慧敏率办公室、人事处、通关处、财务处、长治局、第二派驻纪检组主要负责人出席晋城办事处开检挂牌仪式。（郑　罡）

【党建和廉政建设】 2016年,山西出入境检验检疫局强化党的领导,落实“两个责任”,加强机关党建述职评议考核,加强分支机构和直属单位党的建设和思想政治工作。开展“两学一做”学习教育,组织开展“亮身份、亮岗位、亮承诺”等6个方面17项具体活动,评选表彰“两优一先”先进典型,组织处以上干部到红旗渠干部学院培训。开展中央巡视和驻工商总局纪检组反馈意见和建议的“两个整改”,深化党员干部“四种意识”,开展常态化肃风整纪工作;落实“三转”要求,设立2个派驻纪检组,实现派驻监督全覆盖;加大执纪问责力度,运用“四种形态”。（郑　罡）

质量监督管理

【概述】 太原市质量技术监督局主要负责全市质量、标准、计量、认证认可以及特种设备安全、消费品安全等工作，承担着综合管理和行政执法两项职能。全市质监系统共有8个城区（开发区、园区）分局（民营区分局、不锈钢园区分局、迎泽区分局、杏花岭区分局、万柏林区分局、尖草坪区分局、小店区分局、晋源区分局）和太原市标准计量质检院、太原市质监局稽查分局及太原市质监局后勤服务中心3个直属事业单位。其中，太原市标准计量质检院和太原市质量技术监督局稽查分局、民营区分局、不锈钢分局为副县处级建制。市局机关现有14个内设处（室）（办公室、人事处、政策法规处、计划财务处、质量处、监督处、标准化处、计量处、认证管理处、特种设备安全监察处、行政审批处、机关党委、离退休人员工作处、纪检监察室）。截至2016年底，全系统实有人员395人，其中市局机关实有人员55人，稽查分局33人，标准计量质检院128人。

2016年，全市质监系统学习贯彻党的十八大、十八届三中、四中、五中、六中全会精神及习近平总书记系列重要讲话精神，贯彻省委"一个指引、两手硬"重大思路和要求，落实市委、市政府决策部署，开展"两学一做"学习教育，抓质量，保安全，促发展，强基础，全市质监工作实现"十三五"良好开局。晋源分局荣获"省级文明单位"称号。（王小鑫）

【质量考核】 12月19日，省政府质量工作考核组由省商务厅副巡视员田国玉带队一行六人，对太原市质量工作进行考核。市政府副市长王爱琴出席会议并讲话，考核组专家按照考核要求，现场进行提问，实地查看资料，并在太原市产品、工程和服务质量方面随机抽取摄乐桥项目部、美特好滨河店、山西煤机等企业实地进行核查，同时选取小店区政府作为太原市县（区）一级单位进行抽查。

（王小鑫）

【质量月活动】 1月，市质监局在全市范围内组织动员太钢、太重等14家企业主动发布企业质量信用报告，引导企业树立"质量第一、诚信为本"的经营理念，提高全市企业质量水平。9月13日，围绕"提升供给质量　建设质量强市"的质量月活动主题，组织晋西车轴、山西煤机、太行仪表、山西美锦等40余家企业的质量管理代表及相关政府部门负责人，到荣获中国质量奖提名的太重集团观摩学习。市政府副市长王爱琴出席活动。在质量月期间，市质监局按照全市质量月活动的整体安排，组织"质量提升　我们在行动"等系列活动，加大对企业质量管理工作的指导力度，提升了"太原制造"质量水平和区域经济的整体质量效益。9月14日，市质监局举办以"质量强市、质监局干什么"为主题的"质监大讲堂"学习活动，特邀资深质量管理专家项润做讲座，市局领导班子成员、机关全体干部职工、直属单位科级以上干部以及各区（开发区、园区）分局局长、分管质量工作副局长、质量科长共计80余人参加学习。

（王小鑫）

副市长王爱琴参加"走进质量奖获奖企业"主题活动

【标准化工作】 6月，太原市阳曲县思西盛发养种植专业合作社设施蔬菜种植标准化示范区、古交市兴旺富和种植养殖专业合作社脱毒马铃薯种植标准化示范区、太原瑞康盛种植养殖技术有限公司种养殖标准化示范区等3个省级农业标准化示范区分别以93分、93分、81分通过省质监局考核组的考核验收。9月14日，由山东省质监局标准处处长杨冬静、山西省质监局标准处处长刘瑾等组成的专家验收组，对民营区山西盛唐物流有限公司创建国家级服务业标准化试点单位的相关工作进行评估验收。在经过首次会议、查看现场、末次会议等程序后，该公司以95分的成绩通过验收。10月10日，全市召开标准化工作改革发展推进会。副市长王爱琴主持会议。领导组43个成员单位分管领导，14个县（市、区）人民政府、开发区（园区）管委会分管领导及各区（开发区、园区）质监分局、各县（市）工商（市场）和质量监督管理局局长等共计80余人参加会议。10月20日，市质监局以"质监大讲堂"为载体，特邀中国标准化协会理事、中国标准化协会特聘国家标准培训教师、中国标准化技术咨询中心特聘咨询师赵祖明，做主题为"标准化大有作为"的专题学习培训。全系统约140余人参加培训。

（王小鑫）

【特种设备安全管理】 2月26日，太原市召开特种设备安全工作会议。市政府副市长王爱琴出席会议并讲话，市政府办公厅副调研员潘侠主持会议。市直有关部门安全负责人、4个开发区分管安

全市质监系统干部会议

全领导、市质监局特种设备安全监察机构负责人共47人出席会议。各县（市、区）分管安全领导及相关部门人员在分会场参会。会上，局长赵敏对上年特种设备安全工作进行总结，对2016年度工作进行安排部署。5月25日，市质监局在美特好妈妈宝贝店开展特种设备宣传咨询活动，并对蒙山景区的场内机动车辆进行检查，同时召开现场会，对“安全生产月”工作进行安排部署。8月15日至16日，新上任的市质监局党组书记、局长郭德魁与副调研员李红旺带领特监处相关负责人对全市的特种设备安全工作情况进行现场调研。郭德魁一行先后到太原武宿机场、晋能集团嘉节热电厂、国电科莱加气站、同安机动车安全技术检测有限公司、玉泉山公园等企业，了解企业的特种设备安全运行情况，重点查看企业特种设备管理制度、设备台账和检验情况以及特种设备应急救援预案等。10月8日，市质监局召开全市特种设备安全工作集体约谈会议，对全市特种设备生产、使用单位及检验检测机构的安全负责人进行集体约谈。全市特种设备生产、使用单位及检验检测机构的安全负责人共140余人参会。（王小鑫）

【安全检查】 4月8日，全市召开锅炉安全节能减排工作会议，会议总结2015年全市锅炉安全节能减排工作，分析当前全市锅炉节能减排工作所面临的形势，并对2016年工作进行安排部署。各区（开发区、园区）质监分局、各县（市）工商（市场）和质量监督管理局、省锅检院、省电科院以及锅炉制造、安装、改造、修理等67家单位相关负责人共70余人参加会议。市质监小店分局探索推动“三无”电梯安全监管工作，5月，由小店区政府办公室印发《关于进一步加强全区“三无”电梯安全管理工作的通知》，推行由区质监部门主管，各街办乡镇负责的联动管理办法，联合各单位共同推动“三无”电梯的安全管理工作。12月，联合省质监局对全市机动车安检机构进行抽查。共抽查全市机动车安检机构6家。（王小鑫）

【专项检查】 8月，市质监局对全市10家焊考机构开展专项检查，规范全市特种设备焊接作业人员考试工作，加强对焊工考试机构的管理，提升特种设备焊接人员考试水平，提高特种设备焊接人员焊接技能。（王小鑫）

【标准化培训】 12月11日、18日，市质监局举办两期《固定式压力容器安全技术监察规程》专题学习培训班。各区（开发区、园区）质监分局、各县（市）工商（市场）和质量监督管理局、市局稽查分局的特种设备安全监察员和协管员共计260余人参加培训。（王小鑫）

工商行政管理

【概述】 2016年，全市工商和市场监管工作贯彻落实太原市委、市政府、省工商局的决策部署和全市经济工作会议精神，以新的发展理念为引领，适应经济发展新常态，围绕全省开展的“冬季行动”，深化商事制度改革，完善事中事后监管机制，强化消费维权，发挥竞争政策的作用，加大市场监管执法力度，各项工作稳步有序推进。（马富荣）

【工商登记制度】 全市工商系统围绕降低门槛、提高效率、完善服务，深化工商登记制度改革，释放市场经济的活力和创造力，为经济发展提供新动能。6月底，市人大到太原市工商局调研，审议通过太原市商事登记制度改革。截至2016年11月底，全市新增各类市场主体58526户，同比增长34%，其中内资企业27316户，外资企业法人3户（不含分支机构29户），个体工商户30842户，农民专业合作社368户。全市现有各类市场主体353423户，同比增长14.4%。其中，内资企业135706户，外资企业法人137户（不含分支机构356户），个体工商户213715户，农民专业合作社4002户。

巩固和扩大“三证合一、一照一码”改革成果。落实窗口部门各项工作保障，做好新旧执照换发工作，完善登记信息系统。加强督促检查和宣传工作，配合相关部门推动改革，促进“一照一码”在社会上的广泛应用。从2015年10月1日至2016年11月底，全市共办理“一照一码”营业执照112270张，其中，新发展企业42180户，变更35914户，换发新照34176张。

深化落实“先照后证”改革。加强对企业设立前置、后置审批工作的调查研究，及时承接、调整有关企业登记前置、后置审批项目目录。履行“双告知”职责，依托信息化建设的推进，促进市场主体信息的共享应用。

推进工商登记注册便利化改革。全面推进名称核准制度改革,实现“企业名称登记核准全程电子化”。将冠省名的企业名称直接下放县(市、区)局办理,减少市局初审环节。办事群众足不出户,在网上进行“名称核准”与“设立登记”,基本实现“网上受理、在线办理、限时办结、全程服务”的电子化登记。放宽住所(经营场所)登记条件,推行微型孵化园类公司登记,实行集群注册登记。同时,对分支机构户数较多的企业,完善硬件设施和技术手段,尝试实行“一照多址”登记。全市发展微型孵化园企业78户,入驻企业已突破4000户,占用物理空间近50000平方米。

推进相关改革探索,建立健全市场主体退出机制。简化企业注销登记流程,出台《太原市企业简易注销程序规定(试行)》。从2016年9月1日起在全市实施。通过实行企业简易注销登记,降低企业的退出成本。服务构建开放型经济新体制,支持外商投资准入管理模式创新,探索外商投资准入前国民待遇加负面清单管理模式。

扶持小微企业发展。完善和运用小微企业名录,发挥促进扶持政策实施、助推小微企业发展的功能作用,指导成立“双创”企业协会。按照《国务院关于扶持小微企业健康发展的意见》精神,出台《关于支持小型微型企业健康发展的实施意见》和《实施方案》,发展众创空间、科技孵化器、小企业创业基地、商贸企业集聚区、微型孵化园“五大空间”载体,提升创业基地、孵化基地对小微企业的综合服务功能,激发群众创业创新的积极性。（马富荣）

【日常监管】 探索事中事后监管新机制,以企业信用监管为核心,强化企业信息公示、信息共享、联合惩戒,加强市场监管,维护市场秩序,为企业优胜劣汰和产业转型升级提供保障。推进市场主体信息公示工作。制定处罚信息公示办法,分片包干,逐级传导压力,设立企业联络员备案通道和年报专线,强化宣传、培训和督导力度。推进“双随机”抽查工作机制。对补报2013、2014年报并申请移除经营异常名录的进行定向抽查,共抽查1164户,其中,对无法联系的企业68户进行变更登记,规范经营行为。对省局确定的2871户抽查企业进行企业即时信息抽查工作。对其中342户未按规定公示信息、公示信息隐瞒真实情况和弄虚作假、通过登记的住所无法联系的企业列入经营异常名录,并责令改正。吊销或唤醒僵尸企业9000余户,联合惩戒或信用约束企业17000户。强化企业安全监管和日常监管。把“城中村”整治和“九小场所”清理整顿与查处取缔无照经营和日常巡查形成相结合,取得明显成效。全市系统共出动人员1178人次,检查975余户,取缔无照经营153户,规范办照770户,限期整改52户。开展治超工作,全局共出动执法车辆555台次,出动执法人员1683人次,检查储售煤(货)场708户次,检查汽车改装修理、修理厂231户次。（马富荣）

【信用体系建设】 完善企业信用信息数据库。以企业法人归集信息为基础,完善各类企业及相关法定代表人、负责人的信用记录和信用档案。配合注册登记部门建立太原市小微企业名录库系统和太原市小微企业登记服务管理系统。强化对市场主体基本信息和行政处罚信息的公示。公示各类市场主体注册登记信息56641户(其中企业26393户、个体工商户29880户、农民专业合作社368户)、变更登记信息459522条、动产抵押登记信息74条、股权出质信息356条、行政处罚信息门户网站公示571条、行政处罚信息门户公示系统公示153条、抽查检查结果信息1730条、经营异常名录121945户、司法协助205条、年报信息181987条,市场主体自行公示的信息20748条。按照《工商行政管理处罚信息公示暂行规定》(工商总局71号令)要求,按照“谁办案、谁录入、谁负责”的要求,组织全市系统对2014年10月1日至2016年5月31日的行政处罚信息公示情况进行排查。并对全市系统一般程序案件进行信息补录和网上公示。2016年全市应当公示行政处罚信息99条,公示99条,在公示率、及时率、准确率三方面均达到100%,通过国家工商总局和省工商局的达标验收。落实经营异常名录制度和严重违法企业制度,强化对违规企业的信用约束和信用惩戒。将全市2203户违法经营企业列入经营异常名录并予以公示。其中,通过登记住所和经营场所无法取得联系的2121户,未履行公示义务在责令期限未改正的48户,公示信息作假的34户。（马富荣）

【消费维权】 发放宣传资料,开通微信平台,筹建开通网站,成立消费教育基地,宣讲新《消法》。组织维权志愿者进行餐饮服务行业消费体察,根据体察结果和投诉热点,发布消费警示15期。开通投诉咨询热线,召开新闻发布会和行业经营者座谈会等形式,开展新《消法》系列宣传、咨询活动。共受理消费投诉546件,咨询24771件,申诉2078件,举报629件。工商行政管理网上信箱1245条,12345政府便民网上转办325件,办结率达95%以上。加大流通领域消费维权力度。突出涉及国计民生的重点商品,强化流通领域商品质量监管投诉受理,推行随机抽查,加强对商品质量的一体化监管,抽样商品471组,不合格样品76组,检查经营户471户,全部合格147户,处理54户,办案32起,案值12.9万元。重点商品和重点领域的消保维权工作,全市共受理各类消费投诉830件,为消费者挽回经济损失278万元。重点领域商品质量问题执法办案48起,案值25.25万元,罚没款32万元。配合相关部门开展产品质量执法检查。在全市范围内开展为期半个月的基础教育装备产品质量专项检查。共出动执法人员230人次,检查552户经营户。责令停业整顿的无照经营户8户,三无产品的经营户2

户，经营危险玩具（塑料刀具）的经营户2户，未年报的经营户1户。健全网络维权体系。建立市局、分局、工商所三级12315网络消费维权体系，方便消费者的申投诉。以信息化为依托，以网络化为基础，建立城区、乡村、社区三级网络，实现信息迅速传递和共享。（马富荣）

【纪检执法】 以查处商业贿赂、限制竞争、傍名牌和打传销工作为重点，全年查处案件4起，罚款35.26万元。加大对限制竞争行为的查处。在全市集中开展整治公用企业限制竞争行为专项执法行动，重点查处供水、供电、供气、公共交通、殡葬等行业限制交易、滥收费用、搭售、附加不合理交易条件等违法行为。对公交、自来水、供热、防雷检测等行业进行检查，已结案3起，罚款24.5万元。开展反不正当竞争执法。开展药品、医疗器械设备采购过程中商业贿赂的专项行动，教育领域，图书、教辅材料、教学仪器、校服采购过程中商业贿赂整治行动，公用企业及依法具有独占地位的经营者、限定强制滥收费等限制竞争集中执法行动，直销企业特别是未获批准在晋从事直销的企业的违规培训、违规招募、违规直销等行为的集中执法行动。打击传销活动。根据举报和省局转办多次安排分局进行现场检查，未存在非法传销人员集中性、区域性聚集，或发生影响恶劣的因非法传销引发的群体性事件。

（马富荣）

【广告监管】 规范广告监管执法过程。制订《广告案件处理流程》《国家数据平台线索查处流程》，对广告案件的查处时限及各个环节负责人员予以明确；对非法集资广告、包装物广告、网络广告及职业举报人举报案件办理情况，提出统一的处理指导意见；制订《行政告诫书》《行政约谈书》《行政提示书》《行政建议书》等相关行政指导文书，指导基层分局广告执法。加大广告执法检查力度。查处违法广告案件33件，罚没款281.27万元。重点对新兴领域、新违法行为及疑难复杂案件进行查处。如查处太原烟草实业公司九州烟行利用微信公众号发布烟草广告案，对其罚款20万元，查处山西润城房地产公司利用印刷品及售楼部墙体发布房地产广告含有投资回报承诺内容案，对其罚款10万元，查处山西省广播电视台变相发布保健食品广告案，对其罚款9万元。开展专项整治行动，规范广告市场秩序。对非法集资广告资讯进行排查，向9家媒体单位下发《行政建议书》，要求做好金融类广告的审查工作，发现情况及时上报；建议媒体单位制作发布防范非法集资活动的公益广告。开展房地产广告的整治，约谈相关房地产负责人及主要媒体发布单位，对轻微违法行为进行先自查自纠并限期整改。同时，对严重违法广告，严厉查处开展对违背社会良好风尚和不良社会影响广告的整治工作。利用广告监测，实时监控和规范企业广告违法行为。安排专人每天查看并进行线索下派，依照《工商行政管理机关行政处罚程序规定》办理，按时完成数据下派及反馈工作。约谈万科、恒大、富力等知名房企负责人，规范其广告发布行为。对《山西晚报》《太原晚报》发行中夹带违法印刷品广告及时采取行政告诫，要求报社及时规范发行的各个环节。（马富荣）

【商标保护】 以商标战略为契机，开展打击侵犯商标专用权的专项整治行动。加强对驰名、著名商标的培育认定工作。通过对参加复审和首次申请认定商标的审核，向省工商局推荐山西省著名商标70余件，其中，新申请24件，复审46件，受理驰名商标申请1件。截至2016年10月11日，全市拥有有效注册商标29708件，占全省的三分之一；山西省著名商标195件，约占全省的20%；中国驰名商标18件，名列全省前茅。冬季开展“双打”专项执法检查行动。开展打击侵犯“汾酒”系列注册商标专用权和侵犯食醋行业注册商标专用权为主的“双打”专项检查行动。出动执法人员约2000人次，检查经营主体约5000余个，检查批发零售市场、集贸市场等各类市场约200余个，整治重点区域约150余处；查处商标侵权假冒案件立案28件，没收销毁侵权商品2536件，罚没款34.9万余元。“两节”期间开展打击商标侵权违法行为专项整治行动。加强对集贸市场、服装批发市场、小商品批发市场、大型超市、酒类专卖和物流仓储等重点领域的监督检查。出动执法人员约3000人次，检查经营主体约8000余个，检查批发零售市场、集贸市场等各类市场约300余个，整治重点区域约260余处；开展打击侵犯汾酒集团“汾酒”系列商标专用权专项行动，查处侵犯汾酒集团“汾酒”系列商标专用权案件立案14件，罚没款53000元。年度受理投诉举报各类商标违法案件90件，立案查处59件，向公安机关移送案件2件，没收销毁侵权商品2536件，罚没款43.25万余元。

（马富荣）

【市场监管】 开展对成品油质量和农资质量抽检。规范成品油和农资经营主体资格，打击无合法进货来源、质量不合格等违法经营行为，重点对民营和私人加油站和农资经营主体资格进行监督检查。共抽检各类加油站178家，抽检柴油、汽油358样（次），抽检合格率达到96%，抽检覆盖率达到93%；检查各类农资经营者136户，抽检农资样品21样（次），合格18样（次），不合格3样（次），合格率达到86%。开展诚信市场创建和上年度“诚信示范市场”评选推荐活动，共评选7家诚信示范市场。开展2016年度城乡清洁工程集贸市场星级单元考核。抽检集贸市场27家，对城乡清洁星级单元、达标反弹单元、反弹整改“回头看”单元进行综合评定。加强网络交易监管操作平台基础建设，筹建市、县、工商所三级网络监管操作平台。加强网络市场线上线下综合监管。内外配合，以线上发现案源追线下，线下发现案源寻线上的办法，加强对网络市场巡查和投诉举报受理力度。（马富荣）

【合同监管】 开展专项合同监管专项执法行动。对旅游业、银行业、电信业及其他行业中经营者利用格式条款中免除自身责任、加重消费者责任、排除消费者权利等违法违规行为开展集中整治，印发宣传资料4000余份，出动执法人员538人次，出动执法车辆152车次，走访企业、经营者383户次，约谈企业、经营者66户次，对供电、供热等公用事业类和旅游类、汽车销售、维修类、物业服务类、商品零售类等行业的20余条涉嫌不公平格式条款进行梳理，形成点评意见，责令改正条款16条，备案格式合同672份。查办案件9起，罚款1.43万元。动产抵押登记帮扶小微企业融资。以浮动抵押为主要模式，将动产抵押登记权限下放分局，实施属地办理，方便和支持小微企业、个体工商户融资抵押贷款。全市共办理抵押登记70件，抵押物价值54350万元，主债权金额218161万元；注销登记2件，抵押物价值38万元，主债权金额105223万元。抓好拍卖备案工作。对于符合申报材料要求的，实行即来即办。拍卖备案登记334件，委托金额500979万元，成交金额57761.6万元。开展“守合同重信用”活动。对上年度复查合格的289户企业及未参加“守合同重信用”年度复查或年度复查不合格的已撤销其“守合同重信用”称号的157户企业，在信用信息网上进行公示。年度复查守重企业30余户，申请省级2014年度“守重”企业3户。开展2014、2015年度国家级“守重”企业的认定工作，全市被公示的国家级“守重”企业共32户。开展“合同帮农”，强化对“涉农龙头企业”的合同监管和服务。引导合同农业基础较好的龙头企业发展规模经营，形成专业市场，促进农业增效、农民增收。全系统共开展相关咨询宣传活动20余次，发放宣传资料5000余份。（马富荣）

【自身建设】 加强系统法治建设、队伍建设、信息化建设和工商理论调研。抓好党组党风廉政建设“两个责任”落实。强化党组主体责任落实，开展正风肃纪专项整治。加强服务型党组建设，利用多种途径解决干部职工的文明奖、年终考核奖、双拥奖的发放；机关工会为职工购买发放图书300余册，交纳大病医保互助金，组织培训工间操等；协调政府和检察院等相关部门，解决基层在防范和处置非法集资执法责任上出现的问题；协调基层公务员职务职级待遇并行问题。受理办结反映领导干部问题线索49件（重复举报2件），其中市纪委转办44件，加强队伍建设。以“五一、端午”，“国庆、中秋”两，49件问题线索中，拟立案3件，初核5件，谈话函询24件，了结15件，转阅处理8件，组织处理40人，党政纪处分6人。加强干部教育培训。全市系统共320人参加各类培训，提升队伍的党性修养、法律水平、业务水平和综合素质。按照2016年公务员招录计划招录38名公务员，其中招录服务基层项目人员和退役的全日制大学生士兵5名。加强法治工商建设。制定工商“六权治本“一表两图”（办事指南表、运行流程图、廉政风险防控图），明晰工商行政权力清单231项，问责依据74条，共性制度18项，行政权力运行监督制约制度7项。规范执法主体，强化执法监督。落实执法人员持证上岗制度，对调离执法岗位或其他原因不再具有执法资格的人员，及时注销、吊销执法证件。开展执法监督检查，随机抽查全市系统2015年度行政许可案卷52卷、一般程序行政处罚案卷45卷，对发现的问题分别填入评查表进行反馈，提出整改要求。全系统办结行政处罚案件414件，其中一般程序案件410件。坚持行政处罚案件核审、听证及案件评审委员会工作机制，应对行政复议、行政应诉。发挥法律顾问在推进依法行政、法治工商建设中的作用，与办案处室及局法律顾问对一些疑难案件的定性、法律适用和自由裁量等方面的问题进行探讨，力求做到案件适用依据正确、定性准确、处罚适当。强化对行政处罚信息公示的督导。督导全市系统提高行政处罚信息公示率、及时率和准确率。强化工商理论研究。在深化商事登记改革中，市场监管执法部门对企业年报公示和僵尸企业存留、基层属地监管办法、违法广告监测、监管以及网络市场监管等方面进行探索，为新型市场主体监管积累经验。（马富荣）

【非公党建工作】 开展非公党建“两学一做”学习教育。各非公企业党组织落实“三会一课”制度，采取集中和自学相结合的方式，利用微信、QQ、“太原红E网”、编印口袋书，开设“流动课堂”和集中培训等方法开展学习教育。推进“两个覆盖”专项工作，夯实非公党建工作基础。发动基层工商所党建指导员，按照经营情况清、职工队伍情况清、党员队伍情况清、出资人情况清、未建党组织原因清“五清”要求，逐户排查摸底，建立台账，特别是对50人以上非公企业进行重点摸排，重点指导。全市非公党组织达2021个，非公党员人数达1.3万余名。加大非公党员发展力度。省委组织部专门下拨入党指标用于非公党建，按照组织程序发展非公党员。借助工商部门“双随机、一公开”监管及企业年报、注册登记等职能，强化和提高非公企业党组织覆盖率。开展集中培训，加强“两支”队伍建设。全市共组织非公企业党组织书记“两学一做”专题集中培训1072人次，举办主题研讨交流会33次。（马富荣）

【防范和处置非法集资】 制定《太原市防范和处置非法集资工作方案》，规范防范和处置非法集资工作流程。开展非法集资领域信访矛盾纠纷排查。排查案件28件，重点信访人员168人，并督促责任单位建立稳控台账。开展2016年度打击非法集资宣传月活动。制作大幅宣传海报40000份，编印下发《防范和处置非法集资资料汇编》3000册，在《太原日报》开辟“处置非法集资”专版，开展以“远离非法集资、共创和谐太原”为主题的宣传版面。与山西领先广告有限公司合作，在广场、滨河东路、亲贤街等地7块大广告显示屏全天播放打击非法集资宣传标语。对全市投资担保、典当行、房地产、养老、农业合作社等重点行业开展非法集资风险排查整治行动。截至11月，共排查投资担保、典当行等各类企业244家。其中，投资担保类78户、小额贷款类27户、典当行80户、农业合作社6户、房地产及中介服务16户、其他37户。建立案件信访督办制度，向涉案地政府下达督办函，对信访问题突出的光彩慈行、共鑫、中金源等重点案件进行督办。2016年度共接待非法集资案件信访群众3256人次。（马富荣）

【攻坚扶贫】 协助娄烦县庙湾乡双井村扶贫点成立农村专业合作社4个，帮助脱贫200余人；帮助双井村榨油坊扩建，带动就业20余人，并帮助申请办理山西省著名商标。组织职工出资回购娄烦县庙湾乡双井村村民土豆1.3万余斤，资助该村民致富脱贫。（马富荣）

审　计

【概述】 2016年，太原市审计局以“盯热点、突重点、扫盲点，全覆盖”为要求，加强对重大政策措施落实情况的跟踪审计，加强对重点、盲点单位的审计，加强对执行中央八项规定精神和重大项目推进情况的审计，加大对违纪违法案件的查处力度，加大审计整改和督促落实的力度，加大对领导干部和被审计单位的审计法律法规知识培训力度。全市共审计及延伸审计单位355个，查出违规、损失浪费和管理不规范金额207.03亿元（其中重大政策措施落实情况审计84.35亿元在2017年统计报表反映），非金额计量问题478个；收缴及原渠道上缴6.44亿元，移送案件线索57件，提出审计建议307条；被省、市有关领导批示报告、信息30件，发挥审计促进“反腐、改革、法治、发展”的作用。太原市审计局对晋源区2013和2014年度财政决算审计和对太原市木材总公司资产负债损益审计项目分获山西省审计厅优秀审计项目和表彰审计项目。获全省审计系统目标责任考核第一名，被太原市劳动竞赛委员会荣记集体一等功。

（何　茜　韩翠峰　韩文俊）

【跟踪审计】 2016年，采取上审下、交叉审的方法，对市本级及10个县（市、区）2016年重大政策措施落实情况进行跟踪审计。此项工作每季度都由常务副市长亲自部署，审计报告和整改情况由书记、市长亲自批示。截至四季度，共抽查市、县两级315个政府部门、497个项目（单位），涉及财政资金119.43亿元，促进130个重大建设项目加快推进，促进财政资金统筹使用和重点资金到位15.54亿元，发挥“重大政策督察员”作用。（何　茜　韩翠峰　韩文俊）

【财政审计】 2016年，开展19个预算执行和财政财务收支审计项目；开展五县区和经济园区的财政决算审计；按照审计全覆盖的要求，对多年未审的工会、党校、市委部门和民主党派进行审计和审计调查，尤其对多年未审的工会经费进行审计；对事关民生的残联等部门进行了审计。

（何　茜　韩翠峰　韩文俊）

【经济责任审计】 2016年，开展太原市国有资产经营公司、市国营林场等七个单位的经济责任审计。其中对清徐县县长王琳玉任中自然资源资产试点审计，查出4大类30个小项的问题，涉及违规金额6169万元，提出建议9条，促进清徐环保部门坚决取缔非法涉煤企业66家、“十小企业”50家；对钢铁、焦化等四大产业展开提标改造工程，并为全省全面开展自然资源资产审计积累经验。配合省厅开展朔州市原市长自然资源资产离任试点审计；参与省厅对朔州市委书记、原市长经济责任审计。

（何　茜　韩翠峰　韩文俊）

【固定资产投资审计】 2016年，开展市经济区清徐县拓展区政府投资情况审计，为全省转型示范区整合工作提供部分依据；开展小店区法院审判法庭建设项目在建审计，规范项目工程管理和财务管理，促进项目进度。

（何　茜　韩翠峰　韩文俊）

【民生资金（项目）审计】 2016年，对三县一市上年度保障性安居工程进行跟踪审计，揭示问题11类，涉及金额9097万元，并提出审计建议4条，推动安居工程依法有序建设和管理，维护人民群众住房保障权益。配合审计署太原特派办对太原市上年工伤保险基金和医保基金进行审计。

（何　茜　韩翠峰　韩文俊）

市审计局党支部“党员先锋行”活动　重温入党誓词

市审计局“两学一做”学习教育动员会

【专项资金审计】 配合市政府民生工作和生态环境建设，开展民用洁净焦炭补贴专项资金审计；对2015年万柏林区城中村改造土地出让金管理使用情况进行审计，推动全市城中村改造工作；对古交钢铁厂破产工作有关情况开展专项审计调查，为解决古钢遗留问题，避免国有资产流失、化解集体上访起到积极作用。

（何　茜　韩翠峰　韩文俊）

【市委、市政府交办事项】 开展对市政府驻外办事机构十余年的财务收支情况审计，对整顿、规范市政府驻外机构管理发挥重要作用。配合市委组织部开展干部“六查”工作600多人次；派出近30人次配合省、市纪检委巡查组、重要案件调查及节日期间明察暗访工作。

（何　茜　韩翠峰　韩文俊）

【队伍建设】 狠抓理论武装，开展“两学一做”学习教育，开展正规化建设，领导带头践行“三个看齐”，发挥表率作用；开展新提干部和45岁以下干部“四个意识”和“五种能力”的强化培训；出台《关于严格请销假的规定(试行)》等两项制度；按照“好干部20字标准”，淘汰不作为干部，选拔任用近30名优秀年轻干部。坚持党风廉政建设与审计业务工作一起抓，保持风清气正。狠抓党组织的“三基”建设。改选机关党委和基层组织，完善基层党组织制度；健全妇女组织；以“反对极端个人主义、营造良好政治生态”为主题开展群众性思想政治工作和文化活动，营造积极向上的氛围。狠抓审计质量和社会效益。以“质量效益年”活动为主题，开展优秀项目评选、业务质量考核、审计项目跟踪督导、全员岗位练兵月和法律法规培训周等质量提升工作。出台两项制度，规范审计自由裁量权；狠抓审计现场“三抓十有”制度、审计业务会商制度、审计审批等制度，完善风险防控机制。分四个层次加强被审计单位的审计法规知识培训。

（何　茜　韩翠峰　韩文俊）

统　计

【概述】 2016年，太原市统计局围绕市委、市政府中心工作，积极推进从严治党，严格落实“两个责任”，改革创新，锐意进取，着力提升统计创新力、生产力、执行力、公信力和保障力，全力构建学习型、创新型、服务型、奉献型、和谐型统计机关，为服务全市发展提供了优质的统计保障。年度考核的重点工作和所有共性指标均已圆满完成，多项工作走在全省前列，统计从业资格、妇儿两纲统计监测等工作荣获国家级表彰，连续多年荣膺市年度综合考核优秀单位、市文明标兵单位和市双拥先进单位称号。

（办公室）

【推动“两个责任”落实】 2016年，太原市统计局以习近平总书记系列重要讲话精神为指引，深入学习贯彻党的十八大、十八届三中、四中、五中、六中全会精神和省、市党代会精神，扎实开展“两学一做”学习教育，把从严治党贯穿于思想政治建设、统计文化建设、统计业务工作的始终，推动“两个责任”落实。

以“两学一做”为载体，抓学习、重创新，统计凝聚力和战斗力进一步增强。围绕“两学一做”学习教育的四个专题，以严谨务实的态度，严密周详的计划，严格规范的流程，打实“学”的基础，突出“做”的关键，通过学习平台的创新，学习形式的扩展，学习内容的延伸，赋予学习教育更多生动的色彩。新开设“周末学堂”，固定每周五为全局集中学习时间，原原本本学理论，扎扎实实做笔记，党性修养入脑入心；邀请经验丰富的教授，以“永恒的敬仰”为主题进行爱国主义专题辅导，开阔了视野，净化灵魂；深入帮扶贫困村结合“两学一做”开展携手推进脱贫攻坚主题活动，把学习成果转化为脱贫攻坚的思路办法；与离退休党员“结对子”，由在岗党员为老党员上门“送学”，推动学习齐头并进；举行“党章党规、系列讲话知识竞赛”和演讲会、观摩会，补足精神之“钙”，铸牢党性之“魂”，进一步坚定了全局干部的理想信念。

以思想政治教育为关键，抓管理、拓思路，统计队伍素质和管理水平进一步提升。始终把开展思想教育，提高队伍素质作为首要任务来抓，要求全市统计干部要提高“三种认识”，即对统计地位、统计作用、统计责任的认识；强化“三种意识”，即服务社会、服务经济发展、拓宽思维的意识；学会“三种方法”，即争取主动法，协调联动法，自我保护法；实现“三个提升”，即统计能力、数据质量、服务水平的提升。在全市统计系统开展“四谈四问”，即谈管理、问策略；谈业务、问技巧；谈服务、问需求；谈党建、问高度，畅所欲言，建言献策。选拔任用积极向上、勇于担当的年轻干部，年内共招录公务员3名，监测中心聘任中级岗位人员27名，3

名监测中心同志调任局机关任职，极大地调动了年轻干部攻坚克难、奋勇争先的积极性。1人荣获国务院妇女儿童工作委员会颁发的“全国实施妇女儿童发展纲要先进个人”荣誉称号，受到国务院总理李克强、副总理刘延东的亲切接见；2名同志代表全省参加“第三届全国优秀统计从业人员师资评选”大赛，取得国家一等奖第一名和国家二等奖的优异成绩；3名同志被聘为“太原文明网特约评论员”，统计干部队伍素质进一步提高，机关管理更加规范。（办公室）

【树立统计部门良好社会形象】 2016年，市统计局扎实开展精准扶贫结对帮扶走访，30名党员干部与帮扶村30户贫困户“认亲戚”，一对一的制定脱贫方案，落实帮扶责任，竭尽所能助其脱贫。举办“慈善一日捐”、慰问“双参”人员，充分体现了统计人的社会担当。形式多样、内容丰富的“道德讲堂”弘扬中华民族的传统美德，源源不断地塑造统计正能量。在建军节来临之际，与政府警卫连开展“共叙军民鱼水情　共话双拥新愿景”的联谊活动，努力开创军民鱼水一家亲的良好局面。九九重阳节之时，走访慰问离退休老干部，并送上“致老干部的一封信”，继续为统计事业添砖加瓦。踊跃参加义务植树志愿服务，共建美好家园。积极组织参加健步行、志愿者学雷锋等活动，丰富统计人的业余文化生活。集中宣讲政务礼仪，规范日常言行举止；重点整治了办公场所的“硬环境”，着力打造乐于奉献、互助互爱的“软指标”，进一步树立了统计部门勇于担当、服务社会的良好形象。（办公室）

【全面完成目标考核任务】 及时高效做好经济运行监测。创新统计监测服务是统计部门适应经济发展新常态、服务全市中心工作和发展大局的重要职能。2016年，市统计局面对复杂严峻的经济形势和较大的下行压力，进一步完善“五位一体”监测体系，密切跟踪分析经济运行中的新变化，加强经济预警预判，强化统计服务决策的能力；组织召开经济运行发布会，提高统计服务社会的能力；通过政府明电向各县区通报主要经济指标完成情况，提升统计服务发展大局的能力。在两会召开前，编印《2016太原市“两会服务”专刊》，为“两会”代表、委员提供优质精准的统计服务，着力打造“供给侧”改革的统计服务升级版。

规范有序推进第三次全国农业普查。太原市第三次全国农业普查得到了市委、市政府的高度重视，市委副书记、市长耿彦波作出重要批示。市统计局把第三次全国农业普查作为统计工作的重中之重，顺利完成了机构组建、经费落实、普查试点、人员选调、业务培训、普查小区划分、宣传发动、清查摸底等工作。全市共建立普查小区3687个，选聘业务过硬、经验丰富的普查指导员和普查员5729人，组织业务培训66批次，采购PDA设备1575台，市级财政核准302.9万元普查经费，利用报纸、网络、户外LED屏、公交车载LED、大型广告牌等媒介对农业普查进行大范围、立体式宣传。印制《农业普查宣传手册》5万册，农业普查知识传单20万张，宣传挂图5万张，宣传条幅5000条，宣传标语2000条，入户宣传品25万份，以营造家喻户晓、社会各界积极配合的良好氛围。

建立实施新的投资统计方法制度监测体系。新投资统计方法制度改革后的5000万元以上投资项目联网直报正式运行，新制度的实施带来数据处理程序复杂、新矛盾新问题多、数据核查责任大等诸多新挑战。面对这种情况，市统计局成立办公机构，明确职责分工；加强部门联动，加大核查力度；强化新制度培训，提高业务处理能力；建立准确翔实的调查单位名录库，确保应统尽统，统必合规。开展5000万元以上的投资项目的月度监测通报，方便市领导及时掌握固定资产投资运行的发展态势。太原市投资统计顺利从层层汇总过度到联网直报，上报率达到100%，新旧制度实现无缝对接，解决了之前统计过程中数字无据可查、质量难以把控的问题，对于及时掌握项目形成产能，扩大全市经济总量，捕捉经济发展新增长点具有重要意义。

结合实际制定民营经济增加值核算制度。结合省民营经济增加值核算方法，率先尝试开展县区民营经济增加值核算工作。结合太原实际，研究制定太原市的试行方法和规范统一、直接下算的工作机制，既实现制度的统一，又保障方法的可行。方案成熟后，对县区民营经济增加值进行初步测算，并向市委、市政府主要领导提供了《关于我市开展县（市、区）民营经济增加值核算（试算）有关情况汇报》，受到一致好评。

开展电子商务平台交易情况统计调查。电子商务交易平台统计是国家“三新”统计工作的重要内容，也是太原市经济发展的趋势所在。在制定《“三新”统计工作承接实施办法》，召开全市“三新”统计工作承接及“三新”制度学习交流会的同时，重点开展工业战略性新兴产业年报、新兴产品产量调查，电子商务平台调查，新服务统计调查、“四众调查”等三新领域统计调查工作。建立工作联系人制度，落实工作责任。建立完整的电子商务企业平台名录库，确保应统尽统。严把电商企业数据审核关，准确掌握平台情况和发展趋势。截至三季度，全市电商交易平台销售额达到1937亿元。

在扎实做好各项目标考核任务的同时，还深入贯彻落实中央和省、市领导同志重要指示批示精神，进一步强化统计数据审核监管，坚决遏制数据造假；着力推动统计联网直报单位规范化建设，实现联网直报企业统计业务培训全覆盖；积极研究探索新业态、新产业、新商业模式等“三新”统计工作；主动创新了统计监测服务，强化重点领域跟踪监测和预警预判等工作，统计能力建设迈上新台阶，统计服务水平得到新提升，为市委、市政府了解掌握全市新经济发展状况，科学决策提供可靠依据。

（办公室）

【打造服务发展统计工作升级版】 2016年，市统计局为使统计工作“走出家门”，融入社会，赢得更多的理解和支持，按月编印了《太原统计工作动态》，真实的反应统计当前的重点热点，集中体现统计人苦干实干，无私奉献的工作风貌。

为方便各级领导干部更加系统地了解和掌握统计知识，服务科学决策，积极组织编撰《领导干部应知应会统计知识一日一问》，并于12月19日正式出版印发。为使统计基层基础进一步夯实，组成“统计业务巡讲团”，分批次地深入县区、部门展开巡讲，各级干部学统计、用统计、理解统计、支持统计的氛围进一步形成。为使局机关干部成为“全科专家”，开展“业务巡讲周”，人人讲专业，人人学统计，成立了以书会友、友爱之家、创客工作室和数据管理工作室微信平台，有效地促进青年干部早日实现一专多能，全面把握统计工作。

围绕转型综改示范区建成后统计面临的新形势和新问题，多次实地调研，出台切实可行的统计工作方案，推动转型综改示范区的“在地统计”衔接工作，确保统计工作不间断，统计数据不遗漏。（办公室）

【推进党风廉政建设】 2016年，市统计局认真学习贯彻习近平总书记关于全面从严管党治党的重要讲话精神，充分认识反腐败斗争的严峻性和特殊性，严格落实主体责任和监督责任，深入细致推进党风廉政建设。

一是把深入贯彻落实中央和省、市领导同志对统计工作的重要指示批示精神作为党风廉政建设的重要内容，作为提升统计工作的重要契机，作为坚决遏制数据造假的重要保障，作为强化统计地位、树立统计形象的出发点和落脚点。

二是认真执行党风廉政建设责任制，强化教育，筑牢思想防线。把党风廉政建设列入机关工作目标责任体系，与业务工作协同推进，共考核。认真学习贯彻“一准则、两条例”，定期组织廉政学习辅导，“一把手”讲廉政党课，增强了统计干部职工把纪律和规矩挺在前面的自觉性、主动性和责任感。

三是强化统计法治建设，制度约束，做到警钟长鸣。强化依法统计、为民统计的意识，推行全员执法和专业执法责任制模式，创新“三三制”抽检、说理式执法，设立“统计执法”微信督导，对违反统计法律法规的行为坚决依法惩处。对13个县（市、区）监测中心主任进行集体廉政约谈，进一步加强了机关作风建设和效能建设，着力打造一支忠诚、干净、担当的统计队伍。（办公室）

安全生产监督管理

【概述】 2016年，太原市安监局在市委、市政府的坚强领导下，认真学习贯彻党的十八大，十八届三中、四中、五中、六中全会精神和国家省市一系列决策部署，积极开展“两学一做”教育，深入推进隐患排查治理，全市共发生各类生产安全事故107起，死亡121人，同比事故起数减少3起，死亡人数增加8人，全市商贸制造业事故起数、死亡人数双下降，农林牧渔业、采矿业未发生生产安全事故，全市未发生重大事故，非煤矿山、危化品行业已连续8年未发生事故，全市安全生产形势基本稳定，完成了年度各项工作任务。（办公室）

【加强理论学习，提高履职能力】 2016年，太原市安监局党组成员参加中心组学习12次，专题研讨5次，重点学习十八届六中全会公报、《关于新形势下党内若干政治生活准则》《中国共产党党内监督条例》，以及习总书记关于安全生产工作的一系列重要论述，学习落实省委骆惠宁书记提出的“三个坚决防止”、楼阳生省长提出的“四铁”要求，学习贯彻省、市第十一次党代会精神，分解落实党代会工作任务。组织职工集中学习12次，专题研讨4次。注重把学习成果转化为工作动力，坚持问题导向和目标导向，全面加强和改进工作。（办公室）

【强化责任落实】 2016年，太原市安监局强化安全责任的进一步落实。“党政同责、一岗双责、失职追责”，全面落实党委政府领导责任。2月份举办了培训班，各县（市、区）、开发区、市直重点部门主要负责人参加了培训，5月初在市委党校对100多名县处级干部进行辅导；6月至7月对基层监管人员开展延伸培训。全市92家重点部门、单位制定落实意见。从2016年开始，太原市建立运行市县乡三级例会制度，上半年强化乡镇、村的“五覆盖”工作，坚持每季度抽查县区党政负责人的责任落实情况，并随机抽查企业，组织部门把抽查工作台账情况作为干部提拔使用的重要依据。

推动落实部门监管责任。督促38个重点部门制定实施了2016年监督检查计划，实行“三库一单”管理。全市工商注册的32万余户企业全部落实安全监管部门。对部门履行监管职责实行动态管理，明确职责分工，为厘清监管责任建立了长效机制。督促有关部门消除了采薇庄园滑雪场、杨家峪高速口超高土堆等8处安全隐患。

推动企业落实主体责任。督促企业落实隐患治理、现场避险等10项制度。首次对全市32家快递企业开展安全培训，提升了快递企业安全意识。向市热力公司、六味斋、太古供热项目等企业赠送安全图书3000套。选树省级安全文化企业4家，市级36家，为各类企业树立典型。（办公室）

【开展隐患排查整治】 2016年，太原市安监局规范运行隐患排查治理。以安委会名义印发工作方案，全市共排查企业29736家，发现一般隐患42974个，已全部整改，落实整改资金135.3万元。梳理出的8个难点隐患，经过积极推动，已整改2个，剩余6个已督促有关部门整改。

推动全市大检查和“反三违”专项行

动深入开展。出台大检查工作方案,5月至9月组织开展全市大检查,增加地铁施工、环卫等行业,全市共排查各类生产经营单位6880家,发现一般隐患19711个,已全部整改。4月至7月组织开展“反三违”专项行动,共检查2774家企业,发现隐患8099个,已全部整改,组织了抽查和督查,通报了督查情况。

组织开展专项整治和“打非治违”。督促重点行业领域开展专项整治,检查86家非煤矿山企业,发现一般隐患261条,已全部整改;检查54家危化企业,发现隐患61条,已全部整改;检查冶金工贸企业612家,发现隐患1830条,整改1665条,整改率91%;排查出油气长输管线31条隐患,已整改19条,其余12条正在积极推进。查办“中航油油库违法经营”“阳曲国兴荣建材公司违法生产”,查处反馈西山煤电下属水泥厂矿山私挖滥采、秀园油库安全隐患、太原日鑫涂料公司非法生产经营等信访举报及行风热线问题。全市共打击非法违法、治理纠正违规违章行为18276起。

组织开展专项行动。7月至9月,在全市安全生产风险隐患大排查大整治行动中,全市共出动暗查组5030个次,交叉检查组1068个次,派出检查人员66331人次,检查各类生产经营单位100944家,责令限期整改、停止违法行为36750起,责令停产停业208家,关闭非法违法生产经营单位24个,罚款644.23万元,组织了2轮督查,推动各项工作落实。

扎实开展“专家会诊”。非煤矿山企业开展了专家会诊“回头看”,对全市62座矿山划分了风险等级,未发现重大隐患,提升了矿山监管的精准性。委托市矿山设计院对太钢、太重等40家冶金企业开展隐患排查,共查出各类问题及隐患1166项,经复查,隐患整改率达95%,提升了企业安全管理水平。(办公室)

【夯实安全基层基础】 开展“六月安全月”活动。6月16日,各县(市、区)同时开展咨询服务活动,当天发放宣传资料14万余份,现场解答群众提问569个。组织11万余名企业职工参加知识答题,荣获山西守护生命知识大赛一等奖。六月安全月共组织开展了12项活动,利用电视台、电台、日报等宣传阵地弘扬安全正能量。

开展人员培训。全市共培训各类人员53292余人,其中企业负责人1123余人、安全管理人员2736余人,特种作业人员11312余人,其他从业人员38121余人。机考学员15171人,考试合格人数11875人,及格率为78%。

加强职业卫生监管。开展职业病防治宣传,发放宣传资料50302份,为400余名企业工人进行义诊。开展基层监管人员培训,共培训162人。积极开展“三个行业”职业病危害抽样调查,初步摸清了“三个行业”基本情况。全市共检查企业400余家,发现各类问题2530项,当场整改306项,责令限期整改2224项。

推进测评和安全乡村创建。实行自查、抽查、考核的测评工作机制,完成了全市年中测评。全市安全乡街应达标98家,实际达标106家,安全乡村应命名1317家,实际命名1454家,均超额完成任务。全市村(社区)安全员数量增加到2279名。

做好应急管理和有奖举报工作。修订了3部市政府专项预案。对16家企业开展了应急执法检查,发现并整改17条问题。全市33处危化品重大危险源,全部安装了监控监测设备,提升监管的科学性、精准性。与市国土局联合开展了“自然灾害突发事件应急救援演练”,有效地检验应急处置能力。受理各类举报291件,已办结261件,办结率89.7%,经审批兑奖39件,发放奖励7.45万元。

推进法治建设。印发全市安全生产执法工作意见,规范执法行为,对市安监局监管的253家企业开展了“两随机一公开”安全执法。制定太原市遏制重特大事故工作方案,着力构建六大体系。结案的14起生产安全责任事故,党纪政纪处分39人,建议追究刑责7人,罚款466.13万元,对全市安全生产工作起到了警示和震慑作用。(办公室)

【加强党建工作】 2016年,市安监局强化思想教育。4月29日,召开了“两学一做”动员会议,全体党员开展四个专题学习研讨,并上交了发言提纲,每名党员手抄党章一遍。完善党组工作规则,在“三重一大”、干部管理等方面坚持民主集中制原则。严格坚持“三会一课”、党务公开等制度。选举了出席市第十一次党代会代表。集中补交了2008年4月—2016年9月的党费。11月、12月完成了对机关党委、机关纪委、机关党支部的换届选举。

落实全面从严治党。制订了党风廉政建设两个责任“问题清单”和“整改清单”,存在的问题已全部整改。召开9次专题会议研究党风廉政建设工作,听取党组成员落实党风廉政主体责任汇报。印发了纪检监察工作方案,紧盯春节、端午、国庆等重要时间节点,持续反对“四风”。分别于6月、12月组织了述廉报告。全局副科以上干部建立了《干部廉洁档案》。抓好“六权治本”建设,完成26项有关制度的制定和修改,公布了权力清单、责任清单。下放烟花爆竹零售许可、重大危险源备案、地勘单位工程备案,承接了省里下放的小型金属矿山、地勘单位、三等以下尾矿库的安全许可。共受理各类审批备案事项201件,办结183件,正在办理18件,群众满意率100%。

加强精神文明和双拥建设。大力弘扬社会主义核心价值观,开展“三关爱”、文明传播、经典诵读等活动,积极开展“博爱一日捐”“慈善一日捐”,慰问南二社区17户困难群众,到市消防支队走访慰问了2个困难军烈属。开展扶贫、爱卫、入企帮扶工作。协调驻地企业以参股方式共建养殖场,入企帮扶人员协调解决问题,解决了企业职工供暖问题,赢得

了企业的认可和称赞。（办公室）

食品药品监督

【概述】2016年，太原市食品药品监督管理局按照习近平总书记“四个最严”（即：最严谨的标准、最严格的监管、最严厉的处罚、最严肃的问责）要求，贯彻落实省委、市委十一届党代会精神，践行“监管为民，保障安全，服务发展，争创一流”监管工作理念，以“两学一做”学习教育为主线，强化领导班子建设和队伍建设；以问题意识为导向，狠抓突出问题整治；以率先意识谋创新，突破难点问题解决；完成全年各项工作任务指标，全市食品药品安全形势持续稳中向好，没有发生较大以上食品药品安全事故。

（办公室）

【依法行政】完善机构体系，狠抓工作落实，“四有”保障更加完备。采取“每月有督导、季度有通报、半年有座谈、年度有考核”措施，强化各县（市、区）落实“四有”保障督查。全市106个乡（镇、街办）设置90个监管站，按照《太原市乡（镇、街办）食品药品监管站建设指导意见》，监管站都达到“五个一”基本配置标准（即：一个独立办公场所、一辆执法用车、一套快检设备、一部执法记录仪、一台便携式打印机）和“三分开”要求（即：办公室、快检室、库房分设）。全市执法人员编制由313名增加到1363名，选聘食品药品安全协管员1709名，人员编制与监管任务基本适应。

完善《太原市食品药品监督管理事权划分办法》，对市、县（市、区）两级监管事权进行明确界定。梳理权力清单和责任清单，构建“法定职责必须为、法无授权不可为”行政执法机制。市级指导下的属地监管责任体系进一步健全。制定《食品药品信用体系建设工作方案》等13个制度办法，对三品一械全部生产企业等重点单位实施风险分级管理，建立企业质量安全信用档案，落实企业质量安全主体责任。分析缺陷项目，通报风险评估，风险管控能力进一步提升。确立市局主导开发，县（市、区）局及企业免费使用和互联互通的原则，制定《太原市食品药品监督管理局信息化建设总体规划》，推进“太原市食品药品追溯平台”项目建设，完成食品原产地可追溯等七大系统建设。装备执法记录仪44部，信息化监管能力提升。

健全管理制度，强化执法监督，行政执法行为更加规范。完善《行政执法程序规定》《行政执法全过程记录制度》和《行政处罚裁量权基准》等行政执法制度，细化违法违规行为表现，量化行政处罚标准鉴定，形成用制度管理人、用制度规范执法行为的工作机制。制定《行政执法公示制度》，推进执法信息及时准确公开。行政许可、办结案件和抽检信息公开率100%，保障社会知情权和监督权。实行行政审批“两集中、两到位”和审批、监管、处罚“三分离”，强化行政执法评议考核，严肃行政执法过错责任追究，落实行政执法责任制。确定案源管理、案件查办、案件审理“三分离”原则，落实《重大行政决策合法性审查制度》。

注重调研分析，保持高压态势，“两责”落实。确定“以完善信息化追溯为抓手，排除食品生产系统性风险；以主体合法来源可查为重点，提升食品流通管控水平；以防控微生物为主线，杜绝食物中毒事件发生；以成品检验为关卡，确保药品、保健食品、化妆品生产质量安全；以票据管理为核心，提高流通环节药品质量保障水平；以三类器械为重点，确保医疗器械风险可控；以整治违法宣传为重点，维护良好市场秩序”10个调研课题，调研分析全市食品药品安全风险。强化食品药品检验检测。基本完成投资7000余万元的市食品药品检验检测中心建设，顺利推进国家级试点——古交市食品药品检验检测中心建设。2016年监督抽验食品完成1098批次，药品完成795批次，医疗器械完成58批次，化妆品完成49批次。增强安全整治的靶向性。实施“五个一律”严厉措施，与市公安局联合出台《联合打击制售假劣食品药品违法犯罪活动工作制度》，与市检察院、市公安局联合制定《行政执法与刑事执法工作衔接办法及联席会议制度》，建立食药监局、检察院、公安局的联席会议机制，实现行政执法与刑事司法无缝对接。强化法治宣传教育，坚持法治与德治两手抓，印发《全市食品药品监管系统法治宣传教育第七个五年规划（2016—2020年）》，实施“双随机”抽查制度，严格依法监管，开展法治社会宣传，社会共治格局逐步形成。

全年开展会议营销保健食品、明厨亮灶、酒类市场、基本药物等专项整治38项，查处太原市民营区鑫鑫阳光货运部涉嫌经营假冒茅台酒案、太原市迎泽区天三奇保健品专卖店未经许可经营保健食品案等一系列大案要案，共受理群众来电、来访咨询等11766件，形成投诉举报2973件，核查回复率100%，查处案件2609起，案值116.4万元，罚没款861.3万元，向公安机关移送10起案件。完成省两会、全国田径赛等重大活动餐饮安全保障49次，全部实现零投诉零事故。（办公室）

【综合治理】面对全市上年被确定为全省首批创建省级食品安全城市、2016年又被国务院食安办确定为第三批国家食品安全城市创建试点的工作目标，实施综合治理，细化创建指标，强化与各相关部门的沟通、协作，指导推进杏花岭区、古交市首批食品安全县创建，以创建促治理、以示范促规范，打造出东缉虎营、旱西关街、青年路、古城路等十余条食品安全示范街道，涌现出一批设施齐全、操作规范、管理严格的示范店，稳步推进食品安全城市创建工作。（办公室）

【党风廉政建设】履行主体责任，落实“一岗双责”。落实民主集中制，坚持党风廉政建设与行政工作同安排、同部署，主要领导与领导班子成员及各处室（单位）负责人签订《党风廉政建设目标责任书》,健全“人人有责任,人人要担责”责任网络。局党组支持纪检监察工作,制定“两个责任”问题整改清单,明确10项检查内容,强化督导检查,以查代训,实现领导干部“一岗双责”落实具体化,履行党风廉政建设主体责任。强化执纪问责,履行监督责任。设立网上意见箱,公开纪检监察举报电话,制定巡查督查制度,做到苗头性问题早发现。开展警示教育、廉政谈话、岗位教育,编制下发《食品药品监管系统腐败案件警示录》,做到廉洁从政早提醒。掌握干部职工日常表现、家庭状况及8小时以外社交圈等情况,查找权力运行中的薄弱点,开展提醒谈话,做到不良风气早纠正。加强重点岗位、关键环节风险研究,运用“四种形态”,规范权力运行,严格时间节点控制,做到违纪行为早处理。收回《行政执法廉政承诺书》1546份,回访企业423家,处置问题线索15件,无涉纪重信重访问题,按时办结市纪委交办案件线索9起。健全工作体系,预防职务犯罪。坚持“标本兼治、综合治理、惩防并举、注重预防”工作方针,成立预防职务犯罪工作领导组,制定《预防职务犯罪工作方案》,形成“一把手”总负责、分管领导具体负责,权责清晰的预防工作领导责任体系。以审批、执法、案件办理等为重点环节,健全工作制度,严格办理流程,强化思想教育,确保预防职务犯罪工作长效化和日常化。

(办公室)

JINGJIGUANLI

經濟管理

太原高新技术产业开发区

【概述】 2016年，太原高新技术产业开发区实施创新驱动战略，以汾东拓展区、阳曲拓展区、姚村拓展区为主的"一区多园"建设取得突破性进展，重点建设项目推进。汾东拓展区位于小店区东部，3.22平方千米，范围北起六号线，八号线，南至十二号线，西起人民路，东至大运路，续建道路2条，新建道路2条。阳曲拓展区位于太原市阳曲县城北部，北起30米规划路，南至黄东线，西至大运高速、东至40米规划道路，规划总用地34.68平方千米。姚村拓展区位于太原市西南部，距高新区原基础区直线距离20千米，距火车南站直线距离23千米，距武宿机场直线距离24千米。拓展区包括大运高速东西两块用地，用地面积2.86平方千米。三大拓展园区启动"三横两纵"五条道路建设，并将基础设施建设列为"五个一批"重点工作。发展物流产业，高新区物联网园区孵化楼竣工投入使用，与浪潮集团达成合作运营物联网计算中心框架协议。发展新能源汽车产业，以山西远航电动车业有限公司和山西奥盟传动科技发展有限公司为核心，发挥汽车产业引领带动作用，构建"煤－电－车"产业链。支持小微企业发展，太原高新区清控创新基地获"国家小型微型企业创业创新示范基地"称号。5月18日，太原高新区举办2016科技活动周暨山西省"大众创业、万众创新"助推西山煤电企业转型活动。（办公室）

【金融服务战略平台搭建】 2016年1月14日，太原高新区与山西省农村信用社联合社达成战略合作框架协议。合作有助于太原高新区加快建设多元化金融服务体系，丰富园区金融市场，提升高新区金融服务层次和水平，推动产业快速发展，解决入区企业融资难、融资贵问题。太原高新股权服务中心与山西股权交易中心、天津股权交易所、山西省产权交易市场以及律师事务所、会计师事务所、评估师事务所、金融服务机构达成战略合作伙伴协议，太原高新区"双百"企业启动暨太原高新股权服务中心在清控创新基地挂牌成立。山西平安谷信息技术有限公司、山西奥盟传动科技发展有限公司正式登陆天津股权交易所"B版"；山西天地科技有限公司、山西中网慧炬信息技术有限公司、山西智济电子科技有限公司、山西高新普惠资本投资服务有限公司正式登陆山西股权交易中心"培育版"。（办公室）

【企业院士工作站设立】 2016年，太原高新区企业山西省干细胞基因工程有限公司、山西恒瑞金墒科技有限公司、山西智恒成科技有限公司、山西晋睿世通科技有限公司4家单位以太原市人民政府名义建立院士工作站，并获太原市院

士工作站牌匾、证书。太原市高新区依靠搭建设企业院士工作站，构建区域创新创业高层次人才平台，实施人才战略和科技创新工程。截至2016年底，高新区有13家企业建立院士工作站。

（办公室）

【太原科技大市场启动运营】 2016年7月28日，太原科技大市场启动运营。市场是在太原市“双创”办领导下，由市科技局、高新区共建的科技创新公共服务平台，通过构建“一网四技N服务”的模式，集聚创新资源，畅通供需渠道，激发创新主体活力，集展示展销、供需发布、对接洽谈、技术交易、科技服务、金融服务、政策服务等功能于一体，形成人才、技术、资本线上与线下、场内与场外互联、互动、互补的服务模式，实现创新资源与要素大集聚，技术市场、人才市场和资本市场大融合，是政、产、学、研、金、介协同创新有效对接的大平台，服务太原市中小企业创新发展，助力“双创”示范城市建设。平台汇集国家奖励办、国科网、西安科技大市场、上海技术交易所以及太原市产学研各方科技成果，入驻成果转化、科技评估、双创孵化、风险投资等各类科技服务机构以及法律、财务、人才等中介服务机构。（办公室）

【“山西青年创业板”开板】 2016年9月8日，山西青年创业板（简称“青创板”）在太原高新区清控创新基地开板，加快青年创新创业企业区域性股权交易市场发展，培育青年创意项目和初创企业，加强青年创业企业与资本市场对接、拓展融资渠道。“青创版”由共青团山西省委、山西省政府金融办联合山西金融投资控股集团有限公司等14家单位联合主办，由山西股权交易中心设立并运营。10家首批挂牌企业中，太原龙翔精灵科技有限公司获得川电集团3000万元的战略融资；山西捎点宝网络科技有限公司获得易通天下1000万元天使轮融资；太原大悦通讯设备有限公司获得骑士团个人天使100万元天使轮融资；同城酒库电子商务有限公司获得酒仙网1000万级第一期融资。（办公室）

太原经济技术开发区

【经济开发区扩区】 2016年，太原经济技术开发区推进汾东扩区工作。汾东扩区范围北起南环高速、化章街，南至规划的十六号线；西起批准区东边界、汾河东岸，东至机场、山西科技创新城西边界，总用地面积约38.8平方千米。清徐拓展区位于清源镇，扩区范围48.8平方千米。梳理基础区原有经济管理与社会管理事权，基本理顺拓展区内管理权限。开展汾东拓展区范围内基础设施建设，大运路、化章街、十号线基本具备通车条件，推进人民路征地拆迁工作。清徐拓展区开建两条市政主路，主干道完成路灯安装工作，栽种树木并确定总占地336亩、总投资9亿元开工项目4个。在基础设施建设和招商引资等方面引入PPP合作模式，鸿昌磁材、精细化工、钧溢化工三个项目完成招拍挂程序。

2016年1月至9月，太原经济技术开发区地区生产总值完成171.82亿元，同比增长22%。工业总产值完成536.94亿元，同比增长13.27%；规模以上工业增加值完成174.68亿元，同比增长23.98%；固定资产投资完成107.82亿元，同比增长18.35%；社会消费品零售总额完成19.59亿元，同比增长7.35%；公共财政预算收入完成14.17亿元，同比增长30%。（办公室）

【北斗导航数据（山西）分中心落户】 2016年3月4日，太原经济技术开发区北斗导航数据中心建设项目通过专家组评审，国家北斗导航位置服务数据中心（山西）分中心暨山西北斗导航应用服务平台建设正式落地太原经济技术开发区，总使用面积6万平方米的数据中心大楼建成并展开设备安装工作。该项目由山西长娥北斗导航数据服务有限公司投资建设，主要内容包括：山西北斗位置服务公共平台、山西北斗数据及运营中心、山西北斗室内外高精度位置网、山西国防动员北斗位置服务系统、北斗科技创新试验区域产业化基地、山西北斗终端设备检测认证中心等项目，智慧城市、交通、旅游、安全生产等产业应用建设。项目建设周期为3年，总投资约21亿元。以平台为中心，逐步形成具有太原经济特色的北斗产业集群，以太原为龙头辐射周边地区，推动全省经济社会发展，成为国家北斗卫星导航应用示范城市。

（办公室）

【国家生态工业示范园区通过省级验收】 2016年，太原经济技术开发区国家生态工业示范园区创建工作通过省级验收。验收专家考察园区循环经济、污染

防治、清洁生产等情况，实地考察富士康园区、中石化新星等企业，以及太原经开区区容区貌、生态文化和人居环境建设，听取国家生态工业示范园区建设工作报告和技术报告，并对园区创建的基本条件、考核指标及相关资料进行审核，同意太原经开区国家生态工业示范园区建设工作通过省级考核验收，同意向国家生态工业示范园区建设协调领导小组推荐开展国家级验收。（办公室）

太原民营经济开发区

【概述】 太原市民营经济开发区为省级经济开发区，规划面积47平方千米，分为基础区、工业新区两个部分。基础区位于太原市区东部，规划面积4平方千米，重点发展现代物流、总部经济和现代服务业，是国家级物流服务标准化试点园区，汇集盛唐物流总部、唐久物流总部、金虎物流总部、晋豫鲁铁路通道总部、大秦物流总部等一批现代物流及总部经济企业。工业新区位于市区北部，规划面积43平方千米，紧邻大运高速黄寨出口和北同蒲铁路、108国道，距市中心27千米，距机场37千米。作为太原市承接东部产业转移的前沿区和建设新型工业基地的示范区，重点发展高端装备制造、新材料、新能源和节能环保产业。

（办公室）

【量子通信网络项目落户】 2016年5月29日，太原民营经济开发区与浙江三力士股份有限公司达成合作协议，包括"量子IDC项目""通讯光纤租赁项目""山西量子保密通信密钥服务"3个主要项目的山西省量子保密通信网络建设项目落户园区。项目总投资30亿元、达产后年营收15亿元、年利润7亿元。协议由浙商促进会与太原民营经济开发区共同促成。山西量子保密通信网的建设，有助于促进量子通信技术研究在山西的应用研发、成果转化和大规模产业化，为区域内党政部门、国防军工企业、国家安全部门、公安机关、能源部门、金融企业等提供高水平信息安全服务。（办公室）

【新和科技园正式开放】 2016年9月3日，太原市新和科技园正式向企业开放。该园由太原民营经济开发区与太原新和科技众创空间有限公司合作共建，定位为集创新创业、信息共享、创业服务、项目孵化、资本对接于一体的五星级多功能众创服务平台。众创空间一期占地8200平方米，设立全省首家免费开放型实验室，配置一流创业导师指导。科技园创立阶段就与太原市共同筹划太原市"新和众创杯"太原青年创业创新大赛，遴选出科技创新型项目签约入驻，成为太原市招商引智新载体。（办公室）

【川电集团总部入驻】 2016年，山西省川电集团新总部落户园区。川电集团集省属电力公司业务、新能源开发应用、大学生创业孵化、售电服务、航空无人机研发制造销售于一体，主营项目为电力工程，是全省唯一一家获得售电资格的民营企业，构建完成覆盖全省11个地市的售电网络，并开发多晶硅光伏发电等新能源业务。集团旗下山西川电航空公司是山西省首家具备研发生产无人机资格与资质的企业。川电集团入驻民营经济区后，主营产业主打等新能源、无人机、售电服务、电力工程、消防工程、建筑工程和电力物资销售"六大板块"项目，布局大学生创业孵化平台，带动园区民营企业的发展，创建大学生创业孵化公司，扶持大学生创业就业。（办公室）

太原不锈钢产业园区

【概述】 2016年，太原不锈钢产业园区贯彻党的十八届三中、四中、五中、六中全会精神及习近平总书记系列重要讲话精神，围绕年度工作目标，以经济发展为核心，加大招商引资力度，加快重点项目建设，完善基础设施，开拓创新，迎难而上，园区经济社会各项事业呈现良好态势。园区规模以上工业增加值完成12亿元，增速30%。固定资产投资完成32.9亿元，同比增长15%。公共财政预算收入完成1.97亿元，同比增长1.5%。

（郭 微）

【招商引资】 招商引资实现"四个拓展"。一是拓展思路。面对发展空间不足的现实问题，转变"无地不能招商"的理念，全面实施"腾笼换鸟"，即：清理腾退"僵尸、半僵尸"企业，重新布局优质项目。使现有厂房焕发"二次活力"的同时，项目能够跃过土地招拍挂、厂房建设的"等待期"，直接进入"生产期"，节约投资成本,缩短见效周期。2016年累计整合企业10家,盘活厂房6.8万平方米。原野、远航项目已顺利入驻。二是拓展方向。在围绕原有三大产业进行招商的基础上,紧跟新兴产业发展趋势,紧盯“两新产业”进行产业链招商。新能源汽车产业方面,代表企业有原野电动汽车和远航太阳能汽车。原野汽车拥有全省唯一集客车、乘用车、专用车于一体的全车型生产资质,已建成冲压、焊接、涂装、总装四条生产线,具备年产1万辆大中型客车的产能。2016年共生产1636台,实现产值6.2亿元;销售535台,实现销售收入4.2亿元。远航汽车为国内首家太阳能电动车批量生产企业,多项核心技术为全国首创。新材料产业方面,万创拟选址于A区原中和酒店,与园区合作建设新材料孵化器,已初步完成改造方案。三是拓展范围。实施“区区融合”战略,园区主导的专业园区有序推进。新能源汽车产业园,拟在尖草坪区和平北路三给片区占地约2800亩,建设整车及零部件生产销售、技术创新研发、配套设施供应等全产业链条的千亿级新能源汽车科技城,形成年产5万辆纯电动SUV、3万辆大中型客车和改装车的产能。目前,柴村街办总体规划已编制完成,235亩补充耕地指标已落实,2400亩新增建设用地指标已列入太原市土地利用总体规划调整完善规划中。新材料产业园,占地2200亩,重点布局石墨烯、碳纤维、不锈钢等新材料下游应用产业,建设专业化技术交流中心、转化中心,借助云计算平台建设线上、线下推广交易中心。目前,地类调查摸底工作正在进行,核减基本农田指标已上报市政府。中北大学科技园,园区联合尖草坪区与中北大学签署《战略合作协议书》,建设大学科技园智慧城项目,占地7500亩,依托中北大学的综合智力资源,以及国家级大学科技园平台,突出新一代信息技术、先进制造业等主导产业,建设孵化、研发、中试、产业、教育、生活深度融合的创新型联合体。已编制完成《大学科技园智慧城项目规划方案》。四是拓展方式。变“等客上门来”为“主动出去请”,创新招商方式,通过全员招商、信息招商、以商招商、以诚招商等方式,形成多元化招商格局。2016年共与110个项目洽谈对接200余次,签约项目共21个,协议引资192亿元,包括新能源电动汽车产业园及其配套企业、石墨烯产业创新示范基地等项目。

(郭　微)

【项目建设】 项目建设实现“四个强化”。一是强化用地保障。按照“依法操作,先易后难,重点突破,全面推进”的原则,完成征地786亩,完成拆迁面积5万平方米,共支付征地补偿款1.6亿元。二是强化手续办理。推行“并联审批”制度,加快项目建设所需土地、规划、建设等前期手续办理。完成土地初始登记8宗,办理抵押登记10宗;核发《建设用地规划许可证》17件,《建设工程规划许可证》145件;办理施工许可63件,有效保障了建设项目的顺利推进。三是强化施工环境治理。加强部门联动,及时解决企业因拖欠工程款、农民工工资等引起的阻工、扰工问题,为项目营造了良好的投资建设环境。共受理劳动用工违法行为举报投诉案件12起,涉及人数278人,涉及拖欠工资金额259万元,已全部妥善处理,有效防范群体性阻工、扰工行为的发生。四是强化制度建设。建立周督查工作机制和例会制度,全年组织召开现场办公、例会、项目协调会议20余次,专题研究项目手续办理、进场施工过程中的各类问题,对发现的难点问题及时研究解决,确保项目建设序时推进。

(郭　微)

【基础设施建设】 2016年,园区加大投入力度,统筹布局,整体推进,承载能力逐步提升。2016年完成投资0.63亿元,园区基础设施得以完善。道路建设方面,完成兴安南二巷道路工程续建工作;配合实施润恒项目路网配套的5条市政道路建设;完成小返河东路、兴安南一巷、横河北街等4条市政道路的前期准备工作。水气暖配套方面,改造供水干线0.7千米,阳兴供水加压站、润恒供水加压站建设正在积极推进;改造燃气干线0.7千米,新建燃气干线6.4千米;建设集中供热干线1千米,供热管网0.4千米,供热能力达到50万平方米。电力建设方面,完成三期片区阳铁线、浏河线两条10KV架空线路迁改,以及铁北线和阳铁线、浏河线入地迁改,为国药、东杰、华润等项目施工创造条件。园林绿化方面,完成黄土裸露地面绿化任务2.1万平方米和垂直绿化任务300延长米;补栽补种60余棵行道树;新增社会绿化面积9万平方米。

(郭　微)

【政务服务】 坚持深化服务内涵,创新服务方式,园区发展环境得到优化。贯彻省委“万名干部进企业”有关部署,全体副科级以上干部对首批48家企业进行

一对一包联，梳理汇总各类问题95项，按照建账—认账—销账流程，责成有关部门限期解决。综合服务功能日趋完善。推进服务大厅标准化建设，加快电子政务建设，行政服务管理进一步规范。11个部门、13个窗口全年累计受理各类审批服务14239件(次)，办结率100%。“双创”工作稳步推进。制定《小微企业创业创新基地示范工作方案》，从众创空间建设、提升公共服务水平等方面保障双创工作的开展。2016年拨付双创补贴资金约5000万元。其中，用于注资园区钢兴融资担保公司2600万元；用于厂房租赁补贴和购买设备补贴共计1500万元，包括太钢工业园、锅炉集团、广立和工具厂；用于鼓励创业板、新三板上市企业900万元，包括东杰（300万元）、柯立沃特、华洋、多尔晋泽、日德泰兴(150万元/家)。（郭　微）

【融资服务】 发挥两区联动效应，加强与金融机构合作，解决融资难题。一是由园区投资公司为企业提供担保，获得商业贷款7600万元。其中，农发行为润恒融资7000万元，浦发银行为日德泰兴融资600万元。二是园区为尖草坪区提供6亿元担保，推动其大东流城中村改造项目顺利实施。三是尖草坪区为园区担保，获得省金融资产交易中心(晋金所)5亿元的授信，全力支持园区创新中心、污水处理厂、集中供热等项目。首批6000万元资金已到位。（郭　微）

【综合管理】 规范社会服务，提升综合管理能力，园区各项工作取得新进展。综合执法规范有序。加强对在建项目的巡查，规范建筑工地绿色文明施工行为，重点检查扬尘防治措施的落实情况，下达《责令改正通知书》23份，所有施工工地达到绿色文明工地标准。办结数字化信息平台各类案卷700余起，结案率、及时率、满意率均达到100%。环境整治效果明显。开展扬尘污染、水污染、挥发性有机物污染等专项治理大排查12次，发现隐患5处，已全部整改到位。组织开展环境安全应急演练，开展环保宣传工作，妥善处理环境污染举报案件，为创建环保生态园区奠定基础。安全生产形势持续稳定。全面落实党政同责、一岗双责，进一步落实安全监管责任。全年共查处各类安全隐患467项，已全部整改到位。各类安全生产事故及死亡人数均为零。（郭　微）

【民生工程】 坚持把惠民生、促和谐作为社会事务工作的核心，强化政策扶持和资金投入，推动园区和谐发展。定点扶贫持续深入。向娄烦县盖家庄乡拨付300万元扶贫专项资金，制定以沙棘、胡麻、油料牡丹为主的种植业及深加工扶贫计划。健全完善干部驻村帮扶机制，选派14名党员领导干部对32户贫困家庭进行包扶，帮助其解决实际困难和问题。2016年共完成241户、706人的脱贫任务。组织园区干部职工对驻地部队进行双拥慰问，促进军地和谐共处。荣获市级“双拥先进单位”称号。落实失地农民保险。为被征地农民缴纳养老保险共计170余万元，保障人数95人，确保被征地农民的基本生活保障及长远生计。加大对外宣传力度。加强与省、市主流媒体的交流合作，在太原日报上刊登《钢园风采》4期，刊发稿件30余篇。加强区内文化宣传阵地建设，在主要干道、厂区设置户外宣传牌、廉政标语400余块(幅)。推进“讲文明树新风”活动，在重点区域设置大型中国梦和社会主义核心价值观的展板、宣传栏，营造宣传氛围。以“道德讲堂”为载体，加强园区干部职工思想道德教育。荣获“2014—2015年太原市精神文明单位”称号。（郭　微）

工业经济
Industrial Economic

工业经济和信息化

【主要指标完成情况】 规模以上工业增加值增速。全市规模以上工业企业完成增加值571.8亿元，增长7%，高于省下达指标5.8个百分点。非煤产业增加值增速及产值占比：非煤产业增加值增速11.3%，高于省下达指标6.3个百分点，非煤产业增加值占比90.2%，高于省指标15.2个百分点。工业投资及新兴产业投资占比：全市完成工业投资375.4亿元，下降16.7%，新兴产业投资220.2亿元，占比58.7%，高于省下达指标5.7个百分点。工业大宗固废综合利用率：全市工业大宗固废综合利用率为69%，高于省下达指标0.1个百分点。万元GDP能耗：省下达太原市节能指标为万元GDP能耗下降3.2%。全市万元GDP能耗下降5%。（综合处）

【工业经济特点】 工业经济平稳增长。市经信委14个工作组深入企业帮扶，加强协调服务。牵头组织开展太原市干部入企服务工作，推进解决和承诺办结问题795个，办结率96.8%，太原市被评为“全省入企服务先进市”。全年规模以上工业增加值增长7%。新兴接替产业增长13.13%，占比70.9%。

项目建设势头良好。通过“以市场换产业、以产业换投资”的模式，比亚迪新能源汽车、纳克高端润滑油等新兴产业重大项目落户太原市。富士康手机维保与主板、太钢大明不锈钢深加工等项目投产达效，支撑工业增长。对年初确定的46个重大工业项目，坚持跟踪服务，已开工34个，阳煤太化、太重风电等项目进展顺利，投资结构进一步优化。落实“三去一降一补”要求，完成省下达的化解钢铁、焦化行业过剩产能任务。协调落实国家、省、市减负政策，减轻企业负担42亿元。推进电力体制改革，实施新增电量奖励，扩大大用户直供电交易，降低企业用电成本1亿元。狠抓结构调整，非煤产业占比90.2%，装备制造业增加值占比51.8%，扭转靠资源发展工业的模式。

技术创新稳步推进。加强企业技术创新体系建设，新增8户市级企业技术中心和6户技术创新示范企业。推动大中型企业开展“双创”活动，西山煤电众创中心、“西山豆”互联网金融服务平台等项目加快实施。加快工业企业创新项目建设，272个项目列入省技术创新项目，37个列入“全省百强技术创新项目”。山西水塔醋业等4户企业列入国家品牌试点企业，太原市省级技术中心企业主导或参与制定的国家标准和行业标准达400多项。

增长方式加快转变。狠抓节能降耗，全市规模以上工业综合能源消费量下降1.7%，规上工业万元工业增加值能耗下降8.1%。推进资源综合利用，加快工业清洁生产项目建设。开展“煤改电”试点，完成入围企业筛选、试点地区电网改造等工作。推进普通机焦炉生产民用洁净焦炭，开展化工焦的试点工作，探索焦炭行业脱困升级的新路径。

信息化引领作用增强。围绕宽带中国示范城市建设，建成一批电讯重点项目，获得宽带中国示范城市“宽带普及示范”最佳实践奖。研究制定全市大数据发展战略，布局大数据工作，推进山西北斗导航数据中心、西山大数据中心等重点项目，推动产业向高端水平迈进。推进两化融合、三网融合，推进全市工业经济融合发展。（综合处）

煤炭工业

【概述】 2016年，全市煤炭系统干部职工以十八届三中、四中、五中、六中全会为指针，树立五大发展理念，坚持把强化煤矿安全监管放在突出位置，自觉把推进煤炭供给侧结构性改革作为实现“两个走在前列”、促进煤炭企业脱困发展的一件大事、要事，推进煤炭工业健康发展，各项工作取得较好成绩。按照2016年太原市煤炭化解产能任务，被列入去产能计划的太原东山煤矿有限责任公司、太原东山东昇煤业有限公司2座矿井，分别制定职工安置方案、资产债务处置方案、设备拆除回收等方案，完成关闭任务。全市地方煤矿未发生一起安全事故，百万吨死亡率为0，全年安全生产形势平稳。矾石沟、福巨源等6座矿井经初验分别达到省一级、二级安全质量标准化标准；其余建设矿井全部按安全质量标准化标准组织建设。强化防治水基础工作，有序组织开展资源整合矿井水患补充调查，属于资源整合水患补充调查的14座矿井均按规定完成项目立项、勘查设计编写审定。全市井下瓦斯抽放及地面煤层气抽采4674.82万立方米，完成市政府考核指标1900万立方米的246.04%；全年利用量共计994.75万立方米，完成市政府考核指标950立方米的104.7%。建立定期考核奖惩机制，发挥"安全监管五人小组"在安全管理中的"前哨"作用，每周均到井下现场检查1次以上，并按要求建档登记。落实隐患排查和报告制度，全年共排查各类隐患8242条，整改8242条，整改率100%。安全监测监控系统联网运行32座，井下作业人员管理系统联网运行23座，产量监控系统联网运行11座，监管执法与决策支持系统联网运行23座。此外，市级监管信息平台建设完成信息平台建安工程、各类软硬件建设、工程监理等项目招标;涉及接口软件开发的17座煤矿全部完成开发工作;机房基础设施完成建设，云平台服务器完成安装调试。县级煤炭监管信息平台建设有序推进，古交市完成专网设备、数据中心和可视化高度及视频会议系统的安装调试；娄烦县确定建设单位，部分设备到场开始建设;清徐县已完成专网设备、数据中心和可视化调度的安装工作。规范报警处置流程，完善信息调度机制，及时、有效处置各类报警、断线异常信息。共处置各类超限报警信息642条，报警处置率100%。推行煤矿井下建设项目工资保证金制度，建立支付登记台账，落实最低工资等制度。优化劳动用工环境，全市批准生产、建设矿井实现"5个100%"；建设项目职业危害防护设施实现"三同时"，从事接触职业危害从业人员职业健康体检率及作业场所职业危害申报率分别达到100%。

（石丁丁）

【安全管理】 落实"党政同责、一岗双责、失职追责"，完善监管体系，坚持安全例会制度，落实分级属地监管责任，执行安全生产挂牌责任制和安全生产责任考核，逐级签订安全生产目标责任书，强化企业主体责任。深化煤矿瓦斯综合治理，开展矿区范围内采空区水害普查，落实"先探后掘、探掘分离"等探放水规定，抓好煤矿防治水工作。按照去产能相关政策，实行主动减量，对煤与瓦斯突出煤矿和水害严重煤矿按公告能力的80%组织生产，证照过期煤矿严禁组织生产。解决整合矿井遗留问题，确保整合矿井按标准、按要求开展建设。组织开展多项安全生产专项检查，在全市煤矿和煤炭洗选企业集中开展"反对违章指挥、违章作业和违反劳动纪律"专项行动，解决"三违"问题。市、县、煤炭主体、煤矿共排查隐患和问题8232条，其中涉及"三违"问题268条，已全部整改。引深煤矿安全专项整治。全年共开展执法行动1174起，出动执法人员5101人次，检查煤矿1000座次，查出隐患和问题2869条，下达执法文书875份。采取"双随机"抽查方式，对煤矿重大灾害防治工作进行督促检查。全年共排查隐患5806条，整改5806条。落实276个工作日制度，对生产矿井落实276个工作日和节假日、周日公休制度情况进行突查，共检查矿井30座（次）。坚持市级每季度一次，县级（含市国资委）、主体每月一次和煤矿每旬一次的安全测评模式，对正常生产、建设的煤矿开展安全测评和安全风险评估，推进安全责任测评工作，测评率达100%。加强资源整合矿井防治水工作，选定具有勘查资质单位开展资源整合矿井水患补充调查工作；组织开展以"十排查""十整治"为主要内容的煤矿防治水专项检查，发现问题102条，下达整改指令书10份，整改问题102条。选定8家洗选企业开展摸底、调研，并结合"反三违"专项行动组织检查，推进洗选企业安全监管工作。加大工作力度，加强节日期间、关键节点煤矿的突查、抽查。共出动28余次，抽查煤矿120座（次），确保重点时段、重要节点期间煤矿安全管理措施落实到位。汲取重庆市永川区金山沟煤矿"10.31"瓦斯爆炸特别重大事故和山西省同煤集团同生安平煤矿"3.23"顶板大面积垮落导致瓦斯爆炸等系列重大事故教训，采取全面排查、巡查、"双随机"抽查等执法措施，打击各类非法违法行为。

健全煤矿安全生产诚信体系，建立煤炭企业安全生产违法信息库，依法对失信企业进行惩戒约束。强化安全监管"五人小组"监管执法，实行定期考核奖惩、监管执法报告和日常监管常态机制。按照"谁检查、谁验收、谁签字、谁负责"的原则，严格煤矿复产复建验收工作，杜绝突击复产复建现象，加大停产停建矿井巡回检查力度，严防未经整顿、验收擅自组织生产建设。履行安全生产约谈制度，对存在重大问题或发生事故的煤矿和超进度控制指标的单位，按照"属地管理"和"谁主管、谁负责"的原则，分级组织，适时进行约谈告诫。实行事故煤矿整顿恢复机制和事故警示教育制度，吸取事故教训，堵塞漏洞。扩展移动警示平台应用，全年共发放事故信息、极端天气预警信息等警示信息56755条，其中煤矿事故信息13起3096余条、极端天气预警信息32起8256余条、安全月宣传信息5次3087条。强化煤矿隐患排查治理体系建设，实行重大事故隐患公告制度和一般事故隐患通报制度，按照隐患排查、确认、报告、治理和整改销号"五步闭环"进行管理，确保隐患整改责任、措施、资金、期限和应急预案"五落实"。抓好应急救援预案编制，开展应急救援演练和岗位练兵、技术比武等活动，加强兼职救护队员业务技能培训，提升应对突发事件的能力。

（石丁丁）

【矿井管理】 坚持"工作思路不变、工作秩序不乱、管理力度不减"的原则，引导煤炭企业有序组织建设。围绕环境保护、水土保持设施验收、建设工程消防竣工验收，联合试运转、质量标准化验收和“六条标准”核查等5个方面，简化煤矿建设项目竣工验收环节，为企业加快建设提供政策支持和服务。开展施工项目清理整顿专项行动，对整合煤矿未做到真控股、真投入、真管理的或存在重大事故隐患的，责令停产停建整顿；对未进行招投标、未取得证照、越级或超出施工能力承揽工程、资质转让或挂靠、转包或违法分包的施工队伍一律予以清退，优化建设环境。全年共发现问题46条，清退施工单位2家，施工项目部5个，责令停工整顿矿井1座。推进建设工作，完成6座生产矿井生产能力登记及相关生产要素信息建档工作，完成率为100%；3座兼并重组建设矿井竣工验收建成投产，完成登记公告工作并转入生产。提高资源有效利用，完善煤矿残余资源配采和特殊条件开采技术，矾石沟煤矿残余资源高档普采工作面通过市煤炭工业局竣工验收，并进行生产能力登记变更，成为全市第一个完成残余资源开采工作的矿井。实行“动态验收—定期评价—严格考核”的安全质量化管理模式，抓好系统、装备、管理、培训“四并重”基础工作，开展以岗位达标、专业达标和企业达标为主要内容的安全质量标准化建设，提升安全管理水平。组织实施冬季供暖期间煤矿先进产能释放工作，截至12月底，全市共有矾石沟等3座生产矿井列入先进产能释放矿井名单。（石丁丁）

【煤矿建设】 推进瓦斯治理示范矿井和示范县建设。要求生产矿井、竣工验收矿井年内分别达到一级、二级瓦斯治理示范矿井建设标准；古交、清徐、娄烦达到二级瓦斯治理示范县建设标准。同时要求生产、复工建设煤矿每季度对照考核标准组织一次自检，县级煤炭管理部门每半年组织一次验收；古交等3个县（市）每半年要对示范县建设情况组织一次自检。推进瓦斯抽采全覆盖工程。实施“三区联动、立体式”抽采办法，实现瓦斯应抽尽抽，着力构建“采煤采气一体化”和“煤与瓦斯共采”全方位立体化瓦斯抽采模式。推行西山蓝焰与山西美锦集团东于煤业有限公司合作的地面煤层气开采新模式，加快原相煤矿地面煤层气开发利用。推进原相、李家楼、锦富煤矿瓦斯发电项目建设完善工作，完成年度瓦斯抽采量和利用量任务。推进安全高效矿井建设。加强煤矿安全生产技术创新，开展煤矿安全关键技术攻关，推进“机械化换人、自动化减人”，改善安全生产条件；优化矿井生产系统，组织正规作业，规范用工秩序，强化用工监管，创优生产环境，简化生产环节，“减人、减面、减系统”，建设安全、优质、高效矿井。美锦集团东于煤业有限公司和太原东山李家楼煤业有限公司两座矿井申报2014–2015年度安全高效矿井。推进煤炭监管信息平台建设。发挥煤炭监管信息平台建设在安全管理中的“耳目”作用，制定本级监管信息平台建设实施方案和各项保障措施，完成安全监测、经济运行相关数据的采集和地理信息的测绘工作；明确职责分工、强化保障措施、落实建设资金，推进煤炭监管信息平台建设。（石丁丁）

【经营管理】 创新培训方式，完善培训机制。执行“每日一题、每周一课、每月一考”学习培训和矿长末位淘汰制度，实现煤矿安全培训全覆盖、常态化，提升从业人员整体素质；依托中国煤炭工业协会“乌金蓝领工程”，参加班组长及区队长素质强化培训。利用中国煤炭工业远程网络教育培训资源开展远程网络教育。狠抓新《煤矿安全规程》等新政策、新法规以及煤矿安全生产新技术、新工艺的学习贯彻。实行人员备案信息化管理，实现从业人员信息统计及持证上岗监管的动态化、系统化、全覆盖，提高教育培训信息化管理水平。推进学历提升，全市煤矿“六长”、副总工全部达到煤矿相关专业大专以上学历，其中本科以上占55%以上；一般安全管理人员全部达到煤矿相关专业中专以上学历，其中大专以上学历占60%以上；特种作业人员和班组长全部达到煤矿相关专业中专以上学历。煤矿特有工种人员具备高中以上学历或经过中等职业（含技校）教育。主动与煤炭专业院校对接，建立协作关系，推进变招工为招生工作，实现本年度新招原煤生产人员招生比例达到100%。强化劳动用工管理。执行《山西省煤炭劳动用工暂行规定》，加强煤矿劳动用工监管，规范用工秩序。推行煤矿井下建设项目工资保证金制度，建立支付登记台账，落实煤矿井下最低工资标准和艰苦岗位津贴制度。加强职业病防治知识的普及宣传，督促煤矿企业落实职业病防治有关规定，抓好职业病防治硬件设施建设。组织开展劳动用工管理和农民工工资支付专项检查，维护农民工的合法权益。以创建“职工之家”活动为载体，开展基层工会组织规范化建设。组织开展岗位练兵活动和干部在线学习，学专业、学理论，以学促行、知行合一，提升机关公务员整体素质。（石丁丁）

【行业发展】 按照国家、省推进煤炭供给侧结构性改革的总体部署，推进煤炭供给侧结构性改革。依托“企业主体、政府引导、市场倒逼、依法处置”的思路，制定化解过剩产能的方法及工作措施，按照规范管理一批，严厉打击一批，停建缓建一批，实施关闭一批的原则，推进煤炭供给侧结构性改革工作。太原东山煤矿有限责任公司、太原东山东昇煤业有限公司2座矿井已按计划完成关闭退出。处理稳增长与去产能关系，贯彻落实省政府“煤炭20+17条”“减负60条”和市政府2个“煤炭15条”等系列措施，清理涉煤收费，深化煤炭管理体制改革，稳定煤炭经济运行。实施瓦斯抽采全覆盖工程，抓好煤层气和伴生资源综合利用；指导煤炭企业应对经济下行和市场变化，精细化管理，提质降本增效，提高企业效益水平，增强抵御风险能力。把去产能和提升先进产能、调结构统筹考虑，发展先

进产能、提高先进产能占比，提升煤炭行业的竞争能力。（石丁丁）

【依法行政】 坚持依法管矿治矿，提升执法执纪能力。强化煤矿执法体系建设。规范行政审批受理、审查、审批、办结、告知等各环节推进事中事后监管制度化、规范化、程序化，确保行政审批全过程依法有序进行；科学编制年度安全执法计划，按期组织开展安全专项检查等各类检查活动。完善和创新安全生产监管执法方式，改进安全生产执法检查工作，推行以专家技术服务为主的安全检查，促进煤矿安全管理上水平。推行权力清单制度，确认行政权力共63项。其中：行政处罚45项、行政确认4项，其它行政权力14项。编制权力清单、责任清单、权力运行流程图、廉政风险防控图和行政职权事项《办事指南表》“两单两图一表”明晰办事信息、办事流程，并通过市煤炭局网站向社会公开。围绕“三重一大”等重要事项，建立完善制度15个，其中延用制度3个、完善制度6个、新增制度6个。出台《太原市煤炭工业局行政执法基本规范》，规范行政裁量权，促进行政执法公平公正。落实“13710”工作制度，拟定对接联席工作细则，确定分管领导，明确承办流程及办理办法，确保承接事项有人抓、有人管、有人办，推动以“13710”工作制度的有效落实。（石丁丁）

供　电

【概述】 国网太原供电公司供电区域总面积6988平方千米，服务客户89万户。以220千伏、110千伏网络为主，是山西电网联系北部、南部和东部电网的枢纽，是山西电网的负荷中心，拥有35千伏及以上变电站161座，输电线路3691千米，配电线路6344千米。区域内有6座大型发电厂，由山西省调统一调度；11座小电厂直供太原市负荷，由太原市调调度。2016年，公司以服务政府工作大局、服务经济社会发展、服务城市建设、服务惠民工程为重点，做好电力配套保障服务，各项工作取得进展。获得“国家电网公司先进集体”，被人力资源与社会保障部和国务院国资委授予“中央企业先进集体”称号。（韩　炜）

【安全生产】 确保电网安全稳定运行。面对城中村改造、城市道路建设、轨道交通建设工期紧、任务重，点多面广，作业环境复杂，停送电和迁改工程危险大、困难大等现状，主动做好安全交底，开展巡视检查，保障人身、电网和设备安全。开展春秋季检修、迎峰度夏等季节性工作，组织实施“三查三强化”安全专项行动，以“零容忍”的态度狠抓缺陷隐患整治，治理安全隐患903项，保证电网及供电设施安全可靠运行。最大限度保障电力供应。编制《重大活动保电场所用电安全管理规定》，开展保电标准化管理，累计出动人员2990余人·次、车辆1020余车·次、应急发电车25车·次，完成保电任务343次。提升抢修质效和服务水平，成立配网抢修指挥中心和供电抢修中心，实行接单受理、信息共享、作业协同“一体化”运作，实现“一个客户报修、一张服务工单、一支抢修队伍、一次到达现场、一次完成故障处理”，故障到达现场承诺兑现率100%。针对外力破坏、客户设备隐患严重影响电网安全稳定运行等问题，开展电力设施运行环境隐患治理、电力客户安全用电隐患整改，消除各类外部隐患117项，客户原因引起系统掉闸同比下降11.83%。编制太原市大面积停电事件应急预案，与客户联合开展实战演练，建立联合救援模式，应急处置能力持续增强。保障防汛抢险。防汛期间实行24小时值班制度，与重点防汛单位紧密联系，提前对重点防汛输变配电设备进行检查、加固、消缺，强化防汛抢修队伍建设，备足防汛物资、备品备件和抢修工器具。在7月19日防汛抢险工作中，公司领导亲自坐阵指挥，建立分级调度联系机制，紧急拉开10千伏线路12条·次，有效隔离故障点9处；派出无人机，配合政府对多处积水较深路段进行巡视，为抢险救援工作提供有力支撑；配合汾河水电站、汾河二库将三台发电机组解列，第一时间恢复4座泵站供电，确保内涝积水及时排除；出动车辆1126台·次、人员3452人·次、应急电源车2台·次，居民生产生活用电得到及时恢复。完成春节保电任务。成立保电工作领导组，提前编制详细的保电方案及应急预案，安排值班人员1610人、应急车辆78辆、应急电源车3辆，出动抢修人员1086人·次、抢修车辆381车·次，实现“线路

电网人员施工

零跳闸、配变零烧损、服务零投诉”目标。协助市政部门对120余台路灯环网柜和景观树灯电源进行检查，保证城区主次干道路段及背街小巷亮灯率。指导帮助旅游景点、商业场所等客户开展景观照明用电设备的隐患排查和整治，确保城市亮化美化工程的快速接电、可靠用电。

（韩　炜）

【生产经营】 统筹推进供电服务工程建设。市政府将26项供电服务工程写入政府工作报告、纳入全市“五个一批”重点工程后，主动对接，层层分解责任，确保工程按计划开工、建设、投产、达效。邀请市政协委员到公司视察，共同寻求电网建设和电力设施保护难题解决之道。实施“以需求定项目、以前期落地定计划、以政策落地定实施”战略，编制完成配电网专项规划，促进城市建设和电网发展同规划、同建设、同落地。围绕园区拓展、城中村改造、道路建设、精准扶贫和环境质量改善等市政府重点工作，向上级争取资金36.35亿元，开展供电服务工程26项，开工建设供电服务工程18项，完工投产9项、线路60千米，供电可靠性和供电服务能力持续提升。

服务“五个一批”工程。发挥服务太原率先发展供电工作领导组作用，建立周报、月报制度，定期听取工作进展汇报，研究解决存在的重大问题。公司领导带队定期走访各县(市、区)政府，市发改委、经信委、规划局、住建委等直属部委以及重要客户，专题研究重点工程用电问题，制订具体措施计划，安排专人主动对接，将其用电报装全部纳入“绿色通道”。

确保企业供电。面对晋西车轴、沃特海默等企业用电需求，制定专项电源建设方案，明确时间表、路线图。成立以主要负责人为组长的专项工作组，要求各级人员树立“用户需求就是命令、施工现场就是战场”的意识。200余名技术骨干主动放弃节假日，坚守在阳曲县的田间地头、大山深处，吃住现场、风雨鏖战、昼夜施工，20天内完成晋西车轴等3家企业送电任务。

主动参与电力改革。发挥责任央企的表率作用，主动服务好改革、服务好地方政府、服务好市场主体，降低企业用电价格，释放改革红利。推进太钢、西山煤电、富士康、太原重工等19家大客户直接交易，交易电量42.31亿千瓦时，为企业节约用电成本3.6亿元，其中电网企业平均让利0.0375元/千瓦时，为企业节约成本1.59亿元。开展“问需求、送服务、促发展”秋季大走访活动，走访园区、各级地方政府54个，典型客户134家，向各级政府建言献策，解决客户问题60余项。推进110千伏西温庄变电站、南畔变电站扩建等工程建设。（韩　炜）

【城市建设服务】 服务城市建设改造。助力城中村、棚户区改造和城市道路建设，抽调骨干人员对应成立工作组和配网工程建设管理办公室，与各县（市、区)、开发区和市住建委、市城乡管委建立常态联系机制，实行专人全程跟踪服务。打破常规工程审批程序，紧急调用电力应急物资和非紧急工程物资，优先供应道路建设需要。累计争取资金18.96亿元，迁改入地线路532千米，保证道路按照时间节点顺利推进。中环内区域缆化率达73%以上，相当于再造一个太原主城区地下配电网。现场调研城中村改造区域供电能力及规划项目情况，分析供电容量、距离和可靠性等技术参数，完成54个城中村供电规划方案编制。合理制定用电倒接方案，提前转移客户供电负荷，有效减少城市建设对人民生产生活的影响。

主动支撑城市绿色发展。结合经济社会发展特点、电动汽车产业特点、社会需求特点、交通发展特点和电网发展现状与趋势，以纯电动公交车、出租车为重点，以产业链共赢为核心，探索经济实用、可持续的运营商业模式、充换电建设运营模式，并借鉴国际、国内成熟先进技术和经验，引导全市形成规模化、可持续发展的、具有中国特色的智能交通电动化之路。配合市政府编制电动汽车示范应用等14个方案，完成电动公交车换电站典型设计及关键技术研究。编制太原市电动汽车基础设施规划，成为全国市级先驱。完成迎西电动汽车充换电站改扩建，为电动公交车试运营做好准备。面对电动出租车全部更换的情况，优质高效完成5000个充电桩供电任务，建成4个城市快充站和3个高速公路快充站，保障电动出租车顺利上路运行。

做好环境质量改善。落实“煤－电－X”战略，发挥电能相对于煤炭、石油、天

窥视杆塔建设

然气等能源更加便捷、安全和清洁的优势，推进以电代油、以电代煤。推广实施燃煤锅炉改造、电锅炉替代、冰蓄冷、轨道交通等项目，累计完成电能替代10.5亿千瓦时。坚持精准扶贫，做好新能源服务，分布式光伏发电并网238项、1.26万千瓦。编制完成山西科创城能源互联网综合试点示范项目实施方案，"量身定制"符合科创城发展实际的战略性研究，在省发改委项目评审中获得第一，通过国家发改委初评和国家能源局公示，成功入选国家能源局首批"互联网+"智慧能源（能源互联网）示范项目。

（韩　炜）

·安装充电桩设施·

【民生工程服务】 服务冬季采暖工程。公司主要领导带队与太原市热力公司对接，了解集中供热重点项目进展情况和用电需求。逐项研究部署集中供热项目供电事宜，明确责任部门、时间表和路线图。针对泵站供电线路需占用在建道路电缆管沟事宜，按照提前介入、中间验收、分段审批的原则，做到建成一条、验收一条，合格一条、审批一条。实施供电间隔完善工作，组织各部门、各专业开展联合调试，满足供电需求。

推进"煤改电"工程。2016年，政府在晋源区枣元头村、清徐县乔武村和西高白村，为2010户居民冬季采暖实施"煤改电"工程，时间紧，任务重。公司主动与各县、乡、村政府对接，摸排用电户数、容量、负荷情况，制定工程实施方案。投资2716万元，新建及改造10千伏线路19.5千米、低压线路24.64千米、接户线71.35千米，新建配变台区53个、容量21200千伏安。261名参建人员采用多面、多点作业和边施工、边验收的方式，攻坚克难，保证"煤改电"用户安全、可靠用电。

提升人民生活品质。优化业扩报装管控系统，健全业扩报装快速响应机制，创新配套项目投资管理模式和物资供应模式，办电效率进一步提高。针对合表小区安全隐患突出、搭车收费普遍、极易引发社会稳定等问题，推进"一户一表"改造，累计完成改造30余万户，惠及90余万人，居民用电成本下降30%以上。完成3524户水、电、气、热"多表合一"改造，为政府提供区域能源使用比例及结构差异大数据分析。合理安排检修计划，实施零点作业、组合作业和带电作业，平均停电时间缩短约25%。开展城市配网改造和新一轮农网改造升级工程69项，完成72个小城镇（中心村）电网改造、168个机井通电任务，供电可靠性大幅提升，客户停电减少0.64小时/户。

开展贴心便民服务。优化城市营业厅服务能力，建成亲贤综合营业厅，将营业窗口建设成为提供优质服务、展示公司形象、宣传公司工作、增强企业与客户联系的综合平台。开展进社区、进农村走访活动，畅通服务渠道，累计帮助客户解决用电难题360余件。持续拓展多元化缴费渠道，推出金融机构代扣、自动缴费终端等20余种缴费方式，"网上营业厅"注册数量达22万户，客户自助缴费率达97%以上，同时在农村实现"村村设点"，方便城乡群众。组建"共产党员服务队"和"95598光明服务队"，定期深入社区、乡村及学校，开展安全用电、科学用电知识宣传，为孤寡老人、残疾人等特殊家庭建立档案，定期开展爱心帮扶。加强"大窗口"服务建设，开展客户诉求常态监控分析和重点投诉事件督查，对投诉集中问题开展专项治理，服务类投诉降低43.5%。 （韩　炜）

【内部管理】 推进"两学一做"学习教育。出台实施方案，成立指导小组，建立工作提示和周报机制。各级党组织集中学习237次、专题讨论118次，党员领导干部讲党课101次。在6个符合条件的县公司，成立党的基层委员会和纪律检查委员会，完成36个基层党组织的换届选举。开展"亮旗争先做表率"主题系列活动，以党员作用发挥带动全体员工立足岗位、凝心聚力、激情干事。及时化解员工的思想困惑和疑虑，推进企业与员工共同发展。夯实管理基础。狠抓基层基础管理，梳理5大类57项任务清单，倒排时间进度，细化专业措施，以薄弱问题综合治理为突破，提升规范管理水平。优化管理组织体系、责任体系和考核体系，管理水平明显提升，同业对标在国家电网公司同比提升4名，获同业对标业绩进步单位荣誉称号；在国网山西省电力公司综合、业绩、管理评价排名第一，均为标杆单位，同时获安全管理、人力管理和营销管理3个专业管理标杆。健全创新投入、激励、成果转化、人才培养机制，按月组织各级干部职工走上“创新讲堂”,取得专利授权60项,获中国企业管理现代化创新成果二等奖1项,山西企业管理现代化创新成果一等奖2项、二等奖1项,国网公司管理创新三等奖2项,省公司科技进步奖5项。深化法治企业建设。制定落实党风廉政建设“两个责任”实施方案,按照任务清单时间节点对落实情况进行跟踪督查。开展廉政风险识别及承诺,确定17个关键部门、单位37项廉政风险防控目标,组织全体中层干部和141名关键岗位人员进行岗位廉政风险识别、作出廉政承诺。开展普法教育,出台法律风险防范、案件应对会商、法律顾问考核等管理制度和流程,引导全员坚持办事依法、决策问法、遇事找法、解决问题靠法。（韩　炜）

城镇集体工业

【概述】 太原市城镇集体工业联合社成立于1951年,是太原市人民政府直属事业单位,位于太原市迎泽区并州北路7号,依法履行对全市城镇集体企业“指导、维护、监督、协调、服务”的职能,承担着对全市手工业、工艺美术行业指导服务工作。机关内设9个职能处(室),所属单位16个。2016年,联社围绕服务发展和改善民生的中心工作,优先保障职工基本保险的正常足额交纳,实现大病保险和大病互助工程的全覆盖。（金　强）

【经济效益】 用新理念激活企业的内生动力。系统企业已逐步由纯租赁式经营理念转变为物业服务式经营理念,依靠服务在市场竞争中保持优势。用新模式开启经营的良性循环。各单位调整租赁结构,实行“供给租赁”,将租赁转向契合自身经营规划、符合当期市场、有特色、有信誉的需求方,同时兼顾当前利益,减少资产闲置,实现经营收入稳定性和长期性的有效结合。用新管理催生企业的降本增效。推进精细化管理,抓细节、堵漏洞,盘活资产,提高资产利用率。（金　强）

【工艺美术】 申请工艺美术扶持发展资金80万元,用于人才培训、参展交流、活动组织、宣传推广、奖励扶持等方面。“制造”变“智造”。工艺美术与主流精神、城市特色、历史文脉、民俗风情相融合,推出“乡愁系列文化剪纸”“孝道刻瓷”等一批以中国梦、社会主义核心价值观、红色文化、优秀传统文化为主题的文化艺术精品。加强智库建设。18名工美各领域专家学者加入专家组,为行业发展出谋划策。组织50余名行业精英赴天津科技大学艺术学院进行学习深造,提升行业整体素质。传播太原元素。参加在匈牙利举办的“国际手工艺文化艺术节”、第十二届中国(深圳)文化产业博览交易会、第八届中国西部文化产业博览会等大型展会10余次,获国家级金奖2项、银奖1项、铜奖3项,联社获西部文博会组织奖。走进百姓生活。举办“工艺美术进校园”“非遗进军营”活动,与市文明办联合举办“晋阳颂·太原市工艺美术创意作品创作评选”活动,展出83幅文化创作,助力全国文明城市创建。加强宣传推广。利用山西新闻网、太原工美网、太原工艺美术馆等平台展示全市工艺美术行业发展新气象。（金　强）

【安全生产】 年初根据系统企业特点对安全生产工作做出安排部署,并提出“安全生产工作不能有一丝懈怠”的要求。落实党政同责和一岗双责,层层签订安全生产责任书,开展安全培训、举行安全演练,完善应急机制,提升职工的安全意识,增强应急处置能力。开展安全检查,对发现的问题限期整改,消除安全隐患,实现全系统安全生产零事故。（金　强）

【扶危助困】 深入基层访民情、听民意,开展“办实事”活动,落实民生诉求50余件。帮助塑料供销公司解决100余户拆迁职工9年未能回迁、电子材料厂138户职工宿舍管网改造等问题。筹措资金30余万元,帮扶救助困难党员、困难职工、困难劳模、重病职工、企业军转干部和入学困难家庭等困难群体1000多人次。（金　强）

【信访稳定】 完善矛盾排查预警和调处化解综合机制,实行“依法治访+三到位”工作方法,把诉求合理的解决问题到位、诉求无理的思想教育到位、生活困难的帮扶救助到位。2016年来信来访案件17起,没有发生赴京、赴省和重大集体上访案件,接待率100%,办结率100%。（金　强）

【党建工作】 开展“两学一做”学习教育,增强党员干部的“四个意识”,促进党风的改善和作风的转变。党组履行《党组条例》,发挥领导核心作用,定期分析研究党建工作,集体讨论重大问题,不断提升依法行政和服务基层的能力。系统31个基层党组织完成换届工作,开展精神文明建设和“双拥”创建工作。加强法治建设,开展学法、用法、进行普法宣传。强化制度约束,完善《党组工作规则》等重要制度21项,扩大制度约束权力的覆盖范围。推进“三重一大”决策机制,重大决策、人事任免、投资建设、大额资金使用等重大事项均进行集体研究、讨论决定。落实政务公开、党务公开,对部门预算、专项资金使用、工程建设、干部选拔任命、工资调整、党费收取等情况予以公开公示,接受监督。（金　强）

中小企业

【概述】 2016年,在市委、市政府的坚强领导下,市中小企业局认真落实中央和省委、省政府关于促进民营经济发展的各项方针政策,按照“一个指引、两手硬”的总要求和“创新驱动、转型升级”的战略部署,以双创示范为契机,不断优化发展环境,完善服务体系,加大扶持力度,全市民营经济呈现总体平稳的发展态势。

民营经济主要经济指标完成情况。

前三季度民营经济增加值累计完成1241.91亿元，同比增长10.03%，完成年计划的71.21%，全年可完成1705.9亿元，同比增长8.55%。上缴税金累计完成232.36亿元，完成年计划的69.57%，占全市税收总额359.65亿元的64.61%，全年可完成310.84亿元，同比增长1.09%。

（王玉凤）

【党风廉政建设推动工作开展】 2016年，市中小企业局以“两学一做”专题教育为契机，将纪律和规矩挺在前面，持续深入做好党风廉政建设。一是抓学习落实。学习贯彻党的十八大、十八届三中、四中、五中全会精神和习近平总书记系列重要讲话精神，把反腐倡廉理论和相关党纪法规作为中心组学习的重要内容，并将理论学习与业务工作结合起来。二抓廉政建设。落实“权力清单”“责任清单”，对可能存在廉政风险的关键环节要求有关处室或人员，进一步公开工作流程，自觉接受各方监督，严格执行“两个责任”和“一岗双责”，坚持教育在先、预防在前，采用集中谈话和个别谈话的方式，把问题解决在萌芽状态，进行各类谈话60余人次。三抓“两学一做”学习教育活动，坚持问题导向，坚持领导带头，找准短板，明确措施，做到传达落实突出一个“快”，学习教育突出一个“实”，按照市直机关工委的要求，学原著、读原文、悟原理，努力做到真学、真懂、真信、真用。努力把“两学一做”学习教育真正落到实处，为学用结合打下坚实的基础。（王玉凤）

【推动大众创业、万众创新】 2015年，太原市获批国家首批小微企业创业创新基地城市示范，3年示范期内，国家给予9亿元的资金扶持，省财政奖励1.3亿元，市财政配套12亿元，县（市、区）配套资金15亿元以上，共可形成38亿元的资金支持规模。2016年，市中小企业局积极适应大众创新创业的需求和特点，建设低成本、便利化、全要素的创业服务社区，初步形成“平台+服务”“政府+市场”“政策+资金”等双创新业态。全市已利用改造闲置厂房117万平方米，新增创业创新载体183个，其中，新建65个众创空间，清控、创领空间、博创敢为等8家众创空间被评为国家级众创空间，太原高新置业、清控科创基地被认定为省级科技企业孵化器。上半年四大指标完成情况：小微企业营业收入1939.6亿元，完成年度目标任务的46.1%；新增小微企业从业人员4.37万人，完成年度目标任务的49.6%；全市小微企业拥有授权专利2476件，同比增长17.1%，完成全市考核目标的83%；小微企业技术合同成交额完成9.37亿元，完成年度目标任务的56.2%，截至2016年底四项指标可顺利完成。小微企业在全市经济社会发展中的作用不断增强，成为新常态下改善经济生态的重要力量。（王玉凤）

【破解民营企业融资难题】 2016年，破解民营企业融资难、融资贵的难题，太原市坚持“两个创新”。一是创新助保贷融资模式。在与建行、浦发、民生银行合作的基础上，又与邮政银行、光大银行、华夏银行合作，推出了“助力贷”“融易贷”“快易贷”。市县两级共为636户企业解决“助保金”“类助保金”贷款25.17亿元。二是成立小微企业创业投资基金，连续3年，每年安排2000万元资金，与和君资本合作，吸引社会资本参与，形成3亿元的基金规模，主要以股权投资的方式为初创期成长型小微企业解决融资难问题，已处于筛查企业阶段。

（王玉凤）

【优化政务环境，发展民营经济】 2016年，市中小企业局为优化小微企业创业创新环境，以改革创新为引领，坚持做到“四个松绑”，用政府权力的“减法”换取创业创新热情的“乘法”。一是政策松绑。深化商事制度改革，做到了“两个全面”。全面推行“三证合一”，自10月份推行以来，全市新发展小微企业13217户；全面实行“网上登记”，面向全社会推广“网上登记”新模式，让群众足不出户，解决登记注册难题。继续清理涉企行政事业性收费，涉及新注册小微企业的非行政事业性收费一律取消，行政事业性收费一律由市财政补贴。二是管理松绑。凡涉及小微企业注册的工商、质监、国土、规划、公安等行政审批事项一律依法下放到县（市、区）和开发区，市直部门不再审批。三是政务松绑。强化“一口进出、一次性告知、限时办结”服务制度，提高政务服务质量。四是减负松绑。全面落实税收减免政策，降低企业负担。通过政策松绑、减负让企，推动资金链引导创业创新链、创业创新链支持产业链、产业链带动就业链，促进产业结构和就业结构调整，实现以创业带动就业、创新促进发展。

（王玉凤）

【推动转型升级，破解结构失衡】 2016年，为破解转型升级难题，围绕省委确立的养老、旅游和金融服务三大发展领域。市委市政府出台了《关于加快发展养老服务业的实施意见》《关于促进金融振兴的实施意见》等系列政策措施。做大做强醋产业，加大醋产业的生产研发、宣传推广和品牌维护，全方位纵深发掘醋产业的特性和价值，加快向生物科技、健康产业的拓展延伸，形成产业核心竞争力。做优做美旅游产业。探索推进“互联网+旅游”新模式，不断提升“唐风晋韵·清凉太原”的知名度和影响力。

（王玉凤）

【人才队伍建设】 2016年，市中小企业局强化人才培训，开展“三个一经营者素质提升培训”“万人培训”“营改增”专题培训等，培训新民营企业各类人才2万余人次，全市非公有制企业专业技术人员职称评审工作正在推进，3000余人参加中级专业技术任职资格评审。支持人才引进，制定《鼓励小微企业吸纳劳动者就业政策》，对小微企业招用就业困难人员和大学毕业生就业给予补贴，举办各类人才交流、招聘会212场，提供各类就业岗位19万个。完善留人机制，推进企业社保体系建设，积极解决引进人才的后顾之忧，确保引得进、留得住、用得好。

以抓大扶小为关键，打造小企业发展格局。坚持抓大不放小，扶强又济弱。着力抓好一批技术含量高、带动能力强的大项目、好项目，在抓好大企业，大项目带动、支撑的同时，大力推进大众创业、万众创新，抓“小巨人”培育工作，建立“小巨人”企业储备库，为入库企业提供政策引导、人才培训、引资融资、法律咨询等服务，抓“小升规”企业培育。推动大中小微企业共同发展、传统产业改造和新兴产业成长并驾齐驱、服务业壮大和制造业升级互促共进，形成大企业顶天立地、小企业铺天盖地的发展格局，不断增强经济发展的动力和活力。

（王玉凤）

【优化民营经济发展环境】 2016年，市中小企业局按照习总书记提出的“亲”“清”二字的要求，不断优化发展环境，强化服务意识，努力构建新型的政商关系。深入开展领导干部联系民营企业服务和干部入企服务工作，通过领导干部联系企业，解决民营企业发展中的困难和问题，形成省、市、县三级领导干部联系企业的帮扶体系。建立以十大在线服务平台、企业直通车、产品展销为一体的“一站式”在线服务超市，企业自主建站，在线24小时咨询等服务，达到足不出户解企忧的目的。开展抓诚信企业认定工作，认定“诚信企业”230户。开展入企“三送”服务，截至2016年底，开展“三送”活动2次，服务企业500余户。（王玉凤）

GOANYE JINGJI

工業經濟

农　业

【概述】 2016年，太原市农业系统践行"五大发展"理念，贯彻落实中央1号文件和省市农村工作会议精神，围绕提质增效目标，以建设都市现代农业多功能示范区为引领，以深化农村改革为动力，以农业产业园建设为抓手，推进农业供给侧结构性改革，加快农业发展方式转变，全市"三农"发展保持良好态势。全年农村居民人均可支配收入可增长7.1%左右，达14591元；一产增加值38.22亿元，增长2.6%；农牧业投资增长36%以上；农产品加工销售收入203亿元，同比增长8.29%；粮食总产31.29万吨；菜、肉、奶、蛋、果产量稳步增长，分别达到130.78万吨、5.63万吨、11.14万吨、3.09万吨、13万吨；农产品检测合格率98.1%以上；发展休闲农业主体139家，年营业收入3.39亿元；脱贫52个村、20574人。（办公室）

【脱贫攻坚】 贯彻落实习近平总书记关于脱贫攻坚的战略思想，把脱贫攻坚的基点放在产业扶贫上。创建"城区包乡、单位包村"对口精准帮扶机制，市财政安排扶贫资金1.16亿元，各城区落实帮扶资金1.34亿元，省市县投入3.9亿元。搭建市、县、乡、村四级脱贫攻坚信息指挥作战平台，构建"六位一体"帮扶格局，为每个贫困群众量身定制"一户一策、一人一表"脱贫菜单，解决实际问题700多件，实施帮扶项目277个。培育产业"强支撑"，帮助实施沙棘、油用牡丹、光伏发电等特色产业项目88个，总投资25.1亿元；转移就业"稳增收"，组织城区企业提供岗位4100个，转移就业13135人；教育培训"拔穷根"，补助贫困大学生188人，每人5000元；产品销售"开渠道"，通过农餐对接、农校对接、农超对接等，帮助销售农副产品6000余万斤。阳曲县以全域旅游为抓手，搭建农业投融资平台，成立新农村综合开发有限公司，注册资本1000万元，向国开行融资贷款3亿元，助力脱贫攻坚。娄烦县"公私合作""三统两分""保险扶贫""生态扶贫"，阳曲县"会展经济""赠母还羔""送鸡还蛋""生猪放养"等精准脱贫模式得到省市认可。6月27日"全省建档立卡精准扶贫太原现场推进会"在太原市召开，会后，有8个市42个贫困县组团参观学习。（办公室）

【特色农业建设】 马铃薯成为娄烦县脱贫的主导产业。推进"一县一业"马铃薯示范县建设，以青薯9号为主打，脱毒种薯应用率90%以上，全县种植8万多亩，亩均产3240斤以上，亩均收益2600多元。中药材成为贫困地区的致富产业。响应省中药材崛起战略，全市新发展中药材6000亩，总面积扩大到5.8万亩，培育中药材加工企业8个，药食同源加工企业4个，带动药农1万多户，年销售额2.55亿元。老陈醋成为清徐县的对外名片。支持水塔、紫林转型升级，开发老陈醋功能性产品，，促进清徐醋业百亿元产业集群发展，晋祠大米再现地域品牌

新成效。支持晋祠大米地理标志产品恢复保护，扩大种植面积，加强精细管理，重塑地方品牌。（办公室）

【“三农”创新】 土地确权进展顺利。推进土地确权工作，785个村完成权属调查，513个村进行审核公示，实测土地面积168.81万亩，基本完成既定目标。土地流转有序推进。县级农村产权交易中心全覆盖，所有乡镇建立土地流转服务站。阳曲县、娄烦县建成农村土地承包调解仲裁中心。新增流转面积3万亩，全市土地流转41.06万亩，占家庭承包地的25.5%。新型经营主体规范发展。农民合作社总数达4088家，其中：合作联社23家，新创建部级示范社1家、省级17家、市级40家、县级62家。登记家庭农场260家，认定省级示范农场6家。农业产业化企业发展到228个，其中销售收入亿元以上企业17个。（办公室）

【“菜篮子”建设】 设施蔬菜提速发展。强化北阳曲、南清徐“菜篮子”基地建设，新发展设施蔬菜7114亩，设施蔬菜发展到7.53万亩，50亩以上的标准化蔬菜基地超过100个。新开发夏秋露地特色蔬菜1.21万亩，播种蔬菜45.28万亩，同比增2.24%；总产152万吨，同比增0.72%；总产值18.98亿元， 同比增7.89%。畜牧养殖顺利推进。实施7个畜禽粪污资源化利用项目，扶持20个家庭牧场硬件改造，带动100多个家庭牧场改善生产设施，规模养殖再提新水平。果业生产提质增效。以葡峰山庄、清泉山庄为龙头，实施果园提质工程6500亩，扩大早黑宝、玫瑰香葡萄和玉露香梨、白水杏、红玛瑙大樱桃等新品种种植，创建标准化水果示范园10个、精品果园6个，果品总产13万吨，产值4.77亿元。（办公室）

【农业增效】 加大农业供给侧结构调整。优化粮经饲种植结构，减少籽粒玉米3.29万亩，增加青贮玉米和鲜食玉米2.35万亩，扩大经济作物和优质杂粮种植比例，播种杂粮33.43万亩，产量4.9万吨。抓好粮食高产创建。推广“控水、控肥、控药”绿色增产模式，以全膜双垄沟播技术为重点，实施现代旱作农业地膜覆盖项目33万亩。建设粮食高产万亩示范片1个、千亩示范片5个、绿色攻关片2个，粮食总产30.52万吨，同比增产0.59万吨。强化养殖科技支撑。突出畜禽良种化推广，桦桂、鸿泰昌、丰润等规模养羊场，采取人工授精和胚胎移植技术，加快优良品种扩繁，优化肉羊种群结构。强化农业物联网配套，晋源区鑫凯养殖场加快技术改造，实现喂料、集蛋、清粪智能化。（办公室）

【农业项目服务】 加大招商引资。营造重商、亲商、请商的招商环境，全年签约招商引资项目10个，总投资32亿元，引资额20亿元；签约贸易项目12个，贸易额2.03亿元。抓好投资跟踪。宝迪生猪养殖、桦桂10万只肉羊及屠宰分割、永丰禽业35万只蛋鸡养殖改造、九牛牧业二期万头牛场、集义高效蔬菜等项目有序实施。加大项目服务。引进国新晋药公司，投资7.5亿元，建设年产5000吨中药饮片、3000吨单方颗粒加工项目，完成投资5亿元，明年投入生产。九牛牧业阳曲万头牛场项目，流转土地800亩，计划投资4.5亿元，陆续开工建设。

依托龙头，延伸农产品加工产业链。为六味斋等20个企业、8.89亿元贷款落实财政贴息，引导水塔、紫林、六味斋、金大豆、双合成等加工企业，发展原料基地，拉长产业链条。借助市场，提升农产品流通价值链。加快润恒冷链物流基地建设，规范河西、裕吉、美特好等物流集散市场管理，发展九牛、瑞美鲜奶直供，鸿新蔬菜加工配送，科隆源罐头食品出口。建立《全市推进农村电子商务工作联席会议制度》，培育乐村淘、贡天下、晋农特等40个电商龙头，促进农村电商发展。拓展功能，开发休闲农业服务链。打造一小时车程休闲圈，休闲农业主体发展到139家，产业规模21.8万亩，尖草坪区被评为全国休闲农业与乡村旅游示范区，古交市红豆山庄等5家园区被评为全国休闲农业示范点。华辰农耕园、部台山滑世界、采薇庄园、青草坡、舒清园、宇文河等精品休闲点。年接待游客382万人次，年营业收入3.39亿元，吸纳富余劳动力2.6万人。（办公室）

【农产品质量安全】 推进标准化生产。新编制10个无公害农产品生产技术规程，新认证无公害农产品企业10家、产品48个，复查换证企业5家、产品18个，获证企业总数106家、产品353个。推进监管能力建设。市农产品质量安全中心完成实验室扩建，全省首家通过“二合一”复评审认证，成为全国首批地市级“双认证”实验站。完成县级农产品质量监管机构全覆盖，申报小店区为国家级农产品质量安全创建县。部省蔬菜、水果、食用菌农产品检测合格率98.1%，饲

料、兽药、生鲜乳、畜产品检测合格率为100%、100%、100%、99.75%，未发生一起农产品质量安全事件。健全农产品质量可追溯系统。65家农产品生产经销企业加入追溯系统，使用追溯标签3000余万枚。“二维码技术在农（畜）产品质量安全追溯信息平台开发应用项目”被评为省科技进步三等奖。加大农业综合执法力度。坚持“产出来”和“管出来”两手抓，开展农资打假等六大专项整治，检查企业7450家次，媒体宣传67次，指导培训619场次，查处问题110起，责令整改94起。抓好重大动植物疫病防控。抓好春秋季动物强制免疫，开展流行病调查和抗体跟踪。强化植物检疫监督，提高应急处置能力。从严产地检疫，规范15个定点屠宰场（生猪12个、牛羊3个）生产管理。（办公室）

【美丽乡村建设】 培育典型模式。按照《太原市美丽宜居示范村创建十条标准》，分类指导、示范引领，打造以阳曲县青龙镇、清徐县东南坊为代表的历史文化示范村；以晋源区赵家山、杏花岭区长沟村为代表的绿色生态示范村；以迎泽区小山沟、阳曲县上安村为代表的休闲旅游示范村；以清徐县东高白、古交市阴家沟为代表的工矿一体示范村；以万柏林区九院村、阳曲县杨兴村为代表的移民搬迁示范村；以娄烦县下石家庄、兑集沟村为代表的脱贫攻坚示范村，构建六类可推广、可复制的示范模式。强化项目奖补。推行“资金跟着项目走”的奖补方法，落实省、市资金1375万元（其中市级配套750万元），全部切块到县，通过“以奖促治、先干后奖、奖补到村”，撬动完成投资6064万元。创新发展机制。将美丽乡村建设与脱贫攻坚相结合，推荐阳曲县为“一事一议”美丽乡村试点县，落实省奖补资金1000万元；推荐娄烦县为公共浴室建设试点县，列支以奖促治资金150万元，建设示范村公共浴室15个。落实秸秆禁烧和综合利用补贴政策，综合利用率达到97%以上，基本实现秸秆资源全利用，未发生一起秸秆焚烧现象。（办公室）

林　业

【概述】 2016年，太原市林业建设根据“五城联创”的相关要求，以“创建国家森林城市”为核心工作，完成《太原市国家森林城市建设总体规划》和《太原市生物多样性保护规划》预算财审工作，同步推造林绿化、森林资源管护、国有林场改革、森林防火、林权制度改革、林业精准扶贫等工作。全市共完成营造林任务32.01万亩，全年全市财政用于林业建设资金为6.08亿元，其中各县（市、区）4.99亿元，市级1.09亿元，林业固定资产投资11亿元。（办公室）

【森林资源保护】 2016年，全市发生森林火情7起，其中森林火灾3起，较上年同期下降4起，过火面积33.45公顷，受害森林面积1.73公顷，处理肇事者2人，处理相关责任人12人。森林火灾受害率0.01‰，未发生重大及以上森林火灾，未发生人员死亡事故；太原市依托市国有林场建设一支50人的市级森林消防专业队伍专业队，杏花岭区3月以购买社会服务的形式新建一支80人的森林消防专业队伍，森林防火期间分成4个分队分别驻扎在3个林区乡镇和区林业局，为火灾防控扑救起到重要作用。（办公室）

【执法办案】 开展生态环境综合整治专项行动和严厉打击涉林违法犯罪专项行动，全年共办理征占用林地4起；发放林木采伐证189份，采伐蓄积3390.88立方；发放木材运输证32份，运输木材899.7立方；救助野生动物29次；检查涉及野生动物产品市场6次，没收并野外放生1000余只；检查监测疫源疫病10次，排查疑似疫病动物12次；推进3个自然保护区建设，在原有湿地保护工作基础上，推进市湿地公园发展申报工作。（办公室）

【天然林保护】 督促各实施单位选好作业地块，按时完成作业设计并及时审批省厅下达太原市天保工程公益林建设任务3.55万亩，其中人工造林1.55万亩、封山育林2.0万亩。同时，督促天保工程12个实施单位完成天保二期工程各项任务，在各实施单位自查的基础上，完成天保工程市级复核工作，配合省天保工程管理中心完成省级复查工作。

探索森林理赔工作思路，研究讨论理赔性质，逐步理顺森林理赔，明确工作职责，拟订《太原市政策性森林保险管理办法（讨论稿）》；协调监督完成“娄烦汾河林场雪灾理赔”案件及其他水灾、虫灾案件的理赔工作。（办公室）

【国有林场改革】 全市共有5个国有林场，在册职工300人。国有林场改革工作启动后，组织起草《太原市国有林场改革实施方案》（讨论稿）。通过调查摸底、征求意见、研究讨论，进行多次修改完善，并以市政府名义向省国有林场改革

领导组办公室上报《太原市国有林场改革实施方案》。9月18日,省国有林场改革工作领导小组办公室下发《山西省国有林场改革工作领导小组办公室关于太原市国有林场改革实施方案的批复》。

(办公室)

【林业有害生物防检】 2016年,全市各类林业有害生物发生面积为8.835万亩8.1万亩,测报准确率达到91.69%(指标值85%),没有出现成灾现象,成灾率为0(指标值4‰)。防治作业面积共8.835万亩,无公害防治率100%(指标值80%)。检疫调运苗木739389株,木材99.5立方米,木胶板60张,开具检疫要求书18份,产地检疫5.25万亩,产地检疫率100%(指标值98%),全部达到省里下达的"四率"指标。 (办公室)

【深化林改】 对家庭林场和林业合作社进行调研、讨论,拟订《太原市发展家庭林场意见》;在2014年、2015年财政补助合作社自查基础上,对合作社进行全面监督检查,推动林业专业合作社规范性发展进程。推动"扶贫攻坚造林合作社"发展,鼓励贫困户响应政策号召;开展包村扶贫工作,建立贫困户台账、个人信息档案,助力农民增收。 (办公室)

水　务

【概述】 2016年,太原市共下达水利工程建设资金7.1亿元,其中中央资金1亿元、省级资金2.1亿元、市级资金1.1亿元,农发行贷款2.9亿元。水保治理面积完成了考核任务的114.9%;增殖放流完成了考核任务的114%;农田实灌面积、新增节水灌溉面积、渔业产量、在设防标准下堤防保安率均实现了年度目标。

(赵文平)

【汾河流域生态修复工程】 汾河流域生态修复规划编制完成。汾河太原城区段治理美化三期工程,2016年8月23日开工,累计完成投资约9.4亿元。完成暗涵106节。晋阳湖除险加固工程,对围堰进行了加固,培厚土方1.8万立方米,铺设土工布2000平方米。太榆退水渠改扩建工程,方案已批复,可研报告通过评审,已上报市发改委审批。汾河古交城区段及下游水环境综合整治工程,2016年10月1日工程启动,完成河道疏浚4.5千米。堤防基础防冲加固2千米,年度工作任务完成。汾河流域生态修复南沙河治理项目,项目可行性研究报告已经批复,按照市政府安排南沙河项目河道工程已全面开工,清淤60万立方米,新建堤防14000米。象峪河清徐县段河道治理工程全部完工。 (赵文平)

【民生水利】 清徐县、小店区、晋源区小型农田水利重点县建设项目全部完工,共完成投资8002万元。改造渠道291千米,管道铺设4.8千米,新建水池24座,截潜流坝6座,配套建筑物13684座,水泵72台,新建井房50座。全年完成农村饮水安全巩固提升工程54处,解决了9个自然村、6029人饮水安全问题;农田灌溉水有效利用系数从0.542提高到0.55;全市渔业养殖面积1067公顷,淡水水产品产量2600吨。总产值3276万元;渔民人均收入达到7215元。产地水产品药残抽检合格率为100%。鱼种厂通过了农业部国家级水产良种场资格复查验收,参与编写的池塘健康养殖技术规程获得山西省地方标准;完成大中小型水库后期扶持"十三五"规划;发放移民直补资金1559万元。惠及23754人;下达项目资金1820万元,完成53个项目,覆盖22个村,受益人口6536人次,受益贫困移民2296人次。(赵文平)

【防汛工作】 2016年受超强厄尔尼诺现象持续影响,太原市汛期极端天气频发,降雨过程强度之大、历时之长、范围之广为多年罕见,总量较同期偏多58.2毫米,是多年同期降雨量的116.8%。7月19日全市普降大到暴雨,出现超历史极值,全市受淹农田17.68千公顷,倒塌房屋(窑洞)1089间,发生险情77处,造成直接经济损失约3亿元。在抗御灾害中,共发布预警短信1.4万余条,启动预警广播站30余次,预警、转移人员1021人。全市河流、水库、淤地坝无一溃坝,人员无一伤亡,全面实现了把灾害损失减少到最低程度的目标。 (赵文平)

【水资源管理】 完成"太原市人民政府2015年度实行最严格水资源管理制度的工作总结、自评估报告及相关备查资料";完成省考核组对太原市以及市对各县(市、区)实行最严格水资源管理制度年度考核工作,阳曲县在考核中,领导重视,准备充分,资料齐全,在全市名列前茅。及时分解下达2016年取用水计划。强化取水许可监督管理,审核保有有效取水许可证956套;对计量设施运行、取水计划执行、取水台账建立等进行严格监管。晋泉处、动态监测站认真开展地下水水位自动监测工作,实时对全市地下水动态监测网络进行维护与监测。目前监控系统运行良好,在线率达到省厅要求。由于采取有力措施,严控"三条红线",全市地下水位稳中有升,晋祠难老泉水位较上年上升1.96米,兰村泉上升0.81米。以晋泉处为代表负责水资源费征收的工作单位在企业困难、经济下滑,水资源费征收困难的情况下,积极主动,不辞辛劳,全年完成水资源费4544万元征收任务。 (赵文平)

【水土流失治理】 2016年,太原市完成水保投资3.31亿元,为年初下达投资任务的114.3%,实施重点小流域、水土流失治理、水保生态工程共8个,新建和除险加固淤地坝5座,沟坝地治理和坝滩联治2处;阳曲县组建了47支乡村农建水保专业队,吸收贫困农民参与水土保持工作建设。市、县两级水保监督机构共组织监督执法检查64次,利用多种手段对东山流域径流场水土流失实施了有效的动态监测,及时获取了科学准确的监测信息。淤地坝的安全实行行政首长负责制,全面推广"一坝一表""一人一坝"

管理模式。市、县联合对淤地坝安全检查30余人次，排除隐患10余处。指导县(市、区)修改完善了大中型淤地坝《防汛抢险预案》，细化了"防、撤、抢"措施。建立了24小时防汛值班和汛情报告制度，保证了淤地坝安全运行。（赵文平）

【脱贫攻坚】 2016年，市水务局印发《关于全力推进水利精准扶贫的实施意见》，编制完成《水利扶贫三年规划》。省、市、县三级联动，组成16个工作组对娄烦县142个行政村167个自然村，13820户38753贫困人口的饮水安全情况进村入户调查，采集送检水样181份；对贫困户进行了建档立卡，对存在的9大类10种问题登记造册并制定了解决方案。全年中央、省、市下达的切块资金累计安排贫困县5769.12万元。在娄烦、阳曲建设抗旱应急提水工程，保障了15个村19972人和4064亩基本农田严重干旱年的基本需求。对水务局帮扶村强家庄45个贫困户的家庭状况、产业结构、经济收入等信息进行了采集，所有计划脱贫户全部脱贫。全年组织慰问5次，累计慰问39人次，投资33万元，对土地灌溉、饮水设施等进行了整理维修更换；新建光伏发电扶贫项目建成运行，实现集体经济破零。质监站在人员少的情况下，派出3名扶贫队员，扎实做好扶贫工作，使程家岭贫困村整体脱贫。（赵文平）

【法治建设】 启动"七五"普法教育，出台《太原市水务系统普法教育实施方案》；全年组织中心组专题学法10次；发放宣传品(画、册、刊)4100份；印发《太原市水务局关于深化行政审批制度改革加强事中事后监管的通知》，举办了"六权治本"和"法治思维能力素养"专题讲座。按照"双随机一公开"的要求，制定了随机抽查事项清单，建立了市场主体名录库和执法检查人员名录库，制定了"双随机一公开"实施细则。办理行政审批件62件，受理和查处水事案件44起。组织和参加各类法治培训7次，培训190人次。组织局系统83人参加了全市组织的《法治政府建设实施纲要》知识问答竞赛，有2人获得知识问答竞赛先进个人荣誉称号。（赵文平）

【安全工作】 2016年，市水务局认真贯彻学习习近平总书记、李克强总理关于安全生产重要讲话和批示精神，全面落实了党中央、国务院、省、市关于安全工作的决策部署和要求，出台(印发)《太原市水务局关于做好2016年全市水利安全生产工作的通知》《关于开展全市水利行业安全生产大检查活动实施方案的通知》等26份相关文件；以安全生产大检查为主线，制定了安全工作管理制度体系。在各单位自查的基础上，通过"四不两直"的方式，对23个局属单位、2处重点水利工程、25座淤地坝项目进行了安全生产突击检查，查出一般隐患7个，对排查出的隐患分类别逐一造册登记，并下达了整改通知书，在整改"回头看"阶段，隐患整改全部到位，整改率100%，全市水务系统实现了安全无事故的目标。（赵文平）

农业机械

【概述】 2016年底，全市农机总动力达141.02万千瓦，新增1万千瓦，分别完成全年任务的100%、100%；新增玉米收获机77台，完成全年任务的110%；薯类生产机械达922台，新增薯类生产机械42台，分别完成全年任务的117.76%、168%。综合机械化水平达到66%，完成全年任务的100%，玉米全程机械化作业面积59.9万亩，完成全年任务的103.3%，薯类全程机械化作业面积9.2万亩，完成全年任务的115%。农机经营总收入3.4亿元，完成全年任务的100%。创建综合示范县正在创建当中、示范乡3个、示范村12个，分别完成全年任务的100%、100%。新建农机专业合作社1个，创建农机示范合作社1个，创建机械化示范家庭农场1个，新增农机大户3个，创建农机示范大户2个，新增农机维修网点2个，分别完成全年任务的100%、100%、100%、100%、100%、200%。新增机械化保护性耕作面积1万亩，完成全年任务的100%，保护性耕作项目培训1000人，完成全年任务的100%，农机深松整地作业补贴面积4万亩，完成全年任务的100%。机械化秸秆还田面积61.1万亩，完成全年任务的100%，实施玉米丰产方项目20万亩，完成全年任务的100%。新增农副产品加工机械206台，新增农村油磨房升级改造试点2个，新增高标准农产品处理加工装备技术示范点3个，加工新技术新装备培训155人，分别完成全年任务的103%、100%、100%、103.3%。新技术新机具培训420人，新技术新机具现场会8个，农机新技术推广示范点6个，分别完成全年任务的140%、133.3%、120%。全市未发生农机死亡事故，农机事故千台重伤率控制在0.3人之内，新注册登记拖拉机联合收割机371台，完成全年任务的123.7%，新增拖拉机、联合收割机驾驶员证件齐全，检验机车1541台，完成全年任务的124%。农机科技开发创新项目1项，完成全年任务的100%，新兴职业农民培训300人，完成全年任务的100%。全市扶持农户982户，补贴购置农机具1175台(件)，分别完成全年任务的265%、186%。市县农机化投入217.5万元，完成全年任务的197%。

（办公室）

【农机生产作业】 加强组织领导。采取领导分片包干、责任到人的办法，将各项工作落到实处。组织市、县、乡及生产厂家246名技术人员，组建11个技术服务小分队，深入基层、农户和田间地头开展作业前的技术服务工作。春季指导和帮助农民机手维护、保养、检修、调试各类农机具1.1万多台，培训驾驶操作人员和修理工2780余名；秋季重点对玉米及马铃薯收获机械进行检修和维护，对机手进行技术培训，发放秋季跨区作业证13个。发挥农机专业合作社和农机大户的主力军作用，开展规模连片作业和跨区农机作业，扩大机械作业面积，加快作业进度，推广农机化新技术新机具运用，提高农机作业的经济效益。推进机收作业。把玉米收获机械和马铃薯收获机械作为农机购置补贴的重点，促进收获机械数量不断增加。争取并实施玉米机收秸秆还田项目，利用作业补贴调动农民群众和农机手进行玉米机收的积极性。开展玉米和马铃薯跨区机收工作。市农机局将30万元资金用于对农机合作社的作业补贴，推动机收作业的开展和重点工程项目的实施。适时做好农机化生产进度统计和信息宣传工作，各县（市、区）及时报送、发布农机生产作业进度和柴油供应、作业价格、天气等动态信息，强化对农机作业服务的引导作用。

（办公室）

【农机购置补贴】 落实部、省两级农机购置补贴的有关政策规定，市局与县区签订太原市农机补贴工作责任书。补贴突出重点，开展精确补贴。重点推进玉米、马铃薯等主要作物关键环节的机械化，开展先进适用、技术成熟、安全可靠、节能环保机具的推广。对急需和重点推广的机具，确定机具类型、数量等，优化农机装备结构，提高农机装备水平。加大宣传力度，在太原日报上，全版刊登《太原市2015-2017农机购置补贴实施细则》《关于做好2016年农机购置补贴工作的通知》《太原市农机局关于对部分补贴机具进行重点监控二次核实的通知》，力争做到补贴政策家喻户晓、人人皆知。开展机补调研。由市局主要领导带队，赴小店区、娄烦县等地调研了解农机购置补贴工作，通过听取工作汇报，查看档案资料，实地查看机具，现场交流检查，及时发现问题，解决问题。在全市开展农机购置补贴巡回监督检查。对农机购置补贴的规定、制度建立健全情况，补贴资金使用情况，补贴信息公开情况，补贴机具核实情况，补贴管理软件使用情况，延伸绩效管理机制建设和落实情况，廉政风险防控机制建设情况，举报投诉受理进行全方位督查，确保全市农机购置补贴工作科学高效、规范廉洁实施。

（办公室）

【服务体系建设】 坚持发展与规范并重、数量与质量并举，确立构建"覆盖全程、服务全面、机制灵活、便捷高效、综合配套、保障有力"的新型农机社会化服务体系的工作目标，提升全市农机社会化服务水平。召开全市农机社会化服务工作会议，对服务体系建设工作进行细化、量化，并列入全市农机系统目标责任制进行考核。争取省级农机合作社建设资金35万元，争取市级资金投入20万元，增强合作社服务功能，提高市场竞争力和经营效益，比当地农户收入高出15%左右，促进合作社的规模化、规范化、多样化、特色化发展。全市106个农机合作社作业服务面积达155万亩，经营总收入4625万元，纯收入2213万元，农机合作社完成的作业量占全市农机总作业量的60%以上。抓精品促管理，提升服务能力。围绕农机生产和重点项目，清徐、古交、阳曲等主要农业县区，举办有合作社法人代表和技术骨干参加的农机技术培训班，提升农机人员素质。在春夏秋各季的农机作业中，发挥部级、省级农机示范合作社的示范带动作用，提升服务能力和作业质量，吸引更多的散户农机加入到合作社当中。开展合作社规范化管理，提高组织管理水平。重点完善合作社的财务管理制度，将《农机生产安全宣传手册》做到管理人员、驾驶员和维修工人手一册。把扶持较大规模、较强服务能力、有较好社会影响的社、场、户作为扶持重点进行培育，引导其开展田间作业，同时开展技术培训、机械维修、新技术推广以及种植养殖加工等服务项目，采取长效机制，在发展上给予政策倾斜，在作业信息、拓展市场、争取项目和购置补贴资金等方面提供支持，推动创建工作进入良性发展轨道。全年共完成古交关民示范农机合作社、阳曲白俊义示范机械化家庭农场以及清徐王春保、常晋忠2个示范农机大户的创建任务。开展劳动竞赛，增强经营活力。秋季，市农机局分别在古交、阳曲组织农机合作社开展马铃薯机收、机械深松整地的社会化服务劳动竞赛活动。

（办公室）

【农机科技推广】 分解落实任务责任，召开全市农机推广工作培训会，将目标、任务、责任分解落实到县（市、区），并与农机推广责任人签订目标任务书。在清徐县举办"2016年第十一届北方现代农业装备推广展示交易会"，到会人数达3000余人次。大会对先进适用的农机新机具、新技术进行展示、演示、示范、推广，促进全市农机科技的进步。玉米、马铃薯生产全程机械化取得突破。2016年玉米全程机械化实际实施面积58.7万亩，召开玉米机械化生产现场会8次，培训技术人员764人，新增机具72台，全市自走式和背负式玉米收获机械保有量达到789台，秋收期间投入作业玉米收获机械达779台，机械化程度达到70%以上。召开马铃薯机械化技术推广现场会2次，新增马铃薯机具30台，培训技术人员350人次，马铃薯机械化实际完成面积为9.2万亩。引进农业农机装备。在清徐、晋源引进温度自动控制系统、臭氧机、水肥一体化机、空间电场、土壤消毒杀虫机、补光灯、灭虫灯等设施和物理农业技术装备，完成技术推广面积为600亩。结合全市实际，引进新型弥雾机、喷雾器等植保机械，全市新增植保机具25台，实施面积达2000亩。开展电动农业机械应用试验。引进无人植保机、纯电动微耕机、电动播种机、履带式运输喷雾机、电动中耕除草机等电动农机装备，无人直升飞机对丘陵山区植保起到较强作用。在古交镇城底等乡镇建立电动农机示范点，效果明显。在晋源区建立水稻机械化生产基地，召开机械插秧收割现场会，推动晋源区传统产业"晋祠大米"的恢复发展。按照强化公益性职能、放活经营性服务的要求，重点培育古交、尖草坪、阳曲、清徐和娄烦5个农机推广机制创新典型，探索和推广薯类种植及收获机械化技术模式规范的试验研究。承担中央现代农业玉米丰产方机收秸秆还田项目20万亩，抽调管理技术人员开展专项督查工作，促进玉米丰产方机收秸秆还田工作任务的全部完成。开展秸秆综合利用工程，在晋源召开农作物秸秆综合利用现场培训演示会，培训操作技术人员200余人(次)。（办公室）

【保护性耕作和深松整地工程】 防止水土流失，减少秸秆焚烧，减少化肥使用量，减少劳动力投入。加强农业基础条件，提高粮食生产能力，遏制地表扬尘。组织召开全市保护性耕作工作培训会议，对保护性耕作技术和项目管理进行工作培训。加强项目实施管理，提升项目实施效果。提升示范区建设水平，规范项目实施技术标准和建设程序，建立和完善项目区示范墙或标志牌。尊重农民意愿，制定农机深松作业补助实施方案，由项目县(区)政府办印发。项目县(区)农机局联合相关部门组织签订作业合同，协调组织农机服务组织(农机手)按照合同要求及时提供深松整地作业服务，并按质按量完成作业任务。深松作业过程中，市局开展项目督查，对发现的问题，督促限时整改完善。项目完成后，对项目执行情况进行检查和绩效考评。

（办公室）

【脱贫攻坚】 按照对象精准、项目安排精准、资金使用精准、措施到户精准、因村派人(第一书记)精准、脱贫成效精准的要求，区分类别，定向施策。制定个性化帮扶方案，落实针对性帮扶措施，确保精准到户、到人。对全村178户519人建档立卡贫困户进行走访摸底，建立帮扶档案，结合基础设施、产业发展、民政保障、社会解贫等帮扶政策措施，量身定制脱贫计划，做好帮扶记录。开展2016年城乡低保对象集中复核工作、建档立卡回头看，再回头看等扶贫开发工作。开展“六个一”帮扶工作，制定党员干部和上静游村贫困户结对帮扶方案。利用项目资金，农机购置补贴资金，在娄烦县投入近40万元，带动娄烦县购机户投入200多万元，一个农机户带动、帮扶周边5-10户农民群众、贫困户。在调研中发现上静游村胡麻油产业项目有一定规模，随即报请省农机局农产品产后处理及初加工装备技术示范推广项目（油磨坊改造项目），审批资金6万元，帮助贫困户就业脱贫。利用整村推进和扶贫资金95万元上马100千瓦分布式光伏发电站，该光伏扶贫项目每年发电，剩余电能回馈国家电网，收入的10万元解决村集体经济收入破零的问题和贫困户农业生产资金短缺等问题。春耕春播之际，利用扶贫资金给每个贫困群众发放1000元和一袋化肥，支持贫困户农业生产。给建档立卡贫困户外出打工人员发放34万元（县外打工每人2000元）、13.35万元（县内打工每人1500元）共计47.35万元补助款。通过外出打工、光伏发电、粮食直补、教育扶贫、医疗救助、低保兜底、退耕还林补偿款等项收入以及各级政府的奖补政策和各项激励机制的落实，促进贫困人口的稳定增收。上静游村建档立卡贫困户人均收入有的甚至超过娄烦县贫困人口脱贫标准3026元 ，率先完成了县委、县政府安排部署的整村脱贫任务。（办公室）

【依法行政】 全市各级农机部门严格依法行政，文明执法，规范管理，强化宣传，推进农机管理法制化，未发生农机安全死亡事故。制定农机安全生产党政同责、《一岗双责》、安全生产督查制度和八项制度，召开全市农机安全生产会议，市局与各县(市、区)农机局签订安全生产目标责任书。各县(市、区)农机局(农委)与乡、农机合作社签订安全生产责任书，县区和乡镇农机人员走村入户催检催训，对外出人员通过电话短信通知，做到全覆盖无遗漏。做好农机安全生产督查工作计划编制工作，明确市、县农机部门职责分工，在全市开展农机安全生产大检查、农机安全生产专项行动，对黑车非驾等违章违规行为进行严厉打击，对检查排查出的隐患问题，建立隐患治理台账，逐一消号，不留死角。加强农机质量监管，开展微耕机质量调查和3.15农机维权打假活动，“3.15”期间，全市共出动宣传人员52人，接受咨询400余人(次)，向农民现场解答疑难问题50余次，发放宣传资料6000份。（办公室）

【示范县乡村创建】 清徐县、阳曲县、古交市分别成立由县(市)政府分管副县长(副市长)任组长的农机化综合示范县创建领导组。将农机局项目资金200万元(其中:清徐县100万元，古交市100万元)用于清徐、古交两县(市)规模化经营示范区、机耕道、信息网络系统、数据采集与规划设计、机库棚、农机维修网点等建设。建立健全项目申报、项目实施、资金使用、考核验收等相关程序流程，规范项目管理，在阳曲县举办机械化综合示范县乡村创建工作培训班。利用新闻媒体开展宣传工作，介绍实现农业机械化综合示范县乡村创建活动工作中的新动态、新思路、好做法、好经验、好成效，营造良好舆论氛围。按时向省局报送阶段性农机化综合示范县乡村创建工作动态和进展情况，增强创建工作的指导性和针对性，确保创建工作有序开展。对有关县(市)农机化综合示范县乡村建设项目进行监督检查。开展电动农机市场应用的调研研究，争取省局电动农机奖补资金，阳曲县获得奖补资金150万元。

（办公室）

【科技成果应用】 农机研究所完成生物保温被生产设备的联机安装、调试和太阳能灭虫灯的试验，推广太原市自主研制的自动卷帘机2550余套、二氧化碳发生器210台、病害防治机1000台，提高产量10%以上。（办公室）

商 务

【概述】 2016年,太原市商务局贯彻落实省市经济工作会议精神,“围绕‘一个指引,两个走在前列,抓好三项任务’的目标要求,按照全市经济社会发展新思路、新战略,把握国内外经济形势的新特点、新变化,主动适应经济发展新常态,紧扣‘商务供给侧结构性改革、创新驱动发展升级’两大时代主题,把握‘扩大对内对外开放、推进商务试点示范建设、加强商贸集聚区建设’三条主线”,实现商务经济运行整体平稳,招商引资提质增量,对外贸易态势良好,社会消费品市场保持平稳,主要经济指标保持增长,各项工作顺利推进,总体上实现一季好于一季,下半年好于上半年。全市社会消费品零售总额实现1666.24亿元,比上年同期增长8.1%,与上年同期相比,增速加快1.9个百分点,比预期目标(6.5%)高1.6个百分点,规模和增速在全省保持了领先地位。从区域看,城镇消费品零售额1530.62亿元,增长6.8%;乡村消费品零售额135.62亿元,增长26.5%。从消费形态看,餐饮收入77.36亿元,增长2.5%,商品零售1588.88亿元,增长8.4%。

进出口完成133.14亿美元,同比增长24.8%,增速居全省第二,比全国平均增速(-6.8%)高31.6个百分点,比全省平均增速(13.4%)高11.4个百分点,占全省进出口总额的80.0%。出口完成83.29亿美元,同比增长26.4%,增速居全省第一,高于全国平均增速(-7.7%)34.1个百分点、全省(17.9%)8.5个百分点,占全省出口总额的83.9%,完成目标任务(67.35亿美元)的123.7%。进口49.85亿美元,同比增长22.2%,增速居全省第三,高于全国平均增速(-5.5%)27.7个百分点、全省(7.2%)15个百分点,占全省进口总额的74.3%。贸易顺差33.44亿美元。

全市共签约项目168个,项目总投资3836.72亿元,完成年目标2998亿元的127.98%,总量全省排名第一。实际引进外来资金。实际引进外来资金917.22亿元,完成年目标730亿元的125.65%,总量全省排名第一。省外民营企业签约。全市签约并入统的省外民营企业项目99个(光伏发电和风电项目除外),总投资2353.68亿元,完成省下达太原市全年省外民营企业签约目标任务1587亿元的148.31%,总量全省排名第一。

推进商务试点建设。城市共同配送试点(二期)7家试点单位实施的7个项目全部通过验收。肉菜流通追溯体系建设试点项目通过考核验收。2016年,商务部确定太原市为智慧物流示范城市(全国5个),穗华物流园为智慧物流示范园区(全国20个),同城商务、唐久超市、美特好、顺丰速运为智慧物流示范企业(全国60个),5家示范单位工作实施方案完成。电子商务加快发展。全市新建各类电商园区(基地)6个、跨境电商基地1个,拥有独立电商交易平台的企业20余个,经工商登记注册的企业496户。截至2016年,有高新区电商园1个国家级电商示范园区,百事帮、贡天下等4个国家级电商示范企业,易扬众和、同城商务、乐村淘等9个省级电商示范企业。双创工作取得成果。全市新建成物流园区、电商园区或跨境电商基地、家政孵化基地和社区商圈等几大类商贸集聚区31个,空间总面积45.7万平方米。通过为入驻小微企业提供空间使用费减免、税费减免和公共服务等一系列举措,吸引2407户小微企业入驻,15284人实现就业。太原跨境贸易电子商务平台上线运行。8月18日,太原跨境贸易电子商务平台正式上线运行,为跨境电商企业提供一站式通关环境和网络化通关平台,跨境贸易电子商务进入实质运行阶段。电商企业、物流企业、支付企业相关数据与各监管部门全面互联互通,实现阳光化通关申报、结汇、退税全程无纸化操作。

(办公室)

【促进消费增长】 组织引导商贸流通企业开展消费活动。分4月1日至5月4日和9月1日至11月30日两个时间段,组织美特好、唐久、山姆士、王府井、华宇、大昌、苏宁、中石化、黎氏阁、贡天下特产网等大型商贸企业分别开展消费促进月活动和“2016第二届太原购物季让利促消系列活动”，涵盖近10万种商品。开展“山西品牌中华行”系列活动。组织全市水塔、六味斋、亨利晨、双合成、贡天下等45家、109个批次知名企业参加“山西品牌省内行”和“山西品牌中华行”系列活动。参展企业通过宣传推介、展示展销、技艺表演、品尝赠送、对接签约等活动，展示太原市品牌产品的独特魅力，提升太原市名优品牌的知名度和市场占有率。据统计，11站活动现场累计销售337.7万元，签订各类供销合同3196万元。推进电子商务进社区，着重发展以社区生活服务业为核心的电商服务。“慧生活”社区服务终端项目、“康乐欣”生鲜进社区和“考拉之家”智慧社区平台项目3个电子商务进社区示范项目得到省级资金支持。自2014年至2016年8月底，社区生鲜直销点累计销售额达2025万元，通过电商平台的生鲜类交易额累计达434万元。电商平台的建设，减少流通环节，降低流通成本，提高社区居民生活服务的便利化、精细化和品质化。

推进电子商务与实体经济融合发展，打造“互联网＋清徐”新业态。电子商务进农村综合示范工作，加快大型电商平台引进及电商人才队伍的建设。线下特色产品展示中心、电子商务公共服务中心及县级物流配送中心等项目已建设完成。清徐县好朋友商贸连锁有限公司电商物流配送中心已投入使用，可提高清徐县农产品市场交易量，覆盖农户10000余户，带动农民实现增收2000余万元，创新服务举措推动行业发展。在酒类市场，为企业搭平台、建渠道，引导企业做好传统经营的基础上，发展微商、电商等现代化经营模式。太原酒厂研发出新的酒品，百姓身边的零售商店“智诚万家”B2B线上订货平台成功启用。顺应国家、省、市公共资源交易平台的趋势，推动成立太原公共资源拍卖中心和太原天心公共资源拍卖中心2个公共资源拍卖中心。在国Ⅴ油品升级过程中，争取省商务厅支持，以确保全市国Ⅴ油品升级工作如期实施。推进全市早餐工程建设。全市已建成“主食加工配送中心”9个，面积10.26万多平方米；经营放心早餐店360个、早餐流动车等620个。自“放心早餐工程”规范化活动实施后，900多个早餐网点经营状况显著改善，多数早餐店和流动车出现门庭若市的景象，连年亏损的双合成早餐车首次实现盈利，带动全市早餐市场向安全、卫生、便捷的良性方向发展。 （办公室）

【招商引资】 完善招商引资制度。建立责任分解和月度通报制度，对13个县（市、区）开发区（园区）招商部门进行责任目标分解及每月通报。建立报告制度，实行招商引资签约项目“零报告制”和对“2016年民营企业助推山西转型创新发展大会签约项目进展情况建立工作月报制度”。加强项目分析研判。增强招商引资工作的系统性，对各县（市、区）、开发区（园区）内重点招商产业情况、各区内实施的招商引资优惠政策等内容，开展全市招商引资调研活动，在全市征集筛选一批好项目，以中英对照形式汇编成册；印制太原投资宣传资料，介绍全市的区位、产业等优势和良好投资环境；编印太原市城中村改造专刊，列为重点招商领域，并汇编城中改造的相关政策和重点项目。创新招商引资方式。分析区域发展战略，把握国家政策，承接发达地区向中西部转移的先进产业，实施区域招商、精准招商；主动对接宜家集团佛山商场、北京海富物流有限公司、四川国际石材城、招商能源集团公司、浙江三力士股份有限公司与杭州杭萧钢构股份有限公司等项目，实行点对点招商；利用部门平台、中介平台，为全市招商引资提供信息支持，实行网络招商，以商招商、以企招商，提高招商引资的精准度和成功率。开展系列招商活动。重点围绕全国工商联十一届八次常委会暨民营企业家助推山西转型创新发展大会在太原召开这一契机，参加七场招商活动，共签约具有代表性的、符合山西省和太原市的产业政策的、省外民营企业投资的8个项目，总投资349亿元。做好本地展会的参展招商工作，2016年中国（太原）国际能源产业博览会上，洽谈对接64个项目，达成合作意向34个项目，签订协议（合同）21个项目，总投资达481.33亿元。全国计算机大会上，太原市15户高新技术企业参加展会，展示太原市科技发展的成果。在浙江举办的“晋商浙商创新合作招商活动”中，成功签约2个项目，总投资31亿元。强化服务意识。提高审批效率，复杂的审批事项，手续齐全的在7个工作日内完成审批发证；相对简单的审批事项及备案事项，手续齐全的在3个工作日内完成，甚至即来即办。编印《太原市外商投资企业实用手册》，为企业的发展、工作提供政策依据和工作便利，帮助协调解决外资企业提出的困难和问题。及时跟踪签约项目，了解项目进展信息，重点跟踪三胞集团、宜家家居、招商能源、红星美凯龙、卓达集团和清华同方等

项目。助力开发区发展。完成市级层面开发区扩区和新区申报工作。为太原经济开发区争取省财政贴息补助5725万元。

（办公室）

【外贸转型升级】 加快培育外贸新业态。改革创新，促进外贸综合服务企业、跨境电子商务等外贸新业态快速发展。太原市跨境贸易电子商务平台上线运行，山西维佳科贸有限公司启动巴林海外仓山西特有商品精品展示中心项目，山西易联支付数据有限公司等也正加强与美国加州企业合作，加快外贸综合服务平台和“海外仓”建设。承接东部地区加工贸易产业转移。出台《关于支持承接加工贸易产业转移若干意见》和《太原市承接加工贸易产业转移目标考评办法》，结合实际，以电子信息产业为重点的承接产业，市重点承接项目——“太原富士康苹果手机区外保税维修业务项目”经商务部和海关总署批复同意，加紧安装调试，组织试生产。抢抓“一带一路”战略机遇。出台太原市参与建设丝绸之路经济带和21世纪海上丝绸之路实施方案。首次组团参加在福州举行的“21世纪海上丝绸之路博览会暨第十八届海峡两岸经贸交易会”（简称“海交会”）和“首届联合国海陆丝绸之路城市联盟城市论坛”等活动。在新疆国际会展中心召开的第四届丝绸之路经济带城市合作发展论坛上，太原市被吸收为“丝绸之路经济带城市合作发展论坛会员城市”。拓展外贸发展空间。加强外贸主体建设，新增外贸企业152户，自由技术进出口登记2户，软件出口登记1户。申报各类外经贸发展专项资金和补贴3867.3万元，助力企业开拓国际市场。联合中信保召开全市外贸企业政策宣讲会，便于企业了解国家和省的各项外贸政策。宣传公平贸易、世贸组织的相关政策、法规，为企业在国际市场上公平交易做好服务。（办公室）

【经济交流与合作】 支持企业“走出去”。为太原市“走出去”企业争取200万元人民币的外经贸发展（对外投资合作事项）专项资金。截至2016年，全市到境外投资的企业共有32家，与上年同期相比增加18家，占全省对外投资企业总数的76.19%。对外投资总额约66亿美元，境外投资的行业主要集中在采矿业、金属加工业、批发零售业、房地产和农业等领域；投资的国别和地区主要是美国、加拿大、澳大利亚和中国香港地区。主动对接京津冀及环渤海地区，加强区域经济合作交流。发挥区域合作联席会议机制的作用，将旅游文化、轨道交通、环保、电子信息等方面的10个大项目、好项目，推荐给环渤海市长联席会，刊登到《2016年环渤海区域合作项目册》，向环渤第区域50个成员市推荐。利用联席会平台，介绍和推荐太原市招商引资政策和投资环境。

（办公室）

【行业管理】 加强商务依法行政。按照依法行政工作要求开展各项工作。完善权责清单，做好动态管理，规范权力运行。建立行政执法检查“双随机一公开”制度，规范行政执法工作。深化行政审批制度改革，依规对行政审批中介服务事项进行清理，7项行政服务事项进驻市政务服务中心，规范办事流程，方便群众办理。按要求和程序废止5件超过有效期的规范性文件。推进法制工作建设，搞好行政权力事项承接落实工作，通过参加会议、当面对接等方式，加强与基层部门的联系和沟通，使下放工作落实到位。提升公共服务效能。共受理办结审批157件，其中新设立外商投资企业6户，外商投资企业变更许可12户、变更备案12户；酒类许可证审核127件，通过年检的企业共1030户，淘汰率达21.7%。组织太原市219家外商投资企业联合年报工作，实际参报企业206家，参报率达94.06%。外贸企业备案新增152户，变更133户，“三证合一”更换备案登记197户，自由技术进出口登记2户，软件出口登记1户。对全市65家典当行和6家分公司、63家拍卖企业、251个加油站和9个成品油批发企业进行年度年检。单用途商业预付卡备案发卡企业50家。

加大市场监管力度。加大对大型零售企业的日常监管力度，巩固太原市清理整顿大型零售企业向供应商违规收费工作成果。对成品油市场，重点检查加油站经营主体资格，开展油品升级工作，比国家规定的时间提前供应国Ⅴ车用汽柴油，配合安监、消防安全专业管理部门做好成品油市场安全运营工作。对单用途发卡企业开展执法检查和专项整治工作，对其发卡规章制度、预售资金存管等情况进行监管。打击侵犯知识产权和制售假冒伪劣商品，重点开展保护注册商标专项整治、打击网络侵权盗版专项治理“剑网行动”、农资市场“红盾护农”专项执法检查、知识产权执法维权“护航”、打击“土炼油”“三黑”等专项整治行动，受理和处理申诉举报10000余件，查处侵权假冒案件900起，捣毁制假售假窝点50个，审理制假售假案件60件，总案值达5000余万元。抓好安全生产工作。坚持“安全第一，预防为主，综合治理”的方针，落实安全生产工作责任制，健全“党政同责、一岗双责、失职追责”的安全生产责任体系，制定太原市商务局党组《党政同责一岗双责失职追责暂行办法》，明确和细化直属单位和监管行业的责任和任务，夯实安全责任，开展宣传教育和安全生产监督检查，把安全生产“红线意识”贯穿于安全生产监管全过程，确保商务系统安全形势稳定。（办公室）

粮食供销

【概述】 2016年，太原市粮食局贯彻落实党的十八大和十八届三中、四中、五中、六中全会及习近平总书记系列重要讲话精神，围绕国家粮食安全新战略核心，服从服务于太原市“一个建成，六个更加”的战略布局，树立“四个意识”，深化改革、强化管理，促进粮食企业转型发展。市粮食交易管理中心落实国务院粮食安全省长责任制中储备粮全部实行网上公开交易的要求，在全省粮食系统首家建设市级粮食网上交易平台，为市级

储备粮轮换节约费用，每年为企业增加交易费收入120万元左右。（魏建文）

【党建工作】 学《党章》，学党规，学系列讲话，围绕“四讲四有”进行四次专题研讨。为基层党组织发放学习资料3000余本、党旗85面，培训“两学一做”学习教育基层党务骨干65人，推动全系统23个基层党组织、1843名党员开展“两学一做”学习教育。完成党费收、补缴工作。共有1025名党员补交党费136093元。开展党员组织关系集中排查工作。共排查失联党员161名，对6名党员按规定进行处置。23个直属党组织全部如期完成换届选举工作。开展“党员先锋行”主题实践活动，参加“五城联创”活动，局机关及所属7个单位保持太原市文明单位标兵称号。全年共举办道德讲堂6次。

落实“两个责任”，抓好党风廉政建设和反腐败斗争。与21个直属单位33名党政负责人签订《党风廉政建设责任书》，坚持一级抓一级，层层传导压力，逐级强化责任。制定、修订《太原市粮食局重大行政决策合法性审查规定》等7项规章制度，做到年初有专题部署，年中有督导落实，年底有考核评议。市级储备粮油轮换全部在国家级平台进行公开销售和采购；危仓老库改造及粮库建设等项目按程序进行公开招标，从源头上堵塞漏洞，防止腐败现象的发生；在全局系统集中开展节假日等重要节点“收受礼金红包”“婚丧嫁娶大操大办”“公车私用”等专项整治活动。配合市商务局、市直纪工委查办发生系统内案件2起；查处违反治安处罚法的案件1件；对上级转办10件涉纪信访件，全部按规定进行办理；对3名局管干部进行纪律处分和组织处理。（魏建文）

【粮食安全】 构建粮食安全省长责任制考评体系，压实粮食安全考评责任。成立考核领导机构和工作机构，将考核责任落实到县（市、区）政府和市直相关部门，层层传导压力，确保省城粮食安全加快储油罐改造步伐，实现储备油“绿色”储存。2016年，南河湾国家油脂储备库筹资101万元，对8个高18米、直径14米的储油罐加装保温隔热层，改善食用油储存条件，实现了储备油“绿色”储存，超额完成年初计划。加强储备粮监管，科学储粮率达到90%以上，“一符六无”粮仓达标率达到96%以上，“三专四落实”达到100%。秉持“城市改造到哪里，‘流动粮店’就服务到哪里”的理念，强化“流动粮店”建设。全年开展粮食流动供应310次，服务范围覆盖到135个社区（乡村），保障城中村改造及城市道路改造过程中全市的粮食供应，使边远社区（乡村）居民享受到城市中心区居民同质化的服务。第三栋球形仓建设任务按期完成。新城粮库筹资875万元国内首家引进美国先进技术建设的第三栋球形储粮仓完成工程建设及设备安装任务，并通过验收，粮食仓储能力进一步提升。对危仓老库实施维修改造，消除安全隐患。投资1467万元对5个县（市、区）、7个直属企业54850万斤仓容的危仓老库进行维修改造。（魏建文）

【粮食流通】 保证省城粮食市场供应。截至11月份，全市粮食收购3.9亿斤，粮食销售15.5亿斤，产销衔接省外调入粮食8.3亿斤，省城粮食市场货源充足、品种丰富、价格稳定。扩大粮食应急供应网点覆盖范围，确保每个乡镇、街办至少有1个应急供应点，每3万人至少有1个应急供应点。全年落实应急供应网点137个，粮食应急加工企业8个。贯彻落实国家和省的粮食收购政策。在新闻媒体宣传国家、省、市粮食收购政策和价格信息，引导种粮农民适时、合理销售粮食。组织开展粮食收购专项检查，维护粮食收购市场秩序，保护售粮农民利益。实行信息周报制度，调查了解收购最新动态，为掌控粮源提供第一手资料。严格粮食收购资格审核，对5个不符合条件的企业进行注销或暂停其收购资格。为全市新城国家粮食储备库新增省级储备小麦1000万斤，7月份，新增储备入库工作已全部完成。加强粮油价格监测网点建设，及时掌握粮油市场动态和市场形势，定期向国家和省市有关部门报送太原市最新粮食价格信息，截至11月，共报送价格监测信息54期，报送动态分析12期。做好国家政策性粮食定向销售工作。合理利用粮食资源，定向销售超期储存的国家政策性粮食（玉米），涉及全市参加竞买竞卖的企业有9个。太原市粮食局严把购买资格审核关，严把政策性粮食出入库关，确保销售的粮食不流入口粮市场。举办世界粮食日和全国爱粮节粮宣传周主题宣传，组织开展粮食减损增效进农村、进学校、进家庭“三进”活动，发放宣传资料1500余份，通过市级

太原市粮食局举办粮食质量安全事故应急处置培训演练

主流媒体推广节粮、减损、增效技术，倡导“爱粮节粮，从我做起”的社会风尚。组织9家粮食（小杂粮、玉米）加工企业参加“2016山西粮食（小杂粮玉米）产销衔接会”，小麦、玉米、杂粮、食用油等产销衔接签约总量5.65亿斤。销售军粮350万斤，开展上门送粮服务500余次，提升军粮供应管理水平和服务水平。全市应急小包装储备粮规模由1800万斤增加到2979万斤；对不具备承储条件的企业及时进行调整，将面粉二厂承储的应急小包装面粉调整为应急小包装大米，储备指标调整到直属库，确保应急小包装储备粮油安全。争取省粮食局的支持，为新城储备库新增省级储备小麦1000万斤，夯实省城粮食安全的物质基础。

（魏建文）

【储备粮管理】 层层签订“储备粮管理责任书”，构建市局、仓库（县局）、科室、保管员四级责任管理体系，层层明确责任，狠抓落实。加强粮情监控，实施粮情月报制度和粮情预警机制，对不同等级的粮情实行有序监控，准确掌握储备粮粮情状况，确保储粮安全。开展春季、秋季“四无粮仓”大检查，提高检查的针对性和精准度，对发现的问题，进行“点穴式”整改。定期召开仓储例会，推广先进经验，鞭策后进单位。建立日常检查工作长效机制，法人代表必须每月对粮情全面检查一次，分管领导必须每旬对粮情检查一次；持续实行“一线工作法”，使主要领导入粮库、上粮垛、查粮情成为工作新常态，以上带下，推进保管员“天天入库”长效机制的建立和落实。采取“四不两直”的办法，对制度执行情况和相关记录台账进行突查，定期通报，并将检查结果与评比及干部任用紧密结合起来，奖优罚劣。落实“属地管理”的储备粮监管原则，依法依规对辖区内各级储备粮承储企业，负起监管责任。同时，强化县级调控粮油的管理工作。通过公开拍卖（采购）的方式，对3790吨市级储备油进行轮换工作，11月24日，完成市级储备油入库验收工作。启动33300吨市级储备小麦轮换工作，除北城储备库12000吨市储小麦，因小东门道路维修改造无法进行外，其余21000吨市级储备小麦通过公开拍卖，出库工作已全部完成，入库招标工作也已完成。加强储备粮质量监管，全年对13个市级储备粮储存库点进行春秋两季扦样检验，抽取样品111个，代表数量40万吨，所抽库点质量合格，品质宜存。对轮出的市级储备粮及时进行扦样检验，抽取样品16个，代表数量33000吨，实现粮食质量源头把关。争取省财政资金820余万元，对12个企业54850万斤仓容的危仓老库进行维修改造；争取市财政资金280余万元，为储粮企业配置统一的安全警示牌500块；购置正压式空气呼吸器28套；对南河湾国家油脂储备库8个高18米、直径14米的储油罐加装了保温隔热层，并进行泡沫喷淋灭火系统建设，使全市仓储基础设施整体水平得到提升。 （魏建文）

省粮食局党组书记、局长丁文禄在太原市粮食系统调研

【粮食监管】 强化粮食流通监督检查工作。组织开展粮食收购检查、粮食流通统计制度执行情况检查、政策性粮食供应检查、粮食仓储设施设备检查、最低最高库存量检查、“放心粮油”经销网络检查等专项检查，联合工商、质监等部门开展联合执法行动，维护省城粮食市场秩序。组织开展粮食库存检查，确保储备粮油数量真实、质量良好、储存安全。做好政策性粮食出库监管工作，防止“转圈粮”等违规违纪现象的发生。加强系统内部粮食加工企业产品质量监管工作，落实跟班检验制度和产品检验制度，严肃责任追究制度，防止不合格产品流入粮食市场。加强粮食质量监管工作，防止不符合食用标准的粮食流入口粮市场。加强粮食流通监督检查行政执法体系建设，建立粮食经营者名录库和粮食执法检查人员名录库，推行粮食流通监督检查“双随机”制度，检查过程更加公开透明，检查结果更加客观公正；与石家庄、阳泉等地的粮食行政管理部门签订《粮食流通监督检查行政执法合作协议书》，探索粮食流通监督检查工作无缝隙、全覆盖的新路径。全市全年组织开展各类检查合计367次，出动人员1106人次，检查企业1601个次，维护省城粮食市场流通秩序。

（魏建文）

【安全生产】 坚持“预防为主，综合治理”的方针，落实“党政同责、一岗双责、失职追责”的规定，制定安全生产监督检查计划，落实安全生产目标管理责任，建立安全生产“测评体系”，采取“四不两直”、明察暗访等方式，按照“全覆盖、零容忍、严标准、重实效”的要求，对所属企事业单位安全生产进行监督检查。全年共派出检查组80个，对21个企事业单位共检查239人/次，发现并整改隐患

99个,实现安全生产无事故的目标。

（魏建文）

【帮扶建设】 将民生工作和帮扶工作列入重要议事日程,用实工、出实招,帮助企业和职工解决实际问题,维护粮食系统稳定。为粮油供应公司等4个道路改造拆迁企业,争取政府拆迁补偿1013万元,解决职工的安置问题和企业的生存问题;争取政策支持,为14名职工办理特殊工种提前退休手续;筹资1100余万元,对三餐源食品厂等3个单位的老旧职工宿舍实施维修改造,解决职工的生活难题;网上注册困难职工113人,发放送温暖慰问金6.9万元;为5名职工发放金秋助学金共计2万元;争取市总工会支持,为4名省劳模和2名市劳模申请困难救助,为2名重大疾病和11残疾困难职工申请救助,为15名特困职工申请特困职工救助;开展"送清凉"活动,为一线职工发放慰问品200份。

（魏建文）

中石化太原石油分公司

【概述】 2016年,中石化太原分公司开展"两学一做"学习教育活动,以提升"两力一精神"活动为平台,推进依法治企、从严治企,丰富非油品牌市场影响,多元化建设终端网络,抓三基、促发展,全市系统未发生任何安全事故,树立国有企业的品牌形象。1–10月份,累计销售成品油39.77万吨,同比增加0.6万吨,增幅1.53%,完成年度目标51.17万吨的77.72%。其中,零售30.43万吨,同比增加0.37万吨,增幅1.24%,完成年度目标39.37万吨的77.29%。直销批发9.34万吨,同比增加0.23万吨,增幅2.5%,完成年度目标11.8万吨的79.15%。实现非油品营业额1.31亿元,完成年度目标的88.16%,超累月计划719.84万元,综合毛利率为5.28%。年内新增的南海街充电站字9月上旬投营后,创收31万元,发展势头良好。前十个月,公司考核利润亏损70.2万元,报表费用总额13080.86万元,同比减少1280万元。吨油费用328.91元,比上年同期指标高27.65元。

（办公室）

【营销手段】 各县区公司结合所属加油站周边市场实际情况、竞争环境、客户特点、高峰期特点,有序开展汽油择日、周末优惠营销活动,提高车辆进站率、加满率、回头率。从十一月份起,在全省系统率先开售98#汽油,各种促销宣传活动同步铺开,赢得中高档车辆的认可和追捧。强化银企联手,挖潜合作增收。与太原公司合作的银行和企业达到10家,合作模式以及合作内容愈加成熟。例如联手银联试行"小额免签免密"等支付服务,从细节上体现"以人为本"服务宗旨,巩固并扩大加油站、合作方、消费者"三赢"局面。携手百度促销,挖潜互联网+。太原公司顺应时代发展要求,主动加快"两化"深度融合,构造"互联网+"经营新生态,以联手百度公司开展促销活动为切入点,启动线上线下同步营销的新模式,拉动零售增量。分级开发市场,挖潜新客户。公司调研各县域市场的客户分布状况,通过现场走访和零售系统资料分析,锁定潜在目标客户,要求零管部、县区和加油站负责人以"IC卡"为媒介,落实三级开发责任制,发挥各自优势对境内潜在客户进行开发,做大客户资源池,为后续扩销增量创造条件。同时,公司在汽车销售企业、4S店、检测线等单位开设IC卡销售服务点,实现与新生客户的无缝对接。加大跨界联盟,挖潜社会资源。接触社会知名企业,尝试跨界联盟,将第三方资源应用到加油站服务体系,通过促销让利、提供免费赠品等方式,降低促销成本,提升促销效益。例如,携手"车欢洗"推出充值送洗车券、与净水机厂家开展充值送净水机等活动,为零售量的稳定增长创造条件。（办公室）

【直销业务】 完善客户经理管理办法,实现管理创效。完善《客户经理考核办法》,将"客户经理管理绩"效纳入对客户经理的考核中。通过对客户经理出勤、客户走访、皇后园值班、市场信息收集反馈、其他随机工作等五项管理工作进行考核,将客户经理平时的基础工作和销售工作有机结合联系起来,使客户经理平时的工作更有目的性,销售前的基础工作更加扎实,客户经理销量也随之显著提升。加大汽油的销售力度,实现资源创效。2016年,公司利用省公司关于汽油销售的价格政策、激励机制扩大汽油销售。增加对老客户山西省级机关加油站、山西长城石油、西山煤电、太原钢城加油站、洋浦石油客户的供应比例,使汽油销量较往年同期显著提升,到10月底太原公司汽油销售累计完成12851吨,

同比增加8753吨,增幅为213.59%。与中石油联手做好"量价互动",实现竞合创效。在对大客户的营销中,特别是在太钢矿业公司等黄金客户的业务运作中,与中石油进行不定期沟通协调,联手推价,确保效益最大化。对于新客户和价格过于敏感的老客户,按照省公司要求,与中石油价格保持一致,确保销量不减,利润不失。强化老客户维护工作,实现客户创效。对所属客户进行分类,制定客户分级维护方案,对新老客户逐一走访,在厉行节俭的前提下,结合"油非互促"活动,做到红线不碰、情感不丢,增进彼此的沟通,稳定与扩大客户在公司的购油比例。（办公室）

【品牌营销】 县区机动调剂,开展联动营销。太原公司紧盯烟草等常销、大宗商品,采取县区间机动调剂措施,开展联动营销,最大化调动货源流通,既满足销售需求,又降低积压风险、减轻资金周转压力,增进县区之间的沟通协调,一项举措收到多重效果。送培到站,助力核心商品营销。对燃油宝等15种核心商品进行单独下任务、单独考核、单独奖励,提高员工销售积极性。组织销售标兵深入各县区开展燃油宝、尾气处理液等核心商品营培训,通过全员努力,太原公司燃油宝等核心商品销售迅猛增长,并在燃油宝培训及销售竞赛中获得全省第一的成绩。开发大客户,做大易捷品牌营销。公司成立大客户维护中心,每月对大客户进行登记存档,跟踪维护,实行市公司、县区公司、加油站三级管理制度,各司其职协同作战,利用拜访客户的时机,将带有明显易捷标识的商品摆放到顾客办公桌上,推销到客户的单位,提高易捷品牌的市场渗透力。同时,公司参与太原市大型商荐会,以"茶博会搭台、易捷唱戏"等方式,立体展现非油业务,提高品牌社会影响力。推进综合服务商建设,实现战略营销。太原公司建设综合服务商,抢滩新能源领域,率先建成全省系统首座充电站,将非油业务的领域进一步扩大,同时收到良好的经济效益。截至10月底,南海街共实现营业额308268.37元,已成为非油线条令人瞩目的新利润增长点。此外,公司与太平保险、中国移动等企业开展合作,逐步将综合服务商建设战略转化为营销模式。（办公室）

【多元化发展】 公司根据2016年建设项目投资计划,结合工作实际,对部分加油站实施提量改造、隐患治理、液位仪布线以及油气回收装置安装,靓化外观形象,提升加油站的软硬件质量。落实加油站还建工作,在年内开工建设马练营、玉门河2座城区加油站,从而结束太原公司"二十年城区无新建站"的历史,为后续经营增量提效创造条件。调研新能源市场,提前安排周密部署,利用企业闲置土地低成本建成并投营全省系统首座充电站。（办公室）

【安全监管】 按照"党政同责、一岗双责、齐抓共管"的要求,落实各级安全责任,公司与所属24个职能部门以及1068名员工层层签订安全目标责任书,做到安全责任全岗位覆盖。推进各项安全培训工作,对油库主任、操作人员和10个片区经理、站长、安全员进行安全知识培训和安全管理及作业许可培训,提升全员的安全素质和安全知识水平。坚持以查促改,定期开展"三违"检查整治,从严要求员工规范现场操作,养成敬畏红线、坚守底线的安全习惯。在数质量方面,重视油品出入库管理,规范和细化作业规程,做到每天出库油品必检。四季度,太原公司落实省公司及市政府车用汽柴油置换工作文件精神,对油库油罐及管线进行清理,设置98#汽油专用罐,实行专罐、专管、专车专用,保证油品质量。同时,采取四不两直方式,对所有在营站开展高频率数质量抽查、夜查,把牢油品出站关,维护企业的数质量品牌形象。（办公室）

【精细化管理】 2016年,太原公司层层签订扭亏脱困责任书,明确并分解具体目标,要求财务部门牵头落实"精细化管理出最大效益"思路,强化目标成本管理、资金管理、损益管理以及降本增效管理。公司按照内控制度,强调过程控制,持续完善财务预算分析评价考核职能,重点开展加油站日常核算清账情况梳理汇总、营改增及内控制度专项培训、委托站财务集中培训、收集降本增效好建议、严控承兑汇票收取、规范费用报销业务流程、加强费用审计等工作,促进管理创效。（办公室）

【人力资源体系】 以提升"两力一精神"活动为载体,以调整薪酬分配制度、完善小站委托管理、加快用工改革为抓手,激发工作活力。制定《太原石油分公司2016年绩效考核暂行办法》，以业绩论英雄，奖惩到位，不搞平均主义，对县分公司按月考核，得分直接挂钩薪酬。同时对经营任务完成较差的加油站站长和县分公司经理，开展诫勉谈话。根据省公司整体工作部署进行加油站委托管理验收专项检查，针对检查中提出的问题，按要求逐步整改，且力求委托站管理在探索中逐步规范。推进深化用工制度改革。根据《山西石油分公司劳务派遣制员工调整用工形式工作方案》精神及2016年1月26日省市公司关于调整用工形式会议精神，召开会议研究确定调整用工形式工作流程及具体实施办法，并组织劳动合同签订工作小组集中学习相关政策，确定调整用工形式人员及继续劳务派遣人员信息，与各相关部门、县(区)分公司进行核对，最终劳务工转合同制员工共有424人，全部签订劳动合同，从而建成以合同管理为核心、以岗位管理为基础的市场化用工机制。 （办公室）

供销合作社

【概述】 2016年，太原市供销社以党的十八大、十八届五中、六中全会精神为指引，以开展“两学一做”学习教育为动力，学习贯彻习近平总书记在农村改革座谈会上的重要讲话精神，结合实际情况，贯彻落实《中共中央国务院关于深化供销合作社综合改革的决定》《山西省委省政府关于深化供销合作社综合改革的实施方案》，围绕全市工作大局，保稳定，谋发展，推进供销社综合改革，完成省、市年度目标责任考核指标任务。市社开展清产核资工作，为综合改革工作的开展奠定基础。 （办公室）

【综合改革】 娄烦县供销社作为全省供销社系统25个试点县社之一，制定综合改革实施方案，并开展试点工作：一是构建农业社会化服务体系。建成惠农服务中心3个，新建改造庄稼医院3个，建设村级惠农服务站30个，土地托管服务面积完成15000亩。二是推进基层供销社改造。改造建设城关供销社、马家庄供销社2个基层社。三是规范发展专业合作社。发展旭强养殖专业合作社、思乐园种养生态专业合作社、马可种植专业合作社。农产品注册商标认证1个，农产品绿色、有机、无公害认证1个。四是推进城乡综合服务社建设。完成静游镇城乡综合服务中心和马家庄乡蔡家庄城乡社区综合服务中心建设。五是推进农村电子商务建设。成立省供销社“农芯乐”商城娄烦县电子商务中心，对县内8个乡镇，115个行政村实行对接，人员进行培训。六是开展农村资金互助合作试点。娄烦县社与娄烦县通利达养殖合作社成立农村资金互助合作社，入社社员34户，筹集股金7.5万元，依法开展资金互助合作。七是提升农产品流通服务。在县城南大街以北与河家庄社区对接，改建、扩建农产品流通服务批发市场。通过综合改革，2016年娄烦县供销社及农民专业合作社利润完成81.8万元，安置下岗职工人数42人，安排农村剩余劳动力50人，为农民增收121.7万元，拉动社会其他行业直接经济收入25万元。

除试点县外，其余县区供销社因地制宜开展综合改革工作。在农村电子商务建设、土地托管、完善农村社区综合服务中心建设和提档升级、发展专业合作社、开展农民资金互助等方面取得进展。特别是阳曲县推动县域供销电商发展，构建县域物流体系。以太原市供销社百合盛公司和阳曲县供销社微创云公司为建设主体，已投资500余万元，其中，市社利用改革发展扶持项目资金支持75万元，在阳曲县穗华物流园区共同打造太原市三农综合服务智能平台。2016年底基本完成电商服务中心建设，建设内容包括电商运营大厅、电商培训中心、电商办公区、农产品展示大厅以及农产品孵化中心等，完成乡镇电商综合示范服务中心前期规划设计工作等。（办公室）

【惠农工程】 落实省社《关于下达2016年“农业社会化服务惠农工程”任务指标分解的通知》精神，启动实施“农业社会化服务惠农工程”。以土地托管、农资供应、智能配肥、农机服务、统防统治、代耕代种、农民培训等为主要内容，为农民提供一站式服务。在9个县(市、区)，建成惠农服务中心5个、农村社区综合服务中心2个、惠农服务站44个、庄稼医院6个，完成土地托管服务90000亩。尖草坪区农资公司惠农服务站投资20万元购买了玉米收割机和三轮车，为农民收割玉米并运送回家。尖草坪区社对已建成的5个农村社区综合服务中心进行了提档升级，增加了日间照料、养老、托幼等服务，强化了为农服务功能。

创建综合服务社。开展农村综合服务社星级创建工作。2月，下发《太原市供销合作社联合社关于开展农村综合服务社星级社创建工作的通知》，对现有的农村综合服务社进行星级创建工作，5月31日，已完成星级评定工作，评定四星级综合服务社11家。 （办公室）

【农资供应】 太原市供销社及各县(市、区)供销社，发展农业生产资料现代经营服务网络建设，发挥供销系统农资流通主渠道作用，满足全市农业春耕春播市场供应，做好农资春耕备耕商品储备，采取“淡储旺销”“保供稳价”“联储联销”经营模式，确保农民朋友用上安全、放心、价格合理的农资商品。春耕备耕期间，太原市供销社系统农资企业储备化肥23560吨，销售化肥22000吨，销售额4350万元；储备农药700吨，销售农药700吨，销售额735万元；储备农地膜34吨，销售农地膜26吨，销售额60万元。全年全系统农资销售19828.4万元，同比增长65.5%。 （办公室）

【转型升级】 市物资回收利用总公司加强再生资源回收体系建设基础，提档升级5个回收站亭；与环卫部门对接，在促进垃圾分类处理网与再生资源利用网的深度融合上进行探索；做好公共机构

废旧商品回收工作，建立较为稳固和畅通的购销渠道。市果品茶叶总公司和市南部果菜市场继续开展“产销对接”“农市对接”，抓好以蔬菜、水果为代表的农产品流通，满足市场供应，助农增收，服务农民，方便市民。市果品公司帮助阳曲县东黄水镇马沱村民销售积压的南瓜。通过引进新品、增设新店、参加展会等措施，打造“乾和祥”“一品香”山西花茶第一品牌。市土产日杂公司对太原市抗震救灾30多种储备物资加强管理，参与展销会，开展防灾减灾宣传，推动储备物资流转。市农资公司推广有机肥和复合肥，市日杂副食公司扩大茶叶、五金电料等无店铺经营业务，市粮油副食公司开展面向“三农”的SC(质量安全)认证和农产品有机认证等信息交流、业务培训、咨询服务。清徐县社、尖草坪区社等抓好应急救灾物资储备工作，带动相关经营业务的开展。以项目建设助推企业发展。完成市果品茶叶副食总公司2015年农业综合开发项目“太原市5000吨冷藏保鲜库升级改造项目”所申请的150万元财政资金进行政府采购;“新网工程”山西农合城冷藏物流有限公司农副产品冷链物流配送改扩建项目经市财审中心评审通过后财政扶持资金200万元已到位;尖草坪区供销社食品酿造一厂扩大生产规模项目的86万元扶持资金拨付区财政。娄烦县周家窑养殖专业合作社土地托管项目申报2016年农业综合开发项目,申请中央财政资金300万元,已通过省社项目评审,报送总社。清徐县社农村日用消费品配送中心二期1800平方米仓库建设工程,投资共计100万元,该项目已建设完工。(办公室)

【精准扶贫】 按照省社《关于组织开展“百社万户”精准扶贫“建档入网”“对接政策”工作的通知》,系统“建档立卡”143户帮扶户,统一填制贫困户信息表格,并与当地扶贫办对接,于年底前上传至《全国扶贫开发信息系统》。在对口扶贫村阳曲县大盂镇移动新村，市社机关全体党员进村入户，开展结对帮扶工作，与该村63户贫困户建立一对一帮扶机制。开展捐款慰问活动。第一书记和驻村工作队员投入项目资金15万元，带动各类投资140万元帮助该村新建村委会和社区综合服务中心、发展光伏发电产业项目，在年内帮助63户贫困户全部脱贫。

开展电商扶贫工作，投入项目资金95万元，推动全市供销系统电子综合服务平台建设与阳曲县农村电子商务平台建设融合发展，通过网上供销社集聚系统资源为农民提供电子商务和公益服务，在试运行期间已实现线上交易额3000多万元。(办公室)

【网络建设】 完善“三农”综合服务智能平台模块和内容，在手机客户端为农民群众提供涉农政策、农村社区、涉农商务服务。将电子服务平台落户阳曲县，以强化电子商务为突破口，打造“网上供销社”。清徐县社盐业公司与“好朋友”连锁有限公司共同成立“清徐县新供销服务有限公司”，构建该县农产品网络销售平台。市社直属企业利用微信开展微营销工作，取得一定效果。(办公室)

【安全稳定】 狠抓安全工作，举办2016全系统安全生产培训，增强和提高安全意识及从业素质。强化制度建设与执行，社主要领导和分管领导亲自带队，对本系统所属市场等人员密集场所、再生资源回收站点、分拣中心及烟花爆竹仓库等重点部位加强防控，反复检查，清除事故隐患，全系统无一例事故发生。维护稳定大局，做好信访工作，为职工办实事解难事。小店区社争取政府财政支持，对下属四个特困企业的职工养老金欠缴部分进行补缴；万柏林区社协调解决小井峪、东社供销社经营网点因城中村改造拆除造成的职工安置、经济补偿等遗留问题；晋源区社抓住“明太原县城复兴工程建设”的机遇，启动晋源供销社企业拆除破产工作，维护安定团结的局面。

(办公室)

建筑业

【概述】 2016年，太原市住建委组织实施城市主次干道、桥梁、支路网建设64项；启动城中村改造26个；组织实施农村危房改造3660户；推进既有居住建筑节能改造，完工518万平方米；房地产开发完成投资632亿元，同比增长18.8%；商品房竣工面积298.6万平方米，商品房销售额367.3亿元。汾河美化治理三期完成工程总量的30%；11中、27中、幼师等一批新校代建项目陆续投入使用；设施提升工程完成投资263.16亿元；城市安居工程完成投资833.31亿元；城中村改造完成投资104.7亿元；环境提质工程完成投资88.14亿元；四大工程共完成投资1289.31亿元，超出年度任务30个百分点。海绵城市启动试点建设。（仙　峰）

【基础设施建设】 组织实施城市主次干道、桥梁、支路网建设64项，总里程116千米，完成投资230亿元，五一路、滨河西路南延、卧虎山路、新晋祠路、摄乐桥等43个新建和改建项目相继完工，完成道桥建设任务；轨道交通2号线一期全面开工，完成投资32.77亿元，1号线、3号线前期工作也在加紧推进。（仙　峰）

【城中村改造】 把城中村改造作为重大民生工程、发展工程、战略工程，2016年启动城中村改造26个，同步加快推进2015年改造村的拆除扫尾，22个村基本完成整村拆除；拆除面积736万平方米；启动安置房建设3.9万套；投入资金364亿；拆除土小锅炉5500台。（仙　峰）

【建筑节能】 持续抓好既有居住建筑节能改造，实施改造643万平方米，完工518万平方米；新增二星级以上高星级绿建项目3个、87.8万平方米；新建政府投资公益性建筑全部执行绿色建筑标准；新建项目设计节能专项备案1380.25万平方米，建筑节能强制标准执行率100%，其中新增可再生能源应用面积达72%。（仙　峰）

【村镇建设】 提升农村人居环境质量，组织实施农村危房改造3660户；对1处历史院落进行保护修复和周边环境整治；晋源区程家峪村列入中国传统村落名录。（仙　峰）

【重点工程建设】 建立健全推进机制，层层分解目标责任，坚持月调度、月考核、月排名，推动重点工程建设项目提质增效。项目落地425个、落地完成额2133.7亿元；项目开工410个、开工完成额1783.7亿元；重点工程建设完成投资1798.66亿元，其中省重点工程完成投资397.49亿元；项目投产256个、投产完成额1792.7亿元。（仙　峰）

【行政审批】 创全年核发《建筑工程施工许可证》876个；办理《安全生产许可证》557个；工程竣工验收备案项目212

新建的摄乐桥

改造后的五一路

农村危房改造前

农村危房改造后

个；资质审批和初审3561件；组织工程招标813次；受理施工图审查备案项目1023个，审查备案率100%；办理施工合同备案256项；竣工结算备案112项；组织工程招标813次，对非国有资金投资项目招投标实行事后备案，通过系统升级改造实现全流程电子化招投标。 （仙 峰）

【建筑业发展】 引导建筑企业做大做强，1家企业升为总承包特级资质企业，4家升为一级，6家正在申报一级。鼓励企业进入资本市场，山西众至诚通信传输有限公司在新三板上市。建筑业产值达2282亿元，增幅超过15%。房屋建筑施工面积940.8万平方米，竣工备案面积293万平方米。 （仙 峰）

【工程质量管理】 推进工程质量治理两年行动，把质量视为工程建设的生命，争创“百年工程”。全年监督房屋建筑工程675项、940.8万平方米，市政工程56项、105个标段，监督覆盖率、一次竣工验收合格率、工程质量责任永久性标牌设置率均为100%。 （仙 峰）

【安全生产监督】 开展标准化工地创建、星级标化工地评选工作，47个房建项目工地、9个市政项目标段获得省级标化工地称号，实现全年安全生产零死亡的目标。 （仙 峰）

房地产管理

【概述】 2016年，太原市房管局落实国家、省调控政策，代市政府起草出台《关于化解房地产库存的实施意见》，加强供给侧、需求侧政策双向调节，建立协调推进、领导干部帮扶项目工作机制。与相关部门沟通配合，落实调整供应结构、控制土地供应、落实公积金及信贷优惠政策、推行棚改货币化等政策。截至2016年底，全市城区商品房累计可售面积1414万平方米，比2015年底的1528万平方米减少114万平方米。其中，商品住房累计可售面积868万平方米，消化周期11.7个月；2016年，全市城区新建商品房均价为8065.37元/平方米，同比下降1.09%。其中，商品住房7526.45元/平方米，同比增长1.33%。全年商品房库存有效减少，房价基本稳定，房地产市场总体保持健康平稳的发展态势。加大房地产市场整治力度，形成打击违规销售和中介行为的高压态势，对14个涉嫌犯罪的企业将其移送公安部门，对3个拒不履行处罚决定的企业申请法院强制执行，对46个违规项目网上公示曝光，对25家未整改的违规中介函告工商部门查处，净化房地产市场秩序。 （李晓冬）

【保障房建设及管理】 加强对县（市、区）工作指导，组织中期督查、跟踪督办，确保项目进度。制定政府购买棚改服务和棚改货币化的有关政策，组织各县（市、区）获得国开行、农发行“两行贷款”150.76亿元，已发放60.7亿元，使棚改货币化安置顺利推进，解决棚改融资难题。全年保障房开工46046套（含货币安置22699套），建成41316套，完成投资195.31亿元，分别为年度任务的101.2%、103.3%、162.8%，棚改货币化安置比例50.3%，完成省政府下达的各项目标任务。 （王 峰）

扩大保障覆盖面，将低收入家庭的收入条件由人均月收入1450元放宽到1620元，全年新增保障对象808户。严把资格准入，以技防促公正，全年1603户家庭退出保障范围。2016年，共保障家庭5460户、13045人，发放租赁补贴2005万元。同时，推进实物配租工作，全年实物配租504户，组织对优抚、残疾等8类符合优先保障条件家庭的摸底调查工作，共1620户。 （杜文鹏）

【房产办证服务】 对窗口单位的21个科室、220个岗位，重新配置权力，再造办证流程，办证环节由7个精简到3个。

130余万卷、95%以上的房产档案实现信息化，为打破办证效率瓶颈奠定基础。办证时限从25个工作日缩短到5个工作日以内（其中房产档案已进入办证系统的只需2个工作日）。让抵押业务进驻银行实现“一站式服务”，2个工作日即可领证放贷，方便企业和群众。在不动产统一登记职能划转国土部门、窗口单位进驻为民服务中心后，重新设置流程，实行核档和测绘“内转外不转”，在交易环节保证5个工作日内办结的较高效率。1至9月，完成房屋确权登记2016.8万平方米，发放权属证书13.89万本，分别同比增加82.15%、66.49%，房产抵押登记2.48万套，协助企业贷款融资236.38亿元，分别同比增长103.28%、39.01%。全年房产交易办证5.5万户，交易面积587万平方米，协助征税6亿元以上。

对由于政策法规变更、项目前期建设手续不完善等种种原因，导致房产办证历史遗留问题，党组一班人带领有关处室单位深入企业、社区摸底调研、体察民情，创新思路，勇于作为，对接开发企业和单位115家，分类解决4.3万套房屋的办证历史遗留问题。（牛焕德）

【拆迁安置】 建立国有土地上房屋征收补偿月报制度，摸清征收底数，为政府决策提供参考，全年启动国有土地上房屋征收补偿项目28个，征收房屋10548户，面积40.8万平方米；深入各城区协调解决征收疑难问题，化解征收矛盾；做好房源接管移交工作，全年共接收安置房屋9623套，并与各城区对接做好房屋移交入住办理工作；稳妥推进龙潭片区剩余房屋拆迁工作，与36户居民签订拆迁安置协议，拆除1栋楼、5个院落，对剩余的5户滞迁户按照法律程序推进拆迁；化解拆迁逾期未安置问题，全年共解决7个项目、3655户居民的逾期未安置问题，较全年2300户的目标多完成1355户。

（张晓明）

【直管公房管理】 完成直管公房租赁管理总账、三级账、房管员工作手册、微机数据及实物的清理核对工作，并重新分类造册、登记入账。摸清直管公房资产负债、房屋底数、租赁情况和拆迁未移交等遗留问题情况，分类、分步骤开展清理、清欠工作。投入维修经费1000万元，按计划完成维修任务。整个汛期排查房屋1.4万户、建筑面积58.46万平方米，动员92户危房户搬离，现场排危26处，应急抢修136处，全年未发生安全事故。制定《非住宅直管公房租金调整工作实施方案》，完成49处由个人或个人企业承租的非住宅直管公房房产租金评估工作，规范非住宅协议文本，推进非住宅房产租金偏低问题的治理，10处提租。

（刘宏伟）

【物业服务】 组织起草《物业管理条例》。严格前期物业招投标制度，实现新建小区物业覆盖率100%。加强对城区物业管理部门和工作人员的行业指导和业务培训，推动维修资金催缴工作，催回维修资金1.3亿元，9500万元维修资金增值收益二次分摊，促进资金保值、增值。

（齐聪文）

【信访化解】 主要领导大接访44次，接访案件数85案次、960人次，对省、市交办的各类信访案件，给予回复办理。承担并妥善处理市委、市政府交办的信访案件13件，已化解11件，1件进入法律渠道、1件正在办理，化解率92.3%，促进稳定。富豪大厦、宜佳上东城信访问题基本解决，中和家园、长风东鼎正在推进。历史文化街区改造推进，万寿宫基督教堂、亨升久旧址已竣工，并报市文物局验收。南肖墙关帝庙、西校尉营关帝庙、日式住宅楼已具备竣工验收条件。

（高杨平）

【机构变化】 3月，太原市不动产登记中心成立，4月、8月，市房管局两次下文将局属房产产权登记中心、房产交易服务中心共计104人划转到市国土局下属的不动产登记中心。10月，太原市不动产登记中心正式在市为民服务中心挂牌办公，同时市房管局房产交易服务中心也迁至为民服务中心。（赵　猛）

存量房网签系统论证会

住房公积金管理

【概述】 2016年，太原市住房公积金管理中心以十八大、十八届三中、四中、五中、六中全会精神及习近平总书记系列重要讲话精神为指引，贯彻落实省、市第十一次党代会精神，开展“两学一做”学习教育，扩大公积金制度覆盖面，提高资金使用率，推进业务办理规范化，创新服务手段提升服务水平，住房公积金的制度作用得到有效发挥。全市新增住房公积金缴存职工78056人，归集住房公积金88.34亿元，同比增长14.47%；办理各类公积金提取48.22亿元，当期提取率54.58%；发放个人住房公积金贷款23407户，发放金额

111.72亿元，同比增长65.49%，当期个贷率126.47%；发放公积金支持保障性住房建设项目贷款5000万元；全年实现住房公积金增值收益4.69亿元。截至2016年底，全市实有住房公积金建制单位9585个、实缴单位8661个，建制职工110.66万人、实缴职工87.60万人；累计归集住房公积金676.36亿元，累计办理公积金提取140.08万人次，提取金额418亿元，提取率61.80%，累计归集余额258.36亿元；累计为107969户家庭发放个人住房公积金贷款299.91亿元，贷款余额233.78亿元，个贷率90.49%；累计发放住房公积金支持保障性住房建设项目贷款4.80亿元，回收贷款3.6亿元。2016年，获省住建厅颁发的全省住房和城乡建设工作优秀单位称号。（单宁辉）

【利率调整及年度结息】 2月，根据中国人民银行、住房城乡建设部、财政部《关于完善职工住房公积金账户存款利率形成机制的通知》，从2016年2月21日起，全市职工住房公积金账户存款利率，由按照归集时间执行活期和三个月存款基准利率，调整为统一按一年期定期存款基准利率执行。6月30日，中心完成住房公积金年度结息工作，为8959个单位1094337名职工结转住房公积金利息352877137.87元。（单宁辉）

【缴存基数及比例调整】 7月1日起，全市住房公积金缴存基数和缴存比例进行调整：缴存基数调整为2015年职工月平均工资；缴存比例不得低于单位10%、个人6%，不得高于单位12%、个人12%。基数下限为：六城区及古交市1620元、清徐县1520元、阳曲县1420元、娄烦县1320元，上限不超过15129元。2016年1月1日以后新参加工作或新签劳动合同的职工，第二个月当月工资为缴存基数；1月1日新调入的，以调入当月工资为缴存基数。（单宁辉）

【扩大住房公积金覆盖面】 8月8日，中心印发《灵活就业人员住房公积金缴存和使用规定（试行）》，试行灵活就业人员缴存公积金。实施对象为个体工商户、自由职工者以及个人住房公积金贷款尚未还清但已与单位解除劳动关系并停止缴存住房公积金的灵活就用人员。此规定自2016年8月15日起实施。（单宁辉）

【住房公积金提取增设物业费提取】 9月22日，中心下发《关于提取住房公积金支付物业费有关问题的通知》，拥有合法产权住房的缴存职工及配偶可以每年（间隔12个月）申请提取一次住房公积金用于支付物业费，合计提取额度为建筑面积*1.6元*12个月。2016年12月31日前申请提取，可在不超过房龄的前提下，按照标准合计提取10年（含）以内的物业费，房龄计算到月。该通知自2016年10月1日起执行。（单宁辉）

【住房公积金异地个人住房贷款】 9月30日，中心下发《住房公积金异地个人住房贷款细则》，在国内其他城市逐月足额缴存住房公积金达到6个月以上（含6个月）的缴存人，在太原市行政区域内发生住房消费行为，能够提供中心认可的购买、建造、翻建、大修、装修自住住房及偿还商业银行贷款等用于自住住房消费的证明和贷款担保，可以申请住房公积金个人异地贷款。该《细则》自公布之日起执行。11月4日，中心印发《关于办理住房公积金异地个人住房贷款涉及相关归集业务操作规定》，推进归集业务与异地个人住房贷款业务衔接。（单宁辉）

【住房公积金使用政策】 12月27日，中心下发《关于调整住房公积金相关政策的通知》，自2017年1月1日起，停止办理享受城镇最低生活保障等5种非住房消费提取；停止办理装修贷款；调整贷款申请条件和时限为申请贷款之日前三年内；调整商转公贷款额度为原商业银行贷款的剩余本金金额。（单宁辉）

【便民措施】 自2016年1月1日起，中心取消提取住房公积金单位审核环节，职工申请提取住房公积金，所在单位不再出具《太原市住房公积金提取申请书》。自2016年1月1日起，持住房公积金联名卡的提取申请人，除办理租赁住房和销户提取（上述两项业务仍然需向本单位缴存分理处申请）以外，可以自行选择在十县（市、区）任一分理处办理。12月27日，中心下发《关于全面建立住房公积金个人贷款预审预约制度的通知》，自2017年1月1日起全面实行贷款预审预约制度，方便职工顺利、及时办理住房公积金个人贷款业务。12月27日，中心下发《关于调整商转公贷款办理流程的通知》，发放商转公贷款时，贷款资金

直接划转至发放商业贷款的商业银行账户，不再划入借款人银行账户。该通知自2017年1月1日起执行。（单宁辉）

【风险内控】 4月，中心下发《关于严格执行住房公积金贷款有关政策的通知》，确保在提高资金使用率的同时，确保住房公积金个人贷款资金安全、杜绝骗贷套贷风险。6月，中心印发《关于申请查询缴存记录及出具缴存证明业务操作规定》，规范缴存单位、职工个人和司法机关了解住房公积金缴存情况，合理应用住房公积金缴存记录，确保单位和职工个人住房公积金缴存信息安全。下发《关于加强归集业务岗位权限管理的通知》，要求严格授权管理、严格权限使用、严格责任追究，确保岗位权限的专用性、独立性和制约性。中心下发《关于加强住房公积金个人贷款贷后管理的通知》，要求各承贷部门加强贷后管理，防范和化解贷款风险，保证资产安全完整。8月，下发《关于加强住房公积金个人账户设立管理的通知》，要求严明个人账户设立条件、完善个人账户设立资料、强化个人账户设立监控，以规范住房公积金缴存秩序，确保住房公积金缴存和使用公平。（单宁辉）

【住建部巡查工作情况】 7月5日，住建部住房公积金项目督查组组长康学军、督察员韩丽生、田丰一行对太原市住房公积金贷款支持保障性住房建设试点工作和公积金项目贷款日常管理情况进行巡查。（单宁辉）

【党建工作】 开展“两学一做”学习教育。举办“两学一做”专题辅导讲座。市委党校副校长、教授王晓东为全体党员干部讲授题为“学党章党规、学系列讲话，做合格党员”的“两学一做”专题讲座。中心全体党员、副科级以上干部共130余人参加。中心机关党委组织党员与入党积极分子70余人前往娄烦县高君宇故居纪念馆参观学习。（单宁辉）

城乡建设　环境保护

城乡管理

【概述】 太原市城乡管理委员会（太原市城乡管理行政执法局）主要承担全市城市道路、桥涵、照明、管涵、池渠、泵站、市容环卫等市政基础设施维护管理；城市供水、供气、供热、污水处理等公用事业运营管理；节约用水和再生水利用管理；行使建筑、人防、园林绿化、市容环卫等市政公用设施占用等方面的行政执法职责；对各县（市、区）城乡管理工作进行统一指导协调等。委机关内设处室28个，核定编制93人；直属有市行政执法总队、太原供水集团有限公司、市政公共设施管理处、市热力公司、市排水管理处、市黄河供水有限公司、市城市照明管理处、市市政池渠设施管理处、市数字化城乡管理指挥中心等18个企事业单位，全系统干部职工万余名。2016年，太原市城乡管理委员会推进重点工程建设规范化、市政公用设施管养精细化、市容环境综合整治网格化、为民便民惠民服务常态化、党建和精神文明建设科学化，全年共实施省市重点项目66项，完成投资69.53亿元，占年计划的127%。

（办公室）

【道桥工程建设】 全年共实施太行路南延工程、南中环太行立交南段建设工程、环湖东路道路改造工程、古交滨河北路改造工程、南内环西街快速化改造工程、新晋祠路道路工程6条主干道和37条小街巷改造工程。

太行路南延工程。南起龙城大街（高铁箱涵东出口），北至车站南街，全长2265米，红线宽50米—64米，绿线宽110米，总投资5亿元。工程于2014年5月开工建设，2016年10月27日竣工通车。

南中环太行立交南段建设工程（含河西雨水泵站）。北起南中环太行立交，南至车站南街，全长834米，红线宽度60–90米，总投资1.39亿元，工程于2014年5月开工建设，2016年10月27日竣工通车。

环湖东路建设工程。北起冶峪北街，南至蒙山大街，道路全长4.37千米，道路红线宽50米，双向8车道。龙城大街延伸段西起环湖东路，东至现状新晋祠路，红线宽度84.5米，全长367米。工程含跨冶峪河桥、龙城大街简易立交、西干渠改造和三道慢行系统独立地下通道，管线工程为雨水工程、电力工程，总投资3.35亿元，工程于2015年7月开工建设，2016年5月15日竣工通车。

古交滨河北路改造工程。位于古交市内，西起迎宾桥以西，东至河下村2号泵站，全长约9.77千米，规划红线宽14米—30米，包括滨河北路、火山新街、边山路、河康大街、边山公路五条道路，总投资2.4亿元，工程于2014年6月开工建设，2016年11月15日基本通车。

南内环西街快速化改造工程。包括

兴华街改造工程

南内环街(滨河西路—和平南路)改造工程和南内环街上跨西苑南路节点改造工程，道路全长约3.4千米，规划红线宽50—67米，建设内容为道路、桥梁、排水、电力、照明、供水、供气、供热、交通设施、绿化及弱电工程，总投资8.71亿元，工程于2016年4月8日开工，8月25日竣工通车。

新晋祠路道路工程。全长4.4千米，规划红线50米。建设内容为道路、桥涵、排水、电力、照明、供水、供气、供热、交通设施、绿化及弱电工程。其中道路、桥涵、排水、电力、照明及交通设施投资估算约1.88亿元，已竣工通车。

小街小巷改造工程。包括旱西关街、桃园三巷、新民东街、精营中横街、新街西巷、精营东二道街、精营西二道街、小沟坡东街、三给街北侧道路、康乐巷、虎峪河两岸抢险路等37条小街小巷，建设里程25千米，完成投资2.96亿元。

（办公室）

【市政公用事业建设】 城市公共供水覆盖工程。以设施提升为重点，加快公共供水全覆盖建设。配合城市道路、城中村改造工程，实施太原市给水管网扩建工程、西山城市供水工程、南部区域核心区供水工程、太原市超期服役及落后管材供水管线改造工程，新建、续建、改造供水管网156.99千米，其中，新建供水管网131.28千米，改造老旧供水管网25.71千米。全力推进太原市老旧困难小区庭院管网和“一户一表”改造工程，完成“一户一表”改造2.83万户，其中老旧住宅小区9120户，完成庭院管线39.98千米，累计改造完成约34万户。阳兴河加压站主体建设完工，东南部加压站续建工程正在进行收尾工作，呼延水厂二期、原水预处理与深度处理、王家峰、四九〇、东峰路加压站、西部加压站工程等建设稳步推进。

清洁供热全覆盖工程。热源建设：完成新增供热能力5000万平方米，其中：古交兴能电厂一期、二期热源项目4600万平方米，建筑节能和老旧二次管网改造挖潜200万平方米，污水源热泵系统等清洁能源方式200万平方米。管网建设：计划新建供热管网93千米，完成110千米，其中古交至太原供热长输管线及中继能源站工程项目全部完成。供热老旧管网改造：计划167千米，完成168.5千米，其中：市热力公司完成一次网改造17千米，城六区政府组织产权单位完成二次网改造151.5千米。供热扩网：计划扩网2500万平方米，完成2546.8万平方米，其中替代即有建筑2324万平方米；另替代国电太一电厂关停2500万平方。分散燃煤锅炉集中供热替代：计划替代20吨以下分散燃煤锅炉313台、871.3万平方米，完成375台、1104万平方米；计划替代替代20吨以上燃煤锅炉11台、432.5万平方米，完成15台、435万平方米。新建热力站215座。

市政院与中铁六局集团有限公司签订战略合作协议

防洪项目建设。实施防洪排涝工程3项：大黑水河流域治理工程，郑村沟、一号渠系及建设路南段区域排水工程，嘉节雨水泵站工程，计划投资13.41亿元。大黑水河流域治理工程招标工作已完成；郑村沟、一号渠系及建设路南段区域排水工程已完成许坦东街至晋阳街段顶管1740米和太榆路以东方涵施工；嘉节雨水泵站工程完成进水管线790米，沉井5座，出水管线、电力顶管已全部完成。

（办公室）

【市政配套工程建设】 晋阳污水处理厂及配套管网一期工程。服务范围覆盖太原市汾河以西地区，设计规模为48万吨/日，一期32万吨/日，工艺分为改良A/A/O(20万吨/日)和MBR(12万吨/日)，出水水质为国家一级A标准和高于国家一级A标准。该项目2015年3月31日开工，2016年3月31日建成通水，配套建设32.37千米主干管工程及1座中途提升泵站工程。经过三个月的工艺调试，从2016年7月1日起进入试运行，日处理水量约22万吨/日。

汾东污水处理厂及配套管网一期工程。一期设计规模为35万吨/日，服务范围包括汾河以东，太榆市政界以西，南环过境高速路以南，太中银铁路以北以及杨家堡污水处理厂服务范围。该工程包括厂区和厂外配套管网工程（管网41.3千米、规模54万吨/日的污水提升泵站1座）。

黑臭水体治理。化工排洪渠、玉门河、南沙河、北沙河、七府坟缓洪池、黑驼沟、大黑水河等7处黑臭水体专项治理工程已完工，共计完成管道敷设9665米，砌筑检查井318座，清淤13.3万方，覆盖明渠1030米。

雨污分流。制定《太原市城区雨污分流实施方案》，排查道路62条、小区319个、雨污水管网117千米、雨污水检查井2000余个，排查出合流管线40千米，合流制排水小区90个，雨水明排小区143个，实施城南退水渠—南沙河分区源头，即东山片区雨污分流改造方案的编制工作，并报市政府审批。按照“以水带路”原则，实施城南退水渠分区范围内25条小街巷道路改造，同步敷设28.6千米雨污水管网。

再生水管线工程项目。随城市道路建设同步实施的再生水管线工程，全年完成再生水管线投资0.97亿，敷设再生水管线37.89千米。其中：东峰路、太茅路再生水管线工程已完工；二许线、新晋祠路（长风西街—迎泽西大街）、新晋祠路（蒙山大街—古城大街—迎宾路）、杨家堡污水处理厂回供高新技术开发区等再生水管线工程正在施工；蒙山大街（滨河新路—新晋祠路）、环湖西路、环湖北路等管线工程准备开工。

晋阳污水处理厂回供清徐工业园建设项目。该工程设计规模11.5万立方米/日，管线全长18.2千米（管径1100毫米），投资约1.21亿元，分2段实施。第1段晋阳污水处理厂至清徐清东路再生水管线（7.16千米）已敷设完成，第2段清徐清东路至清徐工业园（11.04千米）可研、环评已批复。

架空线缆治理。2016年以中环以内、河西地区以及小店片区、迎新片区、晋祠片区、柴村片区道路作为治理重点，完成45条道路、30.4千米线缆整治。

地下综合管廊建设工程。开工建设晋源东区地下综合管廊，包括古城大街、纬三路、实验路、经二路、经三路，总长度10.15km。地下管线全部入廊，种类包括给水、再生水、电力、热力、通信、燃气、污水和雨水。设监控中心一座，总投资约为20亿元。按照市政府要求，工程采用PPP模式，经公开招标组建项目公司，并签订特许经营协议。工程于2016年7月29日开工，已开工建设7.6千米。

（办公室）

【道排桥梁养护】 以“路面平整无坑洼、管网通畅无堵塞、桥梁稳固无隐患”为目标，细化岗位职责，提升管养标准，强化监管巡查，及时处置问题，保证及时处理率100%。道路养护方面：全年共完成道路日常养护、维修31万平方米；改造道路排水管网1764米；疏通管道1054千米，清淤1.1万立方；清掏检查井、进水井11.6万座次，更换检查井286套；桥梁养护方面：对南内环桥、漪汾桥等156座桥梁进行维修加固及检测，继续对上兰村汾河漫水桥、恒山路西山跨线桥等隐患桥梁实施周期性跟踪观测；验收接管道路排水113条，接管桥梁13座，接管泵站2座；组织实施了滨河西路九院沙河桥等3处便道改造工程。

（办公室）

【城市照明】 开展照明设施主动维护工作，对迎泽大街、滨河东西路等830条主次干道及小街巷进行排查整治，涉及灯具11.5万余盏，处理故障隐患909起，更换修补灯具及附属设施2654处、电缆12400余米、井具149套、变压器1台，确保着灯率达98.59%，设施完好率达98.66%，及时处理率100%，均超部颁标准。对桃园南西二巷等6条无灯街巷和永乐苑等13条街巷老旧设施进行照明改造，共安装灯具345盏，铺设电缆1400余米。推进景观照明管理工作，下发《景观设施检修整改通知书》等46份，确保景观照明安全正常运行；推进绿色图审，实施景观照明提升工程，节能新技术应用率达90%以上。（办公室）

【城市防汛】 以平安度汛为目标，抓好排水管网清淤、疏浚和防汛组织工作。提前做好排水设施清掏疏浚工作。对所辖雨污水管网、进水井、泵站、桥梁泄水孔、排水管涵及缓洪池等排水设施进行全面清掏疏浚，共疏通管道332.3千米，清掏进水井、检查井4.5万座，泄水孔5374个，完成清淤量9475立方米，除草39120平方米，清运垃圾1014立方米。开展隐患排查治理。全面排查管道渗漏、地下空洞、桥梁病害、防护网及井盖缺失等各类安全隐患，采取工程措施对易积水地段进行改造，共补装、更换防护网155套，翻修改造进水井29座，架设临时抽排设施5处，改造易积水点6处。强化在建工地防汛监管。对在建工地进行检查督导，确保防汛工作落实到位。提高应急处置能力。完善防汛应急预案，充实防汛抢险队伍和物资，组织防汛抢险演练，强化防汛值班，对46处易积水重点路段实施专人坚守、全程监控。加强沟通协调。加强对各委属单位的协调指挥，实现责任单位整体联动。（办公室）

【道路塌陷隐患排查治理】 加大市政设施预防性专业检测力度，使各类设施问题能够及时发现、及时解决。主要对并州东西街、双塔西街及府东街、五龙口街、东中环路等重点区域、重点路段进行隐患排查，常规检测道路长度为53.7千

南沙河改造工程

米,测线长620千米;应急检测35次,测线120千米,发现并确认76处道路脱空、空洞,全部进行注浆或开挖回填处置,及时排除安全隐患。（办公室）

【公用事业管理】 稳定供热。提前安排部署冬季供热保障工作,进一步明确职责,加强对各县(市、区)供热工作的协调督导工作,督促各供热企业加快推进在建工程进度和调试运行,做好供热设施设备维检修和储煤工作;各集中供热企业投资1.5亿元,对4个热源厂、1353座热力站、1032千米一次网线及配套设施设备进行全面维检修及时处理漏水点、堵塞点和不热点,消除各类故障隐患;落实供热运行制度,科学调度热源,解决冷热不均的问题,加强运行管理,落实各级责任,确保供热问题有人抓、有人管,提升便民服务水平,全市新增测温点1390个达到5840个,确保设置合理均衡,数据全面真实,及时受理解决供热问题,确保按时提供优质供热服务。加大供热计量改革工作力度,制定《太原市2016年供热计量改革方案》,完善既有大型公共建筑供热计量改造及节能改造,2016年各供热企业居住建筑供热计量收费比例将达到32%。

优质供水。完善水质监测体系,扩大水质在线监测范围,新增水质在线监测点6处,强化水质监管力度,提高水质检测能力,水质综合合格率、管网压力合格率保持100%。强化安全隐患排查,整改隐患115处,完成供水管网抢修768处,抢修及时率达100%。发展用户337户,关闭9个单位10眼自备井,置换水量0.11万立方米/日。全年供水总量2.2亿方,日均供水61.33万方。

安全供气。全年城镇燃气销量8.91亿方,燃气普及率达到98.65%,新建改造燃气管网237千米。开展燃气安全专项整治,共排查出各类燃气安全隐患350处,全部整改完毕。开展建(构)筑物占压燃气管线专项整治,整治完成116处。开展燃气居民用户自有设施升级改造工作,起草《太原市燃气居民用户自有设施升级改造工作实施方案》,计划用五年时间完成市区98万户管道燃气居民用户自有设施升级改造。规范燃气燃烧器具市场管理,核发38个燃气燃烧器具安装维修企业资质;对审查核准的配件产品品牌与燃气燃烧器具安装维修企业资质向社会公布。按照《太原市燃气具综合市场筹划方案》,推进燃气燃烧器具综合性专业市场设立。督促落实程家村储配站安全隐患治理,程家村储配站停止运行。加快推进天然气置换管道液化气改造工作,竣工送气28个小区11547户。

污水处理。推进污水处理厂特许经营和太化水厂划转工作。3月25日,签署《北郊污水处理厂TOT项目特许经营协议》,该厂于4月1日进入特许经营模式运营（商业试运行),5月1日进入商业运行;晋阳污水处理厂特许经营项目相关手续已办理完毕,预计近期可签订《特许经营协议》;太化水厂划转工作相关手续正在办理中。深化污水处理运营格式化管理,加强日常水质检测监测和指标考核,提升污水处理运营精细化管理水平。市区现有6座污水处理厂(南堰污水处理厂和河西北中部污水处理厂已停运)运行安全稳定,达产达标,污水日处理量约65.3万吨,处理率92.9%。

节水工作。推进《太原市工业企业水平衡测试报告书编制指南》和《太原市非工业企业水平衡测试报告书编制指南》两项地方标准的宣传贯彻工作。完成水平衡测试备案4家,完成用水节水评估10家;开展节水型企业(单位、校园、小区)创建活动。推动10家单位的节水创建工作并进行验收、命名;加强计划用水管理和考核工作。起草《太原市城市非居民用水计划管理办法》,办理临时用水审批手续7户,审核施工临时用水量986671立方米;开展节水宣传周活动,发放宣传品2万余份,播放《太原节水进行时》专题片;严格执行节水“三同时”制度,完成7个建设项目节水“三同时”备案工作,推进高新区辖区内使用杨家堡污水处理厂生产的再生水。（办公室）

【建筑工地管理】 以绿色文明工地创建为抓手,切实提高建筑工地安全管理水平。强化开工条件审查。对申请开复工的建筑工地逐一进行审查,对于不符合绿色文明工地要求的,一律不得开工,并加大擅自开复工打击力度,共收到《建筑工地开复工申请表》共计200余份。强化巡查和问题整改督查。坚持日常巡查和随机抽查相结合,全面检查与重点检查相结合,执行《城管行政执法巡查报表制度》,检查督察工地1000余次,发现并整改安全隐患200余处。以考核为手段促优评先。出台《2016年度精细化考核方案》,每月开展“十佳十优”工地评比活动,并将评比结果刊登在《太原日报》,评选出“十佳十优”工地100余处,全市国有土地上的建筑工地共369处,开工在建253处,绿色文明工

地达标率 98.9%。（办公室）

【扬尘污染治理】以全面改善省城环境质量为目标，多措并举，强化建筑工地扬尘污染整治，最大限度减少施工扬尘污染。加强执法监管。实行扬尘治理挂牌责任制，同工地三方签订《扬尘污染治理承诺书》，明确各单位的防尘义务及责任，加大监管查处力度。共对扬尘工地立案 71 起。提升工地围挡管理标准。制定《太原市建筑工地围挡管理要求》，修缮、粉饰、更新围挡 25.59 万余平方米，设置各类宣传标语 12.7 万余平方米，127 个工地单体楼座均设置了全封闭楼体围网，总面积达 45.38 万平方米。加强施工现场管理。出台《建筑工地扬尘防治提标管理实施方案》，督促硬化施工场地 40 万余平方米，对 221 处 36.4 万平方米工地散装物料实施成型绿色苫盖，规范建筑土方清运 10 万立方米，清除生活和建筑垃圾 280 万立方米；所有在建工地，全部设置高效洗车台和喷淋喷雾降尘设施，此项措施为全国首创，获得国家住建部肯定并在全国范围推广。全市修建 U 型高效洗轮机的工地共有 267 处，设置喷雾降尘设施的工地已达 255 处。

（办公室）

【市容环境整治】以深入开展占道经营和露天烧烤整治工作为重点，加大市容环境综合整治力度。开展露天烧烤整治。印发《太原市露天烧烤专项整治工作方案》，合理设置烧烤区域，力争既满足市民需求，又不污染市容环境；建立日统计、周通报、月督查制度，联合市环保、工商、食药监等部门，每周抽查重点街道和区域，发现问题及时督办、跟踪整改，每月对整治情况和考核督导情况进行通报，共印发通报 13 期，并将考核结果在太原日报公示；对全市 2092 处露天烧烤开展清零行动，共取缔规范 2084 处，处置率 99.57%，其中迎泽区、杏花岭区、尖草坪区、晋源区以及四个开发区处置率 100%。推进占道经营整治。按照“设置一批、搬迁一批、取缔一批”的工作思路，加大对城市主干道、重点区域周边严重影响市容环境和交通秩序的摊点摊群整治力度，遏制占道经营等市容乱象。共设置市场 51 个。推进百条街巷达标整治。以主次干道辐射背街小巷、重点区域辐射居民小区、市区辐射城镇，集中开展“创建百条标准化管理达标街巷”活动，共整治街巷 112 条，解决“环境差”“秩序乱”等问题。完成重点保障工作。完成了 2016 年两会、中（高）考、太原马拉松比赛、国际能源产业博览会、全国计算机大会等期间市容保障，确保各项重大会议和活动的顺利进行。推进创建卫生城市工作。制作爱国卫生宣传板报和 1000 余份宣传单；出台《太原市 2016 年绿色出行活动组织方案》，并通过媒体、展板等活动形式，号召市民绿色出行。

（办公室）

【市政园林整治】突出日常巡查网络化、重点监管精细化，重点整治私设抹爬坡、无证排水、毁绿占绿、占用便道等市政道路、园林绿化方面的违法违规行为。制定市政园林整治活动实施方案，明确了法律依据、措施步骤、目的要求等内容，对整治行动起到了提纲挈领的作用。加强日常巡查。根据市政园林违法行为发生快、动作小、完成快的特点，执法人员加强日常巡查，及时发现违法行为，发现一起、处理一起，震慑其他违法行为。加强监管。各执法大队建立联动互助机制，及时调查反馈 12319 二级平台的举报投诉件，做到处理及时、反馈及时。规范整治 115 处违法行为，立案 98 起，其中园林类立案 83 起，市政道路类 15 起。

（办公室）

【行政执法和案件审理】坚持依法行政、依法用权，规范行政执法行为，严格案件审理程序，统一适用行政处罚尺度，加大案件执行力度，做到立案及时、处罚到位，维护执法权威，优化城乡发展环境。案件审理方面：共组织召开案件审理会 17 次，对 701 件案件集体研究作出行政处罚决定，涉及罚款额 2825 万元。案件执行方面：自主执行 488 件，执行金额 1100.5 万元；移送法院申请强制执行 100 件，涉案金额约 1213.2 万元；行政复议案件共 9 件，行政诉讼案件共 42 件。

（办公室）

【市政公用服务】坚持从群众最关切、最希望的实事做起，围绕市政公用服务进社区活动全覆盖和常态化，创新思路和服务模式，在集中开展走访活动的基础上，经常性深入社区，主动帮助群众解决水气热、道排等市政公用事业方面难题，提升服务水平。共收集、解决问题 3755 件（咨询解释 457 件，民生实事 3298 件），投入人力 7585 人次，机械 1422 台次，资金 269.247 万元。

（办公室）

【数字化城市管理】围绕“热线全部接通、信息及时采集、任务准确派遣、问题有效解决”四个环节，建立管理精细、高效运行的数字化城市管理监督指挥平台，提高电话接通率、派单准确率、单据

办结率。共受理各类城乡管理案件238.14万件,总体办结率达97.5%。完成太原市城镇排水防涝数字化信息管控平台二期建设,圆满完成37个监控点设备安装调试任务,使太原市易积水路段信息监控点,由过去的9处增至46处。

(办公室)

【行政审批】 制定管委《行政审批事中事后监管办法》,规范行政审批许可行为,完善制度,减少环节,提升审批服务水平。坚持重点项目即来即办,设立重点工程审批快速通道;对于一般性审批项目的审批环节进行全面的优化,压缩挖掘城市道路等4个审批事项2个工作日。优化与行政审批相关的服务性工作和环节,减少水、热、气等服务单位内审环节,实现行政审批的一站式受理、一条龙服务。共受理行政审批事项257件,水、热、气服务事项192件,办结率为100%。 (办公室)

【信访维稳】 加强预防和稳控,做好信访和应急处置工作。受理信访161件,其中:赴省市访33件;市交办7件;网上信访5件;来访116件。接待来访群众2289人次;参加全市信访大接访活动47次;未发生进京上访。处理人大建议、政协提案35件,市委社情民意、市政府办公厅网民留言、互联网信息466件,做到件件有落实,事事有回音。 (办公室)

【安全生产】 建立"党政同责、一岗双责、齐抓共管"责任体系,将安全生产责任层层落实到基层单位和每个岗位。组织开展"安全生产大检查""燃气专项整治""井具设施专项整治""有限空间作业专项整治""打非治违""防汛设施专项整治"等专项整治活动,发现整改隐患2086个,整改率100%。加强应急处置能力建设,编制《太原市城乡管理委员会突发公共事件应急预案》《太原市供热事故应急预案》《太原市燃气事故应急预案》《太原市城市公共供水事故应急预案》以及《太原市城市基础设施与工程抢险组抗震救灾应急预案》《太原市城乡管理委员会防汛工作应急预案》等。提高应急处置能力,组建600人的应急抢险队伍,组织各类应急抢险演练14次,完成自来水、煤气、热力等抢修任务100余项,处置平阳路南中环口、卧虎山路道路塌陷和空洞8起,对大同路、迎泽南街、迎春街等道路排水管网及道路进行应急抢修,抢修管道1475米,修复路面5620平方米。 (办公室)

【专项教育和队伍建设】 制定《"两学一做"方案》,在全委3445名党员中开展"学党章党规、学系列讲话,做合格党员"学习教育工作。组织党章党规知识竞赛,巩固"两学一做"学习教育成果。加强领导班子和干部队伍建设,落实双重组织生活制度和民主集中制,召开党工委会34次、党政联席会15次,以多种形式进行专题党课讲座和党日活动。推进"三个一批"工作,制定《按照"三个一批"要求选拔任用和调整使用党政领导干部的程序规定(试行)》,全年选拔任用干部66名。 (办公室)

【制度建设】 制定市城乡管委行政权责清单,涉及行政权力237项,并进行4次动态调整;出台"办事指南表""权力运行流程图"和"风险防控图",杜绝推诿扯皮和权力寻租;落实"双随机一公开"事中事后监管工作,编制一单两库一细则,依法确认随机抽查12项事项清单;梳理171项现行适用管理制度,编印36万字《管理制度清单》两册,以制度管人管事。

(办公室)

【精神文明建设】 以社会主义核心价值观为引领,提升精神文明创建水平,发挥工会、统战等群团作用,组织参加学雷锋文明交通志愿服务、"我们的节日"、拔河比赛等系列活动,丰富职工精神生活。筹集帮困资金,对151名困难职工进行救济,为415名职工办理大病医疗互助。组织委机关全体职工在"中华慈善日"活动捐款5620元;推进"精准扶贫",落实帮扶村马铃薯优良品种种子项目面积约400亩,并筹建便民服务中心;举办道德讲堂130余场,开展"道德模范在身边"等活动。 (办公室)

城乡规划

【概述】 2016年,太原市城乡规划局以开展"两学一做"活动为主线,以省厅目标任务为工作重点,围绕市委、市政府总体部署,坚持规划引领,塑造特色,提升服务意识,加强效能建设。以"两学一做"专题教育为载体,落实"两大责任",强化专项监督检查,抓好纪律和作风建设。以"冬季行动"为契机,结合工作实际,召开专题会议,对局系统30余名重点岗位人员进行集体廉政谈话。局属各部门对照有关政策进行自查自纠,加大在规划管理过程中违反程序以及不作为、乱作为等现象的监督检查力度。内抓管理,外树形象,推进城乡规划各项工作,服务经济社会发展,开创城乡规划工作新局面。

(办公室)

【专项规划编制】 同市园林局组织编制《太原市绿地系统规划》;组织完成《太原市中心物流市场外迁选址规划》和《太原市绿色建筑集中示范区专项规划》,改善省城环境质量,加强全市能源资源节约和生态环境保护;会同市民政局、市环卫局及市教育局完成《太原市养老服务设施专项布局规划(2015-2020)》《太原市余泥渣土处置设施专项规划》《太原市中小学校专项规划》等专项规划;开展《太原市海绵城市专项规划》编制工作,提高城市生态环境质量;开展《太原市地下管线综合规划》编制工作,提高城市地下管线规划管理水平;根据城市发展和区域定位,构建城市交通体系,结合"公交都市"建设,开展《太原市综合交通规划》和交通调查,为五城联创提供支撑。

(办公室)

【历史文化名城保护】 编制《太原历史文化名城保护规划(2015-2020)》,提交市规委全体会审议;会同市文物局组织进行《五一路道路改造涉及历史建筑迁移异地保护及拆除论证报告》的审查上报工作，推进五一路道路改造的顺利开展；建立太原市历史文化名城保护管理信息系统。 （办公室）

【乡镇规划编制】 指导县区开展城乡统筹工作，提出2年内市区乡镇规划全覆盖的计划。组织进行城市建设用地范围外的镇、乡规划政策研究、太原市市区城乡统筹规划研究、城六区城乡统筹规划及城六区范围内的镇、乡(包括街办)规划管理导则制定的相关工作。制定《太原市镇、乡(包括街办)规划编制工作方案》《太原市镇、乡(包括街办)规划编制指导意见》及《太原市镇(乡)规划管理导则》，开始城六区范围内、城市建设用地范围外镇、乡(包括街办)规划的全覆盖工作。配合开发区扩区，完成姚村镇、阳曲镇总体规划。会同城区人民政府开展各城区辖区范围内的城乡统筹规划及7镇、8乡、15街办总体规划的编制。

（办公室）

【规划编制研究】 强化规划研究，逐步贯彻以问题为导向、精细化管理的要求，针对景观风貌有特殊控制要求的区域，运用城市设计手段，组织开展晋阳湖片区西区建筑高度研究、晋源东区高度控制研究、太原市历史文化街区、历史文化风貌区建筑(檐口)控制高度及文庙、文瀛湖历史文化风貌区沿街界面控制绿带修改方案，细化地块控制要求；为使控规道路红线与道路实施红线有效衔接，按照国家规范并结合太原市实际情况，研究制定太原市城市道路平面交叉口渠化规划红线控制标准。 （办公室）

【规划服务】 创新思路升级服务，实现规划审批提效增速，为开发企业提供优质高效便捷服务。组织召开规委办公室会议46期，审议项目247个，召开业务联审会84期，审议项目482个，组织专家论证会141期，审查项目224个。核发规划条件92件，用地面积855.3公顷。核发选址意见书178件，用地面积2008.6公顷；用地规划许可证234件，用地面积2384.2公顷；建筑规划许可证1020件，总建筑面积1382.1万平方米；市政规划许可证220件，批准的各类道路管线360.1千米；核发广告规划许可证2件，核发规划验收许可证386件。完成选址技术服务178项，建筑方案审查103项，市政方案审查53项。完成控制性详细规划修改方案审查报批27项，完成选址研究报告审查报批5项，控规维护132项。 （办公室）

【公共停车场建设】 启动《太原市停车设施专项规划》编制工作，修订停车位配建标准，根据项目性质适当提高新建、改造项目停车配建比例；编制年度停车实施规划，落实停车场选址方案，建立停车场项目库。利用公园、绿地、道路广场、人防等地下空间增加公共停车供给，以医院、商业中心、机关企事业单位、老旧住宅小区为重点，利用现状项目配套广场绿地和自有空地，补充配建、尽量增建，结合城市交通枢纽建设、133腾出的用地、道路建设和棚户区拆迁出的小地块建设公共停车场多种形式建设停车设施，增加停车供给；制定土地、商业配套、费用减免、停车收费、运营保障等优惠政策，鼓励社会力量参与停车场建设。逐步形成以配建停车为主、公共停车为辅、路内停车位补充的停车供给体系，代市政府起草《关于加快推进太原市停车设施规划建设管理的实施意见》，鼓励社会力量参与停车场建设。落实停车场选址约80处，规划新增补充配建和公共停车泊位约24490个，其中主体已完工或正在建设42处，停车泊位共计约12100个(不包括路内和高架桥下停车泊位)。

（办公室）

【城市地下管线普查】 制定太原市地下管线普查技术规程和数据入库标准，统一数据格式和下管线测量标准，通过开展地下管线普查，掌握太原市近20000千米的地下管线位置、高程、材质、建设年代、权属单位、运行情况、附属设施等基本信息。已完成中环以内13000千米地下管线普查，建立太原市地下管线综合管理信息系统，对普查数据进行入库，对系统部分模块进行升级改造；中环外管线普查已确定普查单位，进行监理单位招标，开展普查工作。

（办公室）

【城市市政基础设施建设】 加快完善快速路、主次干路和支路级合理的路网体系，提高道路通达性和出行便利性。一是对现状主干路进行拓宽改造规划，提高道路通行能力，缓解交通拥堵现状，优化居民出行环境。二是加强汾河两岸东西向交通联系，改善节点交通状况，完善全市北部区域路网体系。三是加强对外交通联系，实施滨河西路南延、卧虎山路快速化改造规划，拓展城市发展空间。四是完善全市路网结构，增强城市道路系统和基础设施的综合承载能力。五是增强路网节点改造规划，改善节点交通，缓解节点拥堵。六是道路改造规划延伸至背街小巷，改善市民生活和出行环境。

为供热、供水、供电、防洪排涝、污水处理等市政基础设施建设提供规划保障服务。一是配合城管委编制全市雨污分流改造规划。二是规划建设古交兴能电厂至太原供热主干管及中继能源泵站、太原南部热电联产清洁能源集中供热工程，配合东峰路建设华能东山燃气电厂集中供热管线和中继泵站，配合卧虎山路建设规划太钢供热主干管，配合热力公司开展老旧管网改造和大温差改造，扩大集中供热面积。三是配合市供水集团开展城市供水管网老旧管网和超期服役管网改造工作，配合道路建设规划太茅路、滨河西路等城市供水主干管，扩大城市公共供水区域，保证城市供水安全。四是规划建设路南段区域排水系统及郑村一号渠系工程、大黑水河流域治理工程，开展北涧河、太榆退水渠河渠治理方案编制和审查工作，配合汾河三期南延建设，保证城市防洪排水安全。五是推进晋阳污水处理厂及其外管网规划，开展汾东污水处理厂及配套外管网规划选址选线工作，为污水全收集、全处理创造条件。六是为节约、集约利用地下空间，避免道路拉链现象，确定综合管廊试点区域，开展综合管廊规划。七是加大供电设施规划力度。推进小站营、玉门河、西温庄、枣园、奥林等变电站规划，推进既有龙城变电站、滨河变电站等接续线规划，为城市发展建设和电动汽车配套充电庄提供电源。（办公室）

【城中村改造规划】 一是在《太原市城中村改造规划导则(试行)》试行基础上，结合改造工作的实际问题，组织局院专题会并提出解决办法提交市城改办研究。二是坚持联合审查，一次性告知，对遇到的问题及时解决，以保证城中村改造工作的顺利推进。三是继续推进专人负责，随时掌握城中村改造的进展情况，以确保在城中村改造中规划管理的公平性和政策执行的标准性；四是听取区里和改造村的意见，组织驻村规划师深入区里、现场进行服务，推进城中村改造项目加快建设。配合市城改办完成城改用地划定 23 个村，完成控规编制 11 个村，正在进行的 5 个村。累计完成控规编制 44 个村，为 2015、2016 年确定重点推进城中村中的 40 个城中村出具规划条件，24 个城中村批复建筑方案，23 个村办理用地许可，16 个城中村核发建设工程规划许可证。（办公室）

【重点工程建设】 一是为市政基础设施项目服务。完成 2# 轨道线站场控制中心、6 座充电塔、富力 220 千伏变电站等用地与控规的衔接，对年内开工建设的五一路在规定时间内组织完成用地梳理并对沿线用地出具连片改造范围，有效保障道路的顺利建设；对规划的停车场、中环沿线公厕进行规划核实，确保项目的可实施性。二是为公共服务设施项目服务。完成职教园区、市六十二中、市晋剧院、市歌舞杂技团、万柏林特殊教育学校等的规划意见上报工作。三是推进保障房和采煤沉陷区的建设。完成龙投公司承担的晋源东区、民政园等的规划工作。四是为省、市重点工程服务。完成驻并监狱系统、晋西火工区、山西恒通煤化有限公司、太原金融商务区、省武警总队、市警备区、回民公墓等项目的搬迁选址前期规划意见并上报市政府。（办公室）

【规划管理制度】 一是围绕“控制新增、处理既有”的违法建设查处原则，会同国土部门起草《太原市国有土地上违法用地违法建设处置遗留问题实施细则》；二是围绕城乡规划精细化管理，起草《太原市城乡规划局建设工程竣工规划条件核实管理暂行规定》《太原市建设工程规划批后管理规定(审议稿)》；三是围绕推行“阳光规划”，起草《太原市城乡规划公开公示管理规定(审议稿)》；四是起草《太原市城乡规划局规划执法机制改革工作实施方案》；五是推进全市建成区违法建设专项治理工作，代市政府起草《太原市城市建成区违法建设专项治理工作五年行动方案(送审稿)》。（办公室）

【违法建设查处活动】 对全市国有土地上违法建设进行摸底调查，规范网格化监管模式，强化案件审理会终端会审制度。借助住建部卫星遥感检测系统，与辖区政府和市直相关执法部门联动执法，有效查处和严厉制止新增违法建设的发生。同时，以三维网络公示系统的开发运用，推进“阳光规划”，加大研究化解信访矛盾的思路和力度，推进规划建设。组织召开案审会 15 期，研究处理违法案件 121 件。累计受理违法建设各类举报投诉 3701 件，其中“12319 城建热线”2993 件，“12345”便民热线 670 件，电话投诉 38 件，各级领导转办件 442 件。受理的举报投诉件全部及时转办并按要求督办回复，及时率、满意率、办结率均达 90%以上。（办公室）

【信访工作】 以预防信访矛盾的产生为重点，以化解信访矛盾为主，按照《太原市城乡规划局规划信访化解机制》，包案化解、部门联动，加大信访矛盾的处置效果。主动组织矛盾隐患和信访协调会 41 余次，到省委、省政府，市委、市政府配合处置信访突发事件 32 批次。承办省交办的专项治理案件 1 件，市委市政府交办重大不大稳定因素化解案件共 24 件，接待信访群众 139 批次，2780 余人次，无一起赴“两会”和赴京上访案件发生。专项治理案件已化解结案，重大不稳定因素案件已化解 17 件；其余案件在化解推进中。（办公室）

市容环卫

【概述】 2016 年，太原市市容环境卫生管理局加强城乡清洁提档升级工程，深化环卫工作转型创新，开展省级城市容貌、保洁示范街道创建活动。按照省住建厅“保洁全天候、管理无缝隙、责任全覆盖”的要求，重点对门头牌匾、户外广告、建筑立面、灯饰亮化等进行升级改造、规范管理，使城市整体容貌得以改善，提升城市品位。编制《太原市农村生活垃圾治理专项规划(2016 年 -2020 年)》，加快农村生活垃圾处理设施建设，完善收运体系，推行生活垃圾分类，加强监督管理能力建设，全面提高农村生活垃圾处理能力和水平。经省住建厅专家评定、实地考核，太原市学府街等 9 条街道被评为容貌示范街道，体育路等 8 条街道被评为保洁示范街道，第五空间等 5 座公厕被评为星级公厕。（办公室）

【农村垃圾治理示范县建设】 太原市农村垃圾治理示范县建设为清徐县。清徐县成立专项工作组，对城乡环卫工作进行整体规划，编制《清徐县县域农村生活垃圾治理专项规划》，拟建设日处理 460 和 290 吨的垃圾转运站 2 座，配置农村垃圾收集容器、垃圾收集车、垃圾中转车等设备，规划总投资 1.9 亿元；2016 年建设生活垃圾转运站 2 座，设置村级垃圾收集点 578 个。选取柳湾村开展垃圾分类工作的试点，主要就锅炉垃圾和生活垃圾如何分类收集、清运做前期试点；累计印发垃圾分类宣传单近500余份，板报展出10余期，发放分类垃圾桶45组145个，890户用上分类垃圾收集桶。开展乡村清洁工程，配农村保洁员3908人，垃圾收运车1578台，设置收集点200个；每个乡镇、村庄均建立清扫保洁、垃圾收运、检查考核等机制；打造美丽宜居示范村440个；落实配套资金2934万元。（办公室）

【生活垃圾无害化处理】 全市现有两个终端处理场和两座大型转运站，形成区收集清运、市大型转运、焚烧处理与卫生填埋相结合的垃圾收处机制。针对许多道路封闭改造、城中村大量拆迁，生活垃圾难以正常收运的实际，各级环卫队伍采取“小车倒大车、肩背手提”等措施，确保封闭区域垃圾收运不断档。根据道路交通状况，统筹协调调度，确保各区生活垃圾有序清运。加强对大件垃圾、装修垃圾和卫生死角的清理整治，组织清理装修垃圾、大件垃圾合垃圾死角7万余处、11万吨。按照“由易到难、由简到繁、循序渐进”原则和“大分流、小分类”的思路，调动社会资源，选定57个区域进行试点，引导垃圾分流处理，列为全国26个示范城市。截至11月底，全市共收运生活垃圾152.14万吨，建成区无害化处理率达100%，含三县一市县城在内无害化处理率达98.25%。

投资3.6亿元，加快生活垃圾焚烧发电、餐厨垃圾处理利用、大型生活垃圾压缩转运站、停车场及融雪剂融化池、建筑垃圾、大件废弃物、污泥、粪便处理利用等环卫设施重点项目建设工作；针对乡村垃圾转运设施薄弱等问题，建设村中转站25座；新建公厕23座，改建公厕81座，改造U型管除臭不锈钢公厕146座，修复公厕设施2605处；购买环卫设备1.4亿元。共投入资金约5.8亿元，完成住建厅下达的投资5亿元的任务。

除乡村道路外，全市共清扫街巷2572条、面积8168.4万平方米。按照错峰出行、增加频次、提升质量的要求，主次干道“一扫全保”，中小街巷“一扫两保”，形成机械作业为主、人工保洁为辅、洒水冲洗和喷雾降尘相结合的工作机制。日均机扫、洒水、喷雾、冲洗2.5万千米，机械作业里程率提高50%，提升道路洁净度，保证街巷干净整洁。针对城乡结合区域部分道路、工地土场周边扬尘污染大的实际，采取喷洒抑尘剂等措施抑制扬尘污染。与气象部门沟通，制定不同气象条件下的机扫、洒水、喷雾、冲洗作业办法，环卫作业更具精准性。创新管理模式，迎泽区、小店区建设“停车暖棚”、泥水分离等设施，保证冬季湿扫，解决湿扫泥土的倾倒等问题，道路机扫率达86%。（办公室）

【垃圾处理机制】 把厕所问题作为重大民生工程，围绕脏、臭、少问题，开展“公厕革命”。通过提高管理标准、增加管护经费、强化日常监督、延长开放时间等综合施策，增配保洁人员609名，全天24小时开放的达236座。通过改造厕所下水管网、增加除臭器具、加大排风设施、强化日常管理等途径，共改造低标准土建水厕81座、旱厕28座、不锈钢公厕146座，修复破损设施4633处。加强与规划、建设部门的协调，高标准新建53座，建成投用23座，引进北京环卫集团在经济区建设“第五空间”。与文明办沟通，将单位厕所开放纳入文明城市和文明单位创建的重要内容，750家单位厕所开放。采取挖填平衡、硬化、绿化、美化、苫盖等措施，因地制宜，共整治裸地1741处、647.7万平方米。通过合作经营方式，建设日处理200吨的餐厨垃圾处理场。开展餐厨垃圾立法。与市人大和市政府法制办等多方协调，委托山西大学开展第三方立法，报请市政府研究，已通过市人大立法评审。协调食药、工商、商务、餐饮协会等部门，组织对餐厨垃圾产生单位进行摸底，协调企业筹资购置车辆、容器，展开签订协议等前期工作。（办公室）

【市容市貌精细化管理】 加强道路、街巷等公共区域的机扫冲洗，扩大机扫面积，严格作业标准，提高机扫、洒水、喷雾、冲洗作业频次，建成区主次干道实现全覆盖，道路机械化清扫率达到86%。针对不少小区建设年代久、道路不平整、管网不畅通、设施不配套、环境脏乱差，而短期内又难以拆除改造，既影响市容环境，又影响群众生活的窘况，从改善居住环境、提升城市品位、惠及群众民生的高度出发，按照街巷道路平、市政管网通、花池绿地美、私搭乱建拆、环境面貌洁、建筑立面靓、交通秩序畅的标准，将老旧片区改造纳入城乡清洁工程的重点，持续加以整治，已改造2个片区.开展省级城市容貌、保洁示范街道创建活动。重点对门头牌匾、户外广告、建筑立面、灯饰亮化等进行升级改造、规范管理，经省住建厅考核验收，太原市创建省级保洁示

范街道8条、容貌示范街道9条。加强公共信息栏设置，建立公安、通讯、工商、城管、房产、民政等部门协调联动机制，按照疏堵结合的办法，对全市违法广告多、乱、滥、杂的现状，加大整治力度，以去功能为先导，维护市容市貌。实施以湿扫、冲洗、普扫、保洁、网格化巡回监管为内容的“五位一体”长效保洁模式。执行“横到边、纵到底、不留死角、不留缝隙”的全覆盖作业标准，实施量化考核，责任到人、定街道、定路段，确保主次干道达到“五无五净”（无垃圾堆积，无积水积泥，无痰迹烟蒂，无果皮纸屑，无土石杂草；路面干净，道路绿化带周围和树穴下干净，边角侧石干净，窨井沟眼畅通干净，果皮箱等环卫设施干净）作业要求。与沿街单位签订市容环境门前责任书，开展“靓丽星期五”整治活动，推行“一书两卡三表”制度。加大宣传和执法巡查，制止沿街单位、门店占道、乱排、乱堆、乱放、擅自损坏公共设施等不文明行为，实现门前净化、绿化、美化。每月通报门前责任制落实情况，曝光差的地段、单位。

（办公室）

【渣土运输管理】 针对全市大规模城市建设改造，建筑垃圾处理任务重、难度大的实际，强化渣土综合管理。以市政府文件出台《关于实施渣土综合整治的通知》，建立渣土运输企业准入、运输招标、运费测算、驾驶员管理、车辆监管、信息共享等制度，明确十几个部门职责。加强建筑垃圾场规划选址建设。在全市大范围内进行选址，初步选定30余处进行公示。针对渣土车辆老旧、密闭不严、运力不足等问题，启动新型环保渣土车的更新，全部采用社会资金，全市44个渣土运输单位共更新环保渣土车1178台。严查渣土车辆。加强与交警、治超和各区的联动执法，重点对不密闭运输、带泥上路、沿途抛撒、乱倒渣土等严管重罚，从严从重打击。

（办公室）

园林绿化

【概述】 2016年，太原市园林局贯彻落实省委“一个指引、两手硬”和“两个走在前列”的总要求，围绕全市中心工作和发展大局，以创建国家生态园林城市为抓手，全年新增园林绿地211.83公顷（其中公园绿地108.92公顷），建成区绿化覆盖率、绿地率、人均公园绿地面积分别新增0.65个百分点、0.61个百分点、0.32平方米，达到41.65%、36.68%、11.88平方米。园林绿化完成投资31.08亿元。调动社会力量投身园林绿化，组织开展省城党政军民义务植树活动和群众纪念林活动。新增单位绿地18.84公顷、居住区绿地24.49公顷。中核新能核工业工程公司等4个单位被评为省级园林单位。

（冀子俊）

【重点工程建设】 和平公园、晋阳街公园已建成对市民开放；坚持“尊重历史、恢复原貌”，实施太山龙泉寺景区综合整治工程、青龙古镇景观绿化工程和明太原县城景观项目；推进晋阳湖周边环境综合整治工程；太原植物园、动物园改造、龙潭公园南门区域改造、迎泽公园改造、千峰北路游园在建设中；和谐公园、东篱公园、金牛湖公园开展前期工作；新沟郊野公园作为前期准备项目，办理立项手续。

（冀子俊）

【民生项目建设】 开工建设游园34个（25个完工，9个在建），超计划4个。建成区公园500米半径覆盖率达到70%。万柏林区南寒公园、北寒公园、晋源新区中心公园、小店区圆照寺公园、尖草坪区小东流公园、万柏林区东社带状公园在

张建刚局长陪同市人大领导到和平公园进行参观考察

建设中；尖草坪区新村公园、晋源区庞家寨公园、西寨公园、不锈钢园区三期片区绿地、小店区南坪头绿地游园已进入招标。建设应急避难场所和无障碍设施，同时，坚持“地上”“地下”统筹，在龙潭公园、动物园、和平公园等配建地下停车位，598个已完工、2924个在建、1420个正在招标。（冀子俊）

【道路绿化配套工程】 滨河西路南延（清东路－迎宾路）、新晋祠路道路改造、南内环西街快速化改造、五一路改造、环湖东路绿化、东峰路配套绿化6项已完工，新晋祠路两侧林带景观绿化、南沙河抢险路东段改造等9项在建，其余道路及其互通视市政进度及时跟进。（冀子俊）

【绿地养管】 按照星级公园管理标准，落实“六台账”制度，加强考核检查和“回头看”，提升公园“温馨服务”质量。加强道路绿化的养护管理工作，滨河西路（柴村桥－长风桥）被评为省级园林道路。城六区对37条道路、8个游园绿地提质改造，栽植乔木3159株、灌木12449株；59条道路补栽行道树3200株。打造林荫道42条，林荫道推广率达到70%左右。以“黄土不露天”为目标，对9.97公顷裸露地面实施绿化。成立专项检查组对近3年政府投资建设的66项园林绿化重点工程进行检查，促使绿化养管向精细化管理水平迈进。（冀子俊）

【公园文化】 打造“一园一品”名片。太原市第八届公园“一园一品”活动以“美丽公园、四季绽放、和谐共享”为主题，以“春之声、夏之歌、秋之韵、冬之曲”四个篇章展开，开展21场公园主题文化节活动，举办海棠花、郁金香花、牡丹花、荷花、菊花五大花事活动和园林科普知识系列活动600余场次。第26届太原市菊花展以“菊香龙城、喜迎国庆”为主题，摆放大型立体造型景点11处、花卉200多品种50余万盆，游客量超过100万人次。太原花讯微信公众平台于累计发布花讯、公园活动图文信息360余篇，阅读量达50余万人次，其信息被主流媒体太原日报、太原晚报和新浪网、新华网等媒体转载上百次。（冀子俊）

【对外参展】 在第十届中国国际园林博览会上，“太原园”荣获四项大奖，在117个展园中名列前茅；在第十二届中国菊花展览中荣获室外景点大奖和标准展台大奖，获得百菊赛银奖、盆景菊2项铜奖；参加2016唐山世界园艺博览会举办的菊花精品赛，获2金5银，展示太原园林新风采，提升太原市的形象和地位。（冀子俊）

【党建工作】 以“两学一做”学习教育为主线，加强基层党组织建设。全年中心组学习13次，班子成员下基层讲党课34次；按时完成机关党委和7个基层党组织换届工作；对760名党员组织关系进行排查；核实党费收缴基数，全年交纳党费20.9万元；解决群众困难120余件；坚持抓党建促扶贫，班子成员和包扶单位多次深入扶贫村调研，采取“一帮一”的方式对63户贫困户结对帮扶，入户了解情况，研究对策，完成8户脱贫任务；组织开展“四讲四有”专题研讨，增强园林系统党员干部“四个意识”。

加强政治纪律和政治规矩教育，履行全面从严治党主体责任，强化责任担当，落实党风廉政建设“两个责任”，明确局党组、党组书记、班子成员责任清单和纪检监督责任清单，做到知责、尽责、追责。对新任用的32名副科以上领导干部进行集体廉政谈话，对机关处室、基层单位50名主要负责人就落实八项规定精神和“两个责任”发现问题开展两次集体廉政谈话，针对苗头性问题对12名基层单位主要领导进行提醒谈话，全年受理并办结涉纪信访6件。（冀子俊）

【法治建设】 以法治政府建设要求为指导，推进法治单位建设。成立法治建设领导组，制定相关实施方案和工作要点，落实领导班子和领导干部年度述法制度，将法治建设指标列入年度考核；加强制度建设，完成《太原市公园条例》和《太原市城市绿化条例》修订工作；推进“六权治本”，编制权责清单并实行动态管理机制；推进行政审批制度改革，完成省级下放“城市园林绿化企业三级资质核准”事项的落实承接，完成“非正常修剪树木的许可”和“采摘果实种子的审批”两事项下放；组织“依法行政宣传月”和“国家宪法日”宣传活动，启动“七五普法”工作。（冀子俊）

城市供水

·太原供水集团有限公司·

【生产经营】 2016年，太原供水集团有限公司全年供水总量2.25亿立方米，日均供水量61.41万立方米，同比增长1.72%。供水单位电耗417千瓦时/千立方米，同比单耗增长3.47%。销水量2.07亿立方米，同比增长1.02%。水费回收率

99.75%，同比增长0.03个百分点。损耗率8.1%，同比增长0.64个百分点。主营业务收入达6.18亿元，同比增长1.69%，创历史新高。输配水管道达2100千米，同比增长19.86%；供水服务面积284.43平方千米，同比增长5.22%；供水服务人口(常住)256.16万人，同比增长6%。水质综合合格率、管网压力合格率、供水设备完好率均实现年初预期目标。

（办公室）

【安全供水】　实施更改大修计划。修复、维护兰村、枣沟、西张等水源地的部分水源井，对枣沟、新城等水厂供水设施进行扩容改造，产、供水能力得以提升。新增水质在线监测点6处，累计达20处；在三给、胜利水厂安装浊度在线监测仪，地下水水质监管体系得以完善；次氯酸钠替代液氯消毒系统改造工作全面完成，使之运输、存储、使用环节的安全性和可靠性得到较大提高。重视供水设施巡视监护、供水服务保障等工作，完成各类保供水任务；科学合理调配水源、机泵，实时调整管网压力，应急抢险及时高效，确保供水系统的稳定运行，满足城市公共供水覆盖范围内居民生活、各行各业的用水需求。健全完善安全管理体系，荣获全国"安康杯竞赛连胜杯"称号。

（办公室）

【市场拓展】　发展新用户437户。配合市政道路建设、重点工程安排，累计新建、续建、改造供水主管网174.82千米，完成投资2.99亿元。四九〇、阳兴河、王家峰加压站主体建设完工，长风西街、东峰路加压站建设手续全力推进。累计关闭14个单位的17眼自备井，置换水量0.21万立方米/日。加快区域供水市场整合步伐，清徐县、晋源新城区实现通水，民营区供水厂站正式接收。全年增加供水面积14.1平方千米，增加供水人口14.5万人，城市公共供水覆盖率达88.28%。

（办公室）

【企业管理】　落实"三重一大"决策制度及重大信息公开办法等要求，全面推进依法治企。出台《太原供水集团有限公司会计凭证管理办法》，强化内部管控、资产管理，完善集团化财务管理体系。修订部门职责与工作标准，编制《营销分公司作业指导书》，工作职责和权限进一步细化。完善内部考核机制。规范用户接水、新建一户一表工作程序及结算管理、施工图纸会审等工作流程，工程管理权责明晰、衔接有序。专项开展"人岗分离、岗薪不符"问题治理，完成定岗定编定员工作，完善人力资源管理制度。探索"互联网＋城市供水"管理模式，编制完成生产自动化中长期规划，启动手机"外勤助手"管网巡视监督平台，推广GIS系统使用。加大对违规、违法用水的稽查力度，全年累计追缴水费312.47万元。

（办公室）

【民生服务】　客户服务平台及时高效处理各类城市供水问题1.20万件，办结率、及时率、满意率均为100%。答复网民留言及人大代表建议、政协委员提案、各级政府或部门转办件409件。重新划分营销服务区域，成立草坪营销分公司，发挥供水区位服务优势。扩大优质服务范围，"心系群众、水润万家"等活动覆盖机关企事业、社区、医院、学校等92个重点单位。建立重要场所供水保障机制，以"转作风、强措施"推动供水服务效能。供水设施防冻保障工作效果显著。及时、快速实施供水管网抢修879次。"太原供水集团"官方微信公众平台正式启用。水质监测中心大楼主体建设完工。推进老旧困难小区庭院管网及户表改造工作，新建、改造"一户一表"4.58万户，累计完成34万户。推进二次供水设施接收、管理工作。

（办公室）

【和谐企业】　按时足额办理缴纳各类社会保险、公积金、企业年金等。开展岗位技能培训，"五小"竞赛活动成果丰硕。

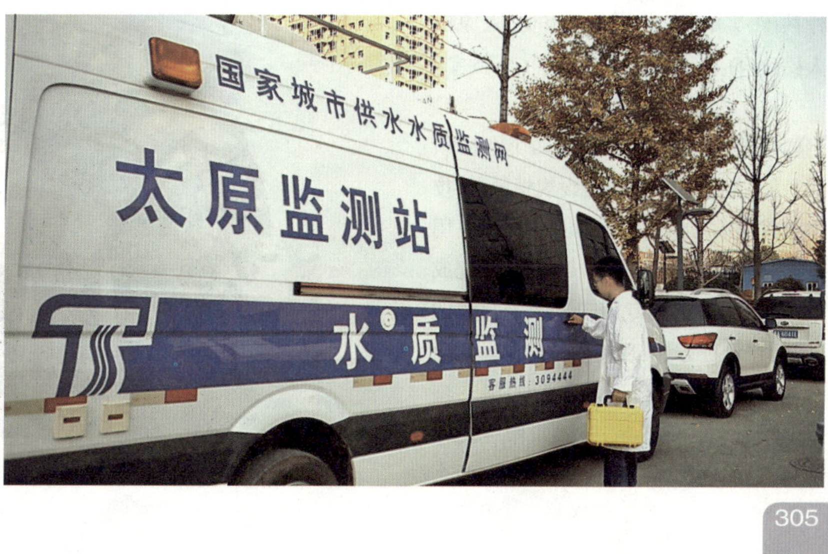

举办集团公司第三届生产运动会。坚持落实职代会、集体合同等制度，企务、部务、班务“三级”公开继续深化，职工维权保障机制更加牢固。创新落实劳动模范、技术能手待遇。基本完成兰村、枣沟、新城、三给等厂站标准化、园林化建设；整修完成调度大楼、兰村制水分公司、草坪营销分公司等办公、生产环境；供水稽查大队等乔迁新址。加强离退休服务管理工作。强化企业文化引导、凝聚作用，开展武装、双拥等各项工作，荣获“太原市双拥标兵单位”荣誉称号。（办公室）

城市供热

·太原市热力公司·

【概述】 2016年，太原市热力公司完成投资28.8亿元，公司配合全市的道路建设和改造，组织供热管网建设大会战，全年敷设供热管网128.5千米，完成量为年初确定任务的两倍之多。公司2016年获得国家级荣誉2项，省级荣誉5项，市级荣誉5项，区级荣誉1项，管委荣誉3项。通过中央精神文明建设指导委员会办公室复核审查，获“全国文明单位”称号。6月，获全国“安康杯”竞赛优胜班组(颁奖单位：中华全国总工会、国家安全生产监督管理总局)。11月29日，获《山西省服务业100强企业》第19名(颁奖单位：山西省企业联合会、山西企业家协会)。12月，获2014–2015年度文明单位标兵(颁奖单位：中共太原市委、太原市人民政府)。（办公室）

【管网建设】 公司全年有四个在建项目。太古项目为国内外建设规模最大、技术难度最高、运行调节最难、新技术应用最多、运行系统最复杂的供热项目。完成近17千米的供热专用隧道和“双线四站”的建设任务，实现优质稳定投运。南部项目为国内输送距离最长的供热项目，主管线长45千米，途经两市、两县、两区，地质情况复杂，施工要求高。两个项目都实现由基建转生产的无缝对接。此外，完成华能东山项目和二电七期项目的建设收尾；同步组织后备项目的储备，瑞光二期项目的可研、能评、环评已编制完成。（办公室）

【扩网建设】 针对既有建筑用户多、协调难度大的新特点，采取与各城区紧密对接、层层落实责任等措施，解决建设难题，加快扩网的整体推进。完成扩网2106.7万平方米，为年度计划的103%，其中既有建筑2025.55万平方米，占总扩网面积的96%，新建热力站243座，为计划任务的163%。全年扩网中，共取缔燃煤烟囱330根，拆除分散燃煤锅炉310台，为计划的120%。（办公室）

【设施升级改造】 一是老旧管网改造，全年计划改造一次网17千米，实际完成改造34千米，其中一次管网改造20.1千米，为计划的118%。二是大温差热力站改造，在太古热源范围内实施45座，为计划的100%。三是无人值守热力站改造，达到热力站总数的85%，超出计划5%。四是供热计量改造，计量收费面积新增363万平方米，为计划的121%。五是既有居住建筑节能改造，完成457万平方米，为计划的114%。全年各项集中供热建设项目的完成，每年可节约标煤100.47万吨，减少锅炉房和煤灰占地158.8亩、灰渣33.54万吨、二氧化硫排放量1.79万吨、烟尘排放量1.42万吨、减排一氧化碳2.89万吨、氮氧化物7150吨，改造后，节能效果显著。（办公室）

【省大气污染防治工作核查组检查公司供热计量工作】 1月21日，省大气污染防治工作核查组第一组由省财政厅总会计师武志远带队，省环保厅规划处副调研员王勇、省环境监控中心范欣、省环境监察总队王召强等一行七人对公司供热计量工作进行现场检查。市城乡管委供热处处长王小春、副处长郭俊刚及公司计量处相关负责人陪同检查。公司顺利通过工作组的检查考核和验收。（办公室）

【张贵元带队视察太古集中供热项目】 2月16日上午，春节刚过，市政协主席张贵元带队，市政协常委、各县区政协主席、市政协机关副县以上干部120余人视察公司太古集中供热项目。副市长张齐山、副秘书长窦力奋、住建委主任姜波、市城乡管委主任王建堂、副主任耿炤宇及管委供热处等领导陪同视察，公司经理张明智、常务副经理张建伟、副经理李建刚、工会主席贾桂芬及太古筹备处相关负责人参加视察。在太古集中供热工程3号隧道口，张明智经理就工程建

三晋环保行记者团到公司中继能源站采访

太古集中供热项目钢桁架多次跨越汾河、高速公路

设情况向市政协主席张贵元一行进行汇报。视察组一行在听取太古供热工程相关情况汇报后，肯定该项目的建设进展，并希望热力公司将太古项目这一重要民生工程按期、平稳、安全的建设好，为太原市的节能减排、环保等方面打好基础，也为全市经济社会发展、城市建设做出新的贡献。（办公室）

【国家节能中心组队到公司调研】 2月26日上午，国家节能中心国际合作处副处长尹小兰带队，国家节能中心推广处处长孙颖、丹麦使馆能源参赞熊强、中国节能协会热电产业联盟副秘书长王晋声及北京科润盛达供热投资有限公司董事长张玲霞等一行11人到公司调研交流。市城乡管委副主任耿炤宇、供热处处长王小春及高新区管委、城北热力的相关人员陪同调研，公司常务副总张建伟、副经理李建刚，以及计量处、设计院相关人员陪同参加。市城乡管委副主任耿炤宇主持调研交流会，公司副经理李建刚结合“十二五”规划，介绍公司总体情况。（办公室）

【国家发改委督导调研国家专项基金使用情况】 3月24日，国家发改委督导组由周平副司长带队，一行4人到公司就华能东山燃气热电联产集中供热项目和南部热电联产清洁能源集中供热项目使用的专项资金进行督导调研。省发改委副主任胡景善、发改委投资处处长任凯，市发改委副主任王政宇、投资处处长赵春生陪同调研。公司常务副经理张建伟、副经理李双奎及计划处、东山供暖分公司、南部筹建处相关负责人参加调研。督导组分别对华能东山燃气热电联产集中供热项目和南部热电联产清洁能源集中供热项目进行实地调研。公司常务张建伟副经理汇报公司的发展历程、整体概况、供热规模，太原市供热现状及供热分布整体情况。重点汇报华能东山集中供热项目和南部热电集中供热项目的概况、建设情况、专项资金使用情况、项目的经济效益，以及存在的问题和建议。（办公室）

【全省防治大气污染现场会与会人员参观了解全市取缔燃煤锅炉情况】 5月11日下午，全省大气污染防治工作会议在太原市召开。会前，省委常委、常务副省长高建民带领省政府副秘书长闫晨曦，省环保厅厅长郭长青，太原市市委副书记、市长耿彦波，市委常委、副市长王建生等省、市领导以及各地市相关领导，就集中供热替代燃煤锅炉情况到公司城南供暖分公司山西日报社热力站进行调研。市城乡管委主任王建堂、副主任耿炤宇、公司经理张明智、常务副经理张建伟参加调研。（办公室）

【全国人大环保执法组检查太古集中供热项目】 7月7日上午，全国人大环资委副主任委员王云龙带领全国人大环保执法检查组到公司太古项目3号隧道口，就《环境保护法》贯彻执行情况进行执法检查。省人大常委会副主任、省总工会主席田喜荣，市人大常委会主任弓跃，市委常委、副市长王建生等省、市领导陪同。市城管委主任王建堂、副主任耿炤宇、公司经理张明智、常务副经理张建伟、副经理李建刚及太古供热项目相关负责人参加检查。检查组一行到3号隧道口，市城管委主任王建堂和公司经理张明智分别向全国人大环保检查组组长王云龙汇报全市集中供热替代燃煤锅炉情况和公司发展现状及太古集中供热项目工程建设情况。（办公室）

【太古集中供热项目隧道工程实现全线贯通】 3月23日上午，太古供热项

“扶贫助学　送医送药”下乡活动，向扶贫结对村一次捐赠扶贫资金8万元

目隧道工程贯通仪式在项目三号隧道内成功举行。公司全体班子成员,隧道工程参建的中铁六局、中铁十二局、中建五局、省建设监理公司、省交通规划勘察设计院、中国市政工程华北设计研究总院等建设、监理、设计等有关单位人员参加贯通仪式。仪式上,公司张明智经理代表公司进行致辞。太古集中供热项目作为超大型集中供热项目,建设完成超大规模、超长距离的集中供热隧道,开创国际集中供热发展史上的先例。 (办公室)

【太古集中供热项目冷态联动试运行一次成功】 10月28日,历时两年半的太古集中供热项目进行了冷态联动试运行,一次性运行成功。当天下午,公司经理张建伟在中继能源站会议室主持召开太古供热项目启动准备专题会议。会议期间,各施工单位代表汇报泵站的准备情况,泵站内部联动调试均已完成情况,自控系统已基本完善情况。凌晨1点,古交兴能电厂正式启泵,显示屏幕上代表启泵的绿灯依次亮起。大约两个小时以后,共计24台泵全部启动,整个长输管线及泵站进出口压力正常,符合设计预期,太古工程联网试运行一次成功。 (办公室)

【市区内一级管网实现并网运行】 公司供热面积约1.3亿平方米,热力站1322座,一次管网长度将达1030千米。承担着主城区70%的供热面积,占全市总供热面积的一半以上,涉及到3736个较大单位,近90万户居民,约260万人。公司成立专家组并委托清华大学等相关研究机构对热网运行专项研究,编制完成《2016年太古热源供热区域大温差改造及水力工况分析方案》,并上报市城乡管委要求市第二热力公司、市再生能源有限公司按照方案提前做好相应工作。至11月5日,古交兴能电厂热源高温网与市区供热一级管网全部完成并网,所连接的网站进行温度流量的平衡调节。到11月6日,逐步升温达标,保证受影响区域部分居民用热。 (办公室)

·太原天然气有限公司·

【概述】 太原天然气有限公司是以有30多年城市燃气服务历史的太原市煤气公司为主体改制成立,是目前山西省内最大的国有城镇燃气供应企业。该公司集燃气工程设计、施工安装、燃气表灶具生产、燃气输配供应、服务维修、培训认证等于一体,具有太原市管道天然气业务特许经营权,并拥有省政府授予的"四气"从业资格。公司秉承"太原天然气 服务千万家"的服务理念,以"安全稳定供气、文明优质服务"为宗旨,从事太原市行政区域内管道天然气经营,担负着太原市城市燃气的输配供应任务,各类用户已突破1百万户。

2016年,山西省属企业精神文明建设指导委员会授予公司"企业文明标兵"称号,山西省企业联合会、山西省企业家协会授予公司"山西省优秀企业""山西省企业100强称号""山西服务企业100强"称号,山西省质量技术监督局、山西省科学技术协会授予公司"山西省优秀质量管理小组"称号。太原市城乡管委授予公司"为民服务优秀奖"荣誉称号,太原市数字化城乡管理指挥中心授予公司"优秀单位"荣誉称号。 (马 翔)

【稳定供气】 2016年,太原天然气公司始终将确保省城安全稳定供气作为工作的首要目标,站在"讲政治、讲大局、讲稳定"的高度,充分认识保供气的极端重要性,从保障民生、服务发展,构建和谐社会的角度出发,勇挑重担、攻坚克难,全力以赴确保了省城安全稳定供气。随着燃气管网不断增加,对全市干线管网压力进行实时监测,重点分析摸索掌握天然气运行规律,认真分析往年供气情况,结合高峰平峰实际用气需求,提前对太原市天然气、煤气用量进行科学预测,积极协调上游气源单位,提前走访煤气气源厂,合理组织两气气源,科学调度,不断优化管网运行工况,及时调整优化保供气方案、应急供气预案,保障了两气气源充足、压力均衡、供应稳定。保障了重要节日和重大会议期间的供气安全,满足了广大市民及各类用户的用气需求,为提高城市空气质量、改善省城人民居住环境做出了巨大贡献。2016年,年替煤量83万吨,减少二氧化硫排放1.4万吨,减少烟尘4.2万吨。 (马 翔)

【基础建设】 2016年,太原天然气公司致力于省城燃气事业发展,积极构建城市"一城一网、一网多源"的供气格局,不断加大燃气管网建设和改造力度。配合市政道路建设,特别是地铁2号线的建

西北环高压管线工程开工暨河西地区天然气置换工程启动仪式

设管线迁改，稳步推进基础设施建设。西北环、西环、清罗线高压燃气管线、清徐华阳SNG项目等重点工程相继建成投运。公司城市燃气管线延伸东至东山煤矿，西到西山杜儿坪煤矿，南到清徐，北达阳曲，3600余千米，已形成覆盖太原市的一线两环、三纵四横的燃气管网输配系统。（马 翔）

【优质服务】 2016年，太原天然气公司紧抓行风政风建设，转变观念，推进服务标准化、制度化、规范化。持续开展了“贴近群众、服务群众、市政公用服务进社区、进军营、进校园”等各类便民服务。“办实事，解难事”上门服务、入户安检维修，受到了社会广泛好评。提供多种便民缴费服务，在做好入户抄收燃气费的基础上，相继开通了支付宝燃气缴费平台、微信燃气缴费平台，增设便利店缴费网点达1800处。不断完善燃气信息网、微信公众平台等信息交流平台，为用户提供及时、准确的停气信息，方便用户了解燃气供应动态。充分发挥客服热线96577平台效应，与太原市政府便民服务热线12345、数字化城管热线12319等并线运行，提供24小时业务咨询，畅通了政府服务民生渠道，及时处置用户燃气方面遇到的各种问题，及时进行工作电话回访。全年共受理各类电话（派单）122706个，其中各类业务咨询电话120788个；政府平台电话1918个，包括市长办公电话356个、12345政府派单54个、12319城建热线派单1174个、数字化平台派单271个、119报警平台63个；受理处置漏气、塌陷、管道维修等各类派单2516个。各类派单的及时率、办结率、满意率均达100%。在2016年度政府服务平台综合考核中名列第一。（马 翔）

【市政重点工程】 2016年，太原天然气公司为改善城乡人居环境，提高城镇化质量和水平，注重民生工程，主动承担社会责任，根据市政府的统一安排，公司主动出击，积极行动，深入推进了太原市城边村改造工程、燃煤锅炉改造工程、管道液化气改造工程等民生工程，截至年底，液化气改造工程已完成对接任务24969户，其中9168户已安排送气，1600户准备验收送气；城中村改造工程，共计6个城区，申请30个单位，1个单位已送气；城边村改造任务涉及太原市5个城区28个村，接到改造任务6709户，其中2540户已送气；煤改气工程具备燃气改造条件的单位389个，其中330个单位已送气，改造燃气锅炉达到1194.06吨。（马 翔）

【安全管理】 2016年，太原天然气公司牢固树立“安全第一，服务至上，客户至尊”的服务理念，开展“贴近群众、服务群众”燃气安全用气宣传，“服务进基层、进社区、进校园、进军营”、入户张贴用气告知、安全温馨提示，进行“燃气宝宝”特色宣传，构建企业专管、单位（物业）协管、用户自管“三位一体”的客户用气安全管理体系，有效提高用户安全管理水平。进一步在职工中深入了开展《安全生产法》、安全常识、应急常识等理论与实践相结合的培训学习，针对典型事故案例进行深入分析，深刻汲取事故教训，提高了广大干部职工的安全生产意识。按照两年一入户的安检规范，公司新配备专职户内安检员，进行户内安检，实现了燃气用户管理的提档升级。（马 翔）

公司精心组织开展迎国庆“安全服务进社区”活动

【管网管理】 2016年，太原天然气公司提升管网维护智能化水平，切实提升供气保障能力。优化管网布局，加快对燃气管网的升级改造，扩展燃气管网的输配能力，充分利用智能化手段，加大管网日常维护力度，重点做好交叉管线的施工监护，及时发现排查隐患，采取有效措施，提高了日常巡检效率，管网监管力度，确保了管网系统的安全运行。截至年底，共处置漏气抢修1060次，保养阀门836座，巡查调压站1779座次，巡查高、中、低压管线共计65万千米，施工交底315处，；巡视调压站93908座次，安全检查2473座次，日常维修217处。（马 翔）

【科研应用】 2016年，太原天然气有限公司始终坚持以“创新务实、降本增效”为原则，紧跟“互联网+”时代步伐，以科技创新为手段，以全面提升管理水平为目的，推动各项工作有序进行，重点工作领域上不断实现新突破，公司管理水平持续提升。积极引进新材料、新工艺、新设备，推广使用PE管、薄壁不锈钢管、居民用不锈钢波纹软管、管线巡检车、超声波计量表、GPS巡检设备、便携式检漏仪等先进技术。在进一步完善地理信息系统（GIS）、用户管理系统、用户抄收系统、营福用户抄收管理系统、调度SCADA系统、客服系统等系统的基础上,从各业务角度出发,继续加快燃气智能化、信息化建设,积极推广应用GPS智能巡检管理系统、调压站无线远传检测系统、燃气地下密闭空间安全监测系统、无线远传燃气表、户内智能安检系统等,为公司运营提高效率、降低成本、稳定供气提供了有力的技术保障。 (马 翔)

【西北环高压天然气管道工程竣工】 西北环高压天然气管道工程沿北环、西环绕城高速周边敷设,总体呈北-西-南走向,起点为新张村高中压调压站站前高压天然气管道,终点至罗城高中压调压站,总长约50千米,共分两期工程建设施工。西北环天然气高压管网工程,其环城高压天然气管道总体沿北环、西环绕城高速周边敷设,呈北-西-南走向,管道总长约为50千米,分一期工程、二期工程。一期工程2011年11月开工,管线全长为33千米,沿线穿越铁路2处,高速公路7处,河流6处,涉及尖草坪、万柏林两个区的6个乡镇,23个自然村,于2012年建成并投入运行。二期工程2014年9月30日开工,管线全长17千米,途经万柏林区与晋源区,涉及7个乡镇、17个村,以及万柏林生态园、西山长风城郊森林公园和11条道路穿越。

自项目开工建设以来,在各级领导的高度重视和相关部门的大力支持下,该公司结合太原市道路大规模改造的实际情况,克服时间紧、任务重、施工难度大、人员严重紧缺等重重困难,在不影响全市40多条市政道路改造工程的前提下,通过合理调配施工队伍、24小时不间断施工、加大现场督导力度、统筹协调施工安排等一系列行之有效的科学措施,全力以赴推进各项工作有序进行,保证工程按时、保质、保量完工。西北环高压天然气管道工程于2016年11月16日正式竣工,该工程的全线贯通投运,标志着太原市南北两路气源互联互通,实现季节性调峰能力大幅度提升,天然气用户安全稳定用气得到进一步保障。

(马 翔)

·城市照明管理·

【概述】 2016年,太原市城市照明管理处强化服务意识,坚持民生导向,转变工作作风,提升精细化管理水平,做好处辖照明设施摸排分析,制定出台《日常维护工作精细化管理手册》,确保照明设施安全稳定运行。全年对全市处辖830条主次干道及小街巷进行主动排查,涉及灯具11.5万余盏。确保着灯率达98.59%,设施完好率达98.66%,及时处理率达100%,社会投诉量较上年同期下降9.4%,社会效益指标均超部颁标准,为打造省城优良的夜间出行环境提供保障和优质服务。 (办公室)

【市政公用服务】 挖掘维护潜能,精细排查、主动出击,对滨河东西路、新建路、桃园路、迎泽大街、长风西街、北大街、胜利街等830条主次干道及小街小巷进行全面隐患排查,共涉及照明灯具11.5万余盏。全年处理灯杆、灯具及光源电器等故障4723处、处理高低压电缆故障1892起、更换电缆1.3万余米、维修配电设施1416处、更换井具149套。

针对新建、改造街道工程给处辖设施造成损坏的频发问题,处成立专项工程应急抢修分队,配合各工程业主单位及供电部门共处理高压故障34起,出动人员133人次,修补高压电缆70余米,制作高压连接头44个。在照明设施主动维护基础上,结合市城乡管委安全生产工作要求及“打非治违”专项行动,不间断对市内中环线及各主次干道照明设施违章悬挂广告行为进行集中巡查清理。全年共出动专项整治工作车辆154台次,出动人员730余人次,不徇私情,拆除依附照明设施架设安装的杂物、广告共计4700余处。提升监控系统的运行速度,缩短照明监控系统的维护周期,提高监控工作效率。全年共快速高效处理监控故障120余起。此外,通过科学设置,精心调试监控系统,提升故障发现及时率和准确性,全年共对190个监控站点的通信系统进行升级,保持处辖设施监控覆盖率达100%。 (办公室)

【强化监管】 建立统一、规范的着灭灯管理模式,督促景观设施业主提档升级,提升太原市夜景亮化档次,打造出靓丽、环保、和谐的夜景环境,全年景观照明完好率达95%以上。为烘托节日气氛及保证省市重要活动期间的景观照明设施完好,在国家法定节假日及全国计算机大会、省第十一次党代会等各类重要会议期间,通知滨河东西路汾河两岸、迎泽大街等20条街道有景观灯饰的230余家单位按时开启景观灯饰,并每天夜间对景观照明运行情况进行巡查,对未按规定开启灯饰的单位进行现场督促。对城市花园、太原市青年宫等景观设施有缺损的单位发送《景观设施检修整改通知书》22份,并发送《景观照明设施安全自查整改通知书》26份,确保景观照明安全正常运行。定期将景观照明设施运行结果以《景观照明监管专报》形式向城乡管委报送,全年共计报送12份。

(办公室)

【安全工作】 加大设施安全防范力度,以“党政同责、一岗双责、齐抓共管”为原则,坚持以防为主,常备不懈,引深“三级网络”督查模式,落实“领导带班AB制”“24小时值班制”等安全生产相关制度。对安全隐患排查、防汛队伍建设、安全生产应急预案、通讯设备等逐一进行检查和落实,全年未发生安全事故。落实《照明设施防汛应急预案》相关规定,成立防汛应急分队,并从队伍组建、物资储备、汛前排查、险情应急等各个环节进行周密部署,确保照明设施安全度汛。汛前对迎泽大街、滨河东西路、胜利街、北大街等74条街道的照明设施进行集中排查,排查各类照明问题隐患共计41处,并安排专人对地势低洼易积水路段进行蹲守。共出动照明应急巡视车辆220余台次、防汛人员360余人次，处理各类突发事故85起，确保照明设施安全度汛。成立“安全生产大检查”领导组，开展安全生产大检查活动。坚持每月向市城乡管委上报《安全生产大检查台账》，全年共计12份。加大安全生产主体责任落实力度，于5月中旬至7月底集中开展“反三违”专项行动，查找部门、班组、岗位所存在问题，健全完善规章制度，杜绝“三违”现象发生。处领导带头履行安全生产职责，落实安全生产一岗双责，成立安全生产检查督导组，全年共突击检查12次，出动人员114人次，发现各类照明安全隐患28起，并责成相关维护部门在规定时间内全部整改完毕。　（办公室）

【行业管理】 创新验收移交新建设施模式。首先是在工程建设期间，变被动为主动，通过日常不间断巡视和收集各渠道反馈问题，密切关注工程动向，共对8家业主单位发函督导50余次，电话督导上百次，力求将问题隐患消灭在萌芽状态；其次是对当年完工工程，打破常规验收移交流程，趁热打铁，引导并督促各业主单位对当年工程完工即开始申报。全年共完成33条新建照明设施街道的初验和复验工作，仅在12月中旬就接到申请并立即配合验收街道28条。当年对完成整改的文兴路、亲贤北街、南内环街、体育西路、北中环街等5条街道进行正式移交接管。再者是对长风街、学府街、太茅路等28条经初验存在问题的街道及时了解情况，协调有关事宜，并依据监理单位现场会议纪要，督促业主及施工单位进行整改，推进照明工程验收移交。推进“市政公用服务进社区”活动。通过各小组收集、照明服务分队走访、网民留言等多种方式收集市民反映的各类照明问题，并在第一时间对收集的问题进行汇总分类，制定解决方案，及时解决。全年共处理回复收集的各类问题802件。完成改造无灯隐患街巷。对桃南西二巷、劲松路迎泽桥东南北匝道等7条无灯街巷及永乐苑小区、双塔南路等13条存在安全隐患老旧街巷实施照明改造，改造安装灯具337盏，铺设照明电缆1700余米，增补灯杆16基。及时反馈亮化信息。根据市政府下发的《关于实施城市功能核心区景观照明提升工程的通知》及市城乡管委下发的“景观照明提档升级工程”的责任目标，按照“打造历史名城，体现城市活力”总体思想，对南沙河、龙城大街、滨河东西路两侧等区域进行前期摸排。鼓励节能科学指导。推进绿色图审，组织技术骨干无偿对坞城西路、南内环西街、卧虎山公路等19条道路照明工程的工程图纸进行“绿色”标准会审。政风行风工作有序开展。全年共处理数字城管来电4455起，群众来电163起。交办问题处理率100%、服务对象满意率100%。收到锦旗8面，感谢信1封。　（办公室）

【队伍建设】 履行党风廉政建设责任制，严肃党内政治生活，全面落实从严治党主体责任。强化领导班子建设。执行“一把手”不直接分管财务、人事、物资采购等具体事项的要求，坚持“三重一大”事项集体决议。推行“四提醒”即纪律条规常提醒，重点部门重点提醒，节假日前集中提醒，苗头问题个别提醒，对违规用车、用房、收送礼金红包、大操大办婚丧嫁娶等问题开展专项整治。持续推进“三个一批”工作常态化，将34名处管中层干部全部纳入个人重大事项申报体系，接受组织监督。通过民主测评、组织考核等方式，选拔聘用3名中层干部，充实干部队伍。深入驻地社区和空巢老人家中义务整修照明线路，清洁家中灯具；参加“城管杯”拔河比赛；全年开设道德讲堂6次；向市总工会申请22名困难职工救助金及救助物资；持续开展各类慈善募捐；脱贫帮扶工作，为扶贫点（古交市岔口乡石相沟村）出资修缮老年活动中心，种植枣树300余棵，为当地村民提供义诊服务，为全村脱贫致富做出努力。

（办公室）

环境保护

【概述】 2016年，太原市环保局围绕省城环境质量改善工作，针对太原市环境质量特点，推进消减燃煤总量、控制扬尘污染、管控机动车尾气污染、治理工业污染、控制面源污染、垃圾秸秆禁烧、改善水环境质量、强化生态环境建设、严格环境监管、深化环保改革创新等十大举措，加强环境基础设施建设，推进主要污染物减排，严密防控环境风险，提高环境管理系统化、科学化、法制化、精细化和信息化水平。为实现“十三五”末与全面建成小康社会相适应的环境质量目标奠定坚实基础。在冬季异常不利气象条件以及华北地区连续高强度、大范围雾霾天气的影响下，市区二级以上优良天数达到232天，较上年增加2天。水环境质量得到持续改善，饮用水源地水质达标率

持续保持100%；地表水考核断面中劣五类水质控制在44.44%以内。二氧化硫、二氧化氮、化学需氧量和氨氮等四项减排指标全部完成省下达的年度减排任务。（办公室）

【政务信息及环境信访】 加强政务信息的管理与报送，共向中央、环保部、省报送各类政务信息602篇。通过太原环保网站发布信息1212条，政府信息报送平台发布信息276条。（办公室）

全市共接听“12369”举报电话18906个，受理各类环境污染举报5672件，查处率达到100%，群众满意率在98%以上。（监察支队）

【规划与财务】 太原市争取中央及省级各类污染防治专项资金共计5.21亿元。结合财政预算安排，全年共下达环境保护专项资金8.51亿元，用于补助太原市城中村和农村洁净焦炭置换工程、市区分散采暖锅炉清洁环保改造工程、电厂燃煤机组超低排放改造、燃煤设施提标改造、焦化行业焦炉烟道气治理、农田秸秆综合利用、重点区域环境综合整治以及环境监管能力建设等一批项目，保障全面改善省城环境质量重点工程的实施。（规财处）

【污染物减排】 组织实施污染减排工作，加强组织协调，强化措施落实，推进污染减排各项工作。水和大气4项主要污染物排放量与上年相比，化学需氧量、氨氮、二氧化硫、氮氧化物排放量分别下降14.22%、7.04%、10.1%、8.48%，均超额完成省下达的3.52%、3.6%、4%、4%的年度减排任务。（总量处）

【环境影响评价】 2016年，太原市深化环评审批制度改革，优化发展环境。结合“六权治本”，针对审批的节点和重点、优化缩短审批流程，严格执行并联审批，明确项目审批运行流程图和廉政风险防控图。按照应放尽放、审批权力下沉、鼓励开发区快速发展的原则，明确高新区、经济区、民营区和不锈钢园区基础区、拓展区审批权限，除省环保厅明确规定11类项目由环保局审批外，开发区管委会均享受和市环保局同级审批权限。强化为经济服务的意识，按照环保部的要求，将所有环境影响登记表改为备案制，不再审批；同时，贯彻省环保厅相关文件精神，将44类轻污染项目实施豁免，给项目单位松绑。严格限时办结提升工作效能。加强窗口人员的效能意识和责任观念，全年共受理审批环评文件85件，向省环保厅出具建设项目环评初审意见12件。对市政府确定的两批82项开行贷款项目实施特事特办，提前办结，为城市建设和经济建设赢得时间。在全市招商引资中，对8批123项招商引资项目进行调研，及时出具环保初步意见。在项目审批中，既提高审批效率，又严格按照绿色发展的要求，结合供给侧结构性改革，严格执行国家、省市产业的环境准入政策，落实淘汰落后生产工艺和压缩过剩产能相关技术政策要求，把新工艺、新技术与政策要求紧密结合。同时，发挥环评对经济结构调整的“调节剂、杀手锏、关门闸”作用，把好项目准入关口，全年没有审批（初审）钢铁、水泥、电解铝、平板玻璃、炼焦、电石、铁合金等新增产能项目。对污染较重的煤制油项目一票予以否决。根据国家环保部、省政府及省环保厅关于清理整改违法违规建设项目的战略部署，组织各县市区、开发区集中力量对全市范围内“未批先建”的354个违法违规建设项目进行大排查、大整治，通过宣传发动，严密组织安排，限期整改落实，强化调度管理，按照关停淘汰、整顿规范、完善备案的“三个一批”原则进行全面清理。截至2016年底，清理整改完成率达到100%。（办公室）

【环境监测】 太原市完成水、气、声等各项环境质量例行监测任务，共获取环境空气质量有效监测数据约68万个，发布空气质量日报、预报366期，发送空气质量信息短信10万余条，获取温室气体监测数据约2.3万个，获取849余个大气环境中降尘、降水和硫酸盐化速率的监测数据，获取9500余个公共场所环境空气质量监测数据。完成地表水汾河太原段、杨兴河及白石南河3个国控、6个省控、3个市控断面，3个地表水省考核跨界断面，晋阳湖、汾河水库、汾河水库上游支流、汾河二库、汾河景区、排污渠及地表饮用水源地、地下饮用水源地等监测任务，共获取监测数据15100余个。完成市区各功能区噪声、道路交通噪声、区域环境噪声监测，获取噪声环境质量监测数据8900余个，完成农村环境质量监测，获取监测数据390余个。共编制和上报国家总站、省站、市局各类环境质量报告100余期，数据传输210余次，为环境管理、执法和决策提供科学依据。（监测站）

【污染防治】 燃煤污染控制取得进展，

太原年鉴2017

组织实施市区20吨以下分散燃煤采暖锅炉清零行动,新增供热能力5000万平方米,拆除分散燃煤采暖锅炉728台,减少冬季燃煤90万吨;推进城中村改造工作,完成彭村、范家堡等22个村整村拆除工作,拔掉城中村黑烟囱5500根,减少冬季燃煤9万吨;市区冬季采暖燃煤总量减少31%。推广使用民用洁净焦炭,全年累计配送民用洁净焦炭26万吨,有效减少城中村、农村原煤散烧污染。执行绿色文明工地标准,按照围挡、苫盖、喷淋、运输车辆清洗和路面硬化五个百分百的要求集中整治工地扬尘污染。市区内国有土地上开工的253家工地中,250家基本达到扬尘控制要求。全年更新渣土车辆1178辆;查处无资质、无准运证、不苫盖、设备不完善拉运渣土车辆3069起,清理冲洗道路抛洒1133起、151万平方米;查处违规拉运渣土工地200余家次,施工工地扬尘污染进一步得到控制。提标整治工业污染。对西山矸石电厂实施关停,关停各类"小散乱污"企业116个;完成30万千瓦以上机组(共366万千瓦)超低排放改造,冬季减排二氧化硫8700吨、烟粉尘840吨、氮氧化物2500吨。完成7家焦化厂提标改造工作,在12个重点企业开展挥发性有机物治理。控制机动车尾气污染。全年共淘汰老旧机动车和黄标车47193辆(其中:黄标车17999辆),完成省下达年度任务的147.1%;8292辆出租车全部更换为纯电动汽车;提前2个月实现国五标准车用燃油置换升级。推进面源污染整治。全年整治露天烧烤摊点2336处;完成餐饮业油烟净化治理366家;依法依规全面禁放燃放烟花、炮竹;实施秸秆综合利用82.87万亩,建城区垃圾无害化处理率100%,有效控制垃圾秸秆焚烧污染。(区域处)水环境整治迈出新步伐。完成娄烦汾河水库周边农村环境整治及水库水质自动监测系统改扩建,开工建设汾河水库上游岚河湿地工程、汾河干流湿地工程等水环境综合治理工程。推进城市污水处理设施建设,晋阳污水处理厂于3月底投入运行,新增污水处理能力10万吨/日;城南污水处理厂通过整改实现达产达效。启动实施汾河南延三期工程建设;组织实施玉门河等7条黑臭水体治理,黑臭水体治理率达到41%,完成省下达的年度考核任务。(总量处)推进土壤修复和生态建设。开展小店区300亩土壤污染修复试点工作;完成太化磷肥厂、市妇幼等5家单位800亩的土壤污染治理工作。 (生态处)

【雾霾治理】 出台史上最严厉的12条大气污染防控措施,建立周调度例会、日督查和周通报制度,成立六个督查组和三个明察暗访组,持续深入一线,及时发现问题,督促整改落实,发出十三期督查通报,451个问题全部整改到位。启动重污染天气应急预案,发布启动重污染天气预警11次,其中蓝色预警5次、黄色预警2次、橙色预警3次、红色预警1次,缓解重污染天气的污染程度。 (办公室)

【自然生态保护】 全市完成造林面积32.48万亩,新增城市园林绿地211.83公顷,城区绿化覆盖率达到41.65%,绿地率达到36.68%,人均公园绿地面积达到11.88平方米。 (生态处)

【农村环境保护】 全市农村从生活污水处理、生活垃圾无害化处理、畜禽粪便综合利用和饮用水卫生合格四个方面进行综合整治,已全部完成小店区、尖草坪区、清徐县等10个县(市、区)60个行政村的农村环境综合整治工作,为打造田园美、村庄美、生活美的美丽农村奠定基础。 (生态处)

【辐射安全监管】 对全市39个项目提出审查意见,完成19家IV类,V类放射源、III类射线装置环保验收。办理29家III类射线装置单位延期环保手续。办理20家III类射线装置单位法人、单位名称变更环保手续。办理新发"辐射安全许可证"核技术利用单位9家,组织举办6期辐射工作人员上岗资质培训班,1217人通过培训取得辐射工作人员上岗证。 (辐射处)

【危险废物安全监管】 危险废物处置中心项目全年正常运行,全年共处置危险废物21700吨。全年发放2000余份危险废物转移联单,监督全市200余家危险废物产生单位的6.7万吨危险废物进行安全处置,对全市1037家医疗单位(诊所)产生的1.27万吨医疗废物进行安全处置。 (辐射处)

【环境监察与排污收费】 运用新《环保法》赋予的监管职责,排查环境违法犯罪线索,运用"按日计罚""查封扣押""停产限产""行政拘留"等行政处罚手段,震慑环境违法行为。2016年共出动执法检查186500人次,检查企业74600厂次,下达现场检查笔录5500份,实施经济处罚1851万元。一是组织开展环境执法专项检查,严厉打击环境违法行为。开展环境保护大检查,全年检查各类工业园区5

个,对涉及13个重点行业的161家企业及177家其它行业工业企业进行检查,对检查发现的104个问题进行整改;开展重点行业环保专项执法检查,对涉及的2家钢铁企业、5家水泥制造企业、10家污水处理厂按照钢铁行业每周最少检查一次,污水处理厂和水泥行业每月最少检查一次的频率全部进行现场检查,对违规生产的山西西山华通水泥有限公司责令停产整顿;开展严厉打击环境违法行为专项行动,行动期间共立案查处违法案件120件,实施按日连续处罚12件,实施限产停产235件,实施查封扣押23件,行政拘留12人,严厉打击和震慑环境违法行为。二是利用现代化监控设备全方位监管企业。对98个企业安装403套在线监测监控装置(其中:大气监测280套、水质监测123套),基本实现重点企业污染排放在线监测监控全覆盖,24小时不间断监管污染源。三是采取特别措施控制冬季大气污染。开展11项环境综合大整治,市政府建立周调度例会制度、日督查制度和周通报制度;成立6个督查组和3个明察暗访组,开展冬季大气污染防治督查工作,督查共发现各类问题451件,全部得到整改。四是对全市电力、焦化等重点行业实施执法人员24小时驻厂监控,确保工业企业连续稳定达标排放。

按照太原市《关于调整排污费征收标准等有关问题的通知》要求,开展使用新的排污费征收系统。针对新的排污费征收标准实施后全市排污收费征收的变化,组织全市进行学习,实现排污费新旧系统的顺利过渡。2016年全市共完成排污收费12848.9万元,其中:一般排污费7825.9万元、焦炭排污费5023万元。

(监察支队)

【环境宣传教育】 一是建立“环保牵头,部门配合,公众参与”工作机制,发挥省城优质社会资源,组织开展以“4·22”世界地球日、“6·5”世界环境日、“9·22”无车日等大型环保主题活动;二是以增强感染力、扩大吸引力、提高辐射力、形成影响力为目标,与有关职能部门、NGO组织等开展地球熄灯1小时、我爱山川河流志愿服务、绿色骑行、环保电影进社区、环境保护随手拍、环保好市民评选等一系列环保公益活动;三是推进绿色文明创建活动。截至2016年底,全市共建成环境友好学校151所、环境友好社(小)区68个、绿色宾馆11个、绿色文明家庭404户、环境教育基地8座,评选出“太原环保好市民”505位、“太原环保小卫士”55人。四是拓展环境信息公开渠道,全年共召开新闻发布会、记者通气会等18次,每周在太原日报等主要媒体通报城六区和三县一市环境空气质量排名;每季度向市民和媒体通报全市环境空气质量状况,以及工业污染治理情况等,建立重大环境信息发布与政策解读联动新机制。同时,主动邀请人大代表、政协委员、环保义务监督员、市民代表等等参观环保工程、体验环境执法、座谈环保工作,满足市民的知情权、监督权和参与权,推进全市环保工作的开展。2016年太原市共在国家、省、市级媒体播发刊登环保报道5352条,比上年增加12.3%。其中,纸制媒体1442篇,电视播发523条,电台播出672条,互联网和局域网刊登1687条,微信平台刊发1028条。

(办公室)

交通运输

【概述】 2016年，太原市交通运输局贯彻落实党的十八大和十八届三中、四中、五中、六中全会精神，按照“五位一体”总体布局和“四个全面”战略布局要求，自觉践行“五大发展”新理念，贯彻落实省委“一个指引、两手硬”的重大思路，组织开展落实中央八项规定精神监督检查，查处3起违反八项规定和“四风”方面问题的案件，推动党风廉政建设主体责任，组织开展全市交通战备业务培训，完成《太原市交通保障图》等6张图表的修订、标绘工作，完成各项军事行动的交通保障任务，被评为“双拥工作标兵单位”。（办公室）

【扶贫攻坚】 实施县乡公路改造、撤并建制村通硬化路、窄路面路基拓宽改造、村通水泥（油）路完善提质、安全生命防护等工程，投资13578万元扶持贫困县，建设农村公路166千米，改善贫困县117个村的出行环境，惠及贫困人口4.8万人；推动精准扶贫，开展“六个一”活动，局领导带领机关干部结对帮扶阳曲县南留南村27户贫困户，为寺庄村捐赠葡萄树苗1000余株，捐赠金额达2.96万元，推动贫困村产业发展。（办公室）

【重点工程】 加快推进重点工程太原二环高速公路、太原环城高速公路互通工程及太长高速公路太原段改线工程。太原二环高速公路列入省高速网规划，西北二环高速公路用地指标列入“十三五”土地利用规划，北二环高速公路项目可行性研究报告已编制完成，西二环可研报告正在编制。东环高速公路北中环东延互通工程已开工建设，冶峪互通工程进行征地拆迁工作，姚村互通工程可研报告已批复。（办公室）

【农村公路】 完成农村公路建设投资3亿元，农村公路新改建工程334千米，为省厅目标任务的261%；村通水泥（油）路完善提质工程198.7千米，为省厅目标任务的236.5%；农村公路安全生命防护工程101.85千米，为省厅目标任务的101.85%；改造危桥14座，为省厅下达任务的116.7%。创建晋源区、清徐县2个“四好农村路”示范县。加强县乡公路、急弯陡坡、临崖临水路段的安全隐患治理。县公路优良路率达83.77%，乡公路优良路率达78.55%。落实“全覆盖、零容忍、严执法、重实效”总要求，严格履行对公路建设项目的政府监督职能，全市农村公路建设质量水平得到提高。（办公室）

【城市公交】 完成2016年度创建公交都市任务分解及2015年度评估报告编制工作。做好城市轨道交通建设有关工作，与相关部门共同完成城市交通流量调查，新建公交专用道18.22千米，公交专用道总里程达到148.45千米（双向

检查春运工作

检查道路生命防护工程

294.88千米)。新开、优化、延伸公交线路13条，配合道路改造临时调整公交线路260条次，提前30条公交线路的发车时间，全市的公交线路达到196条。建设完成103路财经大学公交停保场，与晋源区共同完成晋祠南景区公交停车场改造，新增公交场站40亩，公共交通汽电车进场率达66.73%。城乡客运一体化积极推进，新通公交行政村17个，公交车日均运行1.05万趟次，客运量39947.95万人次，公交分担率达32.11%，公共交通乘客满意度达90.86%。公共自行车骑行日均使用量39.46万人次，日均单车周转率9.63次，日均免费租用率98.72%。（办公室）

【出租汽车行业改革稳步推进】 按照重大事项决策程序，制定《太原市城六区现有客运出租汽车经营许可工作方案》和《太原市城六区现有出租汽车更新实施方案》，将城六区出租车全部更新为比亚迪e6纯电动新能源汽车，完成8292辆出租汽车的更换工作，落实省市财政补贴132297万元。同步建设充电桩4297个(地下和室内2265个)。落实国务院办公厅和国家七部门《关于深化改革推进出租汽车行业健康发展的指导意见》和《网络预约出租汽车经营服务管理暂行办法》两个文件，做好全市深化出租汽车行业改革工作，研究起草太原市《实施意见》和《实施细则》，已通过市政府常务会和市委常委会。（办公室）

【交通运输】 打击非法营运。查扣各类违法违规营运车辆1802台，市客运办开展出租汽车营运秩序整治行动，全年查扣非法营运车辆961台次，查处违章出租汽车4258台次；狠抓源头治超和路面管控。对经政府公示的334户源头企业进行了巡查监管，2016年太原市农村公路六个治超检测站点实现了全自动、不停车快速检测，共检测车辆447593辆，非法超限超载率始终控制在0.2%以内；加大治理公路“三乱”力度。推进公路执法专项整治行动，全年太原市农村公路发现各类路政案件187起，查处187起，结案184起，案件发现率和查处率100%，结案率98%，未发现公路“三乱”现象。加强行业信息化建设。开通12328交通运输服务监督电话。完成出租车IC卡管理系统、火车南站监控系统、火车南站出租车电子显示屏三个项目。道路运输行业13126辆12吨以上重型货车和半挂牵引车安装GPS车载终端，并接入道路货运车辆公共服务平台。

（办公室）

【安全生产】 组织开展“平安交通”“安全生产大检查”等各项安全生产专项活动。把“两客一危”车辆及其从业人员作为重点，对全市49户危货企业、8户班线客运企业、16户旅游客运企业和5户汽车客运站进行监督检查，对40621人从业人员进行诚信考核，对1105人进行违章处理。全年未发生一般以上安全生产责任事故。（办公室）

【法治建设】 推行《执法全过程记录制度》，启动“两随机一公开”工作，制定随机抽查事项清单，建立随机抽查市场主体名录库及执法检查人员名录库；开展执法案卷调查，通过多种手段推进执法队伍素质不断提高；全年按设定流程按时办理行政审批服务事项3854件。

（办公室）

组织参观安全教育展览

【科技创新和节能减排】 编制完成交通运输行业节能减排专项规划，2个项目参加省交通运输系统"十二五"科技创新优秀成果展。淘汰营运市场高耗能、高污染的营运类黄标车、老旧运输车辆12557辆。城区出租汽车全部更换为纯电动新能源汽车，公交车全部为清洁能源车。加快新能源汽车在公交、驾培行业的推广应用，清徐县投入运营纯电动公交车36台，源梦驾校投入使用50辆甲醇汽车。 (办公室)

【文明创建活动】 组织"慈善一日捐"21595元。更新更换"图说我们的核心价值观"公益广告818幅。在客流密集的公交站点、火车站、飞机场、西客站，集中组织开展便民服务。组织40辆出租汽车参加"创建文明城市 争做文明交通人"主题公益活动。选树"最美交通人"3人。主动开展信访矛盾纠纷大排查工作，共接待群众来访18批次，174人，办理网上信访案件8件，省交办1件，市办交办1件。对现有5400多卷(册)，6300多件纸质档案进行集中整理，实现正规化、科学化。做好人大代表建议、政协委员提案和便民热线办理落实工作，全年共办理人大代表建议13件，政协委员提案22件，便民热线695件。 (办公室)

公 路

【概述】 2016年，山西省公路局太原分局把开展"两学一做"学习教育和完成全年重点工作任务目标相融合，以改革创新为推动力，强管理，促提升，保稳定，创和谐，振精神，谋发展，提升路网综合服务能力，提高单位发展质量水平，攻坚克难，稳中求进，在新常态下推动太原公路事业科学发展。 (办公室)

【党建工作】 完善党建工作责任制，以"两学一做"学习教育为抓手，推进年度重点工作开展。以"立足岗位当表率，完成目标做贡献"为主题，创新载体，开展主题实践活动。一是在工程建设中开展"一个党员一面旗，工程建设当先锋"活动，将党小组建在工地，参建党员在急难险重任务中经受考验。二是在路政治超工作中开展"我是党员我带头，文明执法向我看"活动，党员争做业务学习、遵章守纪、文明执法、热忱服务四个方面的标兵，制定标准，严格考核，提升窗口单位的执法水平和服务能力。三是在公路养护中开展"创建党员示范路，'八比八看'立新功"活动，以党员创建示范路为切入点，采取"三定三亮"(定时间、定任务、定目标；亮身份、亮标准、亮承诺)的方式，推动养护生产向精准养护、科学养护方向迈进。 (办公室)

【养护管理】 以保持和提升路况为核心，制定"八比八看""十个一"活动实施细则，把活动要求切实贯彻到日常养护生产中。运用计划预算调控，落实省局小修保养费考核制，实现养护资金的投入"精准"，发挥养护资金最大效益；围绕108线、307线示范路创建、薄弱路段治理、生命防护工程、桥隧安全、水毁防治、应急保畅、路容路貌整修等为重点，调动一线养护人员的积极性和创造性，以预防性养护为手段，推广应用四新技术，因地制宜开展养护特色、亮点创建，实现养护作业"精细"。年内投资8149万元如期完成10项养护工程建设，引入"互联网+公路养护"，初步建立分局干线公路安全运营综合数据库。截至2016年底，公路技术状况指数MQI为85.75，公路优良路率为82.81%。 (办公室)

【工程建设】 分局监管由地方实施的国道307线清徐县城过境段一级路改线工程项目，开工六年受征地拆迁影响工程进展缓慢。鉴于该项目特殊情况，分局担负起监管职责，与建设单位签订目标责任书，3次召集清徐县政府、县交通局召开专题推进协调会，成立项目建设，督导组按月开展督导，强化施工组织计划审查，严格过程控制和质量考核，推进项目进展，超额完成省局下达的7573万元投资目标。 (办公室)

【依法治路】 开展路政管理，重点围绕队伍建设、涉路行政许可审批、"四违"整治、完善路政执法考评制度、规范法律文书等工作，落实路政养护联合巡查制度，提高路面管控力度。截至11月底，累计发生路政案件46起，结案率、查处率、赔偿率均为100%，收赔补偿费170万元。

开展公路执法专项督查及作风纪律整顿，开展《超限运输车辆行驶公路管理规定》(2016年交通运输部第62号令)和交通运输部等五部局《关于进一步做好货运车辆非法改装和超限超载治理工作的意见》专题培训宣传，按时完成8

借力"两学一做"学习教育推动"两个责任"落实

南郊公路管理段及时启动春运应急预案有效应对春节雨雪天气

个超限检测站23套超限检测软硬件系统升级改造，确保9月21日投入运行。截至11月底，共检测车辆222万辆，查处超限车辆139辆，卸载482余吨，罚款10.5万元，超限超载率控制在0.01%以下。（办公室）

【综合管理】引深“管理、素质提升年”活动，部署和启动分局内部控制建设工作。在养建管工作中倡导“挂图作战”工作方式，推动全年重点工作目标完成。

强化预算执行和财务审计管理。树立预算控制、降本增效理念，严格工程项目核算和“三公经费”支出，强化预算执行的合法合规性。组织开展资产清查和银行账户整改情况“回头看”，对审计厅审计发现问题以及全系统以往年度财务预算执行、工程计量支付开展全面自查、整改。严格内部审计，实现局属单位行政领导经济责任审计和2015年度预算执行及财务收支审计全覆盖。

推进安全发展。健全分局安全生产领导组织机构，完善安全生产目标责任制、干线公路隐患排查治理等制度，修订4项应急预案，开展“平安交通”“安全生产月”“安全生产大检查”活动，召开安全生产专题会议10次，培训各类人员2000余人次，发现处置各类安全隐患15处，处置水毁157处。加强应急抢险队伍、机械和物资储备库建设，组织公路应急保通抢险演练，提升分局应急保障能力。

解决太古公司职工集体上访的信访难题。依据《劳动合同法》与140名太古公司职工解除劳动合同并一次性支付安置补偿金，化解历时4年的信访难题，为全系统和分局的稳定发展奠定良好基础。

深化以职代会为基本形式的民主管理制度，推行单位事务公开，开展劳动竞赛和劳模先进评选，调动广大职工的工作热情。突出服务，从政治、生活、活动上关心服务离退休人员，为老干部奉献余热搭建舞台。

推进农村精准扶贫，委派第一书记和专职扶贫队员常驻娄烦县赤泥泉村开展帮扶，组织分局副科以上38名干部深入198户贫苦家庭，开展“一对一”家庭情况调查和扶贫政策宣传。投资10万元为村委会购置旋耕犁等农机具，开展向特困户“献爱心、扶贫困”捐衣物和送温暖活动，为村民解决部分实际困难。

履行监管太原路桥职责。在履行国有资产经营保值增值监督基础上，帮助太原路桥承揽5亿元吕梁市农网改造项目工程任务，缓解公司连续两年未承揽施工任务的窘境。公司全年完成产值2.31亿元，资产负债率为74%，国有资产增值保值率为110.5%，实现利润982万元。（办公室）

铁 路

【概述】2016年，太原铁路局管辖大西高铁、石太客专、南同蒲、北同蒲、大秦、侯月、侯西、石太、太中银、韩原、太兴、瓦日、京原、京包、太焦、迁曹、京唐港等共计86条线路(含控股合资公司)。太原铁路局是全路18个铁路局中货运量最大、重载技术最先进的铁路局，是全路唯一运输主业整体改制上市的铁路局，也是山西省综合服务型5A级物流企业。路网纵贯三晋南北，横跨晋冀京津两省两市，主要担负着山西省的客货运输和北京、天津、河北、内蒙古、陕西等省(市、自治区)的部分货运任务，在山西省综合交通运输体系中处于骨干地位。（办公室）

【安全生产】狠抓安全生产责任制落实，加大安全“大数据”集成运用，修订完善安全管理职责16467项、工作标准14318项、重点工作流程6956项。落实施工作业组织、行车组织、人身安全“三个方案”，实施机械化、大兵团作战，全年开展集中修和综合维修施工12次，完成大机清筛558.8千米，更换轨枕9.3万根，道岔达标整治2033组，设备养护效率和质量实现历史性突破，确保施工、行车、人身安全。开展安全大检查，推进安全标准线建设，坚持重点问题领导干部挂牌督办，大秦线乘务员超劳、按图行车等突出问题得到有效解决。路局奖励安全有功人员674人次164.1万元。

（办公室）

【货物运输】顺应国家“三去一降一补”供给侧结构性改革大势，稳大宗、抢白货、调结构，千方百计增运增收。适应煤炭市场持续低迷的严峻形势，开发货运新产品，新增特需班列产品18个，开行大宗直达班列2914列，实重计费、量价捆绑、阶梯运价等政策“红利”得到有效释放。开展货运营销，与海运公司、港口等开展合作，组织块煤入箱、铁水联运，集装箱发送同比增长89%，增幅列全路第二，提前44天完成全年发运任务。挖掘新线潜力，开行兴县北—日照的点对点煤炭直达列车。进入四季度，抢抓市场回暖机遇，精细编制大秦线137万吨日运量方案，压缩开车间隔，组织C80车辆跨局运输、重去重回。大秦线非施工日运量持续保持在130万吨左右，创历史最好水平。全局货物发运量完成5.12亿吨。（办公室）

【旅客运输】 推进站车"五化"改造和厕所环境卫生整治，增设售取票网点27个、设备64台，创新推出银铁通、空铁通、常旅客积分等便民利民措施，打造20个局级客运服务品牌，投资9.5亿元新购动客车装备。坚持有流开车、无流停运，抓住调图契机，增开上海、济南、北京等热门方向列车，日常采取启用热备车组、动车组重联等灵活措施，满足不同时段旅客出行需要。全局日发送旅客最高突破32.6万人。主动融入山西文化旅游产业链条，创新推出"云冈号"一站直达品牌列车，"运城号""朔州号""五台山号"等主题列车成功冠名，全年开行旅游专列71列，提高铁路在山西文化旅游产业中的影响力。2016年，全局发送旅客7120.7万人，同比增加114.6万人，再创历史新高。（办公室）

【现代物流】 坚持开放共享，瞄准"国内一流、山西龙头"目标，运用"互联网+"、大数据技术，推进"地网""天网"建设，打造现代物流新生态。中鼎物流园建成开园，"4区11港"初具规模，与德邦等物流企业成功合作，物流业务全面展开。同步推进"3+13+300+N"基础网络建设，大同、运城、曹妃甸物流园建设有序展开，太原西、临汾北等13个货场升级改造稳步实施，313个无轨站遍布管内。与百度、清华同方携手合作，中鼎智慧物流云平台成功上线，园区智能管理平台投入使用。（办公室）

【中鼎物流园开园】 11月7日，由路局联手省内外企业共同打造，"山西龙头、国内一流"的中鼎物流园在山西太原、晋中两市交界处、太原都市圈核心版块开园营业。中鼎物流园是全国首家以铁路为主导的多式联运物流园，拥有国内首个铁路、公路、水路、航空"多位一体"的多式联运智慧物流信息系统，被列为"山西省重点工程"，是全国性的物流中心。（办公室）

【多元经营】 坚持主辅融合，推进全资产开发、全方位经营，"五大板块"多点开花，创效明显。电液转辙机中标云贵高铁、出口巴基斯坦，75kg/m道岔、HXD2型车钩缓冲装置、客车合成闸片等产品市场份额不断扩大，装备制造板块利润占到全路的五分之一以上。客运延伸板块品牌化经营、一体化发展，"佳佳吃""桑源水"双双入选"中国铁路餐饮"品牌，旅游列车开行列数、发送人数、旅游收入、经营创效4项指标同比均翻了一番以上。鸣李货场、许坦东街、太原动车所、晋中环城西路等高架桥土地开发项目取得新成效，"太铁广场"商业地产项目投入运营，太原铁路局土地综合开发做法在全路推广。物流总包、城市配送、企业大宗原料供应等实体业务有效延伸拓展，商贸物流板块转型提质步伐加快，吸引公路货源回归。创新代建涉铁工程管理体制，工程施工板块利润同比增长62.6%。各运输站段延伸产业链条，拓展路内外市场，培育出一大批新兴产业和创效项目。2016年，全局非运输业务完成营业收入114.3亿元、利润6.5亿元。（办公室）

【企业管理】 落实全面从严治党要求，开展"两学一做"学习教育，坚持把纪律和规矩挺在前面，优化企业管理体系和运行机制。倡导"机关服务、基层自立、各司其职、各负其责"理念，明确路局机关部门权力清单210项。开展"强三基、创三优"活动，持续优化制度、标准和流程，使各项工作干有标准、考有依据。发挥经济杠杆作用，推行计件工资分配机制，坚持收入向生产一线苦脏累险及关键岗位倾斜，形成"有付出就有回报，不让老实人吃亏"的良好导向。加强预算管理，实施100项节支措施，实现节支16亿元。规范物资管理，节约采购成本2亿元。深化劳动组织改革，推进检养修分开，优化劳动用工，实行多向流动、集中调剂，在用工同比减少的情况下，满足新线建设、中鼎开园等新增岗位及高铁用工储备需求。尊重职工首创精神，大力开展"转闯增"活动，坚持"法无禁止即可为"，出台容错机制，鼓励全员创新创效创业，优化评先推优，征集合理化建议732条，108项已收到明显成效。（办公室）

山西省省长楼阳生在太原铁路局中鼎物流园调研

【铁路工程建设】 坚持主动上手、提前介入,有序推进大张客专,太焦、大原客专相继开工。紧贴现代物流发展需求,中鼎物流园数十项重大项目同时施工,主体和配套工程同步上马。着眼早建成、早运营,逐项破解准朔铁路拆迁、设计等21个重点问题。依靠技术创新,曹妃甸港区扩能改造在全路首次实现“4米线间距双线墩”邻近营业线不停电架设单线梁。以打通瓶颈制约、实现能力匹配为目标,大西客专太原枢纽工程完成太原北站Ⅱ、Ⅲ场改造,太原枢纽新建西南环线路基工程基本完成,京原、南同蒲电气化改造有序推进。全年全局完成建设投资113.78亿元。 (办公室)

【科技创新】 坚持科技兴局,加大科研投入,加快成果转化,全年组织开展科研课题117项。开展职工小发明、小创造、小革新、小设计、小建议“五小”竞赛,举办职工“五小”技术创新成果展。加强安全生产经营重大课题的顶层设计,现代物流综合体系规划研究、智慧物流云平台等课题被列入山西省和总公司科研计划。攻关解决运输安全突出问题,开展大秦重车线钢轨锈蚀、2万吨重载列车中部机车渡板变形等课题研究,大秦线重载列车惩罚制动等84项科研成果通过总公司、路局技术评审,高铁道岔打磨等科研成果得到推广运用。7项科研成果获得“铁道科技奖”。运用科技提效率、促管理,运输调度指挥系统全面升级,“视频进车间、网络进班组”工程覆盖到全局748个车间和3069个班组,电子公文系统延伸到一线站段。组织大西高铁综合试验,累计开行试验动车组1.3万列、走行77.2万千米,完成各项试验任务。具有完全自主知识产权的中国标动在路局管内原平—太原段跑出385km/h的“中国速度”。 (办公室)

【职工提素】 坚持人才强局战略,搭建人才成长平台。培养出国家高级物流师等专业物流人才352名,专项表彰专业技术带头人、科技拔尖人才等122人。325名操作技能人员竞聘到管理或专业技术岗位,62名班组长选拔到副主任岗位。组建8个省部级“技能大师工作室”、64个“劳模先进创新工作室”、472个“技师小组”。推进“全员学技练功,全局技能竞赛”,高标兑现“千人升级计划”和“千名青年骨干人才培养工程”,推进职工岗位技能达标和职业技能鉴定。探索推行“主播室”、手机APP等网络教学和移动课堂,开展实物化、实景式、实作性教学,拍摄标准化视频教学片29部。

(办公室)

【职工生活】 坚持让职工共享路局改革发展成果,二届三次职代会提出的20件实事好事,除“研究实施路局施工及抢险路用列车”项目因不具备资质暂停实施外,其余19件全部高标兑现。推进“八小工程”建设,下拨专项经费1243万元,专项整治511处沿线车间班组生产生活设施。实施住宅小区燃气设施、集中供热、清洁能源等改造,民生工程三年攻坚计划有序推进。落实职工健康行动计划,组织93564名职工进行健康体检,新开放定点医院6家、定点药店54家,补充小药箱5745个。回应职工期盼,实行职工健康休养带家属新政,并开行职工休养旅游列车,全年共组织17386名职工进行健康休养。开展择优集中调剂和解决特殊困难调剂,出台远离家居地职工同工种跨单位对调机制,全年调剂异地工作职工236人。开展“金秋助学”“双进双千”等送温暖活动,支出帮扶救助专项资金3449万元,救助困难职工13235人次。职工积累计向社会困难群体捐款186.7万元。路局成立职工服务中心,提供职工诉求受理、政策宣传咨询、便民惠民服务,7万多名干部职工注册,诉求办结率达到98.7%。常态化开展职工代表民主恳谈会、主题巡视等活动。开展职工运动会、纪念建党95周年歌咏比赛、“百千万”站区文体活动、“中国梦·太铁情·劳动美”等群众性文体活动。

(办公室)

【基层党组织建设】 强化两级党委的主责主业意识,逐级开展党组织书记抓党建述职评议考核,组织召开全局党建工作座谈会,理清工作思路,推动责任落实。加强两级党委会建设,召开太原铁路局第一次党代会,选举产生党委班子和纪委班子;落实总公司党组要求,指导完成基层党委换届工作。规范政工经费管理使用,加强工程建设领域党建工作,开展“工程管理和党建工作标准化”达标升级竞赛,推动基层党建基础得到加强。贯彻落实《铁路企业党支部建设纲要》,深化党支部建设“三年基础工程”,动态优化党支部设置,选优配强党组织书记,严格“三会一课”制度落实,分系统打造标准化党支部样板15个,启动实施王家湾

太原铁路局局长赵春雷签署客运“空铁联运”三方合作协议,标志着山西省内“空铁联运”进入了一个崭新的时代

山西铁路史上首趟“Y”(游)字头城际旅游列车“云冈号”开行,两座城市间的旅行时间首次缩短至3小时以内

全路党员教育示范基地建设。加强党员教育管理,开展创岗建区、“三无”竞赛等活动,实现党员“两违率”控制在5%以内的目标。15个党组织、17名党员受到总公司党组和山西省委“七一”表彰。

（办公室）

【人才队伍建设】 落实民主集中制原则,修订完善决策“三重一大”事项制度,提升领导班子把握形势、突出重点、掌控局面的能力。坚持重人品、重台阶、重经历、重实绩、重公论,严格“凡提四必”要求和个人有关事项报告制度,先后调整领导人员225人次,配备党群领导人员54人。坚持党校姓党,发挥主阵地作用,抓好党员干部教育培训,举办全局党政正职、新任职领导人员、党支部书记和青年骨干大学生党员培训班等党员干部培训31批4231人次,主体班次达到26%。实施“人才强局”战略,召开人才表彰会,培养物流专业人才352人,全局中高级专业技术人员达到5839人,高技能人才占到操作技能人员的52.5%,骨干队伍支撑作用进一步增强。（办公室）

【开行首趟城际旅游列车】 5月27日,山西铁路史上首趟“Y”字头城际旅游列车从大同驶出,一站直达省会太原,山西最大两座城市间的旅行时间首次缩短至3小时以内。（办公室）

【开行首趟国际联运货物列车】 8月3日,路局开行首趟国际联运货物列车。9时58分,编组30辆、满载1800吨玻璃的79158次列车从太原铁路局太中银线清徐站发出,经由山西、河南、湖北、湖南、广西五省,走行2700多千米,由广西凭祥口出关,最终低达越南安员站。

（办公室）

民航机场

【概述】 山西省民航机场集团公司(管理局)隶属于山西省人民政府,实行“一套机构两块牌子”的管理运行模式。截至2016年底,山西省内在用的机场有太原、长治、运城、大同、吕梁、忻州市五台山和临汾等7个。其中,太原、长治机场隶属于山西省民航机场集团公司(以下简称集团公司);大同、吕梁及忻州市五台山机场以委托管理的方式由集团公司运营管理;运城、临汾机场隶属于当地市政府。

太原武宿国际机场由太原国际机场有限责任公司管理运营。下属机关部室(6个):办公室、党群工作部、计划财务部、人力资源部、航空市场部、安全质量部。下属单位(10个):飞行区管理部、现场指挥中心、旅客服务部、地面保障部、机务保障部、候机楼管理部、安全检查站、安全护卫部、龙腾顺达航空物流有限公司和龙腾空港国际航空服务有限公司。11月29日,太原机场旅客吞吐量首次突破900万人次。12月8日,东航太原“空铁通”正式投入运营。太原成为继上海、武汉、海口后第四座开通“空铁通”的城市。12月20日,太原武宿国际机场HUD特殊II类机场试飞成功。12月30日,太原武宿国际机场收到民航华北地区管理局签发的《民用机场使用许可证》,完成2016年换证审定工作。

（郭　静）

【航空运输】 2016年,全省民用机场共保障运输起降11.19万架次,旅客吞吐量1245.36万人次,货邮吞吐量5.49万吨,分别同比增长9.85%、14.38%、8.77%。其中,太原机场通航航线126条,

“响应－2016”航空器应急救援综合演练

通航城市75个，完成运输起降8.20万架次，旅客吞吐量984.78万人次，货邮吞吐量4.91万吨，分别同比增长4.57%、11.36%、8.01%。（郭　静）

【航空安全】　加强安全管控，完善体系建设。制定安全监察计划，强化安全监管力度，针对全年各阶段安全工作重点开展安全工作抽查和专项检查；从综合考核评价入手，细化考核标准，按季度对各机场（单位）安全目标完成情况和重点安全工作落实情况进行了考核；修订印发《山西省处置民用航空器飞行事故应急预案》《山西省突发公共卫生事件民用航空应急控制预案》，编写《4+2应急联动机制应用研究》，该机制被国家行政学院录入《2016年中国应急管理报告》；启太原机场HUD项目，并于12月底验证试飞成功，太原机场成为华北地区首个HUD特殊Ⅱ类机场；太原、大同机场顺利完成机场使用许可证换证审定。开展专项整治，严控运输秩序。通过自查，发现安全隐患共计251项，已整改完成241项，整改率为96.01%；针对鸟击防范、机坪运行、换季安全、防跑道侵入等内容，在全省机场范围内组织开展专项整治行动；开展“平安民航建设”，落实“六严”工作要求，打击危害民航运输秩序的违法犯罪活动，维护航空运输秩序，提高全省机场空防安保水平。（郭　静）

【真情服务】　太原机场完成航班保障流程和大面积航班延误应急处置等机制，提高不正常航班保障水平，机场放行率超出全国平均水平；开通微信公众平台，增加与旅客的沟通渠道；借助媒体平台，开展经常性旅客问卷调查，改进服务质量和保障能力。贵宾公司持续创新服务方式，设立放心、舒心、贴心、省时“三心一省+”服务模式；通过增加迎宾岗、提升头等舱餐食、提供雾霾口罩、汽车遮阳罩等措施，对各项服务细节进行提升；制作《优享乘机手册》，并通过公司APP、线上、线下互动的方式多渠道对公司服务及产品进行宣传。（郭　静）

【市场开拓】　2016年，在国内经济面临较大下行压力、高铁冲击、航空公司运力调整的形势下，继续加大市场开发力度，由集团公司（管理局）领导带队，拜访国航、东航、昆明航、南航、深航等国内大型航空公司，赴韩国拜访全罗南道务安机场、济州航空公司、大韩航空公司和韩亚航空公司，争取到更多合作支持；引进昆明航作为第三家基地航空公司进驻太原机场，截至2016年底，已投入2架运力在太原机场运营；探索新的市场开发途径，以全省推动旅游业转型发展为契机，在推动干线航线开发的基础上，开发支线旅游城市航点；探索陆空无缝中转服务模式，在阳泉正式启用太原机场首个异地城市航站楼，提升周边客源的吸引力度；持续推进空铁联运合作项目，携手东航山西分公司和太原铁路局推出的“空铁联运”产品已投放市场。

国内航线：太原机场新增国内航线33条，加密国内航线13条，新增国内城市6个。累计运营航空公司43家（其中国内航空公司29家，外籍航空公司14家）。

国际（地区）航线：新开太原—韩国全罗南道、太原—泰国罗勇，首次引进朝鲜高丽航开通太原—平壤航线，首次引进俄罗斯艾非航开通太原—莫斯科洲际航线。2016年，太原机场完成国际及地区航班起降3149架次，运输出入境旅客37.56万人次，与上年相比分别增长2.34%、1.47%。（郭　静）

【企业管理】　理顺管理机制，加强经营管控。出台《山西省民航机场“十三五”发展战略规划》，明确发展目标、规划思路及重点任务；结合“六权治本”工作要求，修订部门职责，推进集团本部、各成员企业梳理权力清单、划定权力运行流程。优化薪酬体系，强化队伍培训。完善以干部编制、薪酬、考勤为核心的各项人事管理制度；推进并实施薪酬优化方案，薪酬结构进一步优化。组织二级干部、基层班组长分批开展井冈山系列专项培训，增强干部员工的党性修养；首次在省内各支线机场开展AHA急救知识培训，提升各支线机场应急救援效能和应对突发公共卫生事件的处置能力。（郭　静）

【机场建设】　太原机场机坪扩容项目省发改委已立项批复，此工程新增机位18个，配套相应的助航灯光、消防、排水等工程，总投资8745万元；飞行区安防系统建设项目、飞行区排水系统改造项目、出勤楼建设、国际服务设施改造项目完成可行性研究报告编制工作；桥载设备替代APU项目、1号航站楼高架桥平台拓宽、燃煤锅炉清洁能源替代、航空货运物流基地建设项目完成初步设计编制工作。（郭　静）

邮　政

·山西省邮政公司太原市分公司·

【概述】 太原市邮政分公司（原太原市邮政局）隶属于山西省邮政分公司，是网络型的社会公用服务企业，下辖4个县(市)邮政分公司、6个区邮政分公司，设有6个综合职能部门、2个市场经营部门、5个经营支撑部门和1个直属公司。员工2506名；拥有总资产2.23亿元，邮政局所178处，城市投递道段105条，乡邮道段104条，便民(三农)服务站1072户，社区邮政服务点990个，邮政信报箱群751处。

2016年，太原市邮政分公司围绕“一体两翼”经营发展战略，聚焦“三件大事”，完成“十三五”开局之年的各项目标任务。尖草坪区邮政分公司荣获“山西省三八红旗集体”称号。（王　飞）

【金融业务】 全年新增储蓄余额53.11亿元，是前两年发展总和的3.63倍，进度和规模在全省始终名列第1，发挥龙头局的示范引领作用；余额规模突破300亿大关，达到326亿；新增余额市场占有率达14.17%，排名第3，较年初上升6位。

寄递业务大幅增长，全年标快收入实现612万元，同比增长2%，实现扭负为正。快包收入实现1238万元，完成全年预算的124%，同比增长126%；快包日均出口量超3万件，较年初增长10倍。借助电商园区优势，全年开发入仓客户33户、非入仓客户454户，拉动寄递业务发展。（王　飞）

【能力建设】 全年投入5696万元，加快核心能力建设。营业网，完成装修改造9处，增设卫生间便民功能12处；新增CRS机16台、自助填单机40台、自助发卡机3台、移动展业终端31台、商易通25台、POS机3639台、IC制卡机5台。投递网，增设揽投部站9处，建设分拨中心，2处增开社会代收点243个，改造投递场地7处，增配生产汽车77辆、电动三轮车60辆、二轮车20辆、PDA135台、图形终端18套，建设智能包裹柜2处。“邮惠购”，建设体验店专区80处，全年累计交易笔数达2.1万笔，交易额超过104.6万元。“邮乐购”发展A类邮掌柜172个，完成省分计划的207.2%，在全省“邮掌柜”系统推广评比中获“先进奖”；“百千工程”拓店数达360个，排名全省前列，为渗透电商市场抢占先机。农村金融综合服务站四季度新增53个，完成省分公司目标的123%，位列全省邮政第1。加大产品创新、渠道推广和活动组织，航天钞等文化创意产品收入增幅达到56%；推动车险业务，实现收入212万元，同比增长468%；建立专业联动发展机制，各专业打破壁垒，加强融合联动，联手运作《长征》等项目，取得成效。（王　飞）

【企业管理】 加强员工培训，覆盖 6700 余人次，金融从业人员持证率达 100%；建立县区分领导持证上岗机制；严控欠费，欠费率 6.55%，低于省邮政分公司要求欠费标准；狠抓服务质量指标和寄递质量指标管控，农村地区普邮投递全部提升为周六班，包快邮件全部实现逐日班，当日妥投率达到 93%，较上年提升 15 个百分点；强化金融内控管理，处理重大违规 15 件，处罚责任 25 人次。

（王　飞）

【公益活动】 坚持“服务群众、扎根百姓”，开展系列公益活动。3 月，由清徐县邮政分公司主办、县民政局、百圆裤业公司协办的“百年邮政　百圆裤业　暖心行动“公益活动在清徐县醋都广场举行。该活动现场为 60 位留守老人捐赠爱心裤子。10 月，策划“比肩同行五十载，携手同心傲晚霞”，寻找身边金婚、钻石婚幸福故事，“夕阳红满天，邮情系重阳”摄影书画展等系列活动；11 月，携手爱尔眼科举办白内障患者健康教育培训，外聘知名中医专家，开展“关爱老人，冬季养生”公益讲座；关爱社区老人、关爱环卫工人、关爱社会弱势群体，参与扶贫项目；11 月 24 日，在全国实施用户满意工程推进大会上，市邮政分公司再次荣膺“全国用户满意企业”称号。（王　飞）

【平台建设】 加大投入，打造邮政综合服务平台。投递网以满足寄递业务发展为核心，重新优化布局城乡网络，改革重组道段线路，整合运能人力资源；增设揽投部站 9 处，改造 7 处以县域为主投递场地，增设相关配套设施，延伸投递深度、广度，提升投递能力、服务质量；增设电商园区、建设同城分拨中心，增强电商客户服务能力和邮件处理能力。“邮惠购”突出线上线下融合带动，线下增建体验店专区 80 处，线上丰富产品、策划限时抢购活动，全年累计交易笔数达 37665 笔，交易额实现 116.7 万元。9 月，与腾讯网合作搭建“优社优家”电商分销平台，注册店铺达到 2261 个；10 月，推进“邮乐购”以“邮掌柜”系统，渗透电商市场，“百千工程”拓店数达 360 个、A 类邮掌柜达 172 个，排名全省前列。与中北大学合作，建成首个大学生创客孵化基地，为下步校园寄递市场发展奠定基础。在清徐县分建成县级电商运营中心，县、乡、村三级配送网络体系已现雏形，为加快农产品流通、农村公共服务提供保障。

（王　飞）

通　信

·太原电信分公司·

【概述】 2016 年，太原电信聚焦“2+5”发展战略，提出产品的销售主张，匹配适配的营销策略，把控好营销节奏，做好重点营销活动组织。通过太原电信微信公众平台，结合热门事件，扩大宣传规模。高考期间，开展“绿色出行，让路高考”公益活动，倡导市民乘坐公共交通出行，为高考学子让路，通过点亮“爱心”引发用户传播，并链接“学子专属体验卡”，对校园活动进行隐形宣传。高考三天期间，共 4000 余人参与本次活动，塑造电信公司品牌形象，助力传统业务的宣传。为培养用户使用翼支付使用习惯，对翼支付业务进行宣传，太原电信微信公众平台发布全城招募“翼支付特种兵”活动。活动历时 10 天，活动浏览量 6.2 万次，点赞次数 7.9 万次，通过互动宣传与用户产生共鸣。

针对号段市场宣传薄弱，用户辨析不清，重点不突出等问题，借助互联网平台，对电信号段进行全方位、多角度宣传，形成靓号概念。以“好手机靓一年，好号码靓一生”的宣传语突显个性，对每个号段前三位数字进行详细描述，与通俗的寓意相结合，加深号段印象。通过微信、易信、微博等社交媒体，商业住宅楼宇、各大院校、数码城等用户关注的场所，多形式、多途径持续宣传，为互联网宣传营销夯实基础，助力移动业务发展。

（办公室）

【网络建设】 配合太原市政府道路改造，按照年初确定的“预防为主、抢修为辅，改迁与调整相结合”原则，对涉及到的每条路、每个机房的接入主干光缆、接入主干光交进行改迁、优化设计。

2016 年，太原电信各专业网建设过程中，通过创建建设清单、储备清单，其中涵盖基础信息、管理信息及进度信息，围绕清单展开站址和小区交付跟踪，同时创建工程物资清单、全程信息等一系列清单，力保工程建设有序开展。定时召开周例会 + 夕会，及时跟进所辖范围内基站建设情况，推动基站建设工作快速开展。针对每批及每个环节下发的工程要求承接施工单位签署完工任务书，将每日施工计划和完成情况进行通报，形成赶、比、超的建设氛围。

响应省管局共建共享号召,2016年度通过拓展重点领域合作、提升共建共享质量效果等手段,加强与铁塔公司合作及沟通协商,推动共建共享向更深层次发展,助力企业的转型发展。

（办公室）

【运行维护】 2016年,太原市政改造涉及122条大街小巷改造、168条道路架空线缆整治、29个城中村整村拆除及地铁2#线施工、600万平方米小区节能改造。为保证市政改造期间网络安全运行,太原电信成立以公司副总经理为组长的道路改迁项目组,负责道路改迁专项工作,及时跟进市政施工进度,做好提前改迁工作。全年共组织迁改割接526次,线路抢修4700次,同时开展护线宣传,在重要修路路段及关键点24小时盯守,对重点客户及重要小区重点保障,减少市政施工对网络及用户的影响。

2016年,太原电信共完成中国计算机大会、太原马拉松赛等23场大型活动、节假日等重要通信保障工作,共出动30余次应急通信车辆及发电保障车辆,针对各类保障活动,通过实地勘察,会前评估、容量分析、制定针对性优化方案实施,活动期间实时监控等措施,完成各项通信保障工作。（办公室）

【客户服务】 聚焦客户关注的热点难点问题,将客户问题的价值最大化,拓宽分析维度,深挖问题根源,梳理短板项目,持续联动整改。发挥服务的审计职能,重点问题一抓到底,全年共计改善服务问题62件。根据用户集中反映的热点、难点问题,组织各类专题会议,集中解决热点问题。提高发现问题的敏感度,分析用户集中反映的热点、难点问题,根据存在的问题定期组织召开计费类、规则政策类、网络质量类等专题会议,集中解决热点问题。从片区故障的修复及时性、重复故障的发生、移动网络故障信息共享和基站拆改站的建设进度等多角度、多方位监督网络质量的改善情况。

组织开展"4G与互联网时代的投诉处理与法律支撑培训",培训分为两期,营业厅厅长、渠道管理员、政企客户经理及网格经理等共计100余人参加。营业厅服务评价标准围绕客户感知主要环节,聚焦引导分流、排队等候、业务办理、投诉咨询、形象及礼仪、客户评价、环境设施、服务"显性化"共8大项。评价范围不仅仅限于公司自有营业人员,实现自营厅代销服务人员和自有服务人员的一体化管理,监督驻店人员日常工作行为、营业厅驻店人员的基础服务规范。增强互联网服务能力,为客户提供更为便捷的服务,提升服务效率,通过营业厅、装维、维系等触点,向客户推荐足不出户的互联网服务。（办公室）

【工会工作】 加强工会基础管理工作,提升自身组织建设。加强以职工代表大会为基本形式的企业民主管理工作,3月,组织召开第三届二次职工代表大会,征集职工代表提案8条,意见建议23条,均按照相关程序处理答复。结合上年度工会经费实际使用情况编制2016年工会经费预算,经费支出严格履行审批手续,做到账目明晰,依法收支并有效用于工会活动。发挥和调动基层工会组织的活力,结合公司划小架构和人员调整情况,工会对工会小组进行重新划分,产生25个工会小组,并选举产生新的工会小组,制定《关于重新明确工会小组设置及2016年工会小组工作要点的通知。招募组建瑜伽兴趣小组、篮球兴趣小组、足球兴趣小组、乒羽兴趣小组、棋牌兴趣小组,为规范兴趣小组的组织与管理,制定《关于印发太原分公司工会兴趣小组管理办法的通知》,鼓励员工业余时间多参加文体活动。

开展岗位创新,提升工作效率。组织开展员工岗位创新竞赛活动,鼓励员工立足本职岗位结合实践进行思考,开展微创新。三个季度共征集各工会小组推荐的岗位创新成果18项。加强员工思想动态管理工作,在2015年建立的员工诉求闭环管理机制,公布员工诉求表达热线电话和邮箱的基础上,2016年初新增员工诉求通道,通过新增线上交流平台和每月第一个星期三接待日制度,整合现有资源,加强与行政部门联动,反映员工合理诉求,共同做好员工诉求处理、化解、疏导工作。全年收到职代会员工意见建议41条,日常员工诉求8条,均已在规定时间内进行回复处理,员工满意率100%。（办公室）

【党建工作】 夯实党组织建设工作。成立独立的党群工作部。8月,召开第三次党员大会完成新一届党委和纪委班子的选举工作。同时,针对党员地域分散不利于开展组织活动的情况,将原有3个党支部划小为15个党支部,设立以四级单元网格为基础的30个基层党小组。为3个"0"党员的县公司设立党建指导员和党建联络员,实现党组织的全覆盖。

组织开展党员教育工作。公司党委书记带头制定学习计划,亲自拟定党课提纲,撰写党课讲义,先后以《不忘初心、继续前进》《共产党员的信仰》为主题集中讲授2次专题党课。公司班子成员先后在党建联系点和所属党支部给党员开展专题党课8次。

严格党员发展程序,注重党员发展质量。公司党委按照"坚持标准,保证质量,改善结构,慎重发展"的工作方针,把保证质量放在发展党员工作的首位,严格标准、严格培养、严格程序、严格调控,且注重发展技术能手、营销能手为党员。共发展党员3人,入党积极分子75人。

加强党建整改工作。公司党群部每周发送周学习条目1期,每月明确支部学习重点1次,每季度组织全体党员参加省公司网上考试1次,每月坚持党委中心组(扩大)学习,制作ppt课件,由公司班子成员轮流领学。规范和严格党内民主决策、"三会一课"、民主生活会、组织生活会、民主评议党员等党内生活形式,规范完备工作台账,严格督促检查。完善一证(党费证)一徽(党徽),夯实党建基础。根据“党员先锋行”主题实践活动部署，各党支部先后开展支部进网格、进校园、进工地、进卖场、进社区等主题活动10次，参加人数176人。（办公室）

·太原联通·

【概述】 2016年，联通公司太原市分公司开展移动用户三大战役、宽带提速、自有商圈打造、商务楼宇及小区会战、承诺“480”服务、网络秋检、大带宽治理、实名制等重点工作，全年主营收入完成20.49亿元，完成进度全省第8。初步建成销售网络：打造社会渠道开展自控商圈，认标收入较房租提升102.5%；提升4G和终端合约发展；众筹4.0终端认购量占全省24.78%；自营厅推进终端连锁化运营，终端产能得到提升；落实“沃受理”，业务受理平均缩短至15分钟以内。城市驻地网以沃店驻点建设为抓手，打好“宽带阵地战”。农村渠道聚焦千人村，开展攻坚行动，实现乡镇点全覆盖，千人行政村覆盖率达到90%。集客优化行业结构，跟踪挖掘商机。开展校园“争先创优，亮剑秋开”活动及高校“青春训练营”建设。电子商务借力热门终端和专属产品做好线上营销，品牌宣传选取优势媒介，立足流量型产品和“真宽带”，细分受众市场精准投放，配合自有媒介对重点业务进行立体化宣传，重塑企业形象，荣获全国通信行业优秀QC小组称号。（办公室）

【网络建设】 开展“网络秋检大会战”，网络能力得以改善。宽带网开展光改二期提速项目，接入能力达到180.77万线；“480”承诺区域覆盖市区54.64%，装移修及时率稳步上升。与太原电信深度竞合，双方共享基站39个、室分9栋楼宇、杆路126千米，节约建设成本696万元，实现年度收益47.27万元。市政配合稳步开展，用户光改、抢修、改迁等工程共涉及156个市政区域，投诉工单得到有效控制。开展服务攻坚，从明查暗访、技术支撑、培训教育等方面强化服务水平，申诉、升级投诉、投诉处理时长达标，NPS持续提升，其中申诉、升级投诉量同比减少66.67%、72.58%；投诉处理平均时长由13小时缩短为4.3小时。（办公室）

【体制机制改革】 全年减员118人；优先保障一线人员薪酬足额发放，2016年一线人员薪酬占比持续提升达到60.19%，较2015年提升1.38PP。实施员工晋升激励体系首次落地衔接工作，晋级400人，晋档1097人。（办公室）

【基础管理】 理顺配送管理，整合基层单元库位，实时配送，保证零库存运行；优化固网终端管理，加强出库稽核，激励终端回收，全年回收3.6万台。调整审批流程，优化资源配置，资源持续向基层单元倾斜。开展规范互联网专线和大带宽治理工作，深化实名制工作，认证37.4万户，实名率达到100%。完成2017—2019年网络规划编制和2015年项目后评价工作；持续推进节能减排，百元主营收入能耗费用较去年下降32.95%；加强招标、谈判过程管理。落实全面审计精神，开展各类审计项目，强化审计职能，防范经营风险。开展规章制度清查、梳理、优化专项工作，共梳理规章制度720件、废止失效110件，新增修订52件。落实安全生产责任制，组织开展“安全生产综合大检查”和“安全隐患随手拍”活动，强化安全防范和责任落实。推进与电信公司的网络建设共建共享。在高铁、高速、乡镇、景区、农村、室分场景达成共建共享意向213个基站、101栋楼宇。已确定联通共享电信基站29个，室分44栋楼宇；电信共享联通基站100个。（办公室）

【队伍建设】 贯彻落实党的十八届六中全会精神，组织“两学一做”主题教育和三项党员“创先争优”主题实践活动；落实“两个责任”，推动全面从严治党；党支部落实“十项工作”，发挥战斗堡垒作用。建立健全纪检监察体系，开展四风问题整治回头看”自查自纠整改，完善制度，形成长效机制；加强反腐倡廉警示教育，强化“一岗双责”纪律规矩意识；落实中央八项规定精神，执行“三重一大”“十二条禁令”要求，严肃监督执纪问责。开展群众性经济技术创新活动，开展健步走等“全员性”职工文体活动，开展职工关怀工程，加强“职工之家”建设。转变工作作风，端正工作态度，严肃工作纪律，加强考勤管理。做好离退休人员服务工作。加强企业内控、风险管理、应急管理、新闻宣传、信访维稳、后勤保障。

（办公室）

【运行维护】 7月18、19日，太原连降强降雨，造成太原联通60多个固网机房和移动基站进水，大量机房停电。分公司启动应急预案，工程技术抢修人员对渗漏严重机房、基站及时进行孔洞封堵、机房抽水；对于停电区域机房，人抬肩扛应急发电设备进行应急发电35次；及时抢修扶正积水造成的光缆杆路倾倒167只，补充井盖29个。截至7月20日8:00，分公司累计派出抢险维护人员1260多人次，出动抢修车辆300多台次，应急物资3580件，及时处理用户故障530多件。太原移动核心网MSC完成组池改造，建立全天候“实时容灾”机制。MSC池组化可以最大限度共享通信网络资源，减少手机用户局间位置更新与切换的次数，降低网络信令负荷，实现MSC Server级的网络容灾备份。加上之前已经实现的SGSN/MME Pool，太原移动核心网全业务全天候“实时容灾”机制全面建立。（办公室）

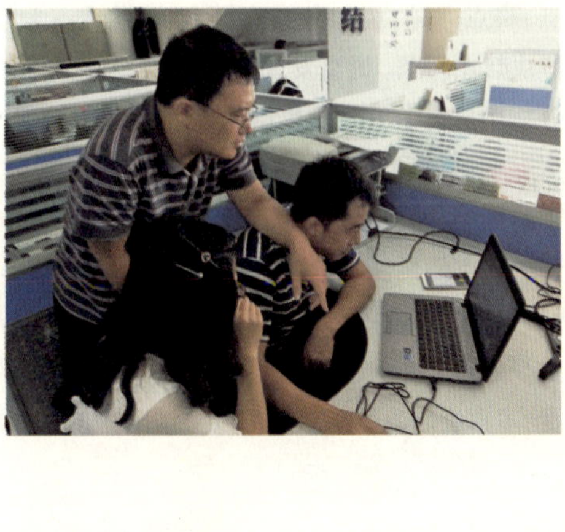

【客户服务】 多措并举,缩短客户营业厅排队临柜时长。从排队、交费、办理等关键环节入手,制定提升措施,实现排队等候时长不超过15分钟,业务临柜办理不超过10分钟的目标。排队环节,实施现场动态运营管理,忙时动态调整窗口业务办理范围;结合时间、业务等场景,优化业务的叫号排序;合理安排忙时客户的临柜推销,提高办理效率;增强线上渠道功能,引导实体营业厅分流。交费环节,设立交费、发票专用快速窗口,实现客户引流;培养客户自助服务的习惯,提高自助终端使用率;推广电子发票,方便客户自行打印,分流发票提供渠道。办理环节,梳理号线资源、局向,实现宽带业务前后台流程穿越;设置预受理/留单专区,复杂业务预受理,简单业务留单处理;逐步开展沃受理,实现"前台业务销售"和"后台集中处理"分离。利用IP综合网管中继流量监控统计功能,分析统计带宽占用率。通过分析制定专项方案,解决网络中存在的带宽瓶颈,消除IPTV业务的卡顿花屏现象,提升IPTV客户收视感知。落实精准扶贫项目,聚焦提升农村地区网络覆盖率。截至2016年5月,已覆盖阳曲、娄烦两县共计196个行政村,覆盖率达73%。

加大网络监控和巡检力度。完成对省招办、市教育局以及与高考招生考试相关的专线和电路的检测。备足备品备件、应急材料、应急车辆等物资。对中考点密集区域的应急抢修工作进行重点布置,专人盯守。 (办公室)

【通信保障】 太原分公司完成2016太原国际马拉松赛通信保障任务。一是成立应急突击小分队,查漏补缺,优化网络。主要通过2G、3G、4G三网弱覆盖整治、现场拉网测试、扩容、拆闲补忙、局部基站数据信道压缩、开半速率、热点增开应急通信车等措施提升移动网络保障能力。二是在比赛现场,监控网络运行状况,以便应对突发事件。三是移动通信网络实现核心网、无线网、数据网设备的双重备份,确保遭遇突发事件或话务高峰时,不影响客户感知。共出动应急保障通信车2台、维护车辆5台,维护人员30余人次。此外,响应客户需求,为山西省国税局"营改增"工作提供保障。完成对山西省国税局到各地、市及其他单位电路15条、太原市国税至各区级国税等直属市国税电路17条,区级国税下属网点26条电路的巡检全部网点共计58条电路的巡检工作,排除故障隐患。

(办公室)

【"大数据"营销】 9月,65所大中专院校先后开学,分公司备战校园"秋开"营销活动,以"大数据"分析为先导,运用SEQ平台,在客户数据中挖掘有效数据,通过精准数据分析,精准定位营销方案,实现"一校一案",并将其与贴心的政策优惠、耐心的营销服务组合成校园系列"迎新大餐",有效打开校园新生市场校园网络优化先行。一是先从校园网络优化入手,组织优化人员在炎热的夏季,深入太原7所A类院校、10多所B类院校,全面测试学校4G覆盖情况,并在数据分析基础上,提前对校园及周边网络进行优化,确保新生开学后客户高峰时的网络畅通。二是准确分析数据,为校园营销保驾。作为通信运营商,分公司拥有海量数据资源,涉及客户的基本信息、通话行为、上网行为、数据业务使用、智能终端、渠道接触、地理位置等各个方面。分公司运用客户数据资源,进行有效分析。通过对不同高校的客户终端使用情况,分析每所大学的客户对手机品牌的喜好,与终端经销商一道做好前期布局;通过对在学生聚焦密集的区域和时间段进行话务量分析,确保基站的合理布局;通过对学生上网习惯进行分析,针对学生访问密集的网络,提前进行IDC端口扩充。 (办公室)

财 政

【概述】 2016年,全市财政系统贯彻落实习近平总书记系列重要讲话精神,围绕省委“一个指引、两手硬”的重大思路和要求,践行市委“一个建成,六个更加”的奋斗目标和美好蓝图。面对经济形势严峻复杂,财政运行十分困难的局面,深入调研,精准发力,助推全市经济社会的发展。全市一般公共预算收入实现首季开门红、半年双过半,全年完成282.69亿元,为预算的100.4%,同比增长3.1%,增收8.45亿元,高于全省增幅8.3个百分点,非税收入增长34.2%,在全省11个地市中增幅排名第二。全市全年一般公共预算支出424.07亿元,为预算的89.1%,同比增长0.9%,增支3.97亿元,高于全省增幅0.9个百分点。逐年扩大的财政支出规模,推进全市各项重点工程和重点项目的建设建成。 (办公室)

【预算管理】 2016年,财政收入形势持续严峻,始终保持低位运行。太原市财政局围绕目标任务,点面结合、上下联动、部门配合,建立局领导督导包干制,局领导定期到县区摸排督促完成任务指标;强化财税联席会商机制,针对“营改增”形成的减税因素,主动与税务部门协商研判,摸查挖掘新的税收增长点,消除不利因素;发挥财政积极作用,强化非税收入征缴。推动盘活存量资金,对财政存量资金进行盘点,对单位实有资金账户进行清理,收回结存在实有资金账户的存量资金。争取到省转贷政府债券92亿元解决全市建设需求,加强地方政府性债务管理,从制度上防范和化解政府性债务风险。深化政银合作,主动与国开行、光大银行等各类金融机构沟通合作,以政府购买服务的方式争取中长期放款。融资到位187亿元,支持全市城市基础设施建设和社会事业类项目的资金需求。提升服务理念,建立重大项目责任制,市局领导班子成员亲自带队,采取请进门来、登门督办等多种方式,督促加快支出进度。 (办公室)

【供给侧改革】 助力东山煤矿列入全省2016年市级唯一的企业关闭退出矿井,争取到中央专项奖补资金11076万元,市级配套4615万元,支持东山煤矿加速去产能。同时,拨付1亿元,推进富士康、江铃汽车等大项目好项目快速成长,促进全市经济转型升级。发挥“营改增”的减税效应,清理取消、整合规范现有行政事业性收费和政府性基金,阶段性降低企业养老保险和失业保险费率,对困难企业实行“五缓三补”财政帮扶政策,支持企业上市融资,鼓励全市中小微企业上市或进入“新三板”。2016年,为“新三板”成功挂牌的山西聚海龙电通科技股份有限公司等17户企业拨付“新三板”挂牌奖励资金2805万元,减轻企业负担。争取到35亿元省转贷政府性新增债券,降低城市基础设施和公用事业建

“两学一做”学习教育工作会

设的融资成本。推广PPP模式，解决政府资金不足前提下项目的有效实施与运行。通过推广，PPP工作稳步推进，其中太原植物园一期工程项目已经签约落地。开展全市行政事业单位国有资产清查核实工作，初步完成全市2016年度资产清查核实工作，全市清查2854户，清查国有资产总额537.38亿元。贯彻落实财政部《关于加强财政内部控制工作的若干意见》的要求，结合全市财税体制改革实际，以流程梳理再造和机制建设为手段，组织并推进财政局内部控制体系建设工作，提升内部控制水平。（办公室）

【民生服务】 树立为民服务理财思路，坚持厉行节约，统筹财力优先保障“三保”政策落实。控制一般性支出。在保证正常运转的基础上，降低行政运行成本，递减“三公”经费，确保做到只减不增。涉及人员待遇的机关事业单位养老保险“并轨”资金、精神文明奖、机关人员公务交通补贴等资金足额安排，取暖补贴、独生子女父母退休奖励、托幼费等补助标准在2016年都得到提高，实现“保工资、保运转”的基本目标。保障和改善基本民生。全市一般公共预算支出中民生支出347.49亿元，占一般公共预算支出比重为82%。支持提高各类社会保障标准，落实就业政策，推进教育均衡发展，保障公交都市建设、文体事业、省城超市和平价商店一元菜补贴。支持民生事业建设。投入8.43亿元，推进各类学校建设，引深全市教育资源的标准化、均衡化和优质化。支持病有所医，投入4.28亿元推进百院兴医工程的建设，缓解群众“看病难、看病贵”的难题。支持文体项目建设，拨付公共文化专项经费2.59亿元，重点支持市图书馆改扩建、太山龙泉寺复建工程、青龙古镇保护维修等各项工程建设。支持引入全球蛙、阿里巴巴等国内外知名创业孵化器，支持建设哈工大产权交易中心，发挥“双创”引领作用。全市小微企业实现营业收入4250亿元，各类创新创业空间达到267个。（办公室）

【强农惠农】 落实各项惠农政策。拨付各项惠农补贴资金11,180万元，确保农业支持保护补贴、农机具购置补贴、退耕还林政策性补助等各项惠农补贴资金落实到位，增加农民收入；筹措1,440万元支持美丽宜居示范村建设，对全市低收入农户冬季取暖用煤进行货币化补贴；安排拨付资金2,950万元，支持全市农村土地承包经营确权登记颁证工作，维护农民的权益。推进脱贫攻坚。筹集安排财政扶贫资金3.29亿元，注资4,464万元成立全市扶贫开发投融资平台，重点支持产业扶贫、领导干部驻村包扶、劳动力转移就业扶贫、易地搬迁扶贫等脱贫攻坚任务的资金需求。制定《太原市统筹整合使用财政资金支持精准扶贫实施意见》《市级统筹整合资金目录表》，对纳入整合范围内的资金项目审批权限完全下放贫困县，赋予贫困县充分的资金使用自主权，发挥资金使用效益。优化财政资金供给机制，提高资金使用精准度和效益，保障贫困县集中资源打赢脱贫攻坚战，推进“三个确保”脱贫攻坚任务扎实完成。（办公室）

【城市建设】 按照统筹财力办大事的原则，通过预算安排、政府性债券投入、PPP合作、金融机构融资等多种举措，保证城市建设管理的资金需求。支持城中村和棚户区改造。全年安排城中村改造资金63.17亿元，下达保障性住房和公租房回购资金19.57亿元，拨付城乡特困人群住房租赁补贴和危房改造资金2730万元。支持城市基础设施建设。财政安排29.5亿元，采取政府购买服务的方式争取国开行期限长、利率低、金额大的政策性贷款187亿元，保障太原市五一路、摄乐街、摄乐桥、马练营、滨河西路南延、卧虎山公路以及50条小街小巷和动物园改造，完成晋阳街公园、和平公园、和谐公园等12个生态园林以及晋阳湖公园等60项基础设施建设。支持改善省城环境质量。下达环境综合整治项目资金18.37亿元，保障既改节能改造，提高城乡清洁提档升级，支持汾河流域生态修复治理，推进黑臭水体专项治理和煤改电顺利实施，夯实林业生态建设，鼓励提前淘汰黄标车及老旧车。同时，支持全市加快推进新能源汽车推广应用，牵头印发《太原市城六区现有出租车更换为纯电动汽车财政补贴资金实施方案》，省市两级安排补贴资金13.23亿元，确保全市出租车更换工作有序进行，改善全市城市环境质量。（办公室）

【财政制度改革】 加大预算统筹力度，将水土保持补偿费、政府住房基金、无线

财政系统保密知识培训

娄烦精准脱贫

电频率占用费等3项政府性基金转列一般公共预算，建立健全财政存量资金和预算安排统筹结合机制，清理收回两年以上结转资金，加大对两年以内资金的清理盘活，政府预算、部门预算和“三公”经费预算公开率达100%，实现预算公开全覆盖。加强政府债务管理，初步建立债务限额管理机制、风险预警机制和存量债务化解机制。强化预算执行。逐月对序时进度不达的预算项目和县（市、区）财政进行督促督导，强化部门预算执行主体的意识，对中央、省转移支付资金的支出情况进行督导，确保预算资金落到实处。强化预算绩效管理。围绕民生社会项目，选取社区惠民项目、太原国际马拉松等10个项目实施绩效评价，将评价结果运用到预算安排中。强化监督检查。重点检查涉企行政事业性收费项目执行情况；对政府采购代理机构进行专项检查；开展会计管理监督检查；对平台公司的资金使用及资产情况进行专项核查等等。规范资金管理。年内先后出台风险补偿资金、中小企业引导基金、信息化扶持资金等专项资金管理制度和《太原市财政应急保障预案》等制度，加强财政资金的管理和使用。坚持依法行政。制定《太原市财政局行政审批事项事中事后监管办法》，推行“两随机一公开”工作，加强行政许可事项事中事后监管工作，做好全市财政“六五”普法总结和“七五”普法规划工作，建立《太原市财政局法律顾问工作制度》，举办并参加各类法制专题培训，增强财政干部的工作能力，提升财政部门普法、执法水平。（办公室）

税　务

·国家税务·

【概述】 2016年，太原市国税系统坚持以党的十八大和十八届三中、四中、五中、六中全会精神为指引，学习贯彻习近平总书记系列重要讲话精神，以实现税收现代化为主题，以征管体制改革为主线，以绩效管理为保障，创新纳税服务和税收征管，组织税收收入，推进依法治税、从严治队，推进税收事业现代化进程。太原市国税系统下设稽查局、大企业分局、直属分局、第一、第二、第三稽查局等6个直属机构，高新区局、经济区局、民营区局和不锈钢园区局等4个全职能开发区局和迎泽区局、小店区局等10个县市区局，市局机关内设13个行政处室、3个事业单位和离退休干部处以及机关党委办公室。全市系统共管辖各类纳税人20.9万户，其中增值税一般纳税人3.8万户，税源结构以煤焦、机械、冶金、电力和商业为主。（曹　卫）

【税收征管】 加强重点税源监控，监控税源比例达到83%，注重抓好数据分析利用。强化税收分析预测，按月召开分析例会，加大稽查评估力度，评估查补入库6.76亿元，增收0.84亿元，稽查查补入库3.88亿元，增收1157万元。严格欠税管理，累计清理新欠2449万元，清理陈欠及滞纳金163万元。全年组织入库税收收入295.42亿元，占年初计划的129.79%，比上年增长23.54%，增收56.3亿元；地方级收入115.64亿元，占年初计划的172.57%，比上年增长66.34%，增收46.12亿元；市县级收入76.3亿元，占年初计划的152.6%，比上年增长56.97%，增收27.69亿元。加强税种管理。所得税管理方面，利用综合申报平台，优化一般企业所得税年度申报表，全面梳理房地产、金融业等6个行业的风险特征库，开展风险点提醒服务，提升汇算清缴质量。2016年，所得税零申报面降低11%，入库税款11.2亿元，同比增加15.9%；持续加强所得税后续管理，共查补税款及滞纳金3亿元；加强反避税

召开全市国税系统“两学一做”动员大会

工作，征收全国首笔幼儿园中外合作办学非居民税收。增值税管理方面，继续推行增值税发票新系统，全市新增使用新系统纳税人 3.6 万户；开展增值税发票使用管理专项检查，共检查 2.6 万户；开展增值税专用发票风险核查，查补税款 1.5 亿元，移交稽查 24 户。出口退税方面，简并审核岗位，下放审批权限，试点外贸企业审批权下放；实施出口企业分类管理，全市一类、二类出口企业户数较上年增加 2 倍；开展出口退税专项核查，严防骗税行为的发生。车购税管理方面，扩充委托代征点，开展专项检查，全年累计入库税收 17.3 亿元。（曹　卫）

【依法治税】 提升依法治税水平。开展“税军互动”“税学互动”。严格落实行政审批系列规定，逐项确认市、县两级取消下放和保留的行政审批事项，开展后续管理专项督导。培养法律人才，建立以公职律师为先锋、法规岗位人员为主体、法规人才库为后备、外聘法律顾问为补充的法律专业人才队伍，其中 5 名税务干部被评为省局局长法律顾问办公室成员。小店区国税局、杏花岭区国税局成功创建全省国税系统法治税务示范基地。提升政策指导水平。着眼供给侧改革，跟踪政策热点，关注科技创新，聚焦重点群体等，开展调研，撰写上报 8 篇政策分析报告。与市地税局联合签发 12 条具体措施，助力小微企业发展。深入重点农业企业开展一对一政策帮扶，解决政策执行问题。完成美国对华不锈钢板带材产品反补贴调查中太原市涉案企业的调查核实。防控税收执法风险。强化风险防控管理，针对司法监督曝露出的制度侵权问题，向上级建言献策。规范重案审理，全年共受理案件 4 件，退回补证 3 件，审结 1 件。强化执法疑点核查，核查面和整改率均为 100%。强化综合执法督查，开展全市系统执法督查，发现并整改执法问题 17 类 86 件，涉及税款 1970 万元。打击违法犯罪行为。深化稽查机构改革，成立三个直属稽查局。与公安部门联合查处 9.02、9.22、7.03 等涉嫌虚开增值税专用发票案件。对商贸、营改增等企业发票使用情况进行重点检查，累计查处假发票 8489 份，涉及金额 10.4 亿元，与公安部门联合破获假发票犯罪团伙 3 个，抓捕犯罪嫌疑人 8 人，缴获非法发票 5000 余份。联合 15 个部门对 3 户“黑名单”企业实施联合惩戒，对 22 户企业采取冻结银行存款措施，对 5 户企业移送公安立案查处。（曹　卫）

【税制转换】 完成全面营改增试点改革。对市地税局移交的 4.5 万户“营改增”试点纳税人数据进行核实，发行税控器具 1.2 万户，培训税务干部 1568 人，分两轮全覆盖培训纳税人 9.4 万户次，设立营改增纳税人首次申报窗口和绿色通道 94 个，采取分批量预约、引导纳税人错峰申报。创新运用互联网手段，建立 4 类 375 个税企交流微信群，提供 24 小时政策咨询答疑服务；推行“办税事项二维码”服务，实行一次性告知；推行电子发票；创制“三表一图”，预警压力高峰，改进服务措施；推行多元化网络办税平台，企业类纳税人网上办税达 95%。开展税负分析，持续跟踪辅导企业完善抵扣链条，用好税收优惠政策；领导包片负责，集中整改问题，对 20 余个政策问题进行答复；加大宣传引导力度，主动约谈失实宣传企业，营造正确舆论环境。2016 年，全市系统共接收营改增纳税人 4.5 万户，共入库税收 58.45 亿元。落实各项税收优惠政策。全年累计减免税 92 亿元。全市应享受小微优惠政策企业 10130 户，实际受惠面为 100%，共减免企业所得税款 2505.7 万元，户均减免所得税额 0.25 万元。落实月收入 3 万元以下免税、营改增税收优惠、残疾人福利企业优惠、双软企业减免、资源综合利用减免、军品免税、农产品免税等各项增值税税收优惠政策。落实 1.6 升及以下小排量乘用车车购税减半征收政策，全年共受理车辆 11.63 万台，减免车购税 4.77 亿元，落实新能源汽车车辆免征车购税政策，共受理 1.87 万台，免税 3 亿元。办理出口退（免）税 36.13 亿元，同比增长 31.23%，其中，办理退税 26.17 亿元，同比增长 13.63%，办理免抵调库 9.96 亿元，同比增加 1.21 倍。（曹　卫）

【国地税改革】 落实深化国地税改革方案。建立联席会议制度并按季召开会议，制定 51 项合作事项，召开全市国地税合作视频推进会，统一推进合作，创建民营区国税局、不锈 +《税收遵从合作协议》，开展大企业个性化服务。

举行“出口退税质押融资”签约仪式

金三优化版助力税收风险管理。在市局成立风控中心,采集烟草批发、排污权、医药零售等6个行业的第三方信息,开展分析,累计查补税款1027.7万元;自行开展风险应对任务3139户次,风险应对率100%,风险识别命中率100%,入库税款9.6亿元(含稽查入库税款)。完成金税三期优化版上线工作。确保办税服务厅244台服务终端金三优化版相关软件按时安装到位;组织146名业务、技术骨干组成换版运维保障精英团队;优化版进行演练5854笔,演练比例达到90%以上;制定应急预案,建立问题处理快速反应机制;印发操作手册等。金税三期优化版上线后,共征收税款59.6亿元。

夯实征管基础。开展国地税管户信息和工商税务管户信息对比核实、未办国税登记风险纳税人核查和专项检查、试点建立了内部纳税人黑名单和长期停业未经营企业目录,开展长期停业未经营企业清理,推行实名办税,加强“三证合一”后续服务与管理等。累计通知1.4万户“三证合一”企业进行信息补录,通知14.4万户原领取营业执照后未到国税机关办理登记的企业进行实地核查,累计查补税款、滞纳金487.27万元。

(曹 卫)

【服务能力】 打造“互联网+便捷办税”新品牌。推广“网上+自助”服务。全面推行省局网上申报平台升级版,累计注册14万户,占全省注册户的32%,缴纳税款48.39亿元。推广应用“e税客”手机客户端,累计用户达82520户,全年申报6778户,缴纳税款172.4万元。提升自助办税力量,建成7家24小时自助办税厅,共配置75台自助办税终端。以解决发票代开为突破,推出“网上代开发票”服务,纳税人实现“网上申请+三方支付税款+线下或邮寄取票”。推行发票网上申领服务,累计为1485户次纳税人发放70486份发票。率先在全省成功试行自助终端代开发票,新增自助代开发票办税终端29台,新增自助发票发售终端16台,实现全天候自助服务。整合服务资源,在迎泽区建成山西省面积最大、功能最全、智能化水平最高的24小时电子自助办税中心;在小店区国税局打造“智慧办税新空间”。

深化社会信用体系建设。开展“出口退税质押融资”服务,创新小微出口企业信贷融资方式。与13家金融机构签订《银税合作备忘录》,向合作银行推送14000户B级以上小微企业纳税信用等级评价结果,推出“银税服务一卡通”,使A级信用既可以享受办税便利服务又可以享受近30项金融服务措施。全年银税互动累计为1045户小微企业发放贷款14.51亿元,其中无抵押担保的纯信用贷款6.09亿元,缓解小微企业融资难、融资贵问题,被省银监局、省国税局、省地税局评为银税合作优秀团队。

并行“同城通办”和“省内通办”。从12月1日起,全省国税系统统一推行“省内通办”,太原市国税局并行“省内通办”和“同城通办”,其中“同城通办”业务范围在“省内通办”事项基础上,增加报税认证、发票发放等2大类10余个事项,方便纳税人就近办理发票等涉税业务,减轻纳税人负担。

(曹 卫)

国税干部与创业大学生开展“税学互动”

【队伍建设】 开展“两学一做”学习教育,开展“四讲四有”专题讨论,党章党规党纪知识考试、“研读党史重温党章见行动”等活动,完善基层党支部建设,在新组建的3个直属稽查局成立党支部。组织“党员先锋队”和“青年突击队”助力营改增工作,223名党员参加活动,直接服务纳税人1344户。组织开展走访慰问老党员、主题党日、党员志愿服务等系列活动,纪念建党95周年。开设“太原国税微课堂”公众号,构建干部教育培训“线上+线下”“共建+共享”的新模式,“太原国税微课堂—晓红说税系列”在总局组织的专项评审活动中,被评为2016年度税务系统优秀网络课程。制作营改增音乐微相册和微电影,激发价值认同。开展“传承好家风、带动好税风”活动,引导国税干部弘扬传统文化,自觉践行社会主义核心价值观。落实“两个待遇”,激发离退休干部正能量。2016年,在全省“1+5”青年干部考试中,所得税和公文处理通过率均达到100%,位列全省第一;开展数字人事上线前的数据整理等准备工作,推进“数字人事”工作;组建反避税太原工作部和风险应对暨大企业太原工作部,推进税收征管。

(曹 卫)

·地方税务·

【概述】 2016年,太原市地税局彻落实党的十八大和十八届三中、四中、五中、六中全会精神，开展“两学一做”学习教育，坚持以中国特色社会主义理论为指导，围绕全省地税系统“十三五”时期“1437”工作思路和全市地税系统“11221”工作思路，狠抓工作作风改进，狠抓各项工作落实，全市地税工作实现新发展。继续保持省级“文明单位标兵”称号；被太原市委、市政府、太原警备区评为“双拥标兵单位”；机关工会被中华全国总工会授予“模范职工之家”称号；团委被共青团省委和省人力资源和社会保障厅联合授予“五四红旗团委”称号。截至2016年底，设机关处室13个、直属事业单位5个、直属分局10个，县（市、区）局10个；7月，根据《山西省地方税务局关于各市地税局部分内设机构变更名称调整职能的通知》，煤炭基金处调整为督察内审处。

（赵 忠 李 莹 尚潇涛）

【税费收入】 2016年，全系统税收收入累计完成203.55亿元，其中，省市县级地方公共财政预算收入累计完成159.12亿元，完成省局考核计划158.34亿元的100.5%；市县级地方公共预算收入累计完成136.6亿元，为年度计划指标134.17亿元的101.81%。其他各项规费收入累计完成20.45亿元，比上年同期增长15.33%，增收2.72亿元。

（赵 忠 李 莹 尚潇涛）

【组织收入】 落实并逐步完善“九个一块”举措，即强化稽查“查一块”、清理欠税“清一块”、抓住热点和利好点“补一块”、领导上阵“背一块”、巩固成果“增一块”、收入进度好的单位“担一块”、收入进度差的单位“赶一块”、深化国地税合作“拿一块”、依靠党委政府“帮一块”。完善组织收入预期目标管理机制、促收保收督导服务机制、风险分析挖潜补漏机制、收入质量监控机制，建立收入督导工作制度、基层单位“一把手”汇报收入制度、管理科（股、所）收入完成情况排队通报制度、税收业务工作联席会议制度等。推行“组织收入方法超市”，编制并向基层单位推送“收入增长点业务操作指南”，“促收工作组”通过“解剖式”检查帮助相关单位开展收入攻坚，全系统组织收入效能得以提升。发挥稽查“1+3”功能，全市地税稽查系统查补入库各项税费49445万元。规范企业所得税预缴和汇算清缴，强化个人所得税全员全额扣缴申报管理和年所得12万元以上个人自行申报管理。规费征管全部纳入金税三期系统，规费收入实现就地缴库。探索实名办税，拓展纳税人统一社会信用代码功能，促进诚信纳税。

（赵 忠 李 莹 尚潇涛）

【征收管理】 深化国地税合作。建立国地税合作机制，形成联席会议制度，将税务登记、税收宣传、银税互动、风险管理、信息共享、税收检查、大企业管理等44项具体事项纳入合作范围，并从9月1日起，联合开展国地税驻点征收地方税费工作，纳税人到税务机关办理代开发票和报验登记，实现“进一家门办两家事”。引深征管“1+5+增长点推送”工作。对2015年“1+5”工作情况进行回头看，重新制定工作目标和工作任务，研究探索非正常户、零申报户、专业市场税收管理的新方法、新思路，深入挖掘税收增长点，初步建立起增长点推送、排查问题、反馈结果的工作模式。落实“营改增”。4月20日，召开“营改增”工作推进会，传达李克强总理在国家税务总局视察时的重要讲话精神和国家税务总局、省地税局有关要求，并要求全系统各单位和部门将“营改增”工作作为一项重要的政治任务，成立“全面推开营改增工作领导小组”，建立“一把手”负总责、领导班子成员对相关工作负全责的工作机制；开展监督检查，确保各项工作措施严格按照改革时间节点要求落实到位。“营改增”在太原市全面推开，其中纳税人销售不动产和个人出租不动产代征增值税和代开发票工作，受到国家税务总局督察组肯定。提升税收管理信息化水平，金税三期优化版上线，存量房评估系统持续扩围。 （赵 忠 李 莹 尚潇涛）

【依法行政】 推进税务行政审批制度改革，对照改革阶段性“回头看”重点内容进行自查自改，杜绝行政审批违规和滥用审批权问题。加强税收规范性文件管理，对规范性文件严格按照程序要求进行合法性审核，全年共清理税收规范性文件8件。配合政府立法工作，参与讨论市政府立法草案20余件。在全系统组织开展“规范执法行为，推进依法行政”持续性专题学习教育活动和“规范执法行为，防范执法风险”持续性专项自查自纠活动。全系统1800余名干部职工参加专题学习教育，撰写学习心得，形成实录100余册。成立“帮服工作组”和“专题攻关组”，通过参加基层座谈会，收集解决基层工作问题163个。巩固活动成果，汇

总梳理基层单位提出的问题，其中，共性问题的解决办法，在编发《持续性专项自查自纠活动问题解答模板》同时，以集中讲解的方式，反馈至全系统干部职工；个性问题的解决办法，以点对点答复的方式，反馈至相关单位。

（赵　忠　李　莹　尚潇涛）

【纳税服务】　持续办好“税收大讲堂”。全年共举办各类讲座14期，其中固定场次10期，专场4期，参加人数4577人次，收集纳税人建议22条，为纳税人解答解决问题130个。自2014年，每月固定开办一场税收大讲堂，形成五个标准化流程、四项专项涉税服务、四支专业化团队、五种服务模式、六大专业化课程。促进太原市经济结构调整和发展方式转变，助力供给侧改革、小微企业发展。推动资源税从价计征改革平稳运行。房地产“去库存”税收优惠政策有效落实。落实各项结构性减税政策，98051户次小微企业及个体工商户享受营业税税收优惠，减免税款1921.19万元；6484户小型微利企业享受企业所得税优惠，减免税款5399.64万元；5705人次享受个人所得税优惠，减免税款9176.79万元；428户小微企业享受借款合同印花税税收优惠，减免税款32.05万元。做好纳税信用等级评定，通过“税银互动”，使599户纳税信用等级为B级以上的小微企业共享受银行贷款5.84亿元。

（赵　忠　李　莹　尚潇涛）

【队伍建设】　实施“1+4+2”教育培训新模式，围绕税收业务大比武活动，组织编写《太原市地方税务局地方税收业务题库》；举办全系统领导干部和科所长更新知识培训班和“进一步深化地方税收改革与管理开放式高级学习研讨班”。坚持全员学习日和基层问题解答日制度。举办全员学习日16期，专题讲座内容丰富，包括国学、传统文化、身心健康与幸福生活、建设法治政府、周边安全环境透视等。举办基层问题解答日10期，为全系统干部职工解答涉及征收管理、政策落实、纳税服务、金税三期系统操作、机关建设等方面问题220余个。做好干部选拔任用，调整干部146人，其中提拔任用75人，平职交流39人，转任同级非领导职务21人，安排团职军转干部任免11人，并对试用期满的4名科级干部进行期满考核和公示。优化干部职工工作生活环境，协调有关部门对两个宿舍区进行节能改造，对办公楼监控系统进行升级；解决军队转业干部交通补助、停车场停车、职工休息室、职工车棚电动车“自助充电”等问题。

（赵　忠　李　莹　尚潇涛）

【精准扶贫】　10月23日至26日，市地税局机关及直属分局42名党员，在定点扶贫村——娄烦县娄烦镇尹家窑村开展精准扶贫。在市地税局党员与该村340户贫困户结成帮扶对子。娄烦县地税局党员结对帮扶贫困户70户，实现太原地税党员与尹家窑村贫困户结对帮扶全覆盖。入户走访中，宣传党的扶贫政策，与村民共商脱贫良策；了解贫困户有关情况，建立脱贫帮扶档案。

（赵　忠　李　莹　尚潇涛）

金融业

·中国人民银行太原中心支行·

【概述】 2016年，人民银行太原中心支行贯彻执行稳健的货币政策，支持太原经济结构调整和转型升级；加强金融风险监测与防控，维护辖区金融稳定；拓展深化金融服务社会功能，提升金融服务与管理水平；加强外汇管理与服务，支持太原对外经济发展。结合太原市经济社会特点，坚持稳中求进工作总基调，主动适应经济发展新常态，落实各项金融宏观调控政策，引导金融机构支持太原市经济社会发展。太原市本外币各项贷款平稳增长，中长期贷款保持增长态势，票据融资持续减少；各项存款下降显著，财政性存款大幅下降；金融机构盈利能力下滑。（办公室）

【金融运行】 各项贷款平稳增长，中长期贷款保持增长态势。截至2016年底，太原市金融机构本外币各项贷款余额10216.78亿元，当月减少0.96亿元，下降0.01%；比年初增加1095.43亿元，增长12.01%。其中：短期贷款由升转降。截至2016年末，太原市金融机构本外币短期贷款余额2928.77亿元，当月减少64.77亿元，下降2.16%；比年初增加3.05亿元，增长0.1%，同比少增333.78亿元。中长期贷款保持增长态势。截至2016年底，太原市金融机构本外币中长期贷款余额6711.62亿元，当月新增144.78亿元，增长2.2%；比年初增加1178.99亿元，增长21.31%，同比多增566.94亿元。票据融资持续下降。截至2016年底，太原市金融机构本外币票据融资余额509.89亿元，当月减少65.22亿元，下降11.34%；比年初减少63.34亿元，同比少增135.68亿元。

各项存款下降显著，财政性存款大幅下降。截至2016年底，太原市金融机构本外币各项存款余额11497.49亿元，当月减少412.98亿元，下降3.47%；比年初增加667.43亿元，增长6.16%。其中：个人存款平稳增长。太原市本外币个人存款余额4091.71亿元，当月增加65.57亿元，增长1.63%，比年初增加385.77亿元，增长10.41%，同比多增213.23亿元。单位存款有所下降。太原市本外币单位存款余额6464.87亿元，当月减少28.85亿元，下降0.44%；比年初增加279.45亿元，增长4.52%，同比少增26.08亿元。财政性存款大幅下降。太原市本外币财政性存款余额447.45亿元，当月减少269.17亿元，下降37.56%；比年初减少6.7亿元，同比多增131.38亿元。

金融机构盈利能力下滑。截至2016年底，太原市金融机构全年实现利润109.07亿元，比上同期少增16.51亿元。其中，地方法人金融机构实现利润35.37亿元，同比多增15.03亿元。（办公室）

【货币政策】 开展宏观审慎评估工作。贯彻落实稳健的货币政策，灵活运用货币政策工具，加强窗口指导，增强调控的针对性和有效性。组织召开落实宏观审慎政策框架电视电话会议，牵头成立宏

观审慎评估委员会,完善组织架构。召开法人金融机构宏观审慎评估情况窗口指导电视电话会议,加强窗口指导。完成太原市15家法人金融机构2016年宏观审慎评估工作。加强存款准备金管理。2016年3月1日,下调金融机构人民币存款准备金率0.5个百分点,释放流动性45亿元。监测和评估法人金融机构流动性状况。实施差别化存款准备金制度,对达标县域法人金融机构执行低于同类机构正常标准1个百分点的存款准备金率。

加强中央银行资金管理。出台《支农再贷款管理实施细则》《扶贫再贷款管理操作规程》《抵押补充贷款监测评估细则》《再贷款监测评估实施细则》,强化制度约束。截至2016年底,太原市支农再贷款余额6900万元,其中:扶贫再贷款余额1500万元,再贴现余额97636万元。推动利率市场化改革,组织召开2016年市场利率定价自律机制工作会议,督导各成员单位科学合理确定存款利率。开展法人金融机构市场利率定价合格审慎评估,具有同业存单发行资格的机构由2015年的22家增至70家,具有大额存单发行资格的机构由2015年的10家增至21家。

强化政策引导,提高信贷政策导向力。制定《关于金融支持太原市经济转型发展指导意见》《关于推动绿色金融发展的指导意见》,加强对经济重点领域的信贷支持。引导金融机构推出“农地权益系列信贷产品”,丰富农户抵押物范围。开展“土地预期收益保证贷款”试点,推出农房财产抵押权产品。做好金融支持煤炭钢铁行业去产能工作。坚持“区别对待、有扶有控”的原则,做好“去产能”金融综合服务工作,重点支持优质煤炭、钢铁企业特别是七大煤炭企业不断贷、不抽贷。

做好精准扶贫金融服务工作。牵头建立金融助推脱贫攻坚工作联动协调机制,出台《山西省“十三五”时期金融助推脱贫攻坚实施方案》。建立扶贫开发金融服务主办银行制度,制定推进扶贫小额信贷精准扶贫工作,支持特色产业促进精准脱贫等多个指导意见和实施办法。引导金融机构创新扶贫金融服务并初见成效。创新“公司+基地+贫困农户”“专业合作社+贫困农户”“公司+基地+贫困农户”等9种金融扶贫模式。加强金融设施建设,强化涉农尤其是贫困地区农村的金融服务,促进精准扶贫实施及普惠金融发展。截至2016年底,太原市共设立农村金融综合服务站485个,覆盖行政村402个,覆盖率67.34%,贫困地区金融服务明显改善。 (办公室)

【金融稳定】 完成对地方法人投保机构风险评级工作。做好投保手续办理、费率管理、保费核定与交纳等基础工作,截至2016年底,共有177家机构办理投保手续,共交纳保费17677.55万元。向辖区177家地方法人投保机构反馈存款保险评级结果。开展存款保险现场核查工作,完成对辖内保费交纳基数最大和风险较高的17家投保机构的核查工作。关注辖区投保机构流动性状况,重点监测高风险投保机构,及时提示风险。完善金融风险监测系统运行工作。2016年风险监测系统的机构覆盖率达91.73%,较2015年末提高3.3个百分点;报表完成率78.8%,较2015年末提高6.81个百分点。加强日常风险监测和评估,按季监测并报送银行业、证券业、保险业、准金融机构风险分析报告。完善大型有问题企业风险监测制度,做好总行金融稳定评估系统数据录入工作,加强重点领域风险监测、排查和预警。对纳入总行地方金融风险监测月报中“重点关注的高风险机构”的10家农信社,启动重点监测。开展风险排查分析工作,截至2016年底,共形成54份排查信息。完善辖区银行业金融机构重大事项报告制度,共向总行报送13起重大事项。

做好“两管理、两综合”工作。严格开业申报,实行新设金融机构集中申报预审制和限时办结制,提高申报审批效率。截至2016年底,受理108家新设金融机构的开业集中申报,已批复办结105家。做好新设金融机构首次会谈工作,履行业务申报告知义务。组织开展2016年度综合执法检查工作。完成对太原辖内银行业、证券业、保险业共141家机构2015年度的综合评价工作。

加强金融消费权益保护。贯彻落实《中国人民银行金融消费权益保护工作管理办法(试行)》,采取直接处理、转办、调解等多种方式化解金融消费纠纷。各金融机构有效解决金融消费者投诉,针对投诉暴露问题采取措施,促进内部制度完善。截至2016年底,太原市共受理金融消费者投诉117件,同比下降8.46%;受理金融消费者咨询3714件,同比增长4.77%。有一件投诉仍在办理中,办结率99.16%,消费者满意度100%。 (办公室)

【金融服务】 加强货币金银管理。合理摆布、灵活调拨发行基金。2016年，太原市累计投放现金397亿元，回笼现金479亿元，净回笼82亿元，较2015年下降33.87%。太原市银行业金融机构拥有对外支付现金的营业网点910个、现金清分中心19个，共配备纸、硬币清分机867台。2016年共回笼残损人民币111亿元，流通中人民币净化程度好转。加强反假货币综合治理水平，2016年，太原市累计收缴假币226万元、31671张（枚），同比分别增长22%、20%。此外，加大发行库检查力度，共检查各级发行库40次，确保库款安全。

支付结算系统平稳运行。做好支付系统运行维护管理工作，提高应急演练实战水平，强化支付系统参与者日常监督管理。截至2016年底，太原市支付系统共处理支付业务9683.81万笔、金额22.28万亿元。其中，大额支付系统共处理支付业务1032.73万笔、21.55万亿元，同比分别下降4.31%、2.28%；小额支付系统共处理业务8369.29万笔、6921.54亿元，同比分别增长43.85%、36.03%；太原市接入网上支付跨行清算系统的地方性银行法人机构，2016年共处理业务280.04万笔、320.08亿元，同比分别增长56.02%、44.73%；同城票据清算系统共处理业务23.39万笔、1948.78亿元，同比分别下降33%、19.96%，社会服务效能明显提升。

优化农村支付环境建设。丰富农村支付市场主体，促进支付产业包容性发展。全市已有农业银行、中国银行、建设银行、省联社、邮储银行、银联商务、拉卡拉、通联支付等8家机构从事农村地区助农取款业务。推动农村客户对银行卡、票据等非现金支付工具和电话银行、网上银行、手机银行等电子支付方式的广泛使用。截至2016年底，太原市农村地区累计开立单位银行结算账户1.13万户，个人银行结算账户183万户，人均2.32户；其中，累计发行银行卡105万张，人均持卡量1.09张。农村地区共发展特约商户1232户，布放ATM、POS等机具分别为155台、1411台。

深化支付结算监管。推进非银行支付机构风险专项整治，推动支付服务市场健康发展；开展非银行支付机构的分类评级工作，分类监管机制有效落实；推广联网取现业务，有效发挥现代化支付服务优势。完成ACS新版凭证的启用工作，保证会计核算业务稳定运行；规范和促进电子商业汇票业务发展，推进电子商业汇票业务拓展。配合公安部门做好打击治理电信网络新型违法犯罪活动，保障社会公众财产安全和合法权益；联合开展整治支付结算重大违法犯罪行动和整治非法买卖银行卡信息专项行动，持续优化支付服务环境，规范银行卡市场秩序。

推进社会信用体系建设。金融信用信息基础数据库建设日趋完善。截至2016年底，数据库分别为23.7万户企业和1755.5万自然人建立了信用档案，累计提供企业征信系统查询30.78万次，个人征信系统查询481万次。金融机构通过查询征信系统拒绝有潜在风险的贷款10460笔，金额88.06亿元。应收账款融资服务平台推广应用成效明显，应收账款融资服务平台累计登记融资业务350笔，融资金额590.83亿元，同比增长93.83%。

加强反洗钱监管。推进反洗钱"风险为本"理念与"法人监管"模式。共完成对80家机构的反洗钱现场检查，共查出7大类，24小类，714个违法违规问题，对存在问题较为严重的9家被查机构和9名高管人员进行行政处罚。探索现场检查与风险评估相结合的有效途径，对风险评估指标设置和评分标准进行完善。开展反洗钱调查工作。共接收重点可疑交易线索133份，向公安机关移送线索14份，协查15起，维护辖区经济金融和社会的和谐稳定。

履行经理国库职责。完成"营改增"收入收缴工作。扩展横向联网创新业务推广应用，推行横向联网电子退更免业务，推广新型电子缴税方式。试点运行国库无纸化系统办理集中支付业务取得显著成效。推进国库"直补"工作，丰富"直补"种类，全年累计支付政府补助资金475万余笔，金额29.61亿元，涉及资金类别10类。加强国债发行兑付管理。2016年组织发行凭证国债4期，61.26亿元，储蓄国债（电子）10期，111亿元，兑付国债收款单7000余元，实物券4000余元。（办公室）

【外汇管理】 开展货物贸易、服务贸易、直接投资便利化等多项改革工作。推行全口径跨境融资宏观审慎管理，允许企业在一定范围内自主开展本外币跨境融资，拓宽企业融资渠道。推动跨国公司外汇资金集中运营试点业务，帮助企业降低财务成本，加速资金周转。2016年，跨国公司累计借入外债3.6亿美元，国际外汇资金主账户累计流入8.13亿美元，国内主账户累计净流入2.34亿美元。推进“控流出、促流入”专项工作，对经常项目1000万美元以上，资本项目100万美元以上的购付汇，实行银行事前报备制度。启用外汇管理行政审批统一受理窗口，2016年共受理辖区各项行政审批事项435项，办结434项。加强外汇业务检查，规范外汇市场秩序。依法加大外汇业务检查力度，共立案查处违规案件36件，收缴罚没款134.3万元。

（办公室）

·中国工商银行股份有限公司山西省分行·

【概述】 2016年，中国工商银行股份有限公司山西省分行（简称工行山西分行）实现拨备前利润54.99亿元，完成总行保底目标的99.51%；在拨备提取同比增加1.8亿元的基础上，实现净利润29.40亿元。截至2016年底，本外币各项贷款余额2233.40亿元，较2016年年初增加84.3亿元，其中公司贷款较年初增加9.22亿元，个人贷款较年初增加7.21亿元，票据贴现较年初增加44.12亿元。本外币全部存款（本外币）余额4065.68亿元，较年初时点增加104.54亿元，其中储蓄存款时点增加101.68亿元，日均增加59.33亿元。全年实现中间业务收入（含银行卡还原）21.57亿元；压降潜在风险融资56亿元，清收处置不良贷款35.61亿元；不良贷款余额46.42亿元，控制在总行53亿任务目标以内；不良贷款率2.08%，较年初上升0.47个百分点。

（办公室）

【存款业务】 2016年，工行山西分行将稳定存款市场份额为重要内容开拓存款市场。将拓户增存作为关键举措，围绕稳拓两条线，依托三大委员会平台职能，发挥线上线下一体化优势，形成线上快速拓户和线下精准维护的营销格局，实现客户扩容提质和存款增长。全年新增对公结算账户16137户，完成全年计划的134.5%，完成率列系统内第1位，新开户时点存款达65.9亿元；新增个人有效客户60.87万户，其中四星级及以上客户新增11.51万户。储蓄存款稳固传统领先位次，围绕代发工资、大学生、普通商户、重点对公客户四大目标市场，突出薪金溢、节节高、存管通、大额存单等创新性产品优势，拉动储蓄存款增长，年末储蓄存款时点和日均余额全部排名系统内第11位。公司存款盯着传统大户和贷款客户，在月末季末关键节点锁定烟草、铁路、移动等传统大户资金动向，执行大额资金流动提前预警和挽留机制，防止存款大起大落；跟踪贷款支付链条，加强信贷派生存款管理和"裸贷"专项治理，实现派生存款体内循环。机构存款发力财政、社保、军队、公积金等传统市场，拓展工会社团、教育院校、住宅维修基金等新增长点，全年新拓工会组织客户329户，新增存款1345万元；与山西大学等3所高校签署全面战略合作协议，教育院校新增存款2.91亿元，同比多增3.96亿元；住宅维修基金营销面覆盖到9市23个机构，存款余额突破4亿元。

（办公室）

【贷款业务】 2016年，工行山西分行把服务与支持实体作为银行经营的核心，结合山西实际，形成“贷大、贷小、贷新、贷低”的战略思路。通过自上而下和自下而上开展多轮次信贷市场梳理，充实信贷项目储备库，明确近中远分批次的信贷营销目标。2016年，累计投放各项贷款（含票据）1283.72亿元，同比多投60.78亿元，本外币各项贷款余额2233.4亿元，较年初增加84.3亿元。在传统煤炭领域，按照“不能只贷煤、只贷大，但首先必须贷好煤、贷好大”的工作导向，树立与重点煤企共克时艰、共担荣辱的责任意识，与省内七大煤业集团全部签订深化合作协议，达成新增融资意向300亿元，全年煤炭行业累放贷款229亿元，占全部公司贷款的36.23%。在优势项目贷款领域，加大对电力、交通等大型优质项目的支持力度，电力、高速公路、铁路行业分别累放贷款90亿元、52亿元、21.03亿元。在新兴行业领域，紧扣地方经济产业结构优化升级需要，支持新能源、装备制造、旅游文化等新兴行业发展，全年累放新兴行业贷款122亿元，占全部公司贷款的19.3%。在小微服务领域，成立太原、运城两个小微专营中心，发挥工行小微金融线上标准化和线下专营化的优势，推广网贷通、银政通、医保贷等创新类优势产品，提高小微金融的专业水平和放贷效率。2016年实现小微金融网络融资2.42亿元，占比42.23%；小微中心放贷2.32亿元，占比40.5%。

（办公室）

【中间业务】 2016年，工行山西分行加快重点产品线转型，挖潜旧动能、培育新动能，打造多条业务线齐头并进的格局。实现中间业务收入（含银行卡还原）21.57亿元，保持同业首位。做强做大投行业务，举办山西首届资本论坛，与38家上市公司和7家拟上市企业共谋业务机会，实现资本市场类业务三个"第一笔"，即第一笔股票质押回购、第一笔结构化股票融资、第一笔定向增发，塑造工银投行的品牌形象，全年落地投行项目11个，较上年增加3.5倍。创新运用投行手段，置换他行76亿元交通厅贷款，完成首期36亿元投放；抓住债转股政策机遇，与太钢、同煤、阳煤签署300亿元债转股协议，成为全国最大一单债转股项目。发挥大零售的压舱石作用，个人代理基金保险销售、信用卡分期、二维码支付、私人银行家族财富管理等重点业务均实现突破，大零售营业贡献达40.43亿元，占比51.98%，同比提高7.04个百分点；大零售实现中间业务收入14.29亿元，全行占比66.52%，同比提高0.1个百分点。大资管业务发挥引擎拉动作用，全年向总行推荐资管项目100.65亿元，投资地方债86亿元，实现债券投资收益2.51亿元，系统内排第4位；累计销售养老金理财175亿元，任务完成率在系统内排名第1位；新增资产托管净值1167亿元，实现营业贡献1.49亿元。在贵金属业务线组建三级联动的柔性团队，明确考核评价办法，调动营销队伍积极性，全年净增贵金属有效客户5.31万户，实现贵金属业务收入5139万元。互联网金融以“三大平台”为核心，丰富场景设计，提升运营水平，在行内以业绩评选调动全员营销积极性，在行外连续开展多个主题活动提升平台流量和品牌知名度，全年新增融e联客户214万户、新增融e行客户149万户，融e购B2C交易额实现8.9亿元，B2B交易额实现52亿元。

（办公室）

【金融服务】 2016年，工行山西分行成立深化改革办公室，统筹研究和推动各项改革创新工作。把握城市银行重点，确立“发展营业部、壮大营业部”的战略重点，从七个方面对接帮扶举措，形成《营业部竞争力提升目标评价体系》，助力营业部稳固市场地位。把握客户服务基础，以建设客户满意银行为目标，推进网点竞争力提升工程，加快智能银行建设，启动“服务面貌专项整治季”活动和网点靓化工程，促进服务面貌改善。全年改造智能化服务模式网点340家，完成总行任务的425%，智能网点覆盖率74.73%；改建轻型网点26家，总量优化网点4家，均完成总行任务。创新队伍组织方式，在贷后管理、贵金属、信用卡收单等新兴业务条线组建25支柔性化工作团队，开展人员组织和业务拓展，提高业务发展效率。投身社会公益事业，在扶贫、助学、助残、环保等方面发挥金融骨干作用。对两个扶贫点各捐赠5万元，用于民生工程。开展送温暖活动，将总行拨付资金146万元，山西分行按照1：1比例配备配套资金用于特困救助。（办公室）

【资产质量把关】 2016年，工行山西分行把过好资产质量关作为全年工作的头等大事，在全行传导管控风险、清收不良也是"创造利润、创造价值"的经营理念，确保资产质量。夯实信贷基础管理，落实专家治贷要求，在省分行组建信贷作业监测中心和不良资产管理处置中心，推进信贷人员持证上岗、信贷经营机构资质审核，实现信贷营销、监测、处置全流程的专业化、专职化管理。领导带头加大资产管理工作的督导力度，建立行领导分片包干督导二级分行资产质量的工作机制，30次召开督导工作视频会议，35次深入二级分行和重点企业开展现场面对面研究，传导压力，共同探讨思路，确保各项风险管控措施和不良清收手段落地执行。加强对潜在风险的排查治理，开展法人客户风险滚动排查，组织召开23次专题会议，对95户重点客户涉及1755亿信贷资金开展统一会诊，一户一策提出风险控制意见，确保潜在风险可预测、可控制。全年压降潜在风险贷款余额56亿元，完成总行下达任务的116.67%。坚持常规清收和创新清收"两条腿走路"的不良处置思路，统筹用好现金清收、债务重组、推动兼并、以物抵贷、打包处置、呆账核销等手段，以更少的财务成本撬动更多的不良资产化解。全年清收处置不良贷款35.61亿元，比上年同期增加16.14亿元。创新开展信用卡透支逾期处置，对1.16亿信用卡不良贷款实施证券化出表处理，不良率较处置前大幅下降1.5个百分点。加强对代理信托类表外风险、私人银行委托贷款等重点风险的化解维稳工作，争取政府职能部门及法院的支持，督促合作机构和企业加快风险资产处置，确保各类风险可控。（办公室）

·中国农业银行山西省分行·

【概述】 2016年，中国农业银行股份有限公司山西省分行（简称农行山西分行）加大支持实体经济、服务三农，支持小微企业和服务全省城乡居民的力度，主要业务稳中有进、进中有快、快中有好，市场竞争力、风险控制力、价值创造力提升。截至2016年底，农行山西分行各项存款余额3135亿元，比年初增加208亿元，为五年来最好水平，排名四大行第一。市场份额提升0.26个百分点；核心存款日均余额3035亿元，市场份额提升0.11个百分点；存款时点、日均份额“双提升”，日均余额、份额“双突破”。个人存款逆势增长，时点、日均增量均居四行第一，时点、日均份额分别提升0.82、0.48个百分点，发挥“压舱石”作用；县域时点、日均增量分别占全行的68%、73%。

（田喜成）

【服务方式转变】 2016年，农行山西分行转变服务方式，存款市场份额提高。分行依托支行网点，增强渠道建设。截至2016年底，农行在全省共有一、二级支行281个，分理处、储蓄所221个，离行式自助银行571个，现金类自助设备2825台，为全省同行业第一。在人力资源配置上，随着全行服务渠道的增强，营业服务窗口的一线临柜人员从高柜大量向低柜分流，加大“赢在大堂”的服务营销力度；在产品创新推广上，为企事业单位推出适合其资金效益实现最大化的投资或理财新产品和现金管理新平台，为城乡居民开发和推出包括“金钥匙·安心得利”“农银财富·如意”等系列适合其不同本外币理财需求的新产品；在服务营销强化上，加大公司、机构和国际金融业务的营销力度、加大同业战略合作力度，加大包括“春天行动”“激情仲夏”“赢在金秋”、ATM跨行业务抽奖营销在内的零售系列服务竞赛活动，确保全行存款业务领先发展。（办公室）

【服务“三农”能力提升】 2016年，农行山西分行服务“三农”，推进“惠农通”工程创新升级。截至2016年底，建成农村金融综合服务站34890个，覆盖行政村2万多个，覆盖率达72%；通过与山西水务投资集团有限公司签订将为全省水利项目建设提供不少于500亿元的意向授信额度的战略合作框架协议和贷款跟进，支持农业水利基础建设；通过发放贷款支持水塔陈醋集团、古城乳业、大同青龙养殖、平遥牛肉、紫林醋业等一大批农业产业化龙头企业，并围绕龙头企业，支持160多个产、供、销一体化的产业链，涉及2000多户企业或经纪人，带动近70多万农户；通过增加11亿元的城镇化贷款、增长11.8%的农户贷款，支持县域经济发展；通过推进光伏扶贫贷，贫困县贷款增加23.7亿元，建档立卡贫困人口贷款增加4267万元，加大金融扶贫力度；通过加大惠民服务，全省农村基本实现“通用代收付平台”全覆盖，2378个惠农服务点上线“e农管家”，“农村金融支付平台”被省委、省政府推广，“惠农通”代理规模扩大。将服务“去库存”与支持城市居民改善性住房需求、进城务工人员购房需求紧密结合，加快个人住房贷款和“农民安家贷”投放步伐。截至2016年底，发放“农民安家贷”11.79亿元，支持5490户农户进城购房。　（办公室）

【经营方式转变】 2016年，农行山西分行贯彻国家宏观调控政策和货币信贷政策，支持全省供给侧结构性改革。围绕服务“去产能”，提出“三不、四调”管理思路（即授信总额不变、用信风险敞口不增加，行业贷款占比不提升的“三不原则”与调主体、调品种、调层级、调行业的“四调”思路）对煤炭、钢铁行业的信贷结构进行优化，不惜贷、不抽贷地支持有市场、前景好的煤炭、钢铁企业渡过结构调整难关。有保有压服务“去产能”，“保”重点客户需求，“压”一般企业规模，八大煤业贷款稳中有增。按照“高碳产业低碳发展，黑色煤炭绿色发展”理念，加大对全省产业集中度高、设备技术先进、资源消耗低、环境污染少、安全保障高、经济效益好的企业支持力度。累计发放贷款190多亿元支持大煤炭企业进行技改，引进新技术、新装备、新工艺和精细化园区式管理模式，实施安全绿色高效开采。支持绿色清洁能源项目，累计为18个光伏、风电项目投放资金29.28亿元，投放农村电网改造项目8亿元。邀请15家机构投资者，走访重点煤炭企业，增强投资者对山西煤炭行业转型发展的信心，成功帮助多家煤企发行超短期融资券45亿元。发展直接融资业务，为服务企业“降成本”。2016年承销地方政府债务85亿元，承销企业债77亿元，办理理财融资105亿元，为企业减息减费9亿多元。支持全省基础建设和高新产业发展。2016年，农行山西分行围绕全省基础建设，重点支持大西客专、晋豫鲁通道、蒙西华中铁路、准朔铁路、准池铁路等项目工程建设。截至2016年底，基建贷款增量占到法人贷款的88%。其中，涉及铁路运输行业贷款余额达150.83亿元，净增9.42亿元；对高端装备制造、新能源、清洁能源等新兴产业项目合计授信118.27亿元，出贷108.26亿元。支持小微企业发展。2016年，农行山西分行通过扶持小微企业发展壮大，小微贷款余额达111.81亿元，净增16.84亿元，达到银监部门对小微企业贷款增速不低于各项贷款的平均增速、贷款户数不低于上年同期户数、申贷获得率不低于上年同期水平等“三个不低于”的监管要求，提升小微企业信贷总量、服务覆盖面和满意度。　（办公室）

【加强风险管理】 2016年，农行山西分行坚持“违规就是风险，安全就是效益”的风险理念，通过开展重点领域信用风险专项治理活动，促进盘活存量、优化增量，确保信贷资金安全性、流动性、效益性等“三性”实现最大化。强化风险管理围绕客户评级管理、信贷资产分类和操作风险管控等重点工作，严防死守各类风险，确保全行风险状况总体可控；注重内控合规建设，以严明的责任体系、严密的制度流程、严格的监督管理、严厉的处理惩戒、严肃的追责问责、严谨的绩效考核，形成源头严防、过程严管、风险严控、违规严处的机制；坚持“稳中求进、控险强基”，抓好全行安全生产和重点工作治理，提升安全生产意识，夯实基础管理，推进“三化三达标”工作，坚守安全底线，为业务经营提供安全保障。落实金融风险源头治理。通过警银配合，开展治理电信网络诈骗专项行动，为维护社会治安和确保社会一方平安作出贡献。　（办公室）

·中国银行山西省分行·

【概述】 2016年，中国银行山西省分行（简称中行山西分行）完成人民币各项存款日均余额2340.35亿元，日均新增167.12亿元。外币各项存款日均余额12.52亿美元，日均新增2.5亿美元。人民币各项贷款时点余额1271.44亿元，较年初新增160.21亿元。人民币各项存贷款新增市场份额均位列四大行第二。其中，行政事业存款日均余额610.87亿元，较年初新增64.34亿元，新增额四大行排名第一；公司存款新增52.33亿元，公司贷款新增146.95亿元，四大行排名均为第一。国际贸易结算、跨境人民币结算、结售汇三项业务市场份额保持同行业第一；ETC发卡新增市场份额、存量市场份额同业排名第二；累计承销债券190亿元、分销债券166.5亿元、叙做福费廷业务745亿元。不良资产较年初下降2.78亿元；不良率1.1%，较年初下降0.4个百分点，连续两个年度保持“双降”，不良率从省内四大行最高降到最低。树立“以客户为中心”的理念，加强互联网、大数据技术在金融创新中的应用，重点围绕互联网金融、城投债、海外债、资产证券化、中银城市发展基金、产业基金、政府购买服务等前沿业务，为省内企业和广大人民群众提供多元化“融资＋融智”金融服务。　（办公室）

【金融支持实体经济】 2016年4月27日，中国银行总行与山西省人民政府签署《金融支持山西“十三五”经济发展战略合作协议》，中行山西省分行落实合作协议内容，优先满足政府支持的信贷需求，将信贷资源投向省内重点项目工程、重大基础建设项目以及骨干企业，提升金融服务实体经济工作的质效。在保证煤炭行业授信需求的基础上，扶持“非煤产业"做大做强，对接"六大工程"建设，全年累计为山西各界提供资金支持740亿元，累计向省属重点企业、重大项目和重点工程建设投放公司贷款384.45亿元。其中，为煤炭、交通运输、电力等支柱行业投放233.7亿元；为农林牧业、教育文化、医疗卫生、社会保障等弱经济周期行业投放贷款31.84亿元。支持潞安集团、晋煤集团、阳煤集团、山煤集团、同煤集团等省内重点企业完成归还再贷325亿元，将七大煤业106.19亿元的短期流动资金贷款转换为中长期专项贷款。（办公室）

【企业融资减负让利】2016年，中行山西分行执行山西省委、省政府为企业减负让利有关政策，对太钢集团、七大煤业、富士康等省内重点企业实行优惠利率。新发生公司贷款平均利率不到4%，在同行业和系统内都比较低，减轻企业筹资成本。

拓宽融资渠道，为企业多融资、降成本。2016年，中行山西分行为省属七大煤业、太钢等大型企业累计发行非金融企业债务融资工具196亿元，位列四大行第一，以低成本融资支持省内实体经济发展。太化房地产4亿元城发基金、山西路桥集团2.5亿美元海外债、山西证券3亿元券商受益凭证、晋中东外环5亿元PPP项目等一批投行资管创新业务先后"破冰"；发放山西首支权益类公募基金。通过委托债权模式、中银城市发展基金等非标理财业务帮助企业获取融资，实现山西省城发基金业务的突破及非标资产投放模式的创新；通过外币债务套期保值等外汇交易保值产品，帮助企业有效规避汇率波动风险，锁定财务成本，实现资产增值保值。

推出"中银接力通宝""信用恢复""医保贷""应收通宝""影视通宝"等产品，缓解中小微企业、民营企业的还款续贷压力，推进"银税合作"，创新性地开办"出口退税账户质押融资"业务，提高中小微服务水平。（办公室）

【困难企业帮扶与风险化解】2016年，中行山西分行落实有关债委会的工作要求。牵头组建成立14家债委会；作为参与行，签订49家企业的债委会协议。履行主席行职责，完善工作机制，建立议事规则，加强与各成员单位、企业以及政府的交流，定期开展调研并组织召开债委会会议，共享信息，共担风险。针对经营暂时出现困难的企业，与债委会成员单位共同研究解决方案，结合实际情况，一户一策，帮助企业渡过难关。参与主席行组织的各项会议，共同协商，增进互信，推动企业解困、银行化险。

打好风险化解工作的提前量。中行山西分行成立大户化解中心和大户管控中心"两个中心"，加强对企业生产经营情况的实地调研，掌握企业的"活情况""真情况"，调整授信策略及管控策略，提高授信资产质量管理的前瞻性和主动性。对于潜在不良信贷客户风险做好两手准备，制订两套方案。一套是化解方案。对讲诚信、产品有销路、政府支持、资金周转暂时出现困难的企业，不抽贷、不断贷、不压贷，不简单通过法律诉讼解决问题，而是突出重组平移的主渠道作用，以时间换空间，帮助企业恢复造血功能。2016年，通过调整授信品种、调整还款计划、变更授信主体等方式，累计盘活化解逾期及潜在不良客户68户，对应金额87亿元。另一套是清收方案。对不讲诚信、逃废债的企业，从速从快、坚决清收。

加大存量不良化解力度。中行山西分行通过综合运用重组平移、打包核销、法律诉讼等手段，及早处置，全年共实现不良化解12.5亿元。运用"不良资产证券化"这一创新性化解方式，实现化解3.72亿元。

响应山西省委省政府全省万名干部入企服务工作。中行山西分行选派政治素质硬、政策水平高、业务能力强的14名干部投入到该项工作中，了解企业的实际生产情况，加大对企业解决问题的帮扶力度；选派专门人员挂职县域金融副职，为当地经济金融发展提供人才支持。（办公室）

【省内企业"走出去"金融助力】2016年，中行山西分行按照"培育外向型骨干企业"的部署，累计为省内重点外贸企业办理国际贸易结算业务49.45美元、跨境人民币结算业务46.24亿元、结售汇业务31.05亿美元。

中行山西分行按照"鼓励优势企业走出去"的部署，开办境外工程承包项目项下投标、履约等非融资性保函，风险专项资金项下保函以及"内保外贷"等特色业务，助力企业在国际市场上拼抢业务。截至2016年底，中行山西分行为中铁三局、中铁十二局、中铁十七局等多家企业办理上述业务1.75亿美元。

中行山西分行按照"把山西经济纳入国际国内市场大循环"的部署，加强银保合作，将银行贸易融资与政策性出口信用保险结合，为"走出去"企业提供资金"融"通的便利；依托出口商业发票贴现、福费廷、中银货运保险等业务，支持外向型企业货物、技术和服务的出口。2016年，累计叙做福费廷业务745亿元。

筹备跨境撮合。中行山西分行与山西省商务厅、科技厅、农业厅等政府职能部门对接洽谈合作，提前做好客户储备工作，推荐客户参加中总行和其他中行兄弟行组织的跨境撮合论坛；筹备由山西省主办的跨境撮合活动，以山西省为主场，借助该行海内外业务平台的优势，吸引全球各地企业，搭建业务交流平台，畅通信息渠道，为山西省中小企业发展开拓市场，组织优势企业到境外开展对外投资促进活动，推动山西企业和境外企业的交流合作。（办公室）

【普惠金融发展】2016年，中行山西分行加大拓展力度，紧抓惠民生政策红利，拓宽ETC服务渠道、增加ETC服务产品，于2016年6月投产ETC储值卡项目。

实现银行、医保、医院系统"三网融合"，为参保群众提供"一站式"便民服务。以社保卡、医保卡、福农卡等产品为依托，以固话POS机、村村通等为平台，为广大人民群众提供金融服务。截至2016年底，累计发放各类保障卡300余万张，设立"村村通"农村金融综合服务站1260个。

叙做住房按揭贷款、汽车专向分期、爱家分期等产品，满足山西人民消费需求。推进互联网金融创新，启动"晋升计划"，传统个人信贷产品网络化转型，2016年8月投放首笔中银E贷业务，年末突破7000万元。（办公室）

【扶贫工作】 2016年，中行山西分行多措并举，加大扶贫工作力度。实施金融扶贫。截至2016年底，中行山西分行扶贫贷款余额206.18亿元。其中，贫困地区基础设施公共服务建设项目贷款167.72亿元；其他扶贫贷款38.46亿元。

实施教育扶贫。中行山西分行为晋中市左权县117名贫困大学生捐助40万元；携手黄河电视台为长治、大同、吕梁等贫困山区小学捐赠"中银黄河书屋"7座。

实施精准扶贫。中行山西分行加大对省重点贫困地区的扶持力度，累计为永和县、静乐县、夏县等对口帮扶点提供扶贫资金160余万元。（办公室）

·中国建设银行山西省分行·

【概述】 2016年，中国建设银行山西省分行（简称建行山西分行）立足三晋服务全省民众，推动创新支持转型发展，对接实体经济融资需求，衔接重点建设项目。紧扣"大资产、大负债、大同业、大数据、大太原"五大转型发展路径，即"以大资产为带动，开辟山西分行转型创新新境界；以大负债为提升，走出山西分行差别化管理新路径；以大同业为阶梯，打造山西分行提质增效新蓝海；以大数据为驱动，培育山西分行精细化管理新动能；以大太原为标杆，开创山西分行区域综合协同新格局"。

2016年，建行山西分行实现考核利润23亿元，主营业务收入81亿元。一般性存款日均余额2932亿元，四行占比24%；日均新增227.8亿元，四行占比34%，四行第一。其中，企业存款日均余额1265亿元，四行占比27%，四行第二；日均新增111亿元，四行占比51%，四行第一。个人存款日均余额1667亿元，四行占比22%；日均新增117亿元，四行占比23%。贷款投放创出新高。各项贷款余额1853亿元，新增221亿元，四行占比38%，四行第一。中间业务收入增量、增速四行第一。实现净收入16.7亿元，四行占比30%，四行第二。客户发展增量四行第一。单位人民币结算账户增速，全量账户11万户，四行占比27%；新增1.58万户，四行占比39%，增速和增量连续三年保持四行第一。资产质量实现控制目标。处置不良贷款23亿元；不良贷款率1.94%，不良率由低到高四行第二。建行山西省分行下设16个二级机构，有营业机构376个；员工10442人。（办公室）

【地方经济转型助推】 2016年，建行山西分行支持煤炭行业"去杠杆"。与省国资委、山西焦煤集团签署全省首单市场化债转股合作框架协议，设立"150亿焦煤集团降杠杆基金"和"100亿焦煤集团促转型基金"，为企业节约财务成本9亿元，降低企业资产负债率5个百分点。支持煤炭行业"降成本"。对省属七大煤炭集团确定支持策略，为企业融资争取主动。确保企业资金链条不断，2016年完成煤炭行业转续贷240笔，金额226亿元；配合企业实施转型升级，对七大煤炭集团煤炭信贷支持210亿元，对其非煤板块信贷支持80亿元；落实债委会工作，对34户企业牵头组建债权人委员会，涉授信余额1060亿元，贷款余额680亿元。推进房地产行业"去库存"。通过利率优惠、降低首付比例、差别化农民工贷款政策等措施，做好商品房、保障房、二手房领域信贷投放工作。2016年，个人贷款余额突破400亿元，实现两年翻番目标。住房类贷款投放136亿元，四行占比62%，余额、投放、增速保持四行第一。重视脱贫攻坚"补短板"。制订金融精准扶贫实施方案，对接选择客户及项目。截至2016年底，发放各类扶贫开发贷款6.7亿元；在全省范围建设农村"金融综合服务站"7600余家，助农取款服务点1.42万个，发放农民社会保障卡约750万张。

2016年，建行山西分行紧抓地方经济支点，主动对接国家及省内大中型重点项目，支持地方经济发展。对162户煤炭行业客户逐户制订经营方案，对七大煤炭集团按"一户一策"确定支持策略。推出融资租赁服务，满足煤炭企业资金需求，优化企业财务报表，减轻企业财务负担。服务城镇化建设，支持城中村改造项目，与小店区政府合作设立18亿元"太原市小店区城中村改造基金"。加大实体经济投入力度，小企业"助保贷"业务合作平台扩展到91个，实现区域内全覆盖。教育行业投入30多亿元支持高校新区建设，投入5000万元支持高校信息数字化校园建设，支持第二届山西省"互联网+"大学生创新创业大赛。卫生行业累计投放2.5亿元为各地市卫生行业龙头医院提供信贷支持，投入4000万创新数字信息化"智慧医院"项目，缓解群众"挂号难、付费难、排队难"民生问题。2016年，投入银医通、银校通项目21个，同业最多。（办公室）

【信贷结构优化】 2016年，建行山西分行围绕"控煤、增电、强化双基、全力做大个人类贷款"的信贷业务发展主体思路，严控煤炭行业信贷余额零增长，支持国有五大发电集团优质项目、电网项目，强化基础设施建设和机构类业务。突出"三大一高"非煤产业。公司类非贴贷款新增同业创历史最好成绩。贷款余额新增前三位的行业为交通、租赁和商务服务业以及电力行业，合计新增78亿元，占全部新增的145%。焦化、钢铁、煤贸等受调控的产能过剩行业贷款余额下降。拓展机构客户。以“机构业务营销年”为契机，建设银医、银校金融服务生态圈25个，累计为教育、卫生行业投放贷款6.98亿元、3.83亿元。强化个贷业务发展。完善“个贷中心+网点”的营销体系，提出“要买房到建行”口号，市场竞争力增强。2016年，个人贷款余额突破400亿元，四行占比46%，较年初提升5个百分点。（办公室）

【多维度金融生态圈】 2016年，建行山西分行以“个人金融生态圈建设”为抓手，开展“四全活动”；推进“县域、代工、社保、外汇、专业市场和社区金融”六大工程，布局旅游、社保、车友、银医及银校、社区五大方面，建设26个金融生态圈项目，新增发卡120万张，新增个人存款43亿元，新增对公存款11亿元。以客户提升为切入点，统筹结合数据分析结论和客群实际，关注六大客群，推广实施个人业务营销辅助系统，开展精准营销。抓好资金体内循环率和承接率。通过对客户资金流监控，强化对客户结算资金营销。截至2016年底，对公客户资金体内循环率46%，体内承接率45%。发挥机构存款“稳定器”作用。主抓财政国库定期存款，参与五期省级国库现金管理；抢抓社保新账户，以账户促存款；营销公检法司客户，打造多维度金融生态圈；推进县域机构业务，注重资金拓展。2016年，机构类存款新增86亿元，占全行存款新增45.4%。做好公积金存款的“缓降控流”工作，住房资金存款余额111亿元，四行占比47%。（办公室）

【综合融智服务】 2016年，建行山西分行突出综合性、体系化融智服务思维，加快同业票据业务发展。将同业和票据业务打造成全行转型发展中提质增效的新动力和新引擎。累计办理同业业务450亿元，新增373亿元，增长率达482%。加大投行业务发展。发挥投行业务驱动作用，满足客户多方位融资需求。发行资管投行产品42笔317亿元，同比增发79亿元。加强融资租赁业务发展。通过加强与子公司合作，投放融资租赁款28.5亿元，余额达79.69亿元。推进重点客户金融服务方案。针对不同客户类型，组建跨部门跨行级的客户经理专业团队，为涉及煤炭、钢铁、电力等多个行业的11户重点客户提供综合金融服务方案，发挥全牌照优势，满足客户需求，提升价值贡献度。（办公室）

【金融服务创新】 2016年，建行山西分行围绕省委省政府转型综改试验区建设战略，创新金融服务模式。成立信用卡、个贷、国际业务、同业（票据）、小企业、私行6个直营机构和1个渠道运营和电子银行服务中心，以团队模式把管理和服务的触角延伸到网点和前端。整合升级太原地区机构，成立并州分行，明确责任主体，对接、支持转型综改试验区和开发区建设，助推和支持省会太原经济振兴繁荣。采取三级扁平化的架构，即省分行—并州分行—营业网点（支行），加强统筹管理，形成合力，提升市场竞争能力。2016年，太原并州分行一般性存款日均新增全省系统占比73%，四行第一；各项贷款新增全省系统占比89%，四行第一；中间业务收入四行第二；经营效益增长17%，综合竞争力跃居同业第一。（办公室）

【强化资产管控】 2016年，建行山西分行严控欠息逾期类贷款。通过实时调度、持续督导、重点检测、联合帮扶、现场指挥等多种方式，消除逾期贷款，非不良逾期减少。对“30大”风险项目严防死守。加大不良资产处置力度。以提升不良贷款处置“量、质、效”为核心，加大回收盘活力度；强化激励，建立现金回收项目名单制；运用再融资、变更借款人、期限调整等措施，加大运用贷款减免手段，发挥盘活重组的综合效益。创新处置手段，参加总行首单不良资产证券化试点工作，通过资产证券化方式处置对公不良贷款7527万元。（办公室）

【风险防控责任落实】 2016年，建行山西分行将“管控好资产质量”作为重点工作。强化信贷流程控制。贷前环节，在客户选择上下功夫，实施差别化分类管理；贷中环节，实施“集中放款中心”模式，放款审核和会计放款“双集中”；贷后环节，强化信贷管理责任落实。强化信贷制度落实。将风险防控责任落实到各级机构、各业务条线和各管理岗位。率先实行预警客户分级差别化管理。启动跟踪评价，对重点项目、重点二级行和基层行督导帮扶，对重点区域重点项目精耕细作。强化信贷主体责任落实。省分行行级领导分片包干处置“30大”风险客户，重点帮扶，实时监控，一户一策，帮助企业共同化解风险。（办公室）

【内控合规管理水平提升】 2016年，建行山西分行开展规章制度全流程管理。研究出台规章制度管理实施细则、合法合规审查管理实施细则。推进规章制度梳理与规范。对规章制度的制订、修订、废止实行动态维护管理，实时更新。开发“规章制度电子平台”，方便员工查阅、学习、下载，实现规章制度电子化和常态化管理。开展“合规建行　人人践行”创建工作。安排部署48项工作任务，细化方案、分解任务、落实责任，明确目标要求和具体推进时间。通过将创建工作的具体措施与业务发展结合，从重点领域专项整治攻坚行动和夯实内控基础两大方面入手，提升内控合规管理水平。强化员工教育和行为管理。健全机制、快速反应，妥善处置重大风险事项，实现“不发生重大过激行为和恶性事件”的信访工作目标。（办公室）

·中国邮政储蓄银行山西省分行·

【概述】 2016年，中国邮政储蓄银行山西省分行（简称邮储银行山西分行）总资产规模2313.55亿元，同比增长2.51%。累计投放各项贷款685.04亿元，贷款总结余520.13亿元，同比增长21.84%。各项存款结余2236.94亿元，增

幅 13.05%。（办公室）

【存款业务】 2016 年,邮储银行山西分行加快网点转型,提升客户体验,拉动储蓄存款增长，年度余额净增 223.67 亿元，创行内历史新高，同比增长 283.63%。新增存款市场占有率 15.40%,省内同业排名第 1 位。个人存款规模达 1976.49 亿元，存款规模市场占有率为 11.54%,省内同业排名第 4 位。公司存款余额净增 37.04 亿元,同比增长 16.15%,存款余额 266.45 亿元。（办公室）

【贷款业务】 2016 年,邮储银行山西分行三农金融业务以模式和产品创新为手段,以扶贫贷、"双创"贷为重点,全年发放小额贷款 31.67 亿元,贷款余额 25.24 亿元。其中,向家庭农场(专业大户)等新型农业主体发放贷款 10.28 亿元，与 49 个县级扶贫办合作发放小额贷款 1.86 亿元。消费贷款支持房地产去库存,全年发放贷款 42.63 亿元,贷款结余 86.55 亿元。小企业贷款优化营销组织,拓展合作平台,加快重点产品投放。完成小微贷款"三个不低于"目标。公司信贷业务支持供给侧结构性改革，全年发放公司贷款 151.81 亿元，累计办理票据直贴 214.85 亿元。（办公室）

【资产质量优化】 2016 年,邮储银行山西分行发挥授信政策导向作用，行业和客户覆盖面拓宽，全省信贷投向结构优化。监测行业与重点客户,定期开展监督检查,实行动态差异化授权管理,提升征信报送质量。强化风险限额管理,完善考核评价机制,管控能力提升。突出管好信用风险,健全监测、预警体系,加快不良资产处置。2016 年，全行贷款不良率 0.8%,资产质量保持较好水平。（办公室）

【中间业务发展】 2016 年,邮储银行山西分行全省销售个人理财产品 134.86 亿元，代销保险 93.9 亿元，代销基金 5.36 亿元,代销贵金属 1457.12 万元,销售机构理财 495.6 亿元，规模达 400 亿元。托管业务,深化银银、银基、银证的合作,新增 159 亿元,规模达 456 亿元。（办公室）

【服务渠道拓展】 2016 年,邮储银行山西分行拥有营业网点 1220 个,其中县城网点 460 个,覆盖全省所有县域,占网点总数 37.71%;农村网点 351 个，占网点总数 28.77%;共有自助取款机 1760 台，其中 211 台分布在农村,在全省布设"助农取款服务点"6532 个，金融服务覆盖行政村数达 6548 个。推动网点智能化建设，加大新型自助设备投放力度。依托"亿路有你"系列营销活动,新拓展电子银行客户 93 万户，总规模达 563 万户。实施移动展业系统上线及推广应用,配备移动展业设备 425 套,应用于个金、公司业务营销和受理。（办公室）

【内控合规建设】 2016 年,邮储银行山西分行启动三年内控合规建设,开展"内控达标年"活动,查找内控缺陷,整改各类问题,严肃问责与处罚。上线合规管理系统，技防水平得到提升。落实监管要求,开展"两加强、两遏制"回头看,狠抓制度落实和问题整改。保持案防高压态势,银邮联控联防,加强压力传导,全年未发生资金案件。（办公室）

【科技推广】 2016 年,邮储银行山西分行完成理财类产品录音录像系统在 1220 个营业网点的实施部署。完成市分行生产网、管理网、互联网"三网"改造,提升数据安全性和运行速度，并启动营业网点 WLAN 建设,方便客户上网。研发营销小秘书，为一线营销人员及管理人员精准化营销、精细化管理提供技术支撑。夯实运维基础,加强巡查巡检、应急演练,确保信息系统运行,重要前置系统可用率保持在 99.9%以上。拓展数据应用,上线运行生产经营信息发布平台,实现数据自动推送。开展 6 项主题数据分析，其中电子银行专项营销分析入选总行推广案例。（办公室）

【产品创新】 2016 年,邮储银行山西分行三农金融业务实施 70 个产品要素调整和产品创新，新产品共投放 13.35 亿元。与省内农业龙头企业新大象公司合作，首创全国和省内第一家委托经营收益扶贫模式，完成首批宁武县 142 户建档立卡贫困户、710 万元贷款投放。消费信贷业务推出网贷通、卡贷通、车秒贷、电商专属车贷、安居贷等新产品。小企业信贷业务通过银税平台合作，推出小企业"税贷通"纯信用产品。公司信贷获总行授权开办住房公积金定期存单质押贷款。全行首次办理包买福费廷、"网贷通""电商贷"、小企业"助保贷"、二手车车商贷、小企业租金质押贷、敞口承兑、票据大管家业务。（办公室）

【流程优化】 2016 年,邮储银行山西分行加强小微企业贷款前中后台联动配合,梳理优化业务流程,简化修订业务单式,提高业务处理效率,改善客户体验。推出小微企业贷款审批限时服务，明确小微企业贷款业务处理时限，对超时限未完成的进行相应考核。实行授信部门的绩效与前台零售信贷业务发展状况适度挂钩,提高审查审批积极性。原则上实现小额贷款 3 天内放款工作标准，满足客户资金需求。（办公室）

【资源配置】 2016 年,邮储银行山西分行夯实财务管理基础，实现财务资金集中管理,上线 ERP 系统,实现财务基础数据同源、同口径管理。完成"营改增",建立进项税管理机制。提升资负管理能力,建立经济资本管理机制,上线利率定价系统,实行差别化定价。（办公室）

【营运体系建设】 2016 年,邮储银行山西分行实施运管分离、集中营运,成立省分行营运中心，实现网点个人业务柜面远程授权、资金汇划省行集中、个贷放款市行集中。105 个网点完成高低柜整合优化，分流 35 名柜员充实至营销岗位。运营流程优化,上报总行 14 项软、硬优化项目，为营运效能提升奠定基础。会计稽核重大差错率同比下降50%。

（办公室）

·中国农业发展银行山西省分行·

【概述】 2016年，中国农业发展银行山西省分行（简称农发行山西分行）累计投放各类贷款320.3亿元，同比多放75.9亿元，增幅31%；各项贷款余额505.5亿元，较上年增加101.2亿元，增幅25%，分别高于全国农发行系统、全省银行业平均增幅5.9、15.3个百分点；基金投资余额77.3亿元，较上年增加51.7亿元，增幅202%；两项合计全年净增152.9亿元，是“十二五”净增总和的1.5倍。各项存款余额276.4亿元，较上年增加127.6亿元，增长85.7%，总量、增量和增幅均创建行以来新高。实现利润4.45亿元，同口径比上年增盈3.35亿元，增幅300%。

（办公室）

【信贷支农】 2016年，农发行山西分行提升站位，秉承家国情怀，服务全省“三农”发展。加强银政沟通合作。在总行与省政府2015年签署战略合作协议的基础上，分别与省交通运输厅、林业厅等厅局以及大同、吕梁、晋城、临汾等市市政府签署战略合作协议，与省住建厅、扶贫办、供销社等部门联合发文，推动战略协议落实。服务全省粮食安全。加强各级储备粮管理，累计发放贷款21.4亿元，支持中储轮换和省储增储、收储，确保国家及地方粮油宏观调控政策的落实。适应粮改新形势，支持符合条件的企业入市收购。服务城乡发展一体化。打造易地扶贫搬迁、棚户区改造、农村人居环境改善等六大领域省级“统贷统还”业务模式，贷款总需求突破千亿元，审批通过贷款227亿元，实现由支持单一项目向整领域项目的推进。加快已审批贷款的投放进度，提高办贷效率，加快贷款投放，累计发放中长期贷款171亿元，是上年的2倍，支农力度加大。加大基金投资力度。开办以来累计支持七批基金项目93个，金额77.3亿元。注重投贷结合，对12个基金支持项目投放贷款55.3亿元，发挥基金在“促投资、稳增长”中的拉动作用。

（办公室）

【经营管理提质增效】 2016年，农发行山西分行提升经营管理质效。强化贷后管理。开展“贷后管理年”活动，延伸活动内容，摸清资产风险、操作合规、管理能力“三个底数”，开展“回头看”工作，狠抓问题整改，补齐信贷短板。强化财会核算。推进营改增工作，晋中市分行开出全国农发行系统首张增值税发票。修订经营绩效考核办法，按资产质量和地区差异分组考核，导向作用突出。强化收息管理，落实第三次粮食财务挂账制度化拨付机制，全行贷款综合利息收回率达92.4%，同比提高0.64个百分点。强化内控合规。开展“两加强、两遏制”回头看、案件和风险排查、基金支付专项检查。完善差别化授权，内控评价连续三年向好。发挥审计监督作用，开展贷后管理、信用审批等专项审计，配合外部监督检查。强化存款组织。开展“百日竞赛”活动，企业存款余额达231亿元，比上年增加117.7亿元，增幅103.9%。推进财政涉农存款主办行工作，65个县级机构完成主办行目标，财政存款余额达44.5亿元，较上年增长25.4%。营销非贷客户存款余额达39.6亿元，较上年增长72.2%。

（办公室）

【金融服务脱贫攻坚】 2016年，农发行山西分行聚焦脱贫攻坚，强化责任担当，发挥金融扶贫主力作用，构建全行扶贫工作格局。用服务脱贫攻坚统揽全局，制订金融扶贫五年规划，建立行领导包片扶贫工作机制，率先在全省金融系统建立省市县三级行扶贫金融组织体系，特别是在14个无机构贫困县设立扶贫工作组，实现全省县域机构全覆盖，集中全行资源服务脱贫攻坚。突出重点领域。把易地扶贫搬迁作为重中之重，在全省金融系统率先审批100亿元易地扶贫搬迁专项贷款和11.25亿元专项建设基金，投放专项贷款4.08亿元，占全省同业贷款总量的97%，易地扶贫搬迁贷款主办行地位凸显。探索光伏扶贫、旅游扶贫等，创新推进吕梁产业扶贫试点，多措并举服务脱贫攻坚。争取政策支持。与省扶贫办签署政策性金融扶贫合作协议，争取总行将山西列为第一批试点省份，推进省级政策性金融扶贫实验示范区创建和总行产业扶贫试点工作，助推山西整区域脱贫。对贫困县基础设施中长期贷款给予准入、期限、利率倾斜和服务、办贷、规模“三优先”，全年累计投放扶贫贷款41亿元，扶贫贷款余额80亿元，较上年增加40亿元，增幅100%，是全行贷款平均增速的4倍。

（办公室）

·华夏银行股份有限公司太原分行·

【概述】 2016年，华夏银行股份有限公司太原分行（简称华夏银行太原分行）调整经营结构，创新工作方法，加大新产品运用与推广，强化合规经营与风险控制，保障各项业务发展。截至2016年底，华夏银行太原分行在太原、大同、朔州、长治、运城、临汾、晋中等7个地区设有28个对外营业机构，营业网点数10个，形成以太原为中心、辐射全省的金融服务体系。临汾分行获准开业运行。

2016年，华夏银行太原分行优化业务结构，推进经营转型工作。资产结构优化，高收益资产占比上升。贷款日均净增加34亿元，新增同业收益权投资21亿元，生息资产的“质”和“量”提高。负债结构优化，基础型存款日均347亿元，与一般性存款日均占比为89.1%，高于系统内平均水平11.1个百分点。收入结构优化，非利息净收入提高。全年营业收入18.2亿元，同比增长3%，中间业务净收入4.19亿元，同比增长32%，增幅快于营业收入增长。非结算类净收入对中间业务收入贡献度提升。其中，公司类（含金融市场和资产管理及托管业务）中收入2.46亿元，同比增幅43%；信用卡中收入1.44亿元,同比增幅46%。中间业务净收入占比达26%，同比提高8.3个百分点，高于全系统平均水平1.9个百分点。成本结构优化,付息和运营成本降低。全年存款付息率1.45%，同比下降0.47个百分点；运营费用成本收入比3.44%,同比下降0.07个百分点。

（办公室）

【金融创新服务】 2016年,华夏银行太原分行围绕提升客户“两大能力”为核心,梳理重点产品,明确产品应用目标,建立分行项目团队，搭建平台化营销渠道,突出牵头引领作用,示范成果显现。

公司业务坚持创新发展、绿色发展，助力企业节能减排。作为“京津冀大气污染防治融资创新项目”在山西省的中标金融机构，为山西漳电国电王坪发电有限公司办理不超过100万欧元转贷款以及世行CHEEF项目不超过580万美元转贷款业务,加深银企合作。拓展同业合作渠道，入围山西保险中介资本托管银行名单,实现与保险专业中介平台合作。个人业务突出信用卡、易达金、三方存管、代理保险、ETC等业务的重点营销，以上几项指标超额完成总行任务，推动个人金融资产总量达227.62亿元,比年初增加26.27亿元。拓展新产品渠道,与阳光保险公司开展保险保证贷款和出国留学贷款，年内发放首笔出国留学贷款业务。国际业务直销团队重点拓展资本项目与外债项目客户，办理山西晋非投资有限公司对外投资项下汇款8100万元，为山西路桥建设集团有限公司办理借入外债2.4亿美元，带动客户开发向“贸易+”转型。

按照“贴着政府找项目”思路,实行“项目制”管理,加强平台化开发。全年完成发行10期债务融资工具,109.5亿元,承销量占全系统的11.97%,系统内排名第二，占全省的8.66%，区域内排名第三。全年新增理财项目融资投放60.46亿元,租赁投放量13.68亿元,机构理财12.60亿元,托管业务43.85亿元。托管基金、信托、保险、监管业务等共11只，托管规模92.71亿元,同比增长54%。截至2016年底,华夏银行太原分行表内外各类融资业务总量达887.23亿元,包括贷款、信用证、保函、债务融资工具、金融租赁、理财项目融资、同业投资、资产证券化等。

公司业务以提升“客户融资服务能力和现金管理服务能力”为核心,推动对公客户“提质上量”。年内对公客户数首次突破万户大关,达到10729户,较年初净增1810户;对公有效户955户,较年初净增194户。个人业务围绕基础客群营销,POS开发紧贴个体经营商户,获取有效客户信息8000余份,刷卡流水超过3亿元。推动ETC客户开发,全年签约客户31822户。新增手机银行24681户,网银12142户,信用卡5299户。小微企业实施“精准营销,平台对接,链式开发”营销模式,小企业结算客户9258户,较年初增加1760户,增幅23.47%;小企业贷款客户260户,比年初增加24户,增幅10.17%。移动银行客户累计达241599户,直销银行客户20053户,公司网银客户5885户,截至2016年底,电子化替代率达83%。（办公室）

【风险防控】 2016年,华夏银行太原分行建立健全全面风险管理体系，提升风险能力。设立风险管理部,完善风险管理组织架构,加强全口径业务风险管理,强化风险识别、评估、监测、报告过程管理,推进风险管控“三道防线”。深化全行业务连续性管理工作,强化外包风险管控,防范外部风险；做好各条线授信尽职调查,收集问题授信典型案例,发挥“查、处、改、防”作用。

深化案件防控工作,实现“零案件”目标。全年开展案件风险排查、非法集资和私售飞单等自查活动，组织基层负责人进行案防及合规测试,采取案防培训、定期召开联席会议、下发风险提示等多项措施,确保案件防控工作落实到位,实现“零案件”目标。

防控声誉风险。明确声誉风险处置流程,强化舆情管理考核,搭建媒体沟通渠道,运用外部舆情咨询平台,实现舆情监测动态化管理。举办舆情管理培训,提升全行舆情应对能力，全年未发生重大声誉风险事件。

提升操作风险防范能力，柜台把关堵口成效显著。推广银企对账、支付密码器、电子芯片运用，提升技防硬控制水平。组织实施会计风险业务检查、存款风险滚动式检查等，完善全行风险预警工作机制,防范潜在风险。重视“八个环节、五项业务”管理,杜绝因柜员违规操作导致案件发生。会计条线全年堵截柜面风险事件220起,涉及金额3136万元。

安全保卫工作遵循“预防为主,综合治理,谁主管,谁负责”的指导原则,坚持“人防、物防、技防”三防联动,落实“一把手”安全责任制,组织各机构消防、安防演练,强化员工安全防范意识。

（办公室）

【内控建设】 2016年,华夏银行太原分行推进内控建设,确保全行合规运营。落实监管要求,加强内部管控,组织开展全行“两个加强、两个遏制”回头看自查和整改,完成“制度执行年”收官工作。开展内部控制对标评估工作，开展反洗钱管理。加强对异地分支机构检查,全年开展4次跨条线的联合专业检查，强化对二级分行、异地支行在管理流程、制度执行等方面的管理,发挥二道防线作用。按照“三不放过”原则做好内外部问题整改工作,全年问题整改率达100%。

（办公室）

【信息管理】 2016年,华夏银行太原分行加强信息科技管理，保障业务系统平稳运行。应用新技术，完善安全运维架构,让数据平台发挥作用。完成管理类系统虚拟集群搭建。开发太原分行资源监控系统、ETC批量处理业务系统等。更换中心机房和部分支行UPS电源。将无线灾备及生产网络从3G升级为4G，提升防控科技风险水平。优化系统升级和流程再造,完成个人理财双路系统上线,对分行特色业务屏蔽单位结算卡进行改造，配合总行完成BEAI特色业务可用性升级改造，对ETC系统及优惠方式进行多次调整改造，对财政代理支付对账系统改造等。发挥科技管理会议管理职能，全年召开科技管理会议6次，审议通过项目18个，实施金额300多万元，降低风险，提升信息科技管理水平。

（办公室）

·中国民生银行太原分行·

【概述】 2016年，中国民生银行太原分行（简称民生行太原分行）在吕梁、大同、运城设立三家二级分行，各类网点数量达214家，全行员工1800余名，平均年龄29岁，本科以上学历人数占比92%以上。

截至2016年底，各类信贷资产余额近2000亿元，存贷比接近3∶1。成立18年来，分行累计发放贷款1.2万亿元，累计纳税49亿元。（办公室）

【省属煤炭集团金融支持】 2016年，民生行太原分行加强金融服务供给，对重点煤炭企业尤其是七大省属煤炭集团信贷投放量增加，新增授信额度73亿元，支持省属煤炭集团化解过剩产能，加快转型升级。6月，与阳煤集团展开战略合作；8月，贯彻落实《关于做好省属煤炭集团转型升级中长期专项贷款推广落实工作的通知》要求，向七大重点煤企发出贷款到期后转中长期的征求意见函，落地推广转型升级中长期专项贷款；民生银行与山西焦煤集团主动对接，在发债项目、产业基金、非煤产业开展业务合作。

拓宽融资渠道，依托交易银行和投资银行两大产品线，聚焦资本债券市场，拓宽融资渠道，推动企业筹集低成本资金，在同煤集团发债认购5亿元中期票据；以保险资金债权计划模式为阳煤集团融资50亿元；以股权融资代替债务融资，为晋能集团发行永续债10亿元，降低企业资产负债率；帮助阳煤、同煤等煤企发行承销债券融资工具100亿元。

（办公室）

【非煤重点项目支持】 2016年，民生行太原分行支持山西"非煤"产业发展，总分行联动加大对山西省项目政策支持和规模倾斜，助力山西重点工程项目建设和新兴战略产业的发展。2016年，向天然气、节能环保、新能源、装备制造、医药等领域倾斜信贷资源，新兴产业信贷占到信贷投资总额的25%。对接重点工程项目名单，在交通项目方面，为全省公路建设融资余额达245亿元，涉及闻合高速、侯禹高速、太佳高速等多条山西省内重点高速公路建设。2012年至2016年底累计为山西铁路建设融资150亿元，其中90亿元重点支持中南部铁路通项目、大西铁路客运专线等项目；在节能环保项目方面，践行绿色信贷理念，给予山西燃气产业集团、山西天然气、山西煤层气等10余户天然气产业重点客户信贷支持资金30亿元，助推"气化山西"建设进程，给予风力发电、光伏发电等新能源项目20余亿元融资支持；在新型城镇化建设方面，关注城中村和棚户区改造等基础项目建设，以"股权+债权"模式、项目贷款模式给予棚户区改造资金近30亿元。（办公室）

【政府债券发行支持】 2015年至2016年，山西省政府共发行地方债券8次，发行规模1327亿元。民生行太原分行作为政府债券一般承销商，在竞标中保持较低的投标利率，按照各机构投资地方债规模的上限30%参与投标，以实际行动帮助地方政府降低负债支出，缓解偿债压力。2015年至2016年，累计投资地方债149亿元，占山西省地方债券发行总量的11.2%，在18家承销商中综合排名第四，在股份制银行承销商中位列第一，超过5家主承销商，成为地方债承销主力军。（办公室）

【小微企业发展支持】 2016年，民生行太原分行完善和创新小微企业金融服务。落实小微企业续贷转贷政策措施，2016年到期客户转贷续贷比例达80%以上；实施差异化考核政策，推行担保圈解包还原，出台不良容忍度和员工尽职免责等措施，提高小微企业金融服务水平；创新小微服务产品，在定制推广商户卡、乐收银、小微手机银行等结算产品套餐的基础上，接轨互联网金融，推出小微二维码收银台产品，提供高效低成本资金结算服务；推进银税合作，受理A、B级纳税人名单11万户，发放银税通项目贷款21笔2600万元；实施小微惠民措施，推出账户管理费、商户卡手续费、结算机具手续费减免等多项优惠措施，累计减免小微客户手续费1.1亿元。

（办公室）

【普惠金融产品服务】 2016年，民生行太原分行聚焦普惠金融，创新符合消费群体特征的金融产品和服务。截至2016年底，居民区社区支行累计设立62家，占到全省持牌社区支行的32%，位列股份制银行首位，覆盖零售客户达13万户，为广大居民提供便捷服务；完善消费金融，拓宽业务空间，瞄准住房消费、绿色消费、旅游休闲消费、教育文化体育消费等重点领域，支持购房、家庭综合消费等消费需求。截至2016年底，消费贷款业务余额42亿元，较年初新增19亿元，按揭贷款市场份额位居当地同业第三位，助力房地产去库存；省内信用卡发卡量近76万张，年内消费额达345亿元，满足居民金融消费需求；推广互联网金融产品，手机银行客户近105万户，年交易量4000亿元，互联网+的直销银行产品在省内拥有10万名客户，金融资产总额30亿元。（办公室）

【服务企业减费让利】 2016年，民生行太原分行支持供给侧结构性改革，增强银企共渡难关意识，在执行"七不准、四公开"规定要求的基础上，优化流程，简化手续，规范服务，贯彻"减费让利、公开透明、质价相符"的理念，出台"减、免、降、缓"等减费让利办法，为企业减轻负担，让信贷资金直接高效进入实体经济。减免业务收费，根据省内地域情况，对账户明细查询、对公大额存取现、零钞清点等十类正常收费项目上报总行予以减免；让利，通过下调贷款利率、减免利息、调整还息方式等手段，让利于企业；完善转贷续贷机制，通过转换授信品种、延长贷款期限、调整还款计划、变更授信主体等手段，降低企业融资成本；借助资本市场，强化产品模式设计，为企业提供低成本融资，通过发债、信用市场理财、同业投资、账户直投等产品设计连续两年累计为各类企业解决低成本融资近600亿元。（办公室）

【消费者权益维护】 2016年，民生行太原分行开展金融知识普及教育，把确保客户资金安全、维护金融秩序、维护社会稳定作为第一要务，履行银行业保护金融消费者权益的社会责任。10月，针对银行卡盗刷这一行业焦点问题，民生银行在全国首家创新推出安全账户，实现账户管理新突破。该产品通过手机银行签约并实现自主便捷操作，设定夜间锁、快捷支付锁、限额锁、跨境锁、常用地锁等“5”把安全锁，有高危交易阻断功能，防范借记卡盗刷。10月下旬上线后，在一个月内产品省内签约量超过5万人次，“安全账户” 项下客户金融资产达148亿元，已碰锁阻断疑似盗刷、欺诈交易7笔，保护客户资产，为营造安全的金融消费环境发挥作用。（办公室）

·晋商银行股份有限公司·

【概述】 2016年，晋商银行股份有限公司（晋商银行）发起设立晋商消费金融股份有限公司，营业网点实现对全省11个中心城市的全覆盖，共下设有13个分行（太原3个直属行，10个异地分行），157个营业网点（包括60个社区支行）和总行小企业金融服务中心。截至2016年底，资产总额、各项存款余额、各项贷款余额分别达1728.1亿元、1161.22亿元、684.06亿元，累计实现经营利润134.86亿元、净利润66.43亿元，累计上缴税费49.49亿元。形成以“盈”系列理财产品、“卡易贷”等为代表的多元化明星产品。（办公室）

【地方经济支持】 2016年，晋商银行强化资金支持。累计向各类企业提供一般贷款534.19亿元，其中235.72亿元贷款集中投入到煤炭、化工、冶金、电力等山西支柱型产业上，131.8亿元贷款投入到制造业、流通业等中小企业，166.67亿元贷款投放到小微企业。优化信贷审批流程，提高授信审批效率，全年累计为245户存量企业客户办理续贷589.77亿元。（办公室）

【金融服务创新】 2016年，晋商银行创新客户服务模式。零售业务方面，对现有零售客户进行分层梳理，优化零售客户层级，修订零售客户统一视图管理策略，并针对财富管理系统提出相应业务需求、立项，以实现巩固、提升客户及稳定客户金融资产的目标。公司业务方面，总、分行共同拜访重点客户，协助设计综合服务方案，与政府重点部门建立联系机制，与核心客户合作实现业务落地，与高价值客户达成合作意向，并通过以干代训的方式，提高产品经理队伍建设水平，在全行形成从产品营销向方案营销转变的共识。

产品创新。2016年，晋商银行先后获得非金融企业债务融资工具意向承销类会员资格和北金所债权融资计划主承销商资格，成为山西省内具备债券承销（分销）业务的唯一法人机构。配合国家“双创”战略，加大对科技创新型小微企业的支持力度，与高新区管委会、科技局签署战略合作协议，成立太原首家“科技银行”，为13家科技型小微企业提供融资7305万元，服务近40家科技型企业。理财业务专业性得到提升，2016年发行理财产品763.62亿元，理财能力在全国城市商业银行中位居第17名；推出“商易贷”业务；信用卡业务正式获得批准。

电子银行服务。2016年，晋商银行网上银行客户增加13.31万户，手机银行客户增加17.19万户，直销银行客户增加5.13万户，微信公众平台关注数创历史新高，稳定在7万户。新版个人网银客户端、网银助手正式对外推广，晋商快付项目上线。

服务水平。2016年，晋商银行以柜面9.0系统升级改造为依托，优化梳理业务操作流程，促进网点效能优化提升，改善客户体验；发挥金融保障部和金融服务专岗的作用，督促分支机构强化金融服务能力，推动全行网点服务文化建设，加强岗位练兵和技术比武；投入大量人力物力，开展“防范电信网络诈骗宣传月”“金融知识普及月”等专题活动，设立消费者权益保护部，提升金融消费者权益保护水平。（办公室）

【小微企业金融助力】 2016年，晋商银行累计向2286户小微企业发放一般贷款166.67亿元，余额达157.39亿元，占全行一般贷款余额的29.52%。配合“双创”战略，加大对科技创新型小微企业的支持力度，与高新区管委会、科技局签署战略合作协议，成立太原首家“科技银行”，为13家科技型小微企业提供融资7305万元，服务近40家科技型企业。2016年，晋商银行累计发放金融精准扶贫贷款33.88亿元，其中单位精准扶贫贷款33.78亿元，带动贫困人口818人；个人精准扶贫贷款981万元，涉及贫困人口87人。（办公室）

【民生服务】 2016年，晋商银行响应山西省、市两级政府推进太原市“城中村”改造的政策，为太原市“城中村”改造项目提供融资支持，并将业务合作范围扩大到临汾、大同、晋城等地市，创新设计出符合当地政策的“城中村”业务模式。截至2016年底，累计融资额达65.34亿元，余额9.56亿元。（办公室）

【绿色信贷推行】 2016年，晋商银行支持绿色信贷项目。主要投入行业包括供热供气、新材料、装备制造、综合及循环利用经济项目等产业升级改造项目；市政基础设施建设项目；文化旅游、装备制造、新材料、新能源(煤层气、电动汽车)、食品医药、节能环保、养老家政、现代物流业等战略性新兴产业。累计向上述行业批复授信金额117.01亿元。

执行信贷投放环保政策。在《晋商银行2016年信贷政策指引》中规定要执行绿色信贷政策和能效信贷指引有关要求，对环保有问题的项目不得介入；晋商银行将坚持将环保政策作为授信审查审批的必要前提，对于不符合环保政策、未完善环评、能评手续的项目，一律不得介入。

控制“两高一剩”行业贷款。响应绿色信贷和信贷环保政策，在发放贷款时，控制“两高一剩”行业贷款，对能耗、排污不达标，或违反国家有关规定的贷款企业，收回贷款。对符合国家环保政策规定发放的贷款，晋商银行建立对高耗能、高污染重点企业贷款的持续监测机制，信贷人员定期到企业了解情况，做好贷后检查记录，定期召开贷款风险防范分析会议；对达标不稳定或节能减排目标责任不明确、管理措施不到位的企业，晋商银行主动调整贷款期限，压缩贷款规模，从严评定贷款等级。（办公室）

【金融环境改善】 2016年，晋商银行致力合规经营。全年新发布制度74个，修订56个，废止原先66个制度。加大检查监督力度，按季进行“上查下”“交叉查”“地毯式”的履职监督检查，提高案防工作能力，强化合规教育，开展各类警示教育、员工行为排查活动，通过合规文化书画作品比赛、“制度执行年”“两个加强、两个遏制”回头看、“打击非法集资宣传”和“防范电信诈骗”等系列合规文化教育活动。

推进反商业贿赂工作。2016年，晋商银行在与领导干部签订《党风廉政建设责任书》，对投入运营和装修建设的网点项目以及大额采购事项，从所涉及关键环节进行自查，没有发现违规现象或行为；对涉及重大决策、重要岗位人员任用、重大项目安排、大额资金使用等“三重一大”事项的执行流程进行梳理，确保经过领导班子集体研究决定后实施；对权限内信贷业务审批进行规范，坚持贷审会研究通过后再审批核准发放，严防违规现象和腐败行为的发生。

反不正当竞争。2016年，晋商银行通过定期梳理制度、流程，完善各项收费机制，保证按照国家利率管理相关规定进行业务定价，科学合理收费；建立健全服务投诉机制，各分支机构确定有专门部门和人员负责服务收费管理和投诉处置，在各营业网点公布举报投诉电话，并在各营业网点专人负责服务价目的解释说明工作，妥善应对和处置各类投诉。

履行反洗钱义务。2016年，晋商银行根据最新的监管要求和银行业务发展的实际情况，修订反洗钱内控制度和操作流程，完善反洗钱工作程序和业务流程。根据反洗钱监管导向的转变，于3月上线反洗钱二期系统，开始异常交易自主监测和集中分析工作，成为省内首家开展反洗钱自主监测的银行业法人机构。2016年，晋商银行累计共报告大额交易报告51309份，可疑交易报告950份，重点可疑交易报告4份。按季度推进宣传培训工作。2016年是《反洗钱法》颁布实施十周年，全行上下开展以“预防洗钱活动、打击洗钱犯罪、维护金融秩序”的主题宣传活动。

维护市场秩序。晋商银行在全行范围内开展防范和处置非法集资宣传和监测预警工作，利用反洗钱监测系统对各类涉嫌非法集资资金异动交易情况进行分析识别。通过进行日常员工行为排查与合规教育培训，提高员工防范非法集资违法犯罪活动的风险意识及识别能力，维护金融市场秩序的稳定。

（办公室）

【金融消费者权益维护】 2016年，晋商银行提高金融服务水平，严格金融服务收费管理，通过服务收费的自查及各监管部门的检查，建立起较为完整的服务收费管理体系，并形成长效机制，加强消费者权益保护工作。

风险揭示。2016年，晋商银行利用网点LED屏、官方网站、微信公众号、手机短信等各种渠道向客户及市民宣传金融安全小常识、借记卡安全使用知识、网络信息安全知识等，提高客户各类金融风险的防范意识。根据监管部门规定，对产品的销售流程进行梳理与规范，在产品销售过程中，通过《客户风险等级评估问卷》《风险揭示书》等多种形式，向客户提示产品风险，强化客户的风险意识。

客户投诉管理。2016年，晋商银行针对客户投诉处理工作要求，设立由各直属行分管行领导、服务主管负责人、经办人构成的投诉处理专职人员工作机制；完善客服中心队伍的建设，加强业务技能的培训，提高客户投诉受理的专业性与全面性；坚持客户投诉按月通报制度，突出各类来电情况占比问题、申诉处理及时性、客户回访满意度等指标，加强投诉处理质量监督。

客户信息保密。2016年，晋商银行制定严格的网络与信息安全策略、标准和流程，且纳入本行全面风险管理体系，梳理完善客户信息安全管理、银行卡业务管理、客户信息使用管理方面的规定，并从权限管理、技术防范、交易监测等方面进行自查，确保从技术源头保障客户信息安全。在员工管理过程中，也对信息安全与保密进行规定。截至2016年底，晋商银行建立一套包括技术流程与操作流程在内的数据安全管理体系确保客户信息不被滥用和盗用。

信用体系建设。2016年，晋商银行落实政府及监管部门的各项征信管理制度，配合社会信息体系建设工作。利用银行官方网站、内刊、微信公众号等自媒体平台配合人民银行开展对公众征信知识的宣传。（办公室）

【政银企合作优化】 2016年，晋商银行与地市政府开展战略合作，跟进重点项目并给予资金支持。创新融资模式，与社会资本合作，共同发起成立医疗管理基金，以持股方式满足融资需求。作为山西省2015年至2017年地方债主承销商，累计承销地方债券39.22亿元；针对山西省煤炭及相关产业创新支持方式，与保利能源搭建电商合作平台，展开“互联网+”合作；与太原煤炭交易中心合作，落地供应链融资业务，帮助部分煤焦客户打开下游销售渠道、盘活存量。

（办公室）

【金融知识普及服务】 2016年，晋商银行普及金融知识。组织各分支行开展“普及金融知识万里行”“金融知识进万家”“金融知识普及月”消费者保护、“第四届小微企业金融服务宣传月”、新版人民币宣传以及反假币、反洗钱和征信知识等宣传活动，向公众和广大客户普及金融知识。

2016年，晋商银行开展免费义诊、免费观影、关爱老人等活动，向客户宣传金融知识进万家、宣传预防电信诈骗、“互联网金融”等知识，满足客户金融需求，提高客户金融知识，便利居民的生活。

（办公室）

保险业

·中国人寿保险股份有限公司山西省分公司·

【概述】 2016年，中国人寿保险股份有限公司山西省分公司（简称人寿保险山西分公司）全辖机构总数达621个。其中，省级分公司机构1个；市级分公司机构11个；县级公司机构128个。截至2016年底，全省系统共有3883名员工。2016年，中国人寿保险股份有限公司山西省分公司获2015年度反欺诈案例全国系统一等奖。山西省分公司向总公司推荐3个反欺诈调查经典案例参加总公司上年度反保险欺诈经典案例评选，2个经典反欺诈案例分别被总部评为全国一等奖和二等奖。

截至2016年底，全省系统共实现总保费收入132.16亿元，同比增长18.51%，特别是全省续期+期交保费突破100亿元，达107.62亿元。全省首年期交、10年期及以上期交和短期险（含大病保险）三项核心业务保费收入分别达31.88亿元、14.76亿元和9.15亿元，同比增长分别达61.29%、53.64%和48.1%，规模与增速均创历史新高。首年标保12.95亿元，同比增长25.47%，总量位居全国系统第8位。全省系统首年标保、首年新单、首年期交、10年期、短期险、个险季均有效人力等六项核心指标权重考核分别达成预算的122.38%、122.8%、135.4%、114%、105.49%和146.05%。

2016年，全省系统首年期交保费收入达31.88亿元，首年期交占首年保费比重达67.22%，同比提升20.82个百分点；银行保险趸交占首年保费比重为32.69%，在上年大幅回调的基础上又下调20.82个百分点。

2016年，全省系统整体新单创费同比增长57.2%；全省费用预算控制率91.12%，市县两级公司非人员经营管理费用占比达94.94%，较上年提升14.76个百分点。全省首年佣金突破6.24亿元，同比增长49.27%。员工薪酬总额较上年增加8930万元，同比增长22.18%。

2016年，全省系统个险渠道累计新增人力59863人，月均增员率达9.95%，T50人力突破4万人，季均有效人力21323人，三晋人数达20885人，晋升组经理2888人，晋升处经理246人，朔州开北支公司刘海和晋中营销二部翟继宏晋升区域总监。团险渠道销售人员达2065人；银保渠道规划师队伍达5768人，主管队伍达443人，月均举绩人力突破2700人。

2016年，全省系统个险首年期交和人力对标比值分别达1.44和1.05，分别较上年提升22.6和22.1个百分点。

2016年，全省系统个人保险、团体保险、银行保险三大渠道短期险增速分别达48.12%、17.8%和200%；银行保险、团体保险分别销售个人保险期交保费1.58亿元和47.03万元，较上年实现翻番三倍以上。全省续签两个大病保险项目，8个项目完成系统对接工作；依托与省扶贫办的战略合作平台，扶贫保险成功统保70个县，承保人数达143.53万人，保费突破6000万元。 （办公室）

【创新发展】 2016年，人寿保险山西分公司按照“激励充分、约束到位”方针，推进市场化改革步伐，完善薪酬管理机制，落实按岗位、按价值、按贡献分配绩效的原则，其中山西省公司本部全年自主分配的绩效包高达1810.67万元。坚决实施简政放权、倾斜基层、倾斜一线的政策，优化市对县绩效管理和分配机制，编制统一规范的市对县费用薪酬模板。加大创新扶植力度，出台鼓励和促进创新实施方案，设立百万创新基金，制订科技国寿建设推动方案，强化科技创新项目制管理，自主开发项目达12项。推进“营销+互联网”的创新实践，e门店出单保费累计突破8600万元，“驾乘保”自9月上线，保费收入突破2200万元，银保渠道网销保费突破1200万元。 （办公室）

【运营服务】 2016年，人寿保险山西分公司以总公司“新一代”建设为契机，把握科技运营方向，运营服务水平得到提升。运营效能提升：理赔省级集中度65.5%，同比上升8.19%；理赔自动通过率49.55%，同比上升7.56%；保全平均处理时效1.01天/件，理赔平均处理时效1.63天，理赔5日内结案率99.43%；95519服务客户达172.3万人次，同比增长45.6%；农村集中服务办理业务6.3万笔，服务客户近5万人次。电子化服务推进：e宝账新增绑定客户数30.46万人，绑定保单107.52万件。短险电子化出单率82.2%，保全电子化率43.44%，移动理赔受理案件近6000件，智能理赔推广度73.34%；“微调查”覆盖1.2万人次，“微回访”推广率达到90.51%，“微客服”服务客户 2.57 万人次，“微通知”覆盖面达 3.11 万人次，交互式短信服务客户 2322 人次。集团业务接入 e 宝账项目取得突破，实现集团与股份业务同质化管理。推进综合柜员制，综合柜员占比达 98%。“全国通”系统服务客户 8320 人次。推进“颗粒归仓”活动，清理失效保单 8.73 万件，复效保费 3.75 亿元。全年新增长险投保客户 8.7 万人，个险渠道新客户增长率达 20.26%；老客户二次购买率 5.11%，较上年提升 1.15 个百分点；投诉处理时长缩短至 5.6 天 / 件，件均处理时效提升 76.67 个百分点。（办公室）

【风险管理】 2016 年，人寿保险山西分公司推进“两个加强、两个遏制”回头看工作，重拳打击“五虚”问题，开展非法集资专项治理。按照“偿二代”下风险管理的要求，推动公司内控管理升级，推广“一手册、两平台”，开展县支公司经理“每月半小时”风控专题活动。加强销售人员风险管控，实现销售人员灰名单和黑名单管理，对 74 名销售人员和 1015 名客户实施严管。强化后督管理，累计核查保单 12.43 万件，发现并整改问题 6481 件；推进承保后业务质量核查工作，累计排查保单 3.25 万件，解约重大风险保单 127 件，止损金额达 1264.61 万元。应对满期给付高峰，全年满期给付金额 48.24 亿元，满期给付件数 15.8 万件，未发生一起群体性事件，守住风险底线。（办公室）

【转型升级】 2016 年，人寿保险公司山西分公司个险首卖日全省保费总收入翻番，达 12.8 亿元；提前三个月完成首年标保、首年期交和首年 10 年期三项核心指标，保费增速分别达 25.87%、69.24% 和 52.55%。首年标保、首年期交和首年 10 年期分别增长 27.8%、28.3% 和 85.16%。团险渠道保费增速高达 26.71%，排全国系统第 6 位。公司推进产品多元化，保障型产品保费收入突破 2.78 亿元，同比增长 107.3%，保障型产品保费占 10 年期及以上保费占比 18.84%，较上年提高 4.87 个百分点。

（办公室）

【扶贫工作】 2016 年，人寿保险山西分公司与省扶贫办签署战略合作协议。在该战略协议签订仪式上，山西省分公司向吕梁临县、晋中左权县、忻州代县、大同阳高县、长治武乡县 5 个国定贫困县捐赠扶贫助困基金 100 万元，用于支持当地贫困户脱贫工作。（办公室）

【重大理赔】 2016 年，人寿保险山西分公司被保人王某于 2016 年 6 月 13 日因疾病身故。经调查，情况属实，且属于保险责任，公司根据保险条款规定，即行给付义务。山西分公司给付被保险人王某的保险受益人身故保险金 1474175.06 元。王某于 2008 年 1 月 30 日投保国鸿鑫两全保险（分红型），保额 45187.53 元，年交保费 30000 元，并投保国寿康宁终身保险，保额 20000 元，年交保费 2160 元；2010 年 1 月 1 日投保国寿美满一生年金保险（分红型），保额 215600 元，年交保费 200000 元；2011 年 7 月 1 日投保国寿康宁终身重大疾病保险，保额 46000 元，年交保费 6164 元。

2016 年 10 月 21 日被保险人陈某在家中因疾病身故。接报后，公司即派出调查人员调查核实，确认为保险责任，根据保险合同规定，即履行赔付义务。根据国寿康宁终身等保险条款规定，给付被保险人陈某身故保险金共 2249945 元，所涉及保险合同的责任均终止。陈某于 2006 年 5 月 22 日投保公司国寿康宁终身保险，保额 16000 元，年交保费 1840 元，保险有效期至终身；2007 年 5 月 26 日投保国寿美满一生年金保险（分红型）（个险渠道），保额 21360 元，年交保费 20000 元，保险有效期至 2035 年 5 月 30 日；2009 年 6 月 14 日投保国寿康宁终身保险（2007 修订版）（个险渠道），保额 20000 元，年交保费 4260 元，保险合同有效期至终身；2009 年 6 月 9 日投保国寿金彩明天两全保险（A 款）（个险渠道），保额 30000 元，年交保费 10260 元，保险有效期至 2040 年 6 月 13 日；2009 年 6 月 14 日投保国寿新简易人身两全保险（个险渠道），保额 10240 元，年交保费 1000 元，保险有效期至 2019 年 6 月 19 日；2010 年 1 月 6 日投保国寿美满一生年金保险（分红型）（个险渠道），保额 362950 元，年交保费 350000 元，保险有效期至 2035 年 1 月 6 日。

（办公室）

·中国人民财产保险股份有限公司山西省分公司·

【概述】 2016 年，中国人民财产保险股份有限公司山西省分公司（简称人保财险山西分公司）推进以客户为中心转型，实施七大工程，保费规模攀升、经营效益稳定、服务能力增强。主导地位巩固，保费收入 61.9 亿元，同比增长 7.01%；市场份额 33.8%，增量保费 4.05 亿元；4 条产品线、5 个市分公司市场份额高于 40%。经营效益稳定，综合成本率 98.77%，优于行业 0.1 个百分点，10 个市分公司实现承保盈利。服务能力增强，车险万元以下赔案理赔周期 10.1 天，排名系统第 6；客户投诉案均处理天数 3.98 天，同比下降 58.11%；微信公众号绑定率 80.1%；全年承担保险责任金额 6.36 万亿元，处理各类赔案 61.48 万件，支付各类赔款 36.84 亿元，上缴税金 4.1 亿元。交叉互动保费收入突破 8 亿元，同比增长 82.62%；落实“全面整改年”，建立整改例会制度、跟踪督查和长效整改机制，健全规章制度和工作方案 20 余项。

（办公室）

【业务市场发展】 2016 年，人保财险山西分公司车险方面，完成商车费改上线，战略性发展家自车，加快县域市场布局，推进地面电销团队建设，车险保费收入 45.9 亿元，同比增长 8.38%；家自车占比 48.98%，第一客户群巩固；车商渠道、电销直通业务、二网、大卖场渠道保费分别同比增长 30%、12.01%和 145.15%。商业非车险方面，强化大格局思维，以专营机构和专业化团队建设为抓手，强化整体营销，着力一揽子风险方案解决，传统基础客户巩固，突破蓝海市场，商业非车险保费收入7.21亿元，市场份额32.04%，工程险、信用保证险、助贷险快速增长，首台(套)综合保险、诉讼财产保全责任险、金融机构贷款损失信用险破冰。政策支持型业务方面，升级保险供给，创新管理模式，加快从发展农业保险向农村保险升级，农险保费3.49亿元，市场份额54.98%；探索“基本医疗+大病保险+意外医疗+民政救助”一体化运营模式，社保业务保费突破5亿元；推进扶贫保险，与山西省扶贫办签署《保险助推脱贫攻坚战略合作协议》，以点带面，推进保险项目落地，光伏保险、贫困人口补充医疗保险、扶贫公路工程险、贫困户羊养殖产业保险取得突破。（办公室）

【保险精品战略】 2016年，人保财险山西分公司提出“全面推进精品创建”目标，强化顶层设计，注重基层实践，提升战略牵引能力。坚持效益第一，追求对标跑赢，高速度、有效益发展成为行动自觉；推广企划管理，建立动态预警机制，以企划实施推进战略落地；深化重点帮扶，加大综合经营落后分支机构分类指导，推进区域均衡发展；开展精品服务窗口创建，新增8个，达到55个。

（办公室）

【盈利能力保障】 2016年，人保财险山西分公司坚持有效益发展不动摇，推进成本领先战略。狠抓承保定价，强化费率与业务质量联动，改善高风险业务，剔除负价值业务，优质业务占比提升；狠抓理赔管控，实施精益理赔，深化营业货车高赔付治理、人伤过程管理、非车险大额案件管控和诉讼案件管理，赔付成本呈现下降趋势；狠抓费用效能，深化全面预算管理，应对“营改增”政策变化，固定费用下降，税制改革平稳过渡。（办公室）

【客户服务优化】 2016年，人保财险山西分公司坚持线上线下融合，启动卓越理赔服务计划，推广微信自助理赔，升级远程移动定损系统，推进优质客户“一站式”理赔，加大监管服务评价指标考核，完善客户投诉机制，客户满意度提高；坚持服务与销售绑定，推进服务产品化、柜面一体化，探索服务与客户分级对接机制，推送服务直达客户。（办公室）

【内控合规经营】 2016年，人保财险山西分公司以落实中央巡视整改、内外部专项审计整改、“四风”和“两加强、两遏制”整改回头看为契机，细化“六大纪律”标准，运用四种形态，营造风清气正氛围；推进基层内控体系建设，开展对标评估，内控缺陷有效弥补；落实偿二代监管要求，完善全面风险管理体系，合规三道防线巩固。

2016年，人保财险山西分公司被山西日报和山西省保险行业协会、学会授予“2016年度山西消费者最满意财险公司”，临汾市分公司被山西省金融工委授予金融系统五一劳动奖状、金融系统优质服务竞赛标兵单位，大同市分公司总经理王俊斌被山西省金融工委授予金融系统五一劳动奖章、金融系统优质服务竞赛标兵个人，太原市黄陵支公司被山西省金融工委授予金融系统优质服务竞赛先进基层，晋城市分公司张富斌被山西省金融工委授予金融系统优质服务竞赛先进个人。（办公室）

科 技

【概述】 2016年,太原市科技工作深入贯彻党的十八大和十八届三中、四中、五中、六中全会精神和习近平总书记系列讲话精神,认真落实省、市科技创新推进会精神以及市委9号文件等政策措施,大力实施创新驱动发展战略,在发展高新技术产业、加速科技成果转化、增加创新服务供给等方面取得新突破,超额完成了高新技术企业认定、高新技术企业销售额占规模以上工业企业销售额比值、技术合同交易额、有效发明专利拥有量、培育发展众创空间考核指标,市知识产权局被评为“全国专利系统先进集体”,科技创新在供给侧结构性改革中的基础、关键和引领作用不断增强。

（李 平）

【高新技术产业取得新成就】 2016年,太原市对科技型企业实施梯度培育、差异扶持,认定高新技术企业221家,全市高新技术企业达到533家,比上年增长40.1%。重点实施“超低排放循环流化床锅炉技术开发与工程示范”等一批高新技术产业化项目,培育壮大高新技术企业,高新技术企业销售额占规模以上工业企业销售额比值达到25%以上。

（李 平）

【科技成果转化】 2016年,太原市在省化工研究所、太原理工大学、山西国际能源集团分别建成煤基聚合物改性技术、矿山流体控制、循环流化床机组清洁发电技术等3个国家地方联合工程实验室(工程研究中心),技术成果工程化服务平台进一步完善。在高新区建成太原科技大市场,建立常态化的产学研供需对接工作机制。全年技术合同成交额达到119.5亿元,比上年增长126%。

（李 平）

【企业专利工作】 2016年,市科技局开展企业专利“灭零行动”,组织专利特派员深入太原市60余家科技型中小企业开展精准服务,帮助企业挖掘申请专利90余件。有效发明专利拥有量6252件,比上年增长21.2%,万人发明专利拥有量达14.7件。市知识产权局被评为“全国专利系统先进集体”。 （李 平）

【创新创业示范实现新发展】 2016年,市科技局重点实施3D打印、信息安全等专业化服务平台建设项目,增强“双创”服务供给。对174家科技型小微企业给予3万元/家创新能力建设补助,支持其开展技术创新、产品研发等创新活动。全年小微企业技术合同成交额达到19.31亿元,比上年增长30.8%,小微企业授权专利拥有量达3013件,比上年增长16.7%。 （李 平）

【科技企业孵化打开新局面】 2016年,启迪(太原)科技园成为国家级科技企业孵化器,山西华顿一诺等6家成为省级科技企业孵化器。培育发展万创等31家省级众创空间,清控众创等8家升级为国家级众创空间。组织科技企业孵

化器和众创空间开展各类创业创新路演、大赛、论坛、培训以及投融资对接等活动，2016中国创新创业大赛山西赛区太原市“双创”项目荣获5个一等奖。

（李　平）

【科技扶贫攻坚】 2016年，市科技局组织农村科技特派员和“三区”科技人才进村入户开展农业先进适用技术培训和咨询服务，举办各类科技培训1100场次，培训农民10万人次，发放科普资料12万份。围绕扶贫攻坚目标任务，开展“百村百期万人脱贫攻坚”农业科技培训，实施科技“精准扶贫”。（李　平）

【科技管理改革迈出新步伐】 2016年，市科技局拟定《关于深化市级财政科技计划（专项、基金等）管理改革的方案》及科技计划管理联席会议制度、科技项目申报评审办法等8个配套管理制度。围绕太原市7个新兴产业领域和5方面科技创新工作开展课题研究，在此基础上编制完成“太原市科技创新‘十三五’规划”，并确定首批入库50个重大科技项目。（李　平）

【科技资源共享，推动科技进步】 2016年，市科技局扩容提质“一网两库”，各类数据库资源已达4TB，及时发布大型科学仪器设备、科技文献、科技数据的开放共享目录，面向企业开展技术预测、研发设计等各类定制服务。开展科技创新券试点，安排600万元科技经费，以政府购买服务的方式支持科技型中小企业开展研发设计、检验检测等创新活动，有效降低企业创新成本。

促进科技金融结合。正式设立1亿元的天使投资基金和1亿元的创业投资基金，对众至诚信息、博瑞泰不锈钢等企业开展尽职调查和商务谈判。出台“科技型小微企业信贷风险补偿专项资金管理办法”，引导金融机构加大对科技型小微企业创新的支持。与晋商、浦发、华夏等3个合作银行共同举办5次科技信贷政策宣讲及银企项目对接活动，12家科技型小微企业获得5550万元贷款，为企业成果转化项目提供信贷资金共计2.4亿元。

搭建招商引智平台。成功举办2016中国计算机大会，会议规模大、层次高、影响力强，均创历届之最。30余所国内著名高校、20余个国家科研机构、5个国外计算机学会以及300余家国内著名IT企业的专家学者和企业高管分别参加了90余场报告、论坛和展览等活动。中央九大媒体、香港两家主要媒体以及省城主流媒体对大会作了多角度、有深度、大力度的采访报道，充分展示和宣传了太原形象。会议期间，组织60余位国内一流专家学者和企业高管赴太原市IT企业参观考察、诊断指导、交流洽谈，达成合作意向8项。（李　平）

【深入推进依法行政】 2016年，市科技局制定机关处室及岗位的权力清单、责任清单和依法行政事项事中事后监管制度，建立依法行政随机抽查事项清单以及市场监管对象主体和执法人员的名录库，实行“双随机一公开”。加强规范性文件管理，对66件规范性文件进行清理，废止19件。开展普法宣传，举办法律知识专题讲座和普法知识竞赛。

强化科技政策落实。开展“送政策到基层进企业”活动，编写《科技创新政策系列问答手册》，组织科技管理干部深入产学研一线特别是科技型小微企业开展政策宣讲、解读、落实等专题服务，重点推动企业研发费用加计扣除、技术交易、重大新产品研发、高新技术企业认定等税收扶持和经费补助政策的落实。

营造科技创新氛围。在科技活动周期间，组织举办“双创”科技成果展、青少年发明创新竞赛、省城国家级重点实验室向社会开放等10项重点活动，并充分运用媒体广泛宣传科技创新领军人才及团队、重大科技成果和创新型企业，营造尊重知识、崇尚创新的社会氛围。

（李　平）

【举办中国计算机大会】 市科技局牵头举办了2016中国计算机大会，并取得了圆满成功，大会取得多项历史之最：参加大会人员为历届最多，总数达到5300余人，国外组织参会最多，共计7个国家以及5个国外学会组织的30余人参加；大会报告、论坛、活动最多，共举办90余场报告、论坛、展览、表彰等活动。先后有60余位国内一流专家学者和企业高管受邀赴太原市IT企业参观考察、诊断指导。龙芯中科技术有限公司总裁胡伟武、北京航空航天大学陈小武教授等与太原市百得科技、西山煤电等企业进行了合作项目对接洽谈，达成一批合作意向。期间，中央、省、市三级媒体对大会作了多角度、有深度、大力度的采访和报道。腾讯、新浪等10余家新媒体对大会进行了全方位报道，访问点击量逾千万人次，有力地宣传了太原，为太原市信息产业发展，特别是创新驱动、转型升级起到了极大的推动作用。（李　平）

【领导视察调研】 2016年10月31日，市委常委、常务副市长王立刚带领市政府办公厅副秘书长庞虹以及工作人员到市科技局视察调研。市科技局党组书记、

局长谢承泮代表局党组介绍了太原市科技系统单位、人员等情况。重点汇报了2016年科技工作推进情况,主要从科技政策落实、高新技术产业培育、科技成果转化、科技招商引智、科技资源开放共享、科技体制改革等方面进行了汇报。会上，各位局党组成员都汇报了各自工作推进情况。王副市长对太原市科技工作给予了充分肯定，同时要求市科技局要与其他部门积极对接，围绕市委市政府中心工作,狠抓落实,搞好服务,为太原市经济转型发展提供科技支撑。

(李　平)

【市知识产权局活动全国先进称号】 2016年12月，市科技局局属事业单位太原市知识产权局被国家人力资源社会保障部和国家知识产权局授予“全国专利系统先进集体”荣誉称号。

太原市知识产权局深入贯彻党的十八大、十八届三中、四中、五中、六中全会精神,积极推进《国家知识产权战略》,开展知识产权事业发展顶层设计，探索知识产权工作新思路、新方法,加强企业专利工作,太原市自主创新能力不断提升。实施知识产权“倍增计划”,组织专利特派员与企业对接，已培育出年专利申请量200件以上的企业3家,100件以上的企业2家,50件以上的企业8家。开展知识产权“灭零行动”,组织专利特派员对“零”专利企业开展“一对一”服务,深入企业讲解专利知识,提供专利咨询、挖掘专利技术等服务，帮助200余家中小企业实现专利“零”的突破。积极探索知识产权质押融资,先后与浦发银行、晋商银行、太原市科技担保公司等银行和担保公司进行座谈，协商知识产权质押条件、融资模式、贴息方式等内容。举办太原市青少年发明创新竞赛活动，全市直接参与此项活动的学校达到350余所,师生累计达5万余人,帮助50余名学生申请并获得200余项专利。与市公安局、版权局、工商局、质监局、食药监局等单位联合开展知识产权执法，积极在电子商务领域、重点行业和市场开展专利执法维权工作,2016年开展大型执法活动3次,出动人员20余人次,检查商品9万余件，查处假冒专利20余件,积极引导大型商场开展“无假冒专利”活动，有效遏止了假冒冒充专利行为和专利诈骗行为的发生，进一步优化了太原市创新环境。全市专利总量和质量得到较大幅度的提高,2016年全市专利申请量7869件,同比增长22.8%,发明申请3511件，占比44.6%，专利结构得到优化;有效发明专利拥有量6252件,同比增长21.2%,企业2862件,占比45.7%,企业创新主体地位进一步巩固，全市万人有效发明专利拥有量达到了14.4件,在全国各省会城市中排名靠前。

(李　平)

气　象

【概述】 2016年,太原市平均气温较常年略偏高,降水量偏多,极端天气气候事件较多,暴雨洪涝灾害偏重,对农业、交通、环境、水利等行业和人民生活有较大影响,农业气候年景较好。全年平均气温为10.5℃，较常年均值（10.0℃）偏高0.5℃,正常略偏高(图1)。呈现出隆冬寒冷、盛夏凉爽、仲春温暖、夏末至初冬气温持续偏高的气候特征。2016年太原市年平均降水量为567.3毫米，较常年(414.8毫米)偏多37%,列1979年后降水极值第四位(图2)。但降水时空分布不均(图3),春夏降水集中,秋冬分布不均,盛夏洪涝严重。

春季,6次为市委、市政府提供专题气象服务专报，准确预报1月30日小雪和2月11～13日雨转雪天气过程。主汛期,太原地区降水显著偏多,太原市气象局4次发布重要预报,成功捕捉7月8～10日汛期首场≥30mm降水过程,尤其是历史罕见的“7·19”区域大暴雨过程,各级政府根据预报预警信息采取措施防汛减灾。气象灾害信息预警及时,全年发布(解除)各类气象灾害预警信号47次,发布(解除)不同级别城市内涝气象风险预警信号24次，发送短信242940条。

(李艳红　赵彩萍　李梦军)

【气象灾害防御体系】 发挥52个乡镇气象信息服务站、170个村级气象信息工作站、278套预警信息发布终端(LED电子屏、多媒体液晶屏)、811套农村气象预警大喇叭、1120名气象义务信息员、1100余名地质灾害防治人员和500余名森林防火联防队员在气象灾害防御中的作用。年内,为防汛、住建、城管委、国土、环卫、环保、林业、农业、三桥街办、庙前街办、太原高速交通等部门安装太原城市气象预警信息发布终端10余个。

(李艳红　赵彩萍　李梦军)

【气象服务】 与国土部门联合发布地质灾害气象风险预警19次,共发布地质灾害气象服务短信10万余条;与环保部门联合发布重污染天气雾、霾预警5次;发送森林火险气象等级服务短信48786条，为政府和相关部门科学防御气象灾害提供气象决策依据。提升气象预报现代化水平,在2016年1～12月城镇天气预报产品质量全省排名中,“最低气温”24小时技巧评分列第1,“晴雨、一般性降水、最高气温”24小时技巧评分均列第3,晴雨预报准确率列第2,一般性降水预报准确率列第1。多媒体信息发布平台使用图像、动态视频、声音等媒体信息,通过与气象防灾减灾服务相结合,为公众提供及时、全面、优质、高效的预报预警信息服务。更新气象预警信息发布平台重要用户,建立气象灾害预警信息快速发布机制,城市公众覆盖率达90%以上。阳曲、小店局开展“三农”气象服务专项建设。阳曲县高村乡、小店区刘家堡乡分别申报标准化气象灾害防御示范乡(镇)。

(李艳红　赵彩萍　李梦军)

【人工增雨防雹】 改造2门电控“3·7”高炮,安装3部烟炉,更新了3部、增加4部中兵火箭作业系统。开展人工影响天气作业，全市实施人工增雨防雹作业67次,发射“3·7”高炮炮弹554发、火箭弹55枚、燃烧碘化银烟条81根。同时调用省人降办飞机68架次,累计飞行时间98小时44分,抛洒碘化银共计38875克,为缓解全市水资源短缺、改善生态环境、减轻雾、霾影响、降低森林火险等级发挥作用。12月20日,准确捕捉天气过程,组织开展人工增雨(雪)作业,全市降水量5.0毫米~7.8毫米,同时利用人工增雨技术手段减缓雾、霾影响。

(李艳红　赵彩萍　李梦军)

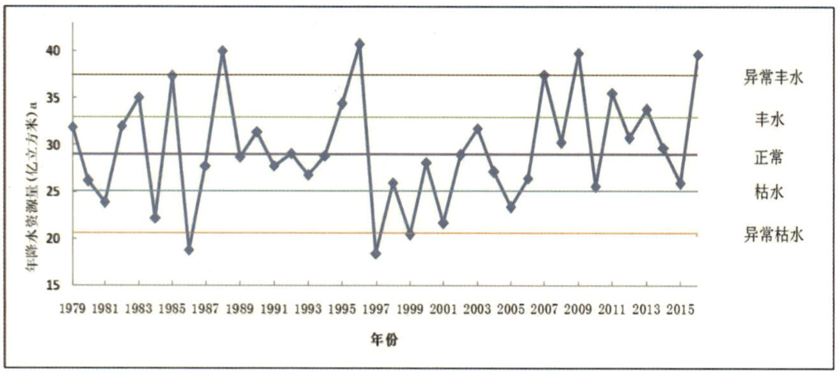

图1　太原市历年降水资源分布图

【重点工程建设】　太原新型多普勒天气雷达建设项目完成招投标;太原市气象预警中心建筑主体工程项目在市发改委立项,并列入2017年市财政预算;山西省太原(清徐)农业气象试验站建设方案获山西省气象局批复;古交气象防灾减灾预警中心建设项目竣工并开始投入使用。

规范清理行政审批中介服务事项,调整了防雷行政审批范围。动态修订了《太原市气象局行政权力和责任清单》,并指导县级完成编制工作。市县两级权责清单均已在省局外网向社会公布。

(李艳红　赵彩萍　李梦军)

【人才队伍建设】　经省局批准,从临汾市、吕梁市、晋中市气象台遴选3名优秀预报员充实到市气象台预报队伍。1位提任处级非领导职务、6名走上机关和事业单位正、副科级领导岗位,全市气象部门科级干部平均年龄为40.7岁,优化干部进出口通道,提升干部队伍年轻化水平,实现机构、编制、职数三无超要求。加强干部上挂下派,市局、小店局接收省局挂职干部1名,市局、阳曲局各派1名业务骨干到省人降办交流学习。60人次参加部门及地方举办的各类学习培训,综合素质得到提升。

(李艳红　赵彩萍　李梦军)

【暴雨洪涝灾害】　7月19日至20日,太原市出现区域性大暴雨,过程降水量为84.2毫米~196.6毫米,小时最大雨强达78毫米。尖草坪、阳曲、小店突破有气象记录以来日降水量极值;古交为次极值,清徐为历史第三位。加密监测显示,有60个乡镇出现100毫米以上降水,4个乡镇降水量大于200毫米,最大雨量出现在阳曲的东黄水,降雨量为241.4毫米。罕见的大暴雨引发了严重的城市内涝和农田渍害,致使市区交通几近瘫痪,部分农田作物倒伏,温室大棚灌水,并诱发了部分隐患点滑坡、塌陷等地质灾害。

全市暴雨灾情总计:截至7月21日早8时,全市农作物累计受灾面积16695.8公顷,受灾人口约17.5万人(累次),紧急转移安置950人,其中,集中安置361人。倒塌房屋22间,严重损坏房屋156间,一般损坏房屋3924间。

(李艳红　赵彩萍　李梦军)

【玉米生产气候条件评价】　玉米播种面积77.22万亩,占秋粮面积的70.2%。玉米总产量27.06万吨,较上年增加4.0%。玉米平均单产350公斤/亩,较上年增加5.2%,玉米产量占秋粮总产量的86.6%。玉米生育期内,水分条件好,热量、光照充足,气象条件总体较好,利于玉米产量形成。太原市春玉米从4月中旬末开始播种,至5月上旬播种基本完成。期间太原市降水充沛,春玉米足墒播种,顺利出苗。5月份太原市气温正常略偏低,降水偏少且主要集中在中旬,各地呈现出不同程度的干旱,但大部分地区底墒较好,对春玉米苗期生长影响不大。6月份春玉米经历七叶期,大部进入拔节期。全市降水频繁,但分布不均,北部山区降水偏少导致农田旱情持续发展,对部分已拔节春玉米生长有一定不利影响。7月份全市春玉米大部处于拔节到吐丝期,正值需水高峰期和水肥敏感期,全市多次出现大范围较强降水天气,增加土壤水分,全市旱情解除,为春玉米关键期生长提供充足水分;但部分地区土壤持续过湿,造成渍涝灾害和喜湿性病虫害发生,对春玉米生长产生不利影响。8~9月份全市降水偏少,但由

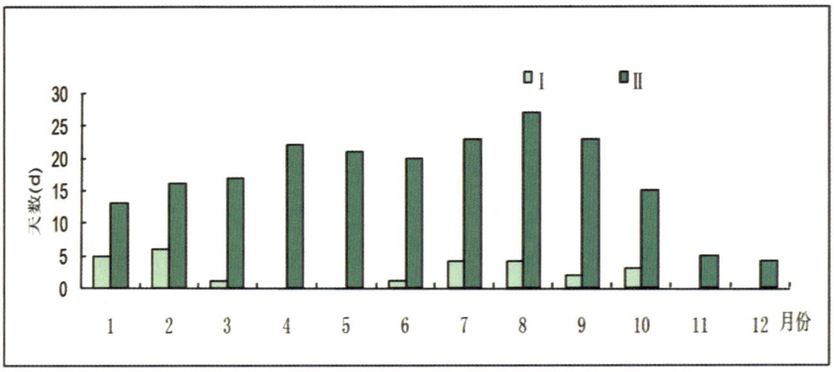

图 2　2016 年太原市各月空气质量优良天数

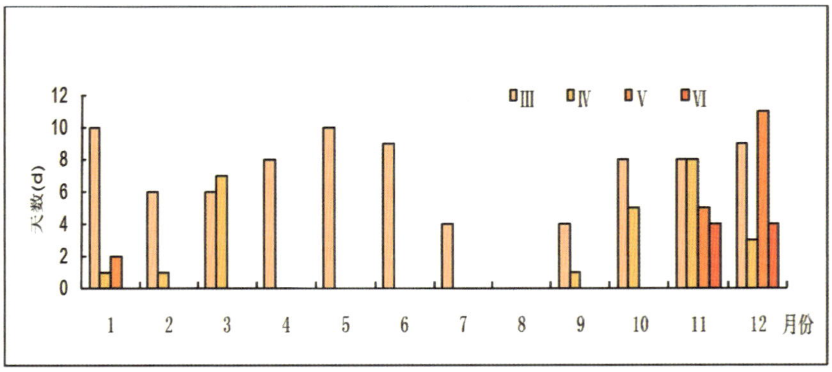

图 3　2016 年太原市各月空气质量轻度至严重污染天数

于前期降水特多，农田土壤墒情基本适宜，对玉米生长发育影响不大。9 月下旬到 10 月下旬，春玉米陆续进入成熟收获期，10 月降水特多，日照偏少，对春玉米适时收获晾晒不利。

（李艳红　赵彩萍　李梦军）

【降水】　降水资源是水资源的主要补给源，采用国家气候中心关于各省年降水资源丰枯评价指标对太原市降水资源进行评价。根据太原市七个站点资料的统计分析，2016 年全市年降水资源量为 39.643 亿立方米，比常年偏多 10.657 亿立方米，比 2015 年偏多 13.773 亿立方米，根据太原市年降水资源丰枯评价指标，2016 年太原市为异常丰水年(图 1)。

（李艳红　赵彩萍　李梦军）

【交通】　2016 年影响太原市交通的主要气象因素为雨、雪、大雾和霾天气。2 月 10 日夜间开始全市出现小雨天气，12 日转雨夹雪或小雪，过程降水量为 2.9～7.8 毫米，清徐、娄烦、观象台最大积雪深度为 0.1～1.0 厘米，雨雪天气出现在“春运”期间，对公众出行不利，给交通运输等行业造成较大影响。7 月 14 日清徐出现暴雨天气，7 月 18～20 日全市出现区域性大暴雨天气，部分路段出现严重道路积水现象，对交通造成较大影响。12 月份太原市多次出现雨雪天气，但由于大部气温偏高，路面未形成有效积雪，仅对高寒地区公路交通有一定不利影响。11～12 月份全市进入采暖期，污染排放量增多，同时静稳天气较多，雾、霾天数明显多于往年，致使能见度差，交通运输受到较大影响。

（李艳红　赵彩萍　李梦军）

【城市空气质量】　2016 年，太原市空气质量一级优天气为 26 天，二级良天气为 206 天，三级轻度污染天气为 82 天，四级中度污染天气为 26 天，五级重度污染天气为 18 天，六级严重污染天气为 8 天。冬季(1～2 月)冷空气活动频繁，扩散条件较好，但采暖期污染物排放量增加，加上降雪过程较少，总体空气质量较差。3 月份降水偏少，扩散条件较差，空气质量较常年偏差。4 月份太原市多次出现降水天气，有利于空气中污染物的沉降和净化，同时有效抑制地面扬沙起尘，空气质量良好。5 月份降水偏少，但是扩散条件良好，空气质量较好。6～9 月，太原市扩散条件良好，降水过程多，降水总量大，有利于污染物扩散、清除，空气质量优良。10 月份降水特多，但静稳天气增加，空气质量较差。11～12 月份全市进入采暖期，污染物排放量增加，加之冷空气势力明显偏弱，静稳天气多，雾、霾天气频繁出现，空气质量为全年最差时期，11、12 月 3 级以上污染天数高达 52 天，其中，重度污染天气 16 天，严重污染天气 8 天(图 2、图 3)。

（李艳红　赵彩萍　李梦军）

防震减灾

【概述】　2016 年，太原市防震减灾工作贯彻落实党的十八大、十八届三中、四中、五中、六中全会精神以及习近平总书记系列重要讲话精神，践行“五大发展”理念，全面落实省委“一个指引、两手硬”的重大思路和要求，增强忧患意识、责任意识，坚持预防为主、防抗救相结合的工作方针，坚持常态减灾和非常态救灾相统一，最大限度减轻地震灾害风险，准确把握当前防震减灾工作的新形势、新任务、新要求，深化防震减灾三大体系建设，开展“两学一做”学习教育，持续开展作风建设、能力建设，提升全社会抵御灾害的综合防范能力。在2016年中国地震局和中国灾害防御协会主办的第五届平安中国防灾宣导系列公益活动中，获优秀组织奖；获山西省地震局授予的市级防震减灾工作考核优秀单位；获中国地震局授予的全国市县信息节点综合评比第三名。（许梨花）

【地震监测】 树立“震情第一”观念，提高监测人员业务素质，全年举办6期全市地震系统业务骨干培训班。优化地震前兆观测手段，在清徐县建立三维断层形变观测，升级太原市电磁波观测网软件，对迎新街地下水监测技术进行升级改造，完成小店1号井等3口观测井的防雷工程。加强监测仪器的维护与管理，出台《太原市防震减灾局关于开展全市地震监测仪器设备检查的通知》，对全市地震监测仪器进行全面检查。执行地震监测仪器停测审批制度，对5处因故障需停测的观测仪按要求上报省局申请停测。开展全市观测数据质量评比工作。全年信息节点连通率98%以上，监测台站平均运行率95%以上。严格震情监视跟踪工作。出台《太原市2016年度震情监视跟踪工作方案》，成立地震宏、微观异常收集、报送、核实工作组，做到异常落实不过夜。执行异常零报告制度，全年异常零报告报送率达99.33%。密切震情会商工作。坚持周、月会商制度，完成周会商纪要卡52份，月会商纪要卡12份，前兆仪器运行及观测环境情况报告卡52份。向省地震局提交《山西省及太原盆地2017年度地震趋势研究报告》。小店区完成县级地震信息网络中心建设，并实现与省、市地震数据中心和台站信息节点的互联互通，成为全省首家投入使用的县级地震专用网络中心。（许梨花）

【基础建设】 规范档案管理。在太钢防震观测站新建局档案室，聘请专业人员对太原市档案局既往文书档案进行整理、分类、归档，达到“六有”“八防”要求。在小店区北格镇新建地震观测站，安装竖直摆钻孔倾斜仪观测手段，12月下旬通过省、市专家组验收，完成全市年初计划的“一县一台”建设任务，全市有8个县（市、区）建成前兆台站。（许梨花）

清徐4.3级地震，副市长张齐山在应急指挥部现场指挥

【群测群防】 按照“六有”要求，规范“三网一员”管理，出台《关于加强防震减灾群测群防网络体系建设的通知》，对全市群测群防骨干近200人进行集中培训，组织1次全市“三网一员”灾情速报演练。细化宏观观测、灾情速报、舆情报送程序和报送内容，灾情速报员信息报送基本达到规范标准。与小店区明生养殖场等4个市级宏观点签订宏观观测合同书，落实观测经费，进行定期检查，确保宏观观测点正常使用。依法将地震监测设施和观测环境保护范围内建设工程的审批纳入太原市固定资产联合审批流程，加大宣传教育及检查力度，发现异常及时跟踪调查、及时上报。全年未发生破坏观测环境事件。印发《太原市抗震设防要求监督管理工作制度（试行）》，推进事中事后监管走向制度化、规范化、程序化。规范全市地震行政执法行为，开展联合执法，提升监管实效。开展省、市、县三级联动执法和市、县两级联合执法，共执法检查90余人次，其中，对2016年审批的32个项目全部进行检查，新审批项目检查率达到100%。（许梨花）

【行政审批】 深化防震减灾行政审批制度改革，落实省、市权力下放相关工作要求，简政放权，优化服务。落实行政审批流程再造推进效能政府建设责任，坚持将抗震设防要求管理纳入政府固定资产投资联合审批流程，全年市级审批项目14项，县级审批项目18项。所有办结案件均做到及时在太原市政务大厅网站公示，并按季度汇总后上报省地震局。

（许梨花）

【“双随机一公开”】 制定《太原市防震减灾局“双随机一公开”工作实施方案》和《太原市防震减灾局“双随机一公开”工作细则》，建立随机抽查机制，建立“一单两库”并实行动态管理，确保监管对象齐全、监管人员合格、监管事项合法。

（许梨花）

【地震小区划】 4月，在第五代《中国地震动参数区划图》正式实施前夕，全市面

向市、县两级城建系统举办第五代《中国地震动参数区划图》专题宣贯培训会，特邀中国地震局地球物理研究所副所长高孟谭现场辅导。全市十县（市、区）、开发区分管领导，以及市县两级发改、住建、国土等有关部门负责人共约130人参加，为第五代《中国地震动参数区划图》的宣传及贯彻实施营造良好氛围。在经济区新扩区域开展地震小区划工作。

（许梨花）

【活断层探测】 开展田庄断层中段（约7.5km）的活断层探测工作，委托山西省地震灾害研究所进行，开展室外勘察和室内数据分析，编制成果报告。根据活断层探测结果，对规划局6处物流规划选址等11个规划项目的选址提供地震方面意见，为选址规划提供重要参考。

（许梨花）

【减隔震技术】 推广减隔震技术，支持配合太原市经济区在保障性住房配套建设的学校工程项目中采用减隔震技术，有效提升工程抗震能力。（许梨花）

【震害防御】 开展“太原市建设工程抗震设防要求基础数据信息管理系统”建设工作，将2000年至2015年间全市已开展地震安全性评价的建设工程的相关资料进行电子化、数据化、可视化处理，形成数据库，开发出具备查询调用等功能的应用系统。推进与中国地震局地球物理研究所合作的《太原市强震危险区大城市地震灾害情景构建》项目，已形成项目成果报告。开展城市老旧房屋和基础设施的抗震性能普查和除险加固工作，最大限度减轻震灾风险。结合全市农村危房改造、城中村改造、新农村建设等惠及农村、农民的公共项目建设，参与建设初期的规划与选址，提供抗震农居建设意见与指导。加强对全市已建成的16个示范点的防震减灾日常宣传、设备维护和人员培训工作，全市农村居民的地震安全意识和农居的抗震防灾能力逐步提升。（许梨花）

【应急预案管理】 检查督促市抗震救灾指挥部成员单位按要求完成各自应急预案的修订，组织应急演练。“横向到边、纵向到底、上下贯通、左右衔接”的地震应急预案体系基本形成。按照管用、好用、实用要求，制订应急预案配套实施方案和手册，简化、优化应急处置流程，细化应急人员职责，提高应急预案的针对性、实用性。“7.28”期间，对太原市抗震救灾指挥部成员单位地震应急预案进行一次大检查，查漏补缺。（许梨花）

【地震应急】 11月18日7时22分，小店区侯家寨发生3.4级地震，全市大部分县（市、区）有感。2016年12月18日11时8分，清徐县王答乡发生4.3级强有感地震，全市范围有震感。两次地震均未造成人员伤亡及财产损失。地震发生后，书记王伟中、市长耿彦波、副市长张齐山先后作出重要指示、批示，科学安排部署，指挥应急。“12.18”清徐4.3级强有感地震发生后，副市长张齐山第一时间到达市抗震救灾指挥中心现场指挥应急，市政府迅速启动Ⅳ级应急响应，省、市、县（区）三级防震减灾部门迅速启动Ⅳ级应急联动响应。各单位、各部门按照预案分工各负其责，协调配合，加密震情观测，实时组织震情会商，有效开展现场工作，及时、完整收集震情、灾情，及时新闻、信息发布，动态监测舆情，采取系列措施，保持社会生产生活稳定。

（许梨花）

省地震局长郭星全检查市抗震救灾抢险队

【应急演练】 在第八个全国防灾减灾日来临之际，太原市与阳曲县联合在阳曲县东黄水镇组织市、县应急联动演练。东黄水村全体村民观摩演练，参演人员近300人。组织市、县（区）联合地震应急物资拉动实战演练，后勤保障组全体成员单位、灾民安置组、抢险救灾组、杏花岭区、经济区等近20家单位共计500余人参加演练。组织全市地震系统近200人参加省地震局组织的纪念唐山地震40周年全省地震系统应急演练，演练历时近7个小时。组织学校应急避震演练。全市中小学校每学期至少组织一次防震撤离演练，市教育局聘请有资质的安全演练机构，在小店区实验小学组织学校防震应急演练示范观摩，100多名校长到现场观摩。市民政局制定《应对自然灾害救助演练实施方案》，组织应对自然灾害救助演练。万柏林、晋源等县（市、区）开展社区居民应急避震演练。全年组织各类应急演练共计1760次，参演者近20万人次，应急演练规范化、常态化、制度化建设效果逐渐显现。（许梨花）

【应急队伍建设】 组织地震应急培训。4月，邀请省地震局副局长田勇围绕运城4.4级地震应对，向全市各县（市、区）、开发区防震减灾部门负责人以及市防震减灾局全体工作人员进行地震应急专题培训。9月，组织全市第五期抗震救灾抢险队骨干队员赴国家地震紧急搜救中心培训基地参与培训。民营区防震减灾中心与区人才培训中心联合组织防震减灾知识更新培训讲座，机关单位共100余人参加。晋源区防震减灾局与区红十字会联合举办地震应急救护知识培训班，共计80余人参加。“5.12”和“7.28”期间，全市组织各类地震应急讲座500多场。

投入近5万元为市抗震救灾抢险队建设仿真模拟训练场；投入7.3万元为抗震救灾抢险队新增手动液压钳、动力站等专业应急救援装备；投入8万余元为现场工作队配备个人野外防护帐篷、现场急救包等装备。加强应急通讯建设与管理，每月与省地震局进行一次视频会议调试，保证视频会议系统正常使用。全年参加省政府卫星电话点名拨测4次，拨通率100%。无线短波电台与县区通信拨通率为100%。（许梨花）

【应急物资储备】 市、县两级均采取政府专项补贴、企业储备实物的方式，常年储备价值近2亿的救灾物资，2016年财政共拨付物资储备专项资金477万余元，其中市级拨付300万元。全市共有物资储备点69个，其中，市级补贴的储备点9个，县(市、区)补贴的储备点20个。储备物资种类近30种，并按照100万人3天所需储备饮用水和食品。落实《地震应急物资储备管理办法》，加强日常检查，增强储备点责任人的忧患意识和责任意识，保证紧急情况下物资调得出、用得上。全市地震应急物资储备基本实现制度化、常态化。（许梨花）

【应急避险避难场所建设】 和平公园Ⅰ类国家标准应急避难场所建设项目已接近尾声，园内应急功能区建设已基本完成。迎泽公园在进行提质改造的同时，也按照国家标准同步建设Ⅰ类应急避难场所，各项工作正在进行中。为满足各类自然灾害的不同避险避难需要，全市探索避难场所小型化、安置灾民分散化的新思路。（许梨花）

【隐患排查】 立足防大灾、抢大险，突出重点部位、重点行业领域，按照“全覆盖、零容忍、严执法、重实效”的要求，排查各类风险和隐患，尤其对各类次生灾害源、公路隧道桥梁、道路客运、车站、机场等人员密集场所的安全隐患进行重点排查，实现从减少灾害损失向减轻灾害风险的转变。（许梨花）

【防震减灾宣传】 组织“5·12”“7·28”宣传及“平安中国”千城大行动活动。印发《关于开展2016年第五届“平安中国”防灾宣导系列公益活动的通知》及《关于开展第五届“平安中国”防灾宣导暨防灾减灾日系列公益活动的通知》，对县(市、区)、开发区和抗震救灾指挥部成员单位在活动周期间的宣传活动进行统一安排。5月11日，在阳曲县举办太原市第五届“平安中国”防灾宣导暨防灾减灾日系列公益活动启动仪式，并在现场组织市、县联动演练、防震减灾知识“五入”宣传以及防震减灾知识贴片及公益电影放映活动。组织开展邢台地震五十周年、唐山地震四十周年纪念活动。开展专题讲座、报纸专栏、电台电视台短片、公交车移动车载电视动漫片、免费放映防震减灾科普电影、发放防震减灾宣传图(册)等传统宣传，以及公共场所大型LED屏、互联网等新媒体宣传。开展“太原市优秀少年儿童地震科普夏令营”等防震减灾主题宣传活动。推行中小学生防震知识“开学第一课”制度，保证在校学生受到一次防震减灾知识教育。新开通官方微信和微博，按要求推出地震信息、防震知识等内容，方便智能手机用户获取知识。共发放防震知识宣传图书2万余册、宣传资料20余万份，展出版面、张挂条幅等共2200余块(条)，发放并收回知识问卷2300余份；公共场所LED及公共交通工具LED宣传目标受众900万人(次)；免费放映各种影视宣传片640余场，受众5万余人(次)；组织专题讲座600余场，受众4万余人(次)；部分县(市、区)防震减灾科普教育基地开馆迎客逾4万人次。（许梨花）

【科普教育基地建设】 依托青年宫少年科技城，建设市级防震减灾科普教育基地项目。基地占地面积200平米，市财政一期投入52万元，已完成政府招标。小店区科普教育基地投入运行后反响良好，通过省地震局考核，并被评为太原市首个“省级科普教育基地”。

（许梨花）

市防震减灾局局长高二虎入村精准扶贫

【示范工程建设】 新建成1个省级防震减灾示范县,3个省级防震减灾示范社区,1个省级科普教育基地,5所省级防震减灾科普示范学校。共建成国家地震安全社区3个,省级防震减灾示范县3个,省级防震减灾科普示范学校36所,省级防震减灾示范社区35个,市级防震减灾科普示范学校345个,市级防震减灾示范社区256个。全市科普示范学校达标率为60%,科普示范社区达标率50%。 (许梨花)

【党建工作】 开展"两学一做"学习教育。开展"促学习、促交流、促能力"大讲堂活动和"五比五看"实践活动及手抄党章、重温入党誓词、专题考试等活动。落实"两个责任"。从严从实抓好党的思想建设、组织建设、作风建设、反腐倡廉建设和制度建设,增强党员干部自我净化、自我完善、自我革新、自我提高能力。严明党的政治纪律和政治规矩,把守纪律、讲规矩摆在更加重要的位置。推进基层党建重点任务,开展包括党员组织关系集中排查、排查清理党代会代表和党员违纪违法未给予相应处理情况、党费收缴工作专项检查等工作。坚持实行党风廉政建设责任制,落实"一岗双责"。把党风廉政建设与业务工作同部署、同落实、同检查、同考核。建立局纪检组定期与班子成员、机关处(室)和直属事业单位负责人谈话机制。加大廉政提醒和检查督查力度,全年进行平时抽查、集中检查、明察暗访等共计11次。向对口帮扶村——娄烦县庆山村派驻"第一书记",落实建强基层组织、推动精准扶贫。局领导带头驻村,副科以上党员、干部入户与帮扶户进行对接,与村干部及村民共同寻找致贫根源,研究脱贫对策,扶贫工作取得一定进展。 (许梨花)

科协工作

【概述】 2016年,太原市科协在市委、市政府的正确领导下,在省科协的有力指导下,以邓小平理论、"三个代表"重要思想、科学发展观和习近平总书记系列重要讲话精神为指导,按照省委提出的"坚持一个指引、两个走在前列"总要求,团结带领广大科技工作者,围绕太原市各项中心工作任务,振奋精神、开拓创新,在服务全市经济社会发展,提高全民科学素质等方面做了大量的工作。

(办公室)

【院士工作站建设工作】 2016年,在山西焦煤集团有限责任公司等企事业单位新建院士工作站10个,引进两院院士9名,美国科学院院士1名,院士团队专家51名,与院士团队签订合作项目18项。太原市共建立院士工作站45个,引进两院院士52名、美国科学院院士1名、以色列著名专家1名,院士团队专家252名,与院士专家团队共签定合作项目158项。

邀请院士来并,交流学术,指导工作。邀请葛均波院士出席山西省胸痛中心论坛,并作了学术报告,省内800余名心血管医疗领域专业人士到会聆听,对于提高全省心血管疾病的诊治与科研水平具有积极的促进作用;邀请郝希山院士来并做了《高通量基因测序技术在肿瘤精准医疗中的应用探索》的学术报告,阐述了基因测序在肿瘤精准医疗临床应用中起到的重要作用;邀请徐建国院士到市疾控中心调研指导院士工作站工作,并就建立疑难、未知菌株鉴定平台提出了具体要求和目标;邀请王浩院士来太原市作了《水资源的开发利用与信息化发展》学术报告,并对恒瑞金墒公司"山西省矿坑水监测计量与处理利用关键技术及示范"项目进行了现场调研;邀请南京农业大学校长曹福亮院士来太原市考察西山万亩生态园和城区银杏树栽培情况,并与市领导就经济林产业发展进行座谈与交流;邀请朱健康院士来并做了《基因编辑技术的原理及应用》学术报告,并与山西综改示范区管委会筹委会的领导进行了交流座谈。

2016年,市科协在《太原日报》刊登了6个专版,宣传太原市院士工作站建设取得的成效;拍摄完成了反映院士工作站建设成就的纪实专题片《人才的力量》,收录了16个院士工作站的创新发展成果,分上中下三集,在太原电视台黄金时间集中播出;以各企业为独立板块,在每日的《太原新闻》中设专栏连续播出。专题片还在"山西科协"等微信公众号上进行推广宣传。全国科普日期间,在山西省科技馆举办了太原市院士工作站建设成就展,集中展示了太原市院士工作站所取得的成果。院士工作站已成为太原市引进高端人才、转化科研成果、提升自主创新能力的重要平台,为推动实现"两个走在前列"的目标,起到了很好的引领和示范带动作用。山西省委政研室还以专刊的形式,分别在《决策科学》和《调查与分析》上,两次专门介绍了太原市院士工作站建设取得的成就和经验。太原市建立院士工作站的经验还在

中国科协九大会议上进行了书面交流。

(办公室)

【开展"讲、比"和"金桥工程"工作】2016年,太原市科协组织和动员广大企业科技工作者开展技术立项、技术攻关、技术创新等形式多样的"讲、比"活动。"讲、比"活动项目立项2206项,提合理化建议22313条,实施合理化建议18172条,取得了良好的经济效益和社会效益。在山西省第十四届"讲理想、比贡献"表彰活动中,太原市5家企业、5个院士工作站、3个科协组织、6位科技人员和7位科协工作者受到了表彰,太原市科协获优秀组织单位奖。

组织企业开展"金桥工程"项目12项,均被列为省科协2016年度金桥工程立项项目,这些项目的实施,为企业实现年增利税980万元,节约资金319万元。

(办公室)

【开展"双创"活动】 2016年,太原市科协在全国"大众创业、万众创新"活动周期间,组织创新方面成绩突出的6家企业参加了山西省"双创"分会场的展示活动。组织动员1万余名科技工作者参观了"双创"展会,组织300余名科技人员参加了创客交流会。

开展创新方法培训,引导知识要素向企业流动,帮助和支持太原市推荐的创新方法试点企业——山西天地煤机装备有限公司创新方法的推广和运用,组建了5个创新小组,培养了100余名创新方法应用人员,提高了企业科技人员应用创新方法的能力。

组织企业参加首届全国创新方法大赛,通过山西分赛区的选拔,太原市天地煤机、汾西重工、晋西集团、太重集团4家企业的10个创新方法项目参加首届全国创新方法大赛总决赛。经过全国100支代表队300余名选手的激烈角逐,太重集团无主轴多齿箱紧凑型风力发电机组项目、天地煤机公司煤矿井下自动化超长距离迈步自移设备"列车"项目进入前10名的擂台赛。最终,太原市参赛企业的项目获一等奖2个、二等奖2个、三等奖6个,太重集团推荐的项目荣获本次大赛唯一金奖,12月5日的《太原日报》头版头条进行了专题报道。

把推广应用中国科协专利数据库升级版作为推动企业科技创新的重要抓手,先后组织有关人员参加中国科协和省科协举办的科技信息推广应用培训班,积极与省科技咨询服务中心联系沟通,了解掌握科技信息推广应用的相关标准和要求,及时反馈给企业,让企业在技术研发、技术创新、技术进步中超常规利用这些成果。举办两期专利信息推广应用培训班,集中培训120余名企业科技人员。为企业开展注册服务,已为115家企业进行注册。组织科技信息推广应用交流答疑座谈会,20多家企业的技术人员与专家进行面对面的交流,有针对性地解决问题。

组织太原市三大园区和西山煤电等18个企业的代表近30人,赴四川绵阳参加了"中国科技论坛·军民融合与创新创业"会议。与中国(绵阳)科技城工业技术研究院及绵阳的部分企业进行了科技项目、科技成果的对接,为企业搭建人才、技术、创新的平台,拓展视野,增进两地之间的交流和沟通。 (办公室)

【开展学会工作】 2016年,太原市科协指导各学会根据各自的专业和行业特点,开展了学术沙龙22次,学术交流、学术讲座、专题报告会、论坛24场,职业资格培训6期,专业技术培训75期,技能大赛3场。太原市药学会举办"西北、华北地区药学交流会""互联网+药学抗凝研讨会"等学术交流活动,给广大药学工作者提供理论研究、成果交流的学术平台。太原市超声医学工程学会邀请北京大学人民医院等国内知名的超声专家教授做了超声医学专题讲座,来自各级医院的专业人员及代表400人参加学术交流会。市食品安全学会举办中小企业会员管理专场培训,来自50余家中小企业的120余名学员参加培训。太原市营养师协会举办第四届"营养健康讲师大赛",为广大会员搭建学习交流的平台。太原市珠心算协会组织开展2016"8.8世界珠算日"系列活动,举办了第25届海峡两岸珠算珠心算通信赛、第11届珠心算鉴定大赛、第33届珠心算技术比赛等。市科协还组织全市科技工作者积极参加第十八届山西省优秀学术论文评选活动,向省科协报送自然科学优秀学术论文79篇。

各学会发挥专业特长,积极开展科普活动,涌现出一批先进典型。一是在重要时间节点开展科普宣传。在食品安全周活动期间,食品安全学会举办以"尚德守法·共治共享食品安全"为主题的宣传活动;市三通健康教育中心利用"世界防治结核病日""世界卫生日""世界艾滋病日"等各种健康主题日,开展公众健康咨询活动;在安全生产月期间,市安全生产

学会开展“送安全工程”活动；3.15期间，市药学会和食品安全学会举办“安全用药 关注民生”主题宣传活动。二是利用学会特长，开展行业性科普宣传。市营养师协会开展了“第二届全民营养周”活动，举办了8场《中国居民膳食指南》科普宣讲，先后80余次参加电台、电视台的访谈节目，为广大市民讲解常见饮食误区、节气养生等科普内容；太原市心理研究会在社区举办专题讲座13场，参与人数3000余人。三是利用微信、微博、社交网络等开展科学普及。市营养师协会建立了5个400人以上的微信群，每周六晚开设微课堂，进行营养健康教育；市食疗协会每周开设一期微课堂，聘请行业专业人士进行乳腺、糖尿病、刮痧等方面的专题讲座。其他各学会也结合自身实际，开展了20多项市民喜闻乐见的科普活动。（办公室）

【开展全民科学素质工作】 2016年，太原市科协继续发挥太原市全民科学素质工作领导组办公室的职能作用，起草印发了《太原市2016年全民科学素质行动工作要点》，给各成员单位分解了工作任务。协调各成员单位、各县区、各部门结合各自的工作职能开展全民科学素质工作，形成了强化科普合力、推动全民科学素质工作的良好局面。

全民科学素质各成员单位在全国低碳日、防灾减灾日、安全生产月等节点开展主题科普活动，全年共举办各类现场展览、咨询、报告会、讲座等500余次，参与群众达120万人次。发放各类电子读物、书籍等科普宣传资料60余万份，覆盖人群200余万人。

根据未成年人、公务员、城镇劳动者、农民“四大人群”的特点和需求，举办青少年科技教育活动100余场次；举办领导干部培训班22期，培训领导干部1750人，依托山西干部在线学院，全市17755名领导干部接受网上培训；举办各类讲座1480场，培训专业技术人员达7000余人次；举办各类农村技能培训200多期，培训农民5万余人。

市科协通过全省网上考核平台，逐月上报全市全民科学素质工作情况，全年在考核系统平台上传各类科普活动图片406张、信息983条。在全省全民科学素质工作考核中，太原市连续3年名列全省第一，取得三连冠。大力宣传全民科学素质工作，在《太原日报》上开辟两个版面回顾总结“十二五”期间太原市全民科学素质工作取得的成就。（办公室）

【开展科普日系列活动】 2016年，市科协举办了第13个全国科普日系列活动。在省城主场活动中，组织开展了第31届青少年科技创新大赛科幻绘画获奖作品展、小学生科普舞台剧展演、太原市院士工作站成果展、青少年科学素质现场体验等活动。邀请行星科学家郑永春、科普作家史军博士、地质学家戴进业、环保专家郭耕、中国科学院李皓博士，分别在省科技馆、山西医科大学、太原理工大学、太原学院、山西应用科技学院举办了5场报告会，3000余名高校师生和科研人员听取了科普报告。

科普日期间，全民科学素质领导组各成员单位、各县(市、区)科协还集中组织了科普进校园、科普进社区、科普进农村等100余个形式多样的科普活动，共展出科普展板挂图500余幅，发放科普资料18.5万份，播放科普录像(电影)40余场次，参加活动总人数12万余人。太原市科协、小店区科协、万柏林区科协被中国科协评为2016年全国科普日活动优秀组织单位；博远少年电子工程师训练营科学素质现场体验活动被中国科协评为全国科普日优秀特色活动；清徐县科协、高新区科协、动物园科普教育基地被评为山西省第十三届“科普三晋”系列活动优秀组织单位。

围绕“创新引领·共享发展”主题，开展了科技周系列活动。在阳曲县东黄水镇举办了科学防灾现场宣传，在古交市马兰镇举办了科学用盐现场宣传，在娄烦、古交、晋源三个科普惠农中心服务站，开展了培训咨询、新技术和新品种推广等科普惠农服务。科技周期间，共举办讲座10余场，发放资料10万余份，展出版面2000余块，开展咨询服务活动20余场次。（办公室）

【开展青少年科技活动】 2016年，太原市科协组织开展各类青少年科技竞赛活动。举办了太原市第31届青少年科技创新大赛，全市10万余名中小学师生参加，共收到参赛作品2874件，市科协对1926件获奖作品进行了表彰；在全省比赛中，太原市推荐的作品荣获一等奖38个，二等奖100个，三等奖67个；在全国大赛中，获得各类奖项18个，太原市科协荣获2016年全国青少年科技创新大赛基层优秀组织单位奖。组队参加第16届中国青少年机器人竞赛(山西赛区)联赛活动,14所学校23个代表队参加比赛,荣获各类奖项23个,太原市科协荣获优秀组织单位奖。举办"第四届全国科学表演大赛(太原赛区)"活动,共征集参赛作品62个,两部表演类作品入围全国决赛。在各类竞赛活动中,太原市获奖数量在全省11个地市中排名第一。推荐青少年参加在德国举办的纽伦堡第68届世界发明大展和纽伦堡第九届世界创意大赛,博远少年电子工程师训练营2名同学的作品,在这两项国际大赛中各获得1金1银的骄人成绩,为中国青少年争得了荣誉。推荐中学生参加中国青少年科学素质大会,4名同学入选参加大会北京赛区遴选面试活动。

市科协推荐的中国科学院山西煤化所和山西神飞公务机有限公司航空科普教育基地2家单位被命名为第六批"山西省科普教育基地"。组织完成太原市图书馆等7家单位通过山西省科普教育基地年检工作。

组织太原市各科普示范学校举办校园"科技节"、科普竞赛、科普讲座等,成效明显,11所学校荣获2016年全国青少年科学调查体验活动推广示范单位。在10所中小学校举办了14场青少年"科学与健康"科普知识讲座,5000余名中小学师生参加。 (办公室)

【开展科普惠农兴村和科普益民工作】2016年,太原市科协抓管理强服务,推进科普惠农兴村计划。一是加强监督检查。对2014年以来太原市获得国家和省级奖补的19个项目进行了重点监管,保证了科普惠农兴村计划的健康实施。二是搭建平台开展延伸服务。聘请三安生物科技公司的技术人员在阳曲、古交、娄烦等地开展生物有机模式培训,引进最新的技术和管理模式。与乐村淘公司合作,在古交、清徐、小店等地开展农村电商培训,推广互联网+农业模式。三是指导项目单位开展科普示范活动。娄烦马铃薯科普惠农中心服务站组建技术指导团队,在全县8个乡(镇)开展培训,示范推广马铃薯脱毒种薯技术;古交老农种养殖合作社常年开展优良选种培训,辐射带动7个乡镇农户;晋源花卉种植基地为周边农户提供种苗和技术,带动1000余农户增收致富。

抓特色树品牌,深入实施科普益民计划。一是坚持组织"科普进社区"活动。联合市食药监局、安监局、环保局、防震减灾局等多部门在社区组织了食品安全、节能减排、安全健康、公共卫生、防灾减灾等讲座以及展览、参观、体验、文艺演出等科普宣传教育活动。各社区在主要节点、纪念日普遍开展了形式多样的科普活动。二是注重开展社区特色科普活动。在南海街二社区举办"走进核世界核科普活动",邀请清华大学学生和中核新能公司专家为社区居民讲解核知识。组织博远少年电子工程师训练营走进丽华社区开展科学益智训练体验。在金刚堰等20多个社区举办"牵手社区科普,心系百姓健康"社区公益科普活动,邀请临床医生讲解慢病防控知识。三是精心打造科普典型。通过开展区—市—省—国家四级科普示范社区创建工作,迎春社区的科普宣传栏、丽华社区的科普学校、南海二社区的志愿者服务、滨河社区的文艺队、双一社区的科普服务队等已成为太原市社区科普的品牌。

2016年,太原市获全国优秀农村专业技术协会3个,获全国农村科普示范基地1个,全国农村科普带头人1名。获省级科普示范基地1个,省级科普惠农中心服务站1个,共获国家级和省级科普惠农兴村计划奖补资金105万元。2个协会被评为山西省第四批优秀农村专业技术协会,5个基地被命名为第七批山西省农村科普示范基地。迎春社区和山针社区分别获得国家级和省级科普益民计划奖励,共获奖补资金30万元。16个社区被命名为第四批山西省科普示范社区。基层科普行动计划实施以来,太原市共创建市级科普示范社区58个,省级科普示范社区42个,共有21个农村科普示范基地、44个农村专业技术协会、13名农村科普带头人、9个科普示范社区、3个科普惠农中心服务站获中国科协、省科协"基层科普行动计划"项目奖励。 (办公室)

【加强科普能力建设】 2016年,太原市科协加强科普基础设施建设和管理。在汾河公园新建两处高标准科普画廊,对全市科普画廊建立了电子档案,每季度定期更新内容,全年共更换1600余个版面,内容涉及灾害预防、国防教育、食品安全、核心价值观等,与市文明办、市司法局、市委防范办等部门共建科普画廊,实现了资源共享。

在娄烦开展科技扶贫活动

开发新型科普资源。组织专家和技术人员完成《生物治疗》《干细胞科技探秘》两部医学科普动画片的制作，通过动漫的形式将专业医学知识变成百姓便于接受的科普知识，进一步拓展了科普应用领域和传播渠道。

编印多本科普图书。组织编印《转基因科普知识手册》，帮助群众正确认识转基因食品；组织编写《领导干部信息化知识读本》，由希望出版社公开发行，填补了目前领导干部信息化读物的空白；编印《农村致富新技术第三集》实用科普读本，为农民带来种养殖方面的新技术和新知识。全年为各县区农村、204 所农村中小学、80 余个市直单位、9 个县区图书馆赠送科普图书 13 万余册。

2016 年在市级主流媒体、中国科协网、山西科协网、太原科协网宣传报导科协工作动态信息 150 余条；《科普时间》栏目在太原电视台新闻频道每周播出 4 次，全年播出 52 期 208 次；《太原科协》期刊定期出版，宣传报导科协系统各项工作，刊登科普文章，全年出版 6 期；太原科协网站在科普知识宣传方面发挥了积极的作用，各类科普知识和稿件累计达到 4000 余条，网站内容更加充实，网民点击率不断提高。 （办公室）

【开展学会业务和科协组织工作】2016 年，太原市科协加强对市属有关学会（协会、研究会）的业务指导，全年批复成立了太原市超声医学工程学会、太原市协同创新发展研究院、太原市睡眠研究会、太原市国家级高新技术企业联合会、太原市阳光狮语听障儿童康复中心 5 个社会组织，并积极督促各学会按时换届、办理完成各项变更事宜。

2016 年，在太原民营区成立科协组织。指导和批复山西九牛农业开发有限公司成立企业科协。太原高新区科协被中国科协评为全国园区科协组织建设示范单位，并获得中国科协 10 万元项目经费支持。由市科协担任业务主管单位的市属学会达到 24 个，市科协联系的学会达到 58 个，企业科协数量达到 130 家。

（办公室）

【开展服务，创建文明单位】 2016 年，太原市科协发挥科技调查站点作用，在 2015 年山西省科技成果转化调查问卷的基础上，组织太原市 52 个企业完成省科技成果转化补充问卷的调查工作；继续完善《基于太原经济区、民营区、不锈钢园区内创业者的大众创业、万众创新的政策评估》调研课题，撰写两篇专报，为省政府出台“大众创业、万众创新”相关政策提供了重要参考，为太原市出台有关科技政策提供决策依据。

与省科协共同承办山西省第三届“科技·人才·创新论坛”，邀请中国科协宣调部部长郭哲、科技部中国科学技术发展战略研究院副院长王奋宇、北京理工大学教授刘云等国内科技领域知名专家、学者作了专题报告，还邀请省内 5 位专家就科技创新、人才建设、科技成果转化等问题与 300 多位受众进行沟通交流，搭建一个决策咨询的交流平台。加强与市政协科技界别、科协界别委员的联络沟通，组织政协委员考察视察，撰写提案，积极建言献策，参政议政。

组织召开全市科技界学习贯彻全国“科技三会”精神大会，全市 160 余名科技工作者代表参加了会议。会议传达党和国家领导人在全国科技创新大会、两院院士大会、中国科协第九次全国代表大会上的重要讲话精神和中国科协《关于在科技工作者中开展“创新争先行动”的倡议》，太原市 2 名中国科协“九大”代表以及县区科协和学会的代表就贯彻落实全国“科技三会”精神作了交流发言。增强了科技工作者贯彻落实全国“科技三会”精神的主动性和自觉性，进一步激发了大家响应党中央的号召，勇担重任、奋勇前进的精神力量。

在《太原日报》刊登《人才是支撑创新发展的第一资源——我市 7 人荣获山西省优秀科技工作者称号》的专版文章，大力宣传李新华等 7 位优秀科技工作者的先进事迹，为更好塑造科技界的先进典型、引领科技工作者投身经济社会发展主战场营造良好的舆论氛围。

开展“文明礼仪教育养成行动大讲堂”，邀请太原市“文明礼仪讲师团”成员王鑫作了文明礼仪知识讲座。加强志愿服务制度化建设，在太原志愿者服务平台上注册成立太原市科普志愿服务工作队，志愿服务工作制度齐全，活动管理规范，全年开展科普志愿服务活动 10 余次。多次举办道德讲堂，并以道德讲堂为载体，组织了太原市道德模范巡讲进科协活动，邀请鲁际明、安建香两位道德模范作了先进事迹巡讲报告。注重职工诚信教育、家风教育和单位职工未成年子女思想道德教育。积极参加网络文明传播活动。按时高质量完成创建全国文明城市承担的工作任务。通过开展系列创建活动，单位文明程度和职工文明素质不断提高，2016 年，市科协被命名为太原市 2014—2015 年度文明单位标兵。

按照全市脱贫攻坚工作的安排部署，制定了《市科协精准帮扶贫困村工作方案》，成立了扶贫工作领导组和 5 个精准扶贫工作小组，所有党员干部与贫困户一对一精准对接 32 户。向扶贫村派出第一书记，驻村开展扶贫工作。领导班子成员多次带队深入扶贫村调查研究，召开扶贫工作会议，确定帮扶项目，制定帮扶措施。年初筹集资金 3 万元为村里购置了农机农具；春季免费为村里提供“青薯 9 号”优质土豆原种 1.1 万斤，并引进黑土豆新品种给村民试种，冬季帮助村民销售土豆 5 万余斤；积极与镇、县协调，将该村列入县第一批整村搬迁脱贫计划当中；帮助村里申报 30 兆瓦生态恢复新型光伏能源发电项目，利用村里 3000 亩荒山荒坡发展光伏发电产业，该项目已通过市发改委备案审批；给村里 3 名在读大学生提供帮扶补助；引进三安农业科技公司的生物肥技术，改良村里土质；通过开展农技科普宣传和培训等方式提高村民种养殖技术水平，精准扶贫工作取得明显成效。 （办公室）

经济发展研究

【概述】 2016年,发展研究中心在常务副市长任在刚、副市长刘鹓的直接领导下,贯彻落实十八大和十八届三中、四中、五中、六中全会精神和习总书记系列重要讲话精神,党组和领导班子高度重视党的建设,认真落实"两个责任",深入开展"两学一做"专题教育活动,遵循"创新求是,当好参谋"的宗旨,完成了一批重大课题和重点、难点课题的研究,圆满完成了市委、市政府交办的各项工作任务。发展研究中心工作人员年末在编人员为30人。 (孟燕梅)

【课题研究】 2016年,发展研究中心完成《投资对太原经济增长的贡献分析》。投资是拉动经济发展的"三驾马车"之一。本课题从投资率、投资结构、投资效益等方面分析了太原市投资对经济增长的贡献,提出了太原市优化投资的对策建议。

完成《太原市消费分析》。消费拉动不足一直是制约太原经济发展的主要问题。本课题通过分析太原市消费及其结构变化情况,进一步剖析了消费需求不足的主要原因,并提出适度扩大消费需求的对策建议,为太原经济转型发展提供参考建议。

完成《太原市网格化社会治理研究》。近年来,太原网格化管理发展迅速,但信息资源整合共享和社会管理体制机制创新等方面还存在很多不足,本课题在借鉴其他城市经验的基础上,推进太原市社会服务管理网格化改革,探索适合太原市网格化社会治理的模式。

完成《太原市信用体系建设研究》。本课题通过对太原市社会信用体系建设历程回顾,分析了太原市信用体系建设存在的问题及深层次原因,学习借鉴先进城市经验,提出了加强太原市信用体系建设的对策建议。

完成《太原市县域经济研究》。本课题通过分析太原市县域经济发展中存在的问题和原因,提出促进太原市县域经济发展的建议,包括完善太原市县域经济主体功能区产业布局等举措。

完成《2016年上半年太原市GDP增长分析及下半年政策建议》。本课题根据生产法和支出法两种不同的GDP计算方法,对全市上半年GDP及各行业发展情况进行了解剖分析,对全年发展进行了预测,并针对性地提出了对策建议,为市委、市政府科学决策提供了参考。

(孟燕梅)

【交流合作】 2016年,发展研究中心魏建庭主任、王志仙副主任、向宇处长赴上海参加全国政策咨询工作会议,会议结束后在单位分别作了题为《2016年经济形势重点问题》《近期金融风险判断与分析》《供给侧结构性改革下的宏观经济》的分析报告。

魏建庭主任、王志仙副主任等一行7人参加国务院发展研究中心主办的"第八届全国政策咨询系统干部研修班"

学习，并在学习结束后在单位内部分别做了题为《大数据在宏观经济中的应用》《构建中国特色社会建设理论体系的思考》《坚持发展中国特色社会主义必须高度重视哲学社会科学》《中国社会科学进入有效知识供给短缺年代》《当前宏观经济形势分析》《移动互联网产业发展及互嫌网与公共政策》的学习交流和讨论。

研究研究中心年轻研究人员在全市经济研究中开始崭露头角，2016年新招录的研究生康黎雅、张琨等多人次参加电视台《太原新闻》等节目环保系列专题采访，社会反响良好。（孟燕梅）

【政策咨询】 发展研究中心魏建庭主任多次接受电视台采访，解读全市经济工作会精神；参加多个"十三五"专项规划的评审工作；为市党校县处班、中青班，全市新提拔中层干部进行了关于太原市经济社会发展情况和发展思路的讲座。（孟燕梅）

【内部管理】 2016年，发展研究中心对资产管理、预决算制度、内部控制等方面的制度进行了修改和完善，认真执行《课题管理办法》，修订了《年度考核办法》，完善了处室数据库建设，对处室课题、个人年度课题，邀请专家进行打分和点评分析，年底又对近3年的研究成果进行评选，将优秀课题和文章汇编出版。

为加强科研与行政后勤服务工作的沟通合作，各研究处室课题都吸收行政后勤人员参加，加强了业务和后勤工作的协调配合；完成"三个一批"干部清查、固定资产清查、工资改革归位、人事档案专项清理整治等工作；为单位购置了电脑，单位官网正式运营，除了常规栏目的设置，还建立了课题合作、专家观点、理论探索争鸣等特色栏目，强化网站内容的更新率，单位的社会影响力和知名度进一步提升。鉴于当前研究力量的不足，聘请了第二批特约研究员，同市政府办公厅、开发区等部门合作开展课题研究，提高课题研究水平和对外知名度。中心数据库经过近两年的努力，已经完成框架结构，并实现2000年以后数据的全部录入，为中心研究水平的提升奠定一个坚实的基础。（孟燕梅）

【其他工作】 2016年，在发展研究中心魏建庭主任直接参与推动和单位扶贫队员、驻村第一书记的辛勤努力下，帮助村里开办了磨坊、村卫生所、健身活动场、村级公共浴室等项目；在产业扶贫方面，请农科院专家讲解农田整理和小流域治理工程，并为村民带去一千多斤优质胡麻种子及栽培技术，受到村民的热烈欢迎。

工会进一步加强规范化管理，充分发挥工会是职工之家的作用，多次探望生病住院的职工和家属，为重大病职工开展捐款活动，并向全体会员发出《倡议书》。为全体职工和离退休人员进行了体检，组织交纳了职工医疗互助工程互助金，组织参加了"健步行"活动。

以建党95周年、长征胜利80周年、高君宇同志诞辰120周年等重要纪念日为节点，组织开展各项主题活动。组织开展单位内部各类先进典型的评选表彰工作，加强志愿者队伍建设，大力提倡勤俭节约，开展"绿色照明、节约用电用水"等活动，以实际行动崇尚道德，践行文明。开展网上文明传播活动，积极参与中国文明网及太原文明网组织的网上文明活动。特别是通过一系列"我们的节日"主题活动，活跃了单位氛围，提高了凝聚力，有力地促进了单位各项工作的开展，发展研究中心被评为2014-2015年度市级文明标兵单位。与63723部队建立起双拥共建关系，并前往部队进行了对接，拟定了活动方案。（孟燕梅）

【机关党建】 2016年，发展研究中心全体党员围绕"四讲四有"的专题带头开展了学习研讨。班子成员带头讲党课，组织全体党员开展"两学一做"知识竞赛，在"弘扬支前精神、争做合格党员"主题党日活动中全体党员去阳曲县店子底村听党课、重温入党誓词、走支前小路，进一步加深了广大党员干部对开展"两学一做"学习教育重大意义的认识和理解，对引导党员干部牢固树立正确的世界观、人生观、价值观和正确的权利观、地位观、利益观有重要的启示作用。

在继续全面引深建设服务型党组织活动的基础上，重点突出"加强基层服务型党组织"的创建活动。按照市直工委的

安排部署，立足自身实际，以创建学习型党组织为重点，以强化机关党支部功能，密切党群、干群关系为核心，不断创新活动载体，通过服务型党组织的建设，着力推进党组织的建设；以服务推动研究工作，有效提升服务型党组织建设水平。

中心成立了活动领导组，制定了开展创建服务型党组织的活动实施方案。建立并完善各项制度，强化考核。把创建服务型领导班子活动情况作为文明标兵单位创建、领导班子建设考核、评比、表彰的重要内容，作为评先评优及职级晋升、提拔使用的参考条件，以激发领导班子干部的服务自觉性和积极性。

在市直机关开展“创建服务型党组织，争当优质服务标兵”活动，把推广在职党员到居住地社区报到为群众服务工作作为创建服务型党组织活动的一项重要内容。坚持从机关实际和单位职能出发，强化分类指导，切实履行职责，有针对性的解决好联系和服务群众中存在的突出问题。

落实基层党建“七项重点任务”，开展党员组织关系排查行动。由党支部牵头，综合处配合，一是通过查阅党员人事档案，核实了党员身份信息，重点核实了入党时间、转正时间及党员档案存放情况；二是对中心所有党员进行了清查，掌握了解其现状；三是及时健全完善支部党员管理台帐；四是对近年来党员组织关系接转情况进行了排查；五是了解掌握党员基本信息及有无组织失联情形和原因，并做好相关记录；六是对具备处置条件的不合格党员进行处置。发展研究中心党支部于年底前圆满完成换届工作。（孟燕梅）

太原社会科学研究院（联）

【概述】 2016年，太原社科院（联）学习贯彻党的十八大、十八届三中、四中、五中、六中全会精神，习近平总书记系列重要讲话精神和治国理政的新理念新思想新战略，树立政治意识、大局意识、核心意识、看齐意识，围绕市委、市政府的中心工作，履行“聚智咨政、传承创新”职能，立足于哲学社会科学工作的改革创新，开展基础理论研究和应用对策研究，加强对各类社科社团组织的监督与管理，为全市实现“两个走在前列”提供理论支撑和智力支持。（李小青）

【课题研究】 院（联）申报和承担研究课题，全年共完成各级各类课题20余项。与市脱贫办、市委组织部联合组成课题组，完成《太原市精准扶贫精准脱贫调查报告》《太原市基层党建工作调查报告》两项重点课题的研究工作。发挥太原社会科学创新资金资助课题的引导作用，征求专家学者意见，历经申报、论证、批准、检查、修改等环节，以活页匿名评审方式立项课题，开展《推进太原市特色小城镇发展的几点建议》《太原市醋产业发展突破瓶颈的思路》《推动太原市农产品精深加工的优势分析与路径选择》《太原市防范非法集资对策研究》等结合太原实际的15项课题研究。坚持问题为导向，完成《发展休闲旅游业精准扶贫案例研究》《太原房地产市场发展调研报告》《以供给侧结构性改革推动太原经济转型升级研究》3项市情调研课题的研究工作。由太原社会科学院牵头，组织市委政研室、市发改委、市住建委等单位共同撰写出版《太原发展报告（2015）》；与市财政局联合组成课题组，合作完成《太原社会力量参与公共文化服务研究》课题的研究工作。精心组织整编建院30年史料《太原社科30年》，完成2014年优秀论文和研究成果的收集整理工作，完成由山西出版传媒集团正式出版的共30余万字的社科系列丛书《2014年度太原社会科学研究成果》和《太原历代城市变迁史略》。

全院人员在《人民日报》《红旗文稿》《山西日报》《太原日报》等理论版以“太原社会科学院课题组”的名义发表学术论文20余篇。主要包括《核心价值观为实现中国梦提供思想保证》《创新是引领发展的第一动力》《厚植山西优势　助推开放发展——关于我省加快参与“丝绸之路经济带”的调查》《以新发展理念引领新型城镇化建设》《坚持党管媒体是做好新闻舆论工作的根本遵循》《以新发展理念推进“五城联创”》《学习讲话精神坚持理论创新》《夯实经济稳步向好的基础》《推进绿色发展的纲领性文件》《以综改示范区建设为契机推动太原经济转型升级》、肩负起繁荣发展哲学社会科学的历史使命》等理论文章。其中，院长胡建林的论文《中国梦：从历史到现实的跨越》荣获“山西省第九次社会科学研究优秀成果”三等奖。（李小青）

【社科普及】 运用传统与现代媒体相结合的手段普及社科知识。以供给侧结构性改革、五城联创、新经济等为专题，组织编写双月刊发的《社科信息》6期，赠阅和交流数达1800余册；与太原移动分公司合作，依托MAS移动平台，发送短信近10万余条（每月3条，覆盖人群3000余人），集中宣传党和政府的路线方针政策，传播经济、社会知识以及太原历史文化知识；按照严把政治关、严格审批稿件的总原则，对“太原社科网”的院（联）动态、科研管理、学会活动等栏目进行审核，社科网成为解读政策、科普推介、加强学会管理的平台；全年向市委宣传部报送舆情信息200余篇。其中，报送约稿1篇，中宣部采录4篇，省委宣传部采录1篇，舆情工作获得“太原市2016年度舆情信息工作优秀单位”的称号。（李小青）

【学术交流】 按照习近平总书记提出的“社科院要把马克思主义作为必修课，成为马克思主义学习、研究、宣传的重要阵地”的要求，坚持每周五集中开展理论和业务知识学习活动。安排专人编撰《开展“两学一做”学习教育辅导材料》和《专业知识资料汇编》5本；为干部职工及退休老职工购买《习近平总书记系列重要讲话读本（2016 年版）》《中国共产党九十年》《中国共产党章程》《中国共产党廉洁自律准则》《中国共产党纪律处分条例》《关于新形势下党内政治生活的若干准则》《中国共产党党内监督条例》等 100 余本学习资料并进行集中学习。组织全体人员学习党的十八大和十八届三中、四中、五中、六中全会精神及习近平总书记系列重要讲话精神，省委、市委有关会议精神。开展学习型党组织建设、领导干部反腐倡廉教育、太原市上半年经济运行分析、“三去一降一补”等 40 余次专题性学习讨论活动，领导干部讲党课 5 次，围绕“四讲四有”开展专题讨论 4 次，撰写心得体会近 20 余篇。

组织部分人员参加在中国人民大学、上海复旦大学举办的“两学一做”学习教育研讨班学习；参加由市委宣传部在武汉大学举办的“全市理论骨干培训班”的学习。邀请《山西日报》副总编辑焦玉强、理论部主任胡羽等与科研人员座谈交流；邀请市农委副主任郭志鸿、市三晋文化研究会会长李非、市经信委运行处处长胡春耕、市发改委副主任史铁成、省社科院党组成员宋建平等部分党政领导干部、专家学者，向院（联）广大干部职工分别作《关于都市现代农业的发展情况》《关于国家历史文化名城——太原历史文化遗存》《太原工业情况》《太原“十三五”服务业发展报告》《筑牢“不想腐”的心理防线　如何构建自律能力》等专题讲座。（李小青）

【学会活动】 建立健全监督管理机制，与市民政局建立沟通、协调机制，对所属的 5 家社科类社会组织（太原市地方志学会、太原市三晋文化研究会、太原市青龙古镇研究会、太原市美术学会和太原市维护企业合法权益联合会）进行系统规范管理。院（联）领导参加市地方志学会、市美学学会和青龙古镇研究会等组织的各类会议。对太原市美学学会的内部刊物，市社科联指定专人进行政治和文字把关。指导太原市维护企业合法权益联合会进行换届选举。完成所属各学会的年检工作，对各学会进行实地调研，批准筹备成立太原市艺术品鉴赏学会，审核上报太原市传统道德文化学会筹备资料。（李小青）

【队伍建设】 针对院（联）科研人员短缺、学科力量薄弱的现状，完成科研人员招聘工作。由市人社局组织招考经济学、马克思主义理论、统计学和历史学专业的硕士研究生 4 名，加强科研队伍力量；完成办公室、科研部、科普部、学会部副科级岗位 4 人的选拔任命工作，充实中层干部队伍，为院（联）各项工作地开展提供组织保障。（李小青）

【扶贫工作】 院（联）领导深入阳曲县东黄水镇洛阴村开展精准扶贫脱贫活动。参加种植花草、到农户田地收割玉米、集体植树造林活动。为村里捐衣物 300 余件，买米面油 100 余袋（桶），送台式电脑 9 台、100 把椅子、10 顶帐篷、10 张桌子，捐献 1 万元现金，为村两委征订《人民日报》《山西日报》和《太原日报》等。（李小青）

教 育

【概述】 2016年，太原市教育局贯彻党的十八大和十八届三中、四中、五中、六中全会精神，学习贯彻习近平总书记系列重要讲话精神，树立和贯彻落实创新、协调、绿色、开放、共享的发展理念，贯彻党的教育方针，围绕提高教育质量主题，以立德树人为根本任务，以促进公平为基本要求，以优化结构为主攻方向，以深化改革为根本动力，以健全法治为可靠保障，以加强党的领导为坚强保证，办好人民满意的教育。编制完成《太原市教育事业发展“十三五”(2016-2020年)规划》。向市人大申报《太原市中小学校幼儿园规划建设条例》立法项目。获“首届全国青少年学生法治知识网络大赛”杰出组织奖、全国全民终身学习活动周优秀组织奖、全国第五届中小学艺术展演活动优秀组织奖、山西省第五届中小学艺术展演活动优秀组织奖、山西省第八届中等职业学校“文明风采”竞赛优秀组织奖、山西省第十届职业院校技能大赛团体二等奖。 (高东亮)

【思想建设】 落实“两个责任”，围绕11项主体责任、5项监督责任问题清单进行整改落实。对基层党建存在的5个问题，制定15项措施推进解决；对3个软弱涣散基层党组织，制定10项措施帮助其全部整顿转化。做好联述联评联考工作，基层党组织书记履行党建第一责任人的意识进一步增强。向民办学校派驻书记3名，完成17个基层党组织及其所属164个党支部的换届工作。规范党费收缴工作，落实党建工作经费80万元，“三会一课”等7项党内政治生活制度得到落实。执行《党政领导干部选拔任用工作条例》，坚持德才兼备、以德为先的用人标准，配合市委组织部调整使用校级干部13人，调整学校中层干部65人，激发干部队伍活力。加强人才队伍建设，确认第二批中小学校“名校长”22名，培养专家型领导干部。出台《关于领导干部外出管理的暂行规定》，继续加强对领导干部的监督管理。

纪工委履行监督责任，与各县(市、区)教育局和直属学校(单位)签订《党风廉政建设责任书》91份，探索实践“四种形态”，用纪律管住全体党员干部。全年受理信访件283个，立案22个，结案22个，党纪政纪处分33人。局班子成员以上率下，深入基层调查研究200余次，帮助解决各类问题200余个；全体党员立足岗位做贡献，进社区服务110次，帮扶困难学生1254名，帮助学生家长解决各类问题1500个，走访学生家庭2万余个。 (高东亮)

【德育活动】 开展培育和践行社会主义核心价值观“五个一”系列活动，600余所学校、近5万名中小学生参与；举办

党课廉政讲座

德育活动

德育“六化”优质校工作成果博览活动，600余名德育工作者交流学习。推进社会实践育人共同体建设，投入300万元，确定37家联盟单位，100所学校、20万人次学生参加社会实践体验课程和活动。（高东亮）

【艺体活动】 实施优秀文化艺术进校园“双百工程”，投入140万元，完成各类演出120场，受益师生12万名，中央电视台进行了报道。组织太原市第二十六届学校艺术教育活动月，10万余名中小学生参加展演活动；参加全国第五届中小学艺术展演，聋人学校、外国语学校分获舞蹈组一、二等奖，山西大学附属中学获合唱组一等奖。组织阳光体育系列比赛活动，10万余名中小学生参与；创建全国青少年校园足球特色学校达67所，组织比赛200余场；第十八中学校女子排球队在全国中学生排球锦标赛中蝉联冠军，第三十中学校在全国软式棒垒球锦标赛中夺得冠军。（高东亮）

【艺术活动月】 举办以“活跃校园文化，人人享有艺术”为主题的太原市第二十一届学校艺术教育活动月，10万余人次的中小学生参与学校、县（市、区）和市级的声乐、器乐、舞蹈、现场书画、语言表演等比赛。举办“唱红歌　歌颂党”中小学生合唱比赛。来自各县（市、区）教育局、市属学校、民办学校的86个节目（小学组35个、中学组51个）参加比赛。（高东亮）

【安全能力建设】 为全市义务教育阶段学生投综合保险，投入822.09万元，覆盖学生42.39万名，全年赔付金额近600万元。新增市级“平安校园”5所，推荐6所学校参加省级“平安校园”验收。对全市近12万名小学生进行地震、消防、交通等模拟危险情境中的应对体验和救护训练，提升学生的自救能力。组织第二届“希望杯”安全教育精品课程优秀教学设计及优秀课件评选活动，评选精品课160节、优秀教学课件162个、优秀教学设计151个。（高东亮）

【中高考】 2016年，太原市被清华大学、北京大学录取考生74名，占全省总数的43.79%。不含体育、艺术类考生，一本达线率14.47%，二本B类以上达线率33.51%，均超省达线率近5个百分点。本科录取19600名，录取率59.98%，高出省录取率15个百分点，居全省前列。中考600分以上考生分布在168所学校，占参加中考学校的85.28%。参加第十一届全国未来工程师博览与竞赛，获得两项第一和27个一等奖，太原市第二十七中学的“魅力威尼斯”未来城市模型勇夺金奖。（高东亮）

【师资队伍】 为娄烦县、阳曲县招聘特岗教师73名，组织3万余名教师参加远程培训，召开中小学学科教学提高与示范工作站经验交流会，开展“一师一优课、一课一名师”活动，促进教师专业化成长。在山西省中小学体育、音乐、美术教师教学基本功技能大赛六个团体项目中获得5个一等奖、1个二等奖。举办第二届中小学、幼儿园教师“敬业杯”新课堂团体竞赛，17个优秀团体、49名优秀个人分别被记一、二等功；举办第十三届“十佳百优”班主任团队评选活动，持续

考试招生改革

提高班主任队伍带班育人能力。

（高东亮）

【课堂教学改革】 实施“基于核心素养，教学目标引领，提升课堂质量行动”课改项目，培育3个示范县（迎泽区、杏花岭区、清徐县），培育92个示范学校和学科基地，对115项申报项目进行了反馈，各县（市、区）的小学专题观摩、中学基地校指导、学科个性化活动等项目正按计划实施。出版《校本教研实践与创新》等系列成果专辑。借助现代信息技术，基于“人人通”初中小组学习模式、小学课堂教学改革正有序推进。

（高东亮）

【考试招生改革】 全市33所公办幼儿园首次实行电脑排位，招收幼儿3200名；小学入学首次实行全市统一的网上信息登记工作，明确开发区适龄儿童入学办法，公办小学学区全覆盖，全市小学入学率达到100%，公办小学就近入学率达到100%；“小升初”完善公办初中入学办法，细化入学流程，规范民办初中招生工作，全市公办初中就近入学率达到100%；中考首次将理化实验操作和信息技术纳入中考科目并计入总成绩，继续将优质普通高中60%招生指标定向分配到全市所有普通初中学校，普通高中学校100%新生实现网上录取。（高东亮）

【“管办评”分离改革】 印发《关于推进管办评分离改革 加强教育督导工作的实施意见》等三个文件，省人民政府督导委员会转发各市推广。构建督政、督学、评估监测三位一体的教育督导体系，实现中小学教育评价和质量监测工作的归口管理。以迎泽区为试点，全市中小学教育督导大数据信息技术监测平台初步建成；以尖草坪区为试点，启动全市基础教育质量监测工作。迎泽区在全省首家通过全国中小学挂牌督导创新县评估验收。（高东亮）

【普惠性幼儿园】 新改扩建村办幼儿园13所，其中，新建10所，改扩建3所，总建筑面积12330平方米，投入2941万元，已全部完工。开展89所优质园与178所薄弱园点对点帮扶工作。小店区承担国家学前教育改革发展实验区试点工作，由政府投资扶持普惠性民办幼儿园发展，探索扩大普惠性幼儿园比例的办法。（高东亮）

【义务教育】 晋源区、清徐县、阳曲县、娄烦县通过国家义务教育基本均衡评估认定，已通过评估认定的六区（市）的追踪监测指标全部达标，全市10县（市、区）全面完成义务教育基本均衡任务。校长、教师交流年度目标超额完成，其中，交流校长87名，占符合交流条件校长总数的24.4%；交流教师1556名，占符合交流条件教师总数的13.48%。制定《太原市推进义务教育学校办学模式改革工作方案》，杏花岭区的大学区制、小店区的集团化办学取得明显进展。认定太原市第二批特色小学示范校55所、特色小学项目校10所，引领学校在均衡发展基础上实现内涵提升。（高东亮）

学前教育

【高中教育】 召开全市普通高中教学工作会议，通报教学质量评价结果，研究部署高中学校发展，超前谋划，早做准备，对接新高考，迎接新高考。推进普通高中学校办学条件标准化建设，31所学校接受办学条件标准化建设评估验收。组织普通高中学业水平考试，考风考纪进一步规范。发挥示范高中的引领辐射作用，由太原市外国语学校、第十二中学对口帮扶阳曲县一中，太原市成成中学、第十五中学对口帮扶娄烦县中学，提升两县高中教育普及程度和普通高中办学水平。（高东亮）

【职业教育】 推动市政府出台《太原市人民政府关于加快发展现代职业教育的实施意见》。召开全市职业教育教学工作会议，通报教学质量考核结果，研究部署职业教育发展。太原幼儿师范学校新校区建成并投入使用。8个省级重点专业、8个省级实训基地获准建设，16个专业获得省级以上财政资金支持。参加山西省各类大赛，获得各类奖项464个；参加全国职业院校技能大赛，获得一等奖2个、二等奖1个、三等奖5个，学生技能水平逐年提高。（高东亮）

【民办教育】 围绕“民办教育规范年”目标，成立五个联合工作组，对40所民办学历学校进行风险隐患大排查；组建五个专家组，对40所民办学历学校办学条件进行全面核查。召开全市民办学校规范办学行为集体约谈会，对违规招生的民办学校进行全市通报批评，维护全市招生秩序。加大对非法办学机构的清查力度，查处非法办学机构467个。

（高东亮）

【成人教育】 “全民终身学习活动周”举办各类学习活动9277项，参与市民258万人次；“全民终身学习大讲堂”举办356场，受益市民7万人次；“全民终身学习天天课堂”开展各类活动26861场，被评为全国十大“2016年特别受百姓喜爱的终身学习品牌项目”。太原市成为联合国教科文组织全球学习型城市网络成员，全市“十分钟全民终身学习圈”全面形成。 （高东亮）

举行小学生疏散演习

【民生项目】 2016年，全市教育重大民生项目共24个，其中，续建项目14个，新建项目10个。总建筑面积96.28万平方米，已完成投资7.78亿元。已交付使用7个，框架主体完工1个，按预定进度施工11个，办理前期手续5个，整体进展状况良好，圆满完成年初预定目标。

（高东亮）

【教育惠民】 实施小学生放学后免费托管服务和市属公办普通高中毕业班学生节假日免费辅导服务。2016年，公办小学生放学后免费托管服务扩大至城六区公办小学和市直属公办小学，投入1829万元，城六区按50%比例配套相应资金，惠及学生20.6万名；继续组织实施普通高中毕业班学生节假日免费辅导服务，投入1145万元，惠及市属普通高中毕业生1.3万名。 （高东亮）

【校方责任保险】 自2015年始，太原市政府在全省率先将其纳入民生工程，增加意外伤害保险、食品责任险和学生伤害保险，投保标准由原来的5元提高至20元，赔偿限额由每人最多20万元增加至60万元。2016年，全市投保学生42.39万名，共投入经费822.09万元，全年赔付金额约为600万元。 （高东亮）

【特殊群体权利】 保障随迁子女接受教育权利。2016年，全市中小学招收进城务工人员随迁子女16041名，其中，小学14871名，初中8901名，高中2269名。全市接收随迁子女在校生11万名。落实特殊教育提升计划。对“三类”残疾儿童少年进行摸底，实行“一人一案”，通过随班就读、学校教育、送教上门等方式，为每名残疾儿童少年提供教育服务。万柏林特殊教育中心建成并投入使用。秋季新学年开学，全市“三类”残疾儿童少年义务教育入学率达95%以上。

（高东亮）

【资助工作】 实施学生资助项目10个，落实资金5亿元，将党和政府的温暖送进千家万户。其中，义务教育免学杂费落实资金2.9亿元，覆盖义务教育所有学生；学前教育幼儿资助专项经费、城乡义务教育学校寄宿生生活补助、中等职业教育国家助学金、高校奖助学金等9个项目，落实资金2.1亿元，受助学生12万人次。 （高东亮）

【依法行政】 按照《行政许可法》等法律法规，对涉及教育的行政许可审批项目进行清理，保留民办学校办学许可和教师资格认定，并将许可条件、标准及办事流程在政府网站进行公示。根据太原市全面推行“双随机一公开”工作实施方案要求，制定《太原市教育局“双随机一公开”工作实施细则（试行）》，明确工作要求，规范执法行为。承担全国教育行政执法体制改革试点课题，课题成果《权力·责任与权利·义务——教育行政执法指要》由法律出版社出版。 （高东亮）

文　化

【概述】 2016年，太原市文化局(版权局)贯彻落实党的十八大和十八届三中、四中、五中、六中全会精神，贯彻习近平总书记关于文艺工作重要讲话精神和系列重要讲话精神、省市第十一次党代会精神，坚持正确政治方向和宣传导向、创作导向，紧紧围绕“五位一体”总体布局、“四个全面”战略布局，以五大发展理念为引领，弘扬社会主义核心价值观，践行“两学一做”，牢固树立“四个意识”，坚定文化自信，坚持创新发展，深化文化改革，推动文化事业、文化产业、文化市场、广播影视、新闻出版、对外文化、人才队伍建设“七个突破”，争创戏曲发展振兴、文艺精品创作、非物质文化遗产保护、红色文化传承开发“四个一流”，完善优秀传统文化传承、现代公共文化服务、现代文化产业、现代文化市场“四个体系”，谋划推动文化事业和文化产业繁荣发展，适应经济社会发展新常态，为建设“名城太原、文化太原”，为形成“兴并富民、全面建成小康社会”提供思想保证、精神动力、文化支撑。　(曹永明　吴　鹏)

【党建工作】 围绕党的十八届六中全会、省市第十一次党代会、建党95周年、长征胜利80周年等重要会议、重大活动和重要时间节点。坚持“双学”，以中心组学习为龙头，学习党的十八届六中全会精神和习近平总书记系列重要讲话精神。市直文化系统党员干部把学习教育作为加强思想建设、增强党性修养、提高能力素质的好机会。坚持党组带头，以上率下，推进“两学一做”学习教育活动，开展“四讲四有”专题研讨。党费收缴补缴工作有序开展，党员意识进一步增强。落实从严治党主体责任，提升党建工作水平，强化管党治党责任，落实组织生活会、领导干部双重组织生活、民主评议党员、谈心谈话等制度，推动全面从严治党向基层延伸，完善基层党组织各项制度。落实党风廉政建设责任，强化监督执纪问责。　(曹永明　吴　鹏)

【文化发展规划】 加强衔接贯彻落实《国家“十三五”时期文化改革发展规划纲要》《山西省“十三五”文化改革发展规划》《山西省“十三五”文化强省规划》《山西省“十三五”红色文化传承保护与发展规划》《太原市国民经济和社会发展第十三个五年规划纲要》。编制市重点专项规划《太原市文化发展“十三五”规划》，经市政府审批并印发。完善形成《太原市新闻出版广播影视业发展“十三五”规划》《太原市文化产业发展“十三五”规划》。总结《太原市文广新发展“十二五”规划》执行情况。加强规划的统筹协调，形成总体规划、专项规划衔接配套的体系。做好规划出台后的宣传、解读工作，制定分工实施方案，推动规划落实。

(曹永明　吴　鹏)

【文艺创作演出】 完成50集电视连续剧《钟楼街往事》的剧本创作，创作晋剧《唐宗归晋》《古槐人家》，话剧《夏至》，音乐剧《安卓》，曲艺剧《“团结村”的幸福事》，儿童剧《太行花》《齐天大圣大战牛魔王》，数字电影《丹枫阁传奇》，微电影《晋阳梦》《情系营改增》等30余部。拍摄

40集电视连续剧《廉吏于成龙》、微电影《怂人列传》《毛泽东的故事》。创作歌曲《海之南》《美丽畲乡》等10余首。35集历史文化系列动画片《名城太原》在电视台播出，图书正式出版发行。组织开展“城中村”改造文艺晚会创排工作，共创排情景诗《点赞·公仆》《一切为了老百姓》、舞蹈《拆》等20余个形式丰富的节目。晋剧《傅山进京》《于成龙》《续范亭》，舞剧《千手观音》赴国内各地交流演出60余场，观众5万余人。全年共荣获国际奖1项，国家级奖5项，省级、地区奖5项。水彩画作品《巢之六》荣获国际水彩画协会IWS举办的“2016台湾世界水彩大赛暨名家经典展”世界前30强。晋剧《于成龙》荣膺文化部2016年国家舞台艺术精品创作工程重点扶持剧目。开展全国地方戏曲剧种普查工作，共上报十县(市、区)普查信息300余项，其中人才数据200多项，单位、团体数据20余个。增强文艺理论研究评论，完成创研机构数据摸底和创研机构人才数据情况摸底具体工作，文艺研究课题《晋剧传统剧本集粹》(首册)入选2016山西省重点文艺作品扶持奖励项目，撰写文艺理论研究课题《文艺创作再生产需求的探析》《剧本》(首册)30余万字完成录入、初校，排序、书号申请等工作，做好《太原文化》的编辑、出版、发行工作，全年共发行6期3500册。加强文艺教育，提高教学质量和管理水平，培养复合型文艺人才，推动文艺教育向特色化、品牌化发展。晋剧《守护夕阳》参加文化部全国职业院校民族文化传承与创新示范专业（戏剧表演)座谈会唯一展演剧目，被央视《焦点访谈》栏目报道。《曲苑迎春》晚会连续四年成功举办。 （曹永明 吴 鹏）

【文化服务体系】 加强公共文化服务网络体系建设，建立由文化部门牵头的公共文化服务体系建设协调机制，确定市级22个部门成为协调组成员单位，印发《太原市公共文化服务体系建设协调组议事规则》。推进市级两馆建设，市群艺馆被评为国家地市一级群艺馆；推动市图书馆改扩建工程，做好闭馆不闭服务工作。推进基层文化工作，开展第四次全国文化馆评估定级工作，指导各县区对农村文化专管员进行考核，拨付村级文化专管员专项资金和“两馆一站”免费开放资金共计665.34万元。开展“幸福龙城、美丽太原”两节系列文化活动。举办2016中国·太原国际鼓王邀请赛和太原市广场舞大赛。开展文化惠民演出活动，组织全市专业、民营艺术院团送戏下基层371场。举办主题文化活动28场，开展周末文化惠民演艺台40余场，举办专题文化讲座12期，举办各类主题文化展览24期，文化辅导、培训近万人，新建文化艺术团队4支，出版《太原群众文化人物谱》，舞蹈《忆·青春》荣获第八届华北五省舞蹈大赛中老年组创作一等奖、表演一等奖。以“书香太原”为主题，开展“全民阅读年”活动。成立“太原市全民阅读推广联盟”，推出“书香太原”标识、“书香太原”城市阅读地图及“2016年书香太原市民阅读书目”，利用市图书馆微信平台每日发布“好书推荐”，举办“真人图书”精彩讲座。“书香太原全民阅读推广活动”获得“全国2016年出版界图书馆界全民阅读年会”阅读活动案例评选征集二等奖。打造三晋美育高地，太原美术馆举办“第五届全国青年美术作品展览”“梦从这里出发——山西省首届高校毕业季优秀美术作品展”“历史的温度——中央美术学院与中国具象油画太原美术馆巡展”“赵国柱书法作品展”“李德仁书画学术展”“山西省第21届摄影艺术展”“纪念中国共产党建党95周年长征胜利80周年2016年山西省写生作品展”“董寿平书画作品展”“织梦——山西省首届纤维艺术作品展”“持心·西藏新生代精品唐卡联展”“太原市旅游文化建设成果展”“山西省首届青少年校外活动场所陶艺成果展”“发现最强设计师——2016山西文化创意设计大赛作品展”“G20杭州峰会国宴用山西玻璃器皿展”等50余场展览，日高观众1万人，全年观众100万人次。开展馆际交流，合作办展，引进国内优秀美术作品，举办不同地域、不同风格的作品汇集，为山西美术家提供开拓眼界、交流学习的机会，提高全市人民群众的艺术鉴赏能力。丰富馆藏作品，新入藏赵梅生作品50件、王镛作品2件、万德禅人法师作品2件。建立“梅生书屋”“桃源书屋”专业创作工作室，开展山西历史文化名人雕塑创作项目。开展美育教育，举办“大美讲堂”20期，编辑《大众美育文萃》期刊，举办少儿艺术活动7场，开展“大美暑期课堂”“大美工作坊”“大美实验室”三个品牌活动。编辑出版《大美丛书·山西参加历届全国、国际摄影艺术展获奖作品集》。

（曹永明 吴 鹏）

太原市图书馆

【非遗保护传承】 加大非物质文化遗产宣传力度，弘扬优秀传统文化。两节期间，以“印象老太原”为主题，在太原美术馆和中华傅山园举办大型非物质文化遗产展示展演活动。开展太原非物质文化遗产进校园活动。开展“乡村文化记忆工程”，调查全市乡村现存的文化遗产、文化记录、文化场所、文化人才等资源，逐步建立基础档案管理。收集整理全市各乡镇画册图片素材500余张。加强非物质文化遗产代表性项目的保护和传承以及代表性传承人队伍的建设，根据《国家非物质文化遗产保护专项资金管理办法》以及省市有关要求，申报并发放了2016年度国家级、省级、市级非物质文化遗产代表性项目和代表性传承人的保护专项资金。完成非物质文化遗产代表性项目检查评估工作，对青龙古镇和中华傅山文化园的国家级项目晋剧、八珍汤，省级项目傅山拳法，傅山传说故事，进行实地考察。推荐老陈醋酿制技艺、古建筑模型制作技艺、太原锣鼓申报联合国教科文组织“人类非物质文化遗产代表性名录”。开展太原市“文化遗产日”非物质文化遗产传统体育类项目展演暨第五批市级非物质文化遗产代表性项目名录授牌活动。组织专家对市级代表性项目名录进行筛选、论证、评审，评选出太原孟家井窑绞釉瓷制作技艺、九宫腹部推拿疗法等18个代表性项目推荐申报第五批省级非物质文化遗产代表性项目名录。申报了第五批国家级非物质文化遗产代表性项目代表性传承人。召开代表性传承人交流座谈会，下发市级代表性传承人补助资金。

（曹永明　吴　鹏）

【文化产业发展】 围绕“一带一路”战略，构建现代文化产业体系，优化文化产业结构，培育新型文化业态和特色文化产业，推进文化产业转型升级，推动文化产业快速发展。建设太化工业文化创意园区，举行“2016中国·太原国际青年金属雕塑创作营”开营仪式和学术研讨会，40名国内外优秀青年艺术家创作42件独立完整的金属雕塑作品，评选出六名优秀作品。建设华夏文明主题公园，增加文化元素。扩大万达影城，打造文化领军企业和知名文化品牌。市政府命名8家文化企业为第三批市文化产业示范基地。开展文化产业重点项目展会推广，组织优势文化企业参加第十二届深圳文博会，选送招商项目15个，签约项目2个，总投资84亿元，引资52亿元；参加北京文博会、厦门文博会、哈尔滨动漫周、成都创意设计周，扩大全市文化产品和服务在国际国内的影响力。落实扶持文化产业优势项目，上报12个项目，两家文化企业获得中央财政文化产业发展550万扶持奖励资金；推荐13个文化项目参加中小微文化企业投融资路演活动；申报太原特码茹电子科技有限公司和太原市歌舞杂技团为山西省文化出口重点企业；申报Khet游戏棋、3D网络展馆服务系统为山西省文化出口重点项目。落实太原市为山西省促进文化消费发展试点城市及被列入2016年度山西省对太原市目标责任考核指标任务之一的文化消费工作，促进文化消费长效机制，落实300万元补助资金，建立太原文化消费卡，举行发卡启动仪式，在全市范围内发行3万张，加快扩大文化消费，释放民众消费潜力，推进文化消费发展。做好太原市“国家引导城乡居民扩大文化消费试点城市”的申报工作，按照《文化部财政部关于开展引导城乡居民扩大文化消费试点工作的通知》精神，编制《太原市国家文化消费试点城市工作方案》，经市政府研究决定，向省文化厅提出申请，省政府推荐太原市向文化部申报国家引导城乡居民扩大文化消费试点城市，太原市正式被文化部命名为“第一批国家引导城乡居民扩大文化消费试点城市”。

（曹永明　吴　鹏）

【文化市场监管】 召开全市文化市场管理和综合执法会议，与各县区文化局签订安全管理责任书。对调整下放的审批事项进行逐事项、逐环节的对接、核实，办理7件审批遗留件。组织行政审批人员培训，启用新版文化市场经营许可证。对388家出版物发行单位年度核验。组织全市网吧安装互联网上网服务营业场所计算机经管系统技术监管软件及硬件设施。开展中小学教辅材料出版发现专项检查，校园及周边文化市场专项整治，出版物清查冬季行动，境外卫星电视传播秩序、广电广告以及网络视听节目播出秩序“冬季行动”和暑期文化市场专项整治等行动。建立文化市场黑名单管理制度，加大对严重违法经营主体的惩戒力度。组织执法人员参加以案试训和在线业务培训，全面提升执法办案水平。行政处罚案件全部依托网上执法办案平台办结，全年行政处罚案件146件，其中“喊麦DJ网、MC喊麦网”一案被文化部列为重大案件。建立网络文化监管机制，对经营性、非经营性互联网文化单位进行初审和备案。组织太原新闻网等10多家网站进行文明旅游宣传活动。推广“数

太原美术馆外观

字太原”应用,创建太原市公共文化服务设施数字化信息平台。深化“扫黄打非”斗争,开展“净网”“清源”“秋风”“护苗”等专项行动,检查出版物经营单位798家次,查处违规经营印刷企业5家,取缔出版物游商地摊21处,收缴盗版光盘2200多张,查缴盗版及非法图书8000多册。其中法云网络科技有限公司涉嫌从事非法宗教类出版物的编印及发行一案,现场查扣175种4635册非法出版物,此案被国家及省扫黄打非办分别列入重点督办案件。市“扫黄打非”办公室荣获全国“扫黄打非”工作先进集体。

(曹永明 吴 鹏)

【对外文化交流】 实施文化“走出去请进来”战略,组织做好各项对外文化交流演出活动。大型民族舞剧《森吉德玛》在星光剧院上演。市晋剧艺术研究院在包头大剧院演出传统剧目《满床笏》《三关点帅》。舞剧《千手观音》赴马来西亚巡演,分别在怡保、莎亚南4地演出4场,到场观众5000人;在演出之余,舞蹈团人员赴马来西亚新山市国光二小与吉隆坡仁嘉隆华小,与当地的小学生进行交流;马来西亚最大的中文报刊《星洲日报》、南洋商报》以及中央电视台、新华社等国家级主流媒体对此事进行报道。市歌舞杂技团开拓旅游市场,两台以旅游演艺为主打的杂技秀,分别赴内蒙古响沙湾、阿尔山地区进行为期三年的常态化驻场演出,逐步建立起将精品剧目与旅游相融合的营销通道。市话剧团创作的话剧《你看起来很好吃》幽默喜剧《非请莫入》《遭遇奇葩》《谍杀》等通过市场化运作,根据剧目的不同题材选择不同的演出市场进行宣传和推广,在山东烟台等地演出24场,所到之处反响强烈。应太原市人民政府的邀请,法国留尼旺省圣丹尼市副市长玛丽·安妮可·安达玛依一行5人,到信义关公文化研究院、市群众艺术馆进行座谈,并就2017年在当地举办的关帝节活动进行交流。应2016年第三届城市戏剧节组委会的邀请,话剧《疯狂的疯狂》在深圳南山文体中心聚橙大剧院演出两场。应国际图联(IFLA)秘书处邀请,市图书馆赴加拿大、美国参加第82届国际图联大会。

(曹永明 吴 鹏)

【广播影视发展】 加强安全播出管理,全市重大节日、重要活动安全播出无事故。提升文化传播能力,推进传统媒体和新兴媒体的融合发展,加快“三网融合”步伐。完成广播电视“户户通”建设任务,安装设备总数9120套。开展卫星地面接收设施专项整治,有效遏制非法接收卫星电视节目行为。完成全市6家广电台和100余家广播电视节目制作单位年检工作。全市电影院线28条,新增城市影院1家,年度票房2.7亿元。开展电影惠民月活动,实行优惠票价和免费观影。实施农村电影放映工程,全市998个行政村放映电影11976场,56所农村寄宿制中小学校放映电影504场。落实乡镇(公社)老放映员发放生活补助政策,解决乡镇(公社)老放映员历史遗留问题,已将生活补贴发放到老放映员手中。

(曹永明 吴 鹏)

【新闻出版发展】 注重新闻报刊管理,确保报刊出版方向。严格报刊、内资年检,对13种全国刊号的报刊、56种连续性内部资料性出版物、3家记者站进行检查核验。完成报刊和连续性内资审读,编发9期《太原审读通讯》。审批出版一次性内部图书15种。完成792名新闻采编人员《记者证》的换发。对19种连续性报型内资进行评级,对两种问题突出内资的编辑部负责人进行集体约谈。强化印刷复制业管理,严格印刷企业年检和“五项制度”落实,核验印刷企业774家,从业人员9426人。加强版权工作,开展“4.26世界知识产权日宣传周”活动,发放18万册《小学生漫画版权读本》,在《太原新闻》等主要栏目共播出1120次版权公益广告。组织开展全市“剑网2016”专项治理活动。完成全市计算机正版化使用情况调查摸底统计反馈工作。

(曹永明 吴 鹏)

【文化体制改革】 深化文化体制改革,把握改革正确方向,加大深化改革力度,完善文化管理体制。深化行政审批制度改革,加强行政审批事中事后监管。深化国有文艺院团改革,加大扶持力度,推动落实配套政策。深化文化事业单位改革,推动建立法人治理结构。深化文化市场执法改革,贯彻落实《关于进一步深化文化市场综合执法改革的意见》,完善文化市场综合执法运行机制,提升文化市场管理和服务水平。深化文化生产改革,激发文化创造活力,健全文化生产经营机制,完善法人治理结构,推动国有文化企业建立有文化特色的现代企业体制,解放文化生产力。推动广播影视新闻出版

图书馆少儿借阅区

领域传统媒体与新兴媒体融合发展。

（曹永明　吴　鹏）

【法治安全建设】 加强文化法治保障，健全文化法治工作机制，以开展“六权治本”为契机，制定“三重一大”系列制度，构建文化系统法治建设制度体系。对权责事项进行动态调整，变更7项、增加4项行政处罚类权力，增加1项行政强制类权力。制定随机抽查细则，依法梳理21项随机抽查事项清单，53名执法人员和7类文化市场1680个市场主体进入随机抽查行政执法人员名录库和随机抽查对象名录库。依托“依法行政宣传月”和“12.4普法宣传”活动加大普法宣传教育力度。加强文化安全管理，落实安全责任制，实施安全测评体系，开展安全大检查，确保安全无事故。将安全生产工作摆在十分突出的位置，严格落实“党政同责、一岗双责”制度，狠抓安全责任落实，强化安全生产隐患排查，并将安全与禁毒、综合治理有机融合。深入局属单位、文化市场开展“四不两直”督查，重点对网吧、娱乐场所等人员密集场所进行高密度督查。全年未发生安全责任事故，被评为安全生产先进单位。（曹永明　吴　鹏）

【综合保障服务】 深入精细化管理，加强综合保障服务，提供文化改革发展有力支撑。推进“六权治本”制度建设，制定《重大决策公众参与制度》《重大决策专家论证制度》等各项制度。回应重大关注热点，办理人大建议7件、政协提案17件；处理12345便民热线187件；上传公开政府信息35条；报送舆情信息1010篇，中央省市委宣传部采用51余篇，评为市舆情信息工作先进单位。做好档案工作，整理文书档案15000件、实物档案186件，走在全市前列。主动化解信访问题。加强综治、值班、保密、双拥、创卫、计生等工作。坚持党管干部原则，树立正确用人导向，落实“好干部”标准，推动形成风清气正的政治生态。重视领导班子、干部队伍、文化人才队伍建设。按照《党政领导干部选拔任用工作条例》等政策法规，强化做好干部选拔任用和管理监督工作。做好“三个一批”工作。开展局属单位领导班子、局机关公务员考核。加强干部人事档案管理。落实“三区”人才支持计划，选派优秀文化人才到贫困边远地区开展定点服务。健全财务保障体系，编制财务预决算，开展全系统清产核资，完善固定资产采购，加大对所属单位专项资金监督，做好各项经费测算，加强业务统计，提高财政资金保障和监管水平。做好离退休人员管理和老干部服务。做好洛阴村精准扶贫，派出第一书记协助村两委开展工作，包扶68户贫困户。投入1.2万元开展节日慰问；投入4万元举办“七一”文艺演出；资助3万元用于种植项目购买树苗；协调安装各类健身器材10件；为扶贫点销售小米1万斤。

（曹永明　吴　鹏）

新闻出版

·太原日报报业集团·

【概述】 2016，太原日报报业集团集团围绕人事制度改革、企业机制改革和媒体融合，遵循报业发展规律，加快推进报业体制机制改革创新，激发内生活力和动力，提高服务意识和读者意识，克服广告收入大幅下滑的不利因素，增强报社发展的市场竞争力，保证报社的正常运营。山西太报传媒有限公司被省政府授予“山西省第三批文化产业示范基地”；太原日报客户端全新改版升级。在中国报业协会联合第三方权威监测机构发布的全国党报媒体客户端下载量排行榜上，太原日报客户端连续8个月位于全国前十位；太原日报客户端被评选为“2015—2016全国媒体融合创新先锋品牌奖”；在山西省新闻战线第三届“好记者讲好故事”演讲比赛中，太原日报新媒体部白伟获二等奖；集团报送论文《将创新融入到思想政治工作中》获得一等奖并被评为机关党建重点课题优秀成果。（刘卫萍）

【业务建设】 做好新闻宣传报道。围绕党的十九大召开、扶贫攻坚、两个走在前列、转型综改试验等中央和省市重点工作，创新新闻报道形式，强化时、效、度，增强新闻报道的亲和力和思想性，讲好太原故事，提高新闻宣传的传播力辐射力公信力和引导力。创新新闻报道形式，做好省市两会和各类政务活动报道。宣传社会主义核心价值观，做好文明城市创建的各项相关宣传报道。

创新宣传舆论引导。坚持围绕中心、服务大局，弘扬主旋律、释放正能量，做好中央十八届六中全会、省市党代会、省市两会的宣传报道；做好中国共产党建党90周年，红军长征80周年纪念活动等重大活动的宣传报道；创新新闻宣传形式，做好扶贫攻坚、城中村改造、两个走在前列等重点工作的宣传报道；以弘扬社会主义核心价值观为目标，做好文明城市创建的各项宣传报道和各类公益广告的刊登，提升城市的文明化程度。

加快媒体融合步伐。按照中央和省市的部署，把媒体融合放在更加突出的位置，一是按照“咨询＋服务”的理念，把更多服务群众的内容植入信息服务中，把媒体融合与智慧城市建设相结合，提高报社各类新媒体的市场竞争能力，从而引导力、公信力、传播力，提升新媒体的盈利能力。二是加强新媒体技术能力建设，提升新媒体与传统媒体的在采编、经营上的融合水平，重点建设和完善全媒体采编技术平台、全媒体发布技术平台、全媒体用户管理技术平台。三是加强对全体采编人员的新媒体能力培训，营造更多采编和经营人员投身新媒体采编、运营的浓厚氛围。四是探索和完善与媒体融合相适应的全媒体流程再造、评价指标体系。

推进媒体融合。贯彻中央关于传统媒体与新兴媒体融合发展的战略部署，推进媒体融合向纵深发展。在资金紧张的情况下，投入100万元，对太原新闻网站进行改造升级，显著提升网站的技术装备水平。引入VR等先进技术，改善和提升太原日报客户端的呈现方式。推进微信、微博、客户端、网站等新媒体和纸质媒体在新闻传播和经营方面的融合水平，加强新兴媒体的网上宣传和引导，发挥好各类媒体的优势，形成全媒体、立体化传播格局。按照市文化体制改革的要求，做好全媒体技术平台建设调研，做好媒体融合方案。

《太原日报》：做好主题宣传报道、重点战役报道，重大典型报道，配合中心工作。在城中村改造、双创、两个走在前列、推进社会治安共建平安太原，援疆系列，中国计算机大会，以及文明创建在太原、德行太原、践行社会主义核心价值观·人物等专栏。理论评论紧密配合，分别推出社论、系列评论和并州晨话等，还推出多组系列评论员文章，推进各项工作。在理论版和学习版及时开辟专栏，特约社科理论界和大专院校专家学者作出深入解读，发挥政策解读、理论先行、舆论引导的作用。2016年，太原日报编辑部深入报道全市各项中心工作。城市建设报道地铁、五一路、漪汾街、卧虎山路、滨河西路南延、尖草坪立交桥等道桥改造工程；和平公园、迎泽公园、太山植物园建设改造等重大工程；报道全市双创示范工作最新成果，推动"双创"工作的开展。每周一期财经版，受到读者好评。贴近基层、民生，采写生动鲜活的新闻稿件。开辟"努力实现走在两个前列""大众创业万众创新""走基层""脱贫攻坚""干部入企服务"专栏，刊发稿件20余篇。创新新媒体工作，做好"两微一端一网"。超过8万人下载安装注册太原日报客户端，下载量位居全国党报媒体客户端前十；客户端获全国媒体融合创新先锋品牌奖、中国报业新媒体影响力排行榜百强；太原日报官方微博粉丝逾25万；太原日报微信公众号开通，受到粉丝热捧。强势助力政务报道。太原市2016年"两会"报道中，太原日报客户端实现三大突破：首次尝试视频、图文直播市十三届人大六次会议、市政协十二届五次会议开幕盛况；精心制作、重磅推出"一图读懂政府工作报告"；在太原日报上用二维码直接链接客户端页面，实现报端有机融合。

9月，太原日报客户端助力太原市党代会报道，通过VR全景配合掌上直播，全方位报道大会盛况。主要有三大亮点：启用首部VR全景相机，全面聚焦、展示大会盛况；利用先进掌上直播技术，对党代会进行现场直播，通过一线记者的专业视角，以图文、音频、视频等多种形式，带用户"走进"会场，近距离感受会场氛围；二维码打开新媒体和传统媒体融合互动的通道，拓展传统媒体的报道形式，丰富新闻报道手段。建立太原日报工作群、用户粉丝群，实时发布一线记者采写的新闻。微信公众号试运行。11月27日，太原日报客户端上线两周年之际，太原日报微信公众号上线试运行，自此，太原日报新媒体实现"两微、一端、一网"全媒体格局构建。

《太原晚报》：太原晚报官方微信开设"走近十三五，太原舞起来"系列专栏。从市民关心的城市交通、城中村改造、生态建设、教育产业、大众创业、万众创新、养老生活等方面进行全方位解读，收获5万多个阅读数。对民众较关注热点问题，推出深度调查分析报道，重视社区新闻报道，沉到社区、走到居民身边挖新闻。开设"我的消费故事"征文活动。配合创建文明城市活动，弘扬正气，净化风气。继续开办"精神文明你我他"栏目，弘扬主旋律，释放正能量。围绕重大节日节点，为读者奉上精神大餐。两个原创专版贯穿全年。一是介绍二十四节气的《跟着节气过日子》，二是探访太原各大公园的《寻园问景：一座城的风雅闲适》。策划纪念建党95周年专刊和纪念红军长征胜利80周年系列专版。学校专刊的"学校话题"推出"好作文不撒谎""告别失礼行为""分班何必纠结""做个有趣的人"等主题。

旅行专刊坚持打造品牌栏目，"中国最具特色的石村古镇系列"见报60期。10月中旬，集团采访团与准噶尔时报社组成联合采访团，深入新疆生产建设兵团六师五家渠市101团、102团、103团及六师医院等地实地采访山西省、太原市的援疆老师、医生等，并探访部分山西援建项目。集中刊发10余篇相关稿件，呈现援疆人物的感人事迹。探索报网融合，支持新媒体发展。晚报网每天第一时间上传数字报，及时更新时事新闻，日平均更新量达百余条，日平均浏览量万余次。晚报官方微博粉丝数由2015年的25万增长至2016年的35万，涨幅达10万。里约奥运会期间，发布的以"里约奥运"为话题的稿件阅读数近20万次。晚报官方微信粉丝数增加近10万，创造《我的天呐！太原这下要在全国出名了！》等10余篇阅读数达10万+的稿件。另外两个子微信号太原妈妈帮和太原女友圈，也有一定发展。

《山西商报》：组建新媒体，实现报网融合和拓展。初步建立以商报官微为主体的微信矩阵，包括以金融、股票、投资为主要内容的金股通；以房产、社区、街巷人和事为主的幸福街巷；以晋商内容为主的晋商汇。同时注册山西商报今日头条、山西商报一点资讯等平台。加上之前的商报微博和山西商报网，初步形成全方位的新闻传播平台。在人员变动情况下，坚持每日更新报社官方微信平台，山西商报网、山西商报今日头条。

太原新闻网：发挥重点新闻网站的作用，主动设置议题，以"热点聚集""网罗民生""晋月谈"栏目为重点，制作各类网络专题专栏近80个，相当于过去几年专题制作量的总和，新闻宣传水平和网上舆论引导能力进一步加强。"两个走在前列"太原在行动、太原创建文明城市进行时、太原出租车绿色"变形记"、太原即将迈入地铁时代、太原道路改造之"华山论剑"、五一路改造——老街景将成追忆等一大批网络专题将新闻事件、政策解读、网友互动、网络评论有机整合，解疑释惑，交流互动，引导舆论。"谣言都跑遍全球了，真相为什么还在穿鞋"入选"全国百项网络正能量专题”。网站发挥网络媒体的独特优势,开展“双创”的网上宣传工作,组织专门的采访力量,深入创业创新一线,采写60余篇“双创”方面的稿件,挖掘捕捉“双创”中的鲜活案例,提升网站的新闻原创能力和新闻传播水平。

2016年,太原新闻网根据中央和省市网信办要求,转发各类重点稿件15000余条,完成上级交办的各项网上宣传工作。加强自身队伍建设,杜绝网络敲诈和有偿删帖,遵守互联网“七条底线”,执行“微信十条”“账号十条”“约谈十条”等管理制度,专门制定《太原新闻网采编“十不准”》《太原新闻网编辑规范及内容质量控制办法》《太原新闻网安全播出管理制度》《太原新闻网互联网用户账号名称管理技术方案》《太原新闻网网站安全事件应急处置预案和措施》《太原新闻网技术管理手册》等管控方案,建立常态化的管理制度,保证网站的正常运行。网站特别加大网络安全方面的管理力度,建立不良信息举报和快速反应机制。加强对网络信息传播乱象的自查与整治,自觉净化网络环境,不走低端路线,严禁发布任何低谷、涉黄内容,建立起更加规范、健康、有序的互联网运行环境。 (刘卫萍)

【报业经营】 2016年,报业集团按照分报经营的理念,由日报、晚报独立开展广告和活动的整合营销,将经营收入和职工收入挂钩,提升报业经济的盈利水平。创新报业广告形式,加大举办各类活动的力度,用活动带动广告;转变传统广告思维模式,变单纯售卖广告为多种广告售卖形式转变。推进有条件的经营单位建立独立法人单位,提高市场竞争力,向自主经营、自负盈亏、自我积累、自我发展的独立生产经营者转变。改革干部管理体制,推进干部竞争上岗,破解干部能上不能下的难题,激发干部干事创业的积极性。

面对严峻的宏观经济形势,广告、发行、印务等方面的经营人员创新经营模式,克服各种经营困难,前10个月,共完成经营总收入9207万元,在财政补贴2270万元的情况下,亏损1758万元。做好报纸发行,保持两报发行总量的基本稳定。广告公司加大工作力度,创新广告方式,应对广告市场的大幅下滑,全年广告收入同比下滑46%。改革收入分配体制,规范职工工资体系,按国家要求,对各类人员的工资进行调标。将职工收入与企业效益挂钩,初步实现收入随效益波动的分配格局,提高职工对企业经营活动的关注和关心。加强成本控制,全部收回领导个人用车,对集团各类公车进行集中统一管理,减小用车成本,取得成效。 (刘卫萍)

【党建工作】 强化理论学习,提升党员干部队伍素质。加强基层组织建设,提高党建管理水平。落实发展党员“5+1”工作制度,严格标准,优化结构,规范程序,把好新党员的素质和质量关。重点把采编部门和中青年骨干中的优秀分子吸收到党内。在集团内部开展党费收缴工作专项检查,并对集团2008年4月后党费收缴情况进行自查。坚持完善各项工作制度。通过建立健全党内谈心、探访、慰问制度,推进“联述联评联考”工作,构建“书记抓、抓书记”的党建工作格局。严格执纪监督,履行报业纪检监察职能。加强学习教育,提高思想认识。运用“四种形态”,规范问题线索处置。落实中央八项规定,持之以恒纠正“四风”。突出“三转”,聚焦主责主业。实行社务公开,推进“阳光作业”。在重点防范和监督集团经营各公司正常经济活动的基础上,要求各公司将招投标全部手续向监察室进行报备,以实现其各个环节的管控和监督。抓好文明创建工作,促进集团文明和谐发展。在集团党委的领导下,结合实际,加强管理,创新形式,将集团企业文化建设和精神文明创建工作有效结合,取得显著成绩。同时,集团组织开展社会志愿服务活动,并建立常态化的学雷锋志愿服务队,依托集团所属的太原新闻网网站,建立网络文明传播志愿服务小组,开展文明传播行动,营造道德文化氛围。 (刘卫萍)

【扶贫工作】 娄烦县娄烦镇河家庄村为太原日报报业集团扶贫点,现有358户,人口1295人,农民年人均收入1800元左右(精准扶贫不低于2736元)。2016年6月二次入户调查识别认定为121户286人为精准扶贫对象。集团通过各种渠道和方式先后使118户贫困户脱贫。2016年,集团继续帮建一个党支部。“第一书记”进入河家庄村后,加强河家庄村的基层党组织建设工作。全年集团党委安排扶贫工作人员前往河家庄村开展扶贫工作15次,参加村党支部会议10次,传达省、市上级有关扶贫工作的指示精神,为村民谋划发展方向,寻求致富突破口。 (刘卫萍)

·太原广播电视台·

【概述】 2016年,太原广播电视台(集团)贯彻党的十八大和十八届三中、四中、五中、六中全会精神,以习近平总书记系列重要讲话精神为指引,坚定党媒姓党的原则立场,推动广播电视工作取得新成效。台(集团)党委把政治方向摆在第一位,以深入政治理论学习、强化党建、落实“两个责任”为抓手,把提高政治素质、提升思想境界、作为推动工作的重要途径。践行“两学一做”学习教育,夯实广电事业发展的思想基础。履行从严治党主体责任,塑造广播电视发展形象。设计制作《问题线索批示卡》《问题线索处置卡》《案件线索批示卡》等,规范问题线索处置程序,明确工作流程。在各个节点都向下属单位下发关于做好节日期间落实中央“八项规定”精神和纠正“四风”监督检查工作的通知,并召开会议安排部署。台(集团)纪委制定专项监督检查工作计划,会同有关部门成立督察组,通过听取汇报、查阅账目、明察暗访、随机抽查等方式,开展监督检查。对部分所属单位和控股参股公司进行监督检查。对于发现的违反“八项规定”精神的问题，依据规定，经台（集团）党委研究决定，给予相关责任人党纪处分和组织处理；对于发现的其他方面管理不规范问题，分别对相关单位下达《纪律检查建议书》，并限期进行整改。（田海明）

【宣传工作】 打破广播、电视、有线电视网络、演艺等各自为阵、独立作战的思维定式，打造“一体化管理、集团军作战”工作模式。合理配置机构、职能，编制完成权责清单149项。进行顶层设计，制定机构设置、干部任用、专家团队、考核奖励等9项核心制度，坚持用制度管人、管钱、管事。加强内控监管，全台（集团）实行全预算制，强化成本意识，公共经费支出同比减少10%。推进新闻宣传在内容、体裁、形式、方法、手段、业态、体制等全方位创新。在重大宣传、主题宣传报道中，做到选题广泛、内容丰富、报道准确、策划到位、形式多样。坚持融合、融入、联动的“集团军”模式，广播、电视、新媒体一体化行动，共享资源，相互支持，推出《新春走基层》《贯彻落实省、市党代会精神，努力实现“两个走在前列”》《“十三五”规划纲要解读》《太原市“两会”宣传报道》《大众创业、万众创新》《来自重点工程的报道》《新常态 新突破 新发展》等大型新闻专题报道。展现真善美，传递正能量，讲好中国故事，太原台播出的大型互动访谈类节目《家风家事》，引起全市关注，中纪委网站发文《山西太原：开播访谈节目“家风家事”传递廉洁正能量》，给予高度评价。太原台以“建党95周年”“长征胜利80周年”“我们的节日”等为主题，推出特别、系列报道35期；制作播出“低碳出行”“文明餐桌”等公益广告5条，日滚动播出320次，累计达410小时。强化外宣工作，全年在中央台和省台发稿142篇，新闻作品获奖164件（次），其中全国39件（次）、省级76件（次），市级49件（次）。短消息《祖国，请接受一个老兵最尊敬的敬礼》、新闻专题《城中村改造山西太原迎头破题》荣获中国广播电视奖一等奖。对外宣传方面，《山西刀削面制作规范地方标准正式实施》《太原市各部门积极应对强降雨天气》等在央广中国之声播出。5月29日，太原台与央视中文国际频道合作拍摄的《城市1对1太原专辑》在CCTV-4面向全球播出，节目中太原市与葡萄牙首都里斯本时进行对应城市交流。太原台与上海东方明珠合作，在东方明珠塔和广场展播太原及山西旅游形象宣传片。拍摄反映清徐老陈醋制作技艺的《天下作坊》专题片，春节期间在台湾中视频道播出。（田海明）

【精品创作】 加大广播电视节目和舞台剧目创新创优力度。推出广播栏目《912食药监在线》《私家车后备箱》《楚月说》《听说太原》《校园大联盟》，系列微型广播剧《我们的爱情》，电视专题片《人才的力量》《书香太原》《大供热》《大美龙城》等。创作推出纪念建党95周年献礼片《担当》《先声》；“一带一路”专题片《筑梦新丝路》；系列纪录片《双创路上》等。《美丽城市幸福年——2016年太原社区春晚》以投入成本小，反映百姓情怀好取胜，在央视、省级卫视同类节目评比中脱颖而出，获2016年春节晚会优秀作品奖，是城市台唯一获奖节目。社教法制频道获2016年度影响力城市电视频道“金长城传媒奖”。《107早班车》获全国广播收听市场风云城市电台交通类节目综合收听率十强。《107帮助热线》获全国交通广播十大帮扶类节目荣誉称号。经济频率《私家车飚新闻》获2016年“中国广播民生影响力10强栏目”称号。音乐频率“关爱环卫工人系列活动”获中宣部、中央文明办“四个一百”评选“最佳志愿服务项目”。《太原：暖房工程贴民心》《太原城建“冬闲”变“冬忙”》《太原玉泉山城郊森林公园：当代愚公巧治山，荒山穿上绿衣裳》等，在省台的点评会中多次受到有关专家领导表扬。

太原市歌舞杂技团新编排上演《青春炫动杂技秀》《太行花》。原创音乐剧《十年》在北京演出，获2016年度山西省“五个一工程”优秀作品奖。太原舞蹈团编排的舞剧《千手观音》在马来西亚巡演，并再度登上国家大剧院的舞台。改编上演舞剧《雁丘词》。太原市话剧团编演的话剧《信仰之光》《谍杀》参加建党95周年优秀剧目展演。（田海明）

【新媒体创新】 推进媒体融合发展，坚持“民生窗口、公益阵地、广电视角，”组建新媒体矩阵，主动发声。太原手机台自3月29日上线，拓展APP功能，发挥即时性、互动性的优势，通过新闻资讯、节目直播点播、互动抽奖、公共服务等板块，形成“互联网加广播电视”传播新模式，使太原台广播电视覆盖率、到达率和影响力得到提升，平台点击量已达百万人次。以新闻综合频道为试点，进行技术改造。建设高清全媒体融合平台，实现中央厨房式的全媒体采集生产发布。有线电视网络公司上线推出直播汇聚平台，通过数字机顶盒可实现节目的实时观看，丰富视频内容。（田海明）

【服务创新】 8月，太原台设立首家“太原广电社区传媒中心”，架起党和人民群众之间的“连心桥。”推出太原有线电视直播汇聚平台，将各种现场直播视频通过互联网传输，强化数字电视应用，增强人民群众对广电服务的获得感。交通频率在环城高速的市区入口设立收听提示板和交通安全提示语。在已有直播室的基础上，完成车站机场直播室的初建工作。社教法制频道推出“警媒阳光合作机制”和“深入基层，合作共赢”为主题的“三驻三同”，使社教法制频道的节目在时效性、鲜活性、深刻性、真实性、可视性、互动性等方面得以提升。影视频道在暑期档，联合艺术表演团体和传媒公司共同举办“龙城好少年”5场评选竞演。大型时尚消费类节目《女神来了》取得不俗表现。（田海明）

【安全播出】 2016年初，签订安全目标责任书138份，解决播控中心、技术中心、网络中心等单位安全隐患。投入1800万元,改造升级直播室、演播室、媒资系统、采编设备和播出发射设备;有线电视网络公司搭建智能融合一体化平台,推进智慧社区,实现多屏展示;开展光纤入户接入工作;开启4K超高清电视业务;完善宽带业务系统平台。把安全播出作为广播电视的生命线和政治任务，明确任务,强化管理,研究问题,督查落实,执行“一岗双责”和“一票否决”制度，修订应急预案，加强应急演练，确保全国、省、市“两会”“G20峰会”、十八届六中全会、省、市党代会等安全播出零失误、零差错、零事故。（田海明）

【多元经营】 2016年是全国同行业经济形势异常严峻的一年。面对困境,适时调整营销策略,优化广告结构,挖掘创收潜力，创新市场营销模式。加强经营策划,组织线下活动,以品牌活动带动频率频道营销。开发利用频道闲置时段,发掘大客户集中销售。尝试多种经营,与长沙广电联动,举办红木家具博览会、皮草工厂直销节等,收效明显。采取节目合作、节目联办、大型直播等,盘活社会资源、商业资源和行政资源。与金融机构等签署全面战略合作协议，实现优势互补。有线电视网络公司与电视机厂家、商家卖场合作，推广互动电视视频点播、时移电视、高清电视的新型业态,实现4K节目视频传输,提升用户上网体验。全年实现经营收入6.38亿元,增长4.06%,国有资产保值增值7.1%,实现职工工资足额发放,政策性调资及时兑现,实现止跌回稳。（田海明）

【制度建设】 厘清、编制完成权力清单149项,逐步实现机构、职能合理配置。优化办事流程,编制下发《太原广播电视台(集团)建立招标代理公司管理办法》《太原广播电视台(集团)广告经营政策及合同审议组工作方案(试行)》《技术职称评审推荐办法》等制度。推行全预算管理,加强内控监管,强化成本意识,全年公共经费支出比2015年减少10%以上。有线电视网络公司办公自动化管理系统投入使用。（田海明）

【脱贫攻坚】 2016年是全台在娄烦县蒲峪村脱贫攻坚精准施策力度最大、成效最明显的一年。制定《蒲峪村2016年脱贫攻坚规划》,台(集团)党委班子成员多次入村慰问、研究工作、推进项目,选派优秀党员担任扶贫第一书记，推进光伏发电项目实施;投资20万元建设有线电视项目,全村村民看上高清电视;引进投入100多万元实施小杂粮加工项目、交通基础建设等项目。2016年太原广播电视台(集团)被评为太原市脱贫攻坚先进集体。刘洪波被评为山西省模范驻村干部、太原市优秀第一书记。全台(集团)500余名在职党员干部全部到社区报到，组织开展党员志愿服务80余场,服务群众1000余人次。“小桔灯”志愿服务活动做到常态化。（田海明）

档　案

【概述】 2016年，太原市档案局党组以习近平总书记系列重要讲话精神和治国理政新理念新思想新战略为指引，按照省委“一个指引,两手硬”的要求,学习贯彻党的十八届六中全会和省市第十一次党代会精神，以从严治党统领档案事业发展。市人大将档案工作纳入市政府向市人大主任会议的报告内容，参加档案馆库专项督查和档案执法检查的具体工作;市政协通过提案的形式,加强对档案工作的关注和支持力度。市委、市政府28次对档案工作作出批示,内容涉及档案馆库建设、执法监督检查、档案开发利用等多个方面。市档案局(馆)连续3年荣获全市目标责任制考核优秀等次和省档案局考核优秀等次，荣获市级文明单位标兵称号,完成年度工作目标。（刘静波　宋佩璋）

【依法治档】 在全省率先将档案工作纳入全市。太原市档案局突出问题导向,对全市96个市直单位的档案工作,开展为期一个半月的百分制量化考核，进行执法监督检查。增强依法管档的水平,在全省率先修订地方档案管理条例，出台《太原市档案“七五”法制宣传教育规划(2016—2020年)》，加快依法治理的步伐。市档案局对2016年以前下发的24件档案规范性文件逐件进行审核，废止3件，延用21件,保障依法治档的顺利实施。（刘静波　宋佩璋）

【人才培养体系】 将档案工作纳入市委党校县处级领导干部培训班教育内容;实现档案培训“进高校”的模式,联合浙江大学、武汉大学、四川大学,依托名校资源,引入先进理念,组织全市档案专业人员培训400余人次，为推进工作营造良好的人才基础。实现党性教育“进系统”的举措,把档案队伍的党性教育纳入全系统培训教育内容，邀请市委党校教授范富为档案系统160余名干部作“两学一做”专题讲座,局长姚晓蓉为县区局(馆)长、全局党员干部、全系统业务骨干讲党课，使党性锻炼成为提高业务素质的基石。全局采取集中培训、系统学习和上门示范相结合的办法，累计培训人员800余人次,档案人员政治意识、法律水平、专业素养得到加强。（刘静波　宋佩璋）

【档案馆库建设】 太原市档案局新馆按照面积达标、设施完善、功能齐全、安全保密、服务便捷、节能环保的要求逐步完善配套设施。新配备温湿度智能控制系统、智能防虫密集架、防虫驱鼠系统、库房视频监控等设施设备，馆容馆貌焕然一新,档案清点盘查工作已完成,新馆搬迁工作就绪。推进县级档案馆建设,古交市、清徐县、阳曲县、尖草坪区综合档案馆建设均已列入全省“十三五”规划。阳曲县档案馆“喜迁新居”,搬入2000平方米新馆，消除县区综合档案馆“无馆库”现象。清徐县建成5000平方米新馆，筹措资金18.7万元，完成库房30个气体灭火器的配备任务，对已投入使用的2个库房配置智能温湿度控制系统。小店区2000平方米的档案馆已建成，娄烦县2600平方米的档案新馆主体完工，进行配套设施建设，晋源区为档案馆调剂库房1200平方米。（刘静波　宋佩琸）

【档案业务指导】　开辟重点项目、重大活动的跟进服务绿色通道。突出抓好土地确权、脱贫攻坚、城中村改造等重点领域的档案业务指导服务工作，印发《关于做好脱贫攻坚档案工作通知》《关于做好城中村拆迁档案工作的通知》等业务文件；开展“五个一批”重点工程项目调查摸底和档案登记验收工作，登记和指导政府投资重点工程项目59个；超额完成“313”工程目标任务，市档案馆复检达到“省一级”标准，10县（市、区）档案馆全部完成“省三级”以上认定工作；完成市经济信息中心、市急救中心等11家单位的文件材料归档范围和文书档案保管期限表的审批工作；授予蒙牛乳业（太原）有限公司“太原市非公企业档案工作规范化管理示范单位”荣誉称号，派出450余人次档案人员，深入120余家市属单位上门指，促进基层档案工作整体水平提升。（刘静波　宋佩琸）

【档案数字化】　指导市国土资源局成为太原市首家国家数字化档案室试点单位，监督市民政局、、市社保中心等单位推进存量档案数字化和电子档案移交工作；启动馆藏档案数字化加工项目，累计完成150万条（幅）档案目录数字化工作，馆藏档案80%将实现电子目录检索；印发《太原市档案局信息公开保密审查制度》，加强公开信息的保密审查工作；以仿真复制、修裱、丝网膜加固、扫描等手段，完成675幅晋商账本、信稿、广告，215幅民国司法档案，500幅民国地图、报纸等历史档案的根本性抢救；赴郑州市档案局开展2016年馆藏档案的异地异质备份工作，确保档案实体与信息安全。（刘静波　宋佩琸）

【档案信息服务】　围绕市政建设、文化名城、党性教育等党政重大决策部署，编印“五一路、新建路”“太原舰”“浦东干部学院党性修养课堂”等《档案资政参考》3期，为市领导提供决策参考依据；为城市规划院提供民国35年（1946年）绘制的《太原县城地图》1份，为明太原县城复兴工程提供历史借鉴。围绕全市城中村改造、道路建设等中心工作，开辟拆迁档案查阅绿色通道，为100余位拆迁户出具房屋土地所有证，累计接待2453个单位、3343人次查档，调卷5366卷，受理电话查询2350余次，群众满意度100%。（刘静波　宋佩琸）

【档案征集】　制定下发《关于做好全市机关、企事业单位档案资料移交进馆工作的通知》，经过调研论证，逐步将二级企事业单位纳入进馆范围，扩大接收和征集范围，进馆单位由原来的170个拓展到406个，增长139%，完成接收市工商局民营企业档案4.1万卷（件）档案。形成由19万卷档案构成，关系60余万普通群众利益，涉及林权承包、土地流转、环境监测、村民宅基地、医保社保等28项内容的民生档案体系，民生档案增长26%，民生档案数据库数量全省第一。市档案馆扩大进馆门类，征集日军士兵入侵山西及太原照片200余张，为反击日本右翼势力提供新的铁证；征集红军长征照片、图册多种，填补馆藏空白；接收《太原历史大事纪年》等图书资料49种116册，照片档案100余件；征集太原市原副市长张希升、霍润德的名人档案资料40余件；征集市林业局太原市古树名木档案数据库240G（共9000余株），优化馆藏结构。拍摄人大政协两会、城市道路改造等重大活动照片1000余幅，留存太原城市记忆。（刘静波　宋佩琸）

【档案文化精品战略】　筹办新馆主题展览。在新馆筹办“太原城市记忆展览”“馆藏档案文献精品展览”和“晋商文化展览”等主题展览。研究布展方案和展览提纲，将新馆新展打造成为接续太原历史文脉、存贮太原城市记忆、凸显档案文化特色的重要窗口和载体，全景式呈现太原的历史文化风貌。以“美丽太原，幸福之路”“老太原、老街巷、老字号”为主题，在迎泽公园、龙潭公园举办档案文化大展览3次，讲述老太原的往昔旧事，呈现老百姓的幸福生活；首度借助企业平台，携手天美集团，合作举办“老太原图片展”；以太原文化、家规家训为媒介，在《中国档案报》发表专栏文章9篇，文化宣传走入全国省会城市前10位；围绕纪念“红军长征胜利80周年”，在《山西晚报》推出特刊“山西档案见证长征传奇”专题，弘扬长征精神；深化抗战研究，在全省首家完成国家重点编研项目《抗日战争档案汇编》清查统计工作，初步清查出抗战档案1148卷、5万件、11万页，为编纂《抗日战争档案汇编·太原卷》奠定基础；出版发行《档案中的山西抗战系列丛书》（修正版），被列入百部红色经典图书，档案文化精品战略初见成效。“晋商文化专题展览”“太原城市记忆展览”“编辑出版《档案中的山西抗战系列丛书》”等三个项目列入国家档案局首批重点研究开发项目。（刘静波　宋佩琸）

图　书

【概述】　2016年，在太原市文化局的领导和关心支持下，太原市图书馆深入贯彻党的十八届四中、五中全会和习近平总书记系列重要讲话精神，围绕市文化局中心工作及《2016年度工作目标任务》，深化分点服务理念，拓宽服务形式，积极推广全民阅读活动，进一步推进公共文化服务体系建设，保障广大市民的基本文化权益，为推进太原兴并富民发展提供有力文化支持，为把太原建成具有历史感、生态性、文化味的形神兼备的文化名城做出积极的努力。

多点服务继续开展，并按照市文化局要求在市群艺馆分馆、迎泽区、万柏林区开设分馆，布放设备、开设服务窗口。全年文献总流通459282人次，书刊文献外借 315627 册次；全年新增藏量 363425 册；全年共开展讲座 48 场次、培训 34 场，展览 61 场次。网站访问量 1600979 人次。各项业务指标均达到年初预定目标。（办公室）

【馆舍改扩建工程】 2016 年是太原市图书馆改扩建工程建设至为关键的一年，10 月中旬新馆工程进入收尾和工程移交前的承接查验阶段，市图书馆迅速成立由各班子成员分别牵头负责的工程承接查验组、固定资产接收组、图书上架组等多个工作组，开展了深入、细致的验收工作。全年召开 100 多次专项工作会议，积极稳妥、公开公正地开展由馆方负责的专业设施、设备等设计、布局和招标采购工作，确保了工程承接查验后专业设施设备能及时进场、早日开馆，业务建设基本满足一流图书馆的业务服务标准，确保新馆工程圆满验收完工。

市图书馆积极开展新馆数字化、信息化设施设备、古籍修复设施设备及有关办公用品、厨房设备、物业管理等招投标工作。经过严格甄选、多方调研，联系厂家，结合工作要求，确定使用参数，严格执行招标采购程序，为新馆顺利运行做好充分的准备工作。（办公室）

【"两节"文化活动】 2016 年春节前夕，太原市图书馆开展丰富多彩的系列文化活动。"金猴送福、喜气楹联"活动拉开了 2016 年"书香太原"品牌全民阅读活动精彩的序幕。活动特邀请十余位省城书法名家，现场速写楹联和赠送活动，为省城市民送上节日的问候，营造浓厚的节日文化氛围；已延续多年的馆长"新年送书"活动现场氛围热烈，广受欢迎，郭欣萍馆长亲自送书，并随书附送省内知名画家赵梅生先生创作的"猴年生肖书签"；在美术馆、市群艺馆图书阅览室分别设立 17 万人力荐的"每年都会重读一遍"的 20 本书和人民日报推荐的 100 本"值的一读再读的书"专架、免费提供电子阅览、网上查询资料及"心相印，书相承"爱心捐书活动、图书漂流活动，极大丰富了假日期间的读者文化生活。利用数字网络开展"网络书香过大年"活动，为广大读者免费发放数字阅览证，设计制作新春活动的专题网页，链接国家图书馆新春活动专题页面，使读者在线听取讲座、赏展览，参与游艺活动，为全市广大读者奉献了文化氛围浓郁、和谐健康的新春文化"大餐"。（办公室）

【创新系列活动搭建阅读平台】 2016 年，在太原市委、市政府的高度重视下，由太原市文化局主办，太原市图书馆承办的 2016"书香太原　全民阅读"系列活动——"阅读，从图书馆出发"阅读推广活动启动。为了营造良好的城市阅读环境，注重全民阅读推广和宣传推广，使公共文化服务模式不断更新与升级，最大限度的满足市民多元化、个性化阅读需求，太原市图书馆精心筹划四大创新亮点，使"4.23 世界读书日"精彩纷呈、亮点频现。

一是牵头成立了由太原市图书馆联合公共图书馆、国企书店、私人书吧、民间读书组织等 24 家单位组成的全国首家以公共图书馆为主体、社会阅读力量参与的"太原市全民阅读推广联盟"，为 2016 年"书香太原"系列活动的开展注入了新鲜的血液；二是在省内首家向市民推出了书香品牌——"书香太原"标识，为树立城市文化形象，打造文化精品起到积极的促进作用；三是推出以《目送》《平凡的世界》等 30 本经典图书为代表的"2016 年书香太原市民阅读书目"，着力推动全民阅读推广，提升全民文化素养；四是在全省首家推出了"书香太原"城市阅读地图，通过阅读地图市民可以轻松的找到阅读好去处，活动当天发放地图 800 余张。

活动现场还开展了"古籍文化魅力"知识有奖问答、"读书赋"集体诵读等 17 项精彩纷呈、亮点频现的阅读活动。2016 年全年"书香太原"全民阅读活动还组织"你选、我购、图书速借""经典阅读推广"等 18 项活动内容，受到广大市民的热切关注与欢迎。（办公室）

【"图书馆服务宣传周"引领时尚阅读】 在"图书馆服务宣传周"期间，2016 年"书香太原"活动内容、策划规模全面升级，太原市图书馆以"书香中国——阅读引领未来"为主题，开展了四大板块 39 场次活动。第一板块太原市图书馆官方微信平台权威发布微信服务大厅，打造"市民口袋图书馆"，让市民参与阅读活动更加便捷；第二板块创新公共服务内

中央大厅内，高旷的建筑空间、象征龙形的楼梯、中空各层分列的书墙与横向展开的大台阶构成了恢弘、博大的现代图书馆形象

容，践行“图书馆阅读领航者”；第三板块“互联网＋全民阅读”提升数字图书馆服务内涵，特别策划推出“互联网大篷车太原站活动”，前联想投资董事总经理、上海接力天使投资合伙人夏旸，芬尼克兹创始人兼CEO宗毅，“大篷车”项目创始人兼易宝集团高级副总裁余晨等互联网创业者，结合太原在互联网时代大背景下的产业文化转型进行演讲，与太原听众共同分享互联网的当下与未来；第四板块通过组织协调“全民阅读推广联盟”，在全市范围内开展形式多样阅读推广活动，让书香遍布城市，让阅读引领未来。（办公室）

【“真人图书”活动开启阅读新模式】为积极营造“书香太原”全民阅读活动氛围，创新服务阅读体验，为有故事和有才华的市民读者提供锻炼和成长的舞台。7月起，太原市图书馆精心筹备策划“真人图书馆、讲师选拔活动”，面向全市市民，通过广泛选拔、招募等多种方式，邀请各行各业经历丰富的人来讲述自己的故事，通过面对面的“阅读”，用沟通来促进分享与成长。

经过广泛选拔，已招募到众多“真人图书”：“敬畏生命——戒毒警花亲历历程”“陪伴之旅感受亲子旅行的点点滴滴”“少儿眼视力保健”“奔跑吧，兄弟！——赵晓毅和他的跑团”等多本“真人图书”纷纷亮相市图美术馆分馆，这种免费分享“真人图书”，只阅不借的新颖活动，吸引广大市民纷纷热情参与。全年有20余本“真人图书”顺利开讲。

“真人图书”招募活动将常年持续进行，太原市图书馆将根据招募到的“真人图书”精心整理成书单，分门别类地形成真人图书库，每周一期安排借阅活动。

（办公室）

【“全民终身学习活动周”活动】10月12日至18日期间，围绕“推进全民终身学习教育，建设学习型社会”为主题开展一系列的职工学习教育及读者活动，闭馆不闭服务，各分馆倡导热情服务。在市图群艺分馆、市图美术馆分馆开展新书推荐，数字图书馆推广活动；开展第三空间图书馆文化海报展览；开展真人图书馆系列活动分享精彩故事，发扬红色传统，学习红色文化，领略不同人生经验。加强自我学习，组织馆内业务交流，学术研讨图书馆专业知识。（办公室）

【微信平台实现在线阅读】2016年，太原市图书馆利用官方微信平台，坚持每日发布“好书推荐”栏目信息，并自主设计制作“微阅读”推广宣传活动，使读者利用微信即可在线阅读，阅读体验更加便捷、舒适、多元，为推动搭建全民阅读活动平台，开展阅读宣传起到了积极的推动作用。

为营造“书香太原”的阅读氛围，丰富太原市少年儿童暑期生活，引导少年儿童“多读书、爱读书、读好书”的阅读兴趣，太原市图书馆从暑期开始，在太原市图书馆微信平台每日开设“好书推荐”栏目，为“书香太原”阅读推广再添光彩，为全市少儿读者的暑期生活奉献上文化大餐。（办公室）

自修室宽敞明亮，提供考试类图书和工具书阅览服务，贴心助力莘莘学子

【志愿者服务活动搭建公众参与平台】在开展“书香太原”系列文化品牌活动时，太原市图书馆充分发挥志愿者队伍的公益服务力量，在以往多次获得国家级荣誉奖项的基础上，坚持不懈引领本地区的公益文化志愿者服务，努力搭建全新的公众参与平台。志愿者服务队伍分别在市图美术馆分馆、万柏林区图书馆、迎泽区图书馆组织开展“书香太原”阅读推广活动、培训活动，历时4个月，共计34场次，志愿者全程参与了图书馆各项服务内容，阅读推广、图书整架、接待读者、馆藏介绍、数字点读机使用说明、图书数字加工、FR芯片加工。帮助图书馆建立了与广大读者沟通互动的平台，鼓励、动员和引导了社会各方力量积极走进图书馆，参与全民阅读推广工作。

（办公室）

【拓宽服务渠道，延伸服务领域】2016年，配合“书香太原”系列活动的组织开展，太原市图书馆不断拓宽服务渠道、完善和创新服务方式，深化和持续开展各项馆外延伸服务。开展“文化进警营”“文化进社区”“文化进学校”等馆外延伸服务工作，及时弥补学校、社区、军营图书时效性差、针对性不强等不足，使藏书处于常新状态。

2016年，深入到武警太原支队、空八库开展“文化进警营－阅读与生活”讲座活动2场；新建中国人民解放军66211部队图书室，首次配送图书200册，赠送期刊杂志200余册；新建山西省未成年犯管教所“爱心图书室”分馆，为其配送图书540册，并现场举办由心理学教授主讲的“幸福感—从读书开始”知识讲座，开展“阅读的力量”为主题的征文活动；“八一”期间，专门为太原市图书馆各部队分馆配送了符合官兵需求的流通图书1100册，并赠送了慰问品。全年定期为武警太原支队、消防特勤二中队、武警太原支队第十中队、杏花岭人民武装部、空八库等17家分馆配送交换图书共计22719册次，满足基层群众的业余文化学习需求。

继续开展关爱未成年人各项阅读推广活动，在新建路二校、彭村小学等学校组织开展"阅读，从图书馆出发"为主题的征文活动，引导学生从小走进图书馆，学会使用图书馆，把图书馆作为他们成长的阶梯，养成爱阅读的好习惯。通过活动共评选出100篇优秀作品，在六一前夕，专门为评选出的获奖小学生发放了荣誉证书及奖品，受到师生的热烈欢迎。

（办公室）

【加大古籍保护宣传力度】 为传承弘扬优秀传统文化，更好地在广大读者及社会公众中进行古籍保护理念的宣传及推广，太原市图书馆以"书香两节""4.23世界读书日""图书馆服务宣传周" 为契机，开展了"古籍传统文化魅力"系列体验活动，"活字印刷" 体验、"中华古籍保护计划成果展"及"太原市图书馆古籍珍贵名录图录成果展" 及古籍有奖知识问答、古籍线装书制作体验活动等，吸引了许多市民前来参与活动，现场氛围热烈，让更多地市民感受到了古典传统文化魅力，并关注古籍保护事业，有效宣传了古籍保护工作的重要意义。

为了烘托新馆开放后的文化氛围，让广大读者及社会公众更多地了解馆藏的珍贵古籍、地方文献。全市图书馆在不断完善地方文献征集体系，确保稳定性、系统性、连续性、完整性的基础上，开拓地方文献征集新思路，征集地方文献书刊280余种；将馆藏"古籍珍贵文献"及相关资料、照片进行分类整理，将古籍普查、古籍整理、再版工作、队伍建设、名录申报和宣传展示等方面的相关资料进行完善和收集；开展民国文献全文数字化工作，为新馆开放后充分展现在古籍保护工作中取得的成果与特色，增强古籍文化氛围，做好充分的准备。（办公室）

【数字资源建设】 2016年，数字图书馆推广工程数字资源联合建设项目的实施，经过不断的修改完善，2014年元数据仓储和政府公开信息两大项目的建设已于8月通过国家图书馆验收并结项；联系数据外包服务，与数据外包商开展合同签定、数据规范、加工制作等多项工作的沟通与督导，开展2015年政府公开信息项目资源建设；同时做好2016年资源联建项目的申报工作，开展预算提交及项目报备；不断完善"晋阳文献资源库"建设，提高自建资源存储量，补充完善晋阳文献图片和视频数据，共修改完善视频资源775条，图片资源206条。

（办公室）

【多馆协作扩大交流，发展公共文化服务体系】 2016年，太原市图书馆认真贯彻"知识工程"计划，继续发扬"全民阅读示范基地"的示范作用，坚持带领、组织各学会成员馆，积极配合，资源共享，协同开展好系列全民阅读活动，在4.23世界读书日、图书馆宣传周期间，组织学会会员馆开展丰富多彩的读书活动。

2016年，召开太原图书馆学会常务理事会暨县区馆长例会1次，对2015年太原图书馆学会工作、2016年计划进行了总结与安排。围绕全国第六次公共图书馆评估、公共图书馆二级平台建设、基础业务培训辅导等工作对县区图书馆进行了调研。5月，召开太原市图书馆理事会一届二次会议，通报市图书馆2016年工作计划，市图书馆新馆工程进展情况和开馆准备情况、全民阅读工作情况等，对《太原市图书馆章程》（修正版）提出了修改意见，在经费保障、人才引进、员工管理、决策监督等方面提供政策保障，确保下一步法人治理工作顺利进行。

为了加强高校馆与公共馆之间的学术交流与合作，在文献资源建设及服务方面增进了解，相互借鉴，太原图书馆学会于4月、5月份面向全体学会会员及全体太原市图书馆职工组织了两场学术讲座，分别邀请了山西财经大学图书馆馆长、硕士生导师侯铁虎，太原科技大学图书馆馆长、太原图书馆学会副理事长赵子龙做了"高校图书馆文献信息资源建设及其服务——以山西财经大学图书馆为例""理念创新，实现图书馆跨越发展"的讲座。通过听取讲座，广大会员深受启发，从理念创新、办馆思路、制度建设、资源建设、服务及管理等方面有了全新的思路。（办公室）

【加大保障力度，确保工作稳定开展】 2016年，市图书馆重点加大后勤管理力度，加强行政用品库管理，做到有计划购

亲子阅读馆提供适合6岁以下学龄前儿童的绘本借阅和电子绘本阅览服务

置，节约资金，厉行节俭，严格出入库手续及帐目管理，及时做好各分点设施、设备的维护，汛期严格防范图书、物资大库安全，紧急装运沙袋，对库房大门进行了加固，保证业务工作正常开展。同街办签订安全责任书、平安建设责任书等，积极消除安全隐患，按照市文化局要求及分点服务实际情况，按照要求同各部室和岗位人员层层签订《消防安全责任书》；坚持日常安全检查，节假日期间由馆领导亲自带队加强安全检查和督促，保证全年安全工作无事故发生，努力为广大读者营造安全、健康、舒适的阅读环境。

积极发挥工会的桥梁纽带作用，做好困难职工、生病职工的慰问、关心；为全体职工申请、办理大病医疗保险；为进一步调动和发挥广大职工的积极性、创造性，齐心协力共谋发展，专门举办了“迎新春工作座谈会”；组织全体职工赴西山万亩生态园内进行职工登山比赛活动，专门到中国兵器“二四七”厂参观，开展国防教育和爱国主义教育。通过组织职工比赛、参观活动进一步激发了全馆职工团结协作，奋发向上的精神，对推动太原市图书馆新馆建设和开馆工作起到积极促进作用。（办公室）

太原美术馆

【概述】 2016年，太原美术馆坚持“四个全面”战略布局、坚持习近平总书记在文艺座谈会上的讲话精神，提高科学化、规范化管理水平，策划高水平展览，繁荣太原美术事业，提升太原文化影响力，丰富省城人民文化生活。强化组织建设，查处违纪违规行为；开展党风廉政建设工作，推进惩防体系建设，深化廉政风险防控；开展“两学一做”学习教育实践活动，抓好基层党建7项重点任务和12个基层党建重点项目；开展文明创建活动，全体党员参与到文明创建和公共文化建设行动中，践行艺术为民、惠民的办馆宗旨，开展党员志愿服务和示范行动。党员志愿者不定期提供义务讲解服务，已服务观展群众20余万人次。（办公室）

【综合管理】 在行政管理方面，践行科学化、规范化、精准化运营模式，将创建全国重点美术馆、创建文明单位作为发展目标，2016年，根据“六权治本”指示精神，成立采买小组，承担馆内物资采购和服务洽谈工作；建立综合物资库房，开展国有资产清查核实工作，逐步完善资产管理制度，使资产管理更加科学规范；开展内控制度建设，规范内部财务管理；新招考人员正式上岗，人事工作有序推进；各部门职能划分更明确、管理更科学。精神文明建设方面，参与全国文明城市创建工作，创建文明单位。组织开展道德讲堂、城乡清洁工程、志愿者活动、博爱一日捐、文化帮扶、文化拥军等活动，推进各项创建工作。严抓安全管理，为各项展览、活动提供“人防”和“技防”安全性保障，确保场馆日常正常安全运行，无安全事故发生。

（办公室）

【美术展览】 举办四大重量级展览，即新态·2015太原国际雕塑双年展、第五届全国青年美术作品展览、梦从这里出发——山西省首届高校毕业季优秀美术作品展、“历史的温度——中央美术学院与中国具象油画”太原美术馆巡展。2016年展览更加多元，主题多样、内容丰富多彩，涵盖雕塑、油画、国画、漆画、书法、摄影、陶艺、设计、文创等多方面。除书法、绘画、摄影等题材展览外，还有“织梦”山西省首届纤维艺术作品展、持心·西藏新生代精品唐卡联展、太原市旅游文化建设成果展、山西省首届青少年校外活动场所陶艺成果展、发现最强设计师——2016山西文化创意设计大赛作品展、G20杭州峰会国宴用山西玻璃器皿展等展览。开展馆际交流，引进更多国内优秀美术作品，举办持心·西藏新生代精品唐卡联展、齐鲁三师——山东美术馆馆藏杨元武、单应桂、徐金堤作品巡回展·山西站、中原画风——河南省美术作品山西展、丝路新语—我们新疆好地方美术作品展。全年共举办50余场展览。（办公室）

【公共教育】 开展公共教育工作，构建大众美育体系，开展形式多样的讲座、活动。全年累计举办“大美讲堂”讲座近20期，接待听众近万人；举办少儿艺术活动，开展“大美暑期课堂”“大美工作坊”和“大美实验室”三个品牌活动。太原美术馆首批加入“太原市社会实践育人共同体联盟”，为艺术教育搭建平台；推出《大众美育文萃》期刊，传播美育理念、普及审美知识，丰富群众文化生活，提高群众审美水平和文化修养。（办公室）

赵梅生美术馆开馆仪式现场

【典藏研究】 开展典藏工作,新入藏赵梅生、王镛等名家作品,并举办"雪海流香——太原美术馆馆藏赵梅生作品展"。推动对本土艺术作品的典藏力度,制定典藏方案,跟进典藏工作。学术研究方面,整理本土艺术史研究的文献资料,对馆内典藏作品、省内的知名艺术家展开学术研究。建立"梅生书屋""桃源书屋"专业创作工作室,展开艺术创作交流活动。 (办公室)

【公共文化服务】 开馆期间确保服务台接待工作的常态化、优质化,提升场馆形象与舒适度,为观众营造艺术气息,提升全馆形象和公共文化服务质量。坚持文化惠民、文化为民,开展"送展览到县区"惠民活动,将展览输送到清徐县美术馆展出,向清徐县文联、梗阳书画院赠送美术图书;开馆3周年之际举办"推广美术教育、提高艺术审美、服务人民大众"现场赠书活动。开展"全民终身学习活动周"活动,向观众赠阅第一期《大众美育文萃》。 (办公室)

【媒体宣传】 开展媒体宣传工作。利用太原美术馆官方平台发布新闻信息累计120多篇,与省内20多家主流媒体联系,累计外宣近百次,扩大影响力和各项活动的信息传播;参与拍摄展览、少儿公教、大美讲堂等活动50多场,通过摄影摄像留存数字档案资料;持续维护运营官方网站及微信平台,完成网站定级备案、事业单位挂标、中文域名注册以及微信平台年度认证。 (办公室)

卫　生

【概述】 2016年，太原市卫生计生委共有各级各类医疗机构3724所(医院185所、基层医疗卫生机构3480所、专业公共卫生机构44所，其他卫生机构15所)，医疗床位37897张，千人口床位8.78张；各类卫计人员55389人，其中执业(助理)医师20835人，千人口执业医生4.82人；执业护士26172人，千人口执业护士6.06人；儿科医生486人；在岗乡、村医生1386人。全年完成3项省考指标、5项市委、市政府确定的重点工作任务和23项重大民生项目，推动卫生计生事业又好又快发展。太原市荣获全国无偿献血先进城市(国家卫生计生委、红十字总会、解放军总后勤部卫生部表彰)、2016年度目标责任考核优秀市(山西省卫生计生委表彰)、2016年度山西省卫生城市（山西省爱国卫生运动委员会表彰)、第一批国家级医养结合试点单位(国家卫计委办公厅、民政部办公厅表彰)、12320卫生热线荣获全国30个省(区、市)12320第三方服务质量评估第3名(国家卫生计生委宣传司表彰)。《西游健康新传系列动画片之防麻疹》荣获第十一届中国健康传播大会好作品三等奖(清华大学国际传播研究中心、第十一届中国健康传播大会组委会表彰)。

（刘文敏）

【公立医院综合改革】 县级公立医院改革实现全覆盖，清徐、阳曲积极创建医改示范县，建立以数量、质量、技术难度、成本控制、群众满意度为主要指标的绩效考核办法，取得“五升二降一平稳”的良好效果。启动实施城市公立医院改革，出台“1+10”综合改革实施方案和配套文件，与福建三明签订药品耗材联合限价采购协议，2016年11月1日起，市直医院全部实行药品零差率销售。推进建立现代医院管理制度，市中心医院实行总会计师制度、市人民医院引入精细化管理模式探索薪酬制度改革、市第二人民医院取消门诊药房、市第四人民医院深化人事制度改革打破高级职称终身制等。

（刘文敏）

【基层医疗】 持续推进优质医疗资源下沉，建立以医联体为主体架构的帮扶机制，辅以对口支援、返聘专家、医师多点执业、“千医千村牵手”、村医“进退流转”等系列举措强基层。全市医联体建设实现三级医院和县级综合医院两个“全覆盖”，建成19个跨区域医联体、25个县乡医联体，返聘210名退休医学专家支持社区工作，731名城市医生牵手750名乡村医生。2016以来有12所乡镇卫生院（6个国家级、6个省级)、109所村卫生室创成“群众满意的基层医疗卫生机构”；坝陵桥社区卫生服务中心获评全

国务院医改领导小组副组长、国家卫生计生委主任李斌调研清徐县医改工作

国百强，8个社区卫生服务机构建成省级示范；荣获省级技能竞赛一等奖2个、二等奖3个、三等奖3个。（刘文敏）

【新型农村合作医疗】 2016年全市参合人数达到102.4万人，参合率99.28%，人均筹资标准提高到540元，新农合大病保险合计补偿1939.23万元。调整36种大额门诊慢性病病种，报销比例超过60%，统筹区域政策范围内住院费用报销比例超过75%，补偿封顶线提高到18万元。新农合“先住院后付费”服务模式惠及百万参合群众，21.33万人次直接受益。按照省里统一要求，2016年11月15日，全市新型农村合作医疗保障工作移交市人社局。（刘文敏）

【“百院兴医”工程基础设施建设】 全市110个医疗卫生建设项目有49个建成投入使用、18个陆续开工建设、43个加紧完善手续。2016年，市直医疗卫生机构有：市第二人民医院老年病综合楼，市妇幼保健院妇女儿童住院楼，市第四人民医院感染性疾病住院大楼、艾滋病诊治楼，市第九人民医院全科医生培养基地等5个项目建成投入使用；市公共卫生中心开始进行二期装修；市中心医院、市人民医院、市妇女儿童医院、市中医医院迁建项目完成1/3以上土建工程量。（刘文敏）

【人才学科建设】 坚持科教兴医，推进“百千万卫生人才培养工程”，制订实施卫生人才发展规划，为优化人才结构、促进可持续发展储备人力资源。遴选出14名高端领军人才、104名骨干精英人才，市、县两级公开招聘479人，累计培养农村订单定向医学生169名（2016年30名）、全科医生1170名（2016年专业培养35名、转岗培训20名、助理全科医生试点培训10名）、基层适宜人才10240人次。发挥7个院士工作站和21名特聘科主任的作用，增强医学科研攻关能力，带动临床学科发展，共制定中长期发展规划5个、开展科研合作8项、引进新技术项目16项、带教668人次。建设省、市级临床重点专科48个、重点学科50个；市中心医院建成中国胸痛中心区域示范基地和全国首家心血管疾病基层工作委员会。（刘文敏）

【医院内涵建设】 开展优质医疗服务行动计划，全市所有二级以上医院实现预约诊疗、优质护理、运营评价全覆盖；37所二级以上医院开展临床路径管理工作，3所三级综合医院达到15个专业60个病种，5所三级专科医院均不少于10个病种；10所医院启动住院病人“无陪护”试点，规范培训护士455名。狠抓医疗质量和医疗安全，新增8个专科质控部，出台21个质控标准；对4所医院开展大型医院巡查；开展医院感染、血液透析、健康体检、临床用血专项行动，检查598家医疗机构、处罚43家；建立病历质量评价体系，甲级病历占比提高17.37个百分点。强化“平安医院”建设，全市二级以上医院实现医疗责任保险和警务室建设全覆盖。加强卫生应急核心能力建设，组建17支市级卫生应急队伍，建成辐射城六区的16个急救站点，开展应急培训3次、演练50余次。（刘文敏）

【卫生信息化建设】 建成区域卫生信息平台和卫生计生专网，建立电子病历、居民健康档案、卫生资源三大数据库，信息量突破6.5亿条；推进“太原云医院”建设，165家医疗机构加盟其中，1123名注册医生通过线上、线下协同服务12万人次；12所市直市管医院配套设置就医“一卡通”，76万人次享受便捷服务；依托市第二人民医院建成区域心电网络远程诊断系统，覆盖43家基层卫生服务机构，累计检测心电图10.2万例，检出急性心梗及危重病患5317余例；拓展12320卫生计生热线服务内容，累计服务12万人次，办结满意率99.5%，荣获全国考核第3名的好成绩。（刘文敏）

【疾病预防控制】 全市0-6岁儿童疫苗接种率保持在95%以上；家庭医生签约服务覆盖157.3万人（重点人群占36.4%），共为25.97万名60岁以上老年人进行免费健康体检；持续推进疾控工作“包保”帮扶行动，重点加强市、县公共卫生机构实验室能力建设，优化重大疾病防治策略；研发基本公共卫生服务绩效考核管理系统，将12类45项服务细化为72个考核指标，实现了标准明确、评价客观。应对“山东济南非法经营疫苗事件”，在全市开展4轮次自查督察，排

市纪委书记李吉山就卫生计生系统“两个责任”落实情况进行实地调研

查各级各类机构4580户次，规范疫苗的购进、储存、分发、运输和使用管理；统筹力量，大兵团作战，及时高效处置富士康工业园区麻疹暴发疫情，累计治愈麻疹患者119人，应急接种疫苗7万余人次。发挥全国健康传播卫星网试点城市的优势，开展"健康教育基层行"活动。太原市制作的《高龄妈妈四须知》荣获全国卫生计生系统优秀作品奖，《西游健康新传》在全省推广播放，万柏林区通过全国健康促进区检查验收。　（刘文敏）

成功处置富士康工业园区麻疹疫情

【卫生监督】　编印《卫生监督工作指南》，制定执法文书、档案管理2个标准，出台行政执法案件审核审批等4项规定，完善行政处罚案件法制审核等5项制度。开展医疗卫生、饮用水卫生、学校卫生和放射卫生等12个专项整治，实行公共场所、医疗机构量化分级管理和网格化监管，推广学校卫生监督"五统一"模式（制度、职责、档案、程序、内容），2016年共监督检查12421户次，立案查处129件，取缔无证行医4家，给予行政处罚137家。市卫生监督所荣获全国第四届"健康卫士杯"先进集体。（刘文敏）

【健康扶贫】　争取中央预算内投资2416万元用于娄烦和阳曲的县级医院建设、乡村医疗卫生服务网络标准化建设和中医药服务能力提升。加强两县疾控中心场所改造、设备配置和娄烦县人民医院痰检实验室能力建设，提高疾病预防控制能力。组织144名城市医生牵手贫困县乡村医生，帮助提升服务能力并把关医疗质量。落实基本公共卫生服务项目，阳曲、娄烦两县建档立卡贫困人口（45708人）家庭医生签约率达到70%（省定标准50%），因病致贫返贫人员（8488人，占18.6%）做到精确到户、到人、到病。印制建档立卡贫困人口诊疗手册5.4万册，确定17所定点医院提供健康扶贫10项优惠服务。开展"五个一"活动，抽调154名医务人员走访260个村4509户（赠送健康手册6267套、开展疾病筛查7883人次、出具健康处方6887份、签订服务协议7883份、留下亲情号码7355个）。　（刘文敏）

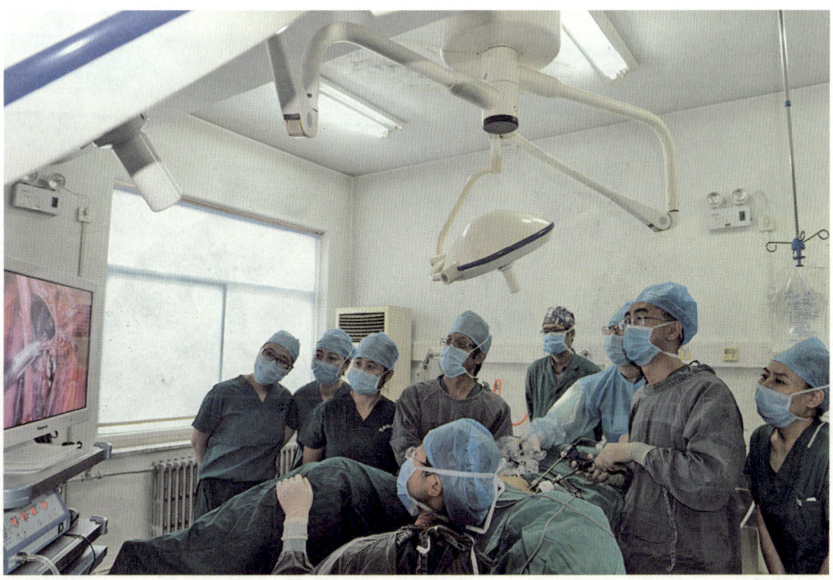
郎景和院士团队任彤教授演示腹腔镜手术

【医养结合】　发挥首批国家医养结合试点城市优势，实施健康老龄化工程。鼓励医疗卫生机构通过新、改、扩、转等方式，设置医养结合床位，激活闲置资源，发展医养结合床位1083张。依托市第二人民医院试点推进机构养老，建成全省首家"医养结合"示范基地；依托市第九人民医院试点推进居家养老，建成全国首个以医院为实体的"易护到家"服务平台；依托市精神病医院试点推进智障托养，破解老年精神障碍患者养老难题，累计收治失智失能老人5000余名，开展临终关怀300余例。　（刘文敏）

【计划生育】　执行新修订的《人口计划生育法》和《山西省人口计划生育条例》，实施全面两孩政策，人口自然增长率6.18‰，出生人口性别比103.7，符合政策生育率98.38%，生育水平继续保持稳定适度；孕产妇、儿童健康管理率均达到90%以上，农村妇女"两癌"筛查、免费孕前优生健康检查均超额完成省定任务。市、县两级妇幼保健机构全部规范设置孕产、儿童、妇女和计划生育技术服务4个业务科室，96个乡级妇幼保健机构设立计生服务专区，市中心医院、市妇幼保健院分别设立再生育服务咨询、并发症专科及产后康复门诊，建成妇幼健康优质服务示范县3个(国家级：古交；省级：尖草坪、娄烦)，创建规范化基层妇女儿童保健门诊11个，有2所医院通过爱婴医院评审；迎泽、尖草坪、古交通过新一轮“国优”评审验收。深化计生特殊家庭关怀扶助，创新“一对一”亲情关爱健康服务，明确市、县两级22所医院为定点服务医院，提供家庭医生、就医接续和个性化服务3方面11项内容，共签约2091人，签约率96.6%；免费为1207名“失独”父母提供健康体检。开展“关爱女孩”行动，共奖扶655人44.9万元；推进流动人口享受均等化服务，免费赠送各类宣传品30余万份，服务流动人口28万人次，完成国家动态监测任务。

（刘文敏）

【爱国卫生】 按照“五城联创”总体部署，充实完善专项领导小组，制定《太原市爱国卫生工作规划（2016-2020年）》和《太原市创建国家卫生城市工作方案》，下达创建责任书，制定考核管理办法，并按时间节点汇总整理相关资料进行创建申报。强化常态监管与专项治理，以背街小巷、无物业社区、城中村、城乡结合部、“五小”行业和集贸市场为治理重点，共清理卫生乱象3100多个，主次干道、社区院落、“五小”行业卫生合格率分别达到95%、70%、65%。深入开展全国第28个爱国卫生月、病媒生物防制、农村改厕、卫生死角清理等城乡环境卫生整洁行动，建成农村卫生厕所5770座，完成2015—2016年市政府重大民生项目任务。市健教中心主动走出去、沉下去，开展“健康教育基层行”系列活动，促进市民提高健康素养。 （刘文敏）

·卫生监督·

【概述】 2016年，太原市卫生计生综合监督工作在市卫计委的正确领导下，按照全市卫生计生暨医改领导小组扩大会议、市人口计生工作领导小组扩大会议精神，以“两学一做”学习教育活动为契机，不断深化学习型党组织建设，认真贯彻落实市卫计委关于做好全市卫生计生监督工作的决策部署和工作要求，坚持全市卫生计生监督“一盘棋”理念，不断完善卫生计生监督体系；加大人才培养力度，促进人才队伍建设；狠抓专项整治，加大医疗执法力度；全面出击，提升公共卫生监管水平；创新工作思路，不断加强监督实效，切实履行了卫生计生监督员的神圣职责，树立了良好的行业形象，深得群众赞誉和社会好评。

太原市卫生局卫生监督所成立于2002年6月18日，作为太原市卫生局行使卫生计生监督执法职能的执行机构，肩负着全市卫生计生监督执法和保障群众健康的重要职责。在新的领导班子的正确领导下，转变工作思路，倾力关注民生，热情服务基层，加大执法力度，切实履行了卫生计生监督员的神圣职责，树立了良好的行业形象，使太原市卫生计生监督事业的发展步入了“快车道”，深得群众赞誉和社会好评。一是树立全市卫生计生监督“一盘棋”理念。通过区县所长例会、开展竞赛演练、每年考核评优、督导培训基层等方式，使全市卫生计生监督部门上下联动，形成工作合力。二是切实加大监督执法力度。以医疗卫生为重点，严厉打击各类非法行医行为。稳步提升公共卫生、饮水卫生和学校卫生监管水平，积极完善现场快检工作，最大限度保障人民群众的生命健康安全。三是树立为民服务的宗旨。所领导带头深入基层查找问题，倾听基层建议，自觉接受社会监督，积极推行服务型执法。为保障管理相对人的权益，强化了对各类案卷、文书的合议、评查、备案工作，实行卫生行政处罚案卷评查前置和重大案件集体讨论。长期聘请资深律师作为法律顾问，及时提供指导性意见和建议，尽可能的减少或杜绝错案的发生。

2016年，太原市卫生局卫生监督所各项业务工作得到上级机关、广大市民及社会各界好评，在中国卫生监督协会举办的第四届“健康卫士杯”评选活动中被评为先进集体。在“太原市卫生计生行政执法案卷评查评优活动”中，3份案卷获得一等奖，市所被太原市劳动竞赛委员会授予一等功。有1份卫生计生行政执法案卷被国家卫计委监督中心评为国家优秀典范案卷，这是太原市连续第3年获此殊荣。在国家及省卫生计生综合监督行政执法微课大赛中，2个作品分别获国家二等奖和山西省一等奖。

（赵俊康）

【打击各种违法违规行为】 2016年，太原市卫生计生监督机构结合当前形势，以“两学一做”学习教育活动为抓手，

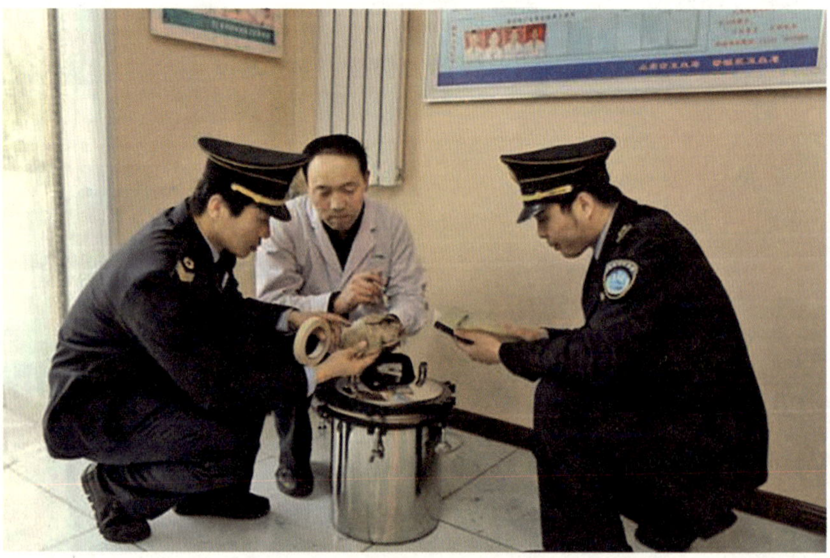

积极推进传染病防治分类监督综合评价试点工作

围绕各项专项整治工作，积极采取有力措施，重点出击抓住要害，大力开展“冬季行动”，严厉打击了各种违法违规行为，最大限度保障人民群众的生命健康安全。

医疗卫生方面，积极开展了疫苗预防接种专项检查、依法执业大检查、口腔医疗机构专项检查、“两非”专项整治工作、医疗美容机构专项监督检查、医疗机构依法执业专项检查、医疗废物和医疗污水处理专项检查、传染病监督抽检、放卫职卫监督检查等一系列专项整治工作。全市全年共监督检查各级各类医疗机构3545户，监督户次7407户次，监督覆盖率100%。

公共场所卫生方面，深入开展“创建国家卫生城市”工作，不断加强住宿场所、游泳场所、洗浴场所、美容美发场所等公共场所单位的量化分级管理，并大力开展了公共场所卫生监督抽检、集中空调通风系统专项整治、游泳场所专项督查、生活美容院非法开展医疗美容的专项整治、春节期间公共场所卫生监督检查、住宿单位“禁烟”专项监督检查、高考期间住宿场所专项检查、高校公共场所专项监督检查等一系列专项整治工作。全市全年共监督检查公共场所单位3069户，监督户次5014户次，监督覆盖率100%，产品类样品监测679件，合格率95%，非产品类样品监测21709项次，合格率100%。

饮用水卫生方面，在全面完成全市生活饮用水摸底调查工作的基础上，继续加强对市政供水和二次供水的监管力度。全市全年共监管各类饮用水单位698户，其中集中式供水单位279户，二次供水单位419户，监督覆盖率100%。采集出厂水、水源水和二次供水水样255份，检测合格率100%。对89家二次供水单位发放了卫生监督信息公示栏、卫生管理档案盒等，进一步完善了二次供水单位的卫生监督信息公示工作。在娄烦县庙湾乡窑儿上村联合古交、娄烦监督所开展了汛期饮用水突发事件应急演练活动。

学校卫生方面，全市全年重点对636所各类大中专院校、中小学校和幼儿园在生活饮用水、传染病防控管理及学校教学环境生活设施等方面进行监督检查，并对9所本科院校、31所大专院校进行了综合卫生监督评价，将小店区作为全省推进“健康校园”活动的示范区，制定了“五统一”制度，在全市大力推广实施，并已在全省进行了经验交流。

2016年，各专业的监督覆盖率均达到100%，全市共监督检查单位7948户，处罚单位210户，罚没3.15万元，罚款25.84万元。共收到群众投诉举报和上级督办案件190件，查处率和回复率均100%，切实做到了件件有回音、事事有着落。（赵俊康）

大力开展放卫职卫治理年活动，加强对所辖放射诊疗机构的监管

【启动“双随机、一公开”监督机制】 根据国务院、国家卫计委以及省市卫计委关于加强行政审批事中事后监管的有关文件要求，结合工作实际，完成了“一单两库一细则”的制定上报，包括随机抽查重点事项清单、随机抽查行政执法人员名录库、随机抽查对象名录库、随机抽查工作细则。

圆满完成传染病防治分类监督综合评价试点工作。制定下发了《太原市医疗卫生机构传染病防治分类监督综合评价试点工作实施方案》，确定全市215家医疗卫生机构为试点单位。所辖医疗卫生机构已全部完成自查、现场监督和综合评价等工作，除5家为重点监督单位外，其余均为优秀或合格单位。这项工作的完成切实提高了监督执法效率和医疗卫生机构自身管理水平。（赵俊康）

【开展案卷评查评优活动】 始终将“法律至上、服务为先”作为首要工作理念，率先提出了案卷文书法制评查前置、党风廉政与纪检监察部门介入卫生计生监督稽查等工作方式。9月2日，联合市总工会、团市委共同举办了“卫生计生行政执法案卷评查评优”活动，在全市各级卫生计生监督部门中抽查了170余份行政执法案卷进行前期评查，筛选出74份案卷参与复查，最终选出8份案卷进行评优，并评功授奖。（赵俊康）

【积极完善现场快检工作】 选派太原市骨干监督员参加了全国卫生监督现场快速检测工作研讨会，参与制定《卫生监督现场快速检测技术指南》（2016版）、研制《卫生监督现场快速检测方法饮用水中亚硝酸盐氮》推荐性卫生行业标准，以及跟踪评价《卫生监督现场快速检测通用技术指南》（WS/T458-2014）等工作。太原市制作完成的学校卫生专业教学片

已提供给国家卫计委监督中心，其中涉及现场快速检测的内容，将为国家教学片的拍摄提供参考。（赵俊康）

·疾控中心·

【概述】 太原市疾控中心的前身是太原市卫生防疫站。2002年6月，为适应改革需要，太原市防疫站、职业病防治所、结核病防治所撤销重组，成立了太原市疾病预防控制中心。中心占地面积6989平方米(含市监督所办公用地)，建筑面积5960平方米，其中实验室用房2400。2016年中心共有职工197人，其中专技岗163人，包括正高8人，副高35人，中级57人，助理62人，员级1人；管理岗21人；工勤岗13人。

资质认证情况。疾控中心1993年通过计量认证评审，1998年和2004年通过复审；1998年6月通过科技事业单位档案管理国家二级评审；2003年6月、12月分别取得山西省职业病诊断、职业健康监护、放射工作人员健康体检和山西省职业卫生技术服务资质；2004年11月在全省疾控系统率先通过中国实验室国家认可委的认可。太原市疾控中心通过中国合格评定国家认可委认可12类、193项。通过山西省质量技术监督局计量认证13大类，59小类438个参数；食品资质认定4大类，73小类，130个参数。

2016年12月，市疾控中心《健康西游新传之麻疹防治》获第十一届全国健康传播大会好作品三等奖。4月，获“艾滋病高危人群干预2015年考核优秀单位”和“艾滋病疫情管理2015年考核优秀单位”，8月，获“全省‘十二五’地方病防治工作先进集体”称号，10月被山西省精神文明建设指导委员会评为“2014-2015年度山西省文明单位”。3月，获“太原市双拥模范单位”称号。梅林同志获太原市“首批太原市高端创新人才”称号。柳静同志获“全国‘十二五’地方病防治工作先进个人”称号。

（张 静）

【免疫规划工作】 2016年，太原市适龄儿童扩大国家免疫规划疫苗以乡为单位报告接种率保持在95%以上；预防接种规范管理与预防接种网格化管理活动全面开展；开展了对10个县（市、区)的2015/2016年全市脊髓灰质炎疫苗查漏补种活动督导评估工作；开展2016年全市14岁以下儿童麻风疫苗查漏补种工作，补种率达到95%以上。落实预防接种规范管理年专项活动和网格化管理活动，全市共有预防接种门诊1116个，57个狂犬病暴露预防处置门诊通过评审验收。全市10个县(市、区)都有村级接种点，开通了村级预防接种信息系统客户端；完成了三价脊灰疫苗向二价脊灰疫苗的转换核查认证工作，10个县（市、区）全部回收销毁三价固体脊灰疫苗，使用新型二价液体滴剂脊灰疫苗。积极应对“山东济南非法经营疫苗案件”，抽调专业人员，在全市开展4轮次自查督查，重点检查二类疫苗进货渠道、索证情况、出入库登记、接种记录、储运温度记录等台账记录情况，普及正确的预防接种知识。（张 静）

【慢性病工作】 2016年，古交市积极推进国家级慢性病综合防控示范区创建工作，尖草坪区、万柏林区正努力创建省级慢性病综合防控示范区。截至2016年12月底，太原市共健康管理老年人386776人，完成体检292025人(其中农村老年人104730人，城市老年人187295人)，健康管理高血压患者303851人，糖尿病患者105845人。（张 静）

【结核病工作】 2016年，全市登记管理肺结核患者1799例，比2015年同期(1359例)增加了30.91%，完成全年任务的121.60%，新涂阳肺结核患者治愈率达96.66%，网报肺结核患者和疑似肺结核患者总体到位率达97.67%。

（张 静）

【疫情方面】 截至2016年12月31日，太原市共报告8起突发公共卫生事件相关信息及事件，其中1起定级为一般；共报告传染病18200例，较上年同期(19244例)减少了5.42%；共处理传染病自动预警信号1178条，及时响应1158条，及时响应率为98.30%。

截至12月底，全市新发现艾滋病人及感染者521例（较同期上升了2.16%)，首次随访完成率98.7%；累计进行抗病毒治疗1012例，在治872例；当前死亡12例；对高危人群开展34234人次的行为干预。

布病散发病例得到控制。截至2016年12月31日，发生布病疫情91例，较同期(177例)下降了48.59%。全年无布

市卫生计生委郝宝清主任视察疾病预防控制中心迁建项目

病暴发疫情。（张　静）

【地方病工作】 2016年，太原市疾控中心在迎泽区、杏花岭区、尖草坪区、万柏林区开展碘缺乏病监测工作，4个区已建立微量碘实验室。外环境水碘复核、碘盐、碘缺乏病、饮水型氟砷中毒监测工作顺利完成。迎泽区、万柏林区、尖草坪区因碘盐覆盖率和碘盐合格率较低，导致合格碘盐食用率不达标，迎泽区、杏花岭区的孕妇处于碘营养不足水平。

（张　静）

【“百院兴医”迁建项目全力推进】 2016年8月31日，太原市疾病预防控制中心迁建项目主体全部封顶，成为“百院兴医”迁建项目中第一个如期封顶的工程。年底前完成了二次结构、机电安装60%工程量及室外管道工程施工等任务，完成投资4200万。完成产值共计10200万元，占总投资额的51.4%。

（张　静）

【院士工作站建设】 2016年，太原市疾控中心先后选派13人次赴国家重点实验室学习，院士工作团队到市疾控中心指导5人次；目前已完成现有福氏志贺氏菌的验证工作。开展了院士工作站科研项目：《腹泻疾病谱研究》《太原市志贺氏菌分子流行病学研究》和《太原市疑难细菌鉴定平台》。首次检测到A组轮状病毒和札如病毒、星状病毒，提示预防腹泻可用疫苗或更具针对性用药。承担院士工作站主要任务的微生物检验科负责人王骥涛博士作为高端领军人才被省卫计委派意大利萨萨里大学研修3个月。

（张　静）

【与高校合作提升科研能力】 切实发挥山西医科大学研究生培养基地作用，6月太原市疾控中心与山西医科大学公共卫生学院对接，建立双导师制度，对研究生进行社会实践技术培养，促进中心专业人员素质不断提升，提高中心科研学术水平。5月18日，与山西医科大学晋祠学院签约共建教学基地。

（张　静）

【应急队伍编入省民兵应急大队】 继2015年市疾控中心应急队伍纳入太原市陆军预备役后，2016年又将40余名应急专业人员编入山西省民兵应急大队医疗防疫分队，并进行集中封闭式训练，不断强化突发公共卫生应急处置队伍军事化管理，打造一支能打胜仗、作风优良、专业过硬的应急专业队伍。

（张　静）

【健康白皮书不断完善】 在2013年、2014年太原市人群健康状况报告的基础上，太原市疾控中心不断完善丰富全市居民健康情况和卫生事业发展的相关数据，完成了2015年的人群健康报告，展现太原市居民健康现状及健康变化趋势，提出居民的主要健康问题及影响居民健康的各类因素，为政府制定公共卫生政策提供技术支撑。（张　静）

太原市与忻州、晋中、吕梁、阳泉市签订疾控工作协同发展合作和疫情联防联控协议

【联防联控进一步加强】 2016年，太原市疾控中心在省内与忻州、晋中、吕梁、阳泉市，在省外与石家庄市、济南市、郑州市、北京市朝阳区、北京市通州区建立了疾控工作协同发展合作和疫情联防联控机制，优化资源配置，加强互联互通，开展多领域、多层次的深入合作，带动区域间疾控中心相互对接，共同发展提高，全面提升突发疫情应急处置能力。

（张　静）

【应对“山东未冷藏疫苗”案件】 一是系统摸底排查，指导10县（市、区）疾控中心开展自查，组织对全市疾控中心及部分乡、村级接种单位进行督查，掌握最新动态；二是及时澄清事实，开通咨询热线，为市民解惑，消除市民恐慌，强化正面引导；三是加强疫苗管理，严格执行《疫苗流通和预防接种管理条例》，规范疫苗管理，筑牢免疫屏障，切实做到“依法、规范、安全”。（张　静）

【提升县区疾控中心能力】 2016年，市疾控中心用专家和技术对县区疾控进行帮扶，各县（市、区）在业务工作上取得了很大进步。娄烦县在艾滋病防控上成绩突出；阳曲县在艾滋病考核中获得满分，在应急工作中也获得满分，实验室环境、设备等也有了大幅提升；小店区可以独立完成33项水质检测任务，疾控专网建设情况良好；古交市在应急工作上获得满分，在结核病防控上取得较好成绩，实验室扩建也基本完工；迎泽区在结核病防控上成绩优良，对疟疾血检医院督导效果良好，并重新通过了实验室资质认定评审；杏花岭区具备了实验室资质认定资格，在结核病防控上也取得了不错的成绩；清徐县在应急工作上表现优良，结核病防控也取得明显成绩，疾控专网建设情况较好；尖草坪区应急工作圆满完成，对疟疾血检医院督导效果良好，基本具备独立完成33项水质检测的能力，成为省级慢性病综合防控示范区；晋源区对疟疾血检医院督导效果良好，基本具备独立完成33项水质检测的能力，并积极主动推进实验室认证；万柏林区做了大量国家病媒生物监测工作，同时具备了实验室资质认定资格。其中的“千分制”考核机制和分级负责的网络化管理机制，使疾控工作从粗放向精细转变。

（张　静）

·急　救·

【概述】 2016年，太原市急救中心用PDCA、六何管理代表急救管理的横纵坐标，用创新促发展，从理念创新、制度创新等多方着力，强化事前预防，筑牢安全防线，全年共出诊70236趟次，比上年同期增长12.4%，接诊人数66290人次，增长10.2%，无一例医疗安全事故；心肺复苏、抢救成功率同步大幅提升；急救抢救医疗费纳入城镇基本医疗保险。中心（山西省紧急医疗救援中心）专业队伍纳入省级卫生应急队伍建设管理，并命名为“山西省紧急医学救援队伍（五队）”。队伍由省卫生计生委统一指挥调配。获得市级“双拥先进单位”“文明单位”称号。主动承担太原国际马拉松赛、两节两会等重大赛事和会议医疗保障307车次，社会服务305车次；主动承担无主无助患者的医疗救治及转运47趟次，肩负社会责任，为平安太原作出贡献。

（办公室）

【文化建设】 急救“四三二一”文化工程建设助推急救发展，形成“人人都能做事，人人都能做‘好’事”的氛围。急救中心专注于创新发展，提出“四个理念”，即“遇见问题找方法”“终末指标倒循环控制”“让感恩成为一种习惯”“积极传递正能量”。倡导全体职工感恩患者给予的信任、政府给予的支持、单位给予的培养、同事之间的帮助，并通过在中心建立医护司调微信群、订阅号等方式传递正能量，鼓励工作人员从“被动作秀”到“主动作为”再到“养成习惯”，形成急救正能量场。

（办公室）

【制度创新】 制定“三驾马车”，即记分管理制度、绩效考核制度、奖惩制度。

记分管理制度，通过记分累计的方式来考核每位职工是否胜任工作岗位。绩效考核制度、奖惩制度——综合考评分数直接与职工绩效、奖惩情况挂钩。凡事奖罚分明。对于心肺复苏抢救成功的，纳入绩效考核制度，中心给予重奖。

（办公室）

【筑基提效】 针对急救“点多面广”，16个急救站分散在太原市各个（驻地）医院横向联系少的特点，推出片区化管理和情景模拟训练。

施行片区化管理，班子成员对片区施行“包保”管理。在片区内，委任一名站长为召集人，定期组织本片区职工开展知识、技能比武等。横向联系增多后，在突发救援时的联合协作、有序安全救援能力明显增强。

情景模拟训练，重视事前预防而不是事后弥补，通过反复预演强化安全。“情景模拟”演练涵盖多种复杂急救现场遇到的“热点、难点、疑点”，通过不定期、持续地在全中心进行劳动技能竞赛，让急救人员自编、自导、自演、自评，变单纯的行政说教为共同的乐教学习，提高急救技能、提升优质服务能力。

（办公室）

【应急救援】 太原急救在应急救援方面施行常态化管理，建立应急救援联动机制。全员编为三个应急梯队，不定期进行突发事件医疗救援集结时间应急演练、专业技能训练，每两年组织一次全员参与的大型演练；与公安、消防等部门联动演习，参加反恐演练、消防演练、水上救援演练等，增强应急救援能力和多部门间协同行动能力。启动突发事件医学救援应急预案及自然灾害应急预案，各站完成应急救援160趟次，救治142人。2016年完成各项应急任务，其中3人以上突发事件389趟次，6人以上突发事件27趟次。实现准确快速“1分钟调度”。调度是急救全程唯一录音取证环节，每句话都要保护患者和出诊人员的权益。流程再造后调度询问实行“两名一号”与出诊途中复核、了解详情相结合的方法，安全高效。

在转诊量激增的情况下，推出专人受理“预约排队”服务，有效化解转诊与常急诊的矛盾，针对急危重症患者转院制定“三同意一陪同”原则（转出医院、转入医院、患者或家属同意，危重病人转出医院医生陪同），做到关口前移，总调接诊时先行告知，保证急救

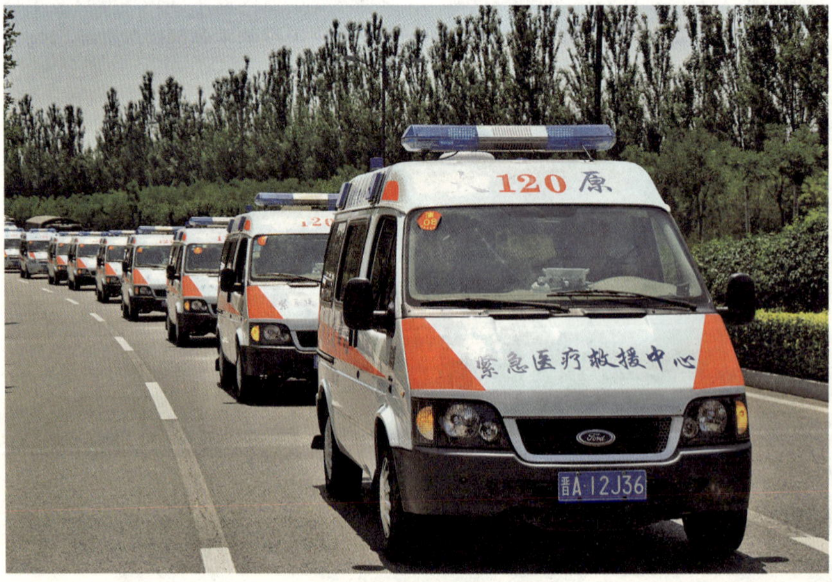

急救车赶赴应急演练现场

高效转运，零投诉。 （办公室）

【质控创新】 基于急救出诊特点，创新“护士质控收费反馈”，从终末结果对急救出诊处置记录的合理性和完善性进行质控。考核组每月深入各站进行综合大检查，并由行政考核小组改为质控小组，以片区为单位进行自查互查、上下帮查，激发接受检查的积极性及参与检查的能动性，更容易查处隐患，控制隐患。急救中心研发出全国首个“四点式肩带保险带”。通过定制尺寸匹配的便携式担架，便于搬运患者时快速约束、解锁，方便检查，也避免患者在车辆行驶过程中出现二次损伤隐患。在全国率先通过招募抬担志愿者的方式有效缓解全国急救抬担难的问题，2013 年后，每年有 150 名新加入的志愿者以抬担服务的方式活跃在急救服务第一线。太原急救每辆救护车身喷涂“感谢您为生命让路”的公益宣传标语。与市文明办、市交警支队联合全国首次开展“感谢您为生命让路”公益宣传活动。该活动影响广泛，被市文明办列为“五城联创”系列活动之一，得到太原市政协会议百名政协委员联名签字倡导——为“120”救护车让行，全市各急救站进出口施划“黄格网”禁停标线。

全国首推“1 分钟学急救”：专家将一个问题编成一本书，急救反向思维，将 1 本书浓缩成一本小册子，推出“1 分钟学急救”，图文并茂，让民众可以在 1 分钟内学会一项急救技能，手册已印发 1 万余份。

全国首创《心肺复苏操》：将心肺复苏的按压姿势、频率、幅度等急救技能融入极具节奏感和韵律感的体操中，传播甚广，成为各大中小学及高校的课间操。 （办公室）

【科研成果】 互联网 +，推进急救科学发展。随着太原急救省级科技惠民项目——太原市区域协同救治体系的完成，建成全国一流的调度指挥大厅，满足与胸痛中心、脑卒中中心良好对接的需求，实现院前、院内医疗信息无缝隙连接，缩短救治时间，提高抢救成功率。太原急救中心通过与省城各大医院进行联动应急演练合作，畅通以急救为开端的绿色通道，在全国胸痛中心、卒中中心建设中起到引领示范作用。至 2016 年，太原 120 已将区域协同救治逐步拓展到妇儿急救、多发伤复合伤转运等疾病救治中。

首建全国急救 GIS 数据库。打造平安急救、健康太原，在对每日出诊数据记录的基础上，结合出诊地点的地理信息，全国首建急救 GIS 数据库。利用时空的观念对院前出诊调度数据分析并可视化成图，关口前移，了解心脑血管疾病以及车祸等患者的“相对发生”分布规律，以及急危重症疾病的“三间分布”（时间分布、地区分布、人群分布），合理分析太原市院前急救出诊的现状。 （办公室）

承担太原国际马拉松赛保障任务

·太原市中心医院·

【概述】 2016 年，太原市中心医院学习贯彻十八届六中全会精神和习近平总书记在全国卫生健康大会上的讲话精神，把握医改形势，围绕提升质量、保证安全、学科发展、人才建设、制度规范、优化流程、资源配置、管理升级和文化立院等重点工作，抓创新，做硬功，从严从细，落实落小，各项工作取得预期成效。1 至 12 月份，总诊疗人次 630859 人次，同比增长 13.09%，门诊人次 437206，同比增长 12%，出院人次 26782，同比增长 4.24%，手术与操作 16647 人次，同比增长 8.56%，平均住院日 11.84 天，同比下降 0.34%。2016 年总收入 5.714 亿元，同比增加 7%，医疗收入 5.5 亿元，同比增加 7.2%，总支出 5.709 亿元，同比增加 0.87%，管理费用 0.97 亿元，同比下降 14.91%，收支结余 50.1 万元，资产总额 9.68 亿元，负债率 57.01%（上年同期 78%。），12 月份药占比 36.66%；患者满意度调查，平均满意率达到 91.79%。2016 年 10 月，被中国医院协会授予“全国百姓放心示范医院”。 （办公室）

【行风建设】 将行风建设工作作为医院综合目标责任制的重要内容，与医院的业务工作同部署、同落实、同检查；实行并落实“一岗双责”责任制，按照“谁主管、谁负责”和“管科室必须管行风”的原则，狠抓责任落实，做到关口前移、预防为先。在院内醒目位置张贴“九不准”内容，与全院各科室签订《行风责任书》，与全体临床科室医务人员签订《“红包”“回扣”专项检查目标责任书》，严禁收受红包等行为，同时加大监督检查力度，不定期抽查“一书一卡”完成情况，纠正过度检查、过度用药、乱收费行为。深入门诊、病房不定期进行“红包”、回扣专项调查，形成群众广泛参与，自觉接受社会监督的良好氛围。（办公室）

【质量管理】 提高岗位技能和业务素质。加强学习培训各项医疗、护理相关法律法规、专业理论知识、18项核心制度及各项医疗、护理技能操作；逐科进行病历首页书写培训；创新医护一体和多学科联合查房；通过理论知识、制度流程、技能操作等学习与考核，提升岗位知识技能和业务素质。医师在太原市和山西省医师技能大赛上分别取得团体第一和三等功，护士取得太原市护理岗位技能大赛团体及个人第一和山西省护理岗位技能竞赛团体三等奖、个人二等奖并荣立二等功的好成绩。

提升医疗质量和服务能力。执行各项核心制度，规范诊疗行为，坚持首诊负责制、三级查房制、疑难病人会诊、重危病人及术前术后讨论制度；审核通过13项新技术新项目、19项护理技术项目，审核手术权限变更3项，高风险诊疗技术操作申请2项；严抓病历质量，重点检查病历书写的内涵质量、完整性及现住病历书写的及时性、治疗计划的合理性、病情告知的有效性和三级查房的书写质量等，做到及时发现、及时反馈、及时更正；对全院运行病历进行实时监控，及时监管和发现非计划再次手术及住院超过30天的患者；落实医院质量关键环节、重点岗位、重点部门、重点科室、薄弱环节的监管，注重医疗活动中的动态分析，完成全年重大医疗质量安全事件追踪分析报告；做好危急值和不良事件的上报工作及日常管理，对发生的危急值及时处理。改善医疗服务行动计划，提升服务能力。如对急性创伤、急性颅脑性损伤、急性胸痛、急性脑卒中等重症一律实施优先抢救、优先检查和优先住院；申报并通过太原市同级医疗机构间医学检验、影像检查结果互认，检验结果互认项目达到50项，医学影像互认项目达到9项；统一全院护理应急演练的模板和演练内容，包括用药、输血、标本采集、跌倒、压疮等。做好计划生育特殊家庭医疗服务工作，完善“太原市计划生育特殊家庭亲情关爱健康服务手册”。详细记录患者就诊方向、服务机构、服务人员、联系电话，使患者得到满意的就诊服务。加强中医专科专病建设，如痹症、中医美容、带状疱疹、面瘫等，开展的便秘治疗新项目（生物反馈）受到患者欢迎。

依法执业，严格遵守法律法规。对重点科室加强管理，杜绝非法行医、超范围执业；严格各类医疗技术准入管理，加强追踪管理；加强手术、麻醉、高风险（介入、腔镜）、检验、影像等诊疗技术操作的授权管理和动态更新；通过临床路径、各专业诊疗指南、操作规范及合理用药专项检查等，规范诊疗服务行为，杜绝过度检查、不合理用药等行为；执行《处方管理办法》和《处方点评规范》，对不合理处方进行全院公示，对不合理使用药品的相关科室和个人进行诫勉谈话。加强传染病管理强化培训，提升防控管理意识，依法管理，及时报卡，杜绝超范围收治传染病。2016年，共报传染病386例，传染病报卡率100%；漏报率0；报告流感样病例620例，采集咽拭子标本570例，阳性63例，阳性率11.05%；食源性疾病报告数94例，报告率100%；完善医院感染制度和监控措施和医疗废物交接制度、存储制度、运转制度、安全防护制度等，按照医疗废物处置流程，抓好医疗废物处置工作，院感发生率2.18%；重视临床用血安全工作，完善临床用血管理制度，每季度抽查输血病历20份，查看输血病历是否规范。

合理用药，强化药品管控。发挥临床药师的作用，落实临床合理用药和处方点评制度。定对临床用药情况进行公示，对不合理的用药情况进行诫勉谈话。加强抗菌素日常监管，尤其围手术期抗菌素的管理，与绩效挂钩。2016年1月份，药占比36%，上年同期42.63%；2016年抗菌素药物使用强度25.69；住院患者抗菌素使用率50.35%；门诊抗菌素使用率8.22%；急诊抗菌素使用率19.39%；一类切口抗菌素预防使用率9.48%；介入诊疗抗菌素预防使用率0%。实行辅助用药管理制度，进一步规范行为，降低药比。

（办公室）

【临床路径管理】 对相关业务科室医务人员从临床路径基础知识、管理流程、实施方法、评价方法等方面进行培训，鼓励各科室和全体医务人员对符合条件的病人实行临床路径管理，并及时上报。每月对每个病种入组率、完成率、完成例数进行考核、奖罚。与上年度相比，临床路

王爱琴副市长视察医联体医院工作

径在实施例数、完成例数、入组率、病种数方面均有提高。全年入径疾病专业数19，病种数80，相关病种入院病例总数2455，进入临床路径的病例数1926，入径率78.5%，完成临床路径病例数1761，入径完成率达91.4%。护理团队注重质量改进，在山西省第二届品管圈大赛中，手术室"坚守圈"荣获二等奖、神经内科"枢心圈"获优秀奖；手术室"坚守圈"获得第四届全国医院品管圈大赛优秀奖。

（办公室）

【便民惠民】 开通"一卡通"和取片自助机，减少患者等待时间；合理设置诊室，合并超声科和妇产科B超室，统一安排在固定位置，避免患者因检查部位不同往返多个楼层；美化净化环境，加强各诊区、病房、走廊、卫生间等处的卫生清洁，加大无烟医院管理力度，签订"无烟医院"责任书，确定责任人、督察员、巡查员，不分时段抓控烟。开展全院出院病人随访工作，确定实施方案，建立工作制度、随访流程，规范服务用语，收集各科室疾病出院指导。全年累计电话随访201人次。多种方式的预约挂号（7种）方便不同患者群体，预约挂号率由上年的20%提升至26%。多科室建立特色微信平台，与患者实时答疑解惑及健康宣教，将院内服务延伸到院外；心内科建立"过好支架人生"俱乐部，打造心脏康复"4s"店；对无主、无助、上访、救助站患者及急危重症患者均能实现先救治、无付费治疗；成立医疗服务部，引进爱玛客先进的管理，改善住院服务流程实现住院全程服务；创新举措，倡议全院职工让车位于患者，把车位停在临近的万达停车场，使医院内空出约200个停车位，缓解患者停车难的现象。

建立和完善医患沟通制度、投诉处理制度和首诉负责制，规范医院投诉管理。将医院投诉电话、医院总值班电话及12320卫生公益电话在门诊楼前LED大屏滚动播放；每季度进行医疗纠纷工作总结，找问题，查原因，促整改；全年共受理投诉案件91例（投诉64例，纠纷27例），同比下降35%。91例投诉案件中已解决案件67例，撤诉3例，解决率为77%；医疗纠纷27例，同比下降13%，已解决13例，销案1例，解决率为52%，赔款总额同比下降66%。（办公室）

【学科发展】 把学科建设的目标确立在重点突破、优势更优、集群发展上。医院皮肤科、神经内科、心血管科的建设和发展在全院学科建设中发挥示范作用。皮肤科门诊总量达13万余人，出院人数1074余人次，且收治重症患者比例增高；开展新技术新项目6项。神经内科作为国家首批中国卒中中心联盟单位，推进具有全院特色的"缺血性卒中绿色通道"和完整的治疗体系，共成功救治200余名超早期缺血性卒中患者，施行颈动脉支架成形术8例，锁骨下动脉支架成形术2例，椎动脉支架成形术1例。心血管内科PCI手术量较上年同比增长明显，2016年8月，通过国家认证的胸痛中心成为国家仅有的22个示范基地之一。

心胸血管外科引进国内著名心脏外科专家高文根，牵头建立"山西省主动脉夹层急救绿色通道"，完成心脏血管手术12例，其中主动脉夹层人工血管置换术5例，冠状动脉搭桥术4例。辅助生殖中心班子新老交替后，多项技术取得突破，新鲜移植率、冻胚移植率均比上年提高15个百分点。

内分泌科开展糖尿病的治疗，已治疗糖尿病足患者240余名，组建太原市糖尿病足病诊疗中心，同时与妇产科协作设立妊娠糖尿病专科门诊。骨科根据省城各大医院骨科建设格局，确定从小专业入手，打造特色学科的发展之路。在省内率先开设足踝外科，多次承办全国性的足踝外科学术会议，能独立进行足踝创伤和足踝疾病的治疗，8月5日完成全省首例足部跖趾关节人工假体置换手术，填补山西省空白；膝关节外科，单人年手术达到100多例，手术质量和效果得到业内人士专家的认可。普外科的腹腔镜胆囊切除联合内镜下逆行胰胆管造影术（ERCP），双镜联合一次手术解除胆囊结石及胆管结石，已完成100余例，无一例并发症，位于山西省内领先水平。神经外科现有省城规模最大，设备最完善，环境最好的神经外科重症监护室（NICU），承担着省城120急救任务，是太原市接诊颅脑创伤及脑血管病患者数量最多、手术例数最多的专业科室。泌尿外科的关键技术——经皮肾镜治疗各种复杂肾结石达2000多例，在全省居于第一位。

妇科开展宫腔镜、腹腔镜、宫颈LEEP等微创手术，宫腔镜、腹腔镜手术

医共体成立大会

占全部手术的80%以上。呼吸科开展支气管镜下各种诊疗、介入技术，先进的过敏源检测系统已在哮喘、COPD的诊治中发挥作用。肾内科具有全省技术最好的血透技术队伍，尤其膜腹透析工作开展较早，其规模在省城各医院中名列前茅。（办公室）

【人才建设】 引进具有高级专业技术资格的领军人才与专业骨干9人；出台首席专家制度，用好院内的名医教授；公开招录79人，派出国内外进修人员63人次，"输血、造血"并重，搭建人才成长平台。完成正高职称聘任17人，副高职称聘任42人，中级职称聘任15人，聘用人员和在编人员同等对待一起聘任，畅通人才成长道路，拓宽人才成长环境。（办公室）

【科研教学】 科研工作：获得国家自然科学基金资助2项(面上项目1项，直接经费56万元；青年基金项目1项，直接经费17万)；省科技厅项目1项目，获得资助3万元。山西省科技厅项目结题验收7项，完成科研成果鉴定3项，其中达国际先进水平2项，达国内领先水平1项。由皮肤科张开明、李新华、刘瑞风、侯瑞霞等8人完成的科研成果"银屑病患者骨髓造血干细胞定向分化为T细胞过程Notch信号转导通路的系列研究"获山西省科学技术奖科技进步类二等奖。论文发表：专业技术人员发表医学论文70篇，其中SCI收录杂志6篇，定稿1篇；中华系列杂志5篇。论著3部。获得实用新型专利3项继续教育：主办国家级继续医学教育项目3项，承办1项，培训人数1328人次；主办省级继续医学教育项目29项，培训人数6268人次；市级继续医学教育项目12项，培训人数4388人次。学术交流：外出参会329人次，其中参加国际会议16人次，国家级会议203人次，省级会议68人次，市级会议42人次。规范化培训：完善规培制度；加强日常管理；组织各专业基地带教师参加各级培训；完成2014年度学员年度考核工作，并进行2015年工作自评；2016年共招录学员57人，实际报到55人。教学工作：完成医科大学大五医学生实习鉴定考核工作。接收全科医师转岗培训10人，骨干医师培训4人，基层进修人员15人。选派12名全科带教老师参加全科师资培训班。签约成为山西医科大学晋祠学院第一临床医学院，于10月24日签署协议并挂牌。院士工作站工作：举办"太原市中心医院心内科院士工作站启动会暨山西省胸痛中心论坛"，葛均波及其院士团队和中国胸痛中心认证工作委员会主任委员方唯一教授等48人组成强大讲师团队，就胸痛中心建设、急性冠脉综合征相关诊治的热点、难点、疑点进行讨论。大会共有参会人员800余人。请院士团队会诊复杂病例15例，指导复杂冠脉手术8例。选派3名业务骨干人员赴院士团队所在复旦大学附属中山医院实验室、心内科病房、导管室进行学习。与院士团队所在中山医院合作开展分中心科研项目1项。正在筹备申报科技部科技攻关项目。（办公室）

【信息化建设】 2016年，医院信息化建设完成7项新系统的上线。一是建设医共体远程会诊系统。将远程会诊设备下发医共体20家下级协作医院并安装到位，用于疑难患者提供病历分析、病情诊断、确定治疗方案，对医院的学科发展、对外宣传和经验交流以及新院区的病员来源具有极大意义。二是建立移动临床信息系统。在六病区建成移动护理管理系统、医生无线查房系统、移动护理评估系统，并建立全院护理管理平台。实现电子病例移动化，护理整体信息化，使医嘱执行流程、药物执行流程和护理评估流程等都得到优化，提高医护人员的工作效率。三是继续完善材料管理系统。将医院耗材的采购、入库、使用三者融为一体，规范医院采购收货流程，便于耗材追溯以及对耗材信息的查询，实现医用耗材的统一管理，使物资管理科学化、精细化。四是建设了全院级影像信息系统。实施的全院级PACS系统是集医学影像的采集、传输、存储、调阅、诊断、报告、查询、统计、管理等于一体的综合应用系统，系统涵盖影像、超声、内镜、病理、乳腺等多个科室，同时与临床的门诊、住院医生工作站对接，实现临床电子预约、实时调阅检查结果等功能。五是建立院感管理系统。完善院感监测功能，包括临床医生在线处理感染病例并上报结果、手术院感监测、细菌耐药性监测、ICU院感监测、抗菌药物使用情况监测以及院内感染率分析、院感病例监测、单个患者详细数据分析等功能。六是建立体检信息系统，并与医院LIS系统对接。通过规范

胸痛中心示范基地授牌仪式

体检流程管理，合理安排体检项目，网络传输各种检验、检查结果，减少中间环节，在提高安全性和可靠性的同时，能科学分析体检结果，建立体检人员档案，保证健康状况资料连续性。七是对手麻系统进行全面升级改造。改造后可批量接收并安排HIS下达手术申请信息，规避人工送手术通知单的差错和延迟等隐患。改造后的系统还具有麻醉信息查询、工作量统计等功能，更加方便准确。

（办公室）

【基础保障】 设备方面：一是完善设备采购流程、大型设备维保流程等工作制度，做到依法有据；二是建立医院现有设备维修、维护档案的记录、分析，加强精细化管理；三是专人定期对重点科室设备进行巡检，做到预防性维护，保证医疗设备时刻处于最佳状态，做到急救类、生命支持类装备完好率100%；四是降低消耗，通过认真检查、分析、查找资料、自行维修，节省维修费用约75万院；五是加强不良事件管理，上报市药品不良反应中心可疑医疗器械不良事件报告84例，上报质量、数量逐年上升，并居于杏花岭区第一；六是完成德促项目的上报、挂网等各个环节的工作。后勤方面：一是加强培训，转变观念。将后勤管理的着力点聚焦在"转观念、明责任、严规范、强服务、促保障"的基础上，加强培训学习，注重观念转变，推行目标化管理，倡导走动式管理，注重后勤人员现场实地查看和现场处理落实，每月下临床征求对后勤服务的意见和建议，采取小问题现场解决，一时解决不了的，限期解决，形成快速高效的后勤保障循环运作系统；二是创新举措，推出下临床、查实情、重服务、抓落实活动。全年下送物资达80000余件，下收下送污、洁物品件数累计55万余件，维修修临床空调20余台，下修木制品2200余件，缝制被服类物品2039件，维修电话线路360次、新装电话线路20余部，电梯维修达100余次，车辆安全执行接送任务5472余次，长途371次，修理院内上下水管道200余米，为临床科室更换水管配件2134个，紧急抢修任务达50余次。维修电线、电插座等任务4788余次，小型安装160余次。三是开源节流。推进后勤服务社会化，通过面向社会统一招标，将保洁、保安、食堂、洗涤、等非核心业务外包给一些专业的公司，通过精细化分工管理，弥补院院内专业能力的不足，提升工作效率和质量，实现成本价值最大化。（办公室）

【平安医院建设】 安全生产：健全生产保障体系，加强对水电气氧质控指标等数据的分析和精细化管理，为平安医院做保障。对院区部分老房屋陆续出现屋顶漏水、防震带松动脱落、围墙砖块脱落、倾斜等极易出现安全隐患的问题，专门组织施工人员对存在的问题进行及时的修缮和定期维护，不留任何死角；对特种设备、放射源易燃易爆危险化学品制定严格的管理使用制度，做到专人保管；对危险化学物品及毒麻药物实行专柜双锁、双人保管制度，对x线机放疗设备中心供氧等特种设备，严格按照卫生环保质检部门的要求进行使用，做到按期检验，定期维护，有效保证设备设施的安全运行。消防工作：邀请消防教官进行消防安全教育专题讲座，主管部门深入科室进行灭火器使用的培训，提升全员防范意识；每月进行消防安全的全面检查，包括标识是否清晰、通道是否畅通、是否堆放杂物等等，对发现的问题及时整改，排除了隐患；对于历史遗留下来的、无法整改的问题，重点加强管控，严防死守。安保防卫：完善和推进各项安防制度，拓展并落实多项安全保障举措。更换和添置高清监控系统，实现全院覆盖；加强保安人员对院区内安全检查巡逻，建立巡更制度，落实遍布全院各个角落的巡更点位和巡更路线，昼夜24小时进行巡逻，保证院内安全。共处置大的纠纷13起，患者纠纷56宗；清除酗酒闹事人员132次，治安警告5人次；协助公安机关处理其它突发事件6次；妇产科家属闹事行政拘留1人。应急处置：重视后勤保障基础设施建设，医院共建设有两条电的回路，并配备2台发电机，以保证临床电力供应；医用氧气在采用液氧观供氧的同时，储备足量的瓶装氧气以备不时之需；应用正负压系统都设有备用机组，确保临床使用。其次，修订各种突发事件应急处置预案，并定期开展火灾、停电、电梯故障等应急培训和演练，提高后勤集群及全院职工的应急处置能力。组织地震疏散、消防安全、信息系统瘫痪等应急演练7次，再次，应用PDCA循环管理模式，查找安全隐患，及时整改，医院安全委员会在每月最后一周的周二和节假日前均开展全员安全自查和重点抽查，对存在的安全隐患进行通报并限期整改。

（办公室）

【细化管理】 贯彻财务治理为中心的原则，加强对资金和项目的财务治理，根据轻重缓急的原则，合理调度资金，在保证医院资金正常运行情况下，筹措资金，分批次归还环球租赁公司5年期长期借款1亿余元，节约利息支出约1000万元，有效缓解医院资金压力。执行医改政策，保证新的收费标准及时调整到位，上报测算数据3000余条；11月1日取消药品加成，同时调整门诊诊疗费、护理费、手术费、核磁、CT、超声、检验（免疫）等收费项目，涉及到全院的收费项目达5000余条，完成收费标准的切换过渡。加强预算管理，确保医院经费能得到有效合理使用。按照"量力而行、量入为出"等原则，编制财务收支平衡预算，对不同项目采用弹性预算、零基预算的方法，按照"两上两下"的工作流程，编制2016年收支预算，分别在年初和年中召开专题会议，与院领导、责任科室充分沟通，使得预算编制更趋合理，保证预算在整个经济运行中特别在控制费用支出中发挥作用。强化收入、支出及收支结余的管理。保证收入的合规性与合理性，医院的全部收入纳入财务核算范围，医院收入从发生到确认实现、会计核算、核对、报告、分析等，均在收入的控制范围。支出费用坚持"先审后批、不审不批"的原则，严格按费用支出各项制度、流程办事。严格“三公”经费支出,明令禁止私设“小金库”。加强物价收费的管理。执行国家药品和医疗服务价格政策,严禁自定收费项目、分解收费项目等乱收费行为,尤其是11月1日取消药品加成,提高部分服务价格,更新完善各项价格管理制度。加强退费管理,住院收费处、门诊收费处根据各自的业务特点制定相应的退费制度和流程,管理更加科学严谨。加强资产和负债管理。多部门联合完成全院清查核资,对截至2015年前全院资产及有关账务开展清查核资工作,整理上报账务数据460余条,录入以前年度所有折旧数据16800余条,录入2015年新增固定资产、报废资产1600余条,上报历史遗留盘亏数据500余条。同时,规范管理,坚持每季对库存物资进行盘点,每月对账,规范细化盘点分析和报告等内容,做到账账相符、账实相符;严格执行固定资产的报废审批手续,确保固定资产处置的合规合法。在负债管理方面,做到增收节支,控制负债,2016年11月资产负债率63.04%,较同期下降15%。落实岗位绩效考核制度,完善内部分配机制。在落实社会保障政策、医院职工福利待遇(增资)的同时,建立科学清晰的医疗绩效评价机制,并修改完善,动态调整,重点从科室工作质量、工作效益、成本核算、满意度等方面进行综合考核,分为四个考核体系(临床、医技、平台、职能后勤),不同时期,项目考核权重不同,发放总量不变,收入减成本,科室盈利有绩效,亏损有保底。

(办公室)

【新院区建设】 定期和不定期组织各参建单位对项目进展和问题困难进行分析研判;不定期进行工程安全大检查,对发现的问题及时进行解决,防微杜渐;按照规范要求督促施工,杜绝违反强制性条文的情况发生,全部工程质量合格;全年处理村民堵门闹事多次,保障顺利推进。门急诊楼A区已完成三层主体结构砼浇筑、外架搭设;住院楼B1区已完成四层主体结构砼浇筑、外架搭设;住院楼B2区已完成二层结构砼浇筑、外架搭设;住院楼B3区已完成三层主体结构砼浇筑、外架搭设;医技楼B4区已于11月11日封顶。锅炉房已完成地下一层钢筋制安,模板制安、砼浇筑及外架搭设。2016年申报工程量32277万元,建审中心已审核财政资金28590.84万元,其中国债资金5472.94万元。支付的工程款财政资金18689.95万元。 (办公室)

【公益服务】 坚持医院公益性,把维护群众健康权益放在第一位。遵守国家法令,保障医疗安全和质量;在医院设置、功能和任务方面符合区域卫生规划和医疗机构设置规划的定位和要求。承担公立医院与基层医疗机构对口协作等政府指令性任务,落实对口支援工作政策和对口支援工作责任书或协议的相关要求,全年对口支援4个乡镇卫生院、3个区医院、5个社区卫生服务中心,共有145人次医务人员深入基层,开展知识讲座25次,受众2325人次;专家坐诊7402人次(其中包括远程会诊专家坐诊人次);义诊、体检33次,居民人数845次;慢性病指导1137人次,业务督导1110人次,慢性病下转215例,产妇下转1671例。2016年有32名临床医师与村医开展“千医千村”牵手活动,深入乡村进行“一对一”帮扶,其中,服务村医及村民共2282人次,培训村医364人次。参加市及所在辖区的医疗紧急救治,接受政府指令完成突发公共事件紧急医疗救援工作以及其他公共卫生任务,如马拉松比赛、“3.20”事件的医疗保障。作为太原市云医院的试点单位,通过远程门诊(会诊)服务于基层卫生单位及居民,线上出诊51名专家,提供协同门诊、实时会诊等,服务覆盖太原市六城区150余家基层医疗卫生服务机构,服务患者810余人次;线下已开设两期临床跟诊学习班。分三批安排7人到101团医院开展援疆工作,并接收101团两批6人免费进修学习。 (办公室)

【医联体工作】 重点帮扶娄烦县人民医院和迎泽区医院。根据娄烦县医院发展需要,加强专科建设,成立神内、内分泌、骨科专科协作组,除每周三的专家出诊外,有医师25人次、护士长6人次在娄烦县医院每人不少于3个月的驻守帮扶。开展临床路径及单病种付费管理等; 特别是护理管理帮扶到位,管理水平明显提高。迎泽区中心医院以发展太原市皮肤病专科医院为突破口,利用发挥总院皮肤科专家优势,特别是在皮肤美容方面的独特资源,对诊疗环境进行美化优化,开展多项皮肤美容与诊疗工作。同时,重点帮扶打造一个省级示范社区卫生服务中心,共选派心内、内分泌、中医、妇产专家28人次进行不少于三个月针对性帮扶。

(办公室)

【医共体运作】 借鉴13年集团化运作经验,摒弃曾经定期派出专家出诊、查房式的“输血式”帮扶做法,关注兄弟医院学科自身“造血机能”,注重共生共长,打造区别于国内其他医联体的独特帮扶模式。成员已经达到23个,组成全省最大的医疗联合体。为成员单位提供并接通远程会诊系统20套,成为全省最大的即时远程会诊体系。耳鼻喉科、生殖中心、心内科、神经外科、影像科、妇产科、消化科等科室已分别与成员医院展开学科对接,耳鼻喉科已在成员医院开设专家门诊2个,心内科开设专家门诊1个,消化科帮扶县医院开设专科门诊1个;多学科专家在成员医院现场带教、协助门诊过程中,在当地诊治门诊患者1000余名,在当地医院指导或合作完成复杂病例手术200余例;影像科团队提前介入,从设备开发利用到疾病的诊断等多方面位稷山正身医院准确、高效利用3.0核磁技术提供技术保障。 (办公室)

·太原市第三人民医院·

【概述】 2016年,太原市第三人民医院以党的十八大和十八届四中、五中、六中全会及习近平总书记系列重要讲话精神为指导,按照国务院有关深化医药卫生体制改革的各项要求，以“两学一做”学习教育为契机，不断规范诊疗行为，提高服务质量，在科学管理、优化流程、信息化发展等方面取得了显著成效。

太原市第三人民医院（太原市传染病医院）始建于1950年，分别于2009年和2010年获“山西省公共卫生临床中心”“山西医科大学附属传染病医院”称号，是山西省规模最大的集医疗、教学、科研、预防、康复于一体的三级甲等传染病专科医院，承担着省城乃至全省传染病的临床诊治及突发公共卫生事件的医疗救治任务。2016年，医院有职工788人，其中卫生技术人员638人。编制床位850张，实际开放床位555张，共设有临床、医技、行政、后勤科室60个。有省级临床重点专科1个（肝病科），市级重点学科1个（传染科）。医院在病毒性肝炎、肝硬化、重型肝炎及流行性出血热等疾病的医疗救治以及乙肝病毒携带孕产妇母婴的垂直阻断等方面达到国内同类医院先进水平，在省内具有权威性。

医院是山西省医疗质量控制中心传染病质量控制部主任单位；是国家综合医院中医药工作示范单位、国家中医药传染病临床基地；是太原市人民政府批准授牌的庄辉院士工作站；是北京大学感染病研究中心/北京大学肝炎试剂研究中心的临床科研基地、中国肝炎患者同伴教育基地、中国乙肝随访与临床科研平台分中心、全国肝胆病防治技术示范基地；是国家卫计委批准的住院医师规范化培训基地协同单位；是全省多所医学院校的临床教学医院和传染病医师教育、培训、实习基地。医院技术力量雄厚，设施设备先进，专科特色突出，医疗服务覆盖全省及周边省份。（办公室）

【主要工作业绩】 2016年，门诊接诊90875人次，较上年同期增长3.46%；住院人数9807人次，较上年同期增长0.68%；出院患者9756人次，较上年同期增长0.49%；手术例数651例，较上年同期增长19.2%；病床周转次数17.6次，较上年同期增加3.34次；病床利用率112.5%，较上年同期增长14.94%；平均住院天数24.5天，较上年同期缩短0.47天。

全年总收入为21966.31万元，较上年同期增长4.8%；医疗收入19653.24万元，较上年同期增长1.42%，其中药品收入10047.66万元，占业务收入的50.23%，较上年同期降低9.07%；门诊次均费用513.28元，较上年同期减少7.88%；出院患者平均住院费用15197.62元，较上年同期增加1.97%；固定资产总额8793.18万元，较上年同期减少0.35%。

2016年，健康中国——肝胆病防治行动办公室授予医院“全国肝胆病防治技术示范基地”称号；中国肝炎防治基金会授予医院“全国丙肝筛查及管理规范化促进项目示范医院”称号；第九届健康中国（2016年度）组委会授予医院“第九届健康中国论坛·健康宣教优秀医院”称号；中国健康促进基金会授予医院“第二届中国药师职业技能大赛”山西省赛区集体三等奖。山西省卫生和计划生育委员会授予医院“注重医学人文关怀，促进社工志愿服务主题示范医院”称号；山西省青年文明号活动组委会授予中西医结合肝病科护理组、八科、药剂科“2015年度山西省青年文明号”称号。太原市卫生和计划生育委员会授予医院“2015年度目标责任综合考核优秀单位”称号，太原社会治安综合治理委员会办公室与太原市公安局联合授予医院“2015年度省城平安标兵单位”称号，中共太原市委、太原市人民政府及太原警备区联合授予医院“双拥先进单位”称号，中共太原市委、太原市人民政府联合授予医院“太原市2014—2015年度文明单位标兵”称号。

（办公室）

【改善医疗服务】 2016年，医院开通了院内外预约诊疗服务体系，全年预约诊疗率为49.93%，减少了患者看病高峰时段的等候时间。集电话预约、互联网预约、现场预约为一体的预约方式已成为方便患者看病就医的有利保障。医学检验结果相互确认项目46项，医学影像检查结果相互确认项目4项，全年医学检验互认64人次，合计24495元；超声检查互认32人次，合计8100元。年内成立慢病随访科，共登记7564人，普通慢性病随访率在30%以上，重点慢性病患者随访率在60%以上。建立“甘霖医生”工作随访平台，不断完善推广运行。成立营养科，设置营养门诊、肠内营养配置室、治疗膳食配制室，配备专业人员为临床

邀请首都医科大学附属北京佑安医院副院长段钟平教授为市三院“全国肝胆病防治技术示范基地”揭牌

工作者及患者提供各类膳食的适应症和膳食应用指导,促进患者恢复健康。

(办公室)

【承担公共职能】 开设计划生育特殊家庭绿色通道,全年济困门诊减免2人次,减免金额43.5元;济困病房减免1人次,减免金额40.5元。在5月底富士康园区暴发麻疹疫情的公共卫生应急处置过程中,医院迅速反应,对疑似感染人群进行隔离收治,并外派10余名工作人员,为园区上万人接种了麻疹预防疫苗,有效的控制了疫情扩散,较好的承担了社会公共卫生服务职能,发挥和巩固在全省(市)传染病领域的领头作用。

(办公室)

【医疗资源下沉】 完善传染性疾病医疗联合体建设,定期派业务骨干赴清徐县人民医院、清徐县西谷乡乡镇卫生院出诊64次,业务培训14次。与清徐县人民医院商谈双向转诊事宜,修订双向转诊单,全年下转肝硬化病人1人。完成2016年度"千医千村牵手"工程活动,派出50名医生与村医一对一结对帮扶,现场诊疗1160人次,培训715人次;安排10名医生参加巡回医疗项目共计64次,接诊患者728人次,开展讲座14次,培训127人次。赴阳曲县黄寨镇开展以"赠送一套健康手册、开展一次疾病筛查、出具一份健康处方、签订一项服务协议、留下一个亲情号码"为中心的健康扶贫"五个一"活动,为建档立卡贫困人群、因病致贫、因病返贫者约1500余人进行了精准服务。 (办公室)

【医疗安全保障】 2016年,太原市第三人民医院加强重点部位及重点环节医院感染的监控管理,全年医院感染发生率为1.95%,较上年同期上升6%;医院感染标本送检率为97.1%,较上年同期增长11.4%;环境卫生检测合格率为96.59%,较上年同期减少2.9%;医疗器械清洗、消毒灭菌合格率均达到100%。全年住院患者抗菌药物使用率20.94%、门诊抗菌药物处方率1.01%、急诊抗菌药物处方率3.75%、治疗使用抗菌药物微生物送检率62.81%,各项指标均在国家卫生计生委控制内,抗菌药物的临床应用日趋合理,保障了患者的合法权益和用药安全。坚持控制不合理收入比重,促进临床合理用药能力和管理水平持续改进,全院临床科室药品收入占业务收入的比例为50.23%,药占比进一步下降。纳入临床路径管理系统的共有3个专业10个病种,临床路径病种共收治1186人,入径人数751人,完成人数447人,变异人数40人,入径率为63.32%,完成率为59.52%,变异率为5.33%。

(办公室)

市卫生计生委主任郝宝清协调其他传染病科及急诊科搬迁事宜

【优质护理服务】 2016年,太原市第三人民医院深化"一科一特色、一科一品牌"服务理念,在院内推出形式多样的护理服务新举措,如:妇产科开展导乐分娩;ICU配备外出检查急救箱等。在优质护理服务评价中,医院被评为优秀等级。全年开展优质护理资源下沉工作共15次,参加护理志愿者义工活动共3030人次,累计14495小时。为提高工作效率、保障患者安全,为各临床科室配备I-TOUCH设备进行患者身份识别及落实查对,使护理站前移,减少差错事故的发生。 (办公室)

【学科与人才建设】 2016年,太原市第三人民医院举办省级继教项目2项,完成市级继教项目20项;发表省级论文27篇、国家级论文5篇。外派39名医务人员分别赴首都医科大学附属北京友谊医院、首都医科大学附属北京佑安医院、上海交通大学医学院附属瑞金医院等地参会学习。作为山西医科大学附属传染病医院及临床教学基地,承担着5年制医学生实习、见习任务,全年共接收山西医科大学第二临床医学院见习生300人。进一步抓好住院医师规范化培训,年内共接收35名规培人员。

坚持"三重一大"集体决策制度及院党委议事规则,全年召开党委会、党政联席会40次,总计132项议题。严格执行保密制度,对各项工作的执行情况做好督办、检查,确保决策执行到位。

以等级医院评审为契机,不断推进医院制度化、规范化、科学化管理,整理汇编了医院工作制度、岗位职责、工作流程及应急预案。共收录工作制度272项、人员岗位职责140项、工作流程169项,其中废止2014年工作制度44项、岗位职责30项;修订工作制度127项、岗位职责81项;新建工作制度145项、岗位职责59项、工作流程169项。

以制度夯实作风建设,以不触"底

线”、不越“红线”为目标，围绕《中国共产党廉洁自律准则》《中国共产党纪律处分条例》，在全体党员和中层干部之间开展党风廉政教育、党风党纪教育和反腐警示教育15次。全年接收锦旗17面，收到表扬信154封，拒收红包8人次共计8400元。严格落实党内监督条例，对院内外招标监督8次，对职工职称晋升、优秀党员和党支部的评选、中共预备党员的医德医风审查222人次。对11个重点科室负责人进行教育及廉政谈话提醒，签订《廉洁行医承诺书》；每月进行行风督查，针对重要时间节点，开展院内监督检查6次。（办公室）

·太原市第四人民医院·

【概述】 2016年，太原市第四人民医院在市卫生计生委党委的正确领导下，院领导班子团结协作，锐意进取，带领全院干部职工，开拓发展思路，破解发展难题，严格规范管理，在基本建设、医院管理、专科引领、医疗服务水平等方面取得了一定成效。参加市直卫生计生系统“两学一做”知识竞赛获第一名及优秀组织奖；耐药结核科获批省重点专科并荣获“省巾帼文明岗”；内一科主任段慧萍荣获“全国结核病临床技能竞赛”二等奖；医务科主任王全红荣获全国结核病防治工作优秀共产党员；护士长闫文华研制的“自制血管前臂”护理实用技术获得国家专利证书；ICU王彩瑛荣获“太原市五星级学雷锋志愿者”荣誉称号。

贴心服务患者。落实改善医疗服务行动计划。投资20余万元完成了门诊医生工作站建设，开通了门诊就诊“一卡通”，提高门诊接诊效率，方便患者就医；更新完善了就诊标识及路程图，制作就诊流程卡和健教处方，定期开设健教讲堂，购置液晶电视，方便患者收看健康视频；开展文明热情“五声”服务，贴心服务患者；增加便民措施，购置冬季防寒防滑用品，增设晾晒装置及场所；投入23万元改造负压吸引系统装置，配置陪护椅192个，更新床单被服500套，配发工作白衣140套。

实现医疗服务四项转变。发挥“综合服务部”作用，推行医疗服务站点前移，减轻患者负担和一线人员工作量，变“患者跑”为“工作人员”跑；变“患者询医”为主动“健康指导”；变“随机就诊”为“预约诊疗”；变“一线人员跑”为“物资送上门”。全年回访患者4138人次，满意率为99.51%；预约诊疗4887人次。

按期办理各类保险缴费，及时办理职工年度考核增资和事业单位工作人员上调工资标准，核定年度绩效工资总量，兑现工资待遇。关心职工生活。为工会会员发放春节福利；为3名残疾困难职工发放2400元“两节”生活救助金；196名女职工参加“女工特病保险”；为工会会员缴纳大病医疗互助金2.04万元。每逢重要节日开展走访慰问活动。大力宣传道德模范事迹，形成学习崇尚道德模范的浓厚氛围；举办第四届职工读书节活动，提升职工文化素养；举办4次法律知识教育讲座，提升职工法律意识和维权意识。

主动服务社会。实现资源下沉帮扶基层。以牵头组建的“省结核病定点医院联盟”为平台，成功举办了全省第三届结核病临床诊治学术会议，特邀国内知名专家，为来自全省基层定点医院的150余名专业人员进行免费培训。实施健康扶贫“五个一”活动，医护人员走访10个行政村、医疗筛查128人、入户健康调查32户、开具因病致贫健教处方128份。落实“服务百姓健康行动”“党员进社区”“一对四”帮扶、巡回医疗卫生支农、“千医千村牵手”等工作，组建了太原市结核医疗联合体，与洪洞市人民医院建立医疗联合体，帮助提高社区、乡镇卫生院及基层医院专科服务能力和水平。全年帮扶指导基层48次；为社区居民体检610人次；举办健教讲座及专业培训21次；扶贫义诊23次，累计受益群众达2500余人次，发放宣传资料5000余份。落实医疗惠民政策。全年互认“医学检查结果”765次，为患者节省费用6.71万元；为23人次贫困患者减免费用1.44万元；收治无主患者3例；为3名特困住院患者垫付医疗款18.16万元。“先住院后付费”服务模式直补率达到100%。与省农合管理中心签订了重大疾病服务协议，耐多药肺结核及艾滋病机会性感染列入优惠报销病种，年内有10名患者享受优惠报销政策；开通民政“一站式”医疗救助直通车，为患者省去繁琐审批流程。

推进等级医院评审。按照《山西省三级传染病医院评审标准实施细则》，组织等级医院创建工作。将评审与质控紧密结合，在特聘质控专家指导下，完善三级质控组织，制定《医院全面质量管理方案（试行）》和质量评价体系与考核标准，进行质量安全管理与持续改进专题培训，推行质控分析点评制度，运用质量管理工具，对质量缺陷进行追踪整改，基本建立覆盖全院的质量与安全绩效管理评价体系和运行机制。在卫生系统全面质量管理工作会上交流了经验。分解落实评审标准，完成了第一轮内审评价工作。

加强医疗质量管理。年内，修订了《医疗医技科室质量考核标准》，加大质量考核与奖励性绩效的挂钩力度；开展“提高病历质量，保障医疗质量安全”和病历展评活动，规范病历书写，加强病历考评；落实抗菌药物处方点评制度，推进抗菌药物专项整治活动，加强院感监测，强化重点部门、高危科室、高危人群监测指导工作；举办“手卫生宣传周”专项活动，举办“落实十八项医疗质量安全核心制度”“临床路径”等专题培训，对11月起施行的《医疗质量管理办法》组织全员培训；完善医疗事故防范、处理和监管制度，年内无医疗纠纷与差错事故发生。

深化优质护理服务。修订并规范护理评价体系与考核标准，加强护理质量与安全管理，促进护理质量持续改进；推广无陪护服务；制定印发《常用护理技术操作并发症处理与预防》《护理常规》《健康教育手册》等规范性手册，指导护理实践;根据工作量、护理风险、技术难度等指标修订完善了护理人员绩效考核方案;承办太原市二级以上医院消毒供应中心学术会议,组织"静脉输液与安全"专项培训;强化护士职业素质及专业技能,选送8名护理管理人员参加职业培训,30名新入职护士实行规范化培训,选送3名护士参加专科护士培养;建立护理人力资源弹性调配机制。开展护士岗位技能训练与竞赛活动,3名护理人员在全市医护岗位技能竞赛活动中获得较好成绩,10个护理团队和59名优秀护士获得院内表彰。

加强监区医疗管理。全年为太原市公安局看守所在押人员体检2711人次。完善后水峪分院及一看、二看门诊部的各项诊疗与管理流程,实现监区规范化管理。与太原市心理研究会合作开展心理健康指导服务,为在押人员提供心理咨询卫生服务,使监区医疗服务向心身并治的服务方向迈进。

强化应急能力建设,提高应急处置能力。完成《应急预案汇编》编撰工作,修订完善《太原市第四人民医院传染病医疗救治预案》,建立医疗救治组织体系,确定应急响应机制及工作程序,从医疗救治、护理管理、院感消杀、疫情报告、医疗设备、组织保障、实战演练等方面开展应对准备工作。开展专业培训和实战演练,强化医务人员专业技能和应急备战能力。组织开展消防疏散、地震应急、信息系统、院感控制、公共卫生突发事件等专项应急演练,提高综合应急处置能力。

加强传染病管理工作。认真执行《传染病防治法》《结核病防治管理办法》及相关法律法规。承担万柏林区结核病定点医院项目管理工作,修订完善转诊制度及管理办法,完成各项任务指标。切实承担防艾救治责任,继续落实艾滋病"四免一关怀"政策,在12.1"世界艾滋病日"之际,派专家参加了省城红丝带大型艾滋病宣传活动,举办社区艾滋病讲座,举行院内防艾宣传活动,参与太原及榆次、忻州、离石等周边县区艾滋病治疗点联动,为符合治疗条件的艾滋病无症状期患者提供抗病毒治疗的技术支持,主动承担艾滋病防治社会责任,同心携手,加强合作,为抗击艾滋病发挥主力军作用。

改善医疗环境。推进"百院兴医"建设,针对医院就地改造、项目多、手续杂、困难大的情况,调动医院各方面力量,攻坚克难,有序组织,全力推进。在拆掉四个病区,减少200张床位的情况下,通过内部挖潜,解决了床位短缺问题,保障了正常的医疗秩序;不遗余力推进工程建设,感染性疾病住院大楼已竣工验收,艾滋病诊治楼、社区楼工程准备竣工验收,结核病疾病防治楼主体建至七层,室外工程及污水处理站升级改造项目正常推进。五个项目在总投资1.56亿元的基础上,又根据工程实情获批艾滋楼追加投资1500万元、高压和电增容追加923.72万元,使总投资达到1.8亿余元。其中争取到中央和省级财政投资占到总投资的55%。

硬件设施建设方面,争取省、市财政资金,先后购置飞利浦数字化摄影机(DR)、麻醉机、便携式B超、显微镜扫描仪、全自动细菌图片染色系统、正置荧光显微镜、生物显微镜等仪器设备;自购心电监护仪、除颤仪、动态心电记录分析系统等必备设备,进一步优化了诊疗设施设备条件。

信息化建设方面,由财政出资100余万元进行机房基础设施建设,项目已完成政府招采并签订合同;对门诊楼进行网络改造,重新优化布局核心机房,完成HIS系统升级,实现了与市级卫生信息平台的数据对接。门诊医生工作站和"就医一卡通"年内全面上线运行。"百日百项重点工程"配套临床信息系统建设已获可研批复立项。

严格规范管理,落实城市公立医院改革。根据太原市城市公立医院综合改革1+10方案,制定印发了落实方案,成立医院改革领导组,对医改工作进行安排部署,明确时间表、责任人、路线图、关键点。加强医改政策学习宣传,举办医改政策解读培训会,做好取消药品加成系统维护切换工作,实现即时对接。加大取消药品加成、调整医疗服务价格的宣传,保障了患者知情和正常医疗秩序。

深化人事制度改革。规范人事和干部管理工作,年内调整了部分中层干部,组织了护士长竞争上岗,激发干部活力动力。修订《聘用护士管理制度》和考勤制度,制定各类人员招聘条件,严格人员招录程序和病假审批流程。实施高级职称动态管理,形成以业绩、能力为导向的专业技术职务优胜劣汰机制。修订并完善医院专业技术职务申报和聘任制度,公开、公平、公正地实施了2016年专业技术职务申报和聘任工作。结合医改工作,成立人力资源薪酬改革、全面预算管理、全成本核算工作组,加强人员编制管理和人员调配,完善医院绩效考核内容和奖惩措施。

加强医院运营管理。转变作风,厉行勤俭,严格报销审批流程。"三公"经费大幅下降,2016年仅公务用车支出较上年同期下降44%;加强资产管理,开展了固定资产专项清查工作;实施全面预算管理,做好新建业务用房配套开支预算和采买工作;严格执行《院内招标管理办法》和阳光采购询价制度,年内组织阳光采购询价29次;开展基建及维修工程专项审计2项,审减资金7.66万元。开展财务管理年活动,严肃处理违规行为,加强医院内部收费管理。

强化制度保障建设。制定《合同管理制度》《多部门联席会议制度》《外出开会落实办理制度》,针对性加强关键工作环节管控。修订《医院制度汇编》,完成了《工作岗位职责汇编》《工作流程汇编》《应急预案汇编》的编制工作。组织全院学习制度规章,加大职责制度履行考核力度,为医院高效、有序、良性运行提供制度保障。

重视安全生产工作。完善安全生产组织机构和人员分工,落实安全生产各项制度,加大事故隐患排查治理,以举办讲座、观看视频、体验式教学、应急演练等多种形式，提高职工安全意识和应对安全问题的能力，加大人防技防投入，确保人员设备配备到位。全年未发生重大安全生产事故。

推动人才培养学科建设，积极筹划新的发展格局。获批“太原市胸科医院”名称，经省发改委和省卫计委批复增设编制床位200张；发起成立市医师协会结核病专业分会，成为主委单位，举办结核病与呼吸系统疾病学术会议；派出专家参与全省结核病“三位一体”防治规范管理年督导活动。通过统筹协调、搭建平台、共享资源，进一步发挥作为三甲专科医院在医教研、传帮带方面的作用，为基层医疗服务，为专业发展服务，为医院发展争取有利的政策和更好的发展环境。

创新人才培养学科建设。聘请国内知名结核病学专家、首都医科大附属北京胸科医院唐神结、丁卫民教授定期进行学术讲座、临床带教及镜检和治疗操作指导。重视并做好继续医学教育工作，全年举办省级5期、市级10期、远程15期继续医学教育项目，年内派出121人次参加各类学术会议、培训学习和进修，组织院内业务培训12次，开展医保、法律知识、消防、院感、传染病防治等各类培训40余次。开展2项课题研究，立项1项省级科研课题，承接3项临床科研试验项目。将论文撰写与高级职称动态考核和目标责任书紧密结合，全年发表论文98篇，其中国家级5篇、省级93篇。在上年耐药结核科获批山西省重点专科的基础上，又组织外科、感染科申报了省、市临床重点专科。

加强党风廉政建设。开展“两学一做”学习教育。认真贯彻落实党的十八大、十八届历次全会精神和习近平总书记系列重要讲话精神，落实“四个全面”战略布局，落实党委主体责任和纪委监督责任，加强领导班子建设，持续深入改进作风。深入开展“两学一做”学习教育，做到规定动作不走样，自选动作有特色。围绕7项基层党建重点任务和全市12个基层党建重点项目，把“两学一做”活动成果与医疗服务实践紧密结合，进一步激发党员干部竞进提质的精神状态，为推动医院发展凝心聚力。开展以“做守廉表率，促事业发展”为主题的廉政文化教育月活动。通过开展“权力不可任性”警示教育会、签订全员廉洁自律承诺书、签订供货商廉洁承诺书、开展“廉政文化大家谈”征文等活动，在干部职工中营造良好的廉政文化氛围。制定下发了《2016年党风廉政建设及纪检监察工作计划》，严明政治纪律和政治规矩，强化监督执纪问责。2016年患者满意度为97.67%，收到各类表扬403次，退红包21人次，共计17800元，群众就医体验满意度进一步提升。（闫利勤）

·太原市中医院·

【概述】 2016年，太原市中医医院在太原市卫生计生委的正确领导下，坚持“医疗立院、人才兴院、科研强院”的治院理念，贯彻落实《中医药事业发展“十三五”规划》《太原市城市公立医院综合改革实施方案》和全市卫生计生暨党风廉政建设工作会议精神，着力提升患者和全院职工的满意度。全年获市级以上先进集体7项荣誉。医院获市委市政府2014–2015年度文明单位标兵称号，获太原市总工会女职工委员会“工会女职工培训示范学校”，获2015年度目标责任综合考核优秀单位，获得太原市总工会、太原市精神文明办、太原市卫计委表彰的“太原市医德建设先进单位”。院心脑科、肺病科获得“太原市医德建设先进科室”。经第九届健康中国（2016年度）组委会评审，获“第九届健康中国论坛·健康宣教优秀医院”称号，院青年志愿者服务队获太原市文明办、市民政局、太原市志愿者服务协会颁发的“太原市四星级学雷锋志愿服务组织”称号。

（办公室）

【主要业绩考核指标完成情况】 2016年，业务收入完成8792.55万元，较2015年7504万元增长17.16%；入院患者数6153人次，较上年5704人次增长7.9%；出院患者数6299人次，较上年5637人次增长11.70%；病床周转次数18.1次/床/年，较上年增加0.7次/床/年；病床使用率80.2%，较上年78.4%增长1.8%；门诊人次153673人次，较上年116185人次增长32.3%。（办公室）

【深化医疗改革，推进医联体建设】 2016年，市中医医院力求中医优质资源向基层延伸。市内已设立玉河、平阳、长风、经济技术开发区、阳光汾河湾、富士康门诊部6个分病区，共开放床位182张，初步形成了辐射五个城区的中医药服务网络。

注重发挥中医战略联盟及医疗联合体的优势，加大外联力度。来市中医医院出诊的北京、上海、省内知名专家共9人，每周都有专家出诊，全年诊疗患者2000余人次，使广大市民能够在“家门口”享受北京、上海优秀专家的医疗服务。

发挥作为太原市中医医疗集团龙头优势，对市中医医疗集团（共11家单位）所属各中医院进行了业务指导，本院专家定期到基层社区出诊，加强医疗合作、人才培养，推广中医适宜技术。并医险中心字〔2016〕50号《关于同意榆次高校园区医院等6家机构为太原市城镇基本医疗保险定点医疗机构的通知》，同意太原市中医医院经济技术开发病区、平阳病区、长风病区、玉河病区、汾河湾病区为太原市城镇基本医疗保险定点医疗机构。

中医“治未病”，发挥太原市中医医院作为太原市中医社区卫生服务指导中心的优势，不断加强中医“治未病”工作，从政策、资金、人员上予以大力扶持，已建立30000例以上的健康管理数据库，为群众提供健康状态信息采集与辨识评估、健康咨询指导、健康干预、服务效果追踪等中医健康管理全程服务。同时多种形式开展健康教育宣传、业务指导等工作。

推进“名医、名科、名院”建设，经山

西省卫生计生委决定,王有奎、刘惠智2人被授予首批“山西省名老中医”称号。医院共有市级名老中医药专家传承工作室9个、学术流派传承工作室3个。举办市级继续教育项目14项;省级刊物发表文章26篇、在国家级核心期刊发表文章8篇。推进优质护理,优质护理服务病房100%全覆盖,对患者实行优质、全程责任制整体护理服务。

医院首次引入国家级科研项目,作为项目研究单位之一，参与承担中国中医科学院中医药行业专项课题－“中医特色健康管理的缺血性中风病复发风险评估系统研发及示范应用”。成功立项山西省中医药管理局科研课题4项:儿科－大柴胡汤加减治疗小儿胆道闭锁Kasai术后胆管炎的临床研究;妇科－益元助卵颗粒治疗肾虚血瘀型卵巢储备功能下降的临床观察；腹针科－腹针疗法结合“程氏三才针法”治疗抑郁症的疗效观察；康复科－清心解郁汤对失眠的疗效观察。

9月28日，在北京参加2016年山西医药卫生招才引智大会，裴伟俭院长与北京东直门医院签署了《中医战略联盟合作协议书》,旨在中医药医疗、教育、科研等领域开展合作与交流。(办公室)

【推进“百院兴医”工程】 2016年,在上级主管部门大力支持下，医院门急诊建设项目已经取得施工许可证和消防审查合格意见书。按照设计规划要求，对建设项目地块内的所有旧建筑物进行了拆除。

5月19日,富士康发生麻疹群体感染疫情,医院第一时间启动应急预案,在市卫生计生委的正确领导下，医院领导高度重视,举全院之力,加班加点,连续作战,接种疫苗约7万人次。及时控制了疫情发展,出色完成应急任务。

作为全国中医药文化建设先进单位,将中医文化元素融入医院工作中,持续加大宣传力度,普及中医药知识。合作开展中医健康养生知识系列讲座等,倡导中医养生的健康理念。 (办公室)

·太原市妇幼保健院·

【概述】 太原市妇幼保健院（太原市儿童医院)始建于1984年,是一所集妇幼保健、医疗、预防、科研、教学为一体的三级甲等妇幼保健院，是全市10县（市、区)2/3人口的妇女儿童群体保健和公共卫生管理、督导、指导中心,为全市妇女儿童提供集体保健、个体保健以及配套医疗保障服务。

2016年为医院的“规范管理年”,是“太原市妇幼保健计划生育服务中心”成立的第一年。医院围绕发展目标,院党政班子团结一致,率先垂范,凝心聚力,带领全院职工干事创业,积极投身医改,努力开创医院建设新局面，实现了医院一级跳的战略目标。

主要工作业绩。2016年,门急诊人数为324400人次,同比增长41.03%;出院人数为13611人，同比增长58.62%;手术例数4246例,同比增长35.70%;分娩数为5327人,同比增长94.59%;业务收入16039万元，同比增长51.80%;固定资产总额10757万元，同比增长37.52%;资产负债率16.87%,同比下降37.75%;平均住院日5.48天,同比增加0.22天;病床使用率100.64%,同比增长52.53%；药占比27.42%，同比下降8.75%;人员经费支出6543万元,同比增长26.97%;三公经费36.69万元;群众满意度97.71%。

履行妇幼公共卫生职能，全面推进妇幼保健工作。深入10县(市、区)对10个乡镇卫生院、8个社区卫生服务中心、56个村级服务机构、20个监测医院进行了2016年上半年妇幼卫生信息监测、预防艾滋病、梅毒、乙肝母婴传播等妇幼工作督导;完成对10县(市、区)16所基层医疗机构妇女、儿童保健门诊规范化建设检查评估工作。完成全市星级幼儿园卫生保健工作评审标准的修订工作,对全市拟升三、四星级的67所幼儿园进行了审核验收。指导、帮助古交市创建为“国家妇幼卫生示范县”，尖草坪区和娄烦县创建为“省级妇幼卫生示范县”。免费为太原市城区流动人口开展了宫颈癌和乳腺癌的专项筛查活动,服务6264余人。帮扶太原市4个县(市、区)宫颈癌筛查项目提供技术支持，共筛查3000余人,完成率100%。2016年,全市孕产妇死亡率为18.01/10万，婴儿死亡率为5.13‰,5岁以下儿童死亡率为5.90‰,孕产妇系统管理率为87.82%,3岁以下儿童系统管理率为88.08%,出生缺陷率为115.85/万,新生儿访视率为96.35%。太原市共为11170名农村孕产妇住院分

副市长王爱琴到市妇幼保健院调研

娩给予补助，为19192名农村妇女增补叶酸，为21014名城镇妇女增补叶酸，为16506名农村妇女进行宫颈癌筛查，为2000名农村妇女进行乳腺癌检查。制定了《太原市<出生医学证明>管理相关文件汇编》，撰写《太原市创建山西省乡级妇女、儿童保健规范化门诊评估报告》《2016年上半年太原市基本公共卫生儿童孕产妇健康管理》等报告30篇。

积极投身医改，促进优质医疗资源下沉。与清徐县人民医院、郝庄镇卫生院以及10县（市、区）妇幼保健院（所、站）16所医疗机构组建医疗联合体。派出专家160人次，服务1650人；帮扶郝庄镇卫生院建立了产房和手术室，已正常运转。建立了双向转诊机制，共接收基层医院转入病人356人次，转出病人49人次。对口支援、巡回医疗、“千医千村千手”和帮扶社区卫生机构工作。派出专家206人次，开展技术讲座培训5次，义诊13次，健康教育宣传活动10次，服务4920人次。

强化落实“两个责任”，开展学习教育活动，确保活动实效。以开展“两学一做”学习教育为抓手，坚持全面从严治党，充分发挥党建工作在医院发展中的主导引领和服务保障作用；开展“马上就办、真抓实干”为主题的“冬季行动”，确定并完成了18项重点工作任务。强化监督，抓好党风、行风廉政建设和反腐工作。严格履行监督执纪问责，定期公开“三公经费”使用情况和药品“双十”公示，对评选出的先进个人等内容进行公示，参加太原新闻广播电台举办的《行风热线》栏目，自觉接受群众及社会各界的监督。开展以乱收费、收红包、收回扣及服务态度为主要内容的专项检查，对发现的苗头性问题当场指出解决；制定下发了《关于纪检监察招投标资料管理工作的通知》，进一步加强和规范了招投标监督工作。2016年，医院护理、保健、医保、门诊共发放满意度问卷调查表3330份，综合满意度为97.71%；共收到锦旗83面，表扬信51封，退还患者红包70人次，共计45050元整。全年未发生任何违法违纪行为。

注重学科发展。开设了儿外科病区，新开展腹腔镜下阑尾切除术、先天性肌性斜颈矫正术等4项手术，共完成手术76例。开设耳鼻喉科病区，完成手术36例。开设山西省首家身高促进门诊，接诊101例；建立太原市新生儿危重症救治中心；成立太原市新生儿窒息复苏培训基地；建立山西省助产专科护士临床教学基地；建立山西省第二批住院医师规范化培训协同专业基地（儿科专业）；增设孕期心理咨询门诊。“院士工作站”工作。在院士团队专家的指导下，完成各种疑难手术16台，其中完成首例80岁高龄子宫内膜息肉合并高血压、糖尿病患者在腹腔镜下行子宫双附件切除术；召开学术专题讲座2次。全国围产医学专

小丑医生志愿者服务活动

业主任委员杨慧霞教授亲临产科指导工作；北京复兴医院黄晓武教授、首都儿研所郑春华教授、北大人民医院魏丽慧教授、国家妇幼保健中心金曦教授等8名全国顶尖专家来院指导工作、手术示教、学术讲座。实施人才“双百工程”。多种渠道引进专业技术人才，共招聘63人，外聘专家21人；派出进修学习人员101人。医院有8人入选“百千万卫生人才培养工程骨干精英人才”；妇保科副主任李艳在全国最大专业网站——中国妇产科网上开创“妇科内分泌频道”版块，担任执行主编。正在进行中的省级科研6项，申报省级科研1项，准入新技术新项目25项。全年发表科研论文论著60篇（册），其中国家级论文1篇，SCI论文1篇，论著6册；共组织院内学术讲座67次，参加人数7000人次。

2016年，医院荣获2014-2016年“全国百姓放心示范医院”、全国围产营养项目优秀单位、2014-2015年度山西省精神文明创建先进集体、全省首批“妈咪小屋”示范点、2015年度省城“平安标兵单位”“心系新生命”活动市级示范单位、小丑医生最佳团队、首批市级新农合协议管理医院和2015年度太原市卫生系统目标责任综合考核优秀单位等荣誉。　（办公室）

小丑医生志愿者

·太原市精神病医院·

【概述】 2016年，市精神病医院医疗收入5384.78万元，较上年增长26.16%。门（急）诊人数39455人次，较上年增长13.7%；入院人数2578人次，较上年增长

0.58%；出院人数 2577 人次，较上年增长 0.9%；平均住院日 80.50 天，较上年增长 7.0%；病床周转次数 3.79 次，较上年增长 0.8%；药占比 32.95%，较上年下降 4.82%；门诊收入 2285.27 万元，较上年增长 16.99%；固定资产 5514.2 万元，较上年增长 5.21%。

“一卡通”、门诊预约系统正式运行。老年病科医养结合综合楼立项工作已送达省发改委，正在立项过程中。按照市卫生计生委安排，医改工作按时、全面、准确推进。国家卫生计生委认证，省内唯一心理援助热线开通。医学心理分院开诊筹备工作基本完成、相关设施设备全部安装调试完毕。

推行精细化管理，医院制度化建设有了新突破。成立了“阳光理财小组”，3000 元以上至 10 万元的开支，必须经过理财小组通过后方提交院党政联席会通过。“阳光理财小组”成立以来，2016 年共开展理财活动 22 次，确保了医院每一分钱花的合理，过程公开、透明。外聘招投标代理机构，负责医院大额物资采购项目。第三方机构的介入，使医院财务开支更规范、阳光、透明。邀请中国医院管理研究中心研究员、首都医科大学附属北京朝阳医院总会计师、绩效管理专家，张仁华教授进行专题授课，讲授“新医改形势下医院绩效管理”，为全面绩效考核打下了坚实的基础。加强了制度建设。新增《行政办公会制度》《重大事项报告制度》《阳光理财制度》《消防设施设备维修制度》等制度，在窗口部门开展了“亮身份、塑形象”活动；重新修订了《院务公开制度》《院周会制度》等 60 多项制度，加快了医院制度化建设进程。

医院专科模式向“大专科、小综合”转变。进一步开拓思路，强化服务意识，新增了内、外科综合门诊。对内，加强了对住院患者常见病的治疗能力，提高医疗的安全性与自主性；对外，能够为周边群众提供综合诊疗服务，合理调配医疗资源，方便群众就医。“医学心理分院”筹备工作进展顺利。在新晋祠路开设的“山西省精神卫生中心医学心理分院”，筹备工作进展顺利，相关设施设备全部安装调试完毕。信息化建设不断完善，服务愈加高效便捷。一是“电子病历”及门诊医生工作站建成，实现对在运行电子病历的全程质控。二是在电子病历中植入临床路径模块，临床路径管理在全院正常运行。三是将护理统计（如护士工作量统计表、护理不良事件上报表、压疮上报表、精神科监护单）等资料纳入信息化管理。依靠医院信息化管理平台，优化护理工作流程。开通门诊病人“一卡通”业务，分别在住院部门诊大厅、东岗路方便门诊和医学心理分院设置 4 台多功能自助机，方便患者就医。临床路径系统及处方点评系统进入运行。

医联体建设深入推进，为分级诊疗及跨区域合作奠定基础。2016 年形成了以医院为龙头，以 5 家二级医院为支撑，基层医院和全市社区卫生服务站为医疗服务网底，服务全省，为分级诊疗打下良好的基础。与内蒙古鄂尔多斯市第三人民医院建立技术协作关系，定期派出专家举办业务培训、开展教学查房和提供专家诊疗服务，业务水平得到认可，跨区域协作实现突破。根据“三甲医院”评比标准，修订完善医院感染管理各项规章制度、细化院感质量管理措施。加强医院感染知识培训及演练。参与完成的两篇医学论文被 SCI 检索期刊录用，实现了高水平论文零的突破，填补了论文没有被国际性索引数据库收录的空白。与北京大学第六医院合作项目《基于临床医学研究协同网络的情感认知障碍综合诊疗关键技术研究》正式展开研究。成功立项 1 个省级科研课题，2 个省级科研项目正在顺利开展。申报“甲状腺功能测定”和“血清泌乳素测定”等 2 个新技术新项目，共申报市级继续教育项目 2 个。承担了“山西省精神科医师转岗培训”2 期和“山西省第二期精神卫生专科护士培训”，为全省培训转岗医生 124 人、高级别专科护士 46 人；通过“互联网 +”的形式，为全省培训精神卫生专业人员 2100 余人/次。与山西医科大学人文社科学院签订协议，在医院建立应用心理学研究生实践基地。

山西省首条“心理援助热线”开通，由通过“热线国家项目办”心理热线专业技术培训的专业技术人员承担咨询工作。投入运行的 4 个月，IVR 访问量达 1400 余次，实际接听电话 690 条，其中高危来电 2 例，均进行了妥当处置。来电地区包括省内 100 多个县及省外湖南、湖北、陕西、北京、广东等地。来电求助问题涉及婚姻情感、职场压力、人际交往困难、子女教育等问题，其中关注度最高的是抑郁症的相关问题。

华北地区第十四届精神医学研讨会

山西省精神科医师转岗培训项目理论培训班

开展了以“提升职业素质，优化护理服务”为主题的优质护理服务，重点突出了优质护理服务项目，完善护理质量管理。对全院9个临床科室展开两轮督查，重点对夜班护士岗位职责落实情况、责任制整体护理实施措施落实情况、科室护士长每日两查房落实情况、患者开饭护士岗位职责落实情况等进行检查。开展“全员护士岗位技能竞赛”。通过层层考核，评比出优秀护士9名，优秀科室3个，并在当年的“5.12”护士节进行表彰，护理服务能力和专业水平进一步提升。在全市开展的“医护岗位技能竞赛活动”中，医院获得团体第三名的成绩。

加强药品管理，促进合理用药。为落实药事管理的各项目标，医院依照《中华人民共和国药品管理法》《中华人民共和国药品管理法实施条例》《处方管理办法》等相关法律法规制定了本院药事管理规章制度。药品从采购、验收，仓储保管，使用到药品质量信息反馈实行全程严格监管。药品不良反应监测工作成效显著。承担了太原市不良反应监测中心的重点药品监测工作，共上报药品不良反应71例。

承担社会公益事业，把责任扛在肩上。2016年高考前夕，为太原市高考学生举办心理讲座6次，为太原电视台“新闻对话栏目”录制专题对话3期，为太原日报撰写高考心理问题系列报道6期，设立专门高考门诊开展心理辅导100余人次。举办义务心理讲座。先后受邀为山西省政府的武警官兵、五一路消防中队、迎泽区双塔南巷二社区、太原科技大学、山西医科大学晋祠学院等单位举办心理健康讲座。开展第25个“世界精神卫生日”宣传活动。活动共接待心理咨询及老年精神障碍咨询142人，免费开展焦虑量表自评、老年痴呆简易量表测评83份，为社区管理的严重精神障碍患者提供免费领药36人。制作心理健康知识展板15块，发放心理健康知识宣传彩页500余份。成立“青年之声·太原”心理服务联盟。以医院为依托，太原幼师心理中心、太原五中心理中心、太原灵悦心理咨询中心和太原灵星社区服务中心等5家单位共同成立“青年之声·太原”心理服务联盟，为太原市青年在成长、创业、就业、婚恋、志愿服务、、维权等方面的需求提供帮助。老年精神病科主任李丽珠荣获2015“感动山西十大人物”荣誉称号。老年精神病科主任郝伟平荣获由山西省卫生和计划生育委员会评选出的“2015年度全省优质服务示范个人称号”。精神分裂症女科护士赵翠红主持的《多功能智能型约束手套设计与应用》创新项目，在“山西省护理学会第二届护理用品创新大赛”中荣获优秀奖。　　（办公室）

·市健康教育中心·

【概述】 太原市健康教育(旧称“卫生宣传教育”)工作始于五十年代，由太原市卫生局防疫科管理，后交太原市卫生防疫站兼管。1983年10月市编委批准设置《太原市卫生教育馆》，1984年10月正式成立。1990年10月经市编委批准更名为“太原市健康教育所”。2011年12月经市编委批准更名为“太原市健康教育中心”。

泰国卫生部精神卫生司副司长一行到市精神病医院考察交流

太原市健康教育中心是太原市编办核定的正科级全额拨款事业单位，隶属太原市卫生局管理，是全市唯一的健康教育专业机构和业务协调、指导中心。现有办公用房1400平方米，实有在册正式职工23人，其中管理岗位3人，高级职称5人，中级职称8人，初级职称7人。内设科室2室5科，即：办公室、党办、健教信息科、健康促进科、财务科、教学档案管理科、行保科。其主要职能为：向社会人群开展以增进健康为目的的卫生科学知识传播，进行不良卫生行为教育的干预，以增强人们的自我保健意识，提高生活质量和健康水平。具体开展卫生科学知识宣传和社区人群系统健康教育；健康教育课题研究；培训基层健康教育专兼职人员；健康教育调查研究、效果评价；编辑卫生科普知识书刊、报纸、设计制作展版、宣传画、科普挂图；编辑制作健康教育影视专题片等工作。

在市委、市政府及市卫生局的正确领导下，市健康教育中心始终认真贯彻执行党的卫生方针政策，积极开展多种形式的健康促进与教育，引领全省健康教育工作。先后开展创建国家卫生城市，幼儿和中、小学生健康教育、农民健康促进行动、相约健康社区行、健康促进学校项目、世界银行贷款卫生Ⅸ项目、中央补助地方经费健康素养行动项目、糖尿病患者自我管理现况调查、中医养生健康素养项目、工矿企业健康教育与健康促进、重大疾病预防控制及重点人群健康教育和控烟活动等，全市健康教育与健康促进工作取得了明显成效。先后编印《农民健康教育读本》《健康知识与行为指南》《传染性非典型脑炎防治知识手册》《中小学科学防治SARA指导手册》《青年人健康指南》《优生优育知识手册》《新农合“分级诊疗制度”宣传读本》《艾滋病健康教育知识手册》等健康教育书刊和宣传资料；拍摄制作《不辱使命》《预防流行性感冒》《吃街头食品要当心》《太原市儿童计划免疫工作概况》等专题片；制作多期街头健康教育专栏及展版。《行动起来　向“零”艾滋迈进》公益广告荣获省一等奖。多次荣获省、市创建卫生城市、疾病防治、健康教育先进单位表彰奖励。　　（办公室）

【开展形式多样健康教育活动】 2016年，市健康教育中心参加了由太原市卫生与计划生育委员会举办的太原市流动人口关怀关爱送温暖活动。6月13日市健康教育中心开展支持国家《公共场所控制吸烟条例》出台签名征集的活动。组织市疾控中心、市卫生监督所、市人民医院、市中心医院和市第四人民医院六家医疗卫生机构共73名专家在国家控烟立法建议书上签名。6月20日，组织了“共建安全健康山西”培训会。这次培训特邀山西省全民健康促进会、省健康教育专业委员会彭海滨委员为大家讲解“突发事故公共卫生安全事件的自救互救知识”及“雾霾(PM2.5)的危害及防护”知识。太原市健康教育中心、市医疗器械技术管理站、市卫生培训中心的全体职工及胜利西街居委会的群众共60多人参加了这次培训。7月6日至7日市健康教育中心召开了“全市卫生计生宣传工作暨创建国家卫生城市健康教育工作推进会”。会议由市卫计委健康教育与促进处处长刘晋敏主持，市卫计委副主任黄建宏、省健康教育中心主任董海原、市爱卫办副主任李书庭、市健教中心主任李飞出席会议。来自全市各县(市)区卫计局的健康教育工作者共229人参加了这次会议。6月24日，市健康教育中心举行“医疗卫生机构暨戒烟门诊创建”巡讲培训班，太原市健康教育中心主任、国家级健康教育专家李飞讲解了“戒烟门诊的创建”。参加培训的区级医疗单位医务人员共计200余人。

7月11日至14日，市健康教育中心对太原市10县(市、区)基本公共卫生健康教育服务规范工作开展情况进行督导。9月13日至22日，市健康教育中心由李飞主任带队对10县(市、区)全民健康生活方式行动健康支持性环境创建工作和2015年中央补助地方经费健康素养促进行动项目完成情况进行督导、验收和考核。此次检查期间，共验收6个健康支持性环境和1个健康教育基地。

9月1日，市健康教育中心举办了以“和谐我生活，健康太原人”为主题的太原市第十个“全民健康生活方式行动日”宣传活动。现场进行了健康生活方式宣传咨询义诊宣传活动，并组织了健步行、跳绳比赛和有奖知识问答。现场发放健康生活方式宣传资料及支持性工具(如限盐勺200个与控油壶50个等)。现场展出展板20块，易拉宝30个，发放宣传资料26种共1万余份，接受群众咨询500余人次，义诊200余人次，得到广大市民的一致好评。本次活动，省城新闻媒体山西新闻网、太原电视台、太原广播电台、《太原日报》《太原晚报》等作了报道。9月28日至29日，市健康教育中心举办“太原市基层健康教育知识技能培训班”。来自各县(市、区)疾控中心(健教中心)分管健康教育工作领导和业务骨干；各县(市、区)社区卫生服务中心、乡镇卫生院从事健康教育的工作人员；各健康促进医院从事健康教育的工作人员，太原市健康教育中心业务人员270余人参加了会议。会议由太原市健康教育中心副主任史坚主持，太原市卫生计生委健康教育与促进处刘晋敏处长到会并讲话。中心主任李飞、业务骨干许洁茹、罗英、罗立洁对基本公共卫生健康教育做了精彩的讲解。由太原市卫计委主办，市疾控中心、市健康教育中心、山西大学生命科学学院、太原市共青团新媒体中心承办的2016年“世界艾滋病日”宣传活动暨艾滋病防治工作会议于11月30日举行，副市长王爱琴出席并讲话，市卫计委主任郝宝清宣读了《倡议书》。市直各职能部门分管领导、处室负责人，各县(市、区)政府分管领导、卫生计生局局长、疾控中心负责人，防艾志愿者单位负责人，志愿者代表，部分高校学生，省城多家媒体共计500余人参加了这次活动。

12月12日至14日,市健康教育中心举办了健康素养项目启动暨重点领域健康教育培训会。来自各县(市、区)卫计局疾控(健康教育)科科长;各县(市、区)疾控中心(健教中心)分管健康教育工作领导、健康教育科科长及业务骨干;各健康促进医院、示范单位健康教育科科长;各健康教育基地具体负责人;市健康教育中心领导及专业技术人员共62人参加了这次会议。12月26日,市健康教育中心举行了"山西大学生命科学学院教学实习基地"揭牌仪式。参加这次活动的领导有山西大学生命科学学院院长、教授王兰,市卫计委副主任黄建宏、市卫计委健康教育与促进处处长刘晋敏,市健教中心领导班子、全体职工及山大学生代表等40余人。

2016年,太原市健康教育中心被山西省爱卫会授予"省爱国卫生先进单位",被山西省卫计委评为"全省健康教育先进集体",被中共太原市委、太原市人民政府、太原警备区授予"双拥先进单位";万柏林区创建为国家级健康促进示范区。（办公室）

体　育

【概述】 2016年,太原市公共体育设施逐步完善,社会体育组织发展壮大,全民健身活动蓬勃开展;竞技体育取得突破,实现"省运领先、青运有位、全运有金、奥运有人"的奋斗目标;体育彩票销售突破7亿;太原市体育局以市政府名义印发《太原市体育事业"十三五"发展规划》和《太原市全民健身实施计划(2016－2020年)》,发挥体育在建设健康太原、推动经济转型升级、扩大对外交流合作等方面的独特作用,彰显体育事业的综合功能和社会价值。（刘潇涵）

【群众体育】 完成100块篮球场(社区多功能活动场)的建设和300套健身路径的安装,更新两项太原市2016年重点民生工程;完成97套进公园(社区)、进农村(广场)的健身设施安装工程;依托汾河景区打造汾河体育健身长廊。在全市32个市级体育协会的基础上,新增3个体育协会;组织二级社会体育指导员和二级健身气功指导员培训;完成12名国家级、31名一级社会体育指导员申报工作,授予561人二级社会体育指导员称号,指导县区做好三级社会体育指导员管理工作。

围绕"强健体魄·阳光生活·共享青运""全民健身与青运同行",开展省城群众迎新年健步行、迎新春体育健身大拜年、"体育三下乡"、全民健身社区行、"我爱足球"中国足球民间争霸赛等覆盖面广、影响力大、群众参与度高的全民健身活动,推动全民健身和全民健康深度融合,全年活动次数达百余次,群众参与人数达50多万人次。建成1个市级国民体质监测中心和5个县级国民体质监测站(点),全年完成市、县两级体质测试3000人次;承办全国"科学健身,全民健康"全民运动科学健身指导系列活动(太原站)。配合省体育局做好2016年全国青少年阳光体育大会山西站活动。加强青少年体育俱乐部和体育传统项目学校的管理,组织6所田径传统校参加2016年全国体育传统项目学校田径联赛,选派传统校校长、教师参加全国、全省业务培训。（刘潇涵）

【竞技体育】 在训练体系方面,基本形成以市属专业体工队为一线、市属体校为二线、市属训练点校为三线的层次分明、年龄衔接的竞技训练梯队。抓好运动员文化教育及后备人才培养,以市政府办公厅名义印发《关于进一步加强运动员文化教育和运动员保障工作的实施意见》。在人才队伍建设方面,创建国家级高水平体育后备人才基地1个、省级高水平体育后备人才基地4个,培养11名国际级裁判员,86名国家级裁判员,486名国家一级裁判员,2000余名国家二级裁判员。在运动成绩方面,一是在2016年巴西里约奥运会中,太原籍击剑运动员郝佳露、游泳运动员曹玥出征奥运,特别是郝佳露在女子重剑团体赛中获得银牌。从2013年到2016年一个周期内实现"省运领先、青运有位、全运有金、奥运有人"的奋斗目标,并实现"奥运有牌";参加省十五运会年度赛,取得金牌167枚、银牌143枚、铜牌111枚,全面完成太原市保持全省领先的目标任务。二是承办各项国内外大型赛事。承办2016年亚洲小轮车锦标赛、2016年全国小轮车冠军赛(第三站、第四站)、第二十四届"飞跃杯"田径比赛、全国摔跤(古典式、男子自由式)少年锦标赛、省十五运会年度赛自行车、蹦床等5个项目赛事,此外,承办2016年山西省少儿摔跤分龄赛等国际、国内大型赛事,积累办赛经验,提高办赛水平。三是做好二青会各项筹备工作。市体育局配合各单位、部门做好

太原国际马拉松

2016 年亚洲 BMX 锦标赛在太原市举行

各项前期筹备工作；做好参赛备战工作，筛选适龄运动员，从多个省市引进多名优秀运动员，安排重点运动员赴外地和省项目中心训练，聘请各项目专家教练定期指导，提高训练水平和效果；围绕“强健体魄·阳光生活·共享青运”“全民健身与青运同行”，实施全民健身实施计划，加快完善公共体育服务设施，在全市范围内掀起新一轮全民健身热潮。

（刘潇涵）

【体育产业】 一是鼓励社会力量进入体育市场。建立斯迈夫太原体育产业孵化基地，成立斯迈夫（太原）会员社群分会。通过参加 2016 年斯迈夫体育产业大会，搭建产业交流平台，现场推荐二青会品牌，让更多的社会力量了解相关行业的发展状况。二是发展体育赛事产业。在打造城市体育名片和承办国际级、国家级赛事的过程中，采取竞赛冠名、特许经营等市场化运作方式，实施品牌战略，在提升办赛水平的同时，拉动体育赛事产业发展，实现社会效益与经济效益双丰收。三是加快信息化建设。与体育之窗文化股份有限公司合作，推进“互联网＋体育云平台”建设，成立太原市体育产业发展工作组；做好全国体育产业统计大调查工作，对导入太原市名录库平台的 7700 多家企业进行逐一核实，确保调查工作的真实有效。四是体育彩票销售突破 7 亿。体育彩票销售连年攀升，2016 年全市体育彩票销售额达 7.3 亿元，稳居全省第一。（刘潇涵）

【品牌赛事】 推动体育与经济、旅游、文化融合，2016 年太原国际马拉松赛在连续三年获得马拉松全国金牌赛事的基础上，被国际田联授予铜标赛事，实现新突破；继续打造“龙城赛龙舟”体育名片，在“两博会”期间，举行“2015 汾河龙舟公开赛”，促进文化、体育和旅游深度融合，提升城市知名度、美誉度；太原作为全国十五个“篮球城市”之一，发挥 CBA、WCBA 联赛主场优势，面向全市开展篮球运动项目，在全市范围内掀起篮球运动热潮；汾河体育健身长廊依托汾河景区优势环境，将运动健身与休闲娱乐相结合，使基础设施更加接地气，贴民生。

（刘潇涵）

【省城迎新年健步行活动】 1 月 1 日，在太原长风商务区山西大剧院文化岛平台举行 2016 年“强健体魄·阳光生活”全民健身系列活动仪式暨省城群众迎新年健步行活动。省人大常委会副主任周然、副省长张复明出席活动。省体育局局长苏亚君致新年贺词，副局长李世杰主持。

（刘潇涵）

【2016 年亚洲 BMX 锦标赛】 6 月 12 日，2016 年亚洲 BMX 锦标赛在太原市 BMX 训练基地举行，赛事由国家体育总局自行车击剑运动管理中心、山西省体育局、太原市人民政府主办，太原市体育局承办。共有来自中国、韩国、日本、马来西亚、泰国、印度尼西亚等六个国家的 60 余名运动员参加，比赛分男子精英组、女子精英组、男子青年组、女子青年组四个组别。（刘潇涵）

【傅山拳法大赛】 7 月 22 日，省城中华傅山园举办“传承傅山文化、弘扬傅山精神”主题系列活动，其中，第二届傅山拳法大赛成为此次活动的重要内容，晋中、淮南、灵石等 19 支代表队的 166 名拳师参赛。比赛由太原市体育总会和太原市草坪区主办，山西省形意拳协会、太原傅

2016 年巴西里约奥运会中，太原选手郝佳露在女子重剑团体赛中获得银牌

太原市举行群众迎新年健步行活动

山社和傅山武学研究会承办，设傅山拳法一路、傅山拳法二路、傅山拳法三路、傅山拳法上架子、傅山拳法下架子；器械类有鞭杆、傅山子午太极剑；集体项目有集体傅山拳，集体傅山剑；对练有太极推手对练和鞭杆对打；另有一些其他傅山功法的比赛。（刘潇涵）

【省运会蹦床赛】 山西省第十五届运动会“龙翔杯”2016年蹦床比赛暨山西省蹦床冠军赛于7月22日在山西省体育馆（训练馆）落下帷幕。全省四个地市的109名运动员角逐22枚金牌。太原市代表队共夺得17金，7银，3铜，被大会授予体育道德风尚奖。（刘潇涵）

【第二十四届全国“飞跃杯”田径比赛】 第二十四届全国“飞跃杯”田径比赛于8月5日至7日在山西省全民健身中心田径场举行，赛事由中国田径协会、全国田径“飞跃杯”理事会主办，太原市体育局承办，山西省全民健身中心、太原市体育运动学校、太原市田径协会、太原市龙翔青少年体育俱乐部协办。全国“飞跃杯”田径比赛是由太原、西安、石家庄、呼和浩特、包头、邢台、洛阳、邯郸、银川、长治等城市联合发起的协作性体育赛事，每年轮流在各城市举办，自1984年起已举办23届，总部设在山西省太原市。（刘潇涵）

【山西省第十五届运动会蹦床年度赛】 7月30日至8月3日，山西省第十五届运动会蹦床年度赛在山西省体育馆举行。由太原市体育运动学校代表太原市参赛并收获所有业余组的16枚金牌，并且包揽男子乙组团体、女子乙组团体、男子丙组团体、女子丙组团体、身体素质团体、蹦床团体操等六个项目的所有金牌。（刘潇涵）

【“四海一家·聚跑太马”中绿环保·2016太原国际马拉松赛】 9月16日，以“四海一家·聚跑太马”·为主题的中绿环保·2016太原国际马拉松赛在中国（太原）煤炭交易中心鸣枪开赛。山西省委常委、太原市委书记吴政隆，中国田径协会主席段世杰，山西省副省长张复明，山西省体育局局长苏亚君等领导嘉宾出席开幕式，并鸣枪发令。赛事汇集来自全球5个国家的29名特邀运动员和十余个省市的3万名跑友，旨在号召更多的华夏子孙回归故里、吸引五湖四海的国际友人参与，通过聚跑太马的方式，感受运动的乐趣，共享奔跑的快乐，欢度中秋佳节。（刘潇涵）

【山西省首届青少年蹦床锦标赛】 由山西省体育局主办的全省首届青少年蹦床锦标赛于2016年12月1日至5日在山西省体育中心蹦床馆举行，太原市体育运动学校共派出30余名运动员代表太原市参加比赛，共获得13枚金牌、14枚银牌、6枚铜牌。（刘潇涵）

汾河龙舟公开赛

文物 旅游

Historical Relic & Tourism

文 物

【概述】 2016年,太原市文物局系统干部职工围绕市十一次党代会精神,坚持“一个指引,两手硬”的重大思路和要求,发掘历史遗迹珍贵价值,科学谋划全市文物保护工作。文博事业成绩喜人,收获“五大亮点”:一是晋阳古城唐代皇家寺庙遗址惊艳亮相,使晋阳古城成为中国乃至世界上唯一可以完整展示唐代都城布局的大型遗址;二是历时五年的太原市第一次可移动文物普查完美收官,以“一普”成果引领全省;三是文物局机关与晋祠博物馆晋升太原市双拥模范单位,集体朗诵作品《太原赋》荣获全市中华经典诵读决赛一等奖;四是文物安全更加稳固,实现全年安全生产零事故;五是携千年文物精粹,走出山西,走上央视,形成从文字到影像、从详细史料到普及手册、从驰名三晋到扬名中国的全方位、立体化文物宣传格局,力争精心解读太原故事,潜心传承晋阳文脉,在中华大地奏响“唐风晋韵,锦绣太原”主题曲。

(郝文静 陈雅彬)

【重点工程】 古城古墓发掘取得重大突破。晋阳古城唐代皇家寺庙遗址出土,国内考古界知名专家在参观晋阳古城二号建筑基址群时一致认为,晋阳考古出土遗物之丰富、规模之巨大、结构之清晰,是晋阳古城历年来的首次发现,“隋之晋阳宫”出土残碑弥足珍贵。东山大墓考古发掘稳步推进,完成古墓周边60万平方米考古勘探,发现5段夯土遗存;实施探方布置、地球物理勘探、无人机航拍等工作;现代地层考古发掘结束。

第一次可移动文物普查完美收官。采集上报55401件(套)、共计346205件文物数据,数据采集量、质量均居全省前列,以“三个率先”即率先开展文物认定、率先开展普查成果转化、率先开展省级普查验收工作引领全省。启动4个文物收藏单位藏品建档试点工作。编撰出版《太原馆藏文物精华》,为太原市藏品数字化保存奠定基础。

明太原县城雄姿初现引注目。明太原县城城墙修缮保护工程于2016年10月全面竣工,东、南、西、北四面城墙顺利合拢,城墙总长度3732米,包括4个城门楼、4个角楼、1个魁星楼、36个望楼,总建筑面积约77000平方米,投入资金2.8亿元;县城护城河及周边景观建设项目有序开展,勘探面积11万平方米,发掘面积1485平方米。

晋祠环境综合整治卓有成效。晋祠共拆除不协调建筑物20.9万平方米,景区面貌发生根本变化;赵梅生美术馆于9月26日正式开馆运营;晋文公祠、东园、园林景观工程建设步伐加快。

名山景区工程建设业绩斐然。太山龙泉寺复建工程基本完工,舍利塔前期勘探进展顺利,正开工建设。天龙山石窟抢险加固主体工程圆满收工,龙山石窟抢救性加固工程顺利完成,重新面向游人开放。

(郝文静 陈雅彬)

竣工后的明太原县城雄姿

【文物基础保护】 全市10处不可移动文物成功获批第五批省级文物保护单位,分别为童子寺遗址、南高庄城址等古遗址2处,文殊塔、徐沟城隍庙—文庙、宝梵寺、明泰大师塔、轩辕庙、东街秦氏民宅、延圣寺等古建筑7处,中国阳曲县委旧址等1处近现代代表性建筑。在以上文保单位中,有4处由市级文物保护单位升级、5处由县区保级文物保护单位升级,1处为无级别单位升级。全市共有全国重点文物保护单位33处,山西省级文物保护单位23处,市级文物保护单位151处,县区级文物保护单位333处,以及太原市文物单位278处。全面完成不可移动文物数据管理与信息应用平台建设工作,以2237处不可移动文物为基础,形成内容丰富的“电子沙盘”。为100余处文物保护单位新立和更换保护标志碑(牌)。组织实施文物日常维护工程10余处,投入文物保护经费517万元。做好汛期文物抢险工作,7月暴雨袭城时,及时请示市政府,争取抢险资金732.83万元,对18处涉险文物进行抢救修缮,确保文物本体安全。在督查中维护文物安全。市、县两级出动300余人次开展文物保护点常态化巡查;全面清查全市27项重点市政建设项目和29项城中村改造项目,实行动态监控;依法纠正文物违法案件9起,处罚2起。在城市建设中守护文物遗产,开展城中村改造、城市建设中的文物保护工作,对山西大学新校区等19项、200余万平方米进行考古勘探,清理发掘古墓葬90座;对地铁2号线建设项目中发现的明代墓葬实行原址保护,征缴文物3件。

(郝文静 陈雅彬)

【文物工程】 完成《晋阳崛起》等5个主题8个展厅的设计工作,配套展台、安防、票务系统等准备就绪。清徐狐突庙文物保护工程通过竣工验收。督军府旧址保护修缮工程开工建设。山西省人民政府对督军府旧址进行全面保护修缮。万柏林区文物点地图标注工作完成。赵梅生美术馆落成暨雪海流香——赵梅生美术作品展开幕。“雪海流香——赵梅生美术作品展”精选赵梅生捐赠作品,包括国画、书法、篆刻、油画、瓷画等多种艺术形式,展现赵梅生在不同时期丰富多彩的创作历程和艺术成就,基本上反映其艺术创作的发展变化过程和艺术生涯脉络。太原唱经楼实现免费对外开放。11月,晋源区区级文物保护单位赤桥村观音庙保护修缮工程正式开工。书法家袁旭临碑刻在双塔寺落成。

国民师范旧址挂牌“太原市武术协会传统武术传承基地”。民国时期,山西省立国民师范学校曾开设拳术课程,聘请多名武术家在校传授形意拳等武术套路,培养学生的勇武精神,在抗日斗争中发挥了重要的作用。新年伊始,“太原市武术协会传统武术传承基地”在山西国民师范旧址革命活动纪念馆正式揭牌,为武术爱好者搭建了一个相互交流、相互学习的平台,为进一步弘扬中华武术精神,推动传统武术的创新发展起到重要作用。 (郝文静 陈雅彬)

【展览交流】 晋祠博物馆举办“胡风东来——宁夏固原丝绸之路文物精品展”等专题展8次。其中,“胡风东来——宁夏固原丝绸之路文物精品展”于1月19日在董寿平美术馆开展,共展出来自宁夏固原博物馆的藏品90组(150件),展期50天。“镜涵春秋——晋祠博物馆藏铜镜苏州巡展”于3月26日苏州园林博物馆开展,遴选晋祠博物馆珍藏铜镜100余件,展期2个月。“苏派盆景精品展”于5月12日至5月26日在晋祠博物馆浮屠院展出。“苏派盆景精品展”汇聚苏州园林精品盆景作品70余件,涵盖了树桩盆景、水石盆景、水旱盆景以及微型盆景小品等多种类型。与仪征市博物馆合作的“雨花石韵——仪征博物馆藏雨花石精品展”于5月12日至6月12日在晋祠博物馆傅山纪念馆展出。“岁月·光影——晋祠老照片展”在线展览。此次展览是晋祠博物馆“互联网+展览”模式的创新尝试,也是两馆网上展览资源共享的首次合作,为实现文化资源共建共享、发挥集群效应提供良好示范。由晋祠博物馆、吉林省博物院主办的《旗装雅韵——吉林省博物院藏清代满族服饰展》于10月19日在晋祠博物馆与游客见面,展期2个月。国师纪念馆打造太原市一流红色教育基地,举办“纪念长征胜利80周年”等专题活动10余场次。阳曲县青龙古镇博物馆整体建设完成,10月对外开放。 (郝文静 陈雅彬)

【宣传惠民】 市属文物景区全面实行“一卡通”制度,累计接待游客400余万人,近七成游客依规定享受门票减免政策。拍摄出版《唐风晋韵,锦绣太原》风光宣传片、宣传册;借助《理论学习》杂志封

市文物系统开展“万里茶道”文化推介交流

底连续刊发全市“全国文保单位”精华；参与央视 CCTV-4《城市 1 对 1》节目展现太原风采；赴江西、福建等地考察调研,助推“万里茶道”申遗进程。以“一景一品”为特色,开展晋祠根祖活动、晋祠公园菊花展、双塔牡丹节、龙山红叶节、关帝庙关公磨刀节等文化惠民活动 80 余场，举办重阳节登山等文物宣传活动 40 余场。

晋祠博物馆自助语音讲解服务系统正式启用。晋祠博物馆自助语音讲解服务是通过景区配置二维码，将景点的历史文化信息，以图文并茂的形式收录在系统中，通过移动终端扫描景区各景点二维码进入微信平台，共同关注晋祠公众服务号的方式进行自助式的游览。该系统的运行有效减轻景区旺季人工讲解和租用语音讲解的负担，为游客提供更为便捷的讲解服务。(郝文静　陈雅彬)

晋祠王氏祭祖活动

【学术科研】《太原文化美景》出版面世。《太原文化美景》是《太原最有文化的 33 处美景》的续篇。书中介绍的文物景观为山西省或太原市人民政府公布的文物保护单位，是太原作为国家历史文化名城的重要组成部分。全书描绘太原地区省、市级文物保护单位的现状和价值。包括古建筑、古遗址、古墓葬、石窟寺及石刻、近现代重要史迹及代表性建筑五个篇章。该书承接《太原最有文化的 33 处美景》的内容,反映近年来太原市文物保护成果，展示太原深厚的历史文化底蕴。做好科研学术工作。申请晋祠博物馆馆藏书画文物保护修复等 3 个项目的国家资金 645 万；通过省文物局对天龙山石窟数字复原国际合作巡展等 5 个项目的立项评审；制作“尖草坪区文物旅游虚拟漫游系统”基础模型。开展文物保护学术研究，省级以上期刊共发表专业论文 24 篇,省级期刊《文物世界》出版太原市文物考古研究所专刊。

(郝文静　陈雅彬)

旅　游

【概述】 2016 年，太原市旅游局树立“创新、协调、绿色、开放、共享”的理念,以把旅游业培育成支柱产业为目标，坚持旅游目的地与集散地并重,实施“大景区建设、旅游 +、互联网 +”三大战略,推进全域旅游，推动旅游供给侧结构性改革,抓好旅游安全生产,构建诚信有序、文明和谐的市场环境，全市旅游产业保持持续健康的发展态势。宝华、红马、太平洋等 3 家旅行社进入全国百强社行列。全市共接待入境游客 219486 人次，同比增长 4.48%；实现旅游外汇收入 8445.85 万美元,同比增长 4.79%;接待国内游客 5666.17 万人次，同比增长 15.84%；实现国内旅游收入 678.66 亿元,同比增长 16.34%;实现旅游总收入 683.98 亿元,同比增长 16.26%,完成年度计划的 102.02%。　(办公室)

太原市博物馆“晋阳崛起”展厅——赵卿墓车马阵复原场景

【提档升级】 按照“处处都是旅游景区、人人都是旅游形象”的要求,着力推进全域旅游试点，旅游目的地建设实现了从单一景点景区建设管理向综合目的地统筹发展的转变。一是全域旅游工作扎实推进。积极指导阳曲县成功申报第二批“国家全域旅游示范县”,支持其探索“产业围绕旅游转、产品围绕旅游造、结构围绕旅游调、功能围绕旅游配、民生围绕旅游兴”的发展路径,全年接待游客近 100 万人次,旅游总收入超过 5000 万元。二是规划引领作用持续提升。圆满完成《太原市旅游产业发展“十三五”规划》编制,启动了《太原市红色旅游发展规划纲要(2016—2020)》编制工作;积极指导各县(市、区)开展旅游规划编制,《娄烦县旅游发展总体规划》顺利通过专家评审,阳曲、小店、晋源、杏花岭等县、区的规划也正在积极编研中;组织评审了清徐县清泉山庄、云梦坞、紫林醋业和万柏林区一线天、阳曲县青草坡等景区的总规和详规,全市旅游业发展的规划引领作用不断强化。三是景区创建力度持续加大。分批次对申报A级景区和工农业旅游点的42家单位进行了认真的实地调研和检查指导,不断强化对项目所需土地、规划等基础设施配套建设的协调力度,督促景区加大公共服务设施建设投入,进一步明确各类建设标准和规范,成功评定AAAA级景区2家、AAA级景区4家,全市A级景区达到24家,评定工农业旅游点9家,总数达到39家,太原市旅游目的地的吸引力明显增强。四是旅游扶贫工作稳步推进。为定点扶贫村——阳曲县思西村提供了3万元专项扶贫款,按要求完成了下乡驻村、一对一帮扶、节假日慰问等工作。编制了思西村旅游发展规划,对娄烦县和阳曲县的42个贫困村进行旅游资源摸底调查,积极为具备条件的贫困村申报国家旅游扶贫重点支持项目,娄烦县杜交曲镇下石家庄村和米峪镇下石村等两个村被列入国家旅游局重点支持项目,成果争取扶持资金200万元,两个村的旅游基础设施建设和富民项目已进入招投标阶段。五是旅游商品和文化创意产品的研发、生产、销售态势喜人。不断加大扶持力度,积极组织企业参加中国旅游产业博览会等专业展会,太原西堂公司开发的儿童系列旅游工艺品获全国铜奖,晋农文化主题博览园即将竣工,近期即可开业,太原市旅游商品逐步走上了“生产得出、销售得快”的良性发展道路。 (办公室)

【旅游宣传】 坚持“分地域、分层次、分对象”和“多形式、广渠道、全方位”的宣传营销方略,利用多种载体和媒介,推进城市品牌形象宣传。新设立域外宣传营销中心5家,总数达到26家,地域涵盖省内所有地市和国内主要客源市场,首家境外中心在俄罗斯圣彼得堡正式成立,全年各中心累计在国内外召开太原旅游专场推介会50余场,发放宣传资料10万余份。举办中国(山西)国际房车露营博览会,3天共吸引参观群众5万多人次,现场成交房车151台,总成交额逾6000万元。组团参加山西旅游产业博览会,共发放旅游画册、地图、宣传折页等宣传资料万余份,接受旅游同业和公众咨询数千次,相关企业和景区现场签约订单200余份。组织企业赴东北、华北、华东、西南等地区进行专场宣传推介,通过中央电视台和省市主流媒体宣传太原市旅游资源和品牌形象。按照“创新理念、两手兼顾、拓展市场”的工作思路,强化太原旅游信息网和政务网实时查询等功能,依靠“三微”(微信、微博、微电影)拓展新市场、吸引新客源,首次采用向国内外公开征集剧本并通过招投标形式确定制作单位的方式拍摄完成第三部旅游微电影《醋味罗曼史》,并在国内知名视频网站正式上线,运行两年的“一路乐”手机APP下载量超过1200万人次。鼓励各类创新主体实施“互联网+旅游”行动计划,四季风公司自主研发“中小旅行社‘互联网+’转型解决方案”和“旅游企业B2B2C综合管理平台”等一批旅游创新平台、创客空间。省旅游局在太原市举办全省旅游“互联网+”现场交流会,太原市智慧旅游的经验做法受到全省同行的好评。主动融入国家战略,开展区域联合宣传营销。联合全国十大卫视、六大视频网站、二十家旅游局开展全国高铁大拜年活动,在京太客专、大西高铁等列车上滚动播放专题宣传片,月均受众超过1.2亿人次,以高铁为纽带的区域资源共享、客源互换、市场共建、利益共赢发展模式得到巩固。太原市作为2015年首届全省旅发大会承办城市,组织广播、电视台、市歌舞团等单位全程参与了“人说山西好风光”2016全省旅发大会电视宣传竞演活动,通过视频展示、景区推介、绝活表演等形式,展示城市形象、特色文化、人文自然景观,获评“最具旅游活力城市”。 (办公室)

【标准化建设】 实施旅游供给侧结构性改革,弥补发展短板,增加有效供给。按照政府统筹、单位负责、坚持标准、建管并重的原则,落实“厕所革命”各项要求,下拨国家旅游厕所专项补助资金,完成全年建设69座旅游厕所的目标任务。鼓励旅游景区加快推进无线网络、游客服务中心等公共服务设施建设,晋祠等景区实现免费WIFI信号全覆盖,骀台山滑世界小吃城投入试运营,全市旅游景区的观光游览、参与体验、餐饮娱乐等服务功能更加完备。扩大旅游投资,加大招

商引资力度，迎泽区与山西张家河旅游文化发展有限公司在全省旅发大会上成功签约郝庄镇旅游文化开发建设项目，总投资超过3.6亿元。同时，与东方民生、高新普惠、香港海雅集团等企业和财团就投资建设大型旅游项目进行多次联系沟通，初步达成合作意愿。满足人民群众多样化、个性化的旅游需求，宝华国旅与韩国航空公司合作开发太原——韩国全罗南道旅游直航包机，商务国旅、四季风国旅、红马国旅联合中国最大的出境组团企业众信旅游与俄罗斯航空公司开通全省首条直航欧洲的太原——莫斯科——布鲁塞尔航班，方便太原及周边县、市游客赴欧旅游，也提高欧洲游客到并的便捷程度。开展旅游进军营、进学校、进社区活动，宣传太原市旅游资源，现场办理导游证相关业务，方便市民和群众。完善"一卡通"制度设计和运行机制，对参与景区的服务质量进行评估和重新认定，全年为相关景区返款近80万元，实现群众满意、政府满意、景区满意的目标。（办公室）

【市场监管】 组织专项执法检查组，采用明察暗访相结合的方式，对省内热门旅游线路、华东汽车旅游团等进行集中检查，重点打击不依法签订或履行旅游合同、非法使用"黑车、黑导"等顽疾，对"踏红线""闯雷区"的行为，实行零容忍，全年开具责令整改书191份，行政处罚旅行社4家，旅游企业依法、诚信经营意识明显提高。应对网络P2P旅游平台风险，将企业损失降至最低。对全市68家旅行社使用涉嫌违规的优客、欢途、天天旅交会等在线第三方交易平台资金支付情况进行摸底调查，组织涉嫌违规经营的企业召开会议，就相关平台涉嫌违规的情况进行警示防范风险教育和多次督导检查，责令企业停止违规行为，累计为企业减少经济损失1.1亿余元，在三家交易平台所涉及的全国所有城市中损失最小。实施旅游投诉"源头治理"工程，对投诉数量排名前十位的旅行社负责人进行约谈，帮助企业查找原因，提高管理和服务质量，全年共受理有效投诉20余起，为游客挽回损失7万余元，结案率、回访率、游客满意率均为100%。协助晋源区政府出台联合执法办法，晋祠景区旅游秩序和周边环境明显好转，困扰政府和游客多年的"黑导游""黑照相"等问题得到遏制。依托太原旅游专业院校资源集聚的优势，建立一批校企合作、教学实习一体化的旅游培训基地，从法律法规、安全应急、服务技能等方面对全市200余名农业旅游从业人员和2700余名导游员进行培训，提高规范服务、优质服务的自觉性。履行文明旅游牵头部门的职责，召开专题协调会工作会2次，分别组织召开旅行社、星级饭店创建文明城市工作座谈会，联合专业公司为星级酒店开展卫生死角免费消杀活动，成立文明旅游志愿者队伍，印制5万份文明旅游公益广告，利用广播、电视、报纸、网络等多渠道宣传文明旅游。（办公室）

【旅游安全】 强化安全生产监管责任，督促旅游企业落实安全生产主体责任和各项管理制度，形成机构健全、责任明确的旅游安全生产目标测评责任体系。加大打非治违力度，抓好安全生产大检查、百日安全生产无事故等活动，突出抓好黄金周、小长假、暑汛期等重点时段和重大活动等特殊时期的安全生产工作，提前制定安全应急预案，加强对旅游交通、住宿、餐饮、娱乐等设施的联合检查和督导力度，确保隐患排查不留死角、隐患治理不留后患，全年共出动检查人员4635人次，检查车辆2488台次，检查旅行社722家次、导游94名、景区10家，排查和消除各类安全隐患200余个。创新工作手段，实施"啄木鸟"工程，抓好安全生产督察员、政风行风监督员和旅游执法队伍等"三支队伍"的建设，发挥专业优势和群众力量，抓关键、盯重点、重细节、保平安，实现全年旅游安全生产无责任事故的目标。（办公室）

民族宗教

【概述】 2016年，在市委、市政府的正确领导下，太原市民族宗教工作围绕全市中心工作，认真学习贯彻党的十八大和十八届五中、六中全会精神以及习近平总书记系列重要讲话精神、省市第十一次党代会精神，深入落实全国、全省宗教工作会议精神，依法管理宗教事务，扎实推进民族工作，圆满完成各项工作任务，维护了全市民族团结、宗教和睦和社会稳定。 （程慧娴）

【全面加强党的建设，统揽民族宗教工作】 2016年，太原市民族宗教事务局认真组织学习，切实把思想和行动统一到省市委决策部署上来。通过中心组（扩大）学习、党小组学习讨论及讲党课等多种形式，全面学习贯彻党的十八大和十八届三中、四中、五中、六中全会精神，深入领会“四个全面”战略布局等一系列新理念新思想新战略。认真学习习近平总书记系列重要讲话精神和省委骆惠宁书记、市委王伟中书记讲话精神。班子成员率先垂范，带头学习，引导广大党员干部牢固树立“四个意识”特别是核心意识、看齐意识，持续落实从严治党的重大任务，认真落实“两个走在前列”的重要要求，进一步凝聚共识、振奋精神。共组织参加各类培训学习30余人次，开展专题学习26次，观看专题片6部，党组成员讲党课5次。

落实主体责任，扎实推进党风廉政建设。严格落实全面从严治党主体责任，始终把落实好党风廉政建设工作摆在重要位置，与业务工作同部署、同检查、同落实。召开了全市民族宗教工作暨党风廉政建设工作会，局党组书记、分管领导、处室负责人层层签订《党风廉政建设目标责任书》，全面落实“一岗双责”。制定出台了《中共太原市民族宗教事务局党组工作规则》。深入推进预防职务犯罪体系建设，扎实推动党风廉政建设。严格执行《党政领导干部选拔任用条例》，严把选人用人关，深入实施“三个一批”，树立正确的选人用人导向，真正将素质高、能力强、作风实的人选出来。

坚持以上率下，深入开展“两学一做”学习教育。坚决落实省市委要求，认真制订方案，精心组织部署，充分发挥局党组和党支部作用，按照时间进度安排，扎实推进“两学一做”学习教育。采取以考促学等形式，组织开展了“两学一做”学习教育理论考试、应知应会50题考试等，积极开展“四讲四有”专题研讨。局领导班子成员发挥示范带动作用，坚持从自己做起，一级做给一级看，一级带着一级干，“两学一做”学习教育取得实效。

强化法治建设，严格依法行政。强化法治宣传教育，组织开展了“民族宗教政策法规学习月”。深入县区和重点宗教活动场所宣讲政策法规，发放了《民族宗教

深入宗教活动场所开展安全检查

行政工作手册》《文件选编》等宣传资料。深入推行权责清单制度，实行动态管理，制定《“双随机一公开”抽查工作细则》。坚持依法行政，出台《行政执法全过程记录制度》，为执法人员配备便携式移动执法记录仪。全面启动“七五”普法，研究制定了全市民族宗教领域“七五”普法规划。

深入学习宣传贯彻全国、全省宗教工作会议精神。广泛开展调研，就当前太原市宗教工作存在的问题进行实地调研。10月8日向市委常委会专题汇报全省宗教工作会议精神。12月16日市委召开了全市宗教工作会议，对全市宗教工作提出了明确要求。市民族宗教局组织五大宗教就会议精神分别开展了专题学习，要求宗教教职人员把会议精神贯穿到日常教务中。组织市县乡三级党政领导干部、民族宗教工作干部在武汉大学举办了“全市民族宗教工作干部培训班”，组织宗教界代表人士在厦门华侨大学举办了学习培训班，充分发挥好“三支队伍”在坚持宗教中国化方向中的积极作用。（程慧娴）

【突出重点，目标任务圆满完成】 民族团结进步创建活动取得实效。针对太原市少数民族散杂居的特点，认真做好城市民族工作。深入开展民族团结进步创建活动，全力推进民族工作进社区。组织小店、迎泽等7个县（市、区）民族干部和试点社区负责人，到安徽省合肥市、芜湖市学习考察少数民族人员服务管理工作。在全市13个社区开展少数民族人员服务管理试点社区创建工作，取得初步成效，以点带面在全市全面推广，努力打造少数民族人员服务管理的“太原模式”。与新疆乌鲁木齐市、喀什、和田地区民族事务委员会建立沟通联系机制，促进少数民族流动人口服务管理实现输入、输出地双重管理。加强山大附中、尖草坪区民族幼儿园“两个”民族团结教育基地建设，在“六一”儿童节、重阳节等节日期间开展文艺活动，营造了民族团结、互助和谐的浓厚氛围。2016年，迎泽区南海街一社区荣获第三批全国民族团结进步示范单位称号，南海街二社区被山西省推荐为第四批全国民族团结进步示范单位。

清真食品市场安全有序。针对清真不清、假冒清真等现象依法开展专项整治，对大型集贸市场的清真食品经销情况进行调查摸底，掌握基本情况，做到底清数明。在元旦、春节、中秋等重大节日和敏感时期，会同市食药监局进行了重点抽查；举办了太原市清真食品法律法规培训班。在全市清真食品从业单位和人员中发起“遵经守训，从我做起”为主题的倡议，加强行业自律，全面维护清真食品市场安全有序。连续21年为全市穆斯林群众发放了清真肉食补贴。

太原市道教协会成立

“双学一跟”活动有序开展。按照省市委统战部安排，指导全市宗教界开展了“双学一跟”活动（即学习讲话、学习作风、跟党奋进）。从制定工作方案、召开宗教团体和宗教活动场所负责人动员会，到各教召开专题培训等各个方面，广泛宣传，积极引导宗教界增进共识、跟党奋进。组织宗教界开展了“宗教慈善周活动”，引导宗教界积极投身公益慈善事业，参与太原市精准脱贫工作，树立宗教界良好形象。

和谐寺观教堂创建活动成效明显。深入开展以“规范”为主题的和谐寺观教堂创建活动，指导各宗教团体健全完善制度，各宗教活动场所都建立民主管理机构；加强宗教活动场所的账务监督管理，推进宗教活动场所开立单位银行结算账户；连续举办了3期全市佛教教职人员资格证发证培训班。开展宗教教职人员认定备案和宗教活动场所主要教职任职备案工作，总结出的“四个好”工作法，被国家宗教局网站采用宣传。形成了解放路天主堂、太原龙泉寺等一批有代表性、有创新力、有典型示范作用的和谐寺观教堂。

宗教团体建设进一步加强。2016年4月20日市委召开全市天主教工作会议，对宗教团体建设提出具体要求，加强天主教爱国力量建设，掌握天主教工作主动权。11月24日太原市成立市道教协会，五大宗教全部建立市级宗教团体。积极发挥宗教团体作用，加强宗教界思想建设，连续开展了六届佛界讲经交流、五届道教玄门讲经、三届伊斯兰教“卧尔兹”演讲、四届基督教神学思想建设、天主教推进民主办教等活动，并推荐优秀讲经讲道人员，参加全国、全省讲经活动，引导宗教界深入挖掘教规教义中有益于社会和谐、时代进步、健康文明的内容。（程慧娴）

【切实维护民族宗教领域安全稳定】 2016年，太原市民族宗教事务局坚持问

民族幼儿园纪念红军长征胜利 80 周年活动

题导向，树立底线思维，把安全稳定作为民族宗教工作的重中之重。开展了佛教寺庙、道教宫观专项整治工作，对景区内非开放的宗教活动场所设立功德箱等问题进行整改规范。严格大型宗教活动、跨地区宗教活动审批。认真排查化解，对全市民族宗教领域存在的不稳定、不安全因素，认真梳理、分析研判，形成了每周走访、每月排查、定期报告制度，确保了板寺山“三大瞻礼”大型宗教活动安全有序，做好天主教、基督教圣诞节、伊斯兰教圣纪、开斋节等重大宗教活动和国家、省市“两会”等时期的安全稳定工作，妥善处置各类非法宗教活动。（程慧娴）

老龄工作

【概述】 2016 年，太原老龄工作在市委、市政府的正确领导下，在全国和省老龄办的指导下，在老龄委各成员单位和县(市、区)、厂矿企业、基层单位、社会组织、老年社团的积极支持下，全市各级老龄工作部门、各大中型企业离退休管理服务部门及广大老龄工作者，以《老年法》为依据，以“五个老有”为目标，以“敬老文明号”创建为载体，以基层老龄工作为重点，以“两学一做”学习教育为主线，高标准、创造性地开展工作，各项工作均取得明显成效。（办公室）

【老龄宣传工作】 2016 年，太原市老龄宣传工作充分借助太原日报、太原晚报、太原电视台等主流媒体，广泛深入学习宣传习近平总书记关于加强老龄工作的批示指示精神，宣传《中华人民共和国老年人权益保障法》，宣传人口老龄化形势和积极应对的政策措施，宣传中华民族的孝道文化，宣传敬老助老模范和老年志愿者的先进事迹。各级各部门在重大节日和“敬老月”期间强化宣传造势，营造浓厚氛围，市老龄委和文明办联合在《太原日报》刊登“我们的节日重阳节尊老敬老倡议书”，并精心推出《党政重视，全民行动，精心打造“敬老之城”》的专版进行宣传；在太原晚报刊登《用爱温暖龙城——太原市模范老年志愿者代表事迹掠影》，深入宣传老年志愿者的无私奉献精神。市法律援助中心精心设计了“法律援助牵手敬老助老”广告语，在人流集中的太原火车站 25 块联播大屏，全天 200 余次轮流播出；市直各单位、各县(市、区)、各乡镇(街办)、各社区(农村)等分别借助自身网站、简报和黑板报、宣传栏等工具，采取召开培训会、座谈会、报告会、表彰会等形式，对太原市老龄化形势、孝道文化、模范人物进行宣传报道。通过活动促宣传，宣传促工作，营造了有利于老龄事业全面发展的良好社会氛围。（办公室）

【养老保障体系建设】 2016 年，市委市政府进一步完善养老、医疗保障体系，连续 12 年调整企业退休人员基本养老金，人均月养老金水平达到 2658 元，比 2010 年 1475 元增加 1183 元；建立了“十五分钟医疗圈”建设，为 65 岁以上老年人建立了健康档案并免费体检；出台了《太原市养老机构条例》《太原市城市社区养老服务中心建设运营管理试行办法》和《太原市城乡社区老年人日间照料中心运营管理试行办法的通知》《太原市基本医疗保险支持养老服务业发展的实施意见》《太原市政府购买养老服务暂行办法》《太原市农村社区建设试点工作方案》等事关老年民生的政策条例，为太原市养老服务业的发展提供了有力保障。建起城乡老年日间照料中心 350 个。全市各县(市、区)认真落实老年优待优惠政策，根据各自的经济发展水平，适当提高高龄津贴补贴力度，小店区率先为 80 周岁以上老人发放高龄津贴，万柏林、迎泽、杏花岭、尖草坪等县(市、区)提高了百岁老人津贴；古交市启动了“老年病防治博爱行动”；杏花岭青创社区服务中心创办了老年餐车，为老年人提供了灵活的助餐服务。市老龄办与人寿保险分公司联合推进老年人身意外伤害保险工作取得进展。市直各部门、各县(市、区)、大型厂矿企业，坚持重大节日慰问制度，在春节和重阳节开展慰问百岁老人、困难老人和老红军、抗战老兵等活动，使老年人感受到党和国家、社会的关怀，增加了获得感。（办公室）

【基层老年协会建设】 老年协会是实现自我管理、自我教育、自我服务的老年群众组织，是基层老龄工作的重要载体。2016 年，市老龄委(办)根据全国老龄办“十百千基层老年协会”建设要求，按照制度建起来、牌子挂起来、活动搞起来的工作思路，多次深入到 10 个县(市、区)的部分社区和农村进行调研，指导协会建设从规范“组织建设、阵地建设、制度建设”做起，引导基层老年协会和老年志愿者开展“居家养老服务、宜居社区创建、文化体育健身”等活动，充分发挥老年协会的“协调作用、志愿服务作用和和谐稳定的特殊作用”，促进了基层老龄工作的落实。在加强基层老年协会建设的同时，市老龄委(办)与文明办联合出台了《关于推进太原市老年志愿服务的实施意见》，借助老年人才和经验优势，充分发挥联系老年人的桥梁纽带作用，组建起由老干部、老党员、老模范、老专家、老文化科技工作者等为骨干的“千名老年优秀志愿者服务队伍”，组织开展了健康向上、丰富多彩的老年志愿服务、文体健身活动和“送文化送温暖进社区进农村进养老院”为主要内容的“银龄志愿服务行动”，全年共开展志愿服务活动近800次，参与老年人数近2万人次。为进一步弘扬志愿服务的正能量，以荣获全国及省、市志愿者荣誉称号的模范个人事迹编辑出版了《太原老年志愿者风采》，宣传老年志愿者们的先进事迹和工作经验，进一步促进了老年志愿服务的全面开展。（办公室）

【老年文化建设】 老年文化是构建社会主义和谐社会的重要支撑，2016年，根据市委、市政府关于加强文化建设的总体部署，市老龄委(办)与宣传、文化、体育和老干部门协调，采取有力措施，发挥省城文化资源优势，搭建文化养老平台，既抓老年文化品牌，又推进群众性的文化体育健身活动。与太原市委老干部局在龙潭公园共同举办了“纪念中国共产党成立95周年暨红军长征胜利80周年合唱展演活动”；与市文化局联合成功举办了“首届戏剧周展演活动”。为丰富老年人的精神文化生活，市老龄委(办)继续为部分养老机构、老年社团、老年文艺团体订阅了《中国老年》和《中国社会工作》杂志近千份；市邮政公司免费为老年社团订阅杂志300份，将老龄工作的好经验、好做法和养生的好理念送到老年人的手中，为老年社团工作提供了支持。太原市各县(市、区)、市直有关部门以及群众艺术馆、文化馆、老年大学、老年活动中心、老年体协、老年社团和太钢、西山、太重、晋西、太化、煤气化、化二建等单位在“敬老月”期间，组织的老年合唱团、舞蹈队、门球队、健身队、模特队，按照“因地制宜、就地就近、小型多样”的原则，组织举办有影响、有特色的老年文体健身展示等活动，丰富了老年人的精神文化生活，繁荣了太原老年文化，多次在全省、全国荣获奖项，为太原赢得荣誉。（办公室）

【“敬老文明号”创建】 “敬老文明号”创建活动是太原市在全国率先开展的一项以提高老年优待水平、提升为老服务质量的群众性精神文明创建活动。通过宣传鼓动、党政牵动、部门联动、典型带动，持续不断推进“敬老文明号”创建活动。2016年，市直各有关部门注重发挥自身优势，创新特色活动，以“老年人满意”为标准，扎实开展“敬老文明号”创建工作，均取得明显成效。市委老干局完善和提升离退休老干部文化活动机制，开放老年大学，让老年人“走出来、动起来、唱起来”；市民政部门精心探索和建设日间照料中心、开办老年餐桌、发放居家养老服务券，助力困难、空巢、独居老人；市司法部门推行“代受理”服务方式、“点援制”办案方法，维护了老年人合法权益；市文明办、机关工委、教育、文化、财政、人社、妇联、团市委等市直部门组织青年志愿者、巾帼志愿者、老年志愿者深入养老院和社区，慰问孤寡老人、失能老人和空巢老人。太钢坚持每年重阳节隆重召开“敬老文明号”表彰大会，保持了强劲的发展势头，使太钢老龄工作一直走在全市乃至全省前列。省城机场、车站、政务大厅和部分超市、饭店、浴池、理发店等服务行业设立老年窗口、敬老专座、敬老绿色通道和优待优惠老年人项目，各项助老惠老项目和无障碍设施建设使太原数十万老年人受益。5月24日南宁市老龄办考察太原市“敬老文明号”创建工作，对公交公司开展的“一扶二问三落座”的为老服务措施给予高度评价。“敬老文明号”创建活动，已经成为太原市社会主义精神文明建设的一道亮丽的风景线。（办公室）

【自身建设得到加强】 2016年，市老龄委(办)在全面推进老龄工作的同时，按照市委市政府的统一部署，在“两学一做”学习教育的基础上提出了“两学两做”的目标要求，既要做合格的共产党员，又要做合格的老龄工作者，认真学习习近平总书记系列讲话精神和党内法律法规等制度，适时组织开展各项政治教育、理论学习、道德讲堂、义务植树、健步走等集体活动，先后请市老龄委的老领导分别对十八大、十八届五中、六中全会精神和《老年法》进行专题辅导，有力促进了老龄工作干部队伍的组织建设、思想建设、作风建设、廉政建设，提高了老龄工作部门和干部的工作能力。认真开展学习教育活动，把精准扶贫的实效作为检验“两学一做”学习教育成果的标尺，按照市委脱贫攻坚的要求，针对娄烦盖家庄村实际情况，召开了脱贫攻坚推进会，提出了“今年示范引领初见成效，明年整体推进大见成效，后年全部脱贫完成任务”的总体思路，并提出了“五项脱贫攻坚措施”：一是扶持养殖业，二是发展种植业，三是拓展家政服务业，四是开展扶贫保险业，五是精准帮扶特困户。8月4日，在盖家庄乡举办脱贫攻坚家政服务人员首期培训班，先后有近30名富余劳动力到太原打工，精准扶贫工作得到扎实有效推进。根据年初的工作目标，把制定《太原市老龄事业发展“十三五”规划》作为一项重点工作内容，结合老龄工作实际，在深入基层调研和论证的基础上，科学编制了《太原市老龄事业十三五发展规划》。（办公室）

·第六届山西道德模范·

张国全　男，汉族，1975年4月7日出生，函授中央党校法律专业大专学历，中共党员。1994年12月至2012年12月在武警8650部队服役。2013年5月至今在中铁三局运输工程分公司物资设备管理中心任材料员。部队服役期间，先后荣立三等功三次，被武警总部评为“优秀士官”。

2003年2月，张国全与郝晓荔喜结连理。2005年8月，儿子刚出生不久，一向健康的郝晓荔被确诊患上了系统性红斑狼疮，后又因长期服用激素和免疫抑制剂，引发双侧股骨头缺血性坏死。医院的结论斩钉截铁：无法进行手术，只能保守治疗。听到这个噩耗，张国全顿时感觉天塌了。可张国全告诉自己：“当初自己一穷二白，晓荔依然选择了我，现在她生病了，需要人照顾，我更没有理由放弃。”

张国全和郝晓荔婚后节衣缩食买了一套期房，还没有装修，面对每天近两千元的医疗费，张国全狠了心，悄悄发布了售房广告。几天后，一位买家找到他，130平方米的新房仅卖了20万。但张国全只有一个要求，现金交易。他太需要钱了！

妻子得知他卖房后，万分伤痛。要知道，那房子他们还没有住过。后来，在朋友介绍下，张国全买下了国土局小区一套80平方米的房子，房东了解到张国全的状况，把大部分家具都留给了他们，这让张国全感动不已。

自从妻子生病后，张国全早上不到六点就起床，收拾家务、买菜做饭、熬药、洗衣服、照看孩子。孩子长大后，又增加了接送孩子、辅导作业的任务。妻子发病时，给妻子喂饭、穿衣服、洗澡、康复锻炼、端屎端尿便成了他的“家庭作业”。

的确，没有人能够忍受病痛折磨的痛楚，也没有人能够想象失去健康的无奈……对于郝晓荔来说，长年累月难以忍受的疼痛尚在其次，巨大的失落、深深的歉疚甚至无奈的绝望，无时无刻不在折磨着她。经常因一点小事朝丈夫发脾气。张国全总是默默地等妻子发完火再耐心地开导她。郝晓荔是昔阳人，平日里爱吃面，为此，张国全换着花样做各种山西面食给妻子吃。

情绪低沉的时候，郝晓荔总觉着如果没有她这个“累赘”拖着，丈夫应该生活得很好，因此会产生离婚或轻生的念头。张国全急了：“你以后不要说这样的话，我是你男人，为了孩子、为了咱们这个家，你一定要好好活着，看着我们的孩子长大！”

这些年，为了筹措医疗费，张国全把能借的亲戚朋友都借遍了；为了节省每一分钱，他从未给自己添置过一件“体面”的新衣服；为了给家中增加收入，张国全省吃俭用配置了一台电脑，利用业余时间给婚庆公司打零工，就为挣那几十块钱的制作费。

这些年，为了不让妻子受风、受冷、受紫外线照射，他们的卧室从来没开过窗户；这些年来，他给妻子熬的中草药能堆满整整一个屋子，可他连生病的时间也没有，不仅是不能更是不敢……

然而，上天似乎并没有眷顾这个勤劳执着的男人。2014年9月，郝晓荔病情急转直下，再次被诊断为静脉血管血栓并发症，医院一度下发了病危通知书，这也意味着郝晓荔今后只能与药为伴、终身躺在床上生活了。不仅如此，巨额的医疗费用更让这个本已负债累累的家庭再次陷入困境。

怎么办？除了卖房，张国全实在想不出别的办法。当张国全告诉妻子要卖房后，郝晓荔坚决反对，甚至以绝食来“威胁”。她想放弃治疗，给丈夫和儿子留下最后一点财产。但张国全却对自己的决定没有半点动摇。他对妻子说“房子没了，我还可以继续挣。你要没了，这个家就没了。”妻子哭着答应了他的请求。

是什么支撑着张国全一而再、再而三地卖房救妻？在张国全的心里：无论在哪里，只要和妻子、孩子生活在一起，那里就是家！

2016年，张国全在华都丽憬小区贷款买了一套59平方米的房子。妻子郝晓荔在他的精心照料下，病情趋于稳定。张国全说，他最大的愿望就是照顾好妻子，做好这份工作，呵护好这个家，就是再苦再难，也要坚持下去。（市文明办）

李鲜芳　女，1959年9月9日出生，群众，高中学历，从1981年至今在西宫经营芳芳修表店。先后被授予太原市先进个体经营户、太原市十佳个体户、太原市十佳残疾青年、太原市自主创业标兵等荣誉称号。

提起芳芳修表店，方圆几十千米都享誉盛名。芳芳凭借三十五年的诚信经营赢得了顾客的认可，大家口口相传来找芳芳修表、买表。在芳芳表店修表、买表需要排队等候是常有的事。有人问芳芳：现在生意不好做，你这儿不但没受影响，反而生意越来越兴隆呢？芳芳说：做生意必须以一颗诚实的心来为每一位顾客服务，自然就会赢得回头客。正是这朴实的语言、诚实的做法，让芳芳修表店日盛不衰。

在芳芳九个月的时候，小儿麻痹夺去了她健康的双腿，因为残疾她失去了升学和就业的机会，在一位师傅的带领下走上修表这个行业。八十年代初，一个两平方米的活动铁皮房就是她的工作间，夏天象蒸笼、冬天似冰窖一点不夸张。零下十几度的严寒，手上冻出深深的血印，遇到汽油钻心地痛，脚上长满了红红的冻疮疙瘩。到了下班腿冻得连车子都骑不上去，好容易骑上去到了家门口，腿僵得又下不来，只有抱住电线杆才能下来。更让人难过的是一位家长对孩子的教诲：你不好好学习就像她一样在大街上修表。那时的芳芳有一种被羞辱的感觉。经过艰难的心理挣扎，芳芳下决心把自己的事业做强做大，用自己的实力来证明残疾人参与社会的价值。

芳芳苦练技艺，修表技术精益求精，在太原市和山西省残疾人职业技能比赛中，双双荣获手表修理第一名，并代表全省参加了全国比赛，获得第三名。同时，芳芳把自己的工作当做一种责任来担当，对待每一桩生意都做到对得起顾客、对得起良心。刚开业不久，芳芳在修表时弄坏了一个零件，当时芳芳可以随便编个理由退给顾客，但芳芳没有这么做，她要求父亲去配弄坏的零件，父亲跑遍了太原市大小表店、最后去北京才买回了配件。在修表的过程中，有顾客要换电池，芳芳总要取出旧电池测量一下，发现是接触不好，刮一刮好了，不收费；有顾客来修表说：条断了，芳芳打开后发现是大纲轮螺钉松了，拧一下好了，不收费；一次，有个顾客拿着一块瑞士表来找芳芳修，芳芳活儿太多就建议他去其它表店修理，顾客冲着朋友的介绍硬是将表留下。当芳芳打开后盖发现是自动盖板螺钉掉到摆轮里取出来拧上好了，芳芳没有收钱。顾客惊讶了，告诉芳芳前一个小时还有人问他要好几百块钱的修理费呢。三十多年来，芳芳就是靠这种精湛的技艺和诚信的服务，赢得了顾客得认可。

修表靠技术和诚信，卖表靠贴心和诚信。芳芳在修表的同时，做起了卖表的生意。高档表、中档表、学生表和儿童表一经营。凭着多年的修表经验，芳芳严把进货关，选择可靠厂家的表来销售，并且做到售前、售中、售后心中有数，所售手表保修一年，终生维修。芳芳还将儿童表和时装表里的塑料机芯全部换上金属机芯，并将换下来的塑料机芯贴在上面，并附上保修卡，承诺所售的表保修一年、两年内免费换一块进口电池并且终生维修。这样做虽然成本加大了，利润缩水了，但芳芳再一次赢得了顾客的认可。很多顾客用自己的亲身体验见证了表店的承诺，他们既是表店的回头客又是表店的义务宣传员，远道慕名而来的顾客日益增多，甚至还有外国友人的光临和订单。

为了维护表店信誉，芳芳申请了注册商标，她以诚信经营打造出一个具有特色的表店。芳芳还有一个梦想：把自己的事业扩大，将自己的一技之长传授给更多的残疾人，争取开一个具有规模的实体店吸收更多的残疾人就业，让更多的残疾人走出家门，自食其力，参与到社会这个大家庭中。（市文明办）

区县概况

Brief Introduction to Districts and counties

小店区

中共区委书记	车建华
区人大常委会主任	陈其武
区长	杨继承*
	李卫平
区政协主席	王　健*
	李恩星
区人民法院院长	陈荣克
区人民检察院检察长	王宏亮

【概述】 太原市小店区位于太原市汾河东部，市区东南部，总面积 295 平方千米，建成区 63 平方千米，下辖 1 镇 2 乡，7 个街道办事处，121 个社区，39 个行政村。

小店区旅游资源有汾河城市生态景观公园、延圣寺、东山城郊森林公园等。

供给侧结构性改革　2016 年，小店区发展“互联网 + 服务业”，登记注册电子商务公司达到 500 余家，物流企业 200 余家。引进阿里巴巴创新中心、苏宁云商等一批标杆性项目，现代服务业体系加速形成。华宇百花谷、滨河时尚购物广场等一批城市综合商业体加快建设，“帝企鹅”电商孵化园投入运营，亲贤街购物娱乐等 6 个特色商业街区初具规模，区域品牌辐射影响力提升。各类市场主体达到 8 万余户，民营经济收入达到 653.8 亿元，利润总额 30.4 亿元。以重大项目建设推动供给侧结构性改革，加快产业转型发展。发放“助保金”贷款 1.8 亿元。新增 1 亿元“小巨人”企业 1 户。中电智云等项目快速推进。科腾环保、创美建筑安装 2 家企业在新三板成功上市。推动农业转型发展，休闲观光农业、特色高效农业、健康畜牧养殖业加快发展。建成农业园区 70 余个，年产值 8.2 亿元。农产品加工企业销售收入实现 45.8 亿元。新建集中连片日光温室基地 480 亩，蔬菜种植面积达 7.5 万亩，产量稳定在 2.7 亿公斤以上。粮食产量 6.8 万吨。奶牛标准化养殖关键技术示范推广项目进展顺利。保障城中村改造、汾酒文化商务中心、红星美凯龙等 77 项省市重点项目顺利推进。2016 年实际引进外来资金 113.8 亿元，签约项目总投资额达到 343 亿元。（张　瑞）

【创新驱动】 2016 年，小店区安排专项资金 8276 万元扶持创业、创新工作，完善企业孵化园、众创空间、科技孵化器等政策扶持体系。综合运用法律、行政等手段清理不良贷款，打击各类非法集资行为，营造公平高效的创业创新环境。健全完善“双创”驱动机制，建成区级双创服务中心。山西工商学院众创空间、和空间等 5 个众创空间被认定为省级众创空间，山大艺道和新创空间被认定为国家级众创空间。构建产学研协同创新平台，完成国家科技富民强县专项行动计划，新认定国家高新技术企业 28 家。（张　瑞）

【城乡建设】 2016 年，小店区推进城中

太原南站

村、棚户区改造。引进融创、绿城、保利等知名房地产公司助力城中村改造。启动坞城、北张等6个城中村改造,完成拆除189万平方米,拆除率92.6%,整村拆除量、拆除率均居全市第一。坚持城中村拆除改造与商品房去库存同向推进,货币化安置9617套。保障性安居工程完成投资68.7亿元,新建开工12176套,基本建成11299套。完成铝材厂、省建二公司棚户区房屋征收工作。太行路南延、太茅路等10条道路拆迁约23万平方米。高标准实施亲贤街微循环、晨光东街等5条小街巷改造。完成农村公路和生命防护工程35千米。加大农田水利设施建设投入,改善灌溉面积1.2万亩。投资1000余万元实施农村饮水水质提升工程。推进500千伏龙城变电站等电力基础设施项目新建续建工程。 (张　瑞)

【民生建设】 2016年,小店区民生事业支出32.8亿元,占财政总支出的87.5%。发放各类低保、救助资金2000余万元。城乡居民养老、医疗保障和低收入群众基本生活保障、五保对象大病救助等实现全覆盖,新型农村合作医疗保险参保率达99.85%以上。推进集团化(学区化)办学,51中等3所学校新建教学楼开工建设,恒大小学西校区等3所小学投入使用。推进城市公立医院改革和医联体建设,基本药物和耗材实现网上阳光采购。全年新增就业人数1.86万人,城镇登记失业率控制在3.8%。试点推行“一票通”食品监管模式,拓展肉类、蔬菜流通可追溯体系,“互联网+明厨亮灶”工程加速推进。34个社区养老中心(日间照料中心)基本建成。完成既有居住建筑节能改造120余万平方米。新建15块塑胶篮球场。开展各类文艺活动140余场。 (张　瑞)

【环境建设】 2016年,小店区开展大气环境质量综合整治。拆除改造燃煤采暖锅炉160台。推广使用洁净焦炭11.4万吨,实现两个“全覆盖”。淘汰黄标车老旧车3647辆。秸秆综合利用完成12.5万亩,治理水土流失1000亩。全年二级以上优良天数240天,同比增加7天,环境空气质量综合指数7.6。推进东山五龙城郊森林公园建设,环城百万亩森林建设工程提档升级2000亩。完成3个省级改善农村人居环境村庄绿化任务。晋阳街公园建成投入运营。新建长治南路、并州路安装公司等5个游园和汇丰国际、真武西路等5块绿地。开展露天烧烤、交通秩序、市容环境、背街小巷专项整治。查处违法停车27万起。环卫机扫路段增加到129条。156条道路沿线门店生活垃圾实现上门收集全覆盖,垃圾无害化处理100%。开展露天垃圾池取缔、垃圾桶入楼院管理,完成餐厨垃圾摸底建档工作。小马、北张、坞城等6个生活垃圾中转站建成投入使用。整治裸露地面、高切坡、高边坡41万平方米。 (张　瑞)

迎泽区

中共区委书记　刘文华*

区人大常委会主任　阴国平*

区　　长　冯原平*

李　慧(女)

区政协主席　宋国庆*

张志勤

区人民法院院长　赵晋虎

区人民检察院检察长　陈加林

【概述】 迎泽区位于山西省太原市汾河之东,市区中部,城区东与晋中市榆次区、寿阳县相邻;西隔汾河与万柏林区相望;南连小店区;北接杏花岭区,总面积117平方千米。2016年,全区地区生产总值602亿元,同比增长6.6%;服务业增加值完成521亿元,同比增长6.4%;规模以上工业增加值完成38.4亿元,同比增长2.3%;固定资产投资完成218亿元,同比增长14.3%;社会消费品零售总额完成440亿元,同比增长10.8%;一般公共预算收入完成13.9亿元,同比下降13.7%。 (张国文)

【产业转型升级】 完成开化寺街、海子边街改造,柳巷商圈基础设施进一步完善;实施朝阳商圈综合整治和业态提升,太原小商品市场建成投运;首家敞开式休闲购物广场中正天街建成开业,丰富传统服务业经营模式。发展新兴产业,扶持“双创”项目9个,互联网+智慧产业园一期建成投运,引进明鼎医药等一批高新科技企业;加快楼宇(总部)经济发展,引进企业区域总部35家。加大招商引资力度,引进资金255.7亿元,华润综合体、万科紫院等项目成功签约。实施省、市重点项目104个,完成投资186.6亿元。深化商事制度改革,全面推行企业“五证合一”,率先实行个体工商户“两证整合”,企业和个体工商户同比增长48%和19%。 (张国文)

文瀛湖畔

【城乡建设】 实施18条小街巷改造和五一路、南沙河快速路东延、迎泽大街下穿火车站通道、轨道交通二号线等重点工程房屋征收;启动五一路周边、东五龙口铁路宿舍38号院等5个棚户区改造,征收房屋1667户、10.5万平方米。完成郝庄、双塔、赵北峰3个村的拆迁收尾和马庄、店坡、郝家沟3个村的整村拆除。编制郝庄镇总体规划,完成2条森防通道和小山岩凿井、小山沟水井配套工程建设。整治2个老旧片区和19条背街小巷,新建公厕5座,改造旱厕12座;持续扩大环卫机械化作业覆盖面,车行道和便道机械化作业率和里程数全市第一;推广垃圾分类试点,主城区实现生活垃圾上门全收集。打击违法建设,拆除各类违建17万余平方米。综合整治大气环境,淘汰老旧车和黄标车2198辆,拆除燃煤锅炉109台,在全市率先实现分散燃煤采暖锅炉清零。完成提档造林3000亩,新建小游园、小绿地10处,城乡生态环境明显改善。（张国文）

【民生工程】 坚持建机制、补短板、兜底线,以十大惠民实事为载体,提高民生保障水平。城镇新增就业1.8万余人。城乡低保、新农合门诊统筹补偿比例、一二级残疾人护理补贴和生活补贴全面提标,各项参保任务超额完成,新农合参合率达99.96%。在4个基层医疗卫生机构设立80个“医养结合”床位,新建15个社区养老服务中心和17个社区（农村）老年人日间照料中心。推进教育优质均衡发展,启动3所中学改扩建和1所幼儿园新建项目,小学生、中学生、特教生生均公用经费分别提高到1000元、1200元和7000元,确保教育经费的“三个增长”;创新教育督导工作,成为全省唯一一家国家级中小学校责任督学挂牌督导创新县区。深化医药卫生体制改革,加强重点特色专科建设,创新开展居家护理服务。新建成26个社区体育健身场地,社区全民健身活动场所实现全覆盖。新开工建设保障性住房6992套,完成既有居住建筑节能改造105万平方米。按照精准扶贫要求对口帮扶娄烦县静游镇,4087人实现脱贫。（张国文）

【社会稳定】 推进“平安迎泽”建设,开展“全警追逃”、打击“盗抢骗”等专项行动,社会面发案率持续降低。迎泽区人民法院被最高人民法院院和人社部授予“全国模范法院”称号。同年,太原市迎泽区人民法院探索司法改革新路径,结合审执工作需要,成立太原市首个综合保障中心并正式运行。做好信访稳定工作,全年开展大接访47次,接待来访群众270批5600余人次,化解重大不稳定案件45件,调处各类矛盾纠纷2658起,依法处置涉嫌非法集资案件41起。夯实安全生产“两个主体责任”,落实“党政同责、一岗双责”,创新实施消防“微型站”建设全覆盖,全区90个社区(城中村)和160家消防重点单位全部建成“微型消防站”,受到公安部好评;开展重点行业、重点领域安全生产隐患排查整治,全年未发生重特大安全事故,各项指标控制在市控指标之内。（张国文）

【政府效能】 贯彻党的十八届六中全会精神,增强“四个意识”,严守政治纪律和政治规矩。开展“两学一做”学习教育。自觉接受人大工作监督、法律监督和政协民主监督,听取各民主党派、工商联、无党派人士和人民团体意见,办理人大代表建议126件、政协提案133件。区级行政权责清单制度全面建立,梳理行政职权事项1968项、责任事项14353项。优化审批流程,创新服务方式,办结各类行政许可和服务事项181690件,群众满意率100%。在全市首家试点开展服务群众工作系统建设,解决服务群众“最后一千米”问题。落实全面从严治党要求,严格执行中央八项规定,履行“一岗双责”,推进政府系统党风廉政建设和反腐败工作,查处一批违纪违法案件。加强国防动员、双拥共建和优抚安置工作,统计、民族宗教、外事侨务、史志档案、防震减灾、妇女儿童、老龄、应急等事业都有新的发展和进步。（张国文）

杏花岭区

中共区委书记	李　浓（女）*
	张　磊
区人大常委会主任	程有录
区　　长	张　磊*
	李文权
区政协主席	施国立
区人民法院院长	张建农
区人民检察院检察长	路效国

【概述】 杏花岭区因境内曾有明代晋王府花园,园内多植杏树且地势较高而得名“杏花岭”。位于太原市东北部,地理坐标北纬37°30′36″~37°34′48″,东经112°18′36″~112°27′36″。东与晋中市寿阳县交界,东南、南与迎泽区相邻,西南、西隔汾河与万柏林区相望,西北与尖草坪区接壤,北、东北与阳曲县毗连。辖区总面积170.20平方千米,其中建成区面积32.2平方千米,乡村面积138平方千米。下辖三桥、敦化坊、巨轮、涧河、鼓楼、杏花岭、坝陵桥、大东关、职工新街、杨家峪10个街道办事处,中涧河、小返2个乡,有107个社区居民委员会,40个行政村。区人民政府驻胜利街99号。

2016年,全区地区生产总值完成509.18亿元,同比增长7.6%;服务业增加值完成413.33亿元,同比增长5.6%;社会消费品零售总额完成204.43亿元,同比增长9.9%;规模以上工业增加值完成14.16亿元,同比增长49.5%;一般预算收入完成14.75亿元,完成调整任务数的101.2%;城乡居民人均可支配收入分别完成30463元和16816元,分别增长7.2%和6.6%。（刘彩秀）

【产业结构进一步优化】 2016年,杏花岭区贯彻落实省委、市委“创新驱动、转型升级”的部署要求,努力推动经济产业结构转型升级，三次产业结构比例为0.1：18.7：81.2。坚持以现代服务业为发展重点，加快发展楼宇经济和总部经济，万达5A级写字楼入驻企业240家，富力商业综合体开业运营。“双创”活力进一步释放，建成500平方米“一站式”服务平台，培育双创示范基地22个，入驻企业1566户，解决就业12622人。“新三板”企业稳步发展，山西睿信智达传媒科技股份有限公司已挂牌上市，4家企业在省青创板挂牌。大力推动工业转型，积极服务东山华能2F燃机热电联产项目。现代都市农业扎实推进，采薇庄园、舒清园、薰衣草庄园、孔雀庄园等休闲旅游项目继续扩大品牌优势，河里头大樱桃采摘园、水沟林果采摘园等项目初具规模。（刘彩秀）

【城市建设和管理水平不断提高】2016年，杏花岭区城市道路建设、棚户区和城中村改造动迁总量达到93.8万平方米。完成了五一路、卧虎山路、凯旋街建设和17条小街巷改造的动迁工作。加快推进棚户区改造，6个新启动棚户区改造项目，小北关、南河湾、教场巷20号院等3个棚户区已完成动迁；15个原有棚户区改造项目，9个完成“清零”。全力推动城中村改造，杨家峪村已累计签订动迁协议2143户，完成总任务的96.1%；柏杨树、中涧河、伞儿树3个村，完成道路改造动迁5.5万平方米。着力推进安置房建设，全年新开工保障住房5199套，建成2340套，完成任务的101.05%。作为全市首个启动改造的回迁项目，国樾龙城湾已回迁安置2159户。城市管理水平逐步提升，持续加强环卫基础设施建设，全年新改建公厕10座，拆除改造旱厕6座，建立垃圾中转站1座，125条主次干道实现机械化清扫全覆盖，机械冲洗保洁率达85%，63条主要街道实现生活垃圾上门收集。开展交通违法行为和露天烧烤及占道经营等专项整治，山医大二院、万达广场、市中心医院等重要点位周边社会环境明显改善。（刘彩秀）

【生态文明建设效果显著】2016年，杏花岭区深入推进“五项工程”和“五项整治”，拆除燃煤锅炉90台，完成任务的112.5%，新增清洁供热面积272.9万平方米，惠及居民21000余户，全区有条件接入供热管网的小区全部集中供热。拆除2211台土小燃煤火炉，淘汰黄标和老旧车辆2525辆。辖区二级以上优良天数达到247天，同比增加26天。持续推动生态绿化，完成东山生态建设干果经济林、薪炭林和提档升级绿化工程1.614万亩；加快建成区绿化，新建5个城区内小游园。（刘彩秀）

【教育文化事业特色突显】2016年，杏花岭区继续推行“大学区管理制”，五一路小学富力城校区、新建路小学富力华庭分校、职工新街小学如期开学，新增小学学位6600个。区属中小学义务教育标准化改造全部完成。初中教学改革稳步实施。文化事业积极发展，制定《杏花岭区文化产业发展规划（草案）》，推进“三馆一院”建设各项准备工作。配合开展普光寺、圆通寺、文殊寺、浙江会馆、关帝庙等文化古迹的保护修缮工作。（刘彩秀）

【民生社会事业持续改善】2016年，把更多的财力用于民生事业，累计投入19.0768亿元，占一般公共预算支出的87.4%，较上年增长2.0%。积极开展就业再就业工作，新增就业18273人，失业率为3.3%。城镇职工基本养老、医疗、失业、工伤、生育保险等基本实现全覆盖。全区城乡低保覆盖4736户、7546人，发放低保金4451.26万元。坚持办好民生实事，采煤沉陷区安置项目正加紧实施；完成100户农村危房改造；全面推行县级公立医院综合改革，加快实施区中心医院综合楼建设；持续提升社区综合服务的硬件设施，启动8个社区示范化改造；扶持养老服务业发展，建成城市养老中心和城乡日间照料中心20个；完成既有居住建筑节能改造97万平方米。扎实开展对口帮扶脱贫工作，13个村、1039户、3086人实现脱贫。（刘彩秀）

【安全稳定大局更加巩固】2016年，杏花岭区高度重视安全工作，落实安全责任，完善安全生产监管责任体系，深入开展超载超限、危化品、“打非治违”、建（构）筑物压占燃气管线等各项专项整治和隐患排查治理，排查整改隐患4391条，安全生产形势总体平稳。全面开展省级食品安全城区创建工作，全区食品安

拱极门

全环境进一步改善。严格落实领导包案和干部带案下访制，深入排查化解不稳定因素，有效维护社会和谐稳定。

（刘彩秀）

【政府自身建设不断加强】 2016年，杏花岭区扎实开展“两学一做”学习教育，努力把学习教育成效转化为推动工作的强大动力。自觉接受人大、政协监督，认真听取人大代表、政协委员、各民主党派、工商联、无党派人士建言献策，共受理并办结人大代表建议和政协提案275件。坚持“两集中、两到位”和审批流程再造，原有452个审批环节精减到317个，精减率30%。深化商事制度改革，实行“三证合一”登记制度，有效提高了服务效率。结合“百日行动”，对全区9个方面21项重点难点工作进行“百日攻坚”，开展“万名党员先锋行”活动，累计下基层、访民情13300人次，为群众办实事、解难事5046件。全区各级干部担当作为、真抓实干的动力和活力得到有效激发，人民群众的认可度不断增强。

（刘彩秀）

尖草坪区

中共区委书记	郭建发*
	李贵增
区人大常委会主任	王国卿
区长	李贵增*
	卢俊峰
区政协主席	张银喜*
	王春龙
区人民法院院长	张嵩
区人民检察院检察长	孙向荣

【概述】 2016年，面对复杂严峻的经济发展形势和持续加大的下行压力，尖草坪区推进“人文生态休闲区、创新转型产业区、现代宜居都市区”三区建设。贯彻新发展理念，以“整合提升策划”为引领，以项目建设为抓手，沉着应对、凝心聚力、主动作为，推进一系列稳增长措施，拉动效应逐步显现，积极因素不断积累，全区经济企稳回升、稳步向好，实现“下半年好于上半年”的工作要求，提振全区攻坚克难、推进经济跨越发展的信心和决心，完成各项目标任务。

全区生产总值完成245.69亿元，同比下降1.7%；规模以上工业增加值完成104.67亿元，同比下降1%；服务业增加值完成93.69亿元，同比下降1.6%；固定资产投资完成118.42亿元，同比下降10.4%；社会消费品零售总额完成91.45亿元，同比增长9.8%；一般公共预算收入完成7.33亿元，同比增长10.2%，全市排名第二；城镇居民人均可支配收入完成29724元，同比增长6.9%；农村居民人均可支配收入完成13714元，同比增长6.7%。

（邢春连）

【“三区”建设】 人文生态休闲区建设全面铺开。以推动“国家农业公园”建设为目标，编制《尖草坪区国家农业公园总体规划》和《尖草坪区旅游总体规划》，组织崛围红叶节、金滩西梅采摘节及山西省首届帐篷音乐嘉年华等系列推介活动，被农业部评为“全国休闲农业和乡村旅游示范区”。创新转型产业区建设亮点频现。新兴产业不断壮大，累计完成投资5.5亿元。发挥双创和科研资金的示范带动作用，为九牛牧业和恒山机电等企业提供发展支撑。民营经济健康发展，民营企业税收达到8.6亿元。响应万名干部入企服务的号召，深入全区31家规上企业，解决问题103件。现代宜居都市区建设有声有色。与山投集团签署战略合作协议，全面启动三给片区建设准备工作，5村连片整体开发摸底测算基本结束。兴华片区进入全面建设阶段。推进区内基础设施和公共设施建设，省人民医院新院、太原外国语新校等名医名校进入建设阶段。以加快宜居商住、专业市场建设为目标，快速推进锦绣国际建材城、辰兴优山美郡、万科公园里等项目，并初见成效。

（邢春连）

【转型综改】 以“专业人办专业事”的理念，组建四个专业化工作推进平台。区经济建设发展指挥部推进招商引资和项目建设工作，全年新项目储备达600亿元。区城市发展投融资指挥部采取“政银企合作、BOT、PPP”等融资模式，为企业发展、项目建设、城中村改造等融资20余亿元。区重点工程建设指挥部加强道桥工程、重点工程、城中村整村拆除工作，累计征拆187.49万平方米。区人文生态休闲区建设指挥部以规划编制为切

汾河二库鸟瞰

入点，引领和整合区内特色文化旅游资源，加快崛围山、二龙山等景区整治，逐步打响和擦亮集“山水田文林”于一身的“草坪游”品牌。成立两区融合重大项目推进领导组，高起点布局不锈钢深加工业、装备制造业、现代物流业、环保科技产业和新能源产业等五大产业，培育两区发展新动能。深化农村改革，基本完成全区农村土地承包经营权确权登记颁证工作。扩权强县下放事项实现无缝承接，发改、环保、工商等部门运用扩权事项共办理项目1112项。深化工作体制机制创新。推行工作项目化，将工作转化为300个项目，按照“项目经理制、一线工作法、集中调度法”的方式全面推进，完成率达94.33%。组建区城建城管、护林防火、公安巡警等专业性应急队伍。在各村(社区)设立安全监管员、信访调解员、环保监督员、打击“两违四抢”专管员，建立横向到边、纵向到底的监管体系。(邢春连)

【城乡建设】 西南环线征拆工作实现清零扫尾，全部完成轨道交通2号线、九丰路、三给街北侧规划路等16条道路征拆任务，累计拆除61.58万平方米。卧虎山快速路、摄乐街、摄乐桥等7条道桥建成通车；农村公路提质完善工程和生命安全防护工程全面竣工，新(改)建、养护农村公路35.9千米。城改工作取得突破。推行“大兵团作战、集中式动迁、突击式拆除”的城改拆迁模式，西流社区仅用28天就实现580处院落全部腾空，创造太原城改的“西流速度”。加快城中村清零扫尾工作，全年累计拆除78.96万平方米。城乡管理稳步提升。新建垃圾中转站8座，对23座公厕进行改造和维修，对柴村迎宾路两侧116个临街门店全面实行生活垃圾上门收集。开展城建城管领域环境大整治百日铁腕行动，累计拆除违建10万平方米，通道整治2.36万处，清理农村“四堆”7155方。环境质量持续向好。开展全面改善省城环境质量工作，关停搬迁污染企业31家，拆除分散燃煤锅炉、小火炉、土小锅炉663台，减少燃煤5.5万吨，洁净焦炭覆盖到村村户户。推进生态建设。持续打造北部生态屏障，完成营造林1.1万亩，四旁植树126万株。新建二电厂、和平路等5个街头绿地和兴安、龙康等5个游园，金桥、小东流等公园征拆清表工作全面完成。全区绿化覆盖率、绿地率和人均公共绿地面积分别达到48.66%、41.57%和15.97平方米。

(邢春连)

【社会事业】 城镇新增就业8502人，城镇登记失业率控制在3.25%以内。共发放各项社会保险金、救济金和补贴金、城乡低保金等87692.94万元。持续推进劳动用工监管调处，清理拖欠工资1472万元。全面推动保障性安居工程建设，开工6551套，基本建成6622套。科教事业均衡发展。鼓励、支持小微企业科技创新和成果转化，专利授权数达103件。加强教育基础设施建设，完成区职中改造整体规划，分步建设工作全面启动；加快新建小区配套幼儿园和学校建设，恒大名都小学建成投用，五龙湾幼儿园主体完工。医卫事业不断进步。加强基层站所建设，建成34个医养结合基层院所，柴村社区卫生服务中心开工建设，阳曲镇卫生院完成选址。基本公共卫生服务均衡发展，通过新一轮计生“创国优”先进单位和省级慢性病防治示范区、妇幼健康优质服务示范区验收。公共服务日趋完善。加强社区基础设施建设，完成滨丰苑社区300平方米社区活动场所、5个社区养老服务中心和4个老年日间照料中心建设，为20个社区配套体育路径，建成2个社区篮球场。举办大中型文化活动7次，送戏送电影下乡1102场。脱贫攻坚稳步实施。累计为娄烦县马家庄乡送达慰问金和帮扶款700余万元。加强精准帮扶，引进西洋参、香菇等农业种植和猪、牛、鸡等养殖项目，带动525户1461人(次)群众受益。安全稳定形势平稳。坚持每月召开安全专题常务会，开展安全生产大检查及重点行业领域隐患排查专项治理，全区安全生产控制指标均在控制范围之内。实施信访案件“大排查大起底大交办大化解”工作，中央、省交办案件化解率达到100%。建立以“民警+群众+科技”为核心的社会治安防控体系新机制，刑事案件同比下降12.9%，全区社会治安大局持续平稳。(邢春连)

【自身建设】 全面落实“两个责任”，推进政府系统党风廉洁建设，政府系统全年未发生重大违法违纪案件。全年对重点工程、关键领域行政监察5次、专项审计部门10个。加强民主法制建设，自觉接受人大法律监督和政协民主监督，188件人大代表建议、157件政协提案100%办复。启动“七五”普法。区人民武装、质监、档案、人防、防震减灾、地方志、民族宗教等工作取得新进展。供电、气象、金融、保险、邮政、通信等部门对全区经济建设和社会发展也做出贡献。(邢春连)

【农业经济】 全年粮食产量实现恢复性增长，总产量14896吨，增长11%；蔬菜产量56981吨，下降13.1%；水果产量25905吨，增长8%；猪肉价格持续走高，养殖效益明显提高，畜禽存出栏稳定，主要畜产品产量略微减少，牛奶产量增加，肉类总产量4300吨，同比减少2.6%；禽蛋产量1719吨，同比减少13.2%；牛奶产量26659吨，同比增长65.7%。全区农业以促进农民持续稳定增收为目标，狠抓农业产业结构调整，依托项目支持，实施科技兴农，现代都市农业高效发展。推进九牛现代农业循环产业园二期岗北奶牛养殖场项目收尾工作。打造宇文河生态园、天怡山庄两个集采摘、餐饮、观光、体验等为一体的综合型农业生态园。完善农业基础设施，改善农业生产生活条件。完成北部退水渠柴村段河道清淤砌护和截污工程，杨兴河综合治理工程进展顺利。组织“崛山围红叶”“金滩西梅采摘节”等系列推介活动，被农业部评为“全国休闲农业和乡村旅游示范区”。

(邢春连)

万柏林区

中共区委书记	王静恩*
	常　青
区人大常委会主任	侯　安
区　　长	杨俊民
区政协主席	马金安
区人民法院院长	王成万
区人民检察院检察长	田树平

【概述】 万柏林区辖区面积304.8平方千米，2016年常住人口77.9万人，下设1个乡、14个街道办事处，42个行政村，116个社区，是太原市面积最大、人口最多的城区。

2016年是实施"十三五"规划开局之年，万柏林区推进"产业强区、生态大区、服务新区"建设，经济运行保持平稳健康。固定资产投资完成328.8亿元，继续保持全省各县（市、区）前列；一般公共预算收入完成17.48亿元，增长13.7%，总量跃居全市第二位，增速名列全市第一；地区生产总值352.8亿元，增长0.1%，服务业增加值172.75亿元，增长7.4%；规模以上工业增加值80.03亿元，下降14.1%；社会消费品零售总额224.5亿元，增长4.8%；城镇居民人均可支配收入29472元，增长6.5%，农村居民人均可支配收入19937元，增长6.3%；城镇新增就业18143人，登记失业率为3.6%。（贾　旺）

【产业转型】 推进供给侧结构性改革，淘汰落后产能，白家庄矿整体关闭退出，西山煤电、太重等国有大型企业技改项目实现新突破，中车铁路装备基地投产达效，狮头水泥、东峰煤业等工业项目投产准备工作加快进行。推进老工业区搬迁改造，争取中央专项资金3203万元。现代服务业发展加快，华润万象城、绿地中央广场等城市综合体项目进展顺利。布局生态旅游业，编制王封一线天景区旅游总体规划，签约西山滑雪场等招商项目，完成九润现代都市农业园一期建设。三次产业比重发生新变化，第三产业比重增长5.9个百分点。（贾　旺）

【人居环境】 统筹推进城市道路建设，拓宽改造漪汾街、新晋祠路、兴华西街等20条主次干道及背街小巷。实施造林提档升级1.58万亩，完成农村公路安全生命防护工程。和平公园建成开放，新建东社带状公园、南北寒公园等23处游园绿地。新改建21座垃圾中转站，新建8座高标准公厕。清淤美化虎峪河、黑水河等河道。完成既有建筑节能改造121万平方米。区城乡统筹规划、村镇规划编制有序推进。开展露天烧烤、占道经营等专项整治。完成分散燃煤锅炉清零任务，基本实现建城区采暖无煤化。空气质量持续改善，全年二级以上优良天数256天，名列城六区第二位。（贾　旺）

【城中村改造】 把城中村改造作为全区"一号工程"，寨沟、彭村在全市率先完成整村拆除，大王、瓦窑、南屯基本完成整村拆除任务，完成沙沟、小王、小井峪、后北屯、东社、南社、黄坡7个村拆迁扫尾"清零"任务，累计拆除城中村各类建筑232.6万平方米，在全市发挥引领示范作用。推进回迁安置房建设，下元、前北屯等6个村基本完成回迁安置，沙沟等6个村实现部分回迁安置。加大城改货币化安置比例，破解资金难题与招商选商相结合，区城投公司融资117亿元，引入恒大、保利、融创等大企业大集团参与城改，创出"政府主导、规范改造"的城中村改造"万柏林模式"。（贾　旺）

【民生事业】 全面推进义务教育均衡发展，成功签约凤凰双语、区第三实验等6所小学合作办学，完成区实验中学、建筑北巷小学教学楼维修改造，区特殊教育学校投入使用。推进卫生事业发展，区中心医院综合改革取得成效，建成白家庄村等6个卫生室，新农合连续8年实现参合率100%。社区标准化建设实现全覆盖，新改扩建5个社区服务站，11个社区养老服务中心、19个社区日间照料中心。完善社会保障体系，落实城乡居民最低生活保障、困难群众医疗救助等惠民政策，完成城镇新增就业指标任务。新开工保障性住房8526套，建成12447套。全面启动采煤沉陷区综合治理九院小区三期回迁安置。加大文化设施投入，三级文化网络建设实现全覆盖。做好对口精准帮扶工作。双拥、物价、人防、档案、对台、地方志、民族宗教、外事侨务、防震减灾等工作取得新成绩。老龄、残疾人、红十字、慈善等事业取得新进步。（贾　旺）

正在崛起的万柏林

【安全生产】 坚持安全第一、预防为主、综合治理的方针，落实安全生产责任制，开展建筑工地、道路交通、危险化学品、护林防火等重点行业领域安全治理和隐患排查整改，全年未发生重特大安全生产责任事故。继续保持打击私挖盗采行为高压态势，妥善处理西山石膏矿关停安全隐患。加强和创新社会治理，化解信访积案和矛盾纠纷，应急处突能力全面提升，社会保持和谐稳定。

（贾　旺）

【依法行政】 自觉接受区人大及其常委会依法监督和区政协民主监督，继续实施重点建议、提案区政府领导领办制，办理人大代表建议201件、政协委员提案91件。支持民主党派、工商联参政议政，支持工青妇等人民团体开展工作。优化发展环境，深化“放管服”改革，开展“干部入企服务”等活动。加大政务公开力度，加大行政考核、行政效能监察，审计监督实现全覆盖。坚持财政资金支出、工程项目招投标、政府采购等重大事项集体决策。开展政府系统党风廉洁建设和反腐败斗争，开展“两学一做”学习教育加强，政府自身建设。（贾　旺）

晋源区

中共区委书记	王立刚*
	杨继承
区人大常委会主任	张奇峰
区　　长	李永强
区政协主席	董云飞
区人民法院院长	周雪松
区人民检察院检察长	孙中杰

【概述】 2016年，晋源区地区生产总值完成57.16亿元，增长9.1%，全市名列第三；社会消费品零售总额完成36.58亿元，增长26.1%，全市名列第一；固定资产投资完成194.56亿元，增长17.1%，全市名列第二；服务业增加值完成32.74亿元，增长10.6%，全市名列第二；规模以上工业增加值完成3.88亿元，增长20.1%，全市名列第三；一般公共预算收入在受政策性因素影响减收2亿元的情况下，仍然完成5.89亿元，全市名列第八；参加城镇居民基本医疗保险人数达到23714人，较上年净增长1514人，增长幅度达6.8%。其中：居民参保人数为17379人，大学生参保人数为6335人，大学新生参保率达到100%。共征缴基金317万元。

5月6日上午，太原市环卫局分管领导、14个县区环卫工作负责人、全市6城区清运队队长和新闻电视媒体组成的太原市“城乡清洁工程”观摩组一行50余人，对晋源区旧晋祠路、新晋祠路、滨河西路、金胜垃圾转运站等地进行了考察。晋源区“城乡清洁工程”得到观摩组的肯定，晋源区将不断扩大“城乡清洁工程”的成果，继续加大对环卫基础设施的投入和建设，加快全区城乡环境的提档升级。9月22日上午，国家卫生计生委专家组莅临晋源区督导检查“建设群众满意的乡镇卫生院”活动开展情况，晋源区晋祠镇中心卫生院作为山西省4所“建设群众满意的乡镇卫生院”的复评单位之一接受国家卫生计生委复核评估。专家组对晋源区晋祠镇中心卫生院的创建活动进行了全面细致的了解，从看病就医方便经济、医疗服务安全可靠、公共卫生服务可及、内部管理规范有序、改革措施落实到位、农村居民满意信任六个方面进行了全面评估复核。专家组充分肯定了晋源区在加强镇卫生院的基本建设、乡村一体化管理等方面取得了明显成效，鼓励乡镇卫生院始终以群众满意为工作的出发点和落脚点，在保障基本医疗和公共卫生服务的基础上，发展特色专科，提升服务能力，着力解决群众看病就医问题。（方慧敏）

【经济建设】 实施“双创”孵化新产业新业态工程，区双创示范服务中心建设启动，鸿升众创、农创联盟等8个双创基地建成，培育文化创意、园艺展示、物联网研发等创新型企业178户，新增小微企业646户、从业人员3170人。小微企业技术合同成交额、拥有授权专利数完成年度目标147%和110%。走出去、引进来，组建招商引资团队到北京、广州、重庆等发达城市招大引强，引进传化物流、保利、红星美凯龙等一批高端优质企业，签约项目总投资完成284.5亿元，完成年度目标101.6%。开展“万名干部入企服务”活动，重点对12家区属规模以上企业开展入企服务，解决困难问题25个。推进产业转型，国新晋药、太化太阳能电瓶车项目进入试生产阶段。鹏龙星徽奔驰4S店正式开业。鸿升时代金融广场、阳光城环球金融中心主体完工。化兴

太山

化工“新三板”挂牌上市，实现全区“新三板”上市企业零突破。蒙山景区市场化运作框架协议签订，改制工作迈出实质性步伐。乡村农耕文化保护工程取得突破性进展，城墙全面合拢，27处历史建筑修缮项目完工19处。晋农之窗农业文化博览园基本建成，晋文公祠全面开工。赵梅生美术馆建成开馆。开化寺大佛阁遗址发掘入选2016中国重要考古发现。程家峪古村落被住建部列入第四批中国传统村落名录。晋祠水稻新恢复面积500亩，玉露香梨新增种植面积650亩。

（方慧敏）

【城乡建设】 推动城中村改造，完成城中村宅院、公临建拆除任务1431处、54.39万平方米。城北村50天、棘针村40天、贾家庄村55天完成整村拆除，南堰、吴家堡、西寨完成扫尾清零，实现100%整村拆除、100%扫尾清零。保利、富力、当代置业等大企业参与晋源区城改，区经投公司筹集城改资金13.4亿元，解决资金瓶颈问题。安置房开工建设56栋、12188套，南阜、北阜两村1838人迁新居。保障东区城市综合管廊工程、长兴南街、汾河治理三期及太山龙泉寺等33项省市重点工程建设，滨河西路南延、新晋祠路蒙山大街至古城大街段等7条道路通车，晋阳湖公园东岸初现雏形。全年累计完成征拆任务2503处、59.9万平方米，移植树木102万棵，征地清表3849.6亩。

（方慧敏）

【生态建设】 推进“五大工程”“五项整治”，开展冬季大气污染防控专项行动。拆除燃煤锅炉26台，替代供热面积232万平方米。置换洁净煤4.99万吨，拔掉城中村黑烟囱1281根。完成高家堡村、枣元头村“煤改气”“煤改电”600余户。规范整治建筑工地76个，取缔露天烧烤142处，淘汰黄标车和老旧车1022辆。推进生态建设，实施巩固退耕还林工程薪炭林项目1288亩，完成“创森骨干”工程提档造林1.3万亩。新建街头绿地6处，绿化面积1.2万平方米。建成小游园5个。整治裸露地面53处，绿化25.7万平方米。乡村清洁工作扎实推进，创建省级达标村25个、三星级达标单元19个、省级容貌示范街1条。保持打击“两违”“四抢”高压态势，拆除违建51处，查处违建行为51起。治理水土流失面积1.26万亩，生态管护面积8.29万亩，农田实灌面积完成7.8万亩。

（方慧敏）

【民生工程】 全年民生投入12.9亿元，占全区财政支出87.5%，增长36.8%，增幅创五年之最。义务教育基本均衡区创建工作通过国家验收，与青年路小学、太师一附小、二附小、四附小达成合作意向，成成中学、市二外建设进展顺利，2所中小学、4所幼儿园改建完成。省儿童医院、市人民医院与区人民医院合作共建项目主体完工，市妇幼保健院有序推进。乡村医生签约服务45234人。开展晋源健康行暨计划生育家庭优质服务工程，免费为2.6万名计生家庭成员提供健康体检和亲情关怀。区、镇（街）、村（社区）三级公共文化服务体系初步形成，群众文化生活更加丰富。供暖供水接入市政管网，惠及9万余名群众，解决热点难点问题。晋祠新镇停车场建成投用，全市首个旅游公交专车329路全线开通。增加2条公交线路频次，新开通3条公交线路，改善出行环境。建成赤桥、黄楼和晋阳堡3个农村公共浴室，古城营村浴室主体完工，惠及群众2万余名。区体育公园正式开放，昌宁公园建设完工。4个社区养老服务中心、8个日间照料中心建成投用。采煤沉陷区安置楼封顶15栋。实施农村危房改造工程，改善400户农村困难群众居住条件。为2.1万名城乡居民每人每年增加基础养老金240元。超额完成各类社会保险征缴扩面工作任务。全区城镇新增就业人员3844人，安置下岗失业人员2440人，登记失业率控制在3.26%。为1118名农民工解决拖欠工资877万元。发放各类救助金5507.21万元。开展阳曲县东黄水镇6个贫困村精准帮扶工作，拨付帮扶资金600万元，帮助谋划引进便民栏网上电商、旅游壁画村、大北农集团养猪等产业发展项目，完成年度帮扶任务。

（方慧敏）

【社会事业】 落实安全生产责任制，开展安全生产大检查和重点行业领域安全生产专项整治，排查治理隐患3899个，安全生产形势持续稳定。落实“四个最严”要求，加强食品安全监督力度，群众餐桌安全得到保障。完善应急预案，持续加强综合演练，提升应急管理水平。出台一批制度办法，农村“三资”管理步入规范化、制度化轨道。加强社会治安综合治理，坚持区级领导干部轮流接访、重点案件专项督导、定期约访等制度，解决一批影响基层稳定的矛盾和问题，全区社会局面保持稳定。

（方慧敏）

【政府建设】 坚持依法行政，落实法律顾问制度，如期公布权力和责任清单。办理人大代表建议和政协提案234件，办复率100%。推进“放管服效”改革，取消行政审批事项18项，承接上级下放事项88项。有序推进区政务服务和公共资源交易“两个平台”建设。贯彻执行预算法，实行财政资金预算管理。严控“三公经费”，严肃财经纪律，抓好行政监察和审计全覆盖，确保有限资金用在加快发展、改善民生上。开展“两学一做”学习教育，落实全面从严治党主体责任，狠抓“四风”，转变干部作风。

（方慧敏）

古交市

中共市委书记	常　青*
	贾慕权
市人大常委会主任	阎亮娥（女）
市　长	贾慕权*
	翟永清
市政协主席	褚宇平*
市人民法院院长	刘三娃
市人民检察院检察长	孙中杰*
	郭　刚

【概述】 古交市位于太原市西部，总面积1551平方千米，下辖7乡3镇，4个

狐爷山

公开招聘教师80名，建设3个科技创新专业团队；投资4170万元改善群众就医环境，实施全面两孩政策配套措施，落实创业就业优惠政策，推进社会保险“全覆盖”，健全完善社会救助体系，城市和农村“低保”分别提高到每人每月525元和400元，发放低保金3500余万元、医疗救助金600余万元，社会保障能力增强。投入帮扶物资200余万元，完成革命老区岔口乡扶贫帮困任务。推进采煤沉陷区综合治理，建设安置项目9个、住房3567套，为1784户发放安置补贴1.01亿元，完成21个遗留村居认定。

（赵志英）

街道办事处。

古交市土地资源有耕地24万余亩，林地50万亩，草地50亩，90万亩荒山弃地。旅游资源有千佛寺、水泉寨公园、红豆山庄、狐偃山、仙人坪等。2016年，红豆山庄获“国家AAA级景区”称号。古交市连续12年被评为省级卫生城市，2016年获得“国家妇幼健康优质服务县市”和“新一轮国家计划生育优质服务县”称号。（赵志英）

【产业升级】 2016年，古交市推进煤矿企业复工复产，实现5座矿井生产，1座联合试运转，8座复工建设，生产原煤近300万吨，激活煤炭产业链。推进兴能电厂项目建设，成为全国最大的热电联产企业，建设输热、输电、输气综合能源输出基地，为太原市供热面积近3000万平方米，电力输出71.72亿千瓦时，天然气输出4711万立方米，“乐村淘”、红果商贸等电商新业态发展取得突破。8户企业进入太原市“新三板”后备企业库。

（赵志英）

【综合改革】 2016年，古交市推进农村土地确权登记颁证工作，启动农村综合产权流转交易体系建设。争取国家独立工矿区改造搬迁政策扶持，启动实施火山片区市政道路、桥梁等基础设施项目。完成金牛西大街地下空间综合利用和路面改造，开发商业面积1万余平方米、商铺200间，吸引100多个知名品牌入驻，提升金牛商业街区的集聚能力和服务水平。结合太古长输供热管线建设，高标准完成滨河北路滩上桥至火山桥段路面改造，实现全线通车。完善集中供热工程，新增供热面积150万平方米，基本实现中心城区供热全覆盖。推进城乡清洁提档升级工程，主次干道实现喷雾降尘、全天候保洁。投资5020万元提升改造农村公路。马兰镇入选第三批国家城镇化综合试点。强化食品药品安全监管，建成首批国家级区域性食品综合检验检测中心，完成省级食品安全示范县创建任务。

（赵志英）

【环境建设】 2016年，古交市推进国家园林城市创建，持续实施“三环生态圈”战略，建成金牛森林公园，绿化造林5.6万亩。汾河城区段河道综合治理一期工程完工。加大污染防治力度，关停取缔违规企业23家，累计淘汰老旧、黄标车辆1500余台。实施网格化环境监管，采取有效措施应对重污染天气。全年空气质量二级以上优良天数288天，其中一级天数41天，优良率78.7%。（赵志英）

【社会事业】 2016年，古交市用于各项民生社会事业投入近14.38亿元，占支出的86.5%。探索学区制办学模式改革，

清徐县

中共县委书记	韩良会
县人大常委会主任	张启亮*
	张晋涛
县长	王琳玉
县政协主席	张晋涛*
	杨保恒
县人民法院院长	张福平
县人民检察院检察长	马江

【概述】 2016年，清徐县地区生产总值122.5亿元，同比增长6.9%；服务业增加值44.8亿元，同比增长7.8%；规模以上工业增加值21.7亿元，同比增长12.8%；固定资产投资74.5亿元，同比下降18.5%；社会消费品零售总额55.8亿元，同比增长10.6%；一般公共预算收入6.4亿元，同比增长4.1%。工业企业产销两旺，销售产值146.1亿元，同比增长15.3%；产销率92.5%，同比增长6.5%。规模以上工业企业整体扭亏为盈，实现利润3.17亿元，同比净增11.82亿元。

粮食产量保持平稳，蔬菜产量增长1.5%，产值增长4.5%，对农民人均纯收入的贡献额2589元，同比增加125元。新兴接替产业增加值10.95亿元，同比增长8.7%，占规模以上工业增加值50%以上。旅游接待人次增长5.1%，收入增

长 7.5%。三次产业结构调整为 11.2 : 52.2 : 36.6。

133 平方千米土地纳入全省转型综改示范区，县经济技术开发区面积拓展到 48.8 平方千米，划定整合食醋产业园 13.87 平方千米。推进基本农田划定及土地利用总体规划修编，争取土地指标 2588 亩，征收储备 2491 亩，供应建设用地 570 亩；引黄原水直供开发区，年供水能力 6250 万立方米；220 千伏马峪变电站、110 千伏西贾线等建成投运，有效保障了项目建设。

推动“先照后证”、企业“五证合一”、个体工商户“两证整合”等商事制度改革，新增市场主体 3809 户、注册资金 26.15 亿元，分别增长 34%、12.5%。推行“权责清单”，230 余项行政许可、确认、便民服务事项进厅办理，全年办件 38.1 万件，按时办结率 100%。公共资源交易平台完成各类交易 72 项、3.79 亿元，基本形成交易监管集约化、资源配置市场化。

城乡常住居民人均可支配收入分别增长 6.4%、6.8%。新增城镇就业完成年目标任务的 118%。高考成绩再创历史新高，中考成绩名列全市前茅，职中对口升学蝉联全市第一。县医院和县二院建立医疗联合体，全面托管乡镇卫生院，乡村卫生院实行一体化管理，“小病在乡村，大病进医院，康复回乡镇”的就医格局初步形成。举办首届网络春晚，送戏下乡、公益电影等丰富了群众文化生活，荣获第三届全省文化强县创建工作先进单位。（办公室）

【供给侧结构性改革】 围绕落实“三去一降一补”任务，推动传统产业转型升级，发展新兴产业。落实全省企业减负“60 条”、工业“20 条”等政策，开展“百名干部入企服务”等活动。东于、李家楼煤矿正式投产。把去除房地产存量与采煤沉陷区、地质灾害搬迁治理有机结合，消化房地产库存 22.3 万平方米。“西二村”整村搬迁货币化安置比例 77.2%，采煤沉陷区和地质灾害搬迁治理项目签订协议 1409 户。落实“营改增”等结构性减税政策。推动中小企业与邮政、建设银行开展合作，为中小企业筹放贷款 5838 万元。

焦化行业由以焦为主向以化为主转变，形成“煤—焦—气—化”“矸石—热电—冶金—建材”两条循环经济产业链；焦油、煤气实现深加工和综合利用，形成“焦油—酚油、洗油、液萘—炭黑”“煤气—天然气”两条延伸产业链；煤炭由燃料向原料转变，形成煤制烯烃、煤制已二酸和己内酰胺等两条中间材料产业链；加快煤层气的开发利用，全县 20 个井场投运 80%，产量达到 6000 立方米 / 日。阳煤化工新材料园实现试生产，华阳煤气制天然气项目正式投产，“民用清洁焦产学研基地”挂牌，亚鑫、美锦成为洁净焦定点生产企业，煤焦下游产业呈现蓬勃发展态势。钢铁、铸造等行业产销两旺，康镁、三高等新材料制造企业技术装备水平不断提升。

重点扶持现代农业示范园，建设高标准农田 1.2 万亩，连片发展设施蔬菜 1200 亩，蔬菜育苗基地达到 16 个，年育苗 5050 万株。农业产业化规模持续扩大，农民专业合作社达到 826 家，家庭农场达到 203 家，主要农作物机械化水平达到 78.1%，“一村一品”专业村达到 95 个，农产品加工企业销售收入 54.96 亿元，同比增长 7.8%。六味斋云梦坞、紫林醋工业园获批国家 AAAA 级景区，清泉山庄、三晋奇石博物馆获批国家 AAA 级景区，成功打造 4 条精品旅游线路，成为周边短途旅游的重要目的地。（办公室）

【基础设施建设】 加强规划引领，编制《城市排水防涝专项规划》《城市污水处理设施专项规划》《城市再生水利用规划》，修编《县城中心区控制性详细规划》。滨河西路南延工程顺利通车，三条连接线同步完工，改造美锦南大街等 8 条街巷。采用 PPP 融资模式，推进市政道路、园林绿化等城市基础设施建设，顺利完成供水、供热体制改革，供水管网与市区并网，集中供热实现市场化运营，国锦电厂供热长输管线为县城扩容预留空间，承载能力大幅提升。开通高速南出口，完成县城高速出口改造，国道 307 改线清徐绕城段具备通车条件，同步启动榆古路拓宽改造，基本实现机动车客货分流；北夏公路路面大中修养护、贯中大桥等五座危桥改造工程顺利完工，县域通行能力明显提升。

加强农田水利基础设施建设，完成规模化节水灌溉增效示范、小型水利重点县建设、汾河生态修复中游核心区蓄水工程等，获全省农建“红旗县”称号。省

清泉寺

警官学院、太原幼师建成招生，市青少年实训基地主体完工，徐沟城镇化建设驶入快车道。推进美丽乡村建设，完成农村公路完善提质工程和35个村窄路基路面拓宽改造，19个村实施内涝排水疏浚工程，农村改厕4640所，创建1个省级示范村、4个市级示范村和10个美丽宜居示范村。（办公室）

【环境综合整治】 钢铁、焦化、水泥搅拌企业全部完成提标改造。19个社区4000余户居民用上民用洁净焦。乔武、西高白两村完成煤改电试点，1000余户村民享受到优惠政策。执行新《环保法》，开展治污专项行动，取缔非法选煤厂、储煤场66家，关停并拆除50家土炼油、洗沙、选矿、烧木炭等"土小"企业生产设施，淘汰黄标车984辆，100辆出租车完成油气双燃料改造。清理整顿107个未批先建和295个久试不验项目，启动按日计罚，征收排污费3891万元、征缴罚款1238万元。严格执行"冬防12条"，130余家企业全部停产，涉及民生保障的企业全部限产到位。

编制《县域农村生活垃圾治理专项规划》，启动建设垃圾压缩转运站，开展垃圾分类试点，餐厨垃圾处理项目一期工程正式投运。打造城乡清洁四星级单元20个、三星级单元143个，成功创建2016—2018周期"山西省卫生县城"，建成西谷乡省级卫生乡镇、罗家庄等19个省级卫生村。实施创森工程，新增造林绿化面积3.56万亩。48个村完成村庄绿化，森林覆盖率提高0.58个百分点，达到13.96%。东湖公园建成开园，白石河水系治理稳步推进，建成区绿化面积增加3万平方米，城乡人居环境进一步改善。（办公室）

【改革创新】 发挥电子商务"一个中心、两个基地"作用，成立县企业家协会电商分会，会员企业84家。改造升级4个乡镇服务站、70个村级服务点，村级服务网点基本实现全覆盖。晋药物流一期、晋天峰物流等主体完工，与乐村淘、京东、阿里、贡天下等形成战略合作，现代物流配送体系日趋完善。全县电子商务交易额6.8亿元，同比增长56%。把创业就业摆在突出位置，打造两个众创空间、两个众创基地和一个孵化园，入驻小微企业101家。山西"爱融汇"融资担保有限公司通过省金融办批复，美锦能源完成重大资产重组，百澳绿洲成功登陆新三板，康镁、精诚镁合金加快股改，水塔、紫林进入中小板申报期。

挂牌成立全市第一家不动产登记中心。依法依规推进农村土地确权，177个村完成摸底、测量。推进农业供销体制改革，农村日用消费品配送中心投入运行，建成五个惠农服务站和一个庄稼医院。探索实行城乡综合执法新机制，拆除违章建筑64个，拆除面积4万平方米，立案查处58宗土地违法案件，规范城乡建设秩序，交通和市容秩序整治取得阶段性成果。（办公室）

【民生建设】 发挥政府保基本、兜底线、促和谐作用，累计发放低保金、救助金、优抚金等5400万元。农村10万余户群众领取冬季取暖补贴。加固改造5所学校，3所初中校舍建设完工并投入使用，6所幼儿园新改扩建工程主体完工，通过全国义务教育发展基本均衡县验收。推行201种分级诊疗病种和48种（类）协定处方管理，新增单病种14种，分级诊疗实现"五升二降一平稳"的效果。1.8万名新农合群众享受免费体检，县乡报销比例提高5个百分点。基本建成保障房941套，新建开工915套，扩大保障房申购范围，分配保障房223套。建成6个农村老年日间照料中心、2个城市社区养老服务中心和2个城市社区老年日间照料中心。组织开展"美丽清徐人"等评选活动，推选身边好人102名、最美人物132名、道德模范89名，齐保林、贾晋卿入围第六届山西道德模范评选。

开展安全生产大检查和隐患排查治理、打非治违专项行动，突出煤矿、危化、特种设备、冶金工贸、交通、消防、民爆等重点行业领域，查处整改各类事故隐患1685条，关闭非法违法生产经营单位25个，全县生产安全事故起数、死亡人数、受伤人数、直接财产损失分别下降21.1%、29.6%、17.9%、23.2%。开展打击盗抢骗、全警追逃、"夏季攻势""三大战役""冬季攻势"等专项行动，刑事案件同比下降5.94%，治安形势持续好转。完善各类应急预案1602个，组织开展应急演练540次。加强社会治理，管控帮扶各类重点人群，健全完善大调解体系，调解率95%，一批信访问题得到公正妥善处理。（办公室）

阳曲县

中共县委书记	刘晋萍（女）
县人大常委会主任	韩　勇
县长	刘晋萍（女）*
	裴耀军
县政协主席	高保民
县人民法院院长	田志勇
县人民检察院检察长	王金华

【概述】 2016年，阳曲县地区生产总值完成33.47亿元，同比增长10.5%，增速在10县区排名由2015年的第九位前移至第二位；服务业增加值完成10.75亿元，同比增长10.9%，排名由第六位跃升至第一位；固定资产投资额完成50.37亿元，同比负增长12.5%，排名第六位；规模以上工业增加值完成8.4亿元，同比增长13.4%，排名第五位，较2015年前移四位；一般公共预算收入完成3.61亿元，同比增长7.5%，排名第三位，较上年前移六位；社会消费品零售总额完成13.36亿元，同比增长15.3%，排名第二位，较上年上升一位；城镇常住居民人均可支配收入完成21572元，同比增长7%，排名第五位；农村常住居民人均可支配收入完成7648元，同比增长8.1%，排名第二位。（崔振刚）

【准脱贫攻坚】 2016年，阳曲县以脱贫攻坚统揽经济社会发展全局，强化干部驻村帮扶，规范项目实施和资金监管，全面推进“一图五表”挂图作战和“一人一表”“一户一袋”精准帮扶模式。全省建档立卡精准扶贫现场会在阳曲县成功举办，工作模式吸引全省3市25个县区776人组团前来观摩交流。扶贫工作全市综合考核排名第一，实现了9个贫困村脱贫摘帽，3454户8299人精准退出。

全县40个贫困村紧紧围绕“宜居宜业宜游”目标，启动八大工程20个专项行动，共支出扶贫资金近1.5亿元，精准实施脱贫项目128个，带动贫困户4342户9123人。强化“公司+贫困户”带动效应，2016年新建300头以上猪场21个，50头以上肉牛养殖场11个，500只以上规模羊场6个，10万只以上蛋鸡场1个，特种养殖场1个。新增设施蔬菜2536亩。

探索出宝迪“生猪寄养”、桦桂“赠母还羔”、永丰“送鸡还蛋”、青草坡“三金促脱贫”和企业通过“借本还息”精准帮扶贫困村等多种模式，强化了项目与贫困户的精准联结。加快“旅游+脱贫”对接，解决景点周边贫困户劳动力1500余人。积极营造良好的农村劳动力转移就业环境，增加劳务收入1000余万元。努力拓宽招商引资渠道，在省展览馆举办了阳曲县首届特色农产品展销暨旅游产品推介会，实现了贫困人口人均增收432元。加强教育扶贫，为1160名学前教育贫困家庭幼儿补助116万元，为1666名大学生提供生源地助学贷款1051.21万元，对33名建档立卡贫困户考取二本B类以上本科院校大学生给予每人一次性补助5000元，对265名中职中技和高职在校贫困生每年补助2000元。全年向1397户2256人建档立卡低保对象发放低保金676.48万元。（崔振刚）

【夯实“三农”基础】 2016年，阳曲县农业经济保持了又好又快发展态势。共争取上级涉农资金3.9亿元，现代农业投资完成12.2亿元。全县粮食总产量达1.18亿公斤，较年初任务翻一番。畜牧业呈规模化趋势发展，肉产量达0.88万吨、生鲜乳产量达1.7万吨、禽蛋产量达1.1万吨。农业机械化作业面积达98%以上。农业产业化销售收入完成32.99亿元。农业、畜牧、农机、粮食安全工作在全市综合考核中均排名第一，被确定为全国秸秆综合利用试点县、全省“一事一议”财政奖补美丽乡村建设试点县，获“全省粮食生产先进县”“全省新型农民职业培训先进县”“全省乡村旅游与休闲农业示范县”“全省农业机械化综合示范县”称号。（崔振刚）

【工业经济企稳转型】 2016年，阳曲县全面落实“三去一降一补”，在全省规模以上工业企业减幅较大的情况下，全县规模以上工业企业由20个增加到23个，非煤产业增加值比重达87.9%，新兴产业投资比重达100%，万元GDP能耗下降3.2%。加快培育了一批龙头企业，国冀电力成为全国首个“互联网+新能源平台”全产业链实施项目，博瑞泰不锈钢项目已与太钢达成战略合作意向。东铝成功复产，焦化、水泥等传统产业生产趋于正常。中广核风电、能投光伏、龙永太光伏等新能源项目已开工建设。小微企业园12个项目开工建设。2016年，规模以上工业总产值完成59.06亿元，为上年同期的120%。有效发明专利拥有量26件，小微企业拥有授权专利12件。（崔振刚）

【发展新型服务业】 青龙镇拆迁工作取得阶段性胜利，基础设施建设扎实推进，辐射带动作用初步显现。青草坡景区被评为国家AAA景区。旅游开发成效明显，全年共接待游客约80万人次，旅游收入约2500万元。成功列入第二批“国家全域旅游示范区”创建名录。加快双创示范基地建设，建成1个双创服务中心、2个众创空间、3个创业基地、2个双创示范村，县电商服务中心基本建成，大众创业、万众创新活力加速释放。（崔振刚）

【推进基础设施建设】 2016年，阳曲县通过政府债券置换资金6亿元，争取国开行、农发行等政策性银行贷款11亿元。继续推进“五城联创”。完成了新阳东、西大街路面改造工程和两侧既有建筑节能改造。启动“三场一所”建设，新建停车场3个，增加停车位210个，新阳西大街实现了机动车路面禁停。维修改造新阳集贸市场，新建新安东街便民市场，新建改建水冲式厕所5座。整合资源，高标准完成了南坡街、文明街1000平方米社区服务场所改造项目。启动县城生活垃圾中转站工程。完成康西线、大盂工业园主干道、小微企业园路网建设、贾城线路面大修、村通柏油(水泥)路完善提质和农村饮水安全工程，引黄阳曲原水直

阳曲公园

供工程进展顺利。（崔振刚）

【环境整治工作】 隆辉、三兴焦化焦炉尾气脱硫脱硝治理工程及熄焦废水污水治理工程全部完成。投资1.4亿元完成造林任务9.36万亩。投资4200万元完成文庙梁、凤凰山、黑山湖小流域水保生态治理4.2万亩。淘汰黄标车及老旧车784辆。成立了环境保护委员会，全省首家实施县、乡、村分级负责的环境监管网格化管理。全年二级以上天气达到264天，比2015年增加45天，PM2.5平均浓度下降7.81%，杨兴河出境断面水质达标率保持100%。（崔振刚）

【发展社会事业】 2016年，阳曲县完成了阳兴小学、阳兴幼儿园、启辰幼儿园和9所学校的改建任务，以总分全市第一、全省第三的成绩通过国家义务教育发展均衡县验收。建立了卫生院首诊、县医院会诊、双向转诊的分级诊疗制度，率先在全市建成首个县级120急救站并投入使用，被确定为全省公立医院改革试点县。全民健身活动中心项目顺利推进，实施健身路径建设、乡村电影免费放映等惠民工程，成功协办了山西省公路自行车冠军赛。兴办了一批民生实事，全县民生类支出占财政总收入的87.52%，社会事业呈现出和谐有序、健康稳定发展的新局面。（崔振刚）

【民生保障结硕果】 2016年，阳曲县城乡低保应保尽保，低保资金按时足额发放。全年统筹发放各类救助资金5000万元。新建农村老年日间照料中心6所。全县城镇新增就业2010人，五项社会保险参保13.26万人，基金征缴累计达1.57亿元，参保人数和社保基金均实现了历史性突破。西凌井采煤沉陷区治理安置工程和河上咀地质灾害避险搬迁项目有序推进。2016年新开工保障性住房108套，上年开工的续建项目建成364套，完成廉租住房租赁补贴98户254人，农村危房改造1200户。（崔振刚）

【社会和谐稳定】 2016年，阳曲县积极搭建便民微信公众平台，引入了“三社联动”机制，社区服务信息化、智慧化、便利化水平不断提高。开设法律服务“绿色通道”，扩大法律援助覆盖面，营造了健康有序的法治环境。积极开展“控警情、压发案”专项行动，以“五星八安联创”工程为抓手，大力开展“平安阳曲”建设，全县群众安全感和满意度、群众安全感、执法工作满意度三项指标名列全市第一。深入开展安全生产大检查，“食品安全县”创建工作扎实推进，医药卫生器械和特种设备监管持续加强，道路交通、消防安全、危险化学品等关键领域专项整治成效明显，首次实现工矿商贸行业零死亡。连续31年保持了阪寺山“三大瞻礼”活动的安全平稳有序。严厉打击拖欠农民工工资行为，落实农民工工资保证金729万元，协调处理解决农民工工资拖欠案件8起，依法保障了农民工的合法权益。（崔振刚）

【政务环境建设】 一是认真执行人大及其常委会的决议决定，主动接受人大法律监督、政协民主监督和人民群众监督，认真办理县人大代表意见、建议68件，县政协委员提案114件，包括“推动精准扶贫”“加快美丽乡村建设”等重点提案在内的全部议案、提案，均做到了件件有答复、事事有反馈。

二是深化“两学一做”学习教育，以建设法治政府、高效政府为目标，梳理出行政职权事项2156项、责任事项15498项，编制了“两图一表”，进行了公开公示。全面推行“双随机一公开”工作机制，充分发挥政府法律顾问的专业作用，进一步夯实了政府依法决策、依法行政的基础。

三是推进“放管服效优”改革，努力做到审批最少、流程最优、效率最高、服务最好。2016年共取消行政审批事项12项，承接上级下放行政审批事项10项，取消各类前置条件30项，为企业行政审批开通“绿色通道”。扎实开展“干部入企”服务工作，梳理出涉及资金、土地、环保等问题99条，办结率达到97%，构建了“亲”“清”新型政企关系。加强招商引资，完成招商签约项目70个、签约资金469亿元，签约目标完成率全市排名第一。县域经济发展活力进一步迸发。

四是全面推进政府系统党风廉政建设，认真落实“两个责任”，始终保持“真抓实干、马上就办”的工作状态，强化制度建设，创新执法体制，坚持重大资金项目会议研究决定和主要领导不直接分管财务、人事、项目、采购等制度，健全完善了事前集体研究、事中跟踪监管、事后严格审计的规范化机制。（崔振刚）

【荣誉】 2016年，阳曲县荣获2016年全国创新社会治理优秀城市称号，县工商联荣获“创新中国”工商联（商会）工作特别奖，县人武部被省军区表彰为先进单位，县农机局在全省农机工作目标责任考核中被评为综合优秀单位，县供销社被评为全省供销合作社系统农村电子商务先进单位，县气象局被授予全省气象科普先进集体称号，县史志办被评为全省县级地方志办公室先进集体。

（崔振刚）

娄烦县

中共县委书记	薛东晓
县人大常委会主任	冯永奎
县长	李树忠
县政协主席	康变兰（女）*
	武润生
县人民法院院长	王晋
县人民检察院检察长	郭刚 *
	马强

【概述】 娄烦县位于太原市西北，位于太原市西北94千米处的汾河中上游，地处吕梁山区，属土石山区。是太原市的郊区县，也是集库区、老区为一体的国家级贫困县。地理坐标为北纬37°51′~38°13′，东经111°31′~112°2′。全县总面积

1289.9平方千米。2016年总人口12.63万人。娄烦县具有较为丰富的矿产资源、文物资源和生态旅游资源。探明的矿产主要有煤、铁、大理石等16种，其中煤储量15亿吨，铁矿储量6亿吨以上；境内有古遗址24处、古墓葬群7处、古建筑40多处、古碑石60处、革命纪念地97处；娄烦县山川秀美，生态环境良好，可开发的名胜景点有11处。

2016年，全年完成地区生产总值18.3亿元，增长33.3%；固定资产投资30.6亿元，增长12.8%；规模以上工业增加值3.8亿元，增长187.1%；服务业增加值9.4亿元，下降2.6%；社会消费品零售总额4.4亿元，下降0.6%；公共财政预算收入2.7亿元，下降7%；农村居民人均可支配收入6033元，增长9%。

（张宪平）

【脱贫攻坚】 2016年，把脱贫攻坚作为统领之策和民生之要，坚持"六抓"，抓规划引领，编制《脱贫攻坚三年规划》《2016年脱贫行动计划》《"十三五"特色产业精准扶贫规划》等规划，为脱贫攻坚确定"任务书"，制定"路线图"，明确"时间表"。抓责任落实，构建到县、到乡、到村、到户、到人的责任体系，建立县、乡、村三级作战指挥系统，完善单位包村、领导包带和工作队到村、党员干部到户、第一书记到岗的联动帮扶机制，实现对建档立卡贫困户帮扶全覆盖。抓政策激励，出台并实施《农业产业发展脱贫扶持奖励办法(试行)》《南川河蔬菜产业集群项目补助办法》《脱贫攻坚生态规模养殖补助办法(试行)》《农村贫困人口外出务工奖励办法》等扶持政策，激发贫困群众脱贫积极性；全面落实教育、健康、民政、残联等社会保障政策，救助贫困人口1.3万人次，发放各类救助金3022万元。抓资金整合，制定出台《财政涉农资金整合工作实施方案》和《统筹整合使用财政涉农资金管理办法(试行)》，统筹整合各类涉农资金1.4亿元，提高资金使用效益。抓项目支撑，实施脱贫产业项目175个，启动了704户1819人易地扶贫搬迁工程，成立71个脱贫攻坚造林专业合作社，其中16家合作社参与造林4.25万亩，带动2432名贫困人口人均增收3280元。抓"两输"带动，实现贫困劳力就业1.5万人，销售特色农产品396万斤。12275名贫困人口实现脱贫，43个贫困村有序出列，超额完成省市目标任务。（张宪平）

【产业结构】 2016年，把发展产业放在突出位置，推进产业优化升级。农业产业持续壮大，马铃薯在规模化上做文章，种植8万多亩，产值2.45亿元，带动农民人均收入1149元。中药材、蔬菜种植在园区化上下功夫，四家坪板蓝根基地、下静游枸杞示范园、大丰双孢菇基地、南川河蔬菜片区等一批特色高效农业项目初具规模。生态养殖在标准化上求突破，新发展程家岭养猪、陈家庄肉驴等养殖场20家。工业产业稳步推进，煤、焦、铁传统行业技改升级步伐加快，龙泉矿井项目竣工验收，东升煤焦公司完成烟气达标治理，山西陆海洗煤厂投产见效。新兴产业逐步发展，皇姑山4.75万千瓦风电项目开工建设，16个村分布式光伏电站建成，30兆瓦集中式光伏电站前期工作有序推进。（张宪平）

【全域旅游】 2016年，坚持旅游开发带全局的理念，立足全县"一山一水一伟人"资源，发挥"山、水、林、气"独特生态优势，围绕建设"省城后花园、避暑清凉地、绿色大氧吧"目标，编制完成全县旅游发展规划并通过评审。创建高君宇故居红色旅游AAA级景区。在对全县旅游资源全面摸底的基础上，制定出台《娄烦县乡村旅游脱贫扶持奖励办法(试行)》，启动发展一批工农业旅游示范点和乡村客栈，完成第一次全国可移动文物普查和文物库房标准化建设。（张宪平）

【生态建设】 加大荒山、通道、环城造林绿化力度。完成营造林8.7万亩，全县绿化率48.7%，森林覆盖率29%。落实国家新一轮退耕还林政策，启动2.17万亩新一轮退耕还林前期工作。加强水源保护，有序推进汾河水库生态保护项目，5项已全面完工。建成环水库道路监控预警监测系统，覆盖库周55千米。加大环境综合治理力度，节能减排指标稳定达标，万元GDP能耗下降3.2%，万元工业增加值用水量下降10.8%，六项污染指数平均值全部达到国家Ⅱ级新标准。（张宪平）

【城乡建设】 加大城乡建设管理力度，提升功能，改善环境，增加宜居度。实施农村公路生命防护工程、火车站—县城连接线等交通路网建设和供热扩网改造等基础设施项目。推进采煤沉陷区3个村945户2744人的治理搬迁安置工程，

云顶山风光

完成100户农村危房改造、155户农村地质灾害搬迁治理、160户廉租住房补贴项目，基本建成218套保障房。提升改造11个村饮水设施，保障6600余人饮水安全。维修改善55个村饮水安全工程，确保3.6万人正常供水。实施60千米农村公路完善提质工程，完成46个村2000个改厕任务。（张宪平）

【民生保障】 完成26所中小学薄弱改造和教育信息化建设，义务教育基本均衡县创建通过国家评估验收。开展家校互动“小手拉大手”主题教育活动，营造全社会关心、支持、参与教育的浓厚氛围。县城综合性医院主体基本建成，全县医疗卫生机构基本药物配备率和使用率均达95%以上，新农合参合率96%以上。基本完成全省妇幼健康优质服务示范县创建工作，省级爱婴医院创建已通过市级复核。完成4个日间照料中心建设，规范3个中心敬老院管理，启动老年福利院建设，多层次的养老服务业逐步形成。城镇基本养老、工伤、失业、生育保险全部完成市下达任务。新增就业1605人，城镇登记失业率3.9%。有117个贫困村文化站完成升级维护，组织开展文化下乡120余次，广播电视由“村村通”基本实现“户户通”全覆盖。（张宪平）

【社会稳定】 坚持强基础、抓重点，强治理、广覆盖，狠抓安全稳定，为经济社会持续发展提供坚强保障。落实“党政同责、一岗双责、齐抓共管、失职追责”的安全生产责任体系，狠抓重点行业和领域安全综合治理，排查整改安全隐患2656条，安全生产形势持续向好，全年没有发生重大安全生产事故。加大信访积案化解和矛盾纠纷排查调处力度，省市交办信访案件办结率95%，进京非正常上访同比下降50%，赴省集体访下降38%，赴市集体访下降30%。加强社会治安综合治理，开展了“三打两整治”专项行动，打击了赌博、涉毒、“两抢一盗”等各类违法行为。（张宪平）

【政府建设】 坚持依法行政，狠抓制度建设，全面深化改革，推进县政府治理体系和治理能力现代化。推进简政放权，完成行政权责清单编制工作，完善政务服务平台，首批入驻政务大厅的办理事项实现“一个窗口”受理、“一站式”审批。建立项目备案、财审、管理、验收、审计、资金拨付、人事编制等一系列制度，启动公共资源交易平台，权力运行制约监督体系初步搭建，促进政府规范、有序、高效运行。推进重点领域改革，全面实行企业“五证合一”和个体工商户“两证整合”，“营改增”全面推开，农村土地承包经营权确权登记颁证、国有林场改革、供销合作社综合改革等有序推进。坚持每月一次政府系统集中学法，增强法治观念，强化法治意识，提高运用法治思维和法治方式解决问题的能力。开展“两学一做”学习教育，贯彻《关于新形势下党内政治生活的若干准则》和《中国共产党党内监督条例》，持续推进政府系统党风廉政建设和反腐败斗争，政府自身建设得到进一步加强。（张宪平）

社会和经济发展统计资料

太原市县(市、区)及乡镇、办事处名称

县 级	乡 级
小店区	北格镇、刘家堡乡、西温庄乡、坞城街办、营盘街办、北营街办、平阳路街办、黄陵街办、小店街办、龙城街办
迎泽区	郝庄镇、迎泽街办、桥东街办、文庙街办、柳巷街办、老军营街办、庙前街办
杏花岭区	中涧河乡、小返乡、三桥街办、敦化坊街办、巨轮街办、涧河街办、鼓楼街办、杏花岭街办、坝陵桥街办、大东关街办、职工新街街办、杨家峪街办
尖草坪区	向阳镇、阳曲镇、马头水乡、柏板乡、西墕乡、汇丰街办、古城街办、柴村街办、迎新街街办、南寨街办、上兰街办、新城街办、光社街办、尖草坪街办
万柏林区	王封乡、化客头街办、东社街办、千峰街办、下元街办、和平街办、万柏林街办、兴华街办、南寒街办、杜儿坪街办、白家庄街办、长风西街街办、小井峪街办、西铭街办、神堂沟街办
晋源区	金胜镇、晋祠镇、姚村镇、义井街办、罗城街办、晋源街办
古交市	河口镇、马兰镇、镇城底镇、阁上乡、嘉乐泉乡、梭峪乡、岔口乡、常安乡、原相乡、邢家社乡、东曲街办、西曲街办、桃园街办、屯兰街办
清徐县	清源镇、东于镇、徐沟镇、孟封镇、马峪乡、柳杜乡、西谷乡、王答乡、集义乡
阳曲县	黄寨镇、东黄水镇、大盂镇、泥屯镇、侯村乡、凌井店乡、高村乡、杨兴乡、西凌井乡、北小店乡
娄烦县	娄烦镇、杜交曲镇、静游镇、庙湾乡、马家庄乡、盖家庄乡、米峪镇乡、天池店乡

太原市行政区划

单位:个

指标	街道办事处	社区居委会	乡政府	镇政府	村民委员会	自然村
总计	53	639	31	21	894	1512
小店区	7	118	2	1	38	43
迎泽区	6	95		1	19	33
杏花岭区	10	116	2		31	39
尖草坪区	9	63	3	2	84	94
万柏林区	14	115	1		43	58
晋源区	3	43		3	79	96
清徐县		24	5	4	188	203
阳曲县		11	6	4	117	344
娄烦县		6	5	3	142	217
古交市	4	37	7	3	146	369
高新区		1				
经济区		10				
民营区					7	16

人民物质文化生活提高情况

指标	单位	1985	1990	1995	2000	2005	2010	2014	2015	2016
一、城乡居民收入										
农民人均纯收入	元	526	763	1444	2643	4402	7611	12616	13626	14591
城镇居民人均可支配收入	元	646	1573	3939	6019	10476	17258	25768	27727	29632
城镇非私营单位在岗职工平均工资(含铁路驻并单位)	元	1199	2351	5538	8394	18547	38838	56885	60515	64820
二、平均每人居住面积										
城镇居民	平方米	5.63	7.07	8.15	10.13	11.94	13.65	35.00	39.00	39.00
农村居民	平方米				26.00	28.60	35.14			
三、每百户居民拥有耐用消费品(抽样)										
电冰箱										
城镇居民	台	2	52	68	90	96	98	88	93	96
农民	台		2	12	27	34	53	63	68	75
彩色电视机										
城镇居民	台	17	84	98	115	119	110	104	104	105
农民	台	3	9	36	65	85	105	103	105	106
洗衣机										
城镇居民	台	64	95	88	94	99	97	95	97	99
农民	台	12	33	50	59	64	89	88	91	95
四、每千人拥有卫生技术人员和医疗卫生床位数										
每千人拥有卫生技术人员	人	10.4	10.6	10.6	9.6	9.0	10.9	11.4	12.2	12.8
每千人拥有医疗卫生床位数	张	7.8	8.8	8.5	8.0	7.0	7.6	9.2	8.5	8.7
五、储蓄										
城乡居民储蓄存款年末余额	亿元	11.29	48.76	197.54	419.63	1183.95	2386.79	3325.78	3432.12	3661.76
平均每人储蓄存款余额	元	486	1894	7064	13788	30110	61943	77555	79654	84536

注:1.2014 年农民人均纯收入为农村居民人均可支配收入。

2.2013 年起城镇居民每人居住面积为建筑面积。

太原市主要年份国民经济主要指标

指 标	1985	1990	1995	2000	2005	2010	2014	2015	2016
年末户籍常住人口(人)	2344452	2612087	2827710	3087491	3403874	3654990	3697425	3673857	3702518
按性别分									
男性	1258322	1384876	1490281	1607655	1766902	1867963	1875995	1858619	1870490
女性	1086130	1227211	1337429	1479836	1636972	1787027	1821430	1815238	1832028
按城镇、乡村分									
城镇人口	1425235	1636344	1832597	2039240	2389268	2630159	2646722	2919276	259577
乡村人口	919217	975743	995113	1048251	1014606	1024831	1050703	754581	757618
社会从业人员(人)	1377500	1592200	1773000	1611200	1616195	1760476	2174700	2227500	2322200
按三次产业分									
第一产业	235500	248400	258000	276800	271587	242519	246400	251700	250400
第二产业	770000	853400	872000	611500	530983	569339	676600	649200	654200
第三产业	372000	490400	643000	722900	813625	948618	1251700	1326700	1417600
按职工、非职工分									
城镇非私营单位职工	989000	1111000	1124000	884117	757996	846286	1078240	1050453	1040529
#国有	756000	892000	919000	533148	458206	460685	482200	462583	458419
集体	233000	219000	205000	119411	62939	47730	35641	34621	32199
城镇私营企业和个体从业人员	8000	61000	127000	217056	355324	422952	603189	682044	794249
农村从业人员	351000	385000	434000	503753	502875	491238	493271	495003	487422
城镇非私营单位在岗职工工资总额(万元)	115920	257007	609421	724376	1378220	3147504	6013680	6229561	6459585
#国有单位职工	94900	220674	529353	441159	828598	1705528	2885596	3204005	3429502
城镇集体单位职工	21020	35909	67586	60029	54590	83962	118093	122401	129767
城镇非私营单位在岗职工年平均工资(元)	1199	2351	5538	8394	18547	38838	56885	60515	64820
#国有单位职工	1279	2510	5788	8460	18375	37684	62022	71070	76831
城镇集体单位职工	938	1696	3371	5285	9192	18255	34756	37637	42249
城镇居民人均可支配收入(元)	646	1573	3939	6019	10476	17258	25768	27727	29632
城镇居民人均消费性支出(元)	585	1357	3409	5341	7806	12106	14430	15455	16775
#食品	308	653	1588	1750	2412	3710	3558	3585	3538
衣着	112	241	514	564	1050	1234	1584	1589	1488
居住		36	194	388	857	1172	3237	3355	4242
农村常住居民人均可支配收入(元)	526	763	1444	2643	4402	7611	12616	13626	14591
农民人均生活消费支出(元)				1634	2601	3879	9444	10124	10929
#食品				696	909	1312	2450	2578	2726
衣着				204	350	493	852	893	916
居住				225	334	642	2543	2787	2985
地区生产总值(万元)	442126	939154	2330302	3962652	8995771	17813546	25310917	27353442	29556045
第一产业	28885	58755	118405	154936	201903	302806	388627	373954	387731
第二产业	295782	520827	1098481	1656880	4240499	7846278	10123118	10201765	10674889

续表

指　标	1985	1990	1995	2000	2005	2010	2014	2015	2016
工业	239985	453958	916245	1298969	3223916	5756569	7028126	6921129	7093233
建筑业	55797	66869	182236	357911	1016583	2089709	3094992	3280636	3581656
第三产业	117459	359572	1113416	2150836	4553369	9664462	14799172	16777723	18493425
人均生产总值(元/人)	1905	3648	8331	13021	26294	46230	59023	63483	68234
地区生产总值指数(%)	105.4	109.1	113.0	109.0	115.6	111.3	103.3	108.9	107.5
第一产业	91.7	126.8	102.6	106.8	101.1	104.9	104.3	101.3	103.2
第二产业	105.5	107.9	113.3	108.1	116.2	111.4	101.0	106.0	107.3
工业	106.4	102.0	116.0	108.7	117.6	111.0	100.8	105.7	106.7
建筑业	99.5	150.1	99.9	105.0	112.1	112.4	101.7	106.8	108.6
第三产业	108.2	109.3	113.3	111.1	115.8	111.4	105.1	111.4	107.7
全社会固定资产投资额(万元)	194510	262924	701894	1047702	4385077	9164811	17460868	20256080	20277123
全社会竣工房屋面积(平方米)	3585900	2870100	2848000	4420700	6064048	7795531	9435193	7002156	6380083
全社会新增固定资产(万元)	126292	212335	517719	876782	1193234	4114718	11325373	9597538	8838010
商品零售价格总指数(以上年价格为100)	112.0	100.7	114.5	96.0	100.2	102.6	100.7	98.6	100.8
食品类		99.7	124.2	93.8	103.7	108.2	103.3	100.3	103.4
服装鞋帽类		106.9	119.1	100.6	96.3	96.9	102.5	103.3	101.4
纺织品类		106.9	120.1	94.9	98.0	109.6	102.2	98.4	99.2
中西药品及医疗保健用品类		99.1	114.3	101.3	98.7	105.8	100.6	101.0	103.1
文化和体育用品类		93.3	104.0	99.3					
文化办公用品类					99.4	97.6	98.0	97.4	99.6
体育娱乐用品类					99.1	97.9	101.2	99.1	100.9
日用品类		99.8	109.0	98.0	100.7	99.0	99.8	99.4	101.0
家用电器类		93.1	102.2	95.6	97.3	92.6	96.3	97.6	98.3
燃料类		119.9	105.9	107.6	112.8	117.0	98.2	88.1	98.4
建筑装璜材料类	112.0	100.4	102.8	99.4	102.1	97.7	98.6	98.0	100.7
居民消费品价格总指数(以上年价格为100)		101.7	116.8	103.6	101.1	103.0	102.2	100.4	101.2
食品类		99.7	123.4	93.2	103.8	108.4	103.2	100.3	103.3
衣着类		106.9	116.8	99.6	96.2	97.2	102.5	103.4	
家庭设备用品及维修服务类		99.8	106.5	98.6	100.0	100.8	104.4	100.0	
医疗保健和个人用品类		99.1	113.7	101.1	101.6	102.6	100.7	100.3	
交通和通讯类		147.7	94.9	97.8	96.3	97.7	100.5	98.7	
娱乐教育文化用品及服务类		93.3	112.3	96.4	101.9	101.8	102.2	100.4	
居住类		105.9	111.9	107.0	102.4	101.2	101.4	99.8	
食品烟酒									103.3
衣着									101.4
居住									99.4
生活用品及服务									100.3

续表

指　标	1985	1990	1995	2000	2005	2010	2014	2015	2016
交通和通信									98.6
教育文化和娱乐									102.0
医疗保健									102.2
服务项目类价格总指数(以上年价格为100)		110.2	107.3	162.1	102.9	102.4	103.2	100.6	100.8
农林牧渔业总产值(万元,按当年价格计算)	38744	73925	193432	246156	344060	560634	760400	739124	767905
农业产值	28489	47608	120504	163107	199305	336794	451781	428567	438166
林业产值	2266	1877	4382	4020	12088	49426	76362	69118	74208
牧业产值	7942	22069	66859	77344	114172	154140	196441	202345	214411
渔业产值	47	662	1687	1685	2689	3063	3083	3060	3120
农林牧渔服务业产值					15806	17210	33733	36035	38000
农林牧渔业总产值指数(以上年价格为100)	99.6	108.3	102.2	106.9	101.3	104.9	104.9	101.8	102.9
农业产值		107.9	95.9	110.1	99.6	102.6	103.5	100.2	104.2
林业产值		93.0	106.8	102.4	74.7	105.5	105.9	103.4	93.4
牧业产值		110.8	112.8	102.8	104.9	106.9	107.4	103.9	102.9
渔业产值		116.5	103.6	103.7	107.6	119.7	94.5	99.3	100.4
农林牧渔服务业产值					100.8	127.0	108.7	106.5	105.5
主要农作物播种面积(千公顷)	145.34	145.72	139.23	136.82	118.56	113.55	101.94	100.33	98.12
粮食	107.61	116.25	107.93	100.35	83.48	84.78	76.12	75.57	73.44
棉花	0.23	0.12	0.86	0.83	0.22	0.08	0.02	0.01	0.01
油料	22.70	13.52	13.90	11.05	5.05	3.11	2.50	2.31	1.78
主要农产品产量									
粮食(吨)	304534	387806	334171	294557	291865	321585	338981	299327	312869
棉花(吨)	133	96	849	998	276	105	22	14	8
油料(吨)	16756	13882	6636	10557	3845	2721	3087	2995	2375
肉类(吨)	12001	17109	33603	47606	65135	49975	53466	56011	56441
禽蛋(吨)	7428	20003	35272	44361	43165	36412	29011	29920	30929
工业企业单位数(个)	1560	1981	2033	383	489	480	406	408	355
按经济类型分									
国有经济	289	331	335	178	95	37	18	19	11
集体经济	1270	1638	1601	89	60	40	19	16	13
其他	1	12	97	116	334	403	369	373	331
按轻重工业分									
轻工业	713	877	727	128	111	107	79	81	77
重工业	847	1104	1306	255	378	373	327	327	278
工业企业总产值(万元,按1990不变价格计算)	620037	1276457	2588265	3105189	9213954	20003397	24310044	21592702	22074174
按经济类型分									
国有经济	536776	1063635	2008511	697609	715540	662004	557915	1215862	12013514

续表

指　标	1985	1990	1995	2000	2005	2010	2014	2015	2016
集体经济	81674	204830	443982	197970	164977	147631	108972	60132	51373
其他	1587	7992	135772	2209610	8333437	19193762	23643157	20316708	10009287
按轻重工业分									
轻工业	150649	334579	449580	528811	703205	1400948	1490784	1470754	1443971
重工业	469388	941878	2138685	2576378	8510749	18602449	22819260	20121948	20630204
主要工业产品产量									
原煤(万吨)	2140	2840	3133	2544	4482	3775	3645.12	3988.88	2858.17
发电量(万千瓦时)	347800	367800	873200	1135500	1594000	2038000	2566000	2574800	2792000
粗钢(万吨)	152.73	190.24	238.82	249.90	353.34	850.00	1144.60	1078.60	1106.17
生铁(万吨)	110.97	160.00	241.00	292.00	394.22	696.90	852.67	777.37	771.68
焦炭(万吨)	152.56	386.33	893.24	836.00	1201.00	1268.00	1078.64	1029.40	1069.21
水泥(万吨)	76.20	73.94	148.70	170.00	272.65	582.50	484.87	478.07	492.72
太原地区铁路货运量(万吨)	2398	3295	3735	4278	6113	5064	4330	4414	3404
太原地区铁路客运量(万人次)	814	878	992	864	1074	2210	2620	2598	2641
公路货运量(万吨)	1852	4458	9249	8600	11593	8783	14206	14286	15043
邮电业务总量(万元)	1470	3890	36723	238105	540873	1452903	905857	1072137	1546030
社会消费品零售总额(万元)	229781	456637	1116123	1894200	3840302	8258458	14501658	15407962	16662362
外商直接投资(万美元)	43	141	4500	7280	16490	58501	107673	85049	46214
接待海外旅游人数(人次)	9695	13519	23594	47886	100859	283194	200679	210065	219486
接待国内旅游人数(万人次)	173	277	462	860	1408	1995	4196	4892	5666
一般公共预算收入(万元)	50872	92130	134263	214828	569525	1384809	2588527	2742403	2826893
一般公共预算支出(万元)	32519	61055	146653	245873	718390	1896358	3226934	4199913	4240666
#基本建设支出	4657	4674	11529	5392	25197				
文教科卫支出	7645	15259	35510	53994	141640	532802	952291	1086343	1186938
#教育事业费支出				35688	92774	359491	527157	620878	703360
学校数(所)	2057	2009	1967	1890	1400	1003	804	792	884
#普通高等学校	9	12	13	12	32	42	43	43	44
中等专业学校	41	46	48	47	28	30	32	32	32
普通中学	278	223	235	237	251	230	228	224	218
小学	1664	1646	1575	1503	1003	607	423	416	433
在校学生数(人)	451732	442897	518546	649236	980584	1154723	1162875	1158152	1145194
#普通高等学校	26976	32463	44480	72689	265535	329712	540233	546581	536028
中等专业学校	17711	29323	43323	83107	53475	76540	65021	56392	50463
普通中学	151704	126591	131401	173635	222462	239953	217920	206557	200083
小学	241219	232653	269039	295062	317752	267325	261282	275621	286678
专任教师数(人)	31419	36427	39028	43109	55733	63377	65661	65596	67114
#普通高等学校	4910	6031	6056	6669	16223	20912	23791	23771	23308

续表

指　标	1985	1990	1995	2000	2005	2010	2014	2015	2016
中等专业学校	2369	3221	3543	3373	1623	2266	2713	2689	2707
普通中学	10159	11203	11663	13775	16005	17134	18477	18792	18911
小学	12526	13415	14747	16637	17388	17079	16691	16379	17093
毕业生数(人)	96239	102370	111805	131606	223103	323154	322795	313479	316768
#普通高等学校	4997	8088	12421	12572	53735	97398	147659	151583	156916
中等专业学校	4956	10037	11635	15027	16252	26875	23795	24587	20519
普通中学	36732	40519	32638	44537	64141	71310	75429	73908	73467
小学	45648	37058	45576	48260	49201	52792	42558	36073	42072
卫生机构数(个)	932	998	972	1002	1954	2527	2662	2791	2759
#医院	194	220	221	131	194	191	178	185	185
卫生机构床位数(张)	18332	22944	24082	24817	23652	27771	36022	36760	37897
#医院	16721	21248	22174	19317	21736	24703	33917	34828	35852
卫生技术人员(人)	24328	27780	30101	28418	29549	39930	48820	52662	55072
#医院	15732	19429	21594	21855	22728	28529	36307	39463	41518

注:1.2015年以前城镇、乡村人口数分别为农业、非农业人口数。

2.本表地区生产总值、社会消费品零售总额2005年至2008年为第二次经济普查调整后口径。

3.2014年以前农村常住居民人均可支配收入为农民人均纯收入。

4.2016年国家对城镇居民消费品价格指数八类指标进行调整。

5.工业企业单位数、工业企业总产值2000年以前为乡及乡以上口径,以后为规模以上工业口径,2005年起为当年价。

6.2011年起固定资产投资起点由计划总投资50万元以上的项目提高到500万元以上,且没有全社会固定资产统计指标。

7.2011年邮电业务总量采用新口径计算。

8.2005年起社会消费品总额不含未通过市场直接向消费者出售的产品。

9.2005年以前外商直接投资包括间接投资。

10.教育指标中不包括幼儿园。

11.卫生指标中不含村卫生室数。

2016 年太原市公路通车里程

单位：万吨

指　标	单位	2016	比 2015 年增长（%、百分点）
公路通车里程	公里	7400.98	0.6
按隶属关系分			
国道	公里	618.31	61.0
省道	公里	252.87	–45.9
县公路	公里	1009.66	–0.3
乡公路	公里	1711.12	–0.3
村道	公里	3706.60	0.8
专用公路	公里	102.42	
按等级分			
等级里程	公里	7282.87	0.6
高速	公里	286.89	
一级	公里	221.34	7.3
二级	公里	950.50	0.2
三级	公里	1254.54	
四级	公里	4569.60	0.6
等外里程	公里	118.11	–1.4
等级公路占总里程比重	%	98.4	
按铺装质量分			
有铺装路面里程	公里	5845.27	1.2
占总里程比重	%	79.0	0.5
简易铺装路面里程	公里	731.65	–0.5
占总里程比重	%	9.9	–0.1
未铺装路面里程	公里	824.06	–2.6
占总里程比重	%	11.1	–0.4
百平方公里公路网密度	公里	105.90	0.6

2016 年太原市乡镇、村通公路、通油路情况

指 标	单位	数量
乡镇总数	个	52
通油路乡镇数	个	52
乡镇通油路率	%	100.0
行政村总数	个	894
通公路行政村数	个	894
行政村通公路率	%	100.0
通油路行政村数	个	892
行政村通油路率	%	99.8

2016 年太原市旅游人数及收入

指标	2016	2015
一、海外旅游人数(人次)	219486	210065
外国人	154582	147961
香港同胞	36344	34804
澳门同胞	4230	4042
台湾同胞	24330	23258
二、国内旅游人数(万人次	5666.17	4891.47
三、旅游外汇收入(万美元)	8445.85	8059.54
四、国内旅游收入(亿元)	678.66	583.34

2016 年太原市出境旅游人数

单位:人次

指标	2016	2015
出境旅游人数	574160	483119
# 出国游	379001	259372
香港游	73582	95993
澳门游	49820	55861
台湾游	71757	71893
首站前往国家		
日本	35400	24342
泰国	106009	58936
韩国	59082	43267
德国	8243	8167
澳大利亚	14836	7629
新加坡	16828	13503
马来西亚	12054	5496
印度尼西亚	23494	19186
法国	8538	7498
其他	94517	71348

2016年太原市保险业基本情况

项　目	原保险保费收入		赔款与给付支出	
	金额(万元)	增长(%)	金额(万元)	增长(%)
合计	2201659.92	37.0	543801.08	26.3
国寿股份	182022.42	20.9	109101.52	88.9
国寿存续	7483.02	-4.7	10276.25	-14.0
太保人寿	100581.10	17.6	18462.96	47.2
平安人寿	227034.09	35.6	24733.18	25.1
新华人寿	53922.87	-2.2	28841.14	27.6
泰康人寿	96393.65	27.7	29633.48	-7.4
太平人寿	71951.64	24.8	9415.69	1.8
工银安盛	89874.46	212.3	101.78	1702.0
信诚人寿	2262.21	135.5	153.74	1192.4
光大永明	12866.12	24.3	1182.15	168.9
民生人寿	14251.37	-48.0	1104.22	73.6
生命人寿	66689.17	-9.2	3534.56	47.5
平安养老	8672.16	6.6	3064.38	5.0
合众人寿	24795.85	252.6	963.56	-67.4
人保健康	36564.05	43.4	11133.47	100.2
农银人寿	18881.47	76.3	3552.74	-16.7
人保寿险	45632.49	22.6	38400.20	316.1
国华人寿	47326.59	-47.9	1336.49	140.6
英大人寿	8378.35	42.0	1708.40	-32.3
泰康养老	10984.05	44.7	1007.96	232.3
幸福人寿	32031.07	27.9	866.98	226.1
阳光人寿	59288.78	-32.4	6267.81	34.3
百年人寿	23212.67	416.9	1003.85	4045.9
安邦人寿	441955.60	296.7	89.06	
人保产险	107678.10	11.9	61018.85	3.1
大地产险	14114.45	16.4	8156.67	18.9
中国信保	5673.40	5.2	1142.87	15.7
中华联合	12285.10	17.2	7593.05	-10.2
太保产险	40413.16	13.9	19567.80	-7.4
平安产险	125715.13	14.6	48823.04	11.6
华泰产险	10289.36	8.9	4063.13	9.4
天安产险	7087.26	9.1	3695.01	5.3
华安产险	18739.72	69.4	5344.52	70.1
永安产险	13101.20	156.9	3008.13	27.7
太平产险	15899.52	12.7	6064.66	16.6
中银保险	8748.05	32.8	3799.33	0.2
永诚产险	4145.19	-41.3	3610.02	-14.9
安邦产险	1119.08	62.6	262.77	-29.1

续表

项 目	原保险保费收入		赔款与给付支出	
	金额(万元)	增长(%)	金额(万元)	增长(%)
信达产险	6560.32	-9.1	2003.52	-0.5
安盛天平	15695.37	12.1	6944.05	1.1
阳光产险	15127.67	15.3	5967.86	40.4
都邦产险	3939.55	-8.1	1810.64	27.0
渤海产险	793.92	92.7	225.12	0.1
华农产险	242.36		7.94	
国寿产险	35683.92	2.1	22549.29	-6.5
安诚产险	6430.09	38.2	2397.91	66.5
中煤产险	17031.00	38.7	8083.00	-19.1
英大产险	19260.29	35.8	6922.59	6.2
紫金产险	8117.52	11.6	3422.00	1.7
众安产险(虚拟)	3088.56	42.6	1309.98	1.1
中铁自保(虚拟)	1608.62	9991.5	71.38	
阳光渝融(虚拟)	7.01		0.00	
泰康在线(虚拟)	5.85	859.8	0.04	
易安产险(虚拟)	1.76		0.00	
安心产险(虚拟)	2.18		0.30	

2016 年太原市上市公司主要经济指标

证券简称	营业总收入(万元)	净利润(万元)	每股收益(元)	总股本(万股)	所有者权益(万元)	每股净资产(元)	经营活动产生的现金流量净额(万元)	每股经营活动产生的现金流量净额(元)	净资产收益率%
ST 生化	56743.64	4432.06	0.20	27257.76	54691.21	2.03	6248.74	0.23	10.2
美锦能源	710991.66	76669.24	0.30	228107.34	739907.84	3.03	24475.54	0.11	10.3
漳泽电力	825816.72	13770.82	0.04	225373.78	1053846.62	2.87	119861.41	0.39	1.2
英洛华	165105.43	3137.94	0.03	113368.41	199994.67	1.74	14105.74	0.12	2.2
太钢不锈	5673819.00	102177.47	0.20	569624.78	2312947.09	3.94	765401.20	1.34	5.2
煤气化	125095.56	37954.20	0.82	51374.70	148601.81	1.77	54031.99	0.70	48.4
西山煤电	1961094.43	45095.11	0.14	315120.00	1938150.30	5.21	262246.81	0.83	2.7
山西证券	234562.51	52757.60	0.17	282872.52	1302990.93	4.34	-91327.16	-0.32	3.8
跨境通	853690.75	42803.97	0.29	142911.04	424911.37	2.94	-105946.63	-0.74	12.6
东杰智能	19893.97	-4966.79	-0.35	14138.09	62664.96	4.42	3762.42	0.27	-7.5
太原重工	427740.58	-191968.13	-0.79	256395.50	411141.44	1.59	-167325.95	-0.65	-40.4
ST 山水	2062.66	1291.19	0.07	20244.59	11679.25	0.48	2163.67	0.11	19.9
太化股份	158109.12	3361.40	0.06	51440.20	56700.77	1.07	-13549.23	-0.26	6.2
盛和资源	137113.35	-3132.70	-0.03	94103.94	139392.21	1.27	-10661.56	-0.11	-2.7
晋西车轴	96132.94	2694.31	0.02	120819.09	310426.31	2.57	-13508.95	-0.11	0.9
狮头股份	18996.25	-3077.70	-0.05	23000.00	47678.57	2.05	-6189.45	-0.27	-2.2
山煤国际	4915975.95	65415.73	0.16	198245.61	743840.25	2.03	391056.58	1.97	7.9
国新能源	698018.42	35085.01	0.34	108466.37	434797.45	3.42	25538.60	0.24	10.3
通宝能源	488450.32	7150.62	0.09	114650.25	469018.75	4.10	113892.60	0.99	2.2

2016年小店区国民经济主要指标

指　标	单位	2016
一、基本情况		
行政区域面积	平方公里	295
乡个数	个	2
镇个数	个	1
街道办事处个数	个	7
二、人口与就业		
常住户数	户	178461
常住人口	万人	83.5
户籍人口	万人	62.9
三、综合经济		
(一)地区生产总值	万元	7388145
第一产业增加值	万元	82329
农业	万元	61439
林业	万元	4493
牧业	万元	16366
渔业	万元	31
第二产业增加值	万元	3620730
工业	万元	2670611
第三产业增加值	万元	3685086
农林牧渔服务业	万元	2300
(二)财政、金融		
一般公共预算收入	万元	246035
各项税收	万元	209009
一般公共预算支出	万元	375279
农林水事务支出	万元	23013
科学技术支出	万元	3531
医疗卫生支出	万元	26334
教育支出	万元	52800
四、农业		
(一)生产条件		
设施农业占地面积	公顷	282.7
农业机械总动力	万千瓦特	6.8
化肥使用量(折纯量)	吨	3220
农药使用量	吨	70
地膜使用量	吨	49
有效灌溉面积	公顷	9990
机收面积	公顷	6950

续表

指 标	单位	2016
(二)农作物播种面积	公顷	12656.9
粮食作物播种面积	公顷	7603.7
小麦	公顷	58.6
玉米	公顷	7483.9
大豆	公顷	6.6
蔬菜播种面积	公顷	5033.6
(三)农产品产量	—	
粮食总产量	吨	62440
小麦	吨	340
玉米	吨	61850
大豆	吨	10.5
园林水果产量	吨	1042.0
肉类总产量	吨	4462.0
猪肉产量	吨	2100.0
年末生猪存栏	头	17514
年末牛存栏	头	8684
年末羊存栏	只	18273
禽蛋产量	吨	4100.0
奶类产量	吨	42500.0
蔬菜产量	吨	274100
水产品产量	吨	46
五、工业及建筑业	—	
规模以上工业企业单位数	个	39
规模以上工业总产值	万元	523200
规模以上工业企业从业人员年平均人数	人	6200
规模以上工业企业主营业务收入	万元	473200
建筑业企业单位数	个	312
六、贸易、外经、旅游	—	
社会消费品零售总额	万元	4423982
出口总额	万美元	6831
当年实际使用外资金额	万美元	2473
七、固定资产投资		
固定资产投资	万元	3075369
新增固定资产	万元	2380308
房地产开发投资	万元	1295566
住宅	万元	840664
住宅竣工面积	万平方米	220

续表

指　标	单位	2016
八、教育、科技、文化、卫生	—	
普通中学	所	41
小学数	所	69
普通中学专任教师数	人	3796
小学专任教师数	人	2882
普通中学在校学生数	人	42293
小学在校学生数	人	63684
全年专利授权数	件	1394
公共图书馆图书总藏量	千册	112.9
剧场、影剧院个数	个	6
体育场馆个数	个	2
医疗卫生机构床位数	床	6645
医疗卫生机构技术人员	人	9606
执业(助理)医师	人	3827
九、居民收入		
居民人均可支配收入	元	29613
城镇居民人均可支配收入	元	30560
农村居民人均纯收入	元	19851
十、社会保障		
各种社会福利收养性单位数	个	1
各种社会福利收养性单位床位数	床	200
城镇基本养老保险参保人数	人	83602
城镇基本医疗保险参保人数	人	268370
失业保险参保人数	人	44706
新型农村合作医疗参保人数	人	152173
新型农村社会养老保险参保人数	人	86515
城镇居民最低生活保障人数	人	849
农村居民最低生活保障人数	人	1241
十一、资源与环境		
森林面积	公顷	1247
工业二氧化硫排放量	吨	1401
氮氧化物排放量	吨	2669
烟(粉)尘排放量	吨	1346
污水处理厂数	座	3
垃圾处理站数	个	12
城区空气质量优良以上天数	天	232

2016年迎泽区国民经济主要指标

指　标	单位	2016
一、基本情况		
行政区域面积	平方公里	117
镇个数	个	1
街道办事处个数	个	6
二、人口与就业		
常住户数	户	155923
常住人口	万人	61.0
户籍人口	万人	53.8
三、综合经济		
(一)地区生产总值	万元	6022009
第一产业增加值	万元	3318
农业	万元	177
林业	万元	2744
牧业	万元	368
渔业	万元	29
第二产业增加值	万元	805920
工业	万元	392082
第三产业增加值	万元	5212771
(二)财政、金融		
一般公共预算收入财政收入	万元	139219
各项税收	万元	122589
一般公共预算支出	万元	193940
农林水事务支出	万元	3053
科学技术支出	万元	265
医疗卫生支出	万元	15757
教育支出	万元	42674
四、农业		
(一)生产条件		
设施农业占地面积	公顷	1.3
农业机械总动力	万千瓦特	0.5
化肥使用量(折纯量)	吨	2.7
农药使用量	吨	1
有效灌溉面积	公顷	250
(二)农作物播种面积	公顷	182.8
粮食作物播种面积	公顷	171.9
玉米	公顷	90.4
大豆	公顷	1.1

续表

指 标	单位	2016
油料播种面积	公顷	3.3
蔬菜播种面积	公顷	7.5
(三)农产品产量		
粮食总产量	吨	409.4
玉米	吨	268.8
大豆	吨	2.1
油料产量	吨	6.4
园林水果产量	吨	178.1
肉类总产量	吨	258.0
猪肉产量	吨	178.1
年末生猪存栏	头	2922
年末牛存栏	头	130
年末羊存栏	只	6156
禽蛋产量	吨	226.0
奶类产量	吨	18.0
蔬菜产量	吨	255.3
水产品产量	吨	50
五、工业及建筑业		
规模以上工业企业单位数	个	6
规模以上工业总产值	万元	635100
规模以上工业企业从业人员年平均人数	人	6200
规模以上工业企业主营业务收入	万元	637600
建筑业企业单位数	个	300
六、贸易、外经、旅游	—	
社会消费品零售总额	万元	4401717.1
出口总额	万美元	22087
当年实际使用外资金额	万美元	1957
七、固定资产投资		
固定资产投资	万元	2182485
新增固定资产	万元	872854
房地产开发投资	万元	1442929
住宅	万元	1225170
八、教育、科技、文化、卫生		
普通中学	所	19
小学数	所	36
普通中学专任教师数	人	2500
小学专任教师数	人	1985

续表

指 标	单位	2016
普通中学在校学生数	人	27709
小学在校学生数	人	33991
全年专利授权数	件	538
公共图书馆图书总藏量	千册	102.3
剧场、影剧院个数	个	8
体育场馆个数	个	1
医疗卫生机构床位数	床	9476
医疗卫生机构技术人员	人	13654
执业(助理)医师	人	4844
九、居民收入		
居民人均可支配收入	元	30084
城镇居民人均可支配收入	元	30421
农村居民人均纯收入	元	19112
十、社会保障	—	
各种社会福利收养性单位数	个	1
各种社会福利收养性单位床位数	床	100
城镇基本养老保险参保人数	人	54901
城镇基本医疗保险参保人数	人	163285
失业保险参保人数	人	20929
新型农村合作医疗参保人数	人	24082
新型农村社会养老保险参保人数	人	26732
城镇居民最低生活保障人数	人	1955
农村居民最低生活保障人数	人	429
十一、资源与环境		
森林面积	公顷	1760
工业二氧化硫排放量	吨	450
氮氧化物排放量	吨	2232
烟(粉)尘排放量	吨	107
垃圾处理站数	个	11
城区空气质量优良以上天数	天	232

2016 年杏花岭区国民经济主要指标

指　标	单位	2016
一、基本情况		
行政区域面积	平方公里	170
乡个数	个	2
街道办事处个数	个	10
二、人口与就业		
常住户数	户	179633
常住人口	万人	66.3
户籍人口	万人	60.1
三、综合经济		
(一)地区生产总值	万元	5091806
第一产业增加值	万元	4971
农业	万元	950
林业	万元	2339
牧业	万元	1682
第二产业增加值	万元	953517
工业	万元	157450
第三产业增加值	万元	4133318
(二)财政、金融		
一般公共预算收入	万元	147489
各项税收	万元	133604
一般公共预算支出	万元	218239
农林水事务支出	万元	4096
科学技术支出	万元	526
医疗卫生支出	万元	14639
教育支出	万元	64712
四、农业		
(一)生产条件		
设施农业占地面积	公顷	12.9
农业机械总动力	万千瓦特	0.6
化肥使用量(折纯量)	吨	32.08
农药使用量	吨	11.3
地膜使用量	吨	4.8
有效灌溉面积	公顷	100
(二)农作物播种面积	公顷	620.4
粮食作物播种面积	公顷	569.9
玉米	公顷	275.1
大豆	公顷	107.7

续表

指　标	单位	2016
油料播种面积	公顷	3.3
蔬菜播种面积	公顷	47.2
(三)农产品产量		
粮食总产量	吨	880.6
玉米	吨	480
大豆	吨	96.8
油料产量	吨	3.4
园林水果产量	吨	1128.9
肉类总产量	吨	1702.0
猪肉产量	吨	1704.0
年末生猪存栏	头	13095
年末牛存栏	头	26
年末羊存栏	只	7356
禽蛋产量	吨	394.2
奶类产量	吨	34.2
蔬菜产量	吨	2200.4
五、工业及建筑业		
规模以上工业企业单位数	个	22
规模以上工业总产值	万元	348300
规模以上工业企业从业人员年平均人数	人	6000
规模以上工业企业主营业务收入	万元	357600
建筑业企业单位数	个	247
六、贸易、外经、旅游		
社会消费品零售总额	万元	2044306
出口总额	万美元	24434
当年实际使用外资金额	万美元	976
七、固定资产投资	—	
固定资产投资	万元	1583171
新增固定资产	万元	1074068
房地产开发投资	万元	1208873
住宅	万元	901248
住宅竣工面积	万平方米	95
八、教育、科技、文化、卫生		
普通中学	所	39
小学数	所	53
普通中学专任教师数	人	3455
小学专任教师数	人	2474

续表

指　标	单位	2016
普通中学在校学生数	人	34853
小学在校学生数	人	45449
全年专利授权数	件	242
剧场、影剧院个数	个	2
体育场馆个数	个	1
医疗卫生机构床位数	床	9403
医疗卫生机构技术人员	人	15154
执业(助理)医师	人	5446
九、居民收入		
居民人均可支配收入	元	29856
城镇居民人均可支配收入	元	30463
农村居民人均纯收入	元	16816
十、社会保障		
各种社会福利收养性单位数	个	7
各种社会福利收养性单位床位数	床	622
城镇基本养老保险参保人数	人	58049
城镇基本医疗保险参保人数	人	149604
失业保险参保人数	人	33192
新型农村合作医疗参保人数	人	29515
新型农村社会养老保险参保人数	人	37313
城镇居民最低生活保障人数	人	5886
农村居民最低生活保障人数	人	1660
十一、资源与环境		
森林面积	公顷	1687
工业二氧化硫排放量	吨	504
氮氧化物排放量	吨	3587
烟(粉)尘排放量	吨	328
垃圾处理站数	个	15
城区空气质量优良以上天数	天	232

2016年尖草坪区国民经济主要指标

指 标	单位	2016
一、基本情况		
行政区域面积	平方公里	285
乡个数	个	3
镇个数	个	2
街道办事处个数	个	9
二、人口与就业		
常住户数	户	109647
常住人口	万人	43.0
户籍人口	万人	33.5
三、综合经济		
(一)地区生产总值	万元	2456869
第一产业增加值	万元	35721
农业	万元	21992
林业	万元	4616
牧业	万元	9007
渔业	万元	106
第二产业增加值	万元	1484264
工业	万元	1253102
第三产业增加值	万元	936884
农林牧渔服务业	万元	365
(二)财政、金融		
一般公共预算收入	万元	73287
各项税收	万元	64661
一般公共预算支出	万元	132819
农林水事务支出	万元	9327
科学技术支出	万元	594
医疗卫生支出	万元	16687
教育支出	万元	32957
四、农业		
(一)生产条件		
设施农业占地面积	公顷	92.8
农业机械总动力	万千瓦特	2.6
化肥使用量(折纯量)	吨	982
农药使用量	吨	102
地膜使用量	吨	142
有效灌溉面积	公顷	4370
机收面积	公顷	689.8

续表

指　标	单位	2016
(二)农作物播种面积	公顷	5236.2
粮食作物播种面积	公顷	4328
玉米	公顷	3472.7
大豆	公顷	249.7
油料播种面积	公顷	41
蔬菜播种面积	公顷	831
(三)农产品产量		
粮食总产量	吨	14896.1
玉米	吨	13156.9
大豆	吨	500.3
油料产量	吨	56.5
园林水果产量	吨	24905.4
肉类总产量	吨	4301.0
猪肉产量	吨	3708.0
年末生猪存栏	头	28500
年末牛存栏	头	10153
年末羊存栏	只	25807
禽蛋产量	吨	1719.0
奶类产量	吨	26665.5
蔬菜产量	吨	56981.1
水产品产量	吨	166
五、工业及建筑业	—	
规模以上工业企业单位数	个	53
规模以上工业总产值	万元	6947400
规模以上工业企业从业人员年平均人数	人	51900
规模以上工业企业主营业务收入	万元	7585400
建筑业企业单位数	个	75
六、贸易、外经、旅游		
社会消费品零售总额	万元	914496.1
出口总额	万美元	132071
七、固定资产投资	—	
固定资产投资	万元	1513933
新增固定资产	万元	724744
房地产开发投资	万元	328633
住宅	万元	274988
八、教育、科技、文化、卫生		
普通中学	所	22

续表

指　标	单位	2016
小学数	所	39
普通中学专任教师数	人	1555
小学专任教师数	人	1369
普通中学在校学生数	人	14736
小学在校学生数	人	24070
全年专利授权数	件	699
公共图书馆图书总藏量	千册	135.6
剧场、影剧院个数	个	5
体育场馆个数	个	6
医疗卫生机构床位数	床	2744
医疗卫生机构技术人员	人	3410
执业(助理)医师	人	1492
九、居民收入		
居民人均可支配收入	元	28686
城镇居民人均可支配收入	元	29724
农村居民人均纯收入	元	13714
十、社会保障		
各种社会福利收养性单位数	个	1
各种社会福利收养性单位床位数	床	230
城镇基本养老保险参保人数	人	53636
城镇基本医疗保险参保人数	人	108150
失业保险参保人数	人	21505
新型农村合作医疗参保人数	人	109467
新型农村社会养老保险参保人数	人	75499
城镇居民最低生活保障人数	人	3748
农村居民最低生活保障人数	人	2843
十一、资源与环境		
森林面积	公顷	4993
工业二氧化硫排放量	吨	33289
氮氧化物排放量	吨	35396
烟(粉)尘排放量	吨	17250
污水处理厂数	座	2
垃圾处理站数	个	13
城区空气质量优良以上天数	天	232

2016 年万柏林区国民经济主要指标

指 标	单位	2016
一、基本情况		
行政区域面积	平方公里	305
乡个数	个	1
街道办事处个数	个	14
二、人口与就业		
常住户数	户	164074
常住人口	万人	77.9
户籍人口	万人	56.8
三、综合经济		
(一)地区生产总值	万元	3527703
第一产业增加值	万元	4788
农业	万元	726
林业	万元	2775
牧业	万元	1273
渔业	万元	15
第二产业增加值	万元	1795453
工业	万元	861220
第三产业增加值	万元	1727462
农林牧渔服务业	万元	478
(二)财政、金融		
一般公共预算收入	万元	174766
各项税收	万元	160266
一般公共预算支出	万元	254909
农林水事务支出	万元	17340
科学技术支出	万元	1633
医疗卫生支出	万元	18843
教育支出	万元	71574
四、农业		
(一)生产条件		
设施农业占地面积	公顷	2.2
农业机械总动力	万千瓦特	1
化肥使用量(折纯量)	吨	45.01
农药使用量	吨	1.55
地膜使用量	吨	2.1
有效灌溉面积	公顷	1350
机收面积	公顷	260
(二)农作物播种面积	公顷	497.8

续表

指　标	单位	2016
粮食作物播种面积	公顷	414.7
玉米	公顷	288.5
大豆	公顷	2.7
蔬菜播种面积	公顷	45.8
(三)农产品产量	—	
粮食总产量	吨	1592
玉米	吨	1369.2
大豆	吨	1.6
园林水果产量	吨	602.9
肉类总产量	吨	977.0
猪肉产量	吨	856.3
年末生猪存栏	头	8838
年末牛存栏	头	146
年末羊存栏	只	872
禽蛋产量	吨	717.0
奶类产量	吨	323.0
蔬菜产量	吨	1292.8
水产品产量	吨	20
五、工业及建筑业		
规模以上工业企业单位数	个	18
规模以上工业总产值	万元	2260000
规模以上工业企业从业人员年平均人数	人	106600
规模以上工业企业主营业务收入	万元	2326800
建筑业企业单位数	个	187
六、贸易、外经、旅游	—	
社会消费品零售总额	万元	2244762.1
出口总额	万美元	9167
当年实际使用外资金额	万美元	191
七、固定资产投资		
固定资产投资	万元	3288364
新增固定资产	万元	368655
房地产开发投资	万元	1261665
住宅	万元	794951
住宅竣工面积	万平方米	17
八、教育、科技、文化、卫生	—	
普通中学	所	25
小学数	所	57

续表

指 标	单位	2016
普通中学专任教师数	人	2430
小学专任教师数	人	3120
普通中学在校学生数	人	25610
小学在校学生数	人	48476
全年专利授权数	件	970
公共图书馆图书总藏量	千册	34.0
剧场、影剧院个数	个	5
体育场馆个数	个	4
医疗卫生机构床位数	床	4743
医疗卫生机构技术人员	人	8385
执业(助理)医师	人	3159
九、居民收入		
居民人均可支配收入	元	29224
城镇居民人均可支配收入	元	29472
农村居民人均纯收入	元	19937
十、社会保障	—	
各种社会福利收养性单位数	个	2
各种社会福利收养性单位床位数	床	90
城镇基本养老保险参保人数	人	43293
城镇基本医疗保险参保人数	人	210628
失业保险参保人数	人	26847
新型农村合作医疗参保人数	人	75769
新型农村社会养老保险参保人数	人	59776
城镇居民最低生活保障人数	人	3259
农村居民最低生活保障人数	人	2281
十一、资源与环境		
森林面积	公顷	4620
工业二氧化硫排放量	吨	3312
氮氧化物排放量	吨	2987
烟(粉)尘排放量	吨	958
污水处理厂数	座	1
垃圾处理站数	个	28
城区空气质量优良以上天数	天	232

2016年晋源区国民经济主要指标

指　标	单位	2016
一、基本情况		
行政区域面积	平方公里	288
镇个数	个	3
街道办事处个数	个	3
二、人口与就业		
常住户数	户	64985
常住人口	万人	23.0
户籍人口	万人	20.2
三、综合经济	—	
(一)地区生产总值	万元	571632
第一产业增加值	万元	40827
农业	万元	31032
林业	万元	1075
牧业	万元	8583
渔业	万元	137
第二产业增加值	万元	203418
工业	万元	102143
第三产业增加值	万元	327387
农林牧渔服务业	万元	542
(二)财政、金融		
一般公共预算收入	万元	58984
各项税收	万元	52317
一般公共预算支出	万元	147508
农林水事务支出	万元	11763
科学技术支出	万元	623
医疗卫生支出	万元	14379
教育支出	万元	26338
四、农业		
(一)生产条件		
设施农业占地面积	公顷	235.2
农业机械总动力	万千瓦特	4.3
化肥使用量(折纯量)	吨	911.6
农药使用量	吨	66.21
地膜使用量	吨	65
有效灌溉面积	公顷	4200
机收面积	公顷	795
(二)农作物播种面积	公顷	5059.2

续表

指　标	单位	2016
粮食作物播种面积	公顷	2665.7
稻谷	公顷	139.7
玉米	公顷	2392.9
大豆	公顷	15.3
蔬菜播种面积	公顷	2393.5
(三)农产品产量	—	
粮食总产量	吨	21533.8
稻谷	吨	884.2
玉米	吨	19621.6
大豆	吨	56.3
园林水果产量	吨	3806.6
肉类总产量	吨	4624.0
猪肉产量	吨	3234.6
年末生猪存栏	头	17359
年末牛存栏	头	2378
年末羊存栏	只	15876
禽蛋产量	吨	5735.0
奶类产量	吨	12159.0
蔬菜产量	吨	163575.5
水产品产量	吨	249
五、工业及建筑业	—	
规模以上工业企业单位数	个	18
规模以上工业总产值	万元	216700
规模以上工业企业从业人员年平均人数	人	6300
规模以上工业企业主营业务收入	万元	624800
建筑业企业单位数	个	52
六、贸易、外经、旅游		
社会消费品零售总额	万元	365796.7
出口总额	万美元	86
七、固定资产投资	—	
固定资产投资	万元	1945961
新增固定资产	万元	412766
房地产开发投资	万元	356684
住宅	万元	215988
住宅竣工面积	万平方米	36
八、教育、科技、文化、卫生		
普通中学	所	12

续表

指 标	单位	2016
小学数	所	46
普通中学专任教师数	人	1088
小学专任教师数	人	905
普通中学在校学生数	人	11301
小学在校学生数	人	16526
全年专利授权数	件	50
公共图书馆图书总藏量	千册	25.0
体育场馆个数	个	1
医疗卫生机构床位数	床	1264
医疗卫生机构技术人员	人	1395
执业(助理)医师	人	579
九、居民收入	—	
居民人均可支配收入	元	23996
城镇居民人均可支配收入	元	29877
农村居民人均纯收入	元	13300
十、社会保障		
各种社会福利收养性单位数	个	1
各种社会福利收养性单位床位数	床	108
城镇基本养老保险参保人数	人	18337
城镇基本医疗保险参保人数	人	23721
失业保险参保人数	人	8785
新型农村合作医疗参保人数	人	121886
新型农村社会养老保险参保人数	人	83049
城镇居民最低生活保障人数	人	1382
农村居民最低生活保障人数	人	7490
十一、资源与环境		
森林面积	公顷	4840
工业二氧化硫排放量	吨	4211
氮氧化物排放量	吨	10053
烟(粉)尘排放量	吨	546
污水处理厂数	座	1
垃圾处理站数	个	3
城区空气质量优良以上天数	天	232

2016年古交市国民经济主要指标

指　标	单位	2016
一、基本情况		
行政区域面积	平方公里	1584
乡个数	个	7
镇个数	个	3
街道办事处个数	个	4
二、人口与就业		
常住户数	户	80128
常住人口	万人	21.2
户籍人口	万人	21.9
三、综合经济		
(一)地区生产总值	万元	263913
第一产业增加值	万元	18994
农业	万元	8057
林业	万元	4435
牧业	万元	6437
渔业	万元	65
第二产业增加值	万元	94213
工业	万元	72761
第三产业增加值	万元	150706
农林牧渔服务业	万元	1915
(二)财政、金融		
一般公共预算收入	万元	53304
各项税收	万元	33111
一般公共预算支出	万元	166210
农林水事务支出	万元	14575
科学技术支出	万元	107
医疗卫生支出	万元	15132
教育支出	万元	36289
年末金融机构各项存款余额	万元	1593789
居民储蓄存款余额	万元	1313881
年末金融机构各项贷款余额	万元	547366
四、农业		
(一)生产条件		
设施农业占地面积	公顷	72.0
农业机械总动力	万千瓦特	5.1
化肥使用量(折纯量)	吨	746
农药使用量	吨	31
地膜使用量	吨	131
有效灌溉面积	公顷	780
机收面积	公顷	3432
(二)农作物播种面积	公顷	9121.5

续表

指　标	单位	2016
粮食作物播种面积	公顷	7465.3
玉米	公顷	1560
大豆	公顷	1302
油料播种面积	公顷	747.2
蔬菜播种面积	公顷	543.7
(三)农产品产量		
粮食总产量	吨	10923.1
玉米	吨	3300.3
大豆	吨	1330.9
油料产量	吨	848
园林水果产量	吨	626.4
肉类总产量	吨	5298.0
猪肉产量	吨	3306.0
年末生猪存栏	头	22017
年末牛存栏	头	2433
年末羊存栏	只	75606
禽蛋产量	吨	3210.6
奶类产量	吨	259.0
蔬菜产量	吨	42569.4
水产品产量	吨	143
五、工业及建筑业		
规模以上工业企业单位数	个	8
规模以上工业总产值	万元	237600
规模以上工业企业从业人员年平均人数	人	4100
规模以上工业企业主营业务收入	万元	259900
建筑业企业单位数	个	12
六、交通、通讯与能源		
民用汽车拥有量	辆	9534
年末公交车路数	路	21
年末实有公共汽(电)车营运车辆数	辆	164
年末实有出租汽车数	辆	237
固定电话用户	户	36942
移动电话用户	户	193652
互联网宽带接入用户	户	39452
全社会用电量	万千瓦时	24121.94
居民生活用电量	万千瓦时	5492.346
七、贸易、外经、旅游		
社会消费品零售总额	万元	489116.8
八、固定资产投资		
固定资产投资	万元	548159
新增固定资产	万元	176145

续表

指　标	单位	2016
房地产开发投资	万元	58964
住宅	万元	42509
住宅竣工面积	万平方米	10
九、教育、科技、文化、卫生		
普通中学	所	21
小学数	所	30
普通中学专任教师数	人	1154
小学专任教师数	人	1490
普通中学在校学生数	人	11293
小学在校学生数	人	17674
全年专利授权数	件	16
公共图书馆图书总藏量	千册	50.6
剧场、影剧院个数	个	1
体育场馆个数	个	1
医疗卫生机构床位数	床	1400
医疗卫生机构技术人员	人	1768
执业(助理)医师	人	650
十、居民收入		
居民人均可支配收入	元	23772
城镇居民人均可支配收入	元	27412
农村居民人均纯收入	元	13916
十一、社会保障		
各种社会福利收养性单位数	个	1
各种社会福利收养性单位床位数	床	504
城镇基本养老保险参保人数	人	30410
城镇基本医疗保险参保人数	人	65473
失业保险参保人数	人	34012
新型农村合作医疗参保人数	人	69356
新型农村社会养老保险参保人数	人	56713
城镇居民最低生活保障人数	人	4091
农村居民最低生活保障人数	人	5148
十二、资源与环境		
森林面积	公顷	27167
工业二氧化硫排放量	吨	11823
氮氧化物排放量	吨	9910
烟(粉)尘排放量	吨	2506
污水处理厂数	座	4
城区空气质量优良以上天数	天	288

2016年清徐县国民经济主要指标

指 标	单位	2016
一、基本情况		
行政区域面积	平方公里	609
乡个数	个	5
镇个数	个	4
二、人口与就业		
常住户数	户	122842
常住人口	万人	35.3
户籍人口	万人	33.2
三、综合经济		
(一)地区生产总值	万元	1224624
第一产业增加值	万元	136223
农业	万元	103018
林业	万元	1792
牧业	万元	30421
渔业	万元	992
第二产业增加值	万元	640271
工业	万元	561118
第三产业增加值	万元	448130
农林牧渔服务业	万元	4130
(二)财政、金融		
一般公共预算收入财政收入	万元	64146
各项税收	万元	48304
一般公共预算支出	万元	180097
农林水事务支出	万元	30769
科学技术支出	万元	122
医疗卫生支出	万元	26034
教育支出	万元	43614
年末金融机构各项存款余额	万元	2288800
居民储蓄存款余额	万元	1417800
年末金融机构各项贷款余额	万元	1417700
四、农业		
(一)生产条件		
设施农业占地面积	公顷	1043.4
农业机械总动力	万千瓦特	17.8
化肥使用量(折纯量)	吨	13184
农药使用量	吨	474.4
地膜使用量	吨	656
有效灌溉面积	公顷	24870
机收面积	公顷	13828
(二)农作物播种面积	公顷	30584.8
粮食作物播种面积	公顷	20458.3
小麦	公顷	22.1

续表

指　标	单位	2016
玉米	公顷	19625.4
大豆	公顷	49.8
油料播种面积	公顷	31.5
花生	公顷	18.8
棉花播种面积	公顷	4.5
蔬菜播种面积	公顷	9660.4
(三)农产品产量	—	
粮食总产量	吨	104104.7
小麦	吨	135.9
玉米	吨	99277.2
大豆	吨	74.4
油料产量	吨	61.5
花生	吨	37.1
棉花产量	吨	8
园林水果产量	吨	52447.6
肉类总产量	吨	23390.0
猪肉产量	吨	16902.0
年末生猪存栏	头	119811
年末牛存栏	头	7421
年末羊存栏	只	108997
禽蛋产量	吨	7277.0
奶类产量	吨	12631.0
蔬菜产量	吨	663011.5
水产品产量	吨	1355
五、工业及建筑业		
规模以上工业企业单位数	个	55
规模以上工业总产值	万元	1581900
规模以上工业企业从业人员年平均人数	人	18800
规模以上工业企业主营业务收入	万元	1614700
建筑业企业单位数	个	20
六、交通、通讯与能源	—	
民用汽车拥有量	辆	47799
年末公交车路数	路	26
年末实有公共汽(电)车营运车辆数	辆	66
年末实有出租汽车数	辆	100
固定电话用户	户	30000
移动电话用户	户	307600
互联网宽带接入用户	户	69700
全社会用电量	万千瓦时	73087.72
居民生活用电量	万千瓦时	14964.47
七、贸易、外经、旅游		
社会消费品零售总额	万元	557684

续表

指 标	单位	2016
出口总额	万美元	5583
当年实际使用外资金额	万美元	986
八、固定资产投资	—	
固定资产投资	万元	745499
新增固定资产	万元	260277
房地产开发投资	万元	65586
住宅	万元	57770
住宅竣工面积	万平方米	12
九、教育、科技、文化、卫生		
普通中学	所	20
小学数	所	73
普通中学专任教师数	人	1753
小学专任教师数	人	1598
普通中学在校学生数	人	17714
小学在校学生数	人	21392
全年专利授权数	件	66
公共图书馆图书总藏量	千册	106.3
剧场、影剧院个数	个	1
体育场馆个数	个	1
医疗卫生机构床位数	床	726
医疗卫生机构技术人员	人	851
执业(助理)医师	人	407
十、居民收入		
居民人均可支配收入	元	19410
城镇居民人均可支配收入	元	28492
农村居民人均纯收入	元	16752
十一、社会保障	—	
各种社会福利收养性单位数	个	6
各种社会福利收养性单位床位数	床	633
城镇基本养老保险参保人数	人	31090
城镇基本医疗保险参保人数	人	36833
失业保险参保人数	人	14943
新型农村合作医疗参保人数	人	238554
新型农村社会养老保险参保人数	人	169274
城镇居民最低生活保障人数	人	1293
农村居民最低生活保障人数	人	4116
十二、资源与环境		
森林面积	公顷	5993
工业二氧化硫排放量	吨	5572
氮氧化物排放量	吨	4644
烟(粉)尘排放量	吨	5366
污水处理厂数	座	1
城区空气质量优良以上天数	天	180

2016年阳曲县国民经济主要指标

指　标	单位	2016
一、基本情况		
行政区域面积	平方公里	2059
乡个数	个	6
镇个数	个	4
二、人口与就业		
常住户数	户	64277
常住人口	万人	12.3
户籍人口	万人	15.2
三、综合经济		
(一)地区生产总值	万元	334743
第一产业增加值	万元	50396
农业	万元	30004
林业	万元	4565
牧业	万元	15796
渔业	万元	31
第二产业增加值	万元	176830
工业	万元	167221
第三产业增加值	万元	107517
农林牧渔服务业	万元	1340
(二)财政、金融		
一般公共预算收入	万元	36095
各项税收	万元	20139
一般公共预算支出	万元	133653
农林水事务支出	万元	37384
科学技术支出	万元	634
医疗卫生支出	万元	14619
教育支出	万元	20418
年末金融机构各项存款余额	万元	727253
居民储蓄存款余额	万元	483339
年末金融机构各项贷款余额	万元	248843
四、农业		
(一)生产条件		
设施农业占地面积	公顷	402.0
农业机械总动力	万千瓦特	10.9
化肥使用量(折纯量)	吨	8744
农药使用量	吨	96
地膜使用量	吨	1209
有效灌溉面积	公顷	1400
机收面积	公顷	14333
(二)农作物播种面积	公顷	23534.2

续表

指 标	单位	2016
粮食作物播种面积	公顷	20579.1
玉米	公顷	14647.1
大豆	公顷	786
油料播种面积	公顷	225.1
花生	公顷	1.3
蔬菜播种面积	公顷	2361.9
(三)农产品产量		
粮食总产量	吨	79269.7
玉米	吨	66732.5
大豆	吨	1057.2
油料产量	吨	425.1
花生	吨	2
园林水果产量	吨	4313.6
肉类总产量	吨	8802.0
猪肉产量	吨	5000.3
年末生猪存栏	头	35234
年末牛存栏	头	6917
年末羊存栏	只	140144
禽蛋产量	吨	6735.0
奶类产量	吨	17050.8
蔬菜产量	吨	93840.8
水产品产量	吨	43
五、工业及建筑业		
规模以上工业企业单位数	个	23
规模以上工业总产值	万元	610500
规模以上工业企业从业人员年平均人数	人	4500
规模以上工业企业主营业务收入	万元	535300
建筑业企业单位数	个	6
六、交通、通讯与能源		
民用汽车拥有量	辆	7628
年末公交车路数	路	33
年末实有公共汽(电)车营运车辆数	辆	186
年末实有出租汽车数	辆	60
固定电话用户	户	12981
移动电话用户	户	124986
互联网宽带接入用户	户	21168
全社会用电量	万千瓦时	50710.99
居民生活用电量	万千瓦时	4172.23
七、贸易、外经、旅游		
社会消费品零售总额	万元	133594.7

续表

指　标	单位	2016
八、固定资产投资		
固定资产投资	万元	503718
新增固定资产	万元	98900
房地产开发投资	万元	11325
住宅	万元	9543
住宅竣工面积	万平方米	1
九、教育、科技、文化、卫生		
普通中学	所	11
小学数	所	16
普通中学专任教师数	人	709
小学专任教师数	人	683
普通中学在校学生数	人	9111
小学在校学生数	人	8055
全年专利授权数	件	13
公共图书馆图书总藏量	千册	55.0
剧场、影剧院个数	个	2
体育场馆个数	个	1
医疗卫生机构床位数	床	1180
医疗卫生机构技术人员	人	824
执业(助理)医师	人	260
十、居民收入		
居民人均可支配收入	元	11824
城镇居民人均可支配收入	元	21572
农村居民人均纯收入	元	7648
十一、社会保障		
各种社会福利收养性单位数	个	1
各种社会福利收养性单位床位数	床	1269
城镇基本养老保险参保人数	人	15857
城镇基本医疗保险参保人数	人	22643
失业保险参保人数	人	6367
新型农村合作医疗参保人数	人	106154
新型农村社会养老保险参保人数	人	78913
城镇居民最低生活保障人数	人	4246
农村居民最低生活保障人数	人	4287
十二、资源与环境		
森林面积	公顷	38820
工业二氧化硫排放量	吨	2323
氮氧化物排放量	吨	2996
烟(粉)尘排放量	吨	1956
污水处理厂数	座	1
城区空气质量优良以上天数	天	264

2016 年娄烦县国民经济主要指标

指 标	单位	2016
一、基本情况		
行政区域面积	平方公里	1276
乡个数	个	5
镇个数	个	3
二、人口与就业		
常住户数	户	52316
常住人口	万人	10.8
户籍人口	万人	12.6
三、综合经济		
(一)地区生产总值	万元	183388
第一产业增加值	万元	19653
农业	万元	11283
林业	万元	3530
牧业	万元	4596
渔业	万元	244
第二产业增加值	万元	70093
工业	万元	68618
第三产业增加值	万元	93642
农林牧渔服务业	万元	818.2
(二)财政、金融	—	
一般公共预算收入	万元	26482
各项税收	万元	16476
一般公共预算支出	万元	112482
农林水事务支出	万元	22869
科学技术支出	万元	201
医疗卫生支出	万元	13842
教育支出	万元	17544
年末金融机构各项存款余额	万元	384521
居民储蓄存款余额	万元	238410
年末金融机构各项贷款余额	万元	128540
四、农业		
(一)生产条件		
设施农业占地面积	公顷	16.1
农业机械总动力	万千瓦特	6.1
化肥使用量(折纯量)	吨	851.8
农药使用量	吨	9.6
地膜使用量	吨	78
有效灌溉面积	公顷	1130
机收面积	公顷	3100

续表

指　标	单位	2016
(二)农作物播种面积	公顷	10624.4
粮食作物播种面积	公顷	9178.8
玉米	公顷	1642
大豆	公顷	665.6
油料播种面积	公顷	726.1
蔬菜播种面积	公顷	260.3
(三)农产品产量		
粮食总产量	吨	16820
玉米	吨	4515
大豆	吨	990
油料产量	吨	974
园林水果产量	吨	1705.0
肉类总产量	吨	2623.0
猪肉产量	吨	1245.0
年末生猪存栏	头	12430
年末牛存栏	头	3015
年末羊存栏	只	69843
禽蛋产量	吨	815.0
蔬菜产量	吨	9970.2
水产品产量	吨	477
五、工业及建筑业		
规模以上工业企业单位数	个	8
规模以上工业总产值	万元	118300
规模以上工业企业从业人员年平均人数	人	1000
规模以上工业企业主营业务收入	万元	71400
建筑业企业单位数	个	1
六、交通、通讯与能源		
民用汽车拥有量	辆	7580
年末公交车路数	路	8
年末实有公共汽(电)车营运车辆数	辆	42
年末实有出租汽车数	辆	30
固定电话用户	户	11015
移动电话用户	户	88547
互联网宽带接入用户	户	16523
全社会用电量	万千瓦时	14818.52
居民生活用电量	万千瓦时	3485.37
七、贸易、外经、旅游		
社会消费品零售总额	万元	43652.8
八、固定资产投资		

续表

指　标	单位	2016
固定资产投资	万元	306336
新增固定资产	万元	220095
九、教育、科技、文化、卫生		
普通中学	所	8
小学数	所	14
普通中学专任教师数	人	471
小学专任教师数	人	587
普通中学在校学生数	人	5463
小学在校学生数	人	7361
全年专利授权数	件	4
公共图书馆图书总藏量	千册	50.8
医疗卫生机构床位数	床	316
医疗卫生机构技术人员	人	342
执业(助理)医师	人	171
十、居民收入	—	
居民人均可支配收入	元	10616
城镇居民人均可支配收入	元	18702
农村居民人均纯收入	元	6033
十一、社会保障		
各种社会福利收养性单位数	个	5
各种社会福利收养性单位床位数	床	1125
城镇基本养老保险参保人数	人	10889
城镇基本医疗保险参保人数	人	14309
失业保险参保人数	人	5331
新型农村合作医疗参保人数	人	95716
新型农村社会养老保险参保人数	人	49691
城镇居民最低生活保障人数	人	2905
农村居民最低生活保障人数	人	10827
十二、资源与环境		
森林面积	公顷	19980
工业二氧化硫排放量	吨	1770
氮氧化物排放量	吨	330
烟(粉)尘排放量	吨	4110
污水处理厂数	座	1
城区空气质量优良以上天数	天	296

索　引

说　明　(1)本索引以人名、地名、机构名称、活动名称、事件(事物)名称等为主题词。(2)本索引按主题词汉语拼音字母顺序排列(数字开头主题词另排序),主题词后面的数字和字母分别表示所在页码和分栏位置(abc 表示本页码左中右三栏)。(3)本索引主题词主要选自本年鉴正文部分,特载、大事记、附录以及图表、照片不在索引范围。

A

B

C

D

E

F

G

H

J

K

L

R

S

W

X

Y

Z

太原年鉴撰稿人员名单

（以姓氏笔画为序）

于　丹　于黎明　马　旭　马　翔　马富荣　介晋芳　方慧敏

牛焕德　王　飞　王　峰　王　琳　王一飞　王小鑫　王玉凤

王鹏飞　仙　峰　冯　濛　冯启仁　田海明　白　洋　石丁丁

刘　蓉　刘卫萍　刘文敏　刘华政　刘丽宏　刘宏伟　刘彩秀

刘雁珍　刘潇涵　刘静波　孙生杰　许亚飞　许梨花　邢春连

闫　锋　闫利勤　齐聪文　何　茜　吴　昊　吴　鹏　宋佩璋

张　瑞　张　静　张子佳　张玉琳　张迎春　张国文　张牧原

张宪平　张晓明　张裕晋　李　平　李　佳　李　炜　李　莹

李小青　李晓冬　李艳红　李梦军　李璐言　杜文鹏　杨永亮

肖　澎　陈雅彬　单宁辉　孟名彦　孟秀君　孟燕梅　尚潇涛

武鹏飞　范海东　郑　罡　金　强　荀　伟　贺新新　赵　忠

赵　亮　赵　猛　赵文平　赵志英　赵国琦　赵俊康　赵晋胜

赵彩萍　郝文静　郝亚婷　贾　旺　郭　静　郭　潮　郭　微

高东亮　高杨平　高瑞涛　崔　佳　崔　晰　崔振刚　常剑波

曹　卫　曹永明　曹伟伟　曹素玲　黄承明　景春勇　程慧娴

韩　炜　韩文俊　韩翠峰　蔡鹏勇　冀子俊　霍永刚　魏建文

文明 开放 富裕 美丽

WENMING KAIFANG FUYU MEILI

——封底展望

中共太原市委十一届三次全体会议，2017年11月20日在省城并州饭店召开，中共山西省委常委、太原市委书记罗清宇讲话指出，到2050年把太原建成文明、开放、富裕、美丽的现代化城市。文明是太原这座有着2500多年悠久历史古城的深厚底蕴，更是阔步迈向现代化应有的时代风采。开放是太原这个内陆城市实现振兴崛起的必由之路，是太原转型发展、创新发展的迫切需要和重要法宝。富裕是太原人民的根本利益和共同期盼，要坚定不移贯彻新发展理念，落实以人民为中心的发展思想，让发展成果更多更公平地惠及全市人民，实现共同富裕。美丽是太原人民对美好生活的向往和不懈追求，是太原实现现代化的应有之义。要展现太原文明和谐的自然之美、大气灵动的现代之美、古今交融的人文之美。建设文明、开放、富裕、美丽的新太原，是太原人民在新时代开启新征程、谱写新篇章的光明愿景，是贯彻落实党的十九大精神的生动实践。通过全市人民持续不懈的共同努力，2020年实现全市人均地区生产总值、城乡居民收入基本接近中部省会城市平均水平，2025年达到中部省会城市中上水平，2035年走在全国省会城市前列，基本实现现代化，2050年把太原建成文明、开放、富裕、美丽的社会主义现代化城市。